# 특허법의 진보성

정차호 지음

박영사

# 머 리 말

이 책은 특허법에서 가장 중요하면서도 난해한 진보성 법리에 대하여 다루는 전문서를 지향한다. 우리나라에서 특허법과 관련된 서적이 예전에는 개론서, 참고서 위주의 것이 주를 이루었는데, 그 책들은 이미 알고 있는 내용은 비슷하게 말하고 있는 반면 궁금한 쟁점에 대하여는 어떤 해답이나 힌트를 제공하지 못하는 한계를 보여 왔다. 아마도 개론서인 관계로 특허법의 많은 내용을 다루다 보니 어떤 하나의 쟁점에 대하여 깊이 있게 다루기가 어려웠을 것으로 이해된다. 우리나라 특허법리가 더욱 발전하기 위해서는 개론서의 그러한 한계를 뛰어넘는, 하나의 법리 또는 쟁점에 대하여 깊이 있게 다루는 전문서가 더 많이 출간될 필요가 있다고 생각하였다.

저자는 이 책을 통하여 진보성에 관한 깊이 있는 연구를 지향하였으나, 저자의 게으름과 무능력 및 진보성 법리의 다종다양함으로 인하여 이 책이 진보성에 관한 많은 의문을 속시원하게 해결하지는 못하고 있음이 인정된다. 그나마 이 책이 이 정도의 수준에라도 이를 수 있었던 것은 기존의 좋은 글로 저자에게 가르침을 준 많은 선배, 동료들의 덕분이다. 발전은 모자람을 인식할 때 가능하다. 저자는 이 책의 모자람을 잘 인식하고, 향후 개정을 통하여 이 책을 양적으로 또 질적으로 '진보'시켜서 멀지 않은 미래에 제법 괜찮은 전문서로 발전시킬 것이다.

이 책은 '진보성'에 관한 쟁점을 탐구한 결과를 정리하는 것인데, 진보성 법리가 신규성 법리와 밀접하게 연관되어 있는 관계로 신규성 법리와 관련된 부분이 적지 않게 포함된다. 그런 견지에서 이 책의 제목을 「특허법의 신규성·진보성」으로 책정할 것을 고민하기도 하였다. 그러나 누군가에 의한 '신규성'에 관한 단행본의 출간이 가능하기도 하고, 또 책의 주안점이 진보성 부분에 치중되어 있으므로 책 제목에서는 '신규성'이라는 단어를 빼되, 내용적으로는 진보성과 관련되는 신규성 부분이 제법 포함된다.

기존의 이론을 잘 이해한 후 그 이해를 바탕으로 '나'의 이론을 정립하기 위해서 기존의 많은 글을 더 많이 읽고 더 많이 생각하고 더 많이 회의하기 위하여 노력하였다. 그러나 기존의 이론을 충분히 나의 것으로 소화시키시 못하거나 충분히 나의 이론으로 정립하지 못한 채 어설프게 또는 서둘러 결론을 내린 부분이 일부 있음을 부끄럽게 생각한다. 개정판에서 더욱 많은 생각과 고민을 쏟아 부을 것을 약속한다.

이 책을 거의 완성한 후 내용의 부실함에 대한 자책이 엄습하여 왔다. 그러한 부족함을 보완하기 위하여 저자는 특허업계의 저명하신 분들에게 글을 보태어 주시기를 청하였다. 그 중 많은 분들이 소중한 글을 보태어 주었고 그래서 이 책이 여러 초대저자의 다양한 관점을 포함하는 제법 괜찮은 책이 되었다고 생각된다. 옥고를 흔쾌히 보태어 주신 초대저자들께 깊이 감사드린다.

이 책이 탄생하기까지 그 외 많은 분들이 도움을 주었다. 선행 논문, 판결문 등으로 필자에게 가르침을 준 많은 선배, 동료들께 감사드려야 한다. 저자가 나태함에 빠져 있을 때 격려와 지도를 아끼지 않은 많은 분들께도 감사드린다. 특히, 부지런함 및/또는 유능함으로 저자를 자극한 특허업계의 선배, 동료, 친구들께 감사드린다. 이 책은 저자의 박사학위논문("진보성 관련 주요 쟁점 연구", 충남대, 2013)을 바탕으로 하는바, 저자가 박사학위논문을 완성하기까지 도움을 준 많은 분들께도 감사드린다. 특허법 공부로 인하여 가정에 소홀한 남편과 아버지를 이해하고 나아가 응원하는 아내와 딸에게도 감사드려야 한다.

2014년 3월

정 차 호

# 차 례

## 제 1 장 진보성 판단 관련 주요국의 기본 법리

제 1 절 우리나라 신규성, 진보성 규정의 개정 연혁 ..... 3
제 2 절 우리나라 및 일본의 진보성 법리 개요 ..... 13
Ⅰ. 서 론 ..... 13
Ⅱ. 진보성 판단의 기본 법리 ..... 13
Ⅲ. 진보성 판단 시 고려되어야 할 기타요소 ..... 29
Ⅳ. 특수 청구항의 진보성 판단 ..... 32
제 3 절 미국의 진보성 법리 ..... 35
Ⅰ. 서 론 ..... 35
Ⅱ. 1952년 전의 미국의 진보성 법리 ..... 35
Ⅲ. 1952년 이후의 미국의 진보성 법리 ..... 39
제 4 절 유럽특허청의 진보성 법리 ..... 47
Ⅰ. 관련 규정 ..... 47
Ⅱ. 관련 개념 ..... 48
Ⅲ. 진보성 판단 체계로서의 과제 — 해결 접근법 ..... 50
제 5 절 중국의 진보성 법리 ..... 57

## 제 2 장 청구항 해석

제 1 절 청구항 용어해석 법리 ..... 69
Ⅰ. 서 론 ..... 69
Ⅱ. 청구항 해석의 기본 원칙들 ..... 70

Ⅲ. 청구항 해석의 부차적 원칙들 81
Ⅳ. 결 론 86
제 2 절 청구항 용어해석: 명세서의 적절한 참작 v. 청구항의 부당한 한정 89
Ⅰ. 서 론 89
Ⅱ. *Retractable v. Becton* 사건 90
Ⅲ. 해 설 97
Ⅳ. 결 론 102
제 3 절 청구항 전제부의 해석 103
Ⅰ. 서 론 103
Ⅱ. 미국의 전제부 해석 법리 105
Ⅲ. 유럽의 전제부 해석 법리 115
Ⅳ. 우리나라의 전제부 해석 법리 116
Ⅴ. 전제부 해석에 관한 법리 정리 및 관련 제안 120
Ⅵ. 결 론 123

## 제 3 장 선행기술 특정

제 1 절 선행기술의 정의 및 예외제도 127
제 2 절 명세서 중 기재된 종래기술의 선행기술 여부 135
Ⅰ. 서 론 135
Ⅱ. 명세서 중 종래기술, 배경기술 기재 137
Ⅲ. 재판상 자백 및 증명책임 법리의 특허사건에의 적용 141
Ⅳ. 명세서상 종래기술을 선행기술로 채택하는 외국 사례 147
Ⅴ. 대상 대법원 판결 및 특허심판원 결정의 분석 151
Ⅵ. 결론: 특허출원인이 종래기술로 기재한 내용의 선행기술로의 채택 여부 처리방안 155
제 3 절 진보성 판단을 위한 유사분야 선행기술 158
Ⅰ. 도 입 158

Ⅱ. 미국의 진보성 판단을 위한 유사기술 법리 ······ 160
Ⅲ. 유럽의 진보성 판단을 위한 유사기술 법리 ······ 163
Ⅳ. 우리나라의 진보성 판단을 위한 유사기술 법리 ······ 165
Ⅴ. 진보성 판단을 위한 유사기술 관련 쟁점 해설 ······ 169
Ⅵ. 결　론 ······ 176

제 4 절　간행물의 반포시기 ······ 178
Ⅰ. 서　론 ······ 178
Ⅱ. 간행물의 반포시기 ······ 179
Ⅲ. 인터넷상 공개된 정보의 공개시기 ······ 187
Ⅳ. 결　론 ······ 191

제 5 절　선행기술과 발명의 차이 특정: 청구항 차트 ······ 193
Ⅰ. 청구항 차트 개요 ······ 193
Ⅱ. 상황에 따른 청구항 차트 ······ 194

## 제 4 장　통상의 기술자

제 1 절　통상의 기술자의 수준 ······ 205
Ⅰ. 서　론 ······ 205
Ⅱ. 통상의 기술자의 성격 및 수준 ······ 206
Ⅲ. 심사관의 성격 및 수준 ······ 217
Ⅳ. 결　론 ······ 221

제 2 절　통상의 기술자의 국적 ······ 223
Ⅰ. 서　론 ······ 223
Ⅱ. 주요국의 통상의 기술자의 국적 법리 ······ 224
Ⅲ. 통상의 기술자 국적 관련 우리 법리 ······ 226
Ⅳ. 결　론 ······ 227

## 제5장 용이도출 판단

제1절 최근 대법원의 진보성 판단 경향: 목적, 구성, 효과의 검토 ··· 231
Ⅰ. 서 론 ··· 231
Ⅱ. 발명의 목적, 구성, 효과: 판례의 실증적 검토 ··· 232
Ⅲ. 관련 쟁점의 제시 ··· 236
제2절 발명의 목적과 진보성 판단 ··· 239
Ⅰ. 서 론 ··· 239
Ⅱ. 발명의 목적: 판례의 실증적 검토 ··· 240
Ⅲ. 유럽 및 미국에서의 발명의 목적을 판단하는 법리 ··· 243
Ⅳ. 진보성 판단에 있어서 발명의 '목적' 관련 법리의 정립 ··· 247
Ⅴ. 결 론 ··· 251
제3절 선택발명의 진보성: 발명의 '구성' 판단 필요 ··· 253
Ⅰ. 서 론 ··· 253
Ⅱ. 선택발명 개요 ··· 253
Ⅲ. 주요국의 선택발명 진보성 판단 법리 ··· 261
Ⅳ. 결 론 ··· 268
제4절 발명의 효과와 진보성 판단 ··· 270
Ⅰ. 서 론 ··· 270
Ⅱ. 발명의 효과와 신규성 판단 ··· 271
Ⅲ. 진보성 판단과 발명의 효과에 관한 주요국의 법리 ··· 274
Ⅳ. 결 론 ··· 280
제5절 효과와 상업적 성공의 관계 ··· 284
Ⅰ. 서 론 ··· 284
Ⅱ. 미국, 유럽 및 우리나라의 발명의 효과와 상업적 성공의 관계 ··· 285
Ⅲ. 결 론 ··· 294
제6절 용이도출 판단에 있어서 사후고찰 감소 방안 ··· 299
Ⅰ. 서 론 ··· 299
Ⅱ. 진보성 판단의 체계 및 사후고찰의 문제 ··· 301

Ⅲ. 사후고찰 방지 관련 주요국 법리 ······ 306
Ⅳ. 진보성 판단에 있어서 사후고찰 감소 방안 ······ 309
Ⅴ. 결 론 ······ 321
제 7 절 특허성 판단 관련 사후고찰 및 역교시 사례연구 ······ 325
Ⅰ. 서 론 ······ 325
Ⅱ. 사후고찰 및 역교시 기본 이론 ······ 327
Ⅲ. 사례연구 ······ 332
Ⅳ. 결 론 ······ 360
제 8 절 주지관용기술을 적용한 발명의 진보성 판단 ······ 363
Ⅰ. 서 론 ······ 363
Ⅱ. 주지관용기술의 정의 ······ 364
Ⅲ. 주지관용기술의 증명 ······ 371
Ⅳ. 진보성 판단에서의 주지관용기술의 적용 ······ 379
Ⅴ. 사례 검토 ······ 383
Ⅵ. 결 론 ······ 384

## 제 6 장 진보성과 특허법 다른 법리와의 관계

제 1 절 진보성과 동일성의 관계 및 동일성 기준의 통일화 ······ 389
Ⅰ. 서 론 ······ 389
Ⅱ. 동일성 판단 법리 ······ 390
Ⅲ. 동일성 판단기준의 통일화 ······ 402
Ⅳ. 결 론 ······ 409
제 2 절 천연물의 성립성과 진보성 ······ 411
Ⅰ. 도 입 ······ 411
Ⅱ. 천연물 원칙 ······ 412
Ⅲ. *Mayo v. Prometheus* 판례: 천연물 분리, 동정의 용이 ······ 413
Ⅳ. 결 론 ······ 418

제 3 절 용이실시와 진보성 주장의 딜레마 ········ 420
Ⅰ. 도 입 ········ 420
Ⅱ. 사건의 개요 ········ 421
Ⅲ. 해 설 ········ 423
Ⅳ. 결 론 ········ 431
제 4 절 모인기술을 변경한 발명의 진보성 및 공동발명 판단 ········ 433
Ⅰ. 서 론 ········ 433
Ⅱ. 모인출원 관련 기본이론 ········ 435
Ⅲ. 모인기술을 변경한 발명에 대한 처리 ········ 440
Ⅳ. 모인출원 관련 제도 개선방안 ········ 449
Ⅴ. 결 론 ········ 452

## 제7장 결 론

## 부록 1 초대저자의 진보성 관련 논문

제 1 절 진보성 및 주지관용기술 관련 최근 중요 판결의 정리 (노태악·박태일) ········ 467
Ⅰ. 진보성 관련 최근 중요 판결 ········ 468
Ⅱ. 주지관용기술의 판단에 관한 최근 중요 판결 ········ 489
Ⅲ. 결 어 ········ 519
제 2 절 진보성 판단을 위한 합리적인 기준의 모색(신혜은) ········ 522
Ⅰ. 들어가며 ········ 522
Ⅱ. 진보성 판단의 전제조건 ········ 523
Ⅲ. 합리적인 진보성 판단을 위한 제안 ········ 526
Ⅳ. 마 치 며 ········ 534
제 3 절 세계에 내세울 만한 한국의 진보성 판단기준(한상욱) ········ 536
Ⅰ. 서 론 ········ 536

Ⅱ. 미국의 진보성 판단 법리 ······ 538
Ⅲ. 한국 대법원의 진보성 판단기준 ······ 544
Ⅳ. 결 론 ······ 548
제 4 절 균등침해판단에서의 치환자명성과 진보성의 비교(김동준) ······ 550
Ⅰ. 서 론 ······ 550
Ⅱ. 치환자명성에 대한 대법원 판결례 분석 ······ 551
Ⅲ. 주요국에 있어서 치환자명성 요건 ······ 555
Ⅳ. 검 토 ······ 571
Ⅴ. 결 론 ······ 581
제 5 절 미국 비자명성 요건의 입법 경과 및 판례 동향(이해영) ······ 583

## 부록 2 진보성 관련 통계

Ⅰ. 진보성 판단의 중요성: 통계적 검증 ······ 605
Ⅱ. 심사, 심판, 소송 단계별 진보성 판단 ······ 606
Ⅲ. 진보성 판단의 반성 ······ 618

찾아보기 ······ 623

# 제 1 장

# 진보성 판단 관련 주요국의 기본 법리

제1절 우리나라 신규성, 진보성 규정의 개정 연혁
제2절 우리나라 및 일본의 진보성 법리 개요
제3절 미국의 진보성 법리
제4절 유럽특허청의 진보성 법리
제5절 중국의 진보성 법리

# 제1절 우리나라 신규성, 진보성 규정의 개정 연혁

## 1. 1946년 군정법령 제91호

| 제18조 기술, 방법, 기계, 생산품, 물질의 합성 급 기 개량에 관하여 신규 유용한 산업적 발명을 한 자는 기 발명에 대하여 발명 특허를 수득할 수 있음.<br>제23조 본 법에 발명 또는 고안의 신규라 칭함은 좌기 각 호의 1에 해당치 않음을 위함.<br>1. 특허 출원 전 아국 내에서 공지 또는 공연히 사용된 것<br>2. 특허 출원 전 아국 내에서 반포된 간행물에 용이하게 실시할 수 있는 정도로 기재 된 것.<br>3. 전 1호 급 2호에 유사한 것 |
|---|

### 가. 미국 특허법의 영향

1946년 당시 미국 특허법의 상응하는 규정이 발명의 대상을 기술, 기계, 생산품, 물질의 합성 또는 그 개량에 관하여 신규하고 유용한 발명으로 규정하고 있고, 발명 전 국내에서 공지 또는 공연히 사용된 것 또는 국내 또는 국외에서 반포된 간행물에 개시된 것을 선행기술로 규율하였다.[1)] 위 우리 규정이 미국 규정을 대부분 그대로 차용한 것으로 인정된다.

### 나. 선행기술 국내주의

미국의 상응하는 규정은 국외에서 반포된 간행물도 선행기술로 인정하였는데 우리나라는 그것을 선행기술에서 배제한 것이 큰 차이점이다. 즉, 우리나라는 해외에서의 증거를 선행기술 증거로 인정하기가 그 당시 상황에서는 상당히 어려운 것으로 판단되었을 것이고 그러한 점을 고려하여 선행기술 국내주의를 채택하였다. 미 군정 아래에서 미국 특허법을 우리나라에 도입하면서 누군가가 당시 상황을 고려하여 미국 규정을 약간이라도 수정한 점은 기특한 일이라고 생각된다.

---

1) 1870년 개정법(Ch. 230, 16 Stat. 193－217 (July 8, 1870)) 제24조("That any person who has invented or discovered any new and useful art, machines, manufacture, or composition of matter, or any new and useful improvement therof, not known or used by others in this country, and not patented, or described in any printed publication in this or any foreign country, before his invention or discovery thereof …").

### 다. 선행기술의 용이실시 요건

1946년 법 제23조 제2호는 선행기술 중 반포된 간행물을 규정하면서 그 간행물이 해당 발명을 용이하게 실시할 수 있도록 기재하여야 한다고 규정하고 있다. 이 규정은 선행기술의 용이실시 요건을 규율한 것으로 생각된다. 즉, 선행기술은 그 자체로 통상의 기술자가 그 내용을 용이하게 실시할 수 있도록 기재되어야 하는데 그러한 법리를 규정한 것이다. 선행기술의 용이실시 요건은 2013년 현재에도 우리 법리에 적용이 되지 않은 것으로 보이는데[2] 이미 1946년 제정법에서 그 요건을 규정하고 있다는 점이 놀랍다. 아쉽게도 이 요건은 1973년 법 개정에서 삭제된다.

### 라. 신규성 내의 진보성

제23조 제3호는 제1호 또는 제2호와 "유사한 것"을 신규성이 없는 것으로 규정한다. 이 당시 미국에 진보성이라는 개념이 완전히 정착되지 않았고 진보성에 관한 규정은 1952년 법 개정에서나 도입되므로 그러한 점이 우리 규정에 영향을 미쳤을 것이고 그래서 선행기술에 개시된 기술과 유사한 발명도 신규성이 없는 것으로 처리하고 있다. 물론, '유사한' 발명이 신규성을 확대 적용하는 것인지 또는 진보성을 적용한 것인지에 대하여는 이견이 있을 수 있다고 생각된다. 그러나, 제23조 본문이 '신규'라는 단어를 사용한 점에 근거하면 신규성 확대 적용이라고 보는 것이 더 타당하다.

## 2. 1963. 3. 5. 법률 제1293호

> 제5조(정의) ① 이 법에서 발명이라 함은 자연법칙을 이용한 고도의 기술적 창작으로서 산업에 이용할 수 있는 것을 말한다.
> ② 이 법에서 신규의 발명이라 함은 다음 각호에 해당하지 아니하는 것을 말한다.
> 1. 특허출원전에 국내에서 공지되었거나 또는 공연히 사용된 것
> 2. 특허출원전에 국내에서 반포된 간행물에 용이하게 실시할 수 있는 정도로 기재된 것

1963년 개정법 제5조 제1항은 발명의 정의 규정을 두고 있다. 미국 특허법에서는 발명의 정의 규정을 둔 적이 없고, 거의 동일한 표현이 일본 특허법에 있

2) 이 점에 관하여는 정차호·신혜은, "선택발명의 신규성: 선행기술의 개시 요건 및 용이실시 요건", 「법조」 통권 666호, 법조협회, 2012, 222면.

었던 점으로 미루어 보아 1963년 개정법은 일본 특허법의 영향을 많이 받은 것이라고 볼 수 있다. 그 당시 일본어를 아는 지식인이 많았을 것이고 일본으로부터 정보를 입수하는 것이 미국으로부터 입수하는 것보다 훨씬 용이하였을 것이므로 자연스럽게 일본 특허법을 우리 법에 반영하였다. 그로부터 50년이 지난 2013년까지도 우리 특허법은 여전히 일본 특허법의 영향 아래에 있다고 생각된다. 반가운 일은 최근에는 우리 독자적으로 법을 개정하는 비율이 늘어나고 있다는 점이다.

### 3. 1973. 2. 8. 법률 제2505호

제 6 조(특허요건) ① 산업상 이용할 수 있는 발명을 한 자는 다음에 게기한 발명을 제외하고 그 발명에 대하여 특허를 받을 수 있다.

1. 특허출원전에 국내에서 공지되었거나 또는 공연히 실시된 발명
2. 특허출원전에 국내 또는 국외에서 반포된 간행물에 기재된 발명. 다만, 외국에서 반포된 간행물의 종류에 대하여는 대통령령으로 정한다.

② 특허출원전에 그 발명이 속하는 기술의 분야에서 통상의 지식을 가진 자가 전항 각호에 게기한 발명에 의하여 용이하게 발명할 수 있는 것일 때에는 그 발명은 전항의 규정에 불구하고 특허를 받을 수 없다.

#### 가. 진보성 관련 별도 규정의 도입

미국에서 1952년 법 개정으로 진보성 규정을 특허법에 정식으로 도입하였고, 일본이 미국의 경우를 참고하여 1959년(昭和34년) 법 개정으로 진보성 규정을 특허법에 정식으로 도입하였고, 우리는 미국과 일본의 개정사례를 참고하여, 1973년 법 개정에서 우리 특허법에 진보성을 위한 별도의 규정을 도입하였다. 그 규정은 2013년 현재의 진보성 규정과 거의 동일한 정도의 것으로서 이때부터 현대적인 진보성 법리가 적용되기 시작한 것으로 볼 수 있다.

#### 나. 간행물의 제한적인 국제주의 도입

외국에서 반포된 간행물을 선행기술로 포섭할 필요성이 인정되어 1973년부터 간행물 국제주의가 인정되었다. 다만, 외국에서 반포된 모든 간행물을 선행기술로 인정하기가 상당히 부담스러웠던지 아래 대통령령에서 정하는 간행물에 대하여만 제한적으로 선행기술로 인정하게 된다.

> **대통령령 제2조(외국에서 반포된 간행물)** 법 제6조 제1항 제2호의 단서의 규정에 의한 외국에서 반포된 간행물은 조약·협정 또는 법률에 의하여 우리 국민에세 자국에 주소나 영업소의 유무에 불구하고 특허에 관한 권리를 허용하는 국가에서 반포된 다음 각호의 간행물로 한다.
> 1. 정부가 발행한 간행물
> 2. 교육기관이 발행한 간행물
> 3. 공공연구기관이 발행한 간행물
> 4. 공인학술단체가 발행한 간행물 또는 연구발표문
> 5. 국제기구가 발행한 간행물
> 6. 제1호 내지 제5호 이외의 정기간행물 또는 개인의 저서

### 4. 1980. 12. 31. 법률 제3325호 개정

| 구법 제6조 | 1980년 개정법 제6조 |
|---|---|
| ① 산업상 이용할 수 있는 발명을 한 자는 다음에 게기한 발명을 제외하고 그 발명에 대하여 특허를 받을 수 있다. | ① 산업상 이용할 수 있는 발명을 한 자는 다음에 게기한 발명을 제외하고 그 발명에 대하여 특허를 받을 수 있다. |
| 1. 특허출원전에 국내에서 공지되었거나 또는 공연히 실시된 발명 | 1. (좌동) |
| 2. 특허출원전에 국내 또는 국외에서 반포된 간행물에 기재된 발명. <u>다만, 외국에서 반포된 간행물의 종류에 대하여는 대통령령으로 정한다.</u> | 2. 특허출원전에 국내 또는 국외에서 반포된 간행물에 기재된 발명 |
| ② 특허출원전에 그 발명이 속하는 기술의 분야에서 통상의 지식을 가진 자가 전항 각호에 게기한 발명에 의하여 용이하게 발명할 수 있는 것일 때에는 그 발명은 전항의 규정에 불구하고 특허를 받을 수 없다. | ② (좌동) |

#### 가. 간행물의 완전한 국제주의 도입

1973년 외국에서 반포된 간행물도 신규성, 진보성 판단을 위한 선행기술로 인정하면서도 외국에서 반포된 모든 간행물을 증거로서 인정하기가 어렵다는 점을 고려하여 외국에서 반포된 간행물의 종류를 대통령령이 정하였으나, 그렇게 정하는 것이 비현실적이라는 점이 1973년부터 1980년까지의 약 7년의 경험을 바

당으로 인정이 되고 1980년 법 개정에서 외국에서 반포된 간행물의 종류를 대통령령이 규정하는 바를 삭제하고 외국에서 반포된 모든 간행물을 신규성, 진보성 판단을 위한 선행기술로 인정하기 시작하였다. 물론, 외국에서 반포된 간행물이 위조되었는지 여부 등 증거로서의 가치에 대하여는 각 개별 사안에 따라서 판단될 것이다.

이렇게 외국에서 반포된 간행물을 증거로 인정하는 것에 대한 거부감과 수년의 경험 후 그 거부감을 없애는 장면은 2001년 전기통신회선을 통하여 공개된 발명을 선행기술로 편입하는 과정에서도 그대로 재현된다. 미국의 경우, 간행물의 국제주의를 1870년 개정법에서 도입하였으므로[3] 이 면에서는 우리나라가 미국에 비하여 110년(1980－1870)이 늦었던 셈이다.

## 5. 1990. 1. 13. 법률 제4207호

| 구법 제6조 | 1990년 개정법 제29조 |
|---|---|
| ① 산업상 이용할 수 있는 발명을 한 자는 다음에 게기한 발명을 제외하고 그 발명에 대하여 특허를 받을 수 있다.<br>1. 특허출원전에 국내에서 공지되었거나 또는 공연히 실시된 발명<br>2. 특허출원전에 국내 또는 국외에서 반포된 간행물에 기재된 발명<br>② 특허출원전에 그 발명이 속하는 기술의 분야에서 통상의 지식을 가진 자가 제1항 각호에 게기한 발명에 의하여 용이하게 발명할 수 있는 것일 때에는 그 발명은 제1항의 규정에 불구하고 특허를 받을 수 없다. | ① 산업상 이용할 수 있는 발명으로서 다음 각호의 1에 해당하는 것을 제외하고는 그 발명에 대하여 특허를 받을 수 있다.<br>1. 특허출원전에 국내에서 공지되었거나 공연히 실시된 발명<br>2. 특허출원전에 국내 또는 국외에서 반포된 간행물에 기재된 발명<br>② 특허출원전에 그 발명이 속하는 기술분야에서 통상의 지식을 가진 자가 제1항 각호의 1에 규정된 발명에 의하여 용이하게 발명할 수 있는 것일 때에는 그 발명은 제1항의 규정에 불구하고 특허를 받을 수 없다. |

1990년 개정법 제29조 제1항 본문의 표현은 구 법의 표현의 문구를 수정한 것이다. 특허를 받을 수 있는 자는 발명자 외에 승계인도 해당하는 점을 감안한 것으로 추측된다.

3) 미국 1870년 개정법(Ch. 230, 16 Stat. 193－217 (July 8, 1870)) 제24조("That any person who has invented or discovered any new and useful art, machines, manufacture, or composition of matter, or any new and useful improvement therof, not known or used by others in this country, and not patented, or described in any printed publication in this or any foreign country, before his invention or discovery thereof …")

### 6. 2001. 2. 3. 법률 제6411호

| 구법 제29조 | 2001년 개정법 제29조 |
|---|---|
| ① 산업상 이용할 수 있는 발명으로서 다음 각호의 1에 해당하는 것을 제외하고는 그 발명에 대하여 특허를 받을 수 있다.<br>1. 특허출원전에 국내에서 공지되었거나 공연히 실시된 발명<br>2. 특허출원전에 국내 또는 국외에서 반포된 간행물에 <u>기재된 발명</u> | ① 산업상 이용할 수 있는 발명으로서 다음 각호의 1에 해당하는 것을 제외하고는 그 발명에 대하여 특허를 받을 수 있다.<br>1. 특허출원전에 국내에서 공지되었거나 공연히 실시된 발명<br>2. 특허출원전에 국내 또는 국외에서 반포된 간행물에 <u>게재되거나 대통령령이 정하는 전기통신회선을 통하여 공중이 이용가능하게 된 발명</u> |

#### 가. 전기통신회선에 게재된 발명의 선행기술로의 포섭

인터넷 등 전기통신회선을 통한 정보의 공개가 일상화되는 현실을 고려하여 전기통신회선에 게재된 정보를 선행기술로 포섭할 필요성이 제기되었다. 인터넷이라는 잘 알려진 용어 대신에 전기통신회선이라는 직관적으로 이해가 되지 않는 용어를 사용한 것은 법령에 가급적 외래어를 사용하지 않아야 한다는 점 및 인터넷 이외의 다른 통신수단을 포섭할 필요가 있다는 점 때문이었다. 일본이 2000년 1월 1일 시행되는 특허법 개정을 통하여 전기통신회선을 통한 공개를 선행기술의 새로운 형태로 신설하였고,[4] 우리나라가 (아래에서 말하는 바와 같이) 2001년 법 개정에서 일본의 그러한 사례를 모방하였다.

미국의 경우, 전자적 수단으로 기록된 매체도 간행물인 것으로 해석한다. 인터넷에 공개된 정보도 사실 어느 누군가의 (하드디스크 등) 기억매체에 전자적 수단으로 기록된 것이므로 간행물의 한 형태라고 볼 수 있다.[5] 그런 해석을 통하

4) 일본 심사지침서, 16면("For the application on or after January 1, 2000, the expression includes any of the inventions publicly known or publicly worked in Japan or abroad and the inventions disclosed in distributed publications or made available to the public through electric telecommunication lines in Japan or abroad prior to the filing of the patent application."). 〈http://www.jpo.go.jp/cgi/link.cgi?url=/shiryou/kijun/kijun2/tukujitu_kijun.htm〉.

5) 미국특허상표청 *특허심사지침서(Manual of Patent Examining Procedures, MPEP)* 제8판 § 2128. G. Andrew Barger, *Lost in Cyberspace: Inventors, Computer Piracy and "Printed Publication" Under Section 102(b) of the Patent Act,* 71 U. Det. Mercy L. Rev. 353 (1994)(마이크로필름 또는 마크네틱 디스크 등의 정보전달매체가 printed publication에 포함되며, 인터넷은 단순히

여 미국은 전기통신회선을 통한 공개를 간행물에 의한 반포와 동일한 것으로 처리한다.

### 나. 대통령령이 정하는 전기통신회선

2001년 법 개정이 전기통신회선을 통하여 공중이 이용할 수 있게 된 정보를 선행기술로 포섭하고자 하였다. 법 개정 초안에서는 제한이 없는 전기통신회선이었으나 법 심의과정에서 모든 전기통신회선에서 공지된 정보를 증거로 채택하기가 곤란하다는 (잘못된) 의견이 제시되었고 그 의견을 극복하지 못하여 "대통령령이 정하는" 전기통신회선을 통하여 공지된 정보만 선행기술로 인정하는 것으로 규정이 변경되었다.

그 당시 필자는 특허청 심사조정과(현, 특허심사정책과)에 근무하였고, 옆 자리에 앉은 동료가 법 개정 업무를 하였다. 필자는 "대통령령이 정하는"이라는 제한이 추가되는 것에 대하여 반대하였지만 여러 가지 이유로 그 반대의견은 수용되지 않았다. 만약, 필자가 1973년에 외국에서 반포된 간행물도 간행물 증거로 인정하면서 "대통령령이 정하는" 것으로 한정하였다가 1980년에는 그러한 제한을 없앴다는 사실을 알았더라면 "대통령령이 정하는"이라는 표현의 추가를 더욱 극력 반대하였을 것인데, 알지 못하여 그러하지 못하였다.

### 다. 대통령령

**대통령령 제 1 조의2 제 1 항**

특허법(이하 "법"이라 한다) 제29조 제1항 제2호 및 법 제129조 제2호에서 "대통령령이 정하는 전기통신회선"이라 함은 다음 각호의 1에 해당하는 자가 운영하는 전기통신회선을 말한다.

1. 정부·지방자치단체, 외국의 정부·지방자치단체 또는 국제기구
2. 고등교육법 제3조의 규정에 의한 국·공립의 학교 또는 외국의 국·공립 대학
3. 우리나라 또는 외국의 국·공립 연구기관
4. 특허정보와 관련된 업무를 수행할 목적으로 설립된 법인으로서 특허청장이 지정하여 고시하는 법인

대통령령은 신뢰성이 있는 전기통신회선을 위와 같이 제한적으로 나열하고 있다. 그런데 위 나열된 전기통신회선은 모두 신뢰성이 있는 것으로 보기도 어렵

수백만 개 컴퓨터 하드 드라이브(마그네틱디스크)의 연결에 불과하므로 인터넷도 printed publication의 한 종류에 해당된다고 설명).

고, 위에 나열되지 않은 전기통신회선은 모두 신뢰성이 없는 것으로 보기도 어렵다. 법에 "대통령령이 정하는"이라는 표현이 추가되었고 그 법을 시행하기 위하여 억지로 위와 같은 전기통신회선을 정한 것이다. 외국의 조그마한 공립 연구기관의 인터넷 사이트와 우리나라 중앙일보의 인터넷 사이트 중 어떤 것이 더 신뢰성이 있는가? 반드시 그런 것은 아니겠지만 많은 경우 중앙일보 사이트가 더 신뢰성이 있는 것으로 볼 수 있다. 그런데도 위 대통령령에 의하면 중앙일보 사이트를 통하여 공개된 정보는 제29조 제1항 제2호 소정의 선행기술이 되지 못하는 것이다.

### 7. 2006. 3. 3. 법률 제7871호

| 구법 제29조 | 2006년 개정법 제29조 |
|---|---|
| ① 산업상 이용할 수 있는 발명으로서 다음 각호의 1에 해당하는 것을 제외하고는 그 발명에 대하여 특허를 받을 수 있다.<br>1. 특허출원전에 국내에서 공지되었거나 공연히 실시된 발명<br>2. 특허출원전에 국내 또는 국외에서 반포된 간행물에 게재되거나 대통령령이 정하는 전기통신회선을 통하여 공중이 이용가능하게 된 발명 | ① 산업상 이용할 수 있는 발명으로서 다음 각 호의 어느 하나에 해당하는 것을 제외하고는 그 발명에 대하여 특허를 받을 수 있다.<br>1. 특허출원전에 국내 또는 국외에서 공지되었거나 공연히 실시된 발명<br>2. (좌동) |

통신, 교통의 발달로 국경이 더 이상 큰 의미를 가지지 못하는 현실을 반영하여 국외에서 공연히 알려졌거나(publicly known) 공연히 실시된(publicly used) 발명도 선행기술로 포섭하게 되었다. 개정된 규정은 현대의 시각에서는 당연해 보이는 것이지만, 국외에서 발생한 사실을 증거로 인정하는 데에 상당한 거부감이 있었을 것으로 생각된다. 미국의 경우 2011년 법 개정을 통하여 공지·공용에 대하여 국제주의를 도입하였다. 이런 점에서는 우리나라가 미국보다 5년(2011−2006) 빨랐다. 참고로, 유럽의 경우 1973년 유럽특허조약이 성사되면서부터 공지·공용에 대한 국제주의를 도입하였다.

## 8. 2013. 3. 23. 시행 법률 제11690호 개정

2013년 특허법 개정을 통한 제29조의 개정내용은 다음과 같다. 중간줄로 표시된 부분이 금번 개정으로 삭제되는 부분이다.

> 第29조(특허요건) ① 산업상 이용할 수 있는 발명으로서 다음 각 호의 어느 하나에 해당하는 것을 제외하고는 그 발명에 대하여 특허를 받을 수 있다.
> 1. (동일)
> 2. 특허출원 전에 국내 또는 국외에서 반포된 간행물에 게재되거나 ~~대통령령이 정하는~~ 전기통신회선을 통하여 공중(公衆)이 이용가능하게 된 발명
>
> 第129조(생산방법의 추정) 물건을 생산하는 ……………………………………………………
> 다음 각호의 1에 해당하는 ……………
> 1. (동일)
> 2. 특허출원 전에 국내 또는 국외에서 반포된 간행물에 게재되거나 ~~대통령령이 정하는~~ 전기통신회선을 통하여 공중(公衆)이 이용가능하게 된 발명

특허청 설명자료는 2013년 법 개정을 통하여 "대통령령이 정하는"이라는 제한을 없애는 이유를 다음과 같이 설명하고 있다.

> "구법의 규정은 '대통령령이 정하는' 전기통신회선을 통해 공개된 경우에만 간행물에 게재된 발명과 같은 선행기술의 지위를 부여하였다. 그러나, 인터넷 등이 보편화됨에 따라 많은 기술공개가 '대통령령이 정하는' 전기통신회선 이외의 전기통신회선을 통해 이루어지고 있는 환경이 도래하였다. 그러므로, 모든 전기통신회선을 통해 공중(公衆)이 이용할 수 있는 발명은 간행물에 게재된 발명과 같은 선행기술의 지위를 부여할 필요성이 높아졌다. 그래서 금번 개정을 통하여 "대통령령이 정하는 전기통신회선을 통하여 공중(公衆)이 이용할 수 있는 발명"에서 "대통령령이 정하는"의 부분을 삭제하여 모든 전기통신회선을 통하여 공중이 이용할 수 있는 발명을 간행물 선행기술로 포섭하고 있다."

2001년 법 개정을 통하여 전기통신회선 정보를 간행물 정보의 한 형태로 포섭하였고 그 당시 '모든' 전기통신회선 정보를 증거로 인정하기가 곤란하다는 점에 근거하여 "대통령령이 정하는" 전기통신회선에 한정하여 간행물 정보의 한 형태로 인정하여 왔고, 그러한 한정이 비합리적인 점이 오랫동안 지적되어 왔고, 드디어 약 12년 만에 해당 한정이 삭제되었다. 1973년 법 개정을 통하여 외국의

간행물을 선행기술로 포섭하면서 “대통령령이 정하는” 외국의 간행물로 제한하였다가 1980년 법 개정을 통하여 해당 한성을 삭세한 경험과 비교하면 간행물의 경우에는 약 7년 만에 해당 한정이 삭제되었고 전기통신회선의 경우에는 약 12년 만에 해당 한정이 삭제되었다. 특허청 행정능력의 발전, 해외정보 입수의 용이함 등을 감안하면 12년 만의 삭제는 다소 늦은 감이 있다.

# 제2절 우리나라 및 일본의 진보성 법리 개요

## Ⅰ. 서 론

이 절은 우리나라의 진보성 법리에 대하여 개략적으로 요약하여 설명한다. 그를 위하여 특허청 심사지침서[1] 중 제3장 진보성 부분을 중심으로 진보성 법리를 정리하고 나아가 해당 설명과 관련된 판례를 부가하였다. 진보성 판단과 관련된 개별 사항, 예를 들어, 청구발명의 특정, 인용기술의 선택 등은 제3장에서 하나하나씩 살피게 된다.

우리나라 심사지침서의 내용은 놀라울 정도로 또 부끄러울 정도로 일본 심사지침서의 그것과 유사하다. 특히, 진보성 판단 부분에서는 더욱 그러하다. 그래서 우리나라의 진보성 법리에 대한 심사지침서의 설명을 소개하면서 우리와 동일, 유사한 설명에 대한 일본 심사지침서의 설명은 생략하고 우리 심사지침서와 다른 일본의 해당 부분만 소개하기로 한다. 일본 심사지침서는 일본 특허청 홈페이지에 게재된 영문판 심사지침서를 기반으로 하였다.[2]

## Ⅱ. 진보성 판단의 기본 법리

### 1. 진보성 판단 절차

우리 심사지침서는 진보성 판단의 절차가 다음의 네 단계로 구성된다고 설명한다.[3]

① 발명의 특정;

② 인용기술의 특정;

1) 특허청, 「특허·실용신안 심사지침서」, 2011.

2) 〈http://www.jpo.go.jp/cgi/link.cgi?url=/shiryou/kijun/kijun2/tukujitu_kijun.htm〉.

3) 특허청, 심사지침서, 3303면.

③ 발명과 인용기술의 차이점 특정;

④ 통상의 기술자가 인용기술로부터 발명을 용이하게 도출할 수 있는지 여부의 판단[4)]

이하 각 단계의 의미에 대하여 구체적으로 살펴본다.

## 2. 청구발명의 특정

진보성 판단을 위한 발명의 특정은 신규성 판단을 위한 것과 동일하다.[5)] 즉, 청구발명(claimed invention)의 내용을 특정하는 절차는 신규성 판단 전에 이미 이루어져야 하고 신규성 판단 시에 적용된 내용은 진보성 판단 시에 그대로 적용되어야 한다.[6)] 다만, 청구발명이 등록 전에 특정되는 내용과 등록 후에 특정되는 내용은 달라질 수 있다. 아직 우리나라에서는 해당 법리가 정식으로 도입되지 않았지만, 미국에서는 그 법리에 따라 등록 전 심사단계에서는 해당 청구발명을 합리적인 한도 내에서 최대한 넓게 해석한다. 이를 소위 '합리적 최광의 해석의 원칙(broadest reasonable interpretation doctrine)'이라고 칭한다.[7)] 물론, 등록 후에는 (재등록 출원 및 재심사 절차를 제외하고는) 그 원칙은 적용되지 않고 그 청구발명의 정확한 범위를 해석한다.[8)]

---

4) 일본 심사지침서도 유사한 내용을 설명한다. 일본 심사지침서, 17면("For details, after the claimed invention and one or more cited inventions have been identified, one of the cited inventions most suitable for the reasoning is selected, and the claimed invention and cited invention are compared to find the correspondences and differences between the matters used to specify the claimed invention and matters used to specify the cited invention. Then, reasons for denying the presence of an inventive step of the claimed invention are sought based on the details of this or other cited invention(s) (including well known and commonly used arts) and the common general knowledge.").

5) 특허청, 심사지침서, 3303면.

6) 특허발명은 특허성 판단 시와 침해 판단 시에 동일하게 해석되어야 한다. Donald Chisum, 2 *Chisum on Patents* 5.03[5] ("In the PTO, during original examination of an application and reexamination of a patent, claims are given the broadest reasonable construction, In a validity challenge, claims are read more narrowly in the light of the specification and prosecution history. Also a court must maintain a consistent construction of a claim in determining infringement and validity.").

7) Atlantic Thermoplastics Co. v. Faytex Corp., 970 F.2d 834, 846 (Fed. Cir. 1992) ("This court permits the PTO to give claims their broadest reasonable meaning when determining patentability.").

8) 등록 후 재심사(post-grant review), 양 당사자 재심사(inter partes review)에서는 합리적 최광의 해석의 원칙을 적용하지 않아야 한다는 주장이 있다. 그 주장에 대한 반박은 다음 사이트 참고:

발명의 내용은 청구항의 기재가 명확한 경우에는 그 기재대로 정해진다. 그러나 청구항에 기재된 많은 용어 중 일부의 의미가 불명확한 경우가 대부분이라고 생각된다. 혹은 해당 용어의 의미가 비교적 명확한 경우에도 심판 또는 소송의 당사자가 심판/소송 전략상 그 의미에 대하여 다투는 경우도 있을 것이다. 청구항에 기재된 용어의 의미에 대하여 이견이 있는 경우에는[9] 출원인/특허권자의 의도가 중요한 것인지 아니면 통상의 기술자의 이해가 중요한 것인지에 대하여 선택을 하여야 한다. 우리 심사지침서는 출원인/특허권자가 해당 용어의 의미를 명시적으로 정의한 경우에는 그 정의에 따르고 그러한 정의가 없는 경우에는 통상의 기술자가 이해하는 바에 따른다고 설명한다.[10] 미국에서 사전, 교과서 등 외부증거와 명세서, 출원이력 등 내부증거의 증거로서의 중요도를 따진 *Phillips v. AWH* 사건에서 내부증거를 우선적으로 살피고 그 후 외부증거를 살핀다는 법리를 정립하였는데,[11] 그 법리와 우리 심사지침서의 설명이 상응하는 것으로 이해된다.

발명적 사상은 청구항에 기재된 바에 따라 정해지며 명세서에서 설명한 바에 따라 정해지는 것이 아니다. 그러나, 청구발명의 의미를 이해하기 위하여 명세서를 참작할 수 있다.[12] 이러한 원칙을 소위 '명세서 참작의 원칙'이라고 칭한다. 그러한 참작으로 인하여 명세서에 기재된 사항을 청구항에 끌어들여서 제한해석 하여서는 아니 된다.[13] 이러한 원칙을 소위 '제한해석 금지의 원칙'이라고

〈http://www.patentspostgrant.com/lang/en/2013/11/changing-uspto-claim-construction-practices-will-kill-patent-litigation〉.

9) 청구항에 기재된 용어의 의미에 대하여 당사자가 이견을 표시하여야만 그 의미를 파악하는 것인가, 아니면 무효심판 심판부, 특허소송 법원 등이 직권으로 의미를 해석할 수 있는가?

10) 특허청, 심사지침서, 3208면.

11) Phillips v. AWH Corp., 415 F.3d 1303, 1318 (Fed. Cir. 2005) (*en banc*) ("However, while extrinsic evidence 'can shed useful light on the relevant art,' we have explained that it is 'less significant than the intrinsic record in determining 'the legally operative meaning of claim language.'").

12) 대법원 2006. 12. 22. 선고 2006후2240 판결("등록실용신안의 권리범위 내지 보호범위는 실용신안등록 청구범위에 기재된 사항에 의하여 정하여야 할 것이되, 거기에 기재된 문언의 의미내용을 해석함에 있어서는 문언의 일반적인 의미내용을 기초로 하면서도 고안의 상세한 설명의 기재 및 도면 등을 참작하여 객관적·합리적으로 하여야 하고, 실용신안등록 청구범위에 기재된 문언으로부터 기술적 구성의 구체적 내용을 알 수 없는 경우에는 명세서의 다른 기재 및 도면을 보충하여 그 문언이 표현하고자 하는 기술적 구성을 확정하여 등록실용신안의 권리범위 내지 보호범위를 정하여야 한다.").

13) 특허청, 심사지침서, 3209면("비록 발명의 상세한 설명 또는 도면에 의하여 청구항에 기재된 사항을 이해하는데 참작은 하더라도 청구항의 일부가 아닌 한정사항을 청구항으로 가져와 특

칭한다. 실무에서 명세서 참작의 원칙의 적극적인 적용은 자칫 제한해석 금지의 원칙에 반하는 해석을 초래한다. 반대로 세한해석을 피하기 위하여 명세시 참작을 소극적으로 하게 되는 경우 출원인의 의도가 반영되지 않는 결과를 초래한다. 이러한 명세서 참작의 원칙과 제한해석 금지의 원칙의 긴장관계에 대하여는 제2장 제2절에서 "청구항 용어해석: 명세서의 적절한 참작 v. 청구항의 부당한 한정"의 제목 아래 검토한다.

명세서가 어떤 용어를 통상의 기술자가 명확히 이해할 수 있도록 명시적으로 정의한 경우에는 그 정의에 따르면 된다. 그런데 명시적으로 정의한 정도에는 미치지 못하지만 출원인의 의도가 내재적으로 이해되는 경우 그 의도를 반영하여야 하는지에 대하여는 의견이 있을 수 있다. 또, 명세서가 어떤 용어를 '정의'한 정도에는 미치지 못하나 '설명'하는 경우에 그 설명에 따라 발명을 특정할 수 있는지, 아니면 '설명'은 정의에 미치지 못하므로 그 설명을 반영하지 않아야 하는지에 대하여도 이견이 있을 수 있다.[14)]

### 3. 인용기술의 특정

선행기술(prior art) 중 해당 발명의 진보성과 대비하기 위하여 인용되는 기술을 인용기술(cited prior art, reference)이라고 칭한다. 당연히, 많은 선행기술 중 해당 발명과 가장 유사한 것이 인용기술로 선택된다.[15)] 유럽에서는 이러한 인용기술을 최근접 선행기술(closest prior art)이라고 칭하고 우리 심사지침서는 '가장 가까운 인용발명'이라고 칭한다. 심사지침서는 인용기술에 해당하는 용어를 인용'발명'이라고 칭하는데, 발명의 진보성을 판단하기 위하여 인용되는 정보가 반드시 발명일 필요는 없으므로[16)] 인용발명이라는 표현보다는 인용'기술'이라는 것이 더

---

정하지 않는 것이 중요하다. 예를 들어 청구항에 기재된 사항이 실시예보다 포괄적인 경우 발명의 상세한 설명에 기재된 특정 실시예로 제한 해석하여 신규성, 진보성 등을 판단해서는 아니된다.").

14) 대법원 2010. 12. 23. 선고 2009후436 판결("특허의 명세서에 기재된 용어는 명세서에 그 용어를 특정한 의미로 정의하여 사용하고 있지 않은 이상 당해 기술분야에서 통상의 지식을 가진 자에게 일반적으로 인식되는 용어의 의미에 따라 명세서 전체를 통하여 통일되게 해석되어야 한다(대법원 2008. 2. 28. 선고 2005다77350, 77367 판결 등 참조).").

15) 특허청, 심사지침서, 3303면("청구항에 기재된 발명과 「가장 가까운 인용발명」을 선택하고 양자를 대비하여 그 차이점을 명확히 한다.").

16) 예를 들어, 영업방법발명의 진보성을 판단하는 경우, 기술적 사상의 창작이 아니어서 발명이 아닌 선행기술A와 기술적 사상을 가진 선행기술B를 결합하여 해당 영업방법발명의 진보성을 판단할 수 있다. 그 경우 선행기술A는 비록 인용발명은 아니지만 인용기술은 될 수 있는 것이다.

정확하고 포괄적이라고 생각된다.[17]

인용기술은 출원(일)(우선일) 당시 공중이 이용할 수 있었던 것이다. 그러므로 당시의 공중의 접근 가능성(public accessibility)을 판단하는 것이 중요하다. 이에 관하여는 제3장 제4절에서 "간행물의 반포시기"라는 제목으로 다룬다.

신규성 판단의 장면에서는 인용기술이 그 스스로 용이실시 요건을 충족하여야 한다. 신규성 요건을 둔 이유는 그 당시 공중의 지식이 된 발명에 대하여 특허를 다시 부여하지 않기 위해서이다. 선행기술에 기재된 내용이 공중의 지식이 되기 위해서는 통상의 기술자가 기술상식에 기초하여 해당 선행기술의 내용을 용이하게 실시할 수 있어야 한다. 선행기술이 그 자체로 용이실시 요건을 충족하여야 한다는 점을 미국,[18] 유럽[19] 및 일본의[20] 법리는 명확하게 하고 있는데, 우

17) 참고로, 중국은 인용기술을 '대비문건(對比文件)'이라고 칭한다.

18) Kenneth R. Walton, *The Use of Evidence Extrinsic to a Single Source to Support Anticipation*, 20 Rutgers Computer & Tech. L.J. 339, 343 (1994) ("A prior art reference must not only disclose a claimed invention in order to be an anticipation; the reference must describe the invention in such full, clear, and exact terms so as to enable a person possessing ordinary skill in the pertinent art to practice the invention."); American Calcar, Inc. v. American Honda Motor Co., Inc., 651 F.3d 1318, 1341 (Fed. Cir. 2011) ("To be anticipatory, a reference must describe, either expressly or inherently, each and every claim limitation and enable one of skill in the art to practice an embodiment of the claimed invention without undue experimentation."); Sean B. Seymore, *Rethinking Novelty in Patent Law*, 60 Duke L.J. 919, 920−921 (2011) ("To qualify as novelty−defeating prior art, the reference must satisfy three conditions. First, it must predate the applicant's invention or … Second, every element of the claimed invention must be identically disclosed or described within the four corners of the prior art reference. … Third, the reference must be enabling. This means that the reference must disclose the subject matter in sufficient detail to enable a person having ordinary skill in the art (PHOSITA) to make it without undue experimentation. If a reference meets all three criteria, it 'anticipates' the claim and renders it unpatentable (or invalid) for lack of novelty because the subject matter is considered to be in the public's possession.").

19) EPO, *Guidelines for Examination*, Part C, Chapter IV, §6.3 ("Subject−matter can only be regarded as having been made available to the public, and therefore as comprised in the state of the art pursuant to Art. 54(1), if the information given to the skilled person is sufficient to enable him, at the relevant date (see IV, 9.3), to practise the technical teaching which is the subject of the disclosure, taking into account also the general knowledge at that time in the field to be expected of him (see T 26/85, OJ 1−2/1990, 22, T 206/83, OJ 1/1987, 5 and T 491/99, not published in OJ).").

20) 일본 심사기준은 앞서 살핀 선행기술의 개시요건을 "第II部 第2章 新規性·進歩性, 1.5.3⑶①"에서 규정한 후 "第II部 第2章 新規性·進歩性, 1.5.3⑶②"에서 "또한 어떤 발명이 통상의 기술자가 해당 간행물의 기재 및 출원시의 기술상식에 근거하여 물건발명의 경우에는 그 물건을 제작하고, 방법발명의 경우에는 그 방법을 사용할 수 있도록 명확하게 간행물에 기재되어 있지 않은 때에는 그 발명을 인용발명으로 할 수 없다"라고 설명하고 있어 선행기술이 개시 요건은 물론 용이실시 요건도 만족해야 한다는 점을 명확하게 하고 있다.

리 법원은 선행기술이 개시 요건과는 별개로 용이실시 요건을 충족하여야 한다는 점에 대하여 직접적으로 판시하고 있지 않다.[21] 이와 같은 결론을 내릴 수 있는 것은 선행기술의 용이실시 여부가 자주 문제가 되는 선택발명을 다루는 판례에서도 선행기술의 용이실시 여부를 판단한 사례가 없기 때문이다. 특허법원의 한 판결에서,[22] 구체적 개시 여부를 판단하며 첫째, 선행기술로부터 통상의 기술자가 해당 발명을 용이하게 인식할 수 있다고 보고, 둘째, 선행기술로부터 통상의 기술자가 해당 발명을 용이하게 제조할 수 있다고 본 사례가 있는 정도이다. 첫째 부분은 내재적 개시 요건에 해당하고 둘째 부분은 용이실시 요건에 해당할 것인데 특허법원은 그 두 부분을 합쳐서 구체적 개시 요건으로 보았다. 그 외 선행기술의 용이실시 요건을 제시한 우리의 판례는 없는 것으로 보인다.[23] 이러한 선행기술 용이실시 요건은 발명의 진보성 판단의 장면에서는 적용되지 아니한다. 즉, 그 자체로 미비한 선행기술이라 하더라도 다른 선행기술과 합쳐져서 해당 발명을 용이하게 도출할 수 있는 것이라면 그 미비함에도 불구하고 진보성 판단을 위한 선행기술로 인용될 수 있는 것이다.

인용기술은 원칙적으로 발명과 동일한 기술분야에 속하는 것이거나 적어도 유사한 기술분야에 속하는 것이어야 한다.[24] "여기서 같은 기술분야란 원칙적으로 당해 발명이 이용되는 산업분야를 말하는 것이나, 청구항에 기재된 발명의 효과 혹은 발명의 구성의 전부 또는 일부가 가지는 기능으로부터 파악되는 기술분야도 포함된다."[25] 선행기술과 발명의 기술분야가 동일하지 않더라도 "통상의 기술자가 특정 기술적 과제를 해결하기 위해 참고할 가능성이 있는 경우"에는 유사한 기술분야에 속하는 것으로 인정이 될 수 있고[26] 그러한 기술분야의 유사성은 "양 기술분야의 관련성, 과제해결의 동일성, 기능의 동일성 등"을 바탕으로

21) 김관식, "발명의 동일성", 「산업재산권」 제23호, 한국산업재산권법학회, 2007, 280－281면("따라서, 특정한 금속 화합물의 구성비가 선행기술문헌에 기재되어 있으나, 당업자가 그 구성을 제조할 수 있는 방법에 대해서는 기재가 되어 있지 않는 경우, 동일한 금속화합물에 대하여 특허가 출원된 경우에는 한국에서는 [그] 선행기술문헌을 인용발명으로 활용할 수 있다.").

22) 특허법원 2007. 11. 9. 선고 2007허2285 판결.

23) 본 문단에 대한 자세한 내용은 다음 참고: 정차호·신혜은, "선택발명의 신규성: 선행기술의 개시 요건 및 용이실시 요건", 「법조」 통권 제666호, 법조협회, 2012, 222면.

24) 특허청, 심사지침서, 3303면("진보성 판단의 비교 대상인 인용발명은 원칙적으로 출원발명과 같은 기술분야에 속하거나 출원발명의 기술적 과제, 효과 또는 용도와 합리적으로 관련된 기술분야에서 선택되어야 한다.").

25) 상동, 3303면.

26) 상동, 3303－3304면.

검토한다.[27]

### 4. 통상의 기술자 수준

심사지침서는 통상의 기술자가 다음 모두를 할 수 있는 특허법상의 상상의 인물이라고 설명한다.[28]

① 출원 전의 해당 기술분야의 기술상식(common general knowledge)을 보유한 자;

② 출원발명의 과제와 관련되는 출원 전의 기술수준(state of the art)에 있는 모든 것을 입수하여 자신의 지식으로 할 수 있는 자;

③ 실험, 분석, 제조 등을 포함하는 연구 또는 개발을 위하여 통상의 수단을 이용할 수 있는 자;

④ 공지의 재료 중에서 적합한 재료를 선택하거나 수치범위를 최적화하거나 균등물을 치환하는 등 통상의 창작능력을 발휘할 수 있는 자.

#### 가. 기술상식

통상의 기술자가 고급기술자도 천재도 발명가도 아니지만 해당 기술분야에서 익히 알려진 기술은 이미 안다고 보아야 한다. 그 익히 알려진 기술을 심사지침서는 '기술상식'이라고 칭한다. "기술상식이란 통상의 기술자에게 일반적으로 알려져 있는 기술(예를 들어, 주지기술, 관용기술) 또는 경험칙으로부터 분명한 사항을 말한다."[29][30]

#### 나. 기술수준

심사지침서는 '기술수준'을 법 제29조 제1항 각 호의 하나에 속하는 기술 이외에 기술상식 등을 포함하는 기술적 지식에 의하여 구성되는 기술의 수준을 말하는 것으로 설명한다.[31][32] 그리고 통상의 기술자는 그 기술수준에 있는 모든

27) 상동, 3304면.

28) 상동, 3302면.

29) 상동, 3212면.

30) 상동, 3316면("'주지기술이란 그 기술에 관해 상당히 다수의 문헌이 존재하거나, 또는 업계에 알려져 있거나, 혹은 예시할 필요가 없을 정도로 잘 알려진 기술과 같이 그 기술분야에서 일반적으로 알려진 기술을 말하며, '관용기술'은 주지기술 중 자주 사용되고 있는 기술을 말한다."). 공지기술과 공용기술이 별개의 것이듯이 주지기술과 관용기술은 별개의 것이다. 즉, 관용기술이 반드시 주지기술 중의 것이어야 할 필요가 없다.

31) 상동, 3302면.

32) 일본 심사지침서, 16면("The expression 'state of the art' includes 'an invention prescribed in

것을 입수하여 자신의 지식으로 할 수 있는 자라고 본다.[33][34] 즉, 일반적으로 널리 알려진 기술인 기술싱식은 물론 선행기술이 개시하고 있는 모든 기술도 자신의 지식으로 만들 수 있는 자이다.

그런데, 선행기술 중에는 초급기술 및 중급기술도 존재하지만 고급기술도 존재할 것이다. 중급 기술자 정도로 분류되는 통상의 기술자가[35] 선행기술을 검색할 수 있는 능력은 있다고 보아야 하지만 모든 선행기술을 자신의 지식으로 할 수 있는 자라고 볼 수 있는가? 만약, 그러하다면 통상의 기술자는 고급 선행기술 모두를 검색하고 자신의 지식으로 하여 급기야 고급 기술자 나아가 최고급 기술자가 될 수 있을 것이다. 필자는 통상의 기술자는 기술상식은 이미 갖추고 있고 해당 기술분야 또는 유사 기술분야의 선행기술 모두를 검색할 수 있는 능력이 있고 그렇게 검색된 선행기술을 '이해'할 수 있는 자라고 보아야 한다고 생각한다. 즉, 중급의 통상의 기술자이지만 고급기술을 개시하는 선행기술도 이해는 할 수 있는 자라고 보아야 한다. 선행기술을 자신의 지식으로 하는 것과 선행기술을 이해하는 것은 서로 다른 것이다.

진보성 판단의 장면에서 통상의 기술자의 수준이 어떠한지에 대하여는 여러 의견이 있지만, 적어도 필자와 유럽특허청은 그 장면에서 통상의 기술자는 기술상식은 기본적으로 알고 있되 그 외에는 제시된 선행기술만 아는 것으로 본다. 통상의 기술자가 모든 선행기술을 다 아는 것이 아니라 제시된 선행기술만 알면서 진보성을 판단하여도 결과는 다르지 않다고 생각한다.[36]

---

any of the items of the preceding paragraph,' common general knowledge, and other technical knowledge or information.").

33) 상동.

34) 일본 심사지침서는 통상의 기술자를 개인은 물론 나아가 전문가 그룹이 될 수도 있다고 설명한다. 16면("Further, for some inventions, it is appropriate to consider these persons skilled in the arts to be a "team of experts"in several fields rather than individual person.").

35) 통상의 기술자의 수준에 대하여는 제5장 제1절에서 "통상의 기술자의 기술수준"이라는 제목으로 검토한다.

36) CLR I D 7.3 Skilled person－level of knowledge ("The same level of skill has to be applied when, for the same invention, the two questions of sufficient disclosure and inventive step have to be considered (T 60/89, OJ 1992, 268; T 373/94). T 694/92 (OJ 1997, 408) added that, although the same level of skill is applied for both Art. 56 and Art. 83 EPC 1973, the two starting points differ; for inventive step purposes, the skilled man knows only the prior art; for sufficiency of disclosure, he knows the prior art and the disclosed invention.").

### 5. 용이도출 여부의 판단

진보성 판단의 핵심작업은 통상의 기술자가 출원 당시 최근접 선행기술로부터 해당 발명을 용이하게 도출할 수 있는지 여부, 즉 '용이도출' 여부의 판단이다. 용이도출 판단과 관련하여 심사지침서는 다음과 같은 사례를 제시한다.

#### 가. 발명의 시사(示唆)(implication)

"인용발명의 내용 중에 청구항에 기재된 발명에 대한 시사가 있으면 통상의 기술자가 인용발명에 의하여 청구항에 기재된 발명을 용이하게 발명할 수 있다는 유력한 근거가 된다."[37)][38)] 인용기술에 발명의 도출을 용이하게 하는 시사가 없다고 곧바로 진보성을 인정할 필요는 없지만 시사가 존재하는 경우에는 용이도출을 인정하기가 쉽다. 그러나, 그 경우에도 시사가 존재한다고 하여 곧바로 용이도출을 인정할 정도는 아니라고 생각된다. 예를 들어, 시사가 존재하면서도 동시에 역교시가 존재할 수도 있기 때문이다. 그런 견지에서 심사지침서는 그러한 '시사'가 용이도출을 인정할 '유력한' 근거가 된다고 설명한다. 미국의 TSM 테스트는 교시(teaching), 제안(suggestion) 및 동기(motivation)의 3가지를 제시하고 있는 점을 감안하면 우리 심사지침서에서 말하는 시사는 교시에 상응할 것이되, 제안 및 동기도 시사의 범주에 포함시키는 것으로 이해되어야 할 것이다. 교시 또는 시사와 제안 또는 동기를 구분할 특별한 이유가 없다고 생각된다.

#### 나. 과제의 공통성

심사지침서는 과제 공통성과 관련하여 다음과 같이 설명한다. "인용발명과 청구항에 기재된 발명의 과제가 공통된 경우에 그것은 통상의 기술자가 인용발명에 의하여 청구항에 기재된 발명을 용이하게 발명할 수 있는 유력한 근거가 된다."[39)][40)]

37) 특허청, 심사지침서, 3305면.

38) 일본 심사지침서는 다음과 같이 표현한다. 21면("Implications shown in the cited inventions relevant to the claimed invention are strong grounds for the reasoning that a person skilled in the art could derive the claimed invention from the cited inventions.").

39) 특허청, 심사지침서, 3305-3306면.

40) 일본 심사지침서는 다음과 같이 표현한다. 18면("A close similarity found between problems to be solved in the inventions provides strong grounds for the reasoning that the claimed invention is an idea at which a person skilled in the art could arrive by applying or combining the cited inventions.").

그런데, 발명의 과제가 공통되는 점이 진보성 판단에 그 정도로 중요한(유력한) 것인가? 통상 발명의 과제는 선행기술의 문제점을 해결하는 것이다. 만약, 그 선행기술이 그 전에 존재하는 기술적 문제점을 해결하기 위하여 노력하였는데 실패하였고 그 후 대상 발명이 그 문제점을 해결하였다면 그 선행기술과 대상 발명은 동일한 과제에 관한 것이 된다. 그 경우에도 과제가 동일하다는 이유로 진보성이 부정되어서는 곤란하다.

한편, 유럽의 진보성 판단법리인 과제－해결 접근법은 발명의 과제(problem)를 중요하게 보는데 선행기술과 발명의 과제가 동일 또는 공통된다고 하여 그 선행기술이 진보성 부정의 유력한 증거가 되지는 않는다. 나아가, 진보성 판단은 선행기술로부터 해당 발명을 도출하는 것이 용이한지 여부를 판단하는 것이며 그 판단은 선행기술의 구성을 변경하여 해당 발명의 구성을 도출할 수 있는지 여부를 중심으로 진행된다. 그러므로, 구성과 무관한 과제가 지나치게 중요한 역할을 하는 것은 바람직하지 않다.

또, 지난 3년간 대법원은 발명의 목적, 구성, 효과를 종합적으로 판단하면서도 발명의 목적에 대하여는 판단하지 않거나 중요하게 고려하지 아니하는 경향을 보인다. 그런데, 통상 발명의 목적이 선행기술의 문제점을 해결하는 것이므로 발명의 '목적'과 발명의 '과제'가 다른 것이 아니라고 생각된다. 그렇다면 대법원은 발명의 목적(과제)을 구성 및 효과보다 덜 중요하게 고려하는 것이다. 즉, 발명의 목적(과제)이 선행기술의 그것과 공통된다고 하여 진보성 부정의 유력한 근거가 될 수는 없는 것이다.

### 다. 기술분야의 관련성

심사지침서는 기술분야의 관련성에 대하여 다음과 같이 설명한다. "출원발명과 관련되는 기술분야의 공지기술 중에 기술적 과제 해결과 관계되는 기술수단이 존재한다는 사실은 통상의 기술자가 인용발명에 의하여 청구항에 기재된 발명을 용이하게 발명할 수 있다는 유력한 근거가 된다."[41]

해당 발명의 기술분야가 아닌 기술분야에서의 선행기술은 진보성 판단을 위

41) 일본 심사지침서는 다음과 같이 표현한다. 18면("The inventions to which any technical means of the related technical field is attempted to be applied to solve the problems in the inventions are the inventions created by exercising the ordinary creativity of a person skilled in the art.").

하여 인용하기 어려운 면이 있다. 그 기술분야에서의 중급의 기술자인 통상의 기술자가 다른 기술분야의 선행기술을 검색할 가능성이 낮고 기술분야의 관련성이 낮으면 낮을수록 검색의 가능성도 더 낮아질 것이다. 해당 기술분야의 선행기술이 아니라 하더라도 그 선행기술의 기술적 과제가 해당 발명의 그것과 흡사한 경우에는 통상의 기술자가 그 선행기술을 검색할 수 있다고 보아야 한다. 그런데, 심사지침서는 그러한 점을 설명하지는 않고 그러한 선행기술이 존재한다는 사실이 진보성 부정의 유력한 근거가 된다고 설명하고 있다. 어떤 선행기술이 인용될 수 있는 것인지의 여부와 용이도출의 여부는 다른 사항이다. 이러한 (비)유사 기술분야 선행기술에 대한 법리는 제3장 제3절에서 검토된다.

### 라. 통상의 창작능력

심사지침서는 통상의 기술자의 통상의 창작능력의 예로 "균등물에 의한 치환", "단순한 설계변경", "구성요소의 생략", "단순한 용도 변경", "공지기술의 일반적인 적용" 등을 제시하고 있다. 이하, 각 사항에 대하여 알아본다.

#### 1) 균등물에 의한 치환

균등물에 의한 치환이 있는 경우의 진보성 판단에 관하여 심사지침서는 다음과 같이 설명한다.

> "발명의 구성 일부를 동일 기능을 수행하고 호환성이 있는 공지의 구성으로 치환하는 것은 더 나은 효과를 갖는 등의 특별한 사정이 없는 한 통상의 기술자의 통상의 창작능력의 발휘에 해당하여 진보성이 인정되지 않는다. 여기서 <u>균등물</u>에 의한 치환이 통상의 기술자가 가지는 통상의 창작능력의 발휘에 해당한다고 하기 위해서는 치환된 공지의 구성요소가 균등물로서 기능한다는 사실만으로는 충분하지 않으며 <u>그 치환이 출원 시에 통상의 기술자에게 자명하여야</u> 한다. 이 때 치환된 구성요소가 균등물로서 기능한다는 사실이 출원 전에 알려져 있는 등 그 균등성이 해당 기술분야에서 이미 알려져 있는 경우 그 치환이 통상의 기술자에게 자명하다는 증거가 될 수 있다."[42]

이 설명에서는 '균등물'이라는 용어를 사용하면서 그것이 무엇을 말하는지에 대해서는 설명을 직접 하지는 않고 있는데, 문맥에 의하면 균등물이란 선행기술의 한 구성과 동일한 기능을 수행하는 발명의 한 구성을 뜻하는 것으로 보인다.

---

42) 특허청, 심사지침서, 3307-3308면.

그런데 선행기술의 어떤 한 구성요소가 발명의 구성요소와 동일한 기능을 수행한다고 하여 그 구성요소를 채용(치환)하는 것이 통상의 기술자에게 용이한 것이었다고 보기는 어려울 것이다. 그래서 심사지침서는 그러한 "치환이 출원 시에 통상의 기술자에게 자명하여야 한다"고 설명한다. 그런데, 용이도출이 출원 시에 통상의 기술자에게 자명한지 여부를 판단하는 장면에서 치환이 출원 시에 통상의 기술자에게 자명한지 여부를 다시 판단하여야 한다고 하는 점은 똑같은 판단내용을 약간 다른 용어를 사용하여 다시 표현하는 것에 지나지 않아 보인다. 이전의 구성으로부터 새로운 구성의 '치환'과 이전의 구성으로부터 새로운 구성의 '용이도출'이 다르지 않은 표현이라고 생각된다.

2) 단순한 설계변경

단순한 설계변경과 관련하여 심사지침서는 다음과 같이 설명한다.

"청구항에 기재된 발명이 인용발명의 기술사상을 그대로 이용한 채 단순히 적용상의 구체적 환경변화에 따라 설계 변경한 것이고, 그로 인해 더 나은 효과가 있는 것으로 인정되지 않을 때에는 특별한 사정이 없는 한 통상의 기술자의 통상의 창작능력의 발휘에 해당하여 진보성이 인정되지 않는다."[43]

'설계변경'이 무엇을 의미하는지에 대하여 심사지침서는 직접적으로 설명을 하고 있지는 않는데, 예로서 크기, 비율, 상대치수 등을 제시하고 있는 바에 따르면[44] 설계변경은 선행기술의 크기, 비율, 상대치수 등을 변경하는 것을 의미한다고 이해된다. 수치한정발명은 선행기술이 제시한 수치에 포함되는 일부 수치를 한정하는 것이고 그렇다면 수치한정발명도 일종의 설계변경이라고 생각된다. 수치한정발명에서 수치를 한정하는 것에 특별한 어려움이 없다면(특별한 사정이 없는 한) 진보성 판단의 초점은 그러한 수치한정으로 인한 효과가 있는지 여부에 있게 된다. 일본의 심사지침서도 단순한 설계변경에 대하여는 진보성이 부정될 수 있음을 설명하고, 그러나 진보성 존재를 추정할 수 있는 다른 근거가 제시되는 경우 그 근거와 종합적으로 판단하여야 함을 제시한다.[45]

---

43) 상동, 3308면.

44) 상동.

45) 일본 심사지침서, 17면("When the difference from the cited inventions only lies in any one of these modifications, the claimed inventions are usually regarded as obvious to a person skilled in the art, unless other grounds for presuming the presence of the inventive step in the claimed inventions are provided.").

3) 일부 구성요소의 생략

일부 구성요소의 생략과 관련하여 심사지침서는 다음과 같이 설명한다.

> "선행기술에 개시된 공지된 발명의 일부 구성요소를 생략한 결과 관련된 기능이 없어지거나 품질(발명의 효과를 포함한다)이 열화되는 경우에는 그러한 생략은 통상의 기술자에게 자명한 것으로 보아 진보성이 부정된다. 그러나 출원 시의 기술상식을 참작할 때 통상의 기술자의 통상적으로 예측 가능한 범위를 벗어나 일부 구성요소의 생략에도 불구하고 그 기능이 유지되거나 오히려 향상되는 경우에는 진보성을 인정할 수 있다."[46)]

구성요소의 생략은 필연적으로 기술적 범위의 확대를 초래한다. 그러므로 선행기술의 구성요소를 생략한 발명은 선행기술이 개시한 기술적 범위보다 더 넓은 범위를 청구하는 것이 되며 그러한 발명은 일반적으로는 특허를 받을 수 없다. 선행기술이 상위개념을 개시하고 선택발명이 하위개념을 청구하는 경우에는 특허가 가능하지만 그 반대 경우에는 일반적으로는 특허가 허여되지 않는 원리와 동일하다. 심사지침서는 "기능이 없어지거나 품질[효과]이 열화되는 경우"에 그러한 생략에 대하여 진보성이 부정되어야 한다고 설명하는데, 기능 또는 품질(효과)이 동일하여도 진보성이 부정되어야 할 것으로 생각된다. 다만, 구성요소 중 일부의 생략이 통상의 기술자에게 예측 가능하지 않고 나아가 새로운 효과를 거두는 경우에는 진보성이 인정될 수 있을 뿐이다.

4) 단순한 용도변경

단순한 용도변경과 관련하여 심사지침서는 다음과 같이 설명한다.

> "선행기술에 개시된 공지된 발명의 용도를 단순히 달리하거나 용도를 추가적으로 단순 한정하는 경우에는 진보성이 인정되지 않는다. 즉, 청구항에 기재된 발명이 용도의 변경 또는 용도의 추가적 한정에 의해서만 선행기술과 구별되는 경우, 출원 시 기술상식을 참작할 때 그 용도의 변경 또는 추가적 한정에 의해 더 나은 효과가 없으면 진보성은 인정되지 않는다."[47)]

선행기술을 단순히 변경한 발명에 대하여는 일반적으로 진보성이 인정되지 않아야 할 것이다. 위 심사지침서의 설명은 그러한 점을 다시 표현한 것에 불과

---

46) 특허청, 심사지침서, 3309면.

47) 상동.

하다. 선행기술의 용도를 단순히 변경한 발명에 대하여는 진보성이 인정되지 않아야 할 것이다. 그러나, 단순하지 않은 용도의 변경을 청구한 많은 용도발명이 특허되고 있다. 즉, 선행기술의 용도로부터 예측되지 않는 새로운 용도를 제시하고 그 새로운 용도로 인하여 새로운 효과가 거양되는 경우 그 용도발명의 진보성은 인정될 수 있는 것이다.

5) 공지기술의 일반적인 적용

공지기술의 일반적인 적용과 관련하여 심사지침서는 다음과 같이 설명한다.

> "선행기술에 기재되어 그 구성 및 기능이 이미 알려져 있는 공지의 기술을 출원발명의 기술적 과제 해결을 위해 필요에 따라 부가하여 그 기능대로 사용함으로써 예측 가능한 효과만을 얻은 경우에는 진보성이 인정되지 않는다. 다만, 출원 시 기술상식을 참작할 때 공지의 기술이 적용되어 다른 구성요소와 유기적 결합관계가 형성됨으로써 선행기술에 비해 더 나은 효과가 얻어지는 경우에는 진보성을 인정할 수 없다."[48]

위 설명의 앞 부분은 "선행기술에 기재되어 그 구성 및 기능이 이미 알려져 있는 공지의 기술"에 대하여 설명을 하고 있는데, 선행기술이 공지된 기술임을 감안하면 이상한 표현이라고 생각된다. 공지되지 않은 구성 또는 기능은 선행기술이 될 수 없는 것이다. 결합발명은 선행기술 두 개를 결합하는 것인데, 각 선행기술의 구성 및 기능은 이미 알려진 것이다. 그런데 그러한 결합이 용이한지 여부를 판단하는 것이 결합발명의 진보성 판단의 핵심작업이고 그 판단이 어려운 경우 그 결합으로 인한 시너지 효과가 있는 것인지를 검토하게 된다. 그러므로, 위 심사지침서 설명은 사실상 결합발명에 관한 것이 되고 결합발명이라는 관점에서 좀 더 정확히 기술될 필요가 있다.

### 마. 더 나은 효과의 고려

"청구항에 기재된 발명의 기술적 구성에 의하여 발생하는 효과가 인용발명의 효과에 비하여 더 나은 효과를 갖는 경우에 그 효과는 진보성 인정에 긍정적으로 참작할 수 있다."[49][50] 발명의 효과는 발명의 기술적 구성에 의한 것이어야

48) 특허청, 심사지침서, 3309－3310면.

49) 상동, 3310면.

50) 일본 심사지침서는 다음과 같이 표현한다. 21면("Advantageous effects of the claimed inventions explicitly described in the specifications etc. are taken into consideration as a fact

한다. 발명의 효과가 인정되더라도 그것만으로 바로 진보성이 인정되는 것은 아니고 진보성 인정에 긍정적으로 영향을 미칠 뿐이다.[51] 그러나, 구성변경의 곤란성에 대한 판단이 애매한 경우에는 그러한 긍정적인 영향이 판단에 중요한 영향을 미칠 수 있다. 심사지침서는 나아가 다음과 같이 설명하고 있다.

> "인용발명의 특정 사항과 청구항에 기재된 발명의 특정 사항이 유사하거나, 복수의 인용발명의 결합에 의하여 일견(一見), 통상의 기술자가 용이하게 생각해 낼 수 있는 경우에도 청구항에 기재된 발명이 인용발명이 가진 것과는 이질의 효과를 갖거나 동질이라도 현저한 효과를 가지며, 이러한 효과가 당해 기술수준으로부터 통상의 기술자가 예측할 수 없는 경우에는 진보성이 인정될 수 있다."[52][53]

결합발명에 있어서 그 결합이 통상의 기술자에게 용이한 경우 구성변경의 곤란성이 부정되어 진보성이 부정될 수 있다. 그런데 구성변경의 곤란성이 부정되는데도 불구하고 이질의 효과 또는 동질의 현저한 효과가 인정되는 경우에는 해당 발명의 진보성은 어떻게 판단되어야 하는가? 상기 심사지침서는 구성변경의 곤란성이 일견 인정되지 않더라도 그 곤란성이 결정적이지 않는 경우 이질의 효과 또는 동질의 현저한 효과가 진보성에 긍정적인 영향을 미칠 수 있다는 점을 설명한 것으로 보인다.

명세서에 기재되지 않은 효과를 출원일 후 보완할 수 있는지 여부와 관련하여 심사지침서는 다음과 같이 설명한다.

> "상세한 설명에 인용발명과 비교되는 더 나은 효과가 기재되어 있거나, 인용발명과 비교되는 더 나은 효과가 명세서의 상세한 설명에 직접 기재되어 있지 않더라도 통상의 기술자가 상세한 설명이나 도면에 기재된 발명의 객관적 구성으로부터 쉽게 인식할 수 있는 경우에는 의견서 등에서 주장·입증(예를 들면,

---

used for positively confirming the presence of the inventive step in the inventions.").

51) 일본 심사지침서의 동일한 표현, 21면(" … the inventive step of the claimed inventions is denied when the fact that the a person skilled in the art could have easily arrived at the claimed inventions is sufficiently reasoned, regardless of the presence of the advantageous effects.").

52) 특허청, 심사지침서, 3311면.

53) 일본 심사지침서의 동일한 표현, 21면("However, some inventive step may not be denied when the effect more advantageous to the claimed invention than the cited invention is distinctively beyond the expectation on the basis of the state of the art.").

실험결과)하는 더 나은 효과를 참작하여 진보성을 판단한다. 그러나 상세한 설명에 기재되어 있지 않고 상세한 설명 또는 도면의 기재로부터 통상의 기술자가 미루어 짐작할 수 없는 경우에는 의견서 등에서 주장·입증하는 효과는 참작해서는 안 된다."[54][55]

일반발명에 있어서는 발명의 효과에 관한 정성적 기재 또는 주장이 명세서에 존재하는 경우 그 효과에 관한 정량 데이터를 출원일 후 제출할 수 있다. 그러나, 발명의 효과에 관한 정성적 기재 또는 주장이 명세서에 명시적으로든 내재적으로든 존재하지 않는 경우 출원일 이후 제출되는 새로운 효과에 관한 정량 데이터는 진보성 판단에 있어서 고려되지 아니한다.

선택발명, 용도발명 등에 있어서는 (진보성 판단을 위하여) 발명의 '효과'가 일반발명에 비하여 더 중요한 위치를 점한다. 그런 견지에서 어떤 판례는 발명의 효과가 명세서에 기재될 것을 요구하고 정성 데이터이든 정량 데이터이든 출원일 이후의 제출을 금지한다.[56] 특히, 이러한 태도는 해당 발명이 용도발명인 경우 더 강하다.[57] 한편, 다른 판례는 (선택발명과 관련하여) 명세서는 발명의 효과

54) 상동, 3311면.

55) 일본 심사지침서의 유사한 표현, 22－23면("The effects claimed or proved in written opinions or etc., such as experimental results, are analyzed when the specifications provide effects more advantageous to the claimed inventions than the cited inventions and when person skilled in the art is able to presume effects more advantageous to the claimed inventions than the cited inventions from the descriptions of the specifications or drawings, although the advantageous effects are not explicitly described. However, the effects claimed or proven in the written opinions which a person skilled in the art is not able to presume from specifications, etc should not be analyzed.").

56) 대법원 2009. 10. 15. 선고 2008후736, 743 판결("선택발명의 진보성이 부정되지 않기 위해서는 선택발명에 포함되는 하위개념들 모두가 선행발명이 갖는 효과와 질적으로 다른 효과를 갖고 있거나, 질적인 차이가 없더라도 양적으로 현저한 차이가 있어야 하고, 이때 선택발명의 발명의 상세한 설명에는 선행발명에 비하여 위와 같은 효과가 있음을 명확히 기재하여야 하며(대법원 2003. 4. 25. 선고 2001후2740 판결, 대법원 2007. 9. 6. 선고 2005후3338 판결 등 참조), 위와 같은 효과가 명확히 기재되어 있다고 하기 위해서는 선택발명의 발명의 상세한 설명에 질적인 차이를 확인할 수 있는 구체적인 내용이나, 양적으로 현저한 차이가 있음을 확인할 수 있는 정량적 기재가 있어야 한다.").

57) 대법원 2007. 3. 30. 선고 2005후1417 판결("특히 약리효과의 기재가 요구되는 의약의 용도발명에 있어서는 그 출원 전에 명세서 기재의 약리효과를 나타내는 약리기전이 명확히 밝혀진 경우와 같은 특별한 사정이 있지 않은 이상 특정 물질에 그와 같은 약리효과가 있다는 것을 약리데이터 등이 나타난 시험예로 기재하거나 또는 이에 대신할 수 있을 정도로 구체적으로 기재하여야만 비로소 발명이 완성되었다고 볼 수 있는 동시에 명세서의 기재요건을 충족하였다고 볼 수 있다(대법원 2001. 11. 30. 선고 2001후65 판결, 2004. 12. 23. 선고 2003후1550 판결 등 참조).").

에 관한 정성적 주장만 하면 되고 정량적 데이터는 출원일 이후 제출될 수 있다고 한다.[58] 효과 데이터의 출원일 이후 제출 허용 여부에 관하여는 이렇듯 대법원이 하나의 입장을 정립하지 못하고 있다. 유럽특허청의 경우, 일반적으로 효과 데이터의 출원일 이후 제출을 허용하고 있고,[59] 일본의 경우, 일반적으로 허용하지 않고 있는데,[60] 그러한 유럽, 일본, 미국의 법리와 비교, 검토한 후 우리 법리를 정립할 필요가 있다고 본다.

## Ⅲ. 진보성 판단 시 고려되어야 할 기타요소

### 1. 사후고찰

"심사의 대상이 되는 출원의 명세서에 기재된 사항에 의하여 얻은 지식을 전제로 하여 진보성을 판단하는 경우에는 통상의 기술자가 인용발명으로부터 청구항에 기재된 발명을 용이하게 발명할 수 있는 것으로 인정하기 쉬운 경향이 있으므로 주의를 요한다."[61] 이 설명은 소위 사후고찰 금지의 원칙을 말한다.[62] 사후고찰을 방지하는 방안 및 사후고찰 사례연구에 대하여는 제5장 제7절 및 제8절에서 검토한다.

### 2. 역 교 시

역교시(teaching away)와 관련하여 심사지침서는 다음과 같이 설명한다.

---

58) 대법원 2003. 4. 25. 선고 2001후2740 판결("선택발명의 상세한 설명에는 선행발명에 비하여 위와 같은 효과가 있음을 명확히 기재하면 충분하고, 그 효과의 현저함을 구체적으로 확인할 수 있는 비교실험자료까지 기재하여야 하는 것은 아니며, 만일 그 효과가 의심스러울 때에는 출원일 이후에 출원인이 구체적인 비교실험자료를 제출하는 등의 방법에 의하여 그 효과를 구체적으로 주장·입증하면 된다.").

59) *EPO Guidelines*, Chapter C. Ⅳ. 5.3.5.

60) 知財高裁 平18年 2. 16. 平17(行ケ) 10205号; 知財高裁 平18年 10. 30. 平17(行ケ) 10820号; 知財高裁 平19年 7. 19. 平18(行ケ) 10487号 등.

61) 특허청, 심사지침서, 3319면.

62) 대법원 2007. 8. 24. 선고 2006후138 판결("어떤 발명의 진보성이 부정되는지 여부를 판단하기 위해서는 통상의 기술자를 기준으로 하여 그 발명의 출원 당시의 선행공지발명으로부터 그 발명을 용이하게 발명할 수 있는지를 보아야 할 것이고, 진보성이 부정되는지 여부의 판단 대상이 된 발명의 명세서에 개시되어 있는 기술을 알고 있음을 전제로 하여 사후적으로 통상의 기술자가 그 발명을 용이하게 발명할 수 있는지를 판단하여서는 아니 된다.").

"선행기술문헌이 그 선행기술을 참작하지 않도록 가르친다면, 즉 통상의 기술자로 하여금 출원발명에 이르지 못하도록 저해한다면 그 선행기술이 출원발명과 유사하더라도 그 선행기술문헌에 의해 당해 출원발명의 진보성이 부정되지 않는다. 이때 선행기술문헌에서 그 선행기술이 열등한 것으로 표현하였다는 사실만으로는 저해요인이라고 할 수 없다."[63][64]

해당 선행기술을 적용함에 대하여 역교시를 하는 표현이 그 선행기술 내에 존재하는 경우 그 선행기술을 적용하는 것이 일반적이지 않다고 볼 수 있다. 하지만, 그러한 역교시가 존재한다고 하여 그 선행기술에 대하여 막바로 진보성이 인정되어야 하는 것은 아니고 진보성 인정에 매우 강한 영향을 미칠 뿐이다. 예를 들어, 기술분야, 기능 등이 매우 동일한 경우 그러한 역교시에도 불구하고 용이도출이 인정될 수 있는 것이다.

한편, 해당 선행기술을 적용함에 대한 역교시 표현이 다른 선행기술에 존재하는 경우 그 역교시의 진보성 판단에 대한 부정적 영향은 상당히 줄어들 것이다. 발명자의 입장에서 그 다른 선행기술을 반드시 본다는 보장이 없기 때문이다.[65] 그러나 그러한 역교시 표현을 담은 다른 선행기술이 다수 존재하는 경우 그 역교시는 주지기술에 가까운 것이 되고 결과적으로 진보성 인정의 중요한 근거가 될 것이다.[66] 그와 유사하게 다른 선행기술이 해당 선행기술이 열등하다고 표현하였더라도 또 다른 선행기술이 해당 선행기술의 적용 가능성을 표현한 경우 그 또 다른 선행기술의 존재에 의하여 해당 선행기술이 적용되고 진보성이 부정될 수 있을 것이다.

63) 특허청, 심사지침서, 3318면.

64) 유사한 일본 심사지침서의 표현은 다음과 같다. 26면("The publications are inappropriate materials as cited inventions when they provide the descriptions that hinder a person skilled in the art from easily arriving at the claimed inventions.").

65) 이런 견지에서도 통상의 기술자는 모든 선행기술을 다 아는 자가 아니라 기술상식을 알되 제시된 선행기술을 이해하는 자이다. 이렇게 보는 경우 제시되지 않은 다른 선행기술의 역교시의 영향력은 줄어들 것이다.

66) 정차호, "특허성 판단 관련 사후고찰 및 역교시 사례연구", 「성균관법학」 제24권 제4호, 성균관대학교 법학연구소, 2012, 449면("그러나, 지도는 하나만 있는 것이 아니다. 그러므로 피고는 북쪽을 향하는 다른 지도를 제시하면 된다. 그런데 다른 지도들도 이구동성으로 남쪽을 이야기하고 있다면 그러한 선행기술의 총합은 역교시의 인정에 더욱 가깝게 할 것이다.").

### 3. 이차적 고려사항

심사지침서는 "진보성 판단시 고려되어야 할 기타 요소"라는 제목 아래 '역교시', '상업적 성공', '업계의 호평', '장기간 미해결 과제', '기술적 편견' 등을 이차적 고려사항(기타 요소)으로 제시한다.[67] 그런데 역교시 및 기술적 편견은 구성 변경의 곤란성이라는 1차적 요소를 판단하기 위한 증거이므로 이차적 고려사항이라고 보기는 어려워 보이고 나아가 '기타 요소'로 폄훼되기도 어려워 보인다. 일본에서도 당연히 상업적 성공이 (발명의 기술적 특징으로부터 기인한 것이라면) 진보성 판단에 긍정적인 영향을 미친다.[68]

### 4. 인용기술

주지관용기술에 관한 증거가 제출되어야 한다. 다만, 그 기술이 너무 잘 알려져 있어서 그러한 제출이 불필요한 경우에는 그러하지 아니하다.[69] 제출이 불필요한 경우를 구분하는 법리에 대한 설명이 필요하다.

명세서에서 적시하고 있는 선행기술은 진보성 판단을 위하여 사용될 수 있다.[70] 다만, 출원인이 그 선행기술이 공지되었음을 인정하여야 한다.[71]

---

67) 특허청, 심사지침서, 3318-3319면.

68) 일본 심사지침서, 27면("Commercial successes or facts following the successes are analyzed to positively support the presence of the inventive step insofar as the examiners are convinced by applicant-submitted assertions or proof that these facts are derived from the features of the claimed inventions, not from other factors such as sales promotion techniques or advertisements.").

69) 일본 심사지침서, 27면("Well-known or commonly used arts as references of the claimed inventions should be submitted since they are important materials constituting the state of the art, which can be grounds for a notice of reasons for refusal to a maximum extent, unless they are so well-known that the submission seems unnecessary.").

70) 일본 심사지침서, 27면("The Prior arts before the filing of the applications described in the specifications of the claimed inventions could be a basis of determining the inventive step of the claimed inventions.").

71) 일본 심사지침서, 27면("This can be accomplished by citing the prior arts as components of the state of the arts as of the filing when the applications admit that the prior arts are publicly known.").

## Ⅳ. 특수 청구항의 진보성 판단

### 1. 선택발명

선행기술로부터 실험적으로 최적 또는 호적의 것을 선택하는 발명은 일반적으로 단순한 설계변경에 해당되어 진보성을 인정받기 어렵다.[72] 그런데 그러한 단순한 설계변경의 결과로 이질적 효과 또는 동질의 현저한 효과가 나타나는 경우에는 그 설계변경이 단순하지 않은 것으로 변할 수 있다. 특히, 구성변경의 결과에 대한 예측 가능성이 낮은 기술분야에서는 더욱 그러하다. 선택발명의 진보성 판단에 관하여는 제5장 제3절에서 "선택발명의 진보성: 발명의 '구성' 판단 필요"라는 제목으로 검토한다.

### 2. 수치한정발명

"수치한정발명이란 청구항에 기재된 발명의 구성의 일부 [또는 전부]가 수량적으로 표현된 발명을 의미한다."[73][74] 수치한정발명은 그 성격이 선택발명과 매우 유사하므로 선택발명의 진보성 판단의 법리가 수치한정발명에도 적용될 수 있다. 다만, 수치한정발명의 특징으로 인하여 임계적 의의를 필요로 하는지에 대하여는 특이한 점이 있다. 즉, "청구항에 기재된 발명의 과제가 인용발명과 공통되고 효과가 동일한 경우에는 그 수치한정의 임계적 의의가 요구"되는 데 반해,[75] "청구항에 기재된 발명의 과제가 인용발명과 상이하고 그 효과도 이질적(異質的)인 경우에는 수치한정을 제외한 양 발명의 구성이 동일하여도 수치한정의 임계적 의의를 요하지 아니한다."[76][77]

---

72) 특허청, 심사지침서, 3311면("공지기술로부터 실험적으로 최적(最適) 또는 호적(好適)한 것을 선택하는 것은 일반적으로 통상의 기술자의 통상의 창작능력의 발휘에 해당하여 진보성이 인정되지 않는다.").

73) 특허청, 심사지침서, 3312면.

74) 일본 심사지침서, 23면("So-called numerical limitation inventions are inventions that provide descriptions limiting the inventions numerically by numerical ranges … ").

75) 일본 심사지침서의 유사한 표현, 24면("In addition, the following should be noted for considering the significance of critical range of so-called numerical limitations: The claimed inventions created on the extension of the cited inventions, or the claimed inventions that differ from the cited inventions only in the presence of numerical limitations and that share common problems to be solved, are required to provide a distinctive quantitative difference in numerical values between those outside the limitations and those inside the limitations.").

### 3. 파라미터 발명

"파라미터발명은 물리적·화학적 특성 값에 당해 기술분야에서 표준적인 것이 아니거나 관용되지 않는 파라미터를 출원인이 임의로 창출하거나, 복수의 변수 간의 상관관계를 이용하여 연산식으로 파라미터화 한 후, 발명의 구성요소의 일부로 하는 발명을 말한다."[78]

### 4. 제법한정물건발명

발명은 크게 물건발명과 방법발명으로 대별되는데, 물건발명은 그 물건의 구성으로 발명을 적시하고 방법발명은 그 방법의 경시적(經時的) 단계로 발명을 적시한다. 그런데 물건발명의 하나 이상의 요소를 구성이 아닌 그 구성을 제조하는 방법으로 적시한 발명을 소위 제법한정물건발명이라고 칭한다. 섞일 수 없는 이질적인 내용이 하나의 청구항에 섞여 있는 것이라고 생각된다.

제법한정물건발명의 진보성을 판단함에 있어서 판례는 제조방법에 의해서만 물건을 특정할 수밖에 없는 등의 특별한 사정이 없는 이상 당해 출원발명의 진보성 유무를 판단함에 있어서는 그 제조방법 자체는 고려할 필요 없이 그 특허청구범위의 기재에 의하여 물건으로 특정되는 발명만을 고려하면 된다고 설시하였다.[79][80][81] 여기서 "특별한 사정"이란 물건의 구성을 파악할 수 없거나 파악하

76) 특허청, 심사지침서, 3312면.

77) 일본 심사지침서의 유사한 표현, 24면("However, claimed inventions are not required to provide critical range of numerical limitations when the claimed inventions and the cited inventions are different in the problem to be solved as well as characteristics of the advantageous effect, regardless of the presence of matters used to specify the identical invention in both claimed inventions and cited inventions excluding numerical limitations.").

78) 특허청, 심사지침서, 3313면.

79) 대법원 2006. 6. 29. 선고 2004후3416 판결.

80) 일본 심사지침서의 유사한 표현, 26면(" … the examiners shall send a notice of the reasons for refusal for the lack of inventive step in the claimed invention when they have a reasonable doubt that products in the claimed inventions and cited inventions are similar enough to deny the inventive step of the claimed inventions, without comparing the products of the claimed inventions to those of the cited inventions to find exact corresponding and differing points.").

81) 제법한정물건 청구항의 특허성 및 침해 판단에 관한 글은 다음 참고. 정차호·신혜은, "제법한정물건 청구항의 해석에 관한 새로운 제안", 「성균관법학」 제22권 제1호, 성균관대학교 법학연구소, 2010.

기 어려운 경우를 대표적인 것으로 한다. 새로운 물질을 발명하였고 그 물질의 구성을 기재하기가 어렵기나 불가능한 경우 그 '물질'을 제조방법으로 적시할 수 있고 그 경우 청구되는 발명은 그 물질(물건)이 된다.

# 제 3 절 미국의 진보성 법리

## Ⅰ. 서 론

진보성과 관련하여 선행기술의 특정 방법, 통상의 기술자 수준의 특정 방법 등 다른 쟁점도 중요하다. 그러나, 이 부분에서는 진보성 판단의 핵심작업인 용이도출 여부의 판단과 관련된 미국의 법리에 대하여만 다룬다.

미국의 경우 자명성(obviousness) 또는 비자명성(nonobivousness)이라는 용어를 사용하여 우리나라가 사용하는 진보성(inventive step)이라는 용어와 다른 것을 사용한다. 그러나, 이 글에서는 미국의 '비자명성'을 표현하면서도 '진보성'이라는 표현을 그대로 사용하기로 한다.[1] 사실, 나라마다 진보성을 표현하는 용어가 조금씩 다른데 그때마다 다른 용어를 사용하는 경우 혼란만 야기할 것으로 생각된다. 예를 들어, 프랑스에서는 "inventive activity"라는 용어를, 독일, 이탈리아 등에서는 "inventive height"라는 용어를 사용하며, 사실 우리나라가 사용하는 진보성이라는 용어도 영어로 정확하게 표현하면 "progressiveness"가 더 적합할 것이다.[2]

## Ⅱ. 1952년 전의 미국의 진보성 법리

### 1. 초기 미국 특허법

초기 미국 특허법은 진보성에 관한 명문의 규정을 두지 않고, 신규성에 관한

1) 한·미 FTA 제18.8조 제7항 주22("본 조의 목적상 진보성은 '비자명성'과 동일어로 취급한다.").

2) Samson Vermont, *A New Way to Determine Obviousness: Applying the Pioneer Doctrine to 35 U.S.C. § 103(A)*, 29 AIPLA Q.J. 375, footnote 85 (2001) ("Other countries use the following terms in place of 'obviousness': 'inventive activity' (France), 'inventive height' (Germany, Italy, Scandinavia), 'progressiveness of the invention' (Japan), and 'inventive step' (Australia, Great Britain, Germany, Scandinavia, South Africa).").

규정만 두었다.[3)4)] 그러므로 (신규성 요건을 충족하는) 기술적 진보를 이루지 못하는 발명이 특허가 되는 문제가 발생하였다. 그런 문제에 대응하기 위하여 법원은 신규성 요건을 확대 해석하여 현대의 진보성 요건과 유사하게 운용하였다.[5)] 동 신규성 규정은 1870년에 개정되어 현대의 것과 유사한 것이 되었다. 특히, 선행기술을 공지·공용과 간행물의 종류로 구분하고 공지·공용에 대하여는 국내주의를, 간행물에 대하여는 국제주의를 취하는 점이 진일보된 면을 보이고 있다.[6)]

## 2. *Hotchkiss* 사건

발명의 진보성 요건을 특허성 요건으로 받아들인 사건으로는 *Hotchkiss* 사건이 주도적인 것으로 평가된다.[7)] 동 사건에서 미국연방대법원은 신규성 요건과는 별개의 요건으로서의 진보성 요건을 명시적으로 설시하기 시작하였다.[8)] 동 사건에서 대상 발명은 기존의 나무 또는 금속으로 제조된 문 손잡이(doorknob)를 진흙(clay) 또는 자기(porcelain) 손잡이로 대체한 것이었다. 법원은 해당 재료의 교체는 알려진 재료의 단순한 대체(mere substitution)에 불과하고 새로운 효과(new result)를 거두지 않으므로 특허가 될 수 없다고 보았다.[9)] 진흙(clay)이 여러

3) Patent Act of 1790, Ch. 7, 1 Stat. 109, Section 1 ("… any person … has or have invented or discovered any useful art, manufacture, engine, machine, or device, or any improvement therein not before known or used, …").

4) 1474년 베네치아 특허법은 약간 다른 표현을 사용하였는데, "새롭고 독창적인(new and ingenious)" 발명을 보호하였다. Samuel Oddi, *Beyond Obviousness: Invention Protection in the Twenty-First Century*, 38 Am. U. L. Rev. 1097, 1102-03 (1989).

5) Davis v. Palmer, 7 F. Cas. 154, 159 (C.C.D. Va. 1827) ("If, by changing the form and proportion, a new effect is produced, there is not simply a change of form and proportion, but a change of principle also.") (달리 말해, 구성의 외형이 다르기만 하여서는 신규성 요건을 충족하기에는 부족하고 그 다른 구성으로 인하여 효과도 달라야 한다는 설시로서, 현대의 진보성 판단 법리와 유사함).

6) Patent Act of 1870, Ch. 230, 16 Stat. 193-217, Section 24 ("That any person who has invented or discovered any new and useful art, machines, manufacture, or composition of matter, or any new and useful improvement therof, not known or used by others in this country, and not patented, or described in any printed publication in this or any foreign country, before his invention or discovery thereof …").

7) 미국에서 진보성(nonobviousness)라는 용어를 사용한 것은 1952년 법 개정에서부터이다. 그 이전에는 진보성 요건을 '발명성(invention)' 요건이라고 불렀다. Gregory Mandel, *The NonObvious Problem: How the Indeterminate Nonobviousness Standard Produces Excessive Patent Grants*, 42 U.C. DAVIS L. REV. 57, 82 (2008).

8) Hotchkiss v. Greenwood, 52 U.S. 248, 261 (1850).

9) *Id.* at 262.

형태로 제작될 수 있고 여러 다양한 용도로 적용될 수 있다는 것은 잘 알려진 (well known) 사실이므로,[10] 해당 대체는 발명자의 작업이 아니라 숙련된 기술자 (skillful mechanic)의 작업이라고 보았다.[11]

대상 판결은 주지기술을 적용하여 재료를 단순히 대체한 것에 불과하여 진보성이 인정되지 않는다는 것이다. 만약, 동 사실관계에 현대의 법리를 적용한다면, 혹시 신규성으로 거절할 수는 없을까? 선행기술과 발명의 차이가 주지기술임을 이유로 신규성을 부정하는 사례도 많지 않은가? 또, 위 설시는 우리나라의 진보성 법리와 어떻게 다른가? 효과와 주지기술을 거론하면서 진보성을 판단하는 사례도 많으리라고 생각된다.

대상 판결에서 진보성을 판단하는 자로 숙련된 기술자(skillful mechanic)가 아니라 발명자로 설정한 것은 현대의 시각에서 보면 흥미롭다. 미국에서 1952년 법 이후에는 통상의 기술자가 진보성 판단자로 설정되었는데 대상 판결에서는 통상의 기술자보다 조금 더 수준이 높은 것으로 보이는 숙련된 기술자가 용이하게 도출할 수 있는 결과물에 대하여는 진보성을 인정하지 않고 발명가에 의한 결과물에 이를 것을 요구하고 있다. 달리 말하면 이 당시에는 진보성의 문턱을 지금보다 조금 높게 설정하고 있는 것이다. 이러한 태도는 *Cuno* 판례에서 더욱 명확하게 표현된다.

### 3. *Cuno* 사건

1941년 *Cuno* 사건에서 연방대법원은 진보성 판단기준과 관련하여 매우 중요한 용어를 사용하였는데, 발명의 진보성이 인정되기 위해서는 천재성의 번뜩임 (flash of genius)이 인정되어야 한다고 설시하였다.[12] 이 표현에 의하면 특허는 천

---

10) *Id.* at 263.

11) *Id.* at 267 ("[U]nless more ingenuity and skill in applying the old method of fastening the shank and the knob were required in the application of it to the clay or porcelain knob than were possessed by an ordinary mechanic acquainted with the business, there was an absence of that degree of skill and ingenuity which constitute essential elements of every invention. In other words, the improvement is the work of the skillful mechanic, not that of the inventor.").

12) Cuno Engineering Corp. v. Automatic Devices Corp., 314 U.S. 84, 91 (1941) ("That is to say the new device, however useful it may be, must reveal the flash of creative genius not merely the skill of the calling. If it fails, it has not established its right to a private grant on the public domain.").

재에게나 부여되는 것이지 일반인에게는 부여되는 것이 아니다. 예상되는 바와 같이 이러한 표현으로 인하여 그 당시 많은 특허가 무효가 되거나 특허등록률이 매우 낮았을 것이다.[13] 특허가 잘 허여되지 않거나 설혹 허여되었더라도 쉽게 무효가 되는 현상은 시장에서의 경쟁을 선호하고 독점을 죄악시하는 경제학자들에게는 바람직한 것으로 해석되었을 것이다. 1920년대 이후 미국에서 반독점 분위기가 득세하는 와중에 특허제도는 위축되었고 그에 따라 특허권자가 피해를 보았을 것으로 생각된다.

## 4. *Great Atlantic Tea* 사건

1950년의 *Great Atlantic Tea* 사건에서 연방대법원은 결합발명과 주합발명의 차이에 관하여 설명하며, 결합발명의 경우 각 알려진 요소가 개별적으로 거두는 효과 이상의 시너지 효과를 거양하여야 한다고 설시하였다.[14] 1952년 법 개정이 제103조를 신설함에 따라 대상 판결의 판시는 파기되었다고 보아야 하는데, 그 취지는 그 후에도 살아남는다. 필자가 생각기로는 경직된 TSM 테스트를 파기한 *KSR* 판결로 인하여 진보성 판단의 객관성이 더 낮아지는 부작용이 초래될 것이고 그러한 부작용을 최소화하기 위해서는 무언가 객관적인 증거를 더 중요하게 다루어야 할 것인데 그러한 객관적인 증거 중 하나가 발명의 효과라고 생각된다.

한편, 발명의 효과가 진보성 판단에 미치는 영향에 대하여는 그때나 지금이나 다른 의견이 존재한다. 대상 판결에서 Douglas 대법관은 동의의견을 통하여 발명의 효과는 이차적 고려사항이고 그럼으로 인하여 진보성 판단의 일차적인 사항이 아니라고 보았다.[15] Douglas 대법관은 해당 기술분야 선두주자의 진정한 진보(true advances of the frontiers of science)에 대하여 특허가 부여되어야 하는 것이라고 부연 설명하였고,[16] 그렇게 진보성의 문턱을 높게 설정하는 연방대법원의 태도는 (1952년 법 개정에도 불구하고) 1966년 *Graham* 판결 전까지 이어

13) Dorothy Whelan, Note, *A Critique of the Use of Secondary Considerations in Applying the Section 103 Nonobviousness Test for Patentability*, 28 B.C. L. Rev. 357, 361 (1987) (1930－50년대에 심리되었던 거의 모든 특허가 무효가 되었다고 함).

14) The Great Atlantic & Pacific Tea Co. v. Supermarket Equipment Corp., 340 U.S. 147, 152 (1950) ("[T]he conjunction or concert of known elements must contribute something; only when the whole in some way exceeds the sum of its parts is the accumulation of old devices patentable.").

15) *Id.* at 152－53.

16) *Id.* at 154－55.

진다.[17)]

## Ⅲ. 1952년 이후의 미국의 진보성 법리

### 1. 제103조의 도입[18)]

1952년 법 개정에서 진보성을 규율하는 제103조가 도입되었다. 동 규정은 아래와 같다.

| A patent may not be obtained though the invention is not identically disclosed or described as set forth in section 102 of this title, if the differences between the subject matter sought to be patented and the prior art are such that the subject matter as a whole would have been obvious at the time the invention was made to a person having ordinary skill in the art to which said subject matter pertains. | 이 법 제102조에서 규정된 바와 동일하게 개시 또는 기재되어 있지 않은 것이라 하더라도 청구발명과 선행기술의 차이가 그 발명이 전체로서 발명 당시에 그 발명이 속하는 기술분야에서 통상의 지식을 가진 자에게 자명하였던 정도라면 특허가 허여되지 않는다. |
|---|---|

2011년 특허법 개정으로[19)] 제103조가 개정되었는데, 실체적인 내용의 변화는 없고 문구의 변화가 조금 있을 뿐이다. 특히, 제103조의 말미에 "특허성은 그 발명이 만들어진 방식에 의하여 부정되지 않는다"는 표현이 추가되었다.

| A patent for a claimed invention may not be obtained, notwithstanding that the claimed invention is not identically disclosed as set forth in section 102, if the differences between the claimed invention and the prior art are such that the claimed invention as a whole would have been obvious before the effective filing date of the | 이 법 제102조에서 규정된 바와 동일하게 개시되어 있지 않은 것이라 하더라도 청구발명과 선행기술의 차이가 그 발명이 전체로서 발명 당시에 그 발명이 속하는 기술분야에서 통상의 지식을 가진 자에게 자명하였던 정도라면 특허가 허여되지 |
|---|---|

17) David E. Wigley, *Evolution of the Concept of Non-obviousness of the Novel Invention: From a Flash of Genius to the Trilogy*, 42 Ariz. L. Rev. 581, note 84 (2000).

18) 미국 특허법에 비자명성(non-obviousness) 테스트가 도입된 역사적 경위에 대하여는 George M. Sirilla & Honorable Giles S. Rich, *35 U.S.C. §103: From Hotchkiss to Hand to Rich, the Obvious Patent Law Hall-of-Famer*, 32 John Marshall Law Review 437 (1999) 참고.

19) Pub. L. 112-29, §3(c), Sept. 16, 2011, 125 Stat. 287, 293

| | |
|---|---|
| claimed invention to a person having ordinary skill in the art to which the claimed invention pertains. Patentability shall not be negated by the manner in which the invention was made. | 않는다. 특허성은 그 발명이 만들어진 방식에 의하여 부정되지 않는다. |

1952년 이전에도 법원이 진보성 요건을 운용하여 왔으나, 법원이 적용하는 진보성의 문턱은 너무 높았다. 그런 점에서 1952년 법은 '천재성의 번뜩임' 기준을 파기하기 위한 것이다.[20] 1952년 법 개정이 그 이전에 존재하던 진보성 요건을 명문으로 규정하였다는 점에는 동의할 수 있으나, 1952년 법 개정이 진보성의 문턱을 변화시킨 것이 아니라는 의견에는 동의할 수 없다.[21]

1952년 법 개정 이후에도 시너지 효과 이론은 대법원의 지지를 받았다. *Sakraida* 판결에서 동 법원은 진보성 인정을 위하여 시너지 효과가 필요함을 설시하였다.[22] CAFC는 설립 직후 *Stratoflex* 판결에서[23] 시너지 효과에 관한 법리를 폐기시켰다.[24] 나아가, 판단의 시점을 발명 당시로 정하면서 사후고찰이 적용되어서는 아니 됨을 밝혔다.[25] 그리고, 그 이전의 여러 다양한 주관적인 판단기준을 파기하고 객관적인 기준을 도입하고자 하였다.[26] 그러한 객관적인 기준을

20) David E. Wigley, supra, at 591 ("While the flash of genius test survived far longer than it should have, the Federal Circuit's opinions and the explicit language of §103 ultimately eliminated the flash of creative genius as a standard by which to judge patentability.").

21) 신혜은, "진보성 판단을 위한 합리적인 기준의 모색: 미국의 비자명성 판단기준 변화에 대한 비교법적 고찰을 중심으로", 「특허소송연구」 제5집, 특허법원, 2011, 112면("의회의 입법과정을 살펴보면 자명성의 기준을 낮추려는 의도를 찾을 수 없고 단지 기존 판례를 법제화한 것이라고 이해된다.")(인용: 강흠정, "미국 연방순회항소법원의 자명성 판단기준은 폐기되는가?—KSR 사건을 중심으로—", 지식재산21, 2007년 4월호, 66면).

22) Sakraida v. Ag Pro, Inc., 425 U.S. 273, 282 (1976) ("[T]his patent simply arranges old elements with each performing the same function it had been known to perform, although perhaps producing a more striking result than in previous combinations. Such combinations are not patentable under standards appropriate for a combination patent,").

23) Stratoflex, Inc. v. Aeroquip Corp., 713 F.2d 1530, 1540 (Fed. Cir. 1983).

24) Allen Eng'g Corp. v. Bartell Indus., Inc., 299 F.3d 1336, 1356–57 (Fed. Cir. 2002) ("Another example is the reference in posttrial briefs to a Fifth Circuit 'synergism' test for the patentability of combination inventions, a test which was specifically abrogated in this Circuit by Stratoflex, Inc. v. Aeroquip Corp.")

25) Kevin J. Lake, *Synergism and Nonobviousness: The Rhetorical Rubik's Cube of Patentability*, 24 B.C. L. Rev. 697, 710 (1983) ("Second, nonobviousness is determined in light of the art existing at the time the discovery was made, rather than in hindsight.").

26) *Id.* ("Third, the nonobviousness test of section 103 was designed to establish an objective test for determining patentability to supplant the subjective scrutiny of claimed innovations

제공하는 일환으로 통상의 기술자의 개념이 도입되었다.[27)]

## 2. *Graham* 판결[28)]

*Graham* 사건에서 연방대법원은 1952년 법 개정이력을 검토한 후 다음과 같은 진보성 판단 절차를 제시하였다.[29)]

첫째, 선행기술의 범위와 내용 결정(scope and content of the prior art);
둘째, 선행기술과 발명의 차이 결정;
셋째, 통상의 기술의 수준 결정;
넷째, 자명, 비자명 여부 판단;
다섯째, 상업적 성공 등 이차적 요소 등 검토[30)]

위 판단방법은 (*KSR* 판결에서 지지를 받음으로 인하여) 현재까지 미국의 진보성 판단의 중심 법리로 존재한다. 그렇다면 우리나라, 유럽 등에서의 진보성 판단방법과 위 *Graham* 판단방법은 어떻게 다른가? 아래 표와 같이 미국, 유럽과 우리의 진보성 판단 절차는 매우 유사하다. 미국과 유럽이 발명의 특정 단계를 적시하고 있지는 않으나 '발명'의 진보성 판단을 위하여 발명을 특정하는 행위가 선행되어야 하는 것이 너무나 당연하므로 그 단계의 제시를 생략한 것으로 보인다.

| 단 계 | 미 국 | 우리나라 | 유 럽 |
|---|---|---|---|
| 1 | – | 발명의 특정 | – |
| 2 | 선행기술 범위와 내용 | 선행기술의 특정 | 최근접 선행기술 |
| 3 | 선행기술과 발명의 차이 | 선행기술과 발명의 차이 | 기술적 과제 설정 |

that courts had engaged in prior to the enactment of section 103.").

27) Graham, at 14, 17 (통상의 기술자를 "mechanic of ordinary skill"이라고 표현함).

28) Graham v. John Deere Co., 383 U.S. 1 (1966).

29) *Id.* at 17–18.

30) 사후고찰을 방지하는 방안으로 객관적 지표인 이차적 고려사항이 도입된다. Graham v. John Deere Co., 383 U.S. 1, 36 (1966) ("[S]econdary considerations" … may also serve to guard against slipping into use of hindsight and to resist the temptation to read into the prior art the teachings of the invention in issue").

| 4 | 통상의 기술의 수준 | 통상의 기술자 수준 | 통상의 기술자 수준 |
|---|---|---|---|
| 5 | 자명, 비자명 여부 판단 | 용이도출 판단 | 용이도출 판단 |
| 6 | 이차적 요소 | 이차적 요소 | 이차적 요소 |

## 3. TSM 법리

*Graham* 법리가 첫째, 진보성 판단의 객관성 및 예측가능성을 담보하지 못한다는 지적 및 둘째, 사후고찰의 적용을 배제하지 못한다는 지적이[31] 있어 왔고 그러한 지적에 대응하여 CAFC는 TSM 테스트를 도입한다.[32][33] TSM 테스트는 사후고찰의 적용을 배제한다는 점, 판단의 객관성을 제고한다는 점에서 그 장점이 지대하고 그래서 유럽,[34] 우리나라의 법리에도 영향을 미치게 된다. 그러나 TSM 테스트는 큰 비용도 요구하였다. 즉, 그 테스트로 인하여 기술적 진보가 부족한 발명에 대하여 허다하게 특허가 부여된 것이다. 이러한 점에 대하여 반발하는 CAFC 판사가 있었을 것이다. 특히, 선행기술의 결합, 대체 등에 대하여 선행기술 그 자체가 교시, 제안, 동기 등을 명시적으로 기재하여야 한다는 점에 대하여는 CAFC의 판사들 중에서도 반대의견이 강하게 존재하였다.[35] 이러한 반대의견의

31) Interconnect Planning Corp. v. Feil, 774 F.2d 1132, 1143 (Fed. Cir. 1985) (JJ. Newman (author), Davis, Smith) ("When prior art references require selective combination by the court to render obvious a subsequent invention, there must be some reason for the combination other than the hindsight gleaned from the invention itself. … There must be 'something in the prior art as a whole to suggest the desirability, and thus the obviousness, of making the combination'.").

32) Teleflex, 119 Fed. Appx. at 285 ("Our case law makes clear that the best defense against the subtle but powerful attraction of a hindsight–based obviousness analysis is rigorous application of the requirement for a showing of the teaching or motivation to combine prior art references.").

33) TSM 테스트의 필요성은 *Graham* 판결이 있기 전인 1961년부터 제기되었다. Application of Bergel, 292 F.2d 955, 956–57 (CCPA 1961) (Chief Judge Worley (author) et al.) ("The mere fact that it is possible to find two isolated disclosures which might be combined in such a way to produce a new compound does not necessarily render such production obvious unless the art also contains something to suggest the desirability of the proposed combination.") (그 이전 판결에 대한 인용은 없음).

34) EPO, Boards of Appeal, T 606/89 ("Furthermore, the claimed subject–matter was not obvious in the light of this document, since it did not contain any suggestion to select fatty acid soaps having Krafft–temperatures below 30°C and was concerned with a technical problem different to the one underlying the disputed patent.").

35) In re Oetiker, 977 F.2d 1443, 1448 (Fed. Cir. 1992) (Nies (concurring and debating against

누적은 결국 *KSR* 판결을 초대하게 된다.

## 4. *KSR* 판결

TSM 테스트가 실패하였다는 주장[36] 및 폐기되어야 한다는 주장이[37] 있었다. 즉, 사후고찰을 방지, 저감하기 위하여 도입된 TSM 테스트가 너무 엄격하게 적용됨으로 인하여 실질적인 기술적 진보가 없는 발명에 대하여도 TSM 기재가 제시되지 않았다는 이유로 인하여 특허가 허여되는 부작용이 초래된 것이다. 그렇게 낮추어진 진보성의 문턱으로 인하여 특허의 수가 늘어나고 때마침 특허를 무기로 기업을 공격하는 소위 '특허괴물(patent troll)'이라는 현상이 나타나자 그러한 현상을 바로 잡기 위하여 연방대법원이 관련 사건을 심리하였다.

*KSR*이 기술상식(common sense)을 도입함으로 인하여 진보성 판단이 신규성 판단과 가까워지는 결과를 낳게 되었다. 애초 경직된 TSM 테스트로 인하여 진보성 판단이 신규성 판단과 가까워졌다는 비판이 있었는데,[38] 본 *KSR* 판결도 그러한 비판으로부터 자유롭지 못하다.

*KSR* 판결이 진보성의 문턱을 높인 것은 사실일 것인데 어느 정도로 높였는지에 대한 의문이 있을 수 있다. 한 통계가 *KSR* 이전 10년 및 이후 5년 총 15년간 CAFC에서의 총 583건의 판결을 조사하였다. 그 통계에 의하면 *KSR* 전에는 특허심판원으로부터의 사건에서는 83%의 비율로 진보성을 부정하였고, 지방법원으로부터의 사건에서는 46%의 비율로 진보성을 부정하였는데, *KSR* 후에는 각각

TSM test) ("… if taken literally would mean that an invention cannot be held to have been obvious unless something specific in a prior art reference would lead an inventor to combine the teachings therein with another piece of prior art. … This restrictive understanding of the concept of obviousness is clearly wrong. … While there must be some teaching, reason, suggestion, or motivation to combine existing elements to produce the claimed device, it is not necessary that the cited references or prior art specifically suggest making the combination. … Such suggestion or motivation to combine prior art teachings can derive solely from the existence of a teaching, which one of ordinary skill in the art would be presumed to know, and the use of that teaching to solve the same or similar problem which it addresses.").

36) Steven J. Lee & Jeffrey M. Butler, *Teaching, Suggestion and Motivation: KSR v. Teleflex and the Chemical Arts*, 17 Fordham Intell. Prop. Media & Ent. L.J. 915, 922 (2007).

37) Federal Trade Commission, *To Promote Innovation: The Proper Balance of Competition and Patent Law and Policy*, 2003. 〈http://www.ftc.gov/os/2003/10/innovationrpt.pdf〉.

38) Roger E. Schechter & John R. Thomas, *Principles of Patent Law*, p. 161 (2d ed. 2004) ("Worse, the current Federal Circuit approach risks diluting the nonobviousness requirement to little more than an anticipation test conducted over multiple references.").

96% 및 57%의 비율로 진보성을 부정하였다.[39] 상당히 큰 차이로 진보성을 부정하는 것이다. 또, 심판원이 진보성 결여를 판단한 사건을 CAFC가 파기하는 비율은 *KSR* 전에는 23%에 달하였으나 *KSR* 후에는 9%에 불과하였다. 반면, 심판원이 진보성을 인정한 사건을 CAFC가 파기하는 비율은 *KSR* 전에 15%였으나 후에는 23%로 증가하였다. 특히, 심판원이 진보성을 부정한 경우 CAFC는 매우 높은 비율(81%)로 그 판단을 지지하고 있다.[40]

### 5. 발명의 효과 재부상

발명의 효과가 매우 중요한 요소로 부상되었다. 그럼으로 인하여 시너지 효과 이론이 덩달아 더 중요한 것이 된다는 관측도 있다.[41] 즉, *Sakraida* 판결에서 미국 연방대법원이 시너지 효과에 대하여 설시하였고[42] 그 후 그 이론은 거의 죽은 것처럼 취급받았으나, *KSR* 판결 이후 발명의 효과가 진보성 판단을 위하여 매우 중요한 요소로 부상됨에 따라 자연스럽게 시너지 효과도 중요한 요소가 된 것이다.[43] *KSR* 판결 후 제시된 미국특허상표청 가이드라인에 의하면 진보성 판단을 위한 여러 테스트 중 발명의 '효과'가 반복하여 거론되고 있음을 알 수 있다. TSM 테스트가 지켜주고 있던 진보성 판단의 객관성이 *KSR* 판결로 인하여 무너지게 되었고 그러한 객관성의 저하를 보충하기 위해서는 객관적인 증거인 발명의 효과가 더 중요하게 취급되어야 하는 것이다.

### 6. TSM 테스트

*KSR* 판결로 인하여 경직된 TSM 테스트는 폐기되었다. 그러나, 유연한 TSM 테스트는 여전히 유효한 것으로 보아야 한다.[44][45] 특히, 선행기술이 해당 결합,

---

39) Rantanen, Jason, *The Federal Circuit's New Obviousness Jurisprudence: An Empirical Study (February 2012)*. U Iowa Legal Studies Research Paper No. 13−9. Available at SSRN: http://ssrn.com/abstract=2210049, at 38−39.

40) *Id.* at 47.

41) *Id.* at 72 ("In other words, there must be something more than merely combining prior art elements that do the things that we would expect them to do. While not a direct reference to a synergy requirement, the effect is similar: to rebut a case of obviousness in these circumstances, the patent holder must demonstrate that something more.").

42) Sakraida v. Ag Pro, Inc., 425 U.S. 273, 282 (1976).

43) Crocs, Inc. v. Int'l Trade Comm'n, 598 F.3d 1294, 1309 (Fed. Cir. 2010) ("[E]ven if the [patent at issue] were a combination of known elements according to their established functions … it yields more than predictable results [and therefore is] non−obvious.").

[그림 1] 1996-2012년 CAFC의 TSM 적용

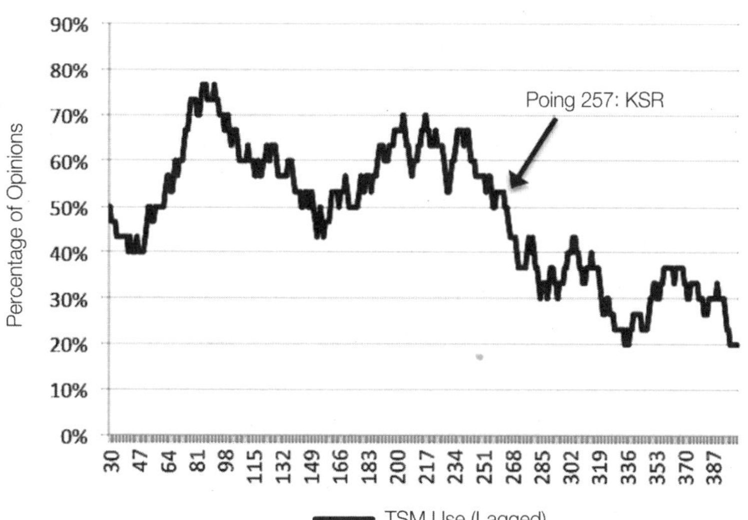


변경 등에 대하여 교시, 제안, 동기를 명확하게 제시하고 있는 경우에는 대상 발명의 진보성을 부정하기가 용이할 것이다. 반대로, 선행기술이 해당 결합, 변경 등에 대하여 교시, 제안, 동기를 명확하게 제시하고 있지 않는 경우에는 통상의 기술자의 기술상식 등 다른 증거를 검토하여야 할 것이다.[46)]

위 표는 1996년부터 2012년까지의 기간 중 판결에서 CAFC가 TSM 용어를 사용한 판결의 비율을 말한다. *KSR* 판결 이후에 CAFC가 TSM 용어를 덜 사용하는 것은 사실이지만 여전히 TSM 용어를 사용하고 있음을 알 수 있다.[47)] 구체적으로 *KSR* 전에는 55%의 판결에서 TSM 용어를 사용하였지만, *KSR* 후에는 28%의 판결에서만 사용하고 있다.[48)] 비율이 상당히 낮아졌지만 4건 중 1건 정도에서는

44) Mark D. Janis, supra, at 342 (유연한 TSM 테스트는 KSR에도 불구하고 여전히 유효한 테스트라는 설명).

45) *In re* Translogic Tech., Inc., 504 F.3d 1249, 1257 (Fed. Cir. 2007) ("[A]s the [KSR] Supreme Court suggests, a flexible approach to the TSM test prevents hindsight and focuses on evidence before the time of invention.").

46) Ortho-McNeil Pharmaceutical, Inc. v. Mylan Laboratories, Inc., 520 F.3d 1358, 1365 (Fed. Cir. 2008) ("As *KSR* requires, those teachings, suggestions, or motivations need not always be written references but may be found within the knowledge and creativity of ordinarily skilled artisans.").

47) Rantanen, Jason, supra, at 57.

TSM 테스트가 어느 정도로든 활용되고 있는 것이다.

CAFC에 TSM 테스트를 선호하는 판사들이 있을 것이다.[49] 그들은 *KSR* 판결에도 불구하고 TSM 테스트의 정신을 살리고 싶어 할 것이다. 그런 바람이 실제로 판결에 영향을 미치게 되는데 그 한 예로, CAFC는 '결합이유(reason to combine)'라는 용어를 더 많이 사용하기 시작한다.[50] 그런데 선행기술이 결합이유를 제시하는지 여부를 판단하는 것은 실질적으로 선행기술이 TSM을 제시하는지 여부를 판단하는 것과 다름이 아닌 경우가 많을 것이다. 그런 견지에서 TSM 테스트를 선호하는 CAFC의 판사들이 다른 이름으로 포장된 TSM 테스트를 사용한다고 볼 수 있다. 그런데 '결합이유'라는 용어는 *KSR* 판결에서 사용되었던 것이므로[51] 전혀 엉뚱한 법리는 아닌 것이되 큰 그림에서는 일부 CAFC 판사가 *KSR* 판결에서 사용된 용어를 사용하여 *KSR* 판결의 전체 취지를 무력하게 만드는 것이라고도 볼 수 있다.

48) *Id.* at 58.

49) 특히, Rader 법원장은 *KSR* 판결이 진보성 법리 및 실무에 큰 영향을 미치지 않을 것이라고 평가절하 하는 발언을 하곤 하였다.

50) *Id.* at 60–62.

51) KSR, 550 U.S. at 418 ("[W]hether there was an apparent reason to combine the known elements in the fashion claimed by the patent at issue,").

# 제 4 절 유럽특허청의 진보성 법리

## Ⅰ. 관련 규정

### 1. 선행기술

선행기술(state of art)에 대하여는 유럽특허조약 제54(2)조가 정의한다.[1] 동 규정에 의하면 선행기술은 유럽특허출원의 출원일 전에 서면개시 혹은 구두개시, 사용 또는 다른 방식으로 공중이 접근 가능한(available) 모든 것으로 구성된다.[2]

선행기술 여부의 시간적 기준이 우리나라는 출원시(filing time)인데 반해 유럽특허조약은 출원일(filing date)이다. 여기서의 출원일은 우선권 주장이 없는 경우에는 실제 출원일이 되고 우선권 주장이 있는 경우에는 우선일(priority date)이 된다.[3] 유럽특허조약은 처음부터(1973년) 선행기술이 공지·공용인지 아니면 간행물인지 여부와 무관하게 국제주의를 취하여, 세계 어디서든지 공중이 접근 가능한 것을 선행기술로 포섭하였다. 이러한 선행기술의 국제주의는 특허실체법조약 초안(Draft Substantive Patent Law Treaty, Draft SPLT)에도 그대로 반영되었고 동 초안은 보다 명확하게 "세계 어디에서든지"라는 표현을 두고 있다.[4]

1) 유럽특허조약 제54(3)조는 우리 특허법 제29조 제3항에 상응하는 것으로서 유럽특허출원의 출원일 전에 출원되고 동 출원일 이후에 공개된 출원의 내용도 선행기술을 구성하는 것으로 규정한다. EPC Art. 54(3) ("Additionally, the content of European patent applications as filed, the dates of filing of which are prior to the date referred to in paragraph 2 and which were published on or after that date, shall be considered as comprised in the state of the art.").

2) EPC Art. 54(2) ("The state of the art shall be held to comprise everything made available to the public by means of a written or oral description, by use, or in any other way, before the date of filing of the European patent application.").

3) 영어의 "priority date"를 우리는 '우선권주장일'이라고 번역하는데 '우선일'이 더 좋은 번역이다. priority date는 우선권을 주장한 날이 아니라, <u>우선</u>권이 인정되는 선출원의 출원<u>일</u>이다.

4) Draft SPLT Art. 8 ("The prior art with respect to a claimed invention shall consist of all information which has been made available to the public <u>anywhere in the world</u> in any form[, as prescribed in the Regulations,] before the priority date of the claimed invention."). 〈http://www.wipo.int/edocs/mdocs/scp/en/scp_10/scp_10_2.pdf〉.

### 2. 진 보 성

유럽특허조약 제56조가 진보성에 관하여 규정하고 있는데, 발명이 선행기술과 관련하여 해당 기술분야의 기술자에게 자명하지 않은 경우 그 발명은 진보성을 구비한 것으로 간주된다고 규정한다.[5)]

## Ⅱ. 관련 개념

### 1. 기술상식(common general knowledge)

선행기술은 기술상식을 포함하며 그 기술상식은 서면(in writing)으로 존재할 필요가 없으며 출원인에 의하여 반박이 되는 경우에만 구체적으로 설명될 필요가 있다.[6)] 심사관이 관련 정보가 기술상식이라고 하는 점에 대하여 출원인이 다투는 경우, 심사관은 해당 기술이 기술상식임을 교과서(textbook) 등 문서증거로 제시하여야 한다.[7)8)9)] 통상, 하나의(single) 간행물에 게재된 기술은 기술상식이

5) EPC Art. 56 ("An invention shall be considered as involving an inventive step if, having regard to the state of the art, it is not obvious to a person skilled in the art.").

6) EPO, *Guidelines for Examination*, Part G, Chapter VII, 2 ("The state of the art may reside in the relevant common general knowledge, which need not necessarily be in writing and needs substantiation only if challenged (see T 939/92).").

7) 우리의 경우, 주지기술임에 대하여 심사관이 문서증거를 제시하여야 하는 의무를 부담하는지 여부에 대하여 애매모호한 입장을 보인다. 대법원 2008. 5. 29. 선고 2006후3052 판결("어느 주지관용의 기술이 소송상 공지 또는 현저한 사실이라고 볼 수 있을 만큼 일반적으로 알려져 있지 아니한 경우에 그 주지관용의 기술은 심결취소소송에 있어서는 증명을 필요로 하나, 법원은 자유로운 심증에 의하여 증거 등 기록에 나타난 자료를 통하여 주지관용의 기술을 인정할 수 있다.").

8) 실무에서는 주지기술임을 별도의 증거 없이 인정하고 있는 실정이다. 한동수, "심결취소소송에서 주지관용기술의 증명 방법 및 발명의 진보성 판단시 '2차적 고려사항'", 「대법원판례해설」 76호, 법원도서관, 2008, 396면("특허청의 심사 및 특허심판원의 심판절차에서는 주지관용기술을 별도의 증거 없이 인정하고 있다. 이에 따라 주지관용기술에 대해서는 다른 공지의 증거와 달리 거절이유를 따로 통지하지 않고 심결문에서도 증거 없이 주지관용기술을 인정하고 있는 것이 다수의 실무례이다. 특허청의 심사관이나 심판관 및 당사자는 기술전문가로서 통상의 기술자라고 할 수 있으므로, 주지관용의 기술이 이들 심사관이나 심판관 및 당사자에게는 현저한 사실에 해당한다는 점에서 그 근거를 찾을 수 있을 것으로 보인다.").

9) 우리나라에서는 (주지기술임에 대한 증거가 없는데도 불구하고) 주지기술이라는 표현이 남용된다. 대법원 2007. 4. 27. 선고 2006후2660 판결("제1항 발명은 이 사건 특허발명에 대한 우선권주장일 이전에 공지된 비교대상발명 1에 주지기술인 비교대상발명 2를 단순 결합함으로써 용이하게 도출해 낼 수 있는 것이어서 출원당시에 진보성이 없다는 취지로 판단한 것은 옳

되기 어렵다. 해당 발명이 새로운 분야에 관한 것이어서 해당 사항이 교과서에 아직 게재되지 않은 경우에는 특허명세서 또는 과학저널 등에 게재된 것도 기술상식이 될 수 있다. 특정 교과서에 수록된 내용은 기술상식이 되지 않을 수 있고 여러 교과서에 수록된 내용은 기술상식으로 볼 수 있다.[10)]

위의 설명에 따르면 유럽특허청이 설정하는 '기술상식'은 우리 법리에서 말하는 '주지기술'과 상응한 것이라고 생각된다.[11)] 공지(publicly known)기술과 주지(well-known/commonly-known)기술의[12)] 차이점은 공지기술은 공중 중 불특정 1인이라도 접근 가능한 기술이고 주지기술은 공중의 다수가 이미 알고 있는 기술인데,[13)][14)] 하나의 교과서에라도 게재되면 그 기술은 공지기술은 될 수 있지만, 단 하나의 간행물에 게재된 것은 주지기술은 되지 않을 수 있다.[15)] 새로운 기술이 공지기술이 되어 해당 기술분야에서 확산되고 나아가 그 기술을 초급기술자를 포함한 대부분의 기술자들이 알게 되는 경우 그 기술은 주지기술 또는 기술상식이 될 것이다. 그러므로 기술상식은 널리 반포되었다는 점 및 그 기술이 쉬운 것이 되었다는 점의 두 면을 가진다고 생각된다.

주지기술과 비슷한 개념이 관용(widely-used)기술인데, 관용기술은 유럽특허청이 말하는 기술상식이 되기 어려운 측면이 있다. 왜냐하면, 출원인이 기술상식임을 다투는 경우 심사관은 그 사실을 문서증거로 제시하여야 하는데 관용기술

---

고 ……").

10) EPO, *Guidelines*, 3.1.

11) *Id.* 6 ("It would normally be obvious to combine with a prior-art document a <u>well-known textbook</u> or standard dictionary; this is only a special case of the general proposition that it is obvious to combine the teaching of one or more documents with the <u>common general knowledge</u> in the art.").

12) 주지상표를 "well-known trademark"라고 한다.

13) 한동수, 앞의 글, 395-396면("어느 기술이 주지관용의 기술에 해당하는지의 여부는 당해 기술의 내용, 공지문헌의 성격과 활용 정도, 공지되거나 공연실시된 횟수 등을 고려하여 객관적으로 판단하여야 할 것이다.")(특허법원 2007. 12. 21. 선고 2007허3752 판결(상고기간 도과로 확정) 인용).

14) 특허법원 2007. 12. 21. 선고 2007허3752 판결("주지기술은 당해 기술분야에서 일반적으로 알려져 있는 기술이고 관용기술은 주지기술이면서 널리 사용되고 있는 기술을 의미하는데, 어느 기술이 주지관용의 기술에 해당하는지의 여부는 당해 기술의 내용, 공지문헌의 성격과 활용 정도, 공지되거나 공연실시된 횟수 등을 고려하여 객관적으로 판단하여야 할 것이다.").

15) 공지기술과 주지기술을 구분하지 않은 이상한 표현: 특허법원 2000. 9. 7. 선고 99허9755 판결("또한 (가)호 고안에는 호형 받침간(5)을 설치하여 요람형 의자로 사용할 수 있으나, 호형 받침간을 사용한 의자는 <u>공지</u>되어 있는 당 업계에서는 <u>주지기술</u>에 불과하여 필요에 의해 선택할 수 있는 정도의 기술에 불과하다.").

의 특성상 문서증거로 그 사실을 입증하기가 어렵기 때문이다.

### 2. 통상의 기술자(a person skilled in the art)

통상의 기술자는 ① 평균적인 지식과 능력을 가지고 우선일 당시의 기술상식을 보유한 자이며, ② 선행기술 모두에 접근할 수 있는 자이며, ③ 해당 기술에서의 통상의 작업 및 실험을 수행할 수 있는 자이며, ④ 해당 과제가 요구하는 경우 다른 기술분야에서 해법을 찾을 수 있는 자이다.[16] 때에 따라서는 통상의 기술자는 복수명의 연구원의 팀으로 상정할 수 있다. 중요한 점은, 진보성 판단을 위한 통상의 기술자와 명세서 용이실시 판단을 위한 통상의 기술자는 동일한 수준의 기술을 보유한다는 것이다.

통상의 기술자가 '기술상식만'을 활용하여 발명을 도출할 수 있다는 말은 무슨 뜻인가? 기술상식은 초급기술자도 알고 있는 것이라고 보아야 한다. 그러므로 통상의 기술자가 기술상식만을 활용하여 도출할 수 있다는 말은 초급기술자가 그 자신의 지식을 활용하여 도출할 수 있다는 말과 다름이 아니다. 통상 이러한 도출은 신규성을 판단함에 있어서 내재적인 개시를 판단하는 경우에 사용된다. 통상의 기술자가 '그 자신의' 지식과 실험능력을 통하여 도출할 수 있다는 말은 진보성을 판단함에 있어서 사용된다.

## Ⅲ. 진보성 판단 체계로서의 과제-해결 접근법(problem-and-solution approach)[17]

유럽특허청에서는 진보성 판단을 위하여 소위 과제-해결 접근법이 적용되어야 하며, 동 접근법을 적용하지 않는 경우는 예외적이어야 한다.[18] 과제-해결 접근법은 다음의 3단계로 구성된다:

첫째, 최근접 선행기술의 결정(determining the closest prior art)

둘째, 해결되어야 할 객관적인 기술적 과제의 설정(establishing the objective technical problem)

16) EPO, *Guidelines*, 3.

17) *Id.* 5.

18) 그러나, 항상 적용하여야 하는 것은 아니다. T 465/92, OJ 1996, 32.

셋째, 최근접 선행기술 및 객관적인 기술적 과제로부터 출발하여 청구발명이 통상의 기술자에게 자명하였는지 여부의 판단(considering whether or not the claimed invention, starting from the closest prior art and the objective technical problem, would have been obvious to the skilled person)

### 1. 최근접 선행기술

최근접 선행기술은 진보성 판단을 위한 가장 적절한 출발점이 될 수 있는 구성의 조합을 개시하는 하나의 선행기술을 말한다.[19] 최근접 선행기술을 선정함에 있어서 그것이 청구발명과 유사한 목적 또는 효과에 관한 것인지가 첫 번째로 고려되어야 한다.[20] 출원인이 최근접 선행기술로 인식하고 있는 것은 일반적으로 (출원인이 실수를 하였다고 진술하지 않으면) 그대로 인정될 수 있다.[21]

### 2. 객관적인 기술적 과제의 설정[22]

객관적인 기술적 과제를 설정하기 위하여 심사관은 먼저 출원(또는 특허) 및 최근접 선행기술과 청구발명의 (구조적 또는 기능적) 차이(distinguishing features)를 이해하고 그러한 차이로부터 비롯되는 기술적 효과를 인지한 후 기술적 과제를 설정한다. 독립적으로 또는 다른 특징과 결합되어 기술적 성격에 기여하지 않는 특징은 진보성을 판단함에 있어서 무관하다. 특히, 어떤 특징이 (예를 들어, 성립성이 부정되는 분야의) 비기술적 과제의 해결과 관련된 경우 그 특징은 기술적인 것이 아니다. 기술적 과제는 해당 청구발명이 제공하는 기술적 효과를 제공하기

19) 최근접 선행기술이 반드시 하나일 필요는 없어 보인다. 예외적으로(exceptionally) 두 개의 선행기술이 합쳐진 전체가 최근접 선행기술이 될 수도 있는 것이다. EPO, *Case Law of the Boards of Appeal*, I,D.3.2 ("In T 176/89 the board concluded that the closest prior art comprised two documents in combination with each other. It found that, exceptionally, the two documents had to be read in conjunction; they had the same patentee, largely the same inventors, and clearly related to the same set of tests. As a rule, however, when assessing inventive step, two documents should not be combined if, in the circumstances, their teaching is clearly contradictory (see also T 487/95).").

20) 미국에서도 최근접 선행기술을 중심으로 진보성을 판단하는 점은 크게 다르지 않다. Scott R. Conley, *Irrational Behavior, Hindsight, and Patentability: Balancing the "Obvious to Try" Test with Unexpected Results*, 51 IDEA 271, 292 (2011) ("There are several requirements that must be met to show unexpected results: the results must be (1) unexpected when (2) compared to the closest prior art, and (3) commensurate in scope with the claims.").

21) EPO, *Guidelines*, 5.1.

22) *Id.* at 5.2.

위하여 최근접 선행기술을 변형하는 목적을 의미한다. 그런 견지에서 기술적 과제는 '객관적' 기술적 과제로 불려진다.

출원인이 명세서에서 과제인 것으로 인식하거나 책정한 것은 객관적 기술적 과제가 아닐 수 있다. 객관적인 기술적 과제는 객관적으로 설정되는 사실에 의하여 결정되므로 출원인의 과제는 재설정되어야 한다. 특히, 출원 중 새로 제시된 선행기술이 출원 전 출원인이 인지한 선행기술과 다를 때에는 더욱 그러하고, 선행기술보고서(search report)가 인용하는 (새로운) 선행기술로 인하여 해당 발명을 완전히 새롭게 조망하도록 할 수 있다.

원칙적으로, 발명에 의하여 제공되는 효과는 그것이 최초 명세서로부터 비롯되는 것이라면 기술적 과제를 재설정하는 데 사용될 수 있다. 출원인에 의하여 출원일 후에 제출된 새로운 효과는 통상의 기술자가 그 효과가 최초 출원에서 암시되었거나 연관된 것으로 인지할 수 있는 경우 그 새로운 효과에 의존할 수 있다.

객관적인 기술적 과제는 기술적 해결(technical solution)을 포함하지 않도록 설정되어야 한다. 그러한 발명에 의하여 제공되는 기술적 해결을 포함하는 것은 사후고찰(ex post facto view)을 초래하기 때문이다.

'기술적 과제'라는 표현은 넓게 해석되어야 한다. 그것은 기술적 해결이 선행기술을 능가하는 기술적 개선을 반드시 의미하는 것은 아니다. 그러므로 과제는 동일한 또는 유사한 효과를 제공하는 알려진 장치 또는 공정의 대안을 모색하는 것일 수 있다. 기술적 과제는 그것이 청구된 실질적으로 모든 실시례(embodiments)가 기술적 효과를 거두는 것으로 믿어지는 경우에만 해결된 것으로 인정될 수 있다.

### 3. 가능성-개연성 접근법(could-would approach)[23)]

세 번째 단계에서는, 선행기술 전체의 가르침이 객관적인 기술적 과제에 직면한 통상의 기술자가 최근접 선행기술을 수정 또는 채택하여 청구발명에 이르게 하도록 하는 개연성을 가졌는지를 판단한다. 달리 말하면, 쟁점은 통상의 기술자가 최근접 선행기술을 수정 또는 채택하여 해당 발명에 도달할 수 있었는지(could have arrived) 여부가 아니라, 그 선행기술이 객관적인 기술적 과제를 해결

---

23) *Id.* at 5.3.

하는 기대 아래 그러한 수정 또는 채택을 하였을 것이었는지(would have done) 여부이다. 암시적인 유발(implicit prompting) 또는 암시적으로 인지할 수 있는 인센티브가 통상의 기술자가 선행기술의 요소를 결합하였을 것임을 보여주는데 충분하다.

### 4. 선행기술 부분의 결합(combining pieces of prior art)[24]

과제－해결 접근법에서, 하나 이상의 문헌, 문헌의 일부 또는 다른 (공지/공용) 선행기술을 최근접 선행기술과 결합하는 것이 허용된다. 그러나, 청구발명에 도달하기 위하여 2개 이상의 선행기술이 최근접 선행기술과 결합되어야 한다는 사실은 진보성 존재의 표시일 수 있다. 다만, 예를 들어, 청구발명이 그러한 선행기술들의 단순한 주합(aggregation)인 경우는 예외이다.

청구발명이 독립적인 부분 과제들(independent partial problems)의 해결인 경우 상황은 다르다. 그러한 경우 각 부분 과제를 위하여 그 부분 과제를 해결하는 특징의 결합이 선행기술로부터 자명하게 도출되는지를 개별적으로 평가하여야 한다. 그러므로, 다른 문헌이 각 부분 과제를 위하여 결합될 수 있다. 그러나, 청구항의 대상이 진보성이 인정되기 위해서 이러한 결합들 중 하나가 진보성을 갖추는 것으로 족하다.

두 개 이상의 개별적인 개시내용을 결합하는 것이 자명한지 여부를 판단함에 있어서 심사관은 다음 사항을 고려하여야 한다.

첫째, 개시내용이 발명에 의하여 해결된 과제에 직면한 통상의 기술자가 그 개시를 결합하였을지 여부가 고려되어야 한다. 예를 들어, 발명에 핵심적인 개시사항이 내재적으로 호환성(compatibility)이 결여되기 때문에 실제로 두 개의 개시내용이 용이하게 결합될 수 없는 경우에는 통상 자명한 것으로 간주되지 않는다.

둘째, 해당 개시내용이 유사한, 인접한 또는 비유사 기술분야에 해당하는지 여부가 고려되어야 한다.

셋째, 하나의 개시에 포함된 두 개 이상의 부분을 결합하는 것은, 만약 통상의 기술자가 그 부분을 연관시키는 합리적인 근거가 있는 경우, 자명할 것이다. 하나의 선행기술을 주지의(well－known) 교과서 또는 표준적인 사전과 결합하는 것은 통상 자명할 것이다. 하나 이상의 문헌의 가르침을 해당 기술분야의 기술상

---

24) *Id.* at 6.

식과 결합하는 것은 자명할 것이다. 통상적으로, 하나의 선행기술이 다른 선행기술을 명확히 인용하고 있는 경우 그 두 선행기술을 결합하는 것이 자명할 것이다. 이러한 경우, 그 다른 선행기술은 처음 선행기술의 일체적 부분(integral part)으로 간주된다. 하나의 문헌(간행물)을 다른 종류의 선행기술(공지, 공용)과 결합하는 것이 허용되는지를 판단하는 경우에도 유사한 고려가 적용된다.

### 5. 결합(combination) 대 주합(juxtaposition or aggregation)[25)]

청구발명은 통상 그 전체로서 검토되어야 한다. 발명의 특징이 결합인 경우, 개별 특징이 알려졌거나 자명하다는 이유로 그러므로 전체로서의 발명이 자명하다는 판단은 옳지 않다. 그러나, 발명이 개별 특징의 주합에 불과하고 진정한 결합이 아닌 경우, 그 주합이 진보성을 결여한다는 것을 증명하기 위하여 개별 특징이 자명하다는 것을 보이는 것으로 충분하다. 기술적 특징들이 결합된 기술적 효과가 개별 특징들의 기술적 효과의 합보다 더 큰 경우, 한 세트의 기술적 특징이 결합인 것으로 인정된다. 달리 말하면, 개별 특징의 상호작용이 시너지 효과(synergistic effect)를 거두어야 한다. 만약 그러한 시너지 효과가 존재하지 않는 경우, 그 특징들의 단순한 주합만 있는 것이다.[26)]

### 6. 사후고찰(ex post facto analysis)

일견 자명한 것으로 보이는 발명도 사실은 진보성을 구비할 수 있음을 명심하여야 한다. 새로운 아이디어가 알려진 경우, 그 알려진 것으로부터 출발하여 매우 쉬운 단계를 거쳐 어떻게 발명에 도달하는지를 알리는 것은 쉬울 수 있다. 심사관은 이러한 사후고찰을 경계하여야 한다. 조사보고서에서 인용된 문헌을 결합함에 있어서, 심사관은 그 문헌이 발명이 어떻게 구성되는지를 이미 이해한 후에 필요적으로 선택되었음을 명심하여야 한다. 심사관은 출원일(우선일) 전에 통상의 기술자가 직면하는 전체적 상황을 시각화하기 위하여 노력하고 실제 상황을 평가하도록 노력하여야 한다. 심사관은 발명의 배경과 관련되어 알려진 모든 사항을 고려하여야 하고 출원인에 의하여 제출된 관련 주장 및 증거에 합당한 의미를 부여하여야 한다.

---

25) *Id.* at 7.

26) 미국의 경우, 결합발명의 진보성을 인정하기 위하여 시너지 효과가 있어야 한다는 이전의 법리를 변경하였다. 이에 대한 추가적인 검토가 필요하다.

## 7. 이차적 지표(secondary indicators)[27)]

EPO 심사지침서는 이차적 지표와 관련하여 예측 가능한 단점(predictable disadvantage), 기능적이지 않은 변형(non-functional modification), 임의적인 선택(arbitrary choice), 예측되지 않던 기술적 효과(unexpected technical effect), 오랫동안 해결되지 않던 과제(long-felt need), 상업적 성공(commercial success) 등을 설명하고 있다.

### 가. 예측 가능한 단점; 기능적이지 않은 변형; 단순한 선택[28)]

발명이 예견할 수 있는 단점으로의 변형의 결과이고 통상의 기술자가 명확히 예견하고 정확히 평가할 수 있었으며, 그 예견할 수 있는 단점이 예측되지 않던 기술적 효과와 연관되지 않는 경우, 그 발명은 진보성을 구비하지 못한다. 달리 말하면, 선행기술을 단순히 예측 가능하게 개악하는 것은 진보성을 가지지 못한다. 그러나, 그 개악이 예측되지 않던 기술적 효과와 연관되는 경우 진보성이 인정될 수 있다. 유사한 접근방법이 다른 사안에도 적용될 수 있다. 즉, 발명이 선행기술의 임의적인(arbitrary) 비기능적 변형에 불과하거나 수 개의 가능한 해법 중에서의 임의적인 선택에 불과한 경우도 그러하다.

### 나. 예측되지 않던 기술적 효과[29)]

예측되지 않던 기술적 효과는 진보성의 지표로 고려될 수 있다. 그러나, 그것은 청구발명의 대상으로부터 기인하여야 하며 명세서에서 언급된 추가적인 특징으로부터 기인한 것이 아니어야 한다. 그러한 기술적 효과가 인정된다고 하더라도, 선행기술로부터 해당 발명에 이르는 것에 다른 선택지가 없어서 소위 일방통행(one-way street) 상황이라면 그 예측되지 않던 기술적 효과는 단순히 보너스 효과에 불과하고 진보성 인정에 도움이 되지 못한다.[30)]

---

27) *Id.* at 10.

28) *Id.* at 10.1.

29) *Id.* at 10.2.

30) 유럽의 진보성 판단에 의하면, 기술적 과제를 설정하는 경우, 2개 이상의 선행기술을 결합하는 발명의 시너지 효과를 판단하는 경우, 2차적 지표를 판단하는 경우 등에 있어서 발명의 효과를 판단하므로, 유럽의 진보성 법리를 효과 중심 접근법(effects-based approach)이라고 부르기도 한다. CIPA, *Guide to the Patents Acts*, 2012, para. 3.04 ("The approach to inventive step adopted by the EPO has two principal characteristics. Firstly, it is an 'effects-based' approach, so that whether or not a patent is granted ultimately depends on whether there is a new

### 다. 오랜 숙원, 상업적 성공[31]

해당 기술분야 기술자들이 어떤 기술적 과제를 해결하기 위하여 오랜 기간 시도하였던 경우 그러한 사실은 진보성의 지표로 검토될 수 있다.

상업적 성공 그 자체로는 진보성의 지표로 검토되지 않는다. 그러나, 그 성공이 발명의 기술적 특징으로 인한 것이라고 심사관이 인정하는 경우 그것은 진보성의 지표로 검토될 수 있다.

## 8. 출원인에 의하여 제출된 주장 및 증거[32]

진보성 판단을 위하여 심사관이 고려하는 관련 주장 및 증거는 최초 명세서에서 취해질 수도 있고 출원 중 제출될 수도 있다. 그러나, 진보성을 뒷받침하는 새로운 효과가 언급되는 경우 주의하여야 한다. 새로운 효과는 최초 명세서에 암시되어 있거나 최소한 최초 명세서에서 제안된 기술적 과제와 연관되는 경우에만 고려될 수 있다.

예를 들어, 발명이 특정 활성을 가진 제약 조성물이고 출원인이 심사 중 그 조성물이 독성을 낮추는 예측되지 않았던 효과에 관한 새로운 증거를 제출한 경우, 통상 제약의 활성과 독성은 그 두 측면을 함께 고려하므로 그 독성에 관한 증거는 진보성 판단을 위하여 고려될 수 있다. 이 경우, 그 독성과 관련하여 기술적 과제를 재설정하는 것이 허용된다.

---

effect, a new function or result, flowing from the claimed features.").

31) EPO, *Guidelines*, 10.3.

32) *Id.* at 11.

# 제 5 절 중국의 진보성 법리*

## 1. 서 언

중국 특허법(전리법)[1] 제22조 제1항의 규정에 따르면 특허권(전리권)을 부여하는 발명과 고안은 반드시 신규성, 진보성(창조성) 및 산업상(공업상) 이용가능성이 있어야 한다.[2] 그러므로 특허출원을 하는 발명과 고안이 진보성이 있어야 함은 필요한 조건 중 하나이다. 본 장은 발명의 진보성 심사에 관해서만 설명한다.

## 2. 발명의 진보성의 개념

법 제22조 제3항－진보성이란 선행기술(현유기술, 現有技術)에[3] 비해 당해 발명이 선명한 실질적 특성과 현저한 진보(progress)가 있다는 것을 가리킨다. 실용신안의 경우 실질적 특징 및 진보가 있는 것을 말한다.[4]

### 2.1 선행기술

중국 특허법 제22조 제3항이 규정하는 선행기술이란 특허법 제22조 제5항과 본 부분 제3장 제2.1절에서 정의한 선행기술을 가리킨다.[5] 제3장 제2.1절에서는

* 이 절은 중국 국무원 법제사무실 아래 사이트에 올려진 중국 특허청 심사지침서(2010)를 기반으로 번역하였으며, 각주는 필자가 추가한 것이다. 〈http://www.chinalaw.gov.cn/article/fgkd/xfg/gwybmgz/201004/20100400253035.shtml〉.

1) 중국과 우리나라가 중요 표현에서 서로 다른 용어를 사용하고 있다. 중국식 용어는 우리식 용어로 변경하였다. 그렇게 표현이 변경된 것이 처음 나타나는 경우에는 괄호 안에 중국식 표현을 병기하였다.

2) 중국 특허법 제2조 제2항은 “발명이란 물품, 방법 또는 그것을 개선한 것에 대하여 제출한 새로운 기술방안을 지칭한다”고 정의하고 있다. “发明、是指对产品、方法或者其改进所提出的新的技术方案”.

3) 선행기술을 중국은 현유기술(現有技術)이라고 칭하는 데 반해 대만은 현존기술(現存技術)이라고 칭한다. 비슷한 표현이라고 생각된다. 대만 심사지침서 제2편 제3장 2－3－8면.

4) 우리 특허법과 실용신안법은 발명과 고안의 차이를 창작의 ‘고도성’에 두는 데 반해, 중국은 실질적 특성의 ‘선명성’ 및 진보의 ‘현저함’에 두고 있다.

5) 중국 특허법 제22조 제5항은 “현유기술이란 출원일 전에 국내외에서 공중에게 알려진 기술을

선행기술을 출원일(우선권이 있는 경우 우선일) 전에 국내외 출판물에 의하여 공개되거나 국내에서 사용 혹은 기다 방식에 의하어 공개된 기술을 말한다고 설명한다. 공개되었다 함은 공중이 이용할 수 있는 상태에 놓인 것을 말한다.[6)]

특허법 제22조 제2항에서의 출원일 전에 어떤 법인(단위) 또는 개인이 특허청에 출원하였고 출원일 이후에 공개된 특허출원 명세서 또는 공고된 특허 명세서에 기재가 있는 내용은 발명의 진보성을 평가함에 있어서는 고려의 대상이 아니다.[7)]

### 2.2 선명한 실질적 특성

발명이 선명한 실질적 특성을 가지고 있다는 것은 통상의 기술자(소속기술영역의 기술자)의[8)] 입장에서 당해 발명이 선행기술과의 상대적인 비교에서 쉽게 나타나는 것이 아닌 것을 말한다. 가령 당해 발명이 통상의 기술자가 선행기술에 근거하여 그리고 합리적인 논리로 분석하고 추리하거나 또는 제한된 실험으로 얻을 수 있는 것이면 당해 발명은 쉽게 나타나는 것으로서 선명한 실질적 특성이 없다.[9)]

### 2.3 현저한 진보

발명이 현저한 진보가 있다는 것은 당해 발명이 선행기술에 비해 유익한 기술적 효과를 거두는 것을 말한다.[10)]

### 2.4 통상의 기술자

발명의 진보성 여부는 반드시 통상의 기술자의 지식과 능력을 기반으로 평가하여야 한다. 통상의 기술자란 "본 영역의 기술자"라고도 하는데 하나의 가설적인 '사람'이다. 이 사람은 출원일 또는 우선일 이전의 당해 발명이 속하는 기술

---

가리킨다"고 규정하고 있다.

6) 중국 심사지침서 153면.

7) 우리 특허법 제29조 제3항(확대된 선출원)에 상응하는 것으로서 동 규정의 적용을 받는 선출원은 다른 발명의 신규성(동일성) 여부를 판단하기 위한 선행기술로 활용될 뿐, 진보성 판단을 위한 선행기술로는 사용되지 않는다. 우리 제도와 동일하다.

8) "해당 기술분야에서 통상의 지식을 가진 자"를 우리는 '통상의 기술자'라고 표현하는데 중국은 '소속기술영역의 기술자'라고 표현한다. 우리 표현은 기술수준(통상의)을 강조하고 중국 표현은 기술분야(소속기술영역)를 강조한다. 일본의 '당업자'라는 표현도 기술분야를 강조한다.

9) 우리나라의 '구성변경의 곤란성'에 상응하는 판단이라고 생각된다.

10) 우리나라의 '효과의 현저성'에 상응하는 판단이라고 생각된다. 그런 견지에서 중국은 발명의 구성 및 효과를 중심으로 진보성을 판단하고 발명의 '목적'은 중요하게 보지 않는다.

분야의 모든 일반적 기술지식을 알고 있고 그 분야의 모든 선행기술을 찾아서 습득할 수도 있으며 당해 기일 전의 일반적인 실험수단을 응용하는 능력까지 겸비했으나 창조적 능력은 없다고 가정한다. 또한 이 사람은 해결하려는 기술적 문제가 다른 영역의 기술적 수단을 필요로 할 때에도 그 다른 기술영역의 출원일 또는 우선일 이전의 관련 선행기술, 일반 기술적 지식 및 일반적인 실험수단 등을 찾아서 습득할 수 있는 능력을 겸비하고 있어야 한다. 이런 개념을 설정하는 목적은 통일적인 심사를 하기 위해서이고 심사관의 주관적 요소의 영향을 최대한 피하기 위해서이다.

### 3. 발명의 진보성 심사

당해 발명의 진보성 여부는 당해 발명의 신규성이 인정되는 전제 아래에서 고려된다.[11]

#### 3.1 심사원칙

중국 특허법 제22조 제3항의 규정에 따르면 발명의 진보성 결여 여부를 심사함에 있어서 반드시 당해 발명의 선명한 실질적 특성과 현저한 진보를 동시에 보아야 한다.[12] 심사관이 발명의 진보성을 평가함에 있어서 당해 발명의 기술적 사상(기술방안) 자체를 고려하여야 할 뿐만 아니라 해당 기술분야, 해결한 기술적 문제와 발생하는 기술적 효과도 고려하여 발명을 하나의 전체로 보아야 한다. 진보성의 심사는 신규성의 '단독대비'의 심사원칙과 다르게[13] 하나 또는 몇 개의 선행기술 중의 다른 기술내용을 조합하여 발명과 비교하여 평가하여야 한다. 가령 하나의 독립된 청구항(권리요구, 權利要求)이 진보성이 있으면 그 독립된 청구항에 종속되는 청구항의 진보성은 심사할 필요가 없다.

#### 3.2 심사기준

발명의 진보성 결여 여부의 평가는 반드시 특허법 제22조 제3항을 기준으로 하여야 한다. 기준을 정확히 파악하기 위하여 선명한 실질적 특성의 일반적 판단

---

11) 미국 특허법에서도 진보성에 관한 제103조가 신규성에 관한 제102조를 전제로 규정하고 있다.

12) 발명의 진보성을 판단함에 있어서 발명의 목적, 구성, 효과를 종합적으로 판단한다는 우리의 법리와 (목적을 제외하고는) 유사하다.

13) 단일선행기술 원칙(single prior art principle).

방법과 현저한 진보의 판단기준을 아래에 제시한다.

#### 3.2.1 선명한 실질적 특성의 판단

발명의 선명한 실질적 특성 여부는 통상의 기술자의 입장에서 당해 발명이 선행기술과의 상대적인 비교에서 쉽게 나타나는 것인지를 판단하여야 한다.

##### 3.2.1.1 판단방법

선행기술과의 상대적인 비교에서 쉽게 나타나는 것인지를 판단하려면 일반적으로 다음과 같은 3가지 단계로 진행해야 한다.

(1) 제일 근접한 선행기술을 확정한다.

(2) 발명의 구별특징과 실제로 해결한 기술적 문제를 확정한다.

(3) 통상의 기술자의 입장에서 당해 발명이 선행기술과의 상대적인 비교에서 쉽게 나타나는 것인지를 판단하여야 한다.[14)]

##### 3.2.1.2 판단사례 (생략)

#### 3.2.2 현저한 진보성의 판단

발명의 현저한 진보성을 판단함에 있어서는 주로 발명이 유익한 기술적 효과를 가지고 있는지의 여부를 고려하여야 한다. 다음의 경우는 일반적으로 발명이 유익한 기술적 효과를 가지고 있다고 인정하여 현저한 진보성이 인정된다.

(1) 선행기술보다 더 좋은 기술적 효과를 가지고 있다. 예를 들면 질의 개선, 산량의 제고, 에너지 절약, 환경오염의 방지 등

(2) 기술적 구상이 다른 기술적 사상(기술방안)을 제공하였고 기술적 효과가 선행기술의 수준에 도달하였다.[15)]

(3) 발명이 새로운 기술발전의 추세를 대표한다.

(4) 비록 일부 방면에서 소극적인 효과가 있지만 다른 방면에서 선명하고 적극적인 기술적 효과를 지니고 있다.

---

14) 이 부분은 유럽의 과제-해결 접근법(problem-solution approach) 법리와 유사하다. 유럽이 사용한 "problem"이라는 단어를 우리는 '과제'라고 번역하는데 중국은 '문제'라고 번역하고 있다.

15) 선행기술의 기술적 효과와 발명의 기술적 효과가 비슷한데도 불구하고 기술적 사상이 다르면 진보성을 인정한다는 것인가? 선행기술과 발명의 기술적 사상이 다르면 효과는 문제가 되지 않는다는 것인가?

### 4. 몇 가지 다른 유형의 발명의 진보성 판단

주의해야 할 것은 본 절의 발명의 유형의 구분은 발명과 제일 근접한 선행기술의 구별특징에 근거하여 한 것으로 단지 참조적인 것이다. 그러므로 심사할 때 심사관은 이를 무조건 그대로 받아들여서는 아니 되며 발명의 구체적 상황에 근거하여 객관적인 판단을 내려야 한다. 이하에서는 몇 가지 다른 유형의 발명의 진보성의 판단에 대하여 예를 들어 설명하기로 한다.

#### 4.1 개척발명

개척발명이란 기술사에서 선례가 없는 새로운 기술적 방안을 말한다. 이는 인류의 과학기술에 대하여 새로운 시대를 개척한 것을 말한다. 개척발명은 선행기술에 비해 선명한 실질적 특성과 현저한 진보성을 가지고 있다. 예를 들면 중국의 4대 발명, 증기기관, 위성 등.

#### 4.2 조합발명(组合发明)[16]

조합발명이란 여러 개의 기술방안을 조합하여 새로운 하나의 기술방안을 구성하여 선행기술이 존재하는 기술적 문제를 해결한 것을 말한다. 조합발명의 진보성을 판단함에 있어서 조합 후의 각 기술적 특징이 기능상의 상호지지 여부, 조합의 난이도, 선행기술에 조합의 계시의 존재 여부,[17] 조합 후의 기술적 효과 등을 고려하여야 한다.

(1) 쉽게 얻을 수 있는 조합

가령 발명이 단지 여러 가지 기존 제품 또는 방법을 조합하거나 연결시켜 각자 자신의 일반적인 방식으로 일하고 총 기술적인 효과가 단지 각 부분의 효과의 합과 같으며[18] 조합 후의 각 기술적 특징들 간에 기능상에 서로 연관이 없다면 이는 단지 간단한 더하기에 지나지 않으므로 진보성이 없다.[19]

(2) 쉽게 얻을 수 없는 조합

가령 조합의 각 기술적 특징들이 기능적으로 서로 지지하고 또 새로운 기술

---

16) 영어의 "combination invention"을 우리는 '결합발명'이라고 표현하는데 중국은 '조합발명'이라고 표현하고 있다.

17) 미국의 TSM 테스트와 유사하다.

18) 시너지 효과가 없는 경우를 말한다.

19) 우리의 주합발명에 대한 설명이다.

적 효과를 가지거나 조합 후의 기술적 효과가 각 기술적 특징들의 효과의 합보나 우월하다면 이런 조합은 신명한 실질적 특성과 현저한 진보성을 가지게 된다. 그 중 조합발명의 단독적인 기술적 특징 자체가 전부 또는 부분적으로 공지인지는 당해 조합발명의 진보성의 평가에 대해 영향을 주지 않는다.

#### 4.3 선택발명

선택발명이란 선행기술이 공개한 넓은 범위 중에서 선행기술이 언급하지 않은[20] 보다 좁은 범위 또는 객체를 선택해 내는 발명이다. 선택발명의 진보성을 판단함에 있어서 선택이 가져오는 예상치 못한 기술적 효과를 그 주요한 요인으로 보아야 한다.[21]

(1) 가령 당해 발명이 기존의 가능성 중에서 선택한 것이거나 단지 같은 가능성의 기술적 방안 중에서 선택한 것이고 또 그 선택한 방안이 예상치 못한 기술적 효과가 있지도 못하였다면 당해 발명은 진보성이 없다고 할 것이다.

(2) 가령 당해 발명이 가능하고 제한적인 범위 내에서[22] 구체적인 크기, 온도범위 또는 기타 수치를 선택하였으나 이는 통상의 기술자가 통상적인 수단으로 얻을 수 있으며 또 그것이 예상치 못한 기술적 효과가 있지도 못하였다면 당해 발명은 진보성이 없다고 할 것이다.

(3) 가령 당해 발명이 선행기술에서 직접 추리하여 얻을 수 있는 것이라면 당해 발명은 진보성이 없다고 할 것이다.

(4) 가령 선택이 당해 발명으로 하여금 예상치 못한 기술적 효과를[23] 얻게 하였다면 당해 발명은 선명한 실질적 특징과 현저한 진보를 구비하였다고 볼 수 있으며 진보성이 인정된다.

#### 4.4 전용발명(转用发明)

전용발명이란 어떤 기술분야의 선행기술을 다른 분야로 이전시킨 발명을 말한다.[24] 전용발명의 진보성을 판단함에 있어서 일반적으로 전용된 기술분야와의

---

20) 우리의 '구체적 개시' 요건에 상응하는 것으로 보인다.

21) 중국도 선택발명의 진보성을 판단함에 있어서 '구성변경의 곤란성'은 보지 않는 것인가?

22) 선행기술의 범위(구성)가 선택발명의 진보성 판단에 개입되는 장면이라고 생각된다. 유럽의 two list 이론을 차용한 것인가?

23) 우리 법의 이질적 효과를 말하는 것인가, 아니면 미국 법 또는 유럽 법의 unexpected results를 말하는 것인가?

24) 비유사기술분야 선행기술(non-analogous prior art)과 대비한 발명의 진보성 판단방법이라고

거리, 대응하는 기술적 계시의 존재 여부, 전용의 난이도, 기술적 곤란의 극복 여부, 전용이 가져다 주는 기술적 효과 등을 고려하여야 한다.

(1) 가령 전용이 유사한 또는 비슷한 기술분야 사이에서 진행되었고 예상치 못한 기술적 효과를 가져 오지 못했다면 진보성이 부정된다.

(2) 가령 전용이 예상치 못한 기술적 효과를 가져왔거나 원래의 기술분야에서 보지 못했던 곤란을 극복하였다면 당해 발명은 선명한 실질적 특징과 현저한 진보를 구비하였다고 볼 수 있으며 진보성이 인정된다.

#### 4.5 기존 제품의 새로운 용도발명

기존 제품의 새로운 용도발명이란 기존 제품을 새로운 목적에 사용하는 발명을 가리킨다. 기존 제품의 새로운 용도발명의 진보성 여부를 판단함에 있어서는 통상 새로운 용도와 현재 용도의 기술분야의 거리 차이, 새로운 용도가 가져오는 기술적 효과 등을 고려하여야 한다.

(1) 가령 새로운 용도가 단지 기존 재료의 이미 알려진 성질을 사용하였다면 그 용도발명은 진보성이 결여된다.

(2) 가령 새로운 용도가 기존 제품의 새로운 성질을 이용하였고 또 예상치 못한 기술적 효과까지 발생시켰다면 이러한 용도발명은 선명한 실질적 특성과 현저한 진보가 있으므로 진보성이 인정되어야 한다.

#### 4.6 요소변경의 발명

요소변경발명은 요소관계변화발명, 요소대체발명, 요소생략발명 등을 포함한다. 이에 대한 진보성을 판단함에 있어서는 일반적으로 요소관계변화, 요소대체와 생략이 기술적 제시의 존재 여부, 기술적 효과의 예측 여부 등을 고려하여야 한다.

##### 4.6.1 요소관계변화발명

요소관계변화발명이란 발명이 선행기술에 비해 그 형태, 크기, 비례, 위치 및 작용관계에 변화가 생긴 것을 말한다.

(1) 가령 요소관계의 변화가 발명의 효과, 기능 및 용도의 변화를 초래하지 않았거나 발명효과, 기능 및 용도의 변화가 예측 가능한 것이라면 이러한 발명은 진보성이 없다.

(2) 가령 요소관계의 변화로 인하여 발명이 예상치 못한 기술적 효과를 가

---

생각된다.

져다 주었다면 당해 발명은 선명한 실질적 특성과 현저한 진보성을 가지게 된다.

#### 4.6.2 요소대체발명

요소대체발명이란 기존 제품이나 방법의 어느 한 요소가 다른 기존 요소에 의하여 대체되는 발명을 말한다.

(1) 가령 발명이 같은 기능의 기존 수단에 대한 대체이거나 동일한 기술적 문제를 해결하기 위하여 같은 기능을 가진 최신 연구재료로 공지제품의 대응하는 재료를 대체하거나 어떤 공지재료로 공지제품 중의 어떤 재료를 대체하였어도 이런 공지재료의 유사적 응용은 이미 알려진 것이고 예상치 못한 기술적 효과를 가져다 주지 못하였다면 당해 발명은 진보성이 없다고 할 것이다.

(2) 가령 요소의 대체가 발명으로 하여금 예상치 못한 기술적 효과를 나타내게 한다면 당해 발명은 선명한 실질적 특성과 현저한 진보성을 가지게 된다.

#### 4.6.3 요소생략발명

요소생략발명이란 기존 제품 또는 방법 중의 한 가지 또는 몇 가지 요소를 생략하는 발명을 가리킨다.

(1) 가령 발명의 한 가지 또는 몇 가지 요소를 생략하여 대응하는 기능이 없어진다면 당해 발명은 진보성이 부정된다.

(2) 가령 발명이 한 가지 또는 몇 가지 요소를 생략하여도 여전히 원래의 모든 기능을 유지하고 있거나 예상치 못한 기술적 효과를 가져 오면 당해 발명은 선명한 실질적 특성과 현저한 진보성을 가지게 된다.

## 5. 발명의 진보성을 판단함에 있어서 고려해야 할 다른 문제들[25)]

발명의 진보성은 본 장 제3.2절의 심사기준에 따라 진행하여야 한다. 그러나 이하의 상황에 해당할 때에는 심사관은 발명의 진보성을 쉽게 부정해서는 아니 된다.

### 5.1 발명이 사람들이 오래 동안 갈망하였으나 계속 성공하지 못했던 기술적 난제를 해결하였을 경우

### 5.2 발명이 기술적 편견을 극복하였을 경우

기술적 편견이란 어떤 시간 내, 어떤 기술적 영역에서 기술자들이 가지고 있

25) 이차적 고려사항(secondary considerations)에 해당한다.

는 어떤 기술문제에 대한 보편적이고 객관적 사실을 벗어나는 인식을 말하며 이런 인식이 사람들로 하여금 다른 가능성에 대한 연구를 저해하고 당해 기술분야에 대한 연구와 개발을 저해하는 것을 말한다. 가령 발명이 이러한 기술적 편견을 극복하였고 사람들이 기술적 편견에 의해 포기한 기술적 수단을 이용하여 문제를 해결하였다면 당해 발명은 선명한 실질적 특성과 현저한 진보성을 가지게 된다.

#### 5.3 발명이 예상치 못한 기술적 효과를 거둔 경우[26)]

이는 발명이 선행기술에 비해 기술적 효과면에서 '질'적인 변화를 가져와 새로운 기능을 가졌거나 '양'적인 변화를 가져왔으나 사람들의 예기한 상상을 벗어난 것을 말한다. 여기에서 말하는 '질' 또는 '양'의 변화는 통상의 기술자를 상대로 사전에 예측불가하거나 추리불가한 것을 말한다. 당해 발명이 예상치 못한 기술적 효과를 거두었다면 한 측면으로는 발명이 현저한 진보성을 가졌다고 볼 수 있고 다른 한 측면으로는 발명의 기술적 방안이 쉽게 얻을 수 있는 것이 아니어서 선명한 실질적 특성도 가지게 되므로 진보성을 가진다.

#### 5.4 발명이 상업적으로 성공을 거둔 경우

가령 발명이 상업적으로 성공을 거두었고 이러한 성공이 당해 발명의 기술적 특징에서 직접적으로 얻어진 것이라면 한 측면으로는 발명의 유익한 효과를 반영하고 동시에 발명이 쉽게 얻을 수 있는 것이 아니라는 것도 설명하게 된다. 그러므로 당해 발명은 선명한 실질적 특성과 현저한 진보성을 가지게 된다. 그러나 상업적 성공이 다른 원인에 의하여 이루어진 것이라면 진보성 판단의 기준으로 할 수 없다.

### 6. 진보성 심사에 있어서 주의해야 할 문제들

발명의 진보성을 심사함에 있어서 다음과 같은 문제들을 주의해야 한다.

#### 6.1 발명의 경로

발명자의 발명과정이 어렵게 진행되었든 아니면 쉽게 얻어진 것이든 모두 발명의 진보성을 평가함에 있어서는 영향을 주지 않는다.[27)] 대부분의 발명이 발

26) 발명의 '효과'를 이차적 고려사항 중의 하나로 소개한다. 한편 발명의 효과는 앞에서도 거론된다. 그런 견지에서 발명의 효과는 일차적 고려사항이기도 하고 이차적 고려사항이기도 한 것인가?

27) 이에 관하여 미국특허법 제103조는 다음과 같이 표현하고 있다. "Patentability shall not be negated by the manner in which the invention was made." 특허성은 그 발명이 만들어진 방

명가의 창조적인 노동의 결정체이고 오랜 시간의 과학적인 연구 또는 생산 실천의 결과이다. 그러나 일부 발명은 우연적인 것도 있다.[28)]

### 6.2 사후고찰(사후제갈량)을[29)] 피하여야 한다.

발명의 진보성을 심사할 때 심사관은 이미 발명의 내용을 이해한 전제 아래에서 판단을 하게 되므로 발명을 낮게 평가하는 경우가 쉽게 발생할 수 있다. 발명의 진보성을 판단함에 있어서 심사관은 반드시 통상의 기술자를 기준으로 출원일 이전의 선행기술과의 비교에서 진행되어야 한다는 것을 명심하여 주관적 요소의 영향을 줄이거나 피하여야 한다.

### 6.3 예상치 못한 기술적 효과에 대한 고려

진보성을 판단함에 있어서 발명의 기술적 효과에 대한 고려는 진보성의 정확한 판단에 유익하다. 가령 발명이 선행기술에 비해 예상치 못한 기술적 효과를 가지고 있다면 당해 발명의 선명한 실질적 특성을 의심할 필요도 없이 그 진보성을 인정할 수 있다. 그러나 주의해야 할 것은 본 장 제3.2절의 방법으로 발명의 기술적 사상이 통상의 기술자를 기준으로 쉽게 얻을 수 있는 것이 아니고 유익한 기술적 효과를 발생한다면 당해 발명은 선명한 실질적 특성과 현저한 진보성을 가지게 된다. 이런 경우에는 발명이 예상치 못한 기술적 효과를 가지는지의 여부에 대해 너무 중요하게 생각할 필요가 없다.

### 6.4 보호를 요구하는 발명에 대한 심사

발명의 진보성 구비 여부는 보호를 요구하는 발명에 대하여 판단되어야 한다. 그러므로 발명의 진보성에 대한 평가는 반드시 청구항에서 제한한 기술적 사상에 대하여 행하여야 한다. 선행기술에 비하여 공헌한 발명의 기술적 특징은 반드시 청구항에 기재되어야 한다. 명세서에만 기재된 기술적 특징은 진보성을 판단함에 있어서는 고려하지 않는다. 그리고 진보성의 판단은 반드시 청구항에서 제한한 기술적 사상 전체에 대하여 행하여야 한다. 즉, 기술적 사상에 대하여 평가하는 것이지 그 중 하나의 기술적 특징에 대하여 평가하는 것은 아니다.

---

식에 의하여 부정되지 않는다.

28) 발명의 과정이 길고 어려웠던 경우 그 과정은 진보성 판단에 긍정적으로 고려되어야 하는 것이 아닐까?

29) 영어의 'hindsight'를 중국은 '사후제갈량'으로 번역하고 있다. 중국이어서 가능한 멋스런 표현이다.

# 제 2 장

# 청구항 해석

제 1 절 청구항 용어해석 법리

제 2 절 청구항 용어해석: 명세서의 적절한 참작 v. 청구항의 부당한 한정

제 3 절 청구항 전제부의 해석

# 제1절 청구항 용어해석 법리*

## Ⅰ. 서 론

특허명세서에 청구항이 도입됨으로 인하여[1] 발명의 기술적 범위 또는 특허의 권리범위가 매우 명확하여졌다.[2] 그럼에도 불구하고 인간이 사용하는 언어의 한계로 인하여 청구항의 불명확함은 불가피한 측면이 있고, 그래서 특허사건의 결과를 예측하는 것이 매우 어렵고,[3] 많은 경우 청구항 해석이 특허사건의 승패를 좌우한다.[4] 청구항을 해석하는 작업을 두 단계로 나눌 수 있는데, 첫번째 단계에서는 청구항에 사용된 용어의 의미를 명확하게 하여 그 발명의 '기술적 범위'를 파악하고, 두번째 단계에서는 균등론 적용, 공지기술 제외 등을 통하여 그 발명의 '권리범위'를 정한다.[5] 진보성 판단과 관련하여서는 첫번째 단계가 중요한 것이고 이 절에서는 그러한 첫번째 단계의 작업을 '청구항 용어 해석' 또는 '청구

* 이 절은 다음의 글을 일부(약 20%) 인용하였다. 정차호, "미국특허침해소송에서의 청구항 해석: 예측불가능한 게임", 「지식재산」 제3권 제2호, 한국지식재산연구원, 2008.

1) 미국에서는 1836년 특허법 개정을 통하여 명세서가 청구항을 포함하도록 하였다. Patent Act, ch. 357, §6, 5 Stat. 117 (1836).

2) John F. Duffy, *On Improving the Legal Process of Claim Interpretation: Administrative Alternatives*, 2 Wash. U. J.L. & Pol'y 109, 110 (2000) ("The success of the modern patent claim is demonstrated by its universal adoption in the patent law of all major industrialized countries. In the technology of law, the nineteenth century's creation of the patent claim ranks as one of the most important innovations in the field of patent law ⋯.").

3) Gretchen Ann Bender, *Uncertainty and Unpredictability in Patent Litigation: The Time is Ripe for a Consistent Claim Construction Methodology*, 8 J. Intell. Prop. L. 175, 175 (2001) ("[T]he field of patent infringement litigation currently lacks the certainty and predictability necessary to efficiently litigate (and resolve) cases.").

4) Giles S. Rich, *Extent of Protection and Interpretation of Claims—American Perspectives*, 21 Int'l Rev. of Indus. Prop. & Copyright L. 497, 499 (1990) ("[T]he name of the game is the claim.").

5) 강경태, "이원적 청구범위해석방법에 관한 검토", 「특허판례연구」, 박영사, 2009, 404면(명세서만을 참조하여 불명확한 용어의 해석을 통해 발명의 구성을 확정하는 작업을 '특허청구범위해석', 그 이외의 사정을 참작하여 발명의 권리범위 내지 보호범위를 확정하는 작업을 '보호범위확정'으로 구분).

항 해석'이라고 칭하고 그것에 관하여만 논한다.[6] 그러한 작업을 '청구항에 기재된 발명의 특정',[7] '발명의 확정'[8] 등으로 부를 수도 있으나, 전자는 너무 길어서 칭하기가 불편하고, 후자는 다른 개념과 혼동을 유발할 수 있는 점을 고려하고, 나아가, 미국에서 사용되는 용어인 'claim construction'과의 상응을 고려하여 이 절에서는 '청구항 (용어) 해석'이라고 칭한다.[9]

청구항 해석은 특허실무에 있어서 진보성 판단과 더불어 가장 중요한 작업이고,[10] 많은 경우 청구항 해석이 특허사건의 승패를 결정한다.[11] 그 해석을 바탕으로 특허성 판단, 보정·정정 허용 판단, 권리범위 판단, 침해 판단 등이 이루어지기 때문이다. 특허(출원) 사건의 결과를 예측하기 어렵게 만드는 가장 근본적인 요인은 관련 기술이 복잡, 다양하기 때문이지만, 부가적으로 청구항 해석에 관련된 법리가 미처 정비되지 못하였기 때문이기도 하다. 특히, 그 청구항이 일반적인 청구항이 아닌 특수한 형태의 청구항인 경우에는 해석의 어려움이 더욱 가중된다.

## Ⅱ. 청구항 해석의 기본 원칙들

### 1. 청구항 기준의 원칙

청구항이 적시한 발명의 기술적 범위는 특허청구범위에 기재된 사항에 의하여 정하여지는 것이 원칙이고,[12] 청구항의 기재가 명확한 경우에는 청구항에 기재된 대로 발명을 특정하되, 그 기재가 불명확한 경우에는 명세서 및 도면을 참

6) 따라서, 구성요소 완비의 원칙(All Elements Rule), 균등론, 금반언의 원칙, 공지기술 제외설 등 권리범위 해석에 관한 매우 중요한 이론들을 다루지 않게 된다.

7) 특허청, 「특허·실용신안 심사지침서」, 2002, 2317면.

8) 대법원 2007. 9. 21. 선고 2005후520 판결.

9) 일본 특허법 제70조 제2항("청구범위 이외의 명세서 및 도면의 기재를 고려하여 청구범위에 기재된 용어의 의의를 해석한다.").

10) 미국에서 청구항 해석이 얼마나 중요하고 또 얼마나 많은 논란과 문제점을 초래하는지에 대하여는, 정차호, "미국특허소송에서의 청구항 해석 : 예측불가능한 게임", 「지식재산연구」 제3권 제2호, 한국지식재산연구원, 2008 참고.

11) Markman v. Westview Instruments, Inc., 52 F.3d 967, 989 (Fed. Cir. 1995) (*en banc*) (Mayer, J. concurring) ("[T]o decide what the claims mean is nearly always to decide the case.").

12) Phillips v. AWH Corp., 415 F.3d 1303, 1312 (Fed. Cir. 2005) (*en banc*) ("It is a bedrock principle of patent law that the claims of a patent define the invention to which the patentee is entitled the right to exclude.").

작하여 발명을 특정한다. 이를 소위 '명세서 참작의 원칙'이라고 한다. 그 원칙은 출원 계류 중 신규성, 진보성을 판단하는 경우,[13] 등록 후 무효심판에서 신규성, 진보성을 판단하는 경우,[14] 등록 후 정정심판에서 독립특허요건을 판단하는 경우, 등록 후 권리범위확인심판에서 권리범위를 따지는 경우,[15] 등록 후 특허권 침해소송에서 침해 여부를 따지는 경우에 공히 적용된다.[16] 심사, 거절결정불복 심판 및 무효심판에서 특허성을 판단하는 경우에는 청구항의 기재를 기초로 하여야 할 뿐 발명의 상세한 설명의 기재에 의하여 보완 해석할 수는 없고, 특허발명의 보호범위를 판단하는 경우에는 청구항의 기재에 명세서 및 도면은 물론 당업계의 공지기술까지 포괄적으로 보충하여 해석한다는 의견이 있으나,[17] 근거가 없는 잘못된 것이라고 생각된다.[18]

발명의 기술적 범위가 청구항에 의하여 정하여진다는 소위 '청구항 기준의 원칙'은 미국,[19] 유럽, 일본 등에서도 동일하게 적용된다. 그 원칙이 출원발명에

13) 특허청, 「특실 심사지침서」, 2317면. 대법원 1995. 12. 12. 선고 94후1787 판결(거절사정)("실용신안명세서의 기재 중 실용신안청구의 범위의 기재만으로는 실용신안의 기술구성을 알 수 없거나 설사 알 수는 있더라도 그 기술적 범위를 확정할 수 없는 경우에는 발명의 상세한 설명이나 도면 등 명세서의 다른 기재부분을 보충하여 명세서 전체로서 실용신안의 기술적 범위 내지 그 권리범위를 해석하여야 한다.").

14) 대법원 2007. 10. 25. 선고 2006후3625 판결(등록무효)("특허청구범위는 특허출원인이 특허발명으로 보호받고자 하는 사항을 기재한 것이므로, 신규성·진보성 판단의 대상이 되는 발명의 확정은 특허청구범위에 기재된 사항에 의하여야 하고 발명의 상세한 설명이나 도면 등 다른 기재에 의하여 특허청구범위를 제한하거나 확장하여 해석하는 것은 허용되지 않지만, 특허청구범위에 기재된 사항은 발명의 상세한 설명이나 도면 등을 참작하여야 그 기술적인 의미를 정확하게 이해할 수 있으므로, 특허청구범위에 기재된 사항은 그 문언의 일반적인 의미를 기초로 하면서도 발명의 상세한 설명 및 도면 등을 참작하여 그 문언에 의하여 표현하고자 하는 기술적 의의를 고찰한 다음 객관적·합리적으로 해석하여야 한다.").

15) 대법원 2007. 6. 14. 선고 2007후883 판결(권리범위확인)("특허발명의 권리범위를 판단함에 있어서는, 특허청구범위에 기재된 용어의 의미가 명료하더라도, 그 용어로부터 기술적 구성의 구체적인 내용을 알 수 없는 경우에는 그 발명의 상세한 설명과 도면의 기재를 참작하여 그 용어가 표현하고 있는 기술적 구성을 확정하여 특허발명의 권리범위를 정하여야 한다.").

16) 김상은, "특허청구범위 해석의 이중적 기준", 「지식재산21」, 2008년 7월호, 특허청, 186면("특허발명의 보호범위를 해석함에 있어 …… 그 출발점은 특허청구범위에 기재된 사항이기 때문에, 원칙으로서는 특허성 판단의 전제로서 발명의 기술내용의 확정과 특허발명의 보호범위의 확정은 일치한다고 생각하는 것이 합당하다. 그렇지 않으면 실체 심사의 의의가 몰각되고 특허발명의 보호범위의 예측성, 명확성이 상실되어 버리기 때문이다.").

17) 박길채, "특허청구범위의 해석에 관한 소고", 「지식재산21」, 2005년 9월호, 특허청, 140−41면.

18) 위 논문이 근거로 제시한 대법원 판례들이 해당 쟁점과 관련이 없거나 오히려 명세서 등을 참작할 수 있다고 설시하는 것이고, 논리적인 근거가 제시되지도 않고 있다.

19) Graver Tank & Mfg. Co. v. Linde Air Prods. Co., 336 U.S. 271, 277 (1949) ("We have frequently held that it is the claim which measures the grant to the patentee."); Phillips v. AWH Corp.,

서는 물론 특허발명에서도 동일하게 적용된다는 점에서도 미국,[20] 유럽,[21] 일본 등에서 동일하게 적용된다. 청구항을 기준으로 발명의 기술적 범위를 결정한다는 것이 가장 기본적인 원칙이면서도 청구항만으로는 기술적 범위를 명확하게 설정하기가 어려운 경우 명세서 등을 참작한다든지, 내부증거 또는 외부증거를 참작한다든지 하는 면에서는 각국이 약간씩 다른 태도를 보일 뿐이다. 유럽특허조약(EPC)에 의해서도, 청구항에 의하여 권리의 범위가 정해지며, 청구항에 제시되지 않은 요소를 청구항에 부가하여 권리범위를 축소하는 것은 발명설명서가 그러한 부가를 명시적으로 설명하고 있는 경우를 제외하고는 일반적으로 허용되지 않는다.[22] 그 원칙은 출원 중 출원인이 청구하는 범위를 판단하는 단계에서와[23] 등록 후 유럽특허에 의하여 부여되는 보호의 범위를 판단하는 단계에서 동일하게 적용된다. 이 청구항 기준의 원칙은 워낙 기본적이면서 잘 확립된 것이므로 이 기준에 대하여 논란이 있기는 어렵다.

다만, 우리 대법원은 "특별한 사정이 없는 한" 청구항 기준의 원칙이 적용되고, 명세서의 다른 기재에 의하여 특허청구범위를 변경(제한 또는 확장)하여 해석하는 것은 허용되지 않음을 확인하였다.[24] 여기서의 '특별한 사정'으로 제시될 수

---

415 F.3d 1303, 1312 (Fed. Cir. 2005) (*en banc*) ("It is a 'bedrock principle' of patent law that 'the claims of a patent define the invention to which the patentee is entitled the right to exclude.'").

20) State Contracting & Eng'g Corp. v. Condotte Am., Inc., 346 F.3d 1057, 1067 (Fed. Cir. 2003) ("[W]e have held that a claim must be construed before determining its validity … ").

21) EPC Art. 84; EPC Art. 69(1) ("The extent of the protection conferred by a European patent or a European patent application shall be determined by the claims. Nevertheless, the description and drawings shall be used to interpret the claims.").

22) EPO, *Case Law of the Boards of Appeal of the European Patent Office*, §5.3.1(d) ("In T 121/89, on the other hand, the board does use the description to interpret an ambiguous term ('loose ignition charge'), but at the same time stresses that only features recited in or deducible from the claims could be set forth to distinguish the invention from the state of the art. The examples cited in the description did not limit the scope of the claims unless they were explicitly mentioned in them (see also T 544/89).").

23) EPC Art. 84.

24) 대법원 2009. 7. 23. 선고 2007후4977 판결("특허출원된 발명이 특허법 제29조 제1항, 제2항 소정의 특허요건, 즉 신규성과 진보성이 있는지를 판단할 때에는, 특허출원된 발명을 같은 조 제1항 각호 소정의 발명과 대비하는 전제로서 그 발명의 내용이 확정되어야 하는바, 특허청구범위는 특허출원인이 특허발명으로 보호받고자 하는 사항이 기재된 것이므로, 발명의 내용의 확정은 특별한 사정이 없는 한 특허청구범위에 기재된 사항에 의하여야 하고 발명의 상세한 설명이나 도면 등 명세서의 다른 기재에 의하여 특허청구범위를 제한하거나 확장하여 해석하는 것은 허용되지 않으며 ……").

있는 것은 ① 특허권 침해소송에서 공지기술을 제외하여 특허발명의 보호범위를 판단하는 경우,[25] ② 나아가 공지기술로부터 통상의 기술자가 용이하게 발명할 수 있는 기술까지 제외하여 특허발명의 보호범위를 판단하는 경우,[26] ③ 균등론을 적용하는 경우,[27] ④ 출원 중 출원발명의 기술적 범위를 가능한 한 최대한 넓게 보는 경우 등이 있을 것이다. 반면에 명세서의 다른 기재를 참작하여 청구범위를 '해석'하는 것은 위에서 말하는 '특별한 사정'에 포함되지 않아야 한다. 명세서를 참작하여 청구범위를 해석하는 작업은 명세서의 다른 기재를 참작하여 범위의 경계를 '명확'하게 하는 것이지 범위를 '변경'하는 것이 아니기 때문이다.

### 2. 명세서 참작의 원칙

심사관 등은 청구항을 해석하기 위하여 명세서 등을 참작할 수 있다. 대법원은 명세서 등을 참작하여야 청구항의 기술적 의미를 정확하게 이해할 수 있다고 설시하는 사례가 있는데,[28] 청구항에 기재된 사항의 기술적 의미는 많은 경우 명세서 등을 참작하여야 정확하게 이해할 수 있는 것은 사실이지만, 또 다른 많은 경우 명세서 등을 참작하지 않고도 그 기술적 의미를 정확하게 이해할 수 있기도 하므로,[29] 그러한 설명은 너무 단정적이라고 생각된다. 그러므로, 대법원의

25) 박정희, "특허침해 여부 판단에서 공지된 구성요소를 제외하여야 하는지", 「특허판례연구」, 한국특허법학회, 2009, 428－432면(공지기술을 제외한다는 것은 ① 특허발명의 구성요소 중 공지된 것을 제외한다는 것이 아니라 특허발명 전체가 공지되어 신규성이 없는 경우 권리를 인정하지 않는다는 것 또는 ② 특허발명의 구성요소가 선택적으로 기재되어 있고 그 중 일부가 공지된 경우 그 일부를 권리범위에서 제외하는 것임을 설명).

26) 김태현, "공지기술과 자유실시기술의 항변", 「특허판례연구」, 한국특허법학회, 2009, 438－440면(침해소송에서 진보성까지 판단하여 권리범위를 판단하는 것에 대하여 우리나라는 아직 이론이 있고, 일본에서는 새로운 규정을 신설하여 그러한 판단을 가능하게 하였음을 소개).

27) 균등론에 의하여 특허청구범위가 변경되는지에 대하여는 이견이 있을 수 있겠다. 법원이 청구항의 용어 해석을 통하여 청구항의 문언에 따라 기술적 범위를 정한 후 균등론을 적용하여 권리범위를 정한다고 보면, 균등론에 의하여 변경되는 것은 기술적 범위가 아니라 권리범위가 될 것이다.

28) 대법원 2009. 7. 23. 선고 2007후4977 판결("다만, 특허청구범위에 기재된 사항은 발명의 상세한 설명이나 도면 등을 참작하여야 그 기술적 의미를 정확하게 이해할 수 있으므로 ……").

29) 필자가 심사관으로 재직 시 심사한 기술분야 중 전자레인지 분야가 있었는데, 전자레인지의 손잡이 구성, 전자파 차단 구성, 음식물 받침대 구성 등은 그 발명이 너무나 단순하여 청구항 기재 그 자체만으로 발명의 내용을 명확하게 이해하는 데 아무런 어려움이 없는 경우가 허다하였다. 그런 경우 발명이 너무나 단순하여 발명의 상세한 설명 부분이 설명하는 내용과 청구항에 기재된 사항이 별반 차이가 없어서 명세서 전체가 2－3면에 불과하기도 하게 된다. 간혹, 그런 단순한 발명 중에서도 진보성이 확실히 인정되는 기발한 발명이 있기도 하였다.

다른 판결에서 제시한 바와 같이,[30] 특허청구범위에 기재된 사항만으로 청구된 범위를 정확하게 확정할 수 있는 경우에는 명세서 등을 참작할 필요가 없고, 정확하게 확정할 수 없는 경우에만 명세서 등을 참작하는 것이라고 설시하는 것이 더 좋다고 생각된다. 유럽에서도 또한, 청구항을 해석하기 위하여 발명설명서(description) 및 도면이 사용된다는 점은 출원 계류 중[31][32] 단계와 등록 후 단계에서[33] 동일하다.

김동준 교수는 특허청구범위 해석에 있어서 숫자 등 상세한 설명을 참작할 필요가 없거나 가사 참작하여도 마찬가지인 경우 즉, 해석의 여지가 없는 극히 일부의 경우만 용어의 의미가 명확한 것으로 인정되어 상세한 설명의 참작이 필요하지 않고 다른 모든 경우에는 해당 용어의 불명확 여부와 무관하게 <u>항상</u> 상세한 설명을 참작하여야 한다고 주장한다.[34] 그런데, 하나의 청구항에서 사용된 용어는 많은데도 불구하고 명세서를 참작하여 그 용어의 의미를 해석할 필요가 있는 것은 통상 그 많은 용어 중 몇 개에 불과하다. 그렇다면 그 몇 개를 제외한 나머지 용어는 그 의미가 명확하므로 양 당사자 사이에 다툼도 없고 명세서를 참작할 필요도 없는 것이다. 그런 의미에서는 대부분의 용어에 대하여는 명세서

---

30) 대법원 2008. 7. 10. 선고 2008후57 판결("등록실용신안의 보호범위는 실용신안등록청구범위에 기재된 사항에 의하여 정하여지되, 고안의 상세한 설명과 도면 등을 참작하여 실용신안등록청구범위에 기재된 문언의 의미내용을 해석하는 것이므로, 실용신안등록청구범위에 기재된 문언으로부터 기술적 구성의 구체적 내용을 <u>알 수 없는 경우에는</u> 고안의 상세한 설명과 도면 등을 보충하여 그 문언이 표현하고 있는 기술적 구성을 확정하여 등록실용신안의 권리범위를 정하여야 하고(대법원 2006. 12. 22. 선고 2006후2240 판결, 대법원 2007. 6. 14. 선고 2007후883 판결 등 참조), 이는 독립항과 그 종속항의 권리범위가 동일하게 된다고 하여도 마찬가지이다."). 사실 본 판결도 앞 부분에서는 '반드시' 참작을 설시하고, 뒷 부분에서는 기술의 내용을 알 수 없는 경우에 명세서 등을 보충한다고 설시하여 서로 상충되는 말을 하고 있다.

31) EPO, *Case Law of the Boards of Appeal of the European Patent Office*, §5.3.1(a) ("In a number of decisions, such as T 23/86 (OJ 1987, 316), T 16/87 (OJ 1992, 212), T 89/89, T 121/89, T 476/89, T 544/89, T 565/89, T 952/90, T 439/92, T 458/96 and T 717/98, the boards of appeal laid down and applied the principle whereby the description and drawings are used to interpret the claims when an objective assessment of the content of a claim has to be made to judge whether its subject−matter is novel and not obvious.").

32) *Id.* §5.3.3 ("In a large number of decisions (eg T 327/87, T 238/88, OJ 1992, 709; T 416/88, T 194/89, T 264/89, T 430/89, T 472/89, T 456/91, T 606/91, T 860/93, T 287/97, T 250/00, T 505/04), the boards interpreted the claims in the light of the description and drawings in order to establish whether they were clear and concise within the meaning of Art. 84 EPC.").

33) EPC Art. 69(1).

34) 김동준, "특허청구범위 해석에 있어서 상세한 설명의 참작", 「정보법학」 제16권 제3호, 정보법학회, 2012, 219−223면.

를 참작하지 않고 청구항에서 사용된 그대로 의미를 파악하되, 쟁점이 되는 용어는 (불명확하여 쟁점이 되므로) 그 의미를 파악하기 위하여 명세서를 참고하게 된다고 보는 것이 더 타당해 보인다. 현실적으로는 당사자가 어떤 용어의 의미에 대하여 서로 다른 주장을 하면,[35] 법원은 그 용어의 의미를 제대로 파악하기 위하여 명세서를 참작하는 것이 거의 자동적이라고 생각된다. 당사자가 다투는데도 불구하고 명세서를 참작하지도 않고 한 쪽의 손을 들어주는 용감한(?) 법원은 드물 것이다. 그런 의미에서는 위 김동준 교수의 주장이 현실과 실무를 반영한 것이라고 생각된다. 다만 김동준 교수는 일부 용어를 제외한 대부분의 용어에 대하여 명세서를 참작한 해석을 한다는 입장이고, 필자는 청구항에 사용된 몇 개의 쟁점이 되는 용어에 대하여 명세서를 참작한 해석을 한다는 입장이어서 명세서 참작 원칙이 적용되는 정도의 차이는 있다. 또, 어떤 용어의 의미를 해석하기 위해서는 명세서(내부증거)를 참작할 수도 있고 또는 사전 등 외부증거를 참작할 수도 있는데 김동준 교수가 명세서만을 항상 참작하여야 한다는 것으로 표현한 점은 외부증거 참작의 원칙을 제외한 문제가 있다고 생각된다.

청구항 해석을 위해서 출원이력을 살피는 것이 가능한지 여부가 문제된다. 미국의 법리에 따르면 법원은 해당 출원의 출원이력을 참작할 수 있는 것은 물론 방계(family) 출원의 출원이력,[36] 다른 법원에서 행한 진술[37] 등도 참작할 수 있다. 그러나, 캐나다 및 유럽에서는 청구항 해석을 위하여 출원이력을 참작할 수 없다.[38][39] 일반인이 출원이력에 쉽게 접근할 수 없다고 보는 경우, 출원이력

35) 청구항의 용어에 대한 다툼은 통상 한 당사자가 어떤 용어가 어떻게 해석되어야 한다고 주장을 하면 상대 당사자가 그렇게 해석되지 않아야 한다고 답변을 하면서 진행이 된다. 즉, 당사자 사이에 다툼이 없는 용어에 대하여는 법관이 내면적으로 이해하는 바에 따라 해석하면서 사건을 진행한다.

36) Heuft Systemtechnik GMBH v. Industrial Dynamics Co., 282 Fed.Appx. 836, 841 (Fed. Cir. 2008) ("It is well-settled that 'prosecution disclaimer may arise from disavowals made during the prosecution of ancestor patent applications.'"); Ormco Corp. v. Align Tech., Inc., 498 F.3d 1307, 1314 (Fed. Cir. 2007) ("When the application of prosecution disclaimer involves statements from prosecution of a familial patent relating to the same subject matter as the claim language at issue in the patent being construed, those statements in the familial application are relevant in construing the claims at issue.").

37) Finisar Corp. v. DirecTV Group, Inc., 523 F.3d 1323, 1329 (Fed. Cir. 2008) ("In the interest of uniformity and correctness, this court consults the claim analysis of different district courts on the identical terms in the context of the same patent.").

38) Kirin-Amgen Inc v Transkaryotic Therapies Inc (No.2) [2005] R.P.C. 9, House of Lords, para. 35 ("The courts of the United Kingdom, the Netherlands and Germany certainly discourage, if they do not actually prohibit, use of the patent office file in aid of

이 청구항의 통지(notice) 기능에 도움을 주지 않으므로 캐나다 및 유럽의 법리가 더 설득력이 있어 보인다. 이런 견지에서 미국 및 우리나라의 특허청은 특허청 홈페이지에서 출원이력을 열람할 수 있도록 하고 있다.

### 3. 일반적 의미 v. 특별한 의미; 외부증거 v. 내부증거

등록이 된 특허발명의 특허요건 및 권리범위를 판단하기 위한 소위 청구항(용어) 해석(claim construction)에 있어서,[40] 통상의 기술자가 일반적으로 인식하는 보통의 의미(ordinary and customary meaning)와 출원인이 부여한 특별한 의미 사이에 어떤 것이 먼저 해석되어야 하는지, 즉 보통 의미로 먼저 추정하고, 출원인이 부여한 특별한 의미로 그 보통 의미를 복멸하여야 하는가, 아니면 먼저 출원인이 부여한 특별 의미로 추정하기 위하여 노력하고 출원인이 따로 특별한 의미를 부여하지 않은 경우에 보통 의미를 부여하여야 하는가에 대하여 이견이 있을 수 있다.[41]

미국의 법리를 살핀다. 양 당사자간 문건의 해석에 있어서는, 어느 일 당사자의 의도가 해석을 좌지우지하여서는 아니 되므로, 쟁점이 되는 용어의 통상적인 의미가 더 중요하다.[42] 그러나, 특허출원 및 심사는 일 당사자(ex parte) 절차이고,[43] 청구항에서 사용된 용어는 해당 출원인이 조어사(lexicographer)로서 자유롭게 사용하는 것이므로[44] 출원인의 의도가 더 중요하다.[45] 그 출원인이 부여한

---

construction. There are good reasons: the meaning of the patent should not change according to whether or not the person skilled in the art has access to the file and in any case life is too short for the limited assistance which it can provide.").

39) 영국에서의 청구항 해석에 관한 판례. Virgin Atlantic Airways Ltd v Premium Aircraft Interiors UK Ltd [2009] EWCA Civ 1062, [2010] RPC 8 at [5].

40) 미국에서 사용하는 용어인 "claim construction"은 주로 등록 후 청구항에 사용된 용어의 의미를 해석하는 경우에 사용된다. 출원 계류 중 청구항에 사용된 용어의 의미를 해석하는 것은 "claim interpretation"으로 구분할 수 있다. 그러나, 실무에서 그 두 용어를 정확하게 구분하지는 않는 것으로 보인다.

41) Phillips v. AWH Corp., 415 F.3d 1303, 1312 (Fed. Cir. 2005) (*en banc*).

42) 국가간 조약의 해석은 "조약의 문맥 및 조약의 대상과 목적으로 보아 그 조약의 문맥에 부여되는 통상적인 의미에 따라 성실하게 해석"되어야 한다. 조약법에 관한 비엔나 협약 제31조 제1항.

43) 특허를 공중(the public)과 출원인 사이의 (양 당사자, *inter partes*) 계약으로 보는 관점이 있다. 동 관점은 그 자체로는 타당하지만, 공중은 해당 계약에 관여하지 않고 그 계약에 관여하는 심사관은 당사자가 아니라는 특수한 사정으로 인하여, 특허는 실질적으로는 일 당사자 절차라고 보는 것이 옳다.

44) Helmsderfer v. Bobrick Washroom Equipment, Inc., 527 F.3d 1379, 1381 (Fed. Cir. 2008) ("A patentee may act as its own lexicographer and assign to a term a unique definition that is

특별한 의미를 공중에게 공개된 객관적 자료에 기초하여 파악하기 위하여, 명세서·도면, 출원이력 등 내부증거(intrinsic evidence)를 살펴보는 것이다.[46] 내부증거가 해당 용어를 명확하게 정의하면 그 정의에 따르면 된다. 의도된(implied) 정의도 그 정의가 명백하여 명확한 것에 상응하면 그 의도된 정의에 따를 수 있다.[47] 한편, 그 출원인이 해당 용어를 특별한 의미로 사용하였다는 점을 인정할 수 없는 경우에는, 그 다음 단계에서 그 용어를 통상의 기술자가 이해하는 바로 파악하기 위하여 사전, 교과서, 전문가 의견 등 외부증거(extrinsic evidence)를 참작하는 것이다.[48]

유럽에서는 청구항에 사용된 용어의 보통의미(normal meaning)와 특별의미(special meaning)와 관련하여 유럽특허청(EPO) 심사지침서가 구체적으로 설명하고 있는바, 각 청구항에 사용된 용어는 관련 기술분야에서 사용되는 보통의 의미로 이해되어야 하되, 발명설명서가 그 용어에 특별한 의미를 부여한 경우에는 그 특별한 의미로 이해될 수 있다고 한다.[49][50][51]

different from its ordinary and customary meaning however, a patentee must clearly express that intent in the written description.").

45) 우리 대법원도 유사한 표현을 하고 있다. 대법원 2008. 10. 23. 선고 2007후2186 판결("특허권의 권리범위 내지 보호범위는 특허출원서에 첨부한 명세서의 특허청구범위에 기재된 사항에 의하여 정하여지고, 청구범위의 기재만으로 기술적 범위가 명백한 경우에는 원칙적으로 명세서의 다른 기재에 의하여 청구범위의 기재를 제한 해석할 수 없지만, 청구범위를 문언 그대로 해석하는 것이 명세서의 다른 기재에 비추어 보아 명백히 불합리할 때에는 출원된 기술사상의 내용, 명세서의 다른 기재, 출원인의 의사 및 제3자에 대한 법적 안정성을 두루 참작하여 특허권의 권리범위를 제한 해석할 수 있다(대법원 2003. 7. 11. 선고 2001후2856 판결 참조)."). 즉, 명세서의 다른 기재에 나타난 출원인의 의사에 따라 청구항을 제한 해석할 수 있다는 것이다. 나아가, 출원인의 의사가 명확한 경우에는 그렇게 해석하여야 하는 경우도 있을 것이다.

46) Phillips, 415 F.3d at 1314 ("Because the meaning of a claim term as understood by persons of skill in the art is often not immediately apparent, and because patentees frequently use terms idiosyncratically, the court looks to 'those sources available to the public that show what a person of skill in the art would have understood disputed claim language to mean.'").

47) Thorner v. Sony Computer, 669 F.3d 1362, 1368 (Fed. Cir. 2012).

48) *Id.* at 1320 (외부증거에 기초하여 용어의 의미를 결정한 후 내부증거가 참조되는(consulted) 방법을 제시한 *Texas Digital* 판결을 비판하며, 내부증거 우선의 원칙을 제시).

49) EPO, *Guidelines for Examination in the EPO*, Part C, Chapter III, §4.2 ("Each claim should be read giving the words the meaning and scope which they normally have in the relevant art, unless in particular cases the description gives the words a special meaning, by explicit definition or otherwise.").

50) EPO, *Case Law of the Boards of Appeal of the European Patent Office*, §5.3.2 ("In T 500/01, the board considered that a patent, being a legal document, may be its own dictionary. If it was intended to use a word which is known in the art to define a specific subject-matter

우리나라의 법리를 살핀다. 양 당사자간 문건은 쟁점이 되는 용어의 통상적인 의미가 더 중요하다. 그러나, 청구항에서 사용된 용어는 해당 출원인이 조어사로서 자유롭게 사용하는 것이므로, 출원인의 의도도 중요하다. 우리 대법원은 청구항 해석에 있어서 해당 용어의 일반적인 의미를 기초로 하면서 동시에 명세서 또는 도면을 참작하여 객관적·합리적으로 해석하여야 한다고 설시하여,[52] 일반적인 의미와 명세서 또는 도면에 제시된 (특별한) 의미 중 어떤 것이 우선적으로 해석되어야 하는지를 선택하지 않고, 상황에 따라 유연하게 해석하여야 한다는 법리를 제시한 것으로 생각된다. 내부증거에 의한 특별한 의미가 우선 해석되어야 한다는 의견도 있으나,[53] 아직까지 우리 대법원이 그러한 점을 명확하게 하고 있는 것으로 인정되지 않는다.[54]

---

to define a different matter, the description may give this word a special, overriding meaning by explicit definition.").

51) 영국은 청구항 용어 해석에 있어서 발명가의 목적(purpose)을 중요하게 고려한다. Ancon Ltd. v. ACS Stainless Steel Fixings Ltd., [2009] EWCA Civ 498 (Court of Appeal June 16, 2009) (Jacob, J.).

52) 대법원 2007. 9. 21. 선고 2005후520 판결(거절결정)("특허권의 권리범위는 특허청구범위에 기재된 사항에 의하여 정해지는 것이어서 특허청구범위의 기재가 명확하게 이해될 수 있는 경우에 출원명세서상 발명의 상세한 설명이나 첨부된 도면 등에 의하여 특허청구범위를 보완하거나 제한하여 해석할 것은 아니지만, 특허청구범위에 기재된 발명은 원래 출원명세서상 발명의 상세한 설명이나 첨부된 도면을 전혀 참작하지 않는다면 그 기술적인 의미가 정확하게 이해될 수 없는 것이므로, 출원발명에 특허를 받을 수 없는 사유가 있는지 여부를 판단함에 있어서 특허청구범위의 해석은 특허청구범위에 기재된 문언의 일반적인 의미를 기초로 하면서 동시에 출원명세서상 발명의 상세한 설명이나 첨부된 도면을 참작하여 객관적·합리적으로 하여야 한다."); 대법원 2007. 11. 29. 선고 2006후1902 판결(권리범위확인)("특허발명의 보호범위는 특허청구범위에 기재된 사항에 의하여 정하여지고, 특별한 사정이 없는 한 발명의 상세한 설명이나 도면 등에 의하여 특허청구범위를 제한하거나 확장하여 해석하는 것은 허용되지 않지만, 특허청구범위에 기재된 사항은 발명의 상세한 설명이나 도면 등을 참작하여야 그 기술적인 의미를 정확하게 이해할 수 있으므로, 특허청구범위에 기재된 사항의 해석은 그 문언의 일반적인 의미내용을 기초로 하면서도 발명의 상세한 설명 및 도면 등을 참작하여 그 문언에 의하여 표현하고자 하는 기술적 의의를 고찰한 다음 객관적·합리적으로 하여야 한다(대법원 2006. 12. 22. 선고 2006후2240 판결 참조).").

53) 박길채, 앞의 글, 143-44면. 그러나, 그 글은 내부증거 우선의 원칙의 근거로 1997년 미국 판례를 제시하고 있다. 사실, 내부증거가 우선되어야 하는지 또는 외부증거가 우선되어야 하는지에 대하여는 미국연방관할항소법원(CAFC)의 판사들 사이에서 이견이 있어 왔고, 2005년 *Phillips* 전원합의체 판결이 비로소 내부증거 우선의 원칙을 CAFC의 법리로 확정하였다. 정차호, "미국특허소송에서의 청구항 해석: 예측불가능한 게임", 「지식재산연구」 제3권 제2호, 한국지식재산연구원, 2008, 32-33면 참고.

54) 출원인의 조어사로서의 지위를 인정한다면, 출원인이 정의한 의미가 명확한 경우에는 그 (특별한) 의미에 따르고, 그 의미가 명확하지 않은 경우에는 해당 기술분야에서 통용되는 (보통의) 의미에 따르는 것이 더 합리적이라고 생각한다.

일반적 의미와 특별한 의미는 앞에서 살펴본 바와 같이 어떤 것을 우선적으로 해석할 것인지가 관건이 되는데, 우리 대법원은 그 쟁점에 대하여 솔직히 답하지 않고 '기초', '고찰', '객관적', '합리적'이라는 불명확한 용어를 사용하여 직답을 회피한 느낌을 지울 수 없다. 다음과 같이 3개의 경우로 구분하여 대상 법리를 명확하게 제시할 필요가 있다.

(1) 그 용어가 통상의 기술자에게 일의적으로 이해되는 일반적인 의미를 가진 것으로 인정되지 않는 경우, 명세서 등의 기재를 기초로 하여 그 용어의 의미를 해석하여야 한다.[55][56]

(2) 그 용어가 일반적인 의미를 가진 것으로 인정이 됨에도 불구하고 출원인이 그 용어에 특별한 의미를 부여한 것으로 인정이 되는 경우, 그 특별한 의미에 기초하여 그 용어의 의미를 해석하여야 한다.[57]

(3) 그 용어가 일반적인 의미를 가진 것으로 인정되고, 출원인이 그 용어에 특별한 의미를 부여한 것으로 인정되지 않는 경우, 그 일반적 의미에 따라 그 용어의 의미를 해석하여야 한다.

## 4. 합리적 최광의(最廣義) 해석의 원칙

미국도 발명의 기술적 범위를 청구항에 기초하여 정하는 점은 다른 나라들과 동일하다.[58] 다만, 출원 중에는 해당 용어가 가질 수 있는 가장 넓은 합리적 의미(broadest reasonable meaning)로 해석되어 심사되고,[59] 일단 등록이 되고 나

55) 명세서 등의 기재를 기초로 하여서도 그 용어의 의미를 정할 수 없는 경우, 그 청구항은 명확하지 않은 것이 되고 특허법 제42조 제4항 제2호의 규정을 준수하지 못한 것이 된다.

56) Phillips, 415 F.3d at 1319 ("The court added that because words often have multiple dictionary meanings, the intrinsic record must be consulted to determine which of the different possible dictionary meanings is most consistent with the use of the term in question by the inventor.").

57) 특별한 의미 우선의 원칙이 된다. 출원인이 부여한 특별한 의미를 출원서에 (최초로) 첨부된 문서(명세서 및 도면)만에서 찾을 것인지 아니면 출원이력(의견서 및 보정서) 등에서도 찾을 것인지에 대해서는 추가적인 연구가 필요하다.

58) Phillips, 415 F.3d at 1312 ("It is a 'bedrock principle' of patent law that 'the claims of a patent define the invention to which the patentee is entitled the right to exclude.'").

59) 합리적 최광의 해석에 관한 3개의 논문으로 Joel Miller, *Claim Construction at the PTO—The "Broadest Reasonable Interpretation",* 88 J. Pat. & Trademark Off. Soc'y 279 (2006); Michael Risch, *The Failure of the Public Notice in Patent Prosecution*, 21 Harv. J. Law & Tech. 179 (2007); and William J. Blonigan, *Road Under Construction: Administrative Claim Interpretations and the Path of Greater Deference from the Federal Circuit to the Patent Office*, 35 AIPLA Quarterly J. 415 (2007).

면, 일부 예외를 제외하고는,[60] 특허무효 판단을 위해서나 침해 판단을 위해서나 동일하게[61] 그러한 원칙은 적용되지 않는 점에 대하여 명확한 법리가 형성되어 있다.[62] 이러한 합리적 최광의 해석의 원칙은 ① 심사관이 엄밀한 청구항 용어 해석에 시간을 소비할 필요가 없게 한다는 점,[63] ② 청구범위가 지나치게 넓게 등록될 가능성을 낮춘다는 점,[64] ③ 등록 후 불필요한 소송의 가능성을 낮춘다는 점[65] 등의 장점을 가지며, 더욱 중요하게는, ④ 심사 중 발생 가능한 보정에 대비하는 점,[66][67] ⑤ 청구항의 용어가 좀 더 명확한 용어로 보정되게 한다는 점의[68] 장점을 가진다. 그러한 넓은 해석이 출원인에게 피해를 주는 것은 아니다.[69] 출원인은 본인이 의도하지 않은 넓은 해석을 피하기 위하여 더 명확한 용어로 보정을 하든지 아니면 그 용어의 의미를 정확히 정의하면 되기 때문이다.

유럽특허청도 출원 계류 중 신규성 등을 판단하기 위하여 청구항의 해당 용

60) 등록 후 단계이지만 재심사(reexamination) 절차에서는 다시 합리적 최광의 해석의 원칙이 적용된다. 재심사 절차 중 정정(amendment)이 허용되기 때문이다. *In re* Yamamoto, 740 F.2d 1569, 1571 (Fed. Cir. 1984) 참고.

61) Amazon.com, Inc. v. Barnesandnoble.com, Inc., 239 F.3d 1343, 1351 (Fed. Cir. 2001) ("Because the claims of a patent measure the invention at issue, the claims must be interpreted and given the same meaning for purposes of both validity and infringement analyses.").

62) 미국특허상표청(USPTO), MPEP §2111 (8th ed. 2001, rev. 7 July 2008).

63) 침해소송 단계에서의 청구항 용어 해석을 위해서는 명세서, 도면뿐만 아니라, 출원이력, 외부증거 등을 참고하는 엄밀한 절차(*Markman* Hearing)를 거친다. Markman v. Westview Instruments, Inc., 517 U.S. 370 (1996).

64) *In re* Yamamoto, 740 F.2d at 1571.

65) *In re* Carr, 297 F. 542, 544 (D.C. Cir. 1924).

66) *In re* Bigio, 381 F.3d 1320, 1324 (Fed. Cir. 2004) ("The 'broadest reasonable interpretation' rule recognizes that 'before a patent is granted the claims are readily amended as part of the examination process.'").

67) Liebel-Flarsheim Co. v. Medrad, Inc., 358 F.3d 898, 909 n.2 (Fed. Cir. 2004) ("[I]t is not improper for an applicant to broaden his claims during prosecution in order to encompass a competitor's products, as long as the disclosure supports the broadened claims.").

68) Janet A. Gongola, *Annealing Steel: The USPTO's Application of the Broadest Reasonable Interpretation Standard for Claim Construction*, 976 PLI/Pat 147, 156 (2009) (심사관이 넓은 해석을 통하여 청구항의 용어를 명확하게 하는 작업을 철(iron)을 강하게 하기 위하여 어닐링(annealing)하는 작업에 비유).

69) Yamamoto, 740 F.2d at 1571-72 ("Applicants' interests are not impaired since they are not foreclosed from obtaining appropriate coverage for their invention with express claim language. An applicant's ability to amend his claims to avoid cited prior art distinguishes proceedings before the PTO from proceedings in federal district courts on issued patents. When an application is pending in the PTO, the applicant has the ability to correct errors in claim language and adjust the scope of claim protection as needed.").

어가 가질 수 있는 가장 넓은 의미를 기준으로 한다는 법리를 운용하고 있다.[70] 그에 대하여 우리나라에서는 아직 논의가 없는 실정이다. 미국이 합리적 최광의 해석의 원칙을 적용하는 이유로서 제시되는 것들이 매우 의미가 있고, 유럽도 그러한 원칙을 적용하고 있으므로, 우리도 그러한 원칙의 도입에 대하여 논의할 필요가 있겠다.

## Ⅲ. 청구항 해석의 부차적 원칙들

위에서는 대부분의 청구항 해석에서 문제가 되는 4가지 기본원칙에 대하여 살펴보았다. 그런데, 청구항 해석을 위해서는 위 4가지 기본원칙만 적용되는 것은 아니다. 자주는 아니지만 아래에 소개한 부차적인 원칙들이 중요한 역할을 하는 경우도 있다. 이하, 그러한 부차적 원칙들에 대하여 살펴본다.

### 1. 청구항 차별화 원칙(claim differentiation rule)

다른 두 개의 청구항은 가능한 한 서로 다른 의미를 가진 것으로 해석되어야 한다. 청구항 제1항이 몸체(body)라는 용어를 가지고 있고 청구항 제2항이 일체형 몸체(one-piece body)라는 용어를 가진 경우 청구항 제1항에서 사용된 '몸체'라는 용어를 '일체형 몸체'로 해석하는 경우 결과적으로 청구항 제1항과 제2항이 동일하게 된다. 그런데, 출원인이 두 개의 청구항을 제시한 것은 그 청구항이 서로 다른 범위를 포섭하게 하기 위하였다고 추정되어야 한다.[71][72] 독립항이 있고 그 독립항에 다른 한정을 추가한 종속항이 있는 경우, 독립항을 해석함에 있어서 종속항에 추가된 한정이 나타나도록 해석되어서는 아니 될 것이다.[73][74]

70) EPO, *Case Law of the Boards of Appeal of the European Patent Office*, § 3.2.1 ("The board did not share this view. It held that when assessing novelty of the claimed subject-matter an expression in a claim should be given its broadest technically sensible meaning."); § 3.2.2 ("The board held that, when deciding on the novelty of the subject-matter of a claim, the broadest technically meaningful interpretation of a claim should be taken into account.").

71) Inpro II Licensing, S.A.R.L. v. T-Mobile USA, Inc., 450 F.3d 1350, 1354 (Fed. Cir. 2006) ("[T]he doctrine of claim differentiation means that different claims are presumed to be of different scope …").

72) 다음 절에서 소개하는 *Retractable* 판례는 청구항 차별화 원칙이 강한 것이 아니어서 무시 가능한 경우를 소개한다.

73) Liebel-Flasheim Co. v. Medrad, Inc., 358 F.3d 898, 910 (Fed. Cir. 2004) ("As this court has frequently stated, the presence of a dependent claim that adds a particular limitation gives

## 2. 청구항 유효화 원칙(claim validity rule)

의미가 불명확한 청구항의 용어를 두 가지로 해석하는 것이 합리적으로 가능하고, 한 의미로 해석되면 그 청구항은 유효하고, 다른 의미로 해석되면 그 청구항은 무효인 경우, 가급적, 그 청구항이 유효가 되도록 해당 용어를 해석하여야 한다.[75] 이를 '청구항 유효화 원칙'이라고 부른다. 청구항 유효화 원칙은 청구항 용어의 불명확함을 전제로 한다. 그러므로 청구항 용어가 불명확하지 않으면 유효화 원칙을 적용할 수 없다.[76] 한편, CAFC는 청구항 유효화 원칙에 대하여 그다지 우호적이지만은 않다. 즉, 동 법원은 청구항 유효화 원칙은 넓게 적용되어서는 아니 되고[77] 다른 청구항 해석의 원칙을 모두 적용한 후 그럼에도 불구하고 청구항이 불명확한 경우에 차선책으로 적용되는 원칙이어야 한다고 본다.[78] 그리고, 청구항을 유효하게 만드는 것이 청구항의 기술적 범위를 다시 작성하는 결과를 초래하여서는 아니 된다.[79] 또, 청구항 유효화 원칙이 적용되기 어려운

---

rise to a presumption that the limitation in question is not present in the independent claim.").

74) 대법원 2007. 9. 6. 선고 2005후1486 판결("독립항과 이를 한정하는 종속항 등 여러 항으로 이루어진 청구항의 기술내용을 파악함에 있어서 특별한 사정이 없는 한 광범위하게 규정된 독립항의 기술내용을 독립항보다 구체적으로 한정하고 있는 종속항의 기술구성이나 발명의 상세한 설명에 나오는 특정의 실시례로 제한하여 해석할 수는 없다고 할 것이다.").

75) Karsten Mfg. Corp. v. Cleveland Golf Co., 242 F.3d 1376, 1384 (Fed. Cir. 2001) ("Claims amenable to more than one construction should, when it is reasonably possible to do so, be construed to preserve their validity."); Smith v. Snow, 294 U.S. 1, 14 (1935) ("if the claim were fairly susceptible of two constructions, that should be adopted which will secure to the patentee his actual invention.").

76) Saunders Group, Inc. v. Comfortrac, Inc., 492 F.3d 1326, 1335 (Fed. Cir. 2007) (해당 청구항 용어의 해석이 불명확하지 않음을 이유로 유효화 원칙을 적용하지 않은 사례) ("[A]nd that claims 1 and 16 are not ambiguous. For that reason, it was error for the district court to use the possible invalidity of those claims, if broadly construed, as a basis for construing them narrowly.").

77) Peter S. Menell, et. al., *Patent Claim Construction: A Modern Synthesis and Structured Framework*, 25 Berkeley Tech. L.J. 711, 765 (2010).

78) Phillips, 415 F.3d at 1328 ("While we have acknowledged the maxim that claims should be construed to preserve their validity, we have not applied that principle broadly, and we have certainly not endorsed a regime in which validity analysis is a regular component of claim construction. Instead, we have limited the maxim to cases in which "the court concludes, after applying all the available tools of claim construction, that the claim is still ambiguous." In such cases, we have looked to whether it is reasonable to infer that the PTO would not have issued an invalid patent, and that the ambiguity in the claim language should therefore be resolved in a manner that would preserve the patent's validity.").

79) Karsten Mfg. Corp. v. Cleveland Golf Co., 242 F.3d 1376, 1384 (2001) ("The claims can not

이유로 ① (내부 및 외부) 증거 원칙의 적용 후 다시 유효화 원칙을 적용하기 어려운 점, ② 알려지지 않은 선행기술을 바탕으로 청구항의 용어를 해석하는 경우 청구항의 통지 기능이 저하된다는 점을 지적하는 글도 있다.[80)]

청구항 유효화 원칙의 적용은 불명확한 청구항을 전제로 한다. 그런데, 특허법은 청구항이 권리범위를 명확하게 특정하도록 요구한다. 그렇다면, 그렇게 불명확한 청구항은 무효되어야 하는 것은 아닌가? 이에 대하여, CAFC는 불명확함에도 불구하고 어느 하나의 해석이 가능하면 가급적 유효하다는 결론을 내렸다. 그런데, 불명확한 청구항은 청구항 해석 이전에 무효시켜야 한다고 판시한 판례도 있다.[81)]

### 3. 포기의 원칙(dedication rule)

출원인은 명세서에서 개시한 발명의 범위까지에 미치는 청구항을 작성할 수 있다. 만약, 청구항의 범위가 명세서에서 개시된 발명의 범위를 초과하는 경우, 그 청구항은 명세서에 의하여 뒷받침되지 않는다는 이유로 거절 또는 무효된다.[82)] 특허법은 출원인이 개시한 범위를 초과하는 범위를 청구할 수 없도록 하고 있다. 출원인이 명세서에 의하여 공중에 기여한 범위까지가 출원인이 배타권을 행사할 수 있는 최대한의 범위이다. 반대로, 청구항의 범위가 발명의 상세한 설명 부분에서 개시된 발명의 범위에 미치지 못하는 경우, 청구되지 않은 나머지 부분은 출원인이 포기한 것으로 간주된다.[83)] 조어사로서의 출원인이 가지는 명세서 작성의 '자유'에 대응되는 '책임'이라고 생각된다. 또, 출원인이 심사 중 어떤 부분을 포기하는 발언을 한 경우 그 부분도 포기한 것으로 해석된다.[84)][85)]

---

be rewritten by the court to avoid the impact of newly discovered prior art, for the role of 'claim construction' is to describe the claim scope as it was intended when examined and obtained by the applicant, not as it might have been limited upon a different record of prosecution and prior art.").

80) Peter S. Menell, et. al., supra, at 765.

81) 이 쟁점에 관하여 미국연방대법원에 상고 신청을 한 *Nautilus v. Biosig* 사건에 대하여 설명을 한 글은 다음 참고. Dennis Crouch, *Is "Insolubly Ambiguous" the Correct Standard for Indefiniteness?*, Sept. 21, 2013. 〈www.patentlyo.com〉.

82) 특허법 제42조 제4항 제1호("발명의 상세한 설명에 의하여 뒷받침될 것").

83) 물론, 출원인(또는 특허권자)은 출원 중에는 보정을 통하여, 특허 후에는 등록 후 2년 이내에 재등록 출원 중 보정을 통하여 나머지 부분을 포함하는 청구항으로 확장할 수는 있다.

84) Phillips, 415 F.3d at 1316.

85) 대법원 2002. 9. 6. 선고 2001후171 판결("특허발명의 출원과정에서 어떤 구성이 특허청구범위

### 4. 의미 부여의 원칙

쟁점이 되는 용어의 의미를 해석함에 있어서, 그 용어가 아무런 의미를 가지지 않는 것으로 해석되기보다는 그 용어가 어떤 의미를 가지는 것으로 해석되어야 한다. 보통, 출원인이 어떤 용어를 청구항에서 사용하는 경우, 그 용어가 무언가를 의도하였을 것으로 추정되는 것이다.[86] 물론, 출원인이 실수 또는 무지로 인하여 필요 없는 용어를 사용하였을 가능성도 있지만, 그러한 경우에는 의미 없음을 주장하는 자가 그러한 사정을 주장, 증명하여 의미 부여의 추정을 복멸하여야 할 것이다.

### 5. 일관성의 원칙

하나의 출원 또는 특허에서 사용된 용어는 그 출원 또는 특허에서 동일한 의미를 가진 것으로 해석되어야 한다.[87] 그렇지 않고 하나의 용어를 여러 의미로 해석하기 시작하면 청구항 용어 해석의 혼란이 더욱 가중될 것이다.

### 6. 출원인 불이익 원칙(*contra proferentem principle*)

최근에 필자에게 인지된 새로운 청구항 해석의 원칙은 출원인 불이익 원칙이다. *3M v. Tredegar* 사건에서[88] 청구항 및 명세서가 매우 불명확하게 작성되었고, CAFC의 3인 판사는 대상 용어("continuous microtextured skin layer")에 대하여 각각 다른 3개의 해석을 내어 놓았다. 동의의견을 제시한 Plager 판사는 이러

로부터 의식적으로 제외된 것인지 여부는 명세서뿐만 아니라 출원에서부터 특허될 때까지 특허청 심사관이 제시한 견해 및 출원인이 심사과정에서 제출한 보정서와 의견서 등에 나타난 출원인의 의도 등을 참작하여 판단하여야 하고 ……").

86) Lawler Mfg. Co., Inc. v. Bradley Corp., 280 Fed.Appx. 951, 954 (Fed. Cir. 2008) ("The question before us is whether that term, read in the context of the agreement, is restrictive, as Lawler urges, or merely explanatory, as the court found. We find that it is restrictive. 'Such as' refers to items similar to what are recited rather than indicating that the recited items are just examples of what is covered by that provision. … The parties' inclusion of the 'such as' phrase … must either have been intended to provide some guidance as to the limited types of combinations that the parties contemplated … or to provide meaningless surplusage. Indiana law constrains us from finding the latter.").

87) Phillips, 415 F.3d at 1314 ("Because claim terms are normally used consistently throughout the patent, the usage of a term in one claim can often illuminate the meaning of the same term in other claims.").

88) 3M Innovative Properties Companies v. Tredegar Corp., 725 F. 3d 1315 (Fed. Cir. 2013).

한 상황의 문제점을 지적하면서 계약법 원칙을 적용하여 대상 용어의 불명확함은 출원인에게 불리하게 해석되거나 또는 불명확함을 이유로 무효되어야 한다고 주장하였다.[89] 출원인이 방만하게 작성한 청구항을 법원이 정확하게 해석하기 위하여 노력하다 보니 출원인은 청구항을 명확하게 작성하기 위한 노력을 게을리 하는 측면이 있다. 불명확한 청구항이 거의 자동적으로 출원인에게 불리하게 해석되는 경우[90] 차후 출원인이 청구항 작성에 주의를 더 기울일 것이 예상된다. 향후 이 출원인 불이익 원칙이 더 자주 적용될지 두고 볼 일이다.

### 7. 요약서(Abstract) 참작 여부

출원서에 첨부된 모든 서류는 내부증거(intrinsic evidence)가 될 수 있다.[91] 첨부서류에는 요약서가 포함되는데, 청구항 해석을 위하여 요약서가 참작될 수 있는지에 대하여 이견이 있을 수 있다. 미국에서는 2003년 개정 전의 특허법시행령(37 CFR) 제1.72(b)조가 요약서가 청구항 해석을 위하여 사용될 수 없다고 규정하였다.[92] 그러나, CAFC가 동 규정은 행정규칙에 불과하고 법원이 청구항 해석을 위하여 요약서를 참작하지 않게 하는 다른 법적 근거가 없다고 판시하였고,[93] 그 후 2003년 동 시행령 규정은 개정되어[94] 현재 미국에서는 요약서가 청

89) Id. at 1336 ("When a term is ambiguous, a crystal ball matter, the ambiguity should be construed against the draftsman. Or better yet, the claim should simply be invalidated as indefinite, though our court has not seen fit to go there as yet.").

90) Athletic Alternatives, Inc. v. Prince Mfg., Inc., 73 F.3d 1573, 1581 (Fed. Cir. 1996) ("Where there is an equal choice between a broader and a narrower meaning of a claim, and there is an enabling disclosure that indicates that the applicant is at least entitled to a claim having the narrower meaning, we consider the notice function of the claim to be best served by adopting the narrower meaning.").

91) 출원서에 첨부된 것이 아닌 의견서, 보정서 등이 내부증거가 될 수 있는지에 대하여는 이견이 있을 수 있다.

92) 37 CFR 1.72(b) (before 2003) ("Abstract shall not be used for interpreting the scope of the claims.").

93) Hill-Rom Co., Inc. v. Kinetic Concepts, Inc., 209 F.3d 1337, 1341 n.* (Fed. Cir. 2000) ("Section 1.72(b), however, is a rule of the Patent and Trademark Office that governs the conduct of patent examiners in examining patent applications; it does not address the process by which courts construe claims in infringement actions. We have frequently looked to the abstract to determine the scope of the invention, … and we are aware of no legal principle that would require us to disregard that potentially helpful source of intrinsic evidence as to the meaning of claims.").

94) 37 CFR 1.72(b) (after 2003) ("The purpose of the abstract is to enable the United States Patent and Trademark Office and the public generally to determine quickly from a cursory

구항 해석을 위하여 참작될 수 있다. 만약, 요약서가 청구항 해석을 위하여 참작될 수 없도록 하고자 한다면 미국 의회가 그러한 규정을 특허'법'에 도입하여야 할 것이다.

한편, PCT 제3(3)조는 요약서가 보호범위를 해석하는 목적으로 사용될 수 없다고 규정하고 있다.[95] PCT는 (동 조약에 따라서 출원된) 국제출원(international application)에 대하여만 적용되는 것이므로 미국 법에 따라 출원된 미국출원에 대하여는 동 규정이 적용되지 않는 것으로 보인다. 한편, 우리나라는 PCT 제3(3)조를 우리 '법'에 도입하였다. 즉, 우리나라의 경우 특허법 제43조가 "요약서는 기술정보로서의 용도로 사용하여야 하며, 특허발명의 보호범위를 정하는 데에는 사용할 수 없다"고 규정하고 있으므로 요약서는 특허발명의 해석을 위하여 참작될 수 없다. 한편, 동 규정은 '특허'발명에 대하여만 규정하고 있고, 출원 중의 청구항에 기재된 '청구'발명 또는 '출원'발명에 대하여는 규정하지 않고 있는데,[96] 그렇다면 출원 중에는 요약서를 참작하여 발명의 기술적 범위를 결정할 수 있는 것인가? 그렇지 않다고 보아야 하고, 동 규정은 다음과 같이 개정되어야 한다. "요약서는 기술정보로 활용되기 위한 것이며, 발명의 기술범위 또는 권리범위의 해석을 위한 목적으로 사용될 수 없다."

## Ⅳ. 결 론

청구항 해석에 있어서 사전 등 외부증거가 우선 검토되는 것인지 아니면 명세서 등 내부증거가 우선 검토되는 것인지에 대하여 입장을 정리하는 문제가 중요하다. 미국의 경우, 논란 끝에 내부증거가 외부증거에 우선하여 고려되어야 한다고 결론을 내린 바 있으나,[97] 우리는 그에 대하여 명확한 입장이 확립되어 있지 않은 것으로 보인다. 우리 대법원은 해당 용어의 사전적 의미만을 살피고 청

inspection the nature and gist of the technical disclosure.") (68 FR 38628, June 30, 2003).

95) PCT Art. 3(3) ("The abstract merely serves the purpose of technical information and cannot be taken into account for any other purpose, particularly not for the purpose of interpreting the scope of the protection sought.").

96) 특허법 제2조 제2호("'특허발명'이라 함은 특허를 받은 발명을 말한다.").

97) Phillips. 415 F. 3d at 1317 ("However, while extrinsic evidence 'can shed useful light on the relevant art,' we have explained that it is 'less significant than the intrinsic record in determining the legally operative meaning of claim language.'").

구항을 해석하기도 하였고,[98] 발명의 상세한 설명을 참작하여 청구항을 해석하기도 하였고,[99] 또, 발명자와 통상의 기술자의 인식까지 고려하여 청구항을 해석하기도 하였다.[100] 청구항 해석의 일관성 및 예측 가능성을 제고하기 위해서는 동 해석에 관한 명확한 법리가 정립되어야 한다.

필자는 청구항의 통지기능을 제고하기 위해서는 청구항 해석은 다음과 같은 순서로 행해져야 한다고 주장한다. 첫째, 통상의 기술자가 해당 용어에 부여하는 일반적인 의미에 따라 청구항을 해석하는 것을 원칙으로 하여야 하고, 둘째, 그 일반적인 의미가 불명확한 경우, 그 의미를 파악하기 위해서 사전, 교과서 등 외부증거가 우선적으로 참고되어야 하며, 마지막으로, 그 일반적인 의미에 대한 추정은 명세서, 출원이력 등 내부증거를 통하여 파악되는 출원인의 의도에 의하여 번복될 수 있어야 한다.[101] 앞에서 살펴본 바와 같이, 내부증거는 출원인의 주관적 의도와 관련되고, 외부증거는 통상의 기술자의 객관적 이해와 관련되는데, 제3자로서는 전자보다 후자를 파악하는 것이 더 용이하기 때문이다.[102]

청구항에 사용되는 인간의 언어의 한계로 인하여 청구항의 용어의 불명확함을 완전히 없애는 것은 불가피한 측면이 있고,[103] 그럼으로 인하여 청구항 용어

98) 대법원 2007. 8. 24. 선고 2006후138 판결(해당 특허발명에서 사용된 '무음착신'이라는 용어의 의미를 해석함에 있어서, 명세서의 용어는 우선 일반적인 의미로 해석되는 것이 원칙이고 착신의 사전적인 의미가 '통신의 도착함'이므로 무음착신을 '소리 없이 통신이 도착한다'로 해석한 사례).

99) 대법원 2008. 7. 10. 선고 2008후57 판결(실용신안등록청구범위에 기재된 "캐스캐이드방식으로 연결하는 링크수단"의 기술적 구성의 구체적 내용을 알 수 없어 고안의 상세한 설명과 도면 등을 보충하여 해석한 결과, 확인대상고안이 등록고안의 권리범위에 속하지 않는다고 한 사례).

100) 대법원 2008. 2. 28. 선고 2005다77350, 2005다77367 판결(그 유명한 '종이기저귀 사건'으로서, "유체투과성 플랩"이라는 용어의 의미를 해석하기 위하여 다른 청구항, 명세서의 기재뿐만 아니라 발명자와 통상의 기술자의 인식까지 고려한 사례).

101) 청구항을 작성하는 출원인은 해당 청구항의 조어사로서 자기 책임 하에 해당 용어에 일반적인 의미와 다른 의미를 부여할 수 있다. 대법원 2008. 2. 28. 선고 2005다77350, 2005다77367 판결이 "특허의 명세서에 기재된 용어는 명세서에 그 용어를 특정한 의미로 정의하여 사용하고 있지 않은 이상 당해 기술분야에서 통상의 지식을 가진 자(이하 '통상의 기술자'라 한다)에게 일반적으로 인식되는 용어의 의미에 따라 명세서 전체를 통하여 통일되게 해석되어야 한다"고 판시한 바에 의하면, 출원인이 그 용어를 특정한 의미로 정의하여 사용하는 경우 그 정의에 따라야 한다.

102) Phillips, 415 F.3d at 1313 ("The inquiry into how a person of ordinary skill in the art understands a claim term provides an objective baseline from which to begin claim interpretation.").

103) Kristen Osenga, *Cooperative Patent Prosecution: Viewing Patents Through a Pragmatics Lens*, 85 St. John's L. Rev. 115, 175 (2011) ("As long as patent rights are verbally delineated, there will be inherent and inescapable ambiguity.").

의 의미에 관하여 다툼이 많다. 그러한 다툼을 방지 또는 최소화하기 위해서는 첫째, 출원인의 입장에서는 명세서에서 다툼이 있을 것으로 예상되는 용어에 대하여 가급적 정의를 하여 둘 필요가 있고, 둘째, 심사관의 입장에서는 이견이 있을 수 있는 용어의 의미에 대하여 출원인에게 질문을 하여 출원인의 답변이 출원이력에 남도록 하여 등록 후 청구항의 통지(notice) 기능을 제고하고 다툼의 여지를 줄일 필요가 있다.[104)] 때로는 출원인이 청구항의 용어를 의도적으로 불명확하게 하고자 할 수도 있으므로[105)] 심사관은 부지런히 관련 용어의 의미를 질문하여야 할 것이다.

청구항 해석에 있어서 가장 다툼이 잦은 점은 명세서를 적절히 참작하여 청구항의 관련 용어를 적절히 해석하는지 여부와 명세서의 실시례에서 제시된 한정(limitation)을 청구항에 부적절하게 도입하는지 여부에 관한 이견이다. 이에 관하여는, 다음 절에서 구체적인 사례를 통하여 자세하게 논한다.

104) *Id.* ("A more candid conversation between the inventor and the Patent Office will yield a more generous disclosure in the patent, which should result in more determinate claim construction, while not requiring an overhaul to the claim construction process itself.").

105) George G. Triantis, *The Efficiency of Vague Contract Terms: A Response to the Schwartz–Scott Theory of U.C.C. Article 2*, 62 La. L. Rev. 1065, 1071 (2002) ("[W]hen information is asymmetric between the parties, the better–informed party may refrain from proposing a more complete contract because, in doing so, she may communicate private information to the other party and thereby compromise her share of the contracting surplus.").

# 제 2 절 청구항 용어해석: 명세서의 적절한 참작 v. 청구항의 부당한 한정

## Ⅰ. 서 론

발명의 권리범위는 청구항에 의하여 결정된다. 여기서 "청구항에 의하여 결정된다"는 말은 청구항만에 의하여 결정된다는 말과 다르지 않다. 그러므로, "청구항에 기재된 사항의 의미가 명확한 경우에는 청구항의 기재대로 발명의 요지를 확정하게 된다."[1] 그런데 불행하게도 청구항의 용어는 불명확한 경우가 많고 그럼으로 인하여 해당 용어가 해석될 필요가 있다. 그 경우 그 해석을 위하여 가장 중요하게 명세서가 참작된다. 그 원칙을 우리는 소위 '명세서 참작의 원칙'이라고 칭한다. 그런데 많은 경우 명세서를 적절히 참작한 후 '발명'의 권리범위를 결정한 것인지 아니면 명세서에 존재하는 한정(limitation)을 부당하게 청구항으로 끌어와서 권리범위를 부당하게 좁히는 것인지 여부를 판단하는 것이 쉽지 않다.[2]

미국 연방관할항소법원(CAFC)의 *Retractable v. Becton* 사건은[3] 청구항의 용어를 해석하며 청구항에 부당한 한정을 끌어오는 것인지 여부에 있어서 CAFC 판사들이 극명하게 다른 입장을 보인 좋은 사례라고 생각된다. 동 사건의 재판부를 구성한 3명의 판사 중 두 명의 판사(Lourie, Plager)가 다수의견을 내었고 한 명의 판사(Rader)가 반대의견을 내었으며, 전원합의체 재심리 신청의 장면에서는 두

1) 노태악, "진보성 관련 2008년 및 2009년 중요 판결의 정리", 「지식재산21」 제110호, 특허청, 2010, 5면.

2) 노태악, 위의 글, 5면("진보성 판단의 전제로서 특허청구범위의 기술적 구성의 확정에 관하여, 특히 특허청구범위를 발명의 상세한 설명에 의하여 제한 해석하였는지 여부가 실무상 종종 문제가 된다."); 김동준, "특허청구범위 해석에 있어서 상세한 설명의 참작", 「정보법학」 제16권 제3호, 2012, 224면("상세한 설명 참작의 원칙에서 중요하고 어려운 문제는 '허용되는 참작에 의한 해석'과 '금지되는 제한해석'을 구분하는 것이다.").

3) Retractable Technologies, Inc. v. Becton, Dickinson and Co., 653 F.3d 1296 (July 8, 2011), 659 F.3d 1369 (Rehearing *En Banc* Denied Oct. 31, 2011).

명의 판사(Moore, O'Malley)가 반대의견을 추가로 제시하였다. 대상 사건에서 다수의견 및 반대의견이 개진한 다른 각도의 설명 및 논리는 각각 매우 훌륭한 것이어서 음미할 가치가 있다.

## Ⅱ. *Retractable v. Becton* 사건

### 1. 사건의 개요

대상 사건은 특허권자(Retractable)가 피고(Becton)를 상대로 미국특허 제5,632,733호, 제6,090,077호, 제7,351,224호를 근거로 특허권 침해소송을 제기한 사건이다. 1심법원(텍사스 동부지방법원)은 해당 발명의 신규성, 진보성을 인정하고 피고 제품의 특허권 침해를 인정하고 영구침해금지를 명령하였다. 이에 피고가 항소하였다.

발명은 몸통 속으로 집어넣을 수 있는 주사기(retractable syringes)에 관한 것으로 주사기가 사용된 후 주사바늘이 주사기 몸통 속으로 들어가는 것을 특징으로 한다.[4] 그러한 특징으로 인하여 주사 후 오염된 주사바늘이 사용자 또는 환

---

4) 쟁점이 된 청구항은 다음과 같다.

43. A syringe assembly having a retractable needle that is rendered unusable after a single injection of fluid into a patient, the assembly comprising:

a hollow syringe <u>body</u> comprising a barrel and having a front end portion and a back end portion, the back end portion further comprising at least one radially extending member providing finger grips for the syringe body;

a retraction mechanism disposed in the front end portion, the retraction mechanism further comprising a needle holder having a head portion, an elongated needle holding portion, and a longitudinally extending fluid passageway through the head portion and the elongated needle holding portion, the head portion further comprising an inner head, a continuous retainer member surrounding the inner head, and a bridging portion disposed between the continuous retainer member and the inner head, wherein said bridging portion couples the continuous retainer member and the inner head to form a fluid seal between the fluid passageway and the barrel prior to retraction, and a compressed retraction spring surrounding at least part of the elongated needle holding portion and biasing the inner head toward the back end portion prior to retraction;

a retractable needle extending into the front end portion of the body through an opening in the front end portion of the body, the retractable needle being held in fixed relation to the elongated needle holding portion of the needle holder and in fluid communication with the longitudinally extending fluid passageway through the head portion and the needle holding portion;

a plunger reciprocally disposed inside the barrel and forming a variable chamber between the plunger and the needle holder prior to and during injection, the plunger being receivable into the barrel through the back end portion of the body and comprising an outer wall, a

자를 찌를 가능성이 매우 낮아진다. 주사바늘이 주사기 몸통 속으로 들어가는 주사기는 1990년대부터 존재하였고, 특히 미국특허 제5,053,010호(선행기술A), 제5,211,629호가 제시되었다. 아래 선행기술A의 도면은 주사기가 사용되기 전의 상태와 사용된 후의 상태의 주사바늘(30)의 위치를 보여준다. 사용되기 전에는 스프링(24)이 걸림판(32)에 의하여 수축된 상태로 제어되고 있으나 실린더(plunger)가 전진함에 따라 실린더 앞 부분에 위치한 절단부(42)가 걸림판을 부수게 되고(걸림판이 제거됨에 따라) 스프링이 팽창하면서 주사바늘이 주사기 몸통으로 들어가게 된다.

[선행기술이 개시한 사용 전·후 주사기]

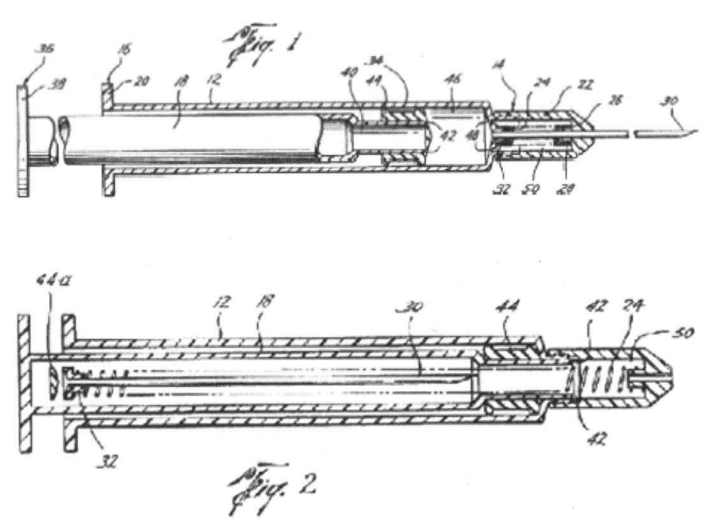


retraction cavity disposed inwardly of the outer wall, a plunger seal element providing sliding, sealed engagement between the plunger and the barrel and preventing fluid leakage between the plunger and the barrel, the plunger seal element being restrained from sliding longitudinally along the outer wall of the plunger, and a back end with an end cap having an outer periphery; and

a barrier disposed in the front end portion of the body that limits forward motion of the needle holding portion and the retractable needle relative to the body as the plunger is depressed inside the barrel during injection and retraction;

wherein the continuous retainer member is releasable from the inner head of the needle holder when the plunger is further depressed inside the barrel following injection.

[발명의 주요부]

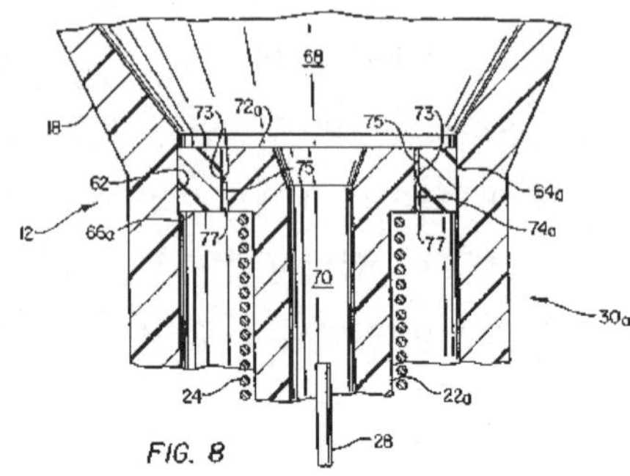


몸통(12); 주사바늘 고정대(needle holder)(72a); 걸림판(retainer member)(66a); 내부 헤드(inner head)(73); 스프링(24); 주사바늘(28); 주사바늘 고정대(22a)

대상 사건에서의 쟁점은 청구항에서 사용된 몸통(body)이라는 용어를 그냥 몸통으로 해석할 것인지 아니면 '일체형 몸통'으로 해석할 것인지 여부이다. 피고는 명세서가 ① 일체형(one-piece) 몸통(body)을 보여주며, 또 ② 선행기술의 이체형(two-piece) 몸통 주사기의 단점을 지적한다고 주장하였다. 원고는 ① 몸통(body)의 일반적인 의미(ordinary meaning)는 일체형 몸통에 한정되지 않는다는 점, ② 다른 청구항에서 일체형 몸통이라는 표현을 사용하고 있으므로 청구항 차별화 원칙(claim differentiation rule)이 적용되어야 한다는 점 및 ③ 명세서의 선호되는 실시례는 일체형 몸통을 개시하고 있으나 그 개시는 하나의 실시례에 불과하고 발명의 특징이 아니라는 점을 주장하였다.

## 2. 다수의견

다수의견(Lourie 판사)은 다음과 같이 판단하였다.

첫째, 다른 청구항에서 일체형 몸통이라는 표현을 사용하고 있으므로 몸통이라는 용어 자체는 일체형에 한정되지 않을 것이라고 짐작될 수 있으나 그러한 짐작은 확정적인 것이 아니다.[5] 청구항 차별화 원칙은 명세서 또는 출원이력에 의하여 극복될 수 있다.[6]

5) *Id.* at 1305 ("Thus, while the claims can be read to imply that a 'body' is not limited to a one-piece structure, that implication is not a strong one.").

둘째, 명세서는 선행기술과의 차이를 강조하며 선행기술이 일체형 몸통으로 합체될 수 있음을 간과하고 있다고 설명한다. 발명의 요약(summary of the invention) 부분도 발명을 일체형 몸통을 가지는 주사기라고 설명한다. 또, 도면도 일체형 몸통을 보여준다. 그에 반해 명세서는 이체형 몸통의 예를 전혀 보여주지 않고 있다.

셋째, 명세서를 참고하여 청구항 용어를 해석하는 것과 명세서의 한정(limitation)을 청구항으로 끌어들여 부당하게 권리범위를 제한하는 것을 구별하여야 한다. 내부증거(intrinsic evidence)를 검토함에 있어서 실제 발명의 범위를 확인하여야 하고 권리범위를 개시된 실시례에 부당하게 한정하지는 않아야 한다.[7)]

### 3. 동의의견

Plager 판사는 별도의 동의(concurring)의견을 개진하였다. 그는 Lourie 판사의 다른 판결에서의 표현을 인용하며, 특허제도는 발명가가 개시한 바에 특허권을 부여하는 것이며,[8)] 특허권이 실제 발명의 범위를 벗어날 수는 없다고 말하였다.[9)]

### 4. 반대의견

Rader 법원장이 강한 반대(dissenting)의견을 개진하였다. 그는 청구항이 몸통(body)이라고만 말하고 있고 일체형(one-piece)이라는 한정을 두고 있지 않으므로 명세서에서 개시된 일체형 실시례를 청구항에 부당하게 끌어오는 것은 잘못된 것이라고 반박하였다. 나아가 그는 발명을 정의하는 것은 청구항 그 자체이지 명세서가[10)] 아니라는 점, 청구항 용어는 통상의 기술자에 의하여 이해되는 일상

6) *Id.* ("… any presumption created by the doctrine of claim differentiation 'will be overcome by a contrary construction dictated by the written description or prosecution history.'").

7) *Id.*

8) Arlington Industries, Inc. v. Bridgeport Fittings, Inc., 632 F.3d 1246, 1252 (Fed. Cir. 2011) ("[T]he basic mandate is for claims to be interpreted in light of the specification of which they are a part because the specification describes what the inventors invented. The specification is the heart of the patent. In colloquial terms, 'you should get what you disclose.'").

9) 이 점에 대하여 Moore 판사는 청구항이 발명 이상을 청구하는 경우 그 청구항의 무효가 쟁점이 되어야 하며, 발명에 상응하게 용어해석을 하는 것이 아니라고 보았다. Retractable, 659 F.3d at 1371 ("If the metes and bounds of what the inventor claims extend beyond what he has invented or disclosed in the specification, that is a problem of validity, not claim construction.").

적이고 관용적인 의미(ordinary and customary meaning)가 부여되어야 한다는 점, 해당 사건에서 어떤 당사자도 몸통(body)이라는 용어가 다른 특별한 의미를 가진 것이라고 주장하지 않았으므로, 몸통의 보통의미로 이해되어야 한다는 점, 몸통의 보통의미는 일체형 구조를 내재적으로 가지지 아니한다는 점, 청구항 용어 또는 명세서가 특허권자가 몸통을 일체형인 것으로 한정하는 것으로 의도하였다고 표시하지 않았다는 점 및 특히, 다른 청구항이 일체형 몸통을 한정하고 있으므로 해당 청구항은 그냥 몸통인 것으로 해석되어야 하고 그냥 몸통은 일체형, 이체형 등을 포함하는 것이라는 점 등을 근거로 반박하였다. 나아가, 그는 청구항 차별화 원칙에 따라서 다른 청구항에 있는 한정은 해당 청구항에는 한정으로 작용하지 않는 것으로 추정되어야 한다는 점[11] 및 다른 청구항과 해당 청구항의 유일한 차이에 대하여 용어 해석을 하는 경우 그러한 추정은 더욱 강하게 적용된다는 점도 주장하였다.[12]

Rader 법원장은 나아가 다른 이유도 제시하였다. 청구항 용어는 명세서를 참작하여 해석될 수 있는데 대상 사건에서 해당 명세서는 몸통이라는 용어에 대하여 특별한 의미를 부여하지도 않고 권리범위의 일부를 포기하는 표현도 가지고 있지 않다. 명세서는 선행기술의 문제(과제)가 복잡한 부품에 있고 대상 발명은 그 부품의 수를 줄이는 것에 목적이 있다고 설명한다. 그러나, 그 목적은 설명된 여러 목적 중의 하나에 불과하다. 명세서가 발명이 여러 목적을 달성한다고 주장한 바가 각 청구항이 그 모든 목적을 달성하는 것으로 해석되는 것을 요구하지 않는다.[13] 그러므로, 일체형 몸통이 발명의 여러 목적 중 하나를 달성한다

---

10) Rader 법원장은 명세서(specification)라는 용어보다 설명서(written description)라는 용어가 더 적합하다고 지적하였다. *Id.* at 1313 ("The term 'specification' is sometimes used in briefs and opinions when, depending on the context, the narrower term 'written description' may be appropriate. See 35 U.S.C. § 112 ("The specification shall contain a written description of the invention, and … shall conclude with one or more claims."). 하지만 어떤 청구항의 용어를 해석함에 있어서 설명서뿐만 아니라 도면, 다른 청구항도 참작될 수 있으므로 명세서라는 표현이 더 나아 보인다.

11) *Id.* at 1312 ("Under the doctrine of claim differentiation, 'the presence of a dependent claim that adds a particular limitation gives rise to a presumption that the limitation in question is not present in the independent claim.' Phillips, 415 F.3d at 1315.").

12) *Id.* ("This presumption is 'especially strong when the limitation in dispute is the only meaningful difference between an independent and dependent claim, and one party is urging that the limitation in the dependent claim should be read into the independent claim.' SunRace Roots Enter. Co., Ltd. v. SRAM Corp., 336 F.3d 1298, 1303 (Fed. Cir. 2003).").

13) *Id.* at 1313 ("'[T]he fact that a patent asserts that an invention achieves several objectives

는 사실이 그러한(일체형) 한정이 대상 청구항에 포함되게 하지는 않는다는 것이다.

명세서가 일체형 몸통을 실시례로 개시한 점은 '몸통'을 '일체형 몸통'으로 해석하도록 하기에는 부족하다. 판례는 반복적으로 그리고 명확하게 청구항을 특정 실시례에 한정시키지 않아야 함을 경고하여 왔다. 비록 명세서가 일체형 몸통을 개시하고 있으나 그러한 개시는 권리범위의 명확하고 의식적인 제외에 해당하지 않는다.[14] *Phillips* 사건에서도 배플(baffles)이라는 용어를 해석함에 있어서 명세서가 다른 곳에서 철제 배플(steel baffles)이라는 표현을 사용하므로 배플 그 자체는 철제 배플에 한정되지 않는다고 보았다.

### 5. 전원합의체 부결에 대한 반대의견

한편, 동 판결에 대하여 원고(특허권자)는 전원합의체에 의한 재심리를 신청하였으나, 동 신청은 받아들여지지 않았다. 전원합의체 재심리를 부결하는 결정에 대하여 Moore 판사 및 O'Malley 판사가 반대의견을 개진하였고 Rader 법원장은 Moore 판사의 반대의견에 참가하였다. Moore 판사는 아래와 같은 이유를 반대의 근거로 제시하였다.

Moore 판사는 청구항이 실제 발명 이상을 청구하는 경우 그 청구항의 무효가 쟁점이 되어야 하며, 적정한 발명에 상응하게 용어해석을 하는 것이 아니라고 지적하였다.[15)16] 특히, 그녀는 개시된 발명에 상응하게 청구항을 설정하는 것은 법원이 하는 것이 아니라 출원인이 하는 것이라는 점을 지적하였다. 나아가, 그녀는 다른 법적 자료의 용어를 해석하는 것과 동일한 원칙이 청구항 용어 해석

---

does not require that each of the claims be construed as limited to structures that are capable of achieving all of the objectives.' Phillips, 415 F.3d at 1327.").

14) Gillette Co. v. Energizer Holdings, Inc., 405 F.3d 1367, 1374 (Fed. Cir. 2005) ("[W]ords or expressions of manifest exclusion or explicit disclaimers in the specification are necessary to disavow claim scope.").

15) Retractable, 659 F.3d at 1371 ("If the metes and bounds of what the inventor claims extend beyond what he has invented or disclosed in the specification, that is a problem of validity, not claim construction.").

16) Rader 법원장도 다른 판결에서 동일한 법리를 설시하였다. Ortho-McNeil Pharmaceutical Inc. v. Milan Laboratories Inc., 520 F.3d 1358, 1362 (Fed. Cir. 2008) (J. Rader) ("In *Chef America Inc. v. Lamb Weston, Inc.*, this court explained that a patent must be interpreted 'as written, not as the patentees wish they had written it.' 358 F.3d 1371, 1374 (Fed. Cir. 2004). In other words, courts may not redraft claims, whether to make them operable or to sustain their validity. Id. Even 'a nonsensical result does not require the court to redraft the claims of the … patent.' *Id.*").

에서도 적용되어야 한다는 점도 지적하였다.

청구항의 용어는 통상의 의미로 해석되어야 한다. 다만, 출원인이 조어사의 지위를 가지고 해당 용어를 명확하게 정의한 경우 및 출원인이 명확하게 의식적으로 어떤 범위를 제외한 경우에는 그 정의 및 제외를 따른다.[17] 출원인이 명세서로부터 뒷받침되지 않는 넓은 청구항을 설정한 경우 그 특허는 무효의 위험을 안게 된다. 그러나, 법원은 명세서에서 개시된 실제 발명의 범위와 상응하도록 청구항 용어를 재설정하여서는 아니 되고 법원은 조어사가 아닌 것이다.

*Phillips* 판결에서 법원은 문제가 된 배플(baffles)이 다른 부품과 다른 각도 외에 직각으로도 결합될 수 있다고 보았다. 배플의 통상의 의미가 직각 결합을 배제하는 것은 아닌 것이다. 동 법원은 다른 종속항이 직각 결합으로 한정하고 있으므로 그러한 한정이 없는 해당 독립항은 직각 결합으로 한정될 수 없다고 본 것이다. 동 판결에서 반대의견은 명세서의 모든 도면, 실시례 등이 직각이 아닌 발명을 개시하고 있고 직각의 발명은 개시하고 있지 않다고 보았다. 그럼에도 불구하고 동 판결의 다수의견은 배플이 직각이 아닌 발명에 한정되지 않는다고 판단하였다. 본 사건의 사실관계가 *Phillips* 사건의 사실관계와 매우 유사하므로 (선례구속의 원칙에 따라) 금번 사건에서도 몸통을 일체형 몸통으로 한정하여서는 아니 되는 것이다.[18]

대상 판결의 다수의견은 주어진 청구항(발명)의 용어를 해석하는 선을 넘어서서 진정한 발명에 상응하게 청구항을 재작성하고 있다.[19] 진정한 발명이 무엇인지 여부와 무관하게 몸통의 유일한 해석은 일체형과 복수결합형 모두를 포함하는 것이다.[20] 만약, 청구항이 진정한 발명을 초과하여 권리범위를 책정한 경우 그 청구항은 미국 특허법 제112조에 의하여 판단되어야 하는 것이다.

---

17) Teleflex, Inc. v. Ficosa N. Am. Corp., 299 F.3d 1313, 1327 (Fed. Cir. 2002) ("[C]laim terms take on their ordinary and accustomed meanings unless the patentee demonstrated an intent to deviate … [via] expressions of manifest exclusion or restriction, representing a clear disavowal of claim scope.").

18) Phillips v. AWH Corp., 415 F.3d 1303, 1314 (Fed. Cir. 2005) (*en banc*) ("[T]he claim in this case refers to 'steel baffles,' which strongly implies that the term 'baffles' does not inherently mean objects made of steel.").

19) Retractable, 653 F.3d at 1305 ("[I]s required to tether the claims to what the specifications indicate the inventor actually invented.").

20) *Id.* at 1372 ("Regardless of what 'the inventor actually invented,' it is clear that the only construction of the term 'body' that comports with the patent as a whole, as well as the plain meaning of the term, includes both single and multi-piece bodies.").

O'Malley 판사는 다음과 같은 이유로 반대의견을 제시한다.

*Cybor* 전원합의체 판결이 청구항 용어해석을 법적 문제로 판단하였고 그럼으로 인하여 항소법원은 1심법원의 청구항 용어해석에 대하여 존중을 할 필요가 없이 새로이(*de novo*) 판단한다. O'Malley 판사는 *Cybor* 법리의 문제점을 지적하며 그 법리를 뒤집기 위하여 대상 판결을 전원합의체로 심리하는 것이 옳다고 주장한다. 특히, 그녀는 대상 사건은 1심에서 두 명의 판사가 수년간의 소송 후 몸통이라는 청구항 용어를 해석하며, 일체형에 한정되지 않는 것으로 결론을 내렸는데 항소법원이 그 결론을 쉽게 뒤집는 것은 마땅하지 않다고 보았다.

## Ⅲ. 해 설

### 1. 청구항 차별화 원칙

우리 대법원은 청구항 차별화 원칙을 정면으로 거부하고 있다. 즉, 명세서를 참작하여 권리범위를 정하되 그러한 정함으로 인하여 독립항과 종속항의 권리범위가 동일하게 되어도 무방하다고 설시한다.[21] 그러한 해석의 근거로 하나의 특허 내에 동일한 내용을 가지는 청구항들이 유효하게 다수 존재할 수 있다는 점이 제시된다.[22] 그 점은 독립항과 종속항이 동일하다는 점에 근거하는데 일반적인 독립항과 종속항은 그 범위가 일부 중복되기는 하지만 완전히 중복되지는 않는다. 이러한 이해는 예전에 선택발명이 (상위개념에 관한) 선행기술과 동일한 것

21) 대법원 2008. 7. 10. 선고 2008후57 판결("등록실용신안의 보호범위는 실용신안등록청구범위에 기재된 사항에 의하여 정하여지되, 고안의 상세한 설명과 도면 등을 참작하여 실용신안등록청구범위에 기재된 문언의 의미내용을 해석하는 것이므로, 실용신안등록청구범위에 기재된 문언으로부터 기술적 구성의 구체적 내용을 알 수 없는 경우에는 고안의 상세한 설명과 도면 등을 보충하여 그 문언이 표현하고 있는 기술적 구성을 확정하여 등록실용신안의 권리범위를 정하여야 하고(대법원 2006. 12. 22. 선고 2006후2240 판결, 대법원 2007. 6. 14. 선고 2007후883 판결 등 참조), 이는 <u>독립항과 그 종속항의 권리범위가 동일하게 된다고 하여도 마찬가지</u>이다.").

22) 한동수, "등록실용신안의 보호범위의 확정방법", 「대법원판례해설」 제78호, 법원도서관, 2008, 443면("종속항의 침해는 당연히 독립항의 침해를 구성하는바, 이는 독립항과 종속항의 보호범위가 동일하거나 일부 중복되는 것을 의미한다. 대법원 1995. 9. 26. 선고 94후1558 판결은 '동일한 발명사상의 내용이 청구항을 달리하여 중복하여 기재되어 있다고 하더라도 특허청구의 범위가 명확하고 간결하게 기재되어 있어 당해 기술분야에서 통상의 지식을 가진 자가 그 내용을 명확하게 이해하고 인식하여 재현할 수 있다면 그 명세서의 기재는 적법하다'라고 판시하였는바, 이는 하나의 특허 내에 동일한 내용을 가지는 청구항들이 유효하게 병립될 수 있음을 보여주는 판례라 할 것이다.").

이라고 보던 시각의 연장선에 있는 것인데, 선택발명이 선행기술과 동일한 것이 아니라는 법리가 도입되었으므로[23] 자연스럽게 독립항 발명과 종속항 발명도 동일하지 않다, 그러므로 우리 대법원이 청구항 차별화 원칙을 거부하며 제시한 법리는 잘못된 것이다. 그 대법원 판례에 대한 평석은 청구항 차별화 원칙을 거부하며 하나의 예를 다음과 같이 제시한다.

> "발명자가 출원시 '회전전달수단'으로 인식(認識)하였고 또한 그와 균등(均等)한 구성은 오로지 '벨트' 하나뿐이라고 가정하면, 독립항인 제1항에서는 '회전전달수단'으로, 종속항인 제2항에서는 '벨트'라고 기재되어 있고, 발명의 상세한 설명과 도면에는 벨트 이외의 다른 기술적 수단에 관해서는 아무런 기재가 없는 경우에, 나중에 권리범위확인이나 침해사건에서 제1항의 권리범위는 '벨트'로 한정될 뿐이고 이를 넘어서 확인대상이 된 '톱니바퀴' 등으로 보호범위를 확대하는 해석은 허용되지 않는다고 하는 것이 우리나라 판례의 태도이고 통설이다."[24]

위 설명에 의하면 청구항 제1항에서 사용된 '회전전달수단'을 '벨트'로 제한 해석하여 결과적으로 청구항 제1항과 제2항이 동일하게 되어도 무방하다는 것이다. 그러나, 위 사례에서 청구항 제1항이 발명자가 발명 또는 인식한 이상을 청구한 것이라면 청구항 제1항 발명이 무효라고 판단하면 간명하다. 제1항을 무리하게 제한 해석하여 동일한 두 개의 청구항을 만들 필요가 없다. 만약, 청구항 제1항이 발명자가 발명 또는 인식한 이내에서 청구한 것이라면 그 청구항에서 사용한 용어인 '회전전달수단'이라는 용어를 억지로 '벨트'로 제한 해석하여서는 아니 될 것이다.[25] 회전전달수단이라는 용어가 오직 벨트로만 해석되어야 하는 경우에는 두 개의 청구항이 같아진다고 하더라도 어쩔 수 없이 벨트로 해석하여야 하겠지만[26] 그러한 정도에 미치지 못하는 경우에는 '벨트'라는 용어 외에 '회

23) 제5장 제3절(선택발명의 진보성: 발명의 '구성' 판단 필요) 참고.

24) 한동수, 앞의 평석, 443-444면.

25) 나아가 한동수 평석은 미국의 청구항 차별화 원칙에 대하여 다음과 같이 설명하고 있는데 정확한 설명이 아니다. 444면("이 원칙은 미국에서도 청구항 해석에 항상 적용되어야 하는 것은 아니고 특허청구범위를 명세서와 출원경과에 비추어 적절한 범위 이상으로 확대하는 데 사용될 수 없다고 보고 있을 뿐만 아니라, 독립항이 'means for joining'이라고 기능적 청구항(means clause)을 사용하여 정의하였고 그 종속항이 독립항의 수단(means)을 명세서에 개시된 구조로 한정하였을 때, 두 개의 청구항이 동일발명이라고 판단한 사례가 있다.(Laitram Corp. v. Rexnord, Inc., 939 F.2d 1533 (Fed. Cir. 1991).").

26) Laitram Corp. v. Rexnord, Inc., 939 F.2d 1533, 1538 (Fed. Cir. 1991) ("[T]he concept of claim

전전달수단'이라는 용어를 따로 둔 출원인의 의도를 존중하여야 하는 것이다. 미국의 경우에도 청구항 차별화 원칙의 적용이 거부될 수 있다. 그러나 그 경우 명세서의 의도가 명확하여야 한다.[27)]

### 2. 일체형 몸통을 청구한 다른 청구항이 없는 경우의 해석

대상 판결에서 반대의견은, 가장 중요하게, 청구항 차별화 원칙에 근거하여 다른 청구항이 일체형 몸통을 청구하고 있으므로 몸통이라는 용어만 사용한 쟁점이 되는 청구항은 그 청구항과 다르게 해석되어야 한다고 주장하였다. 그런데 만약, 대상 사건에서 그 다른 청구항이 없고 쟁점이 되는 청구항만 존재한 경우에는 어떻게 해석될 것인가? 필자는 그 경우 해당 '몸통'이라는 용어가 일체형 몸통으로 해석될 여지가 상당하다고 생각한다. 출원인이 너무 많은 부분에서 허다히 일체형 몸통을 전제로 발명을 개시하고 있기 때문에 실제 발명의 내용이 반영되어야 하기 때문이다. 더욱이 청구항 용어 해석의 또 다른 원칙인 청구항 유효화 원칙에 의하면, 일체형 몸통으로 해석하는 것이 동 청구항의 무효를 막을 수 있기도 하다.

### 3. 유효한 부분으로 한정하는 해석

발명은 명세서에 의하여 뒷받침되어야 하고 그렇지 않은 경우 특허법 제42조 제4항 제1호의 규정에 따라 거절 또는 무효된다. 그런데 해당 발명이 명세서에 의하여 뒷받침되지 않는 경우 그 규정에 따라 반드시 거절 또는 무효로 하여야 하는 것인지 아니면 뒷받침되지 않는 부분을 제외하는 것으로 발명의 기술적 범위를 제한 해석할 수 있는 것인지에 대하여 이견이 있을 수 있다. 대상 판결은 그러한 점에 대하여 첨예하게 다른 의견이 주장된 경우이다.

그 쟁점에 대하여는 우리나라에서도 다른 주장이 병존하는 것으로 보인다. 먼저 명세서에 의하여 뒷받침되지 않는 발명은 제42조 제4항 제1호로 처리하여

---

differentiation … states that claims should be presumed to cover different inventions. This means that an interpretation of a claim should be avoided if it would make the claim read like another one. Claim differentiation is a guide, not a rigid rule. If a claim will bear only one interpretation, similarity will have to be tolerated.")(위 한동수 평석 463면에서 재인용).

27) AstraZeneca v. Hanmi (Fed. Cir. 2013).

야 할 대상이지 청구항 해석으로 처리할 대상이 아니라는 입장이 있고,[28)29)] 또, 청구항 해석의 관점에서 뒷받침되지 않는 부분을 제외하여 해석하는 입장이 있다.[30)] 이러한 입장 차이는 정리될 필요가 있다. 생각건대 대상 판결은 뒷받침되지 않는 부분을 기술적 범위에서 제외하기 위하여 독립항을 제한 해석하였고 그럼으로 인하여 독립항의 기술적 범위가 종속항과 같게 되어 버렸다. 그 경우에는 뒷받침되지 않음을 이유로 독립항이 무효인 것으로 처리하고 종속항만을 대상으로 침해 여부를 판단하는 것이 더 옳았다고 생각된다. 만약, 대상 판결에서 종속항이 없는 경우에는 독립항이 뒷받침되지 않는다는 이유로 허무하게 무효되는 것을 방지하기 위하여 제한 해석할 필요성이 더 높다고 하겠다. 그러므로, 대상 발명을 무효로 하여도 특허권자에게 과도하게 불리한 것이 아니라면 뒷받침되지 않음을 이유로 무효로 하되, 무효로 인하여 특허권자가 모든 것 또는 많은 것을 잃게 되는 경우 제한 해석을 통하여 일부의 유효한 권리를 지켜주는 것이 타당하다고 할 것이다. 즉, 해당 특허의 사정에 따라 유연하게 대처할 수 있다고 본다.

### 4. 묵시적 정의(implicit definition)

"해당 용어를 상세한 설명 전체를 통해 일관성 있게 일정한 의미로 사용한 경우(by a consistent use of a term in a particular way throughout the written description)라면 묵시적 정의(implicit definition)가 있는 것으로 보아 그 묵시적 정의에 따라 해당 용어를 해석하는 것이 타당할 것이다."[31)] 대상 사건에서 명세서

28) 노태악, 앞의 글, 7면("특허청구범위가 발명의 상세한 설명에 의하여 전부 또는 일부가 뒷받침되지 않는 경우에도 특허청구범위에 기재된 사항에 의하여 발명의 내용을 확정하여야 하고, 발명의 상세한 설명에 의하여 뒷받침되는 부분으로 한정하여 발명의 내용을 확정할 수는 없다.")(한규현, "발명의 요지와 보호범위의 판단방법", 「특허소송연구」, 특허법원, 2008, 86-87면 인용).

29) 심사지침서도 유사한 설명을 하고 있다. 심사지침서 중 2010년 시행 "특허요건 개정사항", 19면("발명의 상세한 설명 또는 도면 및 출원시의 기술상식을 참작하여 해석하여도 청구항에 기재된 용어의 의미·내용이 불명확하여 발명을 특정할 수 없는 경우에는 신규성에 대한 심사를 하지 않고 명세서 등의 기재불비를 이유로 거절이유를 통지한다.").

30) 한동수, 앞의 평석, 441면("발명의 상세한 설명과 도면 참작의 원칙은 세 가지 구체적인 내용을 가진다. 첫째, 특허청구범위에 기재된 사항이라도 발명의 상세한 설명에 의하여 뒷받침되고 있지 않다면 특허발명의 보호범위에 속하지 않는다.")(이수완, "특허청구범위의 해석", 「특허소송연구」 제2집, 159-160면 등 인용).

31) 김동준, "특허청구범위 해석에 있어서 상세한 설명의 참작", 「정보법학」 제16권 제3호, 2012, 226면(Janice M. Mueller, *Patent Law*, 348 (Third Edition, Aspen, 2009) 인용).

는 곳곳에서 일체형 몸통을 표현하고 있다. 즉, 비교적 일관성 있게 몸통을 일체형 몸통을 염두에 두고 표현하고 있는 것이다. 그렇다면, 대상 용어가 묵시적으로 일체형 몸통으로 정의되어 있다고 주장할 여지가 있었다고 생각된다.

### 5. 청구항 용어의 무시

한편, 청구항에 기재된 용어가 없는 것으로 보고 해석하는 것이 가능한지가 문제된다. 특허권의 침해 여부를 판단하는 경우 피고의 행위가 특허발명의 구성요소 모두를 실시하여야 한다. 그 원칙을 소위 '구성요소완비의 원칙(all elements rule)'이라고 부른다.[32] 그런 견지에서 청구항에 기재된 용어는 하나하나가 모두 중요한 것이 된다. 그러므로 통상 청구항에 기재된 용어가 없는 것으로 보고 청구발명을 해석하여서는 아니 될 것이다.

현행 법리에 의하면, 의료방법에 관한 발명은 산업상 이용가능성이 없다는 이유로 특허되지 아니한다. 대상 청구항이 의료방법에 관한 발명임을 말하는 표현을 가진 사건에서 특허법원은 그 표현을 그대로 두고 해석하면 특허를 받을 수 없는 의료방법에 관한 발명이 되므로 그 발명을 의료방법에 관한 발명이 아닌 의료약제에 관한 발명으로 만들기 위하여 대상 표현을 없는 것으로 해석한 바 있다.[33] 본 판결은 발명을 유효한 것으로 만들기 위하여 해당 용어를 축소 해석하는 선에서 더 나아가서 해당 용어가 없는 것으로 해석하였다. 완전한(100%) 축소해석의 사례라고 생각된다. 존재하는 용어를 존재하지 않는 것으로 해석하는 것은 극히 삼가하여야 한다.

---

32) 미국에서는 구성요소를 limitation이라고 표현하는 것을 더 선호하는 것으로 보인다. Element와 limitation의 차이를 설명하고 후자가 더 선호되어야 하는 이유를 설명하는 글은 다음 참고: Philip M. Nelson, *Definition for "Limitation" in the Context of Prosecution History Estoppel and the All Elements Rule: a Proposed Solution to the Troubling Dictum in Kustom Signals v. Applied Concepts*, 2003 B.Y.U. L. Rev. 353 (2003); Element와 limitation의 차이를 설명하는 판례는 다음 참고: Corning Glass Works v. Sumitomo Elec. U.S.A., Inc., 868 F.2d 1251, 1259 (Fed. Cir. 1989).

33) 특허법원 2008. 8. 22. 선고 2007허7723 판결(심리불속행 기각)("이 사건 제1항 발명의 실질적인 용도는 '뇌종양의 치료'이고, 청구범위에 기재된 '뇌종양 강'은 약제학적 조성물로 치료할 대상인 '질병'을 한정하는 기재가 아니라 약제학적 조성물을 투여하는 '신체부위'를 한정하는 기재로 보아야 하고, 공지의 약제학적 조성물(약물)을 공지의 용도(질병치료)에 사용하는 데 있어 어느 부위에 투여하여야 효과적인지는 질병을 치료하는 방법에 속하는 것인데, 인간의 질병을 치료하는 방법은 산업상 이용가능성이 없어 특허 받을 수 없으므로, 의약의 용도발명인 이 사건 제1항 발명의 청구범위에 이러한 치료방법에 관한 기재가 포함되어 있다고 하여도 이를 발명의 구성으로 보아서는 안된다.").

## Ⅳ. 결 론

청구항이 발명을 정의하고[34] 권리범위를 결정한다는[35] 점에는 이견이 없다. 그러나 인간이 사용하는 언어의 한계로 인하여 청구항에 기재된 용어는 불명확함을 거의 항상 내포한다. 청구항에는 많은 용어가 사용되므로 양 당사자가 어떤 용어가 어떻게 해석되어야 한다고 주장할 여지가 많다. 청구항에서 사용된 용어가 많기도 하지만 청구항 해석의 원칙도 많이 존재한다. 그러므로 청구항의 용어를 다르게 해석할 수 있는 가능성은 더욱 높아진다.

대상 판결은 주사기에 사용되는 (주사액을 담고 실린더가 이동하게 하는) 몸통(body)이라는 용어의 해석에 관한 것으로서 그 용어의 의미가 비교적 명확한데도 불구하고 이체형 몸통(two-piece body)에 관한 선행기술의 단점을 해결하는 해당 발명의 성격으로 인하여 다른 해석이 가능하게 되었다.

청구항 용어해석과 함께 해당 청구항이 명세서에 의하여 뒷받침되지 않는다는 주장을 반드시 같이 하여야 하는 필요성을 염두에 둘 필요가 있다. 대상 사건에서 쟁점이 되는 청구항이 몸통이 일체형 외에 이체형, 복수결합형 등을 포함하는 발명을 정의한다면 그 발명은 명세서에 의하여 뒷받침되지 않는 것이 된다. 즉, 우리 특허법 제42조 제4항 제1호, 미국 특허법 제112조 "written description"의 요건에 따라 동 발명은 무효가 되는 것이다. 대상 사건에서 피고는 제112조에 따른 특허의 무효에 대하여 주장을 하지 않았고 반대의견은 무효 여부는 별론으로 하고 다수의견의 청구항 용어해석은 잘못된 것이라고 보았다. 다수의견은 실제 발명에 상응하게 청구항 용어를 해석하였는데 대상 특허발명이 실제 발명보다 너무 넓다는 점이 그러한 해석을 하게 만들었다고 생각된다.

34) Phillips, 415 F.3d at 1312 ("It is a 'bedrock principle' of patent law that 'the claims of a patent define the invention to which the patentee is entitled the right to exclude.'").

35) Computer Docking Station Corp. v. Dell, Inc., 519 F.3d 1366, 1374 (Fed. Cir. 2008) ("The words of the claims define the scope of the patented invention.").

# 제 3 절 청구항 전제부의 해석*

## Ⅰ. 서 론

청구항은 전제부(preamble), 전이부(transition) 및 본체부(body)로 구성된다.[1)2)3)] 통상 전제부에는 그 발명의 명칭에 해당하는 사항이 간단하게 기재되고 그 발명의 구성요소에 해당하는 사항은 본체부에[4)] 기재되고[5)] 그 두 부분을 연결하는 표현으로 전이부가 기재되는데, 어떤 청구항에서는 전제부에 발명의 명칭에 해당하는 사항 외에 구성요소로 보이는 사항이 기재되기도 한다.[6)] 그러한 경우

---

* 이 절의 초안 작성에 도움을 준 김경진 변호사(광장)에게 감사드린다.

1) Li-Hua Weng, *Preamble Interpretation: Clarifying the "Giveing Life, Meaning and Vitality" Language*, 11 B.U. J. Sci. & Tech. L. 77, 81 (2005) ("A claim contains three parts: a preamble, a transitional word or phrase, and a body.").

2) 유럽에서는 전이부를 중요하게 보지 않고 청구항이 전이부 앞 부분과 뒤 부분의 2개 부분으로 이루어진다고 보아서, "two-part claim"이라고 칭한다.

3) R. Carl Moy, 1 *Moy's Walker on Patents* § 4:96 (4th ed.) ("The most significant formal requirement of United States claiming practice is that of organizing the contents of the patent claim into three distinct subparts: preamble, transitional phrase, and body, in that order.").

4) "body"를 '특징부'로 부르는 경우가 있는데 그러한 표현은 바람직하지 않다. 특허법원 2004. 8. 2. 선고 2003허6227 판결("고안의 청구범위를 전제부와 특징부로 나누어 기재하는 방식{통상 젭슨 형식(Jepson type)으로 부르는 방식}에 있어서, 전제부의 의미는, ㉮ 고안의 기술분야를 한정하는 경우, ㉯ 고안의 기술이 적용되는 대상물품을 한정하는 경우, ㉰ 공지의 기술로 생각하여 권리의 보호범위에서 제외하는 경우 등 여러 가지 형태가 있을 수 있다."). '본체부'라는 표현이 더 나아 보인다. 대법원 2007. 10. 11. 선고 2007후1442 판결("미국에서는 특허발명의 청구범위 해석에 있어서 특허청구항 중 전제부(preamble)와 본체부(body) 등을 연결하는 전환부 용어를 3종류로 나누고 있는데 ……). 특징부라는 용어는 특징부의 구성요소는 개량된 특징이 있는 것이고 전제부의 구성요소는 특징이 없는 공지의 것이라는 선입견을 준다. 본체부라는 용어가 가치중립적인 것이라고 생각된다. "body"를 '본문'이라고 부를 수도 있을 것인데, 전제부, 전이부라는 용어와의 운율(rhyme) 관계를 생각하면 '본체부'가 더 좋은 표현이라고 생각된다. 위 대법원 판결에서와 같이, "transition"을 '전환부'라고 표현할 수도 있는데 '전이부'가 더 나아 보인다. '전환'은 무엇을 다른 무엇으로 변형(transformation)하는 것을 내포하는 의미로 읽히는데 청구항에서의 "transition"은 단순히 전제부와 본체부를 연결하는 기능을 수행하는 정도에 불과하므로 '연결'이라는 의미가 담긴 '전이(移)부'가 더 나은 것이다.

5) Li-Hua Weng, supra, at 81 ("The body of the claim comprises a recitation or listing of the elements or parts of the invention and a description.").

6) 전제부를 가진 청구항이 모두 젭슨청구항은 아니다. 특허법원 지적재산소송실무연구회, 「지적재산소송실무」 전면개정판, 박영사, 2010, 204면("전제부는 젭슨 청구항과 관련이 깊지만 그것

그 전제부에 기재된 사항을 ① 구성요소로 볼 것인지 여부 및 (만약 구성요소로 본다면) 나아가서 ② 공지기술로 볼 것인지 여부가 문제가 된다.

만약, 청구항의 전제부에 기재된 사항을 구성요소로 보지 않는다면 그 부분은 없는 것으로 보고 특허성 및 침해를 판단하게 된다. "A+B+C로 구성된 자전거(A bicycle comprising A+B+C)"의 청구항에서 '자전거'를 구성요소로 볼 필요가 없는 경우이다. 자전거는 발명의 명칭에 해당하고 그 발명(자전거)을 이루는 A+B+C의 구성요소에 대하여 특허성 및 침해를 판단하게 되는 것이다. 그러나 실무에서는 이와 같이 전제부에 기재된 사항이 구성요소를 구성하는지 아니면 발명의 명칭, 목적, 용도, 기술분야 등에 불과한 것인지를 판단하는 것이 쉽지 않은 경우가 많다.

또, 전제부에 기재된 사항이 구성요소인 것으로 판단이 되면 그 구성요소를 고려하여 특허성 및 침해에 대하여 판단을 하여야 하는데[7] 이 경우에도 만약, 전제부에 기재된 사항을 공지기술로 보는 경우 심사관이 심사를 하기가 매우 용이해진다. 그러한 용이함에 대한 하나의 설명을 소개한다.

> "예컨대, 젭슨 청구항의 전제부가 공지기술이라는 입장에 의한다면 구성요소가 'A', 'B', 'C′'의 결합이고 발명적 요소가 'C′'인 경우, 일반적 형식의 청구항은 "A+B+C′ 로구성된 발명"으로 청구할 것이고, 젭슨 청구항은 "A+B+C에 있어서, C′ 가특징인 발명"으로 청구할 것인데, 이때 일반적 형식의 청구항의 경우에는 심사관은 'A+B+C′'가 선행기술에 대하여 자명하다는 것을 보여야 하므로 3개의 구성요소 각각에 대한 선행기술을 검색을 하고 이들의 결합이 출원발명에 동기가 됨을 보여야 하나, 젭슨 청구항인 경우에는 심사관은 일단 'A+B+C'는 공지기술로 인정한 위에 'C'로부터 'C′'의 안출은 자명하다는 사실만 보이면 되므로 젭슨 청구항의 심사가 훨씬 간단하게 된다."[8]

이하, 전제부에 기재된 사항이 ① 구성요소인지 여부를 판단하는 방법 및 (구성요소라고 판단이 되는 경우 나아가서) ② 공지기술인지 여부를 판단하는 방법에 관하여 알아본다. 먼저 이에 관한 많은 선행자료가 존재하는 미국 및 유럽의 법리를 먼저 살펴보고, 나아가 그에 상응하는 우리나라의 법리를 살핀 뒤, 결론

---

의 전제부와 동일한 것이라고 볼 수는 없다.").

7) 대법원 2004. 4. 28. 선고 2001후2207 판결("청구항의 구성요소는 모두 신규성을 판단하는 기준이 되고 선행기술이 이 구성요소 중 하나라도 결여한다면 이는 신규성을 부정할 수 없다.").

8) 조현래, "젭슨 청구항의 해석", 「법학논고」 제36집, 경북대학교 법학연구원, 2011, 98면.

적으로 우리나라의 법리를 정리하고 마지막으로 향후 우리나라에서의 법리를 어떻게 정립하여야 하는지에 대하여 제안하고자 한다.

## Ⅱ. 미국의 전제부 해석 법리

### 1. 전제부가 구성요소인지 여부

전제부의 용어가 청구된 발명의 구조를 한정하는 경우에는 청구항의 제한으로 해석된다. 전제부의 설명이 구조적인 제한인지 여부는 출원 전체를 검토하여 "발명자가 실질적으로 발명하고, 청구항에 의하여 포함하려는 의도를 가진 것이 무엇인지를 이해하고 결정하여야 한다".[9]

전제부가 청구항을 제한하는지 여부는 각 사안의 사실관계에 비추어 사안별로 판단하여야 한다.[10] 전제부가 어느 경우에 청구항의 범위를 제한하는지 여부를 결정해 주는 리트머스 시험지는 없다.[11] 전제부가 청구항 해석에 있어서 원칙적으로 청구항의 범위를 제한하고, 예외적인 경우에 청구항의 범위를 제한하지 않는 것인지, 아니면 원칙적으로 청구항의 범위를 제한하는 것은 아니나 예외적으로 청구항의 범위를 제한하는 것인지에 대하여도 법리가 명확하게 정리되어 있지 않다.

다만, 현재까지 정리된 것은 전제부가 청구항 해석에 있어서 제한이 되는지 여부는 각 사안별로 판단하여야 하고, 전제부가 청구항의 범위를 제한하거나 제한하지 않는 몇 가지 경우로 유형화해 볼 수 있다는 점이다.[12] 이하에서는 전제부가 청구항의 범위를 제한하거나 제한하지 않는 것으로 해석되는 경우를 유형화 하고 그에 관한 판례를 검토한다.

#### 가. 전제부가 청구항의 본문에 선행하는 기초가 되는 경우(antecedent basis)

전제부가 청구항의 범위를 제한하는지 결정하기 위해서, 전제부와 청구항의

9) Corning Glass Works v. Sumitomo Elec. U.S.A., Inc., 868 F.2d 1251, 1257 (Fed. Cir. 1989). 특허권 침해와 특허 무효 여부가 다투어진 사건이다. USPTO, *MPEP* § 2111.02에서 재인용.

10) *MPEP* § 2111.02.

11) Catalina Mktg. Int'l v. Coolsavings.com, Inc., 289 F.3d 801, 808 (Fed. Cir. 2002). 특허권 침해에 대하여 다투어진 사건임. *MPEP* § 2111.02에서 재인용.

12) Anthony R. McFarlane, *A Question of Claim Interpretation: When Does the Preamble Limit the Scope of a Claim?*, 85 J. Pat. & Trademark Off. Soc'y 693, 694 (2003).

본문을 분석하여 전제부의 용어가 청구항의 본문에 나타난 특정한 단어 또는 구를 해석하기 위한 선행하는 기조(antecedent basis)를 제공하는지 여부를 고려할 수 있다. 만약 전제부의 용어가 청구항의 본문에서 사용된 특정한 단어 또는 구의 선행하는 기초를 제공한다면, 전제부는 청구항의 범위를 제한하는 것으로 해석될 것이다.[13] 이와 같은 경우 선행기술과의 비교 없이 전제부가 청구항의 범위를 제한하는지 결정할 수 있고, 전제부는 일반적으로 청구항의 본체부에서 정의된 조합을 위한 배경 또는 용도를 언급하기 위하여 사용된 것은 아니며, 청구항의 본체부와 밀접하게 연관되어 본체부에서 나타난 용어를 정의하기 위해 사용된 것이다.[14]

*Bell v. Vitalink* 사건에서 법원은 청구항의 본체부에서 전제부의 용어를 다시 언급하였기 때문에 전제부가 청구항의 제한이 된다고 판시하였다. 청구항은 다음과 같다.

> "전제부: A method for transmitting a packet over a system … said packet originated by a source device … destined for a destination device … said packet including a source address and a destination address …
> 전이부: said method comprising the steps of
> 본체부: … assigning, by said source device, one of said trees to broadcast said packet and associating with said packet an identifier indicative of said one of said trees … "

법원은 청구항 본체부의 "상기 패킷(said packet)"을 언급하면서, "패킷(packet)"이라는 구성요소 앞에 "상기(said)"라는 단어를 사용한 것은 전제부의 "패킷(packet)"에 대한 설명을 청구항의 본체부로도 이동시키는 효과가 있고, 독자가 청구항의 본체부에서 언급된 "패킷(packet)"의 본질을 확인하기 위해서는 전제부를 참고해야 한다고 판단하였다. 결국 법원은 청구항의 본체부가 명백하게 전제부의 구인 "소스 주소와 목적지의 주소를 포함하는 상기 패킷(said packet

13) *Id.* ("In determining whether words or phrases in the preamble limit the scope of a claim, a good rule of thumb is analyze both the preamble and the body of the claim in light of the specification to see if the preamble provides antecedent basis for those words or phrases appearing in the body of the claim. If in fact the preamble language provides antecedent basis for such words or phrases, the preamble will probably limit the scope of the claim.").

14) Li–Hua Weng, supra, at 90.

including a source address and a destination address)"을 인용하고 있으므로 전제부가 청구항의 제한이 된다고 결론지었다.[15][16]

### 나. 전제부가 청구항에 생명과 의미를 불어넣는 경우(preamble gives life and meaning to the claim)

전제부가 청구항에 생명(life), 의미(meaning) 및 활력(vitality)을 불어넣는 경우 청구항의 제한(limitation)이 된다. "생명, 의미 및 활력의 부여"라는 용어는 1918년 *Schram Glass v. Homer Brooke Glass* 사건 중 제7지역항소법원에서 처음 사용되었다.[17] 한편, 법원은 "생명, 의미 및 활력의 부여" 테스트를 *Schram Glass* 사건 이후로 사용하고 있지만, 이 테스트의 실질적 의미는 명확하게 설명하지 못하고 있다. 또한 CAFC가 "생명, 의미 및 활력의 부여" 테스트의 적용의 어려움에 대하여 인정하고 있음에도 불구하고, 이 테스트를 어떻게 정확하게 적용하는 지에 대한 설명 또는 명확화를 위한 노력을 하지 않고 있다는 문제점도 지적되고 있다.[18]

### 다. 전제부가 용도 또는 목적을 진술하는 경우(statement of intended use or purpose)

법원은 일반적으로 출원인이 청구항의 본문에서 구조적으로 완벽하게 발명을 정의하고, 전제부는 단지 발명의 목적 또는 용도를 언급하였다면, 전제부는 청구항의 범위를 제한하는 것이 아니라고 판단한다.[19][20] 물건에 관한 발명을 한 경우라면, 전제부에서 용도를 기재하고 있는 바와 상관없이, 그 발명은 어떤 용

15) Bell Communications Research v. Vitalink Communications Corporation, 55 F.3d 615, 621 (Fed. Cir. 1995). 특허권 침해에 대하여 다투어진 사건이다.

16) 기술을 이해하기 쉬운 아주 좋은 사례로 다음 참고. C.W. Zumbiel Co., Inc. v. Kappos, 702 F.3d 1371, 1387 (Fed. Cir. 2012) ("Here, 'containers' as recited in the claim body depend on "'a plurality of containers' in the preamble as an antecedent basis. Therefore, these terms recited in the preamble are limitations as the Board concluded.").

17) Li-Hua Weng, supra, at 86.

18) *Id.* at 88-89.

19) *In re* Gardiner, 171 F.2d 313, 315-16 (1948) ("It is trite to state that the patentability of apparatus claims must be shown in the structure claimed and not merely upon a use, function, or result thereof.").

20) Anthony R. McFarlane, supra, at 708 ("The courts have generally held that, where an applicant defines a structurally complete invention in the claim body and uses the preamble only to state a purpose or intended use for the invention, the preamble does not limit the scope of the claim.").

도에 사용되든 해당 발명을 실시하는 모든 물건을 포함하는 것이다.[21] 다만, 용도 또는 목적에 관한 선세부의 기재가 물긴발명의 기술적 범위를 명확히(clearly and unmistakably) 제한하는 예외적인 경우에는 그 기재를 구성요소로 볼 수 있다.[22]

*STX v. Brine* 사건에서도[23] 법원은 이와 유사한 취지로 판단하였다. STX는 Brine이 자신의 특허권을 침해하였다고 소를 제기하였고, Brine은 침해로 주장된 청구항은 신규성을 결여하여 무효라고 주장하였다. 지방법원에서는 Brine의 손을 들어줬다. 쟁점은 청구항이 유효한지 여부였고, 문제된 청구항은 다음과 같다.

> 1. A head for a lacrosse stick which provides improved handling and playing characteristics comprising a generally V-shaped frame constructed of a synthetic polymeric material defined by two sidewalls joined at a juncture and diverging therefrom, a traverse wall joining tile [sic] ends of said sidewalls opposite of said juncture, said frame being adapted to receive a web, and said sidewalls having openings therein, the area of said openings including string holes comprising in the range of from about 7% to 65% of the entire area of said sidewalls.

청구된 발명이 신규성을 결여하였는지를 결정하기 위하여 법원은 우선 청구항을 해석하였다. 법원은 청구항을 전체로 보았을 때, 청구항의 본체부가 스스로 포함하고 있는 서술("a self-contained description")이어서 청구항의 본체부는 전제부와 함께 또는 전제부 없이도 혼자서 유지된다고 판시하였다. 따라서 CAFC는 "조작과 플레이 특성을 향상시키기 위하여 제공되는(which provides improved handling and playing characteristics)"이라는 전제부의 언어가 단지 용도를 언급한 것에 지나지 않는다는 지방법원의 판단에 동의하였다. 즉, 전제부가 청구항의 제

21) Roberts v. Ryer, 91 U.S. 150, 157 (1875) ("The inventor of a machine is entitled to the benefit of all the uses to which it can be put, no matter whether he had conceived the idea of the use or not.").

22) Catalina Marketing International, Inc. v. Coolsavings.com, Inc., 289 F.3d 801, 809 (Fed. Cir. 2002) ("Again, statements of intended use or asserted benefits in the preamble may, in rare instances, limit apparatus claims, but only if the applicant clearly and unmistakably relied on those uses or benefits to distinguish prior art.").

23) STX, LLC v. Brine, Inc., 211 F.3d 588 (Fed. Cir. 2000). Anthony R. McFarlane, supra, at 708에서 소개.

한이 되지 않는다는 데 동의한 것이다.[24][25]

### 라. 본체부가 발명의 완성, 구동에 필요한 구성요소를 모두 구비하고 있는 경우

본체부가 발명의 완성, 구동에 필요한 구성요소를 모두 구비하고 있는 경우, 전제부의 기재는 군더더기에 불과한 것이 되고 청구항의 기술적 범위를 제한하지 않는다.[26]

### 마. 젭슨 청구항인 경우

젭슨 청구항의 경우, 출원인이 전제부에 기재된 사항을 발명의 구성요소로 책정한 것으로 추정된다.[27] 나아가, 전제부에 기재된 사항은 공지의 것임이 추정된다.[28][29]

---

24) 다만, 용도가 발명의 핵심인 경우 전제부에 기재된 용도를 발명의 구성요소로 보아야 한다. Bristol-Myers Squibb Co. v. Ben Venue Labs., Inc., 246 F.3d 1368, 1375 (Fed. Cir. 2001) ("A preamble may limit when employed to distinguish a new use of a prior art apparatus or process.").

25) Catalina Marketing International, Inc. v. Coolsavings.com, Inc., 289 F.3d 801, 808 (Fed. Cir. 2002) ("Moreover, clear reliance on the preamble during prosecution to distinguish the claimed invention from the prior art transforms the preamble into a claim limitation because such reliance indicates use of the preamble to define, in part, the claimed invention.").

26) *Id.* at 809 ("Without such reliance, however, a preamble generally is not limiting when the claim body describes a structurally complete invention such that deletion of the preamble phrase does not affect the structure or steps of the claimed invention. IMS Tech., Inc. v. Haas Automation, Inc., 206 F.3d 1422, 1434, 54 USPQ2d 1129, 1136-37 (Fed. Cir. 2000) (preamble phrase "control apparatus" does not limit claim scope where it merely gives a name to the structurally complete invention).").

27) Epcon Gas Systems, Inc. v. Bauer Compressors, Inc., 279 F.3d 1022, 1029 (Fed. Cir. 2002) ("[T]he fact that the patentee has chosen the Jepson form of the claim evidences the intention 'to use the preamble to define, in part, the structural elements of his claimed invention.' Thus, the preamble is a limitation in a Jepson-type claim.").

28) Pentec, Inc. v. Graphic Controls, Corp., 776 F.2d 309, 315 (Fed. Cir. 1985) ("Although a preamble is impliedly admitted to be prior art when a Jepson claim is used, … the claimed invention consists of the preamble in combination with the improvement.").

29) 잘못된 인식: 최덕규, "발명의 진보성 판단에 관한 특허법원 및 대법원 판례의 문제점", 「창작과 권리」 제29호, 세창출판사, 2002, 33-34면("젭슨 클레임에서 도입부(Introductory phrase)는 특허청구범위를 명확히 한정하기 위하여 기재되는 것이지, 특허청구범위를 한정하는 부분도 아니며 발명의 구성요소를 이루는 부분도 아니다. …… 젭슨 청구항의 도입부에 해당하는 부분을 발명요소로 구분하고, 그 부분에 대하여 진보성의 여부를 판단하고 있는 원심판결은 거론하기조차 부끄러운 잘못된 판결이다.")(해당 주장에 대한 근거는 제시되지 않고 있음).

### 바. 시기별 판단의 차이 여부

미국 판례에서 전제부의 해석에 관한 법리를 살펴보았다. 특히 전제부가 청구항에 생명과 의미를 불어넣는 경우 전제부가 청구항의 제한으로 해석된다는 법리와 관련하여 출원 과정, 무효화 과정 중 전제부의 해석에 관한 법리를 검토하였으나, 미국의 판례 역시 출원 과정과 특허 등록 후의 전제부 해석에 다른 법리를 적용하고 있지 않는 것으로 보인다.

미국 심사지침서에 언급된 판례는 출원 과정 중 불복에 관한 판례뿐 아니라, 특허 등록 후 침해 판단에 관한 판례까지 포함하고 있어서, 미국 심사기준은 출원 과정과 특허 등록 후의 전제부 해석에 차이가 없다는 점을 전제로 작성된 것으로 보인다. 다만, 어떤 논문에서는 차이를 두어야 한다고 주장하기도 한다. 출원 과정 중 미국특허상표청은 논란이 되는 청구항 용어를 합리적인 범위 내에서 가장 넓게 해석하여야 한다. '합리적 최광의 해석의 원칙'은 출원 과정 중 특허 출원인에게 청구항을 수정할 기회를 제공하고, 그에 따라 특허 출원인은 수정에 의하여 청구항 용어의 모호함을 제거할 책임을 지게 된다. 또한 '합리적 최광의 해석의 원칙'은 청구항이 부당하게 넓은 범위로 등록될 가능성을 감소시키므로 공중에게도 이익이 된다.[30)]

2012년의 *In re Taylor*[31)] 사건은 심사관의 거절결정에 불복하는 소송에 관한 것이다. 해당 사건에서 심사관은 전제부에 기재된 사항을 구성요소가 아닌 것으로 보고 거절결정을 하였다. 출원인은 심사관의 이전 거절이유를 극복하기 위하여 보정을 통하여 선행기술과 동일한 사항이라고 판단되는 사항을 전제부로 이동한 바 있으므로 전제부의 해당 기재사항도 구성요소로 취급되어야 한다고 주장하였으나, 심판원 및 나아가 CAFC는 그 경우에도 합리적 최광의 해석 원칙은 적용이 되며 그 원칙에 따라서 전제부의 기재사항이 구성요소가 아닌 것으로

---

30) Robert A. Matthews, Jr., 1 *Annotated Patent Digest* (2010), § 3:45 ("[T]he PTO gives a disputed claim term its broadest reasonable interpretation during patent prosecution. The broadest reasonable interpretation rule recognizes that before a patent is granted the claims are readily amended as part of the examination process. Thus, a patent applicant has the opportunity and responsibility to remove any ambiguity in claim term meaning by amending the application. Additionally, the broadest reasonable interpretation rule serves the public interest by reducing the possibility that claims, finally allowed, will be given broader scope than is justified."); In re Crish, 393 F.3d 1253, 1256, (Fed. Cir. 2004).

31) *In re* Taylor, 484 Fed.Appx. 540, 2012 WL 2149776 (Fed. Cir. 2012).

해석할 수 있다고 보았다. 그러나 이러한 법리는 등록된 청구항에 대한 소송 중에는 적용되지 않는다. 등록된 청구항에 대해서는 명세서와 출원이력 등을 참고하여 청구항의 진정한 의미를 확정하여야 하고, 청구항은 가능한 유효성을 가지도록 해석되어야 한다.[32)]

### 사. 전제부 해석 법리의 명확화 필요성에 관한 최근의 논의

앞서 살펴본 바와 같이 전제부가 청구항의 제한이 되는지 여부를 유형화 할 수는 있으나, 이와 관련된 일관된 법리가 확립되지 않아 전제부가 청구항의 제한으로 작용하는지에 대해서는 여전히 불명확한 상태이다. CAFC도 이와 같은 문제점을 인지하고 있으며, 최근 *American Medical Systems v. Biolitec* 사건에서 패널 중 한 명의 판사는 동 쟁점을 전원합의체에서 논의할 때가 되었다고 언급한 바 있다.[33)] 실제로 *American Medical Systems v. Biolitec* 사건에서도 전제부가 청구항의 제한이 되는지 여부에 대하여 다수의견과[34)] 반대의견이[35)] 대립되고 있어, 판사들 사이에서도 전제부의 해석에 대한 견해의 차이가 존재함을 보여준다.

어떤 논문은 등록 후에는 전제부에 기재된 사항을 무조건 구성요소로 보아야 한다고 주장하기도 한다. 그 주장에 의하면 "생명 및 의미 테스트(life and

---

32) Robert A. Matthews, supra, §3:45 ("[H]owever, during litigation of issued claims, where the specification and file history should be resorted to in ascertaining the claims' true meaning, and claims are interpreted with an eye towards upholding their validity.").

33) American Medical Systems, Inc. v. Biolitec, Inc., 2010 WL 3564855, 10 (Fed. Cir. 2010) (J. Dyk in dissenting opinion) ("Neither the Supreme Court nor our court sitting *en banc* has ever addressed the preamble limitation issue. I think the time may have come for us to eliminate this vague and confusing rule.").

34) 다수의견은 다음과 같은 이유로 전제부가 청구항의 제한이 되지 않는다고 보았다. 첫째로, 특허 출원 과정에서 발명자가 선행기술로부터 발명을 구별하기 위하여 "광선택적 기화(photoselective vaporization)"라는 표현을 추가하였다는 암시가 없다. 둘째로, Biolitic의 주장과는 다르게 "조직의 광선택적 기화(photoselective vaporization of tissue)"라는 전제부의 용어는 각 독립항의 본체부에서 사용된 "조직(the tissue)"이라는 용어에 필수적으로 선행되는 기초(antecedent basis)로 사용된 것이 아니다. 셋째로, "광선택적 기화"는 발명의 필수구성요소를 구성하는 것도 아니고, 오히려 청구항의 본체부에서 충분히 언급된 발명을 위한 서술적인 명칭에 불과하다. American Medical Systems, Inc. v. Biolitec, Inc., 2010 WL 3564855, at 5 (Fed. Cir. 2010).

35) 반대의견은 전제부가 청구항의 제한이 된다고 주장하였다. 문제가 된 특허는 일부계속출원(continuation-in-part)이고, 선출원의 청구항 또는 명세서에는 "광선택적 기화"라는 용어가 사용되지 않았다. 또한 명세서에서는 200~1000 범위의 파장을 바람직한 실시예로 언급하였는데, 명세서에서는 광선택적 기화의 실시예가 또 다른 실시예임을 분명히 하고 있기 때문이다. American Medical Systems, Inc. v. Biolitec, Inc., 2010 WL 3564855, at 10-13 (Fed. Cir. 2010).

meaning test)"는 특허소송 중 만들어진 것이 아니라, 출원 과정 중 제안된 청구항에 대한 일방 당사자의 항소나 특허상표청의 저촉심판 과정 중에 발전된 것이므로 "생명 및 의미 테스트(life and meaning test)"는 청구항의 해석과는 구별되어야 한다는 것이다.

*Phillips v. AWH* 사건에서 법원은 특허 청구항의 통지 기능(notice function)에 기반을 둔 청구항 해석을 강조하였고, 특허권자는 그의 발명을 통상의 기술자가 청구항의 범위를 이해할 수 있도록 서술해야 한다고 판시하였다.[36] 청구항의 통지 기능을 고려한다면, 전제부가 청구항의 제한이 되는 것으로 해석하는 것이 바람직하다. 이러한 일관된 기준에 따르는 것이 "생명 및 의미 테스트(life and meaning test)"의 모호함에서 벗어날 수 있는 길이고, 일관된 기준을 적용하는 것이 특허권자에게 과도한 부담을 주는 것은 아니다. 이에 대하여 특허권자가 전제부가 청구항의 제한이 되지 않을 것으로 가정하고 전제부를 작성한 경우까지 예상하지 못한 제한을 가하는 것은 공정하지 못하다는 지적도 있다. 그러나 특허권자나 그들의 대리인은 "생명 및 의미 테스트(life and meaning test)"의 모호함 보다는 일관된 기준을 더 편하게 생각할 것이다.[37]

한편, 최근 미국특허청은 전제부와 관련된 이러한 혼란을 방지하기 위하여 전제부가 구성요소를 구성하는 것인지 여부를 출원인이 명세서에서 적시하는 방안을 제시하였다.[38] 그렇게 적시하는 경우, 전제부로 인한 불명확과 분쟁의 가능성은 제거될 것이다.

### 2. 전제부의 구성요소가 공지기술인지 여부

청구항은 "A, B, C 및 D로 구성된 X"라는 형식(one part claim) 또는 "A, B 및 C로 구성된 X에 있어서 D가 부가되는 것이 특징인 것"의 형식(two part claim)으로 대별된다.[39] 전자는 구성요소를 나열한 반면 후자는 "에 있어서"라는 전이

36) Phillips v. AWH Corp., 415 F.3d 1303, 1313 (Fed. Cir. 2005) (*en banc*) ("We have made clear, moreover, that the ordinary and customary meaning of a claim term is the meaning that the term would have to a person of ordinary skill in the art in question at the time of the invention, i.e., as of the effective filing date of the patent application.").

37) Kliebenstein & McDonald, *Does Phillips v. AWH Corp. Take the Life out of the "Life and Meaning" Test for Whether Claim Preambles are Limitations?*, 35 AIPLA Q.J. 301, 323–24 (2007).

38) 〈http://www.gpo.gov/fdsys/pkg/FR-2013-01-15/pdf/2013-00690.pdf〉.

39) 혹은 전제부(preamble), 전이부(transition) 및 본체부(body)의 3부분으로 구성된다고 볼 수도

부(transition) 앞에 종래기술을 포함하는 전제부(preamble)를 나열하고 전제부 뒤에 본체부를 기재한다. 후자의 형식을 가진 청구항을 소위 젭슨 청구항(Jepson claim)이라고 하므로 "젭슨 청구항은 종래기술을 기초로 한 개량발명에 있어서 종래기술에 대한 구성요소를 청구항의 전제부에 기재하고 그 발명이 특징으로 하는 개량부분에 대한 구성요소를 본체부에 기재하는 청구항"이라고 정의할 수 있다.[40][41] 청구항이 전제부, 전이부 및 본체부로 구성되어 있으나 전제부에 종래기술에 대한 구성요소가 아닌 다른 사항이 기재된 청구항이 있을 수 있다. 특허법원 판결이 지적한 바와 같이 전제부에는 ㉮ 고안의 기술분야를 한정하는 기재, ㉯ 고안의 기술이 적용되는 대상물품을 한정하는 기재, ㉰ 공지의 기술로 생각하여 권리의 보호범위에서 제외하는 기재 등 여러 가지 기재가 있을 수 있다.[42][43]

---

있겠다. Donald S. Chisum, et al. Principles of Patent Law 3rd ed., Foundation Press, 2004, p 91.

40) 용어(공지기술, 종래기술) 사용에 혼동이 있기는 하나 전체적으로 유사한 정의를 내리는 사례는 임병웅, 「이지 특허법」 제6판, 한빛지적소유권센터, 2007, 286면; 황종환, 「특허법(실용신안법)」 개정 9판, 한빛지적소유권센터, 2004, 331면; 박희섭·김원오, 「특허법원론」 제2판, 세창출판사, 2005, 258면; 송영식 외, 「지적소유권법(상)」, 육법사, 2005, 552면 참고. 미국의 법률용어사전 및 저서도 유사한 정의를 내리고 있다. *Black's Law Dictionary* (8th Edition, 2004) (Jepson claim is "An improvement－patent claim characterized by a preamble setting forth the current state of art, followed by the phrase, 'the improvement comprising' and a description of the claimed patentable subject matter."). Donald S. Chisum, *Chisum on Patents* (2005), §8.06[1][c] ("A 'Jepson' claim is one that begins with a preamble that recites an old device, process or combination, continues with a transition that states 'wherein the improvement comprises' or 'the combination with said [old device] of', and concludes with the body of the claim as the statement of the new elements or improvements upon the old device, process or combination.").

41) 이러한 젭슨 청구항은 종래의 기술로부터 어떤 점이 개량되었는지를 나타냄으로써 공지의 자유기술의 영역으로부터 독점권이 허여될 발명의 기술영역을 명확히 하는 장점이 있다. 이종완, 「특허법론」, 대한변리사회, 2004, 354면.

42) 특허법원 2007. 10. 5. 선고 2007허2469 판결.

43) 물론, 전제부에 기재된 바가 사용분야, 발명의 목적 등에 관한 것인지 아니면 구성요소에 관한 것인지를 구분하는 것이 용이하지 않은 사례도 있을 것이다. 미국의 경우, 다음의 판례에서와 같이 전제부가 구성요소에 관한 것인지 아니면 단순히 목적 또는 사용에 관한 것인지에 대한 구분은 발명 전체의 취지에 근거하여 판단할 문제라고 말하고 있다. Rowe v. Dror, 112 F.3d 473, 478 (Fed. Cir. 1997) ("Where a patentee uses the claim preamble to recite structural limitations of his claimed invention, the PTO and courts give effect to that usage. … Conversely, where a patentee defines a structurally complete invention in the claim body and uses the preamble only to state a purpose or intented use for the invention, the preamble is not a claim limitation; "The determination of whether preamble recitations are structural limitations or mere statements of purpose or use 'can be resolved only on review of the entirety of the patent to gain an understanding of what the inventors actually invented and intended to encompass by the claim.' … ").

그러나 전제부에 종래기술에 대한 구성요소는 없고 기술분야, 적용 대상물품 등만 기재된 청구항은 젭슨 청구항이 될 수 없다.[44]

미국 특허법 시행규칙 제1.75(e)조는 개량발명인 경우 전제부에 종래기술을 기재하는 젭슨 청구항으로 기재되어야 한다고 규정하고 있다.[45] 동 규정은 강행규정임에도 불구하고 실제로는 권고적 규정으로 해석되어 대부분의 개량발명에 대한 청구항은 일반 청구항으로 기재될 뿐 젭슨 청구항으로는 잘 기재되지 않는다.[46] 젭슨 청구항으로 분류되는 경우에는 그 청구항 전제부에 기재된 사항은 선행기술로 일단 인정된다.[47][48][49] 더욱이 출원인 자신이 동 기재사항이 타인의 기술이라고 인정한 경우에는 확정적으로 선행기술로 인정된다. 그러나 출원인이 ① 전제부에 기재된 사항이 출원인 자신의 내부기술임을 입증한 경우,[50] ② 이중특

44) 이와 유사한 경우를 제시한다. 기능식 청구항(means-plus-function claim)은 ① 관련 구조(또는 단계)의 기재가 생략되고, ② 그 생략된 구조가 달성하는 기능이 제시되고, ③ 수단(또는 그의 동의어)에 해당하는 단어가 있는 청구항으로 정의될 수 있다. 즉, 기능식 청구항이 되기 위해서는 보통의 청구항에서 마땅히 있어야 할 구조(구성요소)의 기재가 생략되어야 한다. 이와 유사하게 젭슨 청구항은 본체부(body)에 병렬적으로 나열되어야 할 구성요소를 전제부로 이동 배치한 것이다. 즉, 전제부에 구성요소의 기재가 있어야 하는 것이다. 그러므로 전제부에 구성요소를 기재하지 않고 구성요소와는 상관없는 기술분야, 적용 물품 등을 기재한 것은 젭슨 청구항이 아닌 것이다.

45) 37 C.F.R. § 1.75(e) Where the nature of the case admits, as in the case of an improvement, any independent claim should contain in the following order: (1) A preamble comprising a general description of all the elements or steps of the claimed combination which are conventional or known, (2) A phrase such as "wherein the improvement comprises," and (3) Those elements, steps, and/or relationships which constitute that portion of the claimed combination which the applicant considers as the new or improved portion.

46) Donald S. Chisum, *Chisum on Patents* (2005), § 8.06[1][c] ("Despite the use of 'should', the rule is apparently intended only as a strong recommendation, not as a mandatory requirement.").

47) Dow Chemical Co. v. Sumitomo Chemical Co., Ltd., 257 F.3d 1364, 1368 (Fed. Cir. 2001) ("[T]he claim first describes the scope of prior art and then claims an improvement over the prior art."); Sjolund v. Musland, 847 F.2d 1573, 1576-77 (Fed. Cir. 1988) ("Since the preamble of a Jepson claim is impliedly admitted to be prior art, and the specification confirms this implied admission, the jury must have accepted the conventional trap as prior art, as a matter of law.").

48) Esso Research & Engineering Co. v. Kahn & Co., Inc., 379 F.Supp. 205, 213, (D. Conn. 1974), opinion aff'd, 513 F.2d 1341 (2d Cir. 1975) (독일 특허청에서 사용된 젭슨 청구항의 전제부에 대하여 미국 소송에서 그 전제부 기재사항이 선행기술임을 자인한 것이라고 판단한 사례).

49) Edward C. Walterscheid, *The Preamble of Jepson-Type Claims As Prior Art*, 62 JPOS 85 (1980) (젭슨 청구항의 전제부는 선행기술임을 인정한 것으로 항상 보아야 하고 단지 출원인이 실수로 기재하였음을 밝히는 경우에만 예외로 하자는 주장).

50) 미국 특허법시행규칙 제1.56조 및 제1.97조에 의하여 제출되는 정보개시진술서(IDS, Information Disclosure Statement)에 포함된 특허라 하더라도 동 특허가 출원인의 이전 특허라면 출원인이

허에 의한 거절을 회피하기 위한 경우,[51] 또는 ③ 그러한 종래기술이 전제부의 대상기술이 아니라고 심사관이 인정한 경우에는 동 전제부에 기재된 사항은 선행기술로 채택될 수 없다.

## Ⅲ. 유럽의 전제부 해석 법리

유럽특허조약 규칙 제29(1)조는 청구항의 앞 부분에 종래기술로 구성되는 전제부가 기재되고 뒷부분에 동 전제부와 일체로 발명을 구성하는 특징부가 기재되도록 요구하고 있다.[52] 즉, 전제부에 의미 있는 구성요소를 두지 않을 합당한 이유가 없는 경우 대부분 젭슨 청구항으로 기재하여야 하는 것이다.[53] 그러나, 항상 젭슨 청구항으로 기재되어야 하는 것은 아니고 복잡한 공식을 기재하여야 하는 경우[54] 등에 있어서는 일반형 청구항의 기재가 충분히 가능하다.

### 1. 전제부가 구성요소인지 여부

유럽특허청에서는 진보성을 판단하기 위해서는 전제부에 기재된 구성요소

---

동 특허를 선행기술로 인정한 것이라고 볼 수 없다. Riverwood Intern. Corp. v. R.A. Jones & Co., Inc., 324 F.3d 1346, 1354–55 (Fed. Cir. 1985) Cir. 2003); Pentec, Inc. v. Graphic Controls Corp., 776 F.2d 309, 315 (Fed. ("Although a preamble is impliedly admitted to be prior art when a Jepson claim is used, unless the preamble is the inventor's own work, the claimed invention consists of the preamble in combination with the improvement.").

51) *In re* Ehrreich, 590 F.2d 902, 909–10 (CCPA 1979) ("[H]olding preamble not to be admitted prior art where applicant explained that the Jepson format was used to avoid a double patenting rejection in a co–pending application and the examiner cited no art showing the subject matter of the preamble.").

52) EPC Rule 29 (Form and content of claims) (1) The claims shall define the matter for which protection is sought in terms of the technical features of the invention. Wherever appropriate claims shall contain:
(a) a statement indicating the designation of the subject–matter of the invention and those technical features which are necessary for the definition of the claimed subject–matter but which, in combination, are part of the prior art;
(b) a characterising portion–preceded by the expression "characterised in that" or "characterised by"–stating the technical features which, in combination with the features stated in sub–paragraph (a), it is desired to protect.

53) Nina O'Sullivan, *Virgin Atlantic Airways Ltd v Premium Aircraft Interiors UK Ltd*, E.I.P.R. 2010, 32(8), 415, 417 (2010) ("Commonly, claims in European Patents are divided into a pre–characterising part and a characterising part.").

54) EPO Boards of Appeal T 0170/84 (1986).

와 특징부에 기재된 구성요소를 합친 전체로서의(as a whole) 발명을 선행기술과 비교하여야 한다.[55] 즉, 전제부의 기재사항을 일반적으로는 구성요소로 보는 것이다.

### 2. 전제부의 구성요소가 공지기술인지 여부

유럽에서, 젭슨 청구항의 전제부에 기재된 사항은 일단 선행기술인 것으로 추정되나,[56] 그 추정은 복멸될 수 있다. 즉, 출원인이 해당 기재사항이 선행기술이 아님을 입증하면 된다. 심지어 발명의 상세한 설명에서 해당 기재사항이 선행기술이라고 설명하였음에도 불구하고 여전히 출원인은 그 기재사항이 선행기술이 아님을 입증할 수 있다.[57] 그런 견지에서 유럽에서도 (미국과 마찬가지로) 젭슨 청구항에서 일반적으로는 전제부에 기재된 사항을 선행기술로 취급하되 출원인이 그 기술이 공지되지 않았음을 밝힐 수 있는 기회는 주는 것이다.

## Ⅳ. 우리나라의 전제부 해석 법리

### 1. 전제부 기재사항의 구성요소 여부

#### 가. 출원 과정에서 전제부 해석에 관한 판례의 태도

출원 과정에서 전제부 해석에 관한 판례의 태도를 살펴보기 위하여 거절결정불복심판에 대한 심결취소소송의 판결을 검토하였다. 판례는 출원 과정 중 전제부 해석에 대한 일반적인 법리를 설시하고 있지는 않으나, 전제부를 구성요소 중의 하나로 보아 신규성, 진보성을 판단하고 특허의 등록 여부를 결정하는 태도를 취하고 있다.[58][59]

---

55) EPO Boards of Appeal T 0850/90 (1991).

56) Siemens/Electrode slide (T06/81) and Boehringer/Diagnostic Agent (T99/85) (아래 Nina O'Sullivan, 각주에서 재인용).

57) Nina O'Sullivan, *Virgin Atlantic Airways Ltd v Premium Aircraft Interiors UK Ltd*, E.I.P.R. 2010, 32(8), 415, 417 (2010) ("In Boegli Gravures SA v (1) Darsail–ASP Ltd & (2) Andrei Ivanovich Pyzhov, 16 Arnold J. accepted a submission by Boegli's counsel that, where the specification expressly states that the preamble of the claim describes certain prior art, then the court should avoid construing the preamble in such a way that excludes that prior art, unless it is clear that that is what the claim means.").

58) 특허법원 2009. 9. 3. 선고 2008허11330 판결("이 사건 제10항 발명의 구성 중 전제부 구성, 제

법원은 발명의 신규성 또는 진보성을 판단함에 있어서는, 공지된 구성요소를 포함한 유기적 일체로서의 발명 전체의 기술사상이 비교 대상이 되는 선행기술과의 관계에서 신규성 또는 진보성이 인정될 수 있는지를 파악하여야 하는 것이라고 하면서 전제부의 구성요소까지 포함하여 특허발명의 신규성 여부를 판단하였다.[60]

### 나. 구성요소에서 제외하고 판단한 사례

#### 나1. 용도임을 이유로 구성요소에서 제외한 사례

또한 법원은 전제부에 기재된 사항("다수의 강선이 심선에 꼬여 감긴 케이블의 양 끝단에 마련된 것으로서")이 청구항의 본체부에 기재된 사항("……로 이루어진 것을 특징으로 하는 케이블 장력조절장치")의 일부 구성요소로 기재된 것이 아니라 청구항의 본체부를 수식하는 구조로 기재되어 있고, 본체부의 구성요소인 케이블 장력조절장치에 대한 관계에서 전제부에 기재된 케이블은 장력조절장치의 사용대상 내지 용도이므로, 청구항은 케이블에 사용되는 '장력조절장치'만을 대상으로 한 것이고, '케이블과 장력조절장치' 양자 모두를 대상으로 한 것이라 볼 수 없다고 판시하였다. 즉, 전제부에 기재된 사항을 발명의 구성요소에서 배제하고 판단한 것이다.[61]

---

4단계 구성 및 제5단계 구성은 실질적으로 동일한 구성이 비교대상발명 1에 포함되어 있고, 제1단계 구성, 제2단계 구성 및 제3단계 구성은 통상의 기술자라면 비교대상발명 1과 2를 결합하여 곤란성 없이 구현할 수 있는 것인바, 결국 이 사건 제10항 발명은 통상의 기술자라면 기술분야가 같거나 유사한 비교대상발명 1과 2를 결합하여 구성의 곤란성 없이 용이하게 구현할 수 있는 것이다.").

59) 특허법원 2009. 7. 16. 선고 2008허6291 판결("전제부 구성은 1 신발 깔창의 테두리가 봉제되어 있는 점, 2 신발창에는 세공이 형성된 스펀지(sponge)를 통하여 항균, 탈취기능이 있는 숯 등이 함유되어 있는 점이 특징이다. 그런데 위 1의 특징은 구성요소 3에 동일하게 나타나며, 위 2의 특징도 숯 등이 항균 또는 탈취 기능이 있다고 하는 자명한 사실 외에는 구성요소 1에 동일하게 나타나므로, 위 특징들의 기술적 의의 여부는 아래 구성요소 1, 3의 대비에서 보는 바와 같다.").

60) 특허법원 2007. 10. 5. 선고 2007허2469 판결("출원된 고안이 선행기술에 비하여 신규성 또는 진보성이 있는지를 판단함에 있어서 어떠한 구성요소가 출원 전에 공지된 것인지 여부는 사실관계의 문제로서 고안의 청구범위의 기재 형식에 따라 역사적 사실관계가 확정되는 것은 아니며, 권리의 보호범위로부터 제외한다는 의사가 있다고 하여 반드시 이를 공지의 기술로 인정한다는 취지로 볼 수도 없고, 더욱이 공지된 구성요소가 포함되어 있다 하더라도, 고안의 신규성 또는 진보성을 판단함에 있어서는, 공지된 구성요소를 포함한 유기적 일체로서의 고안 전체의 기술사상이 비교 대상이 되는 선행기술과의 관계에서 신규성 내지 진보성이 인정될 수 있는지를 파악하여야 하는 것이어서, 등록고안의 신규성 여부를 판단함에 있어서 전제부의 구성요소를 제외하고 특징부만으로 판단하여야 한다는 원고의 주장을 배척하였다.").

61) 특허법원 2008. 4. 25. 선고 2007허11999 판결("이 사건 제3항 발명의 청구범위는 '케이블의 양

나2. 중복적 기재임을 이유로 구성요소에서 제외한 사례

법원은 청구항의 본체부에 기재된 구성요소가 전제부에 기재된 구성요소를 대체하는 형식으로 기재하고 있어서, 등록된 특허의 신규성 또는 진보성을 판단할 때 전제부의 구성요소를 제외하고 선행기술과 대비하면 된다고 판시한 바 있다.[62]

## 2. 전제부 구성요소의 공지기술 여부

법원은 고안의 청구범위를 전제부와 특징부로 나누어 기재하는 방식{통상 젭슨 형식(Jepson type)으로 부르는 방식}에 있어서, 전제부의 의미는, ㉮ 고안의 기술분야를 한정하는 경우, ㉯ 고안의 기술이 적용되는 대상물품을 한정하는 경우, ㉰ 공지의 기술로 생각하여 권리의 보호범위에서 제외하는 경우 등 여러 가지 형태가 있을 수 있는데, 그 중 출원인이 공지의 기술 부분을 전제부로, 새로이 창안한 기술 부분을 특징부로 나누어 청구범위를 기재한 경우, 출원인이 출원과정에서 선행기술과의 관계에서 신규성 및 진보성 결여의 거절이유를 극복하기 위하여, 구성요소 중 일부를 전제부로 돌리는 방법에 의하여 전제부에 대하여는 권리범위로 주장하지 않겠다는 의사를 분명히 한 때에는, 본체부를 포함하지 않고 단지 전제부만으로 구성된 기술, 특히 상위 개념 또는 다양한 실시예를 포함할 수 있는 구성요소를 전제부로 돌리고, 본체부에서 당해 구성요소를 더욱 한정

---

끝단에 마련된 것으로서, …… 로 이루어진 것을 특징으로 하는 케이블 장력조절장치'의 형식으로 구성되어 있으므로, 전제부(전단부) 부분은 발명의 대상인 '케이블 장력조절장치'의 일부 구성요소로 기재된 것이 아니라 케이블 장력조절장치를 수식하는 구조로 기재되어 있고, 전단부 이후에 기재된 부분(이하 '후단부'라 한다)은 모두 케이블 장력조절장치를 구성하는 개개의 구성요소를 이루는 것이며, 케이블 장력조절장치에 대한 관계에서 케이블은 장력조절장치의 사용대상 내지 용도이므로, 이 사건 제3항 발명은 케이블에 사용되는 '장력조절장치'만을 대상으로 한 것이고, '케이블과 장력조절 장치' 양자 모두를 대상으로 한 것이라고 볼 수 없다.").

62) 특허법원 2004. 8. 2. 선고 2003허6227 판결("구성요소 1은 청구항의 전제부로서 단순히 출원 전 공지된 종래기술에 따른 지붕 장식구의 이음매를 기재한 것이고(원고도 2004. 4. 22. 이 사건 제2차 변론준비기일에 구성요소 1이 이 사건 등록고안의 출원 전에 공지된 종래기술에 관한 것임을 인정하였다), 구성요소 1과 구성요소 2의 관계를 살펴보면, 양 구성요소가 종래기술을 기재한 전제부(여기에서는 구성요소 1)와 전제부에 기재된 종래기술에 신규한 사항을 부가하거나 종래기술을 특정한 구성으로 한정하는 형식(이와 같은 형식으로 기재한 청구항을 일반적으로 젭슨 타입(Jepson type) 청구항이라 한다)으로 기재된 것이 아니라, 전제부에 기재된 구성요소 1을 특징부에 기재된 구성요소 2로 대체하는 형식으로 기재되어 있다 할 것이므로, 이 사건 등록고안의과 신규성 또는 진보성을 판단함에 있어서는 종래기술에 불과한 구성요소 1을 비교대상고안 대비할 필요 없이 구성요소 2를 중심으로 비교대상고안과 대비하면 된다 할 것이다.").

하여 다양한 실시예 중 일부만을 선택하여 기재한 경우에 있어서 본체부에는 해당하지 않고 전제부에만 해당하는 균등한 구성요소를 포함하는 기술의 실시에 대하여는 자신의 권리를 주장하지 않겠다는 의사로 볼 수 있을 것이라고 판시하였다.[63)]

다른 한 사건에서 특허법원은[64)] "…… 에 있어서 라는 전제부의 형식을 가진다고 하여 반드시 공지된 구성요소를 나열한 것으로 볼 이유는 없는 것이고, 오히려 이 사건 등록고안의 명세서 본문에 나타난 기술적 목적, 구성 및 효과를 참작하면 원고는 전제부에 기재된 구성요소들을 공지된 것으로 인정하고자 한 것이 아님을 알 수 있으므로"라고 판시하여, 젭슨 청구항의 전제부 구성을 경우에 따라 공지기술로도 볼 수 있고, 공지기술로 보지 않을 수도 있다고 보았다.

### 3. 소 결

권리범위확인심판에서 심결은 주로 전제부의 구성요소를 포함하여 권리범위를 판단하고 있으나, 전제부를 청구항의 구성요소에서 배제하고 권리범위를 판단한 사안도 있다. 또한 무효심판에서 심결은 발명의 신규성 또는 진보성을 판단함에 있어서, 전제부를 청구항의 구성요소로 고려하나, 전제부가 작성된 형태 등을 고려하여 청구항의 구성요소로 고려하지 않는 태도를 취하는 것으로 보인다. 아직 관련 심결이 많지 않아 권리범위확인심판에서나 무효심판에서 전제부의 해석에 관한 일반화된 법리가 확립되지 않은 것으로 보이나, 일반적으로는 전제부를 청구항의 구성요소로 포함하되, 특별한 사정이 있는 경우 청구항의 구성요소에서 배제하는 태도를 취하는 것 같다. 또한 청구항에 용도 또는 목적만이 제시되어 있는 경우와 같이 해석된다면, 이러한 해석은 미국의 전제부 해석과 유사하다고 할 것이다.

특허성 판단과 침해 판단을 구별할 필요가 있다. 침해 판단에 있어서 전제부의 구성을 (공지기술인 것으로 추정하여) 제외한다는 것에는 두 가지 해석이 가능하다. 첫째, 본체부의 구성만을 실시하여도 침해에 해당한다고 보는 경우이다.[65)]

63) 특허법원 2007. 10. 5. 선고 2007허2469 판결(대법원 2002. 6. 14. 선고 2000후2712 판결 인용).

64) 특허법원 2000. 11. 16. 선고 2000허2453 판결.

65) 조현래, 앞의 논문, 100면("예컨대, 젭슨 청구항이 'A+B로 구성된 X에 있어서, Y로 이루어지는 것을 특징으로 하는 X'라고 한다면 전제부에 기재된 'A+B'는 특허침해 판단시 제외하고 특징부에 기재된 'Y'만이 특허발명을 구성하는 것으로 해석하여 이를 침해하였느냐를 중심으로 침해여부를 판단하여야 한다는 것이다.").

둘째, 전제부의 구성은 공지기술로 추정되므로 특별한 경우를 제외하고는 전제부의 구성만을 실시하는 것은 공지기술 제외의 원칙에 의하여 침해로 보지 않는다는 것이다. 후자의 판단이 정당하다. 전자의 해석은 구성요소 완비의 원칙(all limitations rule)에 반하고, 권리범위가 출원인이 의도한 바와 다르게 지나치게 넓어지는 결과를 초래한다.

## V. 전제부 해석에 관한 법리 정리 및 관련 제안

### 1. 젭슨 청구항의 해석

청구항은 "A, B 및 C로 구성된 X에 있어서 D가 특징인 것"의 형식(two part claim)으로 기재될 수 있다. 그러한 청구항을 소위 젭슨 청구항이라고 하므로 "젭슨 청구항은 종래기술을 기초로 한 개량발명에 있어서 종래기술에 대한 구성요소를 청구항의 전제부에 기재하고 그 발명이 특징으로 하는 개량부분에 대한 구성요소를 본체부에 기재하는 청구항"이라고 정의할 수 있다.

청구항이 전제부, 전이부 및 본체부로 구성되어 있으나 전제부에 종래기술에 대한 구성요소가 아닌 다른 사항이 기재된 청구항이 있을 수 있다. 특허법원이 지적한 바와 같이 전제부에는 ㉮ 고안의 기술분야를 한정하는 기재, ㉯ 고안의 기술이 적용되는 대상물품을 한정하는 기재, ㉰ 공지의 기술로 생각하여 권리의 보호범위에서 제외하는 기재 등 여러 가지 기재가 있을 수 있다.[66][67] 그러나 전제부에 종래기술에 대한 구성요소는 없고 기술분야, 적용 대상물품 등만 기재

66) 특허법원 2007. 10. 5. 선고 2007허2469 판결.

67) 물론, 전제부에 기재된 바가 사용분야, 발명의 목적 등에 관한 것인지 아니면 구성요소에 관한 것인지를 구분하는 것이 용이하지 않은 사례도 있을 것이다. 미국의 경우, 다음의 판례에서와 같이 전제부가 구성요소를 관한 것인지 아니면 단순히 목적 또는 사용에 관한 것인지에 대한 구분은 발명 전체의 취지에 근거하여 판단할 문제라고 말하고 있다. Rowe v. Dror, 112 F.3d 473, 478 (Fed. Cir. 1997) ("Where a patentee uses the claim preamble to recite structural limitations of his claimed invention, the PTO and courts give effect to that usage. ⋯ Conversely, where a patentee defines a structurally complete invention in the claim body and uses the preamble only to state a purpose or intented use for the invention, the preamble is not a claim limitation."; "The determination of whether preamble recitations are structural limitations or mere statements of purpose or use 'can be resolved only on review of the entirety of the patent to gain an understanding of what the inventors actually invented and intended to encompass by the claim.' ⋯ ").

된 청구항은 젭슨 청구항이 될 수 없다.[68]

젭슨 청구항이라고 판단된다는 것은 전제부에 종래기술에 관한 구성요소를 기재하였다는 것이고 그 전제부의 종래기술은 다시 공지기술, 선행출원기술 또는 내부기술로 구분된다. 즉, 출원인이 젭슨 청구항의 전제부에 종래기술을 기재하였다고 하여서 그 종래기술이 선행기술로 반드시 채택될 수 있는 것은 아닌 것이다. 물론, 출원인이 발명의 상세한 설명에서 동 전제부에 기재된 구성요소가 공지기술 또는 선행출원기술이라고 명확히 밝힌 경우에는 동 종래기술은 종래기술에 그치는 것이 아니고 공지기술 또는 선행출원기술이 되어 심사관이 바로 인용할 수 있을 것이다.

만약, 출원인이 발명의 상세한 설명에서 어떤 기술이 공지기술 또는 선행기술이라고 스스로 밝히고 젭슨 청구항에서도 "공지의 ~에 있어서"라고 기재하였다면 (1) 여전히 동 기술에 대하여도 심사관이 진정으로 공지기술인지에 대하여 별도의 증거자료를 제시하여야 하는 것인지,[69] 아니면 (2) 동 기술에 대하여는 출원인이 공지기술이 아니라는 것을 입증하는 등의 특별한 사정이 없는 한 공지기술로 채택할 수 있는 것인지,[70] 또는 (3) 금반언의 원칙에 따라 출원인이 공지기술이 아니라는 사실을 입증할 기회를 주지 않고(또는 입증한다고 하여도) 동 기술을 바로 선행기술로 채택할 수 있는 것인지[71] 등의 여러 가지 견해가 있을 수

68) 이와 유사한 경우를 제시한다. 기능식 청구항(means－plus－function claim)은 ① 관련 구조(또는 단계)의 기재가 생략되고, ② 그 생략된 구조가 달성하는 기능이 제시되고, ③ 수단(또는 그의 동의어)에 해당하는 단어가 있는 청구항으로 정의될 수 있다. 즉, 기능식 청구항이 되기 위해서는 보통의 청구항에서 마땅히 있어야 할 구조(구성요소)의 기재가 생략되어야 한다. 이와 유사하게 젭슨 청구항은 특징부(body)에 병렬적으로 나열되어야 할 구성요소를 전제부로 이동 배치한 것이다. 즉, 전제부에 구성요소의 기재가 있어야 하는 것이다. 그러므로 전제부에 구성요소를 기재하지 않고 구성요소와는 상관없는 기술분야, 적용 물품 등을 기재한 것은 젭슨 청구항이 아닌 것이다.

69) 특허법원 2007. 10. 5. 선고 2007허2469 판결(심리불속행 기각으로 확정)("어떤 구성요소가 공지인지 여부는 심판 또는 소송에서 확정하여야 할 역사적 사실로서, 심판 또는 소송에서 피고 스스로 공지임을 인정하지 않는 한, 단지 청구항에 '공지의'라고 기재하였다고 하여, '공지'라고 확정할 수 없다.")은 이러한 입장을 따랐다.

70) 대법원 2005. 12. 23. 선고 2004후2031 판결은 결과적으로 이와 유사한 입장을 취한 것이다. 다만, 동 대법원 판결은 출원인이 종래기술로 인정한 경우에 관한 것이고, 위 특허법원 판결은 출원인이 공지기술로 인정한 경우에 관한 것으로서 차이는 있다.

71) 영미법에 근원을 두는 금반언(estoppel)의 원리가 우리 법에 일반적으로 도입이 된 것으로 볼 수는 없으나 특허법에서는 "출원경과 금반언의 원칙"이 폭넓게 채용되고 있으므로 젭슨 청구항의 경우에도 금반언의 원칙을 적용할 수 있다는 견해가 있을 것이다. 출원인이 거절이유통지를 받고 의견서 및 보정서를 제출하면서 인용참증에 저촉되는 부분을 청구항의 전제부에 기재한 경우, 출원인 스스로 '전제부' 기재사항을 공지의 기술로 인정하였다고 판단하여 출원경과

있다. 필자는 두 번째 견해가 합리적이라고 판단한다. 세 번째 견해는 진실 또는 역사적 사실을 외면하므로 바람직하지 않다. 재판상 사백도 자백의 내용이 진실과 다른 경우 동 자백이 취소될 수 있는데[72] 재판보다는 훨씬 덜 엄격한 절차인 특허출원 절차에서 출원인이 실수로 공지기술이라고 기재한 내용을 바로잡을 수 있는 기회를 원천 봉쇄하는 것은 바람직하지 않다. 첫 번째 견해는 출원인이 명세서에서 기재한 내용에 가치를 부여하지 않는다는 점, 행정의 능률을 기할 필요가 있다는 점,[73] 출원인의 명세서 조어사(lexicographer)로서의 책임을 물을 필요가 있다는 점 등으로 인하여 바람직하지 않다. 두 번째 견해와 같이 출원인이 잘못된 기재를 한 것에 대하여 일차적으로 책임을 묻되 진실을 밝힐 수 있는 기회를 주는 것이 결과적으로 진실, 책임 및 능률 사이의 적절한 균형점이라고 생각한다. 이러한 점은 (위에서 살펴본 바와 같이) 특허출원에 대한 증명책임의 측면에서도 그러하다.

### 2. 일반 청구항 전제부의 구성요소 여부

등록된 특허의 청구항은 특허권의 범위를 공시하는 기능이 있고, 특허권자는 특허를 받는 대신 자신의 발명의 범위를 명확히 할 수 있도록 청구항을 작성할 책임이 있다고 할 것이다. 따라서 특허권자가 청구항의 전제부에 어떠한 용어를 책임지고 사용하였다면, 등록된 특허에서는 일단 전제부의 용어는 청구항의 제한으로 보고, 그 후 전제부가 청구항의 제한이 아니라는 특별한 사정을 특허권자가 입증한 경우에만 전제부가 청구항의 제한이 아니라고 해석하는 것이 타당하다.

그런데 앞에서 소개한 미국 CAFC Dyk 판사의 주장과 같이 전제부를 무조건적으로 청구항의 제한으로 해석하게 된다면, 전제부에 기능이나 용도만이 언급된 경우에도 전제부가 청구항의 제한으로 해석되는지 여부가 문제될 수 있다. 일반적으로 청구항 본문에 '기능+구조'로 기재된 경우 기능은 청구항의 제한으로

---

금반언의 원칙상 균등론을 적용하지 않은 사건으로는 대법원 2002. 6. 14. 선고 2000후2712 판결 참고.

72) 민사소송법 제288조(불요증사실) 법원에서 당사자가 자백한 사실과 현저한 사실은 증명을 필요로 하지 아니한다. 다만, 진실에 어긋나는 자백은 그것이 착오로 말미암은 것임을 증명한 때에는 취소할 수 있다.

73) 한 예로, 특허법은 행정능률(심사편이)을 위하여 출원인이 보정을 통하여 청구범위를 확장하는 시기를 엄격하게 제한하고 있다. 특허법 제47조 제3항.

해석되지 않는데, 전제부에 기능이나 용도만 언급된 경우까지 청구항의 제한으로 해석한다면, 청구항 본문에 기재된 사항보다 전제부에 기재된 사항을 더 엄격하게 해석하는 것이 된다. 따라서 전제부를 청구항의 제한으로 해석한다는 의미는 보다 정확하게는 전제부에 기재된 사항을 청구항의 본문에 기재된 사항과 동일하게 취급한다는 의미로 사용하는 것이 타당할 것이다. 물론, Dyk 판사의 주장이 받아들여지고 그 법리에 대하여 대부분의 변리사가 잘 알게 된다면 Dyk 판사의 주장도 현실성이 있어질 것이나 "대부분의 변리사가 잘 알게 되는 것"이 비현실적이므로 결과적으로 Dyk 판사의 주장은 받아들이기 어렵고 더욱이 명세서 기재 당시에 관련 법리를 충분히 고려하기 어려운 우리나라 명세서 작성 실무의 현실을 고려하면 더욱 그러하다.

### 3. 일반 청구항 전제부 기재 구성요소의 공지 여부

미국, 유럽 등의 사례와 통일되게, 청구항 전제부의 기재사항은 공지기술인 것으로 추정되어야 한다.[74] 이러한 방식은 발명의 상세한 설명에서 종래기술이라고 기재한 사항과 관련하여 동 종래기술을 공지 선행기술이라고 추정하는 법리와 유사하다.[75]

## Ⅵ. 결　　론

전제부에 기재된 사항이 발명의 구성요소로 해석되는지 여부에 대하여는 우리나라를 포함하여 많은 나라에서 이견이나 오해가 해소되지 않고 있고, 나아가,

74) 조현래, 앞의 논문, 98-99면("결론적으로 젭슨 청구항의 전제부에 기재된 구성요소가 공지기술인지의 여부의 판단은 대상판결에서 판시한 바와 같이 구체적 사실의 존부에 대한 사실관계의 문제라고 할 수 있어 실제적인 사실관계를 바탕으로 하여 결정하는 것이 궁극적이라 할 것이다. 그러나 앞서 살펴본 바와 같이 젭슨 청구항의 역사적 도입 취지, 심사관의 젭슨 청구항에 대한 심사실무, 특허출원인의 젭슨 청구항의 작성의도 등을 고려한다면 젭슨 청구항의 전제부의 구성요소가 공지기술임을 추정하고 전제부에 동일 발명자의 공개되지 않은 발명이 기재되었다거나 아니면 신규성을 상실하지 않았다는 것을 입증하는 등 특별한 사정이 있거나 별도의 반증이 있으면 이 추정을 번복하는 식으로 해석하는 것이 젭슨 청구항의 효율적인 해석을 통한 특허제도의 원활한 운영의 도모 등에 비추어 타당할 것이라도 생각된다.").

75) 대법원 2005. 12. 23. 선고 2004후2031 판결("실용신안등록출원서에 첨부한 명세서에 종래기술을 기재하는 경우에는 출원된 고안의 출원 이전에 그 기술분야에서 알려진 기술에 비하여 출원된 고안이 신규성과 진보성이 있음을 나타내기 위한 것이라고 할 것이어서, 그 종래기술은 특별한 사정이 없는 한 출원된 고안의 신규성 또는 진보성이 부정되는지 여부를 판단함에 있어서 같은 법 제5조 제1항 각 호에 열거한 고안들 중 하나로 보아야 할 것이다.").

전제부에 기재된 사항을 공지요소로 인정할 것인지 여부에 대하여도 그러하다. 그러므로 출원인은 청구항을 작성함에 있어서 전제부에의 기재를 최소화 하여야 한다. 동 전제부에 기재된 사항이 공지된 것으로 추정될 경우를 피하여야 하는 것이다. 미국에서는 이러한 실무가 정착되어 있는 것으로 보인다. 실제로 전제부에 기재된 사항은 거의 모든 경우 본체부로 이동이 가능하므로,[76] 전제부 기재를 최소화 한 청구항의 작성이 어려운 것도 아니다.

76) 모든 구성요소를 본체부로 옮겨서 청구항을 작성한 사례: Ex parte Harris, 2009 WL 86719, at 1 (B.P.A.I. 2009) ("A method comprising: conducting an auction over a network by accepting bids for items, and establishing a highest bid for an item as being a winning bid; and treating a bid received within a predetermined period of time before an end time of an auction less favorably than bids received prior to said predetermined period.").

제 3 장

# 선행기술 특정

제 1 절 선행기술의 정의 및 예외제도
제 2 절 명세서 중 기재된 종래기술의 선행기술 여부
제 3 절 진보성 판단을 위한 유사분야 선행기술
제 4 절 간행물의 반포시기
제 5 절 선행기술과 발명의 차이 특정: 청구항 차트

## 제1절 선행기술(prior art)의 정의 및 예외제도

### 1. 문제의 제기

발명의 신규성, 진보성 판단을 위하여 선행기술이 대비된다. 그러므로 심사관은 발명의 신규성, 진보성 판단을 하기 전에 먼저 '선행기술'이 무엇인지에 대하여 명확하게 이해할 필요가 있다. 그런데, 선행기술과 관련하여, 공지기술, 인용기술, 종래기술 등의 용어도 사용되고 있다. 그러므로 선행기술의 의미에 대하여 정확하게 이해하기 위해서는 선행기술이 공지기술, 인용기술, 종래기술 등과 어떻게 다른 것인지에 대하여 정확하게 이해할 필요가 있다. 이 절에서는 선행기술의 의미를 먼저 살펴보고, 나아가 공지기술, 인용기술, 종래기술 등과 선행기술이 어떻게 다른지에 대하여 살펴보고,[1] 또, 선행기술의 정의와 무관하게 선행기술이 아닌데도 선행기술로 활용하는 경우와 선행기술인데도 선행기술로 활용하지 못하는 경우에 대하여 알아본다.

### 2. 특허법 제29조 제1항 규정

발명이 신규성을 구비하였다는 것은 그 발명이 특허법 제29조 제1항 각 호의 어느 하나에 규정된 기술과 (실질적으로) 동일하지 않다는 것을 의미하고, 발명이 진보성을 구비하였다는 것은 해당 기술분야의 통상의 기술자가 그러한 기술로부터 그 발명을 용이하게 도출할 수 없다는 것을 의미한다.[2] 그런데 특허법 제29조 제1항 각 호는 선행기술을 제한적으로 열거하고 있고, 그 중 제1호는 공연히 알려진(publicly known) 기술 또는 공연히 실시된(publicly used) 기술을, 제2호는 간행물에 게재된 기술 또는 전기통신회선을 통하여 공중이[3] 이용 가능하게

---

1) 이러한 용어와 유사한 용어로 '인용기술'이 있는데 인용기술은 심사관이 거절이유의 근거로 '인용'하는 기술이라고 정의할 수 있다.

2) 임병웅, 「이지 특허법」 제6판, 한빛지적소유권센터, 2007, 180면; 황종환, 「특허법(실용신안법)」 개정 9판, 한빛지적소유권센터, 2004, 241면; 박희섭·김원오, 「특허법원론」 제2판, 세창출판사, 2005, 176면; 송영식 외, 「지적소유권법(상)」, 육법사, 2005, 238－239면.

3) 공중(公衆, the public)을 다른 말로 '불특정다수인'이라고 표현하기도 하나 정확하지 않은 표현이다. 불특정한 소수인에게만 이용 가능하게 되어도 공지된 것이기 때문에 '불특정인'이라고 표

된 기술을 규정하고 있다.[4] 여기에서 공연히 알려진 기술을 우리 법은 '공지기술'이라고 부른다.[5] 법 제30조의 제목은 "공지 등이 되지 아니한 발명으로 보는 경우"인데 여기서의 '공지'는 협의의 의미로 사용된 것이다. 만약 그 '공지'가 광의의 의미로 사용되었다면 '등'이라는 용어가 필요가 없었을 것이다. 그런 견지에서는 우리 법은 '공지'라는 단어를 협의의 의미로 사용하고 있다고 볼 수 있다. 한편, 실무에서는 특허법 제29조 제1항 각 호가 규정하는 기술을 총칭하여 공지기술이라고 부르는 경우도 많다.[6] 그렇다면 공지기술은 (협의의) 공연히 알려진 기술과 (광의의) 모든 공지된 기술의 두 경우로 사용됨을 알 수 있다.[7]

현재 혼용해서 사용되고 있는 협의의 공지기술과 광의의 공지기술을 구분하기 위하여 광의의 공지기술을 그대로 공지기술이라고 표현하고 그 공지기술 중 공연히 알려진 기술은 인지공지기술, 공연히 실시된 기술은 실시공지기술, 간행물 또는 전기통신회선을 통해 공중이 이용 가능하게 된 기술을 문헌공지기술이라고 표현하는 것도 가능하다. 그런 견지에서는 "(광의의) 공지기술은[8] 인지공지기술, 실시공지기술, 문헌공지기술을 총칭하는 것"이라고 말할 수 있다. 참고로, 일본의 경우 간행물 또는 전기통신회선을 통해 공중이 이용 가능하게 된 발명을 문헌공지발명이라고 칭하고 있다.[9]

---

현하는 것이 맞다. 같은 의견은 심준보, "공지·공연실시·간행물공지의 의의", 특허법원 2006년도 제4차 지적재산소송실무연구회 발표(2006. 7. 3.) 자료(특허법원 홈페이지 연구회 자료실) 4면 참고("한편, 판례는 '불특정다수인'이란 표현을 사용하고 있는데, 불특정의 '다수인'이 인식하여야 하는 것처럼 이해되기도 하여 오해의 소지가 있으므로 '불특정인' 정도로 표현하는 것이 타당할 것이다. 실제로 대법원 판례의 구체적인 사안에서도 '불특정인'임을 요구할 뿐 특별히 '다수인'이 알 수 있었음을 요구하는 경우는 없다.").

4) 제29조(특허요건) ① 산업상 이용할 수 있는 발명으로서 다음 각 호의 어느 하나에 해당하는 것을 제외하고는 그 발명에 대하여 특허를 받을 수 있다.
 1. 특허출원전에 국내 또는 국외에서 공지되었거나 공연히 실시된 발명
 2. 특허출원전에 국내 또는 국외에서 반포된 간행물에 게재되거나 전기통신회선을 통하여 공중이 이용가능하게 된 발명

5) "특허출원전에 국내 또는 국외에서 공지되었거나 공연히 실시된 발명."

6) 예를 들어, 공지기술이 공연히 알려진 기술로 칭해진 경우로는 대법원 1997. 11. 28. 선고 97후266 판결 등이 있고 공지기술이 특허법 제29조 제1항 각 호가 규정하는 발명으로 칭해진 경우로는 대법원 2006. 5. 25. 선고 2005도4341 판결 등이 있다. 특히, '공지예외 제도'라는 표현은 광의의 공지기술로 사용된 예이다.

7) 공지를 협의의 공지와 광의의 공지로 구분하여 제시한 사례로는 심준보, 앞의 논문, 1면 참고.

8) '발명'과 '기술'은 다른 것이나 우리 특허법 제29조에서 발명이라는 용어를 사용하고 있으므로 이 절에서는 때로는 공지발명, 때로는 공지기술이라고 칭한다.

9) 일본 특허법 제36조 제4항 제2호.

### 3. 실무상 '선행기술' 사용례

특허청은 심사관의 선행기술검색 업무의 부담을 덜어주기 위하여 선행기술조사전문기관을 지정하여 동 기관이 검색한 선행기술을 심사관이 활용할 수 있도록 하고 있다. 또, 특허청 홈페이지에 등재되어 있는 2005년 1월 3일자 "선행기술기재유도"라는 문서에 의하면 심사관의 심사부담을 줄이기 위하여 출원인이 출원 전에 선행기술조사를 충실히 하도록 유도할 필요가 있다고 설명하고 있다. 이러한 용례에 의하면 선행기술이라는 용어는 심사관의 심사업무와 연관이 있는 것으로 생각된다. 나아가, 특허심사지침서에 의하면, 심사관이 선출원주의(특허법 제36조)나 확대된 선출원주의(특허법 제29조 제3항)를 판단하는 경우에도 당해 특허출원 전에 출원된 선출원의 명세서에 기재된 모든 정보(제36조와 관련하여서는 선출원의 특허청구범위에 기재된 정보)가 선행기술이 된다고 한다.[10)]

이와 유사한 논지를 피력한 미국 연방대법원 판례도 있다. *Hazeltine*[11)] 사건에서 미국 연방대법원은 출원일 전에 출원되었으나 아직 공중에게 공개되지 않은 타 출원이 미국 특허법 제102(e)조 규정에 근거하여 선행기술(prior art)에 포함된다고 판단하였다. 미국의 경우, 특허법 제102조에서 규정된 모든 기술을 선행기술이라고 보고 있으며[12)] 동 102조는 우리 특허법 제29조 제3항, 4항 및 제36조의 사항을 포괄하고 있는 것이다.

### 4. 국제조약에서의 선행기술(prior art)의 정의

유럽특허조약(EPC) 제54조 제2항은 "선행기술(state of the art)이 유럽특허출원의 출원일 전에 서면, 구두, 사용 등의 형태로 공중이 이용할 수 있는(available) 모든 것"이라고 규정한다.[13)] 그 규정에 의하면 인지공지, 실시공지, 문헌공지 등

---

10) 특허청 발행 특허심사지침서(5209면)에 의하면, "선행기술의 조사는 원칙적으로 당해 출원의 출원일(우선권주장을 수반하는 출원의 경우에는 우선일) 전 선행기술에 대하여 이루어져야 한다. 그러나, 특별한 경우에는 출원일 이후에 반포된 선행기술에 대해서도 선행기술조사를 하여야 한다"고 한다. 따라서 선행기술의 범위는 ① 특허법 제29조 제1항의 규정에 의한 선행기술뿐만 아니라, ② 특허법 제29조 제3항 또는 제4항과 관련하여 당해 출원의 출원일 전에 출원되고 당해 출원 후에 공개 또는 공고된 출원 및 ③ 특허법 제36조와 관련한 선출원 또는 같은 날 출원을 포함한다.

11) Hazeltine Research, Inc. v. Brenner, 382 U.S. 252 (1965).

12) 60 Am. Jur. 2d Patents § 184.

13) EPC Art. 54(2) ("The state of the art shall be held to comprise everything made available to

을 포괄하는 개념이 선행기술인 것이다.[14] 나아가, 동 조 제3항은 우리의 제29조 제3항에 상응하는 것으로서, 해당 출원의 출원일보다 먼저 출원되고 그 출원일 이후에 공개된 출원의 내용도 선행기술을 구성하는 것으로 간주한다.[15]

세계지식재산권기구(WIPO)에서 논의 중인 특허실체법조약(SPLT, Substantive Patent Law Treaty) 초안 제8조 제1항은 "선행기술(prior art)은 청구발명의 우선일 전에 세계 어디에서든 어떤 형태로든 공중이 이용할 수 있는 모든 정보로 구성된다"고 규정한다.[16][17] 나아가 동조 제2항(Prior Art Effect of Certain Applications)은 아직 공개되지는 않았지만 우선일 전에 출원되고 그 후에 공개된 선출원도 선행기술의 '효과'를 가진다고 규정하고 있다.

확대된 선출원과 관련하여 유럽특허조약은 동 선출원의 내용을 선행기술로 '간주'하고 특허실체법조약 초안은 동 선출원의 내용이 선행기술의 '효과'를 가진다고 규정한다. 이와 관련하여 확대된 선출원의 내용을 선행기술로 볼 것인지 아니면 선행기술이 아닌데도 불구하고 예외적으로 선행기술로 취급할 것인지에 대하여 이견이 있을 수 있다. 그러한 이견은 아래 표와 같이 정리되고, 필자는 그 해석방안 둘 중 후자가 다음과 같은 이유로 더 적합하다고 판단된다. 첫째, 인용기술이라는 용어가 많이 사용되고 있는데 그 용어의 존재에 의미를 부여할 필요가 있다. 둘째, '효과'를 부여한다는 표현과 '간주'한다는 표현은 그 대상이 선행기술이 아님을 전제로 그럼에도 불구하고 선행기술로 처리하겠다는 것으로 해석

---

the public by means of a written or oral description, by use, or in any other way, before the date of filing of the European patent application.").

14) 독일의 선행기술 정의도 유사하다. 독일 특허법 제3조 1항 후단("해당 발명의 특허출원일 전에 문서 혹은 구두에 의한 묘사나 이용자들에 의한 사용 및 그 밖의 방법으로 일반 공중이 접근 가능하도록 된 모든 지식을 포함하는 것").

15) EPC Art. 54(3) ("Additionally, the content of European patent applications as filed, the dates of filing of which are prior to the date referred to in paragraph 2 and which were published on or after that date, shall be considered as comprised in the state of the art.").

16) WIPO 특허법상설위원회(SCP) 제10차 회의를 위한 WIPO 문서(SCP/10/4) SPLT Draft Article 8(1) The prior art with respect to a claimed invention shall consist of all information which has been made available to the public anywhere in the world in any form[, as prescribed in the Regulations,] before the priority date of the claimed invention. 〈http://www.wipo.int/meetings/en/details.jsp?meeting_id=5084〉.

17) 위키피디아 정의도 위 정의와 유사하다. 위키피디아("Prior art (also known as or state of the art, which also has other meanings) in most systems of patent law constitutes all information that has been made available to the public in any form before a given date that might be relevant to a patent's claims of originality."). 〈http://en.wikipedia.org/wiki/Prior_art〉.

되어야 한다. 셋째, 우리 법 제30조의 제목이 '공지'라는 용어를 협의의 의미로 사용한다. 넷째, 외국에서 사용하고 있는 용어인 prior art가 우리 법 제29조 제1항의 사항 모두를 포괄하는 의미로 사용되고 있고 많은 경우 prior art를 이미 선행기술로 번역하고 있는 현실을 인정하여야 한다.

[표] 선행기술 정의 방안

| 구 분 | 해석방안A | 해석방안B |
|---|---|---|
| 공지기술 | 제29조 제1항 각 호 사항 총칭 | 협의와 광의의 의미를 혼용<br>'공개' 여부를 쟁점으로 하는 경우 주로 사용 |
| 선행기술 | 공지기술 중 심사관이 인용할 수 있는 기술<br>(제29조 제3항 사항 포함)<br>(제30조 사항 불포함) | 제29조 제1항 각 호 사항 총칭<br>'심사'와 관련하여 주로 사용<br>(제29조 제3항 사항 불포함)<br>(제30조 사항 포함) |
| 인용기술 | 별도 해석이 불필요함 | 심사관이 인용하는 기술<br>(제29조 제3항 사항 포함)<br>(제30조 사항 불포함) |

## 5. 선행기술 예외제도

위 해석방안B에 의하면 제29조 제1항의 사항은 모두 선행기술이 된다. 그런데 선행기술인데도 불구하고 심사관이 인용할 수 없는 경우도 있고 선행기술이 아닌데도 불구하고 인용기술이 될 수 있는 경우도 있다. 그러한 경우를 다루는 제도를 총칭하여 '선행기술 예외제도'라고 부를 수 있을 것이다. 선행기술 예외제도는 다음과 같이 정리될 수 있다.

[표] 선행기술 예외제도의 종류

| 예외의 종류 | 제 목 | 설 명 |
|---|---|---|
| 선행기술<br>의제제도<br>(선행기술의 정의에 부합하지 않으나 인용기술이 되는 경우) | 확대된<br>선출원[18] | 해당 출원의 출원일 후에 공개되었으므로 선행기술의 정의에는 부합하지 못하나 예외적으로 선행기술의 '효과'를 부여하는 제도 |
| | 명세서 상<br>종래기술 | 출원인이 종래기술이라고 기재하였을 뿐 선행기술인지 여부에 대하여 밝혀지지 않았으나 심사관이 선행기술로 인용할 수 있는 경우 |

| | | |
|---|---|---|
| | 청구항 전제부 | 청구항 전제부에 기재된 구성요소를 선행기술로 인정하는 견해 있음 |
| | 모인정보 | 모인정보를 바탕으로 개량된 출원발명에 대하여, 모인정보가 선행기술의 정의에 부합하지 못하나 선행기술로 인용되는 경우 |
| 선행기술 제외제도 (선행기술의 정의에 부합하나 인용기술이 되지 못하는 경우) | 본인공개 예외제도 | 본인의 공개에 의하여 특허받지 못하는 상황을 구제하기 위한 특허법 제30조 규정의 제도 |
| | 비유사분야 선행기술 | 선행기술의 정의에는 부합하나,<br>출원발명의 기술분야와 선행기술의 기술분야가 유사하지 않다는 이유로 '진보성' 판단 시 인용되지 못하는 선행기술 |

특허법은 선행기술의 정의에 부합하지 않아서 선행기술이 아닌 정보를 선행기술로 간주하거나 선행기술의 효과를 부여하기도 한다. 그러한 경우 중 가장 대표적인 것이 제29조 제3항이 규정하는 소위 '확대된 선출원' 제도이다. 또, 출원인이 명세서에서 종래기술로 설명한 정보가 선행기술의 정의에 부합하는지 여부와 상관없이 심사관은 일단 선행기술로 인용할 수 있다고 볼 수 있다. 이에 관하여는 제2절에서 "명세서 중 종래기술의 선행기술 채택 여부"라는 제목으로 소개한다. 나아가, 청구항의 전제부에 기재된 사항을 공지기술로 보는 견해가 있다. 이에 관하여는 제2장 제3절에서 "청구항 전제부의 해석"이라는 제목으로 다루고 있다. 모인정보를 바탕으로 변경된 특허출원의 심사에 있어서 출원발명이 모인정보와 동일한 경우에는 모인출원임을 근거로 해당 출원에 대하여 거절결정을 하면 되지만, 출원발명이 모인정보와 동일하지 않는 경우에는 모인정보를 선행기술로 활용할 수 있는 것인지 여부가 문제가 된다. 미국에서는 그 모인정보를 선행기술로 활용할 수 있다는 법리가 정립되어 있는데, 우리나라에서는 아직 그에 관한 논의가 없는 실정이다. 이에 관하여는 제6장 제3절에서 "모인정보를 변경한 발명의 진보성 및 공동발명 판단"이라는 제목으로 소개한다.

다른 한편, 선행기술의 정의에 부합하는데도 불구하고 해당 정보를 심사

18) 제36조는 해당 출원의 발명과 그 출원일 전에 먼저 출원된 출원의 발명이 동일한 경우 후출원에 대하여는 특허를 허여하지 않는다는 소위 선출원 제도를 규정한다. 동 제도는 선출원의 청구항에 기재된 사항에 선행기술의 효과를 부여하는 것이라기보다는 같은 발명에 대하여 두 개의 특허가 형성되는 것을 방지하기 위하여 두 발명을 비교하는 것으로 보아야 한다.

관이 인용할 수 없는 경우도 있다. 그 중 대표적인 것이 제30조가 규정하는 '본인공개예외제도'이다. 어떤 기술이 선행기술의 정의에 부합하는데도 불구하고 그 기술의 분야가 출원발명의 기술분야와 같거나 유사하지 않는 경우 그 기술을 출원발명의 진보성 판단에 사용하기가 곤란하다. 이에 관하여는 제3장 제3절에서 "유사기술분야 선행기술(analogous prior art)"이라는 제목으로 소개하고자 한다.

제36조가 규정하는 선출원 제도에서 선출원에 포함된 정보는 선행기술의 요건을 충족하지는 못한다. 그런데 그 정보는 후출원의 특허요건을 부인하는 증거로 사용이 된다. 그 경우 그 정보가 대상 발명의 신규성 판단을 위한 선행기술 또는 인용기술로 사용되었다고 볼 수도 있고 단지 양 발명이 동일하여 후출원의 발명에 대하여는 특허를 거절할 뿐이라고 볼 수도 있을 것이다.

제34조, 제35조가 규정하는 모인출원 제도에 있어서 무권리자 출원이 출원 후 공개된 경우 그 공개된 정보는 일반적으로는 선행기술을 형성한다. 그런데 그 공개된 정보가 정당한 권리자가 한 출원에 대하여 선행기술을 형성하는지 여부가 문제가 된다. 그 경우, 정당한 권리자의 출원은 무권리자 출원의 출원일로 소급되므로 무권리자 출원의 출원 후 공개는 적어도 정당한 권리자의 출원에 대하여는 선행기술이 되지 못한다. 정당한 권리자 출원의 출원일(=무권리자 출원의 출원일) 후에 공개가 되었기 때문이다.

### 6. 결　론

공지기술은 두 가지 의미로 사용된다. 협의의 공지기술은 특허법 제29조 제1항 제1호 중 공연히 알려진 기술을 의미하고, 광의의 공지기술은 동조 동항이 규정하는 협의의 공지기술, 공연히 실시된 기술 및 문헌공지기술(전기통신회선 포함)을 총칭한다. 그 공지가 출원(일)(우선일) 전에 이루어진 경우 그러한 기술은 해당 발명의 신규성, 진보성 판단을 위한 선행기술이 될 수 있다. 그런 견지에서 "선행기술은 출원일(우선일) 전에 어디서든지 어떤 형태로든지 공중이 이용할 수 있었던 정보"라고 정의되어야 한다.

우리 특허법은 다양한 선행기술 예외제도를 두고 있다. 즉, 선행기술의 정의에 부합하지 않는데도 불구하고 심사관이 신규성, 진보성 판단을 위하여 인용할 수 있는 경우도 있고 반대로 선행기술의 정의에 부합하는데도 불구하고 인용할 수 없는 경우도 있다. 이 글에서는 다양한 선행기술 예외제도를 소개하는 데에 만족하고 그 제도 하나하나에 대하여는 다른 절에서 구체적으로 검토한다.

# 제2절 명세서 중 기재된 종래기술의 선행기술 여부*

## Ⅰ. 서 론

하늘 아래 완전히 새로운 것은 아무 것도 없다.[1] 그런 견지에서 발명은 지금까지 존재하지 않아 왔던 완전히 새로운 것을 만들어내는 작업이 아니라 기존에 존재하던 기술을 기초로 그 기술이 안고 있는 문제점을 해결하는 새로운 방안을 제시하는 작업이라고 할 수 있다. 그래서 특허출원서에 첨부되는 명세서에서 출원인은 기존의 기술을 설명하고 본인의 출원발명이 그 기존 기술에 비하여 어떠한 점이 다르고 어떠한 기술적 진보를 시현하였는지를 강변하게 된다. 그러한 기술적 차이 및 진보를 특허법은 신규성(novelty) 및 진보성(inventive step)이라는 개념으로 정리하여 규정하고 있는 것이며, 법의 규정에 의하여 심사관은 해당 출원발명의 신규성 및 진보성을 심사하게 된다. 심사관의 신규성 및 진보성 판단에 있어서의 핵심 작업은 ① 해당 출원발명의 내용을 이해하고, ② 해당 출원의 출원(일)(우선권 주장이 있는 경우 우선일) 전에 공중이 이용할 수 있는 선행기술을 검색하고, ③ 검색된 가장 유사한 선행기술과 출원발명을 비교하는 것이다.[2] 그러므로 어떠한 기술이 선행기술로 채택 가능한지 여부는 심사에 있어서 매우 중요한 쟁점이 된다.

선행기술은 일반적으로는 심사관(또는 선행기술조사전문기관)이 검색하나, 출원인이 스스로 어떤 기술이 선행기술(또는 종래기술)이라고 제시하기도 한다. 즉,

---

* 이 절은 정차호·윤기승, "특허출원인이 종래기술로 기재한 내용의 선행기술로의 채택 가능 여부", 「인권과 정의」 통권 제382호, 대한변호사협회, 2008년 5월호에 게재된 것을 수정, 보완한 것이다.

1) "There is nothing new under the sun." (솔로몬 왕) (구약성서 전도서 1 : 9).

2) 미국의 경우, 진보성(비자명성) 판단을 위하여 ① 선행기술의 범위 및 내용(the scope and content of the prior art), ② 선행기술과 청구발명의 차이(the difference between the prior art and the claimed invention) 및 ③ 청구발명이 속하는 기술에서의 보통 기술의 수준(the level of ordinary skill in the art)을 검토한다고 하며 약간 달리 표현하고 있다. Graham v. John Deere Co., 383 U.S. 1, 17-18 (1966).

출원인은 명세서 내 발명의 상세한 설명란에 배경기술을 기재하여야 하며[3] 그 배경기술에 발명의 이해, 선행기술의 조사 및 심사에 유용하다고 생각되는 종래의 기술을 기재하고, 나아가 출원인이 종래기술의 문헌정보를 알고 있는 때에는 이를 함께 기재하여야 한다.[4] 발명의 상세한 설명에 기재된 종래기술은 국내외 특허자료, 간행물 등 출처가 분명한 자료를 인용한 것과 출처에 대한 명확한 근거가 없는 것으로 구분된다.[5] 그 중 전자는 당연히 특허법 제29조 제1항 각 호가 규정하는 공지기술이 되고 신규성 또는 진보성 판단에 사용될 수 있다. 출처를 밝힐 수 없는 후자의 경우는 어떠한가? 다시 말해, 출원인이 명세서에서 어떤 기술이 기존에 존재하던 종래기술이라고 설명한 경우 심사관은 그 설명이 진실인지 여부를 확인할 필요 없이 그 종래기술을 선행기술로 채택할 수 있는지 아니면 출원인의 설명(자인)에도 불구하고 특허법적으로 선행기술의 지위를 가지는지 여부를 심사관이 따로 확인하여야 하는가? 이 질문에 대하여 대법원과 특허심판원이 상반된 결론을 내고 있다. 대법원은 결과적으로 자백의 원리를 적용하여 특별한 사정이 없는 한 그러한 종래기술을 선행기술로 채택할 수 있다는 판결을 제시하고,[6] 동 판결에 대하여 특허심판원은 선행기술의 정의에 충실하여 그러한 종래기술을 선행기술로 채택하는 것이 바람직하지 않으므로 대법원 판결에 따를 수 없다는 결정을 하고 있다.[7]

이 절은 대법원과 특허심판원이 위 상반된 결론에 도달하기 위하여 각각 채용한 논리를 분석하여 보고 향후 그러한 종래기술을 선행기술로 채택하는 것이 바람직한지 또 좀 더 합리적인 법 개정안이 있는지에 대하여 연구하고자 한다. 그러한 연구를 위하여 먼저 ① 재판상 자백 및 증명책임의 법리에 대하여 살펴보고, ② 특허법에서 사용되는 관련 용어인, 선행기술, 종래기술, 공지기술 등의

3) 구 심사지침서에 의하면, 발명의 상세한 설명에는 발명의 목적, 구성 및 효과를 기재하도록 되어 있고, 발명의 목적란에 종래기술 및 그 출처를 기재하도록 되어 있다.

4) 2006년 특허청 제어기계심사팀에서 심사되고 있는 특허출원 명세서 중 종래기술의 기재 실태를 무작위로 표본 추출하여 조사해 본 결과, 내국인 출원의 경우 조사대상 50건 중 종래기술을 기재하지 않은 출원은 5건, 종래기술을 기재하였지만 그 출처를 기재하지 않은 출원은 43건, 종래기술을 기재하고 그 출처를 기재한 출원은 2건이었으며, 외국인 출원의 경우 조사대상 20건 중 종래기술을 기재하지 않은 출원은 없고, 종래기술을 기재하였지만 그 출처를 기재하지 않은 출원은 7건, 종래기술의 출처를 기재한 출원은 13건으로 나타났다. 특허청 이상철(당시 제어기계심사팀장) 조사자료.

5) 전기억, "출원서상 종래기술에 대하여", 「지식재산21」, 특허청, 1999, 62면.

6) 대법원 2005. 12. 23. 선고 2004후2031 판결.

7) 특허심판원 문서번호: 심판행정팀－1082호 (2006. 5. 15.).

정의에 대하여 살펴보고, ③ 다음으로 미국, 유럽, 일본에서 동 쟁점을 처리한 사례를 조사한다. 그러한 연구를 바탕으로 대법원 또는 특허심판원의 결론 중 어떤 것이 더 합당한지에 대하여 분석하고, 나아가 출원인이 발명의 상세한 설명에서 종래기술이라고 언급한 내용을 현행 법에서 선행기술로 채택할 수 있는지 여부를 판단하고 파악된 문제점을 해결하기 위한 법 개정안을 제안하고자 한다.

## Ⅱ. 명세서 중 종래기술, 배경기술 기재

### 1. 구특허법에서의 종래기술

구특허법(2007. 7. 1. 시행 전) 제42조 제3항은 "발명의 상세한 설명에는 그 발명이 속하는 기술분야에서 통상의 지식을 가진 자가 용이하게 실시할 수 있을 정도로 그 발명의 목적·구성 및 효과를 기재하여야 한다"고 규정하고 있고, 특허법 시행규칙 제21조 제2항은 "명세서는 별지 제11호 서식에 의한다"고 규정하고 있다. 또한 별지 제11호 서식의【발명(고안)의 상세한 설명】란에는 발명의 목적, 구성 및 효과가 기재되고, 발명의 목적에는 ① 종래기술의 문헌 정보, ② 발명이 속하는 기술분야 및 그 분야의 종래기술 및 ③ 발명이 이루고자 하는 기술적 과제가 기재되도록 하고 있다. 즉, 구특허법은 해당 출원발명의 기초가 되는 기술인 종래기술을 기재하고 그 종래기술과 비교하여 해당 출원발명의 목적, 구성 및 효과의 차이를 설명하도록 하는 것이다. 그에 따라, 출원인은 종래기술의 내용을 구체적으로 기재하여야 하며, 문헌이 있는 경우에는 '원칙적으로' 문헌명도 함께 기재하여야 하고 종래기술이 전혀 없는 새로운 발명에 대해서는 그 취지를 기재함으로써 종래기술의 기재를 대신 할 수 있다.[8] 심사지침서는 종래기술의 기재는 출원인의 필수적 기재사항으로, 그 문헌명의 기재는 출원인의 임의적 기재사항으로 설명하고 있다. 따라서 심사실무는 발명이 속하는 기술분야 및 그 분야의 종래기술이 기재되어 있지 않거나 불명료한 경우에는 발명의 상세한 설명의 기재불비 위반으로 거절이유로 처리하고, 착오로 등록된 경우 무효사유로 처리한다.[9]

---

8) 특허청, 「특허·실용신안 심사지침서」, 2007, 4111－4112면.

9) 상동, 4115－4116면.

## 2. 2007년 이후 특허법

개정 특허법(2007. 7. 1. 시행) 제42조 제3항은 “발명의 상세한 설명은 산업자원부령이 정하는 기재방법에 따라 명확하고 상세하게 기재하여야 한다”고 규정하고 있고, 특허법 시행규칙 제21조 제2항은 “발명의 상세한 설명은 별지 제15호 서식에 따른다”고 규정하고 있다. 또한 별지 제15호 서식의 【명세서】서식에 의하면, 발명의 상세한 설명에는 【기술분야】, 【배경기술】, 【발명(고안)의 내용】, 【발명(고안)의 실시를 위한 구체적인 내용】 및 【산업상 이용가능성】이 기재되도록 하고 있다. 개정 특허심사지침서에 의하면, 배경기술에는 발명의 이해, 선행기술의 조사 및 심사에 유용하다고 생각되는 종래의 기술이 기재되고, 출원인이 종래기술의 문헌정보를 알고 있는 때에는 이도 함께 기재되도록 한다.[10] 즉, 심사지침서는 종래기술의 기재와 그 문헌정보 기재를 다 같이 출원인의 필수적 기재사항으로 하고 있다. 그러나 구 심사지침서와 달리, 개정 심사지침서는 종래기술 또는 문헌정보가 기재되어 있지 않은 경우 이를 발명의 상세한 설명의 기재불비라고 하고 있지 않다.[11]

## 3. 종래기술과 배경기술의 비교

요약하면, 구특허법은 종래기술을 기재하도록 강제하고 있고 개정 특허법은 배경기술을 기재하되 배경기술에 종래기술 등을 기재하도록 강제하고 있어서 출원인이 발명의 상세한 설명에서 종래기술을 기재하여야 한다는 점에서는 동일하다. 다만, 구특허법에서는 종래기술이라는 용어가 서식에 삽입되었으나 개정 특허법에서는 종래기술이라는 용어는 심사지침서에만 나타나고 서식에는 배경기술이라는 용어만 나타나는 점이 다르다. 결국, 개정 특허법에서 사용하는 배경기술

---

10) 상동, 4110－4113면.

11) 특허법 제42조 제3항은 “제2항 제3호의 규정에 따른 발명의 상세한 설명에는 그 발명이 속하는 기술분야에서 통상의 지식을 가진 자가 그 발명을 쉽게 실시할 수 있도록 산업자원부령이 정하는 기재방법에 따라 명확하고 상세하게 기재하여야 한다”라고 개정되어, “발명의 상세한 설명”의 기재요건이 완화되었다. 그러나 발명의 상세한 설명은 산업자원부령이 정하는 기재방법에 의하고, 산업자원부령이 정하는 기재방법은 특허법 시행규칙 제21조에서 규정하고 있다. 또한 특허법 시행규칙 제21조 제2항은 기재방법은 별지 제15호 서식에 따른다고 하고 있다. 이러한 법 구조상 별지 제15호 서식에 있는 배경기술에 종래기술을 기재하지 않은 경우 그 특허출원은 거절이유에 해당되고, 착오 등록시 그 특허권은 무효사유에 해당된다는 주장도 (심사지침서의 침묵에도 불구하고) 가능하겠다.

이라는 용어를 종래기술과 동의어로 보아도 무방하다고 생각된다. 그렇다면 종래기술에는 어떠한 내용이 기재되는가?

### 4. 종래기술의 종류

출원인이 명세서에 기재할 수 있는 종래기술의 종류는 선행기술, 출원인의 선출원에 기재된 내용이나 아직 공개되지 않은 기술(선행출원기술), 및 출원인만이 알고 있으면서 아직 외부에 알려지지 않은 기술(내부기술) 등이 있을 것이다. 즉, 출원인만이 알고 있으면서 아직 외부에 알려지지 않은 기술인 내부기술은 선행기술의 정의에 부합하지 않는 것이다. 그러한 내부기술의 존재를 고려하면 출원인이 종래기술이라고 기재하였다고 하여 동 종래기술이 무조건 선행기술이라고 자인 또는 자백한 것으로 볼 수는 없는 것이다. 출원인이 종래기술의 출처를 명확히 밝힌 경우를 제외하고는 동 종래기술은 내부기술일 가능성이 있으므로 동 종래기술을 무조건 선행기술로 인용할 수는 없는 것이다.

### 5. 일본 사례

일본은 발명의 상세한 설명의 기재방법과 관련하여, 平成 6년(1994년) 개정 특허법(平成 7년 7월 시행) 이전에는 우리 구특허법(2007. 1. 3. 법 제8197호로 개정되기 전의 것)과 마찬가지로 발명의 상세한 설명은 당업자가 용이하게 실시할 수 있을 정도로 그 발명의 목적, 구성 및 효과를 기재하도록 규정되어 있었다. 그러나 平成 6년 개정 특허법은 현재 우리의 특허법과 마찬가지로 발명의 상세한 설명에 통상산업성령이 정하는 바에 따라 당업자가 명확하고 충분하게 기재하도록 규정하고 있다.[12] 이러한 특허법 개정은 명세서 기재요건이 기술 다양화에 대응할 필요가 있다는 점과 국제적인 통일화의 필요가 있다는 점에 의해 이루어졌다.[13] 또한 平成 12년에는 일본 특허법 제36조 제4항에 제2호를 추가하여 "특허출원된 발명과 관련이 있는 문헌공지발명(제29조 제1항 제3호에 해당하는 발명) 중 특허를 받고자 하는 자가 특허출원 시에 알고 있는 것인 때에는 그 문헌공지발명이[14] 기재된 간행물의 명칭 기타 그 문헌공지발명에 관한 정보의 소재를 기재

12) 현재의 우리 개정 특허법과 유사하다.(中山信弘, 「工業所有權法(上) 特許法」(한일지재권연구회 번역), 법문사, 2001, 183면).

13) 吉藤幸朔, 「特許法 概說」(YOU ME 특허법률사무소 번역), 제13판, 대광서림, 2000, 288−290면.

14) 일본이 2002년 개정법에서 문헌으로 공지발명을 한정한 것은 신규성, 진보성을 부정하는 거절

해야 한다"고 개정하였다.[15] 이러한 요건이 충족되지 못한 경우 심사관은 그 취지를 출원인에게 통지하고 의견서 제출기회를 준다(제48조의7).[16] 이러한 심사관의 통지에도 불구하고 문헌정보 기재요건이 여전히 충족되지 못한 경우 그 특허출원은 거절이유에 해당되지만(제49조 제5호),[17] 착오로 등록된 경우 무효사유에 해당되지는 않는다.[18]

---

이유의 대부분이 문헌공지발명을 증거로 하고 있고, 문헌공지발명에 한하는 편이 출원인의 개시부담이 적을 것이라는 점을 감안한 것이다. (이해영 외, 「미국 특허법·제도 분석 및 시사점」(특허청 정책연구용역 보고서), 2006, 288면).

15) 일본 특허법 第36条(特許出願)
④ 前項第3号の発明の詳細な説明の記載は、次の各号に適合するものでなければならない。
1. 経済産業省令で定めるところにより、その発明の属する技術の分野における通常の知識を有する者がその実施をすることができる程度に明確かつ十分に記載したものであること。
2. その発明に関連する文献公知発明（第29条第1項第3号に掲げる発明をいう。以下この号において同じ。）のうち、特許を受けようとする者が特許出願の時に知つているものがあるときは、その文献公知発明が記載された刊行物の名称その他のその文献公知発明に関する情報の所在を記載したものであること。

16) 일본 특허법 第48条の7(文献公知発明に係る情報の記載についての通知)
審査官は、特許出願が第36条第4項第2号に規定する要件を満たしていないと認めるときは、特許出願人に対し、その旨を通知し、相当の期間を指定して、意見書を提出する機会を与えることができる。

17) 일본 특허법 第49条(拒絶の査定) 審査官は、特許出願が次の各号のいずれかに該当するときは、その特許出願について拒絶をすべき旨の査定をしなければならない。
1. その特許出願の願書に添付した明細書、特許請求の範囲又は図面についてした補正が第17条の2第3項又は第４項に規定する要件を満たしていないとき。
2. その特許出願に係る発明が第25条、第29条、第29条の2、第32条、第38条又は第39条第1項から第4項までの規定により特許をすることができないものであるとき。
3. その特許出願に係る発明が条約の規定により特許をすることができないものであるとき。
4. その特許出願が第36条第4項第1号若しくは第6項又は第37条に規定する要件を満たしていないとき。
5. 前条の規定による通知をした場合であつて、その特許出願が明細書についての補正又は意見書の提出によつてもなお第36条第4項第2号に規定する要件を満たすこととならないとき。
6. その特許出願が外国語書面出願である場合において、当該特許出願の願書に添付した明細書、特許請求の範囲又は図面に記載した事項が外国語書面に記載した事項の範囲内にないとき。
7. その特許出願人が発明者でない場合において、その発明について特許を受ける権利を承継していないとき。

18) 손영화, "특허출원에 있어서 선행기술의 정보개시", 「지식연구」 제3권 1호, 명지대학교 금융지식연구소, 2005, 143면.

## Ⅲ. 재판상 자백 및 증명책임 법리의 특허사건에의 적용

### 1. 민사소송법상 재판상 자백

자백은 민사소송뿐만 아니라 형사소송에서도 존재하지만, 그 의미는 동일하지 않다. 형사소송에서의 자백은 피고인 또는 피의자가 범죄사실의 전부 또는 일부를 인정하는 진술을 의미하는 반면, 민사소송에서의 자백은 소송당사자(원고, 피고)가 자기에게 불리한 사실을 인정하는 진술을 의미한다.[19] 특허법상의 자백은 통상 형사소송보다는 민사소송과 밀접한 관련이 있기 때문에 이하에서는 민사소송법상의 자백 관련 법리를 설명하고 그러한 자백의 법리가 심사, 심판 및 소송단계에서 어떻게 적용되는지의 여부를 구분하여 서술한다.

일반적으로 '자백'이라 함은 소송당사자가 자기에게 불리한 사실을 인정하는 진술을 말한다.[20] 이러한 자백은 변론 또는 변론준비기일에서 소송행위로서 한 것과 재판 외에서 상대방 또는 제3자에 대하여 한 것으로 구분된다. 전자를 재판상 자백, 후자를 재판외 자백이라 한다. 재판상 자백이 성립되기 위해서는, ① 소송당사자가 당해 소송의 변론 등 소송행위로서의 진술을 하여야 하고, 이러한 소송당사자의 진술은 ② 구체적인 사실을 대상으로 하고 또한 ③ 자기에게 불리한 사실상의 진술이며 ④ 상대방의 주장과 일치하는 진술이어야 한다.[21]

또한 재판상 자백은 당사자를 구속하므로, 자백한 당사자는 이를 임의로 취소할 수 없다.[22] 그러나 자백이 진실에 반하는 경우에도 자백한 당사자가 이를

---

19) 법령용어정비사업단, 「2004 한·일 법령용어비교해설집」, 한국법제연구원, 2004, 771면; 김용진, 「실체법을 통하여 본 민사소송법」 제3판, 신영사, 2005, 295면; *Black's Law Dictionary* (8th Edition, 2004, Thomson West) (Admission is "Any statement or assertion made by a party to a case and offered against that party"; Confession is "A criminal suspect's oral or written acknowledgement of guilt, often including details about the crime.").

20) 이시윤, 「신민사소송법」 제3판, 박영사, 2007, 414-417면; 호문혁, 「민사소송법」 제5판, 법문사, 2006, 396면; 김용진, 「실체법을 통하여 본 민사소송법」 제4판, 신영사, 2006, 294면; 전병서, 「개정 민사소송법에 따른 민사소송법 강의」 제4판 보정, 법문사, 2003, 468면.

21) 이시윤, 앞의 책, 413-414면; 호문혁, 앞의 책, 396-400면; 김용진, 앞의 책, 294-298면; 전병서, 앞의 책, 469-474면.

22) 민사소송법 제288조 단서는 "진실에 어긋나는 자백은 그것이 착오로 말미암은 것임을 증명한 때에는 취소할 수 있다"고 규정하여 당사자가 자백을 취소할 수 있도록 규정하고 있다. 그러나 이러한 법률의 규정에도 불구하고 이를 '자백의 취소'라고도 또는 '자백의 철회'라고도 한다. 여기서는 어느 용어가 더 적절한지 여부는 논외로 하고 법률의 규정에 따라 '자백의 취소'로 통일한다.

취소하지 못한다면 착오로 진실에 반하는 자백을 한 당사자에게 너무 가혹하다. 따라서 민사소송법 제288조 단서는 이러한 재판상 자백을 취소하기 위해 자백한 당사자가 ① 그 자백이 진실에 어긋나고 ② '착오'로 자백을 하였다는 것을 증명하도록 하고 있다.[23] 왜냐하면 자백이 진실에 어긋남을 증명한 것만 가지고 착오에 의한 자백으로 추정되지 않기 때문이다.[24] 다만, 판례는 자백이 진실에 어긋남이 증명된 경우라면 변론의 전 취지만으로 착오로 인한 자백의 취소가 인정될 수 있다고 한다.[25]

### 2. 소송단계에서의 자백

특허권 침해에 대한 소(침해금지청구 및 손해배상청구)는 일반 민사법원이 담당하지만, 심결에 대한 소는 특허법원의 전속관할로 한다.[26] 특허심판원의 심결은 행정처분이므로 특허법원을 전속관할로 하는 심결취소소송은 행정소송이다. 따라서 행정소송법 제8조에 의하여 특허법 등 다른 법률에 특별한 규정이 있는 경우를 제외하고 심결취소소송은 행정소송법의 적용을 받는다.[27] 또한 행정소송법에 특별한 규정이 없는 사항에 대해서는 행정소송의 성질에 반하지 않는 한 민사소송법의 규정이 준용되는데 특허법이나 행정소송법에 자백에 대하여 아무런 특별규정을 두고 있지 않으므로,[28] 자백에 관하여는 민사소송법의 규정이 준용될 것이다.

일반 행정소송에 민사소송법의 자백의 법리가 적용되는지에 대하여, ① 적용설, ② 부적용설 및 ③ 원고의 자백은 인정하고 행정청인 피고의 자백은 부정하는 절충설의 견해가 있다.[29] 이러한 견해에 대하여 판례는 일반적으로 직권조

23) 민사소송법 제288조(불요증사실) 법원에서 당사자가 자백한 사실과 현저한 사실은 증명을 필요로 하지 아니한다. 다만, 진실에 어긋나는 자백은 그것이 착오로 말미암은 것임을 증명한 때에는 취소할 수 있다.

24) 이시윤, 앞의 책, 419면; 호문혁, 앞의 책, 402면; 김용진, 앞의 책, 300면; 전병서, 앞의 책, 476면.

25) 대법원 2000. 9. 8. 선고 2000다23013 판결 등.

26) 특허법 제186조(심결등에 대한 소) ① 심결에 대한 소 및 심판청구서나 재심청구서의 각하결정에 대한 소는 특허법원의 전속관할로 한다.

27) 행정소송법 제8조(법적용예) ① 행정소송에 대하여는 다른 법률에 특별한 규정이 있는 경우를 제외하고는 이 법이 정하는 바에 의한다.
② 행정소송에 관하여 이 법에 특별한 규정이 없는 사항에 대하여는 법원조직법과 민사소송법 및 민사집행법의 규정을 준용한다.

28) 이명규, "심결취소소송에 있어서 자백과 의제자백", 「특허소송연구」 제2집, 특허법원, 2001, 92면.

29) 법원행정처, 「특허소송실무」, 1998, 224-225면.

사 사항에 속하는 것에 대하여는 민사소송법 제288조(구 민사소송법 제261조)의 적용을 부정하고, 그 밖의 사항에 대하여는 그 적용을 긍정하는 태도를 취하고 있다.[30] 또한 우리나라와 일본의 다수설도 행정소송인 심결취소소송에서도 자백에 관한 민사소송법의 규정이 원칙적으로 적용된다고 한다.[31]

이렇듯 다수설 및 판례에 의하면 민사소송법의 자백의 법리는 행정소송에서도 적용되고, 또한 특허법원에서의 심결취소소송은 행정소송의 일종으로 취급된다.[32][33] 즉, 특허법원에서의 심결취소소송에서 민사소송법의 자백의 법리가 적용된다. 다만, 자백의 대상은 '사실(facts)'에 대한 것이므로 법적 판단은 자백의 대상이 될 수 없다. 따라서 신규성이나 진보성의 유무는 심결취소사유 특히 실체적 위법사유에 대한 주장에 법적 평가(판단)가 포함되어 있다고 보는 한, 그 한도에서는 자백이 인정될 수 없다.[34] 다만, 위와 같은 가치판단이 포함되어 있지 아니한 사실 예컨대, 간행물의 발행일자, 어떤 기술이 출원 전의 공지기술인지의 여부 등과 같은 사실에 대하여는 자백이 성립된다고 본다.[35] 그러나 이 절에서 다루는 바와 같이 출원인이 명세서에서 종래기술이라고 기재한 바는 소송단계에서가 아니라 심사 및 심판단계에서 먼저 문제가 되므로 이하에서는 심사 및 심판단계에서의 자백에 관하여 살펴본다.

### 3. 심사 및 심판단계에서의 자백

특허출원에 대한 심사 및 심판단계는 행정절차 및 행정심판절차에 해당된

30) 대법원 1992. 8. 14. 선고 91누13229 판결("행정소송에서도 원칙적으로 변론주의가 적용되고, 행정소송법 제8조 제2항에 의하여 민사소송법 제261조가 규정하는 자백에 관한 법칙이 적용된다."); 대법원 1994. 4. 26. 선고 92누17402 판결("행정소송법 제26조가 규정하는 바는 행정소송의 특수성에서 연유하는 당사자주의, 변론주의에 대한 일부 예외규정일 뿐 법원이 아무런 제한 없이 당사자가 주장하지 아니한 사실을 판단할 수 있는 것은 아니고, 기록상 현출되어 있는 사항에 관하여서만 직권으로 증거조사를 하고 이를 기초로 하여 판단할 수 있을 따름이다.").

31) 특허법원, 「특허재판실무편람」, 2002, 46면.

32) 대법원 2006. 8. 24. 선고 2004후905 판결("행정소송의 일종인 심결취소소송에서도 원칙적으로 변론주의가 적용되어 주요사실에 대해서는 당사자의 불리한 진술인 자백이 성립하는바, 특허발명의 진보성 판단에 제공되는 선행발명이 어떤 구성요소를 가지고 있는지는 주요사실로서 당사자의 자백의 대상이 된다.").

33) 대법원 2006. 8. 24. 선고 2004후905 판결은 자백의 구속법칙이 특허법원의 심결취소소송에 적용된다는 점을 최초로 판시한 것으로 의미가 있다.(박성수, "특허발명의 진보성 판단과 재판상 자백", 「대법원 판례 해설」 제65호, 법원도서관, 2007, 412면).

34) 이명규, 앞의 논문, 93면.

35) 법원행정처, 앞의 책, 227면.

다. 따라서 이러한 단계에서는 민사소송법의 일반원칙인 변론주의가 적용되면서도 필요한 경우 직권탐지주의가 적용된다.[36] 그래서, 직권탐지주의 하에서 심사관 또는 심판관은 당사자의 주장에 반드시 구애받지 아니하고 직권으로 사실을 탐지하고 증거조사를 할 수 있다. 이렇게 직권탐지주의가 적용되는 이유는 행정절차 및 행정심판절차는 민사소송사건과 달리 당사자뿐만 아니라 널리 제3자의 이해가 얽혀 있고 또한 공익적 관점에서 대세적인 효력이 미치기 때문이다.[37] 재판상 자백의 경우에도 자백의 내용이 진실과 다른 경우 자백이 취소될 수 있는데 하물며 재판외의 절차인 출원 절차에서 출원인만이 알고 있는 종래기술을 기재하였다고 하여 그 종래기술을 확정적으로 선행기술로 채택할 수 있다고 보는 것은 부당한 측면이 있다.[38] 그러므로, 최소한 출원인이 그 종래기술이 선행기술이 되지 못함에 대하여 입증할 수 있는 기회는 제공되어야 한다.[39] 이하, 일반적인 증명책임의 법리에 대하여 살펴본다.

### 4. 증명책임의 측면

증명책임이라 함은 소송상 어느 요증사실의 존부가 확정되지 않을 때에 당해사실이 존재하지 않는 것으로 취급되어 법률판단을 받게 되는 당사자 일방의 위험 또는 불이익을 말한다.[40] 이러한 증명책임은 진위 여부가 문제되는 경우에 적용되는 것이므로 증명책임은 변론주의뿐만 아니라 직권탐지주의에 의한 절차에서도 문제된다. 일반적으로, 특허법 제62조가 규정하는 거절이유에 대하여는 심사관이 주장, 증명책임을 부담한다.

그런데, 심사관이 증명하기가 사정상 어렵거나 불가능한 사실에 대하여는

---

36) 상동, 67면.

37) 상동.

38) 심사 및 심판단계에서의 자백은 법원 및 당사자를 구속하는 재판상 자백과 다르다. 이러한 측면에서 심사 및 심판단계에서의 자백을 일반적인 자백(재판상 자백)과 구별하기 위하여 여기서는 자인(自認)이라는 용어를 사용한다. 미국특허상표청의 특허심사지침서(MPEP, Manual of Patent Examining Procedure)에서 사용되는 "admission"도 자인(自認)으로 번역될 수 있겠다. 같은 의견은 박성수, "실용신안 명세서에 종래기술로 기재한 기술은 특별한 사정이 없는 한 출원 전 공지기술로 보아야 하는지", 「대법원 판례해설」 제9호, 법원도서관, 2006, 217면 참고.

39) John Burke, *The Prior Art by Admission Doctrine: Judicially Created Private Prior Art*, 13 Fed. Circuit B.J. 607, 622 (2004) ("In *Riverwood International Corp. v. R.A. Jones & Co.*, the court held that the doctrine that a reference can become prior art by admission is inapplicable if the subject matter at issue is the inventor's own work.").

40) 이시윤, 앞의 책, 478면.

예외적으로 출원인이 증명책임을 부담하는 경우가 있다. 예를 들어, 출원인이 발명자가 아니라는 사실을 심사관이 증명하는 경우 출원인이 특허를 받을 수 있는 권리를 승계하였다는 사실에 대하여는 출원인이 증명할 책임을 부담하여야 한다는 점은 수긍이 된다. 그러한 승계 사실에 대하여는 특허출원서에 나타난 바에 기초하여 심사관이 증명할 여지가 없고 해당 증거를 출원인이 보유하고 있다는 점에 근거하여 출원인이 해당 사실에 대하여 증명을 하여야 할 것이다.[41] 비슷하게 특허법 제30조에 따라 어떤 정보가 선행기술에서 제외된다는 주장,[42] 일사부재리 원칙이 적용되어야 한다는 주장,[43] 발명이 특별한 효과를 가진다는 주장,[44] 발명이 상업적 성공을 거두었다는 주장 등과 관련된 사실도 출원인이 증명을 하여야 할 것이다.[45]

출원인이 명세서에서 종래기술이라고 기재한 내용이 선행기술이 되는지 여부와 관련하여서는 통상 그 종래기술이 출원인이 회사 내에서 비밀로 유지하고

41) 이러한 증명책임 원칙은 무효심판에서도 그대로 적용될 것이다. 특허법원 2009. 9. 18. 선고 2008허9269 판결("특허발명이 특정 기술을 도용한 것이라고 주장하는 경우 양 기술의 동일성 여부의 입증책임 부담자는 무효심판청구인이고, 정당한 발명자, 승계인이라는 점에 대한 입증책임 부담자는 출원인 내지 특허권자이다.").

42) 대법원 1992. 4. 10. 선고 91후905 판결(의장등록무효)("구 의장법(1990. 1. 13. 법률 제4208호로 개정되기 이전의 것) 제7조 제1항 제2호의 규정에 의하면, 의장등록을 받을 수 있는 권리자가 그 의장고안을 자기의 의사에 반하여 같은 법 제5조 제1항 각 호의 1에 해당하게 한 때에는 그 날로부터 6개월 이내에 의장등록출원을 하면 그 의장은 신규의 것으로 본다고 되어 있는바, 위 규정에 의하여 신규성을 주장하는 자는 자기의 의장고안이 그 의사에 반하여 누설 또는 도용된 사실을 입증하여야 할 것이다.").

43) 대법원 2003. 7. 11. 선고 2002후2464 판결(등록무효(상))("그리고 기판력의 저촉은 동일한 당사자 간의 동일한 내용의 사건에 관한 규준성 있는 법원판단을 전제로 하는 것인바, 그와 같은 동일 사건에 관하여 확정된 법원판단이 따로 있었음이 피고에 의하여 주장·입증되지 아니한 이 사건에서는 원심판단과의 기판력 저촉문제는 생기지 아니한다.").

44) 대법원 2011. 7. 14. 선고 2010후2865 판결(등록무효(특))("동일한 화합물이 여러 결정 형태를 가질 수 있고 그 결정 형태에 따라서 용해도, 안정성 등의 약제학적 특성이 다를 수 있음은 의약화합물 기술분야에서 널리 알려져 있어 의약화합물의 제제설계(製劑設計)를 위하여 그 결정 다형(結晶多形)의 존재를 검토하는 것은 통상 행해지는 일이므로, 의약화합물 분야에서 선행발명에 공지된 화합물과 결정 형태만을 달리하는 특정 결정형의 화합물을 특허청구범위로 하는 이른바 결정형 발명은, 특별한 사정이 없는 한 선행발명에 공지된 화합물이 갖는 효과와 질적으로 다른 효과를 갖고 있거나 질적인 차이가 없더라도 양적으로 현저한 차이가 있는 경우에 한하여 그 진보성이 부정되지 않고, 이때 결정형 발명의 상세한 설명에는 선행발명과의 비교실험자료까지는 아니라고 하더라도 위와 같은 효과가 있음이 명확히 기재되어 있어야만 진보성 판단에 고려될 수 있으며, 만일 그 효과가 의심스러울 때에는 출원일 이후에 출원인 또는 특허권자가 신뢰할 수 있는 비교실험자료를 제출하는 등의 방법에 의하여 그 효과를 구체적으로 주장·입증하여야 한다.").

45) 출원인이 명세서에서 종래기술로 기재한 사항에 대하여 심사관이 선행기술임을 증명하여야 하는가, 아니면 출원인이 선행기술이 아님에 대하여 증명을 하여야 하는가?

있는 것인 경우가 많다. 그러한 경우, 그러한 사실에 대하여는 심사관이 증명을 하기가 곤란하거나 불가능하다고 보아야 한다. 그런 견지에서 해당 종래기술이 출원인이 비밀로 유지하고 있는 기술이라는 점에 대하여 출원인이 증명책임을 부담하는 것이 타당하다고 생각된다.

## 5. 서류철 금반언 원칙의 측면

서류철(File Wrapper)이란[46] 해당 출원과 관련된 출원서, 명세서, 의견서 등 일체의 서류를 정리해 놓은 철을 말하며, 금반언(Estoppel)의 원칙이란 권리를 형성하는 자가 자기의 이익을 위하여 한 언행을 신뢰하여 행동한 제3자에 대하여 그 언행과 모순되는 주장을 하는 것을 금지하는 원칙을 말한다.[47] 그러므로 특허법에서의 서류철 금반언 원칙이란 출원인이 출원과정에서 의식적으로 주장한 사실을 제3자가 서류철을 통하여 알 수 있고 그러한 사실을 신뢰한 것으로 간주할 수 있으므로 차후 출원인이 그 사실과 모순되는 주장을 할 수 없다는 의미이다.[48] 특히, 서류철 금반언 원칙은 권리범위 해석에 있어서 특허권자가 문언적 범위를 넘어서 균등론을 주장할 때 상대방이 그 균등론을 제한하는 용도로 자주 사용된다.

이러한 서류철 금반언 원칙은 특허요건을 판단할 때에도 적용될 수 있다고 본다. 따라서 출원인이 출원 명세서에서 어떤 기술을 종래기술 또는 공지기술로 기재한 경우 서류철금반언 원칙에 의해 심사관이 별도의 증거자료 없이 이를 선행기술로 인정하여도 무방하다고 생각된다. 다만, 출원인이 기재한 것이 진정 선행기술인지에 대하여 확인할 필요는 있을 것이고, 그 경우 그 사실에 대하여는 출원인이 증명책임을 부담하여야 하는 것이다.

---

46) "File Wrapper"는 예전에는 '포대'라는 용어로 번역되어 사용되었으나 포대라는 용어가 일본식 표현이고 민원인들이 쉽게 이해하기 어렵다는 이유로 특허청은 2007년부터 포대대신 '서류철'이라는 용어를 사용하고 있다. 특허청 훈령 제502호(포대 용어 변경을 위한 출원관계사무취급 규정 등 일부개정)(2007. 6. 11. 제정).

47) *Black's Law Dictionary* (8th Edition, 2004, Thomson West) ("A bar that prevents one from asserting a claim or right that contradicts what one has said or done before or what has been legally established as true.").

48) 임병웅, 「이지 특허법」 제6판, 한빛지적소유권센터, 2007, 644면.

## Ⅳ. 명세서상 종래기술을 선행기술로 채택하는 외국 사례

### 1. 미 국

미국에서는 출원인이 명세서에서 선행기술(prior art)이라고 기재한 경우 그러한 기술에 대하여는 출원인이 선행기술로 자인(自認, admission)한 것으로 취급하고 심사관은 사실 확인을 따로 하지 않고 선행기술로 채택할 수 있다.[49][50] 다만, 출원인이 명세서에서 자인한 선행기술이라고 할지라도, 동일인 또는 동일 회사 내에서의 기술은 선행기술로 될 수 없다.[51][52] 즉, 발명자가 개량발명을 한 경우 그 발명자는 개량발명의 기초가 된 발명에 대하여 알고 있다는 것을 단지 자인했을 뿐이고 개량발명의 기초가 된 그 발명이 공개되었다는 것을 자인한 것은 아닐 수 있기 때문이다.[53] 이러한 점을 고려하여 심사관은 선행기술로서 인정되는 그 기술이 출원인 자신의 기술인지 아니면 타인의 기술인지를 결정하여야 한다. 다만, 그러한 기술에 다른 확실한 설명이 없는 경우 심사관은 그 기술을 타

49) 미국특허상표청, *MPEP* § 2129 Admission as Prior Art; 이해영, 「미국특허법 — 제도와 실무 —」, 한빛지적소유권센터, 2001, 283면.

50) 그러므로 미국 특허출원 명세서 중 배경기술(Background Art) 부분을 기재하는 경우, 배경기술이라는 용어만 사용하여야 하고 선행기술(Prior art)이라는 용어는 사용하지 않을 것이 권고된다. Irah H Donner, *Patent Prosecution*, 3rd ed., BNA, 2003, p. 63.

51) John Burke, supra, at 622 ("In *Riverwood International Corp. v. R.A. Jones & Co.*, the court held that the doctrine that a reference can become prior art by admission is inapplicable if the subject matter at issue is the inventor's own work."); Lance Leonard Barry, *Anything You Say Can be Used Against You: Admissions of Prior Art*, 82 J. Pat. & Trademark Off. Soc'y 347, 359 (2000) ("There is a distinction between an admission of the prior work of another and of an applicant. An admission of an applicant's own prior work should not be treated as prior art solely because the applicant has admitted knowledge of the work. It is common sense that an inventor, regardless of an admission, has knowledge of the inventor's own work. A statutory basis is required before the applicant's own work may be used against applicant as prior art.").

52) 그러므로 미국 출원 시 선출원인 한국출원 명세서에 기재된 종래기술을 'prior art'로 번역하면 곤란하고 내부정보(in-house information) 또는 배경기술(background technology)로 번역하여야 한다. 더욱 안전하게는 발명의 상세한 설명에 '우리 회사 내 비밀로 관리하고 있는 기술'이라고 적시하는 것이 좋겠다.

53) Reading & Bates Construction Co. v. Baker Energy Resources Corp., 748 F.2d 645, 650 (Fed. Cir. 1984) ("[W]here the inventor continues to improve upon his own work product, his foundational work product should not, without a statutory basis, be treated as prior art solely because he admits knowledge of his own work. It is common sense that an inventor, regardless of an admission, has knowledge of his own work.").

인의 것으로 취급한다. 즉, 미국의 경우에도 출원인이 선행기술로 기재한 내용은 일반적으로는 사실 확인 없이 선행기술로 처리하되 출원인이 그 기술이 내부기술에 불과하다는 것을 증명하는 경우 선행기술로 보지 않는 것이다. 심사의 효율을 위하여 일차적으로는 출원인이 자인한 사실까지 심사관이 확인할 필요는 없게 하고 이차적으로는 출원인이 진실을 규명할 수 있는 기회를 주도록 한 것이다.

미국의 구법(2011년 개정 전)은 국내에서 공연히 알려진 기술(인지공지기술) 또는 공연히 실시된 기술(실시공지기술)만 선행기술로 인정하고 국외에서의 인지공지기술 또는 실시공지기술에 대하여는 선행기술로 인정하지 않는 국내주의를 취하고 있었다.[54] 그러므로 일본 등 외국에서 인지 또는 실시된 공지기술은 미국 특허법상 선행기술이 될 수 없는 것이다. 일본 출원을 선출원으로 하여 우선권을 주장하며 미국에 출원한 출원인이 명세서에서 선행기술이라고 자인한 기술을 별도의 증거자료 없이 선행기술로 채택할 수 있는지 여부가 쟁점이 된 사건에서 미국 법원은 그러한 경우에도 일단 출원인의 자인에 무게를 두어 선행기술로 분류하였다.[55] 만약, 출원인이 자신이 인정한 선행기술이 미국에서는 공개되지 않았고 일본에서만 인지 또는 실시된 공지기술이라는 것을 증명하였다면 법원이 같은 결론을 내렸을지 의문이다. 동 사건에서 출원인이 그러한 사실을 증명하지 못하였지만, 만약에 출원인이 동 사실을 증명하였다면 그러한 기술은 미국 특허법상 선행기술로 채택할 수 없는 것으로 보아야 했을 것이다.[56)]

54) 35 U.S.C. 102(a) ("A person shall be entitled to a patent unless — (a) the invention was known or used by others in this country, or patented or described in a printed publication in this or a foreign country, before the invention thereof by the applicant for patent, …. ").

55) *In re* Nomiya, 509 F.2d 566, 571 (CCPA 1975) ("[H]olding applicant's labeling of two figures in the application drawings as 'prior art' to be an admission that what was pictured was prior art relative to applicant's improvement.").

56) 이와 유사한 국내 사례를 살펴본다. 대법원 2005. 10. 27. 선고 2003다37792 판결에서 쟁점이 되는 특허는 1988년 5월 21일 출원이 되었으므로 2001년 법률 제6411호 부칙 제3항("이 법 시행 당시 종전의 규정에 의하여 제출된 특허출원에 대한 심사 및 소송은 종전의 규정에 의한다.")에 의하여 2001년 법 개정 이전의 특허법 제129조(생산방법의 추정 규정)의 적용을 받고 그 규정은 공지의 판단 근거를 '국내에서 공지된' 것에 한정하고 있다. 특허명세서에 의하면 출원인이 제시한 종래기술은 일본국 실용신안공보에서 개시된 사항이므로 동 공보의 내용은 국내에서 공지된 것이 아니라 국외에서 문헌으로 공고된 것이다. 그러므로 동 공보가 제129조가 규정하는 국내에서 공지된 것인지는 따로 살펴보아야 했었으나 대법원은 출원인이 제시한 일본국 공보를 바탕으로 바로 국내에서 공지된 것이라고 판단하였다.

## 2. 일 본

일본 심사지침서는 "본원의 명세서 중에 본원 출원 전의 종래기술로 기재되어 있는 기술은 출원인이 그 명세서 중에서 종래기술의 공지성을 인정하고 있는 경우, 출원 당시의 기술수준을 구성하는 것으로서 이것을 인용해 청구항 발명의 진보성 판단의 기초로 할 수 있다"고 설명하여[57] 우리나라의 특허심사지침서와 유사하게 설명하고 있다.[58] 따라서 역으로 해석하면 출원인이 종래기술의 공지성을 인정하지 않는 경우 동 종래기술은 진보성 판단의 기초로 할 수 없다는 것이다.

한편, 명세서상 종래기술은 소위 선행기술이며 기술수준이라고도 말할 수 있어 당해 발명에 가장 가까운 것을 구체적(원칙적으로 문헌명을 표시해서)으로 지적함과 동시에 그 종래기술의 내용을 구체적으로 기재하여야 한다는 주장도 있다.[59] 그러나 이 경우 종래기술에 대한 문헌명이 있기 때문에 그 종래기술은 선행기술이라고 볼 수 있다는 것인지, 아니면 문헌명이 없어도 그 종래기술은 선행기술이라고 볼 수 있는지에 대해서는 불명확하다.

## 3. 유 럽

유럽특허청(EPO)에 제출되는 명세서에는 유럽특허조약 규칙 제27(1)(b)조의 규정에 따라 배경기술(background art)이 기재되어야 한다. 그러한 배경기술이 단순히 종래기술을 의미하는 것인지 아니면 선행기술로 채택이 가능한 것인지에 대하여 EPO 심판원은 동 배경기술(background art)은 배경선행기술(background prior art)로 해석되어야 하며 이 배경선행기술은 유럽특허조약 제54(2)조가 규정하는 선행기술과 같은 것이라는 설명을 하고 있다.[60] 그러나 그 경우에도 출원인

---

57) 일본특허청 심사지침서 2.8 進歩性の判断における留意事項 (3) 本願の明細書中に本願出願前の従来技術として記載されている技術は、出願人がその明細書の中で従来技術の公知性を認めている場合は、出願当時の技術水準を構成するものとしてこれを引用して請求項に係る発明の進歩性判断の基礎とすることができる。

58) 특허청, 앞의 책, 2415면("심사의 대상이 되는 출원의 명세서 중에 종래기술로 기재되어 있는 기술의 경우 출원인이 그 명세서 중에서 그 종래기술이 출원 전 공지되었음을 인정하고 있는 경우에는 인용발명으로 인용하여 청구항에 기재된 발명의 진보성을 심사할 수 있다.").

59) 中山信弘 편저, 「註解特許法(上卷)」, 제2판 증보(정완섭 외 공역), 한빛지적소유권센터, 1994, 454-455면(橋本良郎 집필 부분).

60) EPO Boards of Appeal T 0654/92 (1994) ("The Board notes that the English version of Rule

이 동 배경기술이 공지된 것이 아닌 본인의 내부기술이라는 것을 밝히는 경우에는 심사관은 그 기술을 선행기술로 채택하지 못한다.[61]

출원인이 관련 도면을 선행기술이라고 표시하였고 심사관이 동 도면을 근거로 거결결정한 사건의 심판에서 EPO 심판원은 심판청구인이 해당 도면에서 개시한 사항은 선행기술이 아니라 우선일 이전에 공개된 적이 없는 회사 내 지식(in－house knowledge not published before the priority date)이라고 '선언'한 점에 주목하여 그러한 지식은 유럽특허조약 제54(2)조가 규정하는 선행기술의 범주에 포함되지 않으므로 심사관의 결정이 잘못된 것이라고 판단하였다.[62] 또한 등록된 특허발명에 대한 이의신청에서 등록유지결정이 나고, 이에 대한 항고심판에서, 도면 제1도 내지 제6도에 '이전에 제안된(previously proposed)' 기술이라는 표현이 있었음에도 불구하고 심판원은 동 제1도 내지 제6도가 선행기술의 범주에 포함된 적이 없고 회사의 내부에서만 알려진 기술이라는 것이 구술심리를 통하여 명확하여 졌다는 점을 근거로 청구인의 주문을 인용하였다.[63] 특히, 심판원은 공중에게 공개된 적이 없는 사내 선행기술(internal prior art)은 유럽특허조약 제54(2)조가 규정하는 선행기술의 범주에 포함되지 않는다고 명확히 하였다.

이러한 유럽특허청 심판원의 심결에 의하면, 출원일(또는 우선일) 전에 공중에게 공개된 적이 없는 회사 내 지식(in－house knowledge) 또는 회사 내 선행기술(internal prior art)은 유럽특허조약 제54(2)조가 규정하는 선행기술(the state of the art)의 범주에 속하지 않는다.[64] 즉, 명세서에 기재된 종래기술은 일차적으로는 유럽특허조약 제54(2)조가 규정하는 선행기술로 보고 다만, 출원인이 선언, 구술심리 등을 통하여 선행기술이 아님을 증명할 수 있는 것이다.

---

27(1)(b) requires an applicant to 'indicate the background art which, as far as known to the applicant, can be regarded as useful for understanding the invention …'. In this Rule the expression 'background art' is, in the Board's view, to be interpreted as background prior art, i.e. art within the meaning of Article 54(2) EPC.").

61) 영국에서도 동일한 법리를 운용한다. Storage Computer v Hitachi [2003] EWCA Civ. 1155 (*CIPA Guide* 3.13에서 재인용).

62) EPO Boards of Appeal T 1001/98 (2003).

63) EPO Boards of Appeal T 0654/92 (1994).

64) EPC Article 54 (novelty)
(2) The state of the art shall be held to comprise everything made available to the public by means of a written or oral description, by use, or in any other way, before the date of filing of the European patent application.

## V. 대상 대법원 판결 및 특허심판원 결정의 분석

### 1. 대상 대법원 판결의 분석

발명의 상세한 설명에 종래기술이 기재되어 있으나 그 출처가 명시되어 있지 않은 경우, 심사관이 별도의 증거자료도 없이 그 종래기술을 진보성 판단의 선행기술로 인용할 수 있는지 여부를 다룬 사건에서 원심법원인 특허법원은 다음과 같이 판시하였다.[65]

> "출원고안의 명세서 중에 종래기술로 기재되어 있는 기술은 출원인이 그 출원고안을 착상을 하게 된 배경기술로서 그 출원고안에서 해결하고자 하는 기술적 과제로 삼아 임의로 기재한 것으로서, 출원인이 그 종래기술이 출원 전에 공지된 것임을 명세서 상에서 명백히 인정하고 있는 경우에는 그 종래기술을 비교대상고안으로 인용하여 그 출원고안의 신규성이나 진보성을 판단할 수 있다."

즉, 일본 심사지침서 및 우리 심사지침서의 태도와 같이 출원인이 명세서 상에서 공지사실임을 명백히 밝히지 않는 경우에는 동 종래기술은 선행기술로 인용될 수 없다는 것이다. 반면에 대법원은 "그 종래기술은 특별한 사정이 없는 한 출원된 고안의 신규성 또는 진보성이 부정되는지 여부를 판단함에 있어서 같은 법 제5조 제1항[66] 각 호에 열거한 고안들 중 하나로 보아야 할 것이다"라고 판시하여 기존의 판례 및 심사실무와 달리 판단하였다.[67]

위 대법원 판결에 관한 한 해설은 발명의 상세한 설명이 청구발명의 종래기술에 대비한 특허성을 주장하는 면이 있으므로 그 종래기술이 어떻게 공지되었는지에 대한 기재가 없는 경우에도 당연히 공지기술로 보아야 한다고 설명한다.[68] 그러나, 그 설명도 종래기술이 갑자기 공지기술로 격상되는 것에 대한 납득할만한 이유를 제시하고 있지 않다. 대법원 판결은 언급된 '특별한 사정'이 무엇인지에 대하여 설명을 하지 않고 있으나 특별한 사정의 가능한 예로서 종래기술이 출원인의 내부기술인 경우가 제시될 수 있다.[69] 그런 경우 그 종래기술은

65) 특허법원 2004. 6. 3. 선고 2003허6821 판결.

66) 특허법 제29조 제1항에 상응하는 실용신안법 규정이다.

67) 대법원 2005. 12. 23. 선고 2004후2031 판결.

68) 박성수, 앞의 논문, 216-219면.

69) 여기서의 '특별한 사정'의 예로서 당해 출원의 발명자나 출원인이 종래기술로서 알고 있는 기

선행기술의 지위를 갖지 못하게 되는 것이다. 대법원 판결에서 사용한 특별한 사정이 없는 한 종래기술을 선행기술로 인정한다는 표현은 일반적으로는 종래기술을 선행기술로 인정할 수 있되, 출원인이 그 종래기술이 내부기술이라는 것을 입증하는 등 특별한 사정이 있는 경우에는 선행기술이 될 수 없다는 것으로 해석할 수 있다. 그렇다면 동 '특별한 사정이 없는 한'이라는 표현은 특허출원의 심사에 있어서 거절이유를 증명하는 책임이 심사관에 있다는 일반 원칙에서[70] 벗어나 제시된 종래기술이 선행기술이 되지 않는다는 것을 출원인이 확인 또는 증명하여야 하는 것을 말한다. 대법원의 판시는 결과적으로 대부분의 경우 종래기술이 선행기술에 다름 아니라는 현실에 기초하여 행정(심사)의 능률을 위하여 증명책임을 전환한 사례라고 생각된다.

## 2. 대상 특허심판원 결정의 분석

발명의 상세한 설명에 종래기술이 기재되어 있으나 그 출처가 명시되어 있지 않은 경우, 심사관이 별도의 증거자료도 없이 그 종래기술을 진보성 판단의 선행기술로 인용할 수 있다는 상기 대법원 판결에 대해, 특허심판원은 수석심판관 회의(2005. 4. 24.) 및 심판장 전체회의(2005. 4. 25.)를 거쳐 최종적으로 제1차 심판심의위원회(2006. 5. 4.)에서 위 대법원 판결과 상반되는 결정을 내렸다.[71] 즉, 명세서에 기재된 종래기술은 선행기술로 인용될 수 없다는 것이다. 동 결정을 함에 있어서 특허심판원이 제시한 논거는 다음과 같다. 첫째, 미국의 경우 명세서에 간행물의 출처를 명시하여 선행기술을 기재하는 것이 의무화되어 있고 "～에 있어서"와 같이 기재하는 청구범위의 전제부 구성이 선행기술로 추정되도록 하

술이나 법 제29조 제1항 각 호에서 열거한 발명에는 해당하지 않는 기술을 제시한 사례는 이강민, "출원명세서상의 종래기술과 입증책임", 「특허·실용신안 판례/전기 전자 분야」 통권 제8호, 특허심판원, 2006, 86면 참고.

70) 특허법 제66조는 "심사관은 특허출원에 대하여 거절이유를 발견할 수 없는 때에는 특허결정을 하여야 한다"고 규정하여 심사관이 거절이유를 발견하여 제시할 책임이 있음을 분명히 하고 있다. 미국의 경우에도 해당 청구발명이 특허성을 결여함에 대한 일차적 입증책임을 특허청이 부담함을 분명히 하고 있다. *In re* Sullivan, 498 F.3d 1345, 1351 (Fed. Cir. 2007) ("It is well settled that the PTO 'bears the initial burden of presenting a prima facie case of unpatentability ··· However, when a prima facie case is made, the burden shifts to the applicant to come forward with evidence and/or argument supporting patentability.'").

71) 특허심판원 문서번호: 심판행정팀－1082호(2006. 5. 15.). 동 특허심판원 결정에 대한 자세한 설명은 이상철, "명세서의 종래기술을 선행기술로 사용할 수 있는지 여부", 「지식재산21」 통권 제96호, 특허청, 2006년 7월호 참고.

고 있어, 심사관이 명세서에 기재된 선행기술을 별도의 증거자료 없이 공지기술로 인정하는 것이 타당하나, 우리나라의 경우 선행기술 기재의 의무조항이 없어 선행기술 기재가 단순한 권장사항에 불과하고, 둘째, 명세서에 기재된 종래기술을 별도의 증거자료 없이 공지기술로 인정하면 추후에는 출원인이 그 기재를 기피할 우려가 있고, 셋째, 청구범위 전제부 구성을 공지기술로 보지 않는 특허법원 판례(2000허2453)와 비교하여 볼 때 형평에 맞지 않으며, 넷째 위 대법원 판례가 전원 합의체에 의한 판결이 아니다.[72]

특허심판원이 미국의 관련 법리에 대하여 정확히 이해하고 있지 않는 것으로 보인다. 미국의 경우 명세서에 간행물의 출처를 명시하여 선행기술을 기재할 의무는 없고 명세서에 발명의 배경(Background of the Invention)을 기재하여야 할 뿐이다. 실제로 미국에서는 명세서에 '선행기술(prior art)'이라는 용어를 기재하는 경우 동 기술이 차후 심사관에 의하여 인용될 것을 우려하여 명세서에 선행기술이라는 용어를 사용하는 것을 꺼린다. 그럼에도 불구하고 출원인이 선행기술이라고 기재한 경우 동 선행기술을 별도의 증거자료 없이 거절이유에서 인용할 수 있는 것이다.[73] 특허심판원이 말하는 선행기술 기재 의무는 정보개시진술서(IDS, Information Disclosure Statement)를 오해하여 말하는 것으로 보인다. 그러나 정보개시진술서에서 개시하는 정보는 이름 그대로 정보일 뿐 선행기술은 아니다.[74] 즉, 정보개시진술서에 기재되었다고 하여 바로 선행기술임을 인정한 것도 아니고 심사관도 동 내용을 바로 선행기술로 인용할 수는 없는 것이다. 물론, 정보개시진술서에서 그 정보의 출처를 명확히 밝혀 공지기술인 것이 확실한 경우 그 정보를 선행기술로 채택할 수 있을 것이다.

특허심판원은 명세서에 기재된 종래기술을 별도의 증거자료 없이 공지기술

---

72) 특허심판원은 이에 따라 출원인이 기재한 종래기술을 공지기술(선행기술이 더 적합한 용어이다)로 채택하기 위해서 심사관은 그 종래기술이 이건 출원 전에 비밀준수의무가 없는 불특정인에 알려졌다는 것을 증명할만한 별도의 증거자료를 의견제출통지 또는 거절결정시 첨부하도록 하였다. 심사관의 증명책임을 강조한 대목이다.

73) 미국특허상표청, *MPEP* § 2129 (Admission as Prior Art).

74) Abbott Laboratories v. Baxter Pharmaceutical Products, Inc., 334 F.3d 1274, 1279 (Fed. Cir. 2003) ("Thus, with the mere listing of references in an IDS, the applicant has admitted no more than that references in the disclosure may be material to prosecution of the pending claims. Under certain circumstances, even an express representation that a reference cited in an IDS is prior art to pending claims is not sufficient to create prior art by admission. Riverwood Int'l Corp. v. R.A. Jones & Co., 324 F.3d 1346 (Fed. Cir. 2003).").

로 인정하면 추후에는 출원인이 그 기재를 기피할 우려가 있으므로 그러한 종래기술을 공지기술로 인정하지 않는 것이 더 바람직하다고 말한다. 그러나 대법원 판결과 같이 명세서에 기재된 종래기술을 별도의 증거자료 없이 공지기술로 인정하는 경우 출원인이 종래기술을 기재하지 않을 것이라는 예측이 정확한지에 대하여는 좀 더 엄밀히 따져볼 일이다. 출원발명의 특허성을 부각시키는 것은 출원인에게 가장 중요하고 그를 위한 가장 유력한 방법은 종래기술의 문제점을 제시하고 출원발명이 종래기술에 비하여 어떠한 기술적 진보를 이루었는지 설명하는 것이다. 명세서 작성시 출원인의 주된 관심은 출원발명의 특허성 부각에 있고 그러한 특허성 부각을 위해서는 종래기술을 기재하는 것이 가장 효과적이다. 미국의 경우, 출원인이 선행기술이라고 기재한 내용을 별도의 증거 없이 일단 선행기술로 채택하므로 명세서에 선행기술이라는 용어를 사용하는 것을 조심해야 한다고 하는데도 실제로 출원인은 명세서에서 선행기술이라는 용어를 허다히 사용한다.[75] 특허심판원 설명에는 또 다른 단점이 있다. 즉, 특허심판원의 결정과 같이 출처를 밝히지 않는 경우에는 종래기술을 선행기술로 인정하지 않는다면 출원인은 종래기술이라고만 기재할 뿐 그 종래기술의 출처를 밝히기를 꺼려하게 될 것이다. 즉, 특허심판원의 결정은 출원인이 종래기술에 대해서 설명만 하고 그 출처는 밝히지 않게 유도하게 되어 특허명세서의 정보기능이 약화되는 또 다른 부작용을 초래하게 되는 것이다.

특허심판원은 젭슨 청구항의 전제부 구성을 공지기술로 보지 않는 판례(특허법원 2000. 11. 16. 선고 2000허2453 판결)와의 형평성을 주장한다. 그러나 그러한 주장에는 두 문제점이 있다. 첫째, 동 판례는 "……에 있어서라는 전제부의 형식을 가진다고 하여 반드시 공지된 구성요소를 나열한 것으로 볼 이유는 없는 것이고, 오히려 이 사건 등록고안의 명세서 본문에 나타난 기술적 목적, 구성 및 효과를 참작하면 원고는 전제부에 기재된 구성요소들을 공지된 것으로 인정하고자 한 것이 아님을 알 수 있으므로"라고 판시하여, 위에서 언급한 것처럼 젭슨 청구항의 전제부 구성을 공지기술로 보지 않는다고 판시하지는 않았다. 즉, 판례는 젭슨 청구항의 전제부 구성을 경우에 따라 공지기술로도 볼 수 있고, 공지기

75) 2008년 1월 1일부터 1월 10일 사이에 공개된 미국특허출원공개 총 10,713건 중 약 30%인 2,912건이 명세서에서 'prior art'라는 용어를 사용하고 있다. 물론 나머지 출원들도 직접적으로 'prior art'라는 용어는 사용하지 않아도 명세서 양식에 따라 '발명의 배경(Background of the Invention)'을 설명하여야 한다.

술로 보지 않을 수도 있다는 것이다 둘째, 대법원 판결에 따르지 않겠다고 하며 그 근거로 특허법원 판결을 제시하는 것은 법원의 심급구조상 적절하지 못하다. 대법원이야 언제든지 대법원 판시와 상충하는 하급심 판시를 뒤집는 새로운 판결을 내 놓을 수 있으므로 곧 의미가 없어질지도 모르는 하급심 판결을 근거로 드는 것은 무의미하다.

또, 특허심판원은 위 대법원 판례가 전원합의체에 의한 것이 아니라는 이유를 든다. 그러나 전원합의체 판결이 없이 서로 상충하는 대법원 판례가 존재하는 경우 특허심판원이 그 중 어느 하나를 지지하는 것은 큰 문제가 없으나 종래기술을 별도의 증거자료 없이 선행기술로 인정한 대법원 판례밖에 없는 상황에서 심급 체계의 하부에 위치하는 특허심판원이 대법원의 판결을 따르지 않겠다는 것은 무리이다. 이런 논리에 의하면 전원합의체에 의한 것이 아닌 대법원 판결은 모두 무시해도 된다는 극히 위험한 주장이 가능한 것이다.

### 3. 소 결

결국, 특허심판원이 초유의 심판심의위원회를 통하여 대법원 판결을 따르지 않기로 결정하며 그 결정의 근거로 제시한 이유가 별로 설득력이 없다고 판단된다. 사실 논리가 빈약하여 따르지 않아도 되는 다른 대법원 판결도 있을 터인데 하필 왜 위 대법원 판결을 대상으로 초유의 결정을 하였는지도 의문이다. 가장 아이러니 한 것은, 결과적으로, 대법원은 행정(심사)의 능률을 위하여 일단 종래기술을 선행기술로 인용할 수 있도록 하여 심사관의 편의를 위하는 입장을 취하였고, 특허심판원은 종래기술, 선행기술 등의 정의에 치중하여 출원인의 편의를 위하는 입장을 취하여 양 기관이 보통의 경우와는 사뭇 다른 입장을 취하였다는 점이다.

## Ⅵ. 결론: 특허출원인이 종래기술로 기재한 내용의 선행기술로의 채택 여부 처리방안

종래기술은 특허법 제29조 제1항 각 호가 규정하는 (광의의) 공지기술, 선행출원기술 및 내부기술로 구분될 수 있다. 즉, 출원인이 명세서에서 어떤 기술이 종래기술이라고 기재하였다고 하여 출원인이 그 기술이 공지기술 또는 선행출원기술이라고 자인한 것으로 바로 볼 수는 없다. 나아가 출원인이 착오로 내부기술을 공지기술이라고 기재한 경우 그 착오를 바로 잡을 수 있는 기회가 제공되어야 할 것이다. 특허출원 절차보다 한층 엄격한 재판 절차에서도 진실에 반하는 자백을 취소할 수 있으므로 특허출원 절차에서는 당연히 그러한 취소가 가능하도록 하여야 한다. 다만, 염두에 두어야 할 것은 실무에서 대부분의 경우에는 출원인이 종래기술이라고 기재하는 경우 그 종래기술은 공지기술 또는 선행출원기술에 해당할 것이고 출원인의 내부기술인 경우는 극소수일 것이다.

한편, 일반적으로 해당 특허출원이 특허요건을 구비하지 못한다는 점은 심사관이 증명하여야 한다. 그러나 특별한 경우 그 출원인의 귀책사유가 있는 경우 또는 특허제도의 목적을 효율적으로 달성하기 위하여 심사의 능률을 고려하여야 하는 경우에는 그러한 증명책임을 전환하여 출원인이 증명을 하도록 할 수는 있을 것이다. 유럽, 미국 등도 이와 유사한 취지를 살려, 출원인이 선행기술이라고 기재한 경우 심사관은 별도의 증거 없이 선행기술로 인용할 수 있되, 출원인이 그 기술이 내부기술임을 밝힐 수 있도록 하고 있다.

결과적으로 위에서 소개된 대법원 판례는 출원인이 종래기술이라고 제시한 기술은 내부기술일 가능성이 일부 존재하기는 하나 심사의 능률을 제고하기 위하여 해당 기술을 선행기술로 인용할 수 있도록 하고 다만 해당 기술이 내부기술 등 특별한 사정에 해당하는 지에 대하여 출원인이 증명을 하도록 하고 있다. 대부분의 경우 종래기술은 선행기술이라는 현실을 반영하고, 그렇게 하여도 출원인에게 피해가 가는 법이 없는 점을 고려하고, 행정의 능률을 도모하되 출원인이 진실을 밝힐 수 있는 기회도 제공하며, 국제적 정합성도 도모한 판결이라고 생각된다.

다만, 이런 방안은 출원인이 명세서에서 종래기술을 기재하지 않거나 불명확하게 기재하도록 유도하게 되어 명세서의 정보기능이 약화될 우려가 있다. 일본이 문헌공지발명에 대한 출처가 기재되어 있지 않는 경우를 거절이유에 포함되도록 하여 심사관이 동 이유로 거절의견을 제시하고 출원인이 종래기술 기재를 명확하게 하도록 유도하는 방식을 차용하여 우리도 종래기술 기재의 불명확이 거절이유가 되도록 하여야 할 것이다.[76] 또한, 종래기술 기재 시 그 종래기술

76) 선행기술 기재 의무화를 주장한 사례로는 최성준, "특허청구범위의 해석에 있어서의 몇 가지 문제점에 관하여", 「특허청 개청 30주년 기념 논문집」, 2007, 22면 참고.

의 출처를 밝히도록 자연스럽게 유도하여야 할 것이다. 다만, 그러한 거절이유는 무효사유에는 포함이 되지 않도록 하여 비본질적인 사안으로 특허권이 무력화되지 않도록 배려하여야 할 것이다. 출원인이 최초 명세서에서는 공지기술 또는 종래기술이라고 기재하였다가 심사가 진행되기 전에 자진보정을 통하여 그러한 기재를 삭제한 경우 심사관이 그 기술을 선행기술로 인용할 수 있는지에 대하여 의문이 제기된다. 이런 경우 출원인의 심사 전 보정을 존중하여 심사관은 그 삭제된 기술을 선행기술로 인용하지는 않되, 해당 출원발명과 가장 유사한 선행기술을 제시하도록 유도하여야 할 것이다.

나아가, 종래기술로 기재된 내용을 바로 선행기술로 취급하는 것은 부당하다는 출원인의 불만을 해소하기 위해서, 차제에 명세서의 '발명의 상세한 설명'에 종래기술이 아닌 선행기술을 기재하도록 해당 양식, 관련 심사지침서 등을 개정할 필요도 있겠다. 특허청에서 그러한 개정작업을 하지 않는다면 대법원이 차후 적절한 기회에 발명의 상세한 설명에 기재된 종래기술은 선행기술을 의미하는 것이라고 해석할 수도 있을 것이다. 유럽특허청 심판원이 배경기술은 배경선행기술을 의미하는 것이라고 해석한 경우를 벤치마킹하는 것이다.

## 제3절 진보성 판단을 위한 유사분야 선행기술(analogous prior art)

### Ⅰ. 도 입

발명의 진보성을 판단하기 위하여 제시되는 인용기술은 기본적으로는 특허법 제29조 제1항이 규정하는 선행기술의 요건을 충족하면 되지만, 유사분야 선행기술(analogous prior art)[1][2] 요건 등도 충족하여야 한다.[3][4] 유사분야 선행기술(이하, '유사기술'이라고도 한다) 법리는 해당 '선행기술'이 대상 발명이 속한 기술분야와 유사한 기술분야에 속하지 않는 경우 그 선행기술을 해당 발명의 진보성 판단을 위한 선행기술로 인용할 수 없거나 또는 해당 발명의 진보성을 매우 긍정적으로 보는 법리이다. 선행기술이 통상의 기술자가 연구 과정에서 포착, 검토, 고려하기 어려웠던 기술인 경우 그 선행기술을 진보성 판단을 위하여 적용하기 어렵다는 현실을 반영한 법리라고 생각된다. 이 절은 해당 선행기술이 유사기술인지 여부를 판단하는 법리를 검토한다. 그 판단에 있어서 발명의 기술분야를 얼마나 넓게 또는 좁게 책정하느냐가 중요한데, 출원인(특허권자)은 기술분야를 매우 좁게 주장하게 되고[5] 심사관(피고)은 기술분야를 매우 넓게 주장하게 된다.

---

1) 'analogous'라는 용어는 'relevant'와 같은 의미로 이해하면 된다. Transmatic, Inc. v. Gulton Indus., Inc., 53 F.3d 1270, 1275 (Fed. Cir. 1995) ("all the relevant prior art").

2) *In re* Klein, 647 F.3d 1343, 1348 (Fed. Cir. 2011) ("A reference qualifies as prior art for an obviousness determination under § 103 only when it is analogous to the claimed invention. Innovention Toys, LLC, v. MGA Entertainment, Inc., 637 F.3d 1314, 1321 (Fed. Cir. 2011); *In re* Bigio, 381 F.3d 1320, 1325 (Fed. Cir. 2004); *In re* Clay, 966 F.2d 656, 658 (Fed. Cir. 1992).").

3) 신규성 판단의 장면에서는 조금 다를 수 있다. 즉, 선행기술이 신규성 판단에 사용되기 위해서는 용이실시 요건은 충족하여야 하지만 유사기술 요건은 충족할 필요가 없다.

4) 진보성 판단을 위한 선행기술은 해당 발명의 기술분야에 한정된다는 오해가 있다. 최덕규, "판례평석－캐논사건 무효심판의 부당성", 「창작과 권리」 제72호, 세창출판사, 2013, 122면("신규성의 판단대상은 해당 발명의 기술분야에 한정하지 않고 다른 기술분야까지 포함한, 즉 모든 기술분야가 신규성의 판단대상이다. 하지만 진보성은 모든 기술분야가 아니라 그 해당 기술분야에 한정하여 진보성을 판단하게 된다.").

5) 예를 들어, 발명은 '가상현실을 기반으로 하는 골프연습장치에 관한 것이었고, 선행기술은 '교

이러한 주제와 관련된 국내 선행 논문은 적어도 3개가[6] 있으므로 기본적인 법리는 그 글들을 참고하면 된다. 그래서 이 절에서는 기본적인 법리는 최대한 요약하여 짧게 정리하고 유사기술 여부를 판단하는 구체적인 법리에 대하여 미국, 유럽과 한국의 사례를 비교할 것이다. 특히, 유사기술 여부를 판단하는 장면에서 통상의 기술자의 '창작' 능력이 적용되고, 다시 진보성을 판단하는 장면에서도 통상의 기술자의 창작 능력이 적용되는 이중적용의 문제를 이 절의 화두로 삼고자 한다.[7] 즉, 유사기술 여부를 판단하는 장면에서 통상의 기술자의 창작능력이 방만히 적용되어 유사기술의 범위가 지나치게 넓어지고 그럼으로 인하여 통상의 연구활동의 현실(reality of circumstances)을[8] 반영하지 못하게 되어 결과적으로 진보성을 인정받아야 할 발명이 진보성을 인정받지 못하는 경향에 대하여 지적하고자 한다. 이하, 먼저 관련 미국의 법리 및 사례를 검토하고, 미국의 법리와 비교된 우리의 법리 및 사례를 검토하기로 한다.

---

육프로그램'을 기반으로 하는 골프레슨장치인 사건에서 출원인은 골프연습장치 분야를 주목할 것이고 심사관은 교육(연습) 분야를 주목할 것이다. 특허법원 2011. 4. 15. 선고 2010허6478 판결 참고.

6) 이호조, "진보성 판단에서 기술분야가 다른 선행기술의 사용", 「특허판례연구」 개정판, 박영사, 2012; 김승조, "진보성 판단에 있어서 기술분야", 「특허판례연구」 개정판, 박영사, 2012; 김운호, "진보성 판단에 있어서 '그 발명이 속하는 기술분야'의 의의", 「대법원판례해설」 제78호, 법원도서관, 2008.

7) 이러한 화두는 다음의 글에서도 이미 제기된 바 있다. 이호조, 앞의 글, 112면("문제로 된 비교대상발명의 기술적 구성이 통상의 기술자가 특허발명의 당면한 기술적 문제를 해결하기 위하여 별다른 어려움 없이 이용할 수 있는 구성일 것이란 조건은 진보성 판단시 2 이상의 선행기술을 용이하게 결합할 수 있는 조건과 유사하여, 실질적으로는 문제로 된 비교대상발명의 기술적 구성이 특정 산업분야에만 적용될 수 있는 구성이 아닐 것이란 요건만 충족되면 진보성을 부정하는 선행기술로 사용할 수 있는 것이고, 이러한 조건은 지나치게 넓게 해석될 여지가 있으므로 앞으로 더욱 구체적이고 정교해진 기준이 제시된 판결을 기대해 본다."); Timo Minssen, *The US examination of non−obviousness after KSR v Teleflex with special emphasis on DNA−related inventions*, IIC 2008, 39(8), 886−916, 913 ("Hindsight−based insights or motivations that originated from the specifications in the patent cannot be used as a legally valid argument for establishing obviousness. The same is true for obviousness challenges that are based on the citation of non−analogous art. After all, KSR did not abolish the analogousness requirement. For art to be analogous, it must be in the field of the applicant's endeavor or reasonably relevant to the problem to be solved. Arguably KSR widened the field for what is supposed to be 'relevant,' but a patentee could still argue that the prior art that was taken from outside the applicant's field of endeavor would not have been considered to be relevant for the solution to the problem.").

8) Union Carbide Corp. v. American Can Co., 724 F.2d 1567, 1572 (Fed. Cir. 1984) ("Thus, we attempt to more closely approximate the reality of the circumstances surrounding the making of an invention by only presuming knowledge by the inventor of prior art in the field of his endeavor and in analogous arts.").

# Ⅱ. 미국의 진보성 판단을 위한 유사기술 법리

## 1. 진보성 판단 관련 선행기술의 기본 법리

주지하는 바와 같이, 미국에서의 진보성 판단은 기본적으로 *Graham* 법리에 따르는데, 그 법리에 의하면 진보성 판단은 다음의 단계를 거친다. 첫째, 선행기술의 범위와 내용을 확정하고(the scope and content of the prior art are to be determined), 둘째, 선행기술과 발명의 차이를 알아내고(differences between the prior art and the claims at issue are to be ascertained), 셋째, 관련 기술분야의 통상의 기술자의 수준을 해결하고(the level of ordinary skill in the pertinent art resolved),[9] 발명 당시 통상의 기술자의 수준(the level of ordinary skill in the art at the time of the invention)을 결정하고, 넷째, 그러한 점을 바탕으로 진보성을 판단하되 이차적 지표(secondary considerations)도 활용한다.[10]

*Graham* 법리의 첫 번째 단계가 선행기술의 '범위(scope)'를 확정하는 것인데, 선행기술이 해당 기술분야 발명자가[11] 검색, 발견, 고려, 검토하였을 것이 아닌 경우 그러한 선행기술은 해당 발명에 대하여는 진보성 판단의 근거로 사용되지 못하거나[12] 설혹 사용된다고 하더라도 진보성 부정에 큰 영향을 주지는 않는 것이다.[13] 발명자는 당연히 해당 발명과 동일한 기술분야의 선행기술을 이미 알거

---

9) 통상의 기술자의 수준은 다음 6가지 정도를 고려하여 결정된다. Environmental Designs, Ltd. v. Union Oil Co. of California, 713 F.2d 693, 696 (Fed. Cir. 1983) ("Factors that may be considered in determining level of ordinary skill in the art include: (1) the educational level of the inventor; (2) type of problems encountered in the art; (3) prior art solutions to those problems; (4) rapidity with which innovations are made; (5) sophistication of the technology; and (6) educational level of active workers in the field.").

10) Graham v. John Deere Co. of Kansas City, 383 U.S. 1, 17-18 (1966).

11) 발명가는 통상의 기술자보다 기술수준 및 창작성이 더 높다고 생각된다. Kimberly-Clark Corp. v. Johnson & Johnson, 745 F.2d 1437, 1454 (Fed. Cir. 1984).

12) *In re* GPAC Inc., 57 F.3d 1573, 1577 (Fed. Cir. 1995) ("We have recognized the scope of the relevant prior art as including that 'reasonably pertinent to the particular problem with which the inventor was involved.'"); Heidelberger Druckmaschinen AG v. Hantscho Commercial Products, Inc., 21 F.3d 1068, 1071 (Fed. Cir. 1994) ("Whether a reference is 'analogous art' is a question of fact, Panduit, 810 F.2d at 1568 n. 9, 1 USPQ2d at 1597 n. 9, and is part of the analysis of the scope and content of the prior art."). 필자는 선행기술이 진보성 판단을 위하여 사용될 수 있는 유사기술인지 여부를 판단하는 것은 선행기술의 범위(scope)를 정하는 것이지 내용(content)을 정하는 것은 아니라고 생각한다.

13) 통상의 기술자가 해당 발명을 선행기술로부터 용이하게 도출할 수 있는지를 판단하는 단계에

나 검색을 통하여 알 수 있다고 보고, 나아가 유사 기술분야의 선행기술을 검색하여 알 수 있다고 본다. 그런 현실을 반영하여 진보성 판단을 위해서 선행기술의 기술분야는 대상 발명의 그것과 유사성(analogy, relevancy)을 가져야 한다. 그런 유사성은 첫째, 기술분야의 동일함으로 판단되며, 기술분야가 동일하지 않더라도 둘째, 특정 과제(problem)와의 합리적인 관련성(pertinence)이 인정되면 된다.[14][15] 통상 기술분야가 동일한 경우에는 큰 다툼이 없거나 판단하기가 용이하나, 기술분야가 동일하지 않으면서 발명이 해결하는 과제와의 합리적인 관련성(과제 관련성)이 문제가 되는 경우에는 판단하기도 어렵거니와 그 판단에 대하여 승복하기가 어려운 경우가 많다. 그러므로 자연히 유사기술인지 여부는 과제 관련성에 초점이 맞추어진다.

## 2. 과제 관련성(problem pertinence, problem relevancy)

해당 선행기술이 해결하고자 하는 과제와 합리적으로 관련이 있는지 여부를 판단하는 장면에서 CAFC는 다양한 표현을 사용하고 있다. 예를 들어, 첫째, 발명을 하는 과정에서 해당 과제를 해결하기 위하여 통상의 기술자가 검토하였을 것(consultation),[16][17] 둘째, 발명의 과제를 검토하는 과정에서 발명자의 관심에 포

---

서 선행기술에서 해당 결합을 제안하지 않고, 제시된 객관적 요소(이차적 지표)를 고려하며, 또 해당 선행기술이 유사기술이 아니어서 진보성이 부정되지 않은 사례도 있다. Heidelberger, 21 F.3d, at 1072 ("Considering the absence of suggestion in the prior art leading to this combination, along with the generally non-analogous fields of the prior art, and giving due weight to the objective factors, we conclude that the district court erred in holding the '939 patent invalid for obviousness."). 이런 판단 방식은 어떤 장점이 있는가?

14) *In re* Bigio, 381 F.3d 1320, 1325 (Fed. Cir. 2004) ("References within the statutory terms of 35 U.S.C. § 102 qualify as prior art for an obviousness determination only when analogous to the claimed invention. … Two separate tests define the scope of analogous prior art: (1) whether the art is from the same field of endeavor, regardless of the problem addressed and, (2) if the reference is not within the field of the inventor's endeavor, whether the reference still is reasonably pertinent to the particular problem with which the inventor is involved.").

15) 위 *Bigio* 판결과 같이 유사한(analogous) 기술이 동일분야 기술 및 과제 관련성이 있는 기술을 포괄하는 것이라고 설명하는 것이 있는가 하면, 아래 *GPAC* 판결과 같이 과제 관련성이 있는 기술만이 유사한 기술이라고 표현하기도 하는데, 필자는 동일 기술과 유사 기술이라는 대비에 어울리게 유사기술은 과제 관련성이 있는 기술만을 지칭하는 것이 더 합당하다고 생각한다. *In re* GPAC, 57 F.3d 1573, 1577-1578 (Fed. Cir. 1995) ("Therefore, the prior art relevant to an obviousness determination necessarily encompasses not only the field of the inventor's endeavor but also any analogous arts.").

16) Heidelberger, 21 F.3d, at 1071 ("References that are not within the field of the inventor's endeavor may also be relied on in patentability determinations, and thus are described as

착되었을 것(attention)[18] 등이다. 표현상의 약간의 차이는 있지만, 통상의 기술자 또는 발명자가[19][20] 주어진 과제를 해결하기 위하여 연구를 하는 과정에서 통상의 기술자 또는 발명자에게 발견된 매우 많은 선행기술 중에서 해당 선행기술을 선택하여 참고하였을 것인지 여부가 관건이 된다. 구체적으로는 출원인이 명세서에서 기재하고 있는 기술분야, 특허청이 분류한 IPC 분류,[21] 심사관이 검색한 선행기술이 속한 기술분야,[22] 발명자가 검색한 선행기술이 속한 기술분야,[23] 발명자의 진술[24] 등이 유사기술 판단에 있어서 고려될 수 있다.

---

'analogous art', when a person of ordinary skill would reasonably have consulted those references and applied their teachings in seeking a solution to the problem that the inventor was attempting to solve.").

17) 영국특허청 심사지침서도 유사한 설명을 한다. UK IPO, *Manual of Patent Practice* 3.44. ("Where the documents are from different technical fields the question is whether the problem would have prompted search in those fields.").

18) *In re* Clay, 966 F.2d 656, 659 (Fed. Cir. 1992) ("A reference is reasonably pertinent if, even though it may be in a different field of endeavor, it is one which, because of the matter with which it deals, logically would have commended itself to an inventor's attention in considering [the inventor's] problem.").

19) 과제 관련성을 통상의 기술자의 시각에서 파악하여야 하는가, 아니면 일반적인 발명자의 시각에서 파악하여야 하는가, 아니면 해당 발명의 발명자의 시각에서 파악하여야 하는가? Dennis Crouch ("Why, especially in light of KSR v. Teleflex, should the analogous arts analysis have anything to do with what an inventor thought? … Shouldn't the analysis be based on what a person having ordinary skill in the art would have thought, not an inventor (and especially not "the"inventor)?"). 〈http://www.patentlyo.com/patent/2012/09/k-tec-v-vita-mix-analogous-art-and-willful-infringement.html?utm_source=feedburner&utm_medium=email&utm_campaign=Feed%3A+PatentlyO+%28Dennis+Crouch%27s+Patently-O%29〉.

20) Chaho Jung, *Id.* ("In winslow, 365 F.2d 1017 (CCPA 1966), late Judge Rich depicted inventor's researching activities as putting prior arts to a wall of the inventor's researching lab and then among them the inventor selects a few of them. Issues are, first whether this (analogous or non-analogous) prior art could have been put to the wall, and then second whether the inventor would have selected this prior art among many other prior arts. Considering this situation, the inventor's eyes become more important to decide problem relevancy of the prior art at issue.")(위 Dennis Crouch 블로그에 대한 토론).

21) *In re* Ellis, 476 F.2d 1370, 1372 (C.C.P.A. 1973).

22) Orthopedic Equip. Co. v. United States, 702 F.2d 1005, 1008-09 (Fed. Cir. 1983).

23) Constant v. Advanced Micro Devices, Inc., 848 F.2d 1560, 1572 (Fed. Cir. 1988) ("[A]ny reference … that was the source of ideas used by the inventor when he conceived his invention is relevant and can be considered on the issue of obviousness.").

24) *In re* Schreiber, 128 F.3d 1473, 1479 (Fed. Cir. 1997) ("[W]e note that [the inventor] Schreiber acknowledges in the specification that the prior art pertinent to his invention [related to popcorn dispensing] includes patents relating to dispensing fluids. Schreiber therefore may not now argue that such patents are non-analogous art.").

## Ⅲ. 유럽의 진보성 판단을 위한 유사기술 법리

### 1. 심사지침서

EPO 심사지침서에 의하면 진보성 판단에 있어서 과제-해결 접근법을[25] 사용하는데 그 접근법에서 첫째로 최근접 선행기술(the closest prior art)을 결정하고, 둘째, 해결되어야 할 객관적 기술적 과제를 설정하고, 셋째, 가능성-개연성 접근법에 따라 용이도출 여부를 판단하게 된다. 선행되어야 할 작업은 최근접 선행기술을 선택하는 것인데 EPO 심사지침서는 최근접 선행기술을 발명에 이르기 위한 최선의 출발점(the most promising starting point)이라고 설명한다.[26] 즉, 여러 선행기술 가운데 가장 용이하게 그 출원발명에 도달할 수 있도록 하여 주는 기술이 최근접 선행기술, 곧 인용기술이 된다.[27][28]

근접성 판단에서 첫 번째 고려할 것은 <u>목적과 효과</u>의 유사성이다. 통상 최소한의 구조적·기능적 변형을 가진 것이 최근접 선행기술이 될 수 있다.[29] 다음으로 <u>기술적 과제</u>가 같거나 유사한 것이거나 적어도 기술분야가 같거나 연관될 것을 요구한다.[30]

---

25) EPO, *Guidelines for examination in the EPO*, Part C, IV-11.5 (2010)

26) EPO, *Guidelines for examination in the EPO*, Part C, IV-11.5.1 (2010) ("The closest prior art is that which in one single reference discloses the combination of features which constitutes the most promising starting point for an obvious development leading to the invention.")

27) T 656/90 ("Where several cited documents all belonged to the same technical field as the claimed invention, the closest prior art was the one which on the filing date would most easily have enabled the skilled person to make the invention.").

28) 〈http://www.epo.org/law-practice/legal-texts/html/caselaw/2010/e/clr_i_d_3_5.htm〉. ("Some decisions explained how to ascertain the closest prior art which constituted <u>the easiest route</u> for the skilled person to arrive at the claimed solution or <u>the most promising starting point</u> for an obvious development leading to the claimed invention. The starting point for the assessment of inventive step should be one which is at least 'promising', in the sense that there was some probability of a skilled person arriving at the claimed invention.").

29) EPO, *Case Law of the Boards of Appeal*, I,D.3.2 ("In selecting the closest prior art, the first consideration is that it must be directed to the same purpose or effect as the invention. Otherwise, it cannot lead the skilled person in an obvious way to the claimed invention.").

30) *Id.* at 3.3 ("A document serving as the starting point for evaluating the inventive merits of an invention should relate to the same or a similar technical problem or, at least, to the same or a closely related technical field as the patent in suit.").

## 2. 사례 검토

T 606/89 심결에서 유럽특허청 심판원은 첫째, 객관적인 진보성 판단을 위하여 (과제-해결 접근법에 따라) 먼저 기술적 과제를 결정해야 하며, 둘째, 해당 발명이 해결하는 그 기술적 과제는 최근접 선행기술과 대비되어 설정되어야 하며, 셋째, 그러므로 최근접 선행기술을 결정하는 것이 중요하며, 넷째, 최근접 선행기술의 결정을 위하여 통상 유사한 용도를 가지고 최소한의 구조적인 변형을 요구하는 최근접 선행기술과 대상 발명이 비교되어야 한다는 점을 설시하였다.[31)]

콘크리트 블록을 쪼개어 거친 단면을 가진 정육면체의 보도블록을 얻는 방법발명의 진보성이 문제된 사건에서[32)] 목적에 있어 보도를 까는 데 쓰이는 블록에 관한 것이고 기술적 과제는 미끄럼 방지라는 점에서 가장 적절한 출발점은 보도블록에 관한 것이어야 한다면서 석재를 벽에 덧씌우기 위한 패널로 쪼개는 방법의 경우 건물공사를 위한 것이고 미끄럼 방지라는 과제와도 무관하다고 하여 가장 근접한 선행기술로 볼 수 없다고 보았다. 마찬가지로 콘크리트 슬라브를 작은 조각으로 쪼갬으로써 보도블록을 만드는 방법이라도 거친 면이 서로 반대로 향한 출원발명이 미끄럼에 강하고 다른 이물질의 침투를 막을 수 있는 반면 거친 면이 나란히 자리 잡고 있는 선행발명은 과제 유사성이 없는 것으로 보아 진보성을 인정하였다. 대상 심결은 유사기술의 범위를 다소 좁게 본 듯하나 기술적 과제의 유사성의 판단이라는 측면에서 명확한 기준을 보여주는 것이라고 생각된다.[33)]

31) T 606/89 ("Therefore, in order to apply this approach for objectively assessing inventive step, it is essential to establish the closest prior art. Generally, this requires that the claimed invention should be compared with the art concerned with a similar use which requires the minimum of structural and functional modifications. Thus, in the present case, this involves not only comparing the claimed compositions with those of the prior art, but also giving consideration to the particular properties which render the compositions suitable for the desired use.").

32) T 0548/03.

33) 해결과제 유사성을 검토한 다른 심결은 T 1203/97, T 989/93 참고.

## Ⅳ. 우리나라의 진보성 판단을 위한 유사기술 법리

### 1. 유사기술 판단 기본 법리

우리 법리에 의하면, 심사관이 발명의 진보성 판단에 사용할 수 있는 유사기술이란 해당 기술분야 통상의 기술자가 일반적인 연구활동의 과정에서 접할 수 있는 것을 말하고 그것은 결국 동일하거나 또는 유사한(analogous) 분야의 기술을 말하게 될 것이다.[34] 이와 관련 대법원은 다음과 같이 설시하고 있다.

> "특허법 제29조 제2항 소정의 '그 발명이 속하는 기술분야'란 원칙적으로 당해 특허발명이 이용되는 산업분야를 말하므로 당해 특허발명이 이용되는 산업분야가 비교대상발명의 그것과 다른 경우에는 비교대상발명을 당해 특허발명의 진보성을 부정하는 선행기술로 사용하기 어렵다 하더라도, 문제로 된 비교대상발명의 기술적 구성이 특정 산업분야에만 적용될 수 있는 구성이 아니고 당해 특허발명의 산업분야에서 통상의 기술을 가진 자(이하 '통상의 기술자'라 한다)가 특허발명의 당면한 기술적 문제를 해결하기 위하여 별다른 어려움 없이 이용할 수 있는 구성이라면 이를 당해 특허발명의 진보성을 부정하는 선행기술로 삼을 수 있다."[35]

동 대법원 설시를 이어 받아 특허청 심사지침서는 아래와 같이 약간 더 자세하게 설명하고 있다.

> "진보성 판단의 비교대상인 인용발명은 원칙적으로 출원발명과 같은 기술분야에 속하거나 출원발명의 기술적 과제, 효과 또는 용도와 합리적으로 관련된 기술분야에서 선택되어야 한다. 여기서 같은 기술분야란 원칙적으로 당해 발명이 이용되는 산업분야를 말하는 것이나, 청구항에 기재된 발명의 효과 혹은 발명의 구성의 전부 또는 일부가 가지는 기능으로부터 파악되는 기술분야도 포함된다. 인용발명이 청구항에 기재된 발명과 다른 기술분야에 속해 있다 하더라도 인용 발명 자체가 통상 다른 기술분야에서도 사용될 가능성이 있다거나, 통상의 기술자가 특정 기술적 과제를 해결하기 위해 참고할 가능성이 있는 것으로 인정되는 경우에는 인용발명으로 선정할 수 있다. 만약, 청구항에 기재된 발명과

---

34) 같은 취지의 설명. 특허법원지적재산소송실무연구회, 「지적재산소송실무」(전면개정판), 2010, 163면.

35) 대법원 2008. 7. 10. 선고 2006후2059 판결.

상이한 분야의 선행기술을 인용발명으로 인용할 경우에는 양 기술분야의 관련성, 과제해결의 동일성, 기능의 동일성 등 인용의 타당성을 충분히 검토하여야 한다."[36]

위 심사지침서도 기술적 관련성 등을 중심으로 유사기술 여부를 판단하고 있다. 이하, 유사기술 여부를 판단한 대법원의 실제 사례를 살펴보기로 한다.

## 2. 유사기술 여부 판단 사례

### 가. 유사기술 인정 사례

대법원 2011. 7. 14. 선고 2010후1107 판결은 뼈에 공동을 형성하는 도구에 관한 대상 발명과 혈관 등의 체강을 확장하기 위한 팽창장치를 구비한 카테터에 관한 선행기술을 비교하며, 동 카테터가 신체의 다양한 부위에 적용될 수 있다는 점을 근거로 동 선행기술을 인용할 수 있다고 보고, 나아가 구성변경의 곤란성을 부인하였다.

대법원 2011. 3. 24. 선고 2009후3886 판결은 숯을 함유한 비닐의 제조방법에 관한 대상 발명과 슬러지 건조장치에 관한 선행기술을 비교하며, 양 기술의 기술분야가 동일하지는 않으나, 선행기술이 특정 산업분야에만 적용되는 것이 아니라 대상 발명의 과제(숯이 함유된 비닐이나 플라스틱 용기의 제조과정에서 수분을 제거)를 해결하기 위하여 별다른 어려움 없이 이용할 수 있는 것이므로 해당 선행기술을 인용할 수 있다고 보았다.

대법원 2010. 7. 22. 선고 2008후934 판결은 "널리 송수신 기지국과 이동국들을 구비한 이동통신 네트워크에서 임의접속을 수행하는 방법에 관한 것"인 대상 발명과 "임의접속용 공통제어채널 외에 데이터 전송용으로 통상 사용하는 업링크 트래픽채널을 일시적으로 임의접속에 사용하도록 함으로써 임의접속에 따른 충돌의 문제를 개선하고자 하는" 선행기술이 기술분야에 차이가 없다고 보았다.

대법원 2009. 9. 10. 선고 2007후2971 판결은 용접용 솔리드와이어의 제조방법에 관한 것으로서, 대법원은 선행기술이 특정 산업분야에만 적용되는 것이 아니고 "당해 특허발명의 산업분야에서 통상의 지식을 가진 자가 특허발명의 당면한 기술적 문제를 해결하기 위하여 별다른 어려움 없이 이용할 수 있는 구성이

36) 특허청, 「심사지침서」, 3303-04면.

라면 이를 당해 특허발명의 진보성을 부정하는 선행기술로 삼을 수 있다"고 설시하였다. 이 판결은 통상의 기술자가 다른 기술분야의 선행기술을 참고할 수 있다는 점 및 "선행기술로 삼을 수 있다"는 표현이 유사기술이 아닌 경우 선행기술로 인용할 수 없다는 반대해석이 가능하게 한다는 점을 제시한 측면에서 의미가 있다.

대법원 2009. 6. 11. 선고 2007후3981 판결은 "DDB와 UDCA를 함유함을 특징으로 하는 간질환 치료 및 간기능 개선용 의약조성물"에 관한 대상 발명과 "DDB 또는 UDCA에 다른 약제를 병용 투여함으로써 간과 관련된 질병의 치료에 상승된 효과를 얻는 것을 목적으로 하는" 선행기술이 기술분야가 서로 유사하다고 판단하였음에도 불구하고 현저히 상승된 효과의 차이를 인정하여 진보성을 인정한 사례이다.

대법원 2008. 7. 10. 선고 2006후2059 판결은 편물기계에서 서로 양호한 정렬로 유지되는 베어링과 구동 롤러를 가지며 간단히 제조, 조립될 수 있는 얀 공급기 장치인데, 원심(특허법원)은 베어링에 관한 선행기술이 대상 발명의 기술분야(얀 공급기)와 다르므로 구성결합이 용이하지 않은 것으로 본 반면,[37] 대법원은 베어링에 관한 기술이 기본기술이라는 이유로 얀 공급장치와 같은 섬유기계분야에서도 활용될 수 있으므로 구성결합이 용이하다고 보았다.[38]

대법원 2001. 6. 12. 선고 98후2726 판결은 세라믹 필터 제조방법과 장치에 관한 특허발명의 기술분야가 도자기 제조방법이나 요업제품의 제조방법에 관한 인용기술의 기술분야와 동일하거나 매우 친근하여 전용 내지 용도변경에 별 어려움이 없다고 할 것이어서 인용기술을 진보성 판단의 자료로 삼을 수 있다고 본 사건이다.

대법원 1992. 5. 26. 선고 91후1663 판결은 보온버선에 관한 출원고안과 장갑에 관한 인용기술의 관계에 있어서, 양자 모두 인체의 일부인 손과 발을 보온하는 기능을 가지고 그 기능에 관련된 원단의 구성에 관한 기술이므로 양자가 동일 기술분야에 속하는 것이므로 용이고안을 긍정하였다.

37) 특허법원 2006. 6. 22. 선고 2005허9039 판결.

38) 대법원 2006후2059 판결("비교대상발명 4가 속하는 베어링 관련 기술은 '롤러'와 같은 회전체를 지지하는 구성이 있는 기계장치를 이용하는 기술분야에서 일반적으로 사용하는 기술인 점에 비추어 볼 때, 위 구성은 얀 공급장치와 같은 섬유기계분야에서도 통상의 기술자가 비교대상발명 4로부터 용이하게 도출할 수 있다고 할 것이다.").

### 나. 유사기술 부정 사례

대법원 1992. 5. 12. 선고 91후1298 판결은 완충재용 복합형 실리콘겔재 발명과 단열재용 실리콘계 고무재료인 선행기술의 관계에 관한 것으로서, 대법원은 "완충재는 충격을 완화하기 위한 것이고, 단열재는 열의 전도를 막는 것이라는 점에 비추어 일반적으로 기술분야를 같이 한다고 할 수 없으므로 단열재의 기술분야에서 공지의 기술이라도 완충재의 기술분야에서 공지라고 할 수 없"다고 설시하였다. 이러한 표현에 의하면 비유사기술은 대상 발명의 기술분야에서 공지기술이라고 할 수 없으므로 선행기술로 인용할 수 없다는 결론을 내릴 수 있다. 그럼에도 불구하고 법원은 나아가 해당 선행기술과 대상 발명의 구조 및 효과의 차이도 살펴야 한다고 말하고 있다. 비유사기술은 선행기술로 인용할 수 없다는 것인지 아니면 인용할 수는 있되 발명의 목적, 구성, 효과를 종합적으로 검토하면서 비유사기술임도 더불어 판단하여야 하는지에 대하여 대상 판결은 명확한 지침을 주지 않고 있다.

## 3. 정 리

위에서 선행기술의 유사기술 여부를 판단한 9개의 대법원 판례를 살펴보았다. 그 중 8개에서는 선행기술이 유사기술이라고 판단하였고 1개에서는 유사기술이 아니라고 판단하였다. 그 8개 판례 중 유사기술이라고 판단하면서 진보성을 인정한 사건은 2007후3981 판결 1개밖에 없었다. 해당 선행기술이 유사기술인 경우 그 선행기술을 진보성 판단을 위하여 인용할 수 있다는 점에 대하여는 이견이 있을 수 없다. 반대로 해당 선행기술이 유사기술이 아닌 경우에는 어떠한가? 우리 대법원은 그러한 비유사 선행기술을 인용하는 것이 곤란하다고 설시하여 '곤란하다'는 것이 무엇을 말하는지 해석하기가 곤란하게 하고 있다. 즉, 비유사기술은 선행기술로 인용할 수 없다고 보든지 아니면 비유사기술이라도 선행기술로 인용은 할 수 있되 그 비유사성을 발명의 목적, 구성, 효과와 더불어 종합적으로 검토하여야 하는지에 대하여 명확한 지침이 필요하다.

## V. 진보성 판단을 위한 유사기술 관련 쟁점 해설

### 1. 유사기술 판단과 용이도출 판단의 관계

적어도 미국에서는 선행기술이 유사기술이 아니라고 판단되는 경우 동 선행기술은 진보성 판단을 위한 증거로 채택되지 않는다.[39][40] 물론, 선행기술이 유사기술이라고 판단되는 경우에는 동 선행기술은 진보성 판단을 위한 증거자료로 활용된다. 그런데, 유사기술인지 여부가 판단이 애매한 경우가 있는데, 그럼에도 불구하고 유사기술이라고 최종 판단이 되면 용이도출 판단의 단계에서는 유사기술과 관련된 판단은 더 이상 영향을 미치지 않는 것으로 보인다. 즉, 용이도출 여부를 판단하는 단계에서는 유사기술임이 100% 확실한 것과 겨우 51% 정도 인정이 된 것의 차이가 없는 것이다. 유사기술 여부의 문턱을 겨우 넘은 선행기술은 용이도출 여부를 판단하는 단계에서도 그러한 사항이 반영되어야 하는 것으로 생각된다.

### 2. 법정 법리 여부

유사기술 법리가 법령이 규정하는 것인가, 아니면 법원이 만든 법리인가에 대하여 다툼이 있을 수 있다. 미국은 동 법리를 법원이 만든 것으로 본다. 즉, *Graham* 판결이[41] 진보성을 판단함에 있어서 제일 먼저 선행기술의 범위(scope of prior art)를 특정하도록 하고 있고 그에 따라 선행기술의 범위에 들지 않는 선행기술을 비유사분야 선행기술이라고 책정하는 것이다. 이에 반해 우리나라는 유사기술 법리의 근거를 제29조 제2항에서 찾고 있는 듯하다. 즉, 제29조 제2항이 해당 기술분야의 통상의 기술자를 규정하고 있으므로 해당 기술분야에 속하지 않는 선행기술은 유사기술이 아니라고 보는 것이다.[42] 하지만, "그 발명이 속하

39) *In re* Clay, 966 F.2d 656, 658 (Fed. Cir. 1992) ("A prerequisite to making [a finding of obviousness] is determining what is 'prior art.'").

40) 우리나라에서도 비유사기술은 선행기술로 인용될 수 없는가? 이호조, 앞의 글, 108면("그러므로 진보성 판단에서는 해당 특허발명과 선행기술의 기술분야가 동일한지 여부를 판단하는 것이 선행되어야 하고 그러한 판단을 위해 먼저 해당 특허발명이 속하는 기술분야의 범위가 확정되어야 한다.").

41) Graham v. John Deere Co., 383 U.S. 1, 17 (1966).

42) 대법원 2008. 7. 10. 선고 2006후2059 판결("특허법 제29조 제2항 소정의 '그 발명이 속하는 기술분야'란 원칙적으로 당해 특허발명이 이용되는 산업분야를 말하므로 당해 특허발명이 이용되는 산업분야가 비교대상발명의 그것과 다른 경우에는 비교대상발명을 당해 특허발명의 진보

는 기술분야"라는 표현은 선행기술의 범위를 말하는 것이 아니라 통상의 기술자를 설명하기 위한 것이라고 보이는 점에 근거하면[43] 동 제29조 제2항이 유사기술 법리의 근거라고 보기는 어려워 보인다.[44] 미국에서도 (우리 제29조 제2항에 대응되는) 미국 특허법 제103조에서 청구발명이 속하는 기술분야에서 통상의 기술을 가진 자(a person having ordinary skill in the art to which the claimed invention pertains)라는 표현을 쓰고 있음에도 불구하고 그 표현을 유사기술 법리의 근거로 삼지 않고 있다. "그 발명이 속하는 기술분야에서 통상의 지식을 가진 자"를 우리는 한 때 '당업자(當業者)'라고 표현하였다. 여기서의 '당업'이라는 말은 '해당(당) 기술분야(업)'를 줄인 것으로 보아야 한다. 그런 견지에서 "해당 기술분야"라는 제29조 제2항의 표현이 유사기술 법리의 근거가 되어서는 아니 된다. 해당 기술분야 통상의 기술자는 '그(해당)' 기술분야에 익숙하므로 다른(비유사) 기술분야의 선행기술을 검색하고 검토하기 어렵다는 상식적이고 논리적인 해석에 따라 법원이 만든 법리라고 보아야 한다.

### 3. 유사기술 v. 선행기술 v. 인용기술

"유사기술분야에 속하는 선행기술이 아니면 선행기술이 아니다"라는 표현이 있을 수 있다.[45] 그러나, 유사기술분야에 속하지 않는 선행기술이라고 하더라도 제29조 제1항이 규정하는 선행기술임에는 변함이 없어야 하므로, "유사기술분야에 속하지 않는 선행기술은 발명의 진보성을 판단하는 선행기술로 인용할 수 없거나 인용하기 어렵다"고[46] 설명하는 편이 더 정확해 보인다. 한편, 심사관이 진

---

성을 부정하는 선행기술로 사용하기 어렵다 하더라도, 문제로 된 비교대상발명의 기술적 구성이 특정 산업분야에만 적용될 수 있는 구성이 아니고 당해 특허발명의 산업분야에서 통상의 기술을 가진 자(이하 '통상의 기술자'라 한다)가 특허발명의 당면한 기술적 문제를 해결하기 위하여 별다른 어려움 없이 이용할 수 있는 구성이라면 이를 당해 특허발명의 진보성을 부정하는 선행기술로 삼을 수 있다.").

43) 특허청 심사지침서 중 2010년 시행 "특허요건 심사기준 개정사항", 33면("진보성 유무의 판단에 있어 기준이 되는 자는 '그 발명이 속하는 기술분야에서 통상의 지식을 가진 자(이하 '통상의 기술자'란 한다)'이다.").

44) 다음 논문도 통상의 기술자의 개념을 논하면서 '그 발명이 속하는 기술분야'를 설명하고 있다. 윤여강, "특허법에서의 '그 발명이 속하는 기술 분야에서의 통상의 지식을 가진 자'에 대한 연구", 「산업재산권」 제30호, 한국산업재산권법학회, 2009, 79－81면.

45) 김운호, "진보성 판단에 있어서 '그 발명이 속하는 기술분야'의 의의", 「대법원판례해설」 제78호, 법원도서관, 2008, 517면("진보성 판단에 있어서 선행기술에 해당하는지 여부를 확정하기 위해서는 우선 특허출원된 발명이 속하는 기술분야가 결정되어야 한다.").

46) 대법원은 비유사기술을 선행기술로 인용할 수 없다는 강한 표현을 자제하고 인용하기 어렵다는

보성 판단의 증거로 인용할 수 있는 선행기술을 인용기술이라고 정의하고, "유사기술분야에 속하지 않는 선행기술은 인용기술이 될 수 없다"고 표현할 수도 있을 것이다.

### 4. 2개 이상의 유사기술

진보성 부정을 위해 사용되는 2개의 선행기술이 모두 유사기술이어도 무방한가? 통상, 하나의 선행기술은 해당 기술분야에 속하고 다른 하나의 선행기술이 다른 기술분야에 속하여서 그 기술분야의 관련성을 따지게 되는데, 어떤 경우에는 두 선행기술 모두가 다른 기술분야에 속할 수도 있을 것이다.[47] 이렇게 2개의 선행기술이 모두 다른 기술분야에 속하는데도 불구하고 과제의 유사성이 인정되어 선행기술로 채택된다 하더라도 그 2개의 선행기술을 결합하여 해당 발명을 용이하게 도출할 수 있는지 여부를 판단하는 경우 그 용이도출에 대하여는 매우 부정적으로 보아야 할 것이다. 2개의 다른 기술분야에 속하는 선행기술을 근거로 해당 발명을 도출할 수 있다고 보는 것은 사후고찰(hindsight)의 영향을 강하게 받은 것으로 추정되기 때문이다.

### 5. 생활기술 및 기본기술의 적용범위

여자 치마의 선행기술에서 우산의 형상을 도출하는 것과 우산에서 여자 치마의 형상을 도출하는 것은 모두 용이한가? 대부분의 여자는 치마 구조를 알고, 대부분의 사람은 우산 구조를 안다. 그런 견지에서 일상 생활용품에 흔히 사용되는 기술은 여러 기술분야에 공통적으로 사용될 수 있다고 볼 수 있을 것이다.[48] 특히, 기본기술은 많은 기술분야에서 활용될 수 있다고 보아야 한다.[49] 예를 들

---

온건한 표현을 사용하고 있다. 대법원 2008. 7. 10. 선고 2006후2059 판결("특허법 제29조 제2항 소정의 '그 발명이 속하는 기술분야'란 원칙적으로 당해 특허발명이 이용되는 산업분야를 말하므로 당해 특허발명이 이용되는 산업분야가 비교대상발명의 그것과 다른 경우에는 비교대상발명을 당해 특허발명의 진보성을 부정하는 선행기술로 사용하기 어렵다 하더라도 ……").

47) Cedarapids, Inc. on Behalf of El−Jay Div. v. Nordberg, Inc., 895 F.Supp. 1230, 1260 (N.D. Iowa 1995) ("The threshold issue in a claim of invalidity based on prior art is whether <u>secondary</u> references legitimately fall within the scope of the relevant prior art.").

48) 특허법원 2008. 11. 7. 선고 2008허6062 판결.

49) Stevenson v. Int'l Trade Comm'n, 612 F.2d 546, 550 (C.C.P.A. 1979) ("In a simple mechanical invention a broad spectrum of prior art must be explored and it is reasonable to permit inquiry into other areas where one of ordinary skill in the art would be aware that similar problems exist.").

어, 자석에 관한 선행기술,[50] 베어링에 관한 선행기술은[51] 기본 기술분야에 해당하므로 여러 기술분야에서 활용될 수 있는 것으로 볼 수 있을 것이다.[52]

### 6. 유사기술 판단의 주관성 및 객관성

유사기술 여부를 판단함에 있어서 명세서 개시 내용, 출원인 또는 특허권자의 진술내용 등이 중요한 것이 아니므로, 객관적인 증거에 기초하여 판단하여야 한다. 그러나, 실제 사례에서는 그러한 주관적인 사항도 중요해진다. *Markman v. Lehman* 판례에서[53] 미국 연방지방법원은 재고(inventory)의 상태, 위치 등을 모니터링, 보고하는 재고 관리 장치인 발명과 세탁소 세탁물 관리 시스템인 선행기술의 관련성에 대하여 명세서의 기재에 근거하여 판단한 바 있다. *In re Klein* 판례에서[54] CAFC는 출원인이 발명의 과제, 목적을 매우 좁게 책정한 바에 근거하여 유사기술의 범위도 좁게 책정하고 있다. 객관적 증거를 우선하되 필요에 따라서는 주관적 증거도 활용이 가능하다고 보는 것이 타당해 보인다. 그러므로, 명세서 작성에 있어서 발명의 목적을 너무 넓게 잡는 것은 삼가야 한다. 출원인이 넓게 잡은 발명의 목적은 유사기술 판단에 있어서 불리하게 작용될 수 있는 것이다.

### 7. 기술적 과제 설정 v. 유럽의 과제-해결 접근법

앞에서 살펴본 바와 같이, 선행기술의 유사성을 판단하기 위해서는 과제(problem) 관련성을 판단하는 것이 관건이다. 그 판단을 위하여 미국의 판례들이 몇 가지 시사점을 제시하고 있지만, 기본적으로 과제 관련성 판단은 사실문제이어서 개별 사안에 따른 판단에 맡기고 더 구체적인 법리를 제시하고 있지는 못하고 있다는 한계를 보인다. 필자는 과제 관련성 판단의 정확성을 높이기 위해 그와 유사한 법리가 발달되어 있는 유럽의 과제-해결 접근법을 활용할 수 있다

---

50) 특허법원 2010. 12. 3. 선고 2009허9112 판결.

51) 대법원 2008. 7. 10. 선고 2006후2059 판결("비교대상발명 4가 속하는 베어링 관련 기술은 '롤러'와 같은 회전체를 지지하는 구성이 있는 기계장치를 이용하는 기술분야에서 일반적으로 사용하는 기술인 점에 비추어 볼 때, 위 구성은 얀공급장치와 같은 섬유기계분야에서도 통상의 기술자가 비교대상발명 4로부터 용이하게 도출할 수 있다고 할 것이다.").

52) 다음 판례 추가 소개 필요: *In re* Oetiker, 977 F.2d 1443 (Fed. Cir. 1992)(조립라인 금속 클램프 발명과 관련하여 의복의 고리(hook)를 비유사분야 선행기술로 본 사례).

53) Markman v. Lehman 987 F.Supp 25, 29-30 (D.D.C. 1997).

54) *In re* Klein, 647 F.3d 1343 (Fed. Cir. 2011).

고 생각한다. 이하 유럽특허청 심사지침서의 관련 부분을[55] 음미한다.

과제-해결 접근법에 의하면, 첫 단계로 최근접 선행기술을 결정하고, 두 번째 단계로 해결하여야 할 객관적인 기술적 과제를 설정하고, 세 번째 단계로 청구발명이 최근접 선행기술 및 객관적인 기술적 과제로부터 출발하여 통상의 기술자에게 자명하였는지 여부를 검토한다.[56] 두 번째 단계에서 객관적인 기술적 과제를 설정하게 되는데, 그 과제를 설정하는 사례를 검토하고, 그러한 검토결과를 선행기술의 유사성 여부를 판단하기 위하여 발명의 과제를 설정하는 장면에서 적용할 수 있을 것이다.

과제 설정을 위하여 최근접 선행기술과 발명의 구조적 또는 기능적 차이(이를 구별특징(distinguishing features)이라고 부른다)를 확인하고 그 구별특징으로부터 비롯되는 기술적 효과(technical effect)를 특정한 후 그 다음에 기술적 과제를 설정한다.[57] 그 특징 그 자체로 또는 다른 특징과 결합되어 발명의 기술적 성격에 어떠한 기여도 하지 않는 특징은 진보성 판단과 무관하다. 과제-해결 접근법에 있어서는, 기술적 과제는 발명이 제공하는 기술적 효과를 제공하기 위하여 최근접 선행기술을 변경 또는 적용하는 목적 또는 임무를 의미한다.

그런 견지에서 기술적 과제는 가끔 <u>객관적인</u> 기술적 과제라고 불린다. 그러므로 출원인이 명세서에서 과제로 제시한 것은 객관적인 기술적 과제가 되지 못하고 단지 주관적인 기술적 과제가 될 수 있는 것이다. 특히, 출원인이 당초 생각한 '최근접' 선행기술은 심사 과정에서 새롭게 발견된 선행기술에 그 '최근접'의 지위를 넘겨주어야 하는 경우도 상정할 수 있다. 또, 선행기술보고서(search report)에 인용된 선행기술이 명세서만을 읽었을 때와는 확연히 다른 발명의 측면을 제시할 수도 있다.

기술적 과제의 재설정(reformulation)의 정도는 각 사건의 구체적인 내용에 따라 평가되어야 한다. 원칙적으로는 발명에 의하여 제공된 어떠한 효과도 그것이 최초 명세서로부터 기인한다면 기술적 과제의 재설정을 위한 근거로 사용될 수 있다. 심사 중 출원인에 의하여 새롭게 제출된 새로운 효과도 그 효과가 최초 제시된 기술적 과제에 암시되어 있거나 그 과제와 관련되어 있는 경우에는 그 새

55) EPO, *Guidelines for Examination*, Part C, Chapter IV, 11.5.

56) *Id.*

57) EPO, *Guidelines for Examination*, Part C, Chapter IV, 11.5.2.

로운 효과에 의존할 수 있다.

객관적인 기술적 과제를 설정함에 있어서 기술적 해결의 요체를 포함하지 않아야 한다. 발명에 의하여 제공된 기술적 해결을 그러한 설정에 포함하는 것은 필요적으로 사후고찰을 초래하기 때문이다. 그러나, 비기술적 분야에서 청구항이 이루어야 할 어떤 목적(aim)을 지칭하는 경우, 그 목적은 과제 설정에서 적법하게 나타날 수 있을 것이다.

기술적 과제라는 표현은 넓게 해석되어야 한다. 기술적 해결이 선행기술에 대한 기술적 개량을 반드시 의미하는 것은 아니다. 그러므로 그 과제는 동일 또는 유사한 효과를 제공하거나 비용 효과적인 알려진 장치 또는 공정의 대체품을 단순히 모색함을 의미할 수 있다. 실질적으로 모든 청구된 사례가 기술적 효과를 보이는 것이 믿을 만한 경우에 한하여 기술적 과제가 해결된 것으로 간주될 수 있다. 때로는 객관적인 기술적 과제는 부분 과제 복수 개의 집합으로 간주되어야 한다. 이러한 경우는 구별특징 전체로서 달성되는 기술적 과제가 전혀 없고 부분 과제 복 수개가 다른 구별특징의 세트에 의하여 독립적으로 해결되는 경우이다.

### 8. 사후고찰 방지를 위한 유사기술 적용의 엄격화 필요

발명의 진보성 판단에 있어서 사후고찰의 오류를 방지하기는 불가능하고 오류의 정도를 조금이라도 낮추는 것도 매우 어렵다. 진보성 판단에 있어서 출원인 및 특허권자의 최대의 적이 사후고찰의 오류라고 생각된다. 그런 견지에서 유사기술 법리를 엄격하게 적용하는 경우 사후고찰의 오류를 조금이라도 줄일 수 있지 않을까 기대된다. 발명을 이해한 후 다른 기술분야의 선행기술을 검색하기는 쉬워도 그 발명의 통상의 연구원 또는 기술자가 자기가 연구하는 기술분야와 관련이 없는 기술분야의 선행기술을 검색하는 것은 일반적으로는 어렵다고 보아야 한다.

### 9. 합리적 최광의 해석의 원칙과 유사기술 법리

미국 및 유럽에서는 출원 중인 발명의 심사 시에 그 발명의 범위를 합리적인 한도 내에서 최대한 넓게 해석하며, 이러한 원칙을 소위 합리적 최광의 해석의 원칙이라고 부른다. 그렇다면, 그러한 원칙을 유사기술 법리에도 적용할 수 있는가? *In re Bigio* 판결에서[58] Rader 판사는 유사기술 법리에도 합리적 최광의

58) *In re* Bigio, 381 F.3d 1320 (Fed. Cir. 2004) (JJ. Rader (author), Schall, Newman (dissenting)).

해석의 원칙이 적용될 수 있다고 보았고 Newman 판사는 반대의견을 내었다. 필자의 소견으로는, 합리적 최광의 해석의 원칙은 청구발명의 기술적 범위를 어떤 정도로 책정하느냐의 문제이지 선행기술이 속한 기술분야의 범위를 어떤 정도로 책정하느냐의 문제가 아니므로 동 원칙을 유사기술 법리에까지 적용하여서는 아니 된다고 생각한다.

### 10. 통상의 기술자의 능력의 범위

분업화, 전문화가 진행됨에 따라 의사의 전문분야도 매우 세분화된다. 예전에는 내과의사가 사람의 신체 모든 부위를 진단, 치료, 수술하였으나 요즘에는 신체의 특정부위를 전문적으로 담당하는 의사가 많이 생긴다. 예를 들어, 대형병원에서는 내시경 진단 분야에서도 위를 담당하는 의사와 장을 담당하는 의사로 나누어지고 있다. 위 내시경 진단을 하는 의사도 장 내시경 진단을 할 수 있지만, 본인의 차별적 우위는 위 내시경 분야에 있을 것이다. 삼성전자에서 핸드폰의 터치스크린 기술에 대하여 연구하는 연구원은 핸드폰의 안테나 기술에 대하여 잘 모른다고 보아야 한다. 기술의 전문화 및 세분화는 유사기술분야를 좁게 만드는 결과를 초래한다.[59] 한편, 검색 DB 및 검색 프로그램의 발달은 기술분야의 경계를 무의미하게 하는 역할을 하여 결과적으로 유사기술분야를 넓게 만드는 결과를 초래한다. 어떤 영향이 더 큰 것인가? 필자는 기술분야의 전문화, 세분화의 영향과 검색 프로그램의 발달 외에 검색 대상이 되는 정보량의 폭증까지 감안하면 앞으로는 유사기술분야를 조금이라도 더 좁게 보아야 한다고 생각한다.

### 11. 무효심판에서의 유사기술

선행기술이 이용 가능한 유사기술인지 여부를 특허무효심판에서는 특히 더 엄격하게 판단하여야 할 것이다. 심사 중 고려되었던 선행기술을 근거로 무효심판을 제기하는 경우 그 특허에 적어도 심정적으로 유효추정의 원칙이 적용되는 경험칙과 유사하게, 심사 중 제시된 선행기술은 유사기술일 가능성이 높은 반면, 등록 후 무효심판에서 제시된 것은 유사기술이 아닐 가능성에 비중을 더 두고 판단을 하여야 한다. 심사관이 하나의 출원을 심사하기 위해서 투여하는 평균 시

59) 김운호, 앞의 글, 517면("한편, 기술의 고도화 다양화에 따라 전문화가 심화되면서 기술분야의 개념도 점점 전문화 세분화되는 것이고 따라서 이른바 첨단분야에 관련된 기술일수록 '그 발명이 속하는 기술분야'의 범위는 좁아지는 것은 사실이다.").

간은 발명자가 발명을 하는 과정에서 선행기술을 검색하는 시간보다 통상 더 짧다고 보아야 한다. 그러므로 심사관이 발견할 수 있는 선행기술은 발명자도 검색할 수 있었다고 보기 쉽다. 그렇다고 심사관이 우연히 발견한 모든 선행기술을 유사기술로 인정할 수 있는 것은 물론 아니다.[60]

## Ⅵ. 결 론

발명의 진보성 판단을 위하여 인용될 수 있는 선행기술의 기술분야는 해당 발명의 기술분야와 동일한 기술분야의 것은 물론이고 나아가 인접 기술분야의 것도 포함한다. 즉, 해당 기술분야에 존재하는 선행기술만을 진보성 판단에 사용할 수 있다고 보아서는 아니 되고, 연구원의 연구개발 현실을 반영하여야 한다. 연구원이 (보통의 창작능력이 없는) 자동인형(automaton)이[61] 아니므로 다른 기술분야에서 선행기술을 검색할 수 있다고 보아야 한다. 호주에서 예전에는 선행기술을 검색할 수 있는 기술분야를 좁게 본 적이 있었으나 법 개정을 통하여 그러한 기술분야를 넓게 책정할 수 있도록 한 사례가 있다.[62] 다른 한편, 해당 발명의 기술과 전혀 관련이 없는 선행기술을 여과 없이 진보성 판단에 사용하는 행위는 연구개발의 현실을 외면하게 하고, 진보성 판단이 사후고찰의 지배를 받게 할 것이다.

유사기술분야 판단을 위한 객관적인 증거로는 출원인이 명세서에서 기재하고 있는 기술분야, 특허청이 분류한 IPC 분류,[63] 심사관이 검색한 선행기술이 속한 기술분야,[64] 발명자가 검색한 선행기술이 속한 기술분야,[65] 발명자의 진술[66]

60) "Article One Project"는 집단지성을 활용하여 선행기술을 검색하고 검색된 선행기술을 바탕으로 해당 특허를 무효시키는 작업을 한다. 온갖 기술분야의 기술자가 선행기술을 검색하게 되고 그래서 유사기술이 아닌 선행기술이 제시될 가능성이 매우 높은 작업이다.

61) KSR Intern. Co. v. Teleflex Inc., 550 U.S. 398, 421 (2007) ("A person of ordinary skill is also a person of ordinary creativity, not an automaton.").

62) 〈http://www.patentdocs.org/2012/08/news-from-abroad-australia-reforms-its-patents-act-1990.html〉.

63) *In re* Ellis, 476 F.2d 1370, 1372 (C.C.P.A. 1973).

64) Orthopedic Equip. Co. v. United States, 702 F.2d 1005, 1008−09 (Fed. Cir. 1983).

65) Constant v. Advanced Micro Devices, Inc., 848 F.2d 1560, 1572 (Fed. Cir. 1988) ("[A]ny reference … that was the source of ideas used by the inventor when he conceived his invention is relevant and can be considered on the issue of obviousness.").

66) *In re* Schreiber, 128 F.3d 1473, 1479 (Fed. Cir. 1997) ("[W]e note that [the inventor]

등이 활용될 수 있을 것이다.

선행기술의 정의를 충족하는 기술이 대상 발명의 기술분야에 속하지 않아서 유사기술이 아니라고 판단되는 경우, 그 기술을 선행기술로 인용하지 않아야 하는지 아니면 선행기술로 인용은 할 수 있되 발명의 목적, 구성, 효과와 더불어 종합적으로 검토되면서 진보성을 인정하는 긍정적인 영향을 미치는 것으로 보아야 하는지에 대하여 법리가 명확하지 않은 면이 있다. 이에 관하여 명확히 설시하는 판례를 기대한다.

---

Schreiber acknowledges in the specification that the prior art pertinent to his invention [related to popcorn dispensing] includes patents relating to dispensing fluids. Schreiber therefore may not now argue that such patents are non-analogous art.").

# 제4절 간행물의 반포시기*

## Ⅰ. 서 론

특허제도는 발명의 '보호'와 '이용'이라는 양 축을 통하여 기술발전 촉진 및 산업발전 도모라는 특허제도의 궁극적 목적을 달성하고자 한다.[1] 발명가는 특허법이 보장하는 특허권으로 발명을 '보호'하기 위하여 그 반대급부로 발명을 공개하여 공중(the public)이 그 발명을 '이용'할 수 있도록 하여야 한다. 이러한 발명의 보호와 이용은 반드시 산업발전이라는 특허법의 목적을 달성할 수 있도록 운용되어야 하고 그러한 견지에서 특허권자는 특허권을 받는 반대급부로 이미 공중의 지식이 아닌 새로운 즉 신규한 발명을 출원·공개하여야 한다. 그 신규한 발명이 공중의 지식을 살찌우고 공중의 이용을 유도하여 궁극적으로 산업발전에 이바지하게 되는 것이다.

특허법 제29조 제1항 제1호 및 제2호는 발명이 신규하기 위해서는 해당 발명이 첫째, 특허출원 전에 국내 또는 국외에서 공연히 알려졌거나 공연히 실시되지 않았어야 하고 둘째, 특허출원 전에 국내 또는 국외에서 반포된 간행물에 게재되거나 전기통신회선을[2] 통하여 공중이 이용가능하게 되지 않았어야 한다고 규정하고 있다. 그렇지 않은 경우, 해당 발명에 대한 신규성이 부정될 것이다. 출원(일)(우선일) 전에 일반 공중이 이용할 수 있었던 정보를 흔히 선행기술이라고 하며,[3][4] 해당 발명과 동일 또는 유사한 선행기술을 검색하는 것이 심사실무의

* 이 절은 정차호, "간행물의 반포시기 결정에 관한 연구", 「지식재산논단」, 한국지식재산연구원, 2004년 7월호에 실린 글을 수정, 보완한 것이다.

1) 특허법 제1조는 특허법이 "발명을 보호·장려하고 그 이용을 도모함으로써 기술의 발전을 촉진하여 산업발전에 이바지함을 목적으로 한다"고 규정하고 있다.

2) 2013년 법 개정(법률 제11690호)으로 "대통령령이 정하는"이라는 제한은 삭제되었다.

3) 선행기술에 상응하는 영어 표현은 미국식의 "prior art"와 유럽식의 "the state of the art"가 있다. 전자가 더 간결하고 정확한 표현이라고 생각한다. "먼저 알려진 기술"을 표현하기 위해서는 prior technology 또는 prior information 등이 더 어울릴 것 같으나, 중세 영어의 "art"는 '기술'의 의미를 포함하였고 그런 의미의 art라는 단어가 그대로 사용되고 있다. 미국 헌법도 art를 기술이라는 의미로 사용하고 있다. 미국 헌법 제1조 제8항("The Congress shall have power … To promote the progress of science and useful <u>arts</u>, by securing for limited times to authors

중요한 부분을 차지한다.[5)]

이 절은 선행기술 중 법 제29조 제1항 제2호의 사항인 반포된 간행물 및 전기통신회선을 통하여 공개되는 정보와 관련하여 간행물 및 전기통신회선의 의미를 살펴보고 나아가 그러한 매체를 통한 공개의 시점을 결정하기 위하여 사용되는 판단기준을 살펴본다.

## Ⅱ. 간행물의 반포시기

### 1. 간행물 여부 판단

간행물의 반포시기를 판단하기에 앞서 해당 매체가 특허법 제29조 제1항 제2호가 규정하는 간행물에 해당하는지를 먼저 판단하여야 한다. 특허청 발간 심사지침서는 간행물이란 "일반공중에게 반포에 의하여 공개할 목적으로 복제된 문서, 도면, 기타 이와 유사한 정보전달매체"라고 설명하고 있다.[6)] 역사적으로 인쇄물(printed publication)은 간행물의 대표적인 형태였다. 하지만, 관련 기술의 발달로 인하여 인쇄 외의 여타 기계·화학·전기적 방법에 의하여 인쇄와 유사한 복제가 이

---

and inventors the exclusive right to their respective writings and discoveries.").

4) 우리 법은 선행기술을 공지, 공용 및 간행물 공지(문헌공지)의 세 가지 형태로 나누고 있으며, 공지 및 공용에 대해서는 국내에서의 것만 인정하는 국내주의, 간행물에 대해서는 국내·외의 것을 불문하는 국제주의를 취하고 있으나, 세계지식재산권기구(WIPO) 특허법상설위원회(Standing Committee on the Law of Patents, SCP)에서 논의 중인 특허실체법조약(Substantive Patent Law Treaty, SPLT) 초안 제8조 제1항은 그러한 구분 없이 "출원일(우선일) 전에 전 세계 어디서든 어떤 형태로든 공중에게 이용가능하게 된 모든 정보"를 선행기술로 정의하고 있다. 〈http://www.wipo.int/scp/en/documents/session_10/pdf/scp10_2.pdf〉
향후 특허실체법조약이 채택된 후 우리나라가 동 조약에 가입하기 위해서는 특허법 제29조를 이러한 정의에 부합되도록 개정하여야 할 것이다. 위는 이 글의 2004년 판의 것이다. 특허실체법조약은 아직 채택되지 않았지만, 외국의 공지·공용 정보를 선행기술로 포섭할 필요성은 인정되었고 그래서 2007년 법 개정을 통하여 공지·공용에 대하여도 국제주의를 도입하였다.

5) 선행기술 검색업무가 심사업무 전체에서 차지하는 비중을 정확히 파악하는 것은 매우 중요하다. 특허청은 많은 출원의 선행기술검색을 외부 기관에 용역발주(outsourcing)하고 있다. 동 용역의 단가를 책정하기 위해서, 또 그러한 아웃소싱으로 인하여 심사관의 업무가 얼마나 경감되는지 등을 판단하기 위해서 동 비중을 정확히 산정하여야 한다.

6) 특허청, 「심사지침서」, 2002, 2305면. 대법원 1992. 10. 27. 선고 92후377 판결이 간행물을 "인쇄 기타의 기계적, 화학적 방법에 의하여 공개할 목적으로 복제된 문서, 도화, 사진 등"이라고 정의한 것의 개량된 정의라고 판단된다. 吉藤幸朔는 간행물을 "공개를 목적으로 하여 복제된 문서·도면·사진 등의 정보전달부재"라고 정의한다. 吉藤幸朔, 「특허법개설」 제12판, 대광서림, 1999, 105면.

루어지므로 복제의 방법 또는 전달매체의 종류가 간행물 여부를 결정짓지 못한다.

공개할 '목적'의 존재가 간행물이 되기 위한 필수적인 전제조건인가에 대하여는 긍정설과 부정설이 있다.7) 긍정설에 의하면, 해당 정보를 은닉하고자 한 의도가 존재하였다면 그러한 정보를 담은 매체를 간행물로 보기 어렵다는 것이다. 즉, 공개할 목적이 존재한다는 말을 해당 정보를 은닉할 의도가 없었다는 말의 다른 표현으로 보는 것이다. 그런 견지에서 다수의 공중에게 배포되었다 하더라도 수령자에게 해당 정보를 비밀로 유지할 것을 요구하였다면 공개할 목적이 존재하지 않았고 따라서 해당 정보는 선행기술의 지위를 가지지 못한다. 이런 경우 공개할 목적의 존재 여부는 제작한 사람의 의도를 파악하는 주관적(subjective) 테스트가 아닌 해당 문서의 성격, 제작과정 등을 파악하는 객관적(objective) 테스트를 통하여 판단되어야 할 것이다.8)

특허출원서류는 공개를 목적으로 하는 간행물인가? 특허등록을 위하여 제출된 특허출원서류는 반포에 의하여 공개할 목적으로 작성된 것으로 보기 어렵다. 동 서류는 특허권을 확보하기 위한 목적으로 제출된 것이며, 동 서류의 내용을 옮겨 실은 특허공개공보가 반포에 의하여 공개할 목적으로 복제된 간행물이라 할 것이다.9)10) 재판기록은 재판공개의 원칙에 의하여 그 내용이 공개될 수는 있

---

7) 공개의 목적이 간행물이 되기 위한 필수적 전제조건인지 여부는 미국 판례도 상이한 입장을 보이고 있다. 공개할 의도가 없는 경우 간행물로 볼 수 없다는 주장은 *Ex Parte* George, et al., 230 USPQ 575 (P.T.O. Bd. App. 1984) ("Mere speculation or surmise that the document was, in fact, made available to non-members of GRI is, in my opinion, not a proper basis for treating the document as a printed publication under the circumstances where GRI has contended that it had no intent to distribute the report to the public or make the report accessible to the public.") 참조. 공개할 목적이 결정적 변수가 되지 못한다는 주장은 *In re* Wyer, 210 USPQ 790, 795 (CCPA 1981) ("While intent to make public, activity in disseminating information, production of a certain number of copies, and production by a method allowing production of a large number of copies may aid in determining whether an item may be termed a "printed publication,"they are neither always conclusive nor requisite. Each case must be decided on the basis of its own facts.") 참조.

8) *In re* Bayer, 196 USPQ 670, 675 (CCPA 1978) ("The general rule is that intent, being a state of mind, is rarely susceptible of direct proof, but must ordinarily be inferred from circumstantial evidence.").

9) 미국 특허법 제102조는 문헌공지의 형태로 간행물과 특허를 구분하고 있다. 특허되었다는 사실만으로는 선행기술이 될 수 없고 공중이 열람가능한 상태가 되어야 할 것임은 미국과 우리나라가 달라서는 아니 될 것이다. 특허가 공중이 열람가능한 상태가 된다는 것은 결국 간행물이 된다는 것인바, 그러한 견지에서는 특허는 간행물의 부분집합에 해당할 것이다. 부분집합인 특허를 간행물과 병렬하여 거론한 것은 잘못된 것이라고 판단된다.

10) 특허제도의 큰 목적 중 하나가 기술의 공개이므로 특허출원서류는 특허제도라는 울타리 안으

더라고 그 성격상 공개를 목적으로 작성되는 것이 아니므로 간행물이 아니다. 또, 기술사양서가 일반에게의 공개를 목적으로 만들어진 것이 아니라 한정된 관계자에게 해당 기술을 설명하기 위한 목적으로 만들어 졌다면 그것은 간행물의 지위를 갖지 못한다고 할 것이다. 그런 경우 법 제29조 제1항 제2호가 아닌 동조 동항 제1호의 공연인지 여부를 논하여야 할 것이다.

공개할 '목적'의 존재가 간행물 여부를 판단하기 위한 필수적인 전제조건으로 보기 어려운 면도 있다. 간행물이 "종이 또는 전자적 매체에 실어 읽거나 보고 들을 수 있도록" 만든 매체라는 정의에 의하면[11] 간행물이 되기 위하여 공개할 목적이 반드시 존재하여야 하는 것으로 보이지 않는다. 공중이 이미 알 수 있는 상태에 놓인 정보, 즉 공중의 지식을 공개할 목적이 없었다는 이유로 간행물로 인정하지 않아 특정인의 기술이 특허된다면 이는 특허법의 취지에도 맞지 않는 것이다. 또, 공연인지 여부를 판단할 때, "비밀유지의무가 있는 자가 그 의무를 위반하여 타인에게 발명을 누설한 경우에도 그 발명은 공지로 된다"고[12] 하여 공개할 목적과는 관계없이 공지로 보는 것과 달리 간행물에 대하여는 공개의 목적을 굳이 추가하여야 할 특별한 근거가 없다. 즉, 공연인지 발명과 반포된 간행물에 게재된 발명에 있어 공통의 동등한 가치는 일반 공중에게 알려진 상태이므로 굳이 간행물에 한해 공개할 목적을 추가로 전제하는 것은 무리이다. 상기 세 가지 이유에 의하여 공개할 '목적'을 간행물로 보기 위한 필수적인 전제조건으로 보는 것은 바람직하지 않은 면이 있다.

필자는 부정설이 특허법의 취지에 더욱 부합한다고 판단하며, "공개할 목적"을 해당 정보전달매체를 특허법 제29조 제1항 제2호의 간행물로 보기 위한 필수적인 전제조건으로 해석하는 것이 아니라 해당 정보를 은닉할 의도가 없었음을 판단하기 위한 소극적인 의미로 해석되어져야 한다고 본다.

단 한 부의 간행물도 특허법 제29조 제1항 제2호가 규정하는 간행물이 될 수 있다.[13] 인쇄 등의 형태로 복제를 하는 경우 일반 공중에게 반포할 목적으

로 들어섬과 동시에 출원이라는 목적 외에 공개라는 목적을 간접적으로 같이 가지게 되는 것으로 보아야 한다는 주장도 가능할 것이다.

11) 출판및인쇄진흥법 제2조(정의).

12) 특허청, 「조문별 특허법해설」, 2002, 77면.

13) *In re* Tenney, 254 F.2d 619, 626–27 (CCPA 1958) ("[O]nce it has been established that the item has been both printed and published, it is not necessary to further show that any given number of people actually saw it or that any specific number of copies have been circulated.

로 여러 부를 복제하는 것이 보통이나, 단 한 부를 제작하였다 하더라도 "원본이 공개되어 그 복사물이 공중의 요구에 의하여 즉시 교부될 수 있으면 간행물로 인정될 수 있다."[14] 도서관 서고에 비치된 단 한 부의 논문도 그 논문이 일반 공중의 요구에 의하여 자유롭게 열람될 수 있는 상태에 있다면 간행물의 지위를 가지는 것이다. 더욱이 인터넷에 올려지는 단 하나의 글이 전 세계에 반포되는 간행물이 될 수 있으므로 인터넷상에서는 부수의 의미가 더욱 없어졌다.

상기 특허청 심사지침서는 간행물을 '복제된' 문서, 도면, 기타 이와 유사한 정보전달매체라고 정의하고 있다. 그렇다면 복제되지 않은 것은 간행물이 아닌가? 그렇지 않다. 복제되지 않은 것도 간행물이 될 수 있다. 복제의 사전적 의미는 "본디의 것과 똑같이 만든 것 또는 미술품이나 저작물을 인쇄·복사·녹음 등의 방법으로 원형 그대로 만드는 일 또는 만든 그 것"을 말한다.[15] 인쇄술 발전 초창기에는 등사 원지에 인쇄될 내용을 적고 그 등사된 원판을 인쇄기에 장치하여 여러 부를 복제(인쇄)하였다. 하나의 원판을 만드는 작업에 많은 시간과 정성이 투입되었고 그렇게 만들어진 원판을 이용하여 많은 부수를 복제하는 것이 당연했다. 물론 정성껏 만든 원판을 제대로 활용하지 못하고 적은 부수만을 복제하는 경우도 있었을 것이다. 하지만 기술의 발전에 따라 간행물 또는 인쇄물을 만드는 방법이 상당히 달라졌다. 간행 또는 인쇄할 내용을 컴퓨터에 입력하고 입력된 내용을 필요에 따라 적당한 부수만큼 출력(printing)하면 된다. 원본은 언제든지 교정되고 또 출력된다. 또, 복제되지 않고 타이핑기계 또는 손으로 작성된 원본이라도 복사기를 이용하여 필요에 따라 적당한 부수만큼 복사할 수 있다.[16] 복제되지 않은 단 한 부의 수기(handwritten) 원본도 공공이 열람 가능하

··· The law sets up a conclusive presumption to the effect that the public has knowledge of the publication when a single printed copy is proved to have been so published."); Honeywell Inc. v. Sperry Rand Corp., 180 USPQ 673, 710 (D.Minn. 1973) ("A descriptive document qualifies as a printed publication even where only a single typewritten copy is put on file in the library of a college, because it is the expression of an intent that the fruits of research be available to those of the public who have an interest in the subject matter that is determinative of the fact of publication.").

14) 특허청, 심사지침서, 2002, 2305면.

15) 네이버 국어사전 참조.
〈http://krdic.naver.com/krdic.php?where=krdic&docid=55528〉.

16) Hamilton Laboratories Inc. v. Massengill, 45 USPQ 594, 595 (6th Cir. 1940)(인쇄(printed) 또는 타이프(typewritten)의 형태가 중요한 것이 아니라 공개하려는 의도가 중요).

여 자유롭게 원하는 만큼 복사할 수 있다면, 간행물의 지위를 가지는 것이다.[17] '복제'라는 단어를 포함하여 간행물을 정의하는 것은 기술의 발전을 고려하지 않고 예전부터 사용되어 오던 용어를 그대로 사용하고 있는 사례라고 생각된다. 요시우지(吉藤幸朔)는 간행물이 "한번에 다수를 복제할 수 있는 수단에 의해 복제된 것인 한, 일시적 복제의 수가 적다는 것을 이유로 복사물을 인쇄물과 구별해서는 안 된다"고 설명하고 있다.[18] 잘못된 설명이다. 복제되지 않은 수기 작성된 단 한 부의 원본도 공중이 열람가능하면 간행물의 지위를 가진다.

마이크로필름, CD-ROM, 슬라이드 등의 정보전달매체도 간행물로 인정될 수 있다. 공중에게 잘 알려진 일반적인 기기를 이용하여 그 내용을 파악하거나 종이에 출력할 수 있으므로 처음부터 인쇄된 종이 문서와 다르게 취급할 이유가 없다. 기술의 내용을 목소리로 녹음한 녹음테이프를 간행물로 인정하는지 여부에 대해서는 이견이 있을 수 있다. 녹음테이프를 통하여도 기술의 내용이 공중에게 공개될 수 있다는 점은 일반 간행물과 동일하나 간행물은 시각적인 정보를 전제로 하는 것이므로 녹음테이프는 법 제29조 제1항 제1호가 규정하는 공지된 선행기술로서의 증거로만 활용될 수 있을 뿐이라는 의견이 있을 수 있다.[19] 대부분의 간행물이 시각을 통하여 정보가 전달되는 것은 사실이다. 하지만, 그런 사실이 가독성(legibility)이 없으면 간행물이 될 수 없다는 결론을 만들지는 못한다. 정보의 전달은 시각뿐만 아니라 청각, 촉각 등에 의하여도 가능하다.[20] 만약 간행물이 시각 정보만을 전제로 한다면 그런 전제는 시각장애인들에게는 특허법적으로 정보가 공개될 수 없다는 모순을 야기한다. 시각이 아닌 촉각으로 정보가 전달되는 점자 책자도 어엿한 정보전달매체로서의 기능을 다할 수 있다. 불특정의 시각장애인은 일반 공중의 한 부분으로 보아야 하고 점자 책자를 통하여도 기술의 내용이 공개될 수 있으므로 점자 책자도 간행물이 될 수 있다. 이상의 논의를 고려하여 결론적으로 말하면, 기록되는 정보의 소멸·변경의 가능성이 적은 어떤

17) *In re* Tenney, 117 USPQ 348, 353 (CCPA 1958)(수기(handwritten)된 자료와 인쇄(printed)된 자료의 유일한 차이는 생산의 방법에 불과하다고 판단); In re Wyer, 210 USPQ 790, 795 (CCPA 1981)(인쇄, 수기, 마이크로필름 등 제작방법의 차이를 불문).

18) 吉藤幸朔, 「특허법개설」, 105면.

19) 가독성을 간행물이 되기 위한 전제 요건으로 판단한 미국 판례는 *In re* Tenney, 117 USPQ 348, 353-54 (CCPA 1958) 및 Gulliksen v. Halberg, 75 USPQ 252, 253-54 (Pat. Off. Bd. App. 1937) 참조.

20) 출판및인쇄진흥법 제2조도 간행물을 "종이 또는 전자적 매체에 실어 읽거나 보고 들을 수 있도록" 만든 매체라고 정의하고 있다.

매체에[21] 정보가 기록되고 그 정보를 인간의 오감 중 하나를 통하여[22] 인지할 수 있다면 그 정보전달매체는 간행물이 될 수 있다고 보아야 한다. 공개의 목적, 복제, 가독성 등이 간행물 판단의 전제 조건이 되지 않아야 한다.

## 2. 반포시기

"반포란 당해 간행물이 불특정 다수의 일반 대중에 의하여 열람 가능한 상태로 배포되는 것이다. 열람이 가능하면 족하고 현실적으로 누군가가 열람했다는 사실은 필요 없다."[23][24] 반포의 요건으로 "열람가능성"만을 요구하고 "열람사실"을 요구하지 않는 이유는 무엇인가? 특허법은 이미 공중의 지식의 범주에 포함된 내용에 대하여는 특허권을 부여하지 않는다. 열람을 하여 그 내용이 이해된 것에 한하여 공중의 지식의 범주로 인정한다면, 열람한 사람의 지식, 기억 등 법적 안정성을 기대하기 어려운 변수에 의하여 반포시기가 변경될 수 있다. 법적 안정성을 제고하기 위해서는 그러한 개인적인 변수를 제거할 필요가 있으므로 객관적으로 판단할 수 있는 열람 가능한 상태를 기준으로 반포시기를 판단하고자 하였을 것으로 짐작된다. 특허법적으로는 열람 가능한 순간 이미 그 내용은 공중의 지식의 범주에 포함된 것이다.

특허청 발행 심사지침서는 반포란 간행물이 '불특정인'이 볼 수 있는 상태에

21) 비행기의 배기가스를 이용하여 공기 중에 정보가 기록된 경우, 그 공기는 간행물이 될 수 없을 것이다. 연필로 작성된 문서처럼 개변 용이한 것도 간행물이라고 보기 어렵다. 中山信弘 편저「註解特許法」 제2증보판 상권, 한빛지적소유권센터, 1995, 269면. 미국특허상표청 심판원은 타이핑과 수기가 혼재된 논문이 간행물이라고 판단하며, 잉크의 영구성(permanent character)에 주목하였다. *Ex parte* Hershberger, 96 USPQ 54, 57 (Pat. Off. Bd. App. 1952).

22) 녹음기, 마이크로필름판독기 등 일반적으로 알려진 기기의 도움을 받는 것도 무방하다.

23) 특허청,「조문별 특허법해설」, 2002, 78면 및 中山信弘 편저「註解特許法」, 275면 참조. 대법원 1996. 6. 14. 선고 95후19 판결("반포된 간행물이라 함은 불특정 다수의 일반 공중이 그 기재 내용을 인식할 수 있는 상태에 있는 간행물을 말한다.").

24) 형법상 명예훼손죄도 이와 유사한 법리를 택하고 있다. 형법상 명예훼손죄는 "공연히 사실을 적시하여 사람의 명예를 훼손"하는 행위를 처벌하는 것이고 명예훼손죄는 '공연성'을 요건으로 하고 있는데, 공연성이란 불특정 또는 다수인이 인식할 수 있는 상태를 의미하는 것이다. 따라서 비록 개별적으로 한 사람에 대하여 사실을 유포하였다고 하더라도 그로부터 불특정 또는 다수인에게 전파될 가능성이 있다면 공연성의 요건을 충족하지만 이와 달리 전파될 가능성이 없다면 특정한 한 사람에 대한 사실의 유포는 공연성을 결한다는 것이다. 대법원 2000. 5. 16. 선고 99도5622 판결. 인식할 수 있는 상태면 족하지 현실적인 인실 여부를 따지지 않는 면은 특허법에서 간행물의 반포 여부를 판단하는 방식과 동일하다. "부정경쟁방지및영업비밀보호에관한법률" 제2조 제2호도 영업비밀을 "공연히 알려져 있지 아니하고 독립된 경제적 가치를 가지는 것으로서 상당한 노력에 의하여 비밀로 유지된 생산방법·판매방법 기타 영업활동에 유용한 기술상 또는 경영상의 정보"라고 정의하여 '공연성'을 그 요건으로 하고 있다.

놓이는 것을 말한다고 설명하고 있다.[25] 또, 불특정인이란 그 발명에 대한 비밀준수의무가 없는 일반 공중을 말한다고 부가하여 설명하고 있다.[26] 위의 특허청 발행 조문별 특허법해설, 中山信弘 편저 註解特許法, 대법원 판례 등이 '불특정 다수'의 열람가능성을 논하였던 것과 차이가 있다. 또 형법에서 인식의 주체를 "불특정 또는 다수인"으로 하는 것과도 차이가 있다. 미국특허상표청 특허심사지침서는 공중의 접근 가능성(public accessibility)으로 반포시기를 판단한다.[27] 간행물의 인식 주체에 대한 표현이 서로 상이함이 흥미롭다. 이렇게 표현이 서로 상이하여도 결과는 비슷하다. 왜냐하면 모든 경우가 열람의 '가능성'만을 묻기 때문이다. 그래서 불특정의 1인에게 열람 가능하면 실질적으로 불특정의 다수인에게도 열람 가능한 것이다. 다만 형법에서는 '특정의 다수인'도 인식의 주체로 상정하나, 많은 경우 특정의 다수인은 일반 공중의 부분 집합으로 볼 수 없는 경우가 있다. 예를 들어, 미항공우주국(NASA) 직원들만이 접근 가능한 사내전산망에 올려진 정보는 특정의 다수인이 접근 가능한 것이며, 이러한 경우 공중이 열람 가능한 정보로 보기가 어렵다.

논문은 도서관에서 반입, 분류, 등록, 입고 등의 순서를 거쳐 최종적으로 열람된다. 그 논문이 공중에게 열람 가능하게 된 시점, 즉 반포시기는 언제인가? 여러 특이한 경우가 있겠지만 가장 중요한 판단의 기준은 '공중의 열람가능성'이다. 대법원은 박사학위논문의 반포시점은 특별한 사정이 없는 한 대학도서관 입고시점으로 보아야 한다고 설명하고,[28] 특허법원은 한 발 더 나아가 입고되기 전이라도 최초의 등록절차를 거치면 적극적인 관심을 가진 자가 도서를 열람할 수 있으므로 최초의 등록일을 반포일로 보았다.[29] 특허법원의 표현은 틀린 정도의 것

---

25) 특허청, 「심사지침서」, 2306면.

26) 상동, 2304면.

27) 미국특허상표청 특허심사지침서*(Manual of Patent Examining Procedures, MPEP)* 제8판 § 2128.01.

28) 대법원 1996. 6. 14. 선고 95후19 판결(특허청 심사지침서도 2306면에서 동 판결을 인용하고 있다).

29) 특허법원 2000. 6. 30. 선고 99허5418 판결("무릇 공공도서관에는 일반적으로 신규도서가 반입되면, 이를 장서로서 관리하기 위하여 도서명과 저자, 출판사 등 정보를 기록하여 등록한 다음, 도서관의 장인을 찍고 도서분류표를 부착하는 등의 작업을 거쳐 일반인의 열람 또는 대출에 제공하는 절차를 밟게 되는데, 일단 최초의 등록절차만 마치면 비록 서가에 진열되는 소위 입고를 하지 아니한 상태라고 하여도, 적극적인 관심을 가지는 사람의 요청이 있으면 도서의 반입 여부 및 그 내용의 확인을 허용하고 있으므로, 이 사건 학위 논문은 늦어도 그것이 국회도서관에 등록된 1984. 5. 20. 경 이미 불특정 다수의 일반 공중이 그 기재내용을 인식할 수 있는 상태에 이르러 반포되었다고 봄이 상당하다.").

이고 대법원의 표현은 틀린 것이거나 적어도 너무 단순하게 표현하여 오해를 야기할 우려가 있는 것으로 생각된다.

공중이 열람가능하다는 것은 공중이 특단의 노력 없이 특별한 장비를 사용하지 않고 접근할 수 있다는 것을 의미할 것이다. 수많은 책이 있는 도서관 어딘가에 존재한다는 것만으로는 열람가능성의 조건을 충족할 수 없고 그 논문에 대한 정보가 적절히 분류(indexing)되고 그 분류 정보를 공중이 열람할 수 있어야 한다.[30] 비록 등록이 되었다 하더라도 그 등록된 내용이 일반 열람인이 조회 가능한 컴퓨터 데이터베이스에 입력되거나 또는 등록정보가 기재된 분류카드(indexing card)가 일반 열람인이 검색 가능한 분류카드함에 비치되기 전까지는 열람가능한 상태가 아니라고 보아야 한다.[31][32] 다시 말하면, 등록된 사실만으로는 공중의 열람가능성을 충족하기에는 불충분하고 등록된 사실이 컴퓨터, 색인카드함 등을 통하여 공중이 검색 가능하여야 비로소 반포된 것이다. 비록 색인카드가 색인카드함에 비치되었다 하더라도 등록정보가 불충분하여 열람인이 해당 논문을 검색하기가 어려운 상태라면 아직 반포되지 않은 것이다. 만약, 해당 간행물이 논문이 아니라 저명한 정기간행물이라면 열람가능성을 판단하는 기준이 달라질 수 있다. 저명한 정기간행물의 경우 많은 전문가들이 동 정기간행물이 발간되기를 기다리는 경우가 많으므로 도서관에 반입되는 순간 열람 가능한 조건을 충족할 수도 있다.[33] 요컨대 열람가능성을 판단하기 위해서는 그것을 판단하는 획일적인 기준을 미리 정하기보다는 사건별로 상황을 종합적으로 고려하여 판단하여야 한다.

---

30) *In re* Cronyn, 13 USPQ2d 1070, 1071−72 (Fed. Cir. 1989)(도서관에 반입된 논문이 적절히 분류·색인 되지 않고, 저자의 이름만에 의한 색인검색이 가능한 경우, 그러한 환경에서는 동 논문을 검색하는 것이 어렵다고 보아 공중의 열람가능성이 부정된 사례).

31) 상기 특허법원 사건이 다룬 논문의 도서관내 처리절차는 1984년에 수작업으로 이루어졌다는데 문제가 있다. 1990년대 중반 이후로는 거의 대부분의 도서관이 전산화가 완료되었으며, 이에 따라 등록을 대부분 컴퓨터로 하게 되었으며, 등록되면 즉시 검색이 가능하게 되므로 등록일을 반포일로 보아도 무리가 없을 것이다.

32) 특정 주제에 관련된 논문, 단행본 등을 관리하는 조그마한 전문도서관의 경우, 분류카드 또는 데이터베이스의 도움이 없이도 큰 어려움 없이 해당 정보를 검색할 수 있다고 볼 수 있다. American Stock Exchange, LLC v. Mopex, Inc., 250 F.Supp.2d 323, 330 (S.D.N.Y. 2003) ("The existence of a library dedicated to the subject matter at issue renders the nature of that library's indexing system largely irrelevant. For even if there were no index, which is not the case, the WEBs application could have been found with reasonable diligence and therefore constitutes a "printed publication"within the meaning of section 102(b).").

33) 유럽특허청 심판부 T 381/87 (1988)(논문과 저널의 열람가능성 판단의 기준이 다름을 설명).

비록 논문이 입고되었다고 하더라도 도서관이 폐쇄식으로 운영된다면 색인카드 등의 도움이 없이는 공중이 입고된 논문을 열람할 수 없음은 명백하고, 비록 개가식으로 운영된다고 하더라도 색인카드 등의 도움이 없는 경우 공중의 열람가능성은 매우 낮아진다고 하겠다. 일반 공중이 수많이 진열되어 있는 논문을 일일이 뒤져가며 검색하는 것이 경험칙에 반하기 때문이다.[34)]

## Ⅲ. 인터넷상 공개된 정보의 공개시기

### 1. 전기통신회선

미국 특허법의 경우 인쇄물(printed publication)이라는 표현이 1836년 법 개정시 처음으로 나타난 이래[35)] 동 표현을 아직까지 그대로 사용하며, 동 "printed publication"의 개념이 인쇄가 아닌 새로운 제작 방법에 의하여 만들어진 저장매체를 포함할 뿐만 아니라 나아가 온라인, 인터넷 등을 통한 정보도 포함하는 것으로 해석한다.[36)] 우리 특허법은 '간행물'이라는 단어의 정의가 인터넷 등 전기통신회선을 포함하지 않는 것으로 보고[37)] 인터넷 등 전기통신회선을[38)] 통한 정보

---

34) 상기 *In re Cronyn* 사건에서 미연방관할항소법원(CAFC)의 Mayer 판사는 미국대학 도서관 서가에 단 한부의 논문을 비치하는 것이 간행물의 반포에 상응한다는 반대 의견을 내었으나 채택되지 못하였다. 다수 의견은 색인검색의 가능성이 낮다는 이유로 공중의 열람 가능성을 부인하였다.

35) John E. Vick, Jr., *Publish and Perish: The Printed Publication as a Bar to Patentability,* 18 AIPLA Q.J. 235, 238 (1990).

36) 미국특허상표청 *특허심사지침서(Manual of Patent Examining Procedures, MPEP)* 제8판 § 2128. G. Andrew Barger, *Lost in Cyberspace: Inventors, Computer Piracy and "Printed Publication" Under Section 102(b) of the Patent Act,* 71 U. Det. Mercy L. Rev. 353 (1994)(마이크로필름 또는 마그네틱 디스크 등의 정보전달매체가 printed publication에 포함되며, 인터넷은 단순히 수백만개 컴퓨터 하드 드라이브(마그네틱디스크)의 연결에 불과하므로 인터넷도 printed publication의 한 종류에 해당된다고 설명).

37) 일본 특허법과 우리 특허법은 간행물이라는 단어가 인터넷 등 전기통신회선을 포함하지 않는 것으로 보고 간행물 반포에 의한 문헌공지 외에 전기통신회선을 통한 공개를 문헌공지의 한 형태로 추가하였다. 그러나, 일본 및 우리나라에서 널리 사용되고 있는 간행물에 대한 정의는 CD-ROM, 하드 디스크 등의 정보전달매체를 포함하고 있고, 인터넷이 수많은 하드 디스크의 연결에 불과하다는 점에 착안한다면 굳이 전기통신회선을 통한 공개를 문헌공지의 특수한 형태로 추가할 필요가 없이 기존의 간행물의 한 형태로 해석하는 것이 옳았다.

38) 정차호, "신규성의제: 최근의 개정과 향후 특허법통일화 방향", 「지식재산21」, 2001년 5월호, 9면 주32("인터넷이라는 용어 대신 전기통신회선(telecommunication line)이라는 용어를 사용한 것은 전기통신회선이 인터넷은 물론 이메일그룹 등의 다른 공개수단을 포함하고 또 향후의 기술발달에 따른 인터넷 이후의 통신수단까지도 포함하기 위한 것이다. 또, 현행 "전기통신기본

의 공개가 일상화된 현실을 반영하기 위하여 2001. 2. 3. 법 개정(법률 제6411호)을 통하여 "대통령령이 정하는 전기통신회신을 통하여 공중이 이용가능하게" 된 정보를 문헌공지의 한 형태로 추가하였다.

그 이전에 일본 특허법의 상응하는 조문도 비슷하게 개정되었다. 일본 특허법 제29조 제1항 제3호는 "특허출원 전에 일본 국내 또는 외국에서 반포된 간행물에 기재된 발명 또는 전기통신회선을 통하여 공중에 이용가능하게 된 발명"을 문헌공지로 규정하고 있다.[39] 우리의 경우, 대통령령이 정하는 전기통신회선을 통한 공개만 문헌공지의 한 형태로 본 반면, 일본의 경우, 특별한 제한 없이 모든 전기통신회선을 통한 공개를 문헌공지의 한 형태로 규정하고 있다.[40][41] 2001년 법 개정을 담당한 특허청 담당자가 발간한 책자는 전기통신회선에 관하여 다음과 같이 설명하고 있다.

> "'전기통신회선'은 기존의 인터넷은 물론 향후 기술발달에 따라 새로이 나타날 수 있는 전기·자기적인 통신방법을 포함하는 넓은 의미로 해석되며 물리적인 회선(line)을 가질 것을 요건으로 하지 않는다. 또한 송신이나 수신이 일방적으로 이루어지는 것은 전기통신회선에 포함되지 아니하며 양방향 통신이 가능

---

법" 등에서 사용하는 용어와 상응시키기 위한 것이기도 하다. 다만, 특허법 제28조의3 및 제28조의5에서 사용하고 있는 "전산망"이라는 용어와의 차이가 무엇인지에 관하여 분명한 구별이 필요하다고 하겠다."). 상기와 같은 이유로 "전기통신회선"이라는 용어가 채택되었지만 적절한 것이라고 생각되지 않는다. 정보를 저장하는 매체는 회선이 아니라 회선이 연결하는 하드 디스크이다. 회선 자체는 정보가 순간적으로 통과하는 통로에 불과하다. 결국 "전기통신회선"을 그대로 사용하기 위해서는 전기통신회선을 간행물과 같은 정보의 저장수단으로 보는 것이 아니라 정보가 저장된 하드 디스크에 접근하는 접근수단으로 보아야 할 것이다.

39) 법 개정을 통하여 밑줄 친 부분을 삽입하였다.

40) 김인기 등, 「2001~2002년 개정 특허법·실용신안법 해설」, 2003, 13면, 주2("일본 특허법은 전기통신회선에 대한 제한을 두고 있지 않으나, 실무적으로는 신뢰성이 높고 공중이 이용가능하기 용이한 전기통신회선을 심사지침에서 정하여 운용하고 있다.").

41) 현행 법은 국내뿐만 아니라 국외에서 반포된 간행물에 게재된 발명에도 선행기술의 지위를 부여한다. 그러나, 1973년 이전에는 국내에서 반포된 간행물에 게재된 발명에 대하여만 선행기술의 지위를 부여하였다. 외국에서 반포된 간행물에 대하여 증거로서의 지위를 인정할 경우 증거의 진위 등을 판단하기 어렵다고 본 듯하다. 1973년 법 개정(1973년 2월 8일 법률 제2505호)은 외국에서 반포된 간행물에 게재된 발명에 비로소 선행기술의 지위를 부여하기 시작하였으나 외국에서 반포된 간행물의 종류는 대통령령에 정하도록 함으로써 간행물의 종류를 한정하였다(1973년 법 제6조 제1항 제2호). 이러한 한정은 1980년 법 개정을 통하여 삭제되었다. 인터넷에 게재된 발명에 대하여 선행기술의 지위를 부여하기 시작하였으나 인터넷의 종류는 대통령령이 정하도록 하는 현행 법과 그 태도가 매우 흡사함이 흥미롭다. 두 사례 모두 선행기술의 범위를 넓히는 과정에서 새로운 범위를 흔쾌히 받아들이지 못하였던 어정쩡한 태도가 반영된 것이다. 간행물에 대한 대통령령에서의 한정이 1973년부터 1980년까지 유지되었는데 전기통신회선에 대한 대통령령에서의 한정은 2001년부터 2013년까지 유지되었다.

> 한 것이어야 한다. 인터넷 등 전기통신회선을 통하여 공개된 기술정보는 그 내용을 변경하기가 쉽고 공개일자를 특정하기가 곤란하여 신뢰성을 확보하기 어려운 측면이 있다. 따라서 신뢰성 있는 전기통신회선에 한정하기 위하여 '대통령령이 정하는 전기통신회선'으로 그 범위를 제한하였고 …… 특허법시행령 제1조의2 제1항에서 그 범위를 구체적으로 규정하고 있다."[42]

동 시행령 제1조의2 제1항은 신뢰성 있는 전기통신의 예를 한정적으로 나열하였었다. 선행기술은 해당 발명의 신규성 및 진보성을 판단하기 위한 증거로서 사용되는 것이다. 일반적인 민사소송에서 인터넷상에 올려진 정보의 내용을 증거로 채택하느냐 여부를 결정할 때 법관이 해당 정보 출처의 신뢰성을 사건별로 판단한다. 해당 홈페이지 관리자의 신뢰성 여부를 미리 정하는 것이 아니라 문제가 되는 홈페이지에 대한 신뢰성 여부를 사건별로 판단하는 것이다. 그와 마찬가지로 특허성 판단을 위한 선행기술로의 채택 여부도 심사관, 심판관 또는 법관이 해당 전기통신회선의 신뢰성을 사건별로 판단하는 것이 옳다. 법령에서 그러한 신뢰성을 미리 규정하는 것은 가능하지도 않고 바람직하지도 않다.[43] 필자는 이러한 지적을 적어도 2004년부터 하여 왔고 드디어 2013년 법 개정을 통하여 "대통령령이 정하는"이라는 제한이 삭제되었다.

위에서 필자는 간행물을 "기록되는 정보의 소멸·변경의 가능성이 적은 어떤 매체에 정보가 기록되고 그 정보를 인간의 오감 중 하나를 통하여 인지할 수 있는 그 정보전달매체"라고 말한 바 있다. 연필로 작성된 원고는 기록되는 정보의 소멸·변개의 가능성이 많으므로 간행물이 될 수 없을 소지가 다분하다. 동일한 견지에서, 정보의 소멸·변개의 가능성이 많은 전기통신회선을 통하여 공개된 정보는 특허법 제29조 제1항 제2호가 규정하는 선행기술이 될 수 없을 수 있다. 예를 들어, 온라인 채팅방 또는 인터넷 메신저 등에 올려진 정보가 일시적으로 존재할 뿐 관리자의 서버에 지속적으로 남겨지지 않는다면 그 정보는 선행기술로 인정될 수 없다.[44] 인터넷상에 공개된 정보와 관련하여 정보의 무변동성

---

42) 김인기 등, 「2001~2002년 개정 특허법·실용신안법 해설」, 2003년, 13면.

43) 법 성안과정을 살피건대, 최초의 안은 "대통령령이 정하는"이라는 표현을 포함하지 않았었다. 그러나 특허법개정자문위원회의 논의 과정에서 신뢰성이 없는 전기통신회선을 통하여 공개된 자료를 선행기술로 인용하는 것이 곤란하다는 지적이 제기되자 동 표현이 삽입되었다. 최초 안이 더 좋았다. 정차호, "신규성의제: 최근의 개정과 향후 특허법통일화 방향", 「지식재산 21」, 특허청, 2001년 5월호, 16면 주57 참조.

44) 증거로서의 안정성이 부족하기 때문이다. 채팅방 또는 메신저를 구동하는 프로그램의 종류에

(invariability)이 쟁점이 되는 것이다. 즉, 인터넷상에 공개된 정보는 관리자에 의하여 용이하게 제거되거나 수정될 수 있으므로 그 내용을 특정하기 어렵다는 문제가 제기된다. 2013년 법 개정으로 인하여 삭제된 특허법 시행령 제1조의2 제1항이 규정하는 전기통신회선의 관리자는 해당 기관 또는 대학의 확립된 내규에 의하여 정보를 제거 또는 수정할 것이므로 변개의 가능성이 상대적으로 낮다고 본 사례이다.

## 2. 공개 여부

전기통신회선에 포함된 모든 정보가 공중에게 자유롭게 공개되지는 않는다. 만약, 해당 웹 사이트가 일반인의 접근을 제한한다면 불특정인의 열람 가능성이 의문시 되므로 그 웹 사이트는 간행물의 지위를 가지지 못할 것이고, 따라서, 그것에 수록된 정보는 선행기술의 지위를 가질 수 없을 것이다. 또, 정보의 접근에 제한을 두고 있지는 않지만, 해당 웹 사이트의 환경으로 인하여 그 정보를 검색하는 것이 불가능한 정도에 이르는 경우, 사실상의(de facto) 제한에 해당할 것이며 그 정보는 선행기술의 지위를 가질 수 없을 것이다. 심지어 인터넷에 올려진 모든 자료는 그 자료의 방대함으로 인하여 특단의 노력이 없이는 검색이 불가능한 정도에 이르므로 인터넷에 올려진 정보는 선행기술로 활용될 수 없다고 주장하는 학자도 있다.[45] 한편, 최근에는 인터넷 검색엔진의 성능이 좋아져서 인터넷의 정보를 비교적 용이하게 찾을 수 있으므로 인터넷상의 정보는 공개된 것이며 따라서 선행기술로 인정되어야 한다고 주장하는 학자도 있다.[46] 검색이 상대적으로 어려우나 불특정 세계인이 자유롭게 접근하는 인터넷상의 정보와 검색이 상대적으로 쉬우나 일부 사람이 사용하는 도서관의 논문을 비교할 때 인터넷 상의 정보의 공개성이 더욱 강하다고 판단된다. 따라서 접근에 특별한 제한을 두지 않는 웹사이트 상의 정보는 '공중의 열람가능성'이라는 요건을 충족하는 것으로 보아야 한다.

---

따라서는 정보가 어느 정도 지속적으로 존재하고 관리자에 의하여 용이하게 제거되거나 수정될 수 없는 채팅방 또는 메신저가 있을 것이고 그러한 곳에서 공개된 정보는 선행기술로 채택될 수 있을 것이다.

45) Max Stul Oppenheimer, *In Vento Scribere: The Intersection of Cyberspace and Patent Law*, 51 Fla. L. Rev. 229, 260－61 (1999).

46) Neal P. Pierotti, *Does Internet Information Count As a Printed Publication?*, 42 IDEA 249 (2002).

### 3. 공개 시기

인터넷상에 공개된 기술에 대하여 공개시점을 결정하는 것이 중요하다. 신문, 논문 등 종이로 제작된 간행물의 경우 공개시기를 확정하는 것이 대체적으로 용이하다. 그러나 인터넷의 경우, 관리자가 공개에 대한 정보를 변경하는 것이 용이하여 공개시기의 판단에 더욱 주의하여야 할 것이다. 전기통신회선이 공개시점을 특정하고 있는 경우 그 공개시점이 올바른 것으로 추정하되 그에 대하여 다투고자 하는 자는 그 시점을 인정할 수 없음을 증명하여야 한다.[47)]

해당 전기통신회선의 관리자가 특정 정보를 이메일 또는 메신저로 송부하는 경우, 공개시점은 해당 정보를 보낸 때인가 아니면 수신자가 해당 정보를 받은 때인가? 잡지회사가 잡지를 우편으로 부치는 경우, 잡지를 우편으로 부친 날이 공개일이 아니라 잡지가 수령인에게 도착한 날이 공개일이듯이,[48)] 이메일 또는 메신저의 경우 수신자가 해당 정보를 받은 때가 공개시점이 될 것이다. 이러한 경우, 수신자가 해당 정보를 받기 전까지는 그 정보를 열람할 수 있는 가능성이 없기 때문이다.

또, 해당 전기통신회선의 공개된 사이트에 관리자가 어떤 정보를 올렸다면 동 정보를 올린 날이 공개일인가, 아니면 동 사이트를 누군가가 방문하여 그 정보를 열람한 날이 공개일인가? 이러한 경우는 논문을 도서관에 비치하는 것에 상응하는 것으로서, 실제로 그 정보를 열람했는지 여부는 문제가 되지 않고, 열람이 가능하였는지 여부를 기준으로 판단되어야 하며, 정보가 올려진 순간 이미 열람 가능성의 요건을 충족하였으므로 정보가 올려진 날이 공개일이 된다.

## Ⅳ. 결　　론

심사관은 신규성 또는 진보성 결여를 근거로 해당 발명의 특허를 거절하기 위하여 특허법 제29조 제1항 제2호가 규정하는 간행물 또는 전기통신회선을 통

47) 특허청 심사조정과, 「개정법령에 의한 특허·실용신안 심사 가이드라인」, 2001, 12면.

48) 미국특허상표청, *특허심사지침서(MPEP)* 8판 section 706.02(a) ("It should be noted that a magazine is effective as a printed publication under 35 U.S.C. 102(b) as of the date it reached the addressee and not the date it was placed in the mail. *Protein Foundation Inc. v. Brenner,* 260 F.Supp. 519, 151 USPQ 561 (D.D.C. 1966).").

하여 공개된 선행기술을 인용한다. 필자는 이 글에서 간행물을 "기록되는 정보의 소멸·변경의 가능성이 적은 어떤 매제에 정보가 기록되고 그 정보를 인간의 오감 중 하나를 통하여 인지할 수 있는 그 정보전달매체"라고 설명한다. "복제"를 필요로 하지 않고 다수 부수의 제작을 필요로 하지 않으며, 공개할 목적을 전제로 하지 않으며, 또한 시각적 정보전달매체뿐만 아니라 청각·촉각적 정보전달매체도 간행물이 될 수 있다.

특허실체법조약 초안 제8조 제1항은 선행기술을 "출원일(우선일) 전에 전 세계 어디서든 어떤 형태로든 공중에게 이용가능하게 된 모든 정보"라고 정의하고 있다. 동 초안은 모든 선행기술의 국제주의를 채택하고 있다. 이러한 국제적인 추세 및 통신기술의 발달을 반영하여 우리 특허법 제29조 제1항 제1호도 공지·공용에 대하여 국제주의를 채택하고 있다.

간행물을 통한 공개이든지 전기통신회선을 통한 공개이든지 상관없이, 공개시기는 언제나 '공중의 열람가능성'을 기준으로 판단되어야 한다. 논문이 도서관에 반입된 후 공개되는 시기를 판단할 때, 입고시 또는 등록시 등으로 공개시기를 예단하여서는 아니 된다. 공개되는 상황 전체를 고려하여 공중이 열람가능하게 된 때를 공개시기로 보아야 한다. 일반적으로 말하면, 도서관의 검색 데이터베이스 또는 색인카드함에 해당 논문의 정보가 올려져서 불특정인이 특단의 노력 없이 그 논문을 검색할 수 있을 때를 공개시기로 보아야 한다.

간행물의 반포시기는 관련된 출원발명의 특허 여부를 결정짓는 중요한 사안이다. 좀 더 엄밀하고 합리적인 판단을 하기 위한 노력이 요망된다고 하겠다. 특히, 인터넷 상에 공개되는 자료는 공개시기 및 공개내용의 특정과 관련하여 다양한 상황에 어울리는 합리적 해석이 이루어져야 한다.

# 제 5 절 선행기술과 발명의 차이 특정: 청구항 차트(claim chart)

## Ⅰ. 청구항 차트 개요

### 1. 청구항 차트의 의미 및 용도

청구항 차트(claim chart)는 청구항의 구성요소를 분리하고 대비 대상과 각각 비교하여 각종 판단을 직관적, 시각적으로 용이하게 하기 위한 것이다. 청구항의 구성요소는 구조(structure) 또는 단계(step)에 해당하는 것은 물론 그것들의 상관관계(relationship)에 해당하는 것도 포함한다.[1] 청구항 차트는 여러 종류가 있는데, 예를 들어, 동 차트는 첫째, 발명과 선행기술을 대비하기 위한 용도,[2] 둘째, 발명과 침해품을 대비하기 위한 용도, 셋째, 발명과 명세서의 대응되는 설명을 대비하기 위한 용도, 넷째, 해당 발명과 선출원의 명세서의 대응되는 설명을 대비하기 위한 용도, 다섯째, 보정된 발명과 최초 명세서의 대응되는 설명을 대비하기 위한 용도[3] 등으로 사용된다.

### 2. 청구항 차트 작성자

청구항 차트는 심사관, 출원인, 침해소송 원고(특허권자), 침해소송 피고(침해의심자) 등이 본인의 시각에서 작성하여 심사관이 출원인에게, 출원인이 심사관

1) Philip M. Nelson, *Definition for "Limitation" in the Context of Prosecution History Estoppel and the All Elements Rule: a Proposed Solution to the Troubling Dictum in Kustom Signals v. Applied Concepts*, 2003 B.Y.U. L. Rev. 353, 356 (2003) ("Claims generally consist of three parts: a preamble; a transition phrase such as 'comprising'; and a list of components, steps, and relationships that the applicant deems essential to defining the invention.").

2) 37 C.F.R. §41.121(e) ("Claim charts must be used in support of any paper requiring the comparison of a claim to something else, such as another claim, prior art, or a specification.").

3) 37 C.F.R. §41.110(c) ("Any motion to add or amend a claim must include:
(1) A clean copy of the claim,
(2) A claim chart showing where the disclosure of the patent or application provides written description of the subject matter of the claim …").

에게, 원고/피고가 법원에 제출할 수 있다. 사실, 그 단계 이전에 많은 경우 변호사/변리사가 무효/비침해 의견서를 작성하여 의뢰인에게 제출하는데 그 의견서의 주된 부분이 청구항 차트가 된다.

청구항 차트의 왼쪽 칼럼은 항상 청구항 구성요소를 나열한다.[4] 그렇다면 출원공개번호 또는 특허번호가 특정되면 청구항 차트의 왼쪽 칼럼을 작성하는 것은 많은 경우 단순한 작업이 된다. 그렇게 단순하다보니 컴퓨터 프로그램도 그러한 작성을 할 수가 있을 정도이고, 실제로 많은 자동 생성 프로그램(generator)이 개발되어 있다.[5] 출원공개 번호 또는 특허번호를 입력하면 동 프로그램이 청구항 차트의 왼쪽 칼럼을 자동으로 만들어 주고, 나아가 사람이 자동 생성된 차트를 수정할 수도 있다.

## Ⅱ. 상황에 따른 청구항 차트

청구항 차트는 여러 종류가 있으나, 아래에서는 가장 대표적인 진보성 판단 및 침해 판단을 위한 청구항 차트를 소개한다.

### 1. 진보성 판단 청구항 차트

다음은 진보성 판단의 경우에 사용되는 청구항 차트를 예시한다.

| 특허번호 및 청구항 번호 | 선행기술1 | 선행기술2 |
|---|---|---|
| 발명의 명칭+전이부 | | |
| 요소A | | |
| 요소B | | |
| 요소C1 | | |

4) http://www.smithhopen.com/glossary_term.aspx?ID_Glossary=29 (“A claim chart includes a re-writing of an independent claim so that each element of the claim is separated from the other elements for analysis purposes. If an individual claim element is found in an accused device, a ‘Yes’ is placed next to that element. If the individual claim element is not found in the accused device, a ‘No’ is placed next to that element. A single “No”can defeat a charge of infringement. That is why an independent claim must contain only the essential elements of an invention.”).

5) 〈http://www.maxval.com/patent-tools-claim-chart-generator.html〉.

| 요소C2* | | |
|---|---|---|
| 요소C3 | | |

* animal = including human beings

선행기술1과 선행기술2를 합쳐서(결합하여) 발명의 구성요소를 이루는 경우, 그 두 개의 선행기술의 결합이 용이한지 여부가 진보성 판단에서의 관건이다. 그러므로 그 결합에 관하여 해당 선행기술 또는 다른 자료가 교시, 제안 또는 동기를 제공하는지 여부에 대하여 설명을 하여야 하고 교시, 제안 또는 동기가 명시적 또는 내재적으로 존재하지 않는다 하더라도 그러한 결합이 기술상식에 해당함을 구체적인 증거로 제시할 필요가 있다.

위에서 보인 청구항 차트는 하나의 예시에 불과하므로, 상황에 따라 약간의 변형이 가능할 것이다. 선행기술3이 필요한 경우, 칼럼을 하나 추가하면 된다. 어떤 경우에는 발명을 위한 칼럼 하나와 선행기술을 위한 칼럼 하나를 두는 2 칼럼 형식이 사용되기도 한다. 그 경우에는 선행기술 칼럼에서 선행기술1, 2 등을 적시하면 된다.[6] 물론, 신규성 판단을 위해서는 하나의 선행기술만 비교될 수 있으므로 세번째 칼럼은 필요하지 않다.

하나의 큰 구성요소(C)를 이루나 그 안에 세부 구성요소가 있다고 판단되는 경우 그 세부구성요소를 각각 따로 적시할 수 있다. 침해 판단의 경우 청구항에 사용된 모든 단어가 영향을 미치는 바와 같이, 특허성 판단의 경우에도 청구항에 사용된 모든 단어가 영향을 미치는 점에 유의하여야 한다. 발명의 특허성은 발명 전체로서 판단된다. 즉, 구성요소간의 유기적 결합관계도 발명의 구성으로 보아야 한다. 그러므로, 청구항에서 단순히 읽히는 구성요소만을 나열하여서는 아니되고 구성요소간의 특별한 결합관계, 위치관계 등이 발명의 사상에 영향을 미치는 경우 그러한 관계도 구성요소로 포함되어야 한다. 물론, 그렇게 포함된 구성요소는 차후 침해판단을 위한 청구항 차트의 작성 시에도 동일하게 포함되어야 한다. 청구항 해석의 가장 기본적인 원칙은 특허성 판단에서와 침해 판단에서 청구항이 달리 처리, 해석되지 않아야 한다는 것이다.

6) 이러한 형식의 한 사례는 다음 사이트 참고.
〈http://www.lithosphere.com/docs/example_invalidity_chart.pdf〉.

〈실제 사례 1〉

다음 청구항 차트는 필자가 한국특허 제690563호에 대한 진보성 판단을 한 실제 사례이다. 동 차트에서는 선행기술 2개를 특허발명과 대비하고 있으며, 두 선행기술의 결합의 용이함에 대하여는 적시하지 않고 있다. 통상 그러한 결합의 용이함에 대하여는 차트 다음에 논술한다.

| 대상특허('563특허) | 선행기술 |
|---|---|
| 청구항 1<br>○ 선회장치 장착부를 가지며, 후단부에 카운터 웨이트를 탑재하는 주 프레임과, | ○ KOBELCO SK200-2(이하 "선행기술1"이라 함)의 "선회장착부와 후단부에 CWT를 탑재하는 메인 프레임"과 유사 |
| ○ 이 주 프레임의 좌우 양쪽에 배설된 사이드 데크와, | ○ 선행기술1의 "주 프레임의 양 측면에 배설된 좌, 우 사이드 데크" |
| ○ 사이드 데크의 외단부에 설치된 사이드 프레임을 구비하며, | ○ 선행기술1의 "사이드 데크 외단부 절곡된 형상의 사이드 프레임"과 유사 |
| ○ 위에서 내려다 볼 경우 카운터 웨이트의 후단부가 그리는 선회 궤적이 하부주행체의 차체 폭 내에 있는 건설 기계의 선회대에 있어서, | ○ 공개번호 특1999-006548(이하 "선행기술2"이라 함)에서 "상부선회체가 선회할 때에, 최소한 카운터웨이터측이 대체로 차폭 내에서 수용되도록 구성"되어 있다고 표현하여(2page 8째줄), 대상특허의 "하부주행체의 차체 폭 내"와 유사<br>○ 선행기술2에서 "운전석으로부터 전망이 나쁜 카운터웨이터부를 대체로 차폭내에서 선회 가능"하게 라고 표현하여(2page 9째줄), 대상특허의 "하부주행체의 차체 폭 내"와 유사 |
| ○ 위에서 내려다 볼 경우 상기 선회 궤적(카운터 웨이트의 후단부가 그리는 선회 궤적)과 같은 선회 반경(R) 내에 형성(되는 것을 특징으로 하는 건설 기계의 선회대) | ○ 선행기술2에서 "이 카운터 웨이트(4)는 선회중심 O을 중심으로 하는 반경 R(선회 반경)의 원호를 따라 형성되고 있다. … 또 이 카운터 웨이트(4)는, 후술하는 선회프레임(3)의 측면, 전면을 덮는 하(下)커버(14)와 함께, 상부선회체(2)의 베이스의 외주윤곽을 부여하고 있다"고 표현하고 있어(3page 8째줄), 카운터 웨이트의 선회 반경과 상부선회체의 선회 반경은 같다. 따라서 대상특허의 "상기 선회 궤적(카운터웨이트의 후단부가 그리는 선회 궤적)과 같은 선회 반경(R) 내에 형성(되는 것을 특징으로 하는 건설 기계의 선회대)"는 선행기술2에서의 카운 |

| | |
|---|---|
| | 터 웨이트의 선회 반경과 같은 선회 반경을 형성하는 상부선회체와 유사 |
| ○ 또한 사이드 데크(3, 4)가 주 프레임(2)과 사이드 프레임(15, 25)을 연결한 복수의 돌출빔(16, 17, 24)으로 된 뼈대 일체 구조로 한 것을 특징으로 하는 건설 기계의 선회대 | ○ 선행기술1은 "메인 프레임과 사이드 프레임을 연결하는 돌출빔"과 "다수의 돌출빔을 포함하는 일체형 뼈대구조"로 되어 있어, 대상특허의 "주프레임(2)과 사이드프레임(15, 25)을 연결한 복수의 돌출빔(16, 17, 24)으로 된 뼈대 일체 구조"와 유사<br>○ 선행기술2에 "상기 상부선회체를, 골조구조를 이루는 선회프레임과, 상기 작업장치와 밸런스 시키기 위해 이 선회프레임의 후부에 배치된 카운터 웨이트와, … 엔진커버와, …, 상기 상부선회체의 좌우 편측에 있어서 전후방향으로 뻗는 측면커버부분과, … 로 구성"이라고 표현하여(2page 발명의 구성 및 작용), 대상특허의 "사이드 프레임"은 선행기술2의 "측면커버부분"과 유사<br>○ 선행기술2에 "상기 상부선회체는, 골조구조를 이루는 선회프레임과, 상기 작업장치와 밸런스 시키기 위해 이 선회프레임의 후부에 배치된 카운터웨이트와, … 엔진커버와, …, 상기 상부선회체의 좌우 편측에 있어서 전후방향으로 뻗는 측면커버부분과, … 로 구성"이라고 표현하여(청구항1), 대상특허의 "사이드 프레임"은 선행기술2의 "측면커버부분"과 유사<br>○ 선행기술2에 "이 카운터 웨이트(4)는 선회중심 O을 중심으로 하는 반경 R(선회반경 R)의 원호에 따라 형성 … 또, 이 카운터웨이트(4), 후술하는 선회프레임(3)의 측면, 전면을 덮는 하커버와 함께, 상부선회체(2)의 베이스부의 외주 윤곽을 부여"라고 표현하여(3page 8째줄), 대상특허의 "사이드 프레임"은 선행기술2의 "측면 하커버"와 유사<br>○ 선행기술2에 "이 선회프레임(3)은, 도3에 나타낸 바와 같이, 소정의 형상으로 잘라 낸 강판을 용접에 의해 고착함으로써 골조구조를 이루고 있다"고 표현하여(3page 6째줄), 대상특허의 "뼈대 일체 구조"와 마찬가지로 선행기술2의 선회프레임도 골조구조로 되어 있음<br>○ 선행기술2의 도면3에 의하면, 카운터 웨이트가 위치하는 선회프레임의 골조구조의 형태가 대상특허 |

| | |
|---|---|
| | 의 "사이드 데크(3, 4)가 주 프레임(2)과 사이드 프레임(15, 25)을 연결한 복수의 돌출빔(16, 17, 24)으로 된 뼈대 일체 구조"와 유사 |
| 청구항 2<br><br>제1항에 있어서,<br>사이드 프레임(15, 25)은 돌출빔(16, 17, 24) 및 주 프레임(2)을 외력으로부터 보호하는 가드를 겸용하는 것을 특징으로 하는 건설 기계의 선회대 | ○ 선행기술1은 "외력으로부터 돌출빔, 메인 프레임을 보호하기 위한 사이드 프레임"을 구성요소로 하므로, 대상특허의 "사이드 프레임(15, 25)은 돌출빔(16, 17, 24) 및 주 프레임(2)을 외력으로부터 보호하는 가드를 겸용하는 것"과 유사한 기능을 함<br>○ 선행기술2의 "하커버"는 대상특허의 "사이드 프레임"과 유사하므로, 대상특허의 사이드 프레임과 선행기술2의 하커버는 외력으로부터 보호하는 가드 역할을 한다는 점에서는 유사<br>○ 선행기술2의 도면3에 의하면, 카운터 웨이트가 위치하는 선회프레임의 골조구조의 형태가 대상특허의 "사이드 데크(3, 4)가 주 프레임(2)과 사이드 프레임(15, 25)을 연결한 복수의 돌출빔(16, 17, 24)으로 된 뼈대 일체 구조"와 유사하므로, 대상특허의 "사이드 프레임"과 선행기술2의 선회프레임의 외부에 있는 프레임은 외력으로부터 다른 프레임(대상특허에서는 돌출빔 및 주 프레임)을 보호하는 가드역할을 한다는 점에서 유사 |

〈실제사례 2〉

아래 청구항 차트도 필자가 작성한 실제 사례이며, 대상 특허는 미국특허 제5,564,774호이며, 인용된 선행기술은 다음과 같다.

- ❑ Prior Art R1: Japan UM Pub. 4−37657 (March 20, 1992)
- ❑ Prior Art R2: Japan Pat. Pub. 63−13818 (Jan. 21, 1988)
- ❑ Prior Art R3: U.S. Pat. 4,991,905 (Feb. 12, 1991)
- ❑ Prior Art R4: Japan UM Pub. 61−120877 (July 30, 1986)

| CLAIM 1. A construction machine comprising: | |
|---|---|
| a turntable having a turning radius; | R1 a swivel (40) turning around a vertical axis |
| a **boom** connected to rotate with the turntable; | R1 a bucket boom (42) connected to upper part of said swivel |
| and an operation **cabin** located adjacent the boom and off－center on the turntable and connected to rotate with the turntable; | R1 an operation cabin (41) off－center mounted on the swivel and the bucket boom (42) connected on the other part |
| wherein the operation cabin comprises a front, a rear, an **outwardly-curved**, **arc-shaped** side opposite the boom, an operator opening in the side, and an **outwardly-curved, arc-shaped door** connected to the side so as to move slidably along a predetermined path to open and close the opening; | R1 the operation cabin is formed with a front wall (3), a rear wall (4) and an arc－shaped side wall (6), turning around the vertical axis, having a sliding door (9), which moves around arc－shaped rails (13, 18, 23); (the door has the same shape as the side wall); (the door (9) moves in an arc－shaped manner along the rails (13, 18, 23) |
| and wherein the **path** is defined so that the door moves **along the outside of the arc-shaped side,** | R1 a sliding door is connected on the side wall, wherein the door moves along the arc－shaped rails (13, 18, 23), whose center is said vertical axis |
| but does **not project outside of the turning radius when opened.** | R1 the door does not project outside of the swiveling face of said side wall of said operation cabin |
| CLAIM 2. A machine according to claim 1, further comprising | |
| **a plurality of rails** connected to said cabin for defining said path and | R1 arc－shaped rails (13, 18, 23) on the side wall |
| **a plurality of rollers** connected to said door for slidably guiding said door along said path. | R1 rollers (14, 19, 24) moving on said arc－shaped rails |

| | |
|---|---|
| CLAIM 3. A machine according to claim 2, further comprising | |
| **a central rail** formed in said side, and | R2 a center guide rail (3) in the middle part of the side panel(5) |
| **a central roller** member connected to said door for slidably engaging the central rail. | R2 a center guide roller (7) in the middle rear part of the slide door (1), which is sliding the door guided by the center guide rail (3) |
| CLAIM 4. A machine according to claim 3, | |
| wherein said central roller member comprises **a first roller** for **preventing** said door from becoming **disengaged** from said central rail, | R2 said center guide roller (7) comprises a horizontal roller (7a) and two vertical rollers (7b), mounted as shown in figures 1 and 2; a vertical roller (7b) in figure 1 and a vertical roller (115) in figure 6 respectively discloses a shoulder which prevents said door from becoming disengaged from said central rail |
| **a second roller for bearing the load of said door,** | R2 a horizontal roller (7a) in figure 1 and a horizontal roller (114) in figure 6 respectively discloses that the roller bears the load of said door |
| and **a shaft** for allowing the central roller member to pivot around an **axis** to ensure smooth sliding of the door. | R2 a center arm (10) is pivotably mounted by a vertical pin (9). |
| CLAIM 5. A machine according to claim 4, | |
| wherein said **axis** is substantially **perpendicular to said central rail.** | R2 Fig. 1 shows that axis (10c) is substantially perpendicular to the central rail. |
| CLAIM 6. A machine according to claim 4, | |

| | |
|---|---|
| wherein said **first and second rollers rotate around** respective axes substantially **perpendicular to one another.** | R2 the vertical roller (7b) in figure 1 and the vertical roller (115) are substantially perpendicular to respective horizontal rollers (7a, 114) of figures 1 and 6. |
| CLAIM 7. A construction machine according to claim 1,<br><br>wherein **a plurality of strikers** are provided between the door and the cabin so as to fix the door when it is closed or opened. | <br><br>R3 Fig. 8 discloses two strikers (27) between a door (2) and a fender (3) in the body, which is to fix the door when it is closed.<br>R4 Fig. 1 parts 16 and 20 show two strikers to fix the door when it is opened. |

## 2. 침해 판단 청구항 차트

다음은 침해 판단의 경우 사용되는 청구항 차트를 예시한다.

| 특허번호 및 청구항 번호 | 침해의심품 | 판단 (Y/N) | 설 명 |
|---|---|---|---|
| 발명의 명칭+전이부 | | | |
| 요소A | | | |
| 요소B | | | |
| 요소C1 | | | |
| 요소C2* | | | |
| 요소C3 | | | |

청구항의 구성요소를 제일 왼쪽 칼럼에 제시하고 침해의심품의 대응하는 부분을 두번째 칼럼에 적시한다. 판단 부분에서는 침해의심품의 해당 부분이 대응하는 발명의 요소와 동일한지 여부에 대하여 Yes 또는 No로 표시한다. 설명 부분에서는 Yes 또는 No의 근거에 대하여 설명하며, 관련 자료의 출처도 이 부분에 표시한다. Yes는 문언침해와 균등침해의 두 종류로 구분할 수도 있을 것이다.

하나의 요소에라도 No가 표시되면 구성요소완비의 원칙(all elements rule)에 의하여 침해가 인정되지 않는다.

위에서 소개한 청구항 차트는 하나의 예시에 불과하므로 상황에 따라 얼마든지 변형될 수 있다. 예를 들어, 침해의심품, 판단 및 설명의 칼럼을 하나의 칼럼으로 통합하여 처리할 수도 있을 것이다.[7][8] 그러나, 청구항의 구성요소를 구분하여 나열하는 제일 왼쪽의 칼럼은 항상 제시되어야 한다.

7) Apple v. HTC 사건에서 애플 미국특허 제5,946,647호와 HTC의 스마트폰을 비교한 사례는 다음 사이트 참고.
〈http://www.fosspatents.com/2011/07/these-tables-show-how-android-infringes.html〉.

8) Microsoft v. Motorola 사건에서 Microsoft 미국특허 제566호와 Motorola 제품을 비교한 사례는 다음 사이트 참고.
〈http://www.scribd.com/doc/76175569/Microsoft-v-Motorola-ITC-566-Patent-Claim-Chart〉.

# 제 4 장

# 통상의 기술자

제 1 절　통상의 기술자의 수준
제 2 절　통상의 기술자의 국적

# 제 1 절 통상의 기술자의 수준*

## Ⅰ. 서 론

특허법은 진보성의 판단, 명세서 기재요건 구비 여부의 판단 등 매우 중요한 쟁점을 판단함에 있어서 그 판단의 기준으로서 해당 기술분야에서 통상의 기술을 가진 자(이하, '통상의 기술자')를[1] 상정한다. 그러한 통상의 기술자의 개념은 "특허법 전반의 쟁점들을 관통하는 핵심적인 개념"[2]이라고 할 수 있으나 통상의 기술자가 누구이며 어떤 정도의 기술적 수준을 가진 자인지 등의 구체적인 질문에 명확하게 답하기는 매우 어렵다. 이 절에서는 일차적으로 관련 쟁점별로 다르게 또는 동일하게 적용될 수 있는 통상의 기술자의 개념을 이해하고자 한다.

통상의 기술자의 개념을 적용하여 관련 쟁점을 판단하는 자로는 심사관, 심판관, 판사, 대법관이 있다. 심판관, 판사 등의 기술수준이 통상의 기술자의 그것과 유사하기는 매우 어려우므로 심판관, 판사 등을 통상의 기술자와 비교하는 것은 큰 의미가 없다. 그러므로 이 절에서는 논의를 심사관과 통상의 기술자의 수준의 차이를 비교하는 것에 중점을 두고자 한다. 심사관은 통상의 기술자와 유사한 기술수준을 가진 자로서 자신의 기술수준을 통상의 기술자의 수준으로 동조화를 한 후 심사를 하게 되므로 심사관과 통상의 기술자의 상관관계는 심사의 정확성을 제고하기 위하여 고려되어야 할 매우 중요한 요소라고 할 것이다.

---

* 이 절은 정차호, "당업자와 특허심사관의 관계: 특허청 특허심사조직 혁신방안", 「지식재산21」, 특허청, 2006년 1월호에 게재된 것을 수정, 보완한 것이다.

1) "당업자(當業者)"가 일본식 표현이므로 마땅한 표현이 아니라는 주장이 있었고 그 주장이 반영되어 대법원은 '통상의 기술자'라는 표현을 사용하기 시작하였다. '보통 기술자'라는 표현과 비슷하다. 통상의 기술자를 미국에서는 PHOSITA(Person having ordinary skill in the art) 또는 Mr. Phosita라고 칭한다.

2) 조영선, "특허쟁송과 통상의 기술자의 기술수준", 「저스티스」 통권 86호, 한국법학원, 2005, 65면.

## Ⅱ. 통상의 기술자의 성격 및 수준

### 1. 통상의 기술자 개념의 활용

통상의 기술자의 개념은 특허법 전반에서 사용되지만, 특히, 제일 중요하게는 해당 발명이 선행기술에 비하여 진보성을 가지는지 여부를 따질 때 사용된다. 우리 특허법 제29조 제2항,[3] 일본 특허법 제29조 제2항,[4] 미국 특허법 제103(a)조,[5] 유럽특허조약 제56조가[6] 각각 진보성 판단 시 통상의 기술자 수준을 기준으로 할 것을 규정하고 있다. 또한 명세서의 발명에 대한 설명은 통상의 기술자가 용이하게 실시할 수 있을 정도로 기재되어야 한다. 우리 특허법 제42조 제3항,[7] 일본 특허법 제36조 제4항,[8] 미국 특허법 제112(a)조,[9] 유럽특허조약 제83

3) 특허법 제29조 제2항("특허출원전에 그 발명이 속하는 기술분야에서 통상의 기술을 가진 자가 제1항 각호의 1에 규정된 발명에 의하여 용이하게 발명할 수 있는 것일 때에는 그 발명에 대하여는 제1항의 규정에 불구하고 특허를 받을 수 없다."). 통상의 기술자에 대하여 특허법이 직접 규정하고 있지는 않다. 그 발명이 속하는 기술분야에서 통상의 기술을 가진 자를 강학상 '통상의 기술자'라고 칭한다.

4) 일본 특허법 제29조 제2항("특허출원 전에 그 발명이 속하는 기술분야에서 통상의 지식을 가진 자가 전항 각호와 같은 발명에 근거하여 용이하게 발명할 수 있는 것일 때에는 그 발명은 동항의 규정에도 불구하고 특허를 받을 수 없다.").

5) 미국 특허법 제103(a)조 ("A patent for a claimed invention may not be obtained, notwithstanding that the claimed invention is not identically disclosed as set forth in section 102, if the differences between the claimed invention and the prior art are such that the claimed invention as a whole would have been obvious before the effective filing date of the claimed invention to a person having ordinary skill in the art to which the claimed invention pertains. Patentability shall not be negated by the manner in which the invention was made."). 미국 특허법에 비자명성(non-obviousness) 요건이 도입된 역사적 경위에 대하여는 George M. Sirilla & Honorable Giles S. Rich, *35 U.S.C. § 103: From Hotchkiss to Hand to Rich, The Obvious Patent Law Hall-of-Famer*, 32 John Marshall Law Review 437 (1999) 참고.

6) 유럽특허조약(EPC) 제56조("An invention shall be considered as involving an inventive step if, having regard to the state of the art, it is not obvious to a person skilled in the art. If the state of the art also includes documents within the meaning of Article 54, paragraph 3, these documents are not to be considered in deciding whether there has been an inventive step.").

7) 특허법 제42조 제3항 제1호("그 발명이 속하는 기술 분야에서 통상의 지식을 가진 자가 그 발명을 쉽게 실시할 수 있도록 산업통상자원부령으로 정하는 기재방법에 따라 명확하고 상세하게 기재할 것").

8) 일본 특허법 제36조 제4항("전항 제3호의 발명의 상세한 설명은 통상산업부령이 정하는 바에 의해 그 발명이 속하는 기술분야에서 통상의 지식을 가진 자가 그 실시를 할 수 있을 정도로 명확하고 충분하게 기재하여야 한다.").

9) 미국 특허법 제112(a)조("The specification shall contain a written description of the invention, and of the manner and process of making and using it, in such full, clear, concise, and exact

조가[10] 각각 명세서가 발명을 용이하게 실시할 수 있을 정도로 개시하고 있는지를 판단하는 경우, 통상의 기술자 수준을 기준으로 할 것을 규정하고 있다.

그 외에도 산업상 이용가능성 여부,[11] 청구항의 발명의 상세한 설명에 의한 뒷받침 여부,[12] 청구항의 명확성 여부,[13] 균등론 적용에 있어서의 치환용이성 여부[14], 균등론 해석에 있어서 금반언 적용 여부,[15] 진보성 판단을 위하여 2개 이

terms as to enable any person skilled in the art to which it pertains, or with which it is most nearly connected, to make and use the same, and shall set forth the best mode contemplated by the inventor or joint inventor of carrying out the invention.").

10) 유럽특허조약 제83조("The European patent application must disclose the invention in a manner sufficiently clear and complete for it to be carried out by a person skilled in the art.").

11) 미국특허상표청, 특허심사지침서(*Manual of Patent Examining Procedure, MPEP*) §706.03(a)(1)(명세서에서 주장된 유용성(utility, 우리의 산업상 이용가능성과 유사한 개념)이 통상의 기술자가 인정할 수 있는 정도가 아닐 때에는 유용성이 없다는 이유로 거절). 미국에서의 유용성의 입증과 통상의 기술자와의 관계에 관한 자세한 논의는 Donald S. Chisum, et al., *Principles of Patent Law* 3rd ed., 2004, p. 749 참고.

12) 특허법 제42조 제4항 제1호는 청구항이 발명의 상세한 설명에 의하여 뒷받침될 것을 규정하고 있으며, 대법원 2005. 11. 25. 선고 2004후3362 판결은 "특허법 제42조 제4항의 규정상 '특허청구범위가 상세한 설명에 의하여 뒷받침되고 있는지 여부'는 특허출원 당시의 기술 수준을 기준으로 하여 그 발명과 관련된 기술분야에서 평균적 기술 능력을 가진 사람의 입장에서 볼 때, 그 특허청구범위와 발명의 상세한 설명의 각 내용이 일치하여 그 명세서만으로 특허청구범위에 속한 기술구성이나 그 결합 및 작용효과를 일목요연하게 이해할 수 있는가에 의하여 판단하여야 할 것이다"고 설명하고 있다. 일본 심사지침서 (특허청 역) 7면("실질적 대응관계에 관한 심사는 청구항에 관계된 발명이 발명의 상세한 설명에 있어 발명의 과제가 해결될 수 있는 것으로 통상의 기술자가 인식할 수 있을 정도로 기재된 범위를 벗어난 것인가 아닌가를 조사한 것에 의해서 행해진다.").

13) 특허법 제42조 제4항 제2호는 청구항이 발명을 명확하게 기재할 것을 규정하고 있으며, 동 규정이 명시적으로 통상의 기술자를 제시하지는 않으나 청구항이 발명을 '명확하게' 기재하였는지를 판단하는 기준도 역시 통상의 기술자를 기준으로 하여야 할 것이다. Orthokinetics, Inc. v. Safety Travel Chairs, Inc., 806 F.2d 1565, 1576 (Fed. Cir. 1986) (통상의 기술자가 명세서를 참조하여 청구항을 읽을 때 청구항이 무엇을 청구하였는지를 이해하기가 어려우므로 명확하게 기재되지 않은 것으로 본 사건). K-2 Corp. v. Salomon S.A., 191 F.3d 1356, 1365, (Fed. Cir. 1999) ("[C]laim construction is firmly anchored in reality by the understanding of those of ordinary skill in the art.").

14) 균등론 적용의 객관성을 담보하기 위해서는 통상의 기술자의 치환용이(interchangeability)에 관한 지식은 중요하지 않으나 청구항 요소와 치환된 요소의 유사 또는 차이를 판별하기 위해서는 통상의 기술자의 지식이 고려될 수 있다. Warner-Jenkinson Company, Inc. v. Hilton Davis Chemical Co., 520 U.S. 17, 37 (1997) ("As we have noted … with regard to the objective nature of the doctrine, a skilled practitioner's knowledge of the interchangeability between claimed and accused elements is not relevant for its own sake, but rather for what it tells the fact-finder about the similarities or differences between those elements."); 대법원 2005. 2. 25. 선고 2004다29194 판결("두 재료 모두 그 기술분야에서 …… 통상적으로 사용하는 식품이므로 그 분야의 평균적 기술자가 옥수수전분을 찰옥수수전분으로 바꿔 사용하는 것에 어려움이 없고 그로 인하여 떡의 보존기간 등에 관한 작용효과에도 특별한 차이가 없으므로, 결국 양

상 선행기술을 조합하는 경우 그 조합의 용이 여부[16], 출원 보정에 있어서의 신규사항 추가 여부[17] 등의 판단에 있어서도 통상의 기술자 기준이 적용될 것이다.

## 2. 통상의 기술자 수준의 중요성

통상의 기술자 수준의 정확한 설정은 상기 제시된 모든 경우에서 중요하지만 특히 진보성 판단과 명세서 기재요건 구비 여부의 판단에서는 더욱 중요하다. 통상의 기술자 수준을 높게 설정하는 경우 심사관은 진보성을 인정하기가 곤란한 반면, 명세서 기재요건 구비의 인정은 용이할 것이다. 반대로 통상의 기술자 수준을 너무 낮게 설정하는 경우 심사관은 진보성을 인정하기가 용이한 반면, 명세서 기재요건 구비의 인정은 곤란할 것이다.

진보성의 경우, 통상의 기술자 수준을 높게 책정하여 진보성 문턱을 너무 높이는 경우 출원인이 특허를 취득하기는 어려운 반면, 취득 후에는 다른 자가 유사한 특허를 취득하기가 어려우므로 강한 권리가 보장되는 면이 있고, 통상의 기술자 수준을 낮게 책정하여 진보성 문턱을 너무 낮추는 경우 출원인이 쉽게 특허를 획득할 수 있게 하는 반면, 권리 취득 후에는 다른 자가 유사한 특허를 쉽게 획득하므로 자기 특허의 권리가 상대적으로 약해지는 면이 있다. 즉, 발명자의 적절한 보호를 위하여도 통상의 기술자 수준의 적절한 설정이 중요한 것이다.[18]

또, 명세서 기재요건 구비 여부의 판단과 관련하여서도 통상의 기술자 수준을 높게 책정하는 경우 출원인 입장에서는 명세서 기재요건을 준수하기가 용이한 반면 제3자가 해당 명세서를 용이하게 이해하기가 어려운 면이 있고, 통상의

---

발명의 대응되는 구성요소들은 모두 동일하거나 균등관계에 있는 것으로 보인다.").

15) Festo Corp. v. Shoketsu Kinzoku Kogyo Kabushiki Co., Ltd., 535 U.S. 722, 741 (2002) ("The patentee must show that at the time of the amendment one skilled in the art could not reasonably be expected to have drafted a claim that would have literally encompassed the alleged equivalent.").

16) *In re* Battiston, 139 Fed.Appx. 281, 284 (Fed. Cir. 2005) ("[T]he suggestion to combine references may flow from the nature of the problem … [or] the teachings of the pertinent references or from the ordinary knowledge of those skilled in the art that certain references are of special importance in a particular field[.]").

17) 특허청 심사지침서 4226면("통상의 기술자가 특허출원서에 최초로 첨부된 명세서 또는 도면(이하 '최초 명세서 등'이라 한다)에 기재된 사항에 의하여 판단한 결과 자명한 사항은 신규사항이 아니다.").

18) 미국의 비자명성 테스트가 진보성의 문턱을 너무 낮게 책정한다는 비판이 있으며 *KSR* 사건에서 미연방대법원은 그 비판을 받아들여 진보성의 문턱을 약간이나마 높였다.

기술자 수준을 낮게 책정하는 경우 제3자의 입장에서는 명세서를 이해하기가 용이한 반면 출원인이 명세서 기재요건을 준수하기가 어려워진다. 즉, 통상의 기술자의 수준을 달리 책정함으로써 명세서의 기술정보로서의 이용 기능이 달라지는 것이다. 이러한 발명에 대한 '보호' 기능과 명세서 정보의 '이용' 기능은 특허법의 가장 중요한 기능이므로[19] 통상의 기술자 수준의 정확한 설정은 특허법 목적의 달성과 직접적으로 연관되는 중요한 작업인 것이다.

### 3. 통상의 기술자 정의[20]

우리나라 판례 중에서는 통상의 기술자를 구체적으로 정의하는 것이 아직 없는 것으로 보인다.[21] 일반적으로는 당해 발명이 속하는 기술분야에 대한 식견과 기술상식을 가진 자를 의미한다고[22] 할 수 있으나 여전히 명확한 정의는 아니다. 미국과 유럽에서는 통상의 기술자를 불법행위(tort) 여부를 판단하는 합리적인 사람(reasonable person)과 비슷한 개념의 실제의 인물이 아닌 가상의 인물로 상정하는데[23] 그 가상의 인물을 지칭하는 표현으로 미국에서는 PHOSITA(person having ordinary skill in the art)를[24] 유럽에서는 "skilled person"을 자주 사용한다.

심사관, 심판관, 판사, 대법관, 배심원, 해당 기술분야의 초보자, 해당 기술분야와 동떨어진 분야의 기술자, 해당 기술분야에 있어서 천재적 재능을 가진

19) 특허법 제1조("이 법은 발명을 보호·장려하고 그 이용을 도모함으로써 기술의 발전을 촉진하여 산업발전에 이바지함을 목적으로 한다.").

20) 통상의 기술자 정의에 관한 다양한 견해에 관해서는 조영선, 앞의 글, 70-75면 참고.

21) 대법원 2005. 11. 25. 선고 2004후3362 판결, 대법원 1996. 1. 26. 선고 94후1459 판결 등은 통상의 기술자를 "그 기술 분야에서 보통 정도의 기술적 이해력을 가진 자"로 표현하고 있으나 "해당 기술 분야에서 통상의 지식을 가진 자"라고 규정하는 특허법 제29조 제2항의 표현을 약간 다르게 서술한 정도에 불과하고 통상의 기술자의 의미에 대하여 조금 더 구체적인 기준을 제시하는 것으로는 인정되지 않는다.

22) 특허청, 「조문별 특허법해설」, 2002, 79면.

23) Panduit Corp. v. Dennison Mfg. Co., 810 F.2d 1561, 1566 (Fed. Cir. 1987)("[D]ecisionmaker confronts a ghost, i.e., 'a person having ordinary skill in the art,' not unlike the 'reasonable man' and other ghosts in the law").

24) Wikipedia (www.wikipedia.org) ("A person having ordinary skill in the art (PHOSITA) or the person skilled in the art is a legal fiction defined in the Patent Act of the United States, and similarly by other patent laws in the world. If something can be invented by this person or if a problem can be solved by this person, the particular invention is not worthy of patent protection or, in other words, does not pass the obviousness or inventive step test. In practice, PHOSITA is a set of legal fictions evolved over time. Since the obviousness of an invention is a basic question to ask when awarding a patent, similar tests can be found in many patent.").

자, 대상 발명의 실제 발명자 등은 통상의 기술자가 아니다.[25] 그러므로 발명의 기술내용과 선행기술이 기술전문가의 증언을 참조할 필요가 없이 법관에 의해서 용이하게 이해되는 경우에도 그것을 이유로 발명이 자명하다고 판단되어서는 아니 되며, 통상의 기술자의 관점에서 인용된 선행기술 등을 고려하여 판단되어야 한다.[26]

때때로 통상의 기술자는 연구팀이나 생산팀처럼 사람들의 그룹을 의미하기도 하는데, 예를 들어 고급 레이저 기술에 있어서의 통상의 기술자란 물리, 전자 및 화학 세 분야의 세 명의 전문가로 구성된 팀을 의미할 수 있다.[27][28][29] 한 팀으로서의 통상의 기술자 중 기술자가 아닌 번역가도 포함될 수 있다. 즉, 선행기술이 다른 팀원들이 해독할 수 없는 외국어로 기재된 경우, 그 외국어를 해독할 수 있는 팀원이 그 팀에 포함되어 있고 그래서 하나의 팀인 통상의 기술자가 해당 기술을 이해할 수 있는 것으로 볼 수 있다.[30] 그러므로 선행기술이 외국어로 작성되었는지의 여부가 진보성 판단을 다르게 하지 않는다.

---

25) Environmental Designs, Ltd. v. Union Oil Co., 713 F.2d 693(Fed. Cir. 1983); Kimberly−Clark Corp. v. Johnson & Johnson, 745 F. 2d 1437 (Fed. Cir. 1984). 실제 사건에서는 결국, 심사관, 심판관 또는 판사가 진보성, 명세서 기재불비 등을 판단하므로 관련 선행기술을 다 알고 있는 심사관, 심판관 또는 판사를 통상의 기술자로 보아야 한다는 견해도 있다. 그러나 심사관, 심판관 또는 판사의 기술 수준이 통상의 기술자의 그것과 상당히 다른 것이 보통이므로 그러한 견해에 의하면 쟁송의 단계별로 통상의 기술자의 수준이 크게 변하고 진보성 등에 대한 판단이 크게 변할 가능성이 높아지는 단점이 있으므로 받아들이기 어려운 견해이다.

26) Chore−Time Equip., Inc. v. Cumberland Corp. 713 F. 2d 774, Fn. 2 (Fed. Cir. 1983).

27) 유럽특허청 심결 T57/86, T460/87, T295/88, T2/94, T222/86.

28) 미국 특허법에 진보성 규정이 삽입된 것은 1952년이다. 그 당시에는 대부분(82%)의 출원이 한 명의 발명가에 의한 것이었고 불과 3%만이 3명 이상의 발명가에 의한 것이었다. 2011년에는 양상이 매우 달라졌는데, 32%만이 단독발명이고 43%는 3명 이상의 발명가에 의한 것이다. 단독발명가가 가장 많은 분야는 보석 기술이며, 가장 적은 분야는 바이오, 유기화학 기술이다. Dennis Crouch, *Person(s) Skilled in the Art: Should the Now Established Model of Team−Based Inventing Impact the Obviousness Analysis?*, Patently−O, May 17, 2011.

29) 복수명으로 구성된 하나의 팀이 통상의 기술자라고 표현할 수도 있고 복수명의 지식을 모두 가진 가상의 단수의 자연인을 통상의 기술자라로 표현할 수도 있을 것이다.

30) Amber C. Stebbing & Amanda Perkins, *Artful Determination: "State of the Art" and PCME Ltd v Goyen Controls Co UK, Ltd*, European Intellectual Property Review 1999, 21(7), 377−380 ("··· even if it was unlikely the skilled person would be fluent in such language. Since the skilled addressee may be a team, in these circumstances the team would include an 'ordinary skilled interpreter.'").

## 4. 통상의 기술자 수준 판단

통상의 기술자 수준의 판단은 매우 어려운데 첫째 통상의(ordinary) 지식이라는 것이 어느 정도인지, 기술이 있는 자(skilled person)가 누구인지 구체적이지 않으며, 나아가 해당 발명의 기술분야가 다양해질 뿐만 아니라 더욱이 복합기술의 출원이 증가하여 그러한 판단을 더욱 어렵게 하고 있다. 일반적으로, 통상의 기술자는 출원일(우선일) 당시 그 기술분야의 기술상식을[31] 알고 있는 통상의 실무자(practitioner)라고 가정할 수 있거나 또는 선행기술에 해당하는 모든 것에 접근수단을 가지고 있고,[32][33] 일상적인 실험을 수행할 수 있는 보통의 수단과 능력을 자기 마음대로 활용할 수 있는 자라고 생각된다. 다만 통상의 기술자는 발명자와는 달리 발명을 할 수 있는 능력은 없다.[34][35][36]

미국 법원이 통상의 기술자의 수준을 결정하기 위하여 고려하는 6개 요소들은 아래와 같다.[37] 6개 요소가 반드시 모두 다 고려될 필요는 없으며 그 중 몇 개에 대하여 고려하는 것으로 충분할 수도 있다.[38]

1. 발명자의 교육수준(educational level of the inventor)
2. 당해 기술분야가 직면한 과제의 유형(type of problems encountered in the art)

---

31) Guidelines for Examination in the European Patent Office (April 2009), part C, Chapter IV-22, 11.3. ("[T]he 'person skilled in the art' should generally be presumed to be an ordinary practitioner aware of what was common general knowledge in the art at the relevant date.").

32) Custom Accessories, Inc. v. Jeffrey-allan Industries, Inc., 807 F.2d 955, 962 (Fed. Cir. 1986) (진보성 판단의 경우: "The person of ordinary skill is a hypothetical person who is presumed to be aware of all the pertinent prior art.").

33) 통상의 기술자는 국내외에 존재하는 선행기술 모두에 접근이 가능한 자이다. 대법원 2004. 11. 12. 선고 2003후1512 판결("발명의 진보성 판단은 국내의 기술수준을 고려하여 국내에 있는 당해 기술분야의 전문가의 입장에서 판단하여야 한다는 상고이유의 주장은 독자적 견해에 불과하여 받아들일 수 없다.").

34) 유럽특허청 심사 가이드라인 C-IV, 9.6.

35) Nestec v Dualit, [2013] EWHC 923 (Pat), para. 72 ("He is unimaginative and has no inventive capacity."). 〈http://www.bailii.org/ew/cases/EWHC/Patents/2013/923.html#para72〉.

36) 특이하게 발명자를 통상의 기술자로 본 CAFC 사례는 다음 글 참고. 〈http://www.patentlyo.com/patent/2007/09/invention-obvio.html〉.

37) Environmental Designs, Ltd. v. Union Oil Co., 713 F.2d 693, 696 (Fed. Cir. 1983), cert. denied, 464 U.S. 1043 (1984).

38) *Id.*

3. 그 과제에 대한 선행기술의 해결책(prior art solutions to those problems)
4. 진보의 속도(rapidity with which inventions are made)
5. 기술의 복잡성(sophistication of the technology)
6. 그 분야의 실제 종사자의 교육수준(educational level of active workers in the field)

통상의 기술자는 기술분야별로 그 수준이 약간씩 다를 수 있다. 대부분의 기술분야에서는 학사학위 및/또는 약간의 실무경력을 가진 자가 통상의 기술자이나,[39] 생명공학 등 일부 분야에서는 통상의 기술자의 교육수준이 다른 기술분야에 비하여 약간 높아서 석사 또는 박사학위 소지자가 통상의 기술자가 될 수도 있다.[40]

통상의 기술자는 해당 기술분야 기술자 중 (실력의 면에서) 상위 몇 %에 속하는가? 쉽게, '통상(중간)(average)'이라는[41] 표현에 방점을 두어 생각하면 상위 50%에 속하는 기술자가 통상의 기술자일 것이다. 그런데, 상급 기술자의 수는 적고 초급 기술자의 수는 많은 현실을 고려하면 달라질 수 있다. 예를 들어, 기술자의 분포를 정삼각형이라고 가정하면,[42] 중간 기술수준은 전체 기술자 중 상위 25%에 속할 것이다. 즉, 아래 그림에서 수직축을 기술수준이라고 보고 수평축을 기술자의 수로 보고, 정삼각형의 위 꼭짓점은 최상급 기술자의 수라고 가정하면 정삼각형 높이의 반 위의 면적(A)은 전체 정삼각형 면적의 25%에 달하는 것이다.[43]

---

39) Robotic Vision Systems, Inc. v. View Engineering, Inc., 189 F.3d 1370, 1373 (Fed. Cir. 1999) (학사학위 <u>또는</u> 상응하는 실무경력을 가진 자를 통상의 기술자로 본 경우); WMS Gaming Inc. v. International Game Technology, 184 F.3d 1339, 1357－58 (Fed. Cir. 1999) (학사학위 <u>및</u> 수년간의 실무경력을 가진 자를 통상의 기술자로 본 경우).

40) Merck & Co., Inc. v. TEVA Pharmaceuticals USA, Inc., 228 F. Supp.2d 480, 501 (D. Del. 2002) (의약, 의화학 분야에서의 통상의 기술자를 석사학위 소지자로 본 경우); McNeil－PPC, Inc. v. L. Perrigo Co., 207 F.Supp.2d 356, 363 (E.D. Pa. 2002), aff'd in part, rev'd in part, 337 F.3d 1362 (Fed. Cir. 2003) (생화학, 약학 분야의 통상의 기술자를 박사학위 소지자로 본 경우); Imperial Chem. Indus., PLC v. Danbury Pharmacal, Inc., 777 F.Supp. 330, 371 (D. Del. 1991) (유기화학분야의 통상의 기술자를 박사학위 소지자로 본 경우).

41) Andrew Rudge, *Guide to European Patents* §9:2 ("The skilled person is a competent worker, possessed of <u>average</u> knowledge and ability, who is capable of following routine instructions but has no inventive capacity.")(유럽특허청 심판원 T39/93 심결 인용).

42) Y축을 기술수준으로, X축을 종사자 수로 책정하고 기술자의 분포를 삼각형으로 제시하고 통상의 기술자의 기술수준을 설명한 사례는 다음 논문 참고. 윤여강, "특허법에서의 '그 발명이 속하는 기술 분야에서의 통상의 지식을 가진 자'에 대한 연구", 「산업재산권」 제30호, 한국산업재산권법학회, 2009.

43) 미국에서 통상의 기술자를 학사학위 또는 약간의 실무능력을 가진 자로 책정하는 것은 상위

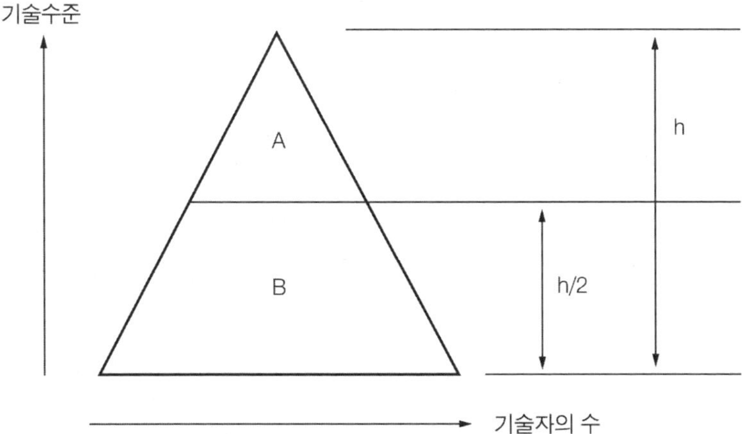


달리 말하면, 기술자의 분포의 정도에 따라서 통상의 기술자의 수준은 달라질 수 있는 것이다. 기술자의 분포가 정삼각형이 아니고 마름모꼴인 경우 통상의 기술자의 수준은 그에 따라 또 달라져야 할 것이다.

### 5. 진보성 및 명세서 기재요건 판단에서의 통상의 기술자의 수준 비교

특허법 제29조 제2항이 규정하는 진보성 판단을 위한 통상의 기술자의 수준과 특허법 제42조 제3항이 규정하는 명세서 기재요건 구비 여부 판단을 위한 통상의 기술자 수준은 완전히 일치하는 것인지 또는 다르게 할 필요성이 있는 것인지에 대하여 이견이 있다. 두 상반된 견해를 살펴본다.

#### 가. 이원설[44)]

진보성 판단을 위한 통상의 기술자와 명세서 기재요건 구비 여부 판단을 위한 통상의 기술자의 수준을 다르게 보아야 한다는 주장은 당해 명세서가 기술정보로서의 기능을 다하게 하기 위해서는 제3자가 그 내용을 용이하게 이해하도

---

50%의 기술자를 염두에 둔 것으로 생각된다. 그러나 만약 기술자의 분포가 정삼각형이어서 중간 기술수준의 기술자가 상위 25% 기술자라고 한다면 미국의 그 책정은 잘못된 것이라고 생각된다.

44) 조금 특이한 또 다른 이원설도 있다. 즉, 개도국의 통상의 기술자와 선진국의 통상의 기술자의 수준이 달라야 한다는 것이다. 물론, 개도국으로부터의 주장이다. 2004년 5월 WIPO 제10차 SCP에서 인도, 브라질 등 개도국이 주장한 바 있다. 선진국은 이러한 접근은 특허실체법 통일화에 역행되는 것이라고 생각한다. 이에 대하여는 다음 절에서 검토한다.

록 하는 것이 긴요하므로 명세서 기재요건 구비 여부 판단을 위한 통상의 기술자의 수준은 진보성 판난을 위한 통상의 기술자의 수준보다 낮아야 한다는 정책적 배려에 근거한다.[45] 하지만 그 주장은 ① 두 경우의 통상의 기술자를 다르게 보아야 하는 법적 근거가 없다는 점, ② 미국 법원이 두 경우에 있어서의 통상의 기술자 수준 판단기준을 다르게 보지 않고 있다는 점,[46] ③ 두 경우를 판단하는 주체가 한 사람임을 감안하면, 한 사람이 내면에 서로 다른 기준을 가지고 판단할 것을 요구하는 것이 바람직하지도 않고 실현 가능하지도 않다는 점, ④ 통상의 기술자에 대한 하나의 기준도 제대로 제시하기가 어려운 판에, 두 다른 기준을 운용하는 것이 바람직하지 않다는 점 등에 대하여 충분한 답을 하지 못한다는 단점이 있다.

### 나. 일원설

진보성 판단을 위한 통상의 기술자와 명세서 기재요건 구비 여부 판단을 위한 통상의 기술자의 수준을 동일하게 보아야 한다는 주장들도 그 이유는 조금씩 다르다. 첫째의 주장은 두 통상의 기술자의 개념은 같으나, 다만 발명내용을 이해하고 있는 수적 범위의 광협에 차이가 있는 것으로서, 창작의 난이도를 평가하는 진보성 규정에서는 그 기술이 속하는 분야의 통상의 기술자 중 1인이라도 용이하게 창작할 수 있다면 비록 그 기술분야의 다른 통상의 기술자에게는 용이하게 창작할 수 없는 경우라 하더라도 그 발명의 진보성은 부인되지만, 기술문헌 등으로 활용되는 발명의 명세서 란의 기재에 있어서는 그 기술분야의 모든 통상의 기술자가 용이하게 실시할 수 있을 정도로 발명이 기재되어야 하며, 그 기술분야의 통상의 기술자 중 1인이라도 용이하게 실시할 수 없을 때에는 그 기재는 충분한 것이라 할 수 없다는 것이다.[47] 그러나 통상의 기술자는 복수명이 존재하는 것이 아니고 가상의 1명 또는 1팀이 존재하는 것으로 보아야 하고, 가상의 통상의 기술자의 수준이 정확하게 정해지면 그 사람이 1명이든 10명이든 동일한 판단을 한다고 보아야 하므로 상기 주장은 옳지 않다고 본다.

---

45) 이원설에 관한 국내의 대표적인 논문은 다음의 것이 있다. 윤여강, 앞의 논문.

46) 두 장면에 있어서의 통상의 기술자를 다르게 보아야 한다는 미국 내에서의 주장은 Dan L. Burk, Mark A. Lemley, *Is Patent Law Technology-Specific?*, 17 Berkeley Tech. L.J. 1155, 1190, 1202-03 (2002).

47) 천효남, 「특허법」 제8판, 287면; 吉藤幸朔, 「특허법개설」 제13판, 305면(조영선, 앞의 글, 73면에서 재인용).

두 번째 주장은 진보성이 있는 발명이라면 당연히 종래기술을 뛰어 넘는 최고, 최신의 기술을 의미하는 것이고 이를 뒷받침하는 명세서 역시 그와 같이 높은 수준의 기술을 다루는 것임이 분명하므로 진보성 판단의 전제가 되는 바와 같이 종래기술에 관한 지식 전부를 자신의 것으로 할 수 있는 정도의 능력을 가지지 않은 자라면 아무리 명세서를 기재한다고 하더라도 이를 충분히 이해할 수 없다고 보는 것이 논리적이라는 전제를 바탕으로 진보성 판단의 통상의 기술자와 명세서 기재요건 구비 여부 판단의 통상의 기술자는 같은 기술수준을 가진 것으로 이해하여야 한다는 것이다.[48] 그러나 통상의 기술자가 모든 경우에 선행기술의 지식 전부를 자신의 것으로 할 수 있는 정도의 능력을 가진 자라고 상정하는 경우 명세서에서의 설명이 덜 충분하거나 덜 명확하여도 통상의 기술자가 쉽게 이해하는 것으로 보아야 하고 결과적으로 이해도가 낮은 명세서를 유도하는 결과를 초래하게 되고, 특허 명세서의 기술정보적 기능을 저하하게 하므로 이 이유도 설득력이 없다고 본다.

필자는 위에서 설명한 바와 같은 이유로 통상의 기술자의 수준은 진보성을 판단하는 경우와 명세서 기재요건 구비 여부를 판단하는 경우 모두 같아야 하지만,[49] 다만 그 판단을 위하여 참고하는 선행기술의 유무라는 측면에서는 다르다고 주장한다. 진보성 판단의 경우 통상의 기술자가 모든[50][51] 선행기술을 참고할 수 있다고 보아야 하고 실무에서는 모든 선행기술을 다 논하는 것이 현실적으로 불가능하므로 그 선행기술 중 가장 강력한 것 몇 개를 선정하여 통상의 기술자의 수준에서 그 선정된 선행기술과 해당 발명의 차이에 대하여 판단하는 것이다.[52]

---

48) 穗積 忠, "진보성판단에 있어서의 통상의 기술자의 범위", 패턴트 54권 5호, 16면(조영선, 앞의 글, 73면에서 재인용).

49) T 694/92, para. 7 ("for the purposes of articles 56 and 83 EPC, the same level of expertise is required from the person skilled in the art (see T 60/89, DO EPO 1992, 268).").

50) 모든 선행기술을 참고하도록 하는 것은 발명 전 단계에서 모든 선행기술을 검색하는 것을 유도하게 되고 결과적으로 중복연구를 방지하게 하는 정책적 목적이 있다. Donald S. Chisum, *Chisum on Patents* §7.03[2][c]. 통상의 기술자와 마찬가지로 발명자도 모든 선행기술을 알고 있는 것으로 보아야 한다는 것이다. *In re* Winslow, 365 F.2d 1017, 1020, (CCPA 1966) ("Section 103 requires us to presume full knowledge by the inventor of the *prior* art in the field of his endeavor.").

51) 출판된 언어의 종류가 그 서적의 접근가능성에 결정적인 것이 될 수 없다. 만일 그렇다면, 국적에 따라 "skilled person"의 구별이 생길 것이고 그것은 진보성의 객관적 판단에 반하는 것이 될 것이다. 유럽특허청 심결 T426/88.

52) 다른 의견: T 694/92, para. 7 ("[W]hilst for the purposes of evaluating inventive step, the person skilled in the art only has knowledge of the state of the art, for the purposes of

이에 반해 명세서 기재요건 구비 여부를 판단하는 경우 별도의 선행기술을 참고하지 않고 명세서에 기재된 정보만을 기조로 통상의 기술자가 이미 갖추고 있는 기술상식에[53] 근거하여 판단하는 것이다.[54][55][56][57][58][59] 결국, 통상의 기술자의 수준은 두 경우 동일하고 선행기술 참고 여부만 다를 뿐이다.[60][61] 이렇게 보는

---

evaluating sufficiency of disclosure (and, therefore, supporting it), he or she has knowledge of the state of the art and of the invention as disclosed.").

53) 특허청 번역, 일본특허청 심사지침서, 212면("기술상식이란 통상의 기술자에게 일반적으로 알려져 있는 기술(주지기술, 관용 기술을 포함한다) 또는 경험칙으로부터 분명한 사항을 말한다.").

54) 대법원 2006. 11. 24. 선고 2003후2089 판결("한편, 특허법 제42조 제3항은 발명의 상세한 설명에는 통상의 기술자가 용이하게 실시할 수 있을 정도로 그 발명의 목적·구성 및 효과를 기재하여야 한다고 규정하고 있는바, 그 뜻은 특허출원된 발명의 내용을 제3자가 명세서만으로 쉽게 알 수 있도록 공개하여 특허권으로 보호받고자 하는 기술적 내용과 범위를 명확하게 하기 위한 것이므로 통상의 기술자가 당해 발명을 명세서 기재에 의하여 출원시의 기술수준으로 보아 특수한 지식을 부가하지 않고서도 정확하게 이해할 수 있고 동시에 재현할 수 있는 정도를 말하는 것이고 ……").

55) 특허청 번역, 일본특허청 심사지침서, 37면(실시가능 요건 위반의 경우 심사관은 출원시 통상의 기술자에게 알려져 있던 선행기술을 인용하여 실시불가능에 대하여 설명하는 것을 원칙으로 함을 설명). 이와 동일하지는 않으나 유사한 주장으로는 공중에게 일반적이고 합리적으로 알려진 (모든 선행기술이 아닌) 선행기술을 통상의 기술자가 아는 것으로 간주되어야 한다는 것이 있다. Donald S. Chisum, *Chisum on Patents* §7.03[2][c] ("One commentator argues that the person skilled in the art under Section 11 should be deemed to know 'all prior art which is generally and reasonably available to the public.'").

56) SAA Sandoz v. Eli Lilly and Co, Paris Court of Appeal, Jan. 13, 2012, Case No. 10/17727 ("[the man skilled in the art] would be unable to perform the invention with its own scientific and technologic knowledge").

57) 진보성 판단에 있어서는 해당 발명을 모르는 것으로 가정하는 데 반해, 용이실시 판단에 있어서는 해당 명세서를 바탕으로 판단하는 것이 다르다는 측면과 유사한 상황이다. Miller, et al., *Terrell on the Law of Patents* 17th ed., Sweet & Maxwell, 2011, para. 10–22 ("Against that, obviousness must of course be considered on the assumption that the skilled addressee was not previously aware of the invention, whereas for the purpose of sufficiency the skilled reader is assumed to be provided with the patent specification.").

58) 캐나다 연방대법원 비아그라 사건. Teva Canada Ltd. v. Pfizer Canada Inc., 2012 SCC 60 (Supreme Court of Canada Nov. 8, 2012), para. 51 ("The description must be such as to enable a person skilled in the art or the field of the invention to produce it using only the instructions contained in the disclosure … ").

59) 영국: 진보성 및 용이실시의 통상의 기술자가 동일하다. 그러나, 해당 기술이 변하는 경우(art changing), 다를 수 있다는 설명이 있다. Apimed Medical Honey Ltd v Brightwake Ltd [2012], Court of Appeal, EWCA Civ 5, 20 January 2012 (다음 판례 인용 Schlumberger Holdings Ltd v Electromagnetic Geoservices AS [2010] EWCA Civ 819).

60) Zipher Ltd v Markem Systems Ltd [2009] F.S.R. 1, para. 366 ("Although the skilled team for the purposes of insufficiency does not possess any greater skill than that for obviousness, the insufficiency team has the advantage that it will have the invention in view. The skilled team is trying to carry out the invention and achieve success, … not searching for a solution in ignorance of it.").

것이 ① 현행 심사, 심판, 재판 실무와도 일치하고, ② 현장 기술자가 당해 특허 명세서를 읽고 이해하기 위하여 사전에 선행기술을 이해하도록 요구하는 것이 현실적이지 않다는 점과 부합하고, ③ 선행기술을 참고하지 않는 통상의 기술자를 이해시키기 위해서는 명세서의 기재가 더욱 자상해져야 하고 결과적으로 특허 명세서의 기술정보로서의 기능이 제고되는 부수효과도 거둘 수 있다.

## Ⅲ. 심사관의 성격 및 수준

### 1. 심사관의 정의 및 역할

심사관이란 특허출원에 대한 심사를 담당하는 자를 말하고, 심사관이 될 수 있는 자는 특허청 또는 그 소속기관의 5급 이상의 일반직 국가공무원으로서 특허청 산하 국제지식재산연수원에서 소정의 심사관 연수과정을 수료한 자이다.[62) 특허권의 속성을 설명하는 이론으로 자연권설,[63) 산업정책설[64) 등이 있으나 특허는 계약의 한 형태로 이해하는 것이 바람직하다.[65) 계약이 성립되기 위해서는 양 당사자, 청약(offer), 수락(acceptance), 대가(consideration) 등이 존재하여야 하는데, 특허에서의 양 당사자는 발명자(출원인)와 공중(the public)이고, 청약은 출원

61) 다른 의견: CLR I D 7.3 Skilled person – level of knowledge ("The same level of skill has to be applied when, for the same invention, the two questions of sufficient disclosure and inventive step have to be considered (T 60/89, OJ 1992, 268; T 373/94). T 694/92 (OJ 1997, 408) added that, although the same level of skill is applied for both Art. 56 and Art. 83 EPC 1973, the two starting points differ; for inventive step purposes, the skilled man knows only the prior art; for sufficiency of disclosure, he knows the prior art and the disclosed invention.").

62) 특허법시행령 제8조 제1항. 다만, 심사관의 직급에 해당하는 공무원으로서 변리사의 자격이 있는 자는 국제지식재산연수원에서 심사관 연수과정의 수료 없이도 심사관이 될 수 있다. 특허법 시행령 제8조 제5항.

63) 특허권이 발명자에게 자연적으로 주어지는 권리라는 설로서, 모든 신규한 창작은 본래 이를 창작한 자의 소유에 속하므로 발명도 그 창작자인 발명자에게 권리를 귀속시키는 것이 당연하다는 것이다. 현대의 배타권으로서의 특허권의 속성과는 어울리지 않는 견해이다. 즉, 발명을 실시할 수 있는 권리는 자연권이라고 할 수 있지만 다른 후 발명자의 실시를 금지할 수 있는 배타권은 자연적으로 주어지는 것이 아니라 발명을 공개하는 대가로 주어지는 법정 권리이다.

64) 특허제도는 산업정책상의 견지에서 채용된 것이라는 설로서 다시 비밀공개설, 발명장려설 등으로 세분된다.

65) 특허가 사회계약(social contract)이라고 일반적으로 인정되고 있으나 특허제도가 그러한 계약적 목적을 제대로 수행하지 못한다는 비판에 대하여는 Shubha Ghosh, *Patents and The Regulatory State: Rethinking The Patent Bargain Metaphor After ELDRED*, 19 Berkeley Tech. L.J. 1315 (2004) 참고.

인이 작성하는 명세서이며, 수락은 보정된 최종 명세서에 대한 심사관의 특허결정이다. 또 출원인의 입장에서 지불하는 대가는 발명의 공개이며, 공중의 입장에서 지불하는 대가는 특허권 존속기간 중 해당 발명을 실시하지 않겠다는 약속이다. 바꾸어 말하면 출원인의 입장에서 얻는 것은 해당 발명에 대한 배타권이며,[66] 공중의 입장에서 얻는 것은 해당 발명의 신속한 공개로 인하여 해당 발명을 이용할 수 있다는 점이다.

특허계약의 과정인 심사에서 공중은 보이지 않고 심사관과 출원인이 의사를 교환하므로 심사관이 다른 한 당사자인 것으로 오인될 수 있으나 심사관은 사실 특허계약의 중재인으로서 역할을 할 뿐 당사자는 아니다.[67] 즉, 공중이 한 당사자로 역할을 하는 것이 현실적으로 불가능하므로[68] 다른 한쪽에 공중이 있다고 가정하고 심사관은 공중과 출원인 사이에서 적절한 권리의 범위를 중재하는 것이다. 심사관의 특허계약에서의 적극적인 행위는 단순한 중개인(broker)의 역할 정도에 그치는 것이 아니라 중재인(mediator)의[69] 역할에까지 미친다. 비록 심사관이 특허계약의 한 당사자는 아니더라도 공중을 대리하여 의사를 결정하는 측면이 있고, 출원인의 권리를 상당 부분 좌지우지하는 측면이 있으므로 심사관의 직무는 공평하게 이루어져야 한다. 그런 견지에서 각 국가는 심사의 직무를 공무원만이 수행하도록 하고 있다.

## 2. 심사관 수준

우리나라 특허심사관은 4급 또는 5급 국가공무원으로 구성되는데 현재 우리 특허청의 특허심사관 수준은 세계 최고수준으로 2005년 2월 기준으로 특허심사

66) 발명을 한 자가 해당 발명을 실시할 수 있는 권리는 자연권으로 볼 수 있지만 제3자가 해당 발명을 실시하는 것을 막을 수 있는 배타권은 특허계약으로 인하여 발생한다.

67) 이런 견지에서 출원인은 출원 중 진술에 대하여 책임을 지는 금반언(file wrapper estoppel) 원칙을 적용받으나, 심사관은 금반언 원칙의 적용을 받지 않는다. 본인의 이익이 관련되지 않은 중재인에게 금반언의 원칙을 적용할 수는 없기 때문이다.

68) 우리 특허제도는 심사관 만에 의한 심사의 한계를 보완하기 위하여 정보제공 제도(특허법 제63조의2)를 운영한다.

69) Wiktionary ("Mediation consists of a process of alternative dispute resolution in which a (generally) neutral third party, the mediator, using proper techniques, assists two or more parties to help them negotiate an agreement, with concrete effects, on a matter of common interest. Generally speaking, the term 'mediation' covers any activity in which an impartial third party (often a professional) facilitates an agreement on any matter in the common interest of the parties involved.").

관 총 606명 중 박사학위 소지자 200명(33%), 행정고시(기술직) 합격자 244명(40%)으로 구성되었다는 통계가 있고, 2013년 현재에는 심사관 수가 많이 늘어났지만, 박사학위 소지자 및 행정고시 합격자의 비율은 크게 변하지 않았을 것으로 보인다. 박사학위 소지자의 기술수준이 일반적인 통상의 기술자의 그것보다 높다고 보아야 하고, 행정고시를 합격하기 위해서는 일반인보다 우월한 지적 능력을 가지고 있다고 보아야 한다. 그런 견지에서 일단 우리 심사관 전체 중 약 73%가 통상의 기술자보다 높은 기술수준 또는 높은 지적능력을 가지고 있다고 볼 수 있다. 또, 변리사 시험을 합격한 심사관도 기술고시를 합격한 자와 유사한 지적 능력을 가졌다고 볼 수 있으며, 기술사 및 내부승진 심사관도 오랜 실무경력을 고려하면 통상의 기술자보다 높은 기술수준을 가진 것으로 볼 수 있다. 결론적으로 우리 심사관은 대부분이 통상의 기술자 이상의 기술수준을 보유한 것으로 볼 수 있다.

[표] 심사관 채용 경로

(2005. 2. 11. 기준)

| 구 분 | 특 별 채 용 | | | | | 기술고시 | 행정고시 | 내부승진 | 계 |
|---|---|---|---|---|---|---|---|---|---|
| | 박 사 | 기술사 | 변리사 | 변호사 | 기 타 | | | | |
| 특허심사관(명) | 200 | 15 | 2 | – | 1 | 244 | – | 144 | 606 |
| (구성비, %) | (33.0) | (2.5) | (0.3) | | (0.2) | (40.3) | | (23.8) | (100.0) |

주) 복수직 4급 및 5급 기준(별도 정원 포함, 별정직 제외).

외국의 심사관의 수준은 우리의 것보다 높지 않은 것이 일반적이다. 영국의 경우, 4년제 이공계 대학 졸업자를 심사관보로 채용하며, 근무 후 2년 내지 4년 후 심사관으로 승진하며, 근무 후 6년 내지 9년 후 선임심사관(Senior Patent Examiner)으로 승진한다.[70] 미국의 경우, 4년제 대학 졸업자 또는 2년제 대학졸업 후 실무경력(기사자격증으로 대체)을 가진 자를 채용하며, 교육에 따라 다른 급으로 채용이 가능하여 대학졸업자는 GS－5급, 대학원급 1년 이상 수료하는 경우는 GS－7급, 대학원급 2년 이상은 GS－9급, 대학원급 3년 이상은 GS－11급으로 채

70) 영국 특허청 홈페이지 참고.
〈http://www.patent.gov.uk/about/employment/pdf/careerinfo.pdf〉.

용한다.[71] 유럽특허청의 경우, 신규 심사관에게 대학학위를 요구하며 업무의 특성상 3개 공식 언어(영어, 독일어, 프랑스어) 중 2개 언어 이상에 능통할 것을 요구한다.[72] 일본의 경우, 우리의 행정고시 기술직에 해당하는 국가1종시험(기술직)을 통과한 사무관이 심사관보로 근무를 시작한다.[73]

기술수준이 높은 심사관이 심사를 하는 데에는 장점만 존재하는 것이 아니라 단점도 존재한다. 그런 심사관은 명세서 이해도가 높아 발명자의 입장에서 명세서 기재요건 구비를 인정받기가 용이하다는 장점이 있는 반면, 진보성 판단수준이 엄격하게 적용되어 발명자의 입장에서는 진보성을 인정받기가 곤란한 점, 심사관은 쉽게 명세서를 이해하고 기재요건 구비를 인정하지만 공중 또는 관련 일반 기술자가 명세서를 용이하게 이해하지 못하여 발명의 이용이 활발하지 못하게 되는 점 등의 단점을 초래한다.

그런 맥락에서 심사관의 수준은 적정선이 있다고 하겠다. 심사관 수준은 우선적으로 통상의 기술자 수준과 비슷한 것이 바람직하다. 심사관에게 심사 시 통상의 기술자 수준으로 눈높이를 맞추도록 요구하는 것보다는 통상의 기술자 수준의 심사관을 운용하는 것이 더욱 바람직한 것이다. 캐나다의 경우, 기술 분야별 통상의 기술자 수준이 다름에 유의하여 심사관의 학력을 일반 기술분야에서는 학사학위를 요구하나 생화학(biochemistry) 또는 분자생물학(molecular biology) 분야는 석사학위 이상을 요구하여 통상의 기술자 수준과 심사관 수준을 상응시키도록 노력하고 있음을 참고하여야 한다.[74]

결론적으로 학사학위 또는 석사학위 소지자가 심사하는 것이 가능하기도 하고 나아가 바람직하기도 하다. 외국의 경우, 심사관보에 해당하는 학사학위 소지자가 심사한 결과를 심사관이 결재하는 방식을 많이 택한다. 그런 견지에서 석사학위를 가진 자를 7급 심사관보로 채용하는 것이 제안된다. 7급 심사관보로 하여금 심사하게 하는 경우 별도의 '눈높이 맞춤작업' 없이 통상의 기술자 수준에 상

71) 미국 특허상표청 홈페이지 특허심사관 채용 공고 참고.
〈http://www.uspto.gov/web/offices/ac/ahrpa/ohr/jobs/files/05-003.pdf〉.

72) 유럽특허청 홈페이지 참고.
〈http://www.european-patent-office.org/epo/patexam.htm〉.

73) 일본의 경우, 국가1종시험(기술직)을 통과한 사무관 중 50% 정도가 학사학위 소지자, 나머지 50% 정도가 석사학위 소지자라고 한다. 일본도 1980년대에 박사특채를 시도한 적이 있었으나 박사특채자의 조직적응의 문제로 인하여 동 특채를 중단하였다고 한다.

74) 캐나다 특허청 홈페이지 참고.
〈http://strategis.gc.ca/sc_mrksv/cipo/patents/pt_employopps_p3-e.html〉.

응한 심사가 가능하고, 심사관에 의한 결재를 통하여 심사현장교육이 강화되고 심사노하우가 제대로 전수되는 조직의 구현이 가능하다.

다만, 우리나라 심사관의 경우 미국, 일본, 유럽 등에 비하여 1인당 담당하는 국제특허분류(IPC)의 범위가 넓고, 연간 처리물량이 많으므로 그들 나라의 심사관에 비하여 조금 더 똑똑할 필요가 있다는 점은 고려되어야 한다.

## Ⅳ. 결 론

통상의 기술자의 개념은 특허법 전반에서 가장 중요하게 사용되는 것 중 하나이다. 특히 해당 발명의 진보성 판단 및 해당 명세서의 기재요건 구비 여부를 판단하기 위해서는 통상의 기술자에 대한 명확한 이해가 필요하다. 즉, 통상의 기술자 수준을 너무 높게 책정하는 경우 진보성 인정은 곤란한 반면 명세서 기재요건 인정은 용이할 것이고, 통상의 기술자 수준을 너무 낮게 설정하는 경우 진보성 인정은 용이한 반면 명세서 기재요건 인정은 어려워지므로 적정한 통상의 기술자의 수준은 특허제도의 운용의 핵심과 직결된 매우 중요한 문제이다.

통상의 기술자는 해당 기술분야에서 보통 정도의 기술적 이해력을 가진 자를 말하는바 구체적으로 어떤 기준으로 그 통상의 기술자의 수준을 확정하여야 하는 지에 대하여는 명확하지 않다. 미국 등 외국의 경우를 살피면 일반 기술분야에서는 학사학위 및/또는 약간의 실무경력을 가진 자를 통상의 기술자로 볼 수 있으며 우리 판례도 그와 유사한 판단을 하는 것으로 보인다.

진보성 판단을 위한 통상의 기술자와 명세서 기재요건 구비 여부 판단을 위한 통상의 기술자는 동일한 기술수준을 가진 것으로 보아야 하고 단지 진보성 판단의 경우 통상의 기술자가 관련 선행기술 모두를 참고하여 판단하되 명세서 기재요건 구비 여부 판단의 경우 통상의 기술자가 별도의 선행기술을 참고하지 않고 명세서에 기재된 정보만을 기초로 그가 이미 갖추고 있는 기술상식에 근거하여 판단하는 차이가 있다. 즉 통상의 기술자의 기술수준은 두 경우에 동일하게 적용되고 다만 참고하는 선행기술의 유무만이 다른 것이다. 이러한 구별이 심사실무, 특허법의 목적 등과 일치하는 것이라고 본다.

우리 특허심사관의 경우 학력 및/또는 지적능력이 통상의 기술자의 그것보다도 높고 외국 심사관의 그것보다도 높다. 심사관의 기술수준이 지나치게 높은 경우 진보성의 문턱을 너무 높게 책정할 가능성이 있어 바람직하지 않으므로 외국 특허청과 같이 심사관의 수준을 통상의 기술자의 수준에 맞출 필요가 있다. 그러기 위해서는 현행 4급 및 5급 위주의 심사관 체제에서 벗어나 6급 및 7급 위주의 심사조직을 구축하여야 한다. 6급 및 7급 위주의 심사관(보)이 심사를 하는 경우 특허명세서의 정보기능이 제고될 수 있고, 진보성의 문턱이 적정 수준으로 낮추어질 수 있고, 심사관의 지위가 실질적으로 상승될 수 있고, 심사의 질이 제고될 수 있고, 심사조직의 탄력성이 제고될 수 있는 등의 장점이 있다. 향후 세부사항에 대한 연구를 추가하여 특허청 특허심사조직의 혁신에 대한 중·장기 로드맵을 설계할 필요가 있다고 하겠다.

지식기반사회에서는 지식재산의 창출, 보호 및 활용에 대한 경쟁력이 개인, 기업 나아가 국가의 경쟁력을 좌우한다. 그런 견지에서 지식재산 중 가장 중요한 비중을 차지하는 발명에 대한 심사의 중요성은 아무리 강조하여도 지나치지 않다. 즉, 적정한 심사관에 의한 질 높은 심사는 국가 경쟁력과 직결되는 중요한 사안이므로 차제에 심사관 기술수준을 통상의 기술자의 기술수준에 동조화시키는 것에 대하여 심각하게 고민할 필요가 있다. 현재는 해당 기술분야에서 매우 높은 기술에 대하여 잘 아는 심사관에게 그것을 모르는 것으로 하고 통상의 기술자의 수준에서 심사하라고 말하는 셈이다. 아는 것을 모르는 것으로 하고 심사하라고 요구할 것이 아니라 심사관의 평균 기술수준을 통상의 기술자의 기술수준으로 맞추는 것이 필요하다.

# 제 2 절 통상의 기술자의 국적(nationality)

## Ⅰ. 서 론

특허법은 발명의 '보호'와 '이용'을 통하여 기술발전의 촉진 및 산업발전을 도모한다. 여기서의 산업은 대한민국 '산업'을 말하는 것으로 이해된다. 우리나라 특허법이 외국의 산업발전을 도모할 필요가 인정되지 않기 때문이다. 한편, 진보성의 문턱을 어느 정도로 설정하느냐의 문제는 산업발전이라는 측면에서 매우 중요하고, 진보성을 판단하는 가상의 인물로 통상의 기술자를 설정하였으므로 그 통상의 기술자의 수준이 결국 산업발전이라는 측면에서 중요하다.[1] 이러한 측면에서 통상의 기술자는 국내 기술수준을 감안한 '한국'의 통상의 기술자이어야 한다는 주장이 가능하다.[2] 한편, 선행기술 국제주의를 도입하였다는 점, 통신 및 교통의 발달로 국경의 의미가 퇴색되었다는 점 등으로 인하여 국가간에 기술을 달리 책정하는 것이 무의미하다는 주장도 가능하다. 이러한 상반된 주장에 직면하여, 우리 특허법이 상정하는 통상의 기술자가 '한국'의 통상의 기술자인지 아니면 국적과는 무관한 국제적인 인물인 통상의 기술자인지를 살펴보기로 한다.

---

1) 박종경, "발명의 진보성 판단 기준으로서의 '통상의 기술자'", 「콘텐츠재산연구」 제1호, 차세대콘텐츠재산학회, 2010, 78면("만약, 특허를 받기 쉽게 하는 것이 산업발전에 기여할 수 있다고 합의가 이루어지면 그에 따라 통상의 기술자의 기술수준을 낮게 설정하여야 하고, 만일 특허를 받기 어렵게 하는 것이 산업발전에 기여할 수 있다고 합의가 이루어지면 그에 따라 통상의 기술자의 기술수준을 높게 설정하여야 할 것이다.").

2) 개도국의 통상의 기술자와 선진국의 통상의 기술자의 수준이 달라야 한다는 주장이 있다. 물론, 개도국으로부터의 주장이다. 2004년 5월 WIPO 제10차 특허법상설위원회(SCP)에서 인도, 브라질 등 개도국이 주장한 바 있다. 선진국은 이러한 접근은 특허실체법 통일화에 역행하는 것이라고 생각한다.

## Ⅱ. 주요국의 통상의 기술자의 국적 법리

### 1. 유 럽

선행기술이 외국어로 작성된 경우, 그 선행기술을 어떻게 취급할 것인지에 대하여 심리한 유럽특허청 심결에서,[3] 심판원은 해당 정보가 어떤 언어로 작성되었는지 여부가 그 정보가 선행기술이 되는지 여부에 영향을 미치지 않는다고 보았다. 그러한 점은 우리나라의 법리도 동일한 것으로 이해된다. 심판원은 나아가 언어의 차별이 없음으로 인하여 자연스럽게 통상의 기술자의 국적에도 차별이 없어야 한다고 심결하였다.[4] 이와 같이, 유럽특허청에서는 진보성 판단에 있어서 통상의 기술자가 국적과 무관하다는 것이 일반적인 법리로 인정되고 있다.[5][6] 유럽은 여러 국가가 인접하여 위치하고 있다는 점, 유럽특허조약 및 유럽특허청으로 인하여 유럽 전체에 통일적인 진보성 기준을 설정할 필요성이 있었다는 점 등으로 인하여 통상의 기술자의 기술수준이 국가별로 다르게 책정하기가 어려웠을 것이다.

### 2. 호 주

호주는 2012년 4월 15일 기준상향법(Raising the Bar Act)을 통과시켜서 진보성 법리를 변경하였다.[7] 그 이전의 보고서에서,[8] 호주에서 진보성 문턱이 유럽, 미국, 일본 등과 비교하여 지나치게 낮다는 점이 지적되고 그 문턱을 그 나라들

---

3) EPO Board, T 426/88 (1990).

4) *Id.* para. 6.4 ("Furthermore, it is also the view of the Board that the language of publication alone cannot be decisive for the admissibility of a technical book representing the common general knowledge of the skilled person. Otherwise, there would be a differentiation between skilled persons according to their nationality as regards their knowledge, which would be against the objective assessment of the inventive, step and be prejudicial to equal treatment.").

5) T 1688/08 심결에서 심판원은 T 426/88 심결을 인용하며, 선행기술이 일본어라는 사실이 그 선행기술이 개시하는 기술적 내용에 대하여 아무런 차이를 주지 않는다고 심결하였다.

6) "In Europe, the knowledge of the skilled person is a legal fiction and is not dependent on nationality." 〈http://www.juridicum.su.se/jurweb/utbildning/master/master_of_european_intellectual_property_law/Material%202010/Module%201/Summaries/Patent%20Seminar/Popa_4.pdf〉.

7) 동 개정법은 2013년 4월 15일부터 발효되었다.

8) Terry Cutler, *Venturous Australia*, 2008.

과 통일시킬 필요성이 제기되었다.[9] 호주 특허법 제7조가 진보성에 관하여 규정하고 있는데, 호주에서도 진보성 판단을 함에 있어서 선행기술과 함께 기술상식(common general knowledge)을 고려한다. 그런데, 2012년 법 개정 전에는 그 기술상식은 호주 내에서의 기술상식에 제한이 되었는데 법 개정으로 호주 내에서의 제한을 없애고 전 세계 어디서든지의 기술상식을 고려할 수 있게 되었다.[10] 통신의 발달로 한 국가의 통상의 기술자는 다른 국가의 통상의 기술자와 긴밀하게 연결되어 있으므로 국가 또는 지역별로 통상의 기술자 수준 또는 기술상식이 다르다는 주장은 더 이상 설득력이 없게 된 점을 반영한 법 개정이다.[11] 2012년 법 개정으로 인하여 진보성 판단을 위하여 인용되는 선행기술도 호주 내에서의 것에 한정되지 않고 외국에서의 것을 포함하게 되었다.[12] 그에 따라 자연스럽게 통상의 기술자의 지식도 국내와 국외의 구분이 없게 되었다. 즉, 통상의 기술자에 국적이라는 개념을 연결시킬 수 없게 된 것이다.

---

9) *Id.* at 86 ("Patent law should be reviewed to ensure that the inventive steps required to qualify for patents are considerable, and that the resulting patents are well defined, so as to minimise litigation and maximise the scope for subsequent innovators."). 〈http://www.innovation.gov.au/Innovation/Policy/Documents/NISReport.pdf〉.

10) IP Australia, *Patent Manual of Practice & Procedure*, 2.5.2.1.5A ("The common general knowledge that can be used in objections of lack of inventive step is not limited to just the common general knowledge in Australia, i.e. there is no geographical limitation on the common general knowledge. Thus, a publication printed overseas can be relied on as indicative of the common general knowledge. Likewise, what is admitted as common general knowledge in a specification prepared overseas can be taken to be common general knowledge. It is the common general knowledge of the person skilled in the relevant art that is taken into consideration, not the knowledge of the person in a specific geographical location.").

11) *Id.* ("This argument assumes the person skilled in the art in one geographical location is unaware of what is well known to others working in the same art in another location. This would suggest that the person skilled in the art in one location is disconnected from the world at large, which is unlikely in view of modern technology.").

12) "Previously, only information 'ascertained, understood and regarded as relevant' was considered in a review of prior art for the assessment of inventive step. Under the Raising the Bar Act, all information in existence in Australia or overseas can be considered prior art, provided it is capable of being understood and regarded as relevant." 〈http://www.patentdocs.org/2012/08/news-from-abroad-australia-reforms-its-patents-act-1990.html〉.

## Ⅲ. 통상의 기술자 국적 관련 우리 법리

### 1. 특허독립의 원칙

파리조약이 특허독립의 원칙을 규정하고 있다. 그러므로 각국은 각국에 적당한 진보성 수준을 자유롭게 책정할 수 있고, 선행기술의 범위에 대하여도 그러하다. 그런 견지에서 우리나라는 1973년 전에는 우리나라 내에서 공중에게 알려진 기술만을 선행기술로 이용할 수 있고 외국에 존재하는 기술은 선행기술로 이용할 수 없었다. 특허독립의 원칙이 우리나라가 다른 나라와 다른 진보성 수준을 책정할 수 있게 하고 선행기술의 범위를 정할 수 있게 하지만 특허독립의 원칙이 우리나라가 다른 나라와 동일한 진보성 수준 및 선행기술 범위를 정할 수 없게 하는 것은 아니다. 아래에서 설명하는 바와 같이 우리는 선행기술 국제주의를 도입함에 따라 통상의 기술자를 국내와 국외로 구분하지 않게 되었다.

### 2. 선행기술 제도

우리나라는 간행물에 대하여는 1973년 (제한적인) 국제주의를 도입하였고, 공연한 인지 및 공연한 실시에 대하여는 2006년 국제주의를 도입하였다. 이러한 국제주의를 혹자는 '절대 신규성(absolute novelty)'이라고 칭한다. 선행기술의 국가별 출처를 구분하지 않는 국제주의에 따르면 외국의 기술도 국내 기술과 달리 볼 이유가 없다. 그런 견지에서 선행기술의 국제주의가 통상의 기술자의 국적을 달리 보지 않게 하는 이유가 된다고 생각한다.[13)]

선행기술 국제주의의 도입에 따라 통상의 기술자는 국적이 없는 자가 된다. 그러므로, '국내' 산업발전을 도모하기 위하여 통상의 기술자의 수준을 조정하는 것도 불가능하게 되었다. 그렇다면 진보성 문턱의 높이는 용이도출 여부의 판단 기준에 의하여 조절될 수 있을 뿐이다.

---

13) 대법원 2004. 11. 22. 선고 2003후1512 판결("제29조 제2항, 제1항 제2호의 규정의 취지는 어떤 발명이 그 특허출원 전에 국내뿐만 아니라 국외에서 반포된 간행물에 기재된 발명에 의하여 용이하게 도출될 수 있는 창작일 때에도 진보성을 결여한 것으로 보고 특허를 받을 수 없도록 하려는 데에 있으므로(대법원 2002. 8. 23. 선고 2000후3234 판결 참조), 이와 달리 발명의 진보성 판단은 국내의 기술 수준을 고려하여 국내에 있는 당해 기술분야의 전문가의 입장에 판단하여야 한다는 상고이유의 주장은 독자적 견해에 불과하여 받아들일 수 없다.").

## Ⅳ. 결　　론

우리나라가 2006년부터는 선행기술의 종류(공연인지/공연실시/간행물/전기통신회선)에 관계없이 국제주의를 채택하여 외국의 선행기술과 국내의 선행기술을 구분하지 않게 되었다. 통상의 기술자는 모든 선행기술에 접근할 수 있고 그것들을 이해할 수 있는 자로 책정되고 선행기술의 국내와 국외의 구분이 없다면 우리나라의 통상의 기술자가 다른 나라의 통상의 기술자와 다른 기술수준을 가질 근거가 없어진다.

특허독립의 원칙에 따라서 각국은 각국의 산업발전에 적합한 진보성 법리를 선택할 수 있다. 진보성 법리 중에서도 통상의 기술자의 국적, 선행기술의 범위, 용이도출 기준 등이 문제가 되는데, 우리나라는 선행기술 국제주의를 도입함으로 인하여 선행기술의 범위 및 통상의 기술자의 국적에 대하여는 국적별 차이를 두지 않기로 결정한 것이다. 그렇다면, 우리나라 산업발전에 적합한 진보성 법리가 무엇인지를 고민하고 용이도출 판단의 기준을 적절히 설정하여 그 고민에 답하여야 할 것이다. 물론, 특허법 및 실무의 '통일화'가 우리 산업발전에 더 필요하다고 생각한다면 그 용이도출 판단의 기준도 다른 주요국의 그것과 같게 맞추면 된다.

# 제 5 장

# 용이도출 판단


제 1 절 최근 대법원의 진보성 판단 경향: 목적, 구성, 효과의 검토

제 2 절 발명의 목적과 진보성 판단

제 3 절 선택발명의 진보성: 발명의 '구성' 판단 필요

제 4 절 발명의 효과와 진보성 판단

제 5 절 효과와 상업적 성공의 관계

제 6 절 용이도출 판단에 있어서 사후고찰 감소 방안

제 7 절 특허성 판단 관련 사후고찰 및 역교시 사례연구

제 8 절 주지관용기술을 적용한 발명의 진보성 판단

## 제1절 최근 대법원의 진보성 판단 경향: 목적, 구성, 효과의 검토

### Ⅰ. 서 론

발명의 진보성을 판단함에 있어서 발명의 목적, 구성 및 효과를 종합적으로 살피는 것이 확립된 우리의 실무라는 평가도 있지만,[1)][2)] 그러한 방법이 개선되어야 한다는 지적도 있고,[3)] 발명의 '효과'가 진보성 판단의 핵심이라는 주장도 있고,[4)] 나아가 상업적 성공 등 객관적 지표를 지금보다는 더 중요하게 고려하여야 한다는 제안도 있다.[5)][6)]

---

1) 강경태, "2차적 고려사항", 「특허판례연구」 개정판, 박영사, 2012, 268면("진보성 판단의 기준은, 선행기술에 비하여 목적의 특이성, 구성의 곤란성 및 효과의 현저성이 인정되는지를 종합하여 판단하는 것으로 실무상 확립되어 있다.").

2) 대법원 2008. 5. 29. 선고 2006후3052 판결("특허발명의 제품이 상업적으로 성공하였거나 특허발명의 출원 전에 오랫동안 실시했던 사람이 없었던 점 등의 사정은 진보성을 인정하는 하나의 자료로 참고할 수 있지만, 이러한 사정만으로 진보성이 인정된다고 할 수는 없고, 특허발명의 진보성에 관한 판단은 우선적으로 명세서에 기재된 내용, 즉 발명의 목적, 구성 및 효과를 토대로 선행 기술에 기하여 당해 기술분야에서 통상의 지식을 가진 자가 이를 용이하게 발명할 수 있는지 여부에 따라 판단되어야 한다.").

3) 김원준, "진보성의 심사기준과 인용문헌의 조합에 관한 연구", 「산업재산권」 제27호, 한국산업재산권법학회, 2008, 30면("2007년 개정법에서는 '목적, 구성 및 효과'에 대한 표현이 삭제되었으므로 향후 법원 판례에서 진보성 판단에 대한 기준이 특허법의 취지에 따라 개선되어야 할 것이다.").

4) Stratoflex, Inc. v. Aeroquip Corp., 713 F.2d 1530, 1538–39 (Fed. Cir. 1983) ("Indeed, evidence of secondary considerations may often be the most probative and cogent evidence in the record. … It is to be considered as part of all the evidence, not just when the decisionmaker remains in doubt after reviewing the art.").

5) 강경태, "진보성 판단에 있어서 현저한 작용효과", 「특허판례연구」 개정판, 박영사, 2012, 251면("아직 우리 법원의 실무는 진보성 판단에 있어 상업적 성공 등 목적, 구성 및 효과 이외의 보조자료를 직접적인 진보성 판단의 근거로 삼는 것을 꺼려하는 경향이 있으나, 구성의 곤란성과 효과의 현저성을 엄격하게 적용할 경우 가치 있는 발명을 특허제도로 보호할 수 없으므로 좀 더 적극적으로 보조자료를 활용할 필요가 있다.").

6) 조영선, "특허소송에 있어서 발명의 진보성 판단의 국제기준에 관한 비교분석", 법원행정처 연구용역 보고서, 2010, 425–426면("결론적으로, 발명의 진보성 판단 시 사후적 고찰(Hindsight) 등에 의한 주관적 평가의 오류를 줄이고 법적 안정성과 예측가능성을 확보하기 위해서는 객관적 지표의 역할 비중을 지금보다 한층 높이는 것이 바람직하다. …… 종래 진보성이 문

발명의 진보성을 판단함에 있어서 발명의 목적, 구성 및 효과를 종합적으로 검토하는 것이 우리 법원의 일반적인 태도라고 생각되어 왔다.7) 그런데, 필자는 최근 대법원이 진보성 판단에 있어서 발명의 목적 및 효과를 중요하게 고려하지 않는다는 막연한 느낌을 가져왔다. 그래서 최근 대법원이 진보성을 판단함에 있어서 발명의 목적, 구성, 효과를 어떻게 검토하는지에 대하여 실증적으로 분석할 필요성이 제기되었다. 그런 견지에서 이 절은 최근 5년간 대법원이 진보성을 판단한 사례들을 실증적으로 분석한다.

## Ⅱ. 발명의 목적, 구성, 효과: 판례의 실증적 검토

### 1. 표본 추출

2013년 1월 6일 로앤비 검색사이트를 검색하였다. 동 사이트의 대법원 특허 판례 검색에서 '발명' 및 '진보성'의 2개 단어가 '판시사항'에 나타난 최근 5년간의 판례 43개를 추출하였다.8) 그 43개 판례는 다음과 같이 정리된다.

| 연 번 | 선 고 일 | 사건번호 | 기술 분야9) | 목적10) | 구 성 | 효 과 | 진보성 인정 |
|---|---|---|---|---|---|---|---|
| 1 | 2012. 8. 23. | 2010후3424 | 선택발명 | | | ○ | ○ |
| 2 | 2011. 10. 13. | 2009후4322 | – | – | × | × | × |
| 3 | 2011. 9. 8. | 2010후3554 | 결정형 발명 | | | × | × |
| 4 | 2011. 8. 25. | 2010후3639 | – | – | × | × | × |
| 5 | 2011. 7. 14. | 2010후2865 | 결정형 발명 | | | × | × |

제된 쟁송에서 객관적 지표들이 활발하게 다루어지지 않아 온 것은 당사자의 무관심 때문이라기보다는 그 고려의 가능성을 사실상 봉쇄해 온 법원의 타성(惰性)에 기인한 바가 크다고 할 것인바, 이제는 거기에서 벗어날 때가 되었다고 본다.").

7) 박희섭·김원오, 「특허법 원론」 제4판, 세창출판사, 2009, 188면; 김원준, 「특허법」 개정2판, 박영사, 2004, 157-158면.

8) 검색된 건 중 일사부재리 원칙의 판단시점에 관한 것(대법원 2012. 1. 19. 선고 2009후2234 전원합의체 판결) 및 거절이유 통지의무에 관한 것(대법원 2011. 9. 8. 선고 2009후2371 판결)은 제외하였다.

9) 선행기술과 해당 발명의 기술분야가 동일·유사한 경우는 'O'으로 그렇지 않은 경우는 '×'로 처리한다.

10) 선행기술과 해당 발명의 목적의 특이성이 인정되는 경우는 'O'로 그렇지 않은 경우는 '×'로 처리한다. 구성변경의 곤란성, 효과의 현저성도 같은 방법으로 처리한다.

| 6 | 2011. 7. 14. | 2010후1107 | ○ | − | × | − | × |
|---|---|---|---|---|---|---|---|
| 7 | 2011. 7. 14. | 2010후2872 | 결정형 발명 | | | × | × |
| 8 | 2011. 3. 24. | 2009후3886 | ○ | − | × | − | × |
| 9 | 2011. 3. 24. | 2010후2537 | − | − | ○ | ○ | ○ |
| 10 | 2011. 2. 10. | 2010후2698 | − | − | ○ | − | ○ |
| 11 | 2011. 1. 13. | 2009후1972 | − | − | × | × | × |
| 12 | 2010. 9. 9. | 2009후1897 | − | − | × | × | × |
| 13 | 2010. 8. 19. | 2008후4998 | 수치한정발명 | | | ○ | ○ |
| 14 | 2010. 7. 22. | 2008후3551 | − | − | ○ | ○ | ○ |
| 15 | 2010. 7. 22. | 2008후934 | ○ | × | × | × | × |
| 16 | 2010. 6. 24. | 2008후4202 | − | − | × | × | × |
| 17 | 2010. 5. 27. | 2008후1203 | − | − | × | × | × |
| 18 | 2010. 4. 29. | 2009후4285 | − | − | × | × | × |
| 19 | 2010. 4. 15. | 2009후4339 | − | − | × | × | × |
| 20 | 2010. 3. 25. | 2008후3469 | 선택발명 | | | × | × |
| 21 | 2010. 1. 28. | 2007후1022 | − | − | × | − | × |
| 22 | 2010. 1. 28. | 2008후26 | − | − | × | × | × |
| 23 | 2010. 1. 28. | 2007후1015 | − | − | × | − | × |
| 24 | 2009. 12. 24. | 2008후4738 | − | − | × | − | × |
| 25 | 2009. 11. 12. | 2007후3660 | − | − | ○ | − | ○ |
| 26 | 2009. 10. 29. | 2009후1644 | ○ | − | × | × | × |
| 27 | 2009. 10. 15. | 2008후736 | 선택발명 | | | × | × |
| 28 | 2009. 9. 24. | 2007후4328 | − | − | × | − | × |
| 29 | 2009. 9. 10. | 2007후2971 | − | − | × | − | × |
| 30 | 2009. 9. 10. | 2007후4625 | − | − | × | − | × |
| 31 | 2009. 9. 10. | 2007후4397 | − | − | ○ | ○ | ○ |
| 32 | 2009. 7. 23. | 2007후4977 | − | − | × | − | × |
| 33 | 2009. 7. 9. | 2008후3377 | − | − | ○ | − | ○ |
| 34 | 2009. 7. 9. | 2008후3575 | − | − | × | × | × |
| 35 | 2009. 6. 23. | 2009후320 | − | − | × | − | × |
| 36 | 2009. 6. 23. | 2007후1145 | − | − | × | − | × |
| 37 | 2009. 6. 11. | 2007후3981 | ○ | × | − | ○ | ○ |
| 38 | 2009. 4. 23. | 2007후2285 | − | − | × | × | × |
| 39 | 2009. 3. 26. | 2006후3250 | − | − | × | − | × |
| 40 | 2008. 7. 10. | 2007후5017 | − | − | × | − | × |
| 41 | 2008. 7. 10. | 2006후2059 | ○ | − | × | − | × |
| 42 | 2008. 5. 29. | 2006후3052 | − | − | × | × | × |
| 43 | 2008. 5. 15. | 2007후5024 | − | − | × | × | × |

## 2. 43개 대법원 판례의 내용 분석

### 가. 진보성 인정 비율

43개 판례 중 진보성을 인정한 건은 9개이고 나머지 34개에서는 부정하였다. 그러므로 (최근 5년간 대법원에서의) 진보성 인정 비율은 21%이다. 대법원 도서관에서 배포하는 '법고을' DB를 이용한 유사한 실증적 분석에서는 39건의 판례 중 8건에서 진보성이 인정되었고 그 비율은 20.5%이다.11) 비슷한 기간의 대법원 판례를 조사하였으므로 당연히 그 비율도 비슷하다.

### 나. 목적의 검토

43개 판례 중 발명의 목적을 검토한 건은 2건(2008후934 판결 및 2007후3981 판결)에 불과하였다. 그러므로 대법원이 진보성 판단에 있어서 발명의 목적을 검토하는 비율은 4.7%이다. 그 2건의 내용을 살펴보아도 발명의 목적에 대한 검토가 진보성 판단에 결정적인 영향을 미치지도 않고 있다. 이러한 점에 비추어 보면, 최근 대법원은 발명의 진보성을 판단함에 있어서 선행기술과 발명의 '목적'의 차이가 진보성 판단에 중요하지 않다고 판단하는 것으로 생각된다.

### 다. 기술분야의 검토

발명의 목적을 검토한 건이 2개에 불과한데, 흥미롭게도 선행기술과 발명의 기술분야의 상이를 검토한 건이 6개나 된다. 물론, 43개 중 6개는 그렇게 많은 것이 아니지만 목적을 검토한 2개에 비하여는 3배나 많은 것이고, 전체 43개 중에서도 14%에 달한다. 6건 중 2건에서는 발명의 목적과 기술분야를 같이 검토하였는데 나머지 4건에서는 발명의 목적은 아예 거론하지 않고 기술분야만을 검토하였다. 그렇다면, 대법원은 발명의 목적에 대한 검토보다는 기술분야에 대한 검토를 더 중요하게 생각하기 시작하였다고 볼 수 있다.

### 라. 구성의 검토

43건 중 구성을 검토하지 않은 건은 8건인데 그 중 7건은 선택발명, 결정형발명 및 수치한정발명에 해당하고, 일반발명에서 구성을 검토하지 않은 건은 1건(2007후3981 판결)이다. 동 판례는 기술분야와 목적이 동일한 두 알려진 조성물의

11) 신혜은, "최근 진보성관련 판례동향 및 객관적 판단기준을 위한 제안", 「법학논총」 제30집 제3호, 전남대학교 법학연구소, 2010, 185면.

결합(구성변경)의 어려움에 대하여는 논하지 않고 상승효과의 인정으로 진보성을 인정한 사례이다.[12] 선택발명 등이 아닌데도 불구하고 구성변경의 곤란성에 대하여 논하지 않고 효과의 인정으로 진보성을 인정한 흔치 않은 사례이다. 선택발명 등의 특수성을 감안하여 선택발명 등에 관한 사건 7건을 제외하면 구성을 검토하지 않는 비율은 2.8%(1/36)에 불과하다. 그런 견지에서 진보성 판단에 있어서 (선택발명 등을 제외하고는) 구성변경의 곤란성은 거의 항상 검토된다고 생각된다.

### 마. 효과의 검토

43건 중 효과를 검토하지 않은 건은 17개이므로, 효과를 검토하지 않은 비율이 40%(17/43)에 달하고, 효과를 검토하는 비율이 60%에 달하였다. 선택발명 등의 7건에서는 항상 효과를 검토하는 점을 고려하면, (선택발명 등을 제외한) 일반발명에서는 효과를 검토하지 않는 비율이 47%(17/36)에 달하고, 효과를 검토하는 비율이 53%에 달하였다. 거의 2건 중 1건에서는 효과를 검토하지 않고 바로 진보성의 결론을 내리는 것이다. 그런 견지에서 최근 대법원은 구성변경의 곤란성을 먼저 살피고 2건 중 1건에서는 그것으로 진보성 결론을 내리고 구성변경의 곤란성에 대하여 판단이 애매한 나머지 1건에서는 비로소 효과의 특이성을 검토하는 경향을 보이는 것으로 관측된다.

효과 검토의 실효성이 낮다는 점은 효과의 검토가 진보성 판단에 결정적인 영향을 미치지 않는다는 점에서도 뒷받침된다. 살펴 본 43개의 판례 중 구성과 효과를 다 검토한 사건은 18개인데 그 18건 중 구성변경의 곤란성은 부정하면서 효과의 현저성은 인정하거나 구성변경의 곤란성은 인정하면서 효과의 현저성은 부정한 건은 하나도 없다. 이러한 결과에 기초하면, 효과의 현저성은 구성변경의 곤란성이 결정된 후 보충적으로 '기재'되는 정도에 불과한 것이 아닌지 의문을 품게 한다.[13] 더욱이 각 사건에서 구성에 대하여는 선행기술의 그것과 해당 발명의 그것을 구체적으로 비교하는데 효과에 대하여는 구체적인 비교는 찾을 수 없고 단정적으로 (구성에 관한 결론에 맞추어서?) 결론을 내리는 정도에 불과하다.

12) 구성을 비교하지 않고 바로 효과를 검토한 후에 진보성을 인정하는 것이 가능한가, 바람직한가?

13) "구성변경의 곤란성에 대하여 판단이 애매하나, 효과의 특이성이 인정되므로 진보성을 부정할 수 없다"고 솔직하게 판시하는 판결을 기대한다. 구성변경의 곤란성에 대하여 판단이 애매하였음에도 불구하고 "구성변경의 곤란성이 명백하게 인정된다"고 하거나 "구성변경의 곤란성이 명백하게 인정되지 않는다"고 단정적으로 판단하는 것은 자신을 속이는 것이 아닌가?

## Ⅲ. 관련 쟁점의 제시

이 글에서 대법원이 진보성을 판단한 43건을 발명의 '기술분야', '목적', '구성' 및 '효과'라는 면에서 실증적으로 분석하였다. 그러한 분석을 바탕으로 다음과 같은 쟁점을 도출하였다.

### 1. 진보성 인정 비율

지난 5년간의 대법원 판례에서 진보성을 인정하는 비율이 21%에 불과한데 이러한 진보성 인정비율은 적절한 것인가? 심판원, 특허법원, 특히 다른 나라 법원의 진보성 인정비율과는 어떻게 다른가?

CAFC에서 2002년 1월 1일부터 2005년 12월 31일까지 선고된 지방법원에서 항소된 사건 102건의 판결을 분석한 결과, 44%에서 진보성을 부정하고, 56%에서 진보성을 인정하였음을 확인한 논문이 있다.[14] 2007년 *KSR* 판결 이후의 CAFC의 진보성 인정/부정 경향에 대하여 조사한 다른 글에서도 CAFC가 진보성을 부정한 비율이 44%임을 확인하였다.[15] 결국, 종합적으로, CAFC는 진보성을 인정하는 비율이 50% 이상에 달하여 2건 중 1건에서는 진보성을 인정하여 주었다. 물론, 위 통계는 지방법원에서 항소된 사건만을 다룬다는 점, 하급심에서의 진보성 인정 비율을 같이 조사할 필요가 있다는 점 등으로 인하여 일정한 한계를 가지지만, 최소한, 위 통계를 통하여 우리 법원이 미국 법원에 비하여 진보성을 근거로 특허를 더 쉽게 무효(무력화)시키고 있음은 확인할 수 있다. 우리 법원의 진보성 인정 비율을 높일 수 있는 방안을 모색하여야 할 것으로 생각된다.

### 2. 목적 검토의 필요성 여부

앞에서 우리 대법원이 발명의 '목적'을 진보성 판단에서 중요하게 고려하지 않는다는 사실을 확인하였다. 그렇다면 앞으로 진보성 판단에 있어서 발명의 목적은 검토되지 않게 되는 것인가, 검토되지 않는 것이 바람직한가? 유럽에서는 진보성을 판단함에 있어서 소위 과제-해결(problem-solution) 접근법이라는 법리

---

14) Christopher A. Cotropia, *Nonobviousness and the Federal Circuit: An Empirical Analysis of Recent Case Law*, 82 Notre Dame L. Rev. 911, 934 (2007).

15) Jennifer Nock & Sreekar Gadde, *Raising the Bar for Nonobviousness: An Empirical Study of Federal Circuit Case Law Following KSR*, 20 Fed. Circuit B.J. 369, 395 (2011).

를 적용하며, 동 접근법에서는 발명의 과제를 특정하는 작업이 매우 중요하다. 즉, 과제의 특정을 통하여 해당 발명의 진보성에 대하여 좀 더 객관적으로 그리고 사후고찰의 영향을 덜 받고 판단할 수 있는 것이다. 그런 견지에서 유럽에서는 발명의 과제가 진보성을 판단하는 중요한 요소로 활용된다. 그런데, 동 접근법에서 말하는 과제(problem)가 우리 법에서 말하는 발명의 목적과 다른 것이 아니라고 생각한다. 그렇다면, 우리는 발명의 목적을 검토하지 않음으로 인하여 진보성을 좀 더 객관적으로 그리고 사후고찰의 영향을 덜 받고 판단할 수 있는 중요한 요소를 외면하고 있는 것은 아닌가? 이에 관하여, 후속하는 제2절에서 "발명의 목적과 진보성 판단"이라는 제목 아래 동 의문을 검토하고자 한다.

### 3. 기술분야 검토

대법원은 발명의 목적에 대한 검토보다는 선행기술의 기술분야에 대한 검토를 더 중요하게 생각하기 시작하였다고 볼 수 있는데 그러한 경향의 법리적 근거는 무엇이며, 그러한 경향은 바람직한 것인가? 대법원은 발명의 목적보다는 해당 선행기술이 유사 선행기술인지 여부를 검토하는 것이 진보성 판단에 있어서 더 중요하다고 판단하는 것으로 보인다. 미국에서 특히 활발하게 적용되는 유사기술분야 선행기술(analogous prior art) 법리를 우리 법리에 도입하는 것이 바람직한 것이었나? 이와 관련하여서는 앞의 제3장 제3절에서 "유사기술분야 선행기술"이라는 제목으로 다룬 바 있다.

### 4. 발명의 구성

선택발명에서는 구성변경의 곤란성을 검토하지 않는 것이 우리 대법원의 확립된 태도라고 생각되는데 그러한 태도는 바람직한 것인가? 이와 관련하여 "선택발명의 진보성: 발명의 '구성' 판단 필요"이라는 주제로 아래 제3절에서 다루고자 한다.

구성변경의 곤란성은 해당 발명의 구성을 전체로서 판단하여야 함에도 불구하고 우리 법원은 해당 발명의 구성요소를 분해하여 그 구성요소 각각에 대하여 판단하는 경향이 있다.[16] 이러한 잘못된 판단방법을 방지하는 방안에 대한 고민

16) 최덕규, "발명의 진보성 판단에 관한 특허법원 및 대법원 판례의 문제점", 「창작과 권리」 제29호, 세창출판사, 2002(발명의 전체로서(as a whole) 선행기술과 비교하여 용이도출을 판단하여야 함에도 불구하고 발명의 구성요소 각각의 용이도출을 판단한 판례를 비판한 글).

이 필요하다고 생각된다.

### 5. 발명의 효과

2007년 특허법 개정으로 인하여 명세서에 발명의 '효과'를 기재할 필요가 없어졌으므로 진보성 판단에 관한 기준이 변경될 필요가 있다는 주장이 있다.[17] 하지만, 특허법 시행규칙 제21조 제2항이 규정하는 별지서식 제15호에 의하면 여전히 발명의 효과가 기재되도록 되어 있고 발명의 진보성을 인정받기 위하여 발명의 효과를 기재하는 것이 통상의 실무라고 보면 발명의 효과에 대한 취급이 2007년 개정법으로 인하여 달라졌는지 또는 달라져야 하는지에 대하여는 의문이다.

대법원이 구성 중심으로 진보성을 판단하고 효과의 검토를 꺼리는 경향은, 혹시, 효과의 현저성을 검토하기가 어려우므로 그 검토를 회피하기 때문은 아닌가? 효과 검토의 실효성을 높일 방안은 없는가? 이와 관련하여, 아래 제4절에서 "발명의 효과와 진보성 판단"이라는 제목으로 검토하고자 한다.

### 6. 주지관용기술

살펴본 43건 중 대법원이 '주지관용'기술에 의존하여 발명의 진보성을 부정하는 경우가 몇 건이 있는데, 주지관용기술의 인용이 방만하게 행하여지는 것을 방지하는 법리는 어떻게 제시되어야 하는지에 대한 고민이 필요하다고 생각된다. 이와 관련하여, 아래 제8절에서 "주지관용기술을 적용한 발명의 진보성 판단"이라는 제목으로 검토한다.

17) 김원준, "진보성의 심사기준과 인용문헌의 조합에 관한 연구", 「산업재산권」 제27호, 한국산업재산권법학회, 2008, 30면("2007년 개정법에서는 '목적, 구성 및 효과'에 대한 표현이 삭제되었으므로 향후 법원 판례에서 진보성 판단에 대한 기준이 특허법의 취지에 따라 개선되어야 할 것이다.").

# 제 2 절 발명의 목적과 진보성 판단

## Ⅰ. 서 론

발명의 진보성을 판단함에 있어서 발명의 목적, 구성 및 효과를 종합적으로 검토하는 것이 우리 법원의 일반적인 태도라고 생각되어 왔다.[1] 그런데, 발명의 구성 및/또는 효과에 관하여 논한 글은 많은데 목적에 관하여 논한 글은 (거의) 없는 점이 이상하다고 생각되었다.[2] 이렇게 발명의 목적에 관하여 논한 글이 없는 이유가 학자들이 발명의 목적에 관한 판단이 진보성 판단에 영향을 미치지 않기 때문에 발명의 목적에 관하여 논할 의미가 없다고 생각하는 것은 아닌지 궁금하였다.

앞에서 살펴본 대법원의 최근 5년간의 진보성 판단에서 발명의 목적은 거의 검토되지 않음을 확인하였다. 즉, 조사된 43건 중 발명의 목적을 검토한 건은 2개에 불과하였고, 그 검토도 진보성 판단에 영향을 미치는 것은 아니었다. 이런 자료에 의하면 발명의 목적을 논하는 것이 실무에 영향을 미치는 바가 작으므로 학자들이 발명의 목적에 대하여 논하지 않았을 수도 있다고 생각된다.

그렇다면, 최근 5년 이전에는 대법원이 진보성을 판단함에 있어서 발명의 목적을 어떤 정도로 검토하였는지에 대하여 검토할 필요성도 제기된다. 그래서 발명의 목적에 관한 판단이 진보성 판단에 어떠한 영향을 미치는지에 관하여 검토하고자 우리 대법원 및 특허법원의 판례를 실증적으로 조사한다.

---

1) 신혜은, “최근 진보성관련 판례동향 및 객관적 판단기준을 위한 제안”, 「법학논총」 제30권 제3호, 전남대학교 법학연구소, 2010, 187면(“특허청 심사기준에 따르면, 진보성을 판단함에 있어서는 출원발명의 목적, 기술적 구성, 작용효과를 종합적으로 검토하되, 기술적 구성의 곤란성을 중심으로 목적의 특이성 및 효과의 현저성을 참작하여 종합적으로 진보성이 부정되는지 여부를 판단하여야 한다.”)(특허청, 「특허·실용신안 심사지침서」, 2009, 35면 인용).

2) 2012년 12월 중 다방면으로 여러 차례 검색을 하였으나, 논문의 차원에서 발명의 ‘목적’을 논하는 글을 발견하는 데 실패하였다.

## Ⅱ. 발명의 목직: 판례의 실증적 검토

### 1. 표본 추출

2012년 12월 15일 로앤비 검색사이트의 대법원 및 특허법원 특허판례 검색에서 진보성, 목적, 구성, 효과의 4개 단어가 재판요지에 나타난 판례 59개를 추출하였다. 동 판례는 1990년대의 것부터 최신의 것까지를 망라한다.

### 2. 판례의 종류별 분류

추출된 59개의 판례는 그 내용에 따라 다음 표와 같이 분류된다.

<table>
<tr><th colspan="2">분 류</th><th>판결의 수</th></tr>
<tr><td colspan="2">목적, 구성, 효과의 3개 모두의 차이를 인정하고 진보성을 긍정</td><td>20[3)]</td></tr>
<tr><td colspan="2">목적, 구성, 효과의 3개 모두의 차이를 부정하고 진보성을 부정</td><td>14[4)]</td></tr>
<tr><td rowspan="2">목적을 검토하지 않고 구성, 효과만 검토</td><td>진보성 부정</td><td>4[5)]</td></tr>
<tr><td>진보성 긍정</td><td>11[6)]</td></tr>
<tr><td colspan="2">구성과 효과의 차이를 달리 본 사례</td><td>0</td></tr>
</table>

3) 대법원 2004. 11. 26. 선고 2004후653 판결; 2004. 2. 13. 선고 2003후113 판결; 2001. 6. 29. 선고 98후2252 판결; 1999. 4. 9. 선고 97후2033 판결; 1997. 12. 9. 선고 97후44 판결; 1997. 11. 28. 선고 96후1873 판결; 1997. 11. 14. 선고 96후1002 판결; 1997. 9. 26. 선고 96후825 판결; 1997. 8. 29. 선고 96후573 판결; 1997. 6. 13. 선고 96후1279 판결; 1997. 5. 28. 선고 96후1118 판결; 1996. 7. 12. 선고 95후1388 판결; 1996. 1. 23. 선고 94후982 판결; 1995. 12. 26. 선고 94후685 판결; 1995. 12. 26. 선고 94후1411 판결; 1995. 11. 21. 선고 94후272 판결; 1995. 10. 13. 선고 94후944 판결; 1997. 10. 10. 선고 97후594 판결; 특허법원 2006. 10. 26. 선고 2006허459 판결; 2006. 4. 7. 선고 2005허2182 판결.

4) 대법원 2005. 1. 28. 선고 2003후175 판결; 1997. 5. 30. 선고 96후221 판결; 1997. 4. 25. 선고 96후788 판결; 1996. 11. 26. 선고 95후781 판결; 1996. 7. 12. 선고 95후1128 판결; 1996. 5. 10. 선고 95후583 판결; 1995. 9. 29. 선고 94후975 판결; 1991. 1. 15. 선고 90후212 판결; 1984. 7. 10. 선고 84후2 판결; 특허법원 2005. 2. 17. 선고 2004허2536 판결; 2004. 11. 5. 선고 2004허11 판결; 2010. 10. 29. 선고 2010허3622 판결; 2009. 10. 16. 선고 2009허351 판결; 2003. 7. 18. 선고 2002허7131 판결.

5) 대법원 1993. 9. 10. 선고 92후1806 판결("비록 원심이 양발명의 목적을 비교판단하지 아니하였다 하더라도 그 구성의 곤란성과 효과의 현저성이 없다고 보는 이상 심결결과에 영향이 없으므로 거기에 소론이 지적하는 바와 같은 심리미진이나 판단유탈, 법리오해의 위법이 있다고 할 수 없다."); 1991. 10. 25. 선고 90후2478 판결; 1991. 10. 22. 선고 91후370 판결; 2008. 5. 29. 선고 2006후3052 판결.

6) 대법원 2002. 8. 23. 선고 2000후3234 판결; 1999. 12. 28. 선고 97후2460 판결; 1999. 3. 12. 선

| | |
|---|---|
| 목적과 구성/효과의 차이를 달리 본 사례 | 5[7)] |
| 효과만 판단한 사례(선택발명) | 3[8)] |
| 효과를 검토하지 않고 목적 및 구성이 동일하다는 이유로 진보성을 부정한 하급심의 판단을 파기한 사례 | 1[9)] |
| 단순 파기 | 1[10)] |
| 계 | 59 |

선택발명이 아닌데도 불구하고 구성 및 목적을 검토하지 않고 효과만 검토한 사례는 1개(대법원 1991. 10. 22. 선고 91후370 판결)가 존재하는데, 너무 오래된 판결이고 그 이후 이러한 판례가 없다는 점을 감안하면 요즘의 대법원의 태도라고 보기는 어려워 보인다. 그래서 그 1건을 제외하면, 선택발명을 제외하고는 모든 판례에서 구성을 판단하고, 선택발명 여부를 불문하고 모든 판례에서 효과를 판단하고 있다고 생각된다. 이는 표본을 추출하면서 판례요지에서 목적, 구성 및 효과의 단어가 모두 포함된 판례를 추출하였기 때문에 당연한 것으로 보인다.

한편, 목적을 검토하지 않은 사례가 선택발명의 경우를 제외하고라도 15개(전체 중 23%)나 되었다. 즉, 발명의 목적은 반드시 검토하는 것은 아닌 것이다. 재판요지에서 '목적'이라는 단어가 존재하였지만 실제로는 검토를 하지 않은 사례라고 생각된다. 결국, 발명의 구성 및 효과에서 진보성에 관한 강한 결론이 난 경우, 목적의 검토가 어떠하여도 그 결론을 뒤집을 수 없을 것이므로 목적의 검토는 생략하는 것으로 생각된다. 특히, 발명의 목적을 검토하지 않았다고 하여 심리미진이 아니라고 구체적으로 설시한 판례도 있다.[11)] 이상에서 살펴본 바에

고 97후2156 판결; 1997. 11. 28. 선고 96후1972 판결; 1997. 10. 24. 선고 96후1798 판결; 1997. 5. 28. 선고 96후1118 판결; 1996. 5. 10. 선고 95후880 판결; 1995. 12. 12. 선고 94후1787 판결; 1991. 10. 22. 선고 90후2003 판결; 1990. 8. 28. 선고 89후1349 판결; 특허법원 2004. 10. 15. 선고 2003허6524 판결.

7) 대법원 1997. 12. 23. 선고 97후51 판결; 1996. 6. 11. 선고 94후1992 판결; 1994. 8. 26. 선고 92후285 판결; 1992. 6. 23. 선고 91후1816 판결; 특허법원 2006. 9. 6. 선고 2005허4713 판결.

8) 대법원 1993. 2. 12. 선고 92다40563 판결; 1991. 10. 22. 선고 91후370 판결(선택발명이 아닌데도 불구하고 효과만으로 진보성을 판단한 사례); 특허법원 2008. 1. 18. 선고 2006허6303 판결.

9) 대법원 1994. 11. 10.자 93마2022 결정.

10) 대법원 1992. 5. 12. 선고 91후1298 판결.

11) 대법원 1993. 9. 10. 선고 92후1806 판결("비록 원심이 양발명의 목적을 비교판단하지 아니하였다 하더라도 그 구성의 곤란성과 효과의 현저성이 없다고 보는 이상 심결결과에 영향이 없으므로 거기에 소론이 지적하는 바와 같은 심리미진이나 판단유탈, 법리오해의 위법이 있다고 할 수 없다.").

따르면, 우리나라 진보성 법리에서는 1990년대 이래 발명의 목적을 중요하게 생각하지 않는다고 판단할 수 있다. 다만, 목적과 구성/효과의 자이를 달리 본 사례가 5개가 있는데, 그 5개 사례의 내용을 구체적으로 검토할 필요가 있다.

[목적과 구성/효과의 차이를 달리 본 사례 5개의 구체적 내용]

| 순번 | 판 결 | 내 용 | 비 고 |
|---|---|---|---|
| 1 | 대법원 1997. 12. 23. 선고 97후51 판결 | "기술적 구성은 다소 유사하더라도 산업상 이용분야와 고안의 목적·작용효과가 판이하여" 고안의 진보성을 인정한 사례 | 실용신안법의 목적에 기초하여, 고안은 "작용효과가 등록의 적부를 가리는 주요기준이 된다"고 본 사례 |
| 2 | 대법원 1996. 6. 11. 선고 94후1992 판결 | 고굴절율 플라스틱 렌즈 제조라는 목적이 유사하나 구조와 효과가 다르다는 이유로 진보성 인정 | |
| 3 | 대법원 1994. 8. 26. 선고 92후285 판결 | 후천성면역결핍증을 일으키는 바이러스의 분리 및 감염여부의 검사라는 점에서는 목적은 동일하나, 구성 및 효과가 달라 진보성이 인정될 여지가 있다고 본 사례 | 의견진술의 기회를 부여함이 없이 양 발명이 동일한 발명이라는 이유로 특허청의 거절사정을 정당하다고 본 원심결을 파기한 사례 |
| 4 | 대법원 1992. 6. 23. 선고 91후1816 판결 | 엔진의 열효율을 증대시킴으로써 에너지를 절약하고 공해를 방지함을 목적으로 하는 점에서 동일하지만 구조 및 효과가 달라 진보성을 인정 | 실용신안법 고안 사건 |
| 5 | 특허법원 2006. 9. 6. 선고 2005허4713 판결 | 선행기술과 해당 발명의 목적은 실질적으로 동일한 정도이나, 구성과 효과가 다르다는 이유로 진보성 인정 | P&G와 유한킴벌리 사이의 유명한 일회용 기저귀 사건 |

2번 내지 5번 판결은 모두 (선행기술과 해당 발명의) 목적이 동일 또는 유사한 정도이나 구성과 효과가 다르다는 이유로 진보성을 인정한 사례이다. 즉, 이 4건의 판례에서 목적과 구성/효과의 판단을 달리 하였지만 목적이 구성/효과를 압도하지 못하고 구성/효과를 중심으로 진보성을 판단하였다.

1번 판결만이 목적이 중요한 역할을 하였다. 즉, 기술적 구성이 유사하였지만 목적과 효과가 다르다는 이유로 진보성이 인정된 것이다. 효과/목적(의 상이함)이 구성(의 동일함)을 뒤집은 희귀한 경우라고 생각된다. 다만, 이 판결은 1997년의 것으로서 비교적 오래된 것이라는 점, 그 후 이와 유사한 판례가 없다는 점 등에 근거하면 큰 의미를 부여하기는 어려워 보인다.

그렇다면, 조사된 거의 모든 판결에서 발명의 목적은 진보성을 판단함에 있어서 결론을 뒤집는 역할을 하지 못하고 있으며 단지 지금까지 목적을 검토하던 타성에 따라 습관적으로 검토하는 사항에 불과한 것으로 판단된다. 그런 견지에서 구성 및 효과를 검토하여 발명의 진보성이 인정되거나 부정되면 발명의 목적은 그 결과에 맞추어 목적이 동일하거나 동일하지 않다고 설명되는 것으로 이해된다. 즉, 진보성을 긍정하는 경우에는 선행기술의 목적을 좁게 설정하여 해당 발명의 목적이 선행기술의 그것과 다르다고 설명하고, 진보성을 부정하는 경우에는 선행기술의 목적을 넓게 설정하여 해당 발명의 목적이 선행기술의 그것과 같다고 (귀납적으로) 설명하는 것이다.

이러한 상황이라면, (미국과 같이) 발명의 목적을 검토하지 않는 것이 더 나아 보인다. 진보성 판단에 있어서 발명의 목적을 검토하지 않는다고 하여도 법리적으로 문제가 있어 보이지도 않는다.[12] 만약, 굳이 발명의 목적을 검토할 것이라면 지금까지와 같이 형식적으로 할 것이 아니라 실질적이고 진보성 판단에 도움을 줄 수 있도록 개선되어야 한다. 이하, 발명의 목적에 관한 검토의 실질성을 높이는 방안에 대하여 알아본다.

## Ⅲ. 유럽 및 미국에서의 발명의 목적을 판단하는 법리

### 1. 목적 설정의 자의성 방지

판례를 실증적으로 검토한 위의 자료에 의하면 우리 법원은 먼저 진보성에 대하여 직관적인 판단을 한 후 진보성이 인정되면 목적이 다른 것으로 설정하고 진보성이 부정되면 목적이 동일 또는 유사한 것으로 설정하는 것으로 오해를 받

12) 대법원 1993. 9. 10. 선고 92후1806 판결("비록 원심이 양발명의 목적을 비교판단하지 아니하였다 하더라도 그 구성의 곤란성과 효과의 현저성이 없다고 보는 이상 심결결과에 영향이 없으므로 거기에 소론이 지적하는 바와 같은 심리미진이나 판단유탈, 법리오해의 위법이 있다고 할 수 없다.").

을 수 있는 정도이다. 그런 합목적적이고 자의적인 설정은 ① 진보성 법리의 발전에 걸림돌이 되고, ② 당사자 중 일방의 법원에 대한 불신을 야기하고, ③ 신보성 판단에 도움을 줄 수도 있는 발명의 목적 검토를 무용한 것으로 만들어 버린다. 그런 견지에서 발명의 목적에 대한 검토가 발명의 성격에 합당하게 합리적으로 이루어지고 나아가서 진보성 판단에 도움을 줄 수 있어야 할 것이다. 그러한 목적을 가지고, 이하 유럽 및 미국의 관련 법리를 살핀다.

## 2. 유럽의 과제-해결 접근법

주지하는 바와 같이, 유럽특허청은 발명의 진보성 판단을 위하여 과제－해결 접근법(problem－solution approach)을 적용한다. 동 접근법에서는 해당 발명과 관련된 과제가 무엇인지를 결정하는 것이 매우 중요하다. 기술적 과제를 결정하기 위하여 객관적인 기준을 적용하여야 하며, 그 과제는 통상의 기술자가 최근접 선행기술(closest prior art)에 입각하여 해결하고자 하였던 과제를 의미하며, 해당 발명이 시현한 기술적 진보를 평가하여 결정된다.[13)][14)]

유럽특허명세서는 발명의 과제는 물론 효과도 기재하도록 요구된다.[15)] 출원인(특허권자)에 의하여 주장된 해당 발명의 효과가 그 효과에 관한 별도의 증거에 의하여 뒷받침되지 않으면 해당 발명의 과제를 결정하는 단계에서나 진보성을 평가하는 단계에서 고려되지 아니한다.[16)] 즉, 출원인이 어떤 알려진 조성물을 제조하는 향상된 방법에 관한 것이 해당 발명의 과제라고 주장을 하였으나 그 향상된 방법의 효과가 적절히 인정되지 않는 경우 그 발명의 과제는 (향상된 방법에 관한 주장은 제외하고) 그 조성물을 제조하는 일반적인 방법에 관한 것이 된다.[17)] 다시 말하면, 해당 발명의 과제는 선행기술과 구별되는 특징의 기술적 효과에 근거하여 가능한 구체적으로 결정되어야 한다.[18)] 과제의 결정은 객관적이어야 하

13) EPO, *Case Law of the Boards of Appeal*, Part I, D, 4.1.

14) 해당 발명과 관련된 과제를 결정하는 과정에서 출원일(우선일) 후에 획득한 지식을 끌어오는 것은 허용되지 아니하고, 과제는 '기술적'인 것이어야 한다. *Id.*

15) EPC Rule 42(1)(c) ("The description shall: disclose the invention, as claimed, in such terms that the technical problem, even if not expressly stated as such, and its solution can be understood, and state any advantageous effects of the invention with reference to the background art.").

16) EPO, *Case Law of the Boards of Appeal*, at 4.2.

17) *Id.*

18) *Id.* at 4.3.1 ("Thus the correct procedure for formulating the problem is to choose a problem

므로 선행기술이 과제라고 설정한 바는 중요하지 않고 통상의 기술자가 최근접 선행기술과 해당 발명을 비교하여 과제라고 인지하는 바가 중요하다.19) 일반적으로 출원인이 명세서 등에서 해당 발명의 과제로 제시한 것을 과제 결정의 출발점으로 삼고, 해당 과제가 해결되지 않았거나 적절하지 않은 선행기술과 비교하여 출원인이 과제를 제시하고 있는 경우에는 객관적으로 존재하는 다른 과제를 조사하여야 한다.20)

출원인이 명세서에서 제시한 선행기술보다 해당 발명에 더 유사한 선행기술이 발견되는 경우 출원인은 해당 발명의 과제를 다시 설정할 수 있다. 이를 위해 해당 발명이 이룩한 기술적 효과가 새로운 선행기술과 비교된다. 다만, 여기서의 기술적 효과는 최초 출원에서 비롯되는 것이어야 한다. 통상, 최근접 선행기술을 인지하지 못한 상태에서 출원인은 발명의 과제를 거창하게 기술하게 되므로 최근접 선행기술을 인지한 후에는 발명의 과제가 소극적으로 축소될 수 있다.21) 해당 발명이 이루고자 하는 효과는 발명의 범위 전체에 걸쳐서 나타나야 한다. 만약, 그 효과가 발명의 범위 일부에서만 나타나는 경우 발명의 과제는 축소되어야 할 것이다.22)

해당 과제가 새로운 것일 필요는 없다. 즉, 해당 과제가 선행기술에 의하여 인지되고 심지어 해결되었다 하더라도 해당 발명이 그 과제에 대한 새로운 해결방법을 제시할 수 있는 것이다. 진보성이 인정되기 위하여 효과의 증진이 반드시 있어야 하는 것은 아니다. 유사한 효과를 거두더라도 선행기술과 다른 비자명한 방식으로 어떤 과제를 해결할 수 있는 것이다.23)

이와 같은 유럽의 과제-해결 접근법에서 지칭하는 과제(problem)가 우리 법리에서 말하는 발명의 목적(purpose)과 다르지 않다고 생각된다.24) 즉, 위의 유럽

based on the technical effect of exactly those features distinguishing the claim from the prior art that is as specific as possible without containing elements or pointers to the solution.").

19) *Id.* ("In so doing, it was not important whether this problem had already been mentioned in the closest prior art; what mattered was what the skilled person objectively recognised as the problem when comparing the closest prior art with the invention.").

20) *Id.* at 4.3.2.

21) *Id.* at 4.4.

22) *Id.* (citing T 235/04).

23) *Id.* at 4.5.

24) EPO T 939/92, at para. 2.4.3 ("It is then assumed that the inventor did in fact seek to achieve these results and, therefore, these results are taken to be the basis for defining the technical

법리에서 사용된 '과제'를 모두 '목적'으로 대체하여도 아무런 문제가 없는 것이다.[25] 그런 견지에서 유럽특허청에서 발명의 과제를 혹은 넓게 혹은 좁게 잘못 설정하고 있다고 판단한 사례를 참고하면, 향후 우리가 발명의 목적을 제대로 설정하는데 도움을 받을 수 있다고 생각된다.

## 3. 미국의 유사 선행기술 법리

미국에서는 발명의 '목적'을 진보성 판단의 근거로 삼지 않는 것이 법리 및 실무라고 생각된다.[26] 그러나, 미국에서도 발명의 목적이 진보성 판단에서 전혀 검토되지 않는 것은 아니다.[27] 즉, 미국에서 선행기술의 기술분야가 해당 발명의 기술분야와 너무 동떨어진 것인 경우 그 선행기술을 진보성 판단의 근거로 삼지 않는 법리를 운용하는데 그 법리에서 발명의 목적을 중요하게 보는 것이다. 즉, 유사 선행기술(analogous prior art)이 아니면 해당 선행기술은 진보성 판단을 위하여 인용될 수 없는 것이다. 유사 선행기술인지 여부는 첫째, 선행기술과 발명의 기술분야가 동일한지 여부 및 둘째, 선행기술과 발명의 과제(problem)가 연관성이 있는지 여부를 판단하여 그 둘 중 하나라도 인정이 되면 해당 선행기술은 유사 선행기술이 되는 것이다.[28] 이 글과 관련하여서는 두 번째 테스트만이 중요하

---

problem (or, in other words, the objective) of the claimed invention (which problem may, as already stated above, be to provide a further-or alternative-process or physical entity, here a group of chemical compounds).").

25) 미국의 판례이긴 하지만, 발명의 과제와 발명의 목적을 동의어로 사용한 사례도 있다. *In re* Clay, 966 F.2d 656, 659 (Fed. Cir. 1992) ("Thus, the purposes of both the invention and the prior art are important in determining whether the reference is reasonably pertinent to the problem the invention attempts to solve. If a reference disclosure has the same purpose as the claimed invention, the reference relates to the same problem, and that fact supports use of that reference in an obviousness rejection.").

26) Knapp v. Morss, 150 U.S. 221, 228 (1893) ("[T]he validity of the patent in question must be ascertained, not from a consideration of the purposes sought to be accomplished, but of the means pointed out for the attainment thereof; and if such means, adapted to effect the desired results, do not involve invention, they can derive no aid or support from the end which was sought to be secured.").

27) Mintz v. Dietz & Watson, Inc., 679 F. 3d 1372, 1377 (Fed. Cir. 2012) ("Often the inventive contribution lies in defining the problem in a new revelatory way.").

28) Lance Leonard Barry, *Cëzanne and Renoir: Analogous Art in Patent Law*, 13 Tex. Intell. Prop. L.J. 243, 250 (2005) ("Two criteria having evolved, a determination of whether a reference is analogous art is 'two-fold.' First, one considers whether the reference lies within the field of the inventor's endeavor. Second, one considers whether the reference is reasonably pertinent to a particular problem with which the inventor was involved.") (citations omitted).

므로 과제 연관성을 따지는 단계에서 과제를 어떻게 설정하는지를 살펴본다.

과제 연관성을 판단하기 위해서는 발명과 선행기술의 목적이 중요하다. 만약, 선행기술이 발명과 동일한 목적을 제시하면, 그 선행기술은 동일한 과제를 다루는 것이다. 그런 경우, 발명가는 발명을 함에 있어서 그 선행기술을 검토할 동기(motivation)를 갖게 되는 것이다.[29] 통상 명세서는 선행기술의 단점(과제)을 지적하고 그 단점을 해결하는 것이 해당 발명의 목적이라고 설명한다. 또, 출원인은 출원 중 심사관과의 대화에 있어서도 해당 발명의 목적을 다른 각도에서 또는 좀 더 자세하게 설명할 수 있다. 심사관은 그러한 명세서 또는 출원이력에 나타난 출원인의 설명에 근거하여 과제 연관성을 결정할 수 있다.[30][31] 한편, 출원인의 인식에 따른 설명은 주관적이라는 문제점이 있다. 즉, 출원인이 잘못 판단하여 해당 발명의 목적을 지나치게 넓게 또는 좁게 잡은 경우 그 잘못을 좇아서 유사 선행기술 여부를 판단하게 되는 것이다. 그런 견지에서 객관성을 제고하기 위해서는 해당 기술분야의 자료들을 참고할 수 있다. 그러한 자료에서 해당 선행기술과 발명의 관계를 어떻게 설정하는지를 알아볼 수 있다.[32] 하지만, 해당 선행기술과 발명의 관계를 구체적으로 적시하는 자료를 찾는 경우가 드물 것이므로 객관성을 제고할 수 있는 기회는 드물다고 볼 수 있다. 그런 견지에서는 유럽의 과제-해결 접근법에서 과제를 설정하는 법리가 미국의 유사 선행기술에서 과제를 설정하는 법리보다 더 나아 보인다.

## Ⅳ. 진보성 판단에 있어서 발명의 '목적' 관련 법리의 정립

위에서 살펴본, ① 우리 법원이 발명의 목적을 검토하는 바에 대한 실증적 검토, ② 유럽에서 발명의 과제를 중심으로 진보성을 판단하는 법리, ③ 미국에서 유사 선행기술 여부를 판단하기 위하여 발명의 과제를 검토하는 법리를 바탕으로 다음과 같은 방안을 제시한다.

29) *Id.* at 253.

30) *Id.* at 258-69.

31) 우리 대법원도 유사한 태도를 보인다. 대법원 2011. 7. 14. 선고 2010후1107 판결("비교대상발명 4의 명세서 중 '배경기술'란에 다수의 혈관성형용 카테터 등이 선행기술로 기재되어 있어 그 기술적 구성의 전용에 별다른 어려움이 없다고 보이므로, 비교대상발명 2는 이 사건 제1항 발명의 진보성 판단을 위한 선행기술로 삼을 수 있다.").

32) Lance Leonard Barry, supra, at 269-75.

### 1. 목적 판단의 계속 여부

우리 법원은 진보성 판단을 위하여 발명의 목적을 중요하게 생각하지 않아 왔다. 최근 5년간 우리 대법원의 태도는 더욱 그러하다. 그러한 우리 법원의 사례에 대한 실증적 검토에 의하면 진보성 판단에 있어서 발명의 목적을 검토할 필요성이 있는지 의구심을 가지게 된다. 그러나, 유럽의 과제－해결 접근법, 미국의 유사 선행기술 법리에서는 발명의 목적이 매우 중요하게 작용하고, 당연히 진보성 판단에 결정적인 영향을 미친다. 어떤 경우에는 선행기술의 과제를 인지하는 그 자체가 발명이 되기도 하고,[33] 최소한 목적의 검토가 진보성 판단의 정확성을 높이는데 일정 부분의 기여를 하는 것이다. 그런 견지에서 우리도 진보성 판단을 위해서 발명의 목적을 검토하는 옛날의 관행을 계속 유지하되, 발명의 목적 판단이 자의적이거나 형식적이지 않도록 관련 법리를 정비할 필요가 있다. 필자는 발명의 목적을 유사 선행기술 판단에서만 검토하고 그 후의 진보성 판단에서는 검토하지 않는 미국의 법리보다는 발명의 목적을 발명의 구성 및 효과와 종합적으로 검토하는 유럽의 법리가 더 바람직하다고 생각한다.[34] 다만, 유럽의 법리가 우리나라에서도 실효성을 가지기 위해서는 발명의 목적 판단의 실질성이 전제되어야 한다.

### 2. 발명적 사상에 기초한 발명의 목적 설정

해당 발명의 목적은 (지나치게 넓거나 지나치게 좁은 책정을 방지하기 위하여) 해당 발명의 발명적 사상(inventive concept)과 연계되어 책정되어야 한다.[35][36] 즉,

---

33) Cardiac Pacemakers, Inc. v. St. Jude Med., Inc., 381 F.3d 1371, 1377 (Fed. Cir. 2004) ("As an initial matter, an invention can often be the recognition of a problem itself.").

34) 다음의 판례가 미국에서 진보성 판단에 있어서 발명의 목적을 검토하지 않는 이유인가? Knapp v. Morss, 150 U.S. 221, 228 (1893) ("[T]he validity of the patent in question must be ascertained, not from a consideration of the purposes sought to be accomplished, but of the means pointed out for the attainment thereof; and if such means, adapted to effect the desired results, do not involve invention, they can derive no aid or support from the end which was sought to be secured."). 그러나, 발명의 목적은 진보성 판단에 있어서 중요한 것 아닌가? Mintz v. Dietz & Watson, Inc. (Fed. Cir. 2012) ("Often the inventive contribution lies in defining the problem in a new revelatory way.").

35) Emily Michiko Morris, *Res or Rules? Patents and the (Uncertain) Rules of the Game*, 18 Mich. Telecomm. & Tech. L. Rev. 481, 495 (2012) ("A patentable idea, sometimes called an inventive concept, is perhaps most easily understood as a specific technological solution to some real world problem that is new and non－obvious.").

기저귀에 있어서 오줌이 기저귀 양 옆으로 새는 것을 막기 위한 플립에 관한 발명이라면, 그 발명의 발명적 사상은 기저귀도 아니고 오줌을 흡수하는 흡수재도 아니고, 오줌이 기저귀 양 옆으로 새는 것을 막기 위한 (플립을 가진) 흡수재의 구성이라고 보아야 한다. 당연히, 발명적 사상은 청구항이 정의한 발명을 바탕으로 특정되어야 한다.[37)]

이러한 방식이 목적을 지나치게 넓게 책정하는 것을 방지할 수 있다고 생각한다. 예를 들어, 발명A는 높은 온도에서 강도가 저하되는 문제를 해결하여 궁극적으로 강한 압력에 견디는 호스를 제작하는 것이 목적이고 발명B는 굴절에 강도가 저하되는 문제를 해결하여 궁극적으로 강한 압력에 견디는 호스를 제작하는 것이 목적인 경우, 그 두 발명은 같은 기술분야(호스)의 것이지만 목적은 각각 다를 수 있는 것이다.

### 3. 객관적 자료에 의한 발명의 목적 설정

출원인이 명세서, 출원이력 등에서 설명 또는 주장하는 발명의 목적은 발명적 사상과는 무관하게 너무 넓거나 너무 좁을 수 있다. 그 설명 또는 주장에 따라 발명의 목적을 설정하는 것은 출원인의 주관적 인식 또는 의도적 왜곡에 의하여 객관적인 사실이 달라지는 바람직하지 않은 결과를 초래할 수 있다. 그런 견지에서 심사관은 통상의 기술자가 해당 발명적 사상을 이해하고, 최근접 선행기술과 비교한 후 일반적으로 설정할 것으로 예상되는 객관적인 발명의 목적을 도출하도록 노력하여야 한다.

### 4. 발명의 효과와 상응하는 발명의 목적 설정

해당 발명의 목적은 어떤 과제를 해결하여 어떤 효과를 거양하는 것이다. 그런 견지에서 발명의 목적은 발명의 효과와 상응할 필요가 있다. 효과는 약간인데 목적은 지나치게 거창한 경우, 효과는 속도인데 목적은 강도인 경우, 효과는 거

---

36) Samantha A. Jameson, *A Comparison of the Patentability and Patent Scope of Biotechnological Inventions in the United States and the European Union*, 35 AIPLA Q.J. 193, 222 (2007) ("However, the existence of an inventive step could depend on the definition of the inventive concept, based on the problem the invention sought to overcome.") (다음 영국 판례를 인용: Biogen, Inc. v. Medeva Plc, [1997] R.P.C. 1, 43–46 (H.L. 1996)).

37) Hughes Aircraft Co. v. United States, 640 F.2d 1193, 1195 (Ct. Cl. 1980) ("The claims define the inventive concept that the patent embodies.").

대한데 목적은 지나치게 협소한 경우 등은 모두 목적과 효과가 상응하지 않은 것이 된다. 그러므로, 발명의 목적을 먼저 검토하고 그 후 구성, 효과를 검토할 것이 아니라 발명의 효과를 먼저 특정한 후 그 효과와 상응하게 목적을 설정할 필요가 있다. 설혹, 발명의 목적을 효과보다 먼저 검토하더라도, 효과를 특정한 후 그 효과와 이미 검토된 목적이 서로 상응하는지를 재점검할 필요가 있다고 하겠다.

## 5. 출원인 진술에 의한 증명책임 부과

출원인이 명세서, 출원이력 등에서 발명의 진보성 판단에 부정적인 영향을 미치는 설명 또는 주장을 한 경우, 법원은 일차적으로 그 설명 또는 주장에 근거하여 발명의 목적을 설정할 수 있다. 즉, 그렇게 출원인에게 불리하게 적용된 발명의 목적을 출원인에게 제시하고, 출원인이 그 발명의 목적과 다른 목적을 제시하도록 증명책임을 전환하는 것이다. 물론, 발명의 목적을 (출원인이 기재한 명세서와 무관하게) 객관적으로 설정하여야 하지만, 절차상 편리를 위하여 출원인에게 반증을 요구할 수 있고, 출원인이 적절히 반증하지 못한 경우 설정된 목적을 바탕으로 거절결정을 할 수 있을 것이다.

## 6. 목적의 같음과 다름의 다른 의미

선행기술의 목적과 해당 발명의 목적이 동일하거나 유사하다는 것은 발명가가 발명의 과정에서 그 선행기술을 용이하게 발견하고 검토하였을 가능성이 높았다는 것이다. 그 후 그 발명가는 선행기술로부터 해당 발명으로의 구성적 변형을 통하여 효과의 차이를 시현하고자 하는 것이다. 그런 견지에서 발명의 목적이 동일하거나 유사하다는 점은 진보성 판단에 큰 영향을 미치지 못한다. 반면, 선행기술의 목적과 해당 발명의 목적이 다르다는 것은, 특별한 경우를 제외하고는, 발명가가 그 선행기술을 발견할 가능성이 매우 낮다는 것이다. 그런 견지에서 발명의 목적이 다르다는 점은 진보성 판단에 매우 중요한 영향을 미친다. 즉, 발명의 목적이 달라서 발명가가 발명의 과정에서 검색, 참고하기가 어려운 선행기술을 바탕으로 해당 발명의 진보성을 부정하는 것은 극히 삼가야 하고, 적어도 그 선행기술과 비교하여서는 해당 발명이 진보성을 구비한 것으로 추정되어야 할 것이다.[38] 물론, 그러한 목적의 차이에도 불구하고 발명가가 그 선행기술을 활용

38) 다른 설시: Donald Chisum, *Chisum on Patents*, § 5.04[1][e][vii] ("In a similar vein, in KSR

하였다는 증거가 제시되거나, 발명가가 용이하게 입수할 수 있었음에 대한 증거가 제시되는 경우에는 그러한 추정은 복멸될 수 있어야 할 것이다.

## V. 결 론

이 절은 진보성 판단에 있어서 우리 법원이 발명의 목적, 구성 및 효과를 어떻게 종합적으로 검토하는지에 대하여 대법원 및 특허법원 판례 59개를 조사하였다. 그 조사에 따라, ① 발명의 목적의 판단은 진보성 판단에 영향을 미치지 않는다는 점을 확인하고, ② 진보성이 판단된 후 그 결과에 맞추어서 귀납적으로 발명의 목적이 결정된다는 의심을 산다는 점을 제시하였다.

이 글은 나아가 진보성 판단에 있어서 발명의 목적을 중요하게 검토하는 유럽의 과제－해결 법리와 미국의 유사 선행기술 법리를 검토하였다. 그 검토에 따라, ① 유럽의 법리가 발명의 과제(목적)를 객관적으로 파악하는 바람직한 것이라는 점, ② 미국의 법리도 시사하는 바가 있으나 우리 법리에 접목시키기는 무리가 있다는 점을 파악하였다. 미국은 유사 선행기술인지 여부를 먼저 판단한 후 해당 선행기술이 유사 선행기술이라고 판단이 되면 그 후에는 그 선행기술과 발명의 목적의 차이에 대하여는 다시 판단하지 않고 구성변경의 곤란성 및 효과의 현저성만 판단한다. 유사 선행기술이 아니라는 주장이 잘 인정되지 않는다는 점에 근거하면 미국에서는 진보성 판단에 있어서 발명의 목적이 적절히 검토되지 않는 측면이 있다. 한편, 유럽특허청은 해당 자료가 (출원일(우선일) 전에 공중이 접근 가능하였다는) 선행기술의 요건만 충족하면 '유사' 선행기술인지 여부는 판단하지 않고 과제－해결 접근법에 따라서 선행기술과 발명의 과제를 설정하는 등의 진보성 판단의 단계를 밟는다. 즉, 유럽에서는 발명의 목적(과제)을 중요하게 검토하는 것이다.

---

International Co. v. Teleflex Inc., (2007), the Supreme Court indicated that prior art may render a claimed invention obvious even though it was directed to solving a different problem …"). 미국에서는 유사기술분야 선행기술(analogous prior art)인지 여부를 판단함에 있어서는 발명의 목적, 과제의 차이를 중요하게 검토하고 정작 용이도출 판단의 단계에서는 발명의 목적, 과제의 차이를 중요하게 검토하지 않는 것으로 보인다. 필자는 발명의 '목적'을 진보성 판단에서 중요하게 검토하여 온 우리 법리의 전통을 따른다는 면에서 (본문에서의) 이러한 주장을 한다. 만약, 우리의 진보성 법리가 발명의 '목적'에 대한 검토를 용이도출 판단의 단계에서는 하지 않고 유사기술분야 선행기술 판단의 단계에서만 하는 것으로 정착이 된다면 필자의 주장은 바람직하지 않을 수 있다.

이 글은 결론적으로, ① 발명의 진보성을 판단함에 있어서 목적, 구성 및 효과를 종합적으로 검토하는 현행의 법리를 유지하는 것이 바람직하다는 점, ② 발명의 목적은 발명적 사상에 기초하여 설정되어야 한다는 점, ③ 발명의 목적은 출원인의 주관적인 이해나 주장에 의해서가 아니라 객관적인 자료에 의하여 설정되어야 한다는 점, ④ 발명의 목적은 발명의 효과와 상응한 정도로 설정되어야 한다는 점, ⑤ 선행기술의 목적과 발명의 목적이 다른 경우, 진보성 존재가 추정되어야 한다는 점 등을 주장하였다. 향후, 이러한 점이 실무에서 적용되고, 진보성 판단에서 발명의 목적이 실질적으로 판단되고, 결과적으로 진보성 판단의 정확성, 객관성이 제고되기를 기대한다.

# 제 3 절 선택발명의 진보성: 발명의 '구성' 판단 필요

## Ⅰ. 서 론

일반발명의 진보성을 판단함에 있어서 법원은 그 발명의 목적, 구성, 효과를 종합적으로 검토하되, 특히 구성을 가장 중요하게 본다. 그런데, 현재 우리 법리에 의하면 선택발명의 진보성을 판단함에 있어서는 발명의 '효과'를 검토하는 데 반하여 '구성'은 검토하지 아니한다. 선택발명에 있어서도 발명의 구성이 여전히 중요하게 검토되어야 하지 않는가?[1)2)] 이 절은 이러한 의문에 답하기 위하여 먼저 선택발명이 무엇인지 알아보고, 나아가 기존의 선택발명 진보성 법리를 파악한 후 그 법리가 잘못된 부분을 지적한다.

## Ⅱ. 선택발명 개요

### 1. 선택발명의 정의

(최근접) 선행기술에 구성요소가 상위개념으로 기재되어 있고 위 상위개념에 포함되는 하위개념만을 구성요소 중 전부 또는 일부로 하는 발명을 선택발명이라고 한다.[3)4)5)] 선택발명의 본질에 관하여, 첫째로는 형식적으로는 선행기술에

---

1) Tim Powell, *Selection Inventions In The Pharmaceutical Field-Developing Law And Policy*, p. 344 ("Similarly he did not consider the size of the prior disclosed class to be relevant to the issue of anticipation although it may be relevant to obviousness."). 〈http://www.powellgilbert.com/press/Powell.pdf〉.

2) 김태현, "수치한정발명의 진보성 판단방법론", 「특허판례연구」 개정판, 박영사, 2012, 160면 ("그러나 양자역학의 지배영역과 같은 특수한 기술분야를 제외하고, 통상의 자연계에서 특정 수치 전후로 동질의 효과가 확연하게 달라지는 경우는 매우 드물기 때문에, 엄격한 의미에서 임계적 의의가 나타나는 발명은 거의 없을 것으로 보인다. 때문에, 기존의 임계적 의의를 핵심으로 하는 효과 위주의 판단방법만으로는 수치한정발명 개념의 실효성이 확보되기 어려울 것이다. 따라서 그 보호방법의 하나로, 수치한정발명에서 효과의 현저성에 비하여 상대적으로 소홀히 취급되었던 구성의 곤란성 부분에도 주목하여야 한다고 생각된다.").

포함되는 발명으로서 중복발명이지만, 일정한 요건을 갖춘 경우 예외적으로 별도의 발명으로서 특허가 부여되는 것이라고 보는 견해와[6] 둘째로는 선택발명은 선행기술과 기술적 사상이 다른 것이어서 중복발명이 아니고 다만 그 특허권이 미치는 범위가 일부 중첩되는 것에 불과하다는 견해가 있다.[7]

위와 같이 선택발명의 본질을 설명하는 사례는 많다. 즉, 선택발명을 (선행기술과) 중복발명으로 보는 견해와 별도발명으로 보는 견해를 소개하고 그러한 구별은 실익이 없다고 결론을 짓고 다음 쟁점의 설명으로 나아간다. 그러나, 선택발명의 본질을 어떻게 보는지는 선택발명에 대한 인식의 문제이고 그 인식의 문제가 다른 판단에도 영향을 미치므로 그 본질을 치열하게 논의하고 확실하게 결론을 내릴 필요가 있다.[8]

## 2. 선택발명의 신규성 및 진보성 판단

선택발명의 특허성이 인정되기 위해서는, 첫째, (최근접) 선행기술이 선택발명을 구성하는 하위개념을 구체적으로 개시하지 아니하고(요건1),[9][10][11][12] 둘째,

---

3) 김병식, "수치한정발명의 신규성 진보성 판단방법", 「특허판례연구」 개정판, 박영사, 2012, 152면(강경태, "선택발명의 제문제", 「사법논집」 제46집, 법원도서관, 2008, 5면 인용).

4) Tim Powell, supra, at 341 ("A selection invention involves the selection of individual elements or a sub－set of elements from a broader class which has been defined only in general terms.").

5) 일본 판례의 영향을 받아서인지 '구성요건'이라는 표현이 사용되는데 잘못된 것이다. 발명을 구성하는 것은 '구성요소'이지 구성요건이 아니다. 東京高判 昭和56년 11월 5일 판결("특허출원된 발명의 구성요건이 공지의 문헌이나 특허명세서에 개시된 발명의 하위개념인 경우 전부 포섭되는 것인바, 원칙은 동일발명에 특허를 줄 수 없는 것이지만, 선행발명에 구체적인 개시가 되지 않은 선택지를 선출하거나 ……"). 그런 견지에서 선택발명과 관련하여 '구성요건'이라는 용어를 사용한 것은 전형적인 '오류'의 표절에 해당할 수 있다.

6) 竹田 稔 監修, 特許審査·審判の法理と課題, 發明協會, 273면; 특허법원 지적재산소송실무연구회, 「지적재산소송실무」, 박영사, 107면; 中山信弘 編著, 「註解特許法」 第3版, 青林書院, 258면; 조영선, 「특허법」, 박영사, 105면.

7) 박길채, "선택발명의 명세서 기재요건", 「지식재산21」 통권 제96호, 특허청, 2006, 119면.

8) 선행 상위개념 발명과 선택발명의 관계는 독립항 발명과 종속항 발명의 관계와 유사하다. 독립항, 종속항의 관계를 잘못 설명한 사례: 한동수, "등록실용신안의 보호범위의 확정방법", 「대법원판례해설」 제78호, 법원도서관, 2008, 443면("종속항의 침해는 당연히 독립항의 침해를 구성하는바, 이는 독립항과 종속항의 보호범위가 동일하거나 일부 중복되는 것을 의미한다. 대법원 1995. 9. 26. 선고 94후1558 판결은 '동일한 발명사상의 내용이 청구항을 달리하여 중복하여 기재되어 있다고 하더라도 특허청구의 범위가 명확하고 간결하게 기재되어 있어 당해 기술분야에서 통상의 지식을 가진 자가 그 내용을 명확하게 이해하고 인식하여 재현할 수 있다면 그 명세서의 기재는 적법하다'라고 판시하였는바, 이는 하나의 특허 내에 동일한 내용을 가지는 청구항들이 유효하게 병립될 수 있음을 보여주는 판례라 할 것이다.").

선택발명에 포함되는 하위개념들 모두가 선행기술이 갖는 효과와 질적으로 다른 효과를 갖고 있거나, 질적인 차이가 없더라도 양적으로 현저한 차이가 있어야 한다(요건2). 위 요건1과 요건2의 관계에 관하여, 예전에는 요건1·2 모두 신규성 내지 진보성의 문제라고 보는 견해가 있었으나 2002년부터 우리 대법원은 요건1을 신규성의 문제로, 요건2를 진보성의 문제로 보고 있다.[13)14)15)]

---

9) 김관식, "상위개념과 하위개념 발명의 동일성", 「특허판례연구」 개정판, 박영사, 2012, 119면("즉 상위개념에 해당하는 선행기술문헌이 존재할 때 하위개념에 대하여 후출원이 있는 경우, 선행기술문헌에 특허청구된 하위개념 발명이 명확하게 실제로 개시되어 있지 않은 경우에는 신규성이 인정된다.").

10) 대법원 2002. 12. 26. 선고 2001후2375 판결("선행기술에 특허발명을 구성하는 하위개념이 구체적으로 개시되어 있지 않았다면 원칙적으로 그 특허발명이 출원 전에 공지된 발명과 동일성이 있는 것이라고 할 수 없어 신규성이 있는 발명에 해당한다.").

11) 윤태식, "선택발명에서 '하위개념이 선행문헌에 구체적으로 개시되어 있는지 여부'의 판단방법", 「특허판례연구」 개정판 한국특허법학회, 박영사, 2012, 169면 각주 6("유럽특허청은 구체적으로 개시된 정도를 처음에는 명세서에 구체적으로 개시된 물질만으로 한정 해석하여 독일특허청에 비해 너무 좁다는 의견도 있었으나, 그 후 이를 확대하여 묵시적 개시까지 허용하면서 다만 명세서에 기재된 대로 하면 그 물질이 당연히 제조될 수 있는 정도의 것이어야 한다고 한다.").

12) 대법원 2009. 10. 15. 선고 2008후736 판결("선행 또는 공지의 발명에 구성요건이 상위개념으로 기재되어 있고 위 상위개념에 포함되는 하위개념만을 구성요건 중의 전부 또는 일부로 하는 이른바 선택발명의 신규성을부정하기 위해서는 선행발명이 선택발명을 구성하는 하위개념을 구체적으로 개시하고 있어야 하고, 이에는 선행발명을 기재한 선행문헌에 선택발명에 대한 문언적인 기재가 존재하는 경우 외에도 그 발명이 속하는 기술분야에서 통상의 지식을 가진 자가 선행문헌의 기재 내용과 출원시의 기술 상식에 기초하여 선행문헌으로부터 <u>직접적으로</u> 선택발명의 존재를 인식할 수 있는 경우도 포함된다.").

13) 대법원 2002. 12. 26. 선고 2001후2375 판결("선행 또는 공지의 발명에 구성요건이 상위개념으로 기재되어 있고 위 상위개념에 포함되는 하위개념만으로 구성된 특허발명에 예측할 수 없는 현저한 효과가 있음을 인정하기 어려워 그 기술분야에서 통상의 지식을 가진 자가 공지의 발명으로부터 특허발명을 용이하게 발명해 낼 수 있는 경우라 하더라도 선행발명에 특허발명을 구성하는 하위개념이 구체적으로 개시되어 있지 않았다면 원칙적으로 그 특허발명이 출원 전에 공지된 발명과 동일성이 있는 것이라고 할 수 없다.").

14) 다음 판결은 아예 신규성 요건과 진보성 요건을 따로 판단하고 있다. 대법원 2009. 10. 15. 선고 2008후736, 743 판결("선택발명의 신규성을 부정하기 위해서는 선행발명이 선택발명을 구성하는 하위개념을 구체적으로 개시하고 있어야 하고, …… 선택발명의 진보성이 부정되지 않기 위해서는 선택발명에 포함되는 하위개념들 모두가 선행발명이 갖는 효과와 질적으로 다른 효과를 갖고 있거나, 질적인 차이가 없더라도 양적으로 현저한 차이가 있어야 하고 ……").

15) 일본 특허청도 "(i) 선택발명이란 物의 구조에 기초한 효과의 예측이 곤란한 기술분야에 속하는 발명으로서 간행물에서 상위개념으로 표현된 발명 또는 사실상 혹은 형식상 선택지로 표현된 발명으로부터 그 상위개념에 포함된 하위개념으로 표현된 발명 또는 당해 선택지의 일부를 발명을 특정하기 위한 사항으로 가정한 경우의 발명을 선택한 것으로서, 전자의 발명에 의하여 신규성이 부정되지 않는 발명을 말한다. 따라서 간행물에 기재된 발명(1.5.3(3) 참조)이라고는 할 수 없는 것은 선택발명이 될 수 있다. (ii) 간행물에 기재되어 있지 않은 유리한 효과로서, 간행물에 상위개념으로 나타내어진 발명이 갖는 효과와는 이질의 효과 또는 동질이지만

요건1과 요건2 모두를 신규성 내지 진보성의 문제로 보는 견해는 기본적으로 선택발명을 중복발명으로 보는 견해에 기초한다.[16] 즉, 선택발명은 중복발명이어서 원칙적으로는 신규성이 인정되지 않아야 하나, 선택발명의 특수성을 감안하여 진보성이 인정되는 경우 예외적으로 신규성도 인정한다는 견해에 따른 것이다. 그러한 견해에 따르면 선택발명과 선행기술은 구조적으로 동일(중복)한 것이므로 구성의 차이는 따질 필요가 없고 효과만 따지게 된다. 그 효과의 차이를 판단하면서 그 효과가 이질적인지 여부 또는 동질이지만 현저한지 여부를 판단하는 것이다. 현재 대법원은 선택발명의 진보성을 판단하면서 구성의 차이는 따지지 않고 효과의 차이만을 따지는데 그러한 법리는 요건1과 요건2 모두를 신규성 내지 진보성의 문제로 보는 견해와 연결된다.[17] 그런데, 적어도 2002년부터 대법원은 요건1과 요건2를 별개로 보면서 신규성 판단에 있어서 선행기술이 선택발명을 구체적으로 개시하였는지 여부를 판단하여 왔다.[18] 그러한 대법원의 입장은 선택발명도 선행기술과 중복(동일)인 것이 아니라는 이해에서 비롯된다.[19]

---

현저히 우수한 효과를 가지고, 이들이 기술수준으로부터 통상의 기술자가 예측할 수 없는 것인 때에는 진보성을 가진다"라고 하여[일본특허청 웹사이트(www.jpo.go.jp)에 게재된 特許·実用審査基準 제2부 제2장 신규성·진보성 2.5(3)③ (2012. 11. 29. 최종방문)], 우리 대법원과 같은 입장을 취하고 있다.

16) 東京高判 昭和56년 11월 5일 판결("특허출원된 발명의 구성요건이 공지의 문헌이나 특허명세서에 개시된 발명의 하위개념인 경우 전부 포섭되는 것인바, 원칙은 동일발명에 특허를 줄 수 없는 것이지만, 선행발명에 구체적인 개시가 되지 않은 선택지를 선출하거나 ……").

17) 선택발명의 일종인 수치한정발명의 진보성을 판단함에 있어서 구성(수치)변경의 곤란성에 관하여 (살짝) 언급한 글이 있다. 강경태, "수치한정발명의 특허성", 「특허판례연구」 개정판, 박영사, 2012, 147면("발명이 공지된 발명의 구성요건을 이루는 요소들의 수치를 한정함으로써 이를 수량적으로 표현한 경우, 그것이 통상의 기술자가 적절히 선택하여 실시할 수 있는 정도의 단순한 수치 한정으로서 그러한 한정된 수치범위 내외에서 이질적(異質的)이거나 현저한 작용효과의 차이가 생기지 않는 것이라면 그 발명은 진보성의 요건을 갖추지 못하게 된다.") (지적재산소송실무, 106면; 대법원 2005. 1. 28. 선고 2003후1000 판결; 1993. 2. 12. 선고 92다40563 판결; 2001. 7. 13. 선고 99후1522 판결 인용). 이 표현에 의하면 효과 외에 통상의 기술자가 수치를 선택함에 있어서의 적절함에 대하여 포함하고 있다.

18) 대법원 2002. 12. 26. 선고 2001후2375 판결.

19) 이재웅, "선택발명의 신규성", 2010. 12월, AIP 특허법인 홈페이지 자료실, 10면("특허법에서는 신규성과 진보성에 대해서 항을 나누어 규정하고 있고, 또 이들을 각각의 독립한 특허요건으로 보고 있으며, 나아가 판례에도 특허발명의 진보성은 신규성이 있음을 전제로 하는 것으로서, 어느 발명이 공지기술에 비추어 새로운 것인가의 신규성의 문제와 그것이 공지기술로부터 용이하게 생각해 낼 수 있는 것인가의 진보성의 문제는 구별되어야 하고, 발명의 진보성을 판단하기 위해서는 먼저 그 발명의 신규성의 판단이 선행되어야 한다고 판시").

### 3. 2002년 대법원 판결: 선택발명의 신규성 요건과 진보성 요건의 분리

대법원은 2002. 12. 26. 선고 2001후2375 판결에서 하급심인 특허법원의 설시를[20] 아래와 같이 요약하고 있다.

> "특허발명이 인용발명에 비하여 예측할 수 없는 현저한 작용효과가 있다는 점을 인정하기 부족하고, 선택발명이 신규성을 인정받기 위해서는 공지된 선행발명에 비하여 예측할 수 없는 현저한 작용효과가 있어야 하는 것이므로 이 사건 특허발명은 결국 신규성이 없는 발명에 해당하여 ……"

위 특허법원의 설시는 일본의 영향을 받은 것으로 짐작된다. 일본 도쿄고재 1981. 11. 5. 판결 등도 선택발명이 선행기술과 중복임을 전제로 하고 있는 것이다.[21] 대법원은 (기존의) 그러한 판단이 잘못된 것임을 명확하게 하기 위하여 다음과 같은 새로운 법리를 설시한다.

> "선행 또는 공지의 발명에 구성요건이 상위개념으로 기재되어 있고 위 상위개념에 포함되는 하위개념만으로 구성된 특허발명에 예측할 수 없는 현저한 효과가 있음을 인정하기 어려워 그 기술분야에서 통상의 지식을 가진 자가 공지의 발명으로부터 특허발명을 용이하게 발명해 낼 수 있는 경우라 하더라도 선행발명에 특허발명을 구성하는 하위개념이 구체적으로 개시되어 있지 않았다면 원칙적으로 그 특허발명이 출원 전에 공지된 발명과 동일성이 있는 것이라고 할 수 없고(신규성이 있는 발명에 해당한다), ……"[22]

위 설시는 선택발명과 선행기술을 동일하게 보는 견해를 파기하고 신규성 판단을 진보성 판단과 별개로 보기 시작한 것이다. 즉, 위 설시가 최초로 요건1과 요건2를 별개로 보기 시작하고 선택발명과 선행기술의 구조의 차이를 인정하

20) 특허법원 2001. 06. 22. 선고 2000허4633 판결.

21) "출원발명이 선행의 공지된 특허명세서에 기재된 발명에 포함되는 때에는 그 출원발명이 소위 선택발명으로서 특허를 받을 수 있는 경우를 제외하고는 특허법 제29조 제1항 제1호 또는 제3호에 의해 특허를 받을 수 없다고 봄이 타당하다. 그러나 선행발명에는 구체적으로 개시되어 있지 아니한 선택기를 선별하여 이를 결합함으로써 선행발명에서는 예측할 수 없었던 특단의 효과를 발생시키는 발명에 특허를 부여하는 것은 발명을 장려하여 산업발전에 기여하고자 함을 목적으로 하는 특허법의 정신에 합치하는 것이므로 형식적으로는 이중특허에 해당한다고 하더라도 위와 같은 선택발명에 특허를 부여하는 것을 부정할 이유는 없다."

22) 이러한 대법원의 설시는 다시 일본의 영향을 받은 것이다. 일본은 1993년 심사기준을 개정하여 선택발명에 있어서 신규성과 진보성 판단을 구분하고 있다. 민경만, "선택발명의 특허성에 관한 연구", 연세대학교 법무대학원 석사학위논문, 2007, 43면.

기 시작한 것이다. 이러한 법리는 그 후 대법원에서 일관되게 적용되어 왔고,[23] 2013년 현재는 우리나라의 확립된 법리리고 생각된다.

즉, 2002년 전의 대법원의 입장은 선택발명이 선행기술과 중복(동일)이므로 (원칙적으로 신규성이 없는 것이므로) 구성의 차이는 따질 필요가 없고 효과의 차이만 따져서 진보성을 판단한 후 진보성이 인정되면 예외적으로 신규성도 인정하겠다는 것이었고,[24] 2002년 이후의 대법원의 법리는 선택발명이 선행기술과 중복(동일)이 아니므로 신규성 판단을 위하여 구성의 차이를 따져야 함을 밝힌 것이다.[25]

그런데, 대법원은 신규성 판단을 위하여 선택발명과 선행기술의 구성의 차이를 따져야 한다는 새로운 법리를 채용하면서 그와 관련된 진보성 법리에 대하여는 아직 마무리를 하지 않고 있다. 즉, 2002년 전에는 선택발명의 선행기술과의 구성의 차이를 인정하지 않음으로 인하여 진보성에서도 구성의 차이에 대하여는 판단하지 않고 효과의 차이만 판단하였으나, 2002년 이후로 선택발명의 선행기술과의 구성의 차이를 인정함으로 인하여 진보성 판단에서도 구성의 차이 및 효과의 차이를 판단하는 것으로 법리를 변경하여야 하였는데 아직까지는 그 작업이 이루어지지 않고 있다.

그렇다면, 선택발명에 관한 진보성 법리는 왜 이전의 잘못된 신규성 법리를 적용하던 당시의 것이 아직도 변하지 않고 있는 것인가?

첫째, 일본의 영향을 받았다고 생각된다. 선택발명에 대한 법리는 전적으로 일본의 것을 받아들인 것이다. 선택발명에 관한 기존의 논문들을 보면 일본의 판례, 논문 또는 책을 인용하는 것이 대부분이다. 그리고, 선택발명에 관한 우리의 구 법리나 현 법리나 모두 시간차이를 두고 일본으로부터 도입된 것이다. 이런

23) 대법원 2003. 4. 25. 선고 2001후2740 판결; 대법원 2004. 9. 23. 선고 2002다60610 판결; 대법원 2009. 10. 15. 선고 2008후736 판결 등.

24) 반대로 효과가 없으면 진보성도 신규성도 인정되지 않는다는 것이다. 이러한 법리는 본 사건의 하급심인 특허법원의 설시에서 명확히 나타난다. 특허법원 2001. 6. 22. 선고 2000허4633 판결("선택발명이 신규성을 인정받기 위해서는 공지된 선행발명에 비하여 예측할 수 없는 현저한 작용효과가 있어야 하는 것이므로 ……").

25) 대법원 2002. 12. 26. 선고 2001후2375 판결("선행 또는 공지의 발명에 구성요건이 상위개념으로 기재되어 있고 위 상위개념에 포함되는 하위개념만으로 구성된 특허발명에 예측할 수 없는 현저한 효과가 있음을 인정하기 어려워 그 기술 분야에서 통상의 지식을 가진 자가 공지의 발명으로부터 특허발명을 용이하게 발명해 낼 수 있는 경우라 하더라도 선행발명에 특허발명을 구성하는 하위개념이 구체적으로 개시되어 있지 않았다면 원칙적으로 그 특허발명이 출원 전에 공지된 발명과 동일성이 있는 것이라고 할 수 없고 신규성이 있는 발명에 해당한다.").

[표] 선택발명의 2002년 전·후의 진보성 판단

| 구 분 | 일반발명 | 선택발명 | | |
|---|---|---|---|---|
| | | 2002년 전 대법원 | 2002년 이후 대법원 | 향후 방안 |
| 신규성 | 구성의 동일성 판단 | 구성 판단 생략 | 구성의 동일성 판단 | 구성의 동일성 판단 |
| 진보성 | (목적)+ 구성+효과 | 효과만 판단 | 효과만 판단 | (목적)+ 구성+효과 |

사정이라면 일본의 법리가 오류를 포함하고 있는 경우 우리 스스로 그 오류를 바로 잡기란 쉽지 않아 보인다.

일본은 왜 그러한 잘못을 저질렀는가? 첫째, 선택발명은 주로 제약, 화학 분야에서 문제가 되는데 선택발명에 관한 판례가 생성되기 시작한 1960년대에 일본은 제약, 화학 분야에서 미국, 유럽에 비하여 기술적으로 뒤처져 있었다. 그런 일본 내 산업현황에 따라 주로 미국, 유럽 출원인에 의한 선택발명을 차별적으로 가혹하게 다루는 것이 국내 산업보호를 위하여 필요하다는 인식에서 변종의 법리가 개발되었을 것으로 추측된다. 둘째, 선택발명이라는 용어 자체가 미국, 유럽에서는 잘 사용되지 않는다. 그러므로, 선택발명이라는 용어를 사용하면서 일본은 자체적인 법리를 개발하였고, 미국, 유럽에서 선택발명의 법리에 대하여 가르침을 주는 판례, 논문이 없으므로 그렇게 개발된 오류의 늪에서 헤어나지 못하고 있는 것으로 보인다.

둘째, 아직도 많은 전문가들이 선택발명을 선행기술과 중복(동일)의 것이라고 보고 있다.[26)][27)] 대법원 2002. 12. 26. 선고 2001후2375 판결이 그러한 중복성을 부인한 것이므로, 최소한 판사라도 그러한 대법원의 판시에 따라야 할 것인데 판사들도 아직도 그 판결의 취지에 어긋나는 의견을 제시하고 있다.[28)] 선택발명

26) 이재웅, 앞의 자료, 5면("발명의 구성이라는 측면으로 보게 되면 선택발명은 선행발명과 그 구성이 동일한 것이므로, 선택발명이 특허된다는 것은 결국 선행특허발명과 중복특허를 허여하는 것으로 귀결될 수 있다.").
〈http://www.aiplaw.com/bbs/bbs/board.php?bo_table=dataroom_01&wr_id=22〉.

27) 강경태, 앞의 글, 147면("선행기술과의 관계에서 본원발명의 수치범위가 선행기술의 수치범위에 포함되는 경우에는, 수치한정에 따른 효과가 질적 양적으로 다르지 않는 한 신규성이 인정되지 않는다.").

28) 특허법원 2008. 1. 18. 선고 2006허6303 판결("선택발명의 경우 '특별하고도 현저한 효과'가 일

과 선행기술이 형식적으로는 중복이지만 실질적으로는 다르다는 견해도 있다.[29] 그 견해는 형식과 실질을 따지지 않고 중복이라고 보는 견해보다는 진일보한 것이지만 형식적인 중복을 인정한다는 점에서는 여전히 예전의 개념에서 완전히 벗어나지 못한 것으로 보인다. 동일한 물건은 효과도 동일하여야 한다. 그래서 한편으로는 두 물건의 효과가 다르면 그 두 물건은 동일한 것이 아닌 것이고, 다른 한편으로는 구조가 동일한 경우에는 효과는 당연히 동일할 것이므로 신규성 판단에서는 따로 효과에 대하여 판단할 필요가 없다. 물론, 효과가 다르다는 것을 확인하여 신규성을 부정할 수는 있을 것이다.

아래의 사례에서 선행기술이 해당 발명을 구체적으로 또는 내재적으로 개시하고 있는가?

**사례 1:** 선행기술이 아마존 강 어딘가에 금광이 있다고 가르치고 있다. 탐험가가 아마존 강 어느 한 곳에서 금광(발명)을 발견하였다. 선행기술이 금광의 위치를 가르치고 있는 것인가?

**사례 2:** 선행기술이 많은 조성물의 조합을 가르치고 있다. 발명은 그 조성물 중 하나를 선택한 것이며 새로운 효과를 가지는 것이다. 선행기술이 그 특정 조성물의 새로운 효과를 가르치고 있는 것인가?

**사례 3:** 여러 형태의 자동차 브레이크 페달에 관한 수백 개의 선행기술이 존재한다. 발명은 그 수백 개의 선행기술의 조합 중 특정 조합을 찾아내어 새로운 자동차 브레이크를 제시하고 있다. 선행기술이 그 특정 조합을 가르치고 있는 것인가?

위의 사례와 같이, 선행기술이 어떤 특정(선택) 또는 조합(결합)의 가능성에 대하여 막연하게 제시하였다고 하여도 구체적인 선택과 결합에 대하여는 가르치

---

반발명에 있어서 '구성'에 해당하는 것으로서 그 기재의 명확성이 요구되는 것은 발명의 실시가능성과 관련되기 때문이나, 어느 하나의 효과라도 명세서 기재요건 및 효과의 현저성이 충족되는 경우 실시가능성도 충족되며, 이로 인하여 발명이 불명확하게 되는 것은 아니라는 점 등의 모든 사정을 참작하여 보면, 어느 하나의 효과라도 명세서 기재요건을 갖추면 일단 기재불비의 문제는 해소되며, 실제 '특별하고도 현저한 효과'가 인정되는지 여부는 진보성 판단의 문제로 취급함이 옳다.")(이 판결도 선택발명은 선행기술과 구성이 어차피 동일하므로 그 진짜 구성만을 보아서는 진보성 판단을 할 수 없으므로 효과를 구성으로 대치하여 진보성을 판단하겠다는 논리와 연결된다.).

29) 신혜은, "선택발명의 명세서상 '효과' 기재요건", 「창작과 권리」 제68호, 세창출판사, 2012, 각주 3("선택발명은 형식상 선행발명과의 관계에서 중복특허에 해당한다는 것은 부정할 수 없지만 실질적으로는 선행발명과는 다른 별개의 발명에 해당한다고 보는 것이 타당하다.").

지 않고 있는 것이고 그렇다면 선행기술은 그 선택 또는 결합된 결과를 구체적으로든 내재적으로든 개시하고 있지 않는 것이다.[30)]

이와 관련하여 영국 항소법원의 한 판례가 좋은 예를 보여주고 있다. 그 법원은 선행기술이 수백만의 가능성을 보여주었다 하더라도 그것이 해당 발명을 구체적으로 개시한 것이 아니면 그 선행기술에 의하여 해당 발명의 신규성이 인정되어야 한다고 설시하며 다음과 같은 설명을 한다.

> "현명한 자는 잎사귀를 어디에 숨기는가? 숲에 숨긴다. 어떤 잎사귀가 Sherwood 숲에 있다고 말하며 그 잎사귀가 개시되었다고 말하는 것은 어리석은 일이다. 물론 그 잎사귀가 특정된 경우 개시된 것이다. 그러나, 그 잎사귀가 특정되지 않은 경우 그 숲만이 개시된 것이다. Sherwood 숲에는 수백만의 잎사귀가 있다."[31)]

## Ⅲ. 주요국의 선택발명 진보성 판단 법리

그렇다면 주요국의 법원에서는 선택발명의 진보성을 어떻게 판단하는지 살펴본다. 일본의 법리는 잘못된 것이고 그것과 현재의 우리의 법리는 같은 정도이므로[32)] 일본의 법리는 살펴보지 않는다.

---

30) 이러한 (선택)발명의 신규성 판단기준에 관하여는 다음 글 참고. 정차호·신혜은, "선택발명의 신규성: 선행기술의 개시 요건 및 용이실시 요건", 「법조」 통권 제666호, 법조협회, 2012년 3월호 글.

31) Dr Reddy's Laboratories Ltd v Eli Lilly & Company Ltd, EWCA Civ 1362 (2009), para. 26 ("'Where does a wise man hide a leaf? In a forest.' It is, at least faintly, ridiculous to say that a particular leaf has been made available to you by telling you that it is in Sherwood Forest. Once identified, you can of course see it. But if not identified you know only the generality: that Sherwood Forest has millions of leaves."). 〈http://www.bailii.org/ew/cases/EWCA/Civ/2009/1362.html〉.

32) Japanese Group Response on AIPPI Survey on Selection Invention, 2009, pp. 2-3 ("There are no special criteria for determining inventive step in a selection invention. Rather, decisions are made according to the same criteria applied to the normal inventive step in other types of patents. However, as stated in the response to 'Novelty' above, when making a clear assertion that the invention is a 'selection invention', there is a tendency in Japan to rely on legal precedents and to require that there be an effect which is qualitatively different or qualitatively the same but remarkable and outstanding, as well as strictly requiring the description of said effect in the specification.").
〈https://www.aippi.org/download/commitees/209/GR209japan.pdf〉.

## 1. 미국의 법리

미국에서는 선택발명도 일반발명의 한 종류로 보고 선택발명의 특허성 판단에 있어서도 일반발명의 특허성 판단방법을 그대로 적용한다.[33] 그런 견지에서 선택발명의 진보성을 판단할 때에도 선행기술의 크기(size of the genus), 선행기술의 구체적인 가르침(express teachings), 선행기술과 청구발명의 구조적인 유사성(teachings of structural similarity), 다른 좁은 범위 개체의 특성(teachings of similar properties or uses), 해당 기술의 예측 가능성(predictability of technology), 선택을 가능하게 하는 다른 가르침(any other teaching to support the selection of the species or subgenus) 등과 더불어 효과를 종합적으로 고려한다.[34]

Plavix 선택발명 거울상 이성질체 발명에서 CAFC는 진보성에 관하여 살피며 ① 해당 발명(거울상 이성질체)의 약학적 특성이 예측가능하지 않다는 점,[35] ② 해당 발명이 인체에서 다시 라세미체로 합성될 가능성이 높다는 점, ③ Sanofi가 본 발명 라세미체의 개발에 4년간 수백만 달러를 투입하였다는 점, ④ 발명자가 해당 발명의 염을 선택하기까지 20개의 다른 염을 실험했다는 점, ⑤ 통상의 기술자가 선행기술로부터 해당 발명을 선택하기 위한 동기(motivation)가 존재한다는 것을 Apotex가 제시하지 못하였다는 점 등을 근거로 해당 발명의 진보성을 인정하였다.[36]

흥미로운 점은 CAFC가 거울상 이성질체 발명의 진보성을 살피며, 그것의 효

---

33) USPTO, *Manual of Patent Examining Procedure* (2010) §2144.08 ("The patentability of a claim to a specific compound or subgenus embraced by a prior art genus should be analyzed no differently than any other claim for purposes of 35 U.S.C. 103.").

34) *Id.*

35) 거울상 이성질체가 예측되지 않는 특성(unexpected properties)을 가지지 않는 경우 진보성이 부정된다는 판시를 한 판례가 있다. Brenner v. Ladd, 247 F.Supp 51, 56 (D.D.C. 1965) ("[I]n the absence of unexpected or unobvious beneficial properties, an optically active isomer in unpatentable over either the isomer of opposite rotation or, as is the case here, the racemic compound itself.").

36) 본 발명의 진보성이 부정될 수 있다는 논리를 제시한 글이 있다. Shashank Upadhye, *Generic Pharmaceutical Patent and FDA Law* (Thomson 2008) §3:29. 저자인 Shashank Upadhye는 그 당시 피고인 Apotex사의 사내변호사(Vice President-Global Head of Intellectual Property Law for Apotex, Inc.)이었다. 그 글에서 저자는 일단 등록된 특허는 유효의 추정을 받고, 특히 심사관이 심사 시 검토한 선행기술로 무효 여부를 따지는 경우 그러한 추정은 더욱 강해지고, 본 사건이 그러한 경우이므로 그러한 추정을 극복하지 못했다고 한다. 피고의 사내변호사로서 본 발명이 심사 시에 본격적으로 검토되었다면 거절될 수 있었을지도 모른다는 아쉬움을 피력한 것으로 보인다.

과에 주목한 것이 아니라 (구성변경의 곤란성에 상응하는) 분리(도출)의 용이 여부에 대하여 주목하였다는 점이다. 또, CAFC는 거울상 이성질체의 진보성을 부정한 바 있는 *In re Adamson* 판례와 본 사건은 ① *Adamson* 사건의 선행기술은 사용할 염(salt)까지 개시하였는데 반해 본 사건의 선행기술은 황산수소염(bisulfate salt)을 개시하지 않고 있다는 점 및 ② *Adamson* 사건에서는 법원이 거울상 이성질체가 라세미체와 다른 약학적 특성을 보일 것이라는 것이 통상의 기술자에 의하여 예상된다고 본 반면 본 사건에서는 지방법원이 라세미체의 분리가 일상적인 실험이 아니며 요망되는 효과가 우선성 이성질체에서 발견될 것이라는 것이 예측되지 않는 점에서 구별된다고 보았다.[37][38][39]

## 2. 유럽특허청에서의 선택발명 진보성 판단

유럽특허청의 심사지침서는 선택발명의 진보성 판단과 관련하여, ① 그 선택이 특정 기술적 효과와 연계되고, ② 선행기술에서 통상의 기술자를 그 선택에 이르게 하는 힌트가 존재하지 않는 경우 진보성이 인정된다고 설명한다.[40] 즉, 선택발명이 선행기술과 대비되는 기술적 효과를 가져야 함은 물론 선행기술로부터 선택발명에 도달하는 것이 용이하지 않아야 하는 것이다. 그런 점에서 후자의 요건은 구성의 차이를 논하는 셈이다. 통상의 기술자가 기존의 기술적 과제를 해결하기 위하여 해당 선택을 하였었을 것이라면 진보성이 부정될 수 있고 그렇지 않은 경우 진보성이 인정될 수 있는 것이다.[41][42]

---

37) Sanofi-Synthelabo v. Apotex, Inc., 470 F.3d 1368, 1379-1380 (Fed. Cir. 2006).

38) 이 사건의 특허와 대응되는 캐나다 특허는 신규성 및 진보성은 인정되었으나 명세서가 산업상 이용가능성(utility)을 기재하지 못하였다는 이유로 캐나다 고등법원에서 무효되었다. 캐나다의 지나치게 엄격한 명세서 기재 요건 때문이라고 한다. 〈http://www.iam-magazine.com/reports/detail.aspx?g=c1a52ca4-4432-4d0b-978d-951966ef8d61&utm_source=IAM+Weekly+Email&utm_medium=email&utm_campaign=IAM+Weekly+Email&utm_content=IAM+Weekly+Email+2012-05-02〉.

39) 결정다형(結晶多形) 발명에서 효과에 대한 검토 없이 선행기술로부터 해당 발명의 구조를 용이하게 도출할 수 없다는 이유만으로 진보성을 인정한 사례. *Ex parte* Buchi Reddy Reguri and Sudhakar Sunkari, Appeal 2007-0313, 2007 WL 2745815 (B.P.A.I. Sep. 6, 2007).

40) EPO, *Guidelines for Examination*, Part G, Chapter VII, 12 ("The subject-matter of selection inventions differs from the closest prior art in that it represents selected sub-sets or sub-ranges. If this selection is connected to a particular technical effect, and if no hints exist leading the skilled person to the selection, then an inventive step is accepted (this technical effect occurring within the selected range may also be the same effect as attained with the broader known range, but to an unexpected degree).").

### 3. 캐나다에서의 선택발명 진보성 판단

선택발명의 대표적인 한 형태인 거울상 이성질체 발명에 대하여 캐나다 법원은 신규성은 쉽게 인정하고 진보성을 주요 쟁점으로 다루었다. 거울상 이성질체는 라세미체로부터 분리되고 분리된 거울상 이성질체는 좌선성 및 우선성의 다른 두 물질이 되는데 그 두 물질이 다른 성질 및 효과를 가지는 것은 예상된다.[43] 그래서 하나의 라세미체가 출현하면 관련 연구원들은 ① 1단계로 그 라세미체를 분리하고, ② 2단계로 분리된 이성질체를 실험하여 좌선성 또는 우선성 이성질체 중 어떤 것이 어떤 효과를 가지는 지를 확인하려고 노력한다. 이러한 과정이 연구(발명)의 과정인 것으로 보고 캐나다 법원은 그 점에서 통상의 기술자가 라세미체를 개시하는 선행기술로부터 어떤 이성질체를 특정하는 것이 용이하였는지 여부를 판단한다.

캐나다 대법원은 *Sanofi v. Apotex* 사건에서 클로피도그렐 선택발명의 진보성 판단을 위한 4단계가 ① 통상의 기술자의 수준을 특정하는 단계, ② 청구항의 발명적 사상(inventive concept)을 특정 또는 해석하는 단계, ③ 그 특정 또는 해석된 청구항의 발명적 사상과 선행기술의 차이(differences)를 특정하는 단계,[44] ④ 통상의 기술자가 그 차이를 용이하게 도출할 수 있는지를 판단하는 단계로[45] 구성된다고 설시하였다.[46] 특히, 4번째 단계의 판단을 함에 있어서 일반발명에도 적용되는 '시도자명(obvious to try)' 테스트를 적용하며 통상의 기술자가 선행기술

41) *Id.* ("For inventive step, it has to be considered whether the skilled person would have made the selection or would have chosen the overlapping range in the hope of solving the underlying technical problem or in expectation of some improvement or advantage. If the answer is negative, then the claimed matter involves an inventive step.").

42) 추가로 검토할 심결. T 939/92, T0279/89, 3. 7. 1991.

43) 이런 견지에서 통상의 "obvious to try" 법리를 적용하면 해당 거울상 이성질체 발명의 진보성을 부정하기 쉽다. 그런 견지에서 아래 영국의 Novartis v. Generics 사건은 "obvious to try" 법리는 잘못된 것이라고 판시하였다.

44) Apotex Inc. v. Sanofi-Synthelabo Canada Inc., [2008] 3 S.C.R. 265, 2008 SCC 61, at 6–7 ("Third, the differences, if any, that exist between the matters cited as forming part of the "state of the art" and the inventive concept of the claim or the claim as construed must be identified.").

45) *Id.* at 7 ("Fourth, a court must consider whether, viewed without any knowledge of the alleged invention as claimed, those differences constitute steps which would have been obvious to the person skilled in the art or whether they require any degree of inventiveness.").

46) *Id.* at 6–7.

로부터 특허발명을 용이하게 도출할 수 없다고 보았다. 이런 점에 근거하면 캐나다도 선택발명의 진보성을 판단함에 있어서 구성변경의 곤란성을 중심으로 검토하는 것이다.

### 4. 영국에서의 선택발명 진보성 판단

영국특허청의 심사지침서는 Dr Reddy's v. Eli Lilly 판례를[47] 예로 들며, 그 판결에서 법원은 유럽특허청의 심결(T 939/92)의 사례를 따른 것이라고 전제하며,[48] 기술적 '효과'를 중심으로 선택발명의 진보성을 판단하는 것으로 설명한다.[49] 동 판결에서 법원은 진보성을 판단함에 있어서 선행기술이 제시한 59개 조성물을 살폈다. 법원은 통상의 기술자가 출원일(우선일) 당시에 그 59개 조성물로부터 해당 발명을 용이하게 도출할 수 없다고 보았다. 나아가, 영국에는 라세미체로부터 거울상 이성질체를 분리하는 것이 출원일 당시의 기술수준으로서는 어려웠다고 본 사례,[50] 분리 자체가 어렵기도 하거니와 설사 분리를 한다고 하여도 거울상 이성질체가 다시 라세미체로 환원하여 불안정하다고 본 사례,[51] 분리가 용이하여 진보성이 인정되지 않는다고 본 사례[52] 등이 있다. 즉, 영국 법원은 선행기술의 구조로부터 해당 발명의 구조의 차이를 중심으로 통상의 기술자가 해

---

47) Dr Reddy's Laboratories (UK) Ltd v Eli Lilly & Co Ltd [2010] RPC 9. 〈http://www.bailii.org/ew/cases/EWCA/Civ/2009/1362.html〉.

48) 영국에서 1977년 법 개정 이전에는 선택발명에 대하여 법원이 매우 엄격한 법리를 적용하였다. 그러나, Dr Reddy's v. Eli Lilli 판결은 1977년 법 개정으로 그러한 법리는 이미 옛날 법리인 것에 불과하다고 설명하며, EPO와 상응하는 새로운 법리를 제시하였다.

49) UK IPO, *Manual of Patent Practice*, 2012, 3.89 (" … the selection must not be arbitrary but must be justified by a hitherto unknown technical effect … ").

50) H Lundbeck A/S v Generics (UK) Ltd & Ors [2008] EWCA Civ 311 (10 April 2008). 〈http://www.bailii.org/ew/cases/EWCA/Civ/2008/311.html〉.

51) Generics (UK) Ltd v Daiichi Pharmaceutical Co Ltd & Anor [2009] EWCA Civ 646 (02 July 2009). 〈http://www.bailii.org/ew/cases/EWCA/Civ/2009/646.html〉.

52) Novartis AG v Generics (UK) Ltd (t/a Mylan) [2012] EWCA Civ 1623 (12 December 2012) (알츠하이머 병을 치료하는 거울상 이성질체에 관한 영국 특허 제2,203,040호에 관한 것으로 우선일(1987년 3월 4일) 당시에 관련 라세미체를 분리하는 기술이 일반적이며, 알려진 라세미체를 분리하는 시도를 하는 것이 자명하였으며(obvious to try) 성공에 관한 기대(expectation of success)가 인정되므로 진보성을 부정한 사례).
〈http://www.bailii.org/ew/cases/EWCA/Civ/2012/1623.html〉.
이 판결에 대한 간단한 해설은 다음 사이트 참고.
〈http://www.patentdocs.org/2013/03/news-from-abroad-uk-court-of-appeal-upholds-invalidity-of-enantiomer-patent.html?utm_source=feedburner&utm_medium=email&utm_campaign=Feed%3A+PatentDocs+%28Patent+Docs%29〉.

당 발명의 구조를 용이하게 도출할 수 있는지 여부에 따라 진보성을 판단하는 것이다.

### 5. 프랑스 및 독일

프랑스 대법원이 선택발명(프랑스 특허 제88 02 597호)의 진보성을 판단한 *Novartis v. Mylan* 사건에서,[53] 양 당사자는 주어진 선행기술(라세미체)로부터 통상의 기술자가 해당 거울상 이성질체를 분리할 동기가 있는지 및 분리가 용이한지 여부에 대하여 다투고 있다.[54]

독일에서도[55] 선택발명의 진보성 판단기준을 일반발명의 그것과 다르게 보고 있지 않다. 한 자료에 의하면 선택발명의 효과가 인정되면 특히 진보성이 인정될 것이라고 하면서도 선택발명도 일반발명과 유사한 진보성 판단기준을 적용한다고 말하고 있다.[56]

### 6. 우리나라의 선택발명 진보성 판단

우리나라에서 선택발명의 진보성을 판단함에 있어서 선행기술의 구조와 해당 발명의 구조를 비교하는 사례는 거의 없다. 예를 들어, 거울상 이성질체의 진보성을 판단하면서 선행기술 라세미체의 구조와 해당 발명 거울상 이성질체의 구조의 차이는 아예 언급하지도 않고 바로 효과에 대하여 검토한다. 그런데 우리

---

53) 〈http://kluwerpatentblog.com/files/2012/05/2012-03-21_CA_Paris_Novartis_c_Mylan_Qualimed_translation.pdf〉.

54) 위 (영문) 판결문 10면("the skilled person was strongly prompted to separate the isomers given the regulatory context, the knowledge of the different properties of the isomers of the products belonging to this family and the possible toxicity in particular, the separation of the said isomers presented no difficulties as the techniques had been known since 1935 and had been widely used and as the isomer had been obtained as of March 1986,").

55) 선택발명에 대하여 유럽특허청 및 영국은 신규성을 일반적으로 인정하는데 반해 독일은 잘 인정하지 않는다. 이러한 독일 법원의 태도에 관하여는 실무가 및 심지어 판사에 의해서도 비판이 높다. 이러한 독일의 사례에 관해서는 다음 사이트 참고. 〈http://www.chinaipmagazine.com/en/journal-show.asp?id=659〉.

56) AIPPI의 선택발명에 관한 각국의 법리 파악 자료에서 독일그룹 답변 3면("Regarding the inventive step requirement, too, the general rules apply. A 'selection' is considered as involving an inventive step if, having regard to the state of the art, it is not obvious to a person skilled in the art. Especially there is an inventive step if the selection invention, from the perspective of the person skilled in the art at the priority date, has a special, surprising or not foreseeable effect or property (cf. Federal Patent Court, 22.04.2008, 5 W (pat) 431/07)."). 〈https://www.aippi.org/ download/commitees/209/GR209germany.pdf〉.

대법원이 선택발명의 한 형태인 수치한정발명의 진보성을 판단함에 있어서[57] 발명의 구조에 대하여 언급한 사례가 있다.[58] 동 판결에 대한 평석은 다음과 같이 설명하고 있다.[59]

"다수의 판례는 수치한정발명의 진보성 판단기준에 관하여, "통상의 기술자가 적절히 선택하여 실시할 수 있는 정도의 단순한 수치한정으로서,[60] 그러한 한정된 수치범위 내외에서 이질적이거나 현저한 작용효과의 차이가 생기지 않는 것이라면[61] 진보성이 부정된다.[62]"는 기준을 제시하고 있다.[63] 수치한정발명은 통상, 선행발명의 구성요소에 적당한 수치를 부여한 형태를 취하고 있어 일종의 선택발명적인 성격을 가지고 있고, 실험적으로 수치범위를 최적화하는 것은 통상적인 창작능력의 발휘로 볼 수 있기 때문에, 구성의 곤란성보다는 효과의 현저성(이질적이거나 현저한 작용효과의 차이)에 진보성 판단의 중점이 주어지게 된다."

이러한 설명에 의하면 효과의 현저성이 판단의 중심이 되기는 하지만 구성의 곤란성도 따질 수 있다는 것이다. 또, 결정다형발명에서 구성과 효과를 검토한 사례가 있다.[64] 모든 결정다형발명이 반드시 선택발명이라고 할 수는 없을지는 모르나, 결정다형발명이 선택발명의 성격을 가진다고 보면 선택발명에서도 구성을 검토할 수 있는 단초를 제공한다고 생각된다.

---

57) 김태현, "수치한정발명의 진보성 판단방법론", 「특허판례연구」 개정판, 박영사, 2012, 161면("수치한정발명은 통상 선행발명의 , 구성요소에 적당한 수치를 부여한 형태를 취하고 있어 일종의 선택발명적인 성격을 가지고 있고 ……"); 전지원, "수치한정발명의 진보성 판단", 「대법원판례해설」 86호, 법원도서관, 2010, 423면("수치한정발명의 수치범위가 공지기술과 일부 중복되고(포함되는 경우도 마찬가지임), 또한 다른 발명의 특정사항이 전부 일치하는 경우에, 특허법 제29조 제1항 또는 제2항의 어느 것이 적용되는가가 먼저 문제로 된다. 이와 같은 경우, 발명의 구성이 일치한다고 하여 바로 신규성이 부정되는 것은 아니고, 선택발명 성립의 여지가 있을 수 있어, 당해 중복부분에 있어 수치한정의 기술적 의의를 검토하는 것이 최근 우리나라와 일본의 실무와 학설의 경향인 것으로 보인다.").

58) 대법원 2005. 1. 28. 선고 2003후1000 판결.

59) 김태현, 앞의 글, 160-161면.

60) 구성변경의 곤란성에 대응한다.

61) 효과의 현저성에 대응한다.

62) 대법원 2005. 4. 15. 선고 2004후448호 판결; 2005. 1. 28. 선고 2003후1000호 판결; 2002. 8. 27. 선고 2001후164호 판결; 2001. 7. 13. 선고 99후1522호 판결 등.

63) 물론, 발명에 진보성을 인정할 수 있는 다른 구성요소가 부가되어 있어서 수치한정 부분이 보충적인 사항에 불과한 것일 때에는 위와 같은 기준을 적용할 필요가 없다(대법원 2010. 8. 19. 선고 2008후4998 판결; 대법원 2007. 11. 16. 선고 2007후1299 판결 참조).

64) 특허법원 2008. 3. 26. 선고 2007허3981 판결(확정); 대법원 2011. 7. 14. 선고 2010후2865 판결.

## Ⅳ. 결 론

라세미체에 포함된 부제탄소의 숫자에 따라 분리될 수 있는 거울상 이성질체의 종류가 달라진다. 즉, 하나의 부제탄소에 두 개의 거울상 이성질체가 붙어 있는 모양이므로 부제탄소의 수가 n개이면 분리될 수 있는 거울상 이성질체의 수는 2의 n승 개가 된다. 부제탄소가 3개이면 분리될 수 있는 거울상 이성질체의 수는 8개가 되는 셈이다. 부제탄소가 하나이어서 분리될 수 있는 거울상 이성질체가 2개인 경우와 부제탄소가 3개이어서 분리될 수 있는 이성질체가 8개인 경우에서 현재의 우리 법리는 그러한 구성의 차이는 도외시 하고 불문곡직 효과의 차이만 판단한다. 설악산에서 울산바위를 찾는 것과 대한민국에서 울산바위를 찾는 것의 용이함은 다르지 아니한가?[65)]

선택발명을 특별하게 보는 것 자체가 문제이다.[66)] 선택발명도 어차피 발명의 한 종류일 뿐이고 여러 제시된 가능성 중 하나를 선택하여 발명을 한다는 점에서 일반발명과 다를 것이 없다.[67)] 이렇게 선택발명을 일반발명과 같이 취급하여야 한다는 의견은 국제적으로도 인정되기 시작하는 추세이다. 한 예로, 2010년 11월 11일－14일에 개최된 AIPPI의 집행위원회에서도 선택발명에도 통상의 특허성 기준을 적용하여야 한다고 결의한 바 있다.[68)]

선행기술의 구성과 해당 발명의 구성을 따지는 것이 진보성 판단에서 핵심적인 사항이다. 그 이론은 선택발명에서도 예외없이 적용되어야 한다. 선행기술의 선택지가 많은 경우와 적은 경우는 구별되어야 한다. 1,000개의 선택지에서

65) 선택발명의 신규성 판단에서도 선행기술의 넓은 범위와 대상 발명의 좁은 범위의 차이가 문제되어야 한다. Bristol-Myers Squibb Co. v. Ben Venue Labs., Inc., 246 F.3d 1368, 1380 (Fed. Cir. 2001) ("[T]he disclosure of a small genus may anticipate the species of that genus even if the species are not themselves recited.").

66) 특허법원 2008. 1. 18. 선고 2006허6303 판결("선택발명의 경우 '특별하고도 현저한 효과'가 일반발명에 있어서 '구성'에 해당하는 것으로서 그 기재의 명확성이 요구되는 것은 발명의 실시가능성과 관련되기 때문이나, 어느 하나의 효과라도 명세서 기재요건 및 효과의 현저성이 충족되는 경우 실시가능성도 충족되며, 이로 인하여 발명이 불명확하게 되는 것은 아니라는 점 등의 모든 사정을 참작하여 보면, 어느 하나의 효과라도 명세서 기재요건을 갖추면 일단 기재불비의 문제는 해소되며, 실제 '특별하고도 현저한 효과'가 인정되는지 여부는 진보성 판단의 문제로 취급함이 옳다.").

67) 인생은 선택이다. 발명도 선택이다. 발명을 하는 과정에서 발명가는 많은 선행기술의 조합 중 가장 효과가 뛰어난 조합을 선택하게 된다. 그런 의미에서 모든 발명은 선택발명이다.

68) 신혜은, 앞의 논문, 31면에서 소개된 내용을 요약.

하나를 선택하는 발명과 2개의 선택지에서 하나를 선택하는 발명은 구성변경(선택)의 곤란성이 매우 다른 것이다. 특히, 거울상 이성질체 발명의 진보성을 판단함에 있어서는 (청구된 거울상 이성질체의 효과를 판단하는 것은 물론) 라세미체로부터 해당 거울상 이성질체를 분리하는 것의 용이함에 대하여도 판단을 하여야 할 것이다.

일본의 한 변호사가 선택발명에 관하여 쓴 글이[69] 그 당시 대법원 재판연구관에게 영향을 미쳤고[70] 그로 인하여 그 일본 변호사의 의견이 우리나라 선택발명의 법리를 10년 이상 지배하고 있다고 생각된다. 선택발명을 일반발명과 다르지 않게 취급하고 그래서 유럽, 미국의 법리와 통일시키는 것이 필요하다. 그런데, 그것이 쉬울 것으로 생각되지 않는다. 고착된 대법원 판례가 너무 많기 때문이다. 새로운 법리를 제시하는 대법원 전원합의체 판결을 기대한다.

69) 竹田 稔 監修, 特許審査・審判の法理と課題, 일본 발명협회, 2002, 275-276면(櫻井 彰人 執筆). 〈http://www.kks-chizailaw.com/lawyer.html〉.

70) 강기중, "가. 선택발명에서의 진보성 판단 방법, 나. 이 사건 특허발명의 진보성 판단의 적법 여부(소극)" 「대법원판례해설」 제45호, 2004, 462면("요컨대, 하위개념으로 표현된 구성이 선행문헌에 기재되어 있는가의 여부를 형식적으로 판단하는 것이 아니고, 만일 선행문헌에 구체적 기재가 존재하지 않는다고 해도, 양 발명의 구성을 비교해서 당업자가 출원시의 기술상식에 기초하여 어려움 없이 선행문헌에서 그 존재를 인식할 수 있는 정도의 것 및 선행문헌에 기재된 실시태양과 실질적으로 동일한 실시태양에 대해서는 선행문헌에 기재되어 있는 것으로 보아야 할 것이다." 이 부분에서 필자(강기중)는 일본의 竹田 稔 감수, 特許審査·審判の法理と課題, 일본 발명협회, 2002, 275-276면(櫻井 彰人 집필)을 인용하고 있다.

# 제4절 발명의 효과와 진보성 판단*

## Ⅰ. 서 론

일반적으로는 선행기술의 구성과 해당 발명의 구성을 비교하여 신규성 및 진보성을 판단하게 된다. 진보성 판단을 함에 있어서 선행기술을 특정하는 단계, 발명을 특정하는 단계 및 선행기술과 발명의 차이를 특정하는 단계 등을 밟게 되는데 그렇게 선행기술과 발명의 차이를 특정한다는 것은 구성의 차이를 특정하는 것으로 이해된다. 그리고, 그 구성상 차이가 그 자체로 진보성을 인정할 정도인지가 명확하지 않은 경우 선행기술의 효과와 발명의 효과를 비교할 수 있다. 구성과 효과의 차이가 모두 큰 경우 진보성을 인정하기가 용이한데, 구성의 차이가 크지 않은 경우 효과의 차이가 진보성 판단에 중요한 역할을 할 것으로 생각된다.

이 절에서는 발명의 효과가 진보성 판단에 미치는 영향을 검토하고자 한다. 그 검토에 앞서, 발명의 효과가 신규성 판단에 미치는 영향을 먼저 알아보고, 나아가, 발명의 효과를 진보성 판단에 참고하는 주요국의 법리를 분석하기로 한다. 발명의 효과가 진보성 판단에서 '핵심적' 위치를 차지한다는 의견이 있는데,[1] 이 글은 한편으로는 그 의견이 지나친 것임을 보여준다. 다른 한편, 최근 우리 대법원은 발명의 효과를 진보성 판단에서 중요하지 않게 다루고 있는데, 진보성 판단의 객관성을 제고하기 위해서는 발명의 효과가 지금보다 더 중요한 역할을 하여야 할 것으로 생각되고, 이 절은 그러한 방향이 옳은 것인지를 확인하고자 한다.

---

* 이 절은 한국특허법학회, 「특허판례연구」 개정판(박영사, 2012)에 포함된 본인의 글("진보성 판단: 구성변경의 곤란성 그 후 효과 증진")(8면 분량)을 확대, 발전시킨 것이다.

1) 조영선, "명세서 기재요건으로서의 발명의 효과", 「인권과 정의」 제427호, 대한변호사협회, 2012, 96면("발명의 진보성 판단에서 '효과'는 핵심적 위치를 차지한다. 어떤 발명에 진보성이 있다는 것은 당해 발명이 선행기술이 쉽게 해결치 못한 과제를 해결한 '기술적 효과'를 낳았다는 의미에 다름 아니기 때문이다.").

## Ⅱ. 발명의 효과와 신규성 판단

### 1. 신규성 판단 기본 법리

'하나의' 선행기술이 발명의 모든 '구성요소'를[2][3] 명시적으로 또는 내재적으로 개시하는 경우,[4] 그 발명의 신규성은 부정된다. 이러한 법리에 의하면 신규성 판단에 있어서는 선행기술과 발명의 구성요소만이 비교된다. 선행기술과 발명의 구성이 완벽히 일치한다면 선행기술과 발명의 효과도 동일할 것이 예상된다. 같은 물건 또는 방법이 다른 효과를 가진다는 점은 상상할 수 없다. 그러므로, 구성의 차이를 비교하는 하나의 수단으로 효과의 차이를 비교할 수 있다. 구성의 차이를 정확히 알 수 없는 경우 역으로 효과의 차이를 확인하여 구성의 차이를 비교하는 방법이 가능한 것이다. 구성이 동일하면 효과도 동일하지만, 효과가 동일하다고 하여 구성도 동일한 것은 아니다. 두 다른 물건이 동일한 효과를 가지는 경우를 배제할 수 없는 것이다. 논리적으로도 참의 역(逆)은 참이 아닐 수가 있는 것이다. 반면에, 효과가 다르면 구성의 차이는 인정될 수 있을 것이다. 효과가 다른데 구성이 동일한 경우는 없다고 보아야 한다. 논리적으로도 참의 대우(對偶)는 참인 것이다. 그런 견지에서 발명의 효과는 신규성을 인정하는 하나의 수단이 될 수 있다. 이하, 신규성 판단의 장면에서 발명의 효과를 검토한 사례를 살펴본다.

### 2. 신규성 판단 시 발명의 효과를 검토한 사례

대법원 2003. 1. 10. 선고 2002후1829 판결은 대상 발명의 신규성을 판단하면서 선행기술과 발명의 목적, 구성 및 효과를 대비하였는데, 발명의 구성도 다

---

2) 특허청, 「특허·실용신안 심사지침서」, 2011년도 추록, 3216면("신규성 판단시에는 청구항에 기재된 발명을 하나의 인용발명과 대비하여야 하며 복수의 인용발명을 결합하여 대비하여서는 안 된다. 복수의 인용발명의 결합에 의하여 특허성을 판단하는 것은 후술하는 진보성의 문제이며, 신규성의 문제가 아니다.").

3) 박성수, "한국 특허법상 특허발명의 진보성 판단", 「Law & Technology」 제3권 제6호, 서울대학교 기술과법센터, 2007, 21면("신규성은 하나의 선행공지기술에 발명의 모든 구성요소가 나와 있는 경우, 즉 하나의 선행공지발명에 발명의 모든 구성요소가 개시된 경우만을 의미하는 것이다.").

4) Atofina v. Great Lakes Chemical Corp., 441 F.3d 991, 999 (Fed. Cir. 2006) ("Anticipation requires a showing that each limitation of a claim is found in a single reference, either expressly or inherently.").

르고 효과 역시 다르므로 신규성이 있다고 보았다. 통상 신규성을 판단하면서 구성이 차이(반)를 검토하는데, 목적 및 효과도 검토한 점이 특이하다. 이 판례는 구성과 효과가 모두 다르다고 보아서 효과 판단이 신규성 판단에 큰 영향을 미쳤다고 보기 어렵다. 어차피 구성의 차이로 인하여 신규성을 인정할 것인데 부가적으로 효과의 차이도 언급한 것으로 이해될 수 있기 때문이다.

대법원 2000. 12. 08. 선고 98후270 판결은 선행기술과 대상 고안의 구성의 차이를 인정하면서도 그 차이는 단순한 설계변경에 불과하고 그 차이로 인한 효과상의 차이도 인정되지 않아서 대상 고안의 신규성을 부정하였다.[5] 앞에서 살핀 바와 같이, 효과의 차이가 없다는 점이 신규성 부정의 근거는 될 수 없다. 그리고, 구성의 차이가 단순한 설계변경에 해당하는지 여부는 진보성의 차원에서 판단할 사항이지 신규성 차원에서 판단할 사항이 아니다.[6][7] 그런 견지에서는 대상 판결은 기존의 법리와 사뭇 다른 법리를 전개한 것으로 보아야 한다.

선택발명의 일종인 수치한정발명의 신규성을 판단하기 위해서는 선행기술이

---

5) 대법원 2000. 12. 8. 선고 98후270 판결("원심심결 이유에 의하면, 원심은, 이 사건 등록고안과 인용고안을 대비함에 있어, 인용고안의 배출밸브 및 소음기의 수가 이 사건 등록고안에 비하여 1개씩 적은 점에서 양 고안은 차이가 있으나, 이 사건 등록고안의 청구범위에 기재된 셔틀밸브는 인용고안과 마찬가지로 왕복피스톤과 3개의 통로로 구성되고, 공기건조공정에 있어서도 다같이 셔틀밸브의 작동이 3개의 통로를 통한 공기의 유·출입 및 이를 제어하는 피스톤의 왕복운동으로 이루어지고, 제습탱크간의 건조공정전환에 있어서도 타이머를 이용하며, 나아가 양 고안은 모두 유입셔틀밸브를 통해 들어오는 공기가 제습탱크 A에서 제습된 후 일부는 유출셔틀밸브를 통하여 건조공기를 필요로 하는 곳으로 보내지고, 일부는 제습탱크 B로 보내져 제습탱크 B의 수분을 제거한 후 밖으로 배출되는 공정이 진행되다가 일정시점에서 자동적으로 제습탱크 A와 B의 역할이 전환되어 공기건조가 진행되는 점에서 동일하고, 배출밸브 및 소음기 수의 차이는 단순한 설계변경에 불과하여 이로 인한 효과상의 차이도 인정되지 아니하므로 양 고안은 실질적으로 동일한 고안이라 할 것이어서, ……").

6) 대법원 2006. 2. 23. 선고 2005후2441 판결(텐트(천막)에 관한 등록고안이 비교대상고안과는 그 기술구성이 달라 신규성은 인정되나, 당해 기술분야에서 통상의 지식을 가진 자라면 극히 용이하게 고안할 수 있는 <u>단순한 설계변경</u> 정도에 불과하여 그 <u>진보성</u>이 인정되지 않는다고 한 사례); 대법원 2002. 7. 23. 선고 2000후105 판결("…… 이 사건 등록고안을 고안해 내는 것은 그 고안이 속하는 기술분야에서 통상의 지식을 가진 사람이 극히 용이하게 할 수 있는 <u>설계변경</u>에 지나지 아니한다(이 사건 등록고안의 등록청구범위는 용기와 결합되는 뚜껑의 구조에 관한 것으로서 구조에 대하여 별다른 한정을 하고 있지 아니하므로 인용고안 1과 같이 뚜껑에 다른 구성이 추가되는 것을 배제하는 것이라고 할 수도 없다). 따라서 이 사건 등록고안은 인용고안 1에 비하여 <u>진보성</u>이 있다고 할 수 없으므로 ……").

7) 한편, 침해의심품이 특허발명을 단순히 설계변경한 경우 특허발명의 권리범위에 속할 수 있는데, 그렇다면 진보성 판단과 균등론 판단이 그 궤를 같이 하는 것으로 볼 수 있다. 대법원 1997. 11. 14. 선고 96후1002 판결("…… (가)호 고안의 구성은 이 사건 등록고안을 단순히 설계변경한 정도에 지나지 아니하고, 따라서 (가)호 고안은 등록고안의 권리범위에 속한다고 인정·판단한 조치는 정당하고 ……").

대상 발명을 구체적으로 개시하는지 여부를 판단하여야 한다. 그런데 그 구체적 개시 여부를 판단하기 어려운 경우, 선행기술과 발명의 효과의 차이를 판단할 수 있을 것이다. 대법원 2013. 5. 24. 선고 2011후2015 판결에서 대법원은 다음과 같이 설시하였다

> "수치한정이 공지된 발명과 상이한 과제를 달성하기 위한 기술수단으로서의 의의를 가지고 그 효과도 이질적인 경우나 공지된 발명과 비교하여 한정된 수치범위 내외에서 현저한 효과의 차이가 생기는 경우 등에는, 그 수치범위가 공지된 발명에 구체적으로 개시되어 있다고 할 수 없음은 물론, 그 수치한정이 통상의 기술자가 적절히 선택할 수 있는 주지·관용의 수단에 불과하다고 할 수 없다."

위 설시가 신규성 판단에 '효과'를 적극적 판단사항으로 포섭하였다기보다는 구성의 차이를 판단하는 소극적인 판단사항으로 활용하였다고 보아야 할 것이다. 즉, 위 설시는 단순히 효과의 차이가 인정되는 경우 구성의 차이도 인정된다는 점을 말하는 것일 뿐, (수치한정발명의) 신규성 판단을 위해서 효과를 적극 검토하여야 한다고 말하는 것은 아닌 것이다.

미국 CAFC가 수치한정발명의 신규성을 판단한 예를 살핀다. 선행기술은 150ppm 이하의 범위를 제시하고 대상 발명은 50ppm 이하의 범위를 선택한 사례에 있어서,[8] CAFC는 비교된 선행판례(*Atofina*)의 경우에는 속과 종이 다르게 작동하였는데(work differently) 반해, 대상 사건에서는 그러한 차이 또는 임계성(criticality)에 대한 주장이 없었다고 판단하여 대상 발명의 신규성을 부정하였다.[9] 효과의 차이, 임계성의 존재, 작동의 차이 등이 인정되면 신규성이 인정되어야 하지만, 그러한 차이가 인정되지 않는다고 신규성이 바로 부정되는 것은 아니라는 점은 앞에서 이미 살펴보았다. 그런 견지에서 대상 판결은 신규성 법리의 적용에 오류를 범한 것으로 보인다. 나아가, 특허발명의 신규성과 관련하여서는 특허권자가 신규성 있음을 증명하는 것이 아니고 신규성 결여를 주장하는 상대방이 신규성 없음을 증명하여야 한다는 면에서도 대상 판결은 잘못된 것이다.[10]

---

8) ClearValue, Inc. v. Pearl River Polymers, Inc., 668 F.3d 1340 (Fed. Cir. 2012).

9) *Id.* at 1345 ("But unlike *Atofina* where there was a broad genus and evidence that different portions of the broad range would work differently, here, there is no allegation of criticality or any evidence demonstrating any difference across the range.").

10) 35 U.S.C. §282 ("The burden of establishing invalidity of a patent or any claim thereof shall

### 3. 소 결

발명의 신규성을 판단함에 있어서는 발명의 효과는 통상 중요한 고려요소가 아니다. 그러나, 특별한 장면에서는 발명의 효과가 인정되어 신규성도 인정될 수 있을 것이다. 특히, 선택발명, 수치한정발명 등 선행기술이 해당 발명을 구체적으로 개시하는지 여부를 판단하기가 어려운 경우 효과의 차이를 검토하여 구성의 차이를 역으로 판단할 수 있을 것이다. 다만, 효과의 차이가 없다고 하여 신규성을 바로 부정하는 것은 신규성 법리를 오해한 것이므로 그 점에 대하여 경계하여야 한다.

## Ⅲ. 진보성 판단과 발명의 효과에 관한 주요국의 법리

진보성 판단의 객관성 제고를 위하여 2차적 고려사항 및/또는 객관적 증거를 더 중요하게 검토하여야 한다는 주장이 있다. 특히, 그러한 객관적인 증거는 사후고찰의 오류를 줄이는데 기여할 수 있다.[11] 발명의 구성과 효과가 진보성 판단에 어떤 영향을 미치는지 그 둘의 상관관계에 대한 주요국의 법리를 살펴본다.

### 1. 우리나라

진보성과 관련된 대법원 판례는 크게 ① 효과가 실질적으로 동일하며 구성변경의 곤란성이 인정되지 않아 진보성을 부정한 사례[12] 및 ② 현저한 효과 및 구성변경의 곤란성을 인정하여 진보성을 인정한 사례로[13] 구분된다. 즉, 모두 구성변경의 곤란성 및 증진된 효과가 인정되는 경우 진보성을 인정하거나 또는 구성변경의 곤란성도 증진된 효과도 인정되지 않는 경우 진보성을 부정하고 있어서,[14] 구성변경의 곤란성이 있고 효과의 증진이 없는 경우 및 구성변경의 곤란성

rest on the party asserting invalidity.").

11) Graham, 383 U.S. at 36 ("[Secondary considerations] may also serve to 'guard against slipping into use of hindsight.'" (quoting Monroe Auto Equip. Co. v. Heckethorn Mfg. & Supply Co., 332 F.2d 406, 412 (6th Cir. 1964))).

12) 대법원 2005. 1. 28. 선고 2003후175 판결; 2006. 7. 28. 선고 2004후2512 판결.

13) 대법원 2003. 1. 10. 선고 2002후1829 판결; 1998. 5. 22. 선고 97후1085 판결.

14) 목적 및 효과의 차이를 인정한 후 구성변경의 곤란성을 부정하여 진보성을 부정한 대법원 1993. 9. 10. 선고 92후1806 판결이 있으나 너무 오래된 판결이고 판시에서의 표현도 정확하지 않아 사례의 하나로 추가하지 않았다.

이 없고 효과의 증진이 있는 경우에 대하여는 명확하게 판시하고 있지 않다.[15]

## 2. 일 본

진보성을 판단함에 있어 가장 중요한 두 판단요소인[16] 구성변경의 곤란성과 효과의 현저성의[17] 우선관계 또는 상관관계에 대한 일본의 학설은 '비참작설'과 '참작설'로 나눠지며, '참작설'은 다시 '간접사실설' 및 '독립요건설'로 나눠진다.

'비참작설'에 의하면 구성변경의 곤란성만이 진보성 판단을 위한 요건이고 효과의 현저성의 여부는 참작되지 않는다. 이 설은 특허법 해당 규정이 선행기술에서 개시된 발명으로부터 용이하게 발명할 수 있는지 여부가 관건이라고 말하므로 구성변경의 곤란성만이 중요하고 효과는 고려되지 않는다는 것이다.[18] 그러나 이 설은 구성변경의 곤란성이 명확하게 인정되어 효과의 현저성 여부를 살필 필요가 없는 경우에는 타당하나, ① 수치한정발명, 용도발명 등은 구성상의 이동(異同)을 말하기가 곤란한데도 불구하고 이질적 효과 또는 동질의 현저한 효과에 기초하여 진보성을 인정한다는 점 및 ② 실무에서 효과의 현저성을 일반적으로 참작하고 있는 점에 대하여는 설명을 하기 어렵다는 단점이 있다.

'간접사실설'에 의하면 구성변경의 곤란성이 진보성을 판단하는 유일한 기준이어서 구성변경의 곤란성이 명확하게 인정 또는 부정되는 경우에는 그것만으로 진보성을 판단하나 실무적으로는 그러한 판단이 용이하지 않으므로 효과의 현저성을 참작하여 구성변경의 곤란성 여부를 판단한다는 것이다.[19] 미국의 실무도

15) 구성변경의 곤란성과 효과의 현저성이 한 세트로 움직이는 것처럼 보인다. 법원이 진보성이 있다고 결론을 먼저 내린 경우 구성변경 곤란성과 효과의 현저성을 같이 인정하고 진보성이 없다고 먼저 결론을 내린 경우 구성변경 곤란성과 효과의 현저성도 같이 부정하는 것으로 오해될 소지가 다분하다. 앞으로 (선택발명과 더불어 일반발명에서도) 구성변경 곤란성은 부정하되 효과의 현저성은 인정하는 사례를 정면으로 다루는 판례가 나오기를 기대한다.

16) 필자는 2012년까지는 발명의 "목적"은 진보성 판단을 위한 중요한 기준이 되지 못한다고 생각하여 왔다. 최근 대법원 판결의 경향도 그러한 것으로 확인되었다. 그런데 유럽의 과제-해결접근법이 발명의 과제(problem)를 중요하게 생각한다는 측면에서 '과제'와 유사한 개념인 '목적'을 중요하게 생각할 필요성 또는 가능성이 보인다고 생각하기 시작하였다. 향후 발명의 목적이 좀 더 중요하게 검토될 필요성은 없는가? 그에 관하여는 발명의 목적에 관한 앞의 제2절에서 다루었다.

17) 효과의 현저함 여부를 판단하기 위하여 해당 발명이 선행기술 각각이 가지는 효과를 단순히 합한 효과 이상의 相乘效果(synergy effect)를 시현하는지 여부를 판단하는 방법이 가장 애용된다. 또 효과의 현저함을 판단함에 있어서 중요한 증거로 상업적 성공에 관한 증거가 제시되기도 한다.

18) 中山信弘 외 편, 「特許判例百選」 3판, 비교특허판례연구회 역, 박영사, 114면.

19) 中山信弘 외 편, 위의 책, 115면.

이와 유사하다. 즉, 미국에서는 청구항의 구성요소와 선행기술에 개시된 구성을 비교하되 이차적 고려요소(second considerations)로서 효과와 유사한 기준인 '예상치 못한 결과' 및 '상업적 성공'을 참작한다. 미국의 경우 구성변경의 곤란성이 명확하게 인정 또는 부정되는 경우에도 이차적 고려요소를 모두 고려하여[20] 진보성을 판단하기는 하나 일차적 요소인 구성변경의 곤란성이 명확한 경우 이차적 고려요소가 일차적 요소를 뒤집기는 어렵다.[21]

'독립요건설'에 의하면 구성변경의 곤란성과 효과의 현저성은 각각 독립적인 판단요건이어서 진보성이 인정되기 위해서는 두 요건이 모두 인정되어야 한다.[22] 대상 판결도 결합 전에 각 기술이 가지고 있던 효과의 단순한 집합이 아니라 결합 전에 비하여 보다 증진된 효과(상승효과)가 인정되고 당해 기술분야에서 통상의 지식을 가진 자가 손쉽게 이를 실시(변경)할 수 없는 것(구성변경의 곤란성)일 때에 진보성이 인정된다고 판시하여 일견 독립요건설을 따르는 것처럼 보인다.

### 3. 미 국

2007년 4월 30일 미국연방대법원은 *KSR* 판결을 통하여 진보성 판단과 관련된 기준을 재확인하였다. 동 판결은 ① 선행기술의 범위 및 내용을 결정하고, ② 선행기술과 쟁점 청구항 발명의 차이점을 확인하고, ③ 해당 기술분야 보통 기술자의 수준을 결정하는 3단계를 거쳐 진보성을 판단하는 기존의 *Graham* 방법의 유효성을 재확인하였으며 나아가 상업적 성공, 다른 자의 실패 등의 이차적 고려요소(secondary considerations)가 함께 고려된다고 판시하였다.[23] 미국의 경우에도

---

20) Stratoflex, Inc. v. Aeroquip Corp., 713 F.2d 1530, 1538 (Fed. Cir. 1983) ("Thus evidence arising out of the so-called 'secondary considerations' must always when present be considered en route to a determination of obviousness.").

21) Ryko Mfg. Co. v. Nu-Star, Inc., 950 F.2d 714, 719 (Fed. Cir. 1991) ("[T]he weight of secondary considerations may be of insufficient weight to override a determination of obviousness based on primary considerations").

22) 中山信弘 외 편, 앞의 책, 115-116면.

23) KSR, 127 S.Ct. at 1734 ("Under § 103, the scope and content of the prior art are to be determined; differences between the prior art and the claims at issue are to be ascertained; and the level of ordinary skill in the pertinent art resolved. Against this background the obviousness or nonobviousness of the subject matter is determined. Such secondary considerations as commercial success, long felt but unsolved needs, failure of others, etc., might be utilized to give light to the circumstances surrounding the origin of the subject matter sought to be patented.").

앞의 세 단계에서의 판단이 중요하며 이차적 고려요소는 이름 그대로 이차적으로 고려되는 것이다.[24] 그 이차적 고려사항 중에 '효과'가 포함된다.[25][26][27] 그리고, 미국에서도 이차적 고려요소가 중요한 역할을 하지 못하는 측면이 있으므로,[28] 결국 미국에서도 발명의 효과는 진보성 판단에 있어서 결정적인 영향을 미치는 것은 아닌 것으로 보아야 한다.

그럼에도 불구하고 발명의 효과가 진보성 판단에 중요한 측면이 있다. 첫째, 구성변경의 곤란성이 명확하지 않은 경우가 너무나 많고 그 경우에 효과의 차이가 중요한 역할을 할 수 있다. 둘째, 증명책임의 측면에서, 심사관의 일응의 진보성 결여에 대한 주장에 대한 반박을 함에 있어서 발명의 효과가 중요한 역할을 한다.[29] 특히 화학분야 등 예측가능성이 낮은 분야의 발명에서는 더욱 그러하

---

24) Newell Co. v. Kenney Mfg. Co., 864 F.2d 757, 768 (Fed. Cir. 1988) ("First, as indicated, obviousness is not a factual inference; second, although these factors (secondary considerations) must be considered, they do not control the obviousness conclusion").

25) Andrew Blair-Stanek, *Increased Market Power as a New Secondary Consideration in Patent Law*, 58 Am. U. L. Rev. 707, 712-13 (2009) ("Courts to date have developed nine secondary considerations: (1) long-felt need;(2) failure of others; (3) commercial success; (4) commercial acquiescence via licensing; (5) professional approval; (6) copying by and praise from infringers; (7) progress through the PTO; (8) near-simultaneous invention; and (9) unexpected results."); Rebecca S. Eisenberg, Business Law Forum: *Nonobviousness—The Shape of Things to Come: Pharma's Nonobvious Problem*, 12 LEWIS & CLARK L. REV. 375, 418 (2008)(많은 법원이 효과를 이차적 고려요소로 보면서 중요하게 취급하지 않았다는 설명).

26) 이차적 지표로서 효과를 검토한 사례: Ortho-McNeil, 520 F.3d at 1365; Pfizer, Inc. v. Apotex, Inc., 480 F.3d 1348, 1369-72 (Fed. Cir. 2007); Eli Lilly & Co. v. Zenith Goldline Pharm., Inc., 471 F.3d 1369, 1380 (Fed. Cir. 2006).

27) 효과를 이차적 고려사항과 구분하는 견해도 있다. Scott R. Conley, *Irrational Behavior, Hindsight, and Patentability: Balancing the "Obvious to Try" Test with Unexpected Results*, 51 IDEA 271, 297-98 (2011) ("After a *prima facie* determination of obviousness, the courts must always consider secondary considerations and unexpected results. However, secondary considerations are considered to only be helpful in determining obviousness; they are not determinative of non-obviousness. Unexpected results have often been considered a secondary consideration and likewise only helpful in determining obviousness.").

28) Natalie A. Thomas, *Secondary Considerations in Nonobviousness Analysis: The Use of Objective Indicia Following KSR V. TELEFLEX*, 86 N.Y.U. L. Rev. 2070, abstract (2011) ("Specifically, secondary-considerations evidence has not been used with much success outside of pharmaceutical patent cases. More often than not, the Federal Circuit has summarily dismissed secondary-considerations evidence as insufficient in cases involving mechanical arts patents.").

29) *In re* Soni, 54 F.3d 746, 750 (Fed. Cir. 1995) ("One way for a patent applicant to rebut a prima facie case of obviousness is to make a showing of 'unexpected results' … The basic principle behind this rule is straightforward—that which would have been surprising to a person of ordinary skill in a particular art would not have been obvious.").

다.[30] 셋째, 미국 특허청이 *KSR* 판결 이후에 진보성 판단과 관련하여 2007년[31] 및 2010년에 각각 심사 가이드라인을 제시한 바 있는데,[32] 그 가이드라인들에 의하면 많은 장면에서 발명의 효과가 검토된다.[33] TSM 테스트가 진보성 판단의 객관성을 어느 정도 담보하였는데, *KSR* 판결로 인하여 그 테스트를 이전처럼 적극적으로 활용하지 못함에 따라 객관적인 증거에 해당하는 발명의 효과가 더 중요하게 활용될 것이다.[34]

이차적 고려사항은 입증하기가 곤란하여,[35] 실무에서 큰 역할을 못한 면도 있다. 효과를 진보성 판단에 적극적으로 그리고 적절하게 적용하는 방법에 관한 한 논문은 발명의 효과가 적용되기 위한 요건으로 다음을 제시한다.[36]

> ① '최근접' 선행기술과 비교하여 예측되지 않아야 하며, ② 그 효과는 권리범위 전체에 걸쳐 나타나야 하며, ③ 그 효과는 주장이 아니라 증거로 뒷받침되어야 한다. 예측되지 않는 효과라고 인정되기 위해서는 ① 선행기술이 역교시를 하는 경우, ② 발명이 새로운 또는 우수한 특성을 가지는 경우 또는 ③ 예측되는 바람직하지 않은 특성이 없는 경우가 인정되어야 한다.[37]

결국 미국에서 효과(unexpected result)의 영향력이 더 높아지는 경향은 미국의 진보성 법리가 한국식 법리로 가까워지는 것이라고 할 수 있다. 더욱이 미국에서 효과를 이차적 고려사항이 아니라 일차적 고려사항으로 보아야 한다는 주

30) *Id.* ("the less predictable fields, such as chemistry, where minor changes in a product or process may yield substantially different results.").

31) USPTO, *Examination Guidelines for Determining Obviousness Under 35 U.S.C. 103 in View of the Supreme Court Decision in KSR International Co. v. Teleflex Inc.*, 72 Fed. Reg. 57526, 57529 (Oct. 10, 2007).

32) USPTO, *Examination Guidelines Update: Developments in the Obviousness Inquiry After KSR v.Teleflex*, Federal Register Vol. 75, No. 169, p. 53643−60 (Sept. 1, 2010).

33) 동 2010년 가이드라인에는 효과(result)라는 단어가 총 51번 사용된다. 물론, 그 중에는 효과라는 의미로 사용되지 않은 경우도 있지만 대부분은 효과라는 의미로 사용되었다.

34) Thomas, supra, at 2073 ("Following *KSR*, some scholars have predicted that secondary considerations will be critical to patentees' future efforts in demonstrating that their inventions are nonobvious.").

35) Conley, supra, at 272 ("The problem with many of these secondary considerations is that some are duplicative, some are not necessarily indicative of non-obviousness, and some are so difficult to apply that they are meaningless.").

36) *Id.* at 292.

37) *Id.* at 292-293.

장도 제기된다.[38][39] 다른 이차적 고려사항은 발명의 본질에 관한 것이 아니라 발명과 연관된 외부증거에 관한 것인데 효과는 발명의 본질에 관한 것이라고 이해된다. 동 주장은 선행기술과 해당 발명의 기술적 차이가 효과로서 나타난다고 본다.[40] 더욱이, 앞으로 미국 진보성 법리에 매우 중요한 영향을 미칠 *KSR* 판결도 단순한 결합으로는 예측되는 정도의 효과를 거두는 것에 불과하다는 설시를 하며 그러한 주장을 뒷받침 한다.[41] *KSR* 판결이 구체적으로 이차적 고려사항과 효과를 분리하여 언급한 바도 있고,[42] 최근에는 CAFC가 효과를 이차적 고려요소와 분리하여 흡사 일차적 고려요소인 것처럼 검토하는 사례가 발견된다.[43]

이상의 논의를 종합하면, 미국에서도 진보성을 판단함에 있어서 구성변경의 곤란성을 우선적으로 판단하되, 그 판단이 명확하지 않는 경우에는 효과의 현저성이 중요한 역할을 하게 되고 그 중요성은 *KSR* 판결로 인하여 더욱 높아졌다. 그런 견지에서, 진보성을 판단함에 있어서 구성과 효과를 어떻게 검토하는지에 관한 법리는 미국의 것이 우리의 것에 가까워졌다고 평가할 수 있다.

### 4. 유럽특허청

유럽에서도 진보성을 판단함에 있어서 구성변경의 곤란성이 우선이 됨은 우리와 마찬가지이다. 구성변경의 곤란성이 인정되면 효과의 차이가 인정되지 않아도 진보성이 인정될 수 있는 것이다.[44] 그러나, 많은 경우 구성변경의 곤란성이 명확하지 않을 것이며, 그러한 경우 우리나라, 미국과 마찬가지로 유럽도 발명의 효과를 중요하게 검토하게 된다. 나아가, 유럽이 발명의 과제를 중요하게 본다는

38) Rebecca S. Eisenberg, *The Shape of Things To Come: Pharma's Nonobviousness Problem*, 12 Lewis & Clark L. Rev. 375 (2008).

39) Conley, supra, at 302 ("Treating unexpectedly superior results differently than other secondary considerations is logical to do.").

40) Eisenberg, supra, at 418.

41) KSR Int'l Co. v. Teleflex Inc., 550 U.S. 398, 416 (2007) ("The combination of familiar elements according to known methods is likely to be obvious when it does no more than yield predictable results.").

42) *Id.* at 415–18.

43) Procter & Gamble Co. v. Teva Pharm. USA, Inc., 566 F.3d 989, 997–98 (Fed. Cir. 2009); Sanofi–Synthelabo v. Apotex, Inc., 550 F.3d 1075, 1088-90 (Fed. Cir. 2008); Takeda Chem. Indus., Ltd. v. Alphapharm Pty., Ltd., 492 F.3d 1350, 1361–63 (Fed. Cir. 2007).

44) Holland & Howard, *Inventive step-what to develop?*, March 6, 2013, Intellectual Asset Management. 〈http://www.iam-magazine.com〉.

점 등으로 인하여 발명의 효과가 더욱 중요하다고도 할 수 있다. 즉, 유럽의 진보성 판단 법리에 의하면, 기술적 과제를 설정하는 경우, 2개 이상의 선행기술을 결합하는 발명의 시너지 효과를 판단하는 경우, 2차적 지표를 판단하는 경우 등에 있어서 발명의 효과를 판단하므로, 유럽의 진보성 법리를 효과 중심 접근법(effects-based approach)이라고 부르기도 한다.[45)]

## Ⅳ. 결 론

필자는 진보성을 판단하는 방법으로 일차적으로 구성변경의 곤란성을 살핀 후, 첫째, 그 곤란성이 명확하게 부정 또는 인정되면 곧바로 진보성을 부정 또는 인정하고,[46)47)48)] 둘째, 구성변경의 곤란성에 대한 판단이 불명확한 경우 이차적으로 효과를 참조하여야 한다고 주장한다.[49)50)51)52)] 그러한 판단이 ① 특허법 제

45) CIPA, *Guide to the Patents Acts*, para. 3.04 ("The approach to inventive step adopted by the EPO has two principal characteristics. Firstly, it is an 'effects-based' approach, so that whether or not a patent is granted ultimately depends on whether there is a new effect, a new function or result, flowing from the claimed features.").

46) EPO, *Case Law of the Boards of Appeal*, I, D, 9.8 ("If it is obvious for the skilled person to combine prior art teachings in order to solve an essential part of the problem, the presence of even an unexpected extra effect allowing another part of the problem to be solved at the same time does not in principle imply the presence of inventive step (T 170/06).").

47) *Id.* at 4.5 ("According to T 588/93, for an inventive step to be present, it was not necessary to show improvement-substantial or gradual-over the prior art. Thus an earlier solution to a given technical problem did not preclude later attempts to solve the same problem in another, non-obvious way.").

48) 화학발명의 특수성을 고려하여 화학발명의 경우 구조가 다른 경우 바로 진보성을 인정하되 구조가 매우 유사하더라도 효과가 다른 경우 진보성이 인정되어야 한다는 주장은 설득력이 있어 보인다. 민경만, "화학물질발명의 진보성 판단에 관한 고찰", 「법학연구」 제13권 제2호, 인하대학교 법학연구소, 2010, 203면("따라서 공지 화학물질과 화학구조가 현저히 다른 화학물질의 발명은 진보성이 있으며, 또한 공지된 화학물질과 화학구조가 유사하거나 예측 가능한 물질이라고 하더라도 그 공지 물질로부터 예측할 수 없는 특유한 성질을 갖거나 그 성질의 정도가 현저히 우수한 화학물질의 발명은 진보성이 있다고 본다.")

49) 한동수, "복수의 선행기술을 결합한 발명의 진보성 판단", 「지식재산21」, 2010년 1월호, 33면 각주 8("구성의 곤란성과 효과의 현저성과의 관계는 체계상 생각할 여지가 많다. 일반적으로는 구성의 곤란성이 있으면 효과의 현저성을 따져 볼 것도 없이 진보성 있다고 보는 것이 실무이다 …… 그렇지만 구성의 곤란성 유무가 불분명할 경우에는 효과의 현저성을 보충하여 판단할 수 있는 것이고 ……").

50) 이와 유사한 논지를 피력한 대법원 판례가 있으나 동 판례는 (1) 근거로 제시한 선행 판례가 구성 '및' 효과의 차이를 근거로 진보성을 인정하였다는 점 및 (2) 동 판례 자체도 구성 '및' 효과의 차이를 근거로 진보성을 인정하였다는 점에서 선례로서의 가치가 떨어진다고 하겠다. 대

29조 제 2 항의 규정, ② 특허실체법조약(초안) 규칙의 규정, ③ 일본의 '간접사실설', ④ 미국의 법리, ⑤ 영국의 법리,[53] ⑥ 유럽특허청의 실무[54][55] 및 ⑦ 일반적 심사 실무와 부합한다고 믿는다. 이하 각각에 관하여 상술한다.

첫째, 특허법 제29조 제2항은 진보성 판단을 위하여 특허출원 전에 보통 기술자가 선행기술에 기초하여 용이하게 발명할 수 있는지 여부를 살피도록 규정하고 있다. 즉, 선행기술의 구성으로부터 쟁점이 되는 발명의 구성으로 용이하게 변경할 수 있는지를 기준으로 판단하며 효과의 증진은 법 규정의 사항이 아닌 것이다. 둘째, 현재 세계지식재산권기구(WIPO) 차원에서 논의되고 있는 특허실체법조약(SPLT) 초안도 '구성요소'의 대체(substituting), 결합(combining) 및 변경(modifying)을 진보성 판단방법으로 제시하고 있다.[56] 셋째, 일본의 '간접사실설'

---

법원 2000. 2. 11. 선고 97후2224 판결("원칙적으로 출원 발명의 해결방법인 구성의 곤란성 여부에 따라 결정되지만 이에 덧붙여 목적의 참신성, 효과의 현저성 등도 참작하여야 하므로 작용효과가 종래 기술과 동일·유사하더라도 그와 전혀 다른 새로운 해결수단을 창작한 때에는 그 새로운 해결방법의 제공에 의한 기술의 풍부화가 인정되어 진보성이 긍정될 수 있으며, 또한 기술적 구성이 곤란하지 않다 하더라도 종래 알려지지 않은 놀랄 만한 효과가 발생한 경우에도 진보성이 긍정될 수 있다(대법원 1998. 5. 22. 선고 97후1085 판결, 1999. 3. 12. 선고 97후2156 판결, 1999. 4. 9. 선고 97후2033 판결 등 참조)").

51) 특히, 수치한정발명의 경우, 선행기술이 제시한 수치범위 내에 특정한 수치를 한정하는 것이 구성요소의 변경에 해당하고 그 구성요소 변경의 곤란성에 대하여 판단이 불명확하므로, 나아가 이질적 효과 또는 동질의 특별한 효과를 살피는 것이다.

52) 관련 기술이 이미 많이 발달한 분야인 경우, 구성의 작은 변경에 불과하더라도 예상치 못한 효과를 거두는 발명에 대하여는 진보성을 인정할 가치가 높다. *In re* Hyon, 679 F.3d 1363, 1371 (Fed. Cir. 2012) (J. Newman dissenting) ("When the technologic field is mature, apparently small changes that produce unexpected results or improved properties are of heightened significance.").

53) UK IPO, *Examination Manual*, 3.94 ("Although the discovery of an unexpected advantage may point to a step not being obvious if it was only one of many steps which could have been tried (see 3.88) or if it was one taken counter to accepted views (see 3.97), if the prior art leads directly to the step then it is not made inventive by any additional advantage obtained.").

54) EPO, *Case Law of the Boards of Appeal*, I.D.9.8 ("In T 154/87 it was pointed out that the achievement of a surprising effect was no precondition for the existence of inventive step. All that was necessary was to ascertain that the respective subject-matter could not be derived by the skilled person in an obvious manner from the available prior art (T 426/92, T 164/94, T 960/95, T 524/97).").

55) *Id.* ("If it is obvious for the skilled person to combine prior art teachings in order to solve an essential part of the problem, the presence of even an unexpected extra effect allowing another part of the problem to be solved at the same time does not in principle imply the presence of inventive step (T 170/06).").

56) Draft SPLT Rule 15(4) ("A claimed invention as a whole shall be considered obvious under Article 12(3) if any item or items of prior art or the general knowledge of a person skilled

에 의하면 구성변경의 곤란성이 진보성을 판단하는 유일한 기준이고 그 판단이 어려운 경우 효과를 참작할 뿐이다. 넷째, 미국의 법리에 의하면 구성변경의 곤란성이라는 일차적 고려요소와 더불어 효과 등 이차적 고려요소도 함께 감안하나 역시 일차적 고려요소가 판단의 주요 요소로 작용한다.[57] 다섯째, 심사를 함에 있어서 심사관은 흔히 왼쪽 열(column)에는 청구발명의 구성요소를 나열하고 오른쪽 열에는 선행기술의 구성요소를 나열하는 소위 청구항 차트(claim chart)를[58][59] 작성하고 양자의 차이를 확인하고 그 후 그 차이의 정도(구성변경의 곤란성)를 발명 전체적인 관점에서[60] 판단하여 진보성을 판단한다. 그러한 판단이 명확하지 않는 경우, 나아가 청구발명이 선행기술 각각이 가지는 효과 이상의 상승효과 등을 가지는지를 판단하는 것이다.[61] 특히, 소송에서의 판단방법과 심사 실무에서의 판단방법이 서로 동일한 것이 바람직하다는 면에서 위 방안이 적극 권장된다.

많은 경우, 구성변경의 곤란성에 대한 판단이 명확하지 않다. 그러한 경우에는 발명의 효과가 중요한 역할을 할 수 있다. 우리 대법원이 구성변경의 곤란성과 효과의 증진에 대하여 둘 모두를 부정하거나 둘 모두를 긍정하는 경우는 있어도 둘 중 하나는 부정하고 다른 하는 긍정하는 경우는 (오래된 사례 하나를 제외하고는) 찾아볼 수 없다. 이러한 판결은 '결론'에 맞추어서 써진 것이라는 오해를 받기 쉽다. 그렇다면, 앞으로는 "구성변경의 곤란성은 애매한 면이 있지만 효과가 인정되므로 진보성이 부정되지 않는다"는 결론을 내리는 판결이 나오기를 기

in the art would have [motivated] [prompted] a person skilled in the art, on the priority date of the claimed invention, to reach the claimed invention by substituting, combining or modifying one or more of those items of prior art.").

57) 유럽도 '예상치 못한 효과(unexpected results)'를 진보성 판단의 이차적 지표로 취급하고 있다. EPO, *Case Law of the Boards of Appeal*, I, D, 9.8.

58) 특허성 판단을 위한 청구항 차트의 한 예는 다음 사이트 참고. 〈http://www.lithosphere.com/example_invalidity_chart.html〉.

59) 특허성 판단을 위하여 청구항 구성요소와 선행기술을 대비하는 청구항 차트를 작성할 수도 있고 침해 판단을 위하여 청구항 구성요소와 침해의심품을 대비하는 청구항 차트를 작성할 수도 있다. 침해 판단을 위한 청구항 차트의 한 예는 다음 사이트 참고. 〈http://www.fosspatents.com/2011/07/these-tables-show-how-android-infringes.html〉.

60) 청구항 차트를 바탕으로 특허성을 판단하는 경우, 구성요소간의 유기적 결합관계에 대하여 검토하지 않는 실수를 경계하여야 한다.

61) 특허청, 「특허·실용신안 심사지침서」, 2002, 2406-2407면(청구발명과 인용발명과의 차이에도 불구하고 그 차이가 당업자에게 용이한가에 대하여 판단하되 청구발명이 인용발명에 비하여 더 나은 효과가 있는지를 참작하여 판단한다고 설명).

대한다. 무효사유를 증명하는 책임이 청구인에게 강하게 지워지는 무효심판에 있어서는 더욱 그러할 것이다.

# 제5절 효과와 상업적 성공의 관계

## Ⅰ. 서 론

발명의 진보성을 판단함에 있어서, 우리나라는 발명의 구성뿐만 아니라 목적과 효과도 매우 중요하게 고려한다. 즉, 선행기술이 가지는 목적, 구성 및 효과를 발명의 그것들과 종합적으로 비교하여 그 발명의 진보성 결여 여부를 판단한다. 한편, 발명의 목적, 구성 및 효과라는 1차적 지표에 대한 검토를 다하여도 진보성을 판단하기 애매한 경우, 나아가 그 발명의 2차적 지표(secondary indicia)를 검토할 수 있는데, 그 2차적 지표 중 자주 쟁점이 되는 사안이 상업적 성공(commercial success)이라고 생각된다.[1]

이 절은 발명의 효과에 관한 판단과 상업적 성공에 관한 판단의 차이 및 관계가 무엇인지에 대하여 논한다. 발명이 선행기술에 비하여 특별한 효과를 거양하는 경우 그 발명을 채용한 제품은 상업적으로도 성공하기 쉽다. 그런 견지에서 상업적 성공은 발명의 효과에 관한 객관적 증거가 되는 것은 아닌지 생각된다.[2][3] 즉, 출원인이 주장하는 발명의 기술적 효과는 액면 그대로 믿기가 어려운 경우가 많은데,[4] 상업적 성공이라는 객관적 지표에[5] 의하여 발명의 효과가 객관

---

1) 미국에서 2차적 지표가 주장된 사건 중 약 1/3 이상에서 상업적 성공이 주장되었다고 한다. 조영선, "객관적 지표(Objective Indicia)에 기한 발명의 진보성 판단론", 「안암법학」 제33권, 안암법학회, 2010, 403면.

2) 신혜은, "최근 진보성관련 판례동향 및 객관적 판단기준을 위한 제안", 「법학논총」 제30권 제3호, 전남대학교 법학연구소, 2010, 192면("사후적 고찰을 배제하기 위해서는 객관적인 판단기준을 마련하는 것이 중요한데, '이차적 고려사항(secondary consideration)'은 '예측할 수 없었던 효과'와 함께 중요한 객관적 지표라고 할 수 있다.").

3) 상업적 성공은 진보성 판단을 위한 요소가 되지 않아야 한다는 주장도 있다. Dorothy Whelan, *A Critique of the Use of Secondary Considerations in Applying the Section 103 Nonobviousness Test for Patentability*, 28 B.C. L. Rev. 357, 377 (1987) ("Commercial success is not independently relevant in applying section 103 because it attempts to infer nonobviousness from the favorable response of buyers to devices or processes embodying the patentee's discovery.").

4) Application of Lindner, 457 F.2d 506, 508－509 (C.C.P.A. 1972) ("This court has said previously

적으로 증명이 되고, 그 증명은 해당 발명의 진보성을 인정하는 강력한 근거로 작동되어야 하는 것으로 상정할 수 있다.[6)7)] 이러한 관점에 의하면, 상업적 성공은 발명의 효과에 관한 것이므로 2차적 지표가 아니고 1차적 지표가 되어야 하는 것은 아닌가? 반대로, 발명의 효과가 상업적 성공과 연관된다면 그것은 1차적 지표가 아니라 2차적 지표가 되어야 하는 것은 아닌가?[8)] 이러한 문제의식을 가지고 이하, 상업적 성공 및 발명의 효과를 미국 및 유럽에서는 어떻게 관계 매김하는지 알아보고, 우리나라의 진보성 판단의 체계에 관하여 재점검하고자 한다.

## Ⅱ. 미국, 유럽 및 우리나라의 발명의 효과와 상업적 성공의 관계

### 1. 미 국

#### 가. *Graham* 법리에서의 효과

주지된 바와 같이, 미국에서의 진보성 판단은 *Graham* 법리를 기준으로 한다.[9)] *Graham* 법리에 의하면, 1단계로 선행기술의 범위 및 내용을[10)] 결정하고, 2

---

that mere lawyers' arguments unsupported by factual evidence are insufficient to establish unexpected results. Likewise, mere conclusory statements in the specification and affidavits are entitled to little weight when the Patent Office questions the efficacy of those statements.").

5) 2차적 지표를 객관적 지표라고 부를 수도 있다. WMS Gaming, Inc. v. International Game Technology, 184 F.3d 1339, 1359 (Fed. Cir. 1999) ("The final underlying factual issue in the obviousness determination is <u>objective</u> evidence of non-obviousness, i.e., secondary considerations.").

6) "상업적 성공은 요건 사실이 아니므로 항변을 주장하는 자(특허권자)가 증명할 책임을 부담하여야 한다"라는 주장이 있다. 합당한 주장인가? *Graham* 법리에 의하면 요건사실이 된다고 볼 수도 있다. 상업적 성공 사실의 주장이 항변인가? 요건사실 여부와 무관하게 상업적 성공에 관한 증거가 특허권자에게 존재하기 때문에 특허권자에게 증명책임을 지우는 것이 더 합리적이기 때문이 아닌가?

7) Ashland Oil, Inc. v. Delta Resins & Refractories, Inc., 776 F.2d 281, 306 (Fed. Cir. 1985) ("Secondary considerations may be the most pertinent, probative, and revealing evidence available to the decision maker in reaching a conclusion on the obviousness/nonobviousness issue.").

8) 강경태, 앞의 글, 각주 15("미국에서는 자명성(obviousness)을 판단하는 데 TSM(Teaching, Suggestion, Motivation)을 근거로 삼고 있지만 '효과의 현저성'은 2차적 고려사항(secondary consideration)으로서 비자명성을 추인할 수 있는 간접증거가 된다.").

9) Graham v. John Deere Co. of Kansas City, 383 U.S. 1 (1966),

10) 선행기술의 내용을 검토한다는 것이 선행기술의 목적, 구성 및 <u>효과</u>를 검토한다는 것인가?

단계로 선행기술과 발명의 차이를 알아내고, 3단계로 통상의 기술자의 수준을 해결하고, 4단계로 그러한 근거 아래 발명의 진보성이 판단된다.[11)12)] 여기까지가 진보성 판단을 위한 필수적인 단계라고 생각되고, 만약 상업적 성공 등 이차적 지표에 관한 증거가 주장되는 경우 5단계로 그러한 증거가 고려되어야 한다.[13)14)15)] 그런 견지에서 1단계 내지 4단계가 1차적 지표를 검토하는 단계이고, 5단계가 2차적 지표를 검토하는 단계라고 할 수 있다.[16)] 그런데 1단계 내지 4단계에서는

---

11) 이러한 단계의 순서는 반드시 지켜져야 하는 것은 아니다. KSR Intern. Co. v. Teleflex Inc., 550 U.S. 398, 399 (2007) ("While the sequence of these questions might be reordered in any particular case, the factors define the controlling inquiry."). 하지만, 통상의 기술자의 수준이 1단계 또는 2단계에 앞서서 결정되어도 상관없지만, 1단계, 2단계 및 4단계의 순서는 반드시 지켜져야 할 것이다.

12) 진보성 충족 여부를 결정하는 단계는 너무나 당연한 것인지, 미국에서는 그 단계에 대하여는 언급을 생략하고 바로 이차적 지표를 검토하는 단계를 4단계로 책정한다.

13) Graham v. John Deere Co. of Kansas City, 383 U.S. 1, 17-18 (1966) ("[T]he scope and content of the prior art are … determined; differences between the prior art and the claims at issue are … ascertained; and the level of ordinary skill in the pertinent art resolved. Against this background, the obviousness or nonobviousness of the subject matter is determined. Such secondary considerations as commercial success, long felt but unsolved needs, failure of others, etc., might be utilized to give light to the circumstances surrounding the origin of the subject matter sought to be patented.").

14) 우리의 경우, 발명의 목적, 구성 및 효과에 대한 검토 후 1차적인 진보성 판단이 애매한 경우 2차적 지표를 참고할 수 있는 반면, 미국의 경우, 진보성 판단이 애매한지 여부와 상관없이 (2차적 지표에 관한 증거가 제출된 경우) 2차적 지표를 항상 검토하여야 한다. Stratoflex, Inc. v. Aeroquip Corp., 713 F.2d 1530, 1538-39 (Fed. Cir. 1983) ("Evidence of secondary considerations may often be the most probative and cogent evidence in the record. It may often establish that an invention appearing to have been obvious in light of the prior art was not. It is to be considered as part of all the evidence, not just when the decisionmaker remains in doubt after reviewing the art."); In re Sernaker, 702 F.2d 989, 996 (Fed. Cir. 1983) ("If, however, a patent applicant presents evidence relating to these secondary considerations, the board must always consider such evidence in connection with the determination of obviousness."); Ruiz v. AB Chance Co., 234 F.3d 654, 667 (Fed. Cir. 2000) ("Our precedents clearly hold that secondary considerations, when present, must be considered in determining obviousness.").

15) 2차적 지표가 구성의 차이와 함께 검토되어야 하지만, 2차적 지표가 긍정적이라고 하여서 진보성을 반드시 인정하여야 하는 것은 아니다. Sud-Chemie, Inc. v. Multisorb Technologies, Inc., 554 F.3d 1001, 1009 (Fed. Cir. 2009) ("Of course, evidence of unexpected results and other secondary considerations will not necessarily overcome a strong prima facie showing of obviousness …").

16) CAFC는 최근 상업적 성공이 해당 발명과 선행기술의 구성적 차이에 관하여 확신이 서지 않을 때 검토되는 것이 아니라 구성의 차이와 함께 반드시 고려되어야 하는 것이라고 판시하였다. 우리나라 실무가 진보성을 판단함에 있어서 발명의 효과를 (거의) 항상 검토하는 태도를 지지하는 판시라고 생각된다. Transocean Offshore Deepwater Drilling, Inc. v. Maersk Drilling USA, Inc., 699 F.3d 1340, 1349 (Fed. Cir. 2012) (J. Moore author) ("As we have repeatedly

선행기술과 발명의 '구성'의 차이를 살필 뿐 선행기술과 발명의 '효과'의 차이는 살피지 않는다.[17] 그렇다면 미국의 진보성 판단 법리에 있어서 발명의 '효과'는 어떻게 고려되는가?

### 나. 예상치 못한 효과 v. 효과

미국에서는 발명의 '예상치 못한 효과(unexpected results)'를 2차적 지표의 여러 요소 중 하나로 취급한다.[18] 그렇다면 미국에서의 예상치 못한 효과와 우리 법리가 말하는 '효과'가 어떤 차이가 있는지를 알아보기 위하여 이하 예상치 못한 효과에 대한 미국의 법리를 살핀다.

해당 발명이 거양하는 효과가 선행기술이 거두는 효과에 비하여 이질적인 것이라면 예상치 못한 효과로 인정될 가능성이 높다.[19] 미국의 판례는 새로운(new), 특이한(peculiar), 구별되는(distinguishable) 등의 용어를 사용하며[20] 해당 효

held, 'evidence rising out of the so-called 'secondary considerations' must always when present be considered en route to a determination of obviousness. … [E]vidence of secondary considerations may often be the most probative and cogent evidence in the record. It may often establish that an invention appearing to have been obvious in light of the prior art was not.' This objective evidence must be 'considered as part of all the evidence, not just when the decisionmaker remains in doubt after reviewing the art.'").

17) 사실 효과는 미국 특허법 제103조에 규정된 사항이 아니다. Lindemann Maschinenfabrik GMBH v. American Hoist and Derrick Co., 730 F.2d 1452, 1461 (Fed. Cir. 1984) ("Though no requirement for such results is present in the statute, 35 U.S.C.A. §103, … evidence of unexpected results may be strong support for a conclusion of nonobviousness.").

18) Siemens Medical Solutions USA, Inc. v. Saint-Gobain Ceramics & Plastics, 637 F.3d 1269, 1291-92 (Fed. Cir. 2011) ("The Supreme Court has instructed us that four factors should be used in assessing obviousness: (1) the scope and content of the prior art, (2) the differences between the prior art and the claims, (3) the level of ordinary skill in the art, and (4) secondary considerations such as commercial success, unexpected results, and long-felt need."); Syntex (U.S.A.) LLC v. Apotex, Inc., 407 F.3d 1371, 1378 (Fed. Cir. 2005) ("The factual determinations relevant to the obviousness inquiry include: (1) the scope and content of the prior art; (2) the differences between the claimed invention and the prior art; (3) the level of ordinary skill in the art; and (4) secondary considerations, if any, such as commercial success, unexpected results, copying, long-felt but unresolved need, and the failure of others to develop the invention.").

19) Lovell Mfg Co v. Cary, 147 U.S. 623, 633 (1893) ("[I]t does not amount to invention to discover that an old process is better in its results, when applied to a new working, than would have been expected; the difference between its prior working and the new working being only one of degree, and not one of kind.")(종류(kind)의 차이가 아니라 단지 정도(degree)의 차이에 불과하므로 그 차이는 예상치 못한 것이 아니라는 판시).

20) Hotchkiss v. Greenwood, 52 U.S. 248, 266-267 (1850) (" … produced a new and peculiar effect upon the article, beyond that produced when applied to the metallic knob … the peculiar

과가 선행기술의 그것에 비하여 차별성을 가질 것을 요구한다. 동질의 효과라 하더라도 그 효과의 차이가 합리적인 기대치를 넘는 것이라면 그런 효과도 예상치 못한 효과로 인정된다.[21] 그런 견지에서, 미국 법리에서 말하는 "예상치 못한 효과"는 우리 법원이 진보성을 판단하면서 검토하는 발명의 효과와 다를 바가 없다고 생각된다.

### 다. 예상치 못한 효과 v. 상업적 성공

예상치 못한 효과는 통상 기술적인 관점에서 주장된다. 즉, 해당 발명이 관련된 효율, 시간, 강도 등을 통상의 기술자가 흔히 예상하는 범위를 넘어서는 정도로 시현하는 경우 그러한 기술적 차이가 예상치 못한 효과가 되는 것이다. 한편, 기술적인 효과의 차이가 제시되었음에도 불구하고 그 차이가 합리적으로 예상되는 정도인지 아니면 예상치 못한 정도인지를 구분하기 쉽지 않은 경우도 있을 것이다. 그런 경우에 상업적 성공이 그 효과가 기대(예상)치 이상임을 보여주는 객관적인 지표가 될 수 있는 것은 아닌가?

CAFC는 *Media Tech. v. Upper Deck* 사건에서 상업적 성공과 예상치 못한 효과는 별개의 사안이라고 설시한 바 있다.[22] 2차적 지표를 나열하는 판례들에서 상업적 성공과 예상치 못한 효과를 병렬적으로 나열하는 것으로 보아서도 그 두 요건은 별개의 것으로 이해된다. 효과가 기술적인 것을 말하고 상업적 성공은 경제적인 것을 말한다는 견지에서도 그 두 요건은 서로 별개의 것으로 보아야 할 것이다.

그러나, 상업적 성공이 해당 발명의 기술적 특성과 연관(nexus)이 있어야 한

---

effect thus referred to is not distinguishable from that which would exist in the case of the wood knob. ··· or of other materials that might be mentioned.").

21) *In re* De Blauwe, 736 F.2d 699, 705 (Fed. Cir. 1984) ("When an article is said to achieve unexpected (i.e. superior) results, those result must logically be shown superior compared to the results achieved with other articles. Moreover, an applicant relying on comparative tests to rebut a prima facie case of obviousness must compare his claimed invention to the closest prior art."); Application of Payne, 606 F.2d 303, 316 (C.C.P.A. 1979) ("[T]he test must be sufficient to permit a conclusion respecting the relative effectiveness of applicant's claimed compounds and compounds of the closest prior art.").

22) Media Technologies Licensing, LLC v. Upper Deck Co., 596 F.3d 1334, 1339 (Fed. Cir. 2010) ("Commercial success, however, even if unexpected, is not part of the 'unexpected results' inquiry. An unexpected result must arise from combining prior art elements; commercial success is a separate inquiry from unexpected results, and in any event has not been shown here to be a result of the invention as opposed to other factors.").

다는 원칙에 따르면[23] 달리 볼 수도 있다. 즉, 상업적 성공이 해당 발명의 기술적 특성 또는 효과와 관련이 있는 경우 상업적 성공과 기술적 효과는 서로 연결고리를 가지게 되고, 상업적 성공은 기술적 효과를 증명하는 객관적인 증거로서 사용될 수 있는 것이다.[24]

### 라. 상업적 성공과 효과의 연관(nexus) 입증

상업적 성공이 선행기술에 존재하는 요인에 의한 것이라면 그 상업적 성공은 해당 발명과의 연관이 존재하지 않는 것이다.[25] 달리 말하면 상업적 성공은 발명의 특징적 요소에 의한 것이어야 한다.[26] 특허권자가 발명이 실시된 제품이 상업적으로 성공하였다는 증거를 제시하면 그 상업적 성공이 발명과 연관이 있다고 추정되고 피고가 그 추정을 복멸할 수 있는 증거를 제출하여야 한다.[27] 한

23) Ormco Corp. v. Align Technology, Inc., 463 F.3d 1299, 1311-12 (Fed. Cir. 2006) ("Evidence of commercial success, or other secondary considerations, is only significant if there is a nexus between the claimed invention and the commercial success."); Geo M. Martin Co. v. Alliance Machine Systems Intern. LLC, 618 F.3d 1294, 1304 (Fed. Cir. 2010) ("The commercial success of a product is relevant to the non-obviousness of a claim only insofar as the success of the product is due to the claimed invention.").

24) 미국에서 CAFC의 새로운 태도로 인하여 상업적 성공이 애매한 사건에서 영향을 미치는 정도가 아니라 사건의 승패에 결정적 영향을 미치는 요소가 되었다는 설명. Robert P. Merges, *Commercial Success and Patent Standards: Economic Perspectives on Innovation*, 76 Cal. L. Rev. 803, 827 (1988) ("Through substantive changes in the definition of, and defenses, to, a showing of commercial success, the Federal Circuit has transformed commercial success from a tiebreaker to a virtual trump card.").

25) Tokai Corp. v. Easton Enterprises, Inc., 632 F.3d 1358, 1369 (Fed. Cir. 2011) ("If commercial success is due to an element in the prior art, no nexus exists.").

26) Asyst Technologies, Inc. v. Emtrak, Inc., 544 F.3d 1310, 1316 (Fed. Cir. 2008) ("[E]ven though commercial embodiments of the '421 invention may have enjoyed commercial success, Asyst's failure to link that commercial success to the features of its invention that were not disclosed in [the prior art] Hesser undermines the probative force of the evidence pertaining to the success of Asyst's and Jenoptik's products."); Ormco Corp. v. Align Technology, Inc., 463 F.3d 1299, 1311-12 (Fed. Cir. 2006) ("[I]f the feature that creates the commercial success was known in the prior art, the success is not pertinent. Here, it is undisputed that Align's Invisalign product is commercially successful. However, the evidence clearly rebuts the presumption that Invisalign's success was due to the claimed and novel features."); Sjolund v. Musland, 847 F.2d 1573, 1582 (Fed. Cir. 1988) ("Commercial success is relevant only if it flows from the merits of the claimed invention.").

27) Brown & Williamson Tobacco Corp. v. Philip Morris Inc., 229 F.3d 1120, 1130 (Fed. Cir. 2000) ("However, if the marketed product embodies the claim features, and is coextensive with them, then a nexus is presumed and the burden shifts to the party asserting obviousness to present evidence to rebut the presumed nexus. The presumed evidence cannot be rebutted with mere argument; evidence must be put forth."); Crocs, Inc. v. International Trade Com'n,

편, 해당 출원이 심사 계류 중인 경우, 출원인이 상업적 성공에 관하여 증명할 책임을 진다.[28] 심사 과정에서는 심사관이 상업적 성공과 관련된 출원인의 주장을 인정 또는 반박할 수 있는 증거를 입수할 수 있는 수단 및 시간을 충분히 가지지 못하기 때문에 출원인에게 증명책임을 지우는 것이 당연해 보인다.[29]

## 2. 유 럽

### 가. 과제-해결 접근법

널리 알려진 바와 같이, 유럽에서는 진보성 판단을 위하여 과제-해결 접근법(problem-solution approach)을 사용한다. 그 법리에 의하면, 1단계로 최근접 선행기술을 결정하고(determination of the closest prior art), 2단계로 구별되는 기술적 특징 및 효과를 결정하고(determination of the distinguishing technical feature and its technical effect), 3단계로 객관적 기술적 과제를 형성하고(formulation of the objective technical problem), 4단계로 통상의 기술자가 그 과제를 해결하였을 것인지를 결정한다(determination of whether the skilled person would have solved the above technical problem by the solution specified in the claim, i.e. by technical features falling into the scope of the said distinguishing technical feature). 이러한 접근법에서 발명의 효과는 전혀 고려되지 않는다. 그러므로 유럽에서 발명의 효과는 진보성 판단을 위한 일차적인 요소가 되지 않는 것이다.

### 나. 가능성-개연성 접근법

위 과제-해결 접근법에서 가장 중요한 단계는 4단계인, 통상의 기술자가 선행기술이 가지는 과제를 해결하였는지 여부를 판단하는 단계이고, 이 단계가

598 F.3d 1294, 1310-11 (Fed. Cir. 2010) ("The Commission found that three models of Crocs shoes practice claims 1 and 2 of the '858 patent: the Beach, Cayman, and Kids Cayman shoes. It found that those three models of Crocs shoes have enjoyed a great deal of commercial success. A prima facie case of nexus is made when the patentee shows both that there is commercial success, and that the product that is commercially successful is the invention disclosed and claimed in the patent. Once the patentee demonstrates a *prima facie* nexus, the burden of coming forward with evidence in rebuttal shifts to the challenger.").

28) *MPEP* 716.03 ("An applicant who is asserting commercial success to support its contention of nonobviousness bears the burden of proof of establishing a nexus between the claimed invention and evidence of commercial success.").

29) *Id.* ("In the ex parte process of examining a patent application, however, the PTO lacks the means or resources to gather evidence which supports or refutes the applicant's assertion that the sale constitute commercial success.").

우리 법리에서 말하는 "통상의 기술자가 용이하게 도출할 수 있는지 여부"를 판단하는 단계에 상응한다. 이 단계에서 구성요소의 대체(substitution), 결합(combination) 등의 어려움에 대하여 판단한다.[30] 이 단계에서의 판단이 애매할 수도 있고 게다가 사후고찰(hindsight, ex post facto analysis)의 영향을 받는다는 점에[31] 착안하여 유럽은 이 단계에서 적용될 수 있는 가능성-개연성 접근법(could-would approach)을 제시하고 있다. 즉, 그 접근법에 의하면, 통상의 기술자가 선행기술로부터 해당 발명을 도출하는 가능성(could)을 보는 것이 아니라, 선행기술의 가르침으로부터 통상의 기술자가 해당 발명에 도달하였었을 개연성(would)을 보는 것이다.[32]

### 다. 이차적 지표

구성변경의 곤란성 여부에 중점을 둔 과제-해결 접근법 및 가능성-개연성 접근법에 의하여도 진보성 판단이 애매한 경우, 이차적 지표(secondary indicators)를 검토하는 점은 유럽도 미국 및 우리나라와 유사하다.[33][34] 달리 말하면, 판단이 애매하지 않은 경우에는 이차적 지표가 진보성을 평가하는 데에 도움을 주지 못한다.[35] 유럽특허청 심사지침서가 제시하는 2차적 지표는 예상된 부작용

---

30) 유럽특허청(EPO), *Case Law of the Board*, I.D.8. (Assessment of inventive step).

31) *Id.* at I.D.5. ("Many decisions of the boards of appeal warn against an ex post facto approach when assessing inventive step (see also the Guidelines C-IV, 11.8-April 2010 version). This applies especially to inventions which at first sight seem obvious, to combination inventions and where the proposed solution is supposedly 'simple'. Correct application of the problem and solution approach avoids this inadmissible ex post facto analysis which draws on knowledge of the invention.").

32) *Id.* at I.D.5. ("So the point is not whether the skilled person could have arrived at the invention by modifying the prior art, but rather whether, in expectation of the advantages actually achieved (i.e. in the light of the technical problem addressed), he would have done so because of promptings in the prior art.").

33) T 1212/01, para. 6.1 ("Commercial success and similar arguments can only ever be secondary indicia of inventiveness, which are usually only of importance in cases where an objective evaluation of the prior art has not provided a clear answer."); EPO Case Law book ("Secondary indicia of this kind are only of importance in cases of doubt, i.e. when objective evaluation of the prior art teachings has yet to provide a clear picture. Indicia are merely auxiliary considerations in the assessment of inventive step.").

34) 유럽(영국)에서 2차적 지표가 1차적 지표의 판단을 뒤집은 희귀한 사례: Schlumberger v Electromagnetic Geoservices ([2010] EWCA Civ 819).

35) T 1212/01, para. 6.1 ("Since in the present case the claimed subject-matter merely follows plainly and logically from the prior art, secondary indicia cannot assist in the assessment of inventive step.").

(predictable disadvantage), 예상치 못한 기술적 효과(unexpected technical effect), 오랜 숙원(long-felt need) 및 상업적 성공(commercial success)이 있다.[36][37] 유럽도 발명의 효과와 상업적 성공을 별개의 2차적 지표로 처리하고 있다. 즉, 그 둘의 상관관계에 대하여는 논하지 않고 있다.

### 라. 예상치 못한 효과 및 상업적 성공

예상치 못한 기술적 효과가 진보성의 지표가 될 수 있으나, 구성변경의 곤란성이 인정되지 않는 경우, 그 효과는 단순히 보너스 효과(bonus effect)가 될 뿐, 진보성 인정을 위한 근거가 되지 못한다.[38] 즉, 효과는 단지 2차적 지표에 불과하므로 1차적 지표인 구성변경의 곤란성을 압도하지는 못한다는 것이다. 이런 법리는 미국의 법리와 유사하다고 생각된다.[39] 유럽에서는 상업적 성공을 미국이나 우리나라보다 덜 중요한 것으로 처리한다. 즉, 상업적 성공 그 자체만으로는 진보성 판단에 큰 영향을 미치지 못하되, ① 상업적 성공이 발명의 기술적 특징에 기인하였다는 점 및 ② 오랜 숙원이 해소되었다는 점이 인정되는 경우에 한하여 진보성 인정의 지표가 되는 것이다.[40] 상업적 성공이 강조되지 않기 때문인지, 유럽에서도 상업적 성공을 발명의 효과와 연관시키고 있지는 않다.[41]

---

36) 유럽특허청(EPO), 심사지침서 Part C, Chapter IV, 11.10.

37) EPO 심결집은 기술적 편견(technical prejudice), 기술진보의 속도(age of document-time factor), 오랜 숙원의 해소(satisfaction of a long-felt need), 상업적 성공, 시장경쟁자, 효과 등을 제시하고 있다. 유럽특허청(EPO), 심결집, I.D.9. (Secondary indicia in the assessment of inventive step).

38) 유럽특허청, 심사지침서 11.10.2 ("An unexpected technical effect may be regarded as an indication of inventive step. However, if, having regard to the state of the art, it would already have been obvious for a skilled person to arrive at something falling within the terms of a claim, for example due to a lack of alternatives thereby creating a 'one-way street' situation, the unexpected effect is merely a bonus effect which does not confer inventiveness on the claimed subject-matter.").

39) 물론, 발명의 효과가 진보성 판단에 중요한 영향을 미치는 경우도 많다. 그 발명에 대한 업계에서의 칭송은 그 발명의 진보성에 긍정적인 영향을 준다. 유럽특허청 심판원 T 677/91 (각종 교과서, 자료들이 해당 발명의 장점을 설명하며 해당 기술분야에 새로운 시대(new era)를 열었다고 설명하는 점에 근거하여 진보성을 인정한 사례).

40) 유럽특허청, 심사지침서 11.10.3 ("Commercial success alone is not to be regarded as indicative of inventive step, but evidence of immediate commercial success when coupled with evidence of a long-felt want is of relevance provided the examiner is satisfied that the success derives from the technical features of the invention and not from other influences (e.g. selling techniques or advertising).").

41) 상업적 성공 및 효과의 존부를 증명하는 책임은 누가 부담하는가? 유럽특허청 이의신청 절차에서는 이의신청인이 증명책임을 진다. T 0596/99, 7.2.9 ("While it is legitimate for an opponent

## 3. 우리나라

특허청 심사지침서는 발명의 목적, 구성 및 효과 중 구성변경의 곤란성을 중심으로 살피고, 목적 및 효과는 참작하도록 설명하고 있다.[42] 그에 반해 우리 법원은 아직도 목적의 특이성, 구성변경의 곤란성 및 효과의 현저성을 종합적으로 고려하고,[43] 그러한 고려에 있어서 그 3개 요소에 대한 우선순위, 상관관계에 대하여는 중요하게 생각하지 않아 왔다. 게다가 상업적 성공 등은 2차적이고 부차적인 지표로 간주되어 1차적 지표에 따른 판단을 지지하는 정도로 활용될 뿐, 그 판단을 뒤집는 정도로 작용하지 못한다.[44]

우리 법원이 발명의 효과와 상업적 성공을 연관하여 법리를 구성한 사례가 없지는 않다. 효과를 인정하여 진보성이 있다고 보아야 하는데, 상업적 성공이 인정된다면 더욱 더 진보성이 인정된다고 설시한 1995년의 대법원 판례가 있다.[45] 더욱 중요하게는, 기술적 과제가 해결되어 상업적 성공이 있었다는 사실에 기초하여 발명의 새로운 작용효과를 인정한 1995년 대법원 판례도 있

to attack a patent by pointing at an allegedly erroneous appreciation of the evidence by the Examining Division, in opposition proceedings, the burden of proof nevertheless remains with the opponent.").

42) 특허청, 「특허·실용신안 심사지침서」 2009, 35면("출원 당시에 통상의 기술자가 직면하고 있던 기술수준 전체를 생각하도록 노력하는 동시에 발명의 상세한 설명 및 도면을 감안하고 출원인이 제출한 의견을 참작하여 출원발명의 목적, 기술적 구성, 작용효과를 종합적으로 검토하되, 기술적 구성의 곤란성을 중심으로 목적의 특이성 및 효과의 현저성을 참작하여 종합적으로 진보성이 부정되는지 여부를 판단").

43) 미완성 발명인지 여부를 판단하는 경우에도 발명의 목적, 구성, 효과를 종합적으로 판단하여야 하는가? 특허법원 2010. 10. 29. 선고 2010허3622 판결("특허를 받을 수 있는 발명은 완성된 것이어야 하고 완성된 발명이란 그 발명이 속하는 분야에서 통상의 지식을 가진 자가 반복 실시하여 목적하는 기술적 효과를 얻을 수 있을 정도까지 구체적, 객관적으로 구성되어 있는 발명으로 그 판단은 특허출원의 명세서에 기재된 발명의 목적, 구성 및 작용효과 등을 전체적으로 고려하여 출원 당시의 기술수준에 입각하여 판단하여야 할 것이다(대법원 1994. 12. 27. 선고 93후1810 판결 참조).").

44) 강경태, "2차적 고려사항", 「특허판례연구」 개정판, 박영사, 2012, 274면("그러나 아직 2차적 고려사항이 결론에 영향을 미친 사례는 없는 것 같다.").

45) 대법원 1995. 11. 28. 선고 94후1817 판결("출원된 기술에 공지된 선행 기술로부터 예측되는 효과 이상의 보다 나은 새로운 작용효과가 있는 것으로 인정되어 출원된 기술이 선행 기술보다 현저하게 향상 진보된 것으로 판단되는 때에는 기술의 진보발전을 도모하는 특허제도의 목적에 비추어 그 발명이 속하는 기술의 분야에서 통상의 지식을 가진 자가 용이하게 발명할 수 없는 것으로서 진보성이 있는 것으로 보아야 할 것이며(대법원 1991. 10. 22. 선고 90후2003 판결 등 참조), 더욱이 출원기술이 상업적으로 성공을 하였다면 진보성이 인정되어 특허를 받을 수 있다 할 것이다.").

다.[46] 이 판례는 흥미롭게도 상업적 성공과 발명의 효과를 연관시키고 있다. 1995년의 동 판례 이후 이와 유사한 설시를 한 사례는 빌견되지 않았는데, 향후 이 판례의 취지와 동일한 취지의 판례가 나오기를 기대한다.

## Ⅲ. 결　　론

진보성 판단을 위하여 검토하는 증거들도 중요도에 차이가 있다고 보아야 한다. 모든 증거들이 똑같이 중요하다고 보는 것은 그 중요도의 차이에 대하여 논하고 싶지 않다는 자세를 보이는 것과 다름이 아니다. 미국 및 유럽의 사례에서 살펴본 바와 같이 발명의 효과, 상업적 성공, 해당 업계의 요구, 기술의 발전경향 등은 2차적 지표에 해당한다. 그런데, 우리 실무는 발명의 목적, 구성 및 효과를 종합적으로 검토하는 것이 일반적인데, 그 3가지 중에서도 우선순위를 정할 필요가 있다.[47] 즉, 제29조 제2항 규정의 문언적 해석에 충실하여야 한다는 점, 특허법의 국제적 통일화를 도모하여야 한다는 점 등의 이유로 구성변경의 곤란성을 1차적인 지표로 두고 목적의 특이성[48] 및 효과의 현저성은 2차적인 지표로 설정하는 것이 더 바람직해 보인다.[49] 이런 견지에서는 발명의 목적, 구성 및 효과를 종합적으로 검토하더라도 구성을 먼저 그리고 중요하게 살핀 후,[50] 그 구성의 도출이 용이한지 여부가 애매한 경우[51] 부차적으로 목적 및 효과를 살피는

46) 대법원 1995. 11. 28. 선고 94후1817 판결("그러한 결과 인용발명에서의 위와 같은 문제점이 해결되고 상업적인 성공을 하였다는 것인바, 사실이 그러하다면 본원발명은 공지된 선행기술로부터 예측되는 효과 이상의 보다 나은 새로운 작용효과가 있는 것으로 인정이 되므로 진보성이 인정되는데도 불구하고 ……").

47) 박성수, "진보성과 균등론에 관한 소고", 「특허소송연구」 제3집, 특허법원, 2005, 10－11면("우리나라의 실무에서는 대개 구성에서 곤란성을 인정하기 어려우면, 효과에서도 특이점을 인정하기 어렵다는 식으로 어느 부분을 중요시하는지 알기 어렵다.").

48) 목적의 특이성이 진보성 판단에 영향을 미치는가? 실증적으로 목적의 특이성이 진보성 판단에 영향을 미치지 않으면 목적의 특이성을 판단할 실익이 없는 것은 아닌가? 한편, 유럽의 과제－해결 접근법이 중요하게 상정하는 과제(problem)와 우리 법이 상정하는 목적은 어떻게 다른 것인가?

49) 박성수, 앞의 논문, 11면("…… 실제에 있어서는 구성과 효과가, 그 중에서도 구성이 진보성 판단의 중점이 될 것으로 보인다. 왜냐하면, 구성을 떠나 발명의 효과를 논의하는 것이 아무 의미를 가지지 못한다고 보이기 때문이다.").

50) 미국의 TSM 테스트 및 유럽의 가능성－개연성 테스트가 모두 구성변경의 곤란성 여부를 판단하는 기준을 제공하는 것이다.

51) 효과와 구성은 완전히 별개의 것이 아니다. 모든 구성은 그 구성에 내재된 효과를 가진다. 구성 중심으로 진보성을 살피더라도 그 구성이 가지는 효과가 의식적이든 무의식적이든 고려될

점을 명확하게 하여야 할 것이다.[52][53][54]

통상의 기술자가 출원(일)(우선일) 당시 선행기술로부터 해당 발명을 용이하게 도출할 수 있는지 여부가 불분명한 경우가 많고 그래서 효과의 현저성 여부가 중요해진다.[55] 그런데 효과가 현저한 것인지에 대하여 판단하는 것도 쉽지 않다. 대법원이 효과에 관하여 결론을 내린 사건들을 보면 효과에 대하여 검토를 하였다기보다는 결론을 내렸다고 생각된다.[56][57] 그런 결론적인 판단은 진보성

---

수밖에 없다.

52) Dorothy Whelan, *A Critique of the Use of Secondary Considerations in Applying the Section 103 Nonobviousness Test for Patentability*, 28 B.C. L. Rev. 357, 358 (1987) ("One view which has emerged is that the secondary considerations are relevant only when the outcome of the nonobviousness test is ambiguous based on the three prior art considerations alone. The Supreme Court, in cases decided subsequent to Graham, appears to have supported this view.").

53) 1차적 지표와 2차적 지표를 단순히 나열한 사례. 대법원 2007. 9. 6. 선고 2005후3284 판결("여러 선행기술문헌을 인용하여 특허발명의 진보성을 판단함에 있어서는 그 인용되는 기술을 조합 또는 결합하면 당해 특허발명에 이를 수 있다는 암시, 동기 등이 선행기술문헌에 제시되어 있거나 그렇지 않더라도 당해 특허발명의 출원 당시의 기술수준, 기술상식, 해당 기술분야의 기본적 과제, 발전경향, 해당 업계의 요구 등에 비추어 보아 그 기술분야에 통상의 지식을 가진 자(이하 '통상의 기술자'라고 한다)가 용이하게 그와 같은 결합에 이를 수 있다고 인정할 수 있는 경우에는 당해 특허발명의 진보성은 부정된다고 할 것이다.").

54) 2007년 개정으로 인하여 특허법 제42조 제3항에서 "발명의 목적, 발명의 구성 및 발명의 효과"를 기재할 필요가 없어졌다. 그런 견지에서 기존의 목적, 구성 및 효과를 기준으로 하는 판단체계가 개선되어야 한다는 주장: 김원준, "진보성의 심사기준과 인용문헌의 조합에 관한 연구", 「산업재산권」 제29호, 산업재산권법학회, 2008, 30면.

55) 화학발명에서는 효과 판단이 더욱 중요하다. 민경만, "화학물질발명의 진보성 판단에 관한 고찰", 「법학연구」 제13권 제2호, 인하대학교 법학연구소, 2010, 222면("화학물질발명의 진보성을 판단함에 있어서는 구성의 차이와 그 차이로 인한 효과가 어느 정도이고 통상의 기술자 수준에서 현저한 것으로 인정할 수 있는 것인지를 보다 적극적으로 살펴서 진보성 여부를 판단하여야 할 것이다.").

56) 예를 들어, 대법원 2010. 5. 27. 선고 2008후1203 판결; 2010. 4. 29. 선고 2009후4285 판결; 2010. 4. 15. 선고 2009후4339 판결(3건 모두 구성변경의 곤란성에 대하여는 장황하게 검토를 하는데 반해 효과의 현저성에 대하여는 (대비되는 자료를 제시하지 않고) 1－2줄로 간단히 결론을 내리고 있다).

57) 2012년 12월 15일 로앤비 검색 사이트에서 대법원과 특허법원의 특허판례 검색에서 진보성, 목적, 구성, 효과의 4개 단어가 재판요지에 나타난 판례 59개를 추출하였다. 그 59개의 판례 중 구성과 효과의 판단을 달리 본 사례는 하나도 발견되지 않았다. 즉, 구성변경의 곤란성을 인정한 경우에는 효과의 현저성도 모두 인정하고 구성변경의 곤란성을 부정한 경우에는 효과의 현저성도 모두 부정하는 것이다. 59개 판례에서 구성과 효과의 판단을 달리 본 사례가 하나도 없다는 것은 법원이 구성 또는 효과를 중심으로 진보성 여부를 결정한 후 나머지 효과 또는 구성은 그 결정에 맞추어 각색되는 것이라고 생각된다. 물론, 모든 판결이 그러한 것은 아니지만 적어도 일부의 판례에서라도 그런 각색이 있었을 것이라고 (위의 통계에 의하면) 충분히 짐작할 수 있는 것이다.

법리의 발전에 도움이 되지 않는다.

발명의 효과도 판단하기가 용이하지 않다. 효과의 차이를 판단하기 어렵다면, 효과의 현저성을 입증하는 객관적인 자료로서 상업적 성공이 중요하게 검토되어져야 한다.[58][59] 상업적 성공이 기술적인 것이 아니라 상업적인 것이므로 중요하게 다루어지지 않아야 한다는 비판이 있을 수 있다.[60] 그러나, 그러한 비판을 극복하기 위하여 상업적 성공은 발명의 기술적 특징으로부터 비롯된 것이어야 한다는 조건이 붙는 것이다. 상업적 성공과 발명의 기술적 특징과의 연관성이 인정되는 경우, 그 발명의 효과가 있다고 추정하는 것이 바람직하다.[61][62] 효과가 없는 발명이 채용된 제품이 왜 상업적으로 성공하는 것인가? 그러므로, 효과가 없다고 판단한 후, 상업적 성공 여부가 진보성의 결론을 바꿀 수는 없다는 설시는 지양되어야 한다.[63] 또, "상업적 성공만으로는 발명의 진보성을 인정할 수 없다"는 식의 허망한 설시를[64] 지양하고, 상업적 성공이 해당 발명의 기술적 특징과

58) 신혜은, "최근 진보성 관련 판례동향 및 객관적 판단기준을 위한 제언", 「법학논총」 제30집 제3호, 전남대학교 법학연구소, 2010, 191면("대법원 판례 중 …… 효과의 현저성을 근거로 진보성을 인정하면서 상업적 성공도 진보성 인정의 보충사유가 될 수 있다고 설시한 것에 불과하다. 이와 같은 대법원의 판단방법으로는 상업적 성공과 같은 2차적 고려요소는 진보성 판단 결과에 아무런 영향을 미치지 못하므로 전혀 의미가 없다. 이미 진보성이 있다, 없다는 결론을 내린 후 상업적으로 성공을 거두었다고 하더라도 그 점만으로는 특허발명의 진보성을 인정할 수 없다는 태도는 전형적인 사후적 고찰에 해당할 우려가 있다.").

59) 미국에서도 이차적 지표 중 상업적 성공이 가장 자주 주장된다. Amanda Wieker, *Secondary Considerations Should Be Given Increased Weight in Obviousness Inquiries Under 35 U.S.C. §103 in the Post-KSR v. Teleflex World*, 17 Fed. Cir. B.J. 665, 675 (2008) ("Commercial success is the most frequently encountered secondary consideration.").

60) Dorothy Whelan, supra, at 358 ("These factors ('secondary considerations') focus on the economic and motivational aspects of nonobviousness, rather than the technological aspects.").

61) 특허청, 「특허·실용신안 심사지침서」, 2011, 3310면("청구항에 기재된 발명의 <u>기술적 구성에 의하여 발생하는 효과</u>가 인용발명의 효과에 비하여 더 나은 효과를 갖는 경우에 그 효과는 진보성 인정에 긍정적으로 참작할 수 있다.").

62) 특히, 특허발명에 대한 무효심판 및 후속되는 심결취소소송에서는 더욱 그러하여야 한다. 즉, 특허권자가 상업적 성공에 관한 자료를 제시하면 법원은 그 상업적 성공이 특허발명의 기술적 특징에 의한 것이라고 보아 주고, 무효심판 청구인이 그 상업적 성공이 특허발명의 기술적 특징에 기인한 것이 아니라는 사실을 증명하도록 하여야 한다. 특허발명에 대하여 진보성을 판단하면서, "상업적 성공이 그 발명의 기술적 특징에 의한 것이라고 '단정'할 수 없으므로 진보성을 부정한다"는 식의 논지는 지양되어야 할 것이다.

63) 특허법원 2005. 10. 27. 선고 2004허8756 판결("앞에서 본 바와 같이 이 사건 발명이 그 목적, 구성 및 작용효과에 있어 비교대상발명들에 비하여 진보성이 없는 점이 밝혀진 이상 상업적 성공 여부에 의하여 그 결론이 달라질 수는 없다 할 것이므로, 위 주장은 이유 없다.").

64) 대법원 2004. 11. 2. 선고 2003후1512 판결; 2005. 11. 10. 선고 2004후3546 판결 등 다수 판결.

관련성이 없다고 판단하든지 아니면 상업적 성공이 해당 발명의 기술적 특징과 관련성이 있으므로 발명의 효과만이라도 인정하든지를 명확하게 하여야 한다.[65]

물론, 그 상업적 성공은 해당 발명의 기술적 특징으로부터 기인한 것이어야 하며, 선행기술의 특징으로부터 기인한 것이 아니어야 한다.[66][67] 발명의 기술적 특징으로 인하여 기술적 효과가 현저하였고 그래서 상업적으로 성공한 것이라면 그 발명에 대하여는 일반적으로는 진보성을 인정하여야 할 것이다.[68][69][70] 유럽특허청 심사지침서에 의하면, 이차적 지표로 발명의 예측되지 않던 기술적 효과, 상업적 성공 등을 제시하고 있는데,[71] 발명의 기술적 효과로 인하여 상업적 성공이 있었다면 그 두 개의 이차적 지표를 만족하는 것이므로 진보성의 존재에 대하여 강하게 긍정적으로 보아야 한다. 다만, 출원인(특허권자)이 그 상업적 성공과 기술적 효과와의 연관성(nexus)에 대하여는 증명하여야 할 것이다.

구성변경의 곤란성 판단에 있어서 판단자는 사후고찰의 영향을 강하게 받는다.[72] 그러한 영향으로 인하여서인지 대법원에서 진보성이 인정되는 확률이 매우 낮다.[73] 그러한 사후고찰의 영향으로부터 조금이라도 더 벗어나기 위해서는

---

65) 신혜은, 앞의 글, 193면("상업적 성공은 반드시 기술적 요인에 의한 것이라고는 할 수 없지만 진보성이 의심스러운 경우에는 상업적 성공이 매우 중요한 판단사항이라고 할 수 있다. 따라서 적어도 출원인(권리자)이 상업적 성공과 같은 이차적 고려사항을 주장하고 이차적 고려사항과 해당 기술과의 관련성(nexus)을 밝힌 경우에는 반드시 고려해야 하는 것으로 할 필요가 있다.").

66) Tokai Corp. v. Easton Enters., Inc., 632 F.3d 1358, 1369 (Fed. Cir. 2011) ("If commercial success is due to an element in the prior art, no nexus exists."); Ormco Corp. v. Align Technology, Inc., 463 F.3d 1299, 1312 (Fed. Cir. 2006) ("[I]f the feature that creates the commercial success was known in the prior art, the success is not pertinent.").

67) Robert P. Merges, *Commercial Success and Patent Standards: Economic Perspectives on Innovation*, 76 Cal. L. Rev. 805, 805－06 (1988) (상업적 성공 등 이차적 요소에 의존하는 것은 기술적 업적을 보상하는 것이 아니라 마케팅 전략 등 비기술적 업적을 보상하는 것이라고 비판).

68) EPO, *Guideline*, G－VII, 10.2 ("An unexpected technical effect may be regarded as an indication of inventive step.").

69) 강경태, "진보성 판단에 있어서 현저한 작용효과", 「특허판례연구」 개정판, 박영사, 2012, 252면("선행기술에 비해 현저한 효과를 가져오는 방법을 통상의 기술자들이 사용하지 않고 있었다는 사정은 선행기술로부터의 개선이 곤란하였다는 점 즉, 착상의 곤란성을 추정하게 하는 강한 간접증거가 될 수 있다.").

70) 배대헌, "진보성 요건 판단을 위한 2차적 기준에 관한 연구", 「비교사법」 제14권 제2호, 한국비교사법학회, 2007, 101면("새로운 기술개발에 따른 발명의 기술적 향상 여부의 최종적 평가는 시장의 수요자이다. 발명을 통하여 일정한 목적이 구현된 물품, 수요가 현저히 증가한 물품 등은 발명의 구성에 따르는 효과가 산업계에 명백히 드러난 것이다.").

71) EPO, *Guideline*, G－VII, 10.

72) 제6절 "용이도출 판단에 있어서 사후고찰(hindsight) 감소 방안" 참고.

상업적 성공 등 객관적인 자료를 좀 더 유연하게 포섭하여야 할 것이다.[74][75] 상업적 성공이 해당 발명의 기술적 특징으로부터 기인한 것인지 여부를 판단하기 위하여 선행기술과 발명이 적용된 제품의 매출,[76] 이익 추이,[77] 해당 제품에 대한 광고비 등의 자료를 검토할 수 있을 것이다. 이렇듯 어떤 제품의 상업적 성공이 해당 발명의 기술적 특징으로부터 기인한 것인지 여부를 판단하는 방법은 손해배상액을 산정하는 경우에도 적용된다. 즉, 소비자가 어떤 제품을 선택하는 구매동기가 해당 발명의 기술적 특징에 의한 것이라면, 손해배상액은 해당 발명이 채택된 부품이 아닌 그 제품 전체를 기준으로 산정하게 된다. 이러한 원칙을 소위 전체시장가치원칙(entire market value rule)이라고 부른다.[78] 향후, 어떤 제품의 상업적 성공이 해당 발명의 기술적 특징으로부터 기인한 것인지 여부를 판단하는 구체적인 경험이 축적되어 상업적 성공과 발명의 효과가 진보성 판단에 좀 더 중요한 요소가 되기를 기대한다.

---

73) 신혜은, 앞의 글, 183-185면(진보성에 관하여 판단한 2007년 5월 이후의 대법원 판례 39건 중 진보성이 인정된 사건은 8건(약 20%)에 불과하였다는 조사).

74) Natalie A. Thomas, *Secondary Considerations in Nonobviousness Analysis: The Use of Objective Indicia Following KSR V. TELEFLEX*, 86 N.Y.U. L. Rev. 2070, 2075-76 (2011) ("In addition, by providing objective information about the context for the inventive process, secondary considerations may prevent hindsight bias from affecting decision makers' assessments of the obviousness of an invention; decision makers may be prone to such bias once the invention is sitting before them.").

75) 미국에서는 상업적 성공이 다소 과도하게 주장, 인정되고 있음을 경계하여야 한다는 주장도 있다. Dorothy Whelan, supra, at 358-59.

76) 우리나라 특허를 대상으로 우리나라 법원에서 진행 중인 사건에서 외국에서의 매출이 상업적 성공의 증거로 제출될 수 있는가? Lindemann Maschinenfabrik GMBH v. American Hoist and Derrick Co., 730 F.2d 1452, 1461 (Fed. Cir. 1984) ("The district court improperly discounted the weight due the evidence of commercial success because that success occurred abroad. A showing of commercial success of a claimed invention, wherever such success occurs, is relevant in resolving the issue of non-obviousness.").

77) 상업적 성공 여부를 판단함에 있어서 해당 제품의 매출(revenue)이 중요한 것이 아니라 이익(profit)이 중요하다는 주장. Andrew Blair-Stanek, *Profits As Commercial Success*, 117 Yale L.J. 642 (2008).

78) 박성수, 「특허침해로 인한 손해배상액의 산정」, 경인문화사, 2007, 79-80면("CAFC는 설령 비특허 구성품이 큰 부분을 차지한다고 해도 물품 구매의 수요가 특허된 구성품으로부터 유발된 것이라는 요건이 인정되는 한, 특허권자가 특허된 구성품과 특허되지 않은 구성품의 전체시장가치를 기초로 하여 손해배상을 받는 것을 허용하여 왔다.").

# 제 6 절 용이도출 판단에 있어서 사후고찰(hindsight) 감소 방안*

## Ⅰ. 서 론

특허(출원) 실무에 있어서 가장 중요한 작업이 발명의 진보성 판단이며, 그 판단을 그르치게 하는 여러 이유 중 가장 중요한 것이 사후고찰의 오류(hindsight bias)라고[1)2)] 생각된다.[3)] 사후고찰의 오류란 어떤 사안의 발생에 대하여 그 사안의 발생 전에 생각하는 것보다 발생 후에 더 당연하다고 생각하는 일반적인 경향을 말한다.[4)] 이러한 사후고찰의 오류는 인간생활 전반에[5)] 영향을 미칠 뿐만

* 이 절은 다음 논문을 수정, 보완한 것이다. 정차호, "발명의 진보성 판단에 있어서 사후고찰(hindsight) 감소 방안", 「지식재산21」 통권 제110호, 특허청, '10. 1월호.

1) 황진·김성옥, "자기관여, 자기고양과 사후과잉확신", 「한국스포츠심리학회」 제18권 제2호, 2007, 93면("'hindsight'는 영어의 'behind'와 'sight'가 결합된 말로, 글자 그대로 결과를 알고 난 후에 '뒤에서 보면' 모든 것이 분명해 보이는 것을 의미한다. 그래서 다른 말로는 '후견지명 효과'라고 부르기도 한다."). 사안이 발생한 후에 보면 그 사안이 분명해 보이는 것을 두고 영어에서는 'hindsight 20/20'이라는 용어를 사용한다. 20/20은 시력측정에 있어서 완벽한 시력을 말하는 것이고 사안의 발생 후에는 그 사안을 완벽하게 이해할 수 있다는 뜻이다.

2) 심사관 등 발명의 진보성을 판단하는 자가 발명의 내용을 다 이해한 후 진보성을 판단하는 것을 유럽에서는 사후적 분석(*ex post facto* analysis)이라고 칭하지만, 미국에서는 '*ex post* reasoning' 또는 'hindsight'라고 칭한다. 'hindsight'가 그러한 현상을 하나의 단어로 제시하므로 활용도가 더 높다고 생각된다. 일본의 학자들은 그 'hindsight'를 주로 '사후적 고찰(事後的 考察)' 또는 '후지혜(後智慧)'라고 번역하는데, 이 글에서는 'hindsight'를 '사후고찰'이라고 번역한다. 'hindsight'라는 부정적인 의미를 가진 단어에 '지혜'라는 단어를 결부시키는 것이 어색하고, 'hindsight'가 하나의 단어(명사)이므로 번역어도 하나의 (복합)명사가 되는 것이 편리하기 때문이다. 한편, 심리학에서는 'hindsight bias'를 '사후과잉확신 편향'이라고 번역하기도 한다. 아래 최인철 논문 참고.

3) Gregory N. Mandel, *Patently Non-Obvious: Empirical Demonstration that the Hindsight Bias Renders Patent Decisions Irrational*, 67 Ohio St. L.J. 1391, 1391 (2006) (실험을 통하여 진보성 판단에 있어서 사후고찰의 오류가 예상되었던 것보다 더 심각하며, 다른 법적 판단보다 더 영향이 크다는 결론에 도달).

4) Shyamkrishna Balganesh, *Foreseeability and Copyright Incentives*, 122 Harv. L. Rev. 1569, 1630 (2009) ("Hindsight bias refers to the general tendency among individuals to see an event that has occurred as more probable than it actually was before its occurrence.").

5) 결론이 난 후, 축구시합의 내용을 분석하는 것, 주가(株價) 동향을 분석하는 것 등이 모두 사후고찰의 오류에서 벗어날 수 없다. 미국에서는 일요일 저녁에 있었던 미식축구에 대하여 월요일

아니라 법률적 판단,[6] 나아가 발명의 진보성 판단에도 영향을 미치게 된다. 심사관의 거절결정 이유 중 출원인이 가장 사주 승복하지 않는 것이 진보성 판단이며, 그 심사관과 출원인의 견해의 차이를 구성하는 가장 중요한 요인이 사후고찰의 오류라고 생각한다.[7] 사후고찰이 진보성 판단에 적용되어서는 아니 된다는 점에 대해서는 우리 대법원과[8] 미국 연방대법원이[9] 공히 동의하나, 어떤 사고체계(reasoning methodology)가 사후고찰이라는 것인지, 어떻게 그것을 방지 또는 감소할 것인지에 대하여는 설명을 하지 못하고 있다. 사실 발명의 진보성 판단에 있어서 사후고찰을 하지 않아야 한다는 점에 대하여 반대하는 자는 없으므로 사후고찰 금지의 당위론은 아무런 의미가 없고, 방지 또는 최소한 감소를 하기 위한 방법론이 중요한 것이다.[10][11] 진보성 판단에 있어서 매우 중요한 사후고찰 감소의 방법론에 대하여 지금까지 국내에서 고민한 글이 거의 없다는 점은 놀라운 일이다. 이 절은 사후고찰 감소의 방법론을 정면으로 다루고자 한다.

이 절은 사후고찰을 감소하는 방안을 여러 각도로 모색한다. 이 절이 제시하는 사후고찰 감소 방안 중 적어도 일부는 새로운 것이고(신규성), 기존의 방안과 비교하여 자명하지 않다(진보성). 그러나, 이 절을 순서대로 읽은 일반적인 독자

---

직장에서 이야기하는 경우, 사후고찰로 인하여 모두가 해당 경기의 전문가, 쿼터백인 양 이야기한다는 점을 풍자하여 'Monday morning quarterbacking'이라는 용어를 사용한다. Monday morning quarterback("a person who, after the event, offers advice or criticism concerning decisions made by others."). 〈www.yourdictionary.com〉.

6) Erin M. Harley, *Hindsight Bias in Legal Decision Making*, 25 Soc. Cognition 48 (2007).

7) Jun Wu, *Rewinding Time: Advances in Mitigating Hindsight Bias in Patent Obviousness Analysis*, 97 Ky. L.J. 565, 570 (2008−2009) ("In addition, the magnitude of jurors' hindsight bias in the obviousness judgment was greater than that reported for other legal judgments.").

8) 대법원 2009. 11. 12. 선고 2007후3660 판결("발명의 진보성 유무를 판단함에 있어서는 …… 진보성 판단의 대상이 된 발명의 명세서에 개시되어 있는 기술을 알고 있음을 전제로 하여 사후적으로 통상의 기술자가 그 발명을 용이하게 발명할 수 있는지를 판단하여서는 아니 된다(대법원 2007. 8. 24. 선고 2006후138 판결 참조).").

9) KSR Intern. Co. v. Teleflex Inc., 550 U.S. 398, 421 (2007) ("A factfinder should be aware, of course, of the distortion caused by hindsight bias and must be cautious of arguments reliant upon *ex post* reasoning.").

10) 일본특허청, 산업구조심의회 지식재산정책부회 특허제도소위원회 제2회 심사기준전문위원회 회의내용("'사후적 고찰(후지혜) 방지'는 목적이므로 이를 기재할 것이 아니라, 사후적 고찰(후지혜)이 들어가게 되는 원인을 찾아 이를 배제하는 구체적인 구조를 [심사]기준에 활용하면 좋을 것이다.")(한국지식재산연구원/세계동향/국가별/일본 2004. 4. 21.자 자료에서 재인용).

11) 이해영, 「미국특허법」 제2판, 한빛지적소유권센터, 2005, 286면("심사관은 클레임된 발명에 대하여 자기가 배웠던 것을 잊어 버리고 발명 당시로 돌아가서 그 당시의 지식을 가진 당업자의 수준으로 판단하여야 한다(인용 생략).").

는 그것들이 "모두 상식적"이라고 치부하며,[12] 그것의 진보성을 부정할 것이다. 그것이 사후고찰의 오류이다.[13] 인간은 모두 (정도의 차이는 있지만) 기억력을 가지며, 그 기억력으로 인하여 사후고찰의 오류로부터 벗어날 수 없다.[14] 모르는 것을 아는 척 하는 것은 어려운 일에 불과하고 가끔씩 성공하기도 하지만, 아는 것을 모르는 것으로 하고 판단하는 것은 불가능한 작업이기 때문이다.[15] 이 절은 사후고찰이 인간 사고체계의 기본속성이므로 그것을 완전히 방지할 수는 없다는 점을 인정하면서도,[16] 발명의 진보성 판단에서 그것을 어느 정도 억제될 수 있다는 믿음을 전제로 한다.[17] 특허제도의 역사가 인간은 항상 주어진 과제(problem)를 해결하는 새로운 방안(solution)을 제시하여 왔다는 것을 증명한다.

## Ⅱ. 진보성 판단의 체계 및 사후고찰의 문제

### 1. 발명가의 발명 행위

발명가가 발명을 하는 경우, 기존 기술이 가진 과제를 인식하고 그 과제를 해결하기 위한 방안을 모색하게 된다. 그러한 모색의 방법 중 가장 효율적이고

12) Dr. Watson in *Sherlock Holmes* ("Anything seems commonplace, once explained.") (recited from David G. Meyers, *Exploring Social Psychology*, McGraw－Hill, 1994, p. 15).

13) 사후고찰의 오류가 얼마나 일상적인지를 심리학 학자들이 여러 상황에서 실험한 바 있다. 이 글의 독자도 사후고찰의 오류를 간단히 경험할 수 있다. 여러분도 이 글의 목차 중 제IV장에서 제시된 부제목들을 미리 살펴보고 그것들이 각각 제시하는 내용이 무엇인지를 미리 예상해 보기 바란다. 무슨 내용이 설명되는지에 대하여 다소 막막한 느낌을 가진 독자 중 다수가 이 글을 다 읽은 후에는 "나도 그 정도는 이미 알고 있었던 것이다"라고 생각하게 된다.

14) Chris Guthrie et al., *Inside the Judicial Mind*, 86 Cornell L. Rev. 777, 824 (2001) ("[T]he hindsight bias [is] essentially impossible to avoid … correcting for the bias is not feasible.").

15) 한동수, "발명의 진보성 판단기준", 「특허소송연구」 제4집, 특허법원, 2008, 500면("간단한 장치발명일수록 발명의 가치를 합당하게 평가하기 위해서는 사후적 고찰을 배제한다는 원칙이 더욱 중요하다. 그러나, 출원명세서로부터 도출된 기술적 지식을 배제하고 사후적 판단을 고려해서는 안 된다는 제안은, 출원명세서를 사실상 다 읽어본 판단자에 대해서는 어찌보면 '관념적이어서 무력'하거나 '진보성을 인정한 결론을 사후에 합리화'하는 방안이 될 소지가 있다.").

16) Gregory N. Mandel, *Patently Non－Obvious II: Experimental Study on the Hindsight Issue Before the Supreme Court in KSR v. Teleflex*, 9 Yale J.L. & Tech. 1, 34 (2007) (사후고찰의 오류를 방지하기 위하여, 사후고찰의 위험에 대하여 경고하는 방법, 교육을 시키는 방법, 인센티브를 부여하는 방법 등을 실험하였으나 별다른 효과가 없었다는 설명).

17) 애초 필자는 이 절의 제목을 사후고찰의 '방지'라고 책정하였으나, 사후고찰에 대하여 공부를 하면서 사후고찰을 '방지'하는 것은 애초 불가능한 일이라고 판단하게 된다. 그래서 그 제목을 사후고찰의 '감소'라고 변경하게 되었다.

중요한 것이 선행기술을 검색하는 것이다. 발명가는 그림퍼즐 맞추기 작업과 같이[18] 검색된 선행기술 중 어떤 조합(combination)이[19] 주어진 과제를 해결할 수 있는 것인지를 연구, 실험하게 되는 것이다. 그래서 故 Rich 판사는[20] *Winslow* 판결에서 그러한 상황을 발명가가 선행기술을 연구실의 벽에 붙이고 그 선행기술들의 조합을 연구하는 모습으로 표현하였다.[21]

그림퍼즐에 있어서 그림조각의 숫자가 많아지면 그림퍼즐의 난이도가 기하급수적으로 높아지듯이 발명에 있어서 선행기술의 숫자가 많으면 그 선행기술의 조합이 더 어려워진다. 그런데 대부분의 기술분야에서 관련된 선행기술의 숫자가 충분히 많다는 점이 발명가에게는 축복이기도 하고 재앙이기도 하다. 애초 통상의 기술자가 그 많은 선행기술 중 그 상황에 가장 적합한 것이라고 쉽게 생각할 수 있는 것의 조합은 진보성을 구비하기 어렵고 통상의 기술자가 일반적으로는 생각하기 어려운 선행기술의 조합이 진보성을 구비하게 된다. 그렇다면 발명가는 연구실 벽에 걸려있는 수많은 선행기술 중[22] 어떤 것의 조합이 주어진 과제를 해결할 것인지를 실험, 추리, 논증 등을 통해서 찾아내는 것이다.[23][24] Rich 판사

---

18) KSR Intern. Co. v. Teleflex Inc., 550 U.S. 398, 420 (2007) (" … in many cases a person of ordinary skill will be able to fit the teachings of multiple patents together like pieces of a puzzle.").

19) Mark J. Abate, *Obviousness Before and After Judge Markey*, 8 J. Marshall Rev. Intell. Prop. L. SP 9, abstract (2009) ("Chief Judge Markey viewed all inventions as combinations of old elements because, in his own words, 'Only God works from nothing. Man must work with old elements.'").

20) Rich 판사는 현행 미국 특허법인 1952년 개정법의 주저자(primary author)였으며, 1954년부터 1999년까지 45년간 미국특허법원(CCPA & CAFC)에서 판사로 재직하였다. 미국 특허법 발전에 가장 큰 공헌을 한 사람이라고 생각된다. Rich 판사에 대하여는 정차호, "The Judge", 「지식재산21」, 특허청, 1999년 11월호 참고.

21) *In re* Winslow, 365 F.2d 1017, 1020 (C.C.P.A. 1966) ("[T]he proper way to apply the 103 obviousness test … is to first picture the inventor as working in his shop with the prior art references—which he is presumed to know—hanging on the walls around him."). *KSR* 연방대법원 사건의 구두심리(oral hearing)에서 몇몇 대법관들이 이 판례를 거론하며 발명행위의 상황(환경)에 대하여 대리인에게 문의한 바 있다.

22) 선행기술의 숫자가 많음으로 인하여 그것들을 벽에 붙이는 것이 불가능하게 되어 요즘은 컴퓨터 저장매체의 벽에 붙인다고 보면 된다.

23) 이런 견지에서 많은 선행기술 중 해당 발명의 진보성을 부정할 수 있는 적절한 선행기술을 검색하는 것이 여간 어려운 일이 아니다. 그 검색 자체가 발명행위의 중요한 일부분을 차지하는 것이다. 그러므로, 예를 들어, 특허무효심판 중 심판청구인이 적절한 선행기술을 제시하지 못하다가 심결취소소송에서야 그 선행기술을 제시하는 경우, 그 선행기술의 선정 자체가 용이하지 않았다는 반증이 될 수 있을 것이다.

24) 선행기술 중 선행기술의 정의에는 부합되더라도 발명가가 발명에 참고하기 어려운 것이 있다.

는 선행기술이 연구실 벽에 걸려 있는 상황을 비유한 것이 적절치 못하였다고 자인하며, 많은 선행기술 중 최적의 선행기술을 선택하는 그 자체가 자명하지 않다고 하였다.[25)]

## 2. 진보성 판단의 가상적 주체: 통상의 기술자

특허법은 진보성의 판단, 명세서 기재요건 충족 여부의 판단 등 매우 중요한 쟁점을 판단함에 있어서 그 판단의 기준으로서 해당 기술분야에서 통상의 기술을 가진 자("통상의 기술자")를 상정한다. 통상의 기술자 수준의 정확한 설정은 상기 제시된 모든 경우에서 중요하지만 특히 진보성 판단과 명세서 기재요건 구비 여부의 판단에서는 더욱 중요하다. 통상의 기술자 수준을 너무 높게 설정하는 경우 심사관은 진보성을 인정하기가 곤란한 반면, 명세서 기재요건 구비의 인정은 용이할 것이다. 반대로 통상의 기술자 수준을 너무 낮게 설정하는 경우 심사관은 진보성을 인정하기가 용이한 반면, 명세서 기재요건 구비의 인정은 어려울 것이다.

일반적으로, 통상의 기술자는 출원일 당시 그 기술분야의 공통적이고 일반적인 지식을 알고 있는 통상의 실무자(practitioner)라고 가정할 수 있거나 또는 선행기술(prior art), 특히 선행기술보고서에 적시된 문서에 해당하는 모든 것에 접

그런 선행기술에 대하여는 그러한 선행기술을 선택하는 것 자체가 어려운 발명의 과정일 수 있다. 그런 견지에서 (특이하게) 호주법원은 ① 아주 짧은 시간동안 공개된 선행기술, ② 영어가 아닌 선행기술, ③ 다른 기술적 과제를 다룬 선행기술 등을 진보성 판단에서 배제할 수 있도록 하고 있다. Stephen Albainy-Jenei, *Proposed Changes to Inventive Step/Non-Obviousness in Australia*, Patent Baristas Blog, Jan. 21 2010 ("Notably, prior art references have been excluded from consideration because (i) the prior art reference was published a short time before the priority date of claim under consideration and was not widely available (Wrigley), (ii) the prior art reference was not in the English language (Euroceltique), and (iii) the prior art reference was not directed to solving the same problem as the problem solved by the claimed invention (Lockwood).").
〈http://www.patentbaristas.com/archives/2010/01/21/proposed-changes-to-inventive-stepnon-obviousness-in-australia/〉.

25) Bradford J. Duft, *Fidelity*, 81 J. Pat. & Trademark Off. Soc'y 767, 771 (1999) ("Everything was tested by Judge Rich in light of commonsense. What end does it serve and how is the patent world to be served or benefited by it? For example, after the decision and opinion in *In re Winslow*, he became aware of the difficulties that his tableau created. It was clear that the *Winslow* setting took for granted that the most pertinent prior art had been selected, that is, that there was nothing nonobvious about the selection! Judge Rich determined to remedy the approach as soon as possible, and did so in *In re Antle*, 444 F.2d 1168, 1171, 170 USPQ 285, 287 (CCPA 1971) … ").

근 수단을 가지고 있고,[26] 일상적인 일이나 실험을 수행할 수 있는 보통의 수단과 능력을 자기 마음대로 활용할 수 있는 자라고 생각된다. 다만 통상의 기술자는 발명자와는 달리 발명을 할 수 있는 능력은 없다.[27] 즉, 통상의 기술자는 발명자보다는 기술적 능력, 이해도가 낮다고 본다.[28] 이와 같이 유럽과 미국이 통상의 기술자의 수준을 발명자보다 낮게 책정하는 데 반해, 일본과[29] 우리나라는[30] 통상의 기술자의 수준을 전문가의 수준으로 책정하는 예가 있다.[31] 그러나, 그러한 태도는 '통상'이라는 단어의 의미와 상응하지 않고, 명세서의 기술정보적 기능을 약하게 만드는 부작용을 초래하므로 바람직하지 않다.[32]

---

26) Custom Accessories, Inc. v. Jeffrey－allan Industries, Inc., 807 F.2d 955, 962 (Fed. Cir. 1986) (진보성 판단의 경우: "The person of ordinary skill is a hypothetical person who is presumed to be aware of all the pertinent prior art.").

27) 유럽특허청 *Guidelines for Examination*, C－IV, 9.6.

28) Standard Oil Co. v. American Cyanamid Co., 774 F.2d 448, 454 (Fed. Cir. 1985) ("A person of ordinary skill in the art is also presumed to be one who thinks along the line of conventional wisdom in the art and is <u>not one who undertakes to innovate</u>, whether by patient, and often expensive, systematic research or by extraordinary insights, it makes no difference which.").

29) 吉藤幸朔, 「特許法概說」 제13판, YOU ME 특허법률사무소 역, 135면("진보성 판단의 전제가 되는 종래기술에 당연히 최고 최신의 기술이 포함되는 이상 통상의 기술자는 종래기술에 관한 지식의 전부를 자신의 지식으로 하고 있는 자(아직 자신의 지식으로 하고 있지 않은 기술일지라도, 그것에 접할 때는 완전히 이해하고, 그 후 그것을 자신의 지식으로 할 수 있는 자를 포함), 즉 <u>고도의 지식을 가진 자</u>이어야 한다. 그리고, 이와 같은 종래기술에 대한 지식에 입각해서 창작하려면, 그러한 지식 이외에 창작능력(발명능력, 광의의 지식에 포함됨)을 필요로 한다.").

30) 특허청, 「특허·실용신안 심사지침서」, 2002, 2404면("당업자란 출원전의 해당 기술분야 기술상식을 보유하고 있고, 연구개발(실험, 분석, 제조 등을 포함한다)을 위하여 통상의 수단 및 능력을 자유롭게 구사할 수 있으며, 출원전의 기술수준에 있는 모든 것을 입수하여 자신의 지식으로 할 수 있고, 발명의 과제와 관련되는 기술분야의 지식을 자신의 지식으로 할 수 있는 자로서 그 기술분야에서의 <u>전문가</u>들이 가지고 있는 지식을 체득하고 있는 특허법상의 상상의 인물이다.").

31) 윤여강, "특허법에서의 '그 발명이 속하는 기술 분야에서의 통상의 지식을 가진 자'에 대한 연구", 「산업재산권」 제30호, 한국산업재산권법학회, 2009.

32) 정차호, "당업자와 특허심사관의 관계: 특허청 특허심사조직 혁신방안", 「지식재산21」, 특허청, '06. 1월호, 4면("또, 명세서 기재요건 구비 여부의 판단과 관련하여서도 당업자 수준을 높게 책정하는 경우 출원인 입장에서는 명세서 기재요건을 준수하기가 용이한 반면 제3자가 해당 명세서를 용이하게 이해하기가 어려운 면이 있고, 당업자 수준을 낮게 책정하는 경우 제3자의 입장에서는 명세서를 이해하기가 용이한 반면 출원인이 명세서 기재요건을 준수하기가 어려워진다.").

### 3. 진보성 판단을 위한 시계열적 행위

특허청 발행 심사지침서에 의하면 진보성을 판단하는 절차는 ① 청구항에 기재된 발명을 특정하는 단계, ② 인용발명을 특정하는 단계, ③ 청구항에 기재된 발명과 가장 가까운 인용발명을 선택하고 양자를 대비하여 그 차이를 명확히 하는 단계 및 ④ 그 차이에도 불구하고 인용발명으로부터 청구항에 기재된 발명에 이르는 것이 출원(일)(우선일) 당시의 통상의 기술자에게 용이한지를 판단하는 단계로 구성된다.[33] 유럽의 과제－해결(problem－solution) 접근법에 의하면, ① 최근접 선행기술을 결정하는 단계, ② 해결되어야 할 객관적인 기술적 과제를 설정하는 단계 및 ③ 최근접 선행기술 및 기술적 과제로부터 출발하여 그 발명이 통상의 기술자에게 용이하였는지를 결정하는 단계로 구성된다.[34] 미국의 *Graham* 법리에 의하면, ① 선행기술의 범위 및 내용을 확정하는 단계, ② 선행기술과 해당 발명의 차이를 확인하는 단계 및 ③ 해당 기술분야 통상의 기술자의 수준을 결정하는 단계로 구성된다.[35] 적시는 되지 않았지만, 4번째 단계로 그 통상의 기술자가 해당 발명이 용이하게 도출되는 것인지를 판단하는 단계가 이어질 것이다. 각국의 판단방법이 대동소이하며, 진보성을 판단하는 실무를 반영한다면, (1) 발명을 이해하고 해석, 확정하는 단계, (2) 선행기술을 검색하여 최적의 선행기술을 확정하는 단계, (3) 출원(일)(우선일) 당시 통상의 기술자의 수준에서 선행기술로부터 발명의 도출이 용이하였는지 여부를 판단하는 단계로 이루어지는 것으로 재구성할 수 있겠다. 발명을 이해하는 순간, 그 발명은 그 사람의 기억세포 속에 자리 잡게 되고, 그 기억은 무의식적으로 그 사람의 판단에 큰 영향을 미치게 된다. 결국, 발명을 이해하지 않고 '그' 발명의 진보성을 판단할 수 있다면 사후고찰의 오류에서 벗어날 수 있을 것이다. 그것이 가능한가?

33) 특허청, 「특허·실용신안 심사지침서」, 2002, 2406면. 한편 5번째 단계로 인용발명으로부터 청구항에 기재된 발명을 용이하게 발명할 수 있는지 여부를 판단하기 위하여 동기, 통상의 기술자의 통상의 창작능력, 더 나은 효과를 참작하도록 설명하고 있으나, 그 5번째 단계는 4번째 단계의 판단을 위한 보조적인 설명에 해당한다고 생각된다.

34) EPO, *Guideline* (2009), Part C, Chapter IV, p. IV－25.

35) Graham v. John Deere Co. of Kansas City, 383 U.S. 1, 17－18 (1966).

## Ⅲ. 사후고찰 방지 관련 주요국 법리

### 1. 미국의 사후고찰 관련 법리

사후고찰의 방지를 위한 노력은 미국에서 가장 치열하게 전개된 것으로 보이고 그러한 노력은 3가지 종류로 나누어진다. 첫째, 미국연방관할항소법원(CAFC)은 사후고찰을 방지하는 공정하고 객관적인 기준으로 교시, 제안, 동기(TSM, Teaching, Suggestion, Motivation) 테스트를 제시하였다. 즉, ① 선행기술 그 자체, ② 통상의 기술자의 지식 또는 ③ 해결되어야 할 과제의 성격이 선행기술로부터 해당 발명에 이르도록 교시, 제안 또는 동기를[36] 제공하여야 한다. 그 교시, 제안, 동기는 반드시 명시적(explicit)일 필요는 없고, 암시적(implicit)이어도 충분하다.[37][38] 물론, 연방대법원이 *KSR* 판결에서 그 TSM 테스트가 경직되게 적용되어서는 아니 되고, 통상의 기술자가 자동인형(automaton)이 아니므로[39] TSM이 없다고 하여도 통상의 기술자의 상식(common sense)에[40][41] 근거하여 진보성이

36) 교시, 제안의 의미는 선뜻 이해가 가나, 동기의 의미가 무엇인지 이해가 어렵다. *KSR* 연방대법원 사건의 구두심리에서도 많은 대법관들이 '동기'의 의미가 무엇인지를 물었고 대리인들은 그 물음에 답하지 못하였다. 결국, 오랫동안 사용되어 온 TSM 기준이 무엇인지 정확히 모르고 사용하여 왔다는 것이다. Justice Breyer in *KSR* oral hearing ("I just don't understand what is meant by the term 'motivation.'"). Oral Hearing Script p. 9.

37) 본 단락은 다음의 요약. Adelman, Rader & Thomas, *Patent Law* (3d ed. West), 2009, p. 308.

38) 대법원 2008. 7. 10. 선고 2007후5017 판결(특허발명의 청구범위에 기재된 구성이 비교대상발명에는 명시적으로 기재되어 있지 않더라도 당연히 포함되는 구성에 해당한다고 보아 특허발명의 진보성을 부정한 사례).

39) KSR Intern. Co. v. Teleflex Inc., 550 U.S. 398, 420 (2007) ("A person of ordinary skill is also a person of ordinary creativity, not an automaton.").

40) 미국 연방대법원은 *KSR* 판결에서 상식(common sense)라는 단어를 9번이나 사용하고 있다. 예를 들어, KSR, 550 U.S., at 403 ("Rigid preventative rules that deny factfinders recourse to <u>common sense</u>, however, are neither necessary under our case law nor consistent with it."). 하지만, 사후고찰의 오류에 의하면 알고 난 발명은 모두 상식적이라고 보인다는 점에 문제가 있다. David G. Meyers, *Exploring Social Psychology*, McGraw-Hill, 1994, p. 18) ("Indeed, almost any conceivable result of a psychological experiment can seem like common sense — *after* you know the result.").

41) 대량 이메일(bulk e-mail) 관리 방법에 관한 발명이 (A) 표적 수신자의 프로파일을 일치시키는 단계, (B) 이메일을 그 수신자에게 송신하는 단계, (C) 수신이 성공적인 이메일의 수를 계산하는 단계 및 (D) 그 수가 정해진 수치를 초과하지 않는 경우, 그 수치에 도달할 때까지 위 (A)-(C) 단계를 반복하는 단계로 이루어졌다. 제시된 선행기술은 (A)-(C) 단계를 개시하고 있다. (D) 단계를 반복하는 것이 상식인가? Perfect Web Technologies, Inc. v. InfoUSA, Inc., — F.3d —, 2009 WL 4281939 (Fed. Cir. December 2, 2009) 참고.

부정될 수 있다고 판시하여 TSM 테스트의 절대성을 부정하였지만, 여전히 TSM이 인정되는 경우 진보성을 부정하는 중요한 근거가 된다.

둘째, 배심원들이 사후고찰의 오류에 빠지지 않도록 하기 위하여 배심원 안내문(jury instructions)에 사후고찰의 오류에 대하여 명시한다.[42] 셋째, 보다 객관적인 증거인 이차적 고려요소(secondary considerations)를 검토한다.[43][44][45] 그러나, 많은 연구들이 그러한 3가지 노력이 별반 효과가 없다고 지적한다.[46] 즉, 그러한 노력에도 불구하고 인간의 회피할 수 없는 인지적 사고체계로 인하여 사후고찰을 피할 수 없다는 것이다. 아래에서 소개 또는 주장되는 사후고찰 감소 방안들도 그 자체로 사후고찰의 오류를 획기적으로 감소하지는 못할 것이라고 생각된다. 그러나, 이러한 감소방안들이 체계적이고 지속적으로 적용되는 경우 사후고찰의 오류가 어느 정도 감소될 것이라고 믿는다.

---

42) American Intellectual Property Law Association, Model Jury Instructions, "obviousness" part ("You must not use hindsight in answering this question. In other words, it is wrong to use the XXX patent as a guide through the prior art references, combining the right references in the right way so as to achieve the result of the claims of the XXX patent. Rather, you must determine whether or not, at the time the invention was made, the invention of the XXX patent would have been obvious to one of ordinary skill in the art having knowledge of all the prior art.").
〈http://www.aipla.org/Content/ContentGroups/Publications1/Guide_to_Model_Patent_Jury_Instructions.htm〉.

43) Graham v. John Deere Co. of Kansas City, 383 U.S. 1, 36, (1966) (secondary considerations "may also serve to guard against slipping into use of <u>hindsight</u> and to resist the temptation to read into the prior art the teachings of the invention in issue.").

44) 우리 대법원도 상업적 성공을 이차적인 고려요소로 책정한다. 대법원 2008. 5. 29. 선고 2006후3052 판결("특허발명의 제품이 상업적으로 성공을 하였거나 특허발명의 출원 전에 오랫동안 실시했던 사람이 없었던 점 등의 사정은 진보성을 인정하는 하나의 자료로 참고할 수 있지만, 이러한 사정만으로 진보성이 인정된다고 할 수는 없고, 특허발명의 <u>진보성에 대한 판단은 우선적으로 명세서에 기재된 내용 즉, 발명의 목적, 구성 및 효과를 토대로</u> 선행기술에 기하여 당해 기술분야에서 통상의 지식을 가진 자가 이를 용이하게 발명할 수 있는지 여부에 따라 판단되어야 하는 것이므로 이러한 사정이 있다는 이유만으로 발명의 진보성을 인정할 수 없다(대법원 2005. 11. 10. 선고 2004후3546 판결 참조)").

45) 이윤원, "특허법상 진보성 판단에 관한 연구", 충남대 박사학위 논문, 2006, 155면("2차적 고려사항은 기술적인 사항은 아니지만 기술적인 사항에 의해 영향을 많이 받을 수 있는 사항으로서 경제적이고 동기를 부여하는 사항들에 바탕을 두고 비자명성의 궁극적인 문제에 관하여 추론하기 위한 중요한 근거를 제공한다. 또한 그것들은 발명의 자명성을 판단함에 있어서 심사관의 사후관점에서의 고찰(hindsight)을 방지하는 역할에 기여하기도 한다.").

46) Gregory N. Mandel, *Patently Non-Obvious: Empirical Demonstration that the Hindsight Bias Renders Patent Decisions Irrational*, 67 Ohio St. L.J. 1391 (2006).

## 2. 유럽의 사후고찰 관련 법리

유럽특허청 심사지침서는 나아가 사후적 분석(ex post facto analysis)을 경계하여야 한다고 설명한다. 심사관이 언뜻 보기에 자명한 것으로 보이는 발명이 사실은 진보성이 있을 수 있고, 발명의 진보성을 부정하기 위한 선행기술의 결합이 발명으로부터 비롯되는 사전지식에 의할 수 있다는 것을 경계, 명심하여야 한다고 설명하고 있다.[47] 이러한 설명도 사후고찰을 배제하여야 한다는 당위론 정도에 그치는 것이고 사후고찰을 방지 또는 감소하기 위한 구체적인 방법론을 제시한 것이라고 인정되지는 않는다.

유럽특허청은 사후고찰을 방지하는 유용한 툴로 가능성-개연성(could-would) 테스트를 적용한다. 즉, 해당 발명의 진보성을 부정하기 위해서는 제시된 선행기술의 가르침(teaching)이 (객관적인 기술적 과제에 봉착한)[48] 통상의 기술자로 하여금 최근접 선행기술을 수정, 변형하여 그 발명에 도달하는 개연성을 보여야 한다.[49] 주된 쟁점은 통상의 기술자가 선행기술로부터 해당 발명에 도달할 수 있었는지(could)의 가능성(possibility)이 아니라, 해당 발명에 도달하였을(would) 것이라는 개연성(probability)이다. 이러한 유럽의 가능성-개연성(could-would) 테스트는 미국의 TSM 테스트와 매우 유사한 것이며, 결국 미국의 그것이 사후고찰을 방지하기 위한 것이듯이 유럽의 그것도 사후고찰을 방지하기 위한 것으로 생각된다.

## 3. 우리나라의 사후고찰 관련 법리

특허청 심사지침서는 "심사의 대상이 되는 출원의 명세서에 기재된 사항에

47) EPO, *Guideline* (2009), Part C, Chapter IV, p. IV-27.

48) 황영주, "특허의 진보성 판단에 관한 각국 기준의 개괄적 비교", 「특허법원 개원 10주년 기념논문집」, 특허법원, 2008, 133면("'기술적 과제'란 청구된 발명이 제공하는 기술적 효과를 제공하기 위하여 가장 가까운 선행기술을 변형 또는 적응시키는 목적 및 과제(aim and task)를 의미하며, 이렇게 정의된 기술적 과제를 종종 '객관적인 기술적 과제(objective technical problem)'라고 지칭한다.").

49) EPO, *Guideline* (2009), Part C, Chapter IV, p. IV-26 ("In the third stage, the question to be answered is whether there is any teaching in the prior art as a whole that would (not simply could, but would) have prompted the skilled person, faced with the objective technical problem, to modify or adapt the closest prior art while taking account of that teaching, thereby arriving at something falling within the terms of the claims, and thus achieving what the inventions achieves (see IV, 11.4)").

의하여 얻은 지식을 전제로 하여 진보성을 판단할 경우에는 당업자가 인용발명으로부터 청구항에 기재된 발명을 용이하게 발명할 수 있었던 것으로 인정되기 쉬운 경향이 있으므로 주의를 요한다"고 설명하고 있다. 나아가, 그러한 원리에 대하여 "어떤 원인의 해명에 의한 발명으로, 일단 그 원인이 해명되면 해결이 용이한 발명의 경우에는 그 원인의 해명과정을 중시하여 진보성을 판단하여야 하며, 단순히 그 해결수단이 자명하다는 이유만으로 진보성을 부정해서는 안된다"고 설명한다.[50] 사후고찰의 오류를 범하지 않아야 한다는 점과[51] 사후고찰의 원인이 결과(발명)를 안다는 점에 있으므로 결과를 중심으로 하지 말고 과정을 중심으로 판단하여야 하는 점을 설명한 것이다. 사후고찰에 대한 우리의 법리는 이런 정도로 당위론을 역설하거나, 사후고찰 오류를 방지하는 기본원리를 제시하는 정도에 그치고 있다. 다만, 역교시(Teaching Away)에 관하여 구체적으로 적시하는 내용이 심사기준 개정안에 제시되어 있는 정도이다.[52]

### 4. 소 결

위에서 살펴본 바와 같이, 미국, 유럽, 한국에서 공히 사후고찰을 배제하여야 한다는 당위론에는 같은 목소리를 내면서도 그것의 오류를 방지 또는 최소한 감소할 수 있는 구체적인 방법은 제시하지 못하고 있다. 결국, 사후고찰의 오류를 '감소'하는 것조차도 (거의) 불가능한 것이기 때문이 아닌가 생각된다.

## Ⅳ. 진보성 판단에 있어서 사후고찰 감소 방안

### 1. 심리학적 이해의 필요

사후고찰의 오류는 인간의 사고체계에 있어서 매우 광범위하게 적용되고 불

50) 특허청, 「특허·실용신안 심사지침서」, 2002, 2415면.

51) 대법원 2009. 11. 12. 선고 2007후3660 판결.

52) 특허청 심사지침서 중 진보성 부분 개정내용 23면("선행기술문헌이 그 선행기술을 참작하지 않도록 가르친다면, 즉 당업자로 하여금 출원발명에 이르지 못하도록 저해한다면 그 선행기술문헌이 특허발명과 매우 가깝게 닮았어도 그 선행기술문헌에 의해 당해 특허발명의 진보성이 부정되지 않는다. 이때 그 선행기술문헌에서 선행기술이 열등한 것으로 표현하였다는 사실만으로 반드시 그 선행기술의 참작을 단념케 하는 것이라고 할 수는 없다(특허법원 2008. 2. 21. 선고 2007허6034 판결).").

가피한 면이 있다. 사후고찰의 원인은 첫째, 자기만족의 동기에서 찾을 수 있다. 즉, 주변 상황을 "잘 이해한다", "이미 예측하고 있었다"고 자기 스스로 믿음으로써 자기를 만족시키는 것이다.[53] 자의식이 강한 사람일수록 "자신의 통제 능력을 과대하게 지각하는 소위 통제에 대한 착각(illusion of control; Langer, 1975)"을 더 크게 경험하게 된다. 사후고찰의 두 번째 원인은 인간의 인과적 사고 과정에서 찾을 수 있다. 즉, "어떤 사건의 결과가 알려지고 난 후에 사람들은 그 결과와 부합하는 요인들에만 초점을 맞추어 설명하려는 확증적 인과 사고를 하게 되는" 것이다.[54] 그러한 인과적 사고를 억제하는 방법으로 제시된 것이, ① 해당 사건에 부합하지 않는 요인들을 충분히 고려하도록 유도하는 방법, ② 설명의무를 부가하여 불확증적 요인들을 고려하도록 유도하는 방법[55] 등이다. 한편, 그러한 인과적 사고는 인지적으로 분주한(cognitively busy) 경우 증가한다. 즉, "일어나지 않은 대안적 결과들이 왜 일어났을 수도 있는지를 고려하는 사고 과정은 인지적 노력이 많이 필요한 과정인 데 반하여, 왜 특정 결과가 발생하였는지를 설명하는 과정은 상대적으로 자동적인 과정이라는 점을 감안하면 인지적 분주함 조작은 대안적 결과에 대한 사고를 제약하게 될 것이다." 인지적 분주함은 '시간제한(time pressure)'을 주는 방법, 다른 '인지 과제(mental task)'를 동시 과제로 부가하는 방법 등으로 조작될 수 있다.[56] 이러한 심리학적 이해를 바탕으로, ① 자의식이 강한 심사관일수록 사후고찰의 오류가 증가될 수 있고, ② 심사관이 진보성 결여에 대하여 충분히 설명하도록 하는 경우 사후고찰의 오류가 감소할 수 있고, ③ 진보성 판단에 결정적이지 않은 선행기술들을 충분히 고려하는 경우 사후고찰이 감소될 수 있고, ④ 하나의 출원에 투여하는 시간이 제한적일수록 사후고찰의 오류가 증가할 수 있고,[57] ⑤ 본연의 심사 외에 다른 과제가 동시 과제로 부

53) 최인철, "사후 과잉 확신 편향과 인과 추론", 「한국심리학회지」 제23권 제1호, 2004, 제138면은 이러한 현상을 "통제감에 대한 추구" 및 "자기제시(self-presentation)의 동기"라고 표현하였다. 황진·김성옥, "자기관여, 자기고양과 사후과잉확신", 「한국스포츠심리학회」 제18권 제2호, 2007, 95면("사람들은 자기고양적 편향을 통해서 자신이 세상을 통제하고 있다는 생각을 가질 수 있으며 이러한 통제감은 사람들에게 많은 심리적 혜택을 제공해줄 수 있다.").

54) 최인철, 위 논문, 138면.

55) 최이문·최인철, "인지적 분주함과 설명의무가 사후과잉확신 편향에 미치는 영향", 「한국심리학회지」 제16권 제3호, 2002, 38면(설명의무(accountability)를 부가하는 경우 사후고찰의 오류가 감소한다는 실험에 대해 설명).

56) 최이문·최인철, 위 논문, 38면.

57) 결국, 심사관의 심사부담을 줄이는 것도 사후고찰의 오류를 감소하는 방안인 것이다. 심사부담을 줄이는 방법은 잘 알려진 것이므로, 더 이상 논하지 않는다.

가될수록 사후고찰의 오류가 증가할 수 있다는[58] 결론을 도출할 수 있다. 이하, 위 ①번 내지 ③번 항목에 대하여 상세히 살펴본다.

## 2. 심사관 수준의 재정립

자의식이 강한 심사관일수록 사후고찰의 오류는 증가하게 된다. 그런데 우리 특허청은 박사학위 소지자, 기술고시 합격자 등 비교적 자의식이 강한 심사관을 다수 보유함으로써 사후고찰의 오류가 증가하게 되는 강한 개연성을 가지고 있다. 그러므로, 우리 특허청 심사관의 수준을 낮출 필요가 있다. 또, 심사관은 통상의 기술자의 눈높이에서 진보성 등을 판단하여야 하므로, 심사관의 수준이 통상의 기술자의 수준과 유사할 필요가 있다. 심사관의 수준을 낮추는 경우 별도의 '눈높이 맞춤' 작업 없이 통상의 기술자 수준에 상응한 심사가 가능한 것이다.[59] 특허청에는 (대)발명을 창출하여야 마땅한 천재들이 심사관으로 재직하고 있는데,[60] 출원인의 입장에서는 그러한 심사관의 사후고찰을 넘어서기는 여간 어려운 일이 아닐 수 없다.

우리 특허심사관의 경우 학력 및/또는 지적능력이 통상의 기술자의 그것보다도 높고 외국 심사관의 그것보다도 너무 높다. 심사관의 기술수준이 지나치게 높은 경우 그들이 진보성의 문턱을 너무 높게 책정할 가능성이 있어 바람직하지

---

58) 심사관이 심사 외에 특허청의 정책·사업에 동원되는 경우, 사후고찰의 오류가 증가할 수 있다는 것이다. 특허청의 "지재권 중심의 기술획득지원 사업" 등에 심사관이 동원되어서는 아니 된다. 특허청, 「2009 지식재산백서」, 22면 참고. 사후고찰의 오류 증가라는 측면 외에 전문성의 축적이라는 면에서도 그렇다. 그 사업에 한번 참가한 심사관은 (너무 큰 부담이므로) 다음 해에 또 참가하지는 않고 다른 심사관이 참가하게 된다. 그러한 사업을 다른 기관에서 수행하도록 하고 그 관련 인력이 전문성을 축적할 수 있도록 하여야 한다.

59) 정차호, "당업자와 특허심사관의 관계: 특허청 특허심사조직 혁신방안", 「지식재산21」, 특허청, 2006. 1월호, 18-19면("현재는 해당 기술 분야에서 매우 높은 기술에 대하여 잘 아는 심사관에게 그것을 모르는 것으로 하고 당업자의 수준에서 심사하라고 말하는 셈이다. 아는 것을 모르는 것으로 하고 심사하라고 요구할 것이 아니라 심사관의 평균 기술수준을 당업자의 기술수준으로 상응화시키는 것이 필요하다.").

60) 특허청 2009. 1. 9.자 보도자료("특허청(청장 고정식)은 정보통신심사국 네트워크심사팀 정은선 사무관(36·사진)이 세계적 권위의 인명사전인 미국의 '마르퀴스 후즈 후 인 더 월드 2009년판(Marquis Who's Who in the World, 26th Edition, 2009)'에 등재됐다고 밝혔다. 정은선 사무관은 무선 통신 네트워크, 이동 컴퓨팅 분야에서 해외 저명 저널 및 학술지에 다수의 연구 성과를 발표하고 관련 특허를 출원하는 등 그간의 연구 성과를 인정받았다. 특히, 무선 통신 네트워크에서 전력제어 분야의 뛰어난 연구 성과는 국제적으로 높은 평가를 받고 있다. 정 사무관은 민간 연구소인 삼성종합기술원에 근무하던 중 지난 2007년 박사 특채로 특허청에 임용된 후 현재 무선랜 및 차세대 이동통신 분야의 특허 심사 업무를 담당하고 있다.").

않으므로 외국 특허청과 같이 심사관의 수준을 통상의 기술자의 수준에 맞출 필요가 있다. 그러기 위해서는 현행 4급 및 5급 위주의 심사관 체제에서 벗어나 6급 및 7급 위주의 심사조직을 구축하여야 한다. 6급 및 7급 위주의 심사관(보)이 심사를 하는 경우 특허명세서의 정보기능이 제고될 수 있고, 진보성의 문턱이 적정 수준으로 낮추어질 수 있고, 심사관의 지위가 실질적으로 상승될 수 있고, 심사의 품질이 제고될 수 있고, 심사조직의 탄력성이 제고될 수 있는 등의 장점이 있다. 향후 세부사항에 대한 연구를 추가하여 특허청 특허심사조직의 혁신에 대한 중·장기 로드맵을 설계할 필요가 있다고 하겠다.[61)]

### 3. 심사관 설명의무 부가

심사관이 진보성 결여에 대하여 충분히 설명하도록 하는 경우 사후고찰의 오류가 감소할 수 있다.[62)][63)] 특히, 본인의 판단이 사후고찰에 기인되지 않음을 출원인에게 납득시키기 위하여 설명을 하여야 한다는 분명한 목적의식이 있는 경우, 사후고찰의 오류가 더 억제될 것이다. 특히, 많은 선행기술 중 왜 하필 그 선행기술들이 선택되었는지, 왜 다른 선행기술은 배제되었는지에 대한 설명을 하도록 하는 것이 효과가 있을 것이다. 심사에 과중한 부담을 유발하지 않으면서 또 형식적인 것이 되지 않으면서 사후고찰을 효과적으로 감소시키는 적절한 수준의 설명의무가 어떤 것인지에 대한 추가적인 연구가 필요하다고 하겠다.

61) 정차호, "당업자와 특허심사관의 관계: 특허청 특허심사조직 혁신방안", 「지식재산21」, 특허청, 2006. 1월호 참고.

62) Mintz v. Dietz & Watson, Inc., 679 F.3d 1372, 1377 (Fed. Cir. 2012) ("With little more than an invocation of the words 'common sense' (without any record showing that this knowledge would reside in the ordinarily skilled artisan), the district court overreached in its determination of obviousness.")(선행기술로부터 발명으로 변형하는 것이 '주지기술'이니 '기술상식'이니 하는 결론적 표현만으로는 부족하고 그러한 기술이 통상의 기술자에게 존재하는 것임을 자료 또는 증거로 보여주어야 한다는 설시).

63) *KSR* 법원은 한편으로는 경직된 TSM 테스트의 적용이 특허를 남발하는 부작용을 방지하기 위하여 동 테스트를 무력화 하고, 다른 한편으로는 사후고찰의 오류를 방지하기 위하여 진보성 부정의 근거를 명확히 설명하도록 요구하고 있다. KSR Intern. Co. v. Teleflex Inc., 550 U.S. 398, 418 (2007) ("[R]ejections on obviousness grounds cannot be sustained by mere conclusory statements; instead, there must be some articulated reasoning with some rational underpinning to support the legal conclusion of obviousness") (citing *In re Kahn*).

### 4. 통상의 기술자로 구성된 배심원의 운용: 과제와 선행기술만 제시된 상황에서의 실험

발명의 진보성을 판단하는 자가 진보성 판단에 결정적이지 않은 선행기술들도 충분히 고려하도록 하는 경우, 사후고찰의 오류가 감소할 수 있다. 이러한 이론은 발명의 양태를 살펴보아도 이해가 된다. 발명가는 수많은 선행기술 중 어떤 기술의 조합이 해당 과제를 해결할 수 있는지에 대하여 다각도의 시도를 하게 된다. 그러한 시행착오를 거친 결과 마침내 발명을 창출하게 되고, 판단자는 그 발명에 최근접한 선행기술과 비교하여 진보성을 판단하게 된다. 즉, 발명가는 발명의 당시에 알려진 수많은 기술에 파묻혀서 창작을 하는 반면, 판단자는 엄선된 선행기술만을 비교하여 진보성을 판단한다. 그러므로, 그 발명의 창작이 통상의 기술자에게 용이했는지를 판단하기 위해서는 그 당시 상황, 즉 수많은 선행기술에 파묻혀 있는 상황이 재연될 필요가 있다.[64)]

그런 견지에서, 다수의 통상의 기술자를 선정하여 그들이 일종의 배심원의 역할을 하도록 하되, 그들은 주어진 기술적 과제만을 알게 하고 그 과제를 해결한 발명은 알지 못하도록 한 채, 그들에게 최적의 선행기술은 물론 별로 상관이 없는 선행기술도 포함한 다수의 선행기술을 제시하고 그 과제를 해결할 수 있는 선행기술의 조합을 도출해 보도록 요구할 수 있다.[65)][66)] 그들이 그러한 도출의

64) *In re* Fine, 837 F.2d 1071, 1075 (Fed. Cir. 1988) ("One cannot use hindsight reconstruction to pick and choose among isolated disclosures in the prior art to deprecate the claimed invention."). 수많은 선행기술 중 피고가 엄선한 선행기술만을 바탕으로 진보성을 판단하는 것이 사후고찰의 오류를 발생케 한다는 실험적 고찰에 대하여는 Gregory N. Mandel, *Patently Non-Obvious: Empirical Demonstration that the Hindsight Bias Renders Patent Decisions Irrational*, 67 Ohio St. L.J. 1391 (2006); Gregory N. Mandel, *Patently Non-Obvious II: Experimental Study on the Hindsight Issue Before the Supreme Court in KSR v. Teleflex*, 9 Yale J.L. & Tech. 1 (2007).

65) Mandel의 위 논문에서는 기존의 배심원(일반 시민) 제도의 테두리 아래에서, 배심원이 발명을 알지 못하도록 하고 'foresight' 아래에서 진보성을 판단하도록 하는 방안을 제시하고 있다. 미국의 배심원 제도에 따라 통상의 기술자가 아닌 일반시민을 배심원으로 선정하여야 하므로 배심원은 통상의 기술자의 시각을 적용하여 진보성을 판단하여야 한다. 만약 배심원을 통상의 기술자 중 선정할 수 있다면 진보성 판단이 더 정확해질 것이 기대된다.

66) C. M. Seifert, *Goal Specification in Insight Problems*, 2007, Unpublished manuscript, University of Michigan (통상의 기술을 가진 공학도에게 발명가가 발명 전에 가진 정보를 제공하고 해당 발명을 도출하도록 실험하여 진보성을 판단하는 방법을 제시)(Janet Davidson. and Nicole Greenberg, *Psychologists' Views on Nonobviousness: Are They Obvious?*, 12 Lewis & Clark L. Rev. 527, 540에서 재인용).

노력을 일정 시간 한 후, 그들에게 발명을 제시하고 그 발명의 도출이 용이한 것인지를 묻는 것이다. 물론, 이러한 방법은 예산, 시간 등 현실적인 이유로 인하여 실현 가능성이 낮은 것은 사실이지만,[67] 특정한 상황에서 활용할 수 있는 여지가 없는 것은 아니므로[68] 향후 구체적인 활용방법에 대하여 연구할 가치가 있는 주제라고 생각된다.[69]

### 5. 선행기술의 유사성(analogy) 판단

특허무효심판에 있어서 심판청구인은 해당 특허를 무효로 만들 수 있는 선행기술을 찾기 위하여 백방의 노력을 다한다. 해당 특허를 무효시키는 것이 중요한 경우 그 노력은 매우 치열해진다. 그래서, 언어적으로는 한국어 자료는 물론이고, 일본어 자료, 영어 자료를 넘어서서 러시아어 등 제3외국어 자료까지도 검색하게 되고 기술분야로는 해당 발명과 동일한 기술분야의 자료뿐만 아니라 다른 기술분야의 자료까지 검색하게 된다. 발명가도 관련 과제(problem)를 해결하기 위하여 관련 선행기술을 검색하고 그 선행기술의 가르침을 활용하여 발명활동을 하게 되는데, 발명가의 선행기술의 검색의 정도와 위 무효심판에서 청구인의 선행기술의 검색의 정도는 어떤 것이 더 치열할까?

무효심판 청구인이 치열한 검색을 통하여 어렵게 입수한 선행기술은 해당 발명의 발명가가 일반적으로 참고하는 선행기술의 범위를 넘어설 수 있다. 즉, 발명가가 발명활동 당시에는 참고할 가능성이 매우 낮은 선행기술을 제시하여 진보성 결여를 주장하는 것은 발명을 이미 인지한 상태에서 가능한 것이지 발명활동 당시에는 가능한 것이 아닐 수 있다. 즉 사후고찰이 작동하는 것이다.[70] 이

---

67) 시간, 경비가 많이 소요된다는 점, 중요한 사건에서는 그 발명이 이미 통상의 기술자에게 익히 알려져 있다는 점 등이 걸림돌이 되겠다.

68) 해당 출원발명이 아직 공개되지 않았고, 출원인이 통상의 기술자 배심원에 대한 경비를 지급할 의사가 있는 경우에는 시도해볼만 하다고 생각된다.

69) 심사 단계에서도 이러한 방법이 제안된 바 있다. Mandel, *Patently Non-Obvious II: Experimental Study on the Hindsight Issue Before the Supreme Court in KSR V. Teleflex*, Yale Journal of Law & Technology, Vol. 9, No. 1, 2007, at 35-38 (제1심사관은 발명을 이해하고, 통상의 기술자의 수준을 확정하고, 선행기술을 검색한 후 그 결과를 제2심사관에게 전달한다. 제2심사관은 발명을 알지 못한 채 제1심사관으로부터 주어진 자료에 근거하여 발명으로의 용이한 도출에 대하여 심사한다.). 〈Available at SSRN: http://ssrn.com/abstract=928662〉.

70) *In re* Kahn, 441 F.3d 977, 987 (Fed. Cir. 2006) ("We have explained that this test begins the inquiry into whether a skilled artisan would have been motivated to combine references by defining the prior art relevant for the obviousness determination, and that it is meant to defend

러한 선행기술 검색에 있어서의 사후고찰의 작동을 막기 위하여 선행기술의 기술적 범위를 제한할 필요가 있다. 즉, 선행기술은 해당 발명과 동일한 기술분야의 것이거나 최소한 합리적으로 '유사한 기술분야(analogous art)'의 것이어야 한다.[71] 선행기술의 기술적 유사성(analogy)을 따지는 것이 사후고찰의 오류를 조금이라도 줄일 수 있을 것이다.

### 6. 진보성 판단기준의 정비

많은 선행기술 중 어떤 선행기술의 조합이 해당 발명에 이르는 것인지를 추출해 내는 것이 발명의 중요한 부분을 차지한다면, 선정된 최적의 선행기술과 대상 발명을 비교할 것이 아니라 일반적인 선행기술과 대상 발명을 비교하는 것이 맞다. 그러므로, 진보성 판단에 있어서, 일반적인 선행기술에서 해당 최적의 선행기술을 선정하는 것의 용이함과 그 최적의 선행기술로부터 대상 발명을 도출하는 것의 용이함의 두 단계를 판단하는 것이 옳다.[72] 특히, 최적의 선행기술이 해당 기술분야가 아닌 다른 기술분야의 것이라면 그 선행기술을 선정하는 것 자체가 기술적으로 어려운 것일 수 있다.[73] 즉, 기술분야도 다르고 출원발명이 해결한 과제와 합리적인 관련이 없는 기술을 선행기술로 인용하기 어렵게 된다.[74]

---

against hindsight.").

71) *Id.* at 986-987 ("The analogous-art test requires that the Board show that a reference is either in the field of the applicant's endeavor or is reasonably pertinent to the problem with which the inventor was concerned in order to rely on that reference as a basis for rejection. References are selected as being reasonably pertinent to the problem based on the judgment of a person having ordinary skill in the art.").

72) 조영선, 「특허법」 개정판, 박영사, 2009, 157면("이미 완성된 발명을 여러 구성 부분으로 나누고 각각의 구성을 포함하고 있는 선행기술들을 찾아낸 뒤 이를 사후적으로 꿰어 맞추어 완성된 발명에 이르는 논리구성을 하게 되면, 이미 완성된 발명을 그와 같은 사후작업에 '로드 맵'으로 사용하는 것이 된다. 그로 인해 발명이 이룩한 여러 기술요소의 '결합'이라는 기술적 가치가 부당하게 저평가될 우려가 있다.").

73) 대법원 2008. 7. 19. 선고 2006후2059 판결("특허법 제29조 제2항 소정의 '그 발명이 속하는 기술분야'란 원칙적으로 당해 특허발명이 이용되는 산업분야를 말하므로 당해 특허발명이 이용되는 산업분야가 비교대상발명의 그것과 다른 경우에는 비교대상발명을 당해 특허발명의 진보성을 부정하는 선행기술로 사용하기 어렵다 하더라도, 문제로 된 비교대상발명의 기술적 구성이 특정 산업분야에만 적용될 수 있는 구성이 아니고 당해 특허발명의 산업분야에서 통상의 기술을 가진 자(이하 '통상의 기술자'라 한다)가 특허발명의 당면한 기술적 문제를 해결하기 위하여 별다른 어려움 없이 이용할 수 있는 구성이라면 이를 당해 특허발명의 진보성을 부정하는 선행기술로 삼을 수 있다.").

74) 이 논점에 대하여는 김승조, "진보성 판단에 있어서 기술분야", 「특허판례연구」, 한국특허법학회, 박영사, 2009, 213-221면 참고.

## 7. 이차적 고려요소의 고려

진보성 판단에 있어서 객관적 증거인 이차적 고려요소(secondary considerations)를 좀 더 중요하게 고려하는 경우 사후고찰의 오류가 상당히 감소될 것으로 믿는다.[75)][76)][77)]

## 8. 기술의 발전이력 감안

기술은 시간의 흐름에 따라 진보한다. 진보를 시현한 발명에 대하여 특허를 부여하는 것이 마땅하지만 모든 작은 진보에 특허를 부여하는 경우 다른 큰 진보가 상대적인 불이익을 받게 되므로, 그 진보의 정도(inventive step)가 기술발전의 '촉진'에 어느 정도 이바지하는 것이어야 특허를 부여되는 것이다. 즉, 다른 작은 발명이 일상적으로 이룬 진보와는 구별되는 약간 더 큰 진보를 시현한 발명만이 특허를 부여받는 것이다. 그런 견지에서 해당 발명의 출원 당시에 다른 작은 발명들의 기술적 진보를 살펴보는 것이 진보성 판단에 도움이 된다.[78)]

---

75) 이차적 고려요소의 고려로 사후고찰의 오류를 제법 감소시킬 수 있다는 점에 대하여는 Mark J. Abate, *Obviousness Before and After Judge Markey*, 8 J. Marshall Rev. Intell. Prop. L. SP 9 (2009) 참고. 한편, 이차적 고려요소가 사후고찰의 오류를 감소하는 효과는 물통에 담긴 물방울 하나에 비견될 정도로 미미하다는 연구는 Gregory Mandel, *Patently Non-Obvious: Empirical Demonstration that the Hindsight Bias Renders Patent Decisions Irrational*, 67 Ohio St. L. J. 1391, 1423 (2006) ("Though this result may understate the influence of secondary consideration evidence, the impact appears to be <u>a drop in the bucket</u> compared with the strong effect of the hindsight bias.").

76) CAFC가 그토록 중요하게 생각한 TSM 테스트가 사후고찰의 오류를 방지하는 매우 강력한 수단임에는 틀림없으나, 그 테스트는 진보성의 문턱을 지나치게 낮추어서 특허의 남발을 초래하는 부작용을 일으킨다. TSM 테스트의 장점을 살리면서 특허의 문턱을 일정 수준으로 유지하는 방안은 없을까?

77) Mintz v. Dietz & Watson, Inc., 679 F.3d 1372, 1378 (Fed. Cir. 2012) ("The objective indicia 'guard against slipping into use of hindsight and to resist the temptation to read into the prior art the teachings of the invention in issue.' Graham v. John Deere Co., 383 U.S. 1, 36, 86 S.Ct. 684, 15 L.Ed.2d 545 (1966).").

78) Kirsch Mfg. Co. v. Gould Mersereau Co., 6 F.2d 793, 794 (2d Cir. 1925) (J. Learned Hand) ("This they attempt by looking at <u>the history of the art</u>, the occasion for the invention, its success, its independent repetition at about the same time, and <u>the state of the underlying art</u>, which was a condition upon its appearance at all."); 대법원 2007. 9. 6. 선고 2005후3284 판결("그리고 여러 선행기술문헌을 인용하여 특허발명의 진보성을 판단함에 있어서는 그 인용되는 기술을 조합 또는 결합하면 당해 특허발명에 이를 수 있다는 암시, 동기 등이 선행기술문헌에 제시되어 있거나 그렇지 않더라도 당해 특허발명의 <u>출원 당시의 기술수준</u>, 기술상식, 해당 기술분야의 기본적 과제, <u>발전경향</u>, 해당 업계의 요구 등에 비추어 보아 그 기술분야에 통상의 지식을 가진 자(이하 '통상의 기술자'라고 한다)가 용이하게 그와 같은 결합에 이를 수 있

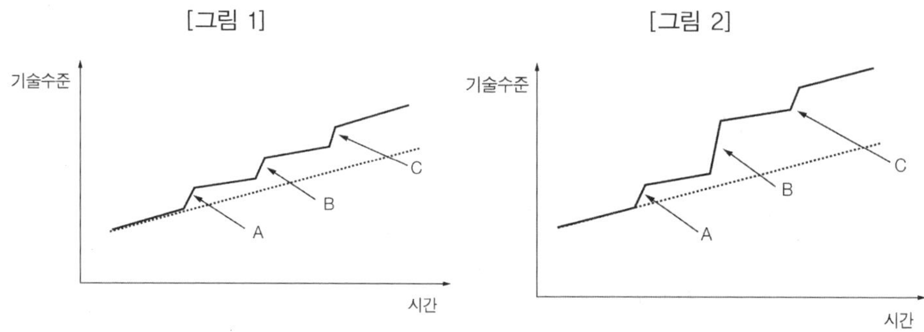


위 그림 1에서 점선은 시간의 흐름에 따라 (발명가의 특별한 창작적 노력이 가해지지 않아도) 발생할 것으로 예정되는 기술적 진보를 나타내고, A, B, C는 각각의 출원을 말한다. 이 경우 C출원발명의 진보성은 비교되는 A출원발명 및 B출원발명이 진보성을 인정받았는지가 중요한 판단기준이 될 수 있다. 즉, 비슷한 시기의 비슷한 기술적 기여를 한 출원들의 특허 여부에 따라 해당 출원의 특허 여부도 결정될 수 있는 것이다. 그림 2에서는 출원 B가 다른 출원과 구별되는 뚜렷한 기술적 기여를 한 것으로 보이므로 다른 출원들이 특허를 받지 않았다 하더라도 특허를 받을 수 있을 것이다.

그러므로, 발명의 진보성을 판단함에 있어서 이러한 기술발전 및 특허 여부의 이력을 살피는 것이 사후고찰의 오류를 감소할 수 있는 유력한 툴이 될 수 있다.[79] 한편, 이러한 기술발전 및 특허 여부의 이력에 대하여는 해당 기술분야의 심사를 오랫동안 담당해 온 심사관이 가장 잘 파악하는 것으로 인정되므로, 심사관이 일단 특허를 부여한 경우 그 특허에 대하여는 유효추정의 원칙을 적용할 필요가 있다. 특히, 심사관이 심사에 있어서 고려한 선행기술을 바탕으로 특허무효 여부를 판단하는 경우, 심판관, 판사 등은 심사관의 결정을 존중하여야 하는 것이다.

### 9. 출원일과 판단일의 간극 고려

출원일(우선일)로부터 시간이 경과할수록 정도의 차이는 있지만 기술은 발전

다고 인정할 수 있는 경우에는 당해 특허발명의 진보성은 부정된다고 할 것이다.").

79) Leo Pharmaceutical Products, Ltd. v. Rea, 726 F. 3d 1346 (Fed. Cir. 2013)(선행기술이 1978년 공개된 이후 22년 동안 관련 기술발전이 없었다는 점을 진보성 인정의 한 근거로 삼은 사례).

한다. 시간의 경과가 크면 클수록 기술은 더 많이 발전하였고, 진보성을 판단하는 자는 그 발전된 기술로부터 영향을 받는다.[80] 그러므로, 출원일로부터 가급적 빨리 진보성이 판단되게 하거나 어쩔 수 없이 출원일로부터 장기간 후 진보성이 판단되는 경우 판단자가 사후고찰의 오류에 더 많이 빠질 수 있음을 자각하면서 판단하여야 한다.

### 10. 심사관의 장기 근무 유도

해당 기술분야의 기술발전 및 특허 이력을 잘 알기 위해서는 심사관이 한 기술분야에 오랫동안 근무하는 것이 필요하다. 특허청의 인사가 너무 자주 발생하여 심사관이 기술 및 특허 이력에 대하여 어느 정도 익숙해지면 다른 기술분야로 배정되곤 한다. 미국과 같이 심사관이 하나의 기술분야로 배정되면 별다른 이유가 없는 한 장기근무를 하도록 인사체계를 바꾸어야 한다.

### 11. 특허유효추정의 원칙 도입

사후고찰은 해당 발명의 진보성을 부정적으로 보는 시각을 형성한다. 사후고찰의 오류가 일정 부분 불가피하므로 그러한 부정적 시각도 불가피한 것이 된다. 그렇다면, 그러한 부정적 시각을 보완하는 다른 긍정적 시각을 진보성 판단에 같이 투입한다면 그 부정적 시각이 어느 정도 희석 또는 완화될 것으로 기대된다. 그런 견지에서 특허유효추정은 사후고찰의 오류를 감소하는 한 방안으로 제시될 수 있다.[81] 다만, 특허유효추정의 원칙은 출원발명에는 적용되지 않는다는 한계가 있고, 심사의 품질이 전제되어야 도입할 수 있다는 단점이 있다. 그러나, 심사의 품질이 담보가 되는 경우 특허발명 만에라도 도입할 가치가 있는 원칙이라고 생각된다.[82]

---

80) Generics (UK) Ltd v H Lundbeck A/S [2007] EWHC 1040 (Pat) (04 May 2007) para. 70 ("Once an invention has been made it is often all too easy to postulate how it might have been arrived at by a series of apparently obvious steps from something that was known. This is particularly important in a case such as the present for two reasons. First, the invention was made many years ago and the state of the art has advanced considerably in the meantime.").

81) John Gladstone Mills III, Donald C. Reiley III, and Robert C. Highley, 2 *Patent Law Fundamentals* § 12:12 ("The natural tendency in dealing with patents, to substitute hindsight for foresight and to look at the present status of the invention, has been cited as one of the reasons that patents are presumed valid and doubts resolved in favor of invention.").

82) 우리 법에 의해서도 특허는 무효심결이 확정되기 전까지는 유효하다. 여기서의 유효 원칙은 판

미국의 경우, 특허유효추정의 원칙을 규정화하고[83] 그에 따라 특허발명의 진보성을 부정하기 위해서는 그것을 주장하는 자가 명백한 증거로서 증명하여야 하지만,[84] *Microsoft v. i4i* 사건에서 심사의 품질에 대한 의문이 제기되어 특허유효추정의 원칙에 관한 규정을 삭제해야 한다거나, 심사관이 고려한 선행기술에 대하여만 유효추정의 원칙을 적용해야 한다는 주장이 있었다.[85][86] 비록 미국연방대법원이 특허유효추정의 원칙을 고수하고 심사관이 고려하지 않은 선행기술에 대하여도 동일한 추정의 원칙을 적용하는 것으로 판시하였지만, 미국의 이러한 경험 및 갑론을박이 향후 우리가 특허유효추정의 원칙을 정식으로 도입하여야 하는지, 그 운용은 어떻게 하여야 하는지에 대하여 많은 시사점을 줄 것이다.

## 12. 역교시(Teaching Away) 및 문맥 불일치(Out of Context)

진보성을 부정하기 위하여 채택된 선행기술이 그 발명과 멀어지게 하거나 그 선행기술을 참작하지 않게끔 가르친다면(teaching away) 그 선행기술을 기초로 진보성을 부정하는 것은 적절하지 않다.[87][88] 그러나, 그 멀어지게끔 가르치는 것은 비난, 불신 등에 해당하여야 하며, 단순히 복수의 선택지 중 다른 것을 더 선

---

결의 확정 시점에 관한 법리를 말하는 것이다. 특허유효추정의 원칙이 적용된다는 것은 심사 시 적용된 특허성 판단의 기준과 비교하여 무효심판 시 적용되는 기준이 더 높아서 무효를 시키기가 어려워지는 것이 요체이다. 그러한 유효추정의 원칙이 우리 법에 도입된 것은 아니다.

83) 35 U.S.C. 282 ("A patent shall be presumed valld. … The burden of establishing invalidity of a patent or any claim thereof shall rest on the party asserting such invalidity.").

84) Enzo Biochem, Inc. v. Gen-Probe Inc., 424 F.3d 1276, 1281 (Fed. Cir. 2005) ("A patent is presumed to be valid, and this presumption only can be overcome by clear and convincing evidence to the contrary.").

85) Microsoft Corporation v. i4i Limited Partnership, 131 S.Ct. 647 (2011).

86) Doug Lichtman, Mark Lemley, *Rethinking Patent Law's Presumption of Validity*, 60 Stanford L. Rev. 45 (2007) (일반적인 특허에는 유효 추정의 원칙을 인정하지 않고, 출원인이 추가적인 요금을 지불하고 강화된 선행기술 검색을 통하여 특허가 된 소위 골드 특허(gold-plated patent)에는 강한 유효 추정을 적용하는 방안을 제시).

87) 특허법원 2008. 2. 21. 선고 2007허6034 판결("선행기술문헌이 그 선행기술을 참작하지 않게끔 가르친다면, 즉 통상의 기술자로 하여금 그 발명에 이르도록 하는 것을 단념케 한다면 그 선행기술문헌이 특허발명과 매우 가깝게 닮았어도 당해 특허발명의 진보성이 부정되지 않지만, 단지 선행기술이 열등한 것으로 표현하였다고 하여 반드시 그 선행기술을 단념케 하는 것이라고 할 수 없다.").

88) Shashank Upadhye, *Generic Pharmaceutical Patent and FDA Law*, §1:40 ("An invention may be patentably nonobvious if it is directed to a different problem than the prior art and thus is directed to a different solution.").

호하는 정도로는 멀어지게끔 하는 것이 아니다.[89] 선행기술이 발명으로부터 멀어지게끔 가르치는 경우 해당 발명이 선행기술로부터 단순한 실험을 통하여 도출될 수 있다는 주장으로 진보성을 부정할 수는 없고, 통상의 기술자가 그 도출을 할 수 있는 확연한(apparent) 이유를 보여야 한다.[90] 선행기술이 발명으로부터 멀어지게끔 가르치는데도 불구하고 그 선행기술을 채택한 것은 사후고찰의 영향을 받은 것으로 강하게 추정될 수 있다.[91] 또한, 발명의 진보성을 부정하기 위하여 선행기술에서 사용된 표현을 활용하게 되는데, 그 활용된 표현이 선행기술의 전체적인 문맥과 일치하지 않게(out of context)[92] 변형되었다면, 그러한 변형은 사후고찰에 의한 것이라고 의심할 수 있다.[93]

### 13. 진보성 교육의 강화

특허청은 심사관 및 심판관의 심사·심판 품질을 제고하기 위하여 여러 교육 프로그램을 운용한다. 그러한 프로그램은 특허제도 나아가 산업재산권제도의 전반을 이해하기 위한 좋은 내용을 포함하고 있기도 하지만 업무와의 연관성이 낮은 내용도 포함하고 있다고 판단된다. 진보성 판단이 심사·심판의 품질에 미치

89) DePuy Spine, Inc. v. Medtronic Sofamor Danek, Inc., 567 F.3d 1314, 1327 (Fed. Cir. 2009) ("A reference does not teach away, however, if it merely expresses a general preference for an alternative invention but does not 'criticize, discredit, or otherwise discourage' investigation into the invention claimed."); Lance Leonard Barry, *Teaching a Way is Not Teaching Away*, 79 J. Pat. & Trademark Off. Soc'y 867, 870−75 (1999).

90) *Ex Parte* Whalen II et. al., 2008 WL 2957928 (Bd. Pat. App. & Interferences 2008) ("In the same way, when the prior art teaches away from the claimed solution as presented here, obviousness cannot be proven merely by showing that a known composition could have been modified by routine experimentation or solely on the expectation of success; it must be shown that those of ordinary skill in the art would have had some apparent reason to modify the known composition in a way that would result in the claimed composition.").

91) 이차적 고려요소의 하나인 "해당 기술분야 다른 기술자의 회의(skepticism)"도 "teaching away"와 비슷한 개념이라고 생각된다. John Gladstone Mills III, Donald C. Reiley III, and Robert C. Highley, *Patent Law Fundamentals*, §12:28 ("The skepticism of an alleged infringer as to the success of a patented device, which proves to be successful, has been taken as an indication of nonobviousness. Closely related to — and even overlapping — 'teaching away from' the claimed invention is the skepticism of experts.").

92) Naver 영어사전('out of context'="전후 관계[문맥, 정황]를 무시하고, 전후 관계와 분리하여, 문맥을 벗어나, 전후 관계없이").

93) Yu Cai, *Using Hindsight in Determining Patent Obviousness: Observations on PharmaStem v. ViaCell*, 48 Jurimetrics J. 379, 403 (2008) ("But in extracting a sentence out of context to conclude that a prior art reference made a scientific prediction, we can reasonably suspect that hindsight bias was at work.").

는 영향을 생각하면 동 교육프로그램에 할애된 시간의 적어도 4분의 1 이상을 진보성 교육에 투자할 필요가 있다.[94] 특히, 사후고찰의 방지를 위한 다양한 프로그램이 개발되기를 기대한다. 그러한 프로그램에서는 사후고찰에 의한 진보성 부정이라고 판단된 국내·외 사건들을 정리, 소개하여 심사관 및 심판관이 사후고찰을 스스로 경계하는 자세를 가지도록 유도하여야 한다.

## V. 결 론

사후고찰이 인간 사고체계의 기본속성이므로 그것을 완전히 방지할 수는 없다는 점이 인정된다. 그럼에도 불구하고 사후고찰의 오류가 진보성 판단에 있어서 너무나 중요한 것이므로 가능한 범위에서 그 오류를 감소하는 방법을 모색할 필요성은 엄존한다. 이 절은 크게 제도·행정적 및 (입)법적 차원에서 사후고찰의 오류를 감소하는 구체적 방법을 제안하였다.

사후고찰의 사고체계가 인간 심리의 기본적인 것이어서 심리학에서 그것이 많이 연구되었으며, 그러한 심리학의 연구결과를 진보성 판단에 적용한 결과 ① 자의식이 강한 심사관일수록 사후고찰의 오류가 증가할 수 있고, ② 심사관이 진보성 결여에 대하여 충분히 설명하도록 하는 경우 사후고찰의 오류가 감소할 수 있고, ③ 진보성 판단에 결정적이지 않은 선행기술들을 충분히 고려하는 경우 사후고찰이 감소할 수 있고, ④ 하나의 출원에 투여하는 시간이 제한적일수록 사후고찰의 오류가 증가할 수 있고, ⑤ 본연의 심사 외에 다른 과제가 동시과제로 부가될수록 사후고찰의 오류가 증가할 수 있다는 결론을 도출할 수 있었다.

또, 이 절은 다음과 같은 결론 또는 제안을 도출하였다.

첫째, 발명가의 발명행위가 수많은 선행기술 중 주어진 기술적 과제를 해결하는 최선의 조합을 도출하는 것과 다르지 않으며, 수많은 선행기술 중 그러한 최선의 조합을 시현하는 선행기술을 추출하는 작업 자체가 중요한 발명행위라고 보고, 그 추출의 용이함도 진보성 판단에 고려되어야 한다고 보았다.

둘째, 선행기술의 구성으로부터 해당 발명의 구성으로 변경하는 그 구성변

94) 정차호, "특허심판원의 나아갈 방향: 세계 최고 심판품질의 달성",「지식재산21」통권 제104호, 특허청, '08. 7월, 114면.

경의 곤란성을 판단함에 있어서 사후고찰의 오류가 개입된다면, 그러한 오류를 삼소하는 방안으로 비교적 객관적으로 평가, 측정될 수 있는 발명의 효과를 진보성 판단에서 더 중요하게 고려하는 방안이 제안된다.

셋째, 기술발전 및 유사 기술의 특허 여부는 객관적 자료이므로, 그 객관적 자료를 살펴 유사 기술이 특허된 경우 해당 발명도 진보성이 인정될 수 있고, 해당 발명이 상대적으로 큰 진보를 시현한 경우 그 발명의 진보성이 인정될 수 있을 것이다.

넷째, 심사관이 기술발전 및 유사 기술의 특허 이력에 대하여 잘 알도록 하기 위하여 심사관이 하나의 기술분야에서 장기간 근무하도록 하여야 한다.

다섯째, 사후고찰이 해당 발명의 진보성을 부정적으로 보는 시각을 형성하므로, 특허유효추정의 원칙이라는 긍정적 시각으로 그러한 부정적 시각을 보완할 수가 있을 것이다. 물론 그러한 방법은 심사의 품질이 전제가 되어야 하는 것이지만 심사의 품질이 담보되는 경우 그 원칙이 사후고찰의 오류를 일정 부분 억제할 것이다.

여섯째, 해당 발명의 진보성을 부정하기 위하여 채택된 선행기술이 해당 발명의 도출을 억제하는 가르침을 준다면(teaching away) 그러한 선행기술의 채택에 이미 사후고찰의 오류가 개입되었다고 볼 수 있다. 또, 발명의 진보성을 부정하기 위하여 선행기술에서 사용된 표현을 활용하게 되는데, 그 활용된 표현이 선행기술의 전체적인 문맥과 일치하지 않게(out of context) 변형되었다면, 그러한 변형은 사후고찰에 의한 것이라고 의심될 수 있다. 즉, 출원인(특허권자)은 선행기술이 그러한 '역교시(teaching away)' 또는 '문맥 불일치(out of context)'에 해당한다는 것을 주장하여 심사관이 사후고찰의 오류에서 벗어날 수 있도록 유도할 수 있을 것이다.

그 외, 사후고찰의 오류의 중요성을 심사관, 심판관에게 체계적, 지속적으로 교육시켜야 한다. 사후고찰에 의하여 진보성이 부정된 국내·외 사건들을 정리, 소개하여 심사관 및 심판관이 사후고찰을 스스로 경계하는 자세를 가지도록 유도하여야 한다.

결론적으로 사후고찰을 감소하기 위하여 특허청이 취할 수 있는 행정적, 제도적인 방안은 ① 심사관의 심사부담을 경감시키는 것, ② 심사관이 심사 외 다른 업무에 시간, 관심을 빼앗기지 않도록 하는 것, ③ 심사관 운용을 현행 4, 5급 위주가 아닌 6, 7급 위주로 변경하는 것, ④ 거절이유 작성 시 진보성 결여의 논리를 명확하게 작성하도록 교육시키는 것, ⑤ 진보성, 특히 사후고찰의 오류에 대한 교육 프로그램을 강화하는 것, ⑥ 심사관이 하나의 기술분야에서 장기간 근무할 수 있도록 하는 것 등이 있다.

사후고찰을 감소하기 위한 (입)법적인 접근 방법으로는 ① 특허유효추정의 원칙을 도입하는 것, ② 진보성 판단기준에 선행기술의 선택 그 자체의 용이 여부를 포함하는 것, ③ 구성변경의 곤란성 판단이 명확하지 않은 경우 발명의 효과가 그 판단을 보조하는 법리를 확립하는 것, ④ 출원인의 입장에서 '역교시(teaching away)' 또는 '문맥 불일치(out of context)' 개념의 적용을 적극 활용하는 것 등이 있다.

사후고찰의 오류는 발명의 진보성 판단에 있어서 너무나 중요한 것이므로 그것을 감소하기 위한 계속적이고 체계적인 노력이 이루어져야 한다. 특히 중요한 점은 하나의 방책으로 사후고찰의 오류를 방지는 커녕 감소시키기도 어렵다는 점에 대하여 인정하며 사후고찰의 감소를 위한 전방위적 노력을 하여야 한다는 점이다.[95] 나아가, 사후고찰은 균등론(doctrine of equivalents), 청구항(용어) 해석(claim construction), 용이실시(enablement), 손해배상액 산정(damages calculation) 등의 판단에도 직접적인 영향을 미쳐,[96] 결국 특허법 전반에 영향을 미치는 것이므로 그것의 오류를 최소화하기 위한 노력을 게을리 할 수가 없는 것이다.

한편, 사후고찰의 방지를 위한 조치가 지나칠 경우, 기술발전에 기여하지 않는 발명에 대한 특허의 남발을[97] 초래할 수 있다. 즉, 사후고찰의 개념이 너무 강조되는 경우 그 개념이 진보성을 무분별하게 인정하는 심리적, 이론적 근거

95) Jeffrey J. Rachlinski, *A Positive Psychological Theory of Judging in Hindsight*, 65 U. Chi. L. Rev. 571, 573 (1998) ("Consequently, attempts to restructure decisions made in hindsight so as to avoid the bias have all failed to eliminate its influence. This conclusion suggests that a generic, one-size-fits-all remedy for 20/20 judgment in hindsight is unlikely to be available to the legal system.").

96) Gregory N. Mandel, *Patently Non-Obvious: Empirical Demonstration that the Hindsight Bias Renders Patent Decisions Irrational*, 67 Ohio St. L.J. 1391, 1391 (2006).

97) 유사한 특허가 많은 경우 해당 특허의 가치, 희소성은 감소할 것이다. 한편, 출원, 특허가 많은 기술분야는 경쟁이 치열하다고 볼 수 있다. Patent Troll 또는 NPE(Non-practicing entity)는 유사한 특허가 많은 분야의 특허를 매입할 것인가, 아니면 유사한 특허가 적은 분야의 특허를 매입할 것인가? Fischer, Timo and Henkel, Joachim, *Patent Trolls on Markets for Technology-An Empirical Analysis of Trolls' Patent Acquisitions* (December 14, 2009). Available at SSRN: http://ssrn.com/abstract=1523102.

가 될 수 있는 것이다.[98] 그러므로, 사후고찰의 오류를 감소하기 위한 노력은 항상 진보성의 문턱을 적정선으로 유지하기 위한 노력과 병행 또는 경쟁되어야 한다.[99][100]

98) 한동수, "발명의 진보성 판단기준", 「특허소송연구」 제4집, 특허법원, 2008, 500면("간단한 장치발명일수록 발명의 가치를 합당하게 평가하기 위해서는 사후적 고찰을 배제한다는 원칙이 더욱 중요하다. 그러나, 출원명세서로부터 도출된 기술적 지식을 배제하고 사후적 판단을 고려해서는 안 된다는 제안은, 출원명세서를 사실상 다 읽어본 판단자에 대해서는 어찌보면 '관념적이어서 무력'하거나 '진보성을 인정한 결론을 사후에 합리화'하는 방안이 될 소지가 있다.").

99) Bonito Boats, Inc. v. Thunder Craft Boats, Inc., 489 U.S. 141, 146 (1989) ("From their inception, the federal patent laws have embodied a careful balance between the need to promote innovation and the recognition that imitation and refinement through imitation are both necessary to invention itself and the very lifeblood of a competitive economy.").

100) 정승복 세미나 토론내용("사후고찰이 크든 작든 어차피 존재한다면, 이상적인 사후고찰 배제 환경을 만들기 위해 행정적, 경제적 노력을 과도히 들이고, 그 결과로서 특허등록을 증가시킬 것이 아니라, 사후고찰 현상을 소발명의 과도한 특허등록을 배제하는 한 가지 tool로 활용하는 것이 경제적 현실에도 부합하지 않을까 하는 것입니다. 대발명과 소발명의 기준은 출원의욕 혹은 발명의욕의 저하를 일으키지 않는 정도의 임계선이 되겠지요.") 모두들 사후고찰을 부정적으로만 인식하는 데 반해, 사후고찰이 적절히 통제된다면 긍정적 효과를 거둘 수 있는 점을 제시한 획기적인 발상이다. 독약이 극미량으로 적절히 사용되는 경우 약이 될 수 있다는 점과 궤를 같이 한다.

# 제7절 특허성 판단 관련 사후고찰 및 역교시 사례연구

## Ⅰ. 서 론

심사관, 심판관, 법관 또는 대법관(이하 총칭하여 '판단자')은 발명을 이해한 후 선행기술을 검색하고, 검색된 최적의 선행기술을 근거로 해당 발명의 신규성 또는 진보성을 판단한다. 그런데 판단자는 판단을 하기 위하여 필연적으로 해당 발명을 읽고 이해하여야 하고 그러한 이해의 과정에서 불가피하게 사후고찰(事後考察, hindsight)의 오류에 이미 빠지게 되고, 그래서 많은 경우 그는 해당 발명의 가치 및 선행기술과 해당 발명의 차이를 폄훼하게 된다. 출원인의 입장에서 사후고찰의 오류에 빠진 판단자를 설득하여 그 오류에서 빠져나오도록 하는 것은 여간 어려운 일이 아니다. 판단자에게 "대법원 판례가 사후고찰을 금지하며, 당신은 사후고찰에 빠져 있다"고 원론적인 주장을 하는 것은 통상 아무런 의미가 없다. 판단자는 (그 주장을 구태의연한 것이라고 생각하며)[1] "매우 양보하여 사후고찰의 적용을 배제하더라도 해당 발명은 여전히 특허성이 없다"고 간단하게 대답해 버릴 것이다.

발명의 특허성 판단에 있어서 사후고찰이 적용되어서는 아니 된다는 당위론은[2] 특허 실무에서는 아무런 도움이 되지 않는다.[3][4] 그러나, 실무에서 판단자는

---

* 이 절은 필자의 다음 논문을 수정, 보완한 것이다. 정차호, "특허성 판단 관련 사후고찰 및 역교시 사례연구", 「성균관법학」 제24권 제4호, 성균관대학교 법학연구소, '12. 12월호.

1) *In re* Winslow, 365 F.2d 1017, 1020 (CCPA 1966) ("Appellant presents the usual argument that hindsight reconstruction has been employed by the examiner and the board.").

2) 특허청, 「특허·실용신안 심사지침서」, 2009, 53면("심사의 대상이 되는 출원의 명세서에 기재된 사항에 의하여 얻은 지식을 전제로 하여 진보성을 판단할 경우에는 통상의 기술자가 인용발명으로부터 청구항에 기재된 발명을 용이하게 발명할 수 있는 것으로 인정하기 쉬운 경향이 있으므로 주의를 요한다.").

3) 신혜은, "최근 진보성관련 판례동향 및 객관적 판단기준을 위한 제안", 「법학논총」 제30권 제3호, 전남대학교 법학연구소, 2010, 192면("특허청 심사기준과 대법원 판례 모두 사후적고찰에 의한 진보성 부정은 금지된다는 점을 명확히 하고 있으나 사후적 고찰을 방지하기 위한 객관적 기준이 명확한 것은 아니다.").

허다하게 사후고찰을 적용하여 선행기술을 변형하거나[5] 선행기술과 해당 발명의 차이를 폄훼하게 된다. 또, 선행기술이 해당 발명을 역교시(易教示, Teaching Away) 하는데도 불구하고 그 선행기술을 진보성[6] 판단의 근거로 삼는 것은 판단자가 사후고찰의 작용을 받았다는 강력한 근거가 된다. 그러므로, 선행기술이 해당 발명을 역교시 하고 있음을 주장하는 것은 사후고찰의 오류를 지적하는 것과 다름이 아니다.

불행하게도 제시된 선행기술이 역교시하고 있다거나 심사관이 사후고찰의 오류에 빠져 있음을 명확하게 지적하기란 매우 어렵다.[7] 또, 역교시에 관한 명확한 원칙이 제시되어 있는 것이 아니므로[8] 출원인은 주어진 사실관계를 바탕으로 역교시의 주장을 만들어 내야 한다.[9][10][11] 이 점은 출원인 또는 특허권자가 신규

4) Emer Simic, *The TSM Test is Dead! Long Live the TSM Test! The Aftermath of KSR, What was All the Fuss About?*, 37 AIPLA Q.J. 227, 253 (2009) ("Instructions to participants not to use hindsight in making this assessment had no significant impact on the results.").

5) 선행기술의 변형은 허용되지 않는다. Grain Processing Corp. v. American-Maize Prods. Co., 840 F.2d 902, 907 (Fed. Cir. 1988) ("Care must be taken to avoid hindsight reconstruction by using 'the patent in suit as a guide through the maze of prior art references, combining the right references in the right way so as to achieve the result of the claims in suit.'").

6) (적어도 미국의 법리에 의하면) 신규성 판단에서는 역교시 문제가 개입되지 않는다. Seachange International, Inc. v. C-Cor, Inc., 413 F.3d 1361, 1380 (Fed. Cir. 2005) ("Teaching away is irrelevant to anticipation."); Celeritas Technologies, Ltd. v. Rockwell Intern. Corp., 150 F.3d 1354, 1361 (Fed. Cir. 1998) ("A reference is no less anticipatory if, after disclosing the invention, the reference then disparages it. Thus, the question whether a reference 'teaches away' from the invention is inapplicable to an anticipation analysis.").

7) 예를 들어 다음과 같은 표현은 역교시의 대표적인 것이다. "이 기술을 이용하여서는 그 목적에 절대로 도달할 수 없음이 여러 실험을 통하여 명백해졌다." 그런데, 선행기술에서 이런 명확한 표현을 발견하는 경우는 매우 드물다.

8) Robert W. Harris, *Apparent Federal Circuit Standards for Weighing Nonobviousness Argument that Prior Art Reference Teaches Away from Present Invention*, 70 J. Pat. Off. Soc'y 79, 98 (1988) ("A significant difficulty in assessing the meaning of the cases discussed above, in regard to the strength of nonobviousness arguments based upon alleged teach away effects, is the fact that none of these opinions cites an earlier pertinent court decision as establishing specific principles applicable to assessing the strength of alleged teach away effects. Thus there is no unified body of case law clearly articulating specific principles for weighing teach away arguments.").

9) *In re* Gurley, 27 F.3d 551, 553 (Fed. Cir. 1994) ("The degree of teaching away will of course depend on the particular facts … ").

10) USPTO, *MPEP* § 2143.03(VI) ("A prior art reference must be considered in its entirety, i.e., as a whole, including portions that would lead away from the claimed invention.").

11) "In other words, the practitioner needs to find some language in the reference that is inconsistent with the claimed subject matter." 〈http://fishiplaw.com/strategic-patenting/chapter-11---

성 또는 진보성 판단과 관련하여 사후고찰 또는 역교시를 주장하는 장면에서 참고하고 활용할 수 있는 자료를 제공하는 것을 목적으로 한다. 그 목적을 위하여 사후고찰 및 역교시에 관한 기본적인 이론을 정리하고 나아가, 더욱 중요하게는, 사후고찰 또는 역교시의 주장이 인정된 판례를 분석하여 그러한 판례에서 출원인 또는 특허권자가 어떻게 성공적으로 주장을 하였는지를 배우고, 그러한 이해를 바탕으로 새로운 사실관계에서 그러한 주장을 성공적으로 할 수 있는 능력을 키우고자 한다.

## Ⅱ. 사후고찰 및 역교시 기본 이론

### 1. 진보성 판단의 체계

진보성을 판단함에 있어서, 심사관은 먼저 발명을 이해한 후 최적의 선행기술을 근거로 통상의 기술자가 출원일[12] 당시에 그 선행기술을 이용하여 대상 발명에 용이하게 도달할 수 있음을 입증하여야 한다. 소송에서 판사에게 제시되는 최적의 선행기술은 대상 발명을 목표로 두고 철저한 검색을 통하여 선별된다. 이러한 검색에 있어서 대상 발명은 일종의 청사진 또는 지도의 역할을 한다.[13] 현실의 발명의 장면에서는, 발명을 하는 발명가는 많은 선행기술 중 어떤 것을 조합하여 어떤 발명에 도달할지를 모르는 상황에서 연구를 하게 되고, 판단자가 진보성을 판단하는 장면에서는 이미 발명이 제시되어 있고 그 발명을 죽이고자 하는 상대방에 의하여 그 발명에 꼭 맞는 선행기술이 의도적으로 선택되는 것이다. 발명가는 (시간과 예산의 한계로 인하여) 선행기술이 ① 책정된 과제의 기술과 너무 다른 기술분야의 것인 경우, ② 책정된 과제와 별개의 과제를 다루는 경우, ③ 도달하고자 하는 목표와 반대의 내용을 가르치는 경우 등에는 그 선행기술은

---

responding-to-office-actions_31.html>.

12) 특허법 제29조 제1항의 규정에 따라 우리나라는 특허성 판단을 출원의 시점을 기준으로 한다. 반면에 유럽, 미국 등에서는 출원일을 기준으로 한다. 특허법의 국제적인 통일화를 위하여 동 규정은 빨리 개정되어야 한다. 우선권주장이 있는 경우에는 (외국 특허청에 출원된) 선출원의 출원일(우선일)을 기준으로 특허성을 판단할 수밖에 없다.

13) *In re* Blamer, 6 F.3d 788, 788 (Fed. Cir. 1993) ("This court has repeatedly cautioned against employing hindsight by using the applicant's disclosure as a blueprint to reconstruct the claimed invention out of isolated teachings in the prior art.").

더 이상 검토하지 않게 된다. 반면, 대상 발명을 죽이고자 하는 자는 위의 경우는 큰 문제가 되지 않고 발명을 이미 인지한 후 그 발명의 가르침에 따라 적합한 선행기술을 손쉽게 찾을 수 있는 것이다. 이렇듯 발명가의 연구상황과 발명의 진보성을 판단하는 상황이 매우 다르다는 것이 잘 이해되어야 한다. 그러므로, 판단자는 통상의 기술자가 제시된 선행기술을 이용하여 해당 발명을 용이하게 도출할 수 있다고 생각하는 점에 대하여 극히 경계를 하여야 하고, 제시된 선행기술이 역교시를 하는 경우에는 특별한 사정이 없는 경우에는 진보성을 인정하는 태도를 가질 필요가 있다.

### 2. 증명책임

대상 발명이 진보성을 결여하였음에 대하여 심사 중에는 심사관이, 무효심판에서는 청구인이 증명을 하여야 한다.[14][15] 미국에서는 출원 계류 중인 발명(출원발명)과 특허된 발명(특허발명)을 구분하여 ① 출원발명에 대하여는 심사관이 일응의 증거(*prima facie evidence*)를 제시하면 증명책임이 출원인에게 전환되는 반면,[16] ② 특허발명의 특허성이 없음에 대하여는 그 없음을 주장하는 자가 명백한(clear and convincing) 증거로 증명을 하여야 하는데,[17] 우리나라에서는 출원 중

14) 신혜은, 앞의 논문, 191－192면("특허출원에 대하여, 심사관은 거절의 이유를 발견하지 못한 때에는 특허결정을 하여야 하기 때문에(특허법 제66조) 거절이유로서의 진보성을 결한 것이라는 사실은 심사관(소송에 있어서는 특허청장 또는 무효심판청구인)이 이를 주장·입증하여야 한다.").

15) 유영선, "비교대상발명에 출원발명의 파라미터 구성요소가 명시적으로 나타나 있지 않으나 비교대상설명 역시 그러한 구성요소를 가질 것으로 추정된다는 이유로 출원발명의 신규성 및 진보성을 부정한 사례", 「지적재산권」, 한국지적재산권법제연구원, 2008년 9월, 62－63면("파라미터 구성요소를 사용하고 있는 출원인 또는 특허권자 등이 아닌 특허청이나 등록무효심판청구인이 파라미터발명에 기재된 파라미터 구성요소와 기술적인 표현만 달리할 뿐 실질적으로는 동일·유사한 사항이 비교대상발명에 있는지 여부를 입증하는 것은 그리 쉬운 일이 아닐 것이다. 그러나 단순히 입증의 어려움 때문에 특별한 이유도 없이 파라미터발명을 다른 발명들과 다르게 취급하여 그 입증책임이 출원인 등에게 있다고 할 수는 없다.").

16) *In re* Glaug, 283 F.3d 1335, 1338 (Fed. Cir. 2002) ("During patent examination the PTO bears the initial burden of presenting a prima facie case of unpatentability. If the PTO fails to meet this burden, then the applicant is entitled to the patent. However, when a *prima facie* case is made, the burden shifts to the applicant to come forward with evidence and/or argument supporting patentability. Patentability vel non is then determined on the entirety of the record, by a preponderance of evidence and weight of argument.").

17) 미국에서 특허등록 후 입증책임의 강화에 대한 법리에 대하여는 다음 글 참고. 정차호·황성필, "특허유효추정원칙: Microsoft v. i4i 판례 평석", 「성균관법학」 제23권 제3호, 성균관대학교 법학연구소, 2011년 12월.

과 등록 후의 단계를 구분하여 증명책임을 달리하고 있지는 않다.[18)]

## 3. 사후고찰 금지

판단자는 (예외 없이) 항상 발명을 이해한 후 판단을 하게 되므로 그 발명에 관해서는 사후고찰의 오류에서 벗어날 수 없다. 이러한 사후고찰의 적용으로 발명의 진보성이 불합리하게 또는 방만하게 부정되는 것을 방지하기 위한 여러 노력이 있어 왔다. 그 중에서 가장 강력하게 사용되는 법리가 소위 TSM(Teaching, Suggestion, Motivation, 교시, 제안, 동기) 테스트이다.[19)]

사후고찰의 영향을 줄이기 위하여 TSM 테스트를 개발한 미국 연방관할항소법원(CAFC)은 선행기술에 그러한 TSM이 존재하여야 한다고 판시하기 시작하였고, 그러한 CAFC의 법 형식주의(formalism)적인 태도에 대하여 미국 연방대법원은 TSM이 선행기술에 반드시 존재할 필요는 없고 통상의 기술자의 상식(common sense)에 근거하여 선행기술의 결합이 가능할 수 있다고 보았다.[20)] 다른 한편, 미국 연방대법원은 사후고찰의 위험에 대하여 경고하며[21)] TSM 테스트는 사후고찰을 감소시키는 매우 유용한 역할을 하는 것이라는 점은 인정을 하면서도,[22)] 그럼에도 불구하고, 그 테스트의 경직된 적용은 잘못된 것임을 지적하였다.[23)]

TSM 등 진보성 결여에 관한 증거 또는 논리를 제시하지 못하였다는 것과 사후고찰에 빠졌다는 것은 다르다. 심사관이 사후고찰에 빠졌다고 법원이 단정하기 위해서는 관련 증거 또는 논리를 제시하지 못하였기 때문에 사후고찰에 빠졌다고 할 것이 아니라, 사후고찰에 빠졌음을 보여주는 증거 또는 논리를 제시하여

---

18) 캐나다, 호주, 영국, 프랑스, 독일 등 다른 나라에서도 특허발명에 대하여 더 강한 유효추정의 원칙을 적용하는 법리는 가지고 있지 않다.

19) McGinley v. Franklin Sports, Inc., 262 F.3d 1339, 1351 (Fed. Cir. 2001) ("To prevent hindsight invalidation of patent claims, the law requires some 'teaching, suggestion or reason' to combine cited references.").

20) KSR Int'l Co. v. Teleflex, Inc., 550 U.S. 398 (2007).

21) *Id.* at 421 ("A factfinder should be aware, of course, of the distortion caused by hindsight bias and must be cautious of arguments reliant upon *ex post* reasoning.").

22) *KSR* 판결이 TSM 테스트를 폐기한 것은 아니다. TSM 테스트가 유용한 도구라는 점은 인정하되, 그것의 경직된(rigid) 적용에 대하여 지적하였다. *Id.* at 401 ("The TSM test captures a helpful insight: A patent composed of several elements is not proved obvious merely by demonstrating that each element was, independently, known in the prior art.").

23) *Id.* at 401–402 ("Helpful insights, however, need not become rigid and mandatory formulas.").

야 할 것이다.[24][25] 그런데도 많은 판례들은 그 두 사안을 동일하게 보고 있다.[26]

### 4. 신규성 판단에서의 사후고찰 금지

사후고찰은 통상 진보성 판단에서 적용되는 오류이지만 신규성 판단에서도 적용되기도 한다. 선행기술이 대상 발명을 명시적으로 개시하고 있는 경우에는 사후고찰에 대한 논란이 있을 수 없지만 선행기술이 대상 발명을 내재적으로 개시하는지에 대하여 판단하는 경우 사후고찰의 오류가 적용될 수 있다.[27][28] 선행기술이 대상 발명을 내재적으로 개시하는지에 대하여 판단하는 과정은(불행하게도) 진보성을 판단하는 과정과 매우 유사하다.[29] 그런 점에서 내재적 개시의 판단에는 본질적으로 사후고찰의 오류가 개입될 가능성이 매우 높은 것이다.[30]

---

24) 심사관이 진보성 결여를 결론적으로 판단하지 않아야 하듯이 판사도 사후고찰의 오류를 결론적으로 판단하지 않아야 한다.

25) *In re* Sichert, 566 F.2d 1154, 1164 (CCPA 1977) ("The examiner's conclusory statement that the specification does not teach the best mode of using the invention is unaccompanied by evidence or reasoning and is entirely inadequate to support the rejection.").

26) *In re* Kotzab, 217 F.3d 1365, 1371 (Fed. Cir. 2000) ("In this case, the Examiner and the Board fell into the hindsight trap. … In light of our holding of the absence of a motivation to combine the teachings in Evans, we conclude that the Board did not make out a proper *prima facie* case of obviousness in rejecting claims 1, 2, and 4−9 under 35 U.S.C. § 103(a) over Evans.").

27) Thomas Schneck, *Patenting Human Life, A Multidimentional Problem*, 32 Lincoln L. Rev. 1, text around fn. 63 (2004−2005) ("One of the dangers of reliance on inherency as a basis for rejecting patent claims is that inherency can be applied as hindsight. The courts have cautioned repeatedly that hindsight must be avoided in rejection of patent claims. While hindsight frequently arises in the context of obviousness, it also arises in the context of anticipation, as in Elan Pharmaceuticals.").

28) 영국에서도 마찬가지 개념이 인정된다. Andrew Sharples, Duncan Curley, *Experimental novelty: Synthon v SmithKline Beecham*, E.I.P.R. 2006, 28(5), 310 ("When assessing enablement for the purpose of novelty, the prior art cannot be assessed with the benefit of hindsight and knowledge of the claimed invention.").

29) 이에 관하여는 정차호·신혜은, "선택발명의 신규성: 선행기술의 개시 요건 및 용이실시 요건", 「법조」 통권 제666호, 법조협회, 2012년 3월호 참고.

30) 다만, (적어도 미국에서는) 신규성 판단에 있어서 역교시 주장은 인정되지 않는다. Celeritas Technologies, Ltd. v. Rockwell Intern. Corp., 150 F.3d 1354, 1361 (Fed. Cir. 1993) ("A reference is no less anticipatory if, after disclosing the invention, the reference then disparages it. Thus, the question whether a reference 'teaches away' from the invention is inapplicable to an anticipation analysis.").

## 5. 역 교 시

선행기술이 대상 발명에 도달하지 못하게 하는 표현을 포함하고 있는 경우 그 선행기술은 역교시를 하는 것이다. 그러나, 선행기술의 표현이 ① 대상 발명으로의 경로가 바람직한 것이 아니라는 정도의 약한 표현이거나,[31] ② 여러 가능성을 개시한 것에 불과한 경우에는[32] 역교시로 인정받지 못할 가능성이 높으며, ③ 발명으로의 경로와 정반대로의 경로를 명확히 제시하거나,[33][34] ④ 오로지(only),[35] 필수적으로(essentially)[36] 등 제한적인 용어를 사용하거나, ⑤ 시간낭비(waste of time and money)[37] 등의 부정적인 용어를 사용하는 경우에는 역교시로 인정받을 가능성이 높다.

---

31) Syntex (U.S.A.) LLC v. Apotex, Inc., 407 F.3d 1371, 1380 (Fed. Cir. 2005) ("A statement that a particular combination is not a preferred embodiment does not teach away absent clear discouragement of that combination.").

32) *In re* Fulton, 391 F.3d 1195, 1201 (Fed. Cir. 2004) ("The prior art's mere disclosure of more than one alternative does not constitute a teaching away from any of these alternatives because such disclosure does not criticize, discredit, or otherwise discourage the solution claimed in the '198 application.").

33) *In re* Gurley, 27 F.3d 551, 553 (Fed. Cir.1994) ("A reference may be said to teach away when a person of ordinary skill, upon reading the reference, would be discouraged from following the path set out in the reference, or would be led in a direction divergent from the path that was taken by the applicant.").

34) 흥미롭게도, 명세서가 역교시 하여 해당 명세서가 쟁점이 되는 발명을 통상의 기술자가 용이하게 실시할 수 있는 정도로 개시하지 못하는 사례도 있다. AK Steel Corp. v. Sollac and Ugine, 344 F.3d 1234, 1244 (Fed. Cir. 2003) ("We conclude that the specification is inadequate as a matter of law in that regard primarily because it expressly teaches against it. Worse than being silent as to that aspect of the invention, the specification clearly and strongly warns that such an embodiment would not wet well.").

35) *Ex Parte* Tushoo (Appeal No. 2009-012801) (선행기술이 특정 조건에서만(only) 정확히(exactly)사용됨을 개시하고 있고 그러한 제한적인 표현이 역교시에 해당한다고 본 사례).

36) *In re* Noznick, 478 F.2d 1260 (CCPA 1973) (선행기술이 해당 목적의 달성을 위하여 그 요소(partial ester)를 취하는 것이 필수적(essential)이라는 표현을 사용한 점에 근거하여 선행기술이 그 요소를 취하지 않은 대상 발명을 역교시 한다고 본 사례).

37) Novo Nordisk v. Caraco Pharma, 719 F.3d 1346, 1360 (Fed. Cir. 2013) (J. Newman in dissenting opinion) ("The Novo inventors pursued this combination despite the advice of the 'experts' that they were wasting time and money.").

## Ⅲ. 사례연구

### 1. 엘지전자 v. 대우전자 세탁기 사건[38)]

#### 가. 판시 사항

본 사건은 대법원이 사후고찰의 부당함에 대하여 2012년 10월 현재까지 설시한 여섯 개의 판결[39)] 중 하나이다. 동 판결은 진보성 판단의 일반적인 법리를 설명한 후,[40)] 다음과 같이 판시하고 있다.

> "또한 통상의 기술자라면 그 출원 당시의 기술수준에 비추어 필연적으로 위 구성요소 4와 비교대상발명 1, 2, 3의 차이를 극복하여 위 구성요소 4를 생각해 내기에 이를 것이라는 사정을 인정할 아무런 자료가 없는 이 사건에서, 이 사건 출원명세서에 개시되어 있는 발명의 내용을 이미 알고 있음을 전제로 하여 사후적으로 비교대상발명 1, 2, 3의 대응구성을 변경하고 조합함으로써 위 구성요소 4에 이른다고 하는 판단을 하지 아니하는 한 통상의 기술자가 비교대상발명 1, 2, 3의 대응구성으로부터 위 구성요소 4를 용이하게 도출할 수 없다고 할 것이다. 그러나 그러한 사후적 판단은 앞서 본 대로 허용되지 아니하는 것이다."

#### 나. 대상 판결의 의의

대상 판결이 사후고찰의 법리를 다른 판결보다 조금 더 상세하게 설명하였다는 점에서 대상 판결의 의의를 찾을 수가 있다. 하지만, 대상 판결도 여전히 사후고찰이 부당하다는 당위론을 재차 역설한 수준에서 더 나아가지 못하였다고 생각된다.

---

38) 대법원 2009. 11. 12. 선고 2007후3660 판결.

39) 대법원 2007. 8. 24. 선고 2006후138 판결; 2009. 11. 12. 선고 2007후3660 판결; 2010. 7. 22. 선고 2008후3551 판결; 2011. 2. 10. 선고 2010후2698 판결; 2011. 3. 24. 선고 2010후2537 판결; 2011. 8. 18. 선고 2009후2951 판결.

40) "발명의 진보성 유무를 판단함에 있어서는, 적어도 선행기술의 범위와 내용, 진보성 판단의 대상이 된 발명과 선행기술의 차이 및 통상의 기술자의 기술수준에 대하여 증거 등 기록에 나타난 자료에 기하여 파악한 다음, 이를 기초로 하여 통상의 기술자가 특허출원 당시의 기술수준에 비추어 진보성 판단의 대상이 된 발명이 선행기술과 차이가 있음에도 그러한 차이를 극복하고 선행기술로부터 그 발명을 용이하게 발명할 수 있는지를 살펴보아야 하는 것이다."

### 다. 자료 미 제출

대상 판결은 선행기술로부터 발명에 이를 것에 대한 '자료'가 제출되지 않았음을 이유로 사후고찰임을 단정하고 있는데 이러한 단정은 지나친 것이라고 생각된다. 사후고찰의 작용을 받아 진보성 결여를 단정하는 것도 경계하여야 하지만, (진보성 결여에 관한) 자료를 제출하지 않았다는 점만으로 해당 판단이 사후고찰의 작용을 받았다고 단정하는 것도 경계하여야 할 일이다. 하급심이 해당 발명의 진보성을 인정할 수 없다고 판단한 것은 사후고찰에 따른 것일 수도 있지만, 기술에 대한 이해의 부족에 따른 것일 수도 있을 것이다.[41] 그렇게 여러 가능성이 있는 장면에서 그 판단자의 알 수 없는 심적 판단을 사후고찰이라고 단정하는 것은 지나친 것이다.[42] 그렇다면 이 장면에서 법원은 어떻게 판단을 하였어야 하였는가?

해당 발명이 진보성을 결여하였음은 심사관 또는 무효심판 청구인이 입증을 하여야 한다.[43] 즉, 증명의 책임을 진 자가 진보성 결여에 대한 증거를 제출하여야 하는 것이고, 그러한 증거를 제출하지 못하면 증명책임을 다하지 못한 것이다.[44] 대상 판결에서도 필요한 증거가 제출되지 않았다면 단순히 "청구인이 증명

41) 신혜은, 앞의 논문, 182면("둘째, (i) 주인용례와 부인용례의 결합의 용이성을 이유로 진보성을 부정하는 경우는 주로 부인용례에 기재된 사실인정의 잘못이 쟁점이 된다. 이에 반해 (ii) 인용례와 출원전의 기술상식 및 경험칙 등에 비추어 본원발명은 당업자가 이들로부터 용이하게 도달할 수 있다고 하는 경우는 '주지기술 인정의 잘못'이 쟁점이 되는 경우가 많은데, '주지기술 인정의 잘못'에는 '기술자체의 인정이 잘못된 경우'와 '주지성의 인정이 잘못된 경우'가 포함된다.").

42) 미국에서도 (특별한 이유도 제시하지 않고) 사후고찰이라고 단정하는 경우가 많다. *In re Dembiczak, 175 F.3d 994, 999 (Fed. Cir. 1999)* ("In this case, the Board fell into the hindsight trap."). 혹은 단정하지는 않으면서 사후고찰이 추측된다고 말하는 경우도 있다. In re Rouffet, 149 F.3d 1350, 1358 (Fed. Cir. 1998) ("[T]his court infers that the examiner selected these references with the assistance of hindsight. This court forbids the use of hindsight in the selection of references that comprise the case of obviousness.").

43) 특허법원 2006. 7. 19. 선고 2005허10565 판결(무효심판 청구인은 심결취소소송에서 그 무효사유를 주장·입증할 책임을 진다고 설시한 사례).

44) 그런 견지에서 해당 특허발명의 진보성이 있다고 단정할 수 없음을 이유로 그 발명의 진보성을 부정하는 것은 증명책임의 법리를 심각히 위반한 것이다. 특허발명의 진보성이 없다고 단정할 수 없으므로 진보성을 인정할 수는 있어도 진보성이 있다고 단정할 수 없으므로 진보성을 부정할 수는 없는 것이다. 이와 직·간접적으로 관련된 판례는 다음 참고. 대법원 2012. 8. 23. 선고 2010후3424 판결("…… 효과를 갖는다고 단정하기 어렵다")(선택(특허)발명의 효과가 있음 또는 없음은 누가 입증하여야 하는가?); 서울중앙지방법원 2010. 11. 12. 선고 2010가합34123 판결(해당 특허발명이 공서양속을 해하는 것이라고 단정할 수 없으므로 공서양속을 해하는 것이라는 주장을 배척한 사례); 특허법원 2009. 8. 21. 선고 2009허627 판결(특허발명과 관련된 상업적 성공을 단정할 수 없다고 본 사례).

책임을 다하지 못하였으므로 진보성이 부정되지 않아야 한다"고 판단하는 것이 간명하였다.

### 라. 자료 v. 증거

본 판결에서 말하는 '자료'는 선행기술에 한정되지 않아야 한다. 통상의 기술자의 기술수준, 이차적 지표 등 진보성 판단과 관련된 각종 자료들이 포함될 것이다. 심사관 또는 무효심판 청구인은 최적의 선행기술과 함께 그러한 자료들을 같이 제출하여 해당 발명이 진보성을 결여하였음을 증명하여야 한다. 나아가, 진보성 판단을 위하여 고려되는 것에는 (자료로 제출되지 않는) 구두심리에서의 양 당사자의 진술, 전문가 증언 등도 포함될 수 있으므로 '자료'가 제출되지 않았다고 표현할 것이 아니라 '증거'가 제시되지 않았다고 더 포괄적으로 표현하는 것이 더 나아 보인다.[45][46]

### 마. 필연성 v. 가능성 또는 개연성

본 판결의 가장 치명적인 잘못은 '필연적으로'라는 표현을 사용한 점이다. 진보성 판단의 핵심은 통상의 기술자가 선행기술로부터 해당 발명을 용이하게 도출할 수 있는지 여부를 묻는 것이다.[47] 여기서의 '용이도출'이 선행기술로부터 해당 발명에 이르는 가능성(possibility)을 말하는 것인지[48] 혹은 개연성(probability)을 말

---

45) 대법원 2011. 8. 18. 선고 2009후2951 판결("구성요소 4는 …… 해결원리에 기초하여 선택된 기술수단이라고 할 것인데, 비교대상발명 2에는 이러한 기술적 과제 및 그 해결원리에 관한 기재나 암시가 없고, 통상의 기술자라면 그 출원 당시의 기술수준에 비추어 비교대상발명 2의 대응구성으로부터 쉽게 위 구성요소 4를 생각해내기에 이를 것이라는 사정을 인정할 아무런 증거가 없는 이 사건에서, 이 사건 제1항 보정발명의 명세서에서 개시된 내용을 알고 있음을 전제로 하여 사후적으로 판단하지 아니하는 한, 통상의 기술자가 비교대상발명 2의 대응구성으로부터 위 구성요소 4를 용이하게 도출할 수 없다고 할 것이다. 그러나 이러한 사후적 판단은 허용되지 아니한다."); 특허법원 2007. 8. 24. 선고 2006후237 판결("원심 판시의 비교대상발명 1의 위 구성으로부터 통상의 기술자라면 마땅히 위 구성요소 4를 생각해낼 수밖에 없을 것이라는 사정을 인정할 아무런 증거가 없는 이 사건에서, 이 사건 특허발명의 명세서에서 개시된 내용을 알고 있음을 전제로 하여 사후적으로 판단하지 않는 한, 통상의 기술자가 원심 판시 비교대상발명들에 의하여 이 사건 제1항 발명을, 나아가 같은 이유로 이 사건 제9항 발명을 용이하게 발명할 수 있다고 할 수 없을 것이므로 ……").

46) *In re* Mouttet, 686 F.3d 1322, 1330–1331 (Fed. Cir. 2012) ("While this court reviews the Board's legal conclusion of obviousness without deference, it upholds the Board's factual findings if supported by substantial evidence.").

47) 특허법 제29조 제2항("특허출원전에 그 발명이 속하는 기술분야에서 통상의 지식을 가진 자가 제1항 각호의 1에 규정된 발명에 의하여 용이하게 발명할 수 있는 것일 때에는 그 발명에 대하여는 특허를 받을 수 없다.").

48) 대법원 2007. 8. 24. 선고 2006후138 판결("…… 어떤 발명의 진보성이 부정되는지 여부를 판단

하는 것인지에[49] 관하여는 이론이 있을 수 있으나 필연성(inevitability)을 말하는 것은 절대로 아니어야 한다.[50][51] 또, 필연성이라는 용어가 신규성 판단의 장면에서 어느 정도의 강도로 사용되는지에 대하여는 이견이 있을 수 있으나,[52] 적어도 그 용어가 진보성 판단에서 사용되지 않아야 하는 점은 확실해 보인다. 본 판결에서는 '필연적으로'라는 용어 대신에 가장 흔히 쓰이는 '용이하게'라는 용어를 사용하였어야 했다.

## 2. *3M v. LMS* 광지향성 필름 사건[53]

### 가. 특허발명

해당 특허(특허번호 제398940호(2008. 5. 27.자 정정청구를 반영한 것))의 청구항 제1항 및 제2항은 다음과 같다.

청구항 1.

제 1면과, 상기 제 1면에 대향하고 있으며, 프리즘 요소의 어레이를 구비한 구조화면을 포함한 광 지향성 필름으로서, 상기 각 프리즘 요소는 피크 위치에서 교차하는 대향면을 구비하고(이하 '구성요소 1-1'이라 한다), 상기 어레이는 적어도 기준면으로부터 제1 거리에 배치된 피크를 갖는 제1 프리즘 요소의 적어도 일부분을 포함하는 제1 영역과, 상기 제1 영역에 인접하고 있으며, 상기 기준면으로부터 상기 제1 거리보다 짧은 제2 거리에 배치된 피크를 갖는 제2 프리즘 요소의 적어도 일부분을 포함하는 제2 영역을 구비한(이하 '구성요소 1-2'라 한다)

---

하기 위해서는 통상의 기술자를 기준으로 하여 그 발명의 출원 당시의 선행공지발명으로부터 그 발명을 용이하게 발명할 수 있는지를 보아야 할 것이고 ……")("할 수 있는지"라는 표현은 '가능성'에 관한 것이라고 생각된다.).

49) 유럽특허청은 "could-would approach"라는 법리를 통하여 가능성(could)이 아닌 개연성(would)을 강조하고 있다.

50) 본 판결과 유사하게 필연성을 표현한 사례는 다음 참고. 대법원 2007. 8. 24. 선고 2006후237 판결("원심 판시의 비교대상발명 1의 위 구성으로부터 통상의 기술자라면 마땅히 위 구성요소 4를 생각해낼 수밖에 없을 것이라는 사정을 인정할 아무런 증거가 없는 이 사건에서 ……").

51) *In re* Montgomery, 677 F.3d 1375, 1380 (Fed. Cir. 2012) ("The inherent result must inevitably result from the disclosed steps; '[i]nherency … may not be established by probabilities or possibilities.'").

52) 선행기술의 내재적 개시와 관련하여 각국의 다른 법리를 비교한 글은 다음 참고. 정차호·신혜은, "선택발명의 신규성: 선행기술의 개시 요건 및 용이실시 요건", 「법조」 통권 제666호, 법조협회, 2012년 3월호.

53) 대법원 2011. 2. 10. 선고 2010후2698 판결.

프리즘 영역의 반복 패턴을 포함하는(이하 '구성요소 1-3'이라 한다) 것인 광 지향성 필름.

청구항 2.

제1항에 있어서, 상기 제1 영역은 폭이 대략 300 미크론 미만이고(이하 '구성요소 2-1'이라 한다), 상기 프리즘 요소들은 실질적으로 동일한 2면각을 가지며(이하 '구성요소 2-2'라 한다), 상기 제2 거리는 상기 제1 거리보다 적어도 대략 0.5 미크론 짧은(이하 '구성요소 2-3'이라 한다) 광 지향성 필름.

나. 판 시

"그러나 원심판시 구성요소 2-2는 프리즘 요소들이 실질적으로 동일한 2면각을 갖는 것으로, 필름 표면에 수직한 축 방향의 총 광량을 실질적으로 감소시키지 않도록 하는 구성인 데 비하여, 비교대상발명 1의 대응구성인 프리즘부의 두정각은 프리즘부에 따라 다른 각을 갖는 것이어서, 동일한 2면각을 갖지 아니하는 점에서 차이가 있다. 한편 비교대상발명 2에 요철조의 정상각도가 90° 로 동일하여, 프리즘 요소들이 동일한 2면각을 갖는 구성이 나타나 있기는 하지만, 비교대상발명 1은 프리즘부의 두정각을 서로 다르게 하는 구성을 채용함으로써 무광량각을 제거하고자 하는 과제를 해결하는 데에 기술적 특징이 있는 것이어서, 비교대상발명 1에서 서로 다른 두정각의 구성을 제거하고 비교대상발명 2에 나타나 있는 동일한 2면각의 구성을 도입하는 것은 비교대상발명 1 본래의 기술적 의미를 잃게 하는 것이 되어 쉽게 생각해내기 어려울 뿐만 아니라, 비교대상발명 2는 투명 프리즘 필름 또는 시트의 규칙적인 요철조로부터 발생하는 명암에 기인하는 무아레 간섭 무늬가 발생하지 않도록 프리즘 필름 또는 시트의 요철조의 피치를 의도적으로 불규칙하게 배치하는 구성인 반면에, 비교대상발명 1은 두정각이 다른 프리즘부들이 시트 전체에 걸쳐서 반복적으로 배치되는 구성이라는 점에서도 서로 상충된다. 따라서 비교대상발명 1, 2에 그 기술을 조합 또는 결합하면 구성요소 2-2에 이를 수 있다는 암시·동기 등이 제시되어 있지도 않은 이 사건에서, 정정된 이 사건 특허발명의 명세서에 개시되어 있는 발명의 내용을 이미 알고 있음을 전제로 하여 사후적으로 구성요소 2-2에 이른다고 하는 판단을 하지 아니하는 한, 통상의 기술자라고 하더라도 비교대상발명 2에 나타나 있는 동일한 2면각의 구성을 비교대상발명 1에 결합하여 구성요소 2-2를 용이하게 도출할 수는 없다고 할 것인데, 위와 같은 사후적 판단은 허용되지 아니한다.”

### 다. 해 설

진보성 판단을 위해서 사용되는 2개의 선행기술이 (진보성 판단의 견지에서) 기술적 중요도가 다를 수 있다.[54)][55)] 본 사건에서는 비교대상발명 1(1993. 12. 17. 공개된 일본 공개특허공보 평5-333334호)이 이미 신규성 판단의 기초로 사용되었으므로 중요 선행기술로 인정된 것으로 보아야 한다. 그 중요 선행기술의 기술적 특징은 프리즘부의 두정각(dihedral angle)을[56)] 서로 다르게 하여 빛의 상호간섭으로 빛이 없어지는 각, 소위 무광량각(non-light quantity angle)을 제거하고자 하는 것이다. 이에 반해 해당 발명은 두정각을 서로 같게 한다. 비교대상발명2는 요철조의 ‘피치’를 불규칙하게 배치하는 것이 그 발명의 특징이고 요철조의 이면각은 약 90도로 동일하게 유지할 수도 있고 또는 70도 내지 110도 내에서 불규칙하게 배치할 수도 있다.

본 사건에서 두 선행기술을 결합하여 특허발명에 이르기 위해서는 중요 선행기술의 기술적 특징을 무시하고 그 기술적 특징과 관련된 구성을 변경하여야 하는데 그러한 변경을 위해서는 어떤 특별한 동기가 제시되어야 한다고 이해된다.[57)] 즉, 중요 선행기술이 가지는 기술적 특징을 변경하는 구성요소를 채용하는 것이 통상의 기술자에게 용이하지 않을 것이라고 추정이 되어야 하며, 그러한 채용에 있어서 다른 선행기술에서 특별히 동기를 주거나 시사하지 않는다면, 그러한 채용에 진보성을 인정하여야 하며, 그럼에도 불구하고 그러한 채용이 용이하다고 보는 것은 사후고찰의 결과라고 보아야 한다는 것이다. 이러한 점에서 대상

---

54) 신혜은, 앞의 논문, 182-183면(선행기술을 중요도에 따라서 ‘주인용례’와 ‘부인용례’로 구분하여 설명한 사례).

55) 화학분야에서는 연구의 출발점으로 삼는 중요 화합물을 “lead compound”라고 칭한다. Otsuka Pharmaceutical Co., Ltd. v. Sandoz, Inc., 678 F.3d 1280, 1291 (Fed. Cir. 2012) (“Our case law demonstrates that whether a new chemical compound would have been prima facie obvious over particular prior art compounds ordinarily follows a two-part inquiry. First, the court determines whether a chemist of ordinary skill would have selected the asserted prior art compounds as lead compounds, or starting points, for further development efforts.”).

56) 두정각은 (쉽게 말하면) 두 면 사이의 각을 말한다. Wikipedia (“The dihedral angle between two planes denoted A and B is the angle between their two normal unit vectors … ”).

57) 더욱이, 비교대상발명2의 중요한 기술적 특징은 두정각을 동일하게 하는 것이 아니라 ‘피치’를 불규칙하게 하는 것이다. 두정각은 동일하게 할 수도 있고 다르게 할 수도 있는 것이다.

판결은 사후고찰이 작용되었음의 구체적인 이유를 제시한 최초의 대법원 판결이라고 생각된다.

본 판결이 미국의 TSM 테스트를 채용한 것이라는 해석이 있을 수 있다. 즉, 두 선행기술의 결합에 관한 제시 또는 동기가 없는 경우, 그러한 결합은 부적절한 사후고찰의 결과라는 것이다.[58] 그러나, 본 판결이 TSM 테스트를 채용한 것이라고 보는 것은 본 판결을 지나치게 넓게 해석하는 것이라고 생각된다. 선행기술에 직접적인 교시, 제안 또는 동기가 없더라도 통상의 기술자가 용이하게 그 두 선행기술을 결합할 수 있는 경우 진보성을 부정할 수 있다는 것이 (미국의 *KSR* 판결 전·후를 불문하고) 우리 대법원이 설시한 일반적인 법리라고 생각된다.[59][60] 다만, 본 판결에서는 중요 선행기술의 기술적 특징에 방점을 두고, 그 기술적 특징을 변경하는 행위에 대하여는 직접적인 교시, 제안 또는 동기가 없는 경우 진보성을 부정하기 어렵다는 취지를 밝힌 것으로 이해되어야 할 것이다.

### 3. *Duya* 금 도금 공정 사건[61]

#### 가. 출원발명과 선행기술

출원발명은 전기도금이 아닌 화학감쇄공정(chemical reduction process)으로[62] 금을 도금하는 공정 및 그 공정을 위한 화학도금욕조에 관한 것이다. 동 욕조는

58) Young Kim, *Korean Supreme Court Reverses Patent Court Decision for Improper Hindsight Bias*, 25 WIPR 39, 41 (2011) ("As such, the Supreme Court's decision in the *3M* case is a very significant development in Korean patent law. The Supreme Court recognized the lack of suggestion or motivation to support the combination of prior art references as an indicator of improper hindsight bias. This effectively sets a precedent for an equivalent TSM requirement in Korean patent law.").

59) 대법원 2007. 9. 6. 선고 2005후3284 판결("그리고 여러 선행기술문헌을 인용하여 특허발명의 진보성을 판단함에 있어서는 그 인용되는 기술을 조합 또는 결합하면 당해 특허발명에 이를 수 있다는 암시, 동기 등이 선행기술문헌에 제시되어 있거나 그렇지 않더라도 당해 특허발명의 출원 당시의 기술수준, 기술상식, 해당 기술분야의 기본적 과제, 발전경향, 해당 업계의 요구 등에 비추어 보아 그 기술분야에 통상의 지식을 가진 자(이하 '통상의 기술자'라고 한다)가 용이하게 그와 같은 결합에 이를 수 있다고 인정할 수 있는 경우에는 당해 특허발명의 진보성은 부정된다고 할 것이다.").

60) 한편, '동기'의 부족을 진보성 인정의 근거로 삼은 대법원 판결은 다음 참고. 대법원 2009. 7. 9. 선고 2008후3377 판결("비교대상발명들에는 그룹 상호간의 통신차단을 위한 통신제어를 설정기술과 이를 도출해낼 만한 동기가 나와 있지 않다").

61) *In re* Duya, 387 F.2d 402 (CCPA 1967).

62) Reduction/oxidation (Redox) reactions chemically convert hazardous contaminants to non-hazardous or less toxic compounds that are more stable, less mobile, and/or inert. 〈http://www.frtr.gov/matrix2/section4/4-16.html〉.

금 시안화물(gold cyanide) 및 팔라듐 염(palladous salt)을 함유한 수용액이며, 청구항은 구성요소 중 하나로 시안화물 이온 농축이 일정 농도 이하로 제한되며 그 시안화물 이온이 팔라듐 염으로 인하여 유도되는 금 도금을 방지한다.

선행기술은 금-팔라듐 합금을 전기도금하기 위한 욕조 및 공정을 개시하며, 필요한 시안화물의 14배나 많은 양을 가지며, 더욱이 포타시움 시안화물의 농도가 허용 가능한 최소한(minimum allowable)이라고 개시한다.

### 나. 판 시

법원은 선행기술의 개시가 '최소한'이라고 한정한 점에 주목하여 선행기술의 개시를 바탕으로 통상의 기술자가 그 최소한보다 농도를 더 낮추는 것은 상식적이지 않고 높이는 것이 통상적일 것으로 보았다. 그런 점에서 선행기술은 출원발명에 대하여 일종의 역교시를 제공하며, 그러므로 결과적으로 출원발명의 구성요소는 선행기술과 비교하여 의미 있는 차이에 해당하며 그러므로 해당 발명은 진보성을 가진다고 보았다.

### 다. 해 설

선행기술이 어떤 기술적 한계 또는 경계를 개시하더라도 그러한 기술적 한계 또는 경계를 넘어서는 연구를 하는 것이 발명의 과정인 것으로 이해된다.[63][64] 그러나 선행기술이 그 한계에 대하여 명확한 인식을 하거나 명확한 의미를 부여한 경우,[65] 통상의 기술자가 그 선행기술을 인지하고서는 통상의 경우 그 한계를 넘어서는 연구를 포기할 것이 예상된다. 이 경우에 해당 발명의 진보성의 결여를 주장하는 자는 그 기술적 경계 또는 한계를 넘어서는 필요성 또는 가능성에 대하여 제시한 다른 선행기술을 제시하여야 하며, 그러하지 못하는 경우 해당 발명은 진보성을 가진 것으로 인정되어야 할 것이다.

연구자는 미지의 길을 향해 나아가는 탐험가에 비유될 수 있다. 그 길이 '미지'의 길이므로 관련된 지도가 아예 없거나 미비할 수밖에 없다. 탐험가는 자신

63) *In re* Gurley, 27 F.3d 551, 553 (Fed. Cir. 1994) ("A known or obvious composition does not become patentable simply because it has been described as somewhat inferior to some other product for the same use.").

64) Syntex (U.S.A.) LLC v. Apotex, Inc., 407 F.3d 1371, 1380 (Fed. Cir. 2005) ("A statement that a particular combination is not a preferred embodiment does not teach away absent clear discouragement of that combination.").

65) 명확한 역교시(explicit teaching away)라고 명명할 수 있다.

의 탐험능력과 함께 나아갈 길을 제시하는 미비한 지도(선행기술)에 의존하게 되는데 왼쪽의 길과 오른쪽 길의 갈림길에서 그 지도가 왼쪽은 산이 막혀 있고 길이 없다고 말하는 경우 통상의 탐험가는 그 왼쪽의 길을 포기한다고 보아야 한다.[66][67] 그러한 지도에도 불구하고 왼쪽의 길을 택하여 목표물에 도착할 수 있다고 보는 것은 사후고찰의 오류가 작용된 것이라고 추정된다.

지도(선행기술)는 많다. 하나의 지도가 왼쪽 길에 산이 있다고 말하고 있으나, 다른 지도가 왼쪽 길 너머에 낙원(해당 발명)이 있다고 말하고 있는 경우, 심사관은 그 첫 번째 지도는 무시하고 두 번째 지도(선행기술)에 의존하여 해당 발명의 진보성을 부정하면 된다. 첫 번째 지도는 그저 하나의 길을 제시하였을 뿐이고(teaching a way) 그 지도로 인하여 다른 모든 시도가 봉쇄되는 것은 아니라고 보아야 한다.[68] 만약, 그 첫 번째 지도를 사용하고자 한다면, 심사관은 그 지도가 개시한 한계 또는 경계를 극복하기 위한 추가적인 자료를 제시하여야 할 것이다. 즉, 진보성 결여를 증명하기 위하여 선행기술이 반드시 TSM을 제시할 필요가 일반적으로는 없으나 하나의 선행기술이 어떤 기술적 한계 또는 경계를 명확하게 개시하는 경우에는 그 한계 또는 경계를 넘어서서 발명에 도달하기 위해서는 다른 증거가 그 한계 또는 경계를 넘음에 대하여 TSM을 제시하여야 하는 것이다.

### 4. *Schreiber* 팝콘 뚜껑 사건[69]

#### 가. 발명과 선행기술

출원발명은 팝콘 용기의 윗부분에 부착되는 배출구(dispensing top)에 관한 것으로 그 배출구는 경사진(tapered) 면을 가지고, 좁은 끝 부분의 구멍을 통하여 단지 몇 개의 팝콘이 통과할 수 있도록 하였다.[70] 선행기술은 윤활유 등 유체가

66) *In re* Gurley, 27 F.3d 551, 553 (Fed. Cir. 1994) ("A reference may be said to teach away when a person of ordinary skill, upon reading the reference, would be discouraged from following the path set out in the reference, or would be led in a direction divergent from the path that was taken by the applicant.").

67) United States v. Adams, 383 U.S. 39, 52 (1966) ("We do say, however, that known dis-advantages in old devices which would naturally discourage the search for new inventions may be taken into account in determining obviousness.").

68) Lance Leonard Barry, *Teaching a Way is Not Teaching Away*, 79 J. Pat. & Trademark Off. Soc'y 867 (1997).

69) *In re* Schreiber, 128 F.3d 1473 (Fed. Cir. 1997).

70) 청구항 제1항은 다음과 같다.

"1. A dispensing top (14) for passing only several kernels of a popped popcorn at a time

배출되는 끝 부분을 경사지게 형성한 것이다. 심사관은 선행기술의 끝 부분의 형상도 단지 몇 개의 팝콘만을 배출하도록 할 수 있다고 보았다.[71]

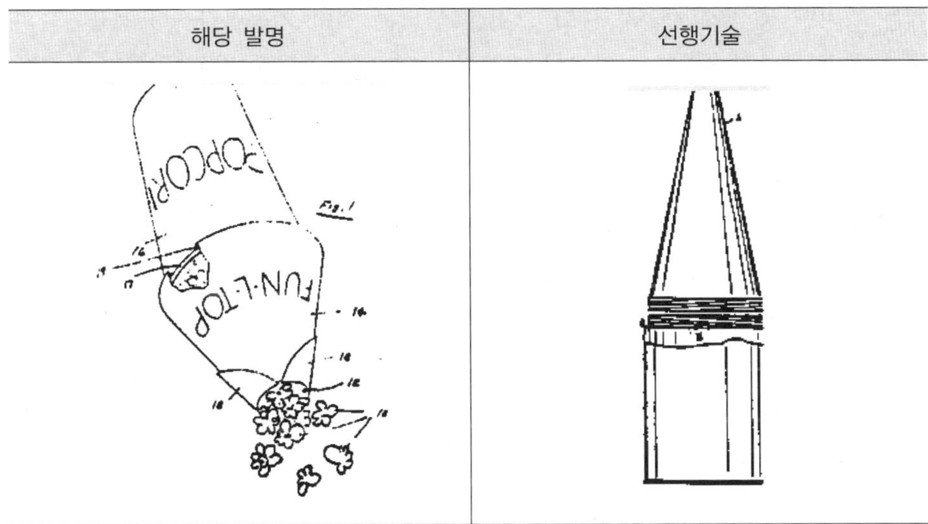


## 나. 미국특허상표청 심판원 판단[72]

심판원은 다음과 같은 이유를 제시하며, 해당 출원발명의 신규성을 부정한 심사관의 판단을 지지하였다. ① 청구항 제1항의 해당 요소의 기능 및 의도된 용도에 관한 언급은 구조(structure)가 아니므로 선행기술과 비교될 필요가 없다. ②

from an open−ended container (16) filled with popped popcorn, having a generally conical shape and an opening at each end, the opening at the reduced end (12) allows several kernels of popped popcorn to pass through at the same time, and means at the enlarged end (17) of the top to embrace the open end of the container, the taper of the top being uniform and such as to by itself jam up the popped popcorn before the end of the cone and permit the dispensing of only a few kernels at a shake of a package when the top is mounted on the container."

71) 선행기술이 출원발명의 기술분야와 같은 기술분야 기술(analogous art)인가? 적어도 미국에서는 신규성 판단에서는 해당 선행기술의 기술분야를 염두에 두지 않는다. *In re* Schreiber, 128 F.3d at 1477−1478 ("[T]he question whether a reference is analogous art is irrelevant to whether that reference anticipates. A reference may be from an entirely different field of endeavor than that of the claimed invention or may be directed to an entirely different problem from the one addressed by the inventor, yet the reference will still anticipate if it explicitly or inherently discloses every limitation recited in the claims.").

72) *Id.* at 1476−1477.

선행기술에서 개시된 구조는 내재적으로 청구항에서 말하는 바와 같은 팝콘 추출이 가능하다. ③ 선행기술은 윤활유 등 유체에 관한 것이지만 유체의 언급은 하나의 예(example)에 불과하다. ④ 선행기술의 꼭지 개방구가 팝콘을 배출하기에는 작지만 통상의 기술자가 그 크기를 늘리는 것이 가능하다. ⑤ 선행기술의 꼭지 개방구는 상대적인 크기이며 경사진 모양으로 인하여 팝콘이 꼭지 부분에서 밀집되고 단지 몇 개의 팝콘만 배출되는 것이 내재적으로 개시되어 있다.

### 다. CAFC 다수의견[73)]

CAFC 다수의견은 다음과 같은 이유로 심판원의 판단을 지지하였다. ① 선행기술이 출원발명의 용도(use)를 개시하고 있지는 않으나, 알려진 제품의 새로운 용도는 그 알려진 제품에 특허성을 부여하지 않는다.[74)] ② 심사관과 심판원이 출원발명의 기능적 한정에 의미를 두지 않은 것은 그 기능이 선행기술에 내재된 것이므로 바른 판단이다.[75)] ③ 출원발명의 경사진 형상(shape)이 선행기술의 형상과 다르지 않다.[76)] ④ 선행기술이 출원발명이 말하는 기능(팝콘이 배출구 부근에서 밀집되고 단지 몇 개의 팝콘만이 배출되는)을 내재적으로 포함하고 있다.

### 라. 반대의견

Newman 판사는 반대의견에서 다음과 같이 다수의견을 반박하였다. ① 다수의견은 청구항의 한정요소를 무시하여 청구항 해석의 기본 원칙에 반한다.[77)78)] ② 선행기술은 팝콘의 밀집, 배출 등에 대하여 언급하지 않는다.[79)] ③

73) *Id.* at 1477–1478.

74) 이와 관련하여 다수의견은 다음 판례를 인용한다. *In re* Sinex, 309 F.2d 488, 492 (CCPA 1962).

75) 청구항에 기재된 기능(function)을 청구항의 한정요소로 볼 것인지에 대한 명확한 법리가 존재하지 않는다는 설명은 다음 논문 참고. Tom Brody, *Claim Construction Using Contexts of Implication*, 13 Va. J.L. & Tech 3 (2008).

76) 발명이 특정한 크기(size)를 한정하지 않으므로 비슷한 형상(shape)의 선행기술이 신규성 부정을 위해 사용될 수 있다는 점은 차후 다른 판결에서도 그대로 사용된다. Bettcher Industries, Inc. v. Bunzl USA, Inc., 661 F.3d 629, 651–52 (Fed. Cir. 2011) (Reyna 판사는 소수의견에서 각뿔대(frustoconical) 형상의 선행기술과 발명이 특별한 크기의 한정을 하지 않으므로 같은 것이라고 주장하였다.).

77) *In re* Schreiber, 128 F.3d at 1480 ("Patentability is determined for the invention as claimed, with all its limitations. It is improper to delete explicit limitations from the claim in order to find the residue in the prior art.").

78) 특허법 제97조("특허발명의 보호범위는 특허청구범위에 기재된 사항에 의하여 정하여진다.").

79) *In re* Stencel, 828 F.2d 751, 754–55 (Fed .Cir. 1987) (청구항에 기재된 기능(function)을 근거

만약, 선행기술을 특허라고 가정하면 출원발명이 선행기술 특허를 침해한 것으로 볼 수가 없고 그러므로 선행기술에 의하여 신규성이 부정될 수 없다.[80] ④ 심판원은 출원발명의 가르침을 길잡이로 삼아 선행기술의 크기를 조정하고 오일캔에 팝콘을 담고 있다. ⑤ 선행기술은 신규성 부정을 위하여 억지로 변형되지 않아야 한다.[81] ⑥ 선행기술이 출원발명의 기능을 내재적으로 수행한다는 점은 사후고찰에 영향을 받은 것에 불과하고 청구항의 한정요소가 선행기술에 필요적으로 존재하여야 한다.[82]

### 마. 해　　설

특허성을 판단하는 자는 명세서를 읽어서 발명적 사상(inventive concept)을 이해하고 청구항을 읽어서 발명 그 자체를 이해한 후 선행기술을 검색한다. 그런데 선행기술을 검색, 선택하는 단계에서는 청구항이 사용한 많은 용어는 잊게 되고 발명적 사상만 기억하게 된다. 주지하는 바와 같이, 발명은 청구항이 사용한 용어에 의하여 정의되므로 발명의 신규성을 판단함에 있어서는 선행기술이 청구항의 용어(구성요소) 하나하나(each and every)를 개시하는지 여부에 따라 심사를 하여야 한다.[83][84] 그럼에도 불구하고 다수의견은 청구항에서 사용된 용어를 무

---

로 선행기술과 구별된 사례).

80) *In re* Schreiber, 128 F.3d at 1480 ("That which infringes if later anticipates if earlier."). 선행기술을 특허라고 가정하고 본원 발명이 그 특허를 침해하는 것이라면(것이어야) 선행기술이 본원 발명의 신규성을 부정한다는 이론. 균등침해의 문제로 인하여 이 이론은 약간 수정되었다. Lewmar Marine, Inc. v. Barient, Inc., 827 F.2d 744, 747 (Fed. Cir. 1987) ("While 'the classic test of anticipation' was indeed as stated, under the current statute 'anticipation' does not carry the same meaning as before, and the 'classic test' must be modified to: That which would <u>literally</u> infringe if later in time anticipates if earlier than the date of invention.").

81) *Id.* ("A prior art device can not be altered by the Board and then found to anticipate a different invention in whose image it was recreated.").

82) *Id.* at 1481 ("'Inherency' charges the inventor with knowledge that would be known to the art, although not described. Inherency is not a matter of hindsight based on the applicant's disclosure: the missing claim elements must necessarily be present in the prior art.").

83) Krippelz v. Ford Motor Co., 667 F.3d 1261, 1265 (Fed. Cir. 2012) ("To show that a patent claim is invalid as anticipated, the accused infringer must show by clear and convincing evidence that a single prior art reference discloses each and every element of a claimed invention.").

84) 우리 대법원은 신규성을 판단하면서도 발명의 구성 외에 '효과'를 참작하는 경우가 있는데 미국, 유럽에서는 유례를 찾아볼 수 없는 독특한 법리이다. 대법원 2004. 10. 27. 선고 2002후444 판결("구특허법 제29조 제3항에서 규정하는 발명의 동일성을 판단하는 데에는 양발명의 기술적 구성이 동일한가 여부에 의하여 판단하되 발명의 효과도 참작하여야 할 것인바, 기술적 구성에 차이가 있다고 하더라도 그 차이가 과제해결을 위한 구체적 수단에서 주지 관용기술의

시하고 발명적 사상에 근거하여 판단을 한 것으로 보인다. 청구항에 사용된 용어는 그 하나하나가 (출원인에게 불리하게) 권리범위를 좁힌다.[85] 그렇다면, 그 용어 하나하나는 특허성 판단의 장면에서도 그 의미를 가져야 하는 것이다.[86] 명심하여야 할 사항은 대상 판결은 신규성 판단에 관한 것이다. 신규성 판단에 있어서는 하나의[87] 선행기술이 발명의 구성요소 하나하나를 명시적으로 또는 내재적으로 개시하여야 한다.[88] 내재적 개시를 위해서는 Newman 판사가 말한 바와 같이 선행기술로부터 해당 발명이 필요적으로 도달되어야 하는데,[89] 오일캔으로부터 팝콘통에 도달하는 것이 필요적인 것으로는 인정되지 않는다. 통상의 기술자가 오일캔을 팝콘통으로 변형할 수 있는지 여부는 진보성 판단에서 다투어져야 한다. 그런 견지에서 다수의견은 청구항의 용어에 의해서가 아니라 발명적 사상에 의하여 발명을 판단하고 신규성을 부정하고 있다고 생각된다. 발명의 특허성을 판단하는 자는 청구항의 용어 하나하나를 수시로 읽을 필요가 있다.

## 5. *Wertheim* 인스턴트 커피 제조방법 사건[90]

### 가. 발명과 선행기술

해당 발명은 냉동건조 인스턴트 커피 제조방법에 관한 것이다. 해당 방법에 의하면 익혀지고(roasted) 갈아진 커피가루에 뜨거운 물을 침투하여 액체 커피 추출물이 만들어지고, 그 추출물은 25% 내지 60%의 고체 함유량을 가지도록 농축

---

부가, 삭제, 변경 등으로 새로운 효과의 발생이 없는 정도의 미세한 차이에 불과하다면 양 발명은 동일하다고 하여야 할 것이다.(대법원 2001. 6. 1. 선고 98후1013 판결 참조).").

85) 이를 "all elements rule"이라고 칭한다.

86) 유럽특허청 심사지침서 4.2 ("Each claim should be read giving the words the meaning and scope which they normally have in the relevant art, unless in particular cases the description gives the words a special meaning, by explicit definition or otherwise.").

87) 특허청, 「특허·실용신안 심사지침서」, 2011년도 추록, 3216면("신규성 판단시에는 청구항에 기재된 발명을 하나의 인용발명과 대비하여야 하며 복수의 인용발명을 결합하여 대비하여서는 안 된다. 복수의 인용발명의 결합에 의하여 특허성을 판단하는 것은 후술하는 진보성의 문제이며, 신규성의 문제가 아니다.").

88) *In re* Pond, 466 Fed.Appx. 876, at 3 (Fed. Cir. 2012) ("To anticipate a claim, a single prior art reference must expressly or inherently disclose each claim limitation.").

89) *In re* Montgomery, 677 F.3d 1375, 1380 (Fed. Cir. 2012) ("The inherent result must inevitably result from the disclosed steps; '[i]nherency … may not be established by probabilities or possibilities.'").

90) *In re* Wertheim, 541 F.2d 257 (CCPA 1976).

되고, 그 후 농도를 줄이기 위하여 가스가 작용된다.[91] 선행기술(Pfluger 1963 특허)은 그 농도를 0.1 내지 0.5 gm/cc(gram per cubic centimeter)까지 줄이도록 개시하고 있다. 반면에 해당 청구항(제19항 및 제20항)의 한 구성요소는 그 농도를 약 0.6 내지 0.8 gm/cc로 한정하고 있다.

### 나. 판 시

심사관은 선행기술이 개시한 0.5 gm/cc의 농도와 청구항이 특정한 '약' 0.6 gm/cc의 농도의 차이가 결정적 차이(critical difference)가 아니라고 주장하였다. 법원(CCPA)은 본 기술에서는 액체 커피 추출물의 농도를 낮추는 것이 중요하므로 선행기술이 개시한 0.5 gm/cc는 일종의 상한선을 말하는 것이고 그 이상은 바람직한 효과를 가지지 않는 것을 암시하고, 그러므로 그 선행기술을 접한 통상의 기술자는 0.5 이상의 범위를 선택하지 않게 된다고 보았다. 즉, 선행기술이 암시하는 바가 0.5 이상의 범위를 역교시 한다고 보았다.[92]

### 다. 반대의견

반대의견은 (선행기술에 의하면 0.5 이상에서 비록 열등한 효과를 가질지라도) 0.5 이상에서 해당 방법이 작동된다는 사실에 근거하여 다수의견이 말하는 역교시 주장의 지나침을 지적하고 있다.[93] 0.5와 '약' 0.6이 매우 가까우므로 통상의 기술자가 비록 0.6 방향으로 적극적으로 가지는 않겠지만 그 정도의 가까운 거리이면 거의 같은 범위의 것이고 그러므로 약 0.6도 0.5의 범위와 다르게 볼 필요가 없다는 것이다.

### 라. 해 설

본 판결은 선행기술의 전체적인 가르침에 따라 암시적인 역교시도 인정될 수 있음을 보여준다. 선행기술이 제시한 상한선(0.5)과 발명이 청구한 하한선(약 0.6)의 차이가 크지 않아서 통상의 기술자가 0.5의 언저리 너머까지 시도할 수 있는 것으로 판단될 수도 있었음에도 불구하고 선행기술의 전체적 개시에 근거

---

91) *Id.* at 259.

92) *Id.* at 267 ("The examiner's comment about the lack of a showing of a critical difference is based on his failure to appreciate that Pfluger 1963 teaches away from increasing foam density.").

93) *Id.* at 274 ("Moreover, it is obvious from the reference that the process would work at a higher density than 0.5, although inferior results might be expected.").

하여 선행기술을 접한 통상의 기술자가 0.5 이상을 시도하지 않았을 것이라고 보았다. 많은 연구자가 연구를 하면서 발명의 언저리까지 도달하였는데도 불구하고 정작 결과적으로는 아무도 그 발명에 도달하지 못하는 경우가 있다. 발명의 언저리와 발명 그 자체는 다른 것임이 강조되는 판결이라고 생각된다.[94]

## 6. *Pagliaro* 탈카페인 방법 사건[95]

### 가. 대상 발명 및 선행기술

대상 발명은 커피, 차 등의 음료에서 카페인을 없애는 방법에 관한 것이다. 기존에는 그러한 탈카페인을 위하여 잠재적으로 독성이 있는 클로로폼, 사염화탄소, 삼염화에틸렌 등의 용제를 사용하였으나, 그러한 용제는 해당 음료의 향 및 바람직한 성분에 나쁜 영향을 미친다. 발명가는 탈카페인을 위하여 콩기름, 옥수수기름, 올리브오일, 커피오일 등의 식용지방을 사용하는데, 카페인을 함유한 음료를 물과 혼합되지 않는 액체의 지방물질과 접촉시켰다. 그 지방물질이 음료로부터 카페인을 제거시키며, 카페인을 함유한 지방물질은 원심분리 등의 방법으로 해당 음료로부터 분리된다.[96][97]

선행기술1(Nutting)은 오일을 사용하지 않는 탈카페인 공정으로 커피오일이 제거된 후 클로로폼, 사염화탄소, 삼염화에틸렌 등의 독성이 있는 용제를 사용하여 카페인이 추출된다.

선행기술2(Rector)는 커피음료의 준비를 위하여 익혀진(roasted) 커피 콩(coffee bean)이 오일과 함께 분쇄되며 향미제로 유용한 파우더를 형성하는 것에 관한 것

---

94) 특허법원 2008. 2. 21. 선고 2007허6034 판결("선행기술문헌이 그 선행기술을 참작하지 않게끔 가르친다면, 즉 통상의 기술자로 하여금 그 발명에 이르도록 하는 것을 단념케 한다면 그 선행기술문헌이 특허발명과 매우 <u>가깝게</u> 닮았어도 당해 특허발명의 진보성이 부정되지 않지만, 단지 선행기술이 열등한 것으로 표현하였다고 하여 반드시 그 선행기술을 단념케 하는 것이라고 할 수 없다.").

95) *In re* Pagliaro, 657 F.2d 1219 (CCPA 1981).

96) *Id.* at 1220.

97) 청구항 제1항은 다음과 같다.

"1. A process for producing a decaffeinated vegetable material suitable for use in preparation of beverages, which comprises:

a) contacting a caffeine-containing vegetable material with a liquid, water-immiscible fatty material capable of removing caffeine therefrom;

b) maintaining said vegetable material and said fatty material in contact for a time sufficient to transfer caffeine from said vegetable material to said fatty material; and

c) separating the decaffeinated vegetable material from the caffeine-laden fatty material."

이다. 이와 같이 커피를 오일과 함께 분쇄하는 경우 크기가 더 작은 커피가루를 얻을 수 있다.

선행기술3(Aeillo)은 마취제의 유지질(類脂質)[98] 이론에 관한 것이며, 카페인이 올리브오일 등 지방물질에 녹는다는 점을 개시하고 있다.[99]

### 나. 미국 특허상표청 심판원 판단[100]

심판원은 먼저 대상 발명과 선행기술1의 차이를 탈카페인 물질(medium)로 사용된 특정 유기 용제(organic solvent)에 있다고 보고, 선행기술2 및 3을 참고하여 물과 혼합되지 않는 액체의 지방물질을 사용하는 것이 용이하였다고 판단하였다. 심판원은 특히, 선행기술2가 액체지방물질이 구워진 커피 콩으로부터 향미가 있고 자극적인 요소(aromatic and stimulative elements)를 추출할 수 있음을 명확하게 가르치고 있다고 보았고, 나아가, 선행기술3에서 카페인이 올리브오일에 녹는다는 사실이 개시되어 있다고 보았다. 그러므로, 선행기술1에서의 카페인을 함유하는 물질에서 카페인을 추출하기 위하여 선행기술2 및 3의 가르침에 따라 지방물질을 사용하는 것이 통상의 기술자에게 용이하였다는 것이다.

### 다. 판 시

다수의견은[101] 첫째로, 선행기술1이 탈카페인 공정 전에 오일을 제거하는 기술을 가르치고 있으므로, 탈카페인 공정에서 오일을 사용하는 대상 발명을 역교시 한다고 보고, 둘째로, 선행기술2는 (화학적인 추출이 아닌) 분쇄, 압착 등 물리적인 추출에 관한 것이며 오일이 카페인을 제거할 수 있음에 대하여 가르치지 않으며 더욱 중요하게는 탈카페인에 관한 기술이 아니므로 대상 발명의 과제(problem)를 제시하지 못한다고 보고,[102] 셋째로 선행기술3은 오일/세룸 혼합액이 오일/물 혼합액보다 카페인을 3배나 수용한다고 개시하고 있으며, 그러한 점이

98) 두산백과사전("유지질이라고도 한다. 지질(lipid)을 닮았다는 뜻에서 이 이름이 붙었다. 이른바 지방 이외의 물질을 가리키며 복합지방이라고도 하며, 인지질과 당지질 등이 여기에 해당된다."). 〈http://terms.naver.com/entry.nhn?docId=1089873&mobile&categoryId=200000466〉.

99) *In re* Pagliaro, 657 F.2d at 1221.

100) *Id.* at 1223-1224.

101) 본 판결에는 CCPA 5명의 판사(Markey, Rich, Baldwin, Miller, Nies) 중 3명이 찬성하고 Nies 판사가 반대의견을 쓰고, Baldwin 판사가 그 반대의견에 동조하였다. 반대의견은 청구항에서 사용된 용어에 근거하여 (매우 타당하게) 다수의견의 견해에 반대하나, 이 글에서 강조하고자 하는 '역교시'에 관한 부분과는 관련이 없으므로 설명을 생략한다.

102) 즉 선행기술2는 대상 발명과 유사한 기술분야의 선행기술(analogous art)이 아니라는 것이다.

카페인 제거를 위하여 오일만을 사용하는 것을 역교시 한다고 보았다.[103)]

### 라. 해 설

법원은 선행기술1 및 3이 대상 발명을 역교시 한다고 보았다. 선행기술1 관련, 법원은 탈카페인 공정 전에 오일을 제거하던 기술을 인지한 통상의 기술자는 그 선입관에서 벗어나기 힘들어서 탈카페인 공정에서 오일을 사용하기가 어려울 것이라고 보았다.[104)] 선행기술1에 의하여 발명가의 눈 앞에 '오일'이라는 발명의 재료가 제공되었다. 물론, 발명가의 눈 앞에는 검색된 다른 많은 선행기술도 존재한다. 이런 상황에서 발명가는 통상 여러 시도를 하게 되는데, 통상의 기술자라면, 많은 선행기술 중 굳이 선행기술1을 선택하여 그것이 가르치는 바와 정반대로 실험을 할 것인가에 대하여 고민을 하여야 한다. 등잔 밑은 가까운 것인가, 어두운 것인가?

선행기술3은 효율적인 탈카페인을 위하여 오일과 세룸(serum)의 조합, 오일과 물의 조합 등에 관하여 개시하고 있다. 즉, 기존에는 오일과 물의 조합을 사용하여 왔는데 그 조합보다 더 효율적인 조합을 찾기 위하여 노력하였고 그 노력의 결과 오일과 세룸의 조합을 찾은 것이다. 선행기술3의 발명가 그 자신은 그러한 최적 '조합'을 찾는데 함몰되어 오일만을 사용하기가 어려울 것으로 생각된다. 그 발명가에게는 등잔 밑이 너무 어두운 것이 된다. 선행기술3을 접한 다른 통상의 기술자에게도 등잔 밑이 그렇게 어두운 것일까? 선행기술3은 오일만에 의한 탈카페인을 내재적으로 개시하고 있는 것은 아닌가? 본 판결에서는 오일만에 의한 탈카페인의 효과에 관하여 공방을 펼치지 않고 있는데, 만약 오일만에 의한 탈카페인의 효과가 오일/세룸, 오일/물에 의한 효과보다 높지가 않다면 선행기술3은 어두운 것이 아니라 너무 가까운 것이 아닐까?

본 판결에서 검토된 선행기술1 및 3과 관련하여 본 판결은 그 기술을 응용, 변형하는 것이 어떤 경우에는 통상의 기술자에게 너무 쉬워 보이고 또 어떤 경

103) *In re* Pagliaro, 657 F.2d at 1225.

104) 대법원 2010. 1. 28. 선고 2008후26 판결(TV시청과 관련하여 선행기술은 방송 중 시청자의 반응을 파악하는 것이고, 대상 발명은 방송 전에 시청자의 반응을 파악하는 것인데, 특허법원은 진보성을 인정하고 대법원은 부정한 사례)(방송의 내용을 실제로 보여주지 않고는 시청자의 반응을 파악하는 것이 불가능하다는 것이 기존의 고정관념이 아니었을까? 대상 발명은 방송의 내용이 아니라 방송에 관한 사항을 미리 보여주고 그 반응에 따라 방송 여부를 결정한다는 점에서 기존의 고정관념을 깬 것이 아닐까?).

우에는 너무 어려워 보이는 면을 잘 대비하여 보여 준다고 생각된다. 대리인의 입장에서는 의뢰인의 이익에 부합되는 논리를 개발하여 주장을 하면 될 것인데, 판단자의 입장에서는 판단하기가 무척 어려운 사안이다. 본 사건에서는 출원인(의 대리인)이 선행기술이 대상 발명을 역교시 하였음을 잘 주장하여 성공하였다. 심사관은 해당 선행기술이 대상 발명을 역교시 하지 않음에 대하여 추가적인 자료를 제공하였어야 했는데 그 점에서 실패한 것으로 보인다.

### 7. *Spectralytics* 스텐트 가공기 사건[105)]

#### 가. 특허발명과 선행기술

해당 특허는 미국특허 제5,852,277호(출원일 1996년 10월 24일, 등록일 1998년 12월 22일)인데, 속이 빈 튜브 형태의 재료의 표면에 레이저로 패턴을 가공하여 스텐트(stent)를 만드는 기계의 진동방지장치에 관한 것이다.[106)] 스텐트는 인간의 관상동맥 속에 삽입되어 동맥을 넓혀서 혈류의 흐름을 원활하게 하도록 하는데, 관상동맥 속에 삽입된 후 외부가 확장되는 구조를 가진다.[107)] 그 외부로 확장되는 부분을 레이저로 가공하는 기계는 가공의 정밀도를 확보하는 것이 매우 중요하다.[108)]

---

105) Spectralytics, Inc. v. Cordis Corp., 649 F.3d 1336 (Fed. Cir. 2011).

106) 청구항 제1항은 다음과 같다.

"1. An apparatus for manufacturing a hollow, generally tubular workpiece having a pattern cut around the circumference and along the length thereof, which comprises:

(a) a laser cutting tool, the laser cutting tool having means for generating a laser beam used as a cutting implement; and

(b) a workpiece fixture rigidly carried on the cutting tool in a fixed spatial arrangement during use of the fixture, the fixture having a cantilever support for supporting a piece of stock tubing beneath the laser cutting tool in a cantilever manner with the cantilever support being located on just one side of the laser beam with the tubing extending from the cantilever support past the laser beam and the tubing being unsupported on the other side of the laser beam, and wherein the workpiece fixture comprises:

(i) a fixture body secured to the cutting tool; and

(ii) a generally horizontal bushing carried on the fixture body and extending beneath the cutting tool, the bushing having a central bore which is sized to be slightly greater than an outside diameter of the stock tubing."

107) 관상동맥 스텐트 시장은 2015년까지 약 8조원 규모로 성장할 것이라고 한다. 〈http://www.prweb.com/releases/coronary_stents/drug_eluting_stents/prweb4702114.htm〉.

108) Spectralytics, 649 F.3d at 1339–1340 ("Various machines had been designed for this use, but cardiac surgeons sought ever more complex stent patterns, requiring manufacturing techniques of extreme accuracy.").

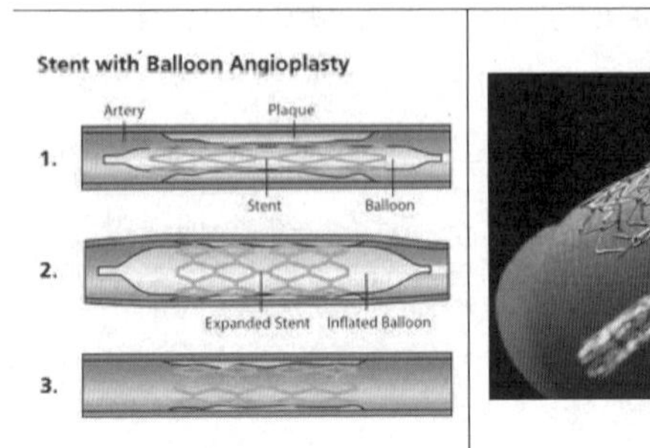


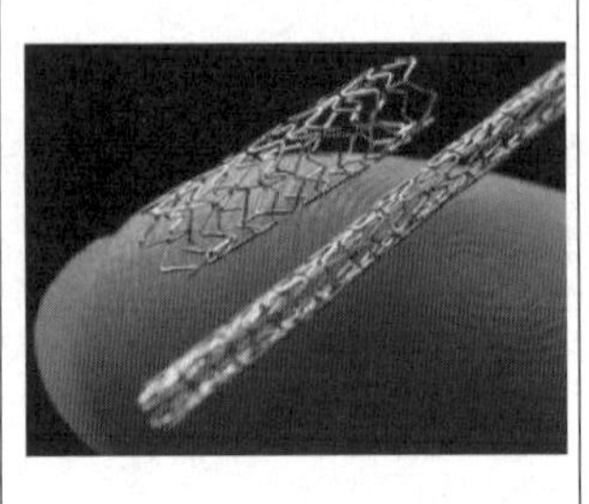

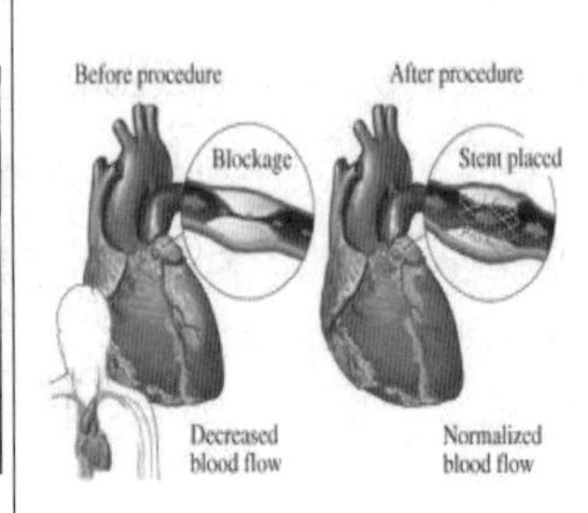


대상 발명 이전에 사용된 기계(선행기술)는 외팔보(cantilever) 방식으로 가공 대상물을 고정하는 장치를 가지고 진동을 억제하기 위하여 그 고정장치 및 레이저 절삭장치 모두를 강하게 고정하고 있었다. 대상 발명(기계)은 진동을 억제하지 않고 그 대신 고정장치와 절삭장치를 일체로 형성하여 둘 사이의 상대적 운동을 상쇄하였다. 이를 위해 특허발명은 고정장치를 절삭장치 바로 위에 장착되도록 하였다. 이러한 특허발명의 결과로 절삭 정밀도가 향상되고 다양한 제품의 가공이 가능하여졌다는 점에 대하여는 양 당사자 사이에 다툼이 없었다.[109] 스텐트 절삭의 정밀도를 높이기 위한 시도가 이전에도 여러 차례 있었으나, 대상 발명과 같은 성공을 이룬 적이 없었다는 점도 양 당사자의 전문가에 의하여 증언되었다.[110] 특히, 피고측 전문가는 ① 이전의 기계는 모두 (진동을 줄이기 위하여) 고정장치를 기계본체에 강하게 부착하였다는 점, ② 대상 발명이 기존 장치의 가르침과 반대라는 점(contrary to the accepted teachings), ③ 대상 발명이 환상적인 아이디어라는 점에 대하여 인정을 하였다.[111]

### 나. 피고의 주장

피고는 *Baxter v. McGaw* 판결[112] 및 *In re Gurley* 판결을[113] 근거로 선행기술이 역교시(teaching away) 하지 않는다고 주장하였다. *Baxter* 판결에서 CAFC는 청구발명이 작동하지 않을 것이라는 점에 대하여 선행기술이 전혀 언급하지 않는다는 이유로 해당 선행기술에 의한 역교시를 인정하지 않았다. 또, *Gurley*

109) *Id.* at 1340.
110) *Id.* at 1343.
111) *Id.*
112) Baxter International, Inc. v. McGaw, Inc., 149 F.3d 1321 (Fed. Cir. 1998).
113) *In re* Gurley, 27 F.3d 551 (Fed. Cir. 1994).

판결에서 CAFC는 통상의 기술자가 선행기술을 읽고 발명의 길로 나아가는 것이 억제(discouraged) 되거나 발명과 다른 길로 유도되는 경우 그 선행기술은 역교시 하는 것이라고 판시하였다.[114] 그 두 판결에 근거하여 피고는 선행기술이 그러한 억제 또는 경고를 하지 않는다고 주장하였다.

### 다. 판 시

CAFC는 피고가 제시한 두 개 판결의 법리의 유효함을 인정하면서도, 그 '명시적인' 역교시의 법리만에 의해서 역교시가 인정되는 것은 아니라고 설시한 후,[115] 본 사건에서 모든 선행기술이 고정장치를 기계에 강하게 결합시켜서 진동을 방지하고자 하는 점 및 전문가 증언에 근거하여 배심원이 선행기술의 역교시를 인정할 수 있었다고 판단하였다.[116]

### 라. 해 설

역교시가 명시적인 경우에는 진보성을 인정하기가 상대적으로 용이한데,[117] 선행기술이 발명을 명확하게 역교시 하는 경우는 많지 않을 것이다. 그러므로, 선행기술이 역교시를 명확하게 적시하는 경우에만 역교시를 인정하는 것은 역교시 법리를 상당 부분 무력화시키는 것이 될 것이다. 대상 판결은 선행기술이 문언으로 명확하게 역교시를 하는 것은 아니지만 그 디자인 또는 개념 자체만으로도 역교시를 인정할 수 있음을 보여준다.[118] 특히, 선행기술이 진동을 어떻게든

114) *Id.* at 553 ("A reference may be said to teach away when a person of ordinary skill, upon reading the reference, would be discouraged from following the path set out in the reference or would be led in a direction divergent from the path that was taken by the applicant.").

115) Spectralytics, 649 F.3d at 1343 ("'Teaching away' does not require that the prior art foresaw the specific invention that was later made, and warned against taking that path. It is indeed of interest if the prior art warned against the very modification made by the patentee, but it is not the sole basis on which a trier of fact could find that the prior art led away from the direction taken by the patentee.").

116) *Id.* ("Instead, the jury could find, based on the expert testimony, that prior Swiss-style machines taught away from embracing vibrations to improve cutting accuracy because all prior machines improved accuracy by dampening vibrations.").

117) Lance Leonard Barry, *Teaching A Way is Not Teaching Away*, 79 J. Pat. & Trademark Off. Soc'y 867 (1997) ("A teaching away does not have to be express; it may be implied. A reference teaches away impliedly when a modification or combination would render inoperable the invention disclosed in the reference.").

118) 2011년 6월 14일 PatentlyO 기사 ("In an interesting aspect of the decision, the appellate panel found that teaching-away does not require words per se, but rather the prior art design itself can teach away from an innovation.").

줄이고자 노력하였는데, 대상 발명은 진동을 줄이고자 하는 것이 아니라 절삭장치가 고정장치와 같이 진동하도록 하여 절대적인 진동은 허용하되 두 장치 사이의 상대적인 진동을 방지한 점은 (선행기술을 잘 아는 상태에서는 그 고정관념에서 벗어나기 어려운) 역발상에 해당한다고 판단된다.

선행기술이 해당 발명의 신규성을 부정하기 위해서 그 선행기술이 발명을 명시적으로 개시하는 것은 물론 내재적으로 개시하여도 가능하듯이, 선행기술이 역교시를 명시적으로 개시하는 것은 물론 내재적으로도 개시할 수 있을 것이다.[119] 물론, 선행기술의 해당 디자인이 관련 특허발명을 내재적으로 역교시 하는 것이라고 특허권자가 주장하는 것을 법원이 쉽게 인정하지는 않겠지만, 본 판결은 그러한 주장의 인정 가능성을 높여 주는 것이라고 생각된다. 특허권자의 입장에서는 해당 선행기술의 디자인, 용도, 고정관념(conventional wisdom)[120] 등을 근거로 관련 발명에 도달하기 어려움에 관하여 여러 각도에서 주장하여야 한다. 이 사건에서는 피고가 선택한 증인이 선행기술의 역교시를 인정하는 발언을 함으로 인하여[121] 법원이 역교시를 좀 더 쉽게 인정하였을 것으로 생각된다.

어떤 문헌이 해당 선행기술을 발명에 사용 또는 적용할 수 없다고 명시적으로 가르치고 있는 경우, 그 문헌은 명시적으로 역교시를 하고 있는 것이다. 나그네가 대전에서 서울로 가기 위해서는 북쪽으로 향하여야 하는데 남쪽으로 가라고 지시하는 자료가 있다면 그 자료가 북쪽으로 가지 말라고 명시적으로 역교시한 것은 아니지만 결과적으로 그 자료는 나그네를 반대방향으로 유도하는 것이고 그 나그네(발명가)는 서울(발명)에 이르는 것이 불가능하거나 최소한 매우 어려울 것이다.[122] 그러나, 지도는 하나만 있는 것이 아니다. 그러므로 피고는 북쪽

---

⟨http://www.patentlyo.com⟩.

119) Lance Leonard Barry, *Teaching A Way is Not Teaching Away*, 79 J. Pat. & Trademark Off. Soc'y 867 (1997).

120) Tec Air, Inc. v. Denso Mfg. Michigan Inc., 192 F.3d 1353, 1360 (Fed. Cir. 1999) (선행기술은 조정나사(adjustable screws)를 몰드(mold)의 비공동(non-cavity) 부분에 설치, 특허발명은 그 나사를 공동(cavity) 부분에 설치, 특허발명 이전의 고정관념(conventional wisdom)은 공극 부분에의 설치가 불가피하게 플라스틱을 채우고 의도된 목적대로 수행될 수 없다는 점에 근거하여 역교시를 인정한 사례).

121) Spectralytics, 649 F.3d at 1343 ("The Cordis expert on Swiss-style machines, Mr. Huber, testified that the machine of the '277 patent was 'contrary to the accepted teachings of Swiss automatic screw machines.' Trial Tr. 2105. Another Cordis witness, Jeff Miller, testified that when he first heard about the idea of carrying the workpiece fixture directly on the cutting tool he thought it was a 'fantastic' idea.").

을 향하는 다른 지도를 제시하면 된다. 그런데 다른 여러 지도들도 남쪽을 이야기하고 있다면 그러한 선행기술의 총합은 역교시의 인정에 더욱 가깝게 할 것이다. 이런 견지에서 특허권자가 선행기술을 검색하여 제시할 필요가 있다. 통상 선행기술은 피고(침해자)가 검색하는 법인데, 선행기술의 전체적인 역교시의 경향을 보이기 위하여 특허권자가 관련 선행기술을 검색하여 제시할 수 있는 것이다.[123]

## 8. 엘지화학 v. 에스케이이노베이션 2차전지 분리막 사건[124][125]

### 가. 특허발명 및 선행기술

2차전지(secondary cell)에서는 화학에너지와 전기에너지의 가역적 상호변환의 과정에서 양극과 음극 사이를 전자가 이동하면서 충전과 방전을 되풀이 하게 되는데, 양극과 음극의 직접 접촉으로 인한 단락(short－circuit)을 방지하기 위하여 양극과 음극 사이에 분리막이 게재된다. 해당 특허(대한민국 특허 제775310호, 우선일 2004년 12월 22일)는 리튬이온 2차전지 분리막의[126] 구조에 관한 것으로서 고분자 혼합물로 무기물 입자 사이에 "interstitial volume"이라는 특별한 공간을 형성하는 것을 특징으로 한다.[127] 본 사건에서는 "interstitial volume"이 무엇인지

122) Modine Mfg. Co. v. U.S. Intern. Trade Com'n, 75 F.3d 1545, 1556 (Fed. Cir. 1996) (선행기술은 수력직경(hydraulic diameter)의 감소가 바람직하지 않은 압력증가를 가져올 것임을 예상; 대상 발명은 냉장시스템에서 수력직경을 줄여서 정반대의 효과(opposite result)를 달성; 선행기술이 가르친 바와 반대 방향으로 진행하여 발명한 사례). Wikipedia ("The hydraulic diameter, DH, is a commonly used term when handling flow in noncircular tubes and channels. Using this term one can calculate many things in the same way as for a round tube.").

123) Tyco Healthcare Group LP v. Mutual Pharmaceutical Co. (Fed. Cir. 2011) (특허권자가 역교시 주장을 뒷받침하는 3개의 선행기술을 제시한 사례).

124) 특허심판원 2012. 8. 9. 2011당320 심결.

125) 본 사건은 엘지화학이 2차전지 분리막 관련 특허를 근거로 에스케이이노베이션을 상대로 특허권침해금지청구소송을 제기하고, 에스케이이노베이션이 그에 대응하여 해당 특허의 무효심판을 청구한 사건이다. 2차전지 시장의 크기, 관련 특허의 중요성 등으로 인하여 (1) 많은 대리인(심결문에 적시된 대리인만 총 15명)이 양 당사자를 대리하였고, (2) 특허심판원이 이례적으로 심판원장을 포함한 5인 합의체로 심결하였고, (3) 특허심판원이 심결에 대하여 이례적으로 상세한 보도자료를 배포하기도 하였다.

126) "전세계 분리막 시장은 2009년부터 2011년까지 3년간 연평균 29.1% 성장했으며 2012년에는 시장규모가 1조 2000억 원에 달할 것으로 전망된다." 에너지경제 2012년 8월 16일 기사. 〈http://www.ekn.kr/news/articleView.html?idxno=78697〉.

127) 청구항 1. (a)폴리올레핀 계열 분리막 기재(이하 '구성 1'이라 한다); 및 (b)상기 기재의 표면 및 상기 기재에 존재하는 기공부 일부로 구성된 군으로부터 선택된 1종 이상의 영역이 무기물 입자 및 바인더 고분자의 혼합물로 코팅된 활성층을 포함하는 유/무기 복합 다공성 분리막으로

를 해석하는 것이 매우 중요한데,[128] 심판원은 그것을 "무기물 입자가 실질적으로 조밀하게 배치된 상태에서 바인더 고분자에 의해 연결 및 고정된 무기물 입자들 사이에 형성되는 빈 공간"이라고 해석하였다.[129]

심판원이 특허발명의 신규성을 부정하며 제시한 선행기술(일본 공개특허공보 제2004-227972호(2004. 8. 12. 공개))도 2차전지 분리막에 관한 것으로서 "수용성 고분자, 미립자, 매체를 포함하는 도포액을 폴리올레핀 표면에 도포하여 건조시키는 등에 따라 매체를 제거하면,CMC와 미립자(알루미나)가 균일하게 분산된 다공질층이 된다는 기술"이다(심결문 15면).

### 나. 심판원 심결

심판원은 문제가 되는 "interstitial volume"의 기재가 선행기술에 직접적으로 나타나 있지는 않으나(심결문 15면), 선행기술에 의하여도 "interstitial volume"이 형성될 수 있으므로 특허발명의 신규성이 부정된다고 판단하였다.

### 다. 해 설

특허발명의 신규성 결여를 주장하는 무효심판의 청구인은 특정 하나의 선행기술이 해당 발명의 구성 하나하나를 명시적으로 또는 내재적으로 개시하고 있음을 주장, 증명하여야 한다. 본 건에 있어서는 해당 선행기술이 (다른 구성요소는 물론이고) 대상 발명에 있어서 가장 중요한 요소인 "interstitial volume"도 명시적으로 또는 적어도 내재적으로 개시하여야 한다.

선행기술이 "interstitial volume"을 명시적으로 개시하고 있지 않음은 심판원도 인정을 하였으므로,[130] 내재적으로 개시하고 있는지만 살피면 되는데, 심결은

---

서(이하 '구성 2'라 한다), 상기 활성층은 바인더 고분자에 의해 무기물 입자 사이가 연결 및 고정되고, 무기물 입자들간의 빈 공간(interstitial volume)으로 인해 기공 구조가 형성된 것이(이하 '구성 3'이라 한다) 특징인 유/무기 복합 다공성 분리막.

128) 미국 특허를 검색한 결과, 해당 특허의 우선일인 2004년 12월 22일 이전에 이차전지 분야에서 "interstitial volume"이라는 용어를 쓴 사례는 전혀 보이지 않았다. 즉, 그 당시 동 용어에 대한 일반적인(ordinary) 의미는 존재하지 않았으므로 명세서를 통하여 동 용어의 의미를 해석하는 것이 필요하였다고 생각된다. 대법원 2008. 2. 28. 선고 2005다77350, 2005다77367 판결(그 유명한 '종이기저귀 사건'으로서, "유체투과성 플랩"이라는 용어의 의미를 해석하기 위하여 다른 청구항, 명세서의 기재뿐만 아니라 발명자와 통상의 기술자의 인식까지 고려한 사례).

129) 심결문 14면. 특히, 심판원은 동 용어를 "무기물 입자들간의 거리에 무관하게 바인더를 매개로 해서 무기물 입자들이 연결되어 형성하는 모든 형태의 빈 공간"을 의미하는 것으로 해석하여야 한다는 청구인의 주장을 배척하였다.

130) 또 청구인이 주장한 바를 살펴도 선행기술에 그러한 직접적 개시가 없다는 사실이 반증된다.

그에 대하여 긍정하였다. 이러한 심판원의 심결은 아래와 같은 이유로 잘못된 것이다.

첫째, 선행기술이 발명을 내재적으로 개시하기 위해서는 선행기술로부터 발명에 도달할 수 있는 가능성이 있는 것만으로는 부족하고 발명에 필연적으로 또는 필요적으로 도달하는 정도에 이르러야 한다.[131][132][133] 대법원은 진보성 판단에 있어서도 선행기술이 대상 발명을 필연적으로 도출하도록 할 필요가 있다고 설시하기도 하였는데[134][135] 신규성 판단에 있어서는 필연적 도출이 필요함은 말할 필요도 없다. 대상 사건에서 심결은 선행기술에 의하여도 "interstitial volume"이 형성될 수 있다는 가능성을 근거로 신규성을 부정하는 오류를 범하였다.[136]

---

즉, 청구인은 "interstitial volume"이라는 용어를 해석함에 있어서 그러한 공간은 조밀하게 배치된 상황에서 만들어지는 특별한 공간이 아니라 "무기물 입자들이 연결되어 형성하는 모든 형태의 빈 공간"을 의미하는 것으로 주장을 한 것이다. 각주 131. 청구인의 입장에서는 그렇게 해석되어야 본 발명이 선행기술과 동일해지므로 그러한 주장을 한 것일 것이다. 이에 대하여 심결은 "interstitial volume"이 "무기물 입자가 실질적으로 조밀하게 배치된 상태에서 바인더 고분자에 의해 연결 및 고정된 무기물 입자들 사이에 형성되는 빈 공간"이라고 보았다. 그렇다면, 선행기술은 무기물 입자 사이에 발생하는 구멍(크랙)을 발견한 것이고, 본 발명은 무기물 입자의 조밀한 배치에 따라서 그 구멍을 특별히 만드는 것이 되어서 두 기술은 동일하지 않다.

131) 우리 대법원은 이를 '기술상식'과 대비시키고 있다. 대법원 2008. 11. 27. 선고 2006후1957 판결("발명의 신규성 또는 진보성 판단에 제공되는 대비발명은 그 기술적 구성 전체가 명확하게 표현된 것뿐만 아니라, 미완성 발명 또는 자료의 부족으로 표현이 불충분하거나 일부 내용에 오류가 있다고 하더라도 그 기술분야에서 통상의 지식을 가진 자가 발명의 출원 당시 <u>기술상식</u>을 참작하여 기술내용을 용이하게 파악할 수 있다면 선행기술이 될 수 있다"). 한동수, "진보성 판단에 제공되는 선행기술의 자격", 「Law & Technology」 제5권 제2호, 서울대학교 기술과 법 센터, 2009년 3월호, 각주 13("<u>기술상식</u>은 통상의 기술자에게 일반적으로 알려져 있는 기술(예를 들어 주지기술, 관용기술) 또는 경험칙으로부터 <u>분명한</u> 사항을 포함하는 개념이므로(통설 및 특허청, 심사지침서, 2319면), '기술상식을 참작하여'라는 포괄적 표현을 사용하는 것으로 충분하다고 생각한다.").

132) *In re* Montgomery, 677 F.3d 1375, 1380 (Fed. Cir. 2012) ("The inherent result must <u>inevitably</u> result from the disclosed steps; '[i]nherency … may not be established by <u>probabilities</u> or <u>possibilities</u>.'").

133) Schering Corp. v. Geneva Pharmaceuticals, 339 F.3d 1373, 1379 (Fed. Cir. 2003) ("The extent of the inherent disclosure does not limit its anticipatory effect. In general, a limitation or the entire invention is inherent and in the public domain if it is the '<u>natural result flowing from</u>' the explicit disclosure of the prior art.").

134) 대법원 2007. 8. 24. 선고 2006후237 판결("원심 판시의 비교대상발명 1의 위 구성으로부터 통상의 기술자라면 <u>마땅히</u> 위 구성요소 4를 생각해낼 <u>수밖에</u> 없을 것이라는 사정을 인정할 아무런 증거가 없는 이 사건에서 ……").

135) 앞에서 소개한 엘지전자 v. 대우전자 세탁기 사건(대법원 2009. 11. 12. 선고 2007후3660 판결).

136) 심결문 16면("미립자가 수용성 고분자 속에 넓게 분산되어 있는 상태(수용성 고분자의 양이 미립자에 비해 많아질수록 미립자가 넓게 분산되게 될 것이다)가 아니라, 구성 3과 마찬가지로 수용성 고분자에 의해 연결 및 고정된 미립자가 실질적으로 조밀하게 배치되는 상태가 될 것

이러한 오류는 한편으로는 기술에 대한 이해의 부족에서 비롯된 것일 수도 있고 다른 한편으로는 대상 발명을 인지한 후에 발생하는 사후고찰(hindsight)의 오류에서 비롯된 것일 수도 있다.[137)]

둘째, 신규성 판단에 있어서 선행기술의 내용은 (당연히) 변경되지 않아야 한다.[138)] 본 사건에 있어서 선행기술은 도포액을 도포하고 (건조시키는 등의 방법에 따라) 매체를 제거하면 막에 구멍이 생긴다는 점을 개시하고 있다. 반면에 특허발명은 특별한 구멍을 발명하였고 그 특별한 구멍을 지칭할 기존의 용어가 없어서 "interstitial volume"이라는 새로운 용어를 부여하였다. 그런데 심결은 결과적으로 선행기술이 개시한 막연한 구멍을 "interstitial volume"으로 변경하고 있는 것이다. 이러한 변경도 특허발명을 이해한 후 그 발명을 청사진으로 삼아 선행기술을 변경하는 전형적 사후고찰이 작용되었기 때문인 것으로 의심된다.[139)]

특히, 본 건에서 선행기술의 발명가가 그 생성원리도 이해하지 못한 채 우연히 막연한 구멍(크랙)을 발견하였다는 사실은[140)] 대상 심결이 사후고찰의 작용에 의한 것이라고 강하게 의심하게 한다. 선행기술은 그 내용을 전체적으로 이해하여야 하는데,[141)] 선행기술의 발명가가 그 생성원리도 이해하지 못한 채 막에 구멍이 생겨서 결과적으로 성능이 좋아진다고 인정하였음에도 불구하고 심결은 선행기술 발명가가 이해하지 못한 사실에 대하여 사후고찰의 영향 아래 선행기술 명세서의 여러 정보를 억지로 끌어모아 본 발명과 같이 조밀하게 배치되는 특별한 구멍이 형성될 수 있다고 결론을 내리는 것이다.[142)143)]

---

이다.").

137) *In re* Omeprazole Patent Litigation, 483 F.3d 1364 (Fed. Cir. 2007).

138) *In re* Schreiber, 128 F.3d 1473, 1480 (Fed. Cir. 1997) ("A prior art device can not be altered by the Board and then found to anticipate a different invention in whose image it was recreated.").

139) *In re* Blamer, 6 F.3d 788, 788 (Fed. Cir. 1993) ("This court has repeatedly cautioned against employing hindsight by using the applicant's disclosure as a <u>blueprint</u> to reconstruct the claimed invention out of isolated teachings in the prior art.").

140) 흥미롭게도 선행기술은 건조 등의 방법에 따라 매체를 제거하면 "이유는 분명하지 않지만" 다공막이 형성된다고 개시하고 있다.

141) *MPEP* §2143.03(VI) ("A prior art reference must be considered in its entirety, i.e., as a whole, including portions that would lead away from the claimed invention.").

142) *In re* Schreiber, 128 F.3d 1473, 1480 (Fed. Cir. 1997) ("Patentability is determined for the invention as claimed, with all its limitations. It is improper to delete explicit limitations from the claim in order to find the residue in the prior art.").

143) Lance Leonard Barry, *Teaching A Way is Not Teaching Away*, 79 J. of Pat. & Trademark Off.

신규성 판단에 있어서 선행기술이 인지하지 못한 기술로까지 선행기술의 의미를 확장하는 것은 허용되지 않는다. 특이한 사례로서, 선행기술의 발명가가 인지하지 못하였음에도 불구하고 그 선행기술을 실시하면 어김없이(every case and without possibility of error)[144] 해당 발명에 도달하는 아주 예외적인 경우에는 그 불인지에도 불구하고 그 선행기술을 바탕으로 신규성을 부정한 경우가 있을 뿐이다.[145][146]

신규성 판단에 있어서, 선행기술은 해당 발명이 이룬 기술적 수준에 정확하게 도달하였었어야 한다.[147] 그런데, 본 건에서의 선행기술은 특허발명의 기초에 해당하는 문을 열었을 뿐이고 특허발명의 기술적 수준에까지 도달하지 않은 것이다. 본 건의 경우에는, 선행기술이 특허발명과 동일하지 않음은 명확해 보인다. 그렇다면, 무효심판 청구인은 그 선행기술과 특허발명의 차이를 메워주는 다른 선행기술을 찾아서 그 두 선행기술을 바탕으로 특허발명이 진보성을 결여하였다고 주장하는 것이 마땅하였다. 그럼에도 불구하고 청구인은 (아마도 손해 볼 것 없다는 생각으로) 신규성 결여의 주장도 하였고, 심판원은 그 주장을 (사후고찰의 영향 아래) 여과 없이 받아들인 것으로 보인다.

---

Soc'y 867, 867 (1997) ("In determining the scope and content of the prior art, references must be read in their entirety, i.e., 'as a whole.'") (citing Panduit Corp. v. Dennison Mfg. Co., 810 F.2d 1561, 1568, 1 USPQ2d 1593, 1597 (Fed. Cir.1987)).

144) Beloit Canada Ltée/Ltd. v. Valmet Oy (1986), 8 C.P.R. (3d) 289, 297 1986 CarswellNat 588, [1986] F.C.J. No. 87, 64 N.R. 287, 7 C.I.P.R. 205 (Fed. C.A.), leave to appeal refused (1986), 69 N.R. 80 (note) (S.C.C.) ("One must, in effect, be able to look at a prior, single publication and find in it all the information which, for practical purposes is needed to produce the claimed invention without the exercise of any inventive skill. The prior publication must contain so clear a direction that a skilled person reading and following it would in every case and without possibility of error be led to the claimed invention.").

145) *In re* Omeprazole Patent Litigation, 483 F.3d 1364 (Fed. Cir. 2007) (비록 발명가가 인지는 하지 못하였더라도 선행기술이 항상(each and every time) 해당 발명을 초래하는 경우 그 선행기술에 의하여 신규성이 부정된다고 본 사례)(Newman 판사는 소수의견에서 그러한 판단도 잘못된 것이라고 비판하였다.).

146) Atlas Powder, 190 F.3d at 1348-49 ("Because 'sufficient aeration' was inherent in the prior art, it is irrelevant that the prior art did not recognize the key aspect of [the] invention. …. An inherent structure, composition, or function is not necessarily known.").

147) Oneac Corp v Raychem Ltd, 1998 WL 1043754, Chancery Division (UK Patents Court) (07 May 1998) ("For a claim based on anticipation to succeed, therefore, it had to be shown that the prior patent had arrived at the actual point before that claimed by the patent in issue.").

## 9. *Santarus v. Par*의 Zegerid 특허 사건[148)]

이 판례는 특허발명의 기술이나[149)] 다수의견의 설시는 썩 중요하지 않고, 반대의견이 중요하다. 반대의견에서 Newman 판사는 해당 업계에서의 회의(skepticism)는 진보성을 뒷받침한다는 법리를 제시하며,[150)] 해당 사실관계에서 그러한 회의의 예를 다음과 같이 제시하고 있다. 첫째, 지방법원의 절차에서 양 당사자측의 전문가들은 증언을 통하여 해당 약품(PPIs)의 구강 섭취를 위하여 보호코팅(protective enteric coating)이 필수적(essential)이라고 인정하였다.[151)] 둘째, 많은 선행문헌들도 그러한 코팅을 가져야 한다(must)고 설명하고 있다. 셋째, 이전의 한 특허문헌도 그러한 점을 명확하게 하고 있다.[152)] 넷째, 동일한 특허에 대한 이전의 CAFC 판결에서도 그러한 코팅이 필요하다고 판단하였다.[153)]

필자는 위에서 제시된 4개의 역교시 정보에 기초하여서는 통상의 기술자가 그 정보를 거스르며 발명에 도달하기가 용이하지 않다고 보아야 한다고 생각한다. 물론, 그러한 도달의 용이함에 관한 다른 증거가 제시되는 경우는 별론으로 한다. Newman 판사가 지적한 바와 같이 다수의견은 그러한 역교시 정보를 외면하고 (아마도 사후고찰의 영향을 받아서) 방만히 해당 발명의 진보성을 부정하고 있는 것이다.

---

148) Santarus, Inc. v. Par Pharmaceutical, Inc., 694 F.3d 1344 (Fed. Cir. 2012) (JJ. Rader, Newman, Moore)

149) 특허발명은 위산 분비를 막고 치료하는 벤지미다졸 억제제(benzimidazole proton pump inhibitors (PPI))에 관한 것이다.

150) Transocean Offshore Deepwater Drilling, Inc. v. Maersk Contractors USA, Inc., 617 F.3d 1296, 1304 (Fed. Cir. 2010) (objective evidence of nonobviousness included “evidence of industry skepticism.”)(판결문 1366면에서 재인용).

151) 특히, 동 업계의 최고 권위자 중 한 사람(Dr. Phillips)이 코팅을 적용하지 않은 해당 특허발명이 적절히 작용하지 못한다고 비판하였다. “So as soon as the solution starts to fall below pH 5, which would happen with a high degree of frequency, you simply destroy the omeprazole and it will no longer work. So I think the Santarus principle, though well-founded—you know, in terms of the idea of stabilizing, simply doesn't work in man.” (판결문 1365-1366면에서 재인용).

152) U.S. Patent No. 6,136,344, col.1 ll.62-67 (“It is well known that proton pump inhibitors are susceptible to degradation/transformation in acid reacting and neutral media. In respect of the stability properties, it is obvious that one of the active substances being a proton pump inhibitor must be protected from contact with acidic gastric juice by an enteric coating layer.”)(판결문 1365면에서 재인용).

153) *In re* Omeprazole Patent Litig., 483 F.3d 1364, 1367 (Fed. Cir. 2007) (“[A]n omeprazole formulation needs a protective enteric coating.”).

## 10. 경구 투여 비아그라 특허 사건[154)]

### 가. 대상 발명

본 사건은 명칭을 "임포텐스 치료용 피라졸로피라미디논"으로 하는 비아그라 특허발명에[155)][156)] 관한 것이다. 정정된 청구항 제5항은 다음과 같다.

> "5-[2-에톡시-5-(4-메틸-1-피페라지닐술포닐)페닐]-1-메틸-3-n-프로필-1,6-디히드로-7H-피라졸로[4,3-d]피리미딘-7-온(이하 '실데나필'이라 한다) 또는 이의 제약상 허용되는 염을 제약상 허용되는 희석제 또는 담체와 함께 포함하는, 남성에 있어서 발기성 기능장해의 치료적 또는 예방적 처리를 위한 경구투여용 제약 조성물"

### 나. 특허권자 주장

종래에는 혈관확장제를 경구 투여하는 경우 전신작용에 의하여 전신 혈관이 확장되고, 말초 혈관에 가까운 음경에는 혈액 공급이 줄어들게 되어 오히려 발기부전을 초래하게 된다는 기술적 편견이 있었는데, 이 사건 정정발명은 혈관확장제인 PDEv 억제제를 경구 투여함에도 불구하고 발기부전을 치료함으로써 위 기술적 편견을 극복한 것이므로, 이 사건 정정발명은 통상의 기술자가 비교대상발명들로부터 용이하게 도출할 수 없는 진보성이 있는 발명으로 봄이 타당하다.

### 다. 무효심판 청구인(대상 사건 피고) 주장

이 사건 정정발명과 같이 혈관확장제를 경구 투여하는 경우에 발기부전을 초래한다는 기술적 편견은 없었고, 실데나필의 효과가 종래의 자프리나스트보다 현저할 것임은 통상의 기술자가 쉽게 예측할 수 있으므로, 이 사건 정정발명은 통상의 기술자가 비교대상발명들로부터 용이하게 도출할 수 있는 것으로서 그 진보성은 부정된다.

---

154) 특허법원 2013. 2. 7. 선고 2012허5707, 2012허7871 병합 판결(2013년 5월 현재 상고 진행 중).

155) 동 발명의 우선일은 1993. 6. 9.이고 등록일은 2000. 5. 9.이다.

156) 용도발명의 진보성을 판단하는 미국의 법리에 관하여는 다음 논문 참고. Richard A. Castellano, *Patent Law for New Medical Uses of Known Compounds and Pfizer's Viagra Patent*, 46 IDEA 283, 297-99 (2006).

### 라. 판 결

약리효과에 관한 구체적인 기재가 없다는 이유로 용도발명에 대한 명세서 기재요건을 충족하지 못하여 제42조 제3항의 규정에 위배한다는 이유로 해당 특허를 무효로 하며, 사후고찰에 관하여는 더 나아가 살피지 않았다.[157]

### 마. 해 설

대상 판결은 기술적 편견의 존재에 관하여 쌍방이 구체적으로 주장한 사실이 소개되지 않았다는 점 및 기술적 편견에 대하여 법원이 판단하지 않았다는 점이 아쉬움을 남긴다. 특허권자가 주장하고 상대방이 반박하는 기술적 편견에 대하여 법원이 어떤 논리적 체계를 바탕으로 판단을 할 것인지에 대한 판례가 축적될 필요가 있다.

## Ⅳ. 결 론

어떤 사실이 발생한 후 그 사실이 당연해 보이는 사후고찰의 사고체계는 인간이 행하는 모든 종류의 판단에 작용된다. 특히, 발명의 진보성 판단은 객관적인 판단기준의 부재로 인하여 사후고찰의 영향을 더 많이 받는다.[158] 사후고찰의 오류의 제물이 되어 좋은 발명의 신규성 또는 진보성이 부정되는 경우가 허다하다. 그런데 발명의 특허성 판단에 있어서 사후고찰이 적용되지 않아야 한다는 점에 대하여는 모두가 긍정하지만, 심사관 등 판단자가 사후고찰의 오류에 빠져 있음을 구체적으로 지적하는 것은 여간 어려운 일이 아니다. 이 절은 사후고찰이 개입된 구체적인 사례를 살펴보고, 출원인이 그러한 사례와 유사한 사례에서 사후고찰이 개입되었음을 주장할 수 있는 근거를 제시하고자 하였다.

다음의 경우에는 사후고찰의 영향을 받았을 것으로 추정될 수 있으므로 판단자는 (다른 특별한 증거가 없는 경우) 해당 발명에 대하여 신규성 또는 진보성이 있는 것으로 추정하여야 한다. 첫째, 선행기술이 발명의 방향이 옳지 않음에 대하여

---

157) 중국에서의 비아그라 사건에서의 용이실시 요건 판단에 관하여는 다음 글 참고. *Id.* at 307－08.

158) Gregory Mandel, *Patently Non－Obvious: Empirical Demonstration that the Hindsight Bias Renders Patent Decisions Irrational*, 67 Ohio St. L.J. (2006), available at http://papers.ssrn.com/sol3/papers.cfm? abstract_id＝871684, at 16.

명확하게 표현하는 경우,[159] 둘째, 선행기술이 어떤 한계에 대하여 명확한 인식을 하고 있는데 그 한계를 넘어서서 그 선행기술을 적용하는 경우, 셋째, 선행기술이 '최소한(minimum)', '필수적인(essential)', '오로지(only)' 등의 제한적인 표현을 사용하고 있는데 그 표현과 반대되는 방향으로 선행기술을 적용하는 경우 등이다.

선행기술이 발명에 이르는 방향과 반대로 이끄는 경우, 즉 역교시 하는 경우 일반적으로는 발명의 진보성이 인정된다.[160] 선행기술의 역교시는 명시적인 경우뿐만 아니라 암시적인 경우에도 인정될 수 있으며, 그러한 암시적인 역교시는 선행기술에서 나타나는 전반적인 가르침,[161] 개념, 부작동,[162] 고정관념 등에서[163] 도출될 수 있다. 이러한 암시적인 역교시에 관하여 양 당사자는 추가적인 자료를 제출하여 암시적인 역교시의 존재 및 부존재에 대하여 주장을 하여야 할 것이다. 특히, 출원인도 선행기술이 전반적으로 발명과 다른 방향 또는 내용을 가르치고 있음에 대한 자료를 적극적으로 제출할 필요가 있다. 한편, 이러한 자료를 출원명세서에 미리 포함시킬 필요도 있다. 즉, 출원명세서에서 선행기술의 전반적 경향에 대하여 미리 서술한 경우 그 서술은 출원 후 제출되는 주장보다 더 신뢰성 있게 그리고 중요하게 취급될 것이다.[164]

---

159) United States v. Adams, 383 U.S. 39, 52 (1966) ("[K]nown disadvantages in old devices which would naturally discourage the search for new inventions may be taken into account in determining obviousness")

160) EPO, *Guidelines for Examination*, Part G, Chapter VII, 4 ("As a general rule, there is an inventive step if the prior art leads the person skilled in the art away from the procedure proposed by the invention.").

161) *In re* Caldwell, 319 F.2d 254, 256 (CCPA 1963) (선행기술이 출원인이 청구한 특성을 가지지 않을 것이라는 느낌("impression")에 근거하여 선행기술의 역교시를 인정한 사례).

162) *In re* Sponnoble, 405 F.2d 578, 587 (CCPA 1969) (선행기술이 작동하지 않을 것으로 보인다는 점("seemingly inoperative device")에 근거하여 선행기술의 역교시를 인정한 사례).

163) 선행기술이 발명의 과제(problem)를 전혀 언급하거나 인지하지 않는 경우 그 선행기술을 진보성 판단의 근거로 삼는 것은 사후고찰의 작용에 의한 것이라고 보아야 한다. EPO, *Case Law of the Boards of Appeal*, I.D.5 ("When assessing inventive step, an interpretation of the prior art documents as influenced by the problem solved by the invention, where the problem was neither mentioned or even suggested in those documents, must be avoided, such an approach being merely the result of an a posteriori analysis (T 5/81, OJ 1982, 249; T 63/97, T 170/97, T 414/98)."); 황영주, "특허의 진보성 판단에 관한 각국 기준의 개괄적 비교", 「특허법원 개원 10주년 기념논문집」, 특허법원, 2008, 133면("'기술적 과제'란 청구된 발명이 제공하는 기술적 효과를 제공하기 위하여 가장 가까운 선행기술을 변형 또는 적응시키는 목적 및 과제(aim and task)를 의미하며, 이렇게 정의된 기술적 과제를 종종 '객관적인 기술적 과제(objective technical problem)'라고 지칭한다.").

164) Chiron Corp v Organon Teknika Ltd (No.3) [1994] F.S.R. 202 (Ch D (Patents Ct)) (발명을 위하여 10년의 연구기간이 소요되었고, 발명의 진보성이 인정된 사례).

사후고찰이 진보성 판단에 영향을 미치지 않아야 할 것인데, 신규성 판단에 있어서는 더욱 그러하다. 선행기술은 신규성 부정을 위하여 억지로 변형되지 않아야 하고, 발명의 구성요소가 선행기술에 필요적으로 존재하여야 한다.[165] 그럼에도 불구하고 해당 선행기술을 변형 후 신규성 부정을 위하여 적용하는 것은 해당 변형이 사후고찰의 작용에 의한 것이라고 추정할 수 있다.

심리학적 연구에 따르면 자존감이 더 강한 자일수록 사후고찰의 영향을 더 많이 받는다고 한다. 법적 훈련 및 경험을 통하여 정확한 법적 판단에 관하여 강한 자존감을 형성한 더 똑똑한 판단자일수록 사후고찰의 영향을 더 많이 받을 수 있다는 것이다. 그렇다면, 당신이 당신 자신을 훌륭한 판단자라고 생각한다면 당신은 (역교시에 관한 객관적인 자료를 더 중요하게 보고) 부지부식간에 형성되는 사후고찰의 오류를 줄이기 위한 노력을 더 하여야 하는 것이다. 그러한 노력에도 불구하고 어차피 사후고찰의 오류에서 완전히 벗어나기는 어렵다는 사실을 냉정하게 인정하여야 한다.[166]

165) *In re* Schreiber, 128 F.3d at 1481 ("'Inherency' charges the inventor with knowledge that would be known to the art, although not described. Inherency is not a matter of hindsight based on the applicant's disclosure: the missing claim elements must necessarily be present in the prior art.").

166) 추가될 사례: Gambro Lundia AB v. Baxter Healthcare Corp., 110 F.3d 1573 (Fed. Cir. 1997).

# 제 8 절 주지관용기술을 적용한 발명의 진보성 판단*

## Ⅰ. 서 론

발명의 진보성을 판단하기 위해서는 선행기술과 그 발명을 비교한다. 그런데, 많은 경우 주지관용(周知慣用)기술이 발명과 비교되기도 한다. 주지관용기술도 (선행기술이 더 많이 알려진 것이라는 측면에서는) 선행기술의 일부이므로 주지관용기술이 발명과 비교되는 데에 이의를 제기할 수는 없다. 그런데, 또 많은 경우, 발명의 진보성 결여를 주장하는 자는 제시된 기술이 주지관용기술임에 대한 구체적인 증거를 제시하지 못하는데, 그런 경우에 그 주장된 주지관용기술을 어떻게 취급하여야 하는지는 어려운 문제이기도 하고 실무적으로 매우 중요한 문제이기도 하다. 선행기술이 개시하지 않는 구성요소가 주지관용기술이라고 방만하게 주장하는 것을 방치하게 되면 진보성 판단의 장면이 근거 없는 주장의 경연장이 될 수도 있고 가치 있는 발명의 진보성이 허무하게 부정될 가능성도 높아질 것이다.

이 절은 주지관용기술임이 증거로서 구체적으로 증명이 되어야 하는 것인지 여부를 먼저 검토한다. 그 점에 관하여 정면으로 검토한 선행논문은 (2013년 7월 현재) 2개 정도가 검색되었는데,[1] 그 논문들은 한편으로는 주지관용기술임이 증거로서 증명되어야 하는지 여부에 대하여 약간 불명확한 결론을 내리기도 하고 다른 한편으로는 진보성 판단의 장면에서 주지관용기술이 적용되어서 진보성 판단에 어떠한 영향을 미치는지에 대하여는 나아가 살피지 않고 있다. 그러한 의문에 대한 답을 얻기 위하여 이 절은 먼저 주지관용기술이 무엇인지에 대한 정확한 정의를 시도한다. 주지관용기술에 대한 정확한 이해를 바탕으로 구체적인 증

* 이 글은 2013년 9월, 성균관법학 제25권 제3호에 게재된 필자의 동일한 제목의 글을 수정·보완한 것이다.

1) 한동수, "심결취소소송에서 주지관용기술의 증명방법 및 발명의 진보성 판단시 2차적 고려사항", 「대법원판례해설」 76호, 법원도서관, 2008; 박태일, "최근 특허법원 주지관용기술 판단 사례에 관한 검토", 「특허소송연구」 제5집, 특허법원, 2010.

거로 증명되어야 하는 상황과 그렇지 않은 상황을 구분하고자 한다. 나아가, 하나의 주지관용기술과 다른 하나의 선행기술을 결합하여 대상 발명의 진보성을 부정하는 장면에서 주지관용기술이 진보성 판단에 미치는 영향에 대하여 검토하고자 한다. 그 과정에서 미국, 유럽, 일본의 법리 및 사례를 비교, 분석할 것이다.

## Ⅱ. 주지관용기술의 정의

주지관용기술이 발명의 진보성 판단에 미치는 영향을 분석하기 위해서는 일차적으로 주지관용기술이 무엇인지에 대하여 명확하게 정의할 필요가 있다. 우리 판례에서 주지관용기술이라는 용어를 허다하게 사용하면서도 그 용어를 명확하게 정의한 대법원 판례는 없는 것으로 보인다.[2] 어떤 용어의 의미를 이해하기 위해서는 그 용어와 비슷한 의미를 가진 용어와 비교하는 것이 효과적인 경우가 많다. 그런 견지에서는 주지관용기술을 선행기술, 기술상식 등의 용어와 비교할 필요가 있다.[3] 이하, 주지관용기술을 선행기술, 기술상식 등과 비교하며 이해한 후 그러한 이해에 따라 주지관용기술을 정의한다.

### 1. '주지관용기술' 또는 '기술상식' 용어의 사용례

기술상식이라는 용어는 주로 신규성을 판단하는 장면에서 많이 사용된다.[4][5]

2) 한동수, 앞의 글, 396면("주지관용기술의 의미를 밝힌 대법원판결은 없다."); 박태일, 앞의 글, 62면("주지관용기술에 관하여 특허법상 명문의 규정도 없고, 그 의미를 구체적으로 밝히고 있는 대법원 판결도 없지만, 실제로 진보성 여부 판단에서 주지관용기술이 주요한 판단자료로 사용되고 있다.").

3) 법리적으로는 물론 실무적으로도 그 두 기술의 차이를 구분하기가 쉽지 않다. 특히, 정보검색 기술의 발전에 따라 선행기술과 주지관용기술의 차이를 구분하기 쉽지 않은 경우가 많을 것이다. KCI Licensing Inc v Smith & Nephew plc [2010] EWHC 1487 (Pat), at 105 ("It has never been easy to differentiate between common general knowledge and that which is known by some. It has become particularly difficult with the modern ability to circulate and retrieve information."). 〈http://www.bailii.org/ew/cases/EWHC/Patents/2010/1487.html〉.

4) 대법원 2013. 5. 24. 선고 2011후2015 판결(특허거절결정 심결취소)("그리고 한정된 수치범위가 공지된 발명에 구체적으로 개시되어 있다는 것에는, 그 수치범위 내의 수치가 공지된 발명을 기재한 선행문헌의 실시예 등에 나타나 있는 경우 등과 같이 문언적인 기재가 존재하는 경우 외에도 통상의 기술자가 선행문헌의 기재 내용과 출원 시의 기술상식에 기초하여 선행문헌으로부터 직접적으로 그 수치범위를 인식할 수 있는 경우도 포함된다.").

5) 물론, 신규성과 유사한 성격을 가진, 신규사항, 선원 등 발명의 동일성을 판단하는 다른 장면에서도 기술상식은 참작될 수 있다. 한편, 기능식 청구항인지 여부를 판단하는 장면에서도 기술상식이 참작된 사례가 있다. 대법원 2009. 7. 23. 선고 2007후4977 판결(특허거절결정)("이 사

특허청 심사지침서는 선행기술에 "사실상 기재되어 있는 사항"을 파악하는 장면에서 기술상식을 참작한다고 설명한다.[6] 일본특허청 심사기준에 따르면, 간행물에 명시적으로 개시된 사항뿐만 아니라 통상의 기술자가 특허출원 시의 기술상식을 참작하여 당해 간행물에 기재되어 있는 사항으로부터 파악할 수 있는 사항도 신규성을 부정하는 증거로 사용될 수 있다고 한다.[7] 한편, 신규성을 판단하는 장면에서 유럽특허청 심사지침서는 "common general knowledge"를 참작할 수 있다고 설명하고 있다. 선행기술의 내재적 개시 여부를 판단하는 동일한 (신규성 판단) 장면에서 우리나라와 일본이 기술상식이라는 용어를 사용하고 유럽이 "common general knowledge"라는 용어를 사용하므로 유럽의 "common general knowledge"가 우리나라 및 일본이 말하는 '기술상식'과 같은 의미를 가진다고 생각된다. 이에 대하여는 아래에서 좀 더 구체적으로 살펴본다.

기술상식이라는 용어가 신규성 또는 동일성 판단의 장면에서 주로 사용되는 데 반해, 주지관용기술이라는 용어는 진보성 판단의 장면에서 주로 사용된다. 한 논문이 특허법원에서 주지관용기술이라는 용어가 사용된 사례를 예시하고 있는데 그 논문이 소개한 26개 판결 모두가 진보성과 관련된 것이다.[8] 한편, 주지관용이라는 용어가 신규성 판단에 사용된 사례도 있다. 대법원은 수치한정발명의 신규성을 판단함에 있어서 수치한정이 통상의 기술자가 적절히 선택할 수 있는 주지·관용의 수단에 불과하고 이에 따른 새로운 효과가 발생하지 않는다면 그 신규성이 부정된다고 설시한 바가 있고,[9] 발명의 동일성을 판단함에 있어서 주지관용기술의 부가, 삭제 등을 판단한 사례도 있다.[10] 이와 같은 견지에서 보면,

---

건 제15항 발명의 원심 판시 구성 2인 '외부로부터 입력되는 음성 또는 사전에 준비되는 음성의 성질(聲質)을 캐릭터의 체형에 관한 속성정보에 기초하여 변환하는 변환수단'에 관하여 보면, 구성 2는 이 사건 출원발명이 속하는 기술분야에서 통상의 지식을 가진 자(이하 '통상의 기술자'라고 한다)라면 우선권 주장일 당시의 기술상식에 기초하여 특허청구범위의 기재 자체만으로 음성변환수단의 구체적인 기술구성을 명확하게 인식할 수 있으므로 이른바 기능적 표현이 포함되어 있는 구성은 아니다.").

6) 특허청, 「특허·실용신안 심사지침서」, 2011년도 추록, 3204면.

7) 日本特許廳, 「特許·実用新案審査基準」, 第II部 第2章 新規性·進歩性, 1.5.3(3)①.

8) 박태일, 앞의 글, 61면.

9) 대법원 2013. 5. 24. 선고 2011후2015 판결(특허거절결정 심결취소).

10) 대법원 2001. 6. 1. 선고 98후1013 판결("구 실용신안법(1993. 12. 10. 법률 제4596호로 개정되기 전의 것, 이하 같다) 제4조 제3항에서 규정하는 고안의 동일성을 판단하는 데에는 양 고안의 기술적 구성이 동일한가 여부에 의하여 판단하되 고안의 효과도 참작하여야 할 것인바, 기술적 구성에 차이가 있더라도 그 차이가 과제 해결을 위한 구체적 수단에서 주지 관용기술의 부가, 삭제, 변경 등으로 새로운 효과의 발생이 없는 정도의 미세한 차이에 불과하다면 양 고

적어도 신규성 또는 동일성 판단의 장면에서는 주지관용기술이라는 용어와 기술상식이라는 용어가 같은 의미로 사용되는 것으로 이해된다.

### 2. 협의의 공지기술(공연인지기술), 공연실시기술 및 광의의 공지기술

특허법 제29조 제1항은 선행기술을 공연인지, 공연실시, 간행물 및 인터넷 게재물의 4개의 형태로 분류하고 있다.11) 공연인지(publicly known)기술은 공중이 인지하고 있는 기술을 말하고, 공연실시(publicly used)기술은 공중이 실시하고 있는 기술을 말하는데, 그 기술이 아직 간행물 또는 인터넷상에 인쇄의 형태로 개시된 것은 아니다. 그에 반해 간행물(이하 인터넷 간행물 포함)은 인쇄의 형태로 기술을 개시한다. 용어의 문언적 해석에 따르면, 주지(well-known)기술은 공연인지기술 중 더 많이 알려진 기술을 뜻하는 것으로 보이고,12) 관용(well-used)기술은 공연실시기술 중 더 많이 사용된 기술을 뜻하는 것으로 보인다.13) 그러나, 주지 및 관용 기술을 공연인지기술 및 공연실시기술의 연장선상에서만 파악하게 되면 간행물 중 일반적으로 알려진 기술을 포섭하지 못하게 된다.

특허법 제29조 제1항이 규정하는 선행기술 전체를 (인지, 실시, 간행물의 형태를 구분하지 않고) (광의의) 공지기술이라고 칭하기도 한다.14) 여기서의 공지기술은 (공연인지기술과 구분되어야 하고) 공중 중 불특정 <u>1인</u>이라도 (관련일 당시) <u>알 수 있었던</u> 상태에 있는 기술을 말하는 것으로 해석된다. 그런데, 만약, 그 공지기술이 해당 기술분야 기술자 <u>다수</u>에게 <u>잘</u> 알려지는 상태로 전파되면 그 공지기술

---

안은 서로 동일하다고 하여야 할 것이다.").

11) 특허법 제29조 제1항("산업상 이용할 수 있는 발명으로서 다음 각 호의 어느 하나에 해당하는 것을 제외하고는 그 발명에 대하여 특허를 받을 수 있다.
 1. 특허출원전에 국내 또는 국외에서 공지되었거나 공연히 실시된 발명
 2. 특허출원전에 국내 또는 국외에서 반포된 간행물에 게재되었거나 전기통신회선을 통하여 공중(公衆)이 이용할 수 있는 발명").

12) 일반적으로 알려진 상표와 비교하여, 더 많이 알려진 상표를 주지상표(well-known mark)라로 칭하는 사례와 유사하다.

13) 비슷하면서도 약간 다른 정의: 특허법원 2007. 12. 21. 선고 2007허3752 판결(확정)("주지기술은 당해 기술분야에서 일반적으로 알려져 있는 기술이고 관용기술은 주지기술이면서 널리 사용되고 있는 기술을 의미하는데, ……").

14) 대법원 2011. 1. 27. 선고 2009후832 판결(특허권리범위확인)("어느 발명이 특허발명의 권리범위에 속하는지를 판단함에 있어서 특허발명과 대비되는 발명이 공지의 기술만으로 이루어지거나 그 기술분야에서 통상의 지식을 가진 자(이하 '통상의 기술자'라 한다)가 <u>공지기술</u>로부터 용이하게 실시할 수 있는 경우에는 특허발명과 대비할 필요 없이 특허발명의 권리범위에 속하지 않게 된다(대법원 2001. 10. 30. 선고 99후710 판결 등 참조).").

은 주지기술이 될 수 있을 것이다. 위에서 말한 공지기술의 개념은 인지, 간행물 또는 실시의 형태 중 하나일 수 있다. 그런데 예를 들어 공지가 인지 또는 간행물의 형태로 되고 그것이 널리 알려지면 그 기술은 주지기술이 될 것이다. 그런데, 그러한 주지기술이 실시도 널리 되어서 관용기술이 되기까지 하면 비로소 주지관용기술이 될 것이다.[15] 그런 견지에서는 실무에서 사용하는 주지관용기술이라는 용어는 널리 알려지고 또 널리 실시되고 있는 기술을 지칭하는 것으로 해석될 수 있다. 물론, 해당 기술이 널리 알려지기는 하였어도 널리 실시되지 않고 있다는 것을 아는 경우에는 주지관용기술이라는 용어 대신 주지기술이라는 용어를 사용하여야 할 것이다. 널리 사용되는 관용기술이 널리 알려지지 않는 경우는 상정하기가 어려우므로[16] 관용기술이라는 용어만을 사용하는 경우는 (특별한 경우를 제외하고는) 없다고 볼 수 있다.

### 3. 유럽 및 미국의 '기술상식'과의 비교

주지관용기술과 기술상식이 같은 의미를 가진 것이라고 (명확한 근거를 제시하지 않고) 결론적으로 설명하는 글이 있다.[17] 필자도 그 두 용어가 같은 의미를 가지는 것으로 위에서 간단히 잠정적인 결론을 내린 바 있다. 그러나, 그 점에 대하여는 추가적인 검증이 필요하므로, 유럽과 미국에서 기술상식(common general (technical) knowledge)이라는 용어가 가지는 의미를 살펴보고, 기술상식과 주지관용기술이 같은 의미를 가지는지 여부를 확인한다.

#### 가. 유럽의 기술상식

유럽특허청 심사지침서에 의하면, "common general knowledge"는 기초적인

15) 약간 다른 설명: 특허청, 심사지침서, ("주지기술(周知技術)이란 그 기술에 관해 상당히 다수의 문헌이 존재하거나, 또는 업계에 알려져 있거나, 혹은 예시할 필요가 없을 정도로 잘 알려진 기술과 같이 그 기술분야에서 일반적으로 알려져 있는 기술을 말하며, 관용기술(慣用技術)은 주지기술 중 자주 사용되고 있는 기술을 말한다.").

16) British Acoustic Films (53 R.P.C. 221 at 250) ("It is certainly difficult to appreciate how the use of something which has in fact never been used in a particular art can ever be held to be common general knowledge in the art.").

17) Trilateral Project 24.1: Biotechnology Comparative Study on Biotehnology Patent Practices Comparative Study Report, 3 Biotechnology and the Law Appendix J5, at 1.2.1.1 ("In determining whether claimed invention not accompanied by sufficient description in the specification can be carried out by a person skilled in the art, should an examiner take into consideration either the common general knowledge (such as well-known or commonly used art) or all the relevant documents in the state of the art?").

교과서에 수록되는 정도의 기술이어야 한다.[18] 다만, 대상 기술이 새로운 것이어서 아직 그 기술이 교과서에 수록되지 않은 경우에는 잡지에 게재된 것만으로도 "common general knowledge"가 될 수 있다.[19] 하나의 간행물의 내용이 널리 반포되고 많은 관련 기술자에 의하여 읽혀졌다는 사실만으로는 그 내용이 "common general knowledge"가 되지 아니한다.[20] 해당 기술분야에 종사하는 자들 다수에게 일반적으로 알려지고 의심 없이 받아들여진(generally known and accepted without question) 기술이 "common general knowledge"가 되는 것이다.[21][22] 더욱이, "common general knowledge"가 되기 위해서는 많이 알려지는 정도를 넘어서서 많이 사용되기까지 하여야 한다.[23] 이런 견지에서는 유럽의 "common general knowledge"는 우리나라의 주지관용기술과도 상응하는 것으로 이해된다. 이러한 "common general knowledge"에 관한 법리는 적어도 영국에서는 잘 인정되고 있고 비판하는 글은 보이지 않는다고 한다.[24] 다만, "의심없이 받아들여진(accepted without question)"이라는 문구의 의미에 대하여는 충분히 검증되지 않았지만, "추가 연구(행동)를 위하여 좋은 기초가 되는 것으로 일반적으로 인정되는(generally regarded as a good basis for further action)" 정도의 의미를 가진 것으로 생각될 수 있다.[25]

---

18) Guidelines for Examination in the European Patent Office (April 2009), part C, Chapter IV−22, 11.3.

19) *Id.* at part C, Chapter II−2, 4.1.

20) British Acoustic Films (53 R.P.C. 221 at 250) ("A piece of particular knowledge as disclosed in a scientific paper does not become common general knowledge merely because it is widely read, and still less because it is widely circulated.").

21) Guidelines for Examination in the European Patent Office, at part C, Chapter II−2, 4.1. ("Such a piece of knowledge only becomes general knowledge when it is generally known and accepted without question by the bulk of those who are engaged in the particular art; in other words, when it becomes part of their common stock of knowledge relating to the art.").

22) Andrew Rudge, *Guide to European Patents* § 12:7 ("Common general knowledge therefore only includes information which has become generally accepted by skilled people and does not usually include individual research publications or the teaching of patent applications. Generally accepted knowledge is that found in textbooks and laboratory handbooks and, perhaps, in review articles.").

23) British Acoustic Films (53 R.P.C. 221 at 250) ("It is certainly difficult to appreciate how the use of something which has in fact never been used in a particular art can ever be held to be common general knowledge in the art.").

24) *Id.* ("Those passages have often been quoted, and there has not been cited to us any case in which they have been criticised.").

### 나. 미국의 기술상식

미국의 경우, 진보성 결여를 주장하는 자는 두 선행기술의 결합에 대한 교시, 제안 또는 동기(TSM, Teaching, Suggestion or Motivation)를 제시하여야 한다는 법리가[26][27] 1984년[28] 이래로 적용되어 왔다. 그러한 TSM을 구체적인 증거가 아니라 기술상식이라는 주장에 근거할 수도 있지만,[29] 그러한 주장은 통상 인정되지 않으므로 자연스럽게 TSM을 선행기술에서 제시하는 것이 중요하였다.[30] 그런데, *KSR* 판결에서[31] 미국연방대법원이 경직된 TSM 법리를 배척하고 두 선행기술을 결합하는 것이 기술상식(common sense)인 경우[32] 진보성이 부정될 수 있다는 법리를 제시하였다.[33] 특히, 대상 과제를 해결하고자 하는 설계변경의 필요(design need) 또는 시장의 수요(market pressure)가 존재하고 많지 않은 수의(finite number of) 특정되고 예측가능한 해결책이 있는 경우 진보성이 부정될 가능성이 충분하다는 것이다.[34] *KSR* 판결로 인하여 갑자기 기술상식의 제시, 증명 등이

---

25) General Tire & Rubber Co. v. Firestone Tyre & Rubber Co. Ltd. [1972] R.P.C. 457, at page 482.

26) Al−Site Corp. v. VSI Int'l, Inc., 174 F.3d 1308, 1323−24 (Fed. Cir. 1999) ("The party seeking patent invalidity based on obviousness must show some motivation or suggestion to combine prior art teachings.").

27) Matthew J. Spark, *Determination of Level of Ordinary Skill in the Art: A Post−KSR Prosecution Tool*, 92 J. Pat. & Trademark Off. Soc'y 315, 315 (2010) ("For decades, patent practitioners found the Teaching/Suggestion/Motivation (TSM) test to be one of the strongest weapons in their arsenal for traversing obviousness rejections made by Examiners at the US Patent and Trademark Office (PTO).").

28) ACS Hospital Sys., Inc. v. Montefiore Hospital, 732 F.2d 1572, 1577 (Fed. Cir. 1984).

29) Eli M. Sheets, *A Little Common Sense is a Dangerous Thing: The Inherent Inconsistency Between KSR and Current Official Notice Policy*, 10 U. N.H. L. Rev. 163, 167 (2012) ("The TSM test was not, in theory, limited to explicit teachings—courts could also employ more nebulous 'implicit' nods to a teaching, suggestion, or motivation in the prior art.").

30) *In re* Oetiker, 977 F.2d 1443, 1447 (Fed. Cir. 1992) ("There must be some reason, suggestion, or motivation found <u>in the prior art</u> whereby a person of ordinary skill in the field of invention would make the combination.").

31) KSR International Co. v. Teleflex Inc. et al., 550 U.S. 398 (2007).

32) Common sense를 직역하면 '상식'이 되지만 발명이 (통상) 기술을 전제로 하므로 여기서의 상식은 '기술상식'이라고 보아야 한다.

33) KSR, supra, at 420 ("Common sense teaches that familiar items may have obvious uses beyond their primary purposes, and in many cases a person of ordinary skill will be able to fit the teachings of multiple patents together like pieces of a puzzle.").

34) *Id.* at 421 ("When there is a design need or market pressure to solve a problem and there are a finite number of identified, predictable solutions, a person of ordinary skill has good

중요하게 되었고, 당연히 심사관, 심판관이 기술상식에 근거하여 진보성을 거절하는 사례가 늘어났다.[35)]

미국특허상표청 심사지침서는 진보성 판단을 위하여 주지기술 '또는' 기술상식을 제시할 수 있으며, 그 경우에도 증거에 의한 뒷받침이 필요하다고 설명한다. 이렇게 주지기술과 기술상식을 '또는'이라는 선택적인 용어로 연결하는 것으로 보아서 동 지침서는 주지기술과 기술상식에 특별한 차이를 두지 않는 것으로 이해된다. 주지기술 또는 기술상식이 제시되기 위해서는 그 기술이 즉시 및 의심 없이 설명될 수 있어야 한다는 설명에서도 그 두 용어를 구별하지 않는다.[36)] 그런 견지에서, 결론적으로 미국에서는 기술상식과 주지기술을 같은 의미로 사용하며, 그것은 널리 알려져서 해당 기술분야 통상의 기술자에게 의심 없이 받아들여지는 것이라고 정의할 수 있다.

## 4. 주지관용기술 및 기술상식의 정의

이상에서 살핀 바에 따르면, 주지관용기술을 기술상식과 같은 것으로 이해하여도 무리가 없다고 생각된다.[37)] 주지관용기술 또는 기술상식은 "해당 기술분야의 기술자 다수에게 널리 알려지고 어떤 경우에는 나아가 널리 실시되고 있는 기술"이라고 정의할 수 있다. 널리 알려졌다는 것은 상당히 다수의 문헌이 존재하거나, 또는 업계에 알려져 있거나, 혹은 예시할 필요가 없을 정도로 잘 알려진 기술을 말하는 것이다.[38)] 유럽 및 미국의 경우, 그것이 널리 알려질 뿐만 아니라

---

reason to pursue the known options within his or her technical grasp. If this leads to the anticipated success, it is likely the product not of innovation but of ordinary skill and common sense.").

35) Matthew J. Spark, supra, at 317 ("Phrases like 'predictable result,' 'well known' and 'common sense' began appearing in post-KSR office actions with increasing frequency.").

36) USPTO, MPEP 2144.03, A ("Official notice unsupported by documentary evidence should only be taken by the examiner where the facts asserted to be well-known, or to be common knowledge in the art are capable of instant and unquestionable demonstration as being well-known.").

37) 특허법원 2010. 8. 26. 선고 2009허6342 판결(특허등록무효)("나아가, 앞에서 든 증거에 의하면 결정다형들로부터 단결정을 분리하고 X-선 회절 패턴을 측정하여 그 결정구조를 특정하는 것은 이 사건 특허발명이 속하는 기술분야에서 통상적으로 행해지는 기술임을 알 수 있고, 결정다형들은 재결정시 사용되는 용매의 종류 및 용매의 조성비, 온도, 교반 여부 등의 다양한 조건을 변화시킴으로써 얻어질 수 있다는 것은 그 기술분야에서 주지되어 있는 기술상식이다.").

38) 일본 도쿄고재 昭50. 7. 30.「無體集」7권 2호, 260면("주지기술이라는 것은 그 기술분야에서 일반적으로 알려져 있는 기술이어서 예를 들어, 이것에 관하여 상당히 다수의 공지 문헌이 존

의심 없이 받아들여진(accepted without question) 것이어야 하는데, 그러한 요건이 더 필요한지에 대하여는 향후의 판례나 학설의 논의가 좀 더 보태지기를 기다릴 필요가 있을 것이다. 사견으로는, "의심 없이 받아들여진"이라는 요건이 주지관용기술임을 명확하게 하는 장점이 있고, 우리 민사소송법 제288조가 규정하는 (일반인에게) '현저한 사실'도 통상의 지식과 경험을 가진 일반인이 진실이라고 믿어 의심치 않는 사실을 말한다는 법리와[39] 상응한다는 장점을 가지므로 그러한 요건도 필요하다고 생각한다. 다른 한편으로는 그 요건이 그것에 대한 어려운 논쟁을 야기할 것이라는 단점은 예상된다. 주지관용기술이 되기 위하여 해당 기술분야의 기술자에게 잘 알려지기만 하면 되지 일반인에게까지 잘 알려질 필요는 없다. 그런 견지에서 "관용(주지)기술은 사회화된 기술이다"라는 표현에서의[40] '사회'는 일반 사회가 아니라 해당 기술분야의 사회를 의미한다고 보아야 한다.

## Ⅲ. 주지관용기술의 증명

### 1. 우리 판례 및 학설의 태도

어떤 기술이 주지관용기술임을 주장하는 자는 그것에 대하여 증명할 책임을 부담한다.[41] 그런데, 민사소송법 제288조는 법원에서 당사자가 자백한 사실과 현저한 사실은 증명을 필요로 하지 않는다고 규정한다. 현저한 사실에는 ① 일반인에게 현저한 사실 및 ② 법원에게 현저한 사실이 있다. 일반인에게 현저한 사실은 통상의 지식과 경험을 가진 일반인이 진실이라고 믿어 의심치 않는 사실을 말한다.[42] 그런데, 주지관용기술은 일반인에게는 채 알려지지 않아도 해당 기술분야 기술자에게만 널리 알려진 것일 수 있다. 그렇다면, 주지관용기술은 일반적

---

재하거나, 또는 업계에 널리 알려져 있거나 혹은 널리 사용되고 있을 것을 요하는 것으로 해석된다.")(竹田和彦, 「특허의 지식」 제8판, 김관식 등 역, 도서출판 에이제이디자인기획, 2011, 185면에서 재인용).

39) 호문혁, 「민사소송법」 제6판, 2008, 453-454면.

40) 竹田和彦, 「특허의 지식」 제8판, 김관식 등 역, 도서출판 에이제이디자인기획, 2011, 185면.

41) 대법원 2003. 8. 22. 선고 2002후2600 판결("가압방법 및 제3항 발명의 구성이 주지·관용 기술에 불과하다고 볼 증거를 기록상 찾아 볼 수 없다"는 이유로 주지관용기술임을 부인한 사례).

42) 호문혁, 앞의 책, 453-454면.

으로는 일반인에게 현저한 사실에 해당한다고 보기는 어렵다.[43)]

법원에게 현저한 사실은 법관이 직무상 경험으로 알고 있는 사실로서 그 사실의 존재에 관하여 명확한 기억을 하고 있거나 또는 기록 등을 조사하여 곧바로 그 내용을 알 수 있는 사실을 말한다.[44)] 주지관용기술은 통상의 경우에는 이 부류에도 해당하지 않는 것으로 생각된다. 그렇다면, 주지관용기술은 민사소송법 제288조의 적용을 받기는 어려워 보이며, 주지관용기술을 내세우는 자가 그것이 주지관용기술임을 증명하여야 할 것이다.

특허청의 심사 또는 특허심판원의 심판 절차에서는 심사관 또는 심판관이 통상의 기술자라고 할 수 있으므로 주지관용의 기술이 이들 심사관이나 심판관에게는 <u>현저한 사실</u>에 해당할 수 있으므로 증명을 필요로 하지 않는다는 견해가 있다.[45)] (일본의 한 글의 내용을 차용한)[46)] 그 견해는 심사관 또는 심판관을 통상의 기술자로 전제하고 있는데 그러한 전제는 잘못된 것이다. 심사관 또는 심판관은 통상의 기술자의 눈(수준)을 빌려서 판단하는 자일 뿐 일반적으로는 통상의 기술자가 아니고[47)] 특별한 경우에 그러할 뿐이다.[48)] 심사관 또는 심판관은 여러 기술분야의 출원에 대하여 심사 또는 심판을 하게 되는데 그 여러 기술분야 모두에서 통상의 기술자가 될 수는 없다. 특히, 심판관은 심사관에 비하여 상대적으

43) 물론, 주지관용기술이 해당 기술분야 기술자에게는 물론이고 일반인에게도 너무나 당연한 것으로 인정될 수 있다. 필자가 아는 그러한 기술은 국수(noodle) 단면을 기존의 원형에서 삼각형으로 변형하는 것이다. 어떤 재료의 단면을 원형뿐만 아니라 삼각형으로 선택할 수 있다는 사실은 해당 기술분야 기술자에게는 물론이고 일반인에게도 너무나 당연한 주지기술인 것으로 보인다. 그 점에 대하여 별도의 증명이 필요하지 않을 수 있다. 그리고, 그 주지기술(삼각형)을 국수에 적용하는 것이 통상의 기술자에게 용이할 것이다. 물론, 삼각형 단면을 국수에 적용함으로 인하여 예측치 못한 효과가 발생하는 경우에는 그 적용의 용이함에 대하여는 별도로 판단하여야 할 것이다.

44) 대법원 1996. 7. 18. 선고 94다20051 전원합의체 판결.

45) 한동수, 앞의 글, 396면("특허청의 심사관이나 심판관 및 당사자는 기술전문가로서 통상의 기술자라고 할 수 있으므로, 주지관용의 기술이 이들 심사관이나 심판관 및 당사자에게는 현저한 사실에 해당한다는 점에서 그 근거를 찾을 수 있을 것으로 보인다.").

46) 西田美昭, "심판서에 있어서 이유기재의 정도", 「특허판례백선」 제3판, 中山信弘 등 편, 박영사, 2005, 304－305면.

47) Dan L. Burk & Mark A. Lemley, *Is Patent Law Technology－Specific?*, 17 Berkeley Tech. L.J. 1155, 1188 (2002) ("The PHOSITA standard is thus an ultimate conclusion of law based upon evidence, not dictated by the capabilities or knowledge of the Patent Office examiner, a reviewing judge, or even that of the inventor … ").

48) Dan L. Burk & Mark A. Lemley, *Biotechnology's Uncertainty Principle*, 54 Case W. Res. L. Rev. 691, 710 (2004) ("Courts have <u>on occasion</u> equated the knowledge of a given individual, such as a patent examiner, with that of the PHOSITA.").

로 인원이 적어서 매우 넓은 기술분야를 담당해야 하므로 그가 그 모든 기술분야의 통상의 기술자라고 보는 것은 상식적이지가 않다. 또, 이 견해는 "법원에게 현저한 사실"의 원칙을 "심사관 또는 심판관에게 현저한 사실"로 확대 적용하고 있는 셈이다. 그런 견지에서는, 심사관 또는 심판관에게 현저한 사실이 되기 위해서는 그 사실의 존재에 관하여 심사관 또는 심판관이 명확한 기억을 하고 있거나 또는 기록 등을 조사하여 곧바로 그 내용을 알 수 있는 사실이어야 할 것인데 일반적인 주지관용기술이 그렇게 심사관 또는 심판관의 기억에 남아 있거나 심사/심판 기록을 조사하여 곧바로 그 내용을 알 수 있는 사실이라고 인정되지 않는다. 그렇다면, 심사, 심판 단계에서도 주지관용기술을 내세우는 자가 그것이 주지관용기술임을 증명하여야 할 것이다. 또, 법원 절차에서 법원은 자유로운 심증에 의하여 증거 등 기록에 나타난 자료를 통하여 주지관용의 기술을 인정할 수 있는데,[49] 헌법이 법관에게 특별히 부여한 재량인 '자유심증'이라는 것이 행정공무원인 심사관 또는 심판관에게 적용될 수 있는 것으로 보이지 않는다.

그러므로, 심사, 심판 절차에서든 법원 절차에서든 "주지관용기술에 대해서는 원칙적으로 증명책임을 지는 자가 증명하여야 한다."[50] 다만, 주지관용기술이 너무나 자명한 것이어서 해당 기술분야 기술자에게는 물론이고 일반인에게도 진실이라고 믿어 의심치 않는 사실(일반인에게 현저한 사실)인 경우가 있을 수 있고, 그러한 경우에 한하여 주지관용기술임을 구태여 증명할 필요가 없을 것이다. 또, 어떤 기술이 주지관용기술이라고 출원인 또는 특허권자가 인정(자백)한 경우, 심사관이 주지관용기술로 제시한 것에 대하여 출원인이 다투지 않는 경우 등에는 굳이 증명을 요하지는 않을 것이다.

법관의 자유심증에 따라 주지관용기술에 대한 증명이 생략된다는 견해가 있을 수 있다. 대법원 설시에 의하면, 법원 절차에서 증거 등 기록에 나타난 자료와 변론 전체의 취지를 참작하여 법관이 자유롭게 주지관용기술의 존재에 대한 심증을 형성할 수 있을 것인데,[51] 해당 기술분야의 기술자가 아닌 법관이 주지관

49) 대법원 2008. 5. 29. 선고 2006후3052 판결("어느 주지관용의 기술이 소송상 공지 또는 현저한 사실이라고 볼 수 있을 만큼 일반적으로 알려져 있지 아니한 경우에 그 주지관용의 기술은 심결취소소송에 있어서는 증명을 필요로 하나, 법원은 자유로운 심증에 의하여 증거 등 기록에 나타난 자료를 통하여 주지관용의 기술을 인정할 수 있다 할 것이다(대법원 1991. 4. 23. 선고 90후489 판결, 대법원 2003. 8. 22. 선고 2002후2600 판결 등 참조).").

50) 한동수, 앞의 글, 396면.

51) 위 대법원 2006후3052 판결.

용기술의 존재에 대하여 자유심증을 형성할 수 있는 사례는 많지 않을 것으로 생각된다. 그 경우에도 "변론 전체의 취지만"으로 자유심증을 형성하는 것은 곤란하므로,[52] 자유심증을 형성하게 하는 어떤 기록상 자료의 뒷받침은 있어야 할 것이다.[53] 즉, 자유심증의 형성을 위해서도 어차피 기록상 자료에 의한 뒷받침이 있어야 하므로, 주지관용기술은 (항상) (특별한 경우를 제외하고)[54] 증명을 요한다고 보아도 무방한 정도이다.

## 2. 미국의 주지관용기술 증명

### 가. 증명을 요하는 법리

미국의 경우, 선행기술이 출원일(우선일, 발명일)에 공중에 의하여 접근 가능하였음에 대하여도 심사관이 증명을 하여야 하므로,[55] 제시되는 기술이 기술상식인 점에 대하여도 당연히 심사관이 증명을 하여야 할 것으로 생각되어 왔다. 더욱이 *In re Zurko* 사건에서 그 점은 더욱 명확하여졌다. 대상 사건에서 심판관은 발명의 특정 구성요소를 사용하는 것은 해당 업계의 기초지식이며 기술상식이라는 이유로 그 구성요소에 대한 선행기술을 구체적으로 제시하지 않고 대상 발명의 진보성을 부정하였다. 미국연방관할항소법원(CAFC)은 심사관 또는 심판관의 진보성 판단은 '실질적인 증거(substantial evidence)'에 근거하여야 한다는 법리를 제시한 후, 위와 같은 심판관의 판단은 실질적인 증거에 근거한 것이 아니므로 허용되지 않는다고 판시하였다.[56] 전문행정기관인 심판관은 주변 쟁점

52) 한동수, 앞의 글, 각주 20("한편, 주지관용기술의 입증의 정도를 완화한다고 해서, 대법원판례는 문서의 진정성립과 자백의 철회요건으로서의 착오 이외에는 변론의 전체 취지에 대하여 증거원인으로서의 독립성을 부정하므로(대법원 1983. 9. 13. 선고 83다카971 판결, 1974. 7. 23. 선고 74다119 판결, 1991. 12. 24. 선고 91다카21145, 21152 판결 등), 변론 전체의 취지만으로 이를 인정하는 것은 곤란하다.").

53) 대법원 2013. 4. 11. 선고 2012후436 판결(실용신안등록무효)("그런데 어느 주지관용의 기술이 소송상 공지 또는 현저한 사실이라고 볼 수 있을 만큼 일반적으로 알려져 있지 아니한 경우에 그 주지관용의 기술은 심결취소소송에 있어서는 증명을 필요로 하고, 이때 법원은 자유로운 심증에 의하여 증거 등 기록에 나타난 자료를 통하여 주지관용의 기술을 인정할 수 있다 할 것이나(대법원 2008. 5. 29. 선고 2006후3052 판결 등 참조), 변론종결 후 제출된 참고자료까지 여기의 '증거 등 기록에 나타난 자료'에 포함된다고 볼 수는 없다.").

54) 일반인에게도 현저한 사실인 경우, 법관이 자유심증에 따라서 증명책임을 면해 줄 수 있을 것이다. 또, 주지관용기술을 내세우는 자의 상대방이 주지관용기술임에 대하여 반박하지 않는 경우에도 법원이 그 내세우는 자의 주장을 그대로 받아 들일 수 있을 것이다.

55) Constant v. Advanced Micro-Devices, Inc., 848 F.2d 1560, 1568-69 (Fed. Cir. 1988).

56) *In re* Zurko, 258 F.3d 1379, 1386 (Fed. Cir. 2001) ("[T]he Board cannot simply reach conclusions

(peripheral issues)에 대하여는 그 자체의 전문성에 근거하여 결론을 내릴 수 있지만, 핵심적인 사실판단에 있어서는 그러할 수 없는 것이다.[57] 이 판결은 항소법원의 것이지만, 관련 대법원 판결의[58] 파기·환송심에 관한 것이므로 대법원 판결과 유사한 지위를 가진다. 그러한 측면에서는 (아래에서 소개하는) *KSR* 판결이 *Zurko* 법리를 일정 부분 파기하면서 증명을 요하지 않는 특별한 경우를 제시한다.

### 나. 증명을 요하지 않는 측면

*KSR* 대법원은 TSM 테스트의 적용에 있어서도 기술상식에 의존하는 것이 가능하다는 CAFC의 *DyStar v. C.H. Patrick* 판례를 인용하면서,[59] 설계변경의 필요(design need), 시장의 수요(market pressure), 적은 수의 인지되고 예측가능한 해결책 등이 있고 예상되는 연구를 한 경우 그러한 연구는 통상의 기술자의 상식에 해당하는 것으로 볼 수 있다고 설시하였다.[60] 이러한 *KSR* 법리를 이어받아 미국 특허상표청 심사지침서(MPEP)는 제시되는 기술이 주지(well-known) 또는 상식(common) 기술임이 즉시 및 의심 없이(instant and <u>unquestionable</u>) 설명될 수 있는 경우 문서증거(documentary evidence)를 제시하지 않을 수 있다고 설명하며,[61] 나

---

based on its own understanding or experience–or on its assessment of what would be basic knowledge or common sense. Rather, the Board must point to some concrete evidence in the record in support of these findings.").

57) *Id.* ("This expertise may provide sufficient support for conclusions as to peripheral issues. With respect to core factual findings in a determination of patentability, however, the Board cannot simply reach conclusions based on its own understanding or experience–or on its assessment of what would be basic knowledge or common sense. Rather, the Board must point to some concrete evidence in the record in support of these findings.").

58) Dickinson v. Zurko, 527 U.S. 150 (1999).

59) DyStar Textilfarben GmbH & Co. Deutschland KG v. C.H. Patrick Co., 464 F.3d 1356, 1367 (Fed. Cir. 2006) ("Our suggestion test is in actuality quite flexible and not only permits, but requires, consideration of common knowledge and common sense").

60) KSR Intern. Co. v. Teleflex Inc., 550 U.S. 398, 421 (2007) ("When there is a design need or market pressure to solve a problem and there are a finite number of identified, predictable solutions, a person of ordinary skill has good reason to pursue the known options within his or her technical grasp. If this leads to the anticipated success, it is likely the product not of innovation but of ordinary skill and common sense. In that instance the fact that a combination was obvious to try might show that it was obvious under § 103.").

61) USPTO, MPEP 2144.03, A ("Official notice unsupported by documentary evidence should only be taken by the examiner where the facts asserted to be well–known, or to be common knowledge in the art are capable of instant and unquestionable demonstration as being well–known.").

아가, 테이프 녹음기가 녹음을 하는 경우 기존의 녹음된 내용을 삭제하는 기술이 주지기술이라고 판단한 사례[62] 및 높은 온도로 짧은 시간 가열하는 것과 낮은 온도로 긴 시간 가열하는 것이 등가의(equivalent) 것임이 주지기술이라고 판단한 사례를[63] 소개하고 있다.

### 다. 소 결

이러한 미국의 법리를 정리하면, *Zurko* 법리에 따라 증거에 의하여 뒷받침되지 않는 주지기술이라는 주장은 일반적으로는 허용되지 않으며,[64] 그 증거는 일반적으로는 문서증거에 의하여 뒷받침되어야 할 것이되, 관련 기술이 명백하고 의심 없이(clearly and unmistakably) 주지기술임을 논증증거로서 제시할 수 있는 경우 및 다른 반박이 없는 경우에[65] 한하여 문서증거의 제출이 생략될 수 있을 뿐이다. 우리 법리가 일반인에게 명백하고 의심 없는 사실을 현저한 기술로 포섭하여 증명이 불필요한 것으로 보는 것과 비교하면, 미국은 통상의 기술자에게 명백하고 의심 없는 주지기술을 증명이 불필요한 것으로 보는 점에 차이가 있다. 물론, 출원인의 적절한 반박이 있는 경우 심사관은 해당 거절이유를 유지하기 위해서는 문서증거를 제시하여야 한다.[66][67] 만약, 심사관이 개인적 지식에 의존하여 주지기술임을 계속 주장하고자 하는 경우 선언서(affidavit) 또는 진술서(declaration)로서 구체적으로 해당 사항을 설명하여야 한다.[68] 이 경우 선언서 또

62) *In re* Fox, 471 F.2d 1405, 1407 (CCPA 1973).

63) *In re* Chevenard, 139 F.2d 711, 713 (CCPA 1943)(이 사건에서 출원인이 주지기술에 대하여 심사관에게 반박을 하지도 않았다.).

64) MPEP 2144.03, A ("It is never appropriate to rely solely on 'common knowledge' in the art without evidentiary support in the record, as the principal evidence upon which a rejection was based. Zurko, 258 F.3d at 1385 … ").

65) Chevenard, 139 F.2d at 713 ("[I]n the absence of any demand by appellant for the examiner to produce authority for his statement, we will not consider this contention.").

66) MPEP 2144.03, C ("If applicant adequately traverses the examiner's assertion of official notice, the examiner must provide documentary evidence in the next Office action if the rejection is to be maintained.").

67) Lance Leonard Barry, *Did You Ever Notice? Official Notice in Rejections*, 81 J. Pat. & Trademark Off. Soc'y 129, 138 (Feb. 1999) ("A challenge may take the form of a demand for evidence that a noticed fact was well known. If an applicant demands such evidence, an Examiner should cite a reference showing the fact in the next Office action. Such a citation is unnecessary if the applicant does not challenge the notice.").

68) MPEP 2144.03, C ("If the examiner is relying on personal knowledge to support the finding of what is known in the art, the examiner must provide an affidavit or declaration setting forth specific factual statements and explanation to support the finding. See 37 CFR

는 진술서가 증거로 사용될 것이다.

### 3. 유럽의 주지관용기술 증명

유럽특허청 심사지침서는 기술상식(common general knowledge)은 일반인이 아닌 통상의 기술자의 기술상식임을 전제로 하면서,[69] 기술상식임이 반드시 문서증거로 제시될 필요가 없으나, 기술상식임에 대하여 출원인이 반박하는 경우에는 문서증거에 위하여 뒷받침되어야 한다고 설명한다.[70] 기술상식은 통상의 기술자에게 널리 알려진 것이므로 문서증거로 뒷받침하는 데 어려움이 없는 것이 일반적일 것이다. 그런 견지에서는 장시간의 검색 후 겨우 발견된 기술은 기술상식이라고 보기 어렵다.[71][72]

### 4. 일본의 주지관용기술 증명

일본의 민사소송법 제179조는 우리 민사소송법 288조에 상응하는 것이며, 그에 따라 일반인에게 현저한 사실인 경우 별도의 증명이 필요없을 것이다.[73] 그러나, 앞의 우리나라 제288조에 관한 설명에서도 언급한 바와 같이, 일반인에게까지 <u>의심 없을</u> 정도로 널리 알려진 주지관용기술은 그렇게 많지 않을 것으로 생각된다. 그렇다면 일반인에게 현저한 사실이 아닌 일반적인 주지관용기술에 대하여는 어떤 정도의 증명이 필요한가?

---

1.104(d)(2).").

69) EPO, Guidelines for Examination, G－VII, 3.1 (Common general knowledge of the skilled person).

70) EPO, Guidelines for Examination, G－VII, 3.1 ("Common general knowledge can come from various sources and does not necessarily depend on the publication of a specific document on a specific date. An assertion that something is common general knowledge need only be backed by documentary evidence (for example, a textbook) if this is contested (see G－IV, 2).").

71) *Id.* ("[I]f the information can only be obtained after a comprehensive search, it cannot be considered to belong to the common general knowledge and cannot be used to complete the disclosure (see T 206/83)").

72) Andrew Rudge, *Guide to European Patents* § 12:7 ("[I]n any case, it should not be necessary to undertake a comprehensive search in order to locate such subject matter.")(유럽특허청 심판원 T51/87, T206/83 심결 인용).

73) 西田美昭, 앞의 글, 304면("기술상의 상식 또는 기술수준이 되는 사항을 증거로서 증명할 필요가 있다. 다만, 그 사항이 민소법 제179조 소정의 '현저한 사실'의 한 유형인 '공지의 사실(통상의 지식, 경험)을 구비한 불특정 다수의 일반인이 믿고 의심하지 않는 정도로 널리 알려진 사실'에 해당되는 경우에는 증명할 필요가 없다.").

일본의 한 글은 심사 또는 심판 절차에서는 심사관 또는 심판관이 당업자라는 점에 근거하여 주지관용기술에 대하여 따로 증명을 할 필요가 없고, 판사는 당업자가 아니므로 (일반인에게 현저한 사실을 제외하고는) 증명을 하여야 한다고 설명한다.[74] 이 주장은 우리나라에도 수입되어 소개된 바가 있다. 그러나, 앞의 우리나라 법리 부분에서 설명한 바와 같이, 그러한 주장은 근거가 부족하다.

주지관용기술을 증명할 필요가 있는지에 대하여 일본 법원도 애매한 입장을 보이고 있다. 일본 도쿄고재는 주지관용기술에 대하여 굳이 일일이 증명할 필요가 없다는 설시를 하기도 하였고,[75] 다른 한편, 주지관용기술의 안이한 적용을 경계하여야 한다고 설시하기도 하였다.[76]

## 5. 소　　결

이상에서 살펴본 우리나라, 미국, 유럽 및 일본의 주지관용기술 증명에 관한 법리에 의하면 다음과 같은 결론을 도출할 수 있다. 일반인에게조차 현저한 사실인 주지관용기술은 별도의 증거 없이 사용할 수 있다. 이 점에 대하여 출원인이 반박을 하더라도 심사관, 심판관 또는 판사는 일반인에게 현저함을 이유로 추가적인 증거 없이 해당 기술이 주지관용기술임을 전제로 결론을 내릴 수 있을 것이다. 통상의 기술자에게의 주지관용기술도 별도의 증거 없이 사용될 수 있다. 그러나, 이 점에 대하여 반박이 있는 경우, 심사, 심판 절차에서든 법원 절차에서든 증명책임을 지는 자가 증명하여야 할 것이다. 즉, 상대방이 인정하는 경우에만 증거가 필요하지 않을 뿐이고 상대방이 반박하는 경우에는 증거로서 증명되어야 하는 것이다.

제시되는 기술이 주지기술임을 증명하기 위해서는 기술의 내용과 공연인지 또는 공연실시의 횟수 등이 중요할 것이다. 참고로, 상표법에서의 주지상표(well-known mark)임의 증명은 그 상표의 사용양태, 사용방법, 사용량 등에 의한다.[77]

---

74) 西田美昭, 상동, 303-304면.

75) 도쿄고재 昭60. 2. 28.("주지기술이라는 것은 일일이 예를 들 것까지도 없이 당업자에게 있어서 주지의 사실이라고 하는 것이기 때문에, 심결이 주지기술인 것의 예를 보여 주지 않는다고 해도, 그것만으로는 심결을 위법이라고 할 수는 없다.")(竹田和彦, 「특허의 지식」 제8판, 김관식 등 역, 도서출판 에이제이디자인기획, 2011, 186면에서 재인용).

76) 도쿄고재 昭61. 10. 23. 판결(상동에서 재인용).

77) 대법원 2011. 7. 14. 선고 2010후2322 판결(상표등록무효)("상표법 제7조 제1항 제9호 소정의 주지상표로서 타인의 상표등록을 배제하려면 그 상표가 특정인의 상표에 사용되는 것임이 수요자 또는 거래자 간에 널리 인식되어 있을 것이 필요하고, 구체적으로 그 상표가 주지상표인

## Ⅳ. 진보성 판단에서의 주지관용기술의 적용

### 1. 진보성 판단체계

A 및 B 구성요소를 가지는 발명을 가정한다. 하나의 선행기술이 A 및 B를 개시하는 경우, 심사관은 대상 발명의 신규성 결여를 결정할 수 있다. 그러나 하나의 선행기술이 A를 개시하고 다른 선행기술이 B를 개시하는 경우, 심사관은 진보성 판단과 관련하여 그 두 선행기술을 제시하는 외에 추가적으로 통상의 기술자가 그것들을 용이하게 결합할 수 있음에 대하여 증명하여야 한다.[78] 해당 발명은 A와 B의 (무의미한 공존이 아니라) 유기적인 결합이고[79] 그 결합이 발명의 중요한 사상인 경우가 많기 때문이다. 그러한 결합용이에 대하여 직접적 또는 간접적 증거로 증명이 가능하다.

제시된 선행기술 또는 다른 선행기술이 그 결합의 동기에 대하여 개시하고 있는 경우 그 선행기술은 직접적 증거가 된다. 간접적 증거로 제시될 수 있는 것에 대하여 우리 대법원은 당해 특허발명의 출원 당시의 기술수준, 기술상식, 해당 기술분야의 기본적 과제, 발전경향, 해당 업계의 요구 등을 제시하고,[80] 미국 법원은 시장경향(market forces), 디자인 동기(design incentives), 배경기술(background

---

가의 여부는 그 사용, 공급, 영업활동의 기간, 방법, 태양, 사용량, 거래범위 등과 거래실정이나 사회통념상 객관적으로 널리 알려졌느냐의 여부가 우선의 기준이 된다고 할 것이다(대법원 1994. 1. 25. 선고 93후268 판결 등 참조).").

78) KSR Int'l Co. v. Teleflex, Inc., 550 U.S. 398, 418 (2007).

79) 대법원 2010. 9. 9. 선고 2009후1897 판결(특허등록무효)("어느 특허발명의 특허청구범위에 기재된 청구항이 복수의 구성요소로 되어 있는 경우에는 각 구성요소가 유기적으로 결합한 전체로서의 기술사상이 진보성 판단의 대상이 되는 것이지 각 구성요소가 독립하여 진보성 판단의 대상이 되는 것은 아니므로, 그 특허발명의 진보성 여부를 판단함에 있어서는 청구항에 기재된 복수의 구성을 분해한 후 각각 분해된 개별 구성요소들이 공지된 것인지 여부만을 따져서는 안 되고, 특유의 과제 해결원리에 기초하여 유기적으로 결합된 전체로서의 구성의 곤란성을 따져 보아야 할 것이며, 이 때 결합된 전체 구성으로서의 발명이 갖는 특유한 효과도 함께 고려하여야 할 것이다.").

80) 대법원 2010. 9. 9. 선고 2009후1897 판결(특허등록무효)("그리고 여러 선행기술문헌을 인용하여 특허발명의 진보성을 판단함에 있어서는 그 인용되는 기술을 조합 또는 결합하면 당해 특허발명에 이를 수 있다는 암시, 동기 등이 선행기술문헌에 제시되어 있거나 그렇지 않더라도 당해 특허발명의 출원 당시의 기술수준, 기술상식, 해당 기술분야의 기본적 과제, 발전경향, 해당 업계의 요구 등에 비추어 보아 그 기술분야에 통상의 지식을 가진 자(이하 '통상의 기술자'라고 한다)가 용이하게 그와 같은 결합에 이를 수 있다고 인정할 수 있는 경우에는 당해 특허발명의 진보성은 부정된다고 할 것이다(대법원 2007. 9. 6. 선고 2005후3284 판결 등 참조).").

knowledge), 발명의 과제(problem), 통상의 기술자의 기술상식(common sense) 등을 제시한다.[81] 그러므로, 우리나라와 미국에서 공히 기술상식 여부의 판단이 중요하다.

## 2. 결합발명에서 결합이 주지관용기술이라는 주장

복수 선행기술의 결합이 통상의 기술자에게 '기술상식'이라는 단순한 결론적인 주장은 일반적으로는 허용되지 않고, 그 주장은 추가적인 증거에 의하여 뒷받침되어야 할 것이다.[82] "해당 결합이 기술상식"이라는 결론을 쉽게 허용하는 것은 ① 진보성 판단의 객관성 및 예측 가능성을 저하시킬 것이라는 점, ② 사후고찰의 오류가 진보성 판단을 지배하게 할 것이라는 점, ③ 객관적 증거의 중요성이 폄하될 것이라는 점 등으로 인하여 바람직하지 않다. 발명의 진보성 결여를 주장하는 자는 관련 기술이 기술상식임에 대한 관련 증거를 제시하기 위하여 노력하여야 하고, 출원인(특허권자)은 상업적 성공, 다른 자의 실패 등 이차적 고려사항에 해당하는 증거를 제시하기 위하여 노력하여야 하고, 판단자는 그러한 양측의 증거를 비교형량한 후 진보성 결여를 주장하는 자가 증명책임을 다하였는지를 판단하여야 할 것이다.

다만, 기술상식이 증거로 제시되지 않아도 되는 경우도 상정할 수 있다. 즉, 일반인에게조차 현저할 사실인 경우, 심사관 또는 무효심판 청구인의 주장이 출원인 또는 특허권자에 의하여 그대로 받아들여지는 경우 또는 법원이 자유심증으로 인정하는 경우에는 구체적인 증거가 요구되지 않을 것이다. 심사관 또는 무효심판 청구인의 주장에 대하여 출원인 또는 특허권자가 다투는 경우에는[83] 심사관 또는 청구인이 그 논리를 구체화할 필요가 있다. 그러한 구체화는 일반적으

81) Plantronics, Inc. v. Aiph, Inc. — F.3d — (Fed. Cir. 2013), slip opinion, at 17 ("Therefore, motivation to combine may be found explicitly or implicitly in market forces; design incentives; the 'interrelated teachings of multiple patents'; 'any need or problem known in the field of endeavor at the time of invention and addressed by the patent'; and the background knowledge, creativity, and common sense of the person of ordinary skill.").

82) USPTO, *Examination Guidelines Update: Developments in the Obviousness Inquiry After KSR v. Teleflex*, 75 Fed. Reg. 53,643, 53,659 (Sep. 1, 2010) ("Common sense may be used to support a legal conclusion of obviousness so long as it is explained with sufficient reasoning.").

83) MPEP § 2144.03 ("To adequately traverse such a finding, an applicant must specifically point out the supposed errors in the examiner's action, which would include stating why the noticed fact is not considered to be common knowledge or well-known in the art.").

로는 서면증거에 의하여야 하되,[84] 대상 기술상식이 해당 기술분야 기술자는 물론 일반인에게도 널리 알려진 정도의 것이어서 법관이 자유심증을 형성할 수 있는 정도의 것이라면 별도의 증거에 근거하지 않고도 그에 관한 설명만으로 진보성이 부정될 수 있을 것이다.[85]

### 3. 하나의 선행기술과 하나의 주지관용기술의 결합의 용이 판단

대법원 2008. 5. 29. 선고 2006후3052 판결에서 특허발명은 "금, 은, 셀레늄, 게르마늄으로 이루어진 그룹에서 선택되는 재료에 의해 속옷(7)에 피복층(3)이 증착형성되는 것을 특징으로 하는 피부보호용 속옷"이다. 선행기술은 알루미늄을 증착형성하는 편직물 제조방법이다. 선행기술은 특허발명의 다른 구성요소를 모두 개시하고 있으나, 증착시키는 재료를 "금, 은, 셀레늄, 게르마늄"으로 개시하고 있지는 않다.[86] 법원은 알루미늄을 그러한 재료로 선택하는 것은 단순한 설계적 사항에 불과하고 그러한 재료가 인체에 유용한 효과가 있다는 점은 널리 알려진 소위 주지관용기술이라고 보았다. 즉, 하나의 선행기술과 하나의 주지관용기술을 결합하여 대상 특허발명의 진보성을 부정하고 있는 것이다.

대상 판결은 대상 특허명세서가 금, 은, 셀레늄, 게르마늄의 효과에 대하여 자세하게 기재하고 있고 우황청심환, 은단 등의 다양한 사용례를 예시하고 있다는 점을 주지관용기술로 보는 근거로 제시하고 있다.[87] 그런데, 대상 특허명세서에 기재된 사항을 주지관용기술이라고 보기에는 무리가 있어 보인다. 복수 개의 특허명세서에 기재된 사항도 주지관용기술로 인정하기 어려우므로,[88] 하나의 특

---

84) *Id.* ("It is never appropriate to rely solely on 'common knowledge' in the art without evidentiary support in the record … an assessment of basic knowledge and common sense that is not based on any evidence in the record lacks substantial evidence support.").

85) *Id.* ("Official notice unsupported by documentary evidence should only be taken by the examiner where the facts asserted to be well-known, or to be common knowledge in the art are capable of <u>instant and unquestionable demonstration as being well-known</u>.").

86) 이 판결은 미국 연방대법원의 *Hotchkiss* 판결을 연상시킨다. 동 판결에서 쟁점이 된 발명은 문의 손잡이를 도자기로 제조한 것이고 선행기술은 나무로 제조된 손잡이이다. 나무를 도자기로 대체하는 것이 용이한지 여부가 관건이었다.

87) 한동수, 앞의 글, 398면("'금, 은, 셀레늄, 게르마늄' 등의 금속이 인체에 유용한 효능을 가진다는 점이, 이 사건 특허발명의 명세서에 금, 은, 셀레늄, 게르마늄이 인체에 미치는 영향에 대하여 자세하게 기재되어 있고, 우황청심환, 은단 등의 다양한 사용례를 예시하고 있는 점에 비추어 볼 때 주지관용의 기술이라 할 것이다.").

88) 대법원 2010. 10. 28. 선고 2009후405 판결(복수 개의 특허명세서에 개시되어 있는 사정만으로는 해당 기술을 주지관용기술로 볼 수 없다는 사례).

허명세서에 기재된 사항은 더욱더 그러할 것이다. 그러나, 출원인 본인이 특허명세서에서 관련 기술을 주지관용기술이라고 자인한 경우, 출원인이 그렇지 않음을 반박하지 않는 경우에 한하여, 그 기술이 주지관용기술로 처리될 수 있을 뿐이다. 대상 판결에서 주지관용기술임에 대한 증명이 제대로 되었다고 가정하면, 하나의 선행기술과 하나의 주지관용기술을 결합하여 진보성 결여를 판단하는 것이 가능해 보인다. 그러나, 그 경우에도 하나의 선행기술과 하나의 주지관용기술을 결합하는 것이 용이한지에 대하여는 별도로 판단이 되어야 할 것이다.

### 4. 주지관용기술이 진보성 판단에 미치는 영향

유럽특허청에서는 기술상식이 진보성 판단에 영향을 미치는 바는 제한적이다. 대부분의 경우, (주지기술이 아닌) 선행기술과 대상 발명의 차이에 주안점을 둔다.[89] 그러나, 영국 법원에서는 기술상식의 설정이 진보성 판단에 영향을 많이 미친다. 두 개의 보통 선행기술을 결합하는 장면에서보다 하나의 보통 선행기술과 다른 하나의 기술상식을 결합하는 장면에서 진보성을 더 자주 부정하기 때문이다.[90] 주지관용기술도 선행기술의 한 부분임은 틀림이 없지만, 주지관용기술을 근거로 진보성 결여를 주장하는 경우 그 주장이 받아들여질 가능성이 높을 것으로 생각된다.[91] 그러므로, 무효심판 청구인이 제시하는 기술이 보통의 선행기술이 아니라 주지관용기술임을 주장하고 증명하는 경우 진보성 결여의 심결을 끌어낼 가능성이 더 높아진다고 볼 수 있다.

---

89) Andrew Rudge, *Guide to European Patents* § 9:2 ("However, in proceedings before the EPO, which primarily turn on the analysis of printed prior art documents, the identity of the skilled person and his level of common general knowledge are rarely factors of any importance in determining the outcome of proceedings.").

90) *Id.* ("This is in contrast, for instance, to proceedings before the UK High Court in which considerable evidence may be presented in order to establish the identity and knowledge of the skilled person, since the Court is less willing to countenance the combination of different prior art documents than the combination of one document with common general knowledge in considering inventive step.").

91) 竹田和彦, 「특허의 지식」 제8판, 김관식 등 역, 도서출판 에이제이디자인기획, 2011, 186면("왜냐하면, 관용기술과 같은 사회화된 기술, 다시 말해 당업자의 피와 살이 된 기술과, 우연히 출원 직전에 반포된 외국문헌에 기재된 기술은 인벤티브 스텝(진보성)의 베이스가 된다는 점은 마찬가지이더라도, 그로부터 스텝의 폭의 측정에 이르러서 차이가 생기게 할 가능성이 있기 때문이다. 이것은 마치 견고한 지면으로부터 도약하는 것보다 스프링의 위에서 뛰는 것이 높이 뛰게 하는 것과 같을 것이다.").

## V. 사례 검토

### 1. 임펠러-동력모터 사건[92)]

대상 발명은 하우징, 하우징 내에 장착되는 임펠러, 임펠러와 연결된 동력모터로 구성되는 데 반해, 선행기술은 임펠러가 동력모터에 연결되는 구성이 명시적으로 개시되어 있지 않는 사례에서, 임펠러가 그것을 구동시키기 위한 동력모터에 연결되어야 한다는 사실을 기술상식으로 본 사례이다. 어떤 회전체(여기서는 임펠러)가 동력모터에 의하여 구동되어야 한다는 사실은 해당 기술분야의 기술자에게는 물론이고 일반인에게도 의심 없는 현저한 사실에 해당할 것이므로 별도의 증명 없이 주지기술로 인정하는 것이 타당하였다고 생각된다. 즉, 주지기술이 해당 기술분야에 널리 알려진 정도를 넘어서서 일반인에게도 널리 알려지고 의심 없이 받아들여지는 경우에는 민사소송법 제288조에 근거하여 증명을 생략하는 것이 가능한 것이다.[93)]

### 2. *Perfect Web* 이메일 반복발송 방법 사건[94)]

대상 발명은 대량(bulk) 이메일 관리방법으로서, (a) 표적 수신자의 프로파일을 표적 수신자 그룹에서 일치시키는 단계, (b) 이메일을 그 수신자에게 송신하는 단계, (c) 수신이 성공적인 이메일의 수를 계산하는 단계 및 (d) 그 수가 정해진 최소 수치를 초과하지 않는 경우 그 수치에 도달할 때까지 위 (a)-(c) 단계를 반복하는 단계로 구성된다. (a)-(c) 단계를 개시하는 선행기술만이 증거로 제시되었다. 그러므로, 진보성 판단에 있어서의 쟁점은 (d) 단계를 추가하는 것이 통상의 기술자에게 용이한지 여부와 그에 관하여 증거로서 증명하여야 하는지 여부이다. CAFC는 상식의 적용을 위해서는 추상적이지 않은 명백한 근거가 있어야 하는 것이 기본법리임을 전제로 하면서도, 대상 발명은 선행기술의 (a)-(c) 단계에 (d) 단계를 추가하는 것이기도 하지만 한편으로는 선행기술을 반복하는

92) 특허법원 2009. 11. 13. 선고 2009허2791 판결(특허거절결정, 심리불속행).

93) 한편, 동 사안에서는 굳이 주지관용기술임을 증거도 없이 인정할 필요 없이, 선행기술이 동력모터를 명시적으로 개시하고 있지는 않지만, 내재적으로 개시하고 있다고 보는 것이 법리적으로 더 간명하였다고 생각된다.

94) Perfect Web Technologies, Inc. v. InfoUSA, Inc., 587 F.3d 1324 (Fed. Cir. 2009).

것이기도 한데, 어떤 상황이 만족스럽지 못할 경우 그 상황에서 중단하는 결정과 (a)－(c) 단계를 다시 시도하는 결정 중 하나를 선택하는 것은 상식에 불과하다는 논리에 근거하여 대상 발명의 진보성을 부정하였다. '재시도(try again)'라는 일반인에게조차 현저한 상식에 근거하여 별도의 문서증거 없이 진보성을 부정한 사례이다.

## Ⅵ. 결 론

주지기술은 공연인지(publicly known) 기술이 더 널리 알려진 기술의 의미로도 사용될 수 있고, (공연인지, 공연실시, 간행물 등을 포괄하는) 광의의 공지기술이 더 널리 알려진 기술의 의미로도 사용될 수 있을 것인데, 통상의 경우 후자의 의미로 사용된다. 그러한 주지기술은 통상 널리 사용되기도 하므로 그런 견지에서는 주지기술과 주지관용기술은 같은 의미를 가진 것으로 볼 수 있다. 나아가, 이 글은 미국, 유럽, 우리나라의 사용례에 근거하여 주지관용기술이라는 용어가 기술상식이라는 용어와 같은 의미를 가진 것으로 파악하였다.

주지관용기술 또는 기술상식은 해당 기술분야 통상의 기술자에게 널리 알려지고 의심 없이 받아들여지는 기술을 의미한다. 통상, 여러 교과서에 기재된 사항이 주지관용기술일 가능성이 높다. 하나 또는 소수의 특허명세서에 기재된 사항은 그 사실만으로는 주지관용기술이라고 보기 어렵다.

일반인에게조차 현저한 사실인 주지관용기술은 별도의 증거 없이 사용할 수 있다. 이 점에 대하여 출원인이 반박을 하더라도 심사관, 심판관 또는 판사는 일반인에게 현저함을 이유로 추가적인 증거 없이 해당 기술이 주지관용기술임을 전제로 결론을 내릴 수 있을 것이다. 통상의 기술자에게의 주지관용기술도 별도의 증거 없이 사용될 수 있다. 그러나, 이 점에 대하여 반박이 있는 경우, 심사, 심판 절차에서든 법원 절차에서든 증명책임을 지는 자가 증명하여야 할 것이다. 제시되는 기술이 주지기술임을 증명하기 위해서는 기술의 내용과 공연인지 또는 공연실시의 횟수 등이 중요할 것이다.

심사관이 주지기술에 근거한 진보성 결여를 방만하게 결정하는 경우, 출원인의 불만 또는 불복이 많아질 것이다. 미국에서 *KSR* 판결로 인하여 진보성 판단에 있어서 기술상식의 적용이 더욱 용이하여졌고, 심사관은 더욱 자주 기술상식에 의존하게 될 것이고 상대적으로 심사관의 거절결정에 불만을 가지는 출원인의 수는 더 늘어날 것이 예상되었다. 실제로 미국에서 심사관의 거절결정에 불복하는 심판의 청구건수가 급증하였으며, 한 통계는 *KSR* 이전과 비교하여 심판건수가 143% 증가하였다고 한다.95) 이러한 심판건수의 증가는 출원인의 불만지수와 어느 정도 연결된다고 생각한다. 그런 견지에서 특허청은 고객인 출원인의 불만지수를 낮추기 위해서라도 기술상식 또는 주지관용기술에 대한 의존도를 낮추기 위한 방안을 고민하여야 할 것이다. 그 방안 중 하나는 주지관용기술임은 특별한 경우가 아니라면 심사관, 무효심판 청구인 등의 결론적이고 근거 없는 주장에 의하여 판단될 것이 아니라 증거를 통하여 판단되어야 한다는 법리를 강하게 운영하는 것이다.96)

95) Sheri Qualters, *Patent Appeals Board Projects 143 Percent Increase in Filings for FY 2009*, Law.com, 〈www.law.com/jsp/nlj/PubArticleNLJ.jsp? id=1202434147448&slreturn=1&hbxlo-gin=1〉.

96) 김종석, 앞의 글, 110면("앞으로 주지관용기술의 인정 여부에 관하여 증거를 통하여 판단하는 방향으로 나아가야 하겠고, 그에 관한 많은 사례가 축적됨으로써 판단의 정확성과 객관성을 담보할 수 있으리라 생각된다."). 박태일, 앞의 글, 62-63면("주지관용의 정도에 이르렀다는 점에 대한 판단이 가능한 한 객관적인 증거조사 결과에 의하여 이루어져야 할 필요가 있다. 즉, 주지관용기술을 주장하는 측에서 이를 입증하기 위한 명확한 서증을 제출하고, 이에 대해 상대방의 의견 진술 및 반대 증거 제출 기회를 보장함으로써 보다 정확하고 객관적인 진보성 판단이 가능해질 것이다.").

제 6 장

# 진보성과 특허법 다른 법리와의 관계

제 1 절 진보성과 동일성의 관계 및 동일성 기준의 통일화

제 2 절 천연물의 성립성과 진보성

제 3 절 용이실시와 진보성 주장의 딜레마

제 4 절 모인기술을 변경한 발명의 진보성 및 공동발명 판단

# 제 1 절 진보성과 동일성의 관계 및 동일성 기준의 통일화

## I. 서 론

발명의 신규성이 인정되면 그 다음 단계에서 진보성이 판단된다.1) 그러므로 신규성과 진보성은 구별되는 완전히 다른 요건이다. 또, 신규성 및 진보성 요건을 두는 취지도 완전히 다르다. 즉, 신규성 요건은 이미 공중의 지식인 것에 대하여 특허권을 부여하는 경우 동일한 발명에 대한 특허권이 영원히 반복될 수 있으므로 그러한 불합리를 방지하기 위하여 선행기술과 비교하여 해당 발명이 새로운(new) 것인지 여부를 판단하는 것이며,2) 진보성 요건은 기술발전을 촉진하여 산업발전에 이바지하는 발명에 대하여만 특허를 부여하기 위한 것이다.3) 여러 가지 이유에서 신규성과 진보성은 완전히 다른 요건임에도 불구하고 그 두 요건을 구별하기가 쉽지 않은 경우가 있다. 신규성은 선행기술과 해당 발명의 (실질적) 동일성을 판단하는 것인데, '실질적'이라는 용어가 개입되면서 동일성의 범위가 진보성에 조금 가까워지고, 동일성을 판단하는 다른 장면, 예를 들어 확

1) 대법원 1992. 6. 2.자 91마540 결정("특허발명의 진보성은 신규성이 있음을 전제로 하는 것으로서, 어느 발명이 공지기술에 비추어 새로운 것인가의 신규성의 문제와 그것이 공지기술로부터 용이하게 생각해 낼 수 있는 것인가의 진보성의 문제는 구별되어야 하고, 따라서 발명의 진보성을 판단하기 위해서는 먼저 그 발명의 신규성의 판단이 선행되는 것이 순서라고 할 것이다.").

2) *In re* Bergstrom, 427 F.2d 1394, 1401 (C.C.P.A. 1970) ("[T]he criteria for determining whether given subject matter is 'new' within the meaning of § 101 are no different that the criteria for determining whether that subject matter possesses the 'novelty' expressed in the title of § 102. The word 'new' in § 101 is defined and is to be construed in accordance with the provisions of § 102. Thus, that which possesses statutory novelty under the provisions of § 102 is also new within the intendment of § 101. We have found no evidence of Congressional intent to define the word 'new' as used in § 101 in any different manner."). But cf. Diamond v. Diehr, 450 U.S. 175, 211-12 (1981) (Stevens, J., dissenting) (제101조의 발견(discovery) 요건과 제102조의 신규성(novelty) 요건의 차이를 설명).

3) 일본 심사지침서(영문), Part II, Chapter 2, 2.1("The Provision of Patent Act Article 29(2) aims to exclude the inventions that ordinary engineers are easily able to create from the inventions subject to be granted because granting patent rights to such inventions is useless to progress of the technology and also prevents the progress.").
〈http://www.jpo.go.jp/cgi/link.cgi?url=/shiryou/kijun/kijun2/tukujitu_kijun.htm〉.

대된 선출원, 모인출원 등의 장면에서는 다시 조금 더 진보성에 가까워진다. 그래서 이 절에서는 먼저 발명의 동일성을 판단하는 법리를 살펴보고 그 법리가 경우에 따라서는 진보성과 지나치게 가까워졌음을 확인하고 그 법리가 진보성과 구별되게 그리고 통일되게 적용되어야 함을 주장한다.

## Ⅱ. 동일성 판단 법리

### 1. 동일성 판단의 장면

진보성 판단의 장면에서는 선행기술과 청구발명의 다름의 정도에 대하여 판단하는데 반하여, 신규성, 신규사항, 우선권, 선출원, 확대된 선원, 모인출원, 권리범위 등의 장면에서는 비교대상과 판단대상의 동일성(sameness, identicality, identity)에[4][5][6] 대하여 판단한다. 여러 다른 장면에서 비교대상과 판단대상은 서로 다르더라도 동일성의 판단기준은 동일할 수 있음을 전제로 논의한다.[7][8] 아래

---

4) Toshiko Takenaka, *The Substantial Identity Rule under the Japanese Novelty Standard*, 9 UCLA Pac. Basin L.J. 220, 228–29 (1991).

5) Gorham Mfg. Co. v. White, 81 U.S. 511, 526–27 (1871) ("We are now prepared to inquire what is the true test of identity of design. Plainly, it must be sameness of appearance, and mere difference of lines in the drawing or sketch, a greater or smaller number of lines, or slight variances in configuration, if sufficient to change the effect upon the eye, will not destroy the substantial identity."); Perry J. Saidman, *Egyptian Goddess Exposed!*, 90 J. Pat. & Trademark Off. Soc'y 859, 885 (2008) ("When it comes to the point of novelty, although abolishing it as a test, the Federal Circuit left open the relevance of the prior art in ascertaining the novel elements of the claimed design in determining substantial sameness under *Gorham*, putting the burden of production on the accused infringer to come forth with such relevant prior art.").

6) Jason Rantanen, *The Federal Circuit's New Obviousness Jurisprudence: An Empirical Study* (February 2012). U Iowa Legal Studies Research Paper No. 13–9. Available at SSRN: http://ssrn.com/abstract=2210049. at 9 ("Of these requirements, two focus on prior art (in other words, what has been done before): the 'newness' requirement of anticipation and the requirement of nonobviousness.").

7) 김관식, "발명의 동일성 판단기준 — 선출원주의와 확대된 선출원주의 적용시의 비교를 중심으로 —", 「창작과 권리」 제69호, 세창출판사, 2012, 29면("또한 선출원주의와 확대된 선출원주의 적용시 출원발명과 대비되는 대상이 전자의 경우 청구범위이고 후자의 경우 청구범위를 포함하는 명세서, 도면 등으로 비록 비교의 대상에서 차이가 있을 뿐이고, 이러한 판단 대상의 차이가 동일성의 판단 방법에 근본적인 차이를 야기한다고는 볼 수 없을 것이다.").

8) 유럽특허청 심사지침서(C–V, 2.4)는 신규사항을 판단하는 기준 및 우선권 인정을 판단하는 기준이 신규성을 판단하는 기준과 동일하다고 설명한다.

표는 위 7가지 장면에서의 비교대상과 판단대상을 요약한다.

[동일성 판단이 필요한 7개 장면]

| 판단의 장면 | 관련 규정 | 비교대상 | 판단대상 |
|---|---|---|---|
| 신규성(novelty) | 제29조 제1항 | 선행기술 | 청구발명 |
| 신규사항(new matter) | 제47조 제2항 | 최초 명세서 | 보정 명세서 |
| | 제136조 제2항 | 특허 명세서 | 정정 명세서 |
| 우선권(priority) | 제52조 내지 제55조 | 선출원 최초 명세서 | 후출원 청구발명 |
| 선출원(earlier application) | 제36조 제1항 | 선출원 청구발명 | 후출원 청구발명 |
| 확대된 선출원(expanded earlier application) | 제29조 제3항 | 선출원/후공개된 최초 내용 | 청구발명 |
| 모인출원(derivation) | 제33조 | 원천(source) 정보 | 청구발명 |
| 권리범위확인(scope confirmation) | 제135조 | 비교대상물건 | 청구발명 |
| | 제2조 제3호 | 침해의심물건 | 청구발명 |

위 7가지 장면에서의 동일성 판단기준이 서로 동일한지 여부에 대하여는 검증이 필요하다. 이하에서는 가장 기본이 되는 신규성 판단기준에 대하여 먼저 살펴본 후 나아가 나머지 6가지 장면 중 비교하기에 적절한 신규사항, 선출원 및 확대된 선원의 3가지 장면에서의 동일성 판단기준에 대하여 차례로 살펴본다.

## 2. 신규성의 명시적 개시 및 내재적 개시[9)]

선행기술과 해당 발명이 동일한 경우 그 발명의 신규성이 부정되며, 그 동일성은 '하나의'[10)11)12)] 선행기술이 그 발명의 모든(each and every) 구성요소를 '개

9) 이 부분은 다음 글의 해당 부분을 발췌하여 일부 보완한 것이다. 정차호·신혜은, "선택발명의 신규성: 선행기술의 개시 요건 및 용이실시 요건", 「법조」 통권 제666호, 법조협회, '12. 3월호.

10) 특허청, 「특허·실용신안 심사지침서」, 2011년도 추록, 3216면("신규성 판단시에는 청구항에 기재된 발명을 하나의 인용발명과 대비하여야 하며 복수의 인용발명을 결합하여 대비하여서는 안 된다. 복수의 인용발명의 결합에 의하여 특허성을 판단하는 것은 후술하는 진보성의 문제이며, 신규성의 문제가 아니다.").

11) 박성수, "한국 특허법상 특허발명의 진보성 판단", 「Law & Technology」 제3권 제6호, 서울대학교 기술과법센터, 2007, 21면("신규성은 하나의 선행공지기술에 발명의 모든 구성요소가 나와 있는

시'하는 경우 인정된다.[13)14)] 한편, 여기서의 개시는 명확한 개시뿐만 아니라 내재적 개시도 포함하는데, 그 내재적 개시 여부를 판단하는 것이 매우 어렵다. 이하, 선행기술이 발명을 내재적으로 개시하는지 여부를 판단하는 방법에 관한 미국, 유럽, 일본 및 우리나라의 법리를 비교, 분석한다.

### 가. 미국의 내재적 개시 법리

미국에서도 해당 발명의 신규성을 부정하기 위해서 선행기술이 발명의 모든 구성요소를 개시하여야 한다는 점은 우리와 동일한 정도이다.[15)16)] 그리고, 선행기술의 명시적 개시뿐만 아니라 암시적(implicit) 또는 내재적(inherent)[17)18)] 개시

---

경우, 즉 하나의 선행공지발명에 발명의 모든 구성요소가 개시된 경우만을 의미하는 것이다.").

12) 신규성 판단에 있어서 하나의 선행기술 외에 주지관용기술을 참고할 수 있으나 그렇다고 2개의 선행기술을 결합하여 신규성을 판단한다고 보는 것은 잘못이다. 임호, "신규성 판단에 있어서 동일성의 범위", 「저스티스」 제99호, 한국법학원, 2007, 118면("미세한 구성상의 차이가 있는 발명이라도 그 차이가 주지관용기술을 부가한데 불과하여 새로운 기술효과를 가져오지 않는 발명에 대하여도 신규성을 인정하지 않는다. 이는 여러 가지의 선행기술[을] 조합하여 특허출원된 발명의 신규성을 부정하는 것을 허용한다.").

13) 한편, 선행기술은 발명의 구성요소 모두를 개시할 뿐만 아니라 그 구성요소의 배열, 결합 등도 개시하여야 한다. 그런 견지에서 구성요소의 배열, 결합 등도 구성요소라고 보아야 한다. Net MoneyIN, Inc. v. VeriSign, Inc., 545 F.3d 1359, 1371 (Fed. Cir. 2008) ("[U]nless a reference discloses within the four corners of the document not only all of the limitations claimed but also all of the limitations arranged or combined in the same way as recited in the claim, it cannot be said to prove prior invention of the thing claimed and, thus, cannot anticipate under 35 U.S.C. §102.").

14) 신규성을 판단하면서 구성의 차이 외에 목적, 효과의 차이는 검토할 필요가 없다. 그러나 검토한 대법원 판례는 있다. 대법원 2003. 1. 10. 선고 2002후1829 판결; 대법원 2004. 10. 27. 선고 2002후444 판결.

15) Robert A. Matthews, Jr. & Louis M. Troilo, *Schering Corp. v. Geneva Pharmaceuticals, Inc.: Just How Far Can Inherent Anticipation Extend?*, 20 Santa Clara Computer & High Tech. L.J. 779, 779 (2004) ("References that anticipate a claimed invention show that the invention lacks novelty and renders invalid any claim to that described invention.").

16) Atlas Powder Co. v. Ireco Inc. 190 F.3d 1342, 1347 (Fed. Cir. 1999) ("To invalidate a patent by anticipation, a prior art reference normally needs to disclose each and every limitation of the claim.").

17) 최초 명세서에 명시적으로 기재되지 않았으나 내재적으로 개시된 사항을 보정을 통해 도입하는 경우, 그것은 신규사항(new matter)인가? USPTO, *Manual of Patent Examining Procedure (MPEP)* §608.04(a) ("Matter not in the original specification, claims, or drawings is usually new matter. Depending on circumstances such as the adequacy of the original disclosure, the addition of inherent characteristics such as chemical or physical properties, a new structural formula or a new use may be new matter."); cf. MPEP §2163.07(a) ("By disclosing in a patent application a device that inherently performs a function or has a property, operates according to a theory or has an advantage, a patent application necessarily discloses that function, theory or advantage, even though it says nothing explicit concerning it. The application

도 신규성 부정을 위해 사용된다.[19] 내재적 개시를 신규성 판단에 적용함으로써 선행기술의 범위(영향)가 넓어지는 효과를 거두게 된다.[20][21] 명시적 개시를 위해서는 선행기술이 발명의 모든 구성요소를 명확히 적시하여야 하나, 내재적 개시를 위해서는 (하나의)[22] 선행기술의 표현과 발명의 구성요소의 표현이 글자 그대로 같을 필요는 없는 것이다.[23] 그러나 내재적 개시가 인정됨으로 인하여 선행기술의 범위가 지나치게 넓어지는 것을 방지할 필요가 있고, 그래서 개시된 바가 ① 해당 발명을 나타낼 개연성 또는 가능성(probabilities or possibilities)만으로는 부족하고 그 개시된 바가 필요적으로(necessarily) 해당 발명을 특정하여야 하고,[24] ② 선행기술이 발명을 단순히 지칭(mere naming)하는 것만으로는 부족하고 발명을 구체적으로 특정하여야 한다.[25] 선행기술이 해당 발명을 내재적으로 개시하

---

may later be amended to recite the function, theory or advantage without introducing prohibited new matter.").

18) 내재 원칙(inherency doctrine)이 CAFC에서 일관되게 적용되지 못하였음을 지적하고, 세 가지 다른 사실관계에서의 적용에 대하여 설명하는 글로는 다음을 참고. Steven C. Carlson, *Inherent Anticipation*, 40 IDEA 297 (2000).

19) *MPEP* § 2112 ("The express, implicit, and inherent disclosures of a prior art reference may be relied upon in the rejection of claims under 35 U.S.C. 102 or 103."); Rowe v. Dror, 112 F.3d 473, 478 (Fed. Cir. 1997) ("A prior art reference anticipates a claim only if the reference discloses, either expressly or inherently, every limitation of the claim.").

20) P.N. Makrogiannis, *Review of the 1999 Patent Law Decisions of the United States Court of Appeals for the Federal Circuit*, 49 Am. U. L. Rev. 1381, 1396 (2000) ("The doctrine of inherent anticipation expands the scope of a prior art reference to anticipate more than what is explicitly taught in that prior art reference.").

21) 내재적으로 개시된 사항을 진보성 판단을 위해서 사용할 수 있는가? See Robert A. Matthews, 3 *Annotated Patent Digest* § 18:27.50.

22) 신규성 부정을 위해서는 하나의 선행기술만 사용되며, 이 원칙은 내재적 개시 여부를 판단할 때에도 변하지 않는다. Peter D. Smith, *Anticipating Too Much: Why the Court Should Avoid Expanding the Doctrine of Inherent Anticipation*, 61 N. Y. U. Ann. Surv. Am. L. 823, 832 (2006) ("Anticipation always requires the entire invention to exist in a single prior art reference; this rule does not change even when the doctrine of inherency is used. Inherent anticipation is still a measure of novelty and must therefore be derived from the mixture of express and implicit disclosures within one reference.").

23) Ecolochem, Inc. v. Southern California Edison Co., 91 F.3d 169 (Unpublished Disposition), at 3 (Fed. Cir. 1996) ("The test for anticipation, however, is not a literal word for word comparison between the prior art and the commercial embodiment of the patentee's invention … ").

24) *In re* Oelrich, 666 F.2d 578, 581−82 (C.C.P.A. 1981) ("To establish inherency, the extrinsic evidence 'must make clear that the missing descriptive matter is necessarily present in the thing described in the reference, and that it would be so recognized by persons of ordinary skill. Inherency, however, may not be established by probabilities or possibilities. The mere fact that a certain thing may result from a given set of circumstances is not sufficient.'").

기 위해서는 그 선행기술로부터 발명이 필요적으로(necessarily)[26] 또는 필연적으로(inevitably) 도출되어야 한다.[27]

### 나. 유럽의 내재적 개시 법리

유럽도 신규성 관련 선행기술의[28][29] 개시 요건은 다른 나라의 법리와 유사하다. 즉, 발명이 선행기술의 일부분을 이루면 신규하지 않은 것이 되고,[30] 선행기술의 일부분을 이룬다는 것은 선행기술이 비록 발명을 '명시적으로(explicitly)' 개시하고 있지 않더라도 '암시적으로(implicitly)' 개시하더라도 그것이 해당 발명을 '직접적 및 일의적으로(directly and unambiguously)' 개시하는 것이라면 족하다.[31] 유럽특허청에서 사용하는 '직접적 및 일의적'이라는 용어는 결국은 필연성

25) Sanofi-Synthelabo v. Apotex, Inc., 470 F.3d 1368, 1377-78 (Fed. Cir. 2006) (선행기술이 여러 실시례를 거론하며 그 중 하나가 해당 발명이라 하더라도 그 선행기술이 해당 발명을 개시한 것이 되기 위해서는 단순한 나열만으로는 부족하고 해당 발명에 대한 특정한 선호(preferences)를 보여야 한다고 본 사례. 즉, 선행기술이 해당 발명을 단어로 명확히 개시하고 있더라도 다수의 단순히 나열된 사례 중 하나에 불과하다면 (명시적이든 암시적이든) 개시된 것이 아닐 수 있는 것이다.).

26) 예를 들어, 선행기술이 어떤 장치를 개시하고 있고, 그 장치의 통상의 작동에 의하면 청구된 방법발명을 필요적으로(necessarily) 수행하게 되는 경우, 그 장치 선행기술이 해당 방법발명을 내재적으로 개시하는 것이다. *MPEP* § 2112.02 ("Under the principles of inherency, if a prior art device, in its normal and usual operation, would necessarily perform the method claimed, then the method claimed will be considered to be anticipated by the prior art device.").

27) Donald S. Chisum, 1 *Chisum on Patents* § 3.03[2][b] ("Federal Circuit decisions emphasize that an anticipatory inherent feature or result must be consistent, necessary, and inevitable, not merely possible or probable.").

28) 선행기술은 출원일(우선일) 전에 서면 또는 구두의 개시, 사용 또는 그 외의 경로로 공중이 접근 가능하였던 모든 것으로 구성된다. European Patent Convention (EPC) Art. 54(2) ("The state of the art shall be held to comprise everything made available to the public by means of a written or oral description, by use, or in any other way, before the date of filing of the European patent application.").

29) 선행기술의 내용은 전체 문맥에 따라 이해되어야 한다. EPO, *Case Law of the Boards of Appeal*, Part I, C.2.1 ("In T 312/94, the board held that it was a general legal rule for the interpretation of any document, in particular a patent application or patent, in order to determine its true meaning and thus its content and disclosure, that no part of such a document should be construed in isolation from the remainder of the document: on the contrary, each part of such a document had to be construed in the context of the contents of the document as a whole.").

30) EPC Art. 54(1) ("An invention shall be considered to be new if it does not form part of the state of the art."); European Patent Office (EPO), *Guidelines for Examination*, Part C, Chapter IV, § 9.1 ("An invention is considered to be new if it does not form part of the state of the art.").

31) *Id.* § 9.2 ("A document takes away the novelty of any claimed subject-matter derivable directly and unambiguously from the document including and features implicit to a person skilled in

(inevitability)에 상응하는 것으로 이해된다.[32)33)] 즉, 통상의 기술자가 선행기술의 가르침에 따르는 경우 우연히가 아니라 필연적으로 발명에 도달하게 되는 경우 그 선행기술은 발명을 내재적으로 개시하고 있는 것이다.[34)]

### 다. 일본의 내재적 개시 법리

일본 심사기준에 따르면, 간행물에 명시적으로 개시된 사항뿐만 아니라 통상의 기술자가 특허출원 시의 기술상식을 참작하여 당해 간행물에 기재되어 있는 사항으로부터 파악할 수 있는 사항도 신규성을 부정하는 증거로 사용될 수 있다.[35)] 이러한 것을 일본에서는「간행물에 기재되어 있는 것과 마찬가지인 사항」이라고 부르지만, 그것이 유럽, 미국에서 말하는 내재적 사항과 다르지 않다고 판단된다. 즉, 간행물에 명시적으로 기재된 사항뿐만 아니라 내재적으로 기재되어 있는 사항도 간행물에 기재된 발명으로 보는데,[36)] 여기서 '파악'이란 미국, 유럽 판례에서 말하는 'recognition'과 같은 의미로 생각된다.

---

the art in what is expressly mentioned in the document … ").

32) 영국에서는 필연성에 가까운 법리를 독일에서는 약간 더 넓은 자연성에 가까운 법리를 운영하는 것으로 보인다. Winfried Tilmann, *Harmonization of invalidity and scope−of−protection practice of national courts of EPC Member States*, E.I.P.R. 2006, 28(3), footnotes 11−14.

33) 유럽의 법리를 차용한 PCT도 비슷한 표현을 사용한다. *PCT International Search and Preliminary Examination Guidelines* 20.04 (2011) ("Lack of novelty may be apparent from what is explicitly stated in a published document, or it may be apparent from an inherent or implicit teaching of the document. For example, where the elastic properties of rubber are relied upon in a document that does not explicitly state that rubber is an 'elastic material,' a claim to an 'elastic material' is anticipated because the rubber taught in the prior art inherently is an 'elastic material'. Alternatively, lack of novelty may be implicit in the sense that, in carrying out the teaching of the prior document, the skilled person would inevitably arrive at a result falling within the terms of the claim. Lack of novelty of this kind should be raised by the examiner only where there can be no reasonable doubt as to the practical effect of the prior teaching. Otherwise it should be considered in respect of inventive step (see chapter 13).").

34) EPO, *Guidelines for Examination*, Part C, Chapter IV, §9.6 ("[I]n the case of a prior document, the lack of novelty may be apparent from what is explicitly stated in the document itself. Alternatively, it may be implicit in the sense that, in carrying out the teaching of the prior document, the skilled person would inevitably arrive at a result falling within the terms of the claim.").

35) 日本特許廳,「特許·実用新案審査基準」, 第II部 第2章 新規性·進歩性, 1.5.3(3)①.

36) 이회기, "신규성을 부정하기 위한 선행기술(문헌)의 적격",「특허판례연구」개정판, 한국특허법학회, 박영사, 2012, 101면.

### 라. 우리나라의 내재적 개시 법리

법원은 "발명의 신규성 또는 진보성 판단에 제공되는 대비발명은 그 기술적 구성 전체가 명확하게 표현된 것뿐만 아니라, 미완성 발명 또는 자료의 부족으로 표현이 불충분하거나 일부 내용에 오류가 있다고 하더라도 그 기술분야에서 통상의 지식을 가진 자가 발명의 출원 당시 기술상식을 참작하여 기술내용을 용이하게 파악할 수 있다면 선행기술이 될 수 있다"고 설시하고 있다.[37][38][39][40] 이 설시의 전반부는 명시적 개시를 말하는 것이며, 후반부는 내재적 개시를 말하는 것으로 이해될 수 있다.[41]

### 마. 소 결

위에서 요약한 미국, 유럽, 일본 및 우리나라의 내재적 개시 법리는 다음 표와 같이 요약될 수 있다. 내재적 개시 여부를 판단하는 기준으로 우리의 경우 '용이 파악'이라는 다소 불명확한 표현을 사용하는데,[42] 유럽과 같이 '필연성' 기

---

37) 대법원 2008. 11. 27. 선고 2006후1957 판결.

38) 유럽특허청 심판원 심결은 이에 대하여 일반적으로는 문서 내에서의 오류(mistakes)는 그 자체로는 선행기술을 구성하지 않는다는 기본 입장을 취하면서도 다른 한편 그 오류를 통상의 기술자가 한눈에(at once) 그 오류를 인지하고 정정할 수 있는 경우에는 오류의 문서도 선행기술이 될 수 있다고 본다. See European Patent Office (EPO), *Case Law of the Boards of Appeal*, Part I, C.2.10.

39) European Patent Office (EPO), *Case Law of the Boards of Appeal*, Part I, C.2.1. ("Moreover, a prior art disclosure had to be read giving the information it contained the meaning that a skilled person would have given it at its publication date and disregarding information which would be understood by a skilled person to be wrong; however, any teaching which would not be recognised as wrong by a skilled person had to be accepted as prior art (see T 412/91).").

40) USPTO, *Manual of Patent Examining Procedure (MPEP)* § 2121.01 (8th ed., rev. 8, 2010) ("'Even if a reference discloses an inoperative device, it is prior art for all that it teaches.' …. Therefore, 'a non-enabling reference may qualify as prior art for the purpose of determining obviousness under 35 U.S.C. 103.'").

41) 진보성 판단에 있어서도 선행기술의 내재적 개시를 인정할 수 있는가? 대법원 2008. 7. 10. 선고 2007후5017 판결(등록무효)(특허발명의 청구범위에 기재된 구성이 비교대상발명에는 명시적으로 기재되어 있지 않더라도 당연히 포함되는 구성에 해당한다고 보아 특허발명의 진보성을 부정한 사례); 대법원 2008. 7. 10. 선고 2006후2059 판결("또한, 원심판시 구성요소 4의 리세스부에 해당하는 기술구성에 대하여 비교대상발명 1에 명시적인 기재는 없다고 하더라도, 위에서 본 바와 같이 롤러(13, 14)를 프레임(10)의 측벽에 결합시키기 위해서는 프레임의 측벽에 롤러가 안착될 수 있도록 리세스부가 형성되어야 함은 명백하므로, 이 역시 통상의 기술자가 비교대상발명 1로부터 용이하게 도출할 수 있는 구성이다.").

42) 우리 판례에서 유럽의 "직접적 및 일의적"이라는 표현에서 "직접적"을 끌어오고 또 일본의 "실질적 동일성"을 끌어와서 같이 표현한 사례가 있다. 특허법원 2006. 1. 19. 선고 2004허6507 판결("당해 기술분야에서 통상의 지식을 가진 자가 선행문헌의 기재 내용과 출원 시의 기술 상식

준을 따르는 것이 더 타당하다고 생각된다. 내재된 것으로부터 필연적으로 도출되는 것만 신규성 판단의 대상이 되고 내재된 것으로부터 도출이 가능(possibility)한 것은 진보성 판단의 대상이 되어야 하기 때문이다.[43] 일본의 '실질적 동일성' 기준도 유럽의 '필연성' 기준과 결과적으로 크게 다르지는 않을 것이지만 판단하는 자가 더 명확하게 확신을 가질 수 있다는 측면에서 필연성 기준이 더 나아 보인다.

[신규성 관련 선행기술의 내재적 개시 요건]

| 쟁점 구분 | 한 국 | 미 국 | 유 럽 | 일 본 |
|---|---|---|---|---|
| 내재적 개시 인정 여부 | 인 정 | 인 정 | 인 정 | 인 정 |
| 판단자 | 통상의 기술자 | 통상의 기술자 | 통상의 기술자 | 통상의 기술자 |
| 비교기준 | 기술상식 | 통상의 기술자의 지식 (기술상식) | 기술상식 | 기술상식 |
| 판단기준 | 용이 파악 직접적[44][45] | 가능성 (필연성)[46] | 필연성 (inevitability) | 실질적 동일성 |
| 판단시점 | 출원일[47] | 출원일 | 출원일 | 출원일 |

에 기초하여 선행문헌으로부터 직접적으로 선택발명의 존재를 인식할 수 있다거나 도출해 낼 수 있는 정도의 것인지의 여부 내지 선행문헌에 기재된 실시태양과 선택발명의 실시태양이 실질적으로 동일한 것인지의 여부 등을 종합적으로 검토하여 판단하여야 할 것인바 ……").

43) *In re* Oelrich, 666 F.2d 578, 581−82 (C.C.P.A. 1981) ("To establish inherency, the extrinsic evidence 'must make clear that the missing descriptive matter is necessarily present in the thing described in the reference, and that it would be so recognized by persons of ordinary skill. Inherency, however, may not be established by probabilities or possibilities. The mere fact that a certain thing may result from a given set of circumstances is not sufficient.'").

44) 대법원 2009. 10. 15. 선고 2008후736 판결("그 발명이 속하는 기술분야에서 통상의 지식을 가진 자가 선행문헌의 기재 내용과 출원시의 기술 상식에 기초하여 선행문헌으로부터 직접적으로 선택발명의 존재를 인식할 수 있는 경우도 포함된다.").

45) 전지원, "수치한정발명의 진보성 판단", 「대법원판례해설」 86호, 법원도서관, 2010, 424면("한편 수치한정발명에 선행문헌의 실시례가 하나라도 포함되는 경우에는, 수치한정의 기술적 의의를 검토할 것 없이 신규성이 부정된다. 또한 선행문헌에 당해 실시례의 기재가 없더라도 통상의 기술자가 선행문헌의 기재 내용과 출원 시의 기술 상식에 기초하여 선행문헌으로부터 직접적으로 효과를 포함한 발명사항을 파악할 수 있는 경우에는 역시 신규성이 부정될 수 있다고 보인다.").

46) 미국의 경우, 내재적 개시 여부를 판단하기 위하여 통상의 기술자 자신의 지식을 이용하여 파악이 가능한지 여부를 판단하는 법리가 다수설이고, 기술상식을 이용하여 파악이 필연적인지 여부를 판단하여야 한다는 소수설도 있다. 소수설은 유럽 및 일본의 법리와 동일한 정도이고, 소수설이 타당하다고 판단된다.

47) 우리 심사지침서는 간행물 반포 당시의 기술상식을 참작하는 것으로 설명하는데 잘못된 것이므로 수정되어야 한다.

## 3. 신규사항, 선출원 및 확대된 선출원의 장면에서의 동일성 판단

위에서 동일성 판단기준의 가장 기초가 되는 신규성 판단기준에 대하여 살펴보았다. 이하에서는, 동일성을 판단하는 다른 장면에서 우리 법원이 어떤 법리를 취하고 있는지 살펴본다.

### 가. 신규사항(new matter)

보정된 명세서는 최초 명세서에 기재된 사항의 범위 이내이어야 하고 신규사항을 도입하지 않아야 한다.[48] 신규사항 판단과 관련하여 우리 법원은 신규성 판단에서 사용한 법리를 거의 그대로 사용하고 있다. 즉, 명시적이지 않은 (최초 명세서의) 내용도 보정의 기초가 되며, 통상의 기술자가 기술상식에 비추어 판단하는 것이다.[49] 신규성과 신규사항이 그 이름, 발음은 물론 성격도 비슷하므로 판단기준도 비슷한 것이 당연하다.

그런데, 유럽 및 일본에서는 우리의 것과 약간 다른 신규사항 판단기준을 사용한다. 유럽에서는 신규성 판단에서 사용한 '직접적 및 일의적' 기준을 신규사항 판단에서도 그대로 사용한다.[50][51][52] 유럽의 법리를 차용한 PCT 법리도 유사한

48) PCT Art. 19(2) ("The amendments shall not go beyond the disclosure in the international application as filed.").

49) 대법원 2007. 2. 8. 선고 2005후3130 판결("특허법 제47조 제2항은 "명세서 또는 도면의 보정은 특허출원서에 최초로 첨부된 명세서 또는 도면에 기재된 사항의 범위 안에서 이를 할 수 있다."는 취지로 규정하고 있는바, 여기에서 최초로 첨부된 명세서 또는 도면(이하 '최초 명세서 등'이라 한다)에 기재된 사항이란 최초 명세서 등에 명시적으로 기재되어 있는 사항이거나 또는 명시적인 기재가 없더라도 그 발명이 속하는 기술분야에서 통상의 지식을 가진 자(이하 '통상의 기술자'라 한다)라면 출원시의 기술상식에 비추어 보아 보정된 사항이 최초 명세서 등에 기재되어 있는 것과 마찬가지라고 이해할 수 있는 사항이어야 한다.").

50) GL H IV 2.2 Field of application of Art. 123(2) ("An amendment should be regarded as introducing subject-matter which extends beyond the content of the application as filed, and therefore unallowable, if the overall change in the content of the application (whether by way of addition, alteration or excision) results in the skilled person being presented with information which is not directly and unambiguously derivable from that previously presented by the application, even when account is taken of matter which is implicit to a person skilled in the art.").

51) 유럽특허청 확대심판부 사건: *In re* Same Invention, Case G02/98, [2001] O.J. EPO 413, [2002] E.P.O.R. 17 EPO (EPO Enlarged Board of Appeal 2001), referral by the President of the EPO, [1999] E.P.O.R. 503 (EPO Enlarged Board of Appeal 1998), at 25-26.

52) 유럽의 직접적/일의적 기준에 관한 추가적인 자료. 〈http://www.wcl.american.edu/ipw/presentations/20080925_menges.pdf〉.

표현을 사용한다.[53] 두 장면에서 동일한 판단기준을 사용한다는 측면에서는 바람직한 면이 인정된다. 다만, '직접적 및 일의적' 판단기준이 너무 엄격하여 보정의 융통성이 상당히 제한된다는 단점은 제기된다.[54] 그럼에도 불구하고, 동 기준이 유럽지역이 공통으로 운용하는 기준이라는 점은 상당히 매력적이며 그런 견지에서 중국, 대만도 유럽의 '직접적 및 일의적' 기준을 도입하였다.[55] 참고로, 중국은 '직접적 및 의심없이(毫无疑义)'라는 조금 다른 표현을 사용한다.

일본은 1994년 보정제도를 개정하며 신규사항의 개념을 도입하였는데,[56] 신규사항을 판단하는 기준으로 유럽의 직접적 및 일의적 기준을 도입하였다가,[57] 그 기준이 보정을 너무 엄격하게 제한한다는 비판이 있었고 지적재산고등재판소 대합의체 판결이 새로운 지침을 제시하자,[58] 일본 특허청이 그 기준을 완화하여 우리나라와 비슷한 기준을 도입한다.[59] 즉, 2003년 일본특허청 심사기준은 "당초

53) *PCT Guidelines* 20.12 (2011) ("An amendment should be regarded as introducing subject matter which extends beyond the content of the application as filed, and therefore unacceptable, if the overall change in the content of the application (whether by way of addition, alteration or excision) results in the skilled person being presented with information, which was not expressly or inherently presented in the application as filed even when taking into account matter which is implicit to a person skilled in the art in what has been expressly mentioned. The term 'inherently' requires that the missing descriptive matter is necessarily present in the disclosure, and that it would be recognized by persons of ordinary skill. Inherency may not be established by probabilities or possibilities. The mere fact that a certain thing may result from a given set of circumstances is not sufficient.").

54) 윤태식, 「판례중심 특허법」, 진원사, 2013, 586면("예를 들어 명세서에는 '탄성체'만이 기재되고 도면에는 '용수철' 이외에는 도시되어 있지 않은 경우에 탄성체를 용수철로 변경하는 보정은 허용되나 '고무'로 변경하는 보정은 허용되기 어렵다.").

55) 중국 전리법(특허법) 제33조는 수개(보정)가 원 설명서(명세서) 등에 기재된 범위를 초과해서는 아니 된다고 규정한다. 나아가 심사지남(심사지침서)은 소속영역적기술인원(통상의 기술자)이 원 설명서 등에 기재된 내용으로부터 "직접적(直接地) 및 의심없이(毫无疑义)" 도출할 수 있는 내용은 원 설명서에 기재된 것으로 간주한다고 설명한다.

56) 일본이 요지변경 제도에서 신규사항 제도로 변화한 내용에 대하여는 다음 글 참고. Nobuo Monyat, *Revision of the Japanese Patent and Utility Model System* (translated by Marvin Motsenbocker and Hiroki Mitsumata), Pacific Rim Law & Policy Journal VOL. 3 No. I, 1994.

57) 〈https://digital.lib.washington.edu/dspace-law/bitstream/handle/1773.1/975/3PacRimLPolyJ227.pdf?sequence=1〉.

58) 〈http://www.iam-magazine.com/reports/detail.aspx?g=a037d635-6a39-42ff-9b88-636203edb7c7〉 (Heisei 18 (Gyo-Ke), No.10563, 30th May 2008) Grand Panel of the IP High Court.

59) 〈http://www.soei.com/english/topics/ip_news/03_11_07.php〉 ("The scope of amendment for claims is enlarged from matter which is directly and unambiguously derivable from the matters described in the description, the claims, or the drawings ('the description') to the matter which is obvious from the description. Even if no specific resilient support is disclosed in a

명세서 등의 기재로부터 직접적이고도 일의적으로 도출시키는 사항"이라는 이전의 심사기준을 개정하여 '당초 명세서 등의 기재에서 자명한 사항'이라고 하고 나아가 자명한 사항을 우리나라와 같은 정도로 설시하고 있다.[60][61]

결국, 신규사항의 판단기준은 크게 유럽식과 한국식(2003년 이후의 일본식)으로 구분되는데, 어떤 것이 더 바람직한 것인가? 그 질문에 대한 답을 신규사항을 판단하는 장면에서 내릴 것이 아니라 이하 다른 동일성 판단기준을 더 살펴본 후 종합적인 검토 후 내리는 것이 바람직할 것이다.

### 나. 선 출 원

특허법 제36조 제1항은 동일한 발명에 대하여 둘 이상의 출원이 있는 경우 먼저 출원된 발명에 대하여만 특허를 부여하는 소위 선출원 제도를 규정하고 있다. 그 장면에서 동일성을 판단하는 기준으로 대법원은 통상의 신규성 판단기준과 사뭇 다른 것을 제시하고 있다. 즉, 통상의 변경, 목적, 효과 등의 용어를 사용함으로 인하여 발명의 동일성을 판단하는 기준이 진보성을 판단하는 기준과 별반 다를 바가 없게 되었다.[62]

---

specification, when a person skilled in the art understands that the 'resilient support' in the specification naturally means 'a coil spring,' the coil spring is obvious from the resilient support.").

60) 그 후 일본 심사지침서 개정 내용. 〈http://www.jpo.go.jp/cgi/linke.cgi?url=/tetuzuki_e/t_tokkyo_e/amendment_claims_drawings_e.htm〉 ("In light of the Grand Panel decision which indicated that the amendment, if the amended matters are 'described or inherently presented in the original description, etc.' shall not introduce any new technical matter unless there are special circumstances, the amendment with the matters 'described or inherently presented in the original description, etc.' is handled to be acceptable because 'it does not introduce any new technical matter.'").

61) 한규현, "명세서의 보정과 신규사항의 추가금지", 「대법원판례해설」 제70호, 법원도서관, 2008, 105－106면("당초 명세서 등에 기재된 사항이란 당초 명세서 등에 명시적으로 기재된 사항뿐만 아니라 명시적인 기재가 없더라도 당초 명세서 등의 기재에서 자명한 사항도 포함한다. 보정된 사항이 당초 명세서 등의 기재에서 자명한 사항이라고 할 수 있기 위해서는 당초 명세서 등에 기재가 없더라도 이것을 접한 당업자라면 출원시의 기술상식에 비추어 볼 때 그 의미하는 바가 명확하여 그 보정된 사항이 거기에 기재되어 있는 것과 마찬가지라고 이해할 수 있는 사항이어야 한다.").

62) 대법원 2009. 9. 24. 선고 2007후2827 판결("구 특허법(1990. 1. 13. 법률 제42307호로 전부 개정되기 전의 것) 제11조 제1항은 동일한 발명에 대하여는 최선출원에 한하여 특허를 받을 수 있다고 규정하여 동일한 발명에 대한 중복등록을 방지하기 위하여 선원주의를 채택하고 있다. 전후로 출원된 양 발명이 동일하다고 함은 그 기술적 구성이 전면적으로 일치하는 경우는 물론 그 범위에 차이가 있을 뿐 부분적으로 일치하는 경우라도 특별한 사정이 없는 한, 양 발명은 동일하고, 비록 양 발명의 구성에 상이점이 있어도 그 기술분야에 통상의 지식을 가진 자가 보통으로 채용하는 정도의 변경에 지나지 아니하고 발명의 목적과 작용효과에 특별한 차이를

### 다. 확대된 선출원

특허법 제29조 제3항은 해당 출원의 출원(우선일) 전에 공지되지 않아서 선행기술의 정의에 부합하지 않더라도 해당 출원의 출원(우선일) 전에 먼저 출원되고 그 후에 공개되는 발명에 대하여는 선행기술의 '효과'를 부여하여 뒤에 출원된 동일한 발명이 특허받지 못하도록 한다. 대법원은 이 장면에서의 동일성의 판단기준으로 구성의 차이가 "주지·관용기술의 부가·삭제·변경 등으로 새로운 효과의 발생이 없는 정도에 불과"한 경우를 제시한다.[63][64]

## 4. 신규성, 신규사항, 선출원, 확대된 선출원주의에서의 동일성 판단의 비교

아래 표에 의하면 우리 법원은 선출원, 확대된 선출원의 장면에서 신규성, 신규사항의 장면에서 사용하는 기준과 확연히 다른 기준을 사용함을 알 수 있다. 그리고, 필자가 과문하여서인지, 그러한 차이를 두는 이유가 제대로 알려져 있지 않다. 신규성과 신규사항의 장면에서 서로 동일한 기준을 적용하듯이 선출원, 확대된 선출원의 장면에서도 동일한 기준을 적용하여야 한다. 특히, 현행 선출원 판단기준은 진보성 판단기준과 거의 구분이 되지 않는 문제점이 있다.

---

일으키지 아니하는 경우에는 양 발명은 역시 동일한 발명이다.").

63) 대법원 2001. 6. 1. 선고 98후1013 판결("구 실용신안법(1993. 12. 10. 법률 제4596호로 개정되기 전의 것, 이하 같다) 제4조 제3항에서 규정하는 고안의 동일성을 판단하는 데에는 양 고안의 기술적 구성이 동일한가 여부에 의하여 판단하되 고안의 효과도 참작하여야 할 것인바, 기술적 구성에 차이가 있더라도 그 차이가 과제 해결을 위한 구체적 수단에서 주지 관용기술의 부가, 삭제, 변경 등으로 새로운 효과의 발생이 없는 정도의 미세한 차이에 불과하다면 양 고안은 서로 동일하다고 하여야 할 것이다.").

64) 대법원 2011. 4. 28. 선고 2010후2179 판결("확대된 선출원에 관한 구 특허법(2006. 3. 3. 법률 제7871호로 개정되기 전의 것, 이하 같다) 제29조 제3항에서 규정하는 발명의 동일성은 발명의 진보성과는 구별되는 것으로서 양 발명의 기술적 구성이 동일한가 여부에 의하되 발명의 효과도 참작하여 판단할 것인데, 기술적 구성에 차이가 있더라도 그 차이가 과제해결을 위한 구체적 수단에서 주지·관용기술의 부가·삭제·변경 등에 지나지 아니하여 새로운 효과가 발생하지 않는 정도의 미세한 차이에 불과하다면 양 발명은 서로 실질적으로 동일하다고 할 것이나 (대법원 2001. 6. 1. 선고 98후1013 판결; 대법원 2008. 3. 13. 선고 2006후1452 판결 등 참조), 양 발명의 기술적 구성의 차이가 위와 같은 정도를 벗어난다면 설사 그 차이가 그 발명이 속하는 기술분야에서 통상의 지식을 가진 자(이하 '통상의 기술자'라고 한다)가 용이하게 도출할 수 있는 범위 내라고 하더라도 양 발명을 동일하다고 할 수 없다.").

[우리나라의 신규성, 신규사항, 선출원, 확대된 선출원 판단기준 비교]

| 쟁점 구분 | 신규성 (내재적 개시) | 신규사항 | 선 출 원 | 확대된 선출원 |
|---|---|---|---|---|
| 판단관점 | 통상의 기술자 | 통상의 기술자 | 통상의 기술자 | 통상의 기술자 |
| 비교기준 | 기술상식 | 기술상식 | 기술상식 | 기술상식 |
| 판단시점 | 출원시 | 출원시 | ? | ? |
| 판단기준 | 용이 파악 직접적 | 명시 개시 + 보정된 사항이 거기에 기재되어 있는 것과 마찬가지(내재적 개시) | 보통으로 채용하는 정도의 변경 및 목적과 효과에 특별한 차이 없음 | 진보성과 구별 + 구성의 차이가 과제해결을 위한 구체적 수단에서 주지·관용기술의 부가·삭제·변경 등에 지나지 아니하여 새로운 효과가 발생하지 않는 정도의 미세한 차이 |

## Ⅲ. 동일성 판단기준의 통일화

### 1. 신규성 판단기준과 신규사항 판단기준

위 표에 의하면 우리 법원은 신규성과 신규사항의 판단을 위해서는 동일한 정도의 판단기준을 적용하는 것으로 보인다. 신규사항의 판단기준에 관한 표현이 신규성에서의 내재적 개시를 말하는 표현과 동일한 정도인 것이다. 그러므로, 향후 법원은 신규사항 여부를 판단할 때 신규성 판단기준을 참고하면 된다.65) 그러한 동일한 적용은 첫째, 유럽의 법리와 상응하는 점에서 바람직하고, 둘째, 출원

65) John Gladstone Mills III, Donald C. Reiley III, and Robert C. Highley, 3 *Patent Law Fundamentals*, § 10:5 (2d ed.) ("Before an applicant can be put to the burdensome task of proving that a functional limitation asserted to be critical for establishing novelty in the claimed subject matter is not inherent in prior art disclosures, the Primary Examiner must provide some evidence or scientific reasoning to establish the reasonableness of the Examiner's belief that the functional limitation is an inherent characteristic of the prior art. Inherency can also be asserted by an applicant in support of an amendment to the specification or the claims to avoid a new matter rejection or to demonstrate support for the amendment or for priority through arguably inherent features of the specification.").

인의 입장에서도 바람직한 것이다. 신규성(新規性, novelty, newness)과 신규사항(新規事項, new matter)이라는 극히 유사한 용어를 사용하면서 신규성의 장면에서는 내재적 개시에 대하여 넓게 적용하여 특허성을 부인하고 신규사항의 장면에서는 내재적 개시에 대하여 좁게 적용하여 보정을 불허하는 이중기준(double standards)을 적용하는 것은 바람직하지 않다.

판단'대상'은 다르지만 판단'기준'을 동일하게 운영하여야 출원인이 납득할 수 있고 심사관도 쉽게 적용할 수 있을 것이다. 내재적 개시 여부를 판단하는 것도 여간 어려운 일이 아닌데, 내재적 개시와 진보성의 사이에 또 다른 판단기준을 설정하는 것은 이론적으로도 바람직하지도 않을 뿐 아니라 실무적으로도 적용에 큰 혼란을 야기할 것이다. 그런 견지에서 유럽은 신규성과 신규사항의 장면에서 (다소 엄격하지만) '직접적 및 일의적(directly & unambiguously)' 기준을 동일하게 적용하는 것이다. 아마도 이런 견지에서 우리 특허청 심사지침서도 여러 다른 장면에서 발명의 동일성 기준을 같이 적용하고자 하는 것으로 이해된다.[66)]

## 2. 동일성 판단기준과 진보성 판단기준

동일성 판단기준과 진보성 판단기준은 구별되어야 한다.[67)] 대법원도 "발명의 동일성은 발명의 진보성과는 구별되는 것"이라고 설시하고 있다.[68)] 그런데 진보성을 적용하는 장면은 하나이지만 동일성을 적용하는 장면은 여러 종류이다. 동일성을 판단하는 모든 장면에서 하나의 판단기준을 적용하는 것이 바람직하다.[69)]

66) 특허청, 심사지침서, 3406면("발명의 동일성 문제는 발명의 신규성 문제뿐만 아니라, 진보성, 공지예외주장출원, 확대된 선원, 정당한 권리자의 보호, 선원, 특허를 받을 수 있는 권리의 승계, 분할출원, 변경출원, 우선권주장출원 등의 적합성을 판단하는 때에도 발생하는 문제로 본 장의 동일성 판단기준은 상기 각 부분에서 준용한다.")(관련 법 규정 기재 생략).

67) GL H IV 2.3 Content of the application as "originally"filed-general rules ("Under Art. 123(2), it is impermissible to add to a European application subject-matter which is not directly and unambiguously derivable from the disclosure of the invention as filed, also taking into account any features implicit to a person skilled in the art in what is expressly mentioned in the document. The term 'implicit disclosure' means no more than the clear and unambiguous consequence of what is explicitly mentioned in the application as filed. Whilst common general knowledge must be taken into account in deciding what is clearly and unambiguously implied by the explicit disclosure of a document, the question of what may be rendered obvious by that disclosure in the light of common general knowledge is not relevant to the assessment of what the disclosure of that document necessarily implies (T 823/96).").

68) 대법원 2011. 4. 28. 선고 2010후2179 판결.

69) Mills et al., 3 *Patent Law Fundamentals*, § 10:5 (2d ed.) (under the title of "Doctrine of inherency") ("Inherency can also be asserted by an applicant in support of an amendment to the specification

유럽에서는 우선권을 인정하기 위해서 선출원의 개시내용과 해당 발명의 청구내용을 비교하는 경우에도 신규사항, 신규성을 판단하는 경우에서 적용되는 동일성 테스트를 적용한다.[70][71] 예를 들어, 영국 특허법원(Patents Court)에서 진행된 삼성과 애플간의 특허소송에서 삼성의 특허에 대하여 우선권이 인정될 것인지 여부를 판단하였고[72] 동 법원은 우선권을 인정하기 위해서는 해당 청구항의 대상이 선출원의 개시로부터 직접적이고 일의적으로(directly and unambiguously) 도출되어야 한다는 법리를 설시하고[73][74] 나아가 주어진 사실관계에서 우선권이 인정되지 않고 그러므로 삼성의 특허가 (우선일과 출원일 사이에 공개된 다른 선행기술에 의하여) 무효라고 판시하였다.[75][76]

---

or the claims to avoid a new matter rejection or to demonstrate support for the amendment or for priority through arguably inherent features of the specification.").

70) G2/98 [2001] OJEPO 413, [2002] EPOR 167 ("The requirement for claiming priority of 'the same invention', referred to in Article 87(1) EPC, means that priority of a previous application in respect of a claim in a European patent application in accordance with Article 88 EPC is to be acknowledged only if the skilled person can derive the subject-matter of the claim directly and unambiguously, using common general knowledge, from the previous application as a whole.").

71) Unilin Beheer NV v Berry Floor NV [2004] EWCA Civ 1021, [2005] FSR 6 at [48] ("The approach is not formulaic: priority is a question about technical disclosure, explicit or implicit. Is there enough in the priority document to give the skilled man essentially the same information as forms the subject-matter of the claim and enables him to work the invention in accordance with that claim?").

72) Samsung Electronics Co. Ltd. v. Apple Retail UK Ltd., [2013] EWHC 468 (Pat) (J. Floyd). 〈http://www.bailii.org/ew/cases/EWHC/Patents/2013/468.html#para76〉.

73) *Id.* para. 76 ("The fourth priority document is Korean national patent application 2004045127 filed on 17 June 2004. It is necessary to review its disclosure without knowledge of the contents of the patent, and to see what it discloses <u>clearly and unambiguously</u>."); para. 94 ("Is the subject matter of claim 1 derivable directly and unambiguously from the disclosure of the priority document?").

74) Enlarged Board of Appeal of the European Patent Office, G2/98 [2001] OJEPO 413, [2002] EPOR 167, point 9 ("The requirement for claiming priority of 'the same invention', referred to in Article 87(1) EPC, means that priority of a previous application in respect of a claim in a European patent application in accordance with Article 88 EPC is to be acknowledged only if the skilled person can derive the subject-matter of the claim directly and unambiguously, using common general knowledge, from the previous application as a whole.").

75) *Id.* para. 105 ("Samsung accept that, because of intervening prior art between the claimed priority date and the filing date of 404, the patent is invalid for lack of novelty if it is not entitled to priority. As I have concluded that the relevant claims are not entitled to priority, the patent is invalId.").

76) 삼성과 애플간의 소송에서 우선권이 인정되지 않은 다른 특허에 관한 판례; Samsung Electronics Co. Ltd. v. Apple Retail UK Ltd., [2013] EWHC 467 (Pat) (J. Floyd). 〈http://www.bailii.org/ew/cases/EWHC/Patents/2013/467.html〉.

미국에서는 동일성 판단기준이 상황에 따라 다르게 적용되고 있다는 평가도 있고,[77] 미국에서도 신규성, 신규사항, 우선권 등에서 동일한 내재성 테스트가 적용된다는 평가도 있다.[78]

동일성 판단기준과 진보성 판단기준의 가장 중요한 차이는 '기술상식'을 고려함에 있다. 두 장면에서 통상의 기술자가 동원되는데 동일성 판단에서는 기술상식을 고려함에 비하여 진보성 판단에서는 기술상식을 고려하지 않는다. 신규사항의 개념을 도입한 후 신법에 의한 사건에서 대법원은 '기술상식'이라는 용어를 사용하고 있다.[79] 그런데 하급심에서는 기술상식이라는 용어를 사용하지 않았는데[80] 대법원이 원심과 다르게 특별히 기술상식이라는 용어를 사용한 점에 주목하여야 한다. 특허법원이 말하는 통상의 기술자에게 자명한지 여부는 진보성 판단기준과 동일한 정도의 것이 되므로 대법원이 그러한 점을 의식하여 특별히 '기술상식'이라는 용어를 추가한 것으로 이해된다. 이러한 점은 신규사항 제도가 도입되기 이전에 요지변경 여부를 판단하던 당시의 판단기준으로 회귀하는 것을 의미한다.[81] 그 후 특허법원도 신규사항 여부를 판단함에 있어서 기술상식이라

77) Mills et al., 8 *Patent Law Fundamentals*, § 22:3 ("It is not entirely clear whether the degree of novelty necessary to qualify for a Patent of Addition is commensurate with that which would constitute 'new matter' under United States patent law.") (citing Transitron Electronic Corp. v. Hughes Aircraft Co., 649 F.2d 871, 878 (1st Cir. 1981)).

78) *Id.* at § 10:5 ("Inherency can also be asserted by an applicant in support of an amendment to the specification or the claims to avoid a new matter rejection or to demonstrate support for the amendment or for priority through arguably inherent features of the specification.").

79) 대법원 2007. 2. 8. 선고 2005후3130 판결(등록무효(특))("특허법 제47조 제2항은 '명세서 또는 도면의 보정은 특허출원서에 최초로 첨부된 명세서 또는 도면에 기재된 사항의 범위 안에서 이를 할 수 있다.'는 취지로 규정하고 있는바, 여기에서 최초로 첨부된 명세서 또는 도면(이하 '최초 명세서 등'이라 한다)에 기재된 사항이란 최초 명세서 등에 명시적으로 기재되어 있는 사항이거나 또는 명시적인 기재가 없더라도 그 발명이 속하는 기술분야에서 통상의 지식을 가진 자(이하 '통상의 기술자'라 한다)라면 출원시의 기술상식에 비추어 보아 보정된 사항이 최초 명세서 등에 기재되어 있는 것과 마찬가지라고 이해할 수 있는 사항이어야 한다.").

80) 특허법원 2005. 1. 6. 선고 2004허7845 판결("보정이 신규사항의 추가에 해당하지 않기 위해서는 보정된 내용이 특허출원서에 최초로 첨부된 명세서 또는 도면의 기재에 비추어 당업자에게 자명한 사항, 즉, 그 사항 자체를 직접적으로 표현하는 기재는 없으나 최초 명세서 등의 내용으로 보아 당업자가 기재되어 있었던 것으로 인정할 수 있는 사항이어야 한다. …… 결국, 위 최후보정은 추상적 상위개념에 속하는 최초 명세서의 내용(최초 명세서 어느 곳에도 눈 감지 센서의 구체적인 실시례가 전혀 기재되어 있지 않다)을 하위개념에 속하는 구체적 구성요소를 동원하여 한정한 것으로서, 그 내용이 당업자에게 자명하다 볼 수 없으므로 신규사항의 추가에 해당한다.").

81) 구법에 의한 판례: 대법원 2007. 6. 28. 선고 2006후2455 판결(등록무효(특))("'최초 명세서 등에 기재된 사항'이란 최초 명세서 등에 명시적으로 기재된 사항이거나 또는 명시적인 기재가

는 용어를 사용한다.82)

### 3. 기술상식 v. 통상의 기술자의 지식

결국 발명의 동일성을 판단함에 있어서는 기술상식(common general (technical) knowledge)이 기준이 되며, 진보성을 판단함에 있어서는 통상의 기술자 본인의 지식이 기준이 되는 것으로83) 구분되어야 한다. 그런 견지에서 기술상식이 무엇인지에 대하여 명확하게 이해할 필요가 있다.84) 이하, 유럽특허청 심사지침서에 따른 기술상식의 의미를 설명한다.

선행기술은 기술상식을 포함하며 그 기술상식은 서면(in writing)으로 존재할 필요가 없으며 출원인에 의하여 반박이 되는 경우에만 구체적으로 설명될 필요가 있다.85) 심사관이 관련 정보가 기술상식이라고 하는 점에 대하여 출원인이 다투는 경우, 심사관은 해당 기술이 기술상식임을 교과서(textbook) 등 문서증거로 제시하여야 한다.86)87)88) 통상, 하나의(single) 간행물에 게재된 기술은 기술상식

---

없더라도 그 발명이 속하는 기술분야에서 통상의 지식을 가진 자(이하 '통상의 기술자'라 한다)라면 출원시의 기술상식에 비추어 보아 보정된 사항이 최초 명세서 등에 기재되어 있었다고 인정할 수 있을 정도로 자명한 사항이라야 하고, 이와 같은 '최초 명세서 등에 기재된 사항'의 범위를 벗어나는 보정은 요지의 변경에 해당하는 것으로 보아야 한다(대법원 2003. 2. 28. 선고 2001후638, 645 판결 참조).").

82) 특허법원 2009. 12. 24. 선고 2009허900 판결(등록무효(특)("통상의 기술자가 출원시의 기술상식에 비추어 정정사항 2로서 추가된 '120~160℃의 열융점을 지닌 핫멜트 접착제'라는 구성은 명세서에 기재되어 있는 것과 마찬가지라고 이해할 수 있다고 할 것이다. 따라서 위 추가된 구성은 신규사항의 추가에 해당하지 않는다.").

83) Bayer AG v. Schein Pharmaceuticals, Inc., 301 F.3d 1306, 1314 (Fed. Cir. 2002) ("Because an enabling disclosure by definition turns upon the objective understanding of a skilled artisan, the enablement requirement can be met by reference to the knowledge of one of ordinary skill in the relevant art.").

84) Mario Franzosi, *Novelty and Nonobviousness-The Relevant Prior Art*, 2001, pp. 78-80. 〈http://www.law.washington.edu/casrip/symposium/Number7/2B-Franzosi.pdf〉.

85) EPO, *Guidelines for Examination,* Part G, Chapter VII, 2 ("The state of the art may reside in the relevant common general knowledge, which need not necessarily be in writing and needs substantiation only if challenged (see T 939/92).").

86) 우리 법원은 주지기술임에 대하여 심사관이 문서증거를 제시하여야 하는 의무를 부담하는지 여부에 대하여 애매모호한 입장을 보인다. 대법원 2008. 5. 29. 선고 2006후3052 판결("어느 주지관용의 기술이 소송상 공지 또는 현저한 사실이라고 볼 수 있을 만큼 일반적으로 알려져 있지 아니한 경우에 그 주지관용의 기술은 심결취소소송에 있어서는 증명을 필요로 하나, 법원은 자유로운 심증에 의하여 증거 등 기록에 나타난 자료를 통하여 주지관용의 기술을 인정할 수 있다.").

87) 실무에서는 주지기술임을 별도의 증거 없이 인정하고 있는 실정이다. 한동수, "심결취소소송에서 주지관용기술의 증명 방법 및 발명의 진보성 판단시 '2차적 고려사항'", 「대법원판례해설」

이 되기 어렵다. 해당 발명이 새로운 분야에 관한 것이어서 해당 사항이 교과서에 아직 게재되지 않은 경우에는 특허명세서, 과학저널 등에 게재된 것도 기술상식이 될 수 있다. 특정 교과서에 수록된 내용은 기술상식이 되지 않을 수 있고 여러 교과서에 수록된 내용은 기술상식으로 볼 수 있다.[89]

위의 설명에 따르면 유럽특허청이 설정하는 '기술상식'은 우리 법리에서 말하는 '주지기술'과 상응한 것이라고 생각된다.[90] 공지(publicly known)기술과 주지(well-known/commonly-known)기술의[91] 차이점은 공지기술은 공중 중 불특정 1인이라도 접근 가능한 기술이고 주지기술은 공중의 다수가 이미 알고 있는 기술인데,[92][93] 하나의 교과서에라도 게재되면 그 기술은 공지기술은 될 수 있지만, 주지기술은 되지 않을 수 있다.[94] 새로운 기술이 공지기술이 되어 해당 기술분야에서 확산되고 나아가 그 기술을 초급기술자를 포함한 대부분의 기술자들이 알

---

76호, 법원도서관, 2008, 396면("특허청의 심사 및 특허심판원의 심판절차에서는 주지관용기술을 별도의 증거 없이 인정하고 있다. 이에 따라 주지관용기술에 대해서는 다른 공지의 증거와 달리 거절이유를 따로 통지하지 않고 심결문에서도 증거 없이 주지관용기술을 인정하고 있는 것이 다수의 실무례이다. 특허청의 심사관이나 심판관 및 당사자는 기술전문가로서 통상의 기술자라고 할 수 있으므로, 주지관용의 기술이 이들 심사관이나 심판관 및 당사자에게는 현저한 사실에 해당한다는 점에서 그 근거를 찾을 수 있을 것으로 보인다.").

88) 우리나라에서는 (주지기술임에 대한 증거가 없는데도 불구하고) 주지기술이라는 표현이 남용된다. 대법원 2007. 04. 27. 선고 2006후2660 판결("제1항 발명은 이 사건 특허발명에 대한 우선권주장일 이전에 공지된 비교대상발명 1에 <u>주지기술</u>인 비교대상발명 2를 단순 결합함으로써 용이하게 도출해 낼 수 있는 것이어서 출원당시에 진보성이 없다는 취지로 판단한 것은 옳고 ……").

89) EPO, *Guidelines*, 3.1.

90) *Id.* 6 ("It would normally be obvious to combine with a prior-art document a <u>well-known textbook</u> or standard dictionary; this is only a special case of the general proposition that it is obvious to combine the teaching of one or more documents with the <u>common general knowledge</u> in the art.").

91) 주지상표를 "well-known trademark"라고 한다.

92) 한동수, 앞의 글, 395-396면("어느 기술이 주지관용의 기술에 해당하는지의 여부는 당해 기술의 내용, 공지문헌의 성격과 활용 정도, 공지되거나 공연실시된 횟수 등을 고려하여 객관적으로 판단하여야 할 것이다.")(특허법원 2007. 12. 21. 선고 2007허3752 판결(상고기간 도과로 확정) 인용).

93) 특허법원 2007. 12. 21. 선고 2007허3752 판결(확정)("주지기술은 당해 기술분야에서 일반적으로 알려져 있는 기술이고 관용기술은 주지기술이면서 널리 사용되고 있는 기술을 의미하는데, 어느 기술이 주지관용의 기술에 해당하는지의 여부는 당해 기술의 내용, 공지문헌의 성격과 활용 정도, 공지되거나 공연실시된 횟수 등을 고려하여 객관적으로 판단하여야 할 것이다.").

94) 공지기술과 주지기술을 구분하지 않은 이상한 표현: 특허법원 2000. 9. 7. 선고 99허9755 판결("또한 (가)호 고안에는 호형 받침간(5)을 설치하여 요람형 의자로 사용할 수 있으나, 호형 받침간을 사용한 의자는 <u>공지</u>되어 있는 당업계에서는 <u>주지기술</u>에 불과하여 필요에 의해 선택할 수 있는 정도의 기술에 불과하다.").

게 되는 경우 그 기술은 주지기술 또는 기술상식이 될 것이다. 그러므로 기술상식은 널리 반포되었다는 점 및 그 기술이 쉬운 것이 되었다는 점의 두 면을 가진다고 생각된다.

주지기술과 비슷한 개념이 관용(widely-used)기술인데, 관용기술은 유럽특허청이 말하는 기술상식이 되기 어려운 측면이 있다. 왜냐하면, 출원인이 기술상식임을 다투는 경우 심사관은 그 사실을 문서증거로 제시하여야 하는데 관용기술의 특성상 문서증거로 그 사실을 입증하기가 어렵기 때문이다. *KSR* 판결이 말한 '상식(common sense)'은[95] 일반인의 상식이 아니라 해당 기술분야에서의 상식이라고 보아야 한다.[96] 그런 견지에서 그 상식은 유럽에서 말하는 "common general knowledge"와 상응하는 것으로 생각된다.

통상의 기술자는 ① 평균적인 지식과 능력을 가지고 우선일 당시의 <u>기술상식</u>을 보유한 자이며, ② 선행기술 모두에 접근할 수 있는 자이며, ③ 해당 기술에서의 통상의 작업 및 실험을 수행할 수 있는 자이며, ④ 해당 과제가 요구하는 경우 다른 기술분야에서 해법을 찾을 수 있는 자이다.[97] 통상의 기술자가 기술상식만을 활용하여 도출할 수 있다는 말은 무슨 뜻인가? 기술상식은 초급기술자도 알고 있는 것이라고 보아야 한다. 그러므로 통상의 기술자가 기술상식만을 활용하여 도출할 수 있다는 말은 초급기술자가 그 자신의 지식을 활용하여 도출할 수 있다는 말과 다름이 아니다. 그러므로, 통상의 기술자가 발명의 동일성을 판단하는 경우에 기술상식에 기초하여 판단하는 것으로 책정하고, 통상의 기술자가 그 자신의 지식과 실험능력을 통하여 도출할 수 있다는 말은 진보성을 판단함에 있어서 사용되는 것으로 구분되어야 한다. 그런 견지에서 진보성 판단 또는 명세서 용이실시 판단 등의 장면에서는 '기술상식'이라는 용어가 사용되지 않아야 할 것이다.[98]

---

95) *KSR* 법원은 판결문에서 '상식(common sense)'이라는 단어를 8번이나 사용하며 그 단어의 중요함을 강조하였다.

96) DyStar Textilfarben GmbH & Co. Deutschland KG v. C.H. Patrick Co., 464 F.3d 1356, 1367 (Fed. Cir. 2006) ("Our suggestion test is in actuality quite flexible and not only permits, but requires, consideration of common <u>knowledge</u> and common sense.").

97) EPO, *Guidelines*, 3.

98) 대법원 2012. 11. 29. 선고 2012후2586 판결(명세서 내의 오류에도 불구하고 통상의 기술자가 <u>기술상식</u>에 기초하여 발명을 이해, 재현할 수 있으므로 제42조 제3항 기재불비가 없다고 본 사례).

### 4. 가능성/개연성 v. 필연성

진보성은 가능성 또는 개연성에 근거하여 판단된다. 유럽특허청이 적용하는 과제－해결 접근법은 가능성과 개연성을 구분하며 선행기술로부터 대상 발명이 도출될 수 있는 가능성만으로는 진보성이 부정되지 않으며 도출되는 개연성이 인정되어야 진보성이 부정되는 것으로 본다. 우리나라, 미국 등이 유럽의 개연성 이론을 수용하였는지 여부는 확실하지 않지만 진보성 판단에서는 가능성 또는 개연성이 중요한 역할을 한다고 보아도 무방하겠다.

그에 반해, 신규성, 신규사항 등과 관련하여 발명의 동일성을 판단하는 경우에는 필연성이 중요한 역할을 한다. 위에서 살핀 바와 같이 유럽의 경우 명확하게 필연성 테스트를 사용하며 그 테스트의 적용에 있어서 직접적 및 일의적 기준을 활용한다. 우리 법원은 약간 다른 표현을 사용하여 '직접적'이라는 용어를 사용한다.[99][100] 미국은 필연성이라는 표현을 사용하는 판례와[101] 그러하지 않는 판례가 나누어진다. 특히, 미국에서는 유럽식의 엄격한 기준을 적용하자는 소수설과 반대하는 다수설이 혼재되어 있는데, 그 다수설은 진보성 판단기준과 너무 유사하다는 점이 큰 단점이다. 그렇다면, 너무 엄격한 유럽식과 너무 느슨한 미국식 사이의 한국식이 가장 적합한 것일 수 있다.

## Ⅳ. 결　　론

우리나라는 발명의 (실질적) 동일성을 판단하는 여러 장면에서 각기 다른 판단기준을 사용한다. 그러한 여러 다양한 판단기준은 가뜩이나 어려운 실질적 동

99) 대법원 2009. 10. 15. 선고 2008후736 판결("그 발명이 속하는 기술분야에서 통상의 지식을 가진 자가 선행문헌의 기재 내용과 출원시의 기술 상식에 기초하여 선행문헌으로부터 직접적으로 선택발명의 존재를 인식할 수 있는 경우도 포함된다.").

100) 전지원, "수치한정발명의 진보성 판단", 「대법원판례해설」 86호, 법원도서관, 2010, 424면("한편 수치한정발명에 선행문헌의 실시례가 하나라도 포함되는 경우에는, 수치한정의 기술적 의의를 검토할 것 없이 신규성이 부정된다. 또한 선행문헌에 당해 실시례의 기재가 없더라도 통상의 기술자가 선행문헌의 기재 내용과 출원 시의 기술 상식에 기초하여 선행문헌으로부터 직접적으로 효과를 포함한 발명사항을 파악할 수 있는 경우에는 역시 신규성이 부정될 수 있다고 보인다.").

101) 미국의 경우, 내재적 개시 여부를 판단하기 위하여 통상의 기술자 자신의 지식을 이용하여 파악이 가능한지 여부를 판단하는 법리가 다수설이고, 기술상식을 이용하여 파악이 필연적인지 여부를 판단하여야 한다는 소수설도 있다. 소수설은 유럽 및 일본의 법리와 동일한 정도이고, 소수설이 타당하다고 판단된다.

일성 판단기준을 미궁 속으로 빠지게 한다. 그러므로, 신규성, 신규사항, 선출원, 확대된 선출원, 모인출원, 우선권, 문언침해 등의 장면에서 하나의 동일성 판단기준을 적용하여야 한다. 여러 동일성 판단기준 중 하나를 선택해야 한다면 신규성 및 신규사항 판단에 사용된 기준이 선택되어야 한다. 선출원 및 확대된 선출원 판단에 사용된 기준은 진보성 기준과 너무 유사하다는 큰 단점을 가진다. 그러한 통일화는 한 특허청 내의 동일성 기준의 통일화(intra–Office harmonization of sameness tests)라고 칭할 수 있다.

유럽은 발명의 동일성을 판단하는 여러 장면에서 단 하나의 기준을 적용한다. 즉, 통상의 기술자가 기술상식에 기초하여 비교대상으로부터 '필연적' 또는 '직접적 및 일의적'으로 판단대상을 도출할 수 있는 경우 동일성이 인정되는 것이다. 반면에, 미국은 이에 관하여 명확한 법리가 정립되었다고 보기 어렵다.[102] 많은 사건에서 유럽식의 엄격한 판단기준을 적용한 바가 있고 또 더 많은 사건에서 진보성 판단기준과 유사한 기준을 적용한 바도 있다. 그럼에도 불구하고 2013년 6월 현재까지는 미국의 다수설은 진보성 판단기준과 유사한 것이다.

이상과 같이, 발명의 동일성을 판단함에 있어서 유럽식, 한국식, 미국식이 서로 다른 판단기준을 적용함을 살펴보았다. 이렇게 다른 동일성 판단기준이 특허청 사이에 통일화되어야 한다. 소위, 특허청 간 동일성 통일화(inter–Offices harmonization of sameness tests)라고 칭할 수 있다. 그렇다면, 동일성 판단기준의 통일화를 위한 최적의 방안은 어떤 것이 되어야 하는가? 필자는 너무 엄격한 유럽식과 너무 느슨한 미국식의 중간 방식인 한국식이 동일성 판단기준의 통일화의 방향이 되어야 한다고 생각한다. 향후, IP5 특허청 사이에 발명의 동일성 판단기준을 논의하는 경우, 다음과 같은 한국식 판단기준이 유력하게 논의되어야 한다.

> "신규성, 신규사항, 우선권, 선출원, 확대된 선출원, 모인출원, 문언침해 등의 장면에서 비교대상과 판단대상의 동일성(sameness)을 판단함에 있어서 통상의 기술자가 기술상식(common general knowledge)에 기초하여 비교대상으로부터 직접적으로(directly) 판단대상을 도출할 수 있는 경우 동일성이 인정된다."[103]

---

102) 내재 원칙(inherency doctrine)이 CAFC에서 일관되게 적용되지 못하였음을 지적하고, 세 가지 다른 사실관계에서의 적용에 대하여 설명하는 글로는 다음을 참고. Steven C. Carlson, *Inherent Anticipation*, 40 IDEA 297 (2000).

103) 사실 한국식도 약간의 수정이 필요하다. '용이하게' 도출하는 것이 아니라 '직접적으로' 도출하는 것이어야 한다.

# 제 2 절 천연물의 성립성과 진보성

## Ⅰ. 도 입

진보성은 특허법의 여러 쟁점과 연결되는데, 일반적으로는 성립성과는 연결이 되지 않는다. 그러나, 특이하게 천연물(product of nature)과 관련된 성립성의 판단에 있어서는 진보성 판단의 법리가 개입된다. 그런 견지에서 이 절은 천연물의 성립성 판단과 진보성 판단을 대비한다. 천연물은 대자연이 인간에게 준 선물이다.[1] 그러므로 천연물은 개인의 사유물이 되기 어렵고 더욱이 특허권의 대상이 될 수는 없다. 천연물 그 자체(as such)가 발명 또는 특허의 대상이 될 수 없다는 점에는 이론이 있을 수 없으나 천연물을 변화시킨 후의 대상물이 발명이 될 수 있는지에 대하여는 사안에 따라 다양한 이견이 존재할 수 있다. 이 절은 먼저 소위 천연물 원칙(Product of Nature Doctrine)에 의하여 천연물 그 자체의 발명으로서의 성립성을 부정하는 이론을 살피고, 나아가 발명의 성립성을 인정받기 위하여 천연물이 어떠한 정도로 변화되어야 하는지에 대하여 알아보고, 마지막으로, 그리고 가장 중요하게, 천연물의 변화의 정도를 살피는 점이 일반발명의 진보성을 살피는 점과 어떻게 유사하고 어떻게 다른지에 대하여도 검토한다.

1) 천연물 중에는 인간이 있다. 천연물인 인간의 유전자 등을 조작, 처리하는 기술이 발명이 될 수 있는지 여부는 인간의 존엄성과 연관이 되어 더 어려운 논쟁을 야기한다. 여기서는 논의를 간단하게 하기 위하여 인간을 제외한 일반 천연물만을 상정하고 논의를 전개한다. 인간 유전자 발명의 성립성과 관련하여 미국 연방대법원은 *AMP v. Myriad* 사건에서 자연적으로 발생하는 DNA 단편(segment)에 관한 청구발명은 천연물이므로 성립성을 결여하고 cDNA는 자연적으로 발생하는 것이 아니므로 성립성을 충족한다고 판시하였다. Association for Molecular Pathology v. Myriad Genetics, Inc., — U.S. — (June 13, 2013).

## Ⅱ. 천연물 원칙

### 1. 천연물 관련 쟁점

천연물로부터 분리(isolated), 동정된(identified) 물질에 대한 특허법적인 쟁점은 크게 ① 해당 물질이 특허의 대상이 되는지 여부, 즉 성립성을 충족하는지 여부,[2)3)4)] ② 해당 물질의 용도(use)가 특정되어 산업상 이용가능성이 인정되는지 여부, ③ 해당 물질이 신규성 또는 진보성 요건을 충족하는지 여부 등으로 구분된다. 이 글에서는 성립성에 관한 첫 번째 쟁점과 진보성 판단과의 관계에 관하여만 논한다.

### 2. 천연물 원칙

천연물에 대하여 특허를 부여하지 않는 것은 당연하다. 그래서 미국에서는 그러한 당연한 이치를 천연물이론(theory of natural product)이라고 칭하며, 해당 발명이 성립성을 결하였다는 거절이유로 특허를 거절하는 것이다.[5)] 우리나라에

---

2) Parke−Davis & Co. v. H.K. Mulford Co., 189 F. 95, 103 (S.D.N.Y. 1911) (holding compounds isolated from nature are patentable); In re Bergstrom, 427 F.2d 1394, 1397 (C.C.P.A. 1970) (holding "these compounds do not exist in nature and appellants have not merely discovered nor claimed sufficiently broadly to encompass what was previously in nature"); See also Diamond v. Chakrabarty, 447 U.S. 303, 309 (1980) ("[N]onnaturally occurring manufacture or composition of matter — a product of human ingenuity" as patentable subject matter).

3) European Patent Office, Japanese Patent Office & U.S. Patent & Trademark Office, *Comparative Study of Patent Practices in the Field of Biotechnology Related Mainly to Microbiological Inventions*, 7 Biotechnology L. Rep. 159, 163 (1988) ("[P]urified natural products are not regarded … as products of nature or discoveries because they do not, in fact, exist in nature in a purified form. Rather, they are regarded for patent purposes as biologically active substances or chemical compounds and eligible for patenting on the same basis as other chemical compounds. … Microorganisms isolated from nature would qualify for patenting, if the characteristic property or quality of the isolate is not expressed by the natural product, such as a biologically pure culture of the microorganism....").

4) EPC Rule 27 (Patentable biotechnological inventions) ("Biotechnological inventions shall also be patentable if they concern: (a) biological material which is isolated from its natural environment or produced by means of a technical process even if it previously occurred in nature;").

5) Bradley J. Levang, *Evaluating the Use of Patent Pools for Biotechnology: A Refutation to the USPTO White Paper Concerning Biotechnoogy Pools*, 19 Santa Clara Computer & High Tech. L.J. 229, 231 (2002) ("Traditionally, the 'product of nature' theory prevented inventors from patenting natural material.").

서도 동일하게 천연물은 발명이 아니라는 이유로 성립성을 부정한다. 발명은 자연법칙을 '이용'하는 것이어야 하나 천연물은 자연 그 자체에 이미 존재하던 것이므로 발명이 될 수 없다. 분리/동정이라는 자연법칙을 '이용'하여 천연물을 변화시킨 경우 그 변형된 결과물은 이미 천연물 자체가 아니라 새로운 인공물이 되므로 발명이 될 수 있을 것이다.[6] 한편, 특허권 침해소송에서 피고의 제품이 천연물의 단순 가공품인데도 불구하고 원고 특허권을 침해한다고 판단이 되는 경우라면 역으로 원고의 특허는 천연물에 관한 것이라는 것이고 원고의 특허발명이 성립성, 신규성 또는 진보성을 충족하지 못하게 될 것이다.[7][8]

## Ⅲ. *Mayo v. Prometheus* 판례: 천연물 분리, 동정의 용이

천연물을 분리, 동정하는 작업이 매우 단순한 경우 그 후의 결과물이 천연물과 별반 다를 바가 없을 것이고 그 경우에는 그 결과물도 성립성 요건을 충족하지 못하는 것이 된다. 이하, 이에 관하여 심리한 미국의 *Mayo v. Prometheus* 판례를 살펴본다.[9]

### 1. 사건 개요

원고인 Prometheus는[10] 미국특허 제6,355,623호(이하 '623 특허)와 제6,680,302호

6) Diamond v. Chakrabarty, 447 U.S. 303, 309 (1980) ("[N]onnaturally occurring manufacture or composition of matter — a product of human ingenuity" as patentable subject matter); In re Bergstrom, 427 F.2d 1394, 1397 (C.C.P.A. 1970) (holding "these compounds do not exist in nature and appellants have not merely discovered nor claimed sufficiently broadly to encompass what was previously in nature").

7) Jeffrey G. Sheldon, *How to Write a Patent Application*, PLIREF-PATAPP s 16:3.1 ("The biotechnology patent practitioner should prepare the application with attention to possible rejections under 35 U.S.C. § 101 for lack of utility and, possibly, "product of nature" rejections. The latter rejection is more properly made under 35 U.S.C. § 102 and is discussed below in § 16:3.3.").

8) Steven Goldberg, *Gene Patents and the Death of Dualism*, 5 S. Cal. Interdisc. L.J. 25, 32 (1996) ("Today, the issue of gene patenting remains an open one. Most observers believe that the modern courts are not likely to bar such patents on the product of nature theory since isolating and purifying a natural substance is a reasonably well-established basis for patents. But the hurdles of novelty, utility, and nonobviousness remain substantial.").

9) Mayo Collaborative Services v. Prometheus Laboratories, Inc., 566 U.S. —, 132 S.Ct. 1289 (2012) (unanimous decision).

10) 프로메테우스는 '먼저 생각하는 사람'을 뜻한다. 그리스 신화에 나오는 티탄 족의 영웅으로, 인

(이하 '302 특허)의 단독 전용실시권자이며, 이 두 특허의 기술을 포함하고 있는 PROMETHEUS Thiopurine Metabolite 테스트를 판매하고 있다. '623특허와 '302특허는 parent−child 관계로서 위장, 비위장의 자기면역질환(autoimmune disease)의[11] 치료에 사용되는 티오퓨린(thiopurine)[12] 계통 약의 최적 투약량을 판단하는 방법에 관한 것이다. 6−mercaptopurine('6−MP')와 azathiopurine('AZA')[13] 등이 이러한 티오퓨린 계통 약에 해당되고, 6−MP는 생체 내에서 6−methylmercaptopurine ('6−MMP'), 6−thioguanine('6−TG')와 뉴클레오티드(nucleotide)를 포함한 다양한 6−MP 대사물질(metabolite)로 분해된다.

'623과 '302특허는 치료효과를 최적화하고 독성 부작용을 최소화하는 방법을 청구하고 있는데, 청구된 방법은 (a) 6−TG를 제공하는 약을 대상자에게 투약(administering)하고, (b) 약의 대사물질인 6−TG 및/또는 6−MMP의 수치를 판단(determining)하는 두 개의 단계를 포함한다.[14] 대사물질의 수준을 측정하고 투약량을 조절하는 개념은 알려져 있었으나, 선행기술은 적정 대사물질의 수준을 알지 못하였고, 특허권자는 연구를 통하여 그 적정 수준을 찾아낸 것이다.

---

간에게 불을 훔쳐다 주어 인간에게는 문화를 준 은인이 되었으나, 그로 인하여 제우스의 노여움을 사 코카서스의 바위에 묶여 독수리에게 간을 쪼이는 고통을 받았다고 한다.

11) 네이버 지식사전("자기의 신체 성분의 무엇인가에 변질이 일어나서 항체가 생겨, 항원항체반응이 일어남으로써 발생하는 질환. 장기(臟器) 특이적으로 일어나는 하시모토 갑상선염, 자기면역성 용혈성빈혈 등이나 전신성 에리테마토데스(erythematodes), 피부경화증 등 여러 가지 질환이 자기면역현상으로 인해서 유래한다.").

12) Wikipedia ("The thiopurine drugs are purine antimetabolites widely used in the treatment of acute lymphoblastic leukemia, autoimmune disorders (e.g., Crohn's disease, rheumatoid arthritis), and organ transplant recipients.").

13) 생체 내에서 6−MP로 변형되는 pro−drug.

14) 청구항 제1항은 다음과 같다.

1. A method of optimizing therapeutic efficacy for treatment of an immune−mediated gastrointestinal disorder, comprising:

(a) administering a drug providing 6-thioguanine to a subject having said immune−mediated gastrointestinal disorder; and

(b) determining the level of 6-thioguanine in said subject having said immune−mediated gastrointestinal disorder,

wherein the level of 6-thioguanine less than about 230 pmol per 8x10 8 red blood cells indicates a need to increase the amount of said drug subsequently administered to said subject and

wherein the level of 6-thioguanine greater than about 400 pmol per 8x10 8 red blood cells indicates a need to decrease the amount of said drug subsequently administered to said subject.

### 2. 지방법원 판결(캘리포니아 남부지방법원)

6-TG와 6-MMP가 치료효능 및 독성 간의 관계인 자연현상을 관찰하는 것에 불과하며, 청구항은 그 관계를 전부 선점하는 결과를 초래하므로 특허대상이 될 수 없다.

### 3. CAFC 판결[15)]

CAFC는 MoT(Machine or Transformation) 테스트를 적용하며, 대상 발명에서의 '투약(administering)'과 '판단(determining)'의 두 단계가 단순한 데이터 수집 단계가 아닌 '변환(transformative)' 단계에 해당한다고 판단하여 발명의 성립성을 인정하였다.[16)] 청구항들은 자연법칙 그 자체를 청구하는 것이 아니고, 자연스럽게 발생하는 상호관계의 특정 응용 방법을 청구하는 것이므로, 대사물질의 수치와 약의 효능 및 독성간의 상호관계 전부를 선점하는 것은 아니라고 판단한 것이다.

### 4. 연방대법원 판결

자연법칙 그 자체는 특허의 대상이 아니고, 그 자연법칙에 대한 실제적인 적용(application)이 중요하다. 그런 견지에서 대법원은 티오퓨린 대사물질의 집중도가 230 pmol per 8x108 red blood cells 이하이면 효과가 없고(ineffective), 400 이상이면 해롭다는(toxic) 사실은 자연법칙(law of nature) 그 자체에 불과하다고 보았다.

연방대법원은 해당 청구항이 자연법칙을 특허권으로 독점하고자 하는 청구항 작성의 기법에 불과한 것인지를 살피며, 본 청구항의 경우, 알려진 자연법칙을 독점하는 결과를 초래할 것으로 판단하였다. 동 법원은, 중요하게, 청구된 내용이 티오퓨린 계통 약을 투약(administering)하는 단계 및 환자 혈액에서 대사물질의 농도를 결정(determining)하는 단계를 포함하나 그것은 주지, 통상, 자명한

15) Prometheus Laboratories, Inc. v. Mayo Collaborative Services, 628 F.3d 1347 (Fed. Cir. 2010).

16) *Id.* at 1359 ("Viewing the treatment methods as a whole, Prometheus has claimed therapeutic methods that determine the optimal dosage level for a course of treatment. In other words, when asked the critical question, 'What did the applicant invent?,' Grams, 888 F.2d at 839 (citation omitted), the answer is a series of transformative steps that optimizes efficacy and reduces toxicity of a method of treatment for particular diseases using particular drugs.").

(well-known, routine, and obvious) 단계라고 판단하였다.[17]

*Diamond v. Diehr* 사건에서[18] 고무가황 방법에서의 단계는 Arrhenius 공식(화학반응에서 반응속도상수와 온도와의 관계를 나타내는 식)이라는 자연법칙을 고무가황이라는 실제적인 단계와 결부시켰으므로 자연법칙을 '이용'한 발명인 반면,[19] 본 사건의 기술은 그러한 실제적인 결부가 아니라는 판단이다. 나아가, *Parker v. Flook* 사건과[20] 비교하며, 대법원은 본 기술은 자연법칙의 진정한 이용이 아니며, 자연법칙과의 관계를 독점하고자 하는 청구항 작성의 기법에 불과하다고 보았다.

결론적으로 자연법칙 그 자체의 새로운 발견은 성립성을 결여하며, 그 새로운 법칙의 이용이 업계에서 이미 알려진 요소에 의존한다면 그 이용도 성립성을 결여하며, 그 새로운 법칙의 이용이 성립성을 충족하기 위해서는 그 이용은 자연법칙과 별개의 중요한(significant) 것이어야 한다.

### 5. 평 가

발명은 '자연법칙'을 '이용'하는 기술적 사상이므로 본질적으로 자연법칙을 기초로 한다. 대상 청구항의 내용이 자연법칙 그 자체라고 치부한다면 다른 많은 기술들도 자연법칙 그 자체라고 폄하될 가능성이 높다. 자연법칙의 이용(application or exploitation)이 되기 위해서는 주지, 통상, 자명한 단계 또는 구조와 결부되어서는 아니 된다.[21] 그러나, 주지, 통상, 자명함의 판단에 대한 테스트가

---

17) Mayo, 132 S.Ct. at 1291 ("Because methods for making such determinations were well known in the art, this step simply tells doctors to engage in well-understood, routine, conventional activity previously engaged in by scientists in the field. Such activity is normally not sufficient to transform an unpatentable law of nature into a patent-eligible application of such a law.").

18) Diamond v. Diehr, 450 U.S. 175 (1981).

19) *Id.* at 188 ("Arrhenius' equation is not patentable in isolation, but when a process for curing rubber is devised which incorporates in it a more efficient solution of the equation, that process is at the very least not barred at the threshold by § 101.").

20) Parker v. Flook, 437 U.S. 584 (1978).

21) 유럽, 일본에서도 유사한 법리를 운용한다. European Patent Office, Japanese Patent Office & U.S. Patent & Trademark Office, *Comparative Study of Patent Practices in the Field of Biotechnology Related Mainly to Microbiological Inventions*, 7 Biotechnology L. Rep. 159, 163 (1988) ("[P]urified natural products are not regarded … as products of nature or discoveries because they do not, in fact, exist in nature in a purified form. Rather, they are regarded for patent purposes as biologically active substances or chemical compounds and eligible for

없어서 향후 CAFC가 그러한 테스트를 개발하여야 한다.

본 판결 이전에는 MoT 테스트는 결정적인 테스트는 아니었지만 매우 유용한 테스트이었다.[22] 즉, MoT 테스트를 통과하지 않는다고 성립성이 부정되는 것은 아니었지만, MoT 테스트를 통과하는 경우 성립성이 인정되는 것이었다. 그러나, 본 판결로 인하여 그러한 인정도 어렵게 되었고, 결과적으로 MoT 테스트는 실무에서 (적어도 생명공학 분야에서는) 별반 중요한 역할을 못하게 되었다.

'자연법칙'과 '이용'의 합이 발명이고, 그 합 전체로 성립성을 평가하여야 하는데, 본 판결에서는 자연법칙과 이용을 각각 분리하여 성립성을 판단하는 수법을 보이고 있다.[23] (본 판결이 인용하고 있는) *Diehr* 판결에서도 발명을 전체(as a whole)로서 판단하여야 한다고 설시하고 있다.[24]

본 판결로 인하여 맞춤형 의료(personalized medicine)[25] 산업의 발전이 저해될 것이라는 지적이 있다. 주식시장도 이러한 우려를 반영하였는데, Myriad 주가가 본 판결의 선고 후 한때 9%나 하락하였다.[26]

---

patenting on the same basis as other chemical compounds. … Microorganisms isolated from nature would qualify for patenting, if the characteristic property or quality of the isolate is not expressed by the natural product, such as a biologically pure culture of the microorganism … ").

22) Bilski v. Kappos, 130 S.Ct. 3218, 3221 (2010) ("The machine－or－transformation test is not the sole test for patent eligibility under §101. The Court's precedents establish that although that test may be a useful and important clue or investigative tool, it is not the sole test for deciding whether an invention is a patent－eligible 'process' under §101.").

23) Mayo, 132 S.Ct. at 1291 ("Finally, considering the three steps as an ordered combination adds nothing to the laws of nature that is not already present when the steps are considered <u>separately</u>.").

24) Diehr, 450 U.S. at 188 ("In determining the eligibility of respondents' claimed process for patent protection under 101, their claims must be considered <u>as a whole</u>. It is inappropriate to dissect the claims into old and new elements and then to ignore the presence of the old elements in the analysis.").

25) Wikipedia ("Personalized medicine or PM is a medical model that proposes the customization of healthcare－with medical decisions, practices, and/or products being tailored to the individual patient.").

26) 〈http://www.streetinsider.com/Analyst+Comments/Analysts+on+Myriad+Genetics+%28MYGN%29+Licking+Their+Chops+Following+Mayo+v.+Prometheus+Ruling/7283983.html〉.

## Ⅳ. 결　론

*Mayo v. Prometheus* 사건에서의 미국 연방대법원 판결에 의하면 천연물을 분리, 동정하는 작업이 주지, 통상, 자명한(well-known, routine, and obvious) 경우 그 작업 후의 결과물도 여전히 천연물의 범주를 벗어나지 못하고 발명이 되지 못한다. 여기에서 주지(well-known)의 개념은 신규성의 개념과 연결되고, 통상·자명(routine and obvious)은 진보성의 개념과 연결될 수 있다고 생각된다. 특히, 여기에서의 자명(obvious)이라는 용어는 진보성 판단의 장면에서 사용되는 용어와 동일함이 주목된다.

천연물의 성립성을 판단하는 장면에서 자명을 판단하는 법리와 진보성을 판단하는 장면에서 자명을 판단하는 법리가 어떻게 다른 것인지에 대하여 미국에서도 논의가 되어 있지 않다. 향후 CAFC가 이 점을 어떻게 해결할 것인지 귀추가 주목된다. 그러나, CAFC도 그 두 용어의 의미를 구분하는데 어려움을 겪을 것이 예상된다. 왜냐하면 진보성에서의 자명의 의미에 대하여 정확한 입장을 세우기가 매우 어려우므로 자연스럽게 성립성에서의 자명의 의미에 대하여도 정확한 입장을 세우기가 어렵다.[27] 진보성의 자명의 의미만이라고 고정되어 있으면 그 의미와 비교하여 성립성의 자명의 의미를 세울 수가 있을 것인데 진보성에서의 의미가 표류 중이므로 그러한 비교가 어렵다. 즉, 진보성에서의 자명의 개념이 넓은 바다에 떠 있는 작은 통나무와 같이 유동적이라면 그 통나무와 다른 것의 위치를 비교하는 것이 무의미하게 된다.

천연물을 분리, 동정하는 작업이 자명하지 않는 경우 그 작업의 결과물은 성립성 요건을 충족하는 동시에 신규성,[28] 진보성 요건을 충족할 가능성이 높다.[29][30][31] 나아가, 두 장면에서의 자명의 의미를 동일하게 보는 경우 신규성, 진

27) John M. Conley & Roberte Makowski, *Back to the Future: Rethinking the Product of Nature Doctrine as a Barrier to Biotechnology Patents (Part I)*, 85 J. Pat. & Trademark Off. Soc'y 301, 333 (2003) ("[T]he case can be plausibly read as turning not so much on the involvement of a product of nature as on the inventor's failure to apply the "work of nature" in an non-obvious way.").

28) 관련 논문: Ben Herbert, Comment, *When Nature's Anticipation Inherently Prevents Your Discovery: A New Look at an Overlooked Requirement of Patentability and Its Impact on Inherent Anticipation*, 50 Jurimetrics J. 111-46 (2009).

29) 약간 다른 의견: Shine Tu, *Funk Brothers-An Exercise in Obviousness*, 80 UMKC L. Rev. 637 (2012)(*Funk Brother* 판결은 사실은 성립성이 아니라 진보성에 관한 것이며, 향후 유전자 관련

보성 요건을 충족하는 것으로 보아야 할 것이다. 두 자명의 의미를 구분하기가 어려우므로 실무적으로 그렇게 될 수밖에 없을 것으로 예상된다.[32]

---

발명에 대하여 진보성이 주된 요건이 되어야 한다는 주장).

30) 호주에서 유전자 분리 발명의 성립성을 인정하고 바로 진보성도 인정한 사례: 〈http://blog.patentology.com.au/2013/03/yvonne-darcy-appeals-decision-upholding.html〉.

31) Shine Tu, supra, at 643 ("The second step of the Court's analysis was to determine if one of skill in the art could create the desired product without undue experimentation and an expectation of success.").

32) 그런 의미에서 미국보다 캐나다 법리가 더 좋다는 주장은 다음: Norman Siebrasse, *The Rule Against Abstract Claims: A Critical Perspective on U.S. Jurisprudence*, 〈http://ssrn.com/abstract=1782747〉.

## 제 3 절 용이실시(enablement)와 신보성 주장의 딜레마

### Ⅰ. 도 입

특허출원서에 첨부되는 명세서와 청구항은 각각 여러 요건을 충족하여야 한다. 특히, 명세서는 발명의 '이용' 기능과 직접적으로 관련되므로 특허제도의 핵심이라고 할 수 있고,[1] 그런 견지에서 명세서는 통상의 기술자가 과도한 실험 없이 해당 발명을 실시할 수 있도록 개시하여야 하며, 이러한 요건을 명세서의 용이실시 요건이라고 칭한다.[2][3] 한편, 발명은 선행기술과 동일하지 않아야 할 뿐만 아니라 선행기술과의 기술적 차이를 시현하여야 하며, 이러한 요건을 발명의 진보성 요건이라고 칭한다.[4] 이 두 중요한 요건을 다 주장하게 되는 경우, 이상한 논리적 상충이 발생하게 되어 특허가 두 요건 중 하나의 요건에 의하여 반

---

1) Universal Oil Products Co. v. Globe Oil & Refining Co., 322 U.S. 471, 484 (1944) ("But the quid pro quo is disclosure of a process or device in sufficient detail to enable one skilled in the art to practice the invention once the period of the monopoly has expired; and the same precision of disclosure is likewise essential to warn the industry concerned of the precise scope of the monopoly asserted.").

2) 35 U.S.C. § 112 1 ("The specification shall contain a written description of the invention, and of the manner and process of making and using it, in such full, clear, concise, and exact terms as to enable any person skilled in the art to which it pertains, or with which it is most nearly connected, to make and use the same … ").

3) 화학, 바이오 등 복잡하고 예측이 어려운 기술분야에서는 다른 기술분야보다 용이실시 요건을 더 엄격하게 판단하여야 하는가? Matthew A. Chivvis, *Improving Innovation by Reducing the Risk of Investing in Biotechnology: Fixing the Enablement Standard*, Intellectual Property Law Bulletin, 2007 ("Courts apply the enablement requirement by varying degrees depending upon the complexity and predictability of the field in which the invention sits. Simple, predictable fields of invention face a low standard of enablement while complex, unpredictable fields face a higher standard. In its infancy, the biotechnology field faced an incredibly strict enablement standard.").

4) 35 U.S.C. § 103 ("patent may not be obtained … if the differences between the subject matter sought to be patented and the prior art are such that the subject matter as a whole would have been obvious at the time the invention was made to a person having ordinary skill in the art to which said subject matter pertains.").

드시 무효 되어야 할 것처럼 보인다. 이 글은 이러한 딜레마에 대하여 다룬 미국에서의 판례(*Eli Lilly v. Actavis* 사건)를 소개하고, 그 딜레마를 해결하는 방안을 제시한다.

## Ⅱ. 사건의 개요

### 1. 사실관계

Eli Lilly는 미국 특허 제5,658,590호(출원일 1995년 1월 11일)의 특허권자이며, 해당 특허는 주의력 결핍 과잉행동 장애(Attention Deficit/Hyperactivity Disorder, ADHD)를 치료하는 아토모세틴(atomoxetine)의 사용방법(method of use)에 관한 것으로서 스트라테라(Strattera)라는 제품명으로 판매되었다. 쟁점이 되는 청구항 제1항은 다음과 같다.[5)]

> 주의력 결핍 과잉행동 장애를 치료를 필요로 하는 환자에게 유효한 양의 아토모세틴을 투여하는 주의력 결핍 과잉행동 장애 치료 방법(A method of treating attention−deficit/hyperactivity disorder comprising administering to a patient in need of such treatment an effective amount of atomoxetine.)

Actavis 등 10개의 제네릭 제약회사들이 스트라테라의 제네릭 버전에 관하여 미국식약청에 약식신약(판매)신청(Abbreviated New Drug Applications, ANDA)을 하였으며 Eli Lilly는 동 제약회사들을 상대로 뉴저지 지방법원에 특허소송을 제기하였다. 피고는 비침해, 신규성 결여 등의 주장을 하였는데, 특히 용이실시(enablement) 기재불비 및 진보성 결여에 대하여 아래와 같은 주장을 하였다.

### 2. 용이실시 기재불비 주장

특허권자는 임상실험 준비를 출원일 전에 시작하였으나 실제 실험은 출원일 후에 시작하였고, 실험결과는 1995년 5월에 취합되었다. 그 후 특허권자는 임상 2상 및 3상을 성공적으로 수행하였고 FDA의 승인을 득하였다. 해당 특허의 최초 명세서는 아토모세틴이 ADHD 치료에 효과적임을 나타내는 테스트 자료를 개시

5) 청구항 제2항 내지 제16항은 특정 환자 그룹을 위하여 ADHD 세부종류별 치료방법에 관한 것이다.

하지 않았고, 특허권자는 출원일로부터 5개월 후인 1995년 5월에 해당 자료를 보유하게 되었다. 피고는 통상의 기술자가 출원일 당시에 최초 명세서를 읽고 특허발명의 유용성(utility)을 인지하지 못하였을 것이므로 해당 명세서가 용이실시 요건을 충족하지 못한다고 주장하였다.

### 3. 진보성 결여 주장

피고는 특허발명이 진보성을 결여한다고 주장하였다. 즉, 데시프라민(desipramine)이 ADHD 치료에 효과적이라는 사실이 알려져 있고,[6] 데시프라민은 노레피네프린 증가를 억제하며 그것이 ADHD 치료에 효과적이라는 사실이 알려져 있고, 아토모세틴도 노레피네프린 증가를 억제하는 것으로 알려져 있다. 그러므로, 통상의 기술자가 데시프라민을 아토모세틴으로 대체하는 것은 용이하다는 것이다.

### 4. 지방법원의 판단

#### 가. 용이실시 기재불비 여부

법원은 용이실시 요건을 충족하기 위하여 명세서가 통상의 기술자가 해당 발명을 제조(make) 또는 사용(use)할 수 있도록 하여야 하고, 그 요건은 명세서가 해당 발명의 유용성을 개시하여야 한다는 제101조의 요건을 포섭한다는 법리를 제시하였다. 즉, 해당 발명이 유용하지 않거나(not useful) 작동 불가능한(inoperative) 경우[7] 그 발명은 유용성 요건을 충족하지 못하게 되고, 따라서 명세서는 발명을 사용할 수 있도록 기재하지 못하고 있는 것이다. 그러므로, 출원인이 해당 발명의 유용성에 관한 증거를 제시하지 못하는 경우[8] 용이실시 요건을

---

6) 이런 논의 또는 연구의 출발이 되는 물질을 출발물질(lead compound)라고 한다. Takeda Chemical Industries, Ltd. v. Alphapharm Pty., Ltd., 492 F.3d 1350, 1357 (Fed. Cir. 2007) ("[Lead compound is] a compound in the prior art that would be most promising to modify in order to improve upon its antidiabetic activity and obtain a compound with better activity.").

7) 작동 불가능에 관한 오류가 심각하지 않은 경우에는 어떻게 처리하는가? 대법원 2006. 11. 24. 선고 2003후2089 판결("명세서 기재에 오류가 있다면, 그러한 오류가 설령 통상의 기술자가 명세서를 면밀하게 살펴보고 통상적인 시험을 거친다면 알 수 있는 것이어서 그 오류에도 불구하고, 통상의 기술자라면 그 특허발명을 정확하게 이해하고 재현할 수 있는 정도라고 하더라도 위 규정에 위배된 기재불비가 있다고 할 것이다(대법원 1996. 6. 14. 선고 95후1159 판결, 1999. 12. 10. 선고 97후2675 판결 각 참조)."). 정확하게 이해하고 재현할 수 있는 경우에도 기재불비라고 보아야 하는가?

극복하지 못하는 것이다. 이와 관련하여 특허권자는 출원일 당시 ADHD 치료제가 시장에 다수 시판 중이었고 그러므로 통상의 기술자가 명세서를 바탕으로 발명의 유용성을 인지할 수 있었다고 주장하였다. 법원은 양측의 전문가가 그 유용성의 인지에 대하여 상반된 증언을 한다는 점을 바탕으로 본 쟁점은 약식판결(summary judgment)의 대상이 아니라고 판단하였다.

#### 나. 진보성 결여 여부

법원은 데시프라민이 ADHD 치료에 효과적이라는 사실 등에 대하여 이견 및 의문이 존재하므로 진보성 쟁점을 약식판결에서 판단하는 것은 적절하지 않다고 보았다.

#### 다. 용이실시 및 진보성 주장의 딜레마

이러한 용이실시 요건과 진보성 요건에 관한 피고의 주장에 관하여 법원은 의미심장한 의견을 피력하였다.[9] 즉, 특허권자는 아토모세틴과 선행기술의 차이를 강조하며 진보성 충족을 주장하는 동시에 용이실시/유용성의 존재를 나타내기 위하여 아토모세틴과 선행기술이 다소 유사하다고 주장한다는 것이다. 아울러, 피고는 용이실시 또는 진보성 중 하나는 결여된 것이어야 한다고 주장한다. 즉, 통상의 기술자가 명세서로부터 유용성을 추정할 수 있다면 용이실시 요건은 충족될지 모르지만 피고의 진보성 주장은 설득력을 얻게 될 것이고, 반대로 법원이 진보성을 인정하게 된다면 반대로 피고의 용이실시 주장이 설득력을 얻게 될 것이라는 것이다. 결국, 두 요건은 서로 상충하는 것이어서 어느 하나는 부정되어야 한다는 것이 피고의 논거이다.

## Ⅲ. 해 설

### 1. 딜레마의 발생

특허무효심판에서 청구인이 무효사유로 제42조 제3항에 근거한 용이실시 기재불비와 제29조 제2항에 근거한 진보성 결여를 동시에 주장하는 경우가 있다. 청구인은 해당 특허의 명세서가 통상의 기술자가 특허발명을 용이하게 실시할

8) 유용성에 관한 증거는 출원인(특허권자)이 제시하여야 하는가?

9) Eli Lilly, 676 F.Supp.2d at 375 n. 19.

수 있는 정도로 기재하고 있지 않으므로 제42조 제3항에 근거하여 해당 특허발명이 무효가 되어야 한다고 주장한다. 즉, 해당 명세서는 통상의 기술자가 특허발명을 용이하게 실시할 수 있을 정도로 기재하고 있지 않고, 통상의 기술자가 그 명세서로부터 출발하여 특허발명에 이르기 위해서는 과도한 실험(undue experimentation)이 요구된다고 주장하는 것이다. 다른 한편, 청구인은 통상의 기술자가 제시된 인용기술로부터 해당 특허발명을 용이하게 도출할 수 있으므로 제29조 제2항에 근거하여 해당 특허발명이 무효가 되어야 한다고 주장한다.[10)]

나아가 청구인은 그런 주장을 용이실시 기재불비 주장과 결부를 시킬 수 있다. 만약에, 통상의 기술자가 명세서와 통상의 기술자 자신의 지식을 바탕으로 과도한 실험 없이 특허발명을 용이하게 실시할 수 있다면 반대로 통상의 기술자가 인용기술과 통상의 기술자 자신의 지식을 바탕으로 특허발명을 용이하게 도출할 수 있으므로 진보성이 부정된다는 것이다. 이러한 청구인의 주장은 특허권자를 진퇴양난의 지경에 처하게 하는 것으로 보인다.[11)12)] 즉, 명세서가 용이실시 요건을 충족하지 못하는 것이든지, 만약, 그 용이실시 요건이 충족된다면 그 요건이 충족되는 이유와 똑같은 이유로 진보성이 부정되어야 한다는 것이다. 특허권자가 명세서로부터 특허발명을 실시하는 것이 통상의 기술자에게 용이한 것이라고 주장을 하면, 청구인은 그래서 특허발명은 진보성이 없는 것이라고 주장을 하는 것이다. 어느 한 요건의 충족을 강하게 주장하는 것은 다른 요건이 충족되지 않는다는 자백과 다름이 아닐 수 있는 것이다. 이러한 청구인의 주장은 특허

10) 하나의 공격에 대한 답변이 다른 공격에 대한 자백이 되는 이러한 공격을 영국에서는 압박(squeeze) 주장 또는 양몰이(shepherding) 주장이라고 부른다. Miller, et al., *Terrell on the Law of Patents* 17th ed., Sweet & Maxwell, 2011, para. 10−20 (" … so that it is also common in patent litigation for more than one such ground to be argued so as to raise to a so−called 'squeeze' argument. A 'squeeze' arises when a patentee is faced with two contentions which constrain him such that his attempt to answer the one may worsen his position as regards the other."); para. 10−22 ("Such a 'squeeze' (also sometimes known as a 'shepherding' argument) … ").

11) The Chartered Institute of Patent Attorneys, *CIPA Guide to the Patents Acts*, 7th ed., Sweet & Maxwell, 2011, p. 282 ("Furthermore, there was an interrelationship between obviousness and insufficiency. As a matter of firs impression it might be supposed that an idea that required masses of work to implement would be more readily rejected by, or less likely to occur to, a notional unimaginative skilled person or team. This produced an apparent paradox that the less sufficient the description, the less an idea was likely to be obvious.").

12) Miller, et al., supra, para. 10−22 ("This produces an apparent paradox: the less sufficient the description, the less is an idea likely to be obvious.") (citing Halliburton v Smith, [2006] EWCA Civ 1715).

권자를 매우 당혹스럽게 만든다.[13] 그리고, 이러한 상황은 대부분 또는 적어도 매우 많은 특허무효심판에서 발생할 수 있으므로 많은 특허권자를 매우 곤혹스럽게 만드는 것이 된다. 그렇다면 많은 특허는 용이실시 기재불비 아니면 진보성 결여 둘 중 하나의 이유로 무효가 되어야 하는 것인가?

## 2. 딜레마 해결 방안1: 비교대상의 차이

용이실시 요건은 명세서와 특허발명을 비교하여 통상의 기술자가 '명세서'로부터 출발하여 과도한 실험 없이(without undue experimentation) 해당 발명을 용이하게 실시할 수 있는지 여부를 판단한다.[14][15] 용이실시 요건은 발명의 '이용' 기능을 위한 것이므로 중요한 것이다. 특히, 미국에서의 최선실시례(best mode) 요건은 그 이용 기능을 극대화하자는 것이다. 동 요건은 다른 나라에서 사례가 없다는 점, 최선실시례 문제로 특허권자가 어려움을 겪는다는 점 등으로 인하여[16] 2011년 법 개정으로 변경되었지만,[17] 명세서 기재의 중요성을 대변하는 요건이

---

13) 무효심판 청구인 또는 특허권침해소송의 피고가 제기하는 이러한 주장을 영국에서는 '압박주장(squeeze argument)'이라고 부른다. 그리고 이러한 주장은 침해와 신규성의 주장에서도 가능하다. 즉, 특허권의 권리범위가 넓은 것으로 해석되면 신규성이 부정되고 좁은 것으로 해석되면 침해가 부정되는 것이다. 영국에서의 관련 사건은 Gillette v. Anglo-American, 30 RPC 465, 480 (1913) ("It follows, therefore, that no patent of date subsequent to the publication of Butler's specification could possibly interfere with the right of the public to make the Defendants' razor. If the claims of such a Patent were so wide as include it, the Patent would be bad, because it would include something which differed by no patentable difference from that which was already in possession of the Public. Such a Patent would be bad for want of novelty. It the Claims were not sufficiently wide to include the Defendants' razor, the patentee could not complain of the public making it. In other words, the Defendants meet succeed either on invalidity or on non-infringement.").

14) 과도한 실험이 필요한지 여부를 판단하는 방법으로 *Wands* 테스트가 사용될 수 있다. *In re* Wands, 858 F.2d 731, 737 (Fed. Cir. 1988) ((1) the quantity of experimentation necessary, (2) the amount of direction or guidance presented, (3) the presence or absence of working examples, (4) the nature of the invention, (5) the state of the prior art, (6) the relative skill of those in the art, (7) the predictability or unpredictability of the art, and (8) the breadth of the claims.).

15) 이러한 *Wands* 8개 요소 외에 발명가, 피고 또는 제3자의 개발이력 등도 참고될 수 있을 것이다. 특허출원이 공개된 후 피고 또는 제3자가 명세서를 읽은 후 해당 발명을 재현하기 위하여 많은 시간과 노력을 투자하였다면 그 명세서는 용이실시 요건을 충족하지 못하는 것인가?

16) Lee Petherbridge & Jason Rantanen, *In Memoriam Best Mode*, 64 Stanford L. Rev. Online 125, April 25, 2012

17) Leahy-Smith America Invents Act, Pub. L. No. 112-29, § 15(a)-(b), 125 Stat. 284, 328 (2011) (to be codified at 35 U.S.C. §§ 119, 120, 282(b)(3)).

라고 생각된다.

진보성 요건은 인용기술과 특허발명을 비교하여 통상의 기술자가 '인용기술'로부터 출발하여 과도한 실험 없이 해당 발명을 용이하게 도출할 수 있는지 여부를 판단한다. 그러므로 두 요건에 있어서 출발점이 명세서와 인용기술이라는 점에서 서로 다르고, 그래서 용이실시 요건을 충족하면서도 진보성 요건을 충족하는 것이 얼마든지 가능한 것이다.[18]

| 구 분 | 출발점 | 중간 추가 | 도착점 | 판단기준 |
|---|---|---|---|---|
| 용이실시 요건 | 명세서 | 통상의 기술자의 지식 (선행기술(+인용기술)) | 발 명 | 용이실시 |
| 진보성 요건 | 인용기술 | 통상의 기술자의 지식 (선행기술) | 발 명 | 용이도출 |

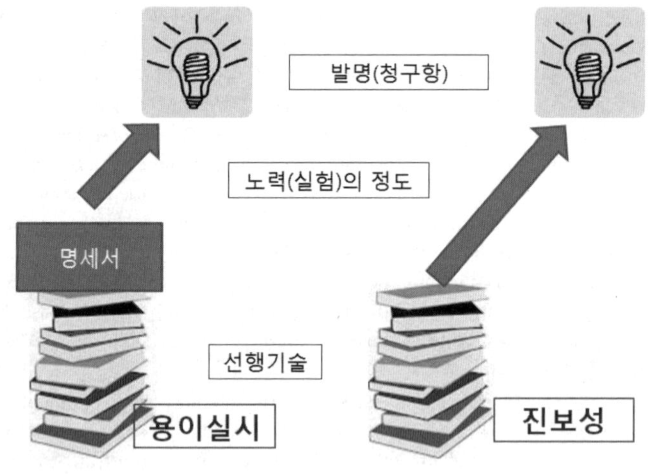


18) 대상 판결의 항소심에서 CAFC Newman 판사는 명세서의 용이실시 및 발명의 진보성을 모두 인정하였다. Eli Lilly and Co. v. Actavis Elizabeth LLC, 435 Fed.Appx. 917 (Fed. Cir. 2011), rehearing *en banc* denied (2011).

해당 특허발명이 진보성을 결여한 것이라고 주장하는 것은 인용기술로부터 출발하여 통상의 기술자의 지식의 도움을 받아서 해당 발명에 용이하게 도착할 수 있다고 주장하는 것이다. 그 주장에 의하면 명세서의 도움이 없이도 통상의 기술자가 선행기술의 도움을 받아서 해당 발명을 용이하게 도출할 수 있다는 것인데, 용이실시 요건을 판단하는 장면에서는 통상의 기술자가 인용기술을 포함하는 선행기술의 도움은 물론 명세서의 도움을 추가로 받는데도 불구하고 해당 발명에 용이하게 도착할 수 없다는 것은 논리칙상 납득하기 어렵다.[19][20]

통상, 최초 출원 시 제출된 명세서가 개시하고 있는 사항은 출원 전에 공개된 선행기술들이 개시하고 있는 사항과 다르다. 즉, 해당 명세서는 그 이전에 공개된 선행기술들에 대하여는 언급을 자제하고[21] 무언가 다른 기술적 사항을 개시하고 있는 것이고, 그러한 개시로 인하여 통상의 기술자가 과도한 실험 없이 쟁점이 되는 발명을 실시할 수 있는 것이다. 달리 말하면, 선행기술은 발명과 거리가 멀었는데, 명세서가 기술적인 진보를 이루어서 발명과 거리가 더 가까워졌고 그럼으로 인하여 두 경우의 용이실시 여부가 달라지는 것이다.

### 3. 딜레마 해결방안2: 증명책임

한편, 증명책임이라는 측면에서도 청구인의 주장은 부당하다. 특허무효심판에서 청구인이 해당 특허가 무효가 되어야 하는 사유를 주장하고 증명하여야 하는 책임을 부담한다. 그러므로, 해당 특허가 용이실시 요건과 진보성 요건을 동시에 충족하는 것에 대하여 특허권자가 주장하고 증명을 할 필요는 없다. 위에서 제시한 청구인의 논리는 양날의 칼과 같아서 청구인에게도 그대로 적용된다. 즉, 청구인은 통상의 기술자가 해당 명세서를 기초로 특허발명을 실시하는 것이 용

19) Matt Lincicum, *A Knot in the Eternal Golden Braid: Searching for Coherence in the Relationship between Enablement, Anticipation, and Obviousness*, 23 Harv. J.L. & Tech. 589, 599 (2010) ("Therefore, so long as the prior art references cited for obviousness purposes, which must be analogous, meet that criteria, then the obviousness finding necessarily supports a §112 enablement determination. Enablement for §103 purposes requires that the PHOSITA could make and use the claimed invention based on the combination of prior art references. Enablement for §112 purposes requires that the PHOSITA could make and use the claimed invention based on the specification in light of that which is well known in the art.").

20) 용이실시 요건과 진보성 요건을 판단하는 장면에서 통상의 기술자가 선행기술을 인지하는 정도는 다른 것인가, 같은 것인가?

21) Hybritech Inc. v. Monoclonal Antibodies, Inc., 802 F.2d 1367, 1384 (Fed. Cir. 1986) ("[A] patent need not teach, and preferably omits, what is well known in the art.").

이하지 않다는 주장과 통상의 기술자가 선행기술로부터 출발하여 특허발명을 도출하는 것이 용이하다는 서로 양립되기 어려운 주장을 하고 있는 것이다.[22] 그러므로, 그러한 자체 논리모순을 피하기 위하여 청구인은 용이실시 요건 또는 진보성 요건 중 하나를 선택하여 그것에 대하여만 주장을 하여야 하는 것이다.[23]

통상 해당 특허의 명세서는 선행기술에 비하여 정도의 차이는 있지만 새로운 기술적 내용을 이야기 하고 있는 것이고, 그러한 새로운 기술적 내용이 없는 선행기술로부터 특허발명에 이르는 것이 통상의 기술자에게 용이하다고 주장하면서 새로운 기술적 내용을 포함한 명세서와 선행기술을 바탕으로 특허발명을 실시하는 것이 용이하지 않다고 주장하는 것은 그 자체로 논리모순이다.[24]

### 4. 딜레마의 부활1: 명세서의 내용

위에서 명세서는 선행기술이 가진 정보에 또 다른 정보를 보태기 때문에 명세서가 용이실시 요건을 충족하면서도 발명이 진보성 요건을 충족하는 것이 얼마든지 가능하다고 보았다. 그러한 결론의 전제는 명세서가 선행기술이 가진 정보와 다른 의미 있는 정보를 보태기 때문이다. 그러므로, 명세서에서 개시된 내용이 선행기술에서 모두 발견되는 정도라면 그 전제는 무너진다. 이러한 견지에서는 명세서와 선행기술의 실질적 동일성을 판단하여 그 동일성이 인정되는 경우에는 용이실시 요건 또는 진보성 요건 중 하나의 요건을 벗어나기는 어려워 보이고, 동일성이 인정되지 않는 경우에는 그 두 요건을 모두 충족하는 것이 가능할 것이다. 지금까지 명세서와 발명을 대비하거나, 선행기술과 발명을 대비하는 장면은 있었으나, 이 글은 특이하게 명세서와 선행기술을 대비하는 상황을 제시한다.

---

22) 같은 의견. Roy D. Gross, *Harmonizing the Doctrines of Enablement and Obviousness in Patent Litigation*, 12 U. Pitt. J. Tech. L. & Pol'y 1, 15 (2012) ("Thus it is problematic for an expert to take contrary positions that a patent is both lacking enablement and also simultaneously being obvious. Taking both positions simultaneously may have the credibility of the expert compromised at trial.")(무효를 주장하는 자가 용이실시와 진보성의 두 주장을 함께 하기가 곤란하다는 설명).

23) *Id.* at 16 ("It is thus recommended that prior to asserting both lack of enablement and obviousness arguments, defendants should carefully consider the strengths and weaknesses of each argument, in order to adequately prepare experts for trial.").

24) 한편, (특허발명이 아닌) 출원발명에 대하여는 심사관이 거절이유를 제시하고 설명할 의무를 부담한다. 그러므로 출원발명에 대하여도 심사관은 용이실시 요건 또는 진보성 요건 중 하나를 충족하지 못한다는 논리모순적인 주장을 삼가야 할 것이다.

## 5. 딜레마의 부활2: 통상의 기술자의 지식

위에서 통상의 기술자가 가진 지식은 용이실시 여부를 판단하는 경우와 진보성 여부를 판단하는 경우에 있어서 동일하다는 전제 아래 두 요건 모두의 충족이 가능하다고 보았다.[25] 그러나, 만약 두 요건을 판단하는 장면에서의 통상의 기술자의 지식이 다르다면 그 전제는 무너질 수 있다. 용이실시와 진보성의 판단에 있어서 통상의 기술자의 수준이 같다는 설, 다르다는 설[26][27] 등이 있지만, 필자는 수준은 동일하되 알고 있는 선행기술의 양은 다르다고 보아야 한다고 주장한다.[28] 즉, 진보성 판단을 위해서는 통상의 기술자가 선행기술 검색을 사전에 충분히 하여 선행기술을 잘 이해한 후 판단을 하는 것으로 보아야 하고, 용이실시 판단을 위해서는 통상의 기술자가 별도의 선행기술 검색을 하지 않은 채로 그 자신의 지식을 바탕으로 판단을 하는 것으로 보아야 한다. 만약, 이러한 주장에 따른다면 용이실시 판단을 하는 경우의 통상의 기술자의 지식은 진보성 판단을 하는 경우의 통상의 기술자의 지식에 비하여 약간이라도 낮은 것으로 보아야 하고, 명세서가 그 차이를 메우는 정도에 불과하다면, 비록 명세서가 선행기술과 다르다고 하더라도 애초의 딜레마에 다시 빠질 수 있는 것이다.

## 6. 명세서 용이실시 요건 판단시기

이 절과 직접적인 관련은 없지만, 명세서 용이실시 요건을 판단하는 시기가

---

25) 통상의 기술자의 수준(level)을 책정하는 요소(factors)에 관하여는 Bausch & Lomb Inc. v. Barnes-Hind, Inc., 796 F.2d 443 (Fed. Cir. 1986).

26) Dan L. Burk, Mark A. Lemley, *Is Patent Law Technology-Specific?*, 17 Berkeley Tech. L.J. 1155, 1190 (2002); John O. Tresansky, *PHOSITA — The Ubiquitous and Enigmatic Person in Patent Law*, 73 J. Pat. & Trademark Off. Soc'y 37, 52-53 (1991).

27) 미국의 경우 (2011년 개정법 이전의 법리에 의하면) 진보성은 발명일을 기준으로 판단하고, 용이실시는 출원일을 기준으로 판단하므로 그 시간의 간극으로 인하여 통상의 기술자의 수준이 달라질 수 있다. 위 Burk & Lemley 논문, 1203-04면.

28) 졸고, "당업자와 특허심사관의 관계 : 특허청 특허심사조직 혁신방안", 「지식재산21」, 특허청, '05. 5., 18면("진보성 판단을 위한 당업자와 명세서 기재요건 구비 여부 판단을 위한 당업자는 동일한 기술수준을 가진 것으로 보아야 하고 단지 진보성 판단의 경우 당업자가 관련 선행기술 모두를 참고하여 판단하되 명세서 기재요건 구비 여부 판단의 경우 당업자가 별도의 선행기술을 참고하지 않고 명세서에 기재된 정보만을 기초로 그가 이미 갖추고 있는 기술상식에 근거하여 판단하는 차이가 있다. 즉 당업자의 기술수준은 두 경우에 동일하게 적용되고 다만 참고하는 선행기술의 유무만이 다른 것이다. 이러한 구별이 심사실무, 특허법의 목적 등과 일치하는 것이라고 본다.").

언제인지에 대하여 이견이 있으므로 그에 대하여 설명하고자 한다.

우리 특허법 제54조는 적법한 우선권주장이 있는 경우 제29조 및 제36조의 규정을 적용함에 있어서는 우선일(선출원일)(priority date)을 기준으로 한다고 규정하고 있다. 특허법원의 한 판결은 제54조가 제29조 및 제36조만 규정하고 있음을 근거로 문언적 해석에 따라 그 두 개의 규정 외에 다른 규정에는 우선일이 기준이 될 수 없다고 설시하였다.[29] 그에 따라, 용이실시 요건의 판단 기준일은 우선일이 아니라 실제 출원일이 된다는 것이다. 그런데 그러한 판단은 아래와 같은 이유로 합당하지 않다.

첫째, 동 "제29조 및 제36조"는 (문언에도 불구하고) 한정적인 사항이 아니라 예시적인 사항으로 이해되어야 한다. 예를 들어, 출원공개 시기,[30] 선사용권 인정,[31] 생산방법 추정(제129조), 각종 법정실시권(제104조, 제105조), 등은 그 문언에도 불구하고 우선일을 기준으로 판단하고 있다. 한편, 공서양속(제32조)의 경우 등록 여부 결정시를 기준으로 하고 있다.[32]

둘째, 청구항 해석을 하는 판단 기준일은 우선일인데,[33] 청구항 해석과 명세서 용이실시 판단이 그 궤를 같이 하므로 용이실시 판단도 우선일이 기준이 되

29) 특허법원 2013. 2. 7. 선고 2012허5707, 7871 병합 판결("조약에 의하여 대한민국 국민에게 특허출원에 대한 우선권을 인정하는 당사국 국민이 그 당사국 또는 다른 당사국에 특허출원을 한 후 동일발명을 대한민국에 특허출원하여 우선권을 주장하는 때에는 제29조 및 제36조의 규정을 적용함에 있어서 그 당사국에 출원한 날을 대한민국에 특허출원한 날로 본다.'(구 특허법 제54조 제1항)는 규정은 그 문언상 구 특허법 제42조 제3항의 규정에는 적용되지 아니함이 분명하다 할 것이므로, 이 사건 정정발명에 대하여 구 특허법 제42조 제3항에 따른 발명의 상세한 설명의 기재요건을 판단함에 있어서는 그 기준일이 우선일로 소급되지 않는다 할 것이다.").

30) 출원은 출원일로부터 18개월 되는 때 공개되나, 우선권주장이 있는 경우 우선일로부터 18개월 되는 때 공개된다.

31) 특허법 제103조("특허출원시에 그 특허출원된 발명의 내용을 알지 못하고 그 발명을 하거나 그 발명을 한 자로부터 지득하여 국내에서 그 발명의 실시사업을 하거나 그 사업의 준비를 하고 있는 자는 그 실시 또는 준비를 하고 있는 발명 및 사업의 목적의 범위안에서 그 특허출원된 발명에 대한 특허권에 대하여 통상실시권을 가진다.").

32) 상표법 제7조 제1항 제11호 소정의 '수요자를 기만한 염려가 있는 상표'에 해당하는지 여부의 판단 기준일은 상표등록 결정시이다. 대법원 2000. 5. 30. 선고 98후843 판결.

33) 대법원 2011. 7. 14. 선고 2010후1107 판결("그렇다면 구성 ③의 탐침은 이 사건 특허발명이 속하는 기술분야에서 통상의 지식을 가진 자(이하 '통상의 기술자'라 한다)라면 우선권 주장일 당시의 기술상식에 기초하여 특허청구범위의 기재 자체만으로 구체적인 기술구성을 명확하게 인식할 수 있으므로, 발명의 상세한 설명이나 도면 등 명세서의 다른 기재에 나타난 실시례의 구성 중 하나인 탐침의 말단이 팽창 가능한 구조의 선단부로 연장된 형태의 것이거나, 해면 모양의 뼈로부터의 저항을 극복할 수 있을 정도까지의 강성을 가진 재질의 것 또는 팽창 가능한 구조와 일체가 되어 시술부위로 진행하는 것 등에 한정된다고 볼 수는 없다.").

어야 한다.[34)]

셋째, 용이실시 판단은 진보성 판단과 그 궤를 같이 하므로[35)] 용이실시 여부도 진보성 여부와 같이 우선일을 기준으로 판단하는 것이 바람직하다. 통상의 기술자의 수준을 판단하는 기준일을 진보성 판단을 위해서는 우선일을 기준으로 하고 용이실시 판단을 위해서는 실제 출원일을 기준으로 하여 구별하는 것이 현실적이지 않다. 더욱이, 진보성 판단에서는 물론이고 용이실시 판단에도 사후고찰이 적용되어서는 아니 될 것인데, '사후'의 기준일이 그 두 장면에서 같은 것이 바람직할 것이다.

넷째, 선출원 국가에서는 용이실시가 인정되지 않는 것이 후출원 국가에서는 (그 사이에 공개된 다른 정보로 인하여)[36)] 용이실시가 인정되는 것이 바람직하지 않다.

다섯째, 우선권주장이 인정되기 위해서는 통상의 기술자가 선출원 명세서의 명세서를 읽고 후출원 청구발명을 과도한 실험 없이 용이하게 실시할 수 있어야 하는데,[37)] 그런 견지에서 선출원 명세서가 선출원 당시에 이미 용이하게 실시할 수 있어야 할 것으로 생각된다.

## Ⅳ. 결 론

이 글은 명세서의 용이실시 요건과 발명의 진보성 요건의 차이를 적시하였다. 즉, 용이실시 판단에서는 통상의 기술자가 명세서와 발명을 비교하고, 진보성 판단에서는 통상의 기술자가 선행기술 중 일부인 인용기술과 발명을 비교하는 것이다. 이 두 장면에서의 통상의 기술자는 기초적인 기술지식(소위 기술상식)은

34) AK Steel Corp. v. Sollac, 344 F.3d 1234, 1241 (Fed. Cir. 2003) ("Because a patent specification must enable the full scope of a claimed invention, an enablement inquiry typically begins with a construction of the claims.").

35) 이 글이 용이실시와 진보성이 서로 연관되는 점을 설명하고 있다.

36) 파리조약은 우선일과 실제 출원일 사이에 발생한 일로 인하여 출원인이 불이익을 받지 않는다고 규정하고 있다. 용이실시 요건의 판단 기준일을 우선일로 하는 경우, 우선일과 실제 출원일 사이에 용이실시에 도움을 주는 정보가 공개되었음에도 불구하고 출원인은 그 정보에 기댈 수가 없다. 출원인은 그 정보로부터 이익을 받지 못하는 것일 뿐, 불이익을 받는 것이 아니다.

37) Chiron Corp. v. Genentech, Inc., 363 F.3d 1247, 1254 (Fed. Cir. 2004) ("Whether the earlier applications enable the claims of the '561 patent is determined as of the filing date of each application.").

물론 중급 기술자로서 알 수 있는 기술지식을 활용하여 용이실시 및 진보성을 판단한다. 이 두 장면에서 활용되는 통상의 기술자의 지식이나 수준이 서로 다른 것인지 아니면 같은 것인지에 대하여는 향후 더 많은 논쟁이 필요할 것이나, 기본적으로 용이실시와 진보성 요건은 비교대상이 다르므로 별개의 판단이라고 보아야 한다. 그러므로, 용이실시와 진보성 요건을 동시에 충족하는 것이 얼마든지 가능한 것이다.

한편, 출원인 중에는 발명의 상세한 내용을 명세서에 다 드러내기를 꺼려하는 자도 있을 수 있다. 즉, 한편으로는 개략적인 기술사항을 특허출원하고 다른 한편으로는 중요한 기술사항을 영업비밀로 간직하여 영업비밀보호법과 특허법으로 동시에 보호받고자 하는 작전이 시도될 수 있다. 이러한 작전은 자칫 특허제도의 의의를 몰각시킬 수 있으므로,[38] 이러한 작전이 성공적이지 못한 것으로 만들기 위해서는 명세서의 용이실시 요건을 좀 더 엄격하게 볼 필요가 있을 것이다. 즉, 명세서는 발명을 이해할 수 있는 정도에 그치는 것이 아니라 재현할 수 있는 정도에까지 이르러야 한다.[39] 이러한 필요성은 특히 화학, 제약, 바이오 등 예측가능성이 낮은 기술분야에서 더욱 높아진다.[40]

---

38) Lee Petherbridge & Jason Rantanen, *In Memoriam Best Mode*, 64 Stanford L. Rev. Online 125, April 25, 2012 ("The underlying concern is that a strategically minded patent applicant can make an enabling disclosure of an invention it has conceived and at the same time keep secret details crucial to the practice of the most commercially valuable forms of the invention."). 〈http://www.stanfordlawreview.org/online/in-memoriam-best-mode#footnote_1〉.

39) 대법원 2006. 11. 24. 선고 2003후2089 판결("한편, 특허법 제42조 제3항은 발명의 상세한 설명에는 통상의 기술자가 용이하게 실시할 수 있을 정도로 그 발명의 목적·구성 및 효과를 기재하여야 한다고 규정하고 있는바, 그 뜻은 특허출원된 발명의 내용을 제3자가 명세서만으로 쉽게 알 수 있도록 공개하여 특허권으로 보호받고자 하는 기술적 내용과 범위를 명확하게 하기 위한 것이므로 통상의 기술자가 당해 발명을 명세서 기재에 의하여 출원시의 기술수준으로 보아 특수한 지식을 부가하지 않고서도 정확하게 이해할 수 있고 동시에 재현할 수 있는 정도를 말하는 것이고 ……").

40) 대법원 2007. 7. 26. 선고 2006후2523 판결("약리효과의 기재가 요구되는 의약의 용도발명에서는 그 출원 전에 명세서 기재의 약리효과를 나타내는 약리기전이 명확히 밝혀진 경우와 같은 특별한 사정이 있지 않은 이상 특정 물질에 그와 같은 약리효과가 있다는 것을 약리데이터 등이 나타난 시험예로 기재하거나 이에 대신할 수 있을 정도로 구체적으로 기재하여야만 명세서의 기재요건을 충족하였다고 볼 수 있다(대법원 2001. 11. 30. 선고 2001후65 판결, 대법원 2006. 2. 23. 선고 2004후2444 판결, 대법원 2007. 3. 30. 선고 2005후1417 판결 등 참조).").

# 제 4 절 모인기술을 변경한 발명의 진보성 및 공동발명 판단

## Ⅰ. 서 론

모인출원(derived application)에[1] 관한 몇 개의 논문들이 있는데, 그 논문들은 대부분 다른 자로부터 입수한 기술(이하 '모인기술')과[2] 출원발명(특허발명)이 동일한 경우를 상정하고 관련된 법리를 설명한다.[3][4][5] "그런데 현실에서는 타인의 비

1) 강기중, "무권리자의 특허출원(모인출원(冒認出願))과 정당한 권리자의 보호", 「법조」, 법조협회, 2004, 6면("[모인은] 일본의 明治 13년의 형법에서 유래된 '횡령'을 의미하는 말이라고 한다. 竹田和彦, 特許の知識(제6판), ダイヤモンド社(2000), 202쪽"). 미국에서는 모인을 "derivation", 모인기술을 "derived invention"이라고 칭한다. 우리 말로서는 의미가 직접적으로 전달되지 않는 '모인'이라는 용어 대신에 다른 용어로 대체할 수 없는가? "Derivation"은 한국어로는 '파생'이라고 번역된다고 한다. 한편, 영업비밀보호법에서 사용하는 부정취득(misappropriation)이라는 용어를 사용하여 모인출원을 "Misappropriated Application"이라고 번역할 수도 있을 것이다. 모인출원이라는 것은 특허를 받을 수 있는 권리를 가지지 않은 자에 의한 출원을 의미하므로 "권리결여출원"이라고 부르는 것은 어떤가?

2) 모인기술은 그 자체로 실시 가능한 것이어야 한다. IDA Ltd v The University of Southampton [2006] EWCA Civ 145 (2 March 2006), at 39 ("In the context of entitlement to a patent a mere, non-enabling idea, is probably not enough to give the patent for it to solely the devisor. Those who contribute enough information by way of necessary enablement to make the idea patentable would count as 'actual devisors', having turned what was 'airy-fairy' into that which is practical … On the other hand those who contribute no more than essentially unnecessary detail cannot on any view count as 'actual devisors'.").

3) 강기중, 앞의 논문, 22면("모인이 되었다고 할 수 있는가 여부가 문제가 되는 미묘한 경우가 적지 않은바, 이 문제는 결국 발명의 동일성의 문제로 귀착될 것이어서 아래에서는 논의를 단순화하기 위하여 무권리자의 출원의 대상이 된 발명, 특허의 기술적 범위가 동일성이 있는 것임을 전제로 설명한다."); 조영선, "모인출원의 법률관계 — 대법원 2004. 1. 16. 선고 2003다47218 판결", 「지적재산권」 제12호, 한국지적재산권법제연구원, 2006; 윤선희, "특허를 받을 수 있는 권리에 관한 연구", 「산업재산권」 제24호, 한국산업재산권법학회, 2007.

4) 공동발명자 중 1인의 단독출원이 모인출원인가? 조영선, 앞의 논문, 59면(공동출원 요건을 위반한 출원을 모인출원의 한 유형으로 설명). 제33조에서의 "발명을 한 자"를 발명을 한 '모든' 자로 읽는다면 제44조가 굳이 필요하지 않는 것 아닌가? 그런 견지에서는 제44조에 의한 거절이 더 합당해 보인다. 또, 만약, 공동출원 요건을 위반한 출원이 모인출원이라고 가정하면, 그러한 경우의 법률적 효과는 일반 모인출원의 경우와 동일한가? 즉, 공동발명자 모두가 출원한 진정 출원에 대하여 (항상) 소급효를 인정하여야 하는가?

5) 우리 논문에서 모인정보로부터 변경된 발명의 권리 관계에 대하여 다루고 있는 것은 발견하지 못하였다. 다만, 하나의 논문이 각주에서 살짝 언급하는 정도를 발견하였을 뿐이다. 윤선희, 앞

밀기술을 지득한 사람이 그 발명 그대로 특허출원하는 경우보다 그 구성 중 일부를 변경하거나 개량하여 출원하는 경우가 오히려 더 흔한 것으로 보인다."[6] 비밀로 간직 중인 모인기술을 직접 또는 간접 입수한 자가 그 모인기술을 바탕으로 연구개발을 하여 다른 발명을 한 경우에는 사정이 조금 다를 수 있다.[7] 그 자의 발명이 모인기술과 동일한 범주를 벗어나지 못하는 경우에는[8] 관련 출원은 모인출원에 해당하여 특허법 제33조에 따라 특허를 받을 수 없거나 특허가 된 경우에는 그 특허는 무효가 되고 정당한 발명자가 모인출원 이후에 한 특허출원에 대하여는 모인출원의 출원일에 출원된 것으로 간주하게 된다.[9]

한편, 그 자의 발명이 모인기술과 동일하지 않는 경우에는 어떠한가? 이 절은 이와 같이 동일성의 범위를 벗어나는 변경된 발명을 처리하는 방안에 관하여 논한다. 변경된 발명이 모인기술과 비교하여 동일하지 않는 경우 그것을 모인발명, 모인출원으로 보기 어렵다. 만약, 변경된 발명이 모인발명이 아니라면 또 하나의 질문이 뒤따른다. 즉, 해당 발명이 모인기술과 동일하지는 않지만 모인기술과 다른 선행기술을 결합하면 통상의 기술자가 용이하게 해당 발명을 도출할 수 있는 경우에 그 자에게 특허권을 부여하여야 하는가? 이 절은 공지되지 않은 모인기술을 선행기술로 활용할 수 있는지에 대하여 살펴본다. 만약, 그러한 공지되지 않은 모인기술을 진보성 판단에 사용하고자 한다면 공지되지 않은 기술을 선행기술로 포섭하기 위하여 우리 특허법의 선행기술 법리를 수정하여야 하고, 만약, 사용할 수 없다면 모인기술을 약간 변경한 발명에 대하여 (다른 유력한 선행기술이 존재하지 않는다면) 특허를 부여하여야 하는 불합리한 결과를 감수하여야 할

---

의 논문, 81면 각주 30("그러나 정당한 권리자의 발명에 의해 거절·무효로 할 수 없는 개량발명 등에 관련된 모인출원 부분은 정당한 권리자의 발명이라고는 말하기 어려워 특허를 받을 권리의 확인청구 또는 특허권의 이전청구가 인정되기는 곤란하다고 생각된다.").

6) 성창익, "모인대상발명을 변경 또는 개량하여 특허등록한 경우 모인출원이 성립하는지 여부 등", 「특허판례연구」 개정판, 한국특허법학회, 2012, 327면.

7) 대법원 2005. 2. 18. 선고 2003후2218 판결(청구항 제1항 발명은 모인기술인 것으로 판단되었지만, 제2항 발명은 (원천(source) 발명과의) 구성 및 효과의 차이가 인정되어 모인기술이 아닌 것으로 판단된 사례).

8) 여기서의 동일성 판단은 신규성, 우선권 인정 등의 장면에서의 동일성 판단과 같은 법리를 적용하여야 할 것이다. 특허청, 『심사지침서』, 3406면("발명의 동일성 문제는 발명의 신규성 문제뿐만 아니라, 진보성, 공지예외주장출원, 확대된 선원, 정당한 권리자의 보호, 선원, 특허를 받을 수 있는 권리의 승계, 분할출원, 변경출원, 우선권주장출원 등의 적합성을 판단하는 때에도 발생하는 문제로 본 장의 동일성 판단기준은 상기 각 부분에서 준용한다.")(관련 법 규정 기재 생략).

9) 특허법 제133조 제1항 제2호.

것이다.

이 절은 나아가, 변경된 발명이 모인기술(+다른 선행기술)과 비교하여 진보성이 인정되는 경우의 처리에 대하여도 논한다. 모인기술을 참고하기는 하였지만 별개의 발명 행위를 하고 기술의 진보를 이룬 자라면 그 자가 별도의 발명자가 될 수 있을 것으로 보인다. 만약 그렇게 진보성을 인정하고 특허를 부여하는 경우 모인정보를 제공한 자와 그 변경을 한 자와의 권리관계가 발생한다. 이 글은 그 둘을 공동발명자로 인정하는 구체적인 방안을 제시한다.

## Ⅱ. 모인출원 관련 기본이론

### 1. 특허법 제33조 모인출원 규정

특허법 제33조는 발명자 또는 그 승계인만이 특허를 받을 수 있는 권리를 가지는 것으로 규정한다.[10)11)] 이 규정은 발명자주의를 천명한 것으로 해석되고, 그 규정에 의하여 발명의 창출에 실질적으로 기여한 자만이 발명자가 된다. 만약, 대상 발명의 발명자 또는 그 승계인에 해당하지 않는 자가 그 발명에 대하여 특허출원을 하게 되면 그 출원은 소위 모인출원으로서 동 제33조를 근거로 출원 중에는 거절이유가 되고 특허등록 후에는 무효사유가 된다.

### 2. 선행기술의 정의

선행기술은 <u>특별한 경우를 제외하고는</u> 출원(일)(우선일) 전에 공중이 이용할 수 있는 정보이다.[12)13)] 해당 정보는 간행물, 인터넷, 사용, 인지 등의 형태로 존

---

10) 발명을 한 자 또는 그 승계인은 별도의 제한 없이 바로 특허를 받을 수 있는 권리를 가지고, 특허법이 정하는 요건을 충족하는 경우 특허를 받을 수 있다. 비교: 강기중, 앞의 논문, 6면("발명을 한 자 또는 그 승계인은 특허법이 정하는 요건을 충족하는 때에는 특허를 받을 수 있는 권리를 가지는바(법 제33조 제1항), ……"); 윤선희, 앞의 논문, 78면("특허를 받을 수 있는 권리는 발명의 완성과 동시에 발명자에게 원시적으로 발생하여 설정등록 전까지의 모든 단계에서 존재하는 권리이다.").

11) 저작권은 국제성이 있다. 저작자가 저작물을 창출하는 순간 전세계적으로 저작권을 가진다. 특허를 받을 수 있는 권리도 국제성이 있다. 즉, 한국에서 창출된 발명을 다른 자가 미국에서 불법으로 공개하거나 특허출원하는 경우 그 자를 상대로 미국 특허법에 근거하여 미국에서 소송을 제기할 수 있다.

12) 제3장 제1절 참고.

13) 물론 선발명주의에 따르면 선행기술의 정의가 달라질 것이다. 2011년 법 개정에 의하여 미국이

재할 수 있다.[14] 우리 특허법은 선행기술의 정의에 부합하는 데도 불구하고 선행기술로 사용할 수 없게 하는 제30조 공지예외 제도도 두고 있고, 선행기술의 정의에 부합하지 않는데도 불구하고 선행기술로 사용할 수 있게 하는 제29조 제3항 저촉출원 제도도 두고 있다.[15] 즉, 정책적 필요에 의하여 선행기술 제도에 예외를 허용하고 있는 것이다. 모인출원에 대하여도 정책적 필요에 의하여 선행기술 제도에 예외를 인정할 수 있는 여지를 보여주는 대목이다.

### 3. 비공지 모인기술

어떤 기술을 비밀로 간직한 자는 그 기술을 선행기술로 사용하며 상대방 발명의 신규성 또는 진보성 결여를 주장할 수 없다. 다만, 그 기술을 비밀로 실시하고 있는 자 또는 실시를 준비하고 있는 자가 선사용권(prior user's right)을 주장할 수 있을 뿐이다.[16] 선사용권을 인정하는 것이 특허출원보다는 영업비밀을 선호하게 하는 부작용을 초래한다는 주장이 강한데, (실시하지 않고) 비밀로 간직한 정보를 바탕으로 상대방 발명의 신규성 또는 진보성 결여를 주장할 수 있게 하는 경우, 그러한 부작용이 더욱 심할 것이므로 정책적으로도 바람직하지 않다.

모인기술은 그 기술이 비밀인 것과 공지된 것으로 구분될 수 있다. 모인기술이 공지된 것이라면 모인출원의 발명은 그 모인기술로 인하여 신규성이 인정되지 않아 특허를 받을 수 없으므로 별다른 쟁점이 발생하지 않는다. 모인기술의 제공자는 특허법 제30조의 규정에 따라 공지예외를 주장하며 출원을 하면 되고 제30조가 규정하는 12개월이 경과한 경우에는 다른 구제책이 없다. 모인기술이 공지되지 않은 경우 그것은 기본적으로 선행기술의 지위를 가지지 못한다.[17] 그

---

선발명주의를 포기하고 선출원주의를 도입하여 주요국 중에서 선발명주의를 유지하는 국가는 없으므로 선발명주의에 따른 선행기술의 정의에 대한 논의는 불필요하게 되었다.

14) 특허법 제29조 제1항 각 호.

15) 소위 확대된 선출원 제도이다. 그런데 동 용어는 직관적으로 그 용어가 의미하는 바를 이해하기가 어려운 면이 있다. 중국에서는 제29조 제3항 소정의 출원을 저촉출원(抵觸出願)이라고 부른다. 이 용어가 확대된 선출원보다 더 나아 보인다.

16) 특허법 제103조(선사용에 의한 통상실시권) 특허출원시에 그 특허출원된 발명의 내용을 알지 못하고 그 발명을 하거나 그 발명을 한 자로부터 지득하여 국내에서 그 발명의 실시사업을 하거나 그 사업의 준비를 하고 있는 자는 그 실시 또는 준비를 하고 있는 발명 및 사업의 목적의 범위안에서 그 특허출원된 발명에 대한 특허권에 대하여 통상실시권을 가진다.

17) 대법원 2005. 2. 18. 선고 2003후2218 판결("발명의 내용이 계약상 또는 상관습 상 비밀유지의무를 부담하는 특정인에게 배포된 기술이전교육용 자료에 게재된 사실만으로는 공지된 것이라 할 수 없다.").

러므로 모인기술의 제공자는 그것을 근거로 해당 모인출원이 신규성 또는 진보성을 결여하였다는 주장을 할 수는 없고 모인출원임을 이유로 특허법 제33조에 따라 특허거절 또는 특허무효를 주장할 수 있을 뿐이고 나아가 다른 특허출원을 하면서 제34조 또는 제35조를 근거로 출원일 소급의 혜택을 받을 수 있을 뿐이다.

### 4. 가상 청구항과의 대비 여부

모인기술을 가상의 청구항으로 상정하고 그 가상 청구항과 모인출원의 청구항을 비교하여 모인 여부를 판단한다는 견해가 있다.[18] 그러나, 모인기술을 청구발명과 직접 비교하면 되는 것이지 구태여 그 모인기술을 가상의 청구항으로 만들 필요가 없다고 생각한다. 청구발명의 신규성을 판단함에 있어서 선행기술과 청구발명의 동일성을 직접 비교하면 되는 것이지 선행기술의 내용을 가상의 청구항으로 만들 필요가 없는 바와 같다. 또, 청구항의 보정이 신규사항을 도입하였는지 여부를 판단하는 경우 (최후거절이유 통지 전이라면) 보정된 청구항과 최초 명세서를 비교하게 된다. 즉, 이 경우 최초 명세서 전체를 비교대상으로 삼는 것이지 그 최초 명세서에 기재된 내용을 바탕으로 가상의 청구항을 만들어서 그 가상의 청구항과 보정된 청구항을 비교하는 것은 아니다.

### 5. 모인출원 판단: (실질적) 동일성 v. 진보성

모인기술과 대상 발명이 실질적으로 동일한 정도이면 대상 발명을 포함한 출원은 모인출원이 된다는 점에는 이견이 없다.[19] 그런데 그 실질적 동일성을 판단하는 것이 쉽지 않다. 대법원은 관련 법리를 다음과 같이 제시하고 있다.

---

18) 최승재, "특허법 제33조의 '발명을 한 자'의 의미", 법률신문, 2012. 12. 27.("모인출원의 경우에도 가상의 청구항(모인대상발명)을 만들어서 이 가상의 청구항과 모인출원된 청구항을 비교하여 모인출원이 의심되는 특허출원이 도용된 바로 그 발명인지 여부를 판단하는 과정이 필요할 것인바, 이 과정에서 모인출원을 한 것으로 의심되는 자가 제33조상의 발명을 한 자인지 여부가 결정되게 된다.").

19) 성창익, 앞의 논문, 328면("특허발명이 새로운 발명적 기여에 의하여 개량 또는 변경된 것인 경우에는 모인대상발명에 대하여 모인출원이 성립한다고 할 수 없을 것이다. 반면에 특허발명과 모인대상발명 사이에 동일성이 인정된다면 특허발명에 새로운 발명적 기여가 없는 것이므로 모인행위가 인정되는 경우에는 모인출원이 성립할 것이다."); 일본도 동일성 기준을 적용하여 모인출원 여부를 판단한다고 한다. 위 328면("일본의 ブラジャー사건 판결(東京地裁 平成14년 7월 17일 平成13년(ワ)제13678호 판결)에서도 모인출원이 성립하기 위해서는 특허발명과 모인대상발명 사이의 동일성이 전제되어야 한다는 취지로 판시하고 있다.").

"발명자가 아닌 사람으로서 특허를 받을 수 있는 권리의 승계인이 아닌 사람(이하 '무권리자'라 한다)이 발명자가 한 발명의 구성을 일부 변경함으로써 그 기술적 구성이 발명자의 발명과 상이하게 되었더라도, 변경이 그 기술분야에서 통상의 지식을 가진 사람이 보통으로 채용하는 정도의 기술적 구성의 부가·삭제·변경에 지나지 않고 그로 인하여 발명의 작용효과에 특별한 차이를 일으키지 않는 등 기술적 사상의 창작에 실질적으로 기여하지 않은 경우에 그 특허발명은 무권리자의 특허출원에 해당하여 등록이 무효라고 할 것이다."[20][21][22]

위 판결은 발명자주의의 기본원칙에 근거하여 발명의 "기술적 사상의 창작에 실질적으로 기여하지 않은 경우에" 모인발명인 것으로 판단하겠다는 것이지만 정작 모인기술과 비교하여 대상 청구발명이 기술적 사상에 실질적으로 기여하지 않은 경우가 어떤 것인지에 대하여 판단하는 기준에 대하여는 다소 모호한 입장을 견지하고 있다. 즉, 모인발명인지 여부를 판단함에 있어서, ① 신규성 등에 적용되는 동일성 기준을 적용하는 것인지, ② 확대된 선원의 장면에서 적용되는 진보성과 유사해 보이는 동일성 기준을 적용하는 것인지,[23] 아니면 ③ 진보성 기준을 적용하는 것인지 여부가 불분명하다. 필자는 해당 판결은 위 3가지 기준 중 어떤 것을 적용할 것인지에 대한 답을 회피하고 있다고 생각한다.

위 판시에 의하면 모인기술로부터 변경된 발명이 통상의 기술자가 보통으로 채용하는 정도를 벗어나거나 또는 발명의 작용효과에 특별한 차이를 일으키는 등의 경우에는 그 발명은 새로운 변경을 가한 자의 정당한 발명이 되는 것이다.[24]

20) 대법원 2011. 9. 26. 선고 2009후2463 판결.

21) 발명자의 발명과 변경된 발명의 동일성을 판단하는 것으로 족하였는데 그러하지 않고 복잡한 그래서 비판의 여지가 많은 법리를 제시하고 있다. 예를 들어, 발명의 동일성을 판단함에 있어서는 특별한 경우를 제외하고는 발명의 효과를 따지지 않는데 본 판결은 발명의 효과를 거론하고 있다.

22) 동일성의 범위를 너무 넓게 잡고 있다. 아마도 모인출원하였다는 (괘씸한) 사실에 경도되어 개량한 노력을 인정하지 않고 동일성을 무리하게 넓게 잡고 있다. '통상의 기술자'가 용이하게 채용, 변경할 수 있는지 여부는 진보성의 문제이지 신규성이나 동일성의 문제가 아니다.

23) 혹자는 본 판결이 실질적 동일성 개념을 적용한 것으로 보는데 필자는 그 의견에 동의하지 못한다. 최승재, 앞의 글("대법원은 기존 판결에서 특허법 제33조의 문언에서 출발하기 보다는 실질적 동일성 개념으로 문제를 해결하였다. 사실 완전히 동일한 것을 출원한 경우 모인출원이라는 점은 의문이 없을 것이다. 그러나 이런 경우만 한정하게 되면, 단순히 주지관용기술 등을 부가하거나, 삭제하거나, 변경함으로써 쉽게 자신이 창작하지 않은 발명도 자신이 발명한 것처럼 출원을 하여 등록을 받을 수 있게 된다는 결론에 이르게 된다. 이는 발명자의 보호에 매우 미흡한 결론이다. 그러므로 이런 문제를 해소하기 위해서는 실질적 동일성 개념을 사용할 필요가 있었을 것으로 보인다.").

24) 최승재, 앞의 글("만일 그 자체로 별도의 개량발명 등이 되었다면 발명을 한 자가 될 것이므로

그런데, 해당 판결의 문구를 분석하면, 그 동일성 판단기준이 아래와 같이 진보성 판단기준과 매우 유사하다는 것을 알 수 있다.[25)]

| 구 분 | 모인 판단(2009후2463) | 진보성 판단 |
|---|---|---|
| 판단자 | 통상의 기술자 | 통상의 기술자 |
| 비교대상 | 모인된 원정보 | 선행기술 |
| 확인대상 | 청구항 발명 | 청구항 발명 |
| 핵심 판단사항 | 기술적 사상의 창작에 실질적 기여 | 용이도출 |
| 구체적 판단방법 | ① 보통으로 채용하는 정도의 기술적 구성의 부가·삭제·변경 및 ② 작용효과에 특별한 차이를 일으키지 않음 | ① 구성변경의 곤란성 및 ② 효과의 차이 |

위 대법원 2009후2463 판결에서 제시한 법리가 진보성 판단의 법리와 너무 유사하다는 점은 큰 문제이다.[26)27)] 이에 관하여 김관식 교수는 다음과 같이 비판하고 있으며, 필자도 그 의견에 동의한다.[28)]

모인출원이 아니라 발명을 한 자로서 특허를 받을 수 있다고 볼 것이다.").

25) 김관식, "모인출원 여부 판단시 발명의 동일성 판단", 「지식재산정책」 제13호, 한국지식재산연구원, 2012, 108면("이 사건에서는 모인출원인지의 여부와 관련하여 모인의 대상이 되는 발명과 모인출원 발명을 대비하면서, 그 차이가 통상의 기술자가 보통으로 채용하는 정도의 변경에 지나지 않고, 이에 따른 작용효과에 특별한 차이가 발생하지 않는 다는 점을 이유로 들고 있다. 여기서 사용한 판단기준은 진보성의 판단과 거의 유사한 것으로 구성의 변경이 있더라도 그 차이가 통상의 기술자가 채용할 수 있는 정도에 지나지 아니하는 경우에는 모인출원발명과 모인대상발명이 동일한 것으로 판단하고 있다."). 〈http://www.kiip.re.kr/issuefocus/down/(13호)013_국내판례분석.pdf〉.

26) 미국에서도 진보성과 유사한 기준을 제시한 사례가 있다. New England Braiding Co., Inc. v. A.W. Chesterton Co., 970 F.2d 878, 883 (Fed. Cir. 1992) (dictum) ("To invalidate a patent for derivation of invention, a party must demonstrate that the named inventor in the patent acquired knowledge of the claimed invention from another, or at least so much of the claimed invention as would have made it obvious to one of ordinary skill in the art.").

27) 미국에서도 유사한 비판이 있다. Gambro Lundia AB v. Baxter Healthcare Corp., 110 F.3d 1573, 1577 (Fed. Cir. 1997) ("Baxter did not need to prove communication of the entire conception, but rather only so much of the invention 'as would have made it obvious to one of ordinary skill in the art. … applied the wrong legal standard … introduces incorrectly an obviousness analysis into the test for derivation.").

28) 참고로, 모인출원과 사실관계가 비슷한 직무발명 사건에 있어서 양 발명의 '동일성'을 판단한

"모인출원인지 여부의 판단시 종전에는 실질적 동일성의 기준을 채택하였으나, 이 시건에서 진보성 판단 기준과 유사한 기준을 채택하여 모인출원 판단시의 동일성의 범위가 지나치게 넓어진 것으로 생각된다. 만일 상기 판결과 같은 논리를 구성한다면, A+B의 결합발명의 경우, A와 B가 타인에 의하여 발명되었고, 그 결합에 의하여 진보성이 인정되지 않는 정도의 발명인 경우, 발명을 하지 않은 것에 해당하게 되므로 이는 발명에 해당하지 않는다는 점을 근거로 특허법 제29조 본문 규정 위반을 들어 거절이 가능하게 될 것이다. 신규성, 진보성 판단 요건은 적용할 여지가 없게 되어 신규성, 진보성 요건은 형해화 되는 결과가 초래된다. 종전의 실질적 동일성의 개념으로 복귀하는 것이 바람직할 것으로 생각된다."[29]

그런데, 위 대법원 판결이 모인출원을 판단함에 있어서 무리하게 진보성 판단기준과 유사한 기준을 사용한 것은 모인출원의 특성에 기인한 것으로 보여진다. 즉, 모인기술을 약간 변경하여 동일성의 범주를 벗어나는 발명에 대하여는 특허를 부여하지 않을 정책적 필요성이 있고 그러한 필요성을 판결에 반영하기 위한 노력에 의하여 동일성의 범주가 지나치게 넓어진 면이 있는 것이다. 이 절은 모인기술을 약간 변경하여 동일성의 범주를 벗어나는 발명을 합리적으로 처리하는 방안을 제시하고 그대신 동일성을 판단하는 기준은 신규성, 신규사항 등을 판단하는 기준과 같은 것을 사용할 것을 제안한다.

## Ⅲ. 모인기술을 변경한 발명에 대한 처리

### 1. 특허법적 검토

일반적인 선행기술과 동일한 발명을 출원하는 경우 그 출원발명에 대하여는 신규성이 부정될 것이다(아래 사례 A-1). 연구개발을 통하여 선행기술을 변경한 발명을 출원하는 경우 그 출원발명에 대하여는 그 변경의 정도에 따라서 신규성 및 (필요하면) 진보성을 따로 판단하게 된다(아래 사례 A-2). 한편, 모인기술을 변경하지 않고 그대로 특허출원하는 경우 그 출원발명은 제33조에 따라 특허거절

사례. 특허법원 2009. 9. 10. 선고 2008허7515 판결(대상 발명과 선출원 발명을 비교한 후 구성 및 작용효과의 차이를 인정하여 동일성을 부정한 사례).

29) 김관식, 앞의 논문, 110면.

되어야 할 것이다(아래 사례 B-1). 모인기술이 공지되지 않은 경우, 모인발명에 대하여 신규성으로는 거절할 수가 없다. 나아가, 모인기술을 변경하여 동일성의 범주를 벗어나는 발명을 출원하는 경우 그 출원발명에 대하여는 제33조에 의하여 거절할 수는 없을 것으로 보인다(아래 사례 B-2). 더욱이, 모인기술을 변경한 자가 도용자가 아니라 선의의 제3자인 경우에는 더욱 더 제33조에 의한 거절은 어려워 보인다(아래 사례 C-2).

| 사 례 | 출 처 | 출원 인 | 발 명 | 판 단 |
|---|---|---|---|---|
| A-1 | 공개특허<br>A+B+C | 일반적인<br>발명가 | A+B+C | 신규성 부정 |
| A-2 | 공개특허<br>A+B+C | 일반적인 발명가 | A+B+D 또는<br>A+B+C+E | 신규성 인정<br>진보성은 별도 판단 |
| B-1 | 영업비밀<br>A+B+C | 도용자<br>비밀유지의무자 | A+B+C | 모인출원(33조) |
| B-2 | 영업비밀<br>A+B+C | 도용자<br>비밀유지의무자 | A+B+D 또는<br>A+B+C+E | ? |
| C-1 | 영업비밀<br>A+B+C | 선의의 제3자<br>(도용자 전달) | A+B+C | 모인출원(33조) |
| C-2 | 영업비밀<br>A+B+C | 선의의 제3자<br>(도용자 전달) | A+B+D 또는<br>A+B+C+E | ? |
| D-1 | 영업비밀<br>A+B+C | 공동발명자 중 1인 | A+B+C | 공동출원 위반(44조) |
| D-2 | 영업비밀<br>A+B+C | 공동발명자 중 1인 | A+B+D 또는<br>A+B+C+E | ? |

우리 특허법은 (발명자주의를 기반으로) 발명자를 전제로 모인출원의 개념을 운용하고 있는데, 모인기술을 변경한 자도 발명을 한 자가 될 수 있을 것으로 보인다. 심지어 그 변경에 진보성이 인정되지 않아도 새로운 발명을 한 것으로 인정이 될 수 있다. 특허법은 진보성이 없는 발명도 어엿한 발명이 될 수 있음을 인정한다. 즉, 모인기술을 변경하여 모인기술과의 동일성의 범주를 벗어나는 경우, 그 변경을 한 자는 발명자가 되고 그 변경된 '발명'에 대하여는 진보성이 판단되어야 하는 것이다.

### 2. 특허정책적 검토

특허법은 특허출원 및 그로 인한 출원공개를 전제로 한다. 그러한 발명의 '공개'가 없는 경우 발명의 '이용'이 현저하게 줄어들 것이므로 그 발명에 대하여 특허권을 허여하여 발명을 '보호'할 이유도 없다. 그런데 영업비밀의 권리가 특허권에 비하여 상대적으로 우대되는 경우 특허출원이 감소할 수 있다. 그러므로 특허법은 특허가 영업비밀보다 우대되는 것을 선호한다. 한편, 영업비밀보호법이 영업비밀을 특허보다 우대하는 것에 대하여 특허법은 그 우대를 용인할 수 있을지 모르지만, 그 우대로 인하여 특허출원이 감소하는 결과를 초래한다면 그러한 우대에는 반대한다. 특허법과 영업비밀보호법을 다 관할하는 특허청으로서는 특허출원의 감소를 초래하는 영업비밀의 강화는 지양하여야 하고 특허출원의 감소를 초래하지 않으면서도 영업비밀의 권리를 강화하는 방안 또는 특허출원의 감소라는 부작용에 비하여 영업비밀의 권리 강화라는 장점이 압도적인 방안을 모색하여야 할 것이다. 발명자는 한편으로는 해당 발명을 영업비밀로 보존하는 것의 장점을 고려하고, 다른 한편으로는 특허출원을 하지 않음으로 인하여 야기되는 (모인출원과 같은) 단점도 같이 고려하여 영업비밀과 특허출원의 두 길 중 하나를 선택하여야 하는 것이다. 특허출원의 길을 선택한 경우, 발명자는 가급적 빠른 시기 내에 특허출원을 하여 권리를 공고하게 할 필요가 있다.

### 3. 모인기술의 선행기술 활용 여부

#### 가. 모인기술을 진보성 판단에서 선행기술로 활용할 필요성

어떤 기술을 창안한 자가 다른 자에게 그 기술을 설명하며 "이 자체로는 상업성이 없지만 '어떤' 다른 기술과 연계를 시키면 좋은 발명이 될 것이다"고 말하였고, 그 모인기술을 인지한 자가 그 기술을 '특정' 기술과 연계시켜 좋은 발명을 한 경우를 가정한다. 이 경우, 해당 발명이 특정 기술과 연계가 되었으므로 최초 창안자로부터 전달받은 기술 그 자체 만에 근거하여서는 해당 발명의 신규성이 부정되지 않는다. 더욱이, 모인기술을 선행기술로 사용할 수 없다면 해당 발명은 다른 선행기술에 근거하여서는 진보성까지 인정될 수 있을 것이다. 그런데, 모인기술을 '특정' 기술과 연계시키는 것이 통상의 기술자에게 매우 용이하였다면 해당 발명은 모인기술에 편승한 것에 불과하고 그 발명에 특허권이라는 권리를 부여할 정도의 사회적 기여가 존재한다고 인정되지 않는다. 사회적 기여를 하지 않은 발명자에게 특허권을 허여하는 것이 바람직하지 않다고 생각된다.

### 나. 우리 법원의 태도

대법원 2005. 2. 18. 선고 2003후2218 판결의 사건에서 특허심판원은 해당 개발자료는 비밀준수의무가 부여된 특정인에게만 배포된 책자로서 공지성이 없어서 원고의 발명의 진보성 판단을 위한 선행기술로 사용할 수 없다고 보았고, 특허법원도 동일한 취지로 판단하고,[30] 대법원도 그 판단이 정당하다고 보았다. 그런 점에서 우리 법원은 선행기술에 관한 기존의 법리를 모인출원의 경우에도 그대로 적용한다. 즉, 공중에게 알려지지 않은 그래서 선행기술이 되지 못하는 기술은 모인출원의 경우에도 진보성 판단을 위하여 사용될 수 없다는 것이다. 이러한 태도는 선행기술에 관한 법리가 엄연히 존재하고 모인출원에 적용되는 다른 별도의 규정이 없는 상황에서는 어쩔 수 없는 것이기는 하나 모인출원을 하는 자가 모인기술을 약간 변경하여 특허를 받는 (바람직하지 않은) 상황을 막아야 함에도 막을 수 없다는 점에서는 법리상의 한계 또는 공백이라고 생각된다. 그런데, 우리 특허법에서는 선행기술의 정의에 부합하는데도 불구하고 선행기술로 보지 않는 제30조 소정의 공지예외 제도, 선행기술의 정의에 부합하지 않는데도 불구하고 선행기술로 보는 제29조 제3항 소정의 저촉출원(확대된 선출원) 제도를 운영하고 있다. 즉, 정책적인 필요에 따라서 선행기술의 정의에 예외를 둘 수 있는 것이다. 위에서 살펴본 모인출원에서의 바람직하지 않은 상황을 방지하기 위하여 우리 특허법에 모인기술을 선행기술로 포섭할 수 있는 규정을 둘 수 있는 것이다.

### 다. 미국의 법리

미국에서는 모인기술이 선행기술로 인정되고 그럼으로 인하여 모인기술로부터 진보성이 인정되지 않는 출원발명에 대하여는 특허를 허여하지 않는다.[31] 더

30) 특허법원 2003. 8. 22. 선고 2002허4002 판결.

31) OddzOn Products, Inc. v. Just Toys, Inc., 122 F.3d 1396, 1401 (Fed. Cir. 1997) ("The prior art status under § 103 of subject matter derived by an applicant for patent within the meaning of § 102(f) has never expressly been decided by this court. We now take the opportunity to settle the persistent question whether § 102(f) is a prior art provision for purposes of § 103. As will be discussed, although there is a basis to suggest that § 102(f) should not be considered as a prior art provision, we hold that a fair reading of § 103, as amended in 1984, leads to

욱이, 모인기술과 다른 실제 선행기술을 결합하여 통상의 기술자가 용이하게 출원발명을 도출할 수 있다면 그 출원발명의 진보성을 인정하지 않는다.[32] 미국 구 특허법(2011년 개정 전의 것)에 의하면 모인출원에 관한 규정이 제102조 내에 (f)항으로 존재하고[33] 제102조가 선행기술과 관련된 규정이고, 진보성에 관한 제103조가 제102조가 규정하는 기술을 (몇 예외를 제외하고) 선행기술로 인정하고 있음으로 인하여 제102조 (f)항에 의한 모인기술이 선행기술로 인정되기 쉬웠고,[34] 더욱이 미국의 1984년 법 개정의 문언을 해석하면 그렇게 해석될 수밖에 없었다고 한다.[35][36] 즉, 미국의 경우, 법 규정에 따라 모인정보를 선행기술로 포섭하고 있는 것이다.[37][38]

### 라. 소 결

모인기술을 모인출원의 진보성 판단에 있어서 선행기술로 활용할 수 있도록 하여야 한다. 즉, 모인기술과 다른 선행기술을 묶어서 출원일에 통상의 기술자가

---

the conclusion that § 102(f) is a prior art provision for purposes of § 103.").

32) *Id.* at 1403－04 ("We therefore hold that subject matter derived from another not only is itself unpatentable to the party who derived it under § 102(f), but, when combined with other prior art, may make a resulting obvious invention unpatentable to that party under a combination of §§ 102(f) and 103.").

33) 미국 구 특허법 제102조 (f)항은 우리 특허법 제33조의 규정에 상응한다. 35 U.S.C. 102(f) (" … he did not himself invent the subject matter sought to be patented … ").

34) 모인정보가 선행기술이 될 수 없다는 반대의견도 있다. Lamb－Weston, Inc. v. McCain Foods, Ltd., 78 F.3d 540, 548－49 (Fed. Cir. 1996) (Newman, J., dissenting) ("Derived knowledge can indeed be invalidating [under § 102(f)], but it is not properly described as 'prior art,' which is defined as actual or presumed public knowledge.").

35) Oddzon Prods., 122 F.3d at 1403 ("[T]he language that states that § 102(f) subject matter is not prior art under limited circumstances clearly implies that it is prior art otherwise. That is what Congress wrote into the law in 1984 and that is the way we must read the statute.").

36) 제102조 (f)항 및 *Oddzon* 판결에 대한 전반적인 분석에 관한 글은 다음 참고. James B. Gambrell, *The Impact of Private Prior Art on Inventorship, Obviousness, and Inequitable Conduct*, 12 Fed. Circuit B.J. 425 (2002－2003).

37) 한편, 2011년 미국 특허법 개정에 의하여 모인출원에 관한 제102조 (f)항은 삭제되고 그대신 제135조가 모인출원제도를 규정하고 있다. 이러한 규정의 이동으로 인하여 모인정보의 선행기술의 지위가 어떻게 변할지에 대하여는 법원의 해석을 기다려야 한다. Joe Matal, *A Guide to the Legislative History of the America Invents Act: Part I of II*, 21 Fed. Circuit B.J. 435, 513+ (2012).

38) 2011년 미국발명자법 개정에 따라 제102조 (f)항이 모인출원을 규정하는 제135조로 옮겨졌고 그럼으로 인하여 모인기술과 출원발명의 실질적 동일성만 판단하게 되고 모인기술을 선행기술로 포섭할 수 없게 되었다는 내용을 설명하는 글은 다음 사이트 참고. 〈http://www.patentlyo.com/patent/2012/10/crouch-101-invention-requirement.html〉.

해당 발명을 용이하게 도출할 수 있다면 그 발명은 진보성을 결여한 것으로 보아야 한다. 이렇게 하는 것이 ① 모인출원인이 다른 출원인에 비하여 부당하게 유리한 상황을 방지할 수 있고, ② 진보성 판단의 일반적인 법리와 상응하고, 나아가 ③ 모인 여부를 판단하는 기준을 동일성 기준과 상응시킬 수 있다.

### 4. 변경된 모인출원에 대한 공동발명의 인정

우리 모인출원 제도는 상대방의 비밀정보를 부당하게 취득하여 약간 변경한 자가 특허권을 획득하는 것이 부당하다는 점에 근거하여[39] 실질적 동일성의 법리를 지나치게 확장하여 결과적으로 진보성 법리와 다르지 않은 것이 되게 하였다. 그러한 동일성 법리의 지나친 확장이 바람직하지 않음은 위에서 언급하였다. 모인기술을 변경한 정도에 따라서는 새로운 출원발명이 진보성을 구비하고 특허가 허여될 수 있다. 그러한 경우 모인기술을 제공한 자와 변경발명을 한 자는 어떤 관계를 가지게 되는가?

다음과 같은 사례를 가정한다. 해당 출원 또는 특허가 제1항 내지 제3항의 발명을 가지고, 제1항 발명은 모인기술과 (실질적으로) 동일하고, 제2항 발명은 모인기술과 동일하지 않지만 진보성이 인정되지는 않고, 제3항은 모인기술에 비하여 진보성이 인정되는 경우를 가정한다.

제1항 발명을 포함한 출원은 모인출원이므로 제1항 발명에 대하여는 모인기술을 제공한 자가 새로운 특허출원을 하여 권리를 확보할 수 있다.

제2항 발명에 대하여는 모인기술을 선행기술로 삼아서 제2항 발명의 진보성을 부정하면 된다. 비록 모인기술이 공지된 것이 아니어서 선행기술의 정의에는 부합하지 않지만 선행기술 제도에 예외를 두고 해당 출원에 대하여는 선행기술로 활용될 수 있도록 하는 것이다. 다만, 제2항 발명은 (실질적) 동일성의 범주는 벗어나는 것이므로 모인출원은 아니고 제2항 발명에 대하여는 모인기술을 제공한 자가 아무런 권리를 가지지 못한다.[40] 제2항 발명이 이미 공개된 경우, 모인

39) 김관식, 앞의 글, 109면("이러한 근거의 주된 이유로는, 이 사건 출원발명의 경우에는 종전에 모인출원의 판단기준인 발명의 실질적 동일성 기준을 적용한다면, 양 발명이 실질적으로 동일하지 않아 결국 모인출원으로 되지 않고, 따라서 모인출원자에게 특허권이 허여되어야 하는데, 이는 영업비밀을 부당하게 취득하여 이를 약간 변경한 것에 지나지 않는 발명에 대하여 특허권을 부여하는 것은 결과적으로 부당하다는 점을 들고 있다.").

40) 이전 직장에서의 직무발명을 기초로 변경된 발명을 퇴직 후 출원한 경우에도 동일한 기준을 적용할 수 있다. 강선준, "종업원의 퇴직 이후 직무발명과 동일성에 대한 판단", 「법학」, 숭실

기술을 제공한 자는 그 모인기술에 대하여 출원을 할 수 있는 기회를 실질적으로 박탈당하게 된다. 그러나, 이러한 손해는 애초 모인기술을 제공한 자가 해당 모인기술을 다른 자와 공유하는 순간 발생할 수 있음을 전제로 하는 것이므로 모인기술을 제공한 자는 당연히 그 손해를 감수하여야 한다.

제3항 발명에 대하여는 진보성을 인정하되 그 발명에 대하여는 모인기술을 제공한 자와 해당 출원의 출원인이 공동발명자인 것으로 처리하면 된다.[41][42][43] 모인기술이 이미 알려진 공지기술인 경우에는 해당 출원발명은 공지기술을 바탕으로 기술개량을 하여 진보성을 획득한 것이므로 그 개량한 자에게 단독발명자의 지위를 부여하는데 아무런 문제가 없다. 모인기술이 공지기술의 범주에 포함되지 않는 경우에는 모인기술에 이미 약간의 기술적 진보가 내재되어 있고, 해당 출원의 출원인은 그 모인기술에 추가적인 기술적 진보를 보탠 것으로 보아야 한다.[44] 그 경우, 두 명 모두 공동발명자가 될 수 있고, 모인기술을 제공한 자의 기술적 진보와 출원인의 추가적 기술적 진보의 정도를 평가하여 해당 발명에 대한 기여도를 산정하면 된다.[45]

이렇게 공동발명을 인정하는 경우, 해당 출원에 대하여 특허법 제44조를 이유로 거절하는 방안도 있으나,[46] (모인기술을 제공한 자를 출원인으로 포함하는) 출원인 명의변경의 기회를 주는 것이 더 적절한 경우도 있다고 생각된다. 해당 출

대학교 법학연구소, 2012, 19면("따라서 퇴직 후 발명의 동일성의 기준을 진보성 판단기준에 준하여 고려하는 것이 적절하다. 앞서 살펴본 바와 같이 이 사건 특허발명과 선출원 발명을 비교해볼 때 특허청구항에 기술된 내용이 형태와 방식에 약간의 차이가 있을 뿐, 이사건 특허발명과 선행 특허발명의 적용내용이 현저하게 향상 진보된 것이라고 할 수 없다").

41) 모인출원에 관한 사건에서 모인출원임을 주장하는 자는 모인출원이라는 이유 외에 공동발명이라는 이유도 병렬적으로 제시한다. 대법원 2005. 2. 18. 선고 2003후2218 판결.

42) 제3항에 대한 심사(심판) 중 출원인(특허권자)이 동 항을 삭제할 수 있는가, 삭제할 수 있도록 허용하는 것이 바람직한가?

43) 유사한 사실관계를 다룬 판결은 Gambro Lundia AB v. Baxter Healthcare Corp., 110 F.3d 1573, 1577 (Fed. Cir. 1997).

44) 김관식, 앞의 논문, 109면("결합발명의 경우 발명자가 결합발명의 모든 구성요소 자체를 발명하여야 하는 점은 아닐 것이고, 모인출원자도 모인대상발명에 더하여 일정한 구성의 차이를 더하였다는 점에서 기술적 사상의 창작을 전혀 하지 않았다고 볼 수는 없을 것이다.").

45) 공동발명자 사이의 기술적 공헌도를 산정하는 방법에 대하여는 정차호 등, "공동발명자 결정방법 및 공동발명자간 공헌도 산정방법", 「중앙법학」 제9집 제3호, 중앙대학교 법학연구소, 2007 참고.

46) 김관식, 앞의 논문, 110면("출원발명에는 회사 X의 갑과 회사 Y의 Z가 각각 발명의 실체적인 부분에 기여한 바가 있으므로 갑과 Z를 공동발명자로 인정한 후 공동발명에 대한 공동출원을 명시한 특허법 제44조를 이유로 거절하는 것이 타당하다고 생각한다.").

원의 출원인이 모인기술을 제공한 자도 공동발명자임을 알면서 고의로 그 자를 출원인에서 배제한 경우 동 출원은 특허거절 되는 것이 타당할 것이다.[47] 그러나, 동 출원인이 모인기술을 제공한 자가 공동발명자임을 알지 못하면서 선의로 또는 실수로 모인기술을 제공한 자를 출원인에서 배제한 경우 동 출원에 대하여는 명의변경을 허용하는 것이 가능하다고 생각된다.[48][49]

공동발명자 판단에 대한 오해 등 여러 이유로 인하여 공유자가 포함되지 않고 출원 또는 등록된 경우, 출원인 명의 변경 또는 등록명의인 변경으로 무효사유를 해소할 수 있는 것으로 보아야 한다.[50] 공동발명자 여부를 판단하는 것이 매우 어렵다는 현실을 고려하여야 하고, 그러한 해소가 불가능한 경우 선의의 권리자가 피해를 입을 우려가 존재함을 인정하여야 한다.

명의변경을 위하여, 출원이 계류 중인 경우에는 특허법 시행규칙 제26조 제1항의[51] 규정에 의하여 특허출원인 변경의 신고가 가능하고, 특허등록이 된 경

47) 미국의 경우 공동발명자 A가 다른 공동발명자 B를 기망의 의도에 의하여 고의로 누락한 경우 A의 불공정행위(inequitable conduct)에 의하여 해당 특허권은 (무효 사유에는 해당하지 않고) 권리의 행사가 불가능(unenforceable)하며 A의 불공정한 행위에 의하여 귀책사유가 없는 선의의 B도 해당 특허를 행사할 수 없다. 이를 소위 "one bad apple" 규칙이라고 하여 바구니 안의 하나의 썩은 사과에 의하여 전체 사과가 피해를 입는 경우에 비교한다. *Stark v. Advanced Magnetics, Inc.*, 119 F.3d 1551, 1556 (Fed. Cir. 1997) ("[I]f unenforceable due to inequitable conduct, a patent may not be enforced even by 'innocent' co-inventors. One bad apple spoils the entire barrel. Misdeeds of co-inventors, or even a patent attorney, can affect the property rights of an otherwise innocent individual."). 다만, 발명자가 아닌 자가 진정한 발명자를 속이고 출원한 경우에는 진정한 발명자의 요청에 의하여 가짜 발명자의 명의를 삭제하고 진정한 발명자의 명의로 변경을 할 수 있는 절차는 제공한다. 이 경우에도 진정한 발명자 측에서 기망의 의도가 있었던 경우에는 그러한 명의변경을 거절하거나 또는 명의변경이 되더라도 특허권의 행사가 불가능할 것이다. *Stark v. Advanced Magnetics, Inc.*, 119 F.3d 1551, 1556 (Fed. Cir. 1997)(" … allows complete substitution of inventors as long as the true inventors are without deceptive intent.").

48) 일본에서도 공동발명자가 자신의 지분에 따라 특허권의 지분에 대하여 이전청구를 할 수 있다. 第七十四条特許権の移転の特例) 特許が第百二十三条第一項第二号に規定する要件に該当するとき（その特許が第三十八条の規定に違反してされたときに限る。）又は同項第六号に規定する要件に該当するときは、当該特許に係る発明について特許を受ける権利を有する者は、経済産業省令で定めるところにより、その特許権者に対し、当該特許権の移転を請求することができる。

2. 前項の規定による請求に基づく特許権の移転の登録があつたときは、その特許権は、初めから当該登録を受けた者に帰属していたものとみなす。当該特許権に係る発明についての第六十五条第一項又は第百八十四条の十第一項の規定による請求権についても、同様とする。

49) 출원인의 고의 또는 악의는 누가 주장, 증명하여야 하는가?

50) 대형발명의 경우 발명자 및/또는 권리자가 수십 명에 이를 수 있고 이러한 경우 권리관계의 판단에 오류가 발생할 가능성이 매우 높다.

51) 특허법 시행규칙 제26조 제1항("법 제38조제4항의 규정에 의하여 출원인의 특허출원인변경신

우에는 특허등록령 제17조의[52] 규정에 의하여 등록명의인의 표시의 변경 또는 경정의 등록신청이 가능하다.

이와 맥락을 같이 하는 사례로 미국에서는 발명자 명의 변경에 있어서 기망의 의도가 없는 경우(without any deceptive intention) 실수를 정정할 수 있는 기회를 제공하고 있고[53][54] 우리의 경우에도 특허출원인의 착오(error)로 인한 경우 발명자 기재의 추가 또는 정정이 가능하다.[55] 물론 이러한 명의변경에는 ① 기존 명의자가 동의를 하여야 하고, ② 기존 명의자가 동의를 하지 않는 경우 명의변경을 주장하는 자가 명백한(clear and convincing) 증거로 자기의 주장을 증명하여야 할 것이다.[56]

모인출원은 애초 모인기술을 제공한 자가 비밀인 정보를 모인출원인과 공유하여 발생하는 것이고 그러한 공유는 우호적인 관계로부터 비롯되었을 것이다. 모인출원 사건이 발생하였다는 것은 그 둘 사이에 이미 악의적인 관계가 형성되

---

고를 하고자 하는 자는 별지 제17호서식의 특허출원인변경신고서에 다음 각호의 서류를 첨부하여 그 특허출원의 등록전까지 특허청장에게 제출하여야 한다."). 상기 규정은 권리의 승계에 의한 출원인 변경을 규정하는 법 제38조 제4항을 전제로 하고 있으나 승계에 의하지 않은 착오를 정정하기 위한 출원인 변경신고도 특허법 시행규칙 제26조에 의하여 가능한 것으로 보아야 하고 특허청 실무도 그러하다. 그렇지 않은 경우, 단순한 실수에 의한 출원인 명의의 오류 등을 정정할 수 있는 방법이 없게 되고 결국 법 제44조의 규정에 의하여 무효를 면치 못하게 되는 부작용을 초래한다.

52) 특허등록령 제17조("등록명의인의 표시의 변경 또는 경정의 등록은 등록명의인만으로 신청할 수 있다.").

53) 미국의 경우, 출원이 특허청에 계류 중인 경우, 특허청장은 특허법 제116조에 의거하여 발명자 명의변경을 허락할 수 있으며, 특허가 허여된 경우, 특허법 제256조에 의거하여 (1) 관계된 모든 자의 신청에 의하여 관련 사실이 증명된 후 특허청장이 발명자 명의변경을 허락하거나, (2) 관계된 모든 자의 의견을 청취한 후 법원이 발명자 정정을 명하고 특허청장은 발명자 명의변경 확인서를 발부한다.

54) Frank's Casing Crew & Rental Tools, Inc. v. PMR Techs., Ltd., 63 USPQ2d 1065 (Fed. Cir. 2002)(두 명의 발명자가 다른 한 명의 발명자를 의도·조직적으로 누락한 점을 근거로 해당 특허가 집행불가(unenforceable)한 것으로 판단); MCV, Inc. v. King-Seeley Thermos Co., 870 F.2d 1568, 1571 (Fed. Cir. 1988) (기망의 의도하에 다른 한 발명자를 추가하지 않은 경우 법 제256조에 의하여 발명자 명의변경이 허용되지 않으며 그 특허를 무효화할 수 있다고 판결); PerSeptive Biosystems v. Pharmacia Biotech, 56 USPQ2d 1001 (Fed. Cir. 2000).

55) 특허법 시행규칙 제28조("특허출원인이 착오로 인하여 특허출원서에 발명자중 일부의 발명자의 기재를 누락하거나 오기를 한 때에는 그 특허출원의 특허여부결정전까지 추가 또는 정정할 수 있다.").

56) 이러한 주장 및 증명을 하는 장(場)이 특허청이 되는 것이 바람직할 수도 있으나 현행 규정 및 양식에 의하면 특허청의 명의변경은 기존 명의자가 권리의 일부 양도 또는 승계에 동의하는 경우에만 가능하므로 기존 명의자가 동의를 하지 않는 경우에는 결국 법원이 그러한 주장을 할 수 있는 유일한 통로가 될 것이다.

었다는 것을 의미한다. 이제 위에서 소개한 바와 같이 그 둘이 공동발명자가 되는 경우 불편하겠지만 우호적인 관계를 다시 형성하여야 한다. 공동발명자, 공동출원인, 공동특허권자는 많은 의사결정을 합의하여야 하기 때문이다. 그러므로, 모인출원을 대함에 있어서 양 당사자는 그러한 우호관계를 대비하여 사건의 처리 과정에서 서로에게 최대한의 예의를 갖출 필요가 있다.

## Ⅳ. 모인출원 관련 제도 개선방안

### 1. 모인기술을 선행기술로 포섭하기 위한 법 개정방안

모인기술을 선행기술로 포섭할 필요성은 인정되어도,[57] 현행 특허법 규정하에서는 그러한 해석이 어려워 보인다. 미국의 경우, 우리 특허법 제33조에 해당하는 규정이 신규성을 규정하는 미국특허법 제102조 내에 (f)항으로 존재하여 그 규정을 진보성에 관한 제103조와 연결시키는 것이 가능하였지만, 우리 특허법에서는 모인출원에 관한 제33조와 진보성에 관한 제29조 제2항이 완전히 분리되어 있어서 그 두 규정을 연결하여 해석하기는 어려워 보인다. 모인기술을 선행기술로 포섭하기 위해서는 제29조에 다음과 같은 제5항을 신설할 수 있다.

> "⑤ 제29조 제1항 각 호에 해당하지 않는 발명인 경우에도 그 발명이 해당 출원발명을 한 자에 의하여 활용 또는 적어도 인지되었음이 명백하게 증명되는 경우 그 발명은 해당 출원발명에 대하여는 제29조 제1항 각 호에 해당하는 것으로 본다."[58]

---

57) 성창익, 앞의 논문, 329면("나아가, 특허발명과 모인대상발명이 동일하지는 않더라도 특허발명이 모인대상발명과 비교하여 기술적 사상에 특별한 차이가 없어 실질적인 발명적 기여가 없는 경우에도 모인출원의 성립을 긍정할 수 있을 것인가. 현실에서는 타인의 발명을 변경 또는 개량하여 몰래 출원하는 경우가 많은데 이러한 경우까지 포섭하여 모인출원으로 규제할 필요가 있다는 점, 모인출원에 관한 우리 특허법 규정은 발명의 동일성을 명시적으로 요구하고 있지 않다는 점 등을 고려할 때 발명이 동일한 경우에만 모인출원을 인정하는 것은 너무 편협하고 새로운 발명적 기여가 있는지 여부에 따라 탄력적으로 모인출원 여부를 따지는 것이 타당하다고 생각한다.").

58) 다른 한편, 특허법 통일화의 측면에서는 그러한 규정의 신설이 통일화를 저해하는 면이 있으므로 바람직하지 못하다. 통일화를 위한 WIPO 차원 또는 IP5 차원의 논의에서 이러한 규정의 신설이 필요함을 주장하여야 한다. 적어도 미국은 그 주장에 찬성할 것으로 예상이 된다.

### 2. 공동연구의 결과물에 대한 선행기술 예외 제도의 도입

공동연구를 하는 경우 양 당사자가 공동연구에 필요한 정보를 교환하게 된다. 그 경우, 다른 자에 의하여 제공된 정보가 공동연구의 결과물인 발명의 특허성을 판단함에 있어서 선행기술로 활용되게 되는 경우 그 양 당사자는 그러한 경우를 피하기 위하여 정보교환을 꺼리게 된다. 즉, 모인기술을 선행기술로 포섭하는 제도가 공동연구에 있어서 자유로운 정보교환을 저해하게 되는 부작용을 초래하게 되는 것이다. 그런 견지에서 공동연구의 경우에는 위 제안된 제29조 제5항에 대한 예외를 둘 필요가 있다.

미국 특허법의 2011년 개정 전 제103(c)조 또는 개정 후 제102(c)조는 공동연구(joint research) 계약의 한 당사자에 의하여 개시 또는 개발된 기술이 다른 당사자에게 권리이전 되는 경우 그 한 당사자가 개시 또는 개발한 기술이 다른 당사자의 출원발명에 대하여는 선행기술이 되지 않는 것으로 규정한다.[59] 우리 특허법에 미국 특허법 제102(c)조와 유사한 것을 다음과 같이 신설할 수 있다고 생각된다.

> "⑥ 공동으로 발명을 하고 그 공동발명의 결과물이 출원인에게 승계 또는 양도되는 것으로 합의된 경우 다른 자에 의하여 개발, 개시 또는 제공된 발명에 대하여는 제5항은 적용되지 아니한다."

### 3. 모인출원의 주장, 증명책임 및 시효

한편, 해당 기술이 모인기술이 되어 선행기술로 이용되기 위해서는 해당 기술이 모인기술이라고 주장하는 자가 명백한 증거로 모인임을 주장, 증명하게 하

59) "35 U.S.C. 102(c) Common ownership under joint research agreements. —Subject matter disclosed and a claimed invention shall be deemed to have been owned by the same person or subject to an obligation of assignment to the same person in applying the provisions of subsection (b)(2)(C) if—

(1) the subject matter disclosed was developed and the claimed invention was made by, or on behalf of, 1 or more parties to a joint research agreement that was in effect on or before the effective filing date of the claimed invention;

(2) the claimed invention was made as a result of activities undertaken within the scope of the joint research agreement; and

(3) the application for patent for the claimed invention discloses or is amended to disclose the names of the parties to the joint research agreement."

여야 할 것이다. 만약, 그런 정도의 강한 증명책임을 부여하지 않는 경우 특허소송에서의 피고 등이 방만하게 모인기술임을 주장하게 될 것이 예상된다.

제34조 단서 규정은 정당한 권리자의 출원을 모인출원의 출원일로 소급할 수 있도록 하면서 그러한 소급효에 관한 혜택은 모인출원이 특허를 받지 못하게 된 날로부터 30일까지로 한정한다.[60] 또, 제35조 단서 규정도 정당한 권리자의 출원을 모인출원의 출원일로 소급할 수 있도록 하면서 그러한 소급효에 관한 혜택은 모인특허의 등록공고가 있는 날로부터 2년 또는 무효심결이 확정된 날로부터 30일까지로 한정한다.[61] 모인출원에 대한 분쟁에는 시효가 적용될 필요가 있다. 미국은 특허법 제32조에서 모인 발생으로부터 10년 또는 인지로부터 1년 중 빠른 날을 시효로 정하고 있다. 우리는 '10년 또는 3년'의 시효를 적용하는 것이 적당해 보인다.

### 4. 모인심판 제도 신설

지식재산의 가치가 높아지는 점, 공동연구가 활발해지는 점, 종업원의 이직이 활발한 점, (특허권이 제대로 보호되지 않음으로 인하여) 특허출원보다 영업비밀을 선호하는 분위기가 (적어도 일부 기술분야에서는) 강하다는 점[62] 등으로 인하여 향후 모인출원 분쟁이 증가할 것으로 보인다.[63] 그런 점에서 모인출원 관련 분쟁을 해결하는 체제를 검토할 필요가 있다.

일본의 경우 모인출원은 특허청이 해결하지만 모인특허에 대하여는 민사법원이 담당한다. 반면에 미국의 경우 모인특허를 특허심판원에서 처리한다. 2011년 미국발명자법(American Invents Act)에 의하여 개정된 미국 특허법 제135조는 모인절차(derivation proceeding)를 제공하며 동 절차에 따르면 모인출원 또는 모인

60) "다만, 무권리자가 특허를 받지 못하게 된 날부터 30일을 경과한 후에 출원을 한 경우에는 그러하지 아니하다."

61) "다만, 그 특허의 등록공고가 있는 날부터 2년을 경과한 후 또는 심결이 확정된 날부터 30일을 경과한 후에 특허출원을 한 경우에는 그러하지 아니하다."

62) 특허권이 우리나라에 비하여 매우 강하게 보호되고 있는 미국에서도 최근 특허권의 보호 정도가 조금 약화되자 영업비밀을 선호하는 분위기가 있다고 한다. David Almerling, et al., *A Statistical Analysis of Trade Secret Litigation in Federal Courts*, 45:2 Gonz. L. Rev. (2010).

63) "일본지적재산보호협회의 조사('09)에 따르면, 응답기업·대학 3천개 중 95%가 공동연구를 경험했고, 약 75%가 현재도 진행 중이라고 응답하였고, 이 중 31%가 모인출원을 경험하였으며 과거 공동연구로 출원을 해야 할 발명을 단독으로 출원했다고 응답한 경우도 약 40%에 달한다고 함"(전성태, "'11년 일본 특허법 개정의 주요내용과 시사점"에서 재인용). 〈http://www.kiip.re.kr/issuefocus/down/Issue%20No.3,%202012.pdf〉.

특허에 대하여 이의를 제기하는 자는 청장에게 동 절차의 개시를 신청할 수 있으며 특허심판원이 동 모인관계에 대하여 결정한다. 물론, 특허심판원의 심결에 대하여 불복하는 자는 CAFC에 항소할 수 있다. 벨기에[64] 등에서도 모인특허에 대한 특허청에서의 이전청구 절차가 제공된다.

앞에서 살펴본 바와 같이 모인출원의 최대 쟁점은 (실질적) 동일성, 진보성 판단과 나아가 공동발명자 판단이며 그 점에 대하여는 일반 법원보다 특허심판원이 더 강점을 가진 것으로 보아야 한다. 더욱이 모인특허 절차가 특허의 정정심판과 연계가 될 소지가 다분하다. 그런 점에서 법원이 민사소송으로 다루는 것보다 특허심판원이 모인심판으로 다루는 것이 더 나아 보인다. 모인심판과 정정심판이 같이 돌아가는 경우 하나의 심판부가 그 두 심판을 같이 다룰 수 있을 것이다. 물론, 동 심결에 대하여는 특허법원에서 심결취소소송으로 다툴 수 있게 하여야 한다. 출원이 특허청 심사절차에 계류 중인 경우에는 심사관이 일차적으로 판단을 하고 그 심사관의 결정에 대하여는 심판원의 모인심판에서 다툴 수 있을 것이다.

## V. 결 론

이 절에서는 모인기술을 제공받은 자가 그 기술을 변경한 후 해당 발명을 특허출원하는 경우를 상정하였다. 만약, 해당 발명이 모인기술과 동일한 경우에는 해당 특허출원은 모인출원이 되고 기존의 법리에 따라 처리되면 된다. 그러나 해당 발명이 모인기술과 동일하지 않은 경우에 해당 특허출원을 어떻게 처리하여야 하는지에 대하여는 기존의 논의가 거의 없는 실정이고 더욱이 처리방안에 대하여는 더더욱 제안이 없는 실정이다.

이 절은 해당 발명이 모인기술과 비교되어 진보성을 거양하지 않는 경우 그 발명에 대하여 특허를 부여하지 않아야 한다는 정책적 필요성에 근거하여 모인기술을 선행기술로 포섭하여야 한다고 주장한다. 한편, 해당 발명이 모인기술만

64) IPR Helpdesk (EC), *Joint Ownership in Intellectual Property Rights*, p. 11 ("Several persons may have the Joint Ownership of an invention before this invention is registered. The risk is that one person may register the jointly owned invention under his name only. The true owner(s) of the invention can claim the total or partial transfer of the granted patent."). 〈http://www.kowi.de/Portaldata/2/Resources/FP6_alt/ipr_joint_ownership.pdf〉.

과 비교되어 진보성을 거양하였다 하더라도 다른 선행기술과 합쳐서 비교되어 진보성을 거양하지 않는 경우에도 위와 동일한 이유로 특허를 부여하지 않아야 한다.

해당 발명이 모인기술(+다른 선행기술)과 비교되어 진보성을 거양하는 경우, 모인기술을 제공한 자가 해당 특허출원의 발명자와 공동발명자가 될 수 있다. 물론 모인기술이 공지기술의 범위에 들지 않는 것을 전제로 한다. 그리고, 물론 공동발명자 사이의 기여도는 별도로 계산되어야 할 것이다.

현행, 우리 특허법은 모인출원에 대하여는 규정을 하고 있는데 모인특허에 대하여는 규정을 하고 있지 않다. 그래서 모인특허의 권리관계를 판단하는 절차를 특허심판원에 마련할 필요가 있다. 소위 '모인심판제도'를 신설할 수 있는 것이다. 모인특허의 주요 쟁점이 주로 신규성, 진보성, 공동발명자이므로 민사법원보다는 특허심판원이 판단하는 것이 더 좋아 보인다.

# 제 7 장

# 결 론

발명의 진보성 판단은 내재적으로 불확실성을 가진다. 그러므로 한편으로는 진보성 판단과 관련하여 객관적이고 예측 가능한 법리를 구축할 수 있다고 믿어서도 아니 되고, 다른 한편으로는 그러한 투명한 법리를 구축하는 것이 동 법리의 융통성을 저해하는 면이 있음을 명심하여야 한다.[1] 미국에서 1952년 법 개정을 통하여 진보성에 관한 제103조를 도입하면서 그 당시에는 불확정적이고 불명확한 개념이지만 훗날 그 개념이 명확해질 것으로 기대했지만[2] 60년이 지난 지금도 진보성의 개념이 명확해진 것으로 인정되지 않는다. 필자는 앞으로도 손에 잡히는 금과옥조의 진보성 법리가 제시될 것이라고 생각하지 않는다. 미래의 어느 시점에 특허사건을 처음 접하는 판사가 진보성 판단을 위한 객관적인 기준이 없다고 반복하여 불평할 것이다. 모호함과 분쟁은 어차피 인간이 피할 수 없는 숙명이라고 생각된다.[3] 그 와중에 여러 가지(branches)에 해당하는 좋은 판결을 제시하여 그러한 가지가 풍성해져서 나무 전체적으로 큰 그늘, 많은 열매를 맺을 수 있도록 하여야 한다. 즉, 하나의 명확한 진보성 법리를 구축하기는 어렵지만, 전체적으로 예측가능성이 높은 법리체계를 구축하여야 한다.

많은 경우 발명의 기술적 내용은 이해하기가 어렵다. 그 이해를 위해 판단자는 명세서를 반복하여 읽게 된다. 그런데 발명을 이해한 경우에는 해당 발명의 진보성을 폄훼하고, 발명이 이해가 되지 않는 경우에는 명세서의 용이실시를 부정하는 경향이 있을 수 있다. 이러한 양 극단적인 태도를 방지하는 것이 여간 어려운 일이 아니다. 특히, 진보성 판단자가 사후고찰에 빠지지 않도록 하는 것이 매우 중요하다. 그런 견지에서 이 글은 사후고찰의 여러 사례를 제공하고 그러한 사례를 익힌 판단자가 스스로 사후고찰의 오류에 빠지는 것을 경계할 수 있도록 하고 특허권자는 사후고찰의 주장을 할 수 있는 재료를 제공하였다.

발명의 진보성 판단이 어려운데, 상황을 더욱 어렵게 하는 점은 각국의 진보

1) Carol M. Rose, *Crystals and Mud in Property Law*, 40 Stan. L. Rev. 577, 609 (1988) ("At least in some instances, there is a great deal more clarity and certainty about a mud rule than a crystal one. … Mud rules … can take on a greater clarity in a social setting among persons with some common understanding—who know, for example, that a 'baker's dozen' numbers thirteen.").

2) S. Rep. No. 82—1979, at 18 (1952) ("at a later time … some criteria … [could] be worked out").

3) Steagald v. U.S., 451 U.S. 204, 231 (1981) ("Certainty and repose, as Justice Holmes said, may not be the destiny of man, but one might have hoped for a higher degree of certainty in this one narrow but important area of the law than is offered by today's decision.").

성 법리가 서로 다르다는 것이다. 물론, 크게 보면 각국의 진보성 법리는 유사한 점이 많지만, 약간만 자세히 들여다보면 많은 다른 점이 발굴된다.[4] 특히, 유럽의 과제-해결 접근법을 비유럽 국가들이 어떻게 수용할 것인지에 대한 진지한 고민이 필요하다. 특허법을 국제적으로 통일시키기 위한 노력이 진행되고 있는데, 특허실무에서 가장 중요한 진보성 법리부터 먼저 통일되어야 한다고 생각한다.

특허법 초심자의 진보성에 근거한 거절율이 경력자의 그것보다 더 높다. 즉, 특허실무의 오랜 경력이 있는 판단자일수록 진보성의 문턱을 서서히 낮추게 되는 것이다. 그런 견지에서 주니어 심사관의 거절결정률이 시니어 심사관의 그것보다 훨씬 더 높다. 이와 관련하여 주니어 심사관 1인당 년 5건 이하로 특허결정을 하고, 시니어 심사관 1인당 년 50건 이상 특허결정을 한다는 통계가 있다.[5] 판사는 어디에 해당하는가? 통상, 우리 법원의 판사는 순환보직 제도로 인하여 특허법의 초심자인 경우가 많다. 그렇다면 우리 법원의 판사도 진보성을 까다롭게 볼 여지가 많다. 이와 관련된 우리나라의 자료는 존재하지 않는데, 향후 연구의 주제가 된다고 생각된다.

그러므로 특허법원 판사의 재임기간을 늘려야 한다. 발명을 처음 접하는 초심자일수록 진보성의 문턱을 지나치게 높게 설정하는 경향이 있다.[6] 초심자는 특허나 발명은 (그 단어가 가지는 상식적인 의미로 인하여) 대단한 것이어야 한다는 상식적인 오해를 가지고 있기 때문이다. 특허나 발명이라는 단어가 일반인에게 주는 강한 선입견이 있다고 생각된다. 그러나, 상식 또는 오해에 의한 진보성의 개념과는 달리 특허법은 '통상'의 기술자가 선행기술로부터 '용이하게'(easily) 도출할 수 없는 발명은 진보성을 구비한 것이라고 보고 있고[7] 그 법리에 익숙하기

4) 다른 인식: 최덕규, "발명의 진보성 판단에 관한 특허법원 및 대법원 판례의 문제점", 「창작과 권리」 제29호, 세창출판사, 2002, 37면("진보성을 판단함에 있어서 우리의 법제와 실정은 외국의 법제와 실정과 결코 다르지 않다. 제외국이 규정하여 운용하는 진보성은 우리와 동일하고 그 판단방법 또한 동일하다. 전세계적으로 동일하다.").

5) Tu, Shine, *Luck/Unluck of the Draw: An Empirical Study of Examiner Allowance Rates* (October 5, 2011). Stanford Technology Law Review, Vol. 20, Forthcoming. Available at SSRN: http://ssrn.com/abstract=1939508 or http://dx.doi.org/10.2139/ssrn.1939508.

6) 특허청 심사관들은 이런 경향을 두고 "신규심사관 때에는 '칼'이 잘 든다"고 표현한다.

7) 일본 심사지침서(영문), Part II, Chapter 2, 2.1("The Provision of Patent Act Article 29(2) aims to exclude the inventions that ordinary engineers are easily able to create from the inventions subject to be granted because granting patent rights to such inventions is useless to progress of the technology and also prevents the progress.").
〈http://www.jpo.go.jp/cgi/link.cgi?url=/shiryou/kijun/kijun2/tukujitu_kijun.htm〉.

까지 어느 정도의 시간이 걸리게 된다. 경력이 길어지면 기술의 발전동향, 다른 출원의 기술수준 등도 더불어서 알게 되고 그러한 경우 진보성 문턱도 낮아지고 사후고찰의 오류에서도 조금 더 벗어날 수 있다고 생각된다.

이하, 이 책의 내용을 간단히 요약한다.

제1장에서 미국, 유럽, 중국, 일본 및 우리나라의 진보성 법리를 간단히 요약하였다. 그 요약을 통하여 IP5 특허청의 진보성 법리가 기본적으로는 유사하면서도 세부적으로는 다른 면을 확인하였다. 특히, 유럽의 과제－해결 접근법은 다른 나라의 진보성 법리와 다른 면이 있는데, 그 접근법이 다른 나라 진보성 법리에 미치는 영향이 조금씩 더 높아지고 있다고 생각된다. 향후, IP5 특허법 통일화 논의에서 해결되어야 할 사안이라고 생각된다.

제2장에서는 청구항 해석에 관하여 논하는데, 특히, 제1절은 청구항 용어해석 법리를 분석하였다. 그 분석에서 가장 중요한 두 원칙인 청구항 기준의 원칙과 명세서 참작의 원칙을 설명하고 나아가 합리적 최광의 해석의 원칙, 청구항 차별화 원칙, 청구항 유효화 원칙, 포기의 원칙, 의미 부여의 원칙, 일관성의 원칙 등에 대하여 알아보았다. 청구항 해석에서 실무적으로 가장 중요한 점은 청구항 기준의 원칙이 명세서 참작의 원칙에 의하여 훼손된다는 점이다. 즉, 명세서 참작을 통하여 명세서의 한정이 청구항에 부당하게 도입되는 점이다. 제2절에서는 그 두 원칙의 충돌에 대한 미국 CAFC의 *Retractable v. Becton* 사건을 검토하였다. 그 사건에서 CAFC 판사들이 청구항 기준의 원칙과 명세서 참작의 원칙에 따라 각각 주장하는 바를 대비하였다. 필자는 청구항 작성자는 출원인이고 법원이 과도한 청구항 해석을 통하여 결과적으로 청구항 작성 행위를 하여서는 안된다는 소수의견이 더 합리적이라고 판단한다.

제2장 제3절은 청구항 전제부에 기재된 사항의 해석에 관하여 살펴보았다. 전제부가 청구항에 생명과 의미를 불어넣는 경우 그 전제부는 청구항의 제한(limitation)이 된다. 또, 전제부의 구성요소는 공지된 것으로 추정하되 복멸이 가능한 것으로 보아야 한다. 한편, 전제부 기재사항에 대한 이견과 다툼을 방지하기 위하여 청구항 기재형식을 바꿀 필요가 있다고 생각된다. 즉, 전제부 기재사항은 무조건 구성요소이고 또 공지된 것으로 보는 형식을 도입하여 이견과 다툼을 방지할 수 있는 것이다.

제3장은 진보성 판단과 관련된 선행기술 쟁점을 살펴보았다. 제1절에서는 선행기술을 정의하고 더 중요하게는 선행기술 예외제도를 정리하였다. 2013년 현재 우리나라에서는 선행기술의 정의에 부합하는데도 불구하고 선행기술로 인용하지 못하는 제도로서 특허법 제30조 소정 공지예외제도와 발명의 기술분야와 동떨어진 기술분야의 선행기술을 인용하지 못하는 비유사 선행기술 법리가 존재하고, 선행기술의 정의에 부합하지 않는데도 불구하고 선행기술로 인용하는 제도로서 특허법 제29조 제3항 소정 확대된 선출원 제도, 청구항 전제부 기재사항 또는 명세서에서 종래기술이라고 기술한 사항을 일단 선행기술로 추정하는 제도가 있다.

특히, 제2절은 명세서 중 종래기술이라고 기재된 사항을 선행기술로 활용할 수 있는지 여부와 관련하여 대법원과 특허심판원이 다른 견해를 보인 점에 대하여 자세하게 다루었다. 필자는 대법원의 견해를 지지하며, 일단 출원인이 종래기술이라고 기재한 경우 그 기술을 선행기술이라고 추정하되 출원인이 그 추정을 복멸할 수 있는 기회를 주는 것이 합당하다고 생각한다.

제3장 제3절은 유사기술분야 선행기술에 대하여 논한다. 대상 발명의 기술분야와 해당 선행기술의 기술분야가 '관련성'이 있는 경우 그 선행기술은 진보성 판단의 근거가 될 수 있는데, 그 관련성을 판단하기가 용이하지 않다. 유사기술분야 판단을 위한 객관적인 증거로는 출원인이 명세서에서 기재하고 있는 기술분야, 특허청이 분류한 IPC 분류, 심사관이 검색한 선행기술이 속한 기술분야, 발명자가 검색한 선행기술이 속한 기술분야, 발명자의 진술 등이 활용될 수 있을 것이다.

제3장 제4절은 간행물(printed publication)의 반포시기에 대하여 검토하였다. 필자는 기존의 간행물 정의를 비판하고 간행물은 "기록되는 정보의 소멸·변경의 가능성이 적은 어떤 매체에 정보가 기록되고 그 정보를 인간의 오감 중 하나를 통하여 인지할 수 있는 정보전달매체"라고 정의하였다. 간행물의 반포시기와 관련하여서 우리 법원은 공중이 접근 가능하기만 하면 반포되었다고 보는 반면에 미국 법원은 접근이 가능하기는 하지만 그 가능성이 매우 낮은 경우 반포되지 않는 것으로 보는 차이가 있음을 확인하였다.

제5절은 선행기술과 발명의 차이를 특정하는 방법으로 자주 사용되는 청구항 차트에 대하여 설명하고 예시를 제공하였다.

제4장 제1절은 통상의 기술자의 기술수준에 대하여 검토하였다. 통상의 기술자가 해당 기술분야 전체 기술자 중 상위 50%의 실력을 가진 자라고 볼 수도 있지만 상위 약 25%의 실력을 가진 자라고 볼 수도 있음을 제시하였다. 나아가, 진보성 판단과 명세서 기재 판단에 있어서, 두 장면에서 통상의 기술자의 기술수준은 동일한 것으로 보아야 하되 진보성 판단의 장면에서는 다른 선행기술을 두루 참고하여 판단하고 명세서 기재 판단의 장면에서는 다른 선행기술을 참고하지 않고 명세서만을 기초로 판단하는 점이 다르다고 주장하였다. 아울러, 심사관의 수준이 통상의 기술자의 그것과 유사한 것이 바람직하다는 전제하에 우리 특허청 심사관의 수준이 외국 특허청 심사관의 그것보다 지나치게 높다는 점을 지적하였다.

제4장 제2절은 심사를 함에 있어서 각 국가의 특허청이 그 국가의 기술수준에 따라 통상의 기술자의 기술수준을 책정하여야 하는지 여부에 대하여 검토하였다. 이에 대하여 유럽 및 호주에서 선행기술의 언어차이를 고려하지 않는 법리가 도입됨에 따라 통상의 기술자의 국적을 따질 필요가 없게 되었음을 파악하였고, 그렇다면 공연인지, 공연실시, 간행물, 전기통신회선의 모든 선행기술에 국제주의를 도입한 우리 특허법 법리에 따르면 통상의 기술자의 국적을 따지지 않아야 하는 것으로 이해하였다.

제5장 제1절은 최근 대법원이 진보성을 판단함에 있어서 발명의 목적, 구성, 효과를 어떤 정도로 중요하게 보는지에 대하여 살펴보았다. 최근 5년간의 판례 43개를 검토한 결과, 첫째, 발명의 목적과 효과는 검토도 거의 되지 않고 설혹 검토가 되어도 결론에 영향을 미치지 않는다는 점, 둘째, 선행기술의 기술분야를 대상 발명의 그것과 대비하는 확률이 높아졌다는 점, 셋째, 목적, 구성, 효과의 결론의 서로 상이한 경우가 없다는 점 등을 확인하였다. 구성변경의 곤란성이 인정되지 않아도 목적의 특이성 및/또는 효과의 현저성은 인정되는 경우가 있을 터인데 우리 법원은 한결같이 구성변경의 곤란성이 없는 경우에는 목적의 특이성 및 효과의 현저성도 부정하고 있다. 향후에는 구성변경의 곤란성 판단이 애매하다고 인정하고 목적 및/또는 효과의 판단으로 진보성을 인정 또는 부정하는 사례가 많이 나와야 할 것이다.

제5장 제2절은 대법원 및 특허법원에서 발명의 목적을 검토한 사례를 조사하였다. 조사된 거의 모든 판결에서 발명의 목적은 진보성을 판단함에 있어서 결

론을 뒤집는 역할을 하지 못하고 있으며 단지 지금까지 목적을 검토하던 타성에 따라 습관적으로 검토하는 사항에 불과한 것으로 판단된다. 목적 검토의 실질성을 높이기 위해서는 그 검토가 발명적 사상에 기초하여야 하고, 객관적 자료에 의하여야 하고, 발명의 효과와 상응하여야 한다고 주장한다.

제5장 제3절은 선택발명의 진보성 판단과 관련하여, 현행 우리 법리는 발명의 '효과'만을 검토하는 것인데 발명의 '구성'을 검토하는 것이 필요함을 주장한다. 현행 우리 법리는 선택발명을 선행기술과 동일한 발명으로 보는 옛날의 법리에 근거한 것이므로, 그러한 법리를 파기한 2002년 대법원 판결에 따라, 선택발명의 진보성을 판단하는 경우에도 선행기술의 상위개념과 선택발명의 하위개념의 구성적 차이를 검토하여야 하는 것이다.

제5장 제4절은 발명의 효과와 진보성 판단의 관계를 검토하였다. 우리 판례는 구성변경의 곤란성도 인정하지 않고 효과의 현저성도 인정하지 않는 사례와 그 둘 다를 인정하는 사례로 나누어진다. 향후 그 중 하나만 인정한 후 진보성을 판단하는 판례가 나오기를 기대한다. 필자는 진보성을 판단하는 방법으로 일차적으로 구성변경의 곤란성을 살핀 후, 첫째, 그 곤란성이 명확하게 부정 또는 인정되면 곧 바로 진보성을 부정 또는 인정하고, 둘째, 구성변경의 곤란성에 대한 판단이 불명확한 경우 이차적으로 효과를 참작하여야 한다고 주장한다.

제5장 제5절은 발명의 효과와 상업적 성공의 관계에 대하여 살펴보았다. 효과의 차이를 판단하기가 쉽지 않는데, 효과의 현저성을 입증하는 객관적인 자료로서 상업적 성공이 중요하게 검토되어야 한다. 상업적 성공이 기술적인 면이 아니라 상업적인 것이므로 중요하게 다루어지지 않아야 한다는 비판이 있을 수 있다. 그러나, 그러한 비판을 극복하기 위하여 상업적 성공은 발명의 기술적 특징으로부터 비롯된 것이어야 한다는 조건이 붙는 것이다. 상업적 성공과 발명의 기술적 특징과의 연관성이 인정되는 경우, 그 발명의 효과가 있다고 추정하는 것이 바람직하다고 생각한다.

제5장 제6절은 진보성 판단에 있어서 사후고찰의 오류의 중요성에 대하여 강조하였다. 사후고찰을 방지하는 방안으로, 첫째, 심리학적 이해가 필요하다는 점, 둘째, 심사관 수준을 통상의 기술자의 수준과 상응시켜야 한다는 점, 셋째, 심사관에게 설명의무를 더 부가하여야 한다는 점, 넷째, 이차적 고려요소를 더 중요하게 보아야 한다는 점, 다섯째, 기술의 발전이력을 감안하여야 한다는 점

등을 제시하였다. 나아가, 제7절은 진보성 판단에 있어서 사후고찰 또는 역교시가 작용되었다고 인정된 실제 사례를 분석하였다.

제6장 제1절은 진보성과 동일성의 관계를 분석하였다. 발명의 (실질적) 동일성을 판단하는 장면이 최소한 7개가 있는데, 특히, 제36조 소정의 선출원 및 제29조 제3항 소정의 확대된 선출원을 판단하는 장면에서 발명의 동일성이 과도하게 넓은 범위로 판단되어 동일성 법리가 진보성 법리와 유사해졌다는 점이 비판되었다. 필자는 발명의 동일성을 판단함에 있어서는 통상의 기술자가 기술상식에 기초하여 비교대상으로부터 직접적으로 판단대상을 도출할 수 있는지 여부를 기준으로 하여야 하고, 유럽, 미국 등도 그 법리를 따라야 한다고 주장한다.

제6장 제2절은 천연물의 성립성과 진보성의 관계에 대하여 살펴보았다. 소위 '천연물 원칙'에 따라서 천연물 그 자체는 발명이 되지 않지만 그 천연물로부터의 분리, 동정이 용이하지 않은 것은 발명이 될 수 있다. 그 법리에 따라 분리, 동정의 '용이성'을 판단하게 되는데 그 용이성 판단이 진보성 관련 '용이'도출 판단과 매우 유사할 수 있음을 지적하였다.

제6장 제3절은 용이실시(enablement)와 진보성 주장의 딜레마에 대하여 분석하였다. 특허권자가 명세서로부터 특허발명을 실시하는 것이 통상의 기술자에게 용이한 것이라고 주장을 하면, 무효심판 청구인은 그래서 특허발명은 진보성이 없는 것이라고 주장을 하게 되고 특허권자가 선행기술로부터 특허발명이 용이하게 도출되지 않는다고 주장하면, 청구인은 그래서 명세서가 용이실시 요건을 충족하지 못한다고 주장하게 된다. 이 절은 그러한 주장을 극복하는 논리적 근거를 제시하였다.

제6장 제4절은 모인기술을 변경한 발명의 진보성 판단에 관하여 고찰하였다. 모인기술과 대상 발명을 비교함에 있어서도 신규성, 신규사항 등을 판단하는 경우의 (실질적) 동일성 법리를 그대로 적용하여야 한다. 그 경우, 발명적 사상의 창작에 기여하지 않은 자가 특허를 받을 수 있으므로 모인기술을 선행기술로 포섭하고 그 모인기술(선행기술)과 다른 선행기술을 합쳐서 진보성을 판단할 수 있는 새로운 제도를 도입하여야 한다고 주장한다.

부록2에서는 진보성 관련 통계를 정리하였다. 그 정리를 통하여 한편으로는 진보성 판단이 특허실무의 핵심이고, 판단장면의 2/3 이상에서 진보성이 개입된다는 점을 재확인하고, 다른 한편으로는 2013년 현재 대한민국에서 특허가 진보성 결여를 근거로 너무 쉽게 무효된다는 사실을 재확인하였다. 특히, 특허심판원에서 특허를 무효시키는 비율이 50 내지 70%에 이르는데 그 중 80% 이상에서 진보성이 무효의 이유가 되기도 하였다. 더욱이 특허법원에서의 무효심결취소소송에서도 추가로 특허가 무효가 되었다. 이런 통계에 의하여 이 글은 첫째, 특허심사의 품질은 높아져야 하고 특허등록률은 낮아져야 하고, 둘째, 일단 등록된 특허에 대하여는 너무 쉽게 무효가 되지 않는 행정적 및/또는 법적 장치가 마련되어야 한다고 주장한다.

부록 1

# 초대저자의 진보성 관련 논문

제1절 진보성 및 주지관용기술 관련 최근 중요 판결의 정리
제2절 진보성 판단을 위한 합리적인 기준의 모색
제3절 세계에 내세울 만한 한국의 진보성 판단기준
제4절 균등침해판단에서의 치환자명성과 진보성의 비교
제5절 미국 비자명성 요건의 입법 경과 및 판례 동향

이 책의 부족함을 절감한 저자는 그 부족함을 보완하는 하나의 방책으로 우리 업계의 전문가 몇 분에게 '진보성' 관련 글의 기고를 부탁하였다. 이 장은 그들이 보태어 준 글들로 구성된다. 이 장의 글들이 저자의 글보다 더 훌륭한 것이어서 저자를 부끄럽게 하는 것이기도 하지만 이 책의 내용을 풍성하게 한다는 점에서 저자는 만족한다. 더욱이 다양한 관점의 다양한 글들을 하나의 책에서 읽을 수 있다는 장점도 있을 것이다. 좋은 글을 기고하여 준 초대저자들께 다시 한 번 감사드린다.

# 제 1 절 진보성 및 주지관용기술 관련 최근 중요 판결의 정리* **

노태악(서울고등법원 부장판사[전 특허법원 부장판사, 서울고등법원 부장판사(지재사건 전담부)])

박태일(대법원 재판연구관[전 특허법원 판사])

〈목 차〉

Ⅰ. 진보성 관련 최근 중요 판결
1. 개 관
2. 진보성 판단을 위한 기술적 구성의 확정
가. 청구항 자체에 의한 판단
나. 상세한 설명 또는 도면에 의한 보충적 해석
다. 구체적인 사례
(1) 청구범위에 명시의 기재가 있다고 하더라도 구성에서 제외되는 것으로 본 사례와 비교대상발명에 명시적으로 기재되어 있지 않더라도 당연히 포함되는 구성에 해당한다고 보아 진보성을 판단한 사례
(2) 방법으로 기재된 물건 청구항의 해석
(3) 특허청구범위가 기능, 효과, 성질 등의 이른바 기능적 표현으로 기재된 경우 그 발명의 내용을 특정하기 위한 해석방법
(4) 기재불비가 문제된 사례
(가) 용도발명의 특허청구범위와 청구항의 명확성 요건
(나) 물건의 발명을 방법적으로 기재한 경우
(다) 발명의 상세한 설명의 참작에 의하여 발명이 특정되었다고 판단한 경우
3. 선행기술의 공지 여부
4. 통상의 기술자의 기술수준 파악
5. 그 발명이 속하는 기술분야
6. 용이하게 발명할 수 없을 것
가. 사후적 고찰(Hindsight)의 금지
나. 선행기술의 자격 등
다. 복수의 선행기술을 결합한 발명의 경우
라. 수치한정발명
마. 선택발명
바. 진보성 판단과 상업적 성공 등의 고려
사. 침해소송에서의 진보성 판단

---

* 이 글은 다음과 같이 인용될 것이 권장된다. 노태악·박태일, "진보성 및 주지관용기술 관련 최근 중요 판결의 정리", 「특허법의 진보성」(정차호 저), 박영사, 2014.

** 이 글은 노태악, "진보성 관련 2008년 및 2009년 중요 판결의 정리", 지식재산21(제110호), 특허청(2010), 3－26면의 글에, 박태일, "최근 특허법원 주지관용기술 판단 사례에 관한 검토", 특허소송연구(제5집), 특허법원(2010), 61－108면의 글 중 일부를 덧붙이고 각각 그 내용을 업데이트하여 작성한 것이다. 다만, 판결의 내용을 인용함에 있어 전체 맥락의 취지를 벗어나지 않는 범위 내에서 표현을 일부 수정한 부분이 있다.

Ⅱ. 주지관용기술의 판단에 관한 최근 중요 판결
1. 주지관용기술의 의의
2. 주지관용기술의 판단기준
3. 주지관용기술의 판단에 관한 대표적인 최근 사례
4. 정리 및 시사점
Ⅲ. 결 어

# Ⅰ. 진보성 관련 최근 중요 판결

## 1. 개 관

특허법 제29조 제2항은 "특허출원 전에 그 발명이 속하는 기술분야에서 통상의 지식을 가진 자가 제1항 각 호에 규정된 발명에 의하여 용이하게 발명할 수 있는 것일 때에는 그 발명에 대하여는 제1항의 요건에 불구하고 특허를 받을 수 없다"고 규정하고 있다. 이 규정은 일반적으로 발명의 진보성 요건이라고 불리고 있으나 법문상으로 보면 발명의 비용이성이라고 부르는 것이 더 정확해 보인다. 어찌하였든 그 구체적인 기준에 관하여 위 규정만으로는 정확하게 이해할 수 없고 실무와 판례에 맡겨져 있다고 할 것이다.

이하 2008년 이후 최근 특허(실용신안 포함, 이하 특별히 구분하여 사용하지 않는 한 같다) 관련 대법원 및 특허법원 판결 중 특히 진보성의 요건에 관한 판결을 중심으로 하되, 같이 논의할 필요성이 있는 다른 쟁점도 함께 살펴보기로 한다. 또한 진보성 판단의 한 영역으로 자주 문제되는 주지관용기술 판단에 관하여도 검토한다.

실무상 진보성을 판단할 때에는 우선 선행발명의 목적·구성 및 효과를 종합적으로 대비·검토하여 그 구성상의 차이를 발견하고 그 구성의 차이 부분에 대한 곤란성의 정도에 따라[1] ① 구성에 곤란성이 있는 것이 명백한 때에는 목적과 효과에 각별한 것이 없어도 진보성이 있는 것으로 하고, ② 목적이 특이하거나 효과가 현저한 경우에는 통상의 기술자라도 그 구성의 채택·결합을 용이하게 할

1) 이때에도 청구항에 기재된 복수의 구성을 분해한 후 각각 분해된 개별 구성요소들이 공지된 것인지 여부만을 따져서는 안 되고, 특유의 과제 해결원리에 기초하여 유기적으로 결합된 전체로서의 구성의 곤란성을 따져 보아야 할 것이며, 이 때 결합된 전체 구성으로서의 발명이 갖는 특유한 효과도 함께 고려하여야 한다. 대법원 2007. 9. 6. 선고 2005후3284 판결.

수 없는 것으로 볼 수 있으므로 진보성이 있는 것으로 하며, ③ 목적이 특이하지 않고 효과가 현저하지 않은 경우에는 구성의 차이에 따라 당연하게 나타나는 정도의 것이므로 통상의 기술자가 필요에 따라 그 구성의 채택·결합을 용이하게 할 수 있는 것이라고 볼 수 있어 이 같은 경우에는 진보성을 부정하게 된다고 설명된다.[2)]

한편, 위와 같은 판단과정을 거쳐 진보성 없음이 입증되지 않는 경우 이를 부정할 수 없다는 것은 법문상 분명하다. 특허법 제66조에서도 심사관은 특허출원에 대하여 거절이유를 발견할 수 없을 때에는 특허결정을 하도록 하여야 한다고 규정하고 있다.

## 2. 진보성 판단을 위한 기술적 구성의 확정

진보성 판단의 전제로서 특허청구범위의 기술적 구성의 확정에 관하여, 특히 특허청구범위를 발명의 상세한 설명에 의하여 제한 해석하였는지 여부가 실무상 종종 문제가 된다.

### 가. 청구항 자체에 의한 판단

특허청구범위는 특허출원인이 특허발명으로 보호받고자 하는 사항을 기재한 것이므로 신규성·진보성 판단의 대상이 되는 발명의 확정은 특허청구범위에 기재된 사항에 의하여야 하고 발명의 상세한 설명이나 도면 등 다른 기재에 의하여 특허청구범위를 제한하거나 확장하여 해석하는 것은 허용되지 않는다(대법원 2008. 7. 24. 선고 2006후1353 판결). 따라서 청구항에 기재된 사항의 의미가 명확한 경우에는 청구항의 기재대로 발명의 요지를 확정하게 된다. 청구항에 기재된 사항의 의미는 그 용어가 가진 통상적인 의미로 사용하고, 동시에 명세서 전체를 통하여 통일되게 사용하여야 하나, 다만, 어떠한 용어를 특정한 의미로 사용하려고 하는 경우에는 그 의미를 정의하여 사용하는 것이 허용되므로 용어의 의미가 명세서에 정의된 경우에는 그에 따라 해석하면 된다(대법원 1998. 12. 22. 선고 97후990 판결).

---

2) 현재 재판실무를 담당하는 입장에서도, 일반적으로 발명의 구성요소는 모두 유기적으로 결합되어 있는 것으로 그 결합관계가 강하거나 약한 것이 있을 뿐 유기적으로 결합되어 있지 않은 것은 있을 수 없으므로 진보성 판단에까지 신규성 판단에서처럼 개별구성을 분해하여 일일이 대비하는 것이 과연 언제나 타당한가 하는 지적이 있다. 한동수, "발명의 진보성 판단기준", 특허소송연구 제4집(2008) 503면 각주 5).

○ 대법원 2009. 7. 9. 선고 2008후3360 판결, 등록무효(특)

청구항의 '특정 네트워크', '통신차단대상' 및 '통신차단을 위한 ARP 패킷을 만들어 송신하는 단계'의 각 기재는 그 자체로 기술적인 의미와 그것이 포섭하는 범위가 분명하므로, 이를 반드시 '통신차단이 필요하지 않은 장비가 1대 이상 존재하는 네트워크', '네트워크 내부에 통신차단이 필요하지 않은 장비가 존재함을 전제로 한 통신차단이 필요한 장비들' 및 '통신차단대상의 장비들 간의 통신을 차단하기 위하여 ARP패킷을 유니캐스트 방식으로만 송신하는 단계'라는 의미로 각각 제한하여 해석할 수 없다.

○ 대법원 2008. 9. 11. 선고 2006후2851 판결, 등록무효(특)

명칭을 '멀티 입출력 제어시스템'으로 하는 특허발명의 "제1 내지 제3멀티 스위칭부의 채널선택을 제어하는 제어부"는 청구범위의 기재 자체만으로 기술적 의미와 그것이 포섭하는 범위가 분명하므로, 이를 발명의 상세한 설명의 기재에 의하여 "증폭부에 입력되는 신호를 디지털 변환한 신호와 서로 비교함으로써 증폭부에 이상이 있는지 없는지를 판단하고, 만일 증폭부에 이상이 있는 것으로 판단되면 증폭기를 경유하지 않고 신호경로가 선택되도록 제1 내지 제3멀티 스위칭부의 채널선택을 제어하는 제어부"로 제한하여 해석할 수 없다고 본 원심을 수긍.

○ 대법원 2008. 6. 26. 선고 2008후1098 판결, 등록무효(실)

명칭을 '현수막 걸이장치'로 하는 등록고안의 청구범위에서는 양쪽 지주대에 고정부착대와 텐션부착대가 한쪽씩 결합된다고 기재하고 있어서, 이 사건 고안의 고정부착대가 그 용어를 달리 표현하여 다른 쪽 지주대에 결합되는 이 사건 고안의 텐션부착대와 동일하다고 해석하기는 어렵고, 그에 따라 이 사건 고안의 텐션부착대와 동일하다고 인정되는 비교대상고안의 대응 구성 또한 이 사건 고안의 고정부착대와 동일하다고 보기는 어렵다. 또한, 이 사건 고안의 청구범위에서는 고정부착대에 대하여 이송바가 길이 조절이 가능케 삽입 고정되는 가이드바가 돌출 형성되어 있다고 기재하고 있는데, 이 사건 고안의 청구범위에서 사용한 '고정'이라는 용어의 사전적 의미는 '한곳에 붙어 있거나 또는 박혀 있음'이어서 이 사건 고안에서 이송바가 가이드바에 고정된다는 의미는 이송바가 가이드바와 물리적으로 연결되어 상대적인 움직임이 발생하지 않고, 인위적으로 고정상태를 변경하기 위한 조작을 가하지 않는 한 그 상태가 계속적으로 유지되는 것으로 해석되므로, 이 사건 고안의 고정부착대는 스프링의 탄성력과 현수막의 장력에 의하여 인위적인 조작 없이도 관체와 봉체 사이에서 상대적인 움직임이 발생하게 되는 비교대상고안의 대응 구성을 포함하지 않는다.

한편, 특허청구범위의 기재에 의하여 인정된 발명과 상세한 설명 또는 도면에 기재된 발명이 대응되지 않는 경우에 특허청구범위의 기재를 무시하거나 없는 것으로 하고 상세한 설명 또는 도면의 기재만으로 발명의 내용(발명의 요지)을 확정할 수 없고, 발명의 상세한 설명 또는 도면의 기재가 있더라도 특허청구범위에 기재되어 있지 않은 사항은 특허청구범위에 기재가 없는 것으로 하여 발명의 내용을 확정한다. 특허청구범위가 발명의 상세한 설명에 의하여 전부 또는 일부가 뒷받침되지 않는 경우에도 특허청구범위에 기재된 사항에 의하여 발명의 내용을 확정하여야 하고, 발명의 상세한 설명에 의하여 뒷받침되는 부분으로 한정하여 발명의 내용을 확정할 수는 없다.[3]

### 나. 상세한 설명 또는 도면에 의한 보충적 해석

등록실용신안의 보호범위는 실용신안등록청구범위에 기재된 사항에 의하여 정하여지되, 고안의 상세한 설명과 도면 등을 참작하여 실용신안등록청구범위에 기재된 문언의 의미 내용을 해석하는 것이므로, 실용신안등록청구범위에 기재된 문언으로부터 기술적 구성의 구체적 내용을 알 수 없는 경우에는 고안의 상세한 설명과 도면 등을 보충하여 그 문언이 표현하고 있는 기술적 구성을 확정하여 등록실용신안의 권리범위를 정하여야 하고, 이는 독립항과 그 종속항의 권리범위가 동일하게 된다고 하여도 마찬가지이다(대법원 2008. 7. 10. 선고 2008후57 판결).

○ 특허법원 2009. 7. 2. 선고 2008허10535 판결 등록무효(특)(확정)

이 사건 특허발명의 청구항 제1항의 '베이스 플레이트 상에 고정된 샤프트'라는 기재는 그 문언 자체만 가지고 보면 피고 주장과 같이 샤프트가 베이스 플레이트 위에 꼭 붙어 있거나 박혀 고정되어 있는 것으로 이해될 여지도 있으나, 청구항 제1항의 다른 기재에다 이 사건 특허발명은 광디스크를 회전구동시키기 위한 스핀들 모터에 관한 것이라는 점을 보태어 보면 위 샤프트는 모터의 회전력을 턴테이블을 통하여 광디스크에 전달하는 구성요소임이 분명하여 이를 스핀

3) 한규현, "발명의 요지와 보호범위의 판단방법", 특허소송연구(2008) 86-87면.

들 모터의 전체 구성을 떠받치는 바닥판인 베이스 플레이트에 움직일 수 없게 고정할 수는 없음이 자명하다. 따라서 위 기재를 피고 주장과 같이 해석하는 것은 다른 기재에 비추어 명백히 불합리하므로, 이 사건 특허발명의 기술사상과 발명의 상세한 설명 및 도면 등을 참작하여 객관적·합리적으로 이를 해석하여야 한다.

청구항 제1항의 샤프트는 모터의 회전력을 턴테이블을 통하여 광디스크에 전달하는 구성요소라는 점, 발명의 상세한 설명에도 구동자석과 전기자 코어의 회전자력에 의하여 샤프트가 회전한다고 기재되어 있는 점, 명세서의 도면 3에는 샤프트가 베이스 플레이트 상에 위치가 고정되어 회전가능하게 결합되는 구조로 표시되어 있는 점을 참작하면, 청구항 제1항의 "베이스 플레이트 상에 고정된 샤프트"라는 기재는 "베이스 플레이트 위에 위치가 고정되어 회전가능하게 결합되는 샤프트"로 해석하는 것이 객관적·합리적이고, 발명의 상세한 설명도 이에 부합한다 할 것이다.

### 다. 구체적인 사례

(1) 청구범위에 명시의 기재가 있다고 하더라도 구성에서 제외되는 것으로 본 사례와 비교대상발명에 명시적으로 기재되어 있지 않더라도 당연히 포함되는 구성에 해당한다고 보아 진보성을 판단한 사례.

○ 대법원 2008. 7. 10. 선고 2007후5017 판결, 등록무효(특)

이 사건 특허발명의 특허청구범위 제3항을 이루는 RF/IF부, 모뎀부, 프로토콜 제어부, 코덱부, 데이터전송 제어부, DSP/CPU부, ROM 및 RAM부는 기지국으로부터 데이터를 무선으로 수신하여 통신을 수행하는 무선단말기라면 당연히 가지고 있어야 하는 구성에 지나지 않아 비록 명시적인 기재가 없더라도 무선단말기인 비교대상발명 4의 이동단말도 위 구성들을 가지고 있을 수밖에 없으므로, 이 사건 제3항 발명은 비교대상발명 4에 비교대상발명 2 등의 어학학습단말기에 나와 있는 어학학습기능을 결합하여 용이하게 발명할 수 있어서 진보성이 부정된다.

○ 특허법원 2008. 8. 22. 2007허7723, 거절결정(특)(대법원 심리불속행기각)

이 사건 제1항 발명의 실질적인 용도는 '뇌종양의 치료'이고, 청구범위에 기재된 '뇌종양 강'은 약제학적 조성물로 치료할 대상인 '질병'을 한정하는 기재가 아니라 약제학적 조성물을 투여하는 '신체부위'를 한정하는 기재로 보아야 하고, 공지의 약제학적 조성물(약물)을 공지의 용도(질병치료)에 사용하는 데 있어 어느 부위에 투여하여야 효과적인지는 질병을 치료하는 방법에 속하는 것인데, 인간의 질병을 치료하는 방법은 산업상 이용가능성이 없어 특허 받을 수 없으므로, 의약의 용도발명인 이 사건 제1항 발명의 청구범위에 이러한 치료방법에 관한 기재가 포함되어 있다고 하여도 이를 발명의 구성으로 보아서는 안된다.

(2) 방법으로 기재된 물건 청구항의 해석

물건의 발명의 특허청구범위는 특별한 사정이 없는 한 발명의 대상인 물건의 구성을 직접 특정하는 방식으로 기재하여야 하므로 물건의 발명의 특허청구범위에 그 물건을 제조하는 방법이 기재되어 있다고 하더라도 그 제조방법에 의해서만 물건을 특정할 수밖에 없는 등의 특별한 사정이 없는 이상 당해 특허발명의 진보성 유무를 판단함에 있어서는 그 제조방법 자체는 이를 고려할 필요 없이 그 특허청구범위의 기재에 의하여 물건으로 특정되는 발명만을 그 출원 전에 공지된 발명 등과 비교하면 된다(대법원 2006. 6. 29. 선고 2004후3416 판결, 2008. 8. 21. 선고 2006후3472 판결 등).

○ 대법원 2009. 3. 26. 선고 2006후3250 판결, 거절결정(특)

명칭을 "폴리테트라플루오르에틸렌 물질의 화학적 표면개질 방법"으로 하고, 표면개질 방법에 관한 청구항인 특허청구범위 제1항 및 그 종속항인 제2항 발명, 그리고 제1, 2항 발명의 방법에 의하여 제조된 물건인 폴리테트라플루오르에틸렌 물질에 관한 제3, 4항 발명을 특허청구범위로 하는 이 사건 출원발명을 비교대상발명과 비교함에 있어서, 이 사건 제1항 발명의 진보성이 부정되지 않는다고 판단한 다음 곧바로 그에 따라 이 사건 제2항 발명뿐만 아니라 이 사건 제3, 4항 발명의 진보성도 부정되지 않는다고 판단한 원심에 대하여, 물건의 발명을 내용으로 하는 이 사건 제3, 4항 발명에 관하여는 특별한 사정이 없는 한 각 그 특허청구범위의 기재에 의하여 물건으로 특정되는 발명만을 비교대상발명과 비교하여 그 진보성 유무를 판단하였어야 함에도, 그에 이르지 아니한 채 제조방법에 관한 발명의 진보성이 부정되지 않는다는 이유만으로 막바로 그 제조방법이 기재된 물건의 발명인 이 사건 제3, 4항 발명의 진보성도 부정되지 않는다고 판단한 것은 위법하다.

○ 대법원 2008. 8. 21. 선고 2006후3472 판결, 등록무효(특)

이 사건 제1항 발명 중 공지기술을 의미하는 '일측면에 미세형광등을 갖는 광반사구조체를 갖는 도광판에 있어서'를 제외한 나머지 부분인 '다이아몬드커팅기에 의해 형성하는' V형 홈부에서 앞부분은 V형 홈부를 제조하는 방법에 관한 것이고, 위 제조방법에 의해서만 V형 홈부를 특정할 수밖에 없는 특별한 사정도 보이지 않으므로 위 제조방법을 고려하지 않고서 그 방법에 의하여 얻어진 V형 홈부만을 가지고 비교대상발명과 대비하여야 한다.

(3) 특허청구범위가 기능, 효과, 성질 등의 이른바 기능적 표현으로 기재된 경우 그 발명의 내용을 특정하기 위한 해석방법

특허출원된 발명의 특허청구범위에 기능, 효과, 성질 등에 의하여 발명을 특정하는 기재가 포함되어 있는 경우에는 특허청구범위에 기재된 사항에 의하여 그러한 기능, 효과, 성질 등을 가지는 모든 발명을 의미하는 것으로 해석하는 것이 원칙이다(대법원 2009. 7. 23. 2007후4977 판결). 따라서 실질적으로 파악한 발명의 기술적 내용을 다시 좁혀서 발명의 상세한 설명에 나오는 구체적인 실시 예에 나타난 발명에 한정된다고 할 수는 없다(대법원 2008. 7. 10. 선고 2006후2059 판결). 다만 권리범위확인사건이나 침해소송에서 이와 달리 기능적 표현을 발명의 상세한 설명에 기재된 내용을 참작하거나 한정하여 해석한 사례가 있다.[4)]

○ 대법원 2009. 7. 23. 2007후4977 판결, 거절결정(특)

명칭이 '음성 제어 방법'인 출원발명의 보정된 특허청구범위 제15항의[5)] 구성 1 '플레이어의 조작에 의해 캐릭터의 체형을 결정하는 결정수단'은 기능, 성질 등에 의한 용어가 포함되어 있는 구성으로서 발명의 상세한 설명이나 도면 등 명세서의 다른 기재에 의하면 플레이어의 조작에 의하여 캐릭터의 체형을 선택하거나 작성하여 캐릭터의 체형을 결정하는 구성을 의미하는 것으로 해석되므로, 비교대상발명 1에 개시된 '캐릭터의 일람 화면표시에서 캐릭터를 선택하여 캐릭

4) 예컨대 대법원 2008. 7. 10. 선고 2008후57 판결('링크수단'), 2008. 2. 28. 선고 2005다77350, 77367 판결('유체투과성 플랩'), 2007. 1. 12. 선고 2005후2465 판결('접속구'), 2006. 12. 22. 선고 2006후2240 판결('탄성스프링)' 등.

5) 컴퓨터게임에 등장하는 캐릭터가 발성하는 음성을 제어하는 게임 장치에 있어서, 플레이어의 조작에 의하여 캐릭터의 체형을 결정하는 결정 수단(구성요소 1)과, 외부로부터 입력되는 음성 또는 사전에 준비되는 음성의 성질을, 캐릭터의 체형에 관한 속성정보에 기초하여 변환되는 변환수단(구성요소 2)과, 위 변환된 성질의 음성을 위 캐릭터의 음성으로서 출력하는 출력수단(구성요소 3)을 포함하는 것을 특징으로 하는 게임 장치.

터의 체형을 결정하는 구성'을 포함하고 있다.

한편 이 사건 제15항 발명의 구성 2인 '외부로부터 입력되는 음성 또는 사전에 준비되는 음성의 성질(性質)을 캐릭터의 체형에 관한 속성정보에 기초하여 변환하는 변환수단'에 관하여는, 통상의 기술자라면 우선권 주장일 당시의 기술상식에 기초하여 특허청구범위의 기재 자체만으로 음성변환수단의 구체적인 기술구성을 명확하게 인식할 수 있으므로 이른바 기능적 표현이 포함되어 있는 구성은 아니다.

○ 대법원 2008. 7. 10. 선고 2006후2059 판결, 등록무효(특)

얀[6] 공급기 장치를 명칭으로 하는 이 사건 제1항 발명의 구성요소 8 중 '제1 및 제2하우징 부분의 하나 이상의 베어링 시트 표면의 적어도 일부는 탄력적으로 구성'하는 부분은 발명의 상세한 설명이나 도면 등을 살펴보아도 '탄력적으로 구성함'에 대한 구체적인 기재 예가 없고, 다만 리세스(recess, 우묵히 들어간 곳을 의미)가 형성되는 하우징부가 플라스틱의 성형가공법으로 제조된 것을 의미하는 '사출성형제품'이라는 기재를 통하여 플라스틱 제품 정도의 탄성을 가지는 것도 포함하는 개념으로 이해할 수 있다. 그런데 축받이 베어링 하우징 수단에 대한 발명인 비교대상발명에 축받이 베어링 하우징 수단이 플라스틱 재질로 형성되어 있다는 기재가 있으므로 비교대상발명에 이러한 구성이 개시되어 있다고 보아야 한다.

○ 특허법원 2009. 7. 16. 선고 2008허13022 판결, 등록무효(특)(상고 후 소 취하 확정)

특허청구범위의 기능적 표현 부분에 상응하는 구체적인 기술구성을 상정할 수 없는 독립항을 당해 항을 구체적으로 한정하고 있는 종속항의 기술구성으로 보충할 수 없다.

이 사건 구성요소 1-2인 '호오스의 끝단부가 연결된 상태에서 항상 일정량이 공급될 수 있도록 약액량을 조절시켜 줌과 아울러, 공급되는 약액의 일부를 저장시켜 주었다가 필요에 따라 저장되어 있는 약액을 일시적으로 투여시켜 줄 수 있도록 하는 약액조절수단'이라는 부분은 그 부분 구성요소가 수행하고자 하는 기능(이는 이 사건 특허발명이 해결하고자 하는 기술적 과제 중의 하나이기도 한다)

6) 얀(yarn)은 섬유질이 함께 배열되거나 꼬여서 형성된 집합체에 대한 일반적인 이름이다.

만 기재하고 있을 뿐 구체적으로 어떠한 구조와 작용원리에 의하여 약액량을 조절시키고 필요에 따라 일시적으로 투여하는지에 관해서는 아무런 기재가 없는 기능적 표현에 불과하다. 이 사건 제1항 발명의 나머지 기재로부터도 위 기능적 표현 부분에 상응하는 구성을 상정할 수 있는 단서를 찾을 수 없으므로 이 사건 제1항 발명의 청구범위만으로는 통상의 기술자가 위 기능적 표현부분에 상응하는 구체적인 기술구성을 상정할 수 없다. 나아가 이 사건 특허발명의 상세한 설명과 도면에는 약액조절수단의 구체적인 구성이 나타나 있으나 그와 같은 구성은 이 사건 제1항 발명의 종속항으로서 약액조절수단만을 구체적인 구성에 의하여 한정한 이 사건 제4항 발명과 그 종속항으로서 약액조절수단을 더 한정한 이 사건 제5 내지 7항 발명에 관한 것이어서 이에 의하여 광범위한 권리범위를 가지는 독립항인 이 사건 제1항 발명의 약액조절수단의 구성을 그대로 채우는 것은 허용되지 않는다. 또한 위 종속항들의 기술구성에 의하여 이 사건 제1항 발명이 위 종속항들의 기술구성뿐만 아니라 다른 실시 예까지 포괄할 수 있는 구체적인 기술구성으로 명확하게 파악된다고 할 수 없고 출원당시의 기술상식에 의하여 그러한 구체적인 기술구성이 명확하게 이해된다는 점에 관한 아무런 증거가 없다. 결국 구성요소 1−2는 그 기재가 명확하다 할 수 없으므로 이 사건 제1항 발명은 전체적으로 특허법 제42조 제4항 제2호에 규정된 청구범위의 기재요건을 갖추지 못하였다.

#### (4) 기재불비가 문제된 사례

##### (가) 용도발명의 특허청구범위와 청구항의 명확성 요건

의약의 용도발명에 있어서는 특정 물질이 가지고 있는 의약의 용도가 발명의 구성요건에 해당하므로, 발명의 특허청구범위에는 특정 물질의 의약용도를 대상 질병 또는 약효로 명확히 기재하는 것이 원칙이나(대법원 2004. 12. 23. 선고 2003후1550 판결), 특정 물질의 의약용도가 약리기전만으로 기재되어 있다 하더라도 발명의 상세한 설명 등 명세서의 다른 기재나 기술상식에 의하여 의약으로서의 구체적인 용도를 명확하게 파악할 수 있는 경우에는 특허법 제42조 제4항 제2호에 정해진 청구항의 명확성 요건을 충족하는 것으로 볼 수 있다(대법원 2009. 1. 30. 선고 2006후3564 판결).

○ 대법원 2009. 1. 30. 선고 2006후3564 판결, 거절결정(특)

명칭을 '질소산화물의 생체 내 농도를 감소시키는 방법 및 그에 유용한 조성물'로 하는 이 사건 출원발명은 디티오카르바메이트 함유 질소산화물 스캐빈저의 의약으로서의 용도에 관한 발명으로서, 특허청구범위 제2항은 '디티오카르바메이트 함유 질소산화물 스캐빈저를 포함하는 치료 대상 패혈증 쇼크, 사이토킨의 투여 등과 관련된 질소산화물과 생성 치료용 조성물'로 기재되어 있는데, 이 사건 출원발명의 명세서 중 발명의 상세한 설명에는 질소산화물 과생성은 원심 판시의 패혈증 쇼크, 사이토킨의 투여 등과 같은 광범위한 질병상태 및/또는 징후와 관련되고, 질소산화물의 과생성으로 인해 저혈압증, 다중기관부전증이 나타난다고 기재되어 있으며, 또한 생쥐를 대상으로 한 실시예를 통하여 이 사건 출원발명의 디티오카르바메이트 함유 질소산화물 스캐빈저인 [(MGD)2Fe] 착물을 피하투여하여 LPS 처리된 생쥐의 생체 내 질소산화물 농도를 감소시킴으로써 LPS 처리에 의하여 유도된 저혈압을 정상 혈압으로 회복시키는 효과를 보여주고 있다. 따라서 의약의 용도발명에 관한 특허청구범위 제2항은 유효성분인 디티오카르바메이트 함유 질소산화물 스캐빈저의 용도를 구체적인 질병 또는 약효로 기재하지 아니하고 질소산화물 과생성을 치료한다고 하는 약리기전으로 표현되어 있지만, 발명의 상세한 설명을 참작하여 볼 때 질소산화물의 과생성으로 인해 유도되는 저혈압증, 다중기관부전증을 치료·예방한다고 하는 구체적인 의약용도를 명확하게 파악할 수 있으므로, 특허청구범위 제2항은 청구항의 명확성 요건을 충족한다.

(나) 물건의 발명을 방법적으로 기재한 경우

○ 특허법원 2009. 8. 20. 선고 2008허11484 판결, 등록무효(특)

이 사건 정정발명은 그 각 청구범위의 말미에 '프리캐스트 콘크리트 블록을 이용한 교각기초케이슨 설치구조'라고 하여 물건의 발명으로 기재하고 있으면서도 그 구성요소들은 '… 설치하는 단계', '… 타설하는 단계', '… 시공하는 단계', '… 시공을 완료하는 단계'와 같이 순차적인 시공방법의 각 단계로 기재하고 있는바, 이와 같이 물건의 발명을 방법적으로 기재하였다고 하더라도 그러한 기재에 의하여 발명의 대상이 되는 물건의 구성이 전체로서 명료하다면 방법적 기재만을 이유로 명세서 기재불비라고 할 수 없을 것이나, 이 사건 정정발명의 경우에는 '교각기초 케이슨 설치구조'에 관한 발명임에도 핵심적인 유형적 구성요소라고 할 수 있는 케이슨이 일시적으로 설치되었다가 해체되는 구성요소(지수재 삽입홈에 지수재를 설치하고 케이슨을 해체하고 교각기초 구조물의 시공을 완료하는 단계)로 기재되어 있어 도대체 케이슨이 이 사건 정정발명의 대상이 되는 물건의 한 구성요소가 되는 것인지 명료하지 않다(이러한 문제점은 시계열적 특성을 가지는 발명을 정태적인 물건의 발명으로 청구한 데서 비롯된 것이다). 또한 이 사건 정정발명의 각 청구범위 말미의 '교각기초 케이슨 설치구조'라는 기재만 보면, 이 사건 정정발명은 '교각기초 시공을 위한 케이슨 설치구조'에 관한 발명으로 보이나 다른 한편으로는 위 말미의 기재를 제외한 나머지 청구범위 기재로만 보면 케이슨은 일시적으로 설치되었다가 해체되는 구성요소에 불과하고 최종적으로는 교각기초 구조물만 남는 구성으로 읽히므로 오히려 '교각구조 구조물'이 발명의 대상이 되는 물건이라고 볼 여지가 많다. 결국 이 사건 정정발명은 청구범위 자체로도 발명의 대상이 되는 물건이 명확하게 특정되어 있지 않다고 할 것이어서 특허법 제42조 제4항 제2호에 위배된다.[7]

(다) 발명의 상세한 설명의 참작에 의하여 발명이 특정되었다고 판단한 경우

○ 특허법원 2008. 10. 28. 선고 2008허13541 판결, 등록무효(특)

'조절된 양의 양자성 물질 존재하에서'라는 구성은 그 문언의 기재 자체만으로는 의미하는 바가 명확하다고 할 수 없지만, 발명의 상세한 설명을 참작하여 보면, 반응시에 존재하는 물과 같은 양자성 물질을 조절하는 구성으로서, 아닐린 또는 치환된 아닐린 유도체와 니트로벤젠의 반응을 유지하고 원하는 생성물의 선택성을 유지하기 위하여 양자성물질의 함량이 조절되는 조건으로 해석되고, 이러한 표현을 사용하지 않고서는 이 사건 특허발명을 간단명료하게 나타낼 수 없는 적절한 표현이 없고, 그 의미가 발명의 상세한 설명에 의하여 명확히 뒷받침되며 발명의 특정에 별다른 문제가 없다. 단지 양자성 물질의 최소 하한양을 구체적으로 제시하고 있지 않다는 이유로 이 사건 특허발명이 기재불비에 해당한다고 할 수 없다.

7) 위 판결 선고 후 피고가 정정심판청구를 하여 2010. 2. 26. 위 정정을 허가하는 심결이 내려지고 그 무렵 확정되었으며, 대법원은 이를 이유로 2010. 10. 28. 선고 2009후3206호 판결로 파기환송하였다.

### 3. 선행기술의 공지 여부

○ 특허법원 2008. 11. 20. 선고 2008허3636 판결, 등록무효(특)(확정)

특허출원 전에 국내에서 공지되었다고 함은 반드시 불특정 다수인에게 인식되었을 필요는 없다 하더라도 적어도 불특정 다수인이 인식할 수 있는 상태에 놓여 있음을 의미하는 바, 연구원이 수행한 연구과제를 사내, 외로 전파하여 관련지식을 공유하고 연구결과의 활용성을 높이기 위하여 개최된 것인 점, 연구원에서 발표회 당일 일반인들의 출입을 통제한 사실이 없었던 점 등의 사정에 비추어볼 때 위 연구결과 발표회에서 발표된 비교대상발명은 불특정 다수인이 인식할 수 있는 상태에서 발표되었으므로 비교대상발명은 특허발명의 출원 전에 국내에서 공지되었다.

### 4. 통상의 기술자의 기술수준 파악

○ 대법원 2009. 11. 12. 선고 2007후3660 판결, 거절결정(특)

선행기술에 의하여 용이하게 발명할 수 있는 것인지에 좇아 발명의 진보성 유무를 판단함에 있어서는, 적어도 선행기술의 범위와 내용, 진보성 판단의 대상이 된 발명과 선행기술의 차이 및 통상의 기술자의 기술수준에 대하여 증거 등 기록에 나타난 자료에 기하여 파악하여야 한다.

### 5. 그 발명이 속하는 기술분야

그 발명이 속하는 기술분야란 원칙적으로 당해 특허발명이 이용되는 산업분야를 말하므로, 당해 특허발명이 이용되는 산업분야가 비교대상발명의 그것과 다른 경우에는 비교대상발명을 당해 특허발명의 진보성을 부정하는 선행기술로 사용하기 어렵다 하더라도, 문제로 된 비교대상발명의 기술적 구성이 특정 산업분야에만 적용될 수 있는 구성이 아니고 당해 특허발명의 산업분야에서 통상의 기술을 가진 자가 특허발명의 당면한 기술적 문제를 해결하기 위하여 별다른 어려움 없이 이용할 수 있는 구성이라면, 이를 당해 특허발명의 진보성을 부정하는 선행기술로 삼을 수 있다[대법원 2008. 7. 10. 선고 2006후2059 판결, 등록무효(특)].

○ 대법원 2008. 9. 11. 선고 2006후3939 판결

이 사건 특허발명은 연속식 아치형으로 형성된 수소분위기의 브레이징 장치

에서 다이아몬드공구를 브레이징하는 방법에 관한 것이고, 비교대상발명 2는 로심 중앙부에 대하여 로심 측방부가 경사지게 형성되어 로심 중앙부에는 공기보다 가벼운 수소가스가 정체할 수 있게 하며 반송벨트가 로심을 통해 피가열물을 이동시키는 과정에서 로심 중앙부에서 피가열물을 가열하고 로심 측방부에서 가열된 피가열물을 냉각시키는 연속식 가열장치이며, 비교대상발명 3은 금속계 재료에 수소흡장 및 수소방출을 실시함으로써 금속계 재료의 조직을 변경하여 특성을 조정하거나 금속계 재료를 파쇄하도록 한 열처리 장치에 관한 것으로, 금속재료나 비금속재료를 수소분위기에서 열처리하거나 브레이징을 하는 기술에 관한 것이라는 점에서 그 기술분야가 실질적으로 동일하다.

○ 대법원 2008. 7. 10. 선고 2006후2059 판결, 등록무효(특)

비교대상발명이 속하는 베어링 관련 기술은 '롤러'와 같은 회전체를 지지하는 구성을 가진 기계장치를 이용하는 기술분야에서 일반적으로 이용하는 기술인 점에 비추어 볼때 '롤러'를 이용하는 얀(실) 공급기 장치와 같은 섬유기계분야에서도 통상의 기술자가 특허발명의 당면한 기술적 문제를 해결하기 위하여 참조, 이용할 수 있는 구성이라 할 것이므로 베어링시트표면을 탄력적으로 하는 구성은 비교대상발명으로부터 용이하게 도출할 수 있다고 보아야 한다.

○ 특허법원 2009. 5. 15. 선고 2008허13305 판결, 등록무효(특)(대법원 심리불속행기각)

여러 기술분야에서 공통적으로 사용될 수 있는 기술의 진보성 여부를 판단함에 있어서는 그 사용분야나 기술의 인접성 여부 등을 종합적으로 고려하여 판단하여야 하고, 반드시 해당 기술이 적용되는 물건이나 방법의 종류까지 동일하여야 하는 것은 아니라고 할 것이다. 이 사건 제1항 발명은 유체 또는 공기 등을 이송하는 데 사용되는 튜브관 연결구용 콜레트 성형 시스템을 제공하기 위한 것이고, 비교대상발명 2는 유체 또는 공기등을 이송하는 데 사용되는 튜브관 연결용 콜레트의 성형방법을 제공하기 위한 것으로 … 이 사건 제1항 발명과 비교대상발명 2는 유체 등을 이송시키는 튜브관 연결용 콜레트(어댑터)를 제공하는 점에서 그 기술분야 및 목적이 동일하다.

## 6. 용이하게 발명할 수 없을 것

### 가. 사후적 고찰(Hindsight)의 금지

선행기술에 의하여 용이하게 발명할 수 있는 것인지에 좇아 발명의 진보성 유무를 판단함에 있어서는, 적어도 선행기술의 범위와 내용, 진보성 판단의 대상이 된 발명과 선행기술의 차이 및 통상의 기술자의 기술수준에 대하여 증거 등 기록에 나타난 자료에 기하여 파악한 다음, 이를 기초로 하여 통상의 기술자가 특허출원 당시의 기술수준에 비추어 진보성 판단의 대상이 된 발명이 선행기술과 차이가 있음에도 그러한 차이를 극복하고 선행기술로부터 그 발명을 용이하게 발명할 수 있는지를 살펴보아야 하는 것이다. 이 경우 진보성 판단의 대상이 된 발명의 명세서에 개시되어 있는 기술을 알고 있음을 전제로 하여 사후적으로 통상의 기술자가 그 발명을 용이하게 발명할 수 있는지를 판단하여서는 아니 된다(대법원 2007. 8. 24. 선고 2006후138 판결, 2009. 11. 12. 선고 2007후3660 판결 등 참조).

○ 대법원 2009. 11. 12. 선고 2007후3660 판결, 거절결정(특)

통상의 기술자라면 그 출원 당시의 기술수준에 비추어 필연적으로 이 사건 구성요소 4와 비교대상발명 1, 2, 3의 차이를 극복하여 구성요소 4를 생각해내기에 이를 것이라는 사정을 인정할 아무런 자료가 없는 이 사건에서, 이 사건 출원 명세서에 개시되어 있는 발명의 내용을 이미 알고 있음을 전제로 하여 사후적으로 비교대상발명 1, 2, 3의 대응구성을 변경하고 조합함으로써 위 구성요소 4에 이른다고 하는 판단을 하지 아니하는 한 통상의 기술자가 비교대상발명 1, 2, 3의 대응구성으로부터 위 구성요소 4를 용이하게 도출할 수 없다고 할 것이다.

### 나. 선행기술의 자격 등

발명의 신규성 또는 진보성 판단에 제공되는 대비발명은 그 기술적 구성 전체가 명확하게 표현된 것뿐만 아니라, 미완성 발명 또는 자료의 부족으로 표현이 불충분하거나 일부 내용에 오류가 있다고 하더라도 그 기술분야에서 통상의 지식을 가진 자가 발명의 출원 당시 기술상식을 참작하여 기술내용을 용이하게 파악할 수 있다면 선행기술이 될 수 있다(대법원 1997. 8. 26. 선고 96후1514 판결, 2006. 3. 24. 선고 2004후2307 판결, 2008. 11. 27. 선고 2006후1957 판결 등 참조).

○ 대법원 2008. 11. 27. 선고 2006후1957 판결, 등록무효(특)

'B형 간염백신과 타 백신과의 관계에 관한 연구'라는 제목의 석사학위논문인 비교대상 발명은 자료의 부족으로 표현이 불충분하거나 일부 내용에 오류가 있음을 부정할 수 없지만 그 발명이 속하는 기술분야에서 통상의 지식을 가진 자라면 'B형 간염 표면 항원 및 다른 항원을 포함하는 조합 백신'이라는 명칭을 가진 이 사건 특허발명의 우선권 주장일 당시의 기술상식을 참작하여 비교대상발명에 기재된 내용으로부터 'B형 간협표면항원(HBsAg) 및 디프테리아(D), 파상풍(T), 백일해(P) 항원을 모두 인산알루미늄(AP)에 흡수시켜 혼합 백신이 B형 간염 표면 항원의 단독백신과 비교하여 역가에서 큰 차이가 없다'는 기술내용을 용이하게 파악할 수 있으므로 비교대상발명은 명칭을 'B형 간염표면 항원 및 다른 항원을 포함하는 조합 백신'으로 하는 이 사건 특허발명의 신규성과 진보성 판단에 제공되는 선행기술이 될 수 있다.

○ 특허법원 2009. 5. 15. 선고 2008허13305 판결, 등록무효(특)(대법원 심리불속행기각)

이 사건 제1항 발명은 유체 또는 공기 등을 이송하는데 사용되는 튜브관 연결구용 콜레트 성형 시스템을 제공하기 위한 것이고, … (중략) 비교대상발명 3은 금속박판에 프레스와 에칭을 사용하여 리드프레임을 연속으로 제조하는 장치를 제공하기 위한 것이고, 비교대상발명 4는 전기절연층을 갖는 금속기판의 연속적인 웨브를 제조하는 방법을 제공하기 위한 것이며, 비교대상발명 5는 프레스 등으로 판금과 같은 판 재료를 여러 가지 형상의 편으로 절단 또는 블랭킹하기 위한 장치를 제공하기 위한 것이다. 그런데 이 사건 특허발명과 비교대상발명 3, 4, 5는 그 기술이 적용되는 구체적인 분야에 차이가 있으나, ① 모두 판 형태의 금속 재료를 연속으로 성형가공하는 기술에 관한 발명이라고 할 것인데, 이러한 기술은 특정 산업분야에 국한되는 것이 아니라 기계구조물, 전기전자재료, 생활용품 등의 소재를 가공하는 분야에서 흔히 사용되는 기술이라 할 것이고, ② 비교대상발명 3, 4, 5에서 금속 판재의 가공 공정을 연속적으로 수행하는 것은 이 사건 제1항 발명과 동일한 기술적 과제를 해결하기 위한 것으로 보이므로, 발명의 과제 해결을 위하여 관련된 인접 기술분야의 기술수단의 적용을 시도하는 것은 통상의 기술자에게 통상적인 창작능력의 발휘에 해당하는 것이며, ③ 여러 기술분야에서 공통적으로 사용될 수 있는 기술의 진보성 여부를 판단함에 있어서는 그 사용분야나 기술의 인접성 여부 등을 종합적으로 고려하여 판단하여야 하고, 반드시 해당 기술이 적용되는 물건이나 방법의 종류까지 동일하여야 하는 것은 아니라고 할 것이므로, 비교대상발명 2뿐만 아니라 비교대상발명 3, 4, 5 역시 이 사건 특허발명의 진보성을 부정하는 선행기술이 될 수 있다.

### 다. 복수의 선행기술을 결합한 발명의 경우

복수의 선행기술을 결합한 발명(결합발명)이란 A, B 2가지 요소를 모아 발명을 완성한 경우, 그 발명이 A와 B의 원래의 효과를 단순히 합산한 경우는 진보성을 인정하지 않으며, 결합된 것이 특수한 효과가 있는 경우에는 결합이라 부르고 그 진보성을 인정하고 있다. 이는 1875년 미국 법원의 판결을 인용하여 결합(combination)은 발명이 성립하지만, 주합(aggregation)은 발명이 되지 않는다고 한데서 가장 오래된 연원을 찾을 수 있다.[8)]

결합발명의 창작성은 선행기술을 결합하는 것이 용이한가를 판단하는 것이고 구체적으로 어떤 경우에 결합이 용이하고 용이하지 않는지는 구체적 사례에 따라서 달라질 것이다.[9)]

이러한 결합발명은 각 구성요소가 유기적으로 결합한 전체로서의 기술사상이 진보성 판단의 대상이 되는 것이지 각 구성요소가 독립하여 진보성 판단의 대상이 되는 것은 아니므로 그 특허발명의 진보성 여부를 판단함에 있어서는 청구항에 기재된 복수의 구성을 분해한 후 각각 분해된 개별 구성요소들이 공지된 것인지 여부만을 따져서는 안 되고, 특유의 과제해결원리에 기초하여 유기적으로 결합된 전체로서의 구성의 곤란성을 따져보아야 할 것이며, 이때 결합된 전체구성으로서의 발명이 갖는 특유한 효과도 함께 고려하여야 한다(대법원 2007. 9. 6. 선고 2005후3277 판결, 2007. 11. 29. 선고 2006후2097 판결 등 참조).

결합발명의 진보성 판단에 관한 현재의 실무례는 일반적인 진보성의 판단과 다르지 않고, 많은 경우에 구성요소들의 개시 및 공지 여부에 대하여 집중하여 판단하고 있고, 그들을 결합함에 있어서 용이한지 여부에 대하여는 선행기술에 나타난 요소들을 치환하거나 전용한 경우 외에는 단순히 결합이 용이하다고 하는 사례가 주류를 이루고 있음을 부정할 수 없다. 이에 대하여 예컨대 선행기술

8) 竹田和彦, 特許の知識[제8판](2006), 142면.

9) 김제완, "결합발명에 대한 진보성 판단", 특허소송연구 제4집(2008) 48면.

로 3개 이상을 결합하여야 하는 경우, 선행기술에 나타난 구성들을 변경하여 결합하거나 치환하여 결합한 경우, 다른 기술분야에서 알려진 선행기술들을 전용하여 결합한 경우, 그리고 화학발명 등과 같이 그 구성만으로 단순히 결합한 것인지 알 수 없는 분야의 발명 등의 경우에는 선행기술을 나열하고 단순히 수집하였다는 것만으로는 결합의 용이성을 판단하였다고 할 수 없고, 미국 CAFC 법원의 TSM 기준을 사후적 고찰을 방지하는 유용한 기준으로 삼을 수 있고, 또 기술전문가의 진술과 증언에 의해서 결합의 용이성을 판단할 수 있다면 기술의 변화와 발전 및 시장의 변화에 적절히 대응할 수 있을 것이라고 하며, 기술적 사항과 함께 상업적 성공, 오랫동안 해결하지 못한 과제의 해결, 타인의 실패 등 2차적 고려사항도 알려진 선행기술들을 결합하는 데 용이한가 여부를 함께 고려하여야 한다는 지적은[10] 경청할 만하다.

### 라. 수치한정발명

종래부터 대법원은 "어떠한 출원발명이 그 출원 전에 공지된 발명이 가지는 구성요소의 범위를 수치로서 한정하여 표현한 경우에는 그 출원발명에 진보성을 인정할 수 있는 다른 구성요소가 부가되어 있어서 그 출원발명에서의 수치한정이 보충적인 사항에 불과한 것이 아닌 이상, 그 한정된 수치범위 내외에서 이질적이거나 현저한 효과의 차이가 생기지 않는다면 그 출원발명은 그 기술분야에서 통상의 지식을 가진 사람이 통상적이고 반복적인 실험을 통하여 적절히 선택할 수 있는 정도의 단순한 수치한정에 불과하여 진보성이 부정된다고 할 것이고, 그 출원발명이 공지된 발명과 과제가 공통되고 수치한정의 유무에서만 차이가 있는 경우에는 그 출원발명의 명세서에 한정된 수치를 채용함에 따른 현저한 효과 등이 기재되어 있지 않다면 특별한 사정이 없는 한 그와 같이 한정한 수치범위 내외에서 현저한 효과의 차이가 생긴다고 보기 어렵다"라고 수치한정발명의 진보성 판단기준을 설시해 왔다(대법원 2007. 11. 16. 선고 2007후1299 판결 등 참조).[11] 또한 이러한 수치한정의 기술적 의의를 추후 실험자료에 의하여 인정할 수 있는가에 관하여 특허법원은 "수치한정한 범위 전체에서 이질적이거나 양적으로 현

---

10) 김제완, "결합발명에 관한 진보성 판단", 특허소송연구 제4집(2008), 72－80면(발명의 혁신은 번득이는 천재성보다는 알려진 발명들의 결합으로 이루어지는 경우에 더욱 커다란 진보를 이루기도 한다는 것이다).

11) 위 판결에 대한 평석으로 박정희, "수치한정발명이 공지된 발명과 … 기재되어야 하는지 여부", 대법원판례해설 74호(2007년 하반기) 199면 이하.

저한 효과가 있어야 한다는 점에 관하여 출원 명세서에 당해 기술 분야에서 통상의 지식을 가진 자가 명세서 기재 자체를 통하여 인식할 수 있을 정도로 기재되어 있지 않은 이상 추후 실험자료에 의하여 인정되거나 확인되는 수치한정의 기술적 의의를 가지고서 당해 수치한정 발명의 진보성 여부를 판단할 수는 없다고 할 것이므로, 이 사건 제1항 정정발명의 구성 2, 3, 4에 대하여는 수치한정의 임계적 의의가 있다고 볼 수 없다"고 하여 부정적으로 보아 왔다[특허법원 2009. 5. 22. 선고 2008허1722 판결, 등록무효(특)(확정) 등 참조].

그러다 최근 대법원 2010. 8. 19. 선고 2008후4998 판결은 수치한정발명의 진보성 판단기준에 관하여 종래의 판단기준을 유지하면서도 특히 "공지된 발명과는 상이한 과제를 달성하기 위한 기술수단으로서의 의의를 가지고 그 효과도 이질적인 경우에는 임계적 의의를 요하지 않는다"는 점을 강조하는 판시를 한 것으로 이해된다. 나아가 대법원 2013. 2. 28. 선고 2011후3193 판결은 위와 같은 법리를 적용하여 실제로 수치한정발명의 진보성을 인정한 바 있다. 매우 드물게 인정된 사례로서 그 의의가 적지 않다.[12]

한편 최근 대법원 2013. 5. 24. 선고 2011후2015 판결은 '수치한정발명의 신규성 판단기준'에 관하여 처음으로 명시적인 판시를 하였다. 즉 "구성요소의 범

12) 구성 3-1은 PVA 필름의 TD 방향의 두께 변동을 '0.28㎛/㎜ 이하'라는 수치로써 한정하여 표현한 구성으로서, PVA 필름에서 TD 방향으로 1㎜ 범위에서 발생되는 국소적인 두께 변동을 방지함으로써 대면적에서도 균일한 광학성능을 가지도록 하기 위하여 선택된 기술수단에 해당한다. 이에 대응시켜 볼 수 있는 구성으로는, 비교대상발명 1에 'PVA계 필름의 두께 변동은 3% 이하이고 필름 두께는 20~100㎛인 구성'이 개시되어 있고, 비교대상발명 3에 '폴리카보네이트(polycarbonate) 수지를 원료로 사용한 필름에서 5㎜당 두께 변동이 0.3㎛ 이하인 구성'이 개시되어 있다. 그러나 비교대상발명 1의 대응구성은 그에 관한 명세서의 기재를 참작할 때, PVA 필름의 TD 방향으로 수㎝~수십㎝의 범위에서 발생하는 커다란 기복의 두께 변동을 방지하기 위한 구성으로 보일 뿐이므로, 국소적인 두께 변동을 방지하고자 하는 구성 3-1에서와 같은 기술사상은 전혀 개시 또는 암시하고 있지 아니하다. 또한, 비교대상발명 3의 대응구성에는 위와 같이 '폴리카보네이트' 필름의 두께 변동에 대한 기재만 있을 뿐 'PVA' 필름의 두께 변동에 대해서는 아무런 기재가 없고, 그에 관한 명세서 기재에 의하면 일반적으로 폴리카보네이트 필름에서 위와 같은 두께 변동이 나타나는데 그 이유는 분명하지 않으나 폴리카보네이트 자체의 물성 때문이라는 것이므로, 단지 여러 종류의 필름 수지에 적용될 수 있는 다이(die)의 형상 및 특징을 개시하면서 그러한 수지의 하나로 PVA 수지를 들고 있을 뿐인 비교대상발명 3에는, 구성 3-1의 앞서 본 바와 같은 기술사상이 개시 또는 암시되어 있다고 할 수 없다. 따라서 구성 3-1은 비교대상발명 1, 3에서와는 다른 과제를 달성하기 위한 기술수단으로서의 의의를 가지고, 나아가 그 효과도 PVA 필름의 국소적인 두께 변동을 방지함으로써 균일한 광학성능을 가지게 된다는 것으로서 비교대상발명 1, 3과는 구별되는 이질적인 것이므로, 그 수치한정에 임계적 의의가 있는지 여부나 구성 3-1을 제외한 나머지 구성들에 대하여 나아가 살펴볼 필요 없이 정정 후 제1항 발명의 진보성은 원심 판시 비교대상발명들에 의하여 부정되지 아니하고, 그 신규성 또한 부정되지 아니한다.

위를 수치로써 한정하여 표현한 발명이 그 출원 전에 공지된 발명과 사이에 수치한정의 유무 또는 범위에서만 차이가 있는 경우에는, 그 한정된 수치범위가 공지된 발명에 구체적으로 개시되어 있거나, 그렇지 않더라도 그러한 수치한정이 그 발명이 속하는 기술분야에서 통상의 지식을 가진 자가 적절히 선택할 수 있는 주지관용의 수단에 불과하고 이에 따른 새로운 효과도 발생하지 않는다면 그 신규성이 부정된다. 그리고 한정된 수치범위가 공지된 발명에 구체적으로 개시되어 있다는 것에는, 그 수치범위 내의 수치가 공지된 발명을 기재한 선행문헌의 실시예 등에 나타나 있는 경우 등과 같이 문언적인 기재가 존재하는 경우 외에도 통상의 기술자가 선행문헌의 기재 내용과 출원시의 기술상식에 기초하여 선행문헌으로부터 직접적으로 그 수치범위를 인식할 수 있는 경우도 포함된다. 한편 수치한정이 공지된 발명과는 상이한 과제를 달성하기 위한 기술수단으로서의 의의를 가지고 그 효과도 이질적인 경우나 공지된 발명과 비교하여 한정된 수치범위 내외에서 현저한 효과의 차이가 생기는 경우 등에는, 그 수치범위가 공지된 발명에 구체적으로 개시되어 있다고 할 수 없음은 물론, 그 수치한정이 통상의 기술자가 적절히 선택할 수 있는 주지관용의 수단에 불과하다고 볼 수도 없다."[13)]

### 마. 선택발명

선행 또는 공지의 발명에 구성요건이 상위개념으로 기재되어 있고 위 상위개념에 포함되는 하위개념만을 구성요건 중의 전부 또는 일부로 하는 이른바 선택발명의 진보성을 부정하기 위해서는 선택발명에 포함되는 하위개념들 모두가 선행발명이 갖는 효과와 질적으로 다른 효과를 갖고 있거나, 질적인 차이가 없더라도 양적으로 현저한 차이가 있어야 하고, 이 때 선택발명의 발명의 상세한 설명에는 선행발명에 비하여 위와 같은 효과가 있음을 명확히 기재하여야 하고, 이러한 효과가 명확히 기재되어 있다고 하기 위해서는 선택발명의 발명의 상세한

13) 사안은 다음과 같다. "이 사건 제1항 발명은 +4가 이상의 원자가를 갖는 제3원소 산화물의 함유량을 '0.01 내지 0.2원자%'의 수치범위로 한정한 발명으로서, 그 함유량을 '20원자% 이하'로 한정하고 있는 비교대상발명과 사이에 제3원소 산화물 함유량의 수치범위에서만 차이가 있는데, 이 사건 제1항 발명의 위 수치한정은 스퍼터링 타깃의 부피저항률을 낮게 하면서도 이 타깃을 사용하여 제막된 투명도전막의 에칭 가공성 역시 우수하도록 하기 위한 것인 반면, 비교대상발명의 위 수치한정은 '도전성 저하의 방지'에 있을 뿐이므로, 이 사건 제1항 발명은 위 수치범위가 비교대상발명에 구체적으로 개시되어 있다고 할 수 없고 그 수치한정이 통상의 기술자가 적절히 선택할 수 있는 주지관용의 수단에 불과하다고 볼 수도 없어, 비교대상발명에 의하여 그 신규성이 부정되지 아니한다."

설명에 질적인 차이를 확인할 수 있는 구체적인 내용이나, 양적으로 현저한 차이가 있음을 확인할 수 있는 정량적 기재가 있어야 한다(대법원 2003. 4. 25. 선고 2001후2740 판결, 2007. 9. 6. 선고 2005후3338 판결, 2009. 10. 15. 선고 2008후736, 743 판결 등 참조).

또한 광학이성질체의 신규성 및 진보성에 대하여 판시한 대법원 2010. 3. 25. 선고 2008후3469, 3476 판결은 선택발명의 신규성 및 진보성 판단기준에 관한 기존의 대법원 2009. 10. 15. 선고 2008후736, 743 판결 등의 설시를 그대로 채용하여 판시하면서, ① 비교대상발명의 발명의 상세한 설명에 원심 판시 R-트란스 헵탄산에 대한 문언적 기재가 존재하지 않으나, 그 실시예 2에는 R-트란스 헵탄산과 S-트란스 헵탄산의 라세미체가 개시되어 있는데, 비교대상발명이 구조식Ⅰ의 카르복스아미드 화합물의 가능한 4개의 이성체를 혼합물의 형태가 아닌 개별적 이성체로 인식하고 있는 이상, 이의 개환된 형태인 R-트란스 헵탄산과 S-트란스 헵탄산의 라세미체의 가능한 2개의 광학이성체도 개별적 이성체로 인식할 수 있다고 할 것이어서, 비교대상발명에는 R-트란스 헵탄산이 개시되어 있고, 또한 비교대상발명에는 그 화합물이 콜레스테롤 생합성을 억제한다는 발명의 구체적 용도 또한 그대로 개시되어 있으며, ② 나아가 라세미체로부터 광학이성체를 분리하는 방법에 관한 발명이 아닌 이 사건 제1, 2, 3항 발명의 신규성을 부정하기 위하여 비교대상발명에 이에 대한 분리방법 내지 분리가능성이 개시되어 있어야만 하는 것도 아니라는 이유를 들어, 라세미체에 대한 분리방법은 기재되어 있지 않은 비교대상발명에 의해 그 광학이성질체(R-트랜스) 발명 및 위 화합물의 콜레스테롤 생합성 억제 용도발명의 신규성이 부정된다고 판시하는 한편, 그 염화합물의 진보성도 부정된다고 판시하였다.

그리고 대법원 2011. 7. 14. 선고 2010후2865 판결 및 2010후2872 판결은 결정형 발명의 진보성 판단기준에 관하여 다음과 같이 최초로 판시하였다(두 판결은 같은 특허를 대상으로 하는 것이다). 즉 "동일한 화합물이 여러 결정 형태를 가질 수 있고 그 결정 형태에 따라서 용해도, 안정성 등의 약제학적 특성이 다를 수 있음은 의약화합물 기술분야에서 널리 알려져 있어 의약화합물의 제제설계(製劑設計)를 위하여 그 결정다형(結晶多形)의 존재를 검토하는 것은 통상 행해지는 일이므로, 의약화합물 분야에서 선행발명에 공지된 화합물과 결정 형태만을 달리하는 특정 결정형의 화합물을 특허청구범위로 하는 이른바 결정형 발명은, 특별한 사정이 없는 한 선행발명에 공지된 화합물이 갖는 효과와 질적으로 다른 효과를 갖고 있거나 질적인 차이가 없더라도 양적으로 현저한 차이가 있는 경우에 한하여 그 진보성이 부정되지 않고, 이때 결정형 발명의 상세한 설명에는 선행발명과의 비교실험자료까지는 아니라고 하더라도 위와 같은 효과가 있음이 명확히 기재되어 있어야만 진보성 판단에 고려될 수 있으며, 만일 그 효과가 의심스러울 때에는 출원일 이후에 출원인 또는 특허권자가 신뢰할 수 있는 비교실험자료를 제출하는 등의 방법에 의하여 그 효과를 구체적으로 주장·입증하여야 한다"고 판시하여, 결국 효과를 중심으로 하여 진보성 여부를 판단해야 한다는 취지로서, 선택발명과 관련한 기존 대법원의 판시 취지를 상당 부분 따르고 있는 것으로 이해된다.

한편 최근 대법원 2012. 8. 23. 선고 2010후3424 판결은 위 대법원 2010. 3. 25. 선고 2008후3469, 3476 판결 등의 판단기준과 함께, 대법원 2003. 10. 24. 선고 2002후1935 판결의 법리에 따라 "선택발명에 여러 효과가 있는 경우에 선행발명에 비하여 이질적이거나 양적으로 현저한 효과를 갖는다고 하기 위해서는 선택발명의 모든 종류의 효과가 아니라 그 중 일부라도 선행발명에 비하여 그러한 효과를 갖는다고 인정되면 충분하다"고 밝힌 바 있다.[14] 이 판결은 선택발명

14) "이 사건 특허발명은 정신병 치료제 '올란자핀(Olanzapine)'을 특허청구범위로 하는 발명으로서, 비교대상발명 1에는 올란자핀의 상위개념에 해당하는 화합물의 일반식이 기재되어 있으므로, 비교대상발명 1의 선택발명에 해당하여, 이 사건 특허발명은 비교대상발명 1[특히 여기에 구체적으로 개시된 에틸올란자핀(Ethyl Olanzapine)]과 비교하여 이질적이거나 양적으로 현저한 효과를 가져야 그 진보성이 부정되지 않는다고 할 것인데, 정신병 치료 효과의 면에서는 올란자핀이 에틸올란자핀에 비하여 현저히 우수한 효과를 갖는다고 단정하기 어렵다. 그런데 올란자핀과 에틸올란자핀의 부작용 감소 효과를 비교하여 보면, 이 사건 특허발명의 명세서에는 '8mg/kg의 복용량으로 처리한 개의 독성 연구에서, 에틸올란자핀의 경우는 8마리 중 4마리에서 콜레스테롤 농도가 상당히 증가한 반면, 올란자핀의 경우는 콜레스테롤 농도가 전혀 증가하지 않았다'는 취지로 기재되어 있는 반면에, 비교대상발명 1에는 에틸올란자핀이 콜레스테롤 증가 부작용 감소의 효과를 갖는다는 점에 관한 기재나 암시가 없고 통상의 기술자가 에틸올란자핀이 당연히 그러한 효과를 가질 것으로 예측할 수 있는 것도 아니므로, 콜레스테롤이 증가되지 않는다는 올란자핀의 효과는 에틸올란자핀이 갖는 효과와는 다른 이질적인 것이고, 통상의 기술자가 비교대상발명 1로부터 콜레스테롤을 증가시켜서는 안 된다는 기술적 과제를 인식할 수 있다고 하여 이와 달리 볼 수 없다. 결국, 콜레스테롤 증가 부작용 감소 효과에 관한 이 사건 특허발명의 명세서의 위 기재는 에틸올란자핀이 갖는 효과와의 질적인 차이를 확인할 수 있는 구체적인 내용의 기재로 보아야 할 것이므로, 올란자핀에 실제로 이러한 효과가 있음이 인정되는지 여부를 살펴 이 사건 제2항 발명의 진보성을 판단해야 한다. 그런데 원심절차에서 제출된 제1, 2실험의 증거자료 등을 종합하면, 올란자핀이 에틸올란자핀과 비교하여 콜레스테롤 증가 부작용 감소라는 이질적인 효과를 가짐을 인정하기에 충분하므로, 이 사건 특허발명은 비교대상발명 1에 의하여 그 진보성이 부정되지 않는다."

의 진보성을 인정한 매우 드문 사례로서 그 의의가 적지 않다.

### 바. 진보성 판단과 상업적 성공 등의 고려

○ 대법원 2008. 5. 29. 선고 2006후3052 판결, 등록무효(특)

특허발명의 제품이 상업적으로 성공하였거나 특허발명의 출원 전에 오랫동안 실시했던 사람이 없었던 점 등의 사정은 진보성을 인정하는 하나의 자료로 참고할 수 있지만, 이러한 사정만으로 진보성이 인정된다고 할 수는 없고, 특허발명의 진보성에 관한 판단은 우선적으로 명세서에 기재된 내용, 즉 발명의 목적, 구성 및 효과를 토대로 선행 기술에 기하여 당해 기술분야에서 통상의 지식을 가진 자가 이를 용이하게 발명할 수 있는지 여부에 따라 판단되어야 한다.

### 사. 침해소송에서의 진보성 판단

○ 대법원 2012. 1. 19. 선고 2010다95390 전원합의체 판결

특허발명에 대한 무효심결이 확정되기 전이라고 하더라도 특허발명의 진보성이 부정되어 그 특허가 특허무효심판에 의하여 무효로 될 것임이 명백한 경우에는 그 특허권에 기초한 침해금지 또는 손해배상 등의 청구는 특별한 사정이 없는 한 권리남용에 해당하여 허용되지 아니한다고 보아야 하고, 특허권침해소송을 담당하는 법원으로서도 특허권자의 그러한 청구가 권리남용에 해당한다는 항변이 있는 경우 그 당부를 살피기 위한 전제로서 특허발명의 진보성 여부에 대하여 심리·판단할 수 있다.[15)]

## Ⅱ. 주지관용기술의 판단에 관한 최근 중요 판결

### 1. 주지관용기술의 의의

주지관용기술에 관하여 특허법상 명문의 규정도 없고, 그 의미를 구체적으로 밝히고 있는 대법원 판결도 없지만, 실제로 진보성 여부 판단에서 주지관용기술이 주요한 판단자료로 사용되고 있다.[16)] 진보성의 판단은 선행기술과의 대비

15) 위 판결에 의하여 신규성은 있으나 진보성이 없는 경우까지 법원이 특허권 또는 실용신안권 침해소송에서 당연히 권리범위를 부정할 수는 없다고 판시한 대법원 1992. 6. 2.자 91마540 결정 및 대법원 2001. 3. 23. 선고 98다7209 판결은 위 판결의 견해에 배치되는 범위에서 변경되었다.

16) 물론 진보성 판단 외에도 발명의 실질적 동일성 여부 판단에서도 주지관용기술이 중요한 쟁점

에 의하여 행하여지는 것이므로 그 배경에는 많은 주지기술이 존재하고 있고, 어떤 의미에서는 주지기술의 총체가 평균적 기술수준을 형성하는 것이라 할 수도 있다.17) 따라서 "진보성 판단에 관한 우리 특허실무에서의 정확성 및 객관성 제고"를 도모하기 위해서는, 어떠한 기술 내용이 당해 기술분야에서 특정 시점(출원발명 혹은 특허발명의 출원일 내지 우선일)에 이미 주지관용의 정도에 이르렀다는 점에 대한 판단이 가능한 한 객관적인 증거조사 결과에 의하여 이루어져야 할 필요가 있다.18)19) 즉, 주지관용기술을 주장하는 측에서 이를 입증하기 위한 명확한 서증을 제출하고, 이에 대해 상대방의 의견 진술 및 반대 증거 제출 기회를

---

으로 되고 있다. 양 발명의 차이가 주지관용기술의 부가, 삭제, 전환 등에 불과한 것으로 새로운 효과를 발생시키지 않는 경우에 해당되어 실질적 동일성의 범주 내에 드는 것인지에 관한 판단기준에 대하여는, 이명규, 『특허법 제36조 제1항에 있어서 "동일한 발명"의 의미』, 「특허소송연구」(제3집), 특허법원(2005), 60면 이하 참조.

17) 정상조·박성수 공편(조영선 집필 부분), 「특허법주해」(Ⅰ), 박영사(2010), 357면 참조.

18) 이와 관련하여 주로 미국의 특허제도와 실무를 정리하여 소개하고 있는, 임호, 「특허법」, 법문사(2003), 311면에는 다음과 같이 설명되어 있다.

진보성을 판단하는 과정도 일반적 재판기능과 같이 3가지 절차를 가지고 있다. 첫째, 법이 무엇인가를 선언하는 것, 둘째, 사실을 확정하는 것, 그리고 셋째, 확정된 사실에 법률을 적용하는 것이다. 따라서 진보성의 판단은 다음과 같은 구성요소로 나누어져야 한다. 1) 특허권자가 특허가 출원될 당시에 이미 알 수 있었던 공개된 선행기술의 범위와 내용으로서, 이는 증인의 증언과 서류 또는 물적 증거에 의해서 결정되어야 한다. 2) 특허권자가 선행기술을 바탕으로 하여 이에 개량행위를 함으로써 얻어진 결과로서, 바로 이 개량된 부분이 문제가 되는 특허대상이 되고 이 개량된 새로운 구성요소가 무엇인지를 결정하는 것은 전문가의 증언에 기초한 사실인정의 문제이다. 3) 진보성을 판단하는 것으로서 위 2)의 구성요소, 즉 특허가 출원된 특허대상과 1)의 구성요소, 즉 선행기술 사이의 차이점이 통상의 지식인에게 용이한지를 판단하여야 한다.

19) 전문가증인(Expert witness)은 자신이 체험한 사실관계에 대한 진술만을 행하는 사실증인(fact witness)과는 달리, 마치 우리 소송법상의 감정증인과도 같이 자신이 가지고 있는 전문지식을 근거로 사실에 대한 판단이나 평가를 아울러 진술함으로써 법관이나 배심원으로 하여금 증거의 내용을 이해하거나 사실인정을 하는 데 도움을 주는 증인을 말한다. 사안에 따라 다르지만, 미국 특허소송에서는 소송대리인 이외에 별도로 기술내용에 대한 이해와 설명을 돕는 전문가, 청구항의 해석에 따른 권리범위의 확정과 당업자(통상의 기술자)의 기술수준을 자문하는 전문가, 침해물품이 특허의 문언침해 혹은 균등침해를 구성하는지를 자문하는 전문가, 특허 자체의 신규성, 진보성을 검토하는 전문가, 진보성 판단의 간접사실이 되는 상업적 성공을 포함한 2차적 고려사항에 관한 부분을 맡는 전문가, 기술 실시료 등을 산정하는 전문가, 침해소송의 경우 권리자가 입은 손해와 침해자가 얻은 이익 등을 산정하는 전문가, 특허청구 및 취득까지의 과정, 출원경과 등을 다루는 전문가 등이 소송에 동원되고 있다. 전문가 증인은 분쟁의 대상이 되는 사안에 대한 자신의 의견서(report)를 먼저 제출하여야 하고, 이는 상대방에게 서로 교환되어 반박의 기회가 부여되며 이를 토대로 전문가 증인에 대한 증언녹취가 행하여지게 된다. 나아가 전문가 증인은 변론기일에 이르러 법정에서 증언을 하여야 하는 경우도 있다[이상의 내용은, 조영선, "미국의 특허소송절차에 대한 고찰 — 법관의 기술이해를 중심으로 —", 「특허소송연구」(제3집), 특허법원(2005), 299면 이하 참조].

보장함으로써 보다 정확하고 객관적인 진보성 판단이 가능해질 것이다. 여기에 서증 이외의 증거방법인 증인신문, 사실조회, 감정(촉탁) 등도 다양하게 활용된다면, 앞으로 특허법원 심결취소소송의 재판실무가 보다 발전할 수 있으리라고 본다.

특허청 심사지침서상 '주지기술'은 그 기술에 관해 상당히 다수의 문헌이 존재하거나, 또는 업계에 알려져 있거나, 혹은 예시할 필요도 없을 정도로 잘 알려진 기술과 같이 그 기술분야에서 일반적으로 알려진 기술을 말하며, '주지관용기술'은 주지기술 중 자주 사용되고 있는 기술을 말한다.[20] 따라서 우연히 어떤 하나의 특허공보에 기재되어 있는 것에 불과한 경우에는 원칙적으로 그것을 주지관용기술로 볼 수 없을 것이다.[21] 또한, 주지기술보다는 관용기술이 더 좁은 의미이며 관용기술은 당연히 주지성을 가지고 있다고 하겠지만, 실무상 양자가 엄격히 구분되어 사용되고 있다고 보기는 어렵다.[22]

주지관용기술이라는 용어 대신 '기술상식'이라는 용어도 간혹 사용되는데, 이는 선행기술 중에서 출원 당시 통상의 기술자에게 일반적 내지 평균적으로 알려져 있었던 사항을 의미하지만, 때로는 통상의 기술자뿐만 아니라 일반적인 평균인에게 알려져 있는 상식적인 기술사항이나 경험칙상 명백한 사항을 의미하는 경우도 있다.[23]

## 2. 주지관용기술의 판단기준

특허청 심사지침서에는 심사관이 심사시 주지관용기술이란 이유로 거절이유

20) 특허청, 「심사지침서」, 2415면.

대체로 국내외 교과서나 실무서적들에서 주지관용기술을 정의하고 있는 내용도 이와 대동소이하다[예를 들면, 사법연수원, 「특허법」(2010), 64면; 특허법원 지적재산소송실무연구회, 「지적재산소송실무」(전면개정판), 박영사(2010), 169면; 吉藤幸朔 著, 熊谷健一 補訂, 「特許法概說」(第13版), 有斐閣(1998), 200頁; 竹田和彦, 「特許の知識(第7版) — 理論と實際」, ダイヤモンド社(2004), 177頁].

또한, 특허법원 판결 가운데 주지관용기술의 의의와 판단방법을 설시한 대표적인 판결로는, 특허법원 2007. 12. 21. 선고 2007허3752 판결(확정)이 있는데, 위 판결에서는 "주지기술은 당해 기술분야에서 일반적으로 알려져 있는 기술이고 관용기술은 주지기술이면서 널리 사용되고 있는 기술을 의미하는데, 어느 기술이 주지관용의 기술에 해당하는지의 여부는 당해 기술의 내용, 공지문헌의 성격과 활용 정도, 공지되거나 공연실시된 횟수 등을 고려하여 객관적으로 판단하여야 할 것이다."라고 설시하고 있다.

21) 윤선희, 「특허법」(제4판), 법문사(2010), 204면.

22) 사법연수원, 「특허법」(2010), 64면.

23) 사법연수원, 「특허법」(2010), 64면.

를 통지하는 경우 가능한 한 증거자료를 첨부하도록 정하고 있기는 하지만,[24] 특허청의 심사 및 특허심판원의 심판절차에서 주지관용기술을 별도의 증거 없이 인정하는 경향이 있다.[25] 이에 따라 주지관용기술에 대해서는 다른 공지의 증거와 달리 거절이유를 따로 통지하지 않고 심결문에서도 증거 없이 주지관용기술을 인정하고 있는 것이 다수의 실무례이다.[26][27] 이러한 심사·심판 실무의 이유에 대해서는, 주지관용기술이 심사관 및 출원인, 심판관 및 심판당사자 사이에 현저한 사실에 해당한다고 볼 수 있다는 점에서 그 근거를 찾을 수 있다고 설명되고 있다.[28]

그러나 특허법원의 심결취소소송 심리절차는 원칙적으로 민사소송절차에 따르게 되므로,[29] 어떠한 기술 내용이 주지관용기술에 해당한다는 점이 증명을 필

24) 특허청, 「심사지침서」, 2415면.

25) 주지관용기술과 마찬가지로 실무상 많이 사용되면서도 그 실체를 정확하게 파악하기 어려운 것 중 하나로 이른바 "설계변경사항"을 들 수 있다. 특허청의 심사 및 특허심판원의 심판 실무에서, 구성상 차이를 통상의 기술자(당업자)의 설계변경사항 내지 선택사항이라고 결론을 내면서도 그에 대한 구체적인 근거는 나타나 있지 않은 경우를 드물지 않게 발견할 수 있다. 윤태식, "진보성 등 판단에 있어서 설계변경사항의 한계", 한국특허법학회 편 「특허판례연구」, 박영사(2009), 178면 이하에서는, 이러한 종래의 실무경향을 경계하면서, 설계변경사항 여부를 기능과 작용효과 면에서 평가함으로써 더욱 객관적인 기준을 세워 판단할 필요가 있다고 밝히고 있다.

26) 한동수, "심결취소소송에서 주지관용기술의 증명 방법 및 발명의 진보성 판단시 '2차적 고려사항'(대법원 2008. 5. 29. 선고 2006후3052 판결)", 「대법원판례해설」(제76호), 법원도서관(2008. 12.), 396면.

27) 한편, 이러한 실무와는 별도로, 특허청은 1995. 12. 당시 심사관 정연용의 집필로 「주지·관용기술집 — 기본전자회로분야 —」이라는 서적을 제작하여 대한변리사회를 통해 발간한 바 있다. 위 서적은 기본전자회로에 관한 발명에 대하여 적용되는 주지관용기술을 국제특허분류(IPC: International Patent Classification)별로 정리하여 설명하고 있다.

28) 한동수, 앞의 "심결취소소송에서 주지관용기술의 증명 방법 및 발명의 진보성 판단시 '2차적 고려사항'(대법원 2008. 5. 29. 선고 2006후3052 판결)", 396면.

나아가 위 글에서는 다음과 같이, 증명이 필요 없는 현저한 사실의 의미에 관하여 밝히고 있다.

"법원에서 당사자가 자백한 사실과 현저한 사실은 증명을 필요로 하지 아니한다(민사소송법 제288조). 현저한 사실에는 일반인에게 널리 알려진 '공지의 사실'과 법원이 명확하게 알고 있는 '법원에 현저한 사실'이 있는데, 공지의 사실은 통상의 지식과 경험을 가진 일반인이 진실이라고 믿어 의심하지 않는 사실을 말하고, '법원에 현저한 사실'이라 함은 법관이 직무상 경험으로 알고 있는 사실로서 그 사실의 존재에 관하여 명확한 기억을 하고 있거나 또는 기록 등을 조사하여 곧바로 그 내용을 알 수 있는 사실을 말한다(대법원 1996. 7. 18. 선고 94다20051 전원합의체 판결)."

29) 특허법원이 담당하는 심결취소소송은 특허심판원이 행한 심결 등의 행정처분의 당부를 법원이 판단하는 소송으로서 그 법적 성질을 행정소송이라고 봄이 일반적인데, 행정소송법은 제8조 제1항에서 "행정소송에 대하여는 다른 법률에 특별한 규정이 있는 경우를 제외하고는 이 법이 정하는 바에 의한다."라고 규정하고 있고, 특허법은 특허사건이 갖는 특수성을 고려한다는 측면에서 법원의 관할, 출소기간, 피고적격, 특허심판원장에 대한 통지, 심결의 취소 등에 대하여

요로 하지 않을 정도로 일반화된 것이 아닌 이상, 원칙적으로 증거조사절차를 거쳐 인정하여야 할 것이다.[30] 즉, 통상의 기술자뿐만 아니라 일반적인 평균인에게 알려져 있는 상식적인 기술사항에 대하여는 증거에 의하지 아니하고 그 존재를 인정하는 것이 허용되겠지만, 그 외에 통상의 기술자가 아니면 알 수 없는 사항은 이를 전문적인 자연과학상의 경험칙과 같이 보아야 할 것이고, 따라서 그 인정은 증거에 의하여 이루어져야 하는 것이다.[31][32][33] 다만, 증거방법에 있어서는

---

제186조 내지 제189조 제1항에 특별규정을 두고 있을 뿐 심결취소소송의 구체적인 심리절차에 관하여는 직접적으로 규정하고 있지 않으며, 한편 행정소송법 역시 행정소송절차의 전부에 대하여 완결적으로 규정하지 아니하고 "행정소송에 관하여 이 법에 특별한 규정이 없는 사항에 대하여는 법원조직법과 민사소송법의 규정을 준용한다."(행정소송법 제8조 제2항)라고 규정하고 있으므로, 결국, 심결취소소송의 심리절차는 원칙적으로 민사소송절차에 따르게 된다.

30) 이 점은 우리와 법제가 유사한 일본에서도 마찬가지로 적용되는 일반원칙이라고 볼 수 있는데, 참고로 일본의 대표적인 특허법 주해서로 알려진 中山信弘 編著(蕚垣恒輝 집필 부분), 「注解特許法」(第三版, 上卷), 青林書院(2003), 240－242頁에는 아래와 같이 기술되어 있다.

진보성 유무의 판단은 당업자(통상의 기술자)의 수준에서 행하여진다. … 전문기술관청인 특허청에 배치된 심사관 및 심판관은 기술수준에 관한 지식을 보유하여 기술상식이 풍부한 자들이고, 이러한 심사관이나 심판관합의체에 의하여 진보성의 유무가 판단된다. 심사절차 및 심판절차의 심리에 있어서는, 명세서나 공지문헌에 기재되어 있는 기술용어나 문장의 의미는 당업자의 기술상식에 입각하여 해석되고, 기술수준은 이를 일일이 증명하지 않은 채로 이용되고 있다. … 심사절차·심판절차의 심리에 있어서 '기술상식'이 이용된다는 점은 이미 기술한 바와 같지만, 심리의 정확성을 기하기 위하여는, 오히려 당연한 것이라고 할 수 있다. … 이와 관련하여, 사건이 특허청에서 재판소(법원)로 오게 되면, 재판소에서의 심리는 변론주의를 기조로 하여 이루어지는 것이기 때문에, '기술수준'이나 '기술상식'도 증명의 대상으로 된다. 기술수준이나 기술상식에 관하여 다툼이 있을 경우에는 반드시 입증하여야만 한다.

31) 사법연수원, 「특허법」(2010), 64면.

32) 법원은 변론 전체의 취지와 증거조사의 결과를 참작하여 자유로운 심증으로 사회정의와 형평의 이념에 입각하여 논리와 경험의 법칙에 따라 사실주장이 진실한지 아닌지를 판단한다(민사소송법 제202조).

위 규정에서 보는 바와 같이, 법관의 '자유심증주의'를 제약하는 요소로 작용하는 '경험칙(경험 법칙'의 의미 및 그 증명의 필요성 등에 관하여, 민사소송법학계의 일반적인 설명을 빌면 아래와 같다[아래의 내용은, 강현중, "변론주의와 자유심증주의 — 그 상극과 조화 —", 「민사소송(Ⅲ); 한국민사소송법학회지 vol.3」, 한국사법행정학회(2000), 200면 이하 참조].

'경험칙'이라 함은 개별적 경험으로부터 귀납적으로 얻은 사물의 성상, 혹은 인과관계에 관한 지식이나 추상적 법규를 구체적 사실에 적용함에 있어서 법률판단의 대전제와 소전제의 결합을 매개하는 법개념 내지 의사표시의 작용을 말한다. 경험칙에는 상식에 속하는 것에서부터 고도의 전문적 특수지식에 이르기까지 다양하다. 경험칙에는 필연적이고 절대확실의 것(자연과학 법칙), 고도의 개연성이 있는 것, 단순한 개연성이 있는 것 등 그 내재하는 개연성에 강약이 있는 것을 유의할 필요가 있다. 경험칙의 개연성은 그 정의로부터 명백한 바와 같이 객관적으로 정해지며, 과학지식의 보급 등에 의해서 일반적 경험칙과 특수전문적 경험칙의 경계는 이동된다. 경험칙의 증명은 엄격한 증명에 의할 것인가 아니면 자유로운 증명으로 족할 것인가. 객관적인 일반적 지식으로서 존재하는 경험칙은 엄격한 증명에 의하여야 할 것이 아니고 재판의 공평, 신뢰를 담보로 하는 정도의 자유로운 증명으로 족하나, 상식이나 법규의 내용으로서 법관이 알 것이 요구되는 것 이외의 특수전문적 경험칙은 엄격한 증명에 의하여야 할 것이다.

변론 전체의 취지와 같이 소송에서 현출된 모든 자료나 상황을 종합하여 인정하는 것도 가능하다고 보아야 할 것이다.[34)]

대법원도 일찍이 대법원 2006. 8. 24. 선고 2004후905 판결을 통해 "행정소송의 일종인 심결취소소송에서도 원칙적으로 변론주의가 적용되어 주요사실에 대해서는 당사자의 불리한 진술인 자백이 성립하는바, 특허발명의 진보성 판단에 제공되는 선행발명이 어떤 구성요소를 가지고 있는지는 주요사실로서 당사자의 자백의 대상이 된다."라고 판시함으로써, 특허발명의 진보성을 부정하는 선행공지기술의 구성요소를 인정함에 있어서 변론주의의 도입을 명백하게 하였다.[35)] 나아가, 주지관용기술의 인정에 관하여, 대법원 2008. 5. 29. 선고 2006후3052 판결에서 "어느 주지관용의 기술이 소송상 공지 또는 현저한 사실이라고 볼 수 있을 만큼 일반적으로 알려져 있지 아니한 경우에 그 주지관용의 기술은 심결취소소송에 있어서는 증명을 필요로 하나, 법원은 자유로운 심증에 의하여 증거 등 기록에 나타난 자료를 통하여 주지관용의 기술을 인정할 수 있다."라고 판시하여, 심결취소소송에서는 주지관용의 기술이 증명을 필요로 하는 사항이라는 점을 분명히 하였고, 법원은 자유로운 심증에 의하여 증거 등 기록에 나타난 자료를 통하여 주지관용의 기술을 인정할 수 있다는 점을 명시적으로 판시함으로써, 주지관용의 기술에 관한 법원의 증거조사 및 사실인정에 대하여 심리의 근거 내지 지침을 제시한 바 있다.[36)] 한편 최근 대법원 2013. 4. 11. 선고 2012후436 판결은 위 대법원 2008. 5. 29. 선고 2006후3052 판결에서 말하는 '증거 등 기록에 나타난 자료'에 '변론종결 후 제출된 참고자료'까지 포함된다고 볼 수는 없다는 점을

33) 엄격한 증명은 법률에서 정한 증거방법에 대하여 법률이 정한 절차에 의하여 행하는 증명을 말하고, 자유로운 증명은 증거방법과 절차에 관하여 법률의 규정으로부터 해방되는 증명을 말한다. 소송물인 권리관계의 기초사실은 엄격한 증명을 요함에 대하여, 자유로운 증명은 간이·신속을 요하는 결정절차나 직권조사사항에 제한적으로 허용된다. 따라서 관습법의 인정, 소송목적의 값의 산정은 자유로운 증명으로 가능하다[법원행정처, 「법원실무제요 민사소송 Ⅲ」(2005), 4면 참조].

34) 사법연수원, 「특허법」(2010), 64면.

35) 이 판결은 특허법 제29조 제2항에 의한 진보성 판단에 있어서 특허발명의 진보성 판단에 제공되는 선행발명이 어떤 구성요소를 가지고 있는지는 주요사실로서 당사자의 자백의 대상이 되고, 따라서 자백의 구속법칙이 적용된다는 점을 최초로 판시한 판결로서 의미가 있다[박성수, "특허발명의 진보성 판단과 재판상 자백(대법원 2006. 8. 24. 선고 2004후905 판결)", 「대법원판례해설」(제65호), 법원도서관(2007. 7.), 410면].

36) 한동수, 앞의 "심결취소소송에서 주지관용기술의 증명 방법 및 발명의 진보성 판단시 '2차적 고려사항'(대법원 2008. 5. 29. 선고 2006후3052 판결)", 399-400면.

추가로 밝히고 있다.[37]

### 3. 주지관용기술의 판단에 관한 대표적인 최근 사례

특허법원 최근 판결 가운데 상고기각이나 상고기간 도과 등으로 확정된 판결들을 대상으로 하여, '출원발명이나 특허발명의 대응 구성이 비교대상발명으로부터 직접 도출되지 않음에도 이를 주지관용기술의 단순한 적용(부가) 정도로 보아, 당해 출원발명 혹은 특허발명의 진보성을 부정할 것인지 여부'가 문제된 사례를 골라보면 아래와 같다.[38] 아래 사례들은 모두 "증거에 의하여 개시된 기술내용을 엄격히 사실 인정한 후 특허발명의 구성이 주지관용기술에 해당하지 않는다고 판단한 사례"로서, 대부분 원심결에서는 주지관용기술의 단순한 적용(부가) 정도로 인정되어 진보성이 부정된 것이었으나, 특허법원에서 그 판단을 달리하고 심결을 취소한 경우에 해당된다.

○ 특허법원 2010. 6. 18. 선고 2009허8812 판결, 등록무효(특)(상고취하)

이 사건 제1항 발명은 축사용 냉온 안개 분무기, 비교대상발명 1은 시설하우스의 냉난방 장치, 비교대상발명 2는 시설하우스나 각종 축사 내부의 안개분무

---

37) 위 판결은 심결취소소송의 진보성 판단과 관련하여 변론종결 후 재개의무를 인정한 판결이기도 하다. 이에 관한 위 판결의 판시는 다음과 같다. 즉 "원심은 원고가 하나의 공개실용신안공보에 나타나 있는 것에 불과한 구성을 근거로 쟁점 구성의 주요 부분이 주지관용기술이라고 주장하는 데 대하여 그 취지를 보다 명확하게 하도록 석명하거나 추가로 증거를 제출할 수 있는 기회를 부여하지 아니한 채 곧바로 변론을 종결하고서, 원고의 주장을 배척하고 쟁점 구성이 비교대상고안들에 개시되어 있지 아니하다는 점을 주요한 근거로 삼아 이 사건 등록고안의 일부 청구항의 진보성을 부정하지 아니하는 판결을 선고하였는데, 한편 위와 같이 변론이 종결되고 판결이 선고되기 전까지 사이에 원고는 참고서면을 제출하면서 이 사건 등록고안의 출원 전 다수의 선행기술에 쟁점 구성의 주요 부분이 이미 나타나 있으므로 쟁점 구성 가운데 이 부분은 주지관용기술이거나 최소한 공지된 기술이라는 취지로 기존의 주지관용기술 주장을 보충하는 주장을 새로이 하였고, 그 근거자료로 참고자료들을 제시하였으며, 이들 자료에는 실제로 원고가 위 참고서면에서 한 주장과 같은 구성이 나타나 있고, 그 가운데 특히 참고자료 1의 기술은 이 사건 등록고안과 그 구체적인 기술분야까지 동일하였는바, 사정이 이와 같고 원심이 인정한 바와 같이 쟁점 구성의 공지 여부가 진보성 여부를 판단하는 데 주요한 요소로서 작용하는 이상, 원심으로서는 변론종결 전까지 제출되어 조사된 증거들만으로 곧바로 판결을 할 것이 아니라, 변론을 재개하여 원고의 참고서면과 첨부 참고자료들에 관하여 심리하고, 이를 토대로 하여 진보성 여부를 판단하였어야 한다."고 판단하였다.

38) 각각의 판결 특정은 통상적인 방식에 따라 '선고법원, 선고일, 사건번호'를 기재하되, 추가 정보제공을 위해 '사건명'과 '확정 사유'를 부기하였다. '확정 사유'는 '상고기간 도과로 확정된 것'은 '확정'으로, '상고되었으나 대법원의 심리불속행 상고기각판결로 확정된 것'은 '심불'로, '상고되었으나 상고이유서부제출 상고기각판결로 확정된 것'은 '상고이유부제출'로, '상고되었으나 상고취하로 확정된 것'은 '상고취하'로 표시하였다.

장치, 비교대상발명 3은 이중 비닐하우스의 수막 난방용 용수 공급 장치, 비교대상발명 4는 온실이나 축사의 냉난방 공기조화장치, 비교대상발명 5는 오존발생장치를 이용한 축사의 냄새 제거 방법에 관한 것이므로, 모두 시설하우스 혹은 축사의 냉난방 장치 혹은 공기조화장치에 관한 것이라는 점에서 그 기술분야가 동일하다.

이 사건 제1항 발명의 구성 ①, ②, ③은 '수돗물을 물탱크(21)의 내부로 공급하고 중간에는 제1 밸브(31)가 구비된 수돗물 공급관(3)' 및 '제1 밸브(31)와 물탱크(21)의 사이인 수돗물 공급관(3)에 연결되어 지하수를 선택적으로 물탱크로 공급하는 제2 밸브(41)를 포함하는 지하수 공급관(4)'으로부터 '수위 감지센서(211)를 포함하는 물탱크(21)'로 물을 공급받아 '물탱크(21)의 내부에 채워진 물을 선택적으로 가열하는 히터(212)를 포함하는 보일러(2)'이다.

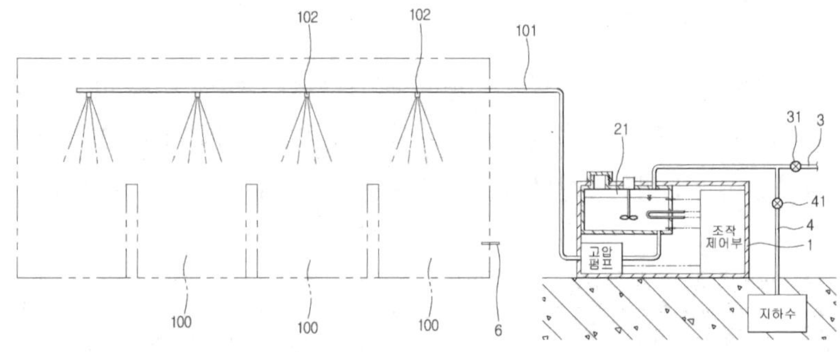


이에 대응하여, 비교대상발명 1에는 '외부로부터 급수를 위한 급수관(35)', '지하수 공급관(18)' 및 '외부에서 급수된 물을 가열하고 가열된 온수를 공기조화장치(7)로 공급하는 온수공급관(41)과 연결된 가열장치(3)'가 개시되어 있다.

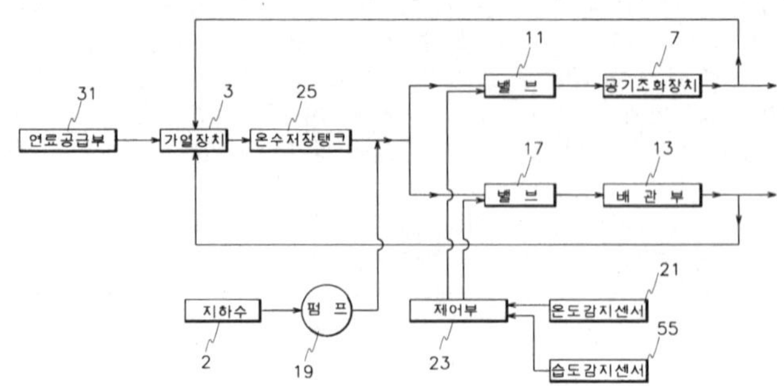

양 발명의 위 구성들을 서로 대비하면, 비교대상발명 1에서는 '지하수가 온수와 혼합되지도 않고 별도의 공급관을 통해 공급되며 가열장치(3)를 거치지 않는다는 점'에서 이 사건 제1항 발명의 '지하수와 수돗물이 물탱크에 함께 저장되고 가열되는 것'과 차이가 있고, 또한, 비교대상발명 1에서는 이 사건 제1항 발명의 '물탱크 내에 수위감지센서(211)를 포함하는 구성'이 나타나 있지 않다는 점에서도 차이가 있다.

이 사건 제1항 발명의 구성 ④는 '물탱크(21)에 채워진 물을 연결관(51)을 통해 고압으로 끌어당겨 축사에 구비되어 있는 다수의 분사노즐(102)을 포함하는 물 공급관(101)으로 강제 이송시켜 각 가축 사육공간(100)으로 물을 분사시키는 고압펌프(5)'인데, 비교대상발명 1에는 이에 대응되는 구성이 나타나 있지 않다.

한편, 비교대상발명 2, 5의 명세서에 개시되어 있는 대응 구성들은 '용수를 가온시키는 구성'을 포함하고 있지 않다는 점에서, 이 사건 제1항 발명의 구성 ①, ②, ③과 결합하여 '동절기에 가온된 용수를 가축 사육공간에 분사시키는 구성'을 포함하고 있는 이 사건 제1항 발명의 구성 ④와 차이가 있다.

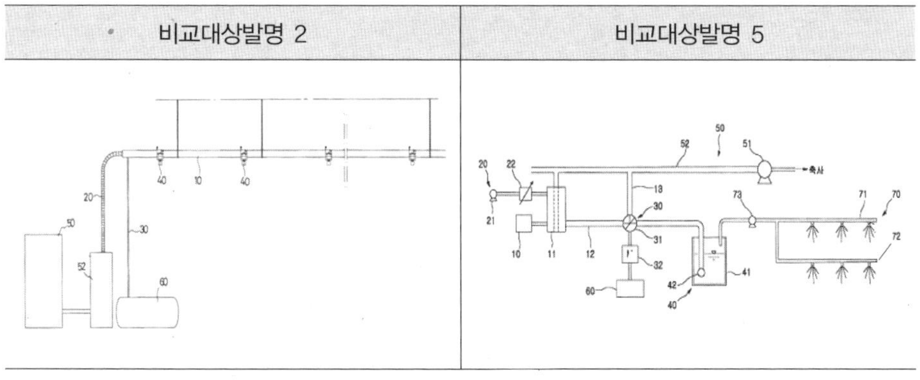


또한, 비교대상발명 3의 대응 구성은 '가온된 용수를 공급 노즐(12)을 통해 비닐하우스 내막(11)에 분사시켜 수막을 형성시키는 것'이어서 '가축 사육공간으로 직접 물을 분사시키는 이 사건 제1항 발명의 구성 ④와 차이가 있다.

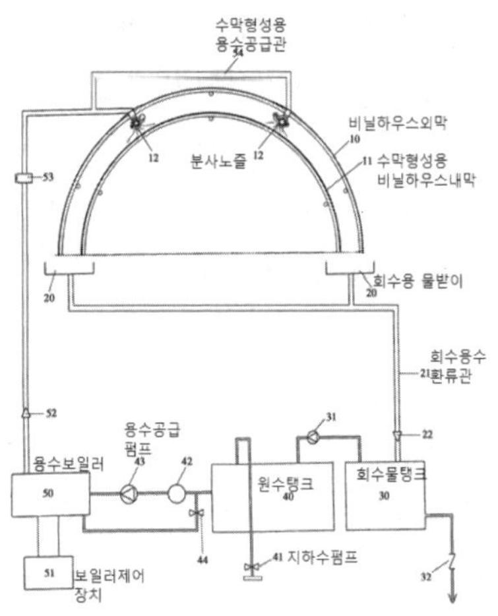


나아가, 비교대상발명 4의 대응 구성은 실내의 수분 증발을 보충하는 정도의 용도로 분사노즐을 통해 '소량의 냉수'를 분무하는 구성만을 포함하고 있을 뿐이어서, '동절기에 가온된 온수를 고압펌프로 다량 끌어올려 가축 사용공간으로 직접 분사시키는 이 사건 제1항 발명의 구성'을 포함하고 있는 이 사건 제1항 발명의 구성 ④와 차이가 있다.

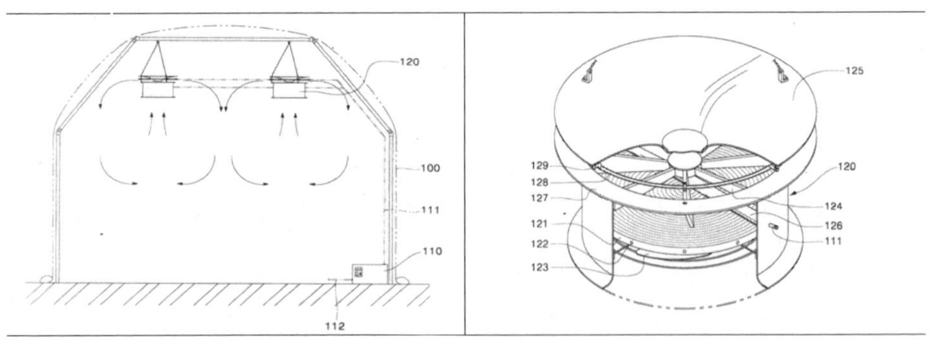


위와 같은 차이로 인하여 이 사건 제1항 발명은, 냉수 또는 온수를 고압펌프로 다량 끌어올려 가축 사용공간에 안개 분무함으로써, 하절기와 동절기 모두, 축사 내의 습도를 적정하게 유지하고 먼지가 떠다니는 것을 예방하여 가축들이 호흡기 질환 등의 병에 걸리지 않도록 항상 쾌적한 축사 환경을 제공할 수 있게

하는 효과를 가지지만, 비교대상발명 1에는 가축 사육공간으로 물을 분사시키는 구성 자체가 결여되어 있고, 비교대상발명 2 및 5에는 '용수를 가온시키는 구성'이 결여되어 있으며, 비교대상발명 3에는 '농작물 생육공간으로 직접 물을 분사시키는 구성'이 결여되어 있고, 비교대상발명 4에는 '동절기에 가온된 온수를 고압펌프로 다량 끌어올려 가축 사용공간으로 직접 분사시키는 구성'이 결여되어 있어, 비교대상발명들로부터는 위와 같은 이 사건 제1항 발명의 효과를 기대할 수 없다.

이에 대하여 원고는, 비교대상발명 2, 3, 4 및 갑 제4, 5호증을 근거로 하여, 축사 내부에 온수 또는 냉수를 분사하여 온도 및 습도를 조절하는 기술은 이 사건 특허발명의 출원 당시 이미 일반적으로 사용되어 온 주지관용기술이라는 취지로 주장한다.

그러나 우선 비교대상발명 2, 3, 4에 관하여 보건대, 위 구성 대비에서 본 바와 같이, 비교대상발명 2에는 '용수를 가온시키는 구성'이 결여되어 있고, 비교대상발명 3에는 '농작물 생육공간으로 직접 물을 분사시키는 구성'이 결여되어 있으며, 비교대상발명 4에는 '동절기에 가온된 온수를 고압펌프로 다량 끌어올려 가축 사용공간으로 직접 분사시키는 구성'이 결여되어 있어, 비교대상발명 2, 3, 4로부터는 통상의 기술자가 축사 내부에 온수를 분무 형태로 공급하여 온도 및 습도를 조절하는 구성을 도출할 수 없다고 할 것이다. 다음으로 갑 제4, 5호증에 관하여 보건대, 갑제4, 5호증의 각 기재에 의하면, 2000. 11. 21. 등록된 "오존수를 이용한 축사의 청정 환경 유지 장치"에 관한 등록고안의 국내 등록실용신안공보 제20-0212366호에는 '축사 실내의 악취 제거와 질병 예방을 위하여 소독약품을 살포하고 습도 조절과 먼지 제거를 위해서는 물 뿌리기를 각각 별개로 수행하는 종래기술 대신, 오존수를 분무하여 축사 내부의 악취와 먼지 제거, 대기 중의 세균과 바이러스 살균, 습도 조절을 동시에 할 수 있도록 한 장치에 관한 것으로서, 축사 실내에 오존수를 분무하기 위한 분무장치를 일정 간격과 높이로 설치하여 오존수가 미세한 물방울로 분무되도록 한 기술'이 개시되어 있고, "저온풍 발생장치"에 관하여 2002. 1. 17. 공개된 국내 공개특허공보 제2002-0005542호에는 '하절기나 동절기에 온실 내부의 온도를 원예식물의 생육조건에 적합하도록 조절하여 재배식물의 성장을 촉진할 수 있는 저온풍 발생장치에 관한 것으로서, 공급된 지하수가 에어분사튜브 내의 분사노즐에 의하여 안개 상태로 미립화되어 에어분사튜브 내에 분사되고, 에어분사튜브에 채워진 안개 상태의 지하수는 에어분사튜브의 끝난에서 공급되는 에어로 인해 에어분사튜브의 에어분사구를 통해 온실 내부로 분사되어 온실의 내부공기가 갖고 있는 열기를 흡수하게 되므로 온실 내부 온도를 저하시키도록 한 장치'가 개시되어 있는 사실을 인정할 수 있는바, 위와 같이 갑 제4, 5호증에 의하여 개시된 기술에는 '용수를 가온시켜 이를 온실 내부로 직접 분사시키는 구성'이 포함되어 있지 않으므로, 갑 제4, 5호증에 기재된 발명으로부터 통상의 기술자가 축사 내부에 온수를 분무 형태로 공급하여 온도 및 습도를 조절하는 구성을 도출할 수 없다고 할 것이다.[39)]

○ 특허법원 2009. 12. 30. 선고 2009허6144 판결, 거절결정(특), 확정

이 사건 제10항 발명과 비교대상발명 1, 2는 모두 슬라이드 힌지장치를 갖는 슬라이드형 개인휴대단말기에 관한 것으로 그 기술분야가 동일하다.

이 사건 제10항 발명은 '단순히 제1슬라이드 힌지부 및 제2슬라이드 힌지부의 사이에 탄성부재가 배치되고 제1슬라이드 힌지부가 단순히 메인파트에 장착되도록 구성되는 종래 슬라이드 힌지장치가 장착되는 단말기에서, 연속적으로 중첩되는 메인파트의 케이스 두께·제1슬라이드 힌지부(가이드 프레임)의 두께·탄성부재의 두께만큼 불가피하게 제품의 두께가 두꺼워지는 문제점 및 메인파트에 대한 슬라이드 파트의 상하 및 좌우 유동에 대한 변수를 최소화하기 어렵고 낙하 및 외부 충격 등에 대한 안정성 및 신뢰성을 일정 이상 향상시키기 어려운 문제점을 해결하여, 소형화 및 박형화에 기여하고 구조를 간단히 하여 원가를 절감할 수 있으며 낙하 또는 외부 충격 등에 대한 안정성 및 신뢰성을 향상시킬 수 있는 슬라이드형 개인휴대단말기를 제공하는 것'을 그 목적으로 하는 데 비하여, 이 사건 제10항 발명의 종래기술에 해당하는 비교대상발명 1, 2에는 위와 같은 목적은 나타나 있지 않다.

39) 이 사건에서는 원심결도 같은 취지의 판단을 하였으므로, 특허법원 판결로 원고 청구가 기각되었다.

비교대상발명 1

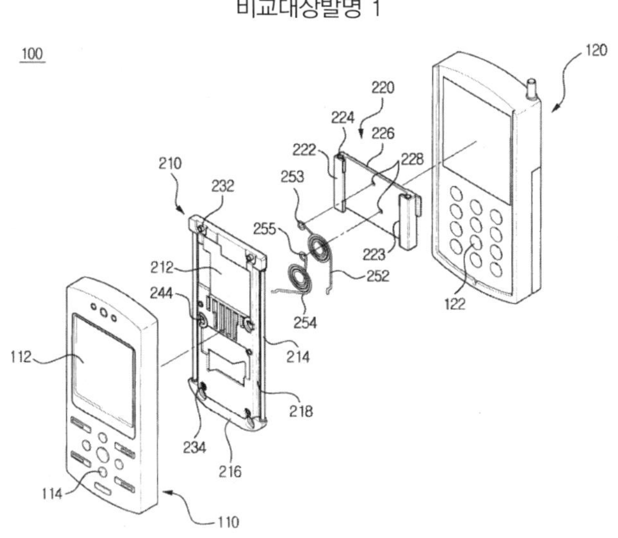


이러한 목적을 달성하기 위해, ㈎ 이 사건 제10항 발명에서는 ① 비교대상발명 1의 레일플레이트 및 비교대상발명 2의 가이드레일부재에 대응되는 세부구성 없이 ② 가이드바(230) 및 관통홀(322)이 슬라이드부의 리어케이스(220) 내측에 위치하고 ③ 가이드홈(324)이 리어케이스(220)를 일부 수용하여 ④ 슬라이드 힌지부(300)가 리어케이스(220)를 일부 수용한 상태로 가이드바(230)를 따라 슬라이드 이동되는 데 비하여,

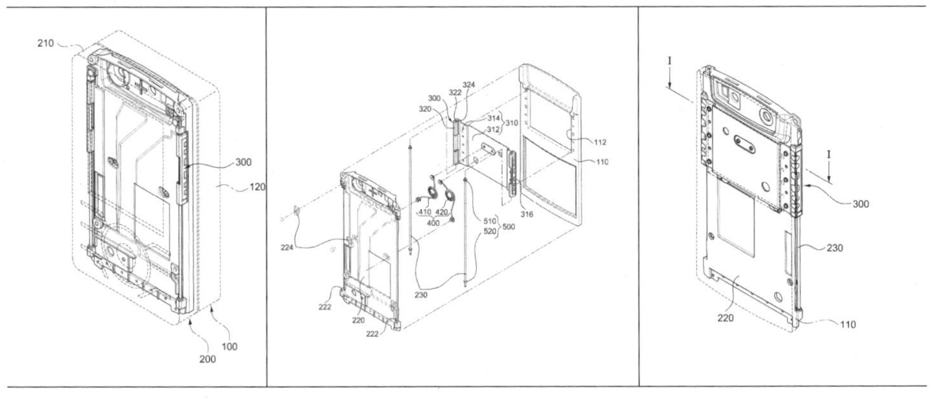

(나) 비교대상발명 1에서는 ① 단말기 몸체 외의 별도의 세부구성으로서 단말기 몸체에 중첩되게 배치되는 레일플레이드(212)가 존재하고 ② 가이드바(214) 및 가이드홈(224)이 레일플레이트(212)의 양 측단부에 위치하며 ③ '가이드돌기(223) 및 윤활부쉬의 연장부(243)에 의해 형성되는 홈'이 레일플레이트(212)를 일부 수용하여 ④ 슬라이드 힌지부(220)가 레일플레이트(212)를 일부 수용한 상태로 가이드바(214)를 따라 슬라이드 이동되고, (다) 비교대상발명 2에서도 ① 슬라이딩 몸체 외의 별도의 세부구성으로서 슬라이딩 몸체에 중첩되게 배치되는 가이드레일부재(110)가 존재하고 ② 가이드바(150a, 150b) 및 홀(126a, 126b)이 가이드레일부재(110)의 양 측단부에 위치하며 ③ '홈 형상(128a, 128b)'이 가이드레일부재(110)를 일부 수용하여 ④ 슬라이드부재(120)가 가이드레일부재(110)를 일부 수용한 상태로 가이드바(150a, 150b)를 따라 슬라이드 이동된다는 점에서 서로 차이가 있다.

비교대상발명 2

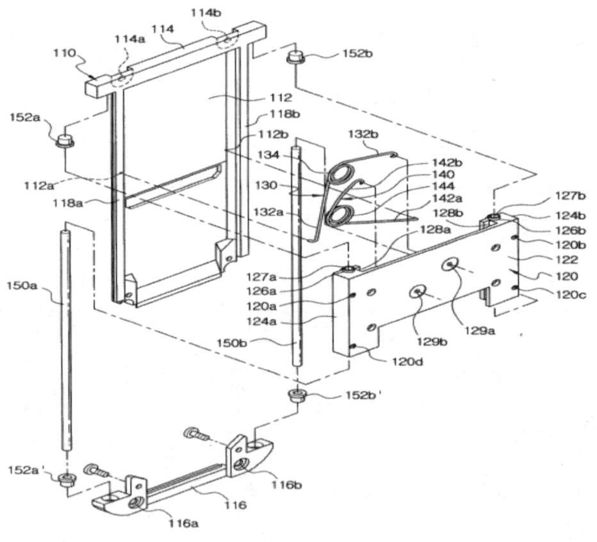


위와 같은 차이로 인하여 이 사건 제10항 발명은, ① 비교대상발명 1의 레일플레이트 및 비교대상발명 2의 가이드레일부재에 대응되는 세부구성 없이 슬라이드부의 외관을 형성하는 리어케이스를 하우징의 역할과 동시에 슬라이딩모듈의 역할을 병행할 수 있게 함으로써, 일정 형상 강도를 유지하면서 제품을 보

다 얇은 두께로 형성할 수 있게 하고, 본체부에 대한 슬라이드부의 상하 및 좌우 유동을 최소화할 수 있게 하며, 낙하 및 외부 충격 등에 대한 안정성 및 신뢰성을 향상시킬 수 있게 하는 효과를 갖고, ② 가이드바와 관통홀을 가이드홈보다 리어케이스의 내측에 형성(가이드바와 관통홀을 가이드홈과 서로 다른 높이에 형성)함으로써, 슬라이드 가이드의 폭 증가 없이 일정 형상 강도를 유지할 수 있는 효과를 갖는 데 비하여, 비교대상발명 1, 2로부터는 위와 같은 이 사건 제10항 발명의 효과를 기대할 수 없다.

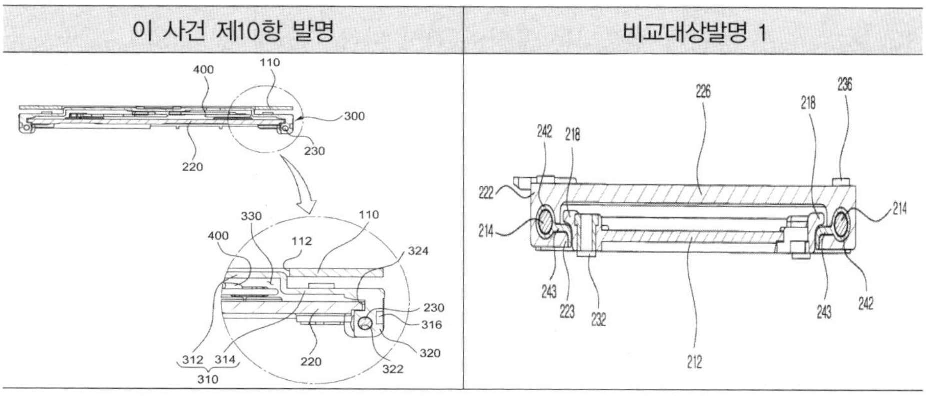


피고는, 을 제3, 4, 5호증의 각 도면에는, 가이드 홈, 관통홀, 리어케이스의 다양한 배치가 나타나 있으므로, 가이드 홈, 관통홀, 리어케이스의 배치는 통상의 기술자가 슬라이드형 개인휴대단말기의 모양, 디자인 등 필요에 따라 다양하게 설계변경할 수 있는 사항에 불과하다고 주장한다.[40][41]

40) 특허출원에 대하여, 심사관은 거절의 이유를 발견하지 못한 때에는 특허결정을 하여야 하기 때문에(특허법 제66조), 거절이유로서의 진보성을 결한 것이라는 사실은 심사관측(소송에 있어서는 특허청장 또는 무효심판청구인)이 이를 주장·입증하여야 한다[신혜은, 「특허법의 이론과 실무」, 진원사(2010), 84면 참조]. 따라서 거절결정불복심판에 대한 심결취소소송 사건에서 출원발명의 특정 구성이 주지관용기술에 해당한다는 점은 피고(특허청장)가 주장·입증하여야 한다.

41) 또한, 특허거절결정 불복심판 청구를 기각하는 심결의 취소소송에서 특허청장은 거절결정의 이유와 다른 새로운 거절이유에 해당하지 않는 한 심결에서 판단되지 않은 것이라고 하더라도 심결의 결론을 정당하게 하는 사유를 주장·입증할 수 있는바(대법원 2003. 2. 26. 선고 2001후1617 판결, 2004. 7. 22. 선고 2004후356 판결 등 참조), 해당 기술분야에서 통상의 지식을 가진 자에게 주지·관용의 기술이 무엇인지를 확인하기 위한 자료는 새로운 공지기술을 내세우는 것이 아니므로, 이러한 자료의 제출은 허용되고, 심결취소소송을 담당하는 법원은 이러한 자료를 심리할 수 있다고 할 것이다[한규현, "심판의 직권심리와 의견진술기회 부여(대법원 2006. 2. 9. 선고 2003후1994 판결)", 「대법원판례해설」(제62호), 법원도서관(2006. 12.), 306면 참조].

| 을 제3호증 도면2a | 을 제3호증 도면2b | 을 제3호증 도면2g |
|---|---|---|
| 을 제3호증 도면11a | 을 제3호증 도면12 | 을 제3호증 도면13 |

| 을 제3호증 도면14 | 을 제3호증 도면15a | 을 제3호증 도면16 |
|---|---|---|
| 을 제4호증 도면7 | 을 제5호증 도면8 | 을 제5호증 도면10 |

그러나 을 제3, 4, 5호증의 각 도면의 도시에는 가이드바와 관통홀이 가이드홈과 서로 다른 높이에 형성되는 구성이 전혀 나타나 있지 않으므로, 위 증거들만으로는 이 사건 제10항 발명의 '가이드바(230) 및 관통홀(322)이 슬라이드부의 리어케이스(220) 내측에 위치하고, 가이드홈(324)이 리어케이스(220)를 일부 수용하여, 슬라이드 힌지부(300)가 리어케이스(220)를 일부 수용한 상태로 가이드바(230)를 따라 슬라이드 이동되는 구성'이 통상의 기술자에게 자명한 정도의 기술적 사항에 해당한다고 인정하기에 부족하고, 달리 이를 인정할 만한 증거가 없으므로, 피고의 위 주장은 받아들일 수 없다.

○ 특허법원 2010. 2. 18. 선고 2009허4988 판결, 거절결정(특), 확정

이 사건 출원 발명은 메모리 셀 어레이[42]에서 발생하는 누설전류의 크기를 최소화할 수 있는 반도체소자 및 그의 동작방법을 제공하는 것을 목적으로 하고 있다.[43] 이에 비하여, 비교대상발명 1은 메모리 셀 어레이가 아닌 반도체 시험장

---

대법원 1986. 10. 14. 선고 83후74 판결도 "본원발명은 인용례로부터 용이하게 발명할 수 있다는 설명의 자료로 들고 있는 미국의 간행물인 내쇼날 세미콘닥터는 주지의 사실을 인정함에 있어서 그 예시로서 든 하나의 자료에 불과하므로 거절사정에서 들지 아니한 위 자료를 원심결이 거시하였다하여 원심결이 거절사정과 다른 별개의 거절이유를 내세운 것이라고는 할 수 없다."라고 판시하여 이러한 취지를 밝힌 바 있다.

42) Cell Array, 단위셀의 배열.

43) 본 발명은 반도체 소자의 누설전류에 따라 타겟 레벨을 변화하는 백 바이어스 전압을 생성하는 회로에 관한 것이다.

디램(DRAM, Dynamic Random Access Memory) 단위셀은 스위치 역할을 하는 셀 트랜지스터(T)와 전하(데이터)를 저장하는 셀 커패시터(C)로 구성된다. 워드라인(WL)에서 선택된 셀 트랜지스터(T)가 턴온되면 셀 커패시터(C)가 비트라인(BL)과 연결되어 데이터가 입출력되고, 셀 트랜지스터(T)가 턴오프되면 셀 커패시터(C)와 비트라인(BL)의 연결이 끊어져 셀 커패시터(C)에 저장된 데이터가 유지된다.

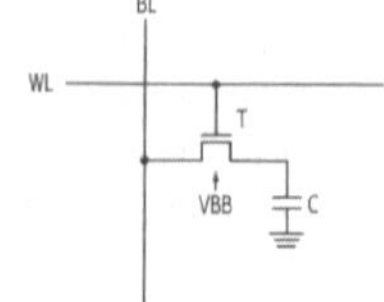


실제의 셀 트랜지스터(T)는 턴오프 상태에서도 누설전류(leakage current)로 인해 시간이 지나면서 셀 커패시터의 데이터가 소멸되므로, 데이터가 소멸되기 전에 일정

치의 누설전류를 줄이기 위한 것이고,[44] 비교대상발명 2는 레벨 쉬프터[45]의 풀-다운 소자의 동작 지연을 방지하는 것이므로,[46] 비교대상발명 1, 2에는 메모리 셀 어레이의 누설전류를 줄이고자 하는 이 사건 출원발명의 목적이 나타나 있지 않다.

이 사건 제1항 발명의 구성 1은 '셀 어레이의 누설전류를 검출하기 위한 누설전류 검출수단'으로서, 비교대상발명 1, 2에는 이에 대응하는 구성이 나타나 있지 않다.[47]

이 사건 제1항 발명의 구성 2는 '누설전류 검출 결과에 따라 그 타겟 레벨이 변화하는 백 바이어스 전압 생성수단'인데, 명세서의 전체적인 기재에 비추어 보면,[48] 이 사건 제1항 발명의 구성 2는, 백 바이어스 전압을 줄이더라도 전체 누

---

주기로 데이터를 다시 써주는 리프레쉬(refresh) 동작이 필요하다.
백 바이어스전압(Back Bias Voltage, VBB)은, 셀 트랜지스터(T)의 문턱전압[(Threshold Voltage, VT), 드레인(D)과 소스(S)간에 전류가 흐르는 채널이 형성되는 전압(보통 0.5V~0.7V)]을 안정화하고 누설전류를 감소시키기 위해 DRAM의 기판에 인가하는 전압으로서, 보통 −0.7V~−0.9V이다.

44) 비교대상발명 1은 반도체 디바이스를 시험하는 반도체 시험 장치의 누설전류를 감소시키는 누설전류 정정회로에 관한 것으로, 반도체 시험장치의 드라이버(또는 프로그래밍 가능한 로드회로)로 흐르는 누설전류를 검출하고, 검출된 누설전류와 동일한 양의 전류를 반대 방향으로 흘려 회로의 출력으로 흐르는 누설전류를 오프셋 시키는 제1정정회로와 제2정정회로로 구성된 누설전류 정정회로에 대한 구성을 개시하고 있다. 누설전류 정정회로에 의해 반도체 시험장치의 측정 정밀도가 향상된다.

45) Level Shifter, 어떤 신호에 (+) 또는 (−)전압을 더해줘 신호 레벨을 올리거나 내려주는 회로.

46) 비교대상발명 2는 주변회로(페리) 영역에서 레벨 쉬프터가 동작 중일 때 레벨 쉬프터의 풀-다운 소자의 동작 지연에 따라 발생하는 반도체 장치의 실장 테스트 불량을 방지하는 백바이어스 전압 공급회로에 관한 것이다. 레벨 쉬프터에 사용되는 NMOS 트랜지스터는 공급되는 백바이어스전압이 낮으면 낮을수록 (누설전류는 감소하지만) 문턱전압은 커져 턴온시 동작지연이 발생하게 된다. 반면, 백바이어스 전압이 높으면 문턱전압은 작아지게 되어 턴온 동작을 신속하게 수행할 수는 있지만, NMOS 트랜지스터의 오프 상태시 누설전류가 증가한다. 종래에는 반도체 장치의 동작여부와 무관하게 −0.8[V] 정도의 낮은 백바이어스 전압을 인가하여 NMOS 트랜지스터의 동작 속도가 떨어지는 문제가 있었으나, 비교대상발명 2에서는 레벨 쉬프터가 동작중일 때는 보다 높은 백바이어스 전압(예를 들면 −0.4[V])을 인가하여 (누설전류가 증가하더라도) 신속하게 동작할 수 있도록 한 것이다.

47) 다만, 비교대상발명 1에는 '누설전류를 검출하고 누설전류와 같은 전류를 출력하는 전류검출회로'의 구성이 개시되어 있고, 위 구성이 누설전류를 검출하는 구성이라는 점에서는 위 구성 1과 공통된다고 할 수 있으나, 이 사건 제1항 발명의 구성 1은 셀 어레이의 누설전류를 검출하는 것인 데 비하여, 비교대상발명 1의 위 구성은 셀 어레이를 포함하는 시험중인 디바이스에 연결된 반도체 시험장치의 누설전류를 검출하는 구성이므로 누설전류를 검출하는 대상이 달라 비교대상발명 1에 이 사건 제1항 발명의 구성 1에 대응되는 구성이 개시되어 있다고 보기는 어렵다.

48) 이 사건 출원발명의 상세한 설명에는 "백 바이어스 전압(VBB)의 레벨이 접지전압(VSS) 레벨에 가까웠던 처음에는 거의 0에 가까웠던 접합누설전류(I_leak)의 크기가, 백 바이어스 전압(VBB)

설전류가 반드시 줄어들지는 않는다는 점, 공정·전압·온도(PVT; Process, Voltage, Temperature)의 차이로 인해 각각의 DRAM 간에 전체 누설전류가 최소화되는 백 바이어스 전압 레벨이 다를 수 있다는 점을 전제로 하여, 이 사건 제1항 발명의 구성 1의 누설전류 검출수단에 의한 누설전류 검출 결과에 대응하여 DRAM의 전체 누설전류 크기를 최소값으로 유지할 수 있는 수치로 백 바이어스 전압 레벨을 변경하는 백 바이어스 전압 생성수단이라고 확정할 수 있다.

비교대상발명 1에는 이 사건 제1항 발명의 구성 2에 대응되는 구성이 나타나 있지 않고, 비교대상발명 2에서는 '레벨쉬프터(400)가 동작 모드가 아닌 것으로 판단될 때에는 제1 백 바이어스 전압(Vbb)을, 레벨 쉬프터(400)가 동작 모드인 것으로 판단될 때에는 제2 백 바이어스 전압(Vbbw)을 출력하도록 스위칭부(200)를 제어하는 커맨드 비교 제어부(300)의 구성'이 위 구성 2에 대응되지만, 비교대상발명 2의 대응 구성은 ① 백 바이어스 전압을 낮추면 누설전류가 줄어들 것이라는 인식을 전제로 하고 있을 뿐 백 바이어스 전압을 낮추더라도 누설전류가 증가할 수 있다는 인식은 결여된 것이라는 점, ② 레벨쉬프터의 두 개의 NMOS 트랜지스터의 누설전류 특성이 다를 수 있다는 것을 전제로 하고 있지 않다는 점, ③ 누설전류를 검출하는 구성과 결합되는 것을 전제로 하고 있지 않다는 점, ④ 누설전류 검출 결과에 따라 백 바이어스 전압을 변화시키는 것이 아니고 레벨쉬프터의 동작 유무에 따라 일정범위 내에서 유지된 두 가지 레벨의 백 바이어스 전압을 단순히 선택적으로 인가한다는 점, ⑤ 레벨쉬프터가 동작 중일 때는

---

의 레벨이 음(−)의 방향으로 증가할수록 같이 증가하고, 어느 순간이 되면 백 바이어스 전압(VBB)의 레벨에 대응하여 감소하던 오프누설전류(I_Ioff)의 크기보다 더 커지게 되어, DRAM의 전체 누설전류(I_total)를 줄이기 위해 인가한 백 바이어스 전압(VBB)에 의해 오히려 DRAM의 전체 누설전류(I_total)가 증가하는 문제점이 발생한다."(〈38〉), "공정상의 차이로 인해 같은 공정에서 생산된 다수의 DRAM이라도 전체 누설전류(I_total)의 크기를 가장 작게 할 수 있는 백 바이어스 전압(VBB)의 레벨은 각각의 DRAM이 서로 다른 값 — 일반적으로 (−0.7)v와 (−0.9)v 사이에서 결정됨 — 을 가진다. 따라서 공정상의 차이로 인해 같은 공정에서 생상된 다수의 DRAM이라도 DRAM 전체 누설전류(I_total) 크기를 줄일 수 있도록 하기 위해서는 적절한 백 바이어스 전압(VBB)을 생성하는 것이 무엇보다도 중요하다."(〈48〉, 〈49〉), "공정상의 차이로 인해 DRAM에서 발생하는 오프누설전류와 접합누설전류의 변동특성이 달라지는 경우에도, 오프누설전류와 접합누설전류를 검출하고, 검출 결과에 대응하여 백 바이어스 전압의 타겟 레벨을 변경함으로써 DRAM의 전체 누설전류 크기를 최소값으로 유지할 수 있다."(〈150〉), "본 발명은 PVT차이로 인해 다수의 DRAM이 서로 다른 누설전류 특성을 갖는 경우, 누설전류의 크기를 검출하고, 검출결과에 대응하여 백 바이어스 전압의 타겟 레벨을 변경함으로써 다수의 DRAM에서 발생하는 전체 누설전류 크기를 최소값으로 유지할 수 있는 효과가 있다."(〈157〉) 라고 기재되어 있다.

더 높은 백 바이어스 전압을 인가하여 오히려 누설전류를 증가시키도록 구성되어 있다는 점 등에서 이 사건 제1항 발명의 구성 2와는 다른 구성상의 중대한 차이가 있다.[49]

이에 대하여 피고는, DRAM의 누설전류를 검출하는 기술과 누설전류의 검출 결과에 따라 DRAM 장치를 제어하는 기술은 을 제6 내지 13호증을 보면 주지관용기술임을 알 수 있으므로, 통상의 기술자라면 비교대상발명 2에 나타나 있는 누설전류와 백 바이어스 전압 사이의 관계에 대한 지식을 토대로, 위 주지관용기술로부터 이 사건 제1항 발명의 구성 2와 같은 '누설전류를 검출하여 백 바이어스 전압을 제어하는 기술'을 충분히 도출할 수 있다는 취지로 주장한다.

살피건대, 을 제6 내지 13호증의 각 기재에 의하면, 이 사건 출원발명의 출원일 전인 1998. 10. 7. 공개된 '반도체 기억 장치'에 관한 특1998-063380호 공개특허공보에는 더미 메모리셀의 리크를 검지하고 리크검지 결과에 따라 기판전압을 제어하는 구성이 개시되어 있는 사실, 이 사건 출원발명의 출원일 전인 1999. 6. 15. 공고된 '반도체집적회로장치 및 리프레시타이머 주기조정방법'에 관한 특허 제0193103호 등록특허공보, 이 사건 출원발명의 출원일 전인 1993. 8. 13. 공개된 '반도체메모리장치'에 관한 특개평5-205465호 일본국 공개특허공보, 이 사건 출원발명의 출원일 전인 2000. 2. 15. 공개된 '리프레쉬 제어 장치'에 관한 특2000-0008777호 공개특허공보, 이 사건 출원발명의 출원일 전인 2000. 7. 15. 공개된 '셀 누설전류 감지장치'에 관한 특2000-0042478호 공개특허공보, 이 사건 출원발명의 출원일 전인 2001. 1. 15. 공개된 '메모리소자의 리프레쉬 모드 선택회로'에 관한 특2001-0004017호 공개특허공보, 이 사건 출원발명의 출원일 전인 2001. 1. 15. 공개된 '셀 누설전류 감시 회로'에 관한 특2001-0005268호 공개특허공보, 이 사건 출원발명의 출원일 전인 2003. 1. 9. 공개된 '리프레쉬 회로 및 방법 및 이를 이용하는 반도체 메모리장치'에 관한 특2003-0002650호 공개특허공보에는 메모리 셀 어레이의 누설전류를 검출하여 DRAM의 리프레쉬 주기

49) 위와 같은 구성상의 차이로 인하여 이 사건 제1항 발명은 공정·전압·온도 등의 차이로 인해 서로 다른 누설전류 특성을 갖는 다수의 DRAM의 경우에도 누설전류 검출 결과에 대응하여 백 바이어스 전압의 타겟 레벨을 능동적으로 변화시켜 DRAM 전체의 누설전류 크기를 최소화할 수 있으나, 비교대상발명 2에서는 백 바이어스 전압이 일정범위 내에서 유지된 두 가지 레벨을 가지고 있을 뿐이어서 공정·전압·온도 등의 변동으로 누설전류 특성이 변화하는 경우에 그 변화에 맞춰 누설전류 크기를 줄이기 힘들다는 점에서, 이 사건 제1항 발명은 비교대상발명 2에 비해 현저한 효과를 갖는다고 할 것이다.

를 변화시키는 기술이 개시되어 있는 사실 등을 인정할 수 있다.

그러나 먼서, 더미 메모리셀의 리크를 검지하고 리크 검지 결과에 따라 기판 전압을 제어하는 구성의 경우, 이것이 이 사건 출원발명의 출원일 전에 간행된 하나의 특허공보에 기재되어 있다는 사정만으로 주지관용기술에 해당한다고 볼 수는 없다.[50]

다음으로, 메모리 셀 어레이의 누설전류를 검출하여 DRAM의 리프레쉬 주기를 변화시키는 기술의 경우, 비록 이러한 기술이 이 사건 출원발명의 출원일 전에 간행된 복수의 특허공보에 기재되어 있기는 하지만, 이러한 사정만으로 위 기술이 주지관용기술에 해당한다고 단정하기는 어려울 뿐만 아니라, 가사, 위 기술을 주지관용기술로 본다고 하더라도 이로부터 리프레쉬 주기가 아닌 백 바이어스 전압을 제어하는 기술까지 주지관용기술이라고 볼 수는 없다.

○ 특허법원 2009. 7. 10. 선고 2008허13800 판결, 등록무효(특), 확정

이 사건 제1항 특허발명은 데이터베이스에서 컬럼을 암호화하는 방법에 관한 것이고, 비교대상발명은 B－트리 노드를 암호화하는 예시가 제시되어 있는 데이터베이스관리시스템에 관한 것으로, 양자는 데이터베이스 시스템에서 특정 데이터를 암호화하는 기술이라는 점에서 그 기술분야가 동일하다.[51]

구성요소 1－1 및 1－3은 '데이터베이스 내부에 인덱스가 설정되어 있는 컬럼을 암호화하는 방법에 있어서' 및 '상기 컬럼을 암호화하는 단계'로서, 이는 비교대상발명의 '도 5a의 자료구조를 전제로 도 5b의 좌측 테이블의 노드(Node) 컬럼의 데이터 값을 우측 테이블과 같이 암호화하는 것'에 대응되고,[52] 양자는 인덱스가 설정되어 있는 컬럼을 암호화한다는 점에서 그 구성이 실질적으로 동일하다.

구성요소 1－2는 '암호화하고자 하는 컬럼의 인덱스를 제거하는 단계'이고,

50) 위 증거는 이 사건 출원발명의 진보성을 부정할 수 있는 유력한 것이기는 하지만, 심사 단계에서 의견제출기회가 부여된 바 없는 새로운 비교대상발명의 증거이다.

51) 인덱스(index): 일반적으로는 본문 중의 중요한 항목·술어·인명·지명 등을 뽑아 한 곳에 모아, 이들의 본문 소재의 페이지를 기재한 색인을 말한다.
B－Tree(Binary Search Tree) 인덱스: 인덱스의 물리적 구조가 좌우 대칭 구조를 이루고 있어 Balance－Tree라고도 한다. 컬럼 안에 독특한 데이터가 많을 때 효과적이다. 주어진 값을 리스트의 중간점에 있는 값과 비교하여 그 값이 크면 작은 쪽 리스트의 절반을 버리고, 그 값이 작으면 큰 쪽 리스트의 절반을 버린다. 하나의 값이 발견될 때까지 또는 리스트가 끝날 때까지 반복 작업이 이루어진다. 위에서부터 차례로 찾아내려 가는 형식을 취한다.

52) [도 5a] '고객(Customer)'이라는 속성에 대해 구축된 B－트리의 예

구성요소 1-4는 '상기 암호화한 컬럼에 대해 인덱스를 재생성하는 단계'인데,이 사건 특허발명의 명세서에는, '암호화한 컬럼에 대한 인덱스를 재생성한다(단계 203). 암호화한 컬럼에 대해 FBI(Function Based Index) 방법에 의해 암호화된 정보를 복호화하고, 복호화된 데이터를 비트로 정렬하여 비트맵 인덱스를 생성한다.'(4면), '암호화가 적용된 컬럼(303)에 대해서 FBI(Function Based Index) 방법에 의해 암호화된 사원 번호를 복호화한다. 복호화된 데이터를 비트로 정렬하여 비트맵 인덱스(305)를 생성한다.'(5면)는 기재가 있는 사실, 위와 같이 '암호화한 컬럼에 대해 FBI 방법에 의해 복호화하고, 복호화된 데이터를 비트로 정렬하여 비트맵 인덱스를 생성하는 방법' 외에는 위 명세서에서 '암호화한 컬럼에 대해 인덱스를 재생성'하는 방법에 관하여 다른 설명을 하고 있지 않은 사실을 인정할 수 있고, 한편, '암호화된 컬럼을 복호화하는 FBI 방법',[53] '암호화되어 있지 않은 데이터에 대하여 비트맵 인덱스를 생성하는 방법'[54] 자체는 이미 이 사건 특허발명의 출원 전에 공지되어 있었다는 사실은 당사자 사이에 다툼이 없다. 위에서 인정한 사실에 비추어 보면, 이 사건 제1, 4항 특허발명의 '상기 암호화한 컬럼에 대해 인덱스를 재생성하는 단계'라는 구성의 구체적 내용은 '암호화한 컬럼을 복호화하고, 복호화된 데이터에 대해 인덱스를 생성하는 방법'으로, 이 사건 제3, 5

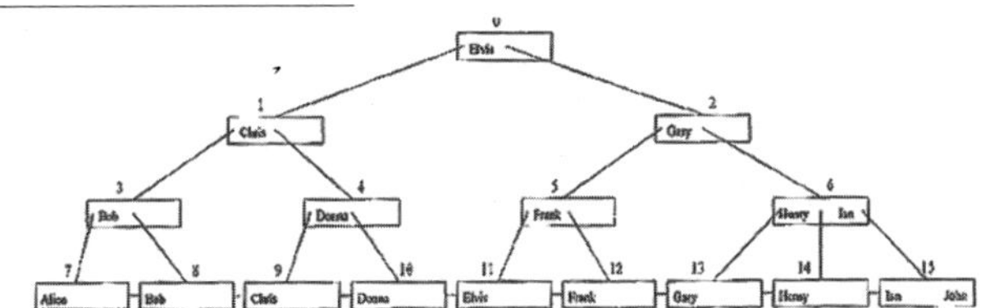


[도 5b] B-트리 테이블의 평문을 재현한 것과 그것의 암호화된 짝의 예시

Encrypted B+-tree Tablo

| ID | C |
|---|---|
| 0 | 8eCS0U/7ZIY.A |
| 1 | /WKuby8laqK82 |
| 2 | jxKzVi0D1as8E |
| 3 | AXYaqohgyVObU |
| 4 | IUf7R.PK5h5fU |
| 5 | rzaslxohWS2l2 |
| 6 | EXfTGCUIYTVBc |
| 7 | uOtdm/HDXN8qU |
| 8 | GLDWRnBGIvYBA |
| 9 | a9yl36PA3LeI.k |
| 10 | H6GwdJpXlU8MY |
| 11 | uOtdm/HDXNSqU |
| 12 | zj33kVaNvLFVk |
| 13 | V9rMw904cix3w |
| 14 | xTFcWtd6.IB.A |
| 15 | ji.gtDER6Hjis |

Encrypted B+-tree Tablo

| ID | C |
|---|---|
| 0 | 8eCS0U/7ZIY.A |
| 1 | /WKuby8laqK82 |
| 2 | jxKzVi0D1as8E |
| 3 | AXYaqohgyVObU |
| 4 | IUf7R.PK5h5fU |
| 5 | rzaslxohWS2l2 |
| 6 | EXfTGCUIYTVBc |
| 7 | uOtdm/HDXN8qU |
| 8 | GLDWRnBGIvYBA |
| 9 | a9yl36PA3LeI.k |
| 10 | H6GwdJpXlU8MY |
| 11 | uOtdm/HDXNSqU |
| 12 | zj33kVaNvLFVk |
| 13 | V9rMw904cix3w |
| 14 | xTFcWtd6.IB.A |
| 15 | ji.gtDER6Hjis |

53) 함수기반 인덱스(FBI, Function-Based Index): 테이블의 컬럼들을 가공한 값으로 인덱스를 생성한 것으로 인덱스는 B-Tree나 비트맵일 수 있다. 암호화된 컬럼과 함수를 이용하여 데이터를 검색하는 기법이다.

항 특허발명의 '상기 암호화한 컬럼에 대해 비트맵 인덱스를 생성하는 단계'라는 구성의 구체적 내용은 '암호화한 컬럼을 복호화하고, 복호화된 데이터를 비트로 정렬하여 비트맵 인덱스를 생성하는 방법'으로 각각 확정할 수 있다.

구성요소 1−2, 1−4는 비교대상발명에는 제시되어 있지 않은 구성이다. 또한, 구성요소 1−4의 내용으로 포함될 수 있는, 암호화된 컬럼을 복호화하는 FBI 방법, 암호화되어 있지 않은 데이터에 대하여 비트맵 인덱스를 생성하는 방법 자체는 공지기술이라는 점은 위에서 본 바와 같지만, 나아가, '인덱스가 설정되어 있는 컬럼을 암호화하는 인덱스 컬럼의 암호화 방법을 제공한다'는 기술적 과제를 해결하기 위하여, '암호화하고자 하는 컬럼의 인덱스를 제거하고, 상기 컬럼을 암호화한 후, 암호화한 컬럼을 복호화하고, 복호화된 데이터에 대해 인덱스를 생

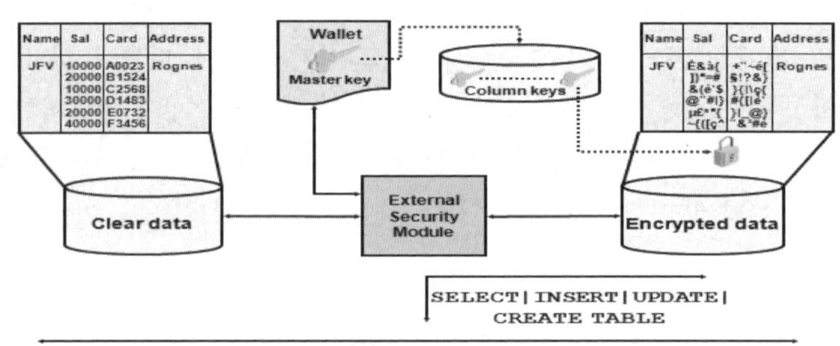


54) 비트맵 인덱스(Bitmap Index): 컬럼으로 사용되는 데이터를 0과 1의 값으로 표현하고, 특정 레코드를 검색하는 방법이다. 테이블이 크거나 분포도가 낮은 칼럼에서 속도가 빠른 이점이 있다.

custom 테이블

| custom_id | marital_status | region | gender | income |
|---|---|---|---|---|
| 101 | single | east | male | 1000000 |
| 102 | married | cental | female | 1500000 |
| 103 | divorced | east | female | 2000000 |
| 104 | married | cental | male | 1800000 |
| 105 | single | west | male | 4000000 |
| 106 | married | west | female | 3000000 |
| 107 | divorced | east | male | 2000000 |

region 컬럼의 비트맵

| region=EAST | region=CENTRAL | region=WEST |
|---|---|---|
| 1 | 0 | 0 |
| 0 | 1 | 0 |
| 1 | 0 | 0 |
| 0 | 1 | 0 |
| 0 | 0 | 1 |
| 0 | 0 | 1 |
| 1 | 0 | 0 |

성'하는 시계열적·유기적 구성을 채택하는 것까지 이 사건 특허발명의 출원 전에 통상의 기술자에게 널리 알려져 있었다고 인정할 만한 증거는 없다.

따라서 통상의 기술자가 비교대상발명으로부터 구성요소 1−2, 1−4를 용이하게 도출할 수 있다고 볼 수도 없고, 구성요소 1−2, 1−4를 채택하는 것이 단순한 주지관용기술의 부가라고 할 수도 없다.

○ 특허법원 2009. 7. 10. 선고 2008허13619 판결, 거절결정(특), 심불

이 사건 보정발명은, 일정 높이를 가지는 옹벽을 설치하는 단계(이하 '구성요소 1'이라 한다); 상기 옹벽의 하부에 소정 공간을 두고 GRC[55] 인조암을 설치한 후 그 공간 내에 보강재를 넣고 콘크리트를 타설하여, 옹벽과 GRC 인조암을 일체화시키는 단계(이하 '구성요소 2'라 한다); 상기 옹벽의 상부에 지지부재를 설치하고 그 지지부재에 GRC 인조암을 설치하는 단계(이하 '구성요소 3'이라 한다); 상기 옹벽의 상부에 설치된 GRC 인조암의 내면을 숏크리트[56] 분사공법으로 모르타르 또는 콘크리트를 분사하여 강도보강층을 형성하는 단계(이하 '구성요소 4'라 한다); 상기 지지부재에 의해 지지되는 GRC 인조암의 후단부에 GRC 인조암의 하중 분산 및 지반 침하에 의한 구조물의 붕괴를 방지하도록, 상기 GRC 인조암의 후단부에 위치하는 지면에 매설되는 형태로 기초 구조물을 설치하고, 그 기초 구조물 위에 GRC 인조암과 연결되는 콘크리트를 타설하는 단계(이하 '구성요소 5'라 한다); 및 상기 옹벽의 상부 및 하부에 설치되는 GRC 인조암을 연결하는 단계(이하 '구성요소 6'이라 한다)를 포함하여 진행하고, 상기 기초 구조물의 위에 타설되는 콘크리트는 상기 기초 구조물로부터 지지부재에 의해 지지되는 GRC 인조암의 일측 끝단을 연결하도록, 상기 지지부재에 의해 지지되는 상태에서 반(半)중력식으로 그 타설이 이루어지는 것(이하 '구성요소 7'이라 한다)을 특징으로 하는 인공폭포 구조물의 시공방법이다.[57]

---

55) GRC(glass fiber reinforced cement): 시멘트 모르타르나 콘크리트에 유리섬유를 혼합하여 강도를 높인 복합재료.

56) 숏크리트(shotcrete): 시멘트건(cement gun)과 같은 압축공기에 의한 분사기를 사용하여 분사되는 모르타르로 건조시킨 모래와 시멘트를 섞은 것을 펌프로 압송하여 노즐 끝에서 물과 함께 분사하는 방법과, 이미 모르타르로 만든 것을 분사하는 방법이 있다. 수밀성(水密性)과 강도가 뛰어난 모르타르를 얻을 수 있어, 구조물의 표면 마무리, 보수용, 강재(鋼材)의 녹 방지용으로 쓰인다.

57) 구성요소 1, 4에 대하여는 종래의 인공폭포 구조물인 비교대상발명 1에 동일한 대응 구성이 있고, 구성요소 2에 대하여는 이 사건 출원발명의 출원 전에 발간된 건축공법사전이나 건축시공학 교과서에, 이미 콘크리트벽과 석재 등을 보강재와 콘크리트에 의해 일체로 형성하는 공법이

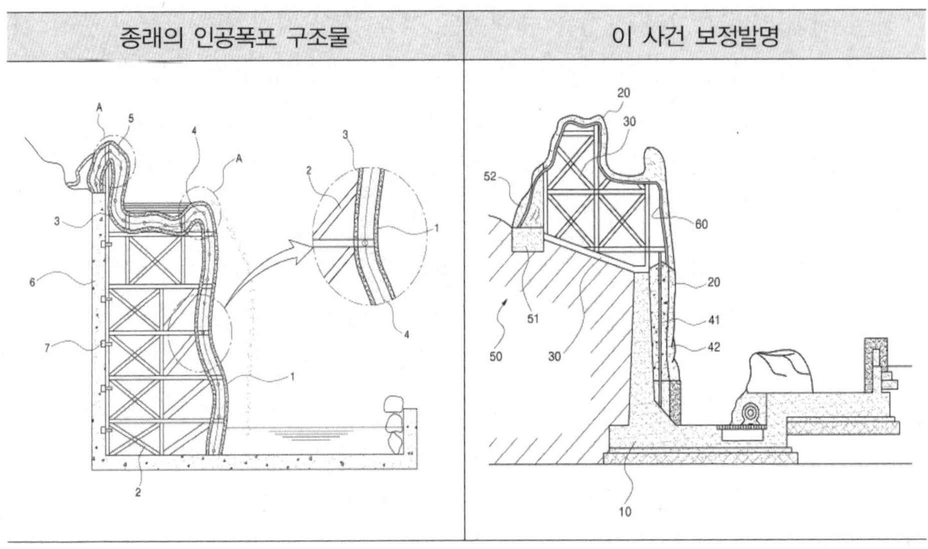


구성요소 3은 옹벽의 상부에 GRC 인조암을 설치하는 구성으로, 비교대상발명 1, 2의 '지지부 혹은 지지대에 GFRC[58] 인공암을 설치하는 구성'에 대응된다. 양 구성은 지지부재를 설치하여 인조암을 설치한다는 점에서는 공통되지만, 구성요소 3은 옹벽의 상부에 지지부재를 설치하는 반면, 비교대상발명 1, 2의 지지부 혹은 지지대는 옹벽의 측면에 위치한다는 점에서 차이가 있다.

또한, 구성요소 5는 지지부재를 사이에 두고 옹벽과 반대편에 설치되어 지지부재와 이 지지부재에 설치된 GRC 인조암의 하중을 지지하는 '기초구조물 및 그 위의 콘크리트'를 타설하는 단계의 구성으로, 비교대상발명 1, 2에는 이에 대응하는 구성이 나타나 있지 않다.

우선, 위와 같은 구성상의 차이로 인하여 이 사건 보정발명이 비교대상발명

---

설명되어 있는 사실을 인정할 수 있는바, 이러한 사정에 비추어 보면, 옹벽에 GRC 인조암을 일체화시키는 기술은 통상의 기술자가 어려움 없이 채용할 수 있는 주지관용기술이라고 보인다. 구성요소 6은, 이 사건 보정발명이 비교대상발명 1과는 달리 인조암을 상부와 하부로 분리 설치함으로써 당연히 필요하게 되는 구성이므로, 통상의 기술자가 구성요소 6을 도출하는 데 구성의 곤란성을 인정할 수는 없다. 구성요소 7에 대하여는, 이 사건 출원발명의 출원 전에 발간된 토목용어대사전에, 이미 중력식 옹벽과 철근콘크리트의 중간 형태로서 중력식 옹벽의 벽 두께를 얇게 하는 대신 철근을 배치한 반중력식 옹벽이 설명되어 있는 사실을 인정할 수 있는바, 이러한 사정에 비추어 보면, 힘을 받는 구조체를 반중력식으로 구성하는 기술은 통상의 기술자가 어려움 없이 채용할 수 있는 주지관용기술이라고 보인다.

58) GRC와 같은 의미.

1, 2에 비하여 현저한 작용효과를 갖는지에 관하여 보건대, ① 비교대상발명 1, 2의 지지부 혹은 지지대는 옹벽의 측면에 위치함으로써, 인공암 및 인공암 상부에 저장되는 물(폭포수)의 하중이 전적으로 옹벽의 측면에 연장된 지지부 혹은 지지대에 의하여 지탱될 것임에 반하여, 이 사건 보정발명은 옹벽의 상부에 지지부재와 인조암을 설치하고(구성요소 3), 옹벽과 반대편에 '기초구조물 및 그 위의 콘크리트'를 설치하여 지지부재와 인조암 및 그 상부에 저장되는 물의 하중을 지지하도록 함으로써(구성요소 5), 인조암 및 인조암 상부에 저장되는 물의 하중이, 서로 반대편에 위치하는 옹벽과 위 '기초구조물 및 그 위의 콘크리트'로 분산된다는 점, ② 비교대상발명 1, 2의 위와 같은 구성으로 인하여, 비교대상발명 1, 2의 옹벽은 지지부 혹은 지지대와 인공암 및 그 상부에 저장되는 물의 하중 전체가 옹벽에 대하여 시계 방향의 휨모멘트를 가하게 될 것임에 반하여, 이 사건 보정발명의 위와 같은 구성으로 인하여, 이 사건 보정발명의 옹벽에는, 옹벽 측면에 설치된 인조암과 콘크리트의 하중에 의하여 가해지는 시계 방향의 휨모멘트 외에 옹벽 상부의 지지부재와 인조암 및 그 상부에 저장되는 물의 하중에 의하여 가해지는 반시계 방향의 휨모멘트도 발생할 것이므로, 전체적으로는 위 두 하중에 의하여 각각 다른 방향으로 가해지는 휨모멘트가 서로 상쇄될 수 있다는 점 등에 비추어 보면, 이 사건 보정발명은 비교대상발명 1, 2에 비하여 인공폭포 구조물이 보다 견고하게 유지될 수 있도록 하는 현저한 작용효과를 갖는다고 할 것이다.

나아가, 통상의 기술자가 비교대상발명 1, 2로부터 이 사건 보정발명의 구성요소 3, 5를 용이하게 도출할 수 있을 것인지에 관하여 보건대, 비교대상발명 1, 2의 명세서에는 지지부 혹은 지지대를 옹벽의 측면에 설치하는 구성만을 나타내고 있을 뿐이고, 명세서 어디에도 이 사건 보정발명의 구성요소 3, 5와 같은 하중의 지지방식에 관하여 언급하거나 암시조차 하고 있지 아니하므로, 통상의 기술자가 비교대상발명 1, 2로부터 이 사건 보정발명의 구성요소 3, 5를 용이하게 도출할 수 있다고 볼 수는 없다.

한편 피고는, 인공폭포의 높이를 연장함에 따라 외부 장식 부재인 인조암도 함께 연장되도록 하기 위해 옹벽 상부에 지지부재를 설치하는 것은 통상적인 기술에 불과하다고 하면서 이 사건 보정발명의 구성요소 3이 주지관용기술이라는 취지로 주장하나, 과연 인공폭포 구조물이나 그 시공방법에 관한 기술분야에서 옹벽의 상부에 지지부재를 설치하고 그 위에 인조암을 설치하는 구성이 통상의 기술자에게 널리 알려져 있는지에 관하여, 이를 인정할 만한 증거가 없고, 옹벽의 상부에 지지부재를 설치함으로써 옹벽의 측면에 지지부 혹은 지지대를 설치하는 공지기술에 비하여 현저한 작용효과가 발생한다고 보는 이상, 이 사건 보정발명의 구성요소 3이 단순히 인공폭포의 높이를 연장하기 위해 부수적으로 채택된 기술구성이라고 볼 수도 없으므로, 피고의 위 주장은 받아들일 수 없다.

○ 특허법원 2009. 6. 12. 선고 2008허9658 판결, 거절결정(특), 확정

이 사건 제1항 보정발명은 "스퍼터를 행하기 위한 성막프로세스존59)과, 상기 성막프로세스존에서 벗어난 위치에 형성되어 플라즈마처리를 행하기 위하여 반응프로세스존60)이 내부에 형성되어 내부를 진공으로 유지하는 진공용기와; 상

---

59) 이 사건 특허발명은 광학 박막 등에 이용하는 박막형성장치 및 박막형성방법에 관한 것이다.

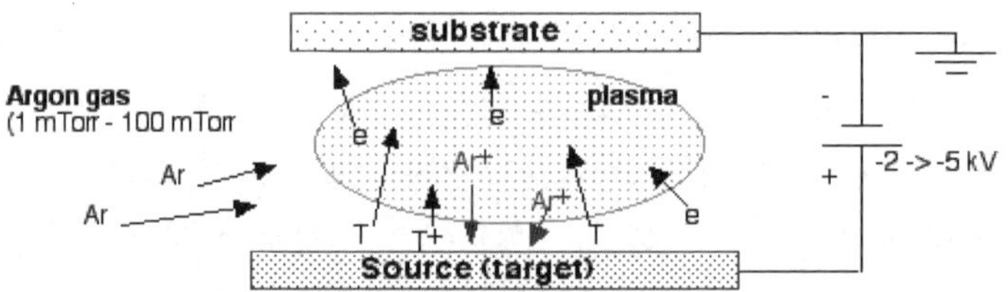


스퍼터(Sputter)는 스퍼터링 방식으로 박막을 제조하는 장치로 진공 상태에서 아르곤 가스를 소량 주입하고 한편에는 재료 물질인 원반형 타겟을 두고 반대쪽에는 기판을 두고 둘 사이에 전압을 인가하되 직류(DC)와 라디오 주파수(rf), 중간주파수(mf)의 방식으로 한다. 전압이 인가되면 아르곤이 이온화되고 전압에 의해 가속되며 타겟에 부딪히게 된다. 이 때 타겟의 재료가 튀어나와서 반대쪽에 있는 기판에 붙어서 성장하게 되어 만들어진 것을 박막이라한다. 타겟의 이면에 특수한 자석을 붙여서 효율을 향상시킨다. 불활성 가스로 아르곤 이외에 크세논이 사용되기도 한다. 산소, 질소등의 반응성 가스를 첨가하여 반응성 스퍼터링을 하여 산화물과 질화물 박막을 제조한다.

60)

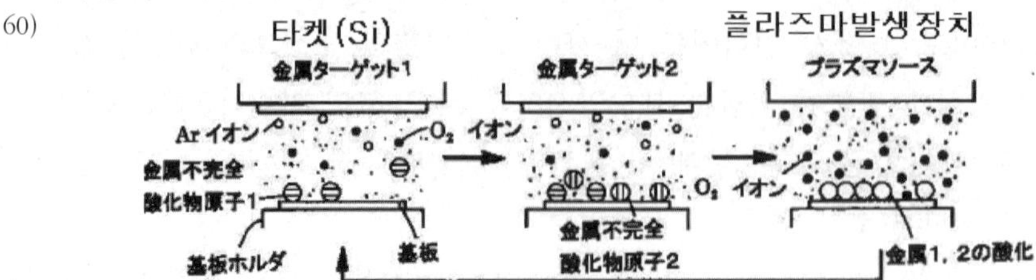


종래기술(비교대상발명)에 두 차례의 성막프로세스를 거친 다음 반응프로세스를 거쳐 완전한 금속 산화물 박막을 만들어내는 기술이 개시되어 있다. 비교대상발명에서는, 성막프로세스존에는 반응성 가스와 불활성 가스의 혼합가스를 도입하지만, 반응프로세스존에는 반응성 가스만을 도입한다. 그런데 이 사건 특허발명은 반응프로세스존에 반응성 가스뿐만 아니라 불활성 가스까지 포함된 혼합가스를 도입한 것이다.

기 진공용기 내의 상기 반응프로세스존 내에 반응성 가스를 도입하는 가스도입 수단과; 상기 진공용기 내의 상기 반응프로세스존에 상기 반응성 가스의 플라즈마를 발생하기 위한 플라즈마발생수단을 구비하는 박막형성장치에 있어서(이하 '구성 1'이라고 한다), 상기 진공용기 내의 상기 반응프로세스존과 마주보는 벽면에 절연체가 피복되고(이하 '구성 2'라고 한다), 상기 가스도입수단은 상기 플라즈마 발생수단에 의해 플라즈마가 발생하는 영역으로 반응성 가스와 불활성 가스의 혼합가스를 도입하는 수단이고(이하 '구성 3'이라고 한다), 상기 플라즈마발생수단은 표면이 전기저항이 낮은 금속재료로 형성된 안테나를 구비(이하 '구성 4'라고 한다)한 것을 특징으로 하는 박막형성장치"이다.

박막형성장치에 관한 이 사건 제1항 보정발명이 같은 기술분야에 속하는 비교대상발명에 비하여, 플라즈마 발생수단이나 진공용기를 개량하여 박막과 화학반응하는 활성종의 밀도를 향상시키면서 효율적이고 광범위한 프라즈마 처리가 가능한 박막형성장치를 제공한다는 목적을 가지고 있다는 점에서 목적에 특이성이 있고, 플라즈마 발생수단에 반응성 가스 외에도 불활성 가스를 더 도입하고 있다는 점에서 구성상의 차이가 있으며, 반응프로세스존에 반응성 가스와 불활성 가스를 혼합하여 도입하는 경우 반응성 가스만을 도입하는 경우보다 박막 형성에 더 효과적인, 전기적으로 중성인 반응성 가스 활성종의 발생강도를 높이고 그 밀도를 크게 할 수 있다는 점에서 효과면에서도 차이가 있다.

피고는, 위 구성이, 비교대상발명에서 성막프로세스존에 혼합가스를 도입하는 구성을 반응프로세스존에 단순히 확장적용한 것에 해당한다고 볼 수 있는데, 프라즈마 처리에서 반응성 가스인 산소와 불활성 가스인 아르곤의 혼합가스를 도입하는 것이 주지관용기술에 해당하므로, 이러한 주지관용기술과 비교대상발명으로부터 구성 3을 용이하게 도출할 수 있다는 취지로 주장한다. 그러나 프라즈마 처리에서 반응성 가스인 산소와 불활성 가스인 아르곤의 혼합가스를 도입하는 것이 주지관용기술에 해당하는지에 관하여, 을 제5 내지 8호증의 각 기재만으로는 이를 인정하기에 부족하고, 달리 이를 인정할 만한 증거가 없으며[위 부족증거들에 의하여는, 성막 프로세스에서 불활성 가스와 반응성 가스를 사용하는 것, 작동가스로 사용되는 불활성 가스의 원자가 타깃(target)에 부딪치면서 타깃물질이 튀어나와 기판에 코팅되는 스퍼터링의 작용원리, 그리고 반응 프로세스에서 반응성 가스가 기판에 코팅된 물질과 반응하는 것은 일반적으로 알려진 기술이라는 사실을 인정할 수 있을 뿐이고, 나아가, 구성 3에서와 같이 성막 프로세스존을 통과한 기판에 반응성 가스 활성종을 작용시키기 위한 반응프로세스존에 반응성 가스 이외에 불활성 가스를 함께 도입하는 기술과, 이에 의해 반응프로세스존에 반응성 가스 활성종의 상대적 밀도가 높아지게 되는 물리·화학적 작용원리가 이 사건 출원발명이 속하는 기술분야에 널리 알려져 있다는 점까지 인정할 수는 없다], 위와 같이 반응프로세스존에 반응성 가스와 불활성 가스의 혼합가스를 사용하는 기술이나 이에 의해 반응성 가스 활성종의 밀도를 증가하게 되는 작용원리가 널리 알려져 있는 것이 아닌 이상, 성막 프로세스에서 혼합가스를 사용하는 것이 널리 알려진 기술이라 하더라도 이를 성막 프로세스와 반응과정이나 반응물질이 상이한 반응 프로세스에 대하여 통상의 기술자가 용이하게 적용할 수 있다고 볼 수는 없으므로, 피고의 위 주장은 받아들일 수 없다.

### 4. 정리 및 시사점

위에서 본 사례들은 비교대상발명들의 명세서와 기타 주지관용 입증을 위해 제출된 증거에 나타나 있는 기술 내용을 엄격하게 사실 인정한 후 쟁송의 대상으로 된 특허발명과 비교대상발명들의 구성 차이가 단순한 주지관용기술의 부가 정도에 그치는 것이 아니라고 판단하여 진보성을 부정하지 않은 경우에 해당된다. 판단 형식은 주로 개개 증거에 개시되어 있는 구체적인 기술 내용을 사실인정하고, 이를 종합하여 쟁점으로 된 기술 구성이 주지관용기술에 해당하는지 여부를 판단하는 논리단계를 취하고 있다. 추상적인 기술 내용이 주지관용인지 아닌지를 인정하는 것보다는, 판단 대상인 특허발명과 비교대상발명 사이에 일응 구성상 차이로 보이는 구체적인 기술 구성이 주지관용인지 여부를 밝히는 것이 바람직할 것이므로, 이를 판단하기 위한 전제로서 일종의 간접사실을 증거에 의해 인정하고, 인정되는 간접사실을 토대로 구체적인 기술 구성이 주지관용인지 여부를 판단하는 형식을 취한 것이다.

진보성 판단에서 사실심리의 강화, 바꾸어 말하면, 객관적 증거조사결과에 의한 판단이 강조되는 것은 무엇보다 사후적 고찰의 방지책으로서 중요한 의미가 있다. 객관적 증거조사결과가 아닌 판단 주체의 사고에 의존할 경우에는, 그 판단 주체가 법관이든 혹은 심판관이나 심사관이든, 관계없이 부지불식간 출원 당시가 아닌 판단 시점에서 진보성을 판단하게 되는 쪽으로 경도될 가능성(사후적 고찰의 위험성)이 높아진다고 볼 수 있기 때문이다. 더구나 사후적 고찰은, 출원명세서에서 얻은 지식을 이용해서 발명의 용이성을 사후적으로 분석해서 판단하는 수법 외에도, 주된 비교대상발명의 상위개념화 또는 확장해석에 의한 사후분석적 수법으로도 작용할 수 있다. 따라서 객관적 증거조사결과에 의해 주지관용기술을 인정한다고 하더라도, 그 판단 형식은, 개개 증거에 개시되어 있는 구체적인 기술 내용을 사실인정하고, 이를 종합하여 쟁점으로 된 기술 구성이 주지관용기술에 해당하는지 여부를 판단하는 논리단계를 취하여야 할 것으로 생각된다. 차이 나는 기술구성을 구체적으로 특정하여 당해 구체적인 기술구성이 주지관용인지 여부를 따지지 않고, 추상화된 넓은 범위의 기술구성과 같은 취지의 기술적 사상을 담고 있는 구성이 선행기술들에 나타나 있는지 여부를 살피다 보면, 자칫 주지관용기술의 영역을 부당하게 넓힐 수 있다고 보기 때문이다.[61] 실제로 이러한 과정을 차근차근 밟아나가다 보면, 일견 주지관용적인 수단이 단순히 적용된 것에 불과한 것으로 보였던 특허발명의 구성이 완전히 새로운 의미로 다가올 수도 있다. 유사한 구성들이 선행기술들에 다수 존재하는 것 같았지만, 각각의 대응 구성과 하나하나 대비하다 보면, 정작 유사한 구성이라고 보기 어렵고, 다른 구성과의 유기적 결합에 의해 현저한 효과를 창출하는 경우(2009허8812 사건, 2009허6144 사건, 2009허4988 사건 등), 선행기술에 개시된 내용의 범주에 속하는 구성이라고 오해되었지만, 실제로는 완전히 새로운 구성이라고 판단되는 경우(2009허4988 사건, 2008허9658 사건 등), 누구나 쉽게 생각해낼 수 있는 구성상의 변경 정도로 치부되었지만, 선행기술에 그와 같은 변경된 형태를 시사하는 아무런 증거도 없고, 구성상의 변경으로 인하여 현저한 효과가 있다고 인정되는 경우(2008허13619 사건, 2008허9658 사건 등) 등이 그 예라고 할 것이다.

---

61) 이와 관련하여, 우라옥, "최근의 사례들에 비추어 본 한국 특허법상 진보성 판단의 방법 또는 기준 — 사후적 판단의 배제를 포함하여 —", 「Law & technology」(제4권 제3호), 서울대학교 기술과법센터(2008. 5.), 62면에서는, "특허법원의 개원 이래 판결에서 채택되고 있는 목적, 구성, 효과의 도식적인 대비가 발명을 전체로서 인식하는 것이 아니라 세분화된 구성으로 구분하게 되고 그 분해된 구성에 대응되는 비교대상발명의 구성을 선택하게 되는 논리구조를 갖게 됨으로써 당해 발명에서 얻은 지식을 토대로 선행기술을 해석하는 사후적 판단에 빠질 위험이 높게 된다."라고 하면서, "이러한 도식적 대비는 '발명'을 '기술적 사상'으로 추상화함으로 인하여 빠지기 쉬운 '비교대상발명의 상위개념화'의 유혹과 더불어 사후적 편견에 치우지지 않을 합리적인 판단을 막는 것으로 생각된다."라는 견해를 피력하고 있다. 위 지적이 이 글의 본문에서 언급한 "추상적인 기술 내용이 주지관용인지 아닌지를 인정하는 것을 되도록 피해야 한다."는 사항과 직접 관련되는 것은 아니지만, 진보성 판단을 하면서, 문제되는 구성을 함부로 기술적 사상으로 추상화하여 판단해서는 안 된다는 점에서는 인식을 같이 하는 태도라고 본다.

다만, 살펴본 사례들에서 주지관용기술 판단을 위한 사실인정의 근거로 된 증거가 '서증' 및 '변론 전체의 취지[62]'에 한정되어 있음을 알 수 있다. 현재 특허법원의 특허·실용신안 사건 재판실무에서 서증 이외의 증거조사가 폭넓게 활용되고 있지는 못하다고 할 수 있다.[63][64] 이 점에 대해서는 아쉽다고 여겨진다. 특히, '통상의 기술자에게 자명한 사항'이 '세세한 모든 사항'까지 구체적인 기술 문헌 등 서증에 기재되어 있으리라고 기대하기는 어려우므로, 주지관용기술 인정 여부에 관하여 부족한 문헌적 증거를 서증 이외의 증거조사를 통해 보충할 필요가 있다고 본다.

---

62) 판결이유에 구체적으로 나타나지는 않지만, 참고자료로 제출된 관련 기술 문헌이나 관련 기술 분야의 선행 판결들에 기재된 기술 내용(참고자료로 제출된 것이나, 상대방에게 송달하여 이의할 수 있는 기회가 부여되었고, 만일 상대방이 이의하거나 반대 취지의 자료를 제출할 때에는 정식 서증조사절차를 거쳤다), 쌍방 준비서면 및 구술변론 중에 포함되어 있는 기술 지식 관련 사항(자백이나 다툼 없는 사실로 취급할 만한 중요한 사항이 아닌 경우이다) 등이 변론 전체의 취지로 주로 참작되었다.

63) 이는 일차적으로는 소송대리인이 변리사인 경우가 많아 다양한 증거신청이 시도되고 있지 못한 점에 기인한다고 생각된다. 비록 특허법원에서 기술심리관이 기술적 사항을 보좌하고 있기는 하지만, 어디까지나 기술심리관은 효율적인 재판 진행을 위해, 자주 다루어지는 기술분야에서, 법관들에게 기본적인 기술지식을 보충해주는 정도의 역할을 할 수 있을 뿐이다. 따라서 소송절차에서 법관에게 기술을 이해하도록 하고, 이를 토대로 기술적 쟁점을 심리해나가는 과정은 당연히 소송대리인의 주장, 입증책임에 달려 있다고 할 것이다. 더구나 모든 기술분야에 대하여 특허법원에 기술심리관을 근무하도록 하는 것은 불가능하므로, 자주 문제되지 않는 특수한 기술분야(소위 '소수 직렬')가 다루어지는 사건에서는 더더욱, 소송대리인이 필요한 전문지식을 서증(서적 및 기술문헌)으로 제출하고, 이에 더하여, 감정, 감정촉탁, 증인(관련 전문가 포함) 등 적절한 증거방법을 강구하여 재판부에 증거조사 필요성을 밝혀 증거신청을 함으로써 입증할 필요성이 더 크다고 본다.

64) 다만, 증인이나 사실조회 촉탁기관, 감정기관(감정인) 역시 사후적 고찰에 빠질 위험성을 안고 있고, 질문을 받고 답변하는 시점에서의 지식 정도나 자료에 근거하여 답변할 위험성도 크다. 따라서 증인신문이나 사실조회, 감정사항의 주된 내용은, 신문시점 혹은 사실조회 회신서 혹은 감정서 작성시점에서의 증인이나 답변자의 지식 정도나 의견 등을 묻는 것이 아니라, 문제되는 특허발명 혹은 출원발명의 출원일 혹은 우선일 당시를 기준으로 한 답변을 구하는 것이 되도록, 신문사항, 조회사항, 감정사항에 유의할 필요가 있다. 또한, 증인이나 사실조회 촉탁기관, 감정기관(감정인)의 판단의 근거로 된 자료(예를 들면, 해당 시점 무렵 발간되어 있는 관련 주제 논문이나 서적의 수와 내용, 당시 시장에서 상품화된 제품의 기술수준, 관련 연구 종사자의 규모 등) 역시 가능한 한 명확하게 밝히도록 하여야 할 것이다. 아울러, 통상의 기술자 수준을 판단하는 근거로 증인신문이나 사실조회, 감정 등이 의미를 가지려면, 해당 기술분야의 대학학부 수준에서 증인(혹은 답변자) 자신이 가지고 있었던 기술수준이 어느 정도였는지, 그 정도라고 스스로 증언(답변)하는 근거(자료)는 무엇인지, 대학학부 과정을 마친 후 그 분야에 종사하면서 습득한 관련 기술지식의 정도는 연차(年次)에 따라 어떠했는지, 습득하게 된 과정은 무엇인지(관련 제품 연구개발, 관련 주제에 관한 세미나 혹은 연수 참가 등) 등이 증언, 사실조회 회신서, 감정서 등에 담겨 있어야 할 것이라고 생각된다.

## Ⅲ. 결 어

과거 우리 판례에서 진보성 판단의 구체적인 기준에 대해서는 명확하게 언급하지 않은 채, 대개 기계적으로 선행공지발명에 문제된 특허발명의 발명의 목적, 발명의 구성요소 및 발명의 효과가 다 나와 있는지 여부만을 주로 판단하여, 선행공지발명에 출원발명의 구성이 포함되어 있고 발명의 목적 및 효과가 동일하거나 실질적으로 동일한 경우에 진보성을 부정하는 경향을 보여왔다.[65] 그러다가 최근 대법원은 명시적인 판단기준을 밝히는 판결들을 내고 있는데, 먼저, 대법원 2007. 8. 24. 선고 2006후138 판결에서는 "어떤 발명의 진보성이 부정되는지 여부를 판단하기 위해 통상의 기술자를 기준으로 하여 그 발명의 출원 당시의 선행공지발명으로부터 그 발명을 용이하게 발명할 수 있는지를 보아야 할 것이고, 진보성이 부정되는지 여부의 판단대상이 된 발명의 명세서에 개시되어 있는 기술을 알고 있음을 전제로 하여 사후적으로 통상의 기술자가 그 발명을 용이하게 발명할 수 있는지를 판단하여서는 아니 된다."라고 하여 사후적 고찰의 금지를 명시하였고, 또한, 대법원 2007. 9. 6. 선고 2005후3284 판결에서는 "여러 선행기술문헌을 인용하여 특허의 진보성을 판단함에 있어서는 그 인용되는 기술을 조합 또는 결합하면 당해 특허발명에 이를 수 있다는 암시, 동기 등이 선행기술문헌에 제시되어 있거나 그렇지 않더라도 당해 특허 출원 당시의 기술수준, 기술상식, 해당 기술분야의 기본적인 과제, 발전경향, 해당 업계의 요구 등에 비추어 그 기술분야에 통상의 지식을 가진 자가 용이하게 그와 같은 조합 또는 결합에 이를 수 있다고 인정할 수 있는 경우에는 당해 특허발명의 진보성은 부정된다고 할 것이다."라고 하여 복수의 비교대상발명과 대비하여 발명의 진보성을 판단함에 있어서 구체적인 기준을 제시하는 매우 의미 있는 설시를 하였다.[66] 나아가, 대법원 2009. 11. 12. 선고 2007후3660 판결에서는 "선행기술에 의하여 용이하게 발명할 수 있는 것인지에 좇아 발명의 진보성 유무를 판단함에 있어서는, 적어도 선행기술의 범위와 내용, 진보성 판단의 대상이 된 발명과 선행기술의 차이 및 통상의 기술자의 기술수준에 대하여 증거 등 기록에 나타난 자료에 기하

65) 박성수, "특허법원 판결로 본 특허의 유효성 분석 진보성 판단을 중심으로 ", 「지식과 권리」(2007년 봄·여름호), 대한변리사회(2007. 6.), 21－22면 참조.

66) 박성수, 앞의 "한국 특허법상 특허발명의 진보성 판단", 33－34면.

여 파악한 다음, 이를 기초로 하여 통상의 기술자가 특허출원 당시의 기술수준에 비추어 진보성 판단의 대상이 된 발명이 선행기술과 차이가 있음에도 그러한 차이를 극복하고 선행기술로부터 그 발명을 용이하게 발명할 수 있는지를 살펴보아야 하는 것이다. 이 경우 진보성 판단의 대상이 된 발명의 명세서에 개시되어 있는 기술을 알고 있음을 전제로 하여 사후적으로 통상의 기술자가 그 발명을 용이하게 발명할 수 있는지를 판단하여서는 아니 된다."라고 판시하여, 특허 관련 분쟁에 관한 전문법원인 특허법원을 포함한 사실심 법원은 진보성 판단자료에 대하여 증거 등 객관적인 자료에 의한 심리의무를 부담하고 있음을 명백하게 하였다.[67] 한편 주지관용기술 판단의 기준을 판시한 대법원 2008. 5. 29. 선고 2006후3052 판결 역시 주지관용기술의 인정이 원칙적으로 증거에 의하여 이루어져야 한다는 점을 명확히 밝히고 있어, 이러한 최근 대법원 판결의 흐름과 궤를 같이 하는 것이라고 본다. 결국, 대법원은 일련의 판결을 통해 특허법원이 진보성 판단의 전제가 되는 사항을 원칙적으로 증거조사를 통해 사실심리를 충분히 한 다음, 비로소 진보성 여부 결론을 내려야 한다는 점을 강조하고 있다고 이해된다. 이 글에서 살펴본 최근 사례검토 결과, 증거 없이 주지관용기술을 인정한 경우가 매우 적다는 점에서는 바람직하다고 생각되지만, 다만, 인정 근거로 된 증거가 '서증' 및 '변론 전체의 취지'에 한정되어 있다는 점에서는 아쉬움이 남는다.

재판의 전 과정을 크게 두 가지로 나누어본다면, 그 하나는 '주장'이고 다른 하나는 '입증'의 영역이라고 할 수 있을 것이다. 재판실무의 발전을 위하여 '주장'의 측면에서는 구술심리주의를 실질화하는 노력이 요망된다고 할 것이고, '입증'의 측면에서는 다양한 증거방법에 의한 입증활동이 활성화되도록 할 필요가 있다고 본다. 이 가운데 구술심리주의의 실현은 특허법원의 재판실무에서 초창기부터 대단히 모범적이었다고 할 수 있다. 즉, 기술에 대한 심도 깊은 이해를 필요로 하는 특허·실용신안 사건의 경우, 준비절차기일을 통해 대리인 혹은 당사자 본인에 의한 기술설명 기회를 충분히 보장하고, 이를 통해 구술심리를 실질적으로 구현하는 의미가 컸다.[68][69] 앞으로 심결취소소송 과정에 서증 이외에 증인신

67) 한동수, "발명의 진보성 유무의 판단 방법", 「사법」(제12호), 사법발전재단(2010. 6.), 280면.

68) 특허법원은 1998. 3. 1. 설립 당시부터 원칙적으로 변론준비절차를 거쳐 쟁점을 정리한 후 변론기일에 집중증거조사를 실시하는 집중심리제도를 채택하여 당사자나 대리인들로부터 호평을 받아 왔는바, 2001. 3. 1. 이른바 민사 신모델의 실시 및 2002. 7. 1. 신 민사소송법의 시행에 따라 이러한 절차운영방식이 더욱 탄력을 받아 신모델의 심리구조가 잘 조화되어 초기에 완전히 정착된 법원으로 평가받은 바 있다[설범식, "특허소송에서 신모델의 활용방안", 민사 신모델의

문, 사실조회, 감정(촉탁) 등 다양한 증거방법에 대한 증거신청 및 조사가 실현된다면, 입증의 측면에서도 특허법원 심결취소소송의 재판실무가 보다 발전할 수 있으리라고 생각된다. 동시에 이를 통해 주지관용기술 판단의 객관화, 나아가, "진보성 판단에 관한 우리 특허실무에서의 정확성 및 객관성 제고"라는 목적도 달성할 수 있을 것이다.

---

시행평가와 개선방안(재판자료 제106집), 법원행정처(2005), 492면 ; 박병대, "재판구조 개혁의 논리와 전개과정", 새로운 사건관리방식의 이해와 전망(상)(재판자료 제96집), 법원도서관(2002), 58면 참조]. 이는, 특허법원의 경우, 이미 초창기부터 사건의 특성에 따라 특허·실용신안 사건과 상표·의장(디자인)관련 사건을 분리시켜 차별화된 관리를 해왔고, 쟁점정리를 위해서 준비절차기일을 열어 직접 당사자로부터 구두로 주장을 청취한 뒤 변론에 회부하여 결론을 내는 절차를 시행해왔으며, 준비절차기일을 회부하기 전에 미리 서면을 통한 공방을 유도하여 기일지정까지 시간적 공백을 효율적으로 활용하고 있었기 때문이다[권오창, "새로운 사건관리 방식의 단계별 심리구조와 운영방식에 대한 실무적 고찰", 새로운 사건관리방식의 이해와 전망(상)(재판자료 제96집), 법원도서관(2002), 337면 참조].

69) 또한, 상표·디자인 사건에서도 변론기일의 엄격한 시차제 실시를 통해, 대리인 혹은 당사자 본인에게 구술변론 기회를 실질적으로 보장해왔다.

# 제 2 절 진보성 판단을 위한 합리적인 기준의 모색*

신혜은(충북대학교 법학전문대학원 교수)

## Ⅰ. 들어가며

진보성은 특허제도의 근간 및 동 제도를 통해 이루려는 목적과 가장 관련이 깊은 특허요건이라고 할 수 있어서 진보성 판단은 해당 국가의 특허정책이나 산업발전의 정도와 관련이 깊다. 예컨대, 미국의 진보성 판단에 대한 일련의 변화과정은 미국의 특허정책과 관련이 있다. 미국은 1980년대 들어 자국 경제를 활성화하기 위한 방안으로 소위 강력한 특허보호정책을 추진하였고, CAFC는 이에 부응하여 엄격한 진보성 판단을 경계하고 진보성 판단을 위한 보다 객관적인 지표를 제공하기 위해 TSM(Teaching, Suggestion & Motivation) 테스트를 창안하였다. 그러나 미국의 특허상황이나 경제상황은 변화하였고, 특허괴물이나 특허권의 남용 문제가 대두되면서 미국 연방대법원은 오랜 침묵을 깨고 *KSR* 판결을 통해 비자명성 판단에 대한 새로운 기준을 제시하게 되었다.[1)]

*KSR* 판결 이후 미국의 비자명성 판단기준이 예전에 비해 높아졌을 것이란 점은 쉽게 예측할 수 있다.[2)] 그런데 *KSR* 판결 이후 미국에서의 비자명성 판단기준이 높아짐에 따라 우리나라의 진보성 판단기준 또한 높아져 가고 있다는 인상

---

* 이 글은 다음과 같이 인용될 것이 권장된다. 신혜은, "진보성 판단을 위한 합리적인 기준의 모색", 「특허법의 진보성」(정차호 저), 박영사, 2014.

1) CAFC의 경직된 TSM 테스트의 문제점에 대해서는 이윤원, "미국 KSR사건을 중심으로 본 진보성 기준의 동태적 분석", 「산업재산권」 제20호, 한국산업재산권법학회, 2006, 69-73면; Amanda Wieker, "Secondary Considerations Should Be Given Increased Weight in Obviousness Inquiries under 35 U.S.C. §103 in the Post-KSR v. Teleflex World," Federal Circuit Bar Journal, 2008, 670-671면 참조.

2) 2007년 4월 30일 *KSR* 판결 이후부터 2007년 12월 31일까지의 CAFC의 판례동향을 분석한 자료에 따르면 해당 기간 중 비자명성 관련 판결에서 자명한 것으로 판단된 비율이 약 70%에 육박한다고 한다.

을 지울 수 없다. 특허청 홈페이지에서 제공하는 지식재산권 연도별 통계에 근거하여 무효심판 처리건수에 대한 무효심판의 인용률을 조사한 결과 2007년을 경계로 무효심판 인용률이 10% 정도 상승한 사실을 알 수 있었다.[3)]

*KSR* 판결 이전에도 우리나라는 진보성 판단기준이 미국이나 유럽에 비해 상대적으로 높아 외국에서는 특허를 받은 발명이 한국에서는 특허받지 못하는 경우가 많았고, 이에 대한 비판도 있었다. 권리의 안정성, 예측가능성을 제고하기 위해서는 무효로 되지 않는 강한 특허권을 부여하는 것이 중요하다. 그러나 그에 못지 않게 중요한 것은 진보성이 인정되어야 마땅한 발명에 대해 진보성을 인정하지 않아 권리화가 되지 못하고 사장되는 문제가 발생해서는 안 된다는 사실이다. 진보성 판단기준이 올라감에 따른 문제는 없는지에 대해 생각해 볼 필요가 있다.

이하에서는 진보성의 존재 의의와 특허제도의 취지에 부합하는 진보성의 정도에 대해 살펴본 후, 이를 전제로 우리나라 산업실정에 맞으면서도 국제적 동향에 부합하는 진보성 판단을 위한 합리적인 기준을 모색해 보고자 한다.

## Ⅱ. 진보성 판단의 전제조건

### 1. 진보성의 존재 의의

특허권은 신규하고 유익한 발명을 공개한 자에게 공개의 대가로 부여되는 독점권이므로 신규성 요건은 특허권의 개념이 원천적으로 내포하고 있는 것이라고 할 수 있다. 반면 진보성 요건은 독점권 남발에 의해 오히려 산업발전에 역행하는 결과를 초래하지 않도록 요구되는 소극적 요건이라고 할 수 있다. 즉 진보성은 신규성 요건만으로는 오히려 산업발전에 역행하는 폐해가 발생할 수 있으므로 비록 신규하고 유용한 발명일지라도 특허를 부여하지 않는 소극적 요건으로서의 최소한도의 외연을 설정해 놓은 것이라고 할 수 있다.

3) 50% 내외이던 무효심판 인용률이 2007년 56.9%, 2008년 57.8%, 2009년에는 60.1%로 상승하였다. 무효심판 인용률이 높아진 것만으로 진보성 판단기준이 높아졌다고 단언할 수는 없지만 무효사유(거절이유)의 상당부분을 진보성이 차지하는 현실(진보성에 의한 무효비율은 약 70%)을 고려해 볼 때 진보성 판단기준이 올라갔다는 점을 추정할 수 있다.

## 2. 특허제도의 취지에 부합하는 진보성의 정도 및 입증책임

아래 그림에서, 신규성이 없는 공지기술의 영영을 A라고 한다면, 공지기술은 아니나 공지기술과 마찬가지로 독점권을 부여할 수 없는 영역을 B로, 진보성이 존재하는 영역을 C로 표시해 볼 수 있다. A와 B 사이에는 신규성이 없다고 볼 것인지 진보성이 없다고 볼 것인지 판단이 애매한 Y의 영역이, 그리고 B와 C 사이에는 진보성이 의심스러운 경계 영역이라고 할 수 있는 X가 존재한다. Y의 경우는 문제가 되지 않는다. 문제는 ① B의 영역을 얼마나 넓게 설정할 것인지(진보성의 허들을 얼마나 높일 것인지), 그리고 ② X영역에 해당하는 경우(진보성이 의심스러운 경우) 어떻게 할 것인지 여부이다.

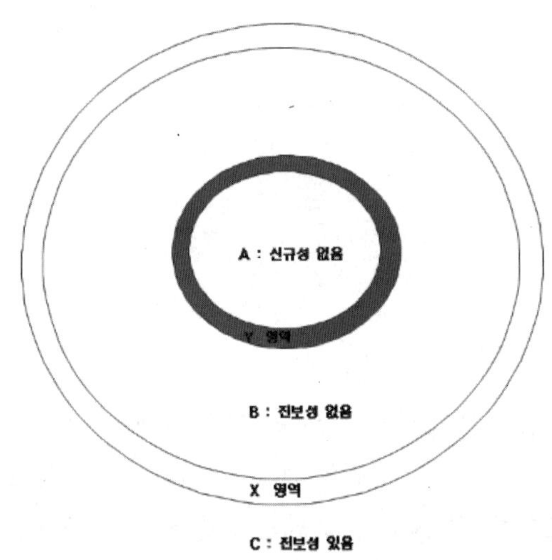


①과 관련해서는 먼저 최근 높아지는 진보성 판단기준과 관련하여 진보성 판단기준에 문제는 없는지에 대해 생각해 볼 필요가 있다. 획기적인 발명 내지 개척발명은 많지 않다. 오히려 발명이란 기존 발명의 존재 하에 누적적으로 이루어지는 것이 많기 때문에 자연적 진보를 약간이라도 뛰어 넘는 기술이 있다면 그에 대해서도 독점권을 부여하는 것이 결과적으로 기술의 진보에 이바지하는 결과가 된다. 진보성의 기준을 높게 설정하는 것보다는 오히려 작은 진보에 대해서도 독점권을 부여해 주는 것이 한 단계 높아진 도움닫기를 제공한다는 측면에

서 더 바람직할 수 있다. 다만 진보성은 신규성 요건만으로는 오히려 산업발전에 역행하는 폐해가 발생할 수 있으므로 비록 신규하고 유용한 발명일지라도 특허를 부여하지 않는 소극적 요건으로서의 최소한도의 외연을 설정해 놓은 것에 불과하다.

진보성 판단기준은 "( i ) 자연적 수준의 진보밖에는 이루어지지 않은 정도의 것이어서 선의의 침해자가 빈발할 수 있고 따라서 그와 같은 영역에 특허를 허용하는 경우 오히려 산업발전에 역행하는 폐해가 발생할 우려가 있는 영역이 아닐 것, ( ii ) 신규하고 유용한 기술을 개발한 자에게 공개에 대한 인센티브를 제공함으로써 해당 기술의 이용(실시)을 통한 산업 발전을 촉진한다는 특허제도의 취지에 부합할 것"이라는 두 조건의 합일점에서 이루어져야 할 것이다.

그와 같은 관점에서 본다면 폐해가 발생하는 영역이 아닌 한 진보성 기준은 높을 필요가 없다. 오히려 폐해 발생 영역 밖이라면 진보성 판단 기준을 가능한 낮추어 인센티브를 제공하는 것이 보다 많은 발명을 창작하고 공개하게 하는 원동력이 될 것이기 때문이다. 다만 진보성이 낮은 정도의 발명도 충분히 보호의 필요성은 있으나 작은 발명(진보성의 정도가 낮은 발명)은 작은 보호, 큰 발명(진보성의 정도가 높은 발명)은 큰 보호의 원칙에 따라 보호의 크기(정도)는 달라야 할 것이다.

②와 관련해서는 독점권 부여를 통해 기술의 실시를 촉진하려는 특허제도의 취지를 고려해 볼 필요가 있다. 즉 X영역에 독점권이 부여되었을 경우 초래될 수 있는 폐해와 독점권이 부여되지 않음으로 인해 초래될 수 있는 폐해를 비교형량해 보아야 할 것이다. X영역에 독점권이 부여되더라도 일상의 산업 활동에 큰 지장을 초래하지는 않을 것으로 판단된다. 해당 영역은 그 기술을 실시하지 않으면 안 되는 정도의 획기적인 기술은 아니고, 다른 구성이나 방법을 채용하여 침해를 회피할 수 있는 정도의 것으로 생각되기 때문이다. 반면 X영역에 해당하는 발명이 실제로 매우 유용한 발명에 해당하는 경우에는 해당 발명이 사장됨으로 인한 피해는 클 수밖에 없다. 따라서 의심스러울 때는 출원인의 이익으로 특허결정을 하여야 할 것이다. 그와 같이 판단하는 것이 "심사관은 특허출원에 대하여 거절이유를 발견할 수 없는 때에는 특허결정을 하여야 한다"고 규정하는 특허법 제66조와도 부합한다.

게다가 앞서 살핀 바와 같이 진보성은 특허성을 인정하기 위한 적극적 요건이 아니라 특허를 받을 수 없는 소극적 요건인 '저해요인'에 해당한다. 즉 '저해요인'은 출원인 측이 반론을 위해 부존재를 주장할 수 있는 것이고 특허성을 긍정하기 위한 적극적 요건은 아니다. 따라서 진보성을 부정하는 증거가 불충분한 상황에서 우선 '저해요인'의 부존재를 제시하지 않으면 진보성을 인정하지 않는다고 한다면 이는 증명책임의 원칙에 어긋난다. 이처럼 진보성 부정의 논리가 명확하지 않은 이상 특허를 부여하여야 하고 그로 인해 산업활동이 저해되는 것도 아니다.[4)]

## Ⅲ. 합리적인 진보성 판단을 위한 제안

### 1. 의심스러울 때는 출원인(권리자)의 이익으로

#### (1) 폐해를 해소하는 수단(절차)의 존재

진보성이 인정되지 않는다고 거절된 발명이 예컨대 실제로는 매우 유용하고 기술적인 진보를 가져오는 발명인 경우, 한번 거절결정이 확정된 발명을 다시 되돌릴 수 있는 방법은 없다. 반면 자연적인 진보를 넘지 않은 영역이어서 사후적으로 산업 활동에 폐해를 발생시키는 것으로 인정되는 발명의 경우에는 무효심판제도에 의해 과오를 되돌릴 수 있으므로 의심스러운 때에는 출원인(권리자)의 이익으로 돌리는 것이 특허제도가 새로운 발명에 대한 인센티브로 원활하게 작동할 수 있게 하는 원동력이 된다.

#### (2) 독점권 부여에 의한 공익의 증진

독점권을 부여하는 것이 오히려 공익의 증진에 도움이 되는 경우도 있다. 예컨대 의약발명의 경우에는 제품화를 위해서는 유효성과 안전성 실험을 거쳐 품목허가를 받아야 하기 때문에 제품화를 위해서는 막대한 투자가 필요하고, 일정 기간 동안의 독점권에 의한 이윤의 보장이 없다면 실패의 위험 때문에 실시화를 주저하게 되어 오히려 발명의 활용이 이루어지지 않는 경우가 생길 수 있다.

하나의 예로 영국의 알렉산더 플레밍 경은 1929년 페니실린을 발견하였지만 가능한 모든 사람이 자유롭게 해당 발명을 이용할 수 있도록 하기 위해 특허출

4) 어떠한 발명에 독점권을 부여하는 경우 산업활동이 저해되는지에 대해서는 日本弁理士会, 平成18年度 特許委員会 研究報告(1. 特許制度のあり方(進歩性)の調査研究), 2007. 3. 15., 33-39면 참조.

원을 하지 않았다.[5] 그러나 특허권에 의한 보호라는 보장책이 없자 어떤 제약회사도 실시화를 위한 투자를 하지 않아 이른바 공유지의 비극을 초래하게 되었다.[6] 그 후 영국 세균학자 플로리가 미국으로 건너가 연구를 계속하였고, 미국 제약회사는 특허를 취득함과 동시에 2차 세계대전 중 양산을 개시하여 결국 많은 인명을 구할 수 있게 되었다. 이는 특히 초기에 과도한 투자를 요하는 기술분야에 있어서는 독점권을 부여하지 않는 경우 오히려 공유지의 비극이 일어날 수 있어서 독점권을 부여하는 것이 공익에 도움이 될 수 있다는 점을 보여준다.

그렇다면 진보성이 의심스러운 발명에 대해 독점권을 부여하는 경우 만일 그것이 독점권을 부여받기에 충분한 만큼 유용한 발명이라면 독점권에 의한 실시화가 촉진되어 사회에 공헌하는 기회를 얻을 수 있는 반면 진보성이 부정되어 거절되어 버리는 경우에는 유용한 발명이 사장되는 결과가 된다. 한편 독점권을 부여받기에 충분하지 않은 경우라면 산업화에 따른 이득도 크지 않을 것이어서 선의의 피해자가 빈발하거나 타인의 실시를 저해함에 따른 폐해가 발생할 우려도 거의 없다고 보아야 한다. 따라서 두 경우에 발생할 수 있는 이익을 비교형량해 보면 의심스러운 경우에는 진보성을 인정하는 것이 타당하다.

### 2. 사후적 고찰 배제를 위한 구체적인 기준의 마련 — 이차적 고려요소의 적극적인 고려

대부분의 발명은 사후적으로 보면 당연한 것처럼 보인다. 그러나 작게 보이는 기술적 진전도 새로운 문제에 직면하여 해결하는 경우에는 앞선 사람들이 도달할 수 없었던 어려움을 극복한 것으로 볼 수도 있고, 기술의 축적에 새로운 시각을 제공하는 것일 수도 있다. 발명의 진보성은 출원시의 당업자의 기술수준을 기준으로 판단되어야 하나 출원과 실제 심사 사이에는 시간적 간격이 존재할 수밖에 없어 기술의 진보가 급속한 현 상황에서는 사후적 고찰을 완전히 배제할 수가 없어 진보성 판단기준이 높아질 우려가 있다.

특허청 심사지침서는 "심사의 대상이 되는 출원의 명세서에 기재된 사항에

---

5) 그는 노벨상 수상식에서 "인명을 구하기 위한 발명은 많은 사람들이 사용할 수 있어야 하고, 의약분야에서 발명의 특허화는 도덕에 반하기 때문에 특허를 취득하지 않았다"고 말하였다고 한다.

6) '공유지의 비극'(tragedy of commons)이란 예컨대 기초연구에 있어서의 경쟁력은 여타 선진국에 비하여 월등하나 이를 '공유지'처럼 방치함으로써 국내 산업으로의 이전이 제대로 이루어지지 않고 오히려 다른 나라들이 이를 먼저 활용하여 상품화하는 것과 같은 상황을 말한다.

의하여 얻은 지식을 전제로 하여 진보성을 판단할 경우에는 통상의 기술자가 인용발명으로부터 청구항에 기재된 발명을 용이하게 발명할 수 있는 것으로 인정하기 쉬운 경향이 있으므로 주의를 요한다. 또한, 어떤 원인의 해명에 의한 발명으로, 일단 그 원인이 해명되면 해결이 용이한 발명의 경우에는 그 원인의 해명과정을 중시하여 진보성을 판단하여야 하며, 단순히 그 해결수단이 자명하다는 이유만으로 진보성을 부정해서는 안 된다"고 하여 진보성 판단시 유의사항 중 첫 번째 요소로서 사후적 고찰에 빠지지 않을 것을 들고 있다.[7] 대법원 또한 "발명의 진보성 유무를 판단함에 있어서는, …… 진보성 판단의 대상이 된 발명의 명세서에 개시되어 있는 기술을 알고 있음을 전제로 하여 사후적으로 통상의 기술자가 그 발명을 용이하게 발명할 수 있는지를 판단하여서는 아니 된다"고 하고 있다.[8]

사후적 고찰을 배제하기 위해서는 객관적인 판단기준을 마련하는 것이 중요한데, "이차적 고려사항(secondary considerations)"은 "예측할 수 없었던 효과"와 함께 중요한 객관적 지표라고 할 수 있다. 특허청은 2009년 12월(시행 2010년 1월 1일)에 특허요건 심사기준을 개정하여 진보성 판단시 고려되어야 할 이차적 고려요소와 그에 따른 진보성 판단방법을 구체적으로 제시하고 있다. 개정된 심사기준에서는 결합발명의 진보성 판단과 관련하여 결합된 인용발명의 수가 많을수록 사후적 고찰 또는 합당한 거절이유가 결여되어 있는 경우에 해당할 가능성이 높아진다고 하면서, "두 개 이상의 다른 선행기술을 결합하는 것이 용이한지를 결정하는 경우 심사관은 ① 통상의 기술자가 결합할 가능성이 있는지 여부, ② 선행기술의 출처가 동일하거나 인접 기술분야인지 여부, ③ 결합을 위해 서로 관련지을 만한 합리적인 근거가 있는지 여부를 고려하여야 한다"고 설명하였다.[9] 나아가 개정 심사기준은 진보성 판단시 고려되어야 할 기타 요소를 구체적으로 제시하면서 출원인이 의견서 등을 통해 상업적 성공과 같은 요소들을 들어 용이하게 발명될 수 없다고 주장하는 경우 진보성이 없다는 결론에 쉽게 도달해서는 아니 된다고 하고 있다.[10]

---

7) 특허청, 「특허·실용신안 심사지침서」, 2011, 3319면.

8) 대법원 2007. 8. 24. 선고 2006후138 판결, 대법원 2009. 11. 12. 선고 2007후3660 판결, 대법원 2011. 3. 24. 선고 2010후2537 판결 등.

9) 특허청, 「특허 ·실용신안 심사지침서」, 2011, 3317－3318면.

10) 특허청, 「특허 ·실용신안 심사지침서」, 2011, 3318－3319면(진보성 판단시 고려하여야 할 기타

이로써 사후적 고찰을 배제하기 위한 객관적인 판단기준은 마련되었다고도 볼 수 있다. 그러나 미국에서 이차적 고려사항(secondary considerations)은 단순한 보조적인 기준이 아니라 독립된 판단기준으로서의 지위를 가지는 반면,[11] 우리나라 특허청 심사기준에 따르면, 발명의 제품이 상업적으로 성공하였거나 업계로부터 호평을 받았다는 사정 또는 출원 전에 오랫동안 실시했던 사람이 없었던 점 등의 사정은 진보성을 인정하는 하나의 보조적 자료로서 참고할 수 있을 뿐이다.[12] 대법원 또한 상업적 성공과 같은 이차적 고려사항은 보조적 자료로서만 인정되고,[13] 특허발명의 진보성을 판단함에 있어서 특허발명의 제품이 상업적으로 성공을 하였는지 등의 사정을 참작하지 아니 하더라도 발명의 진보성에 관한 법리오해 등의 위법이 있다고 할 수 없다고 한다.[14] 상업적 성공은 반드시 기술적 요인에 의한 것이라고는 할 수 없지만 진보성이 의심스러운 경우에는 상업적 성공이 매우 중요한 판단사항이라고 할 수 있다. 따라서 적어도 출원인(권리자)이 상업적 성공과 같은 이차적 고려사항을 주장하고 이차적 고려사항과 해당 기술과의 관련성(nexus)을 밝힌 경우에는 반드시 고려해야 하는 것으로 할 필요가 있다.[15]

---

요소로 "(1) 선행기술문헌이 그 선행기술을 참작하지 않도록 가르친다는 점, (2) 발명의 제품이 상업적으로 성공하였거나 업계로부터 호평을 받았다는 사정 또는 출원전에 오랫동안 실시했던 사람이 없었던 점. (3) 출원발명이 장기간 통상의 기술자가 해결하려고 했던 기술적 과제를 해결하거나 장기간 요망되었던 필요성을 충족시켰다는 사실, (4) 발명이 당해 기술분야에서 특정 기술과제에 대한 연구 및 개발을 방해하는 기술적 편견으로 인해 통상의 기술자가 포기하였던 기술적 수단을 채용함으로써 만들어진 것이고 이로써 그 기술과제를 해결하였다는 점, (5) 출원발명이 다른 사람이 해결하려고 하다가 실패한 기술적 곤란을 극복하는 방안을 제시하였거나 과제를 해결하는 방안을 제시한 것이라는 점, (6) 출원발명이 새로운 첨단 기술분야(brand−new technology)에 속해 있어 관련된 선행기술이 전혀 없는 경우 또는 가장 가까운 선행기술이 출원발명과 차이가 현격한 경우"를 들고 있다.).

11) CAFC는 이차적 고려사항(secondary considerations)은 종종 가장 결정적인 증거로 될 수 있다고 하면서 그에 관한 증거가 존재하는 이상 반드시 검토해야 한다고 한다. Ruiz v. A.B. Chance Co., 234 F.3d 654, 667 (Fed. Cir. 2000).

12) 특허청, 「특허·실용신안 심사지침서」, 2011, 3318면.

13) 대법원 2008. 5. 29. 선고 2006후3052 판결("특허발명의 제품이 상업적으로 성공하였거나 특허발명의 출원 전에 오랫동안 실시했던 사람이 없었던 점 등의 사정은 진보성을 인정하는 하나의 자료로 참고할 수 있지만, 이러한 사정만으로 진보성이 인정된다고 할 수는 없고, 특허발명의 진보성에 관한 판단은 우선적으로 명세서에 기재된 내용, 즉 발명의 목적, 구성 및 효과를 토대로 선행 기술에 기하여 당해 기술분야에서 통상의 지식을 가진 자가 이를 용이하게 발명할 수 있는지 여부에 따라 판단되어야 한다.").

14) 대법원 2008. 5. 29. 선고 2006후3052 판결.

15) 비교적 최근의 대법원 판례(2009. 11. 12. 선고 2007후3660 판결)는 "발명의 진보성 유무를 판단함에 있어서는, 적어도 선행기술의 범위와 내용, 진보성 판단의 대상이 된 발명과 선행기술의 차이 및 통상의 기술자의 기술수준에 대하여 증거 등 기록에 나타난 자료에 기하여 파악한

발명의 작용, 효과 또한 진보성 판단의 객관적 지표로서 중요하고, 특허청 심사기준에 따르면, "인용발명의 특정 사항과 청구항에 기재된 발명의 특정 사항이 유사하거나, 복수의 인용발명의 결합에 의하여 일견(一見), 통상의 기술자가 용이하게 생각해 낼 수 있는 경우에도 청구항에 기재된 발명이 인용발명이 가진 것과는 이질의 효과를 갖거나 동질이라도 현저한 효과를 가지며, 이러한 효과가 당해 기술수준으로부터 통상의 기술자가 예측할 수 없는 경우에는 진보성이 인정될 수 있다"고 설명한다. 따라서 "당업자가 예측할 수 없었던 효과"가 있으면 진보성이 있다는 결론에 도달할 수 있으나,[16] 그 전제로서 어떤 경우 예측할 수 없었다고 할 것인지의 판단이 문제된다.

이 경우도 출원발명의 내용으로부터 결론을 도출하는 것과 같은 사후적 고찰을 배제하고 인용발명으로부터 출발하여 예측가능성을 검토해야 할 것인데, 출원발명이 정성적으로 지금까지 존재하지 않았던 효과나 정량적으로 기존의 효과에 비해 우월한 효과를 제시하고 있는 경우에는 원칙적으로 진보성이 있는 것으로 판단해야 하고, 그와 같은 발명에 진보성을 부정하기 위해서는 당업자가 용이하게 도달할 수 있음에도 불구하고 지금까지 누구도 실시하지 않았는지의 사정을 규명할 수 있어야 한다.

### 3. 당업자에 대한 구체적인 기준의 정립 및 심리 강화

진보성 판단은 출원시를 기준으로 "그 발명이 속하는 기술분야에서 통상의 지식을 가진 자", 소위 "당업자"가 선행기술로부터 용이하게 발명할 수 있었는지의 여부에 의해 결정된다. 예컨대 문외한이라도 용이하게 발명할 수 있다거나 최고의 전문가도 용이하게 발명할 수 없는 경우 또는 선행문헌에 TSM[17]이 기재되어 있는 경우와 같이 당업자에게 용이한지의 여부를 명확하게 판단할 수 있는 경우에는 당업자의 기술수준이 크게 문제되지 않는다. 그러나 그와 같은 경우는

---

다음, 이를 기초로 하여 통상의 기술자가 특허출원 당시의 기술수준에 비추어 진보성 판단의 대상이 된 발명이 선행기술과 차이가 있음에도 그러한 차이를 극복하고 선행기술로부터 그 발명을 용이하게 발명할 수 있는지를 살펴보아야 한다"고 하고 있는데, '적어도'라는 한정문구에 비추어 2차적 고려사항이 진보성 판단자료로 참작될 여지를 남겨둔 것이라는 견해가 있다. 한동수, "복수의 선행기술을 결합한 발명의 진보성 판단", 「지식재산21」 통권 110호, 2010, 45면. 그렇다면 상업적 성공과 같은 '이차적 고려사항을 주장'하고 해당 발명과의 '관련성을 소명'하는 경우에는 반드시 고려하여야 하는 것이 아닐까?

16) 특허청, 「특허·실용신안 심사지침서」, 2011, 3311면.

17) TSM(Teaching, Suggestion, Motivation; 가르침, 제안, 동기).

예외적인 것이다. 선행문헌에 TSM이 기재되어 있는 경우보다 그렇지 않은 경우가 더 많은데, 그 경우 결합의 용이성은 주로 당업자의 기술수준이나 해당 기술분야의 기본적 과제 및 해당 업계의 요구 등에 비추어 판단하게 된다. 따라서 합리적인 진보성 판단을 위해서는 당업자에 대한 구체적인 기준을 정립하고 당업자의 기술수준에 대한 충분한 심리가 필요하다.

그동안 진보성 관련 판결들은 당업자와 관련해서 "어떤 발명의 진보성이 부정되는지 여부를 판단하기 위해서는 통상의 기술자를 기준으로 하여 그 발명의 출원 당시의 선행공지발명으로부터 그 발명을 용이하게 발명할 수 있는지를 보아야 한다"거나[18] "이 기술분야에 통상의 지식을 가진 자가 비교대상발명들에 의하여 용이하게 발명할 수 있는 것이어서 그 특허등록이 무효로 되어야 할 것이다"라고 하여[19] 원론적인 내용을 판시하는 것에 그치는 것들이 대부분이었다. 그런데 최근의 대법원 판례는 "발명의 진보성 유무를 판단함에 있어서는, 적어도 선행기술의 범위와 내용, 진보성 판단의 대상이 된 발명과 선행기술의 차이 및 통상의 기술자의 기술수준에 대하여 증거 등 기록에 나타난 자료에 기하여 파악한 다음, 이를 기초로 하여 통상의 기술자가 특허출원 당시의 기술수준에 비추어 진보성 판단의 대상이 된 발명이 선행기술과 차이가 있음에도 그러한 차이를 극복하고 선행기술로부터 그 발명을 용이하게 발명할 수 있는지를 살펴보아야 한다"고 판시하고 있어[20] 종래 판결과 비교하여 당업자의 기술수준에 대한 심리가 강화된 듯한 인상을 준다. 그러나 해당 기술분야의 구체적인 당업자 수준을 정립하고 이에 근거하여 진보성을 판단한 대법원 판례는 아직 없는 듯하다. 유연한 진보성 판단을 위해서는 TSM뿐만 아니라 해당 기술분야의 상식을 고려하여 당업자 수준에서 판단하는 것이 중요한데 그와 같은 판단이 구체적 타당성을 갖추기 위해서는 무엇보다 판단의 전제로서 당업자의 수준에 대한 심리를 강화할 필요가 있다.

특허법원 판결 중에는 "이 사건 특허발명의 통상의 기술자는 원석의 제조 및 가공의 전 과정을 알고 있는 보석업자로서 특히 합성원석의 제조 및 가공을 알고 있는 통상의 기술자를 기준으로 함이 상당하다"고 한 후, 이를 전제로 "보

18) 대법원 2007. 8. 24. 선고 2006후138 판결 등.
19) 특허법원 2005. 12. 16. 선고 2005허1554 판결 등.
20) 대법원 2009. 11. 12. 선고 2007후3660 판결.

석제조 및 가공분야의 통상의 기술자라면 결정의 성장에 필수적인 반도체 연마제 분야의 기술동향에 관심을 가지고 있었을 것임은 쉽게 추론할 수 있으므로 비교대상발명의 결합 및 이용에 어려움이 있다고 할 수 없다"고 하여 해당 발명의 진보성을 부정한 것이 있다.[21]

한편 미국 판결 중에는 당업자의 수준을 어떻게 판단했는지에 따라 지방법원과 CAFC의 진보성에 대한 결론이 달라진 사건이 있다. 지방법원은 당업자의 수준을 "소아과의사 또는 일반 개업의와 같은 의학학위를 가지고 귀의 감염증 치료경험이 있으며 약리학과 항생물질의 사용에 관한 지식을 가지는 자"라고 판단했다. 그리고 이 당업자의 정의를 전제로 하여, 주요 인용례는 일반의 개업의사를 대상으로 하는 것은 아니고 "고도의 전문가의사"를 대상으로 하고 있으므로 상기 정의에 맞는 일반개업의 등의 당업자는 그와 같은 인용례를 참조하지 않는다는 특허권자 측의 전문가 증언을 받아들였다. 반면 CAFC는 당업자 수준의 판단에 초점을 맞추어, 본건 청구항의 기술로부터 고려하여[22] 본건 특허의 자명성을 판단하기 위한 당업자는 "발명의 과제를 해결하는 연구소에서의 연구, 즉 귀에 손상을 주지 않고 귀의 감염증을 치료할 수 있는 항생물질을 개발하는 자"이므로 고도의 기술을 가지고 동물실험을 행하는 연구소의 연구원이고 일반개업의사는 아니다. 따라서 당업자는 주요 인용례에 기재되어 있는 것과 같은 고도한 연구논문을 참조할 것이라고 하여 지방법원의 판결을 번복하고 특허는 선행기술로부터 자명하다고 판단했다.[23] 해당 사건에서 CAFC는 일부 예외적인 경우를 제외하고는 당업자의 기술수준에 대한 명시적인 사실인정 없이 진보성을 판단하는 것은 위법이라고 판단한 것으로 볼 수 있는데, 선행문헌에 TSM이 기재되어 있는 경우와 같은 예외적인 경우를 제외하고는 반드시 당업자의 기술수준에 대한 확정이 선행되어야 할 것이다.[24]

---

21) 특허법원 2008. 12. 11. 선고 2007허8986 판결.

22) 본 건에서 다투어진 특허발명은 오프록사신을 국부적으로 투여함으로서 귀의 감염증을 치료하는 방법이다. 청구항 발명이 해결하고자 하는 과제는 부작용으로서 귀에 손상을 주지 않는 감염증의 치료이다.

23) Daiichi Sankyo Co. v. Apotex, Inc., 501 F.3d 1254 (Fed. Cir. 2007).

24) 우리나라의 진보성 판단방식은 미국의 TSM 테스트나 유럽의 과제-해결 접근방식(problem-and-solution approach)과 비교하여 당업자의 기술상식이 특히 중시되고 있어서 당업자에 대한 심리강화의 필요성은 그만큼 더 높다고 할 수 있다.

### 4. 기술분야별 구체적 가이드라인의 마련 및 타당한 논리의 정립

특허청의 심사기준 및 관련 판례들을 종합해 보면, 우리 실무상 발명의 진보성 판단은 출원 당시의 기술수준에 입각해서 당업자가 선행기술에 기재된 내용을 근거로 하여 해당 발명에 이르는 것이 용이하였는지의 여부를 목적의 특이성, 구성의 곤란성 및 효과의 현저성을 종합적으로 참작하여 판단하는 것을 원칙으로 한다. 그런데 목적, 즉 해당 발명이 해결하고자 하는 과제는 해당 발명에 의해 달성되는 효과에 의해 구체적으로 실현되는 것이므로 결국 진보성 판단은 구성변경의 곤란성과 그로 인한 현저한 효과의 달성 여부에 의해 결정된다고 할 수 있다. 이처럼 진보성 판단을 위한 원칙적인 방법이나 기준은 존재할 수 있겠지만 실제 사례에 있어서의 진보성 판단은 해당 기술의 특성에 따라 고려해야 할 사항이 적지 않아서 구체적인 판단방법과 판단기준은 기술분야별로 상이할 수밖에 없다.

통상 발명적 기여는 특정 과제에 대한 구체적인 해결에 있고, 발명의 중심은 과제의 해결방법인 구성의 창작에 있으므로 일반적으로는 구성의 곤란성을 중심으로 진보성을 판단하고 목적의 특이성, 효과의 현저성을 참작한다. 그러나 기술분야에 따라서는 구성이 종래기술과 유사하더라도 놀랄 만한 효과가 발생한 경우 진보성이 긍정될 수 있다. 예컨대 화학발명의 경우에는 구조가 공지화학물질과 극히 유사하여 구성의 곤란성이 없는 것처럼 보이는 경우에도 이질적 효과를 갖거나 동질이라도 현저하게 우수한 효과를 나타내고, 이러한 효과가 당해 기술수준으로부터 당업자가 예측할 수 없는 경우에는 진보성이 인정될 수 있다.[25] 이질적 효과를 갖는 경우에는 동종효과에 비해 진보성을 긍정하기 쉬울 것이다. 동종효과의 경우 효과차이의 크기가 클수록 진보성을 긍정하기 쉬울 것이다. 그러나 효과차이의 크기는 해당 기술분야에 따라 그리고 해결하고자 하는 기술적 과제의 특성에 따라 그 의미하는 바가 상이할 수 있기 때문에 효과차이의 크기를 논함에 있어서는 반드시 해당 기술분야와 해당 발명의 특성이 고려되어야 한다.

예컨대 의약분야에서 약효가 100-200% 향상되는 결과를 가져오는 경우에도 그와 같은 효과가 환자의 치료에 있어서 큰 의미를 부여하지 못하는 경우(선행기술의 약물은 100명 중 10명에서 치료효과를 나타내었으나 출원발명은 100명 중

25) 특허청, 「특허·실용신안 심사지침서」, 2011, 3311면.

20−30명에게 효과를 나타내는 경우를 들 수 있다. 의약품의 경우에는 소위 위약효과도 있어서 그 정도의 효과로는 진보성 판단까지 갈 것도 없이 치료제로서의 유용성 자체를 부정해야 하는 경우도 있을 것이다)에는 현저한 효과가 부정되어 진보성을 인정할 수 없는 경우가 있을 수 있다. 반면 기계분야 발명에서 생산속도가 10−20% 개선되는 효과와 같이 생산속도가 큰 의미를 가지는 경우에는 비록 숫자적으로는 미미한 개선에 불과하나 진보성을 인정해야 하는 경우도 있을 것이다.

따라서 기술분야별로 해당 기술의 진보성 판단논리를 개발하고 발전시켜 나갈 필요가 있다. 이와 같은 작업은 특허청과 법원이 할 수밖에 없을 것인데, 특허청은 기술분야별 진보성 판단기준을 제시하여 예측가능성을 높여 나가고 법원은 관련 판례의 축적을 통해 일관되면서도 기술분야별 특수성을 고려한 진보성 판단논리를 세워나가야 할 것이다.

한편 진보성을 이유로 특허를 거절하기 위해서는 단순히 결론을 언급하는 것만으로는 안되고 진보성이 없다는 결론을 지지할 수 있는 논리정연한 이유를 반드시 제시해야 할 것이다. 심사관은 본원발명과 인용발명을 특정하고 양 발명의 차이점을 명확히 한 후, 그와 같은 차이에도 불구하고 인용발명으로부터 본원발명에 이르는 것이 당업자에게 용이한 경우에는 진보성이 없다는 이유로 거절결정을 하게 되는데, 진보성을 이유로 출원을 거절하는 경우에는 반드시 그에 대한 타당한 논리적 근거[26]를 설명하지 않으면 안되고 단순한 추론에 의해 거절해서는 안 될 것이다.

## Ⅳ. 마 치 며

발명의 공개를 통한 이용의 활성화와 그를 통한 산업발전이라는 특허제도의 목적달성은 진보성 요건의 적절한 수위조절에 달려있다고 해도 과언이 아니다. 당업자에게 자명한 발명에까지 특허권을 부여하는 경우에는 제3자의 자유실시가 부당하게 저해되고 독점권 난립에 따른 폐해가 발생한다. 반면 진보성 요건이 지나치게 높을 경우에는 그로 인해 가치있는 발명들이 사장되거나 발명자들이 기술의 공개를 꺼리게 되어 마찬가지로 산업발전에 역행하는 결과를 초래한다. 그

26) 개정 「특허·실용신안 심사지침서」는 용이성 판단의 근거로 '발명에 이를 수 있는 동기', 균등물에 의한 치환과 같이 '통상의 기술자의 통상의 창작능력의 발휘' 등을 예시하고 있다.

런데 자연적 진보를 넘어서서 독점권을 부여할 만한 가치가 있는 발명에 대해서만 특허권을 부여한다는 진보성 요건은 본질적으로 추상적일 수밖에 없어서 구체적인 요건이나 판단방법은 심사·심판 실무나 판례의 축적을 통해 해결해 나갈 수밖에 없다.

미국은 *KSR* 판결 이후 진보성 판단기준이 엄격해졌다고 할 수 있고 최근 우리나라의 경향 또한 진보성 판단수위가 점점 높아져가는 느낌이다. 본 글에서는 특허제도에서 진보성이 갖는 존재 의의를 고려해 볼 때 지나치게 높아지는 진보성 요건은 경계할 필요가 있다는 점을 감안하면서 예측 가능하고 구체적 타당성을 가지는 진보성 판단을 위한 방안을 모색해 보았다. 진보성에서 의미하는 "진보"란 기술의 진보를 의미하므로 기본적으로 진보성 판단은 해당 발명의 목적, 구성, 효과를 중심으로 판단하여야 마땅하다. 그러나 갈수록 빨라지는 기술의 발전속도와 최근의 기술의 융합·복합화 현상으로 인해 기술의 정확한 평가를 통한 진보성 판단은 그만큼 어려워지고 있다고 할 수 있다. 그와 같은 의미에서 진보성 판단은 기본적으로는 목적, 구성, 효과를 중심으로 판단하여야 하겠지만 상업적 성공과 같은 이차적 고려요소를 보다 적극적으로 고려할 필요가 있다.

진보성 판단의 중요성은 심사·심판단계를 지나 소송단계로 갈수록 커진다고 할 수 있다. 법학전문대학원의 출범으로 인해 이공계 출신 법관이 많이 배출될 것으로 기대된다. 다양한 학문적 배경을 가진 자에게 전문적인 법률이론 및 실무에 관한 교육을 실시하는 법학전문대학원제도가 정착된다면 기술분야의 학문적 배경을 가진 법관에 의한 전문적인 판단을 기대할 수도 있을 것이다. 그러나 진보성 판단의 어려움, 기술 분야별로 구체적인 판단방법과 판단기준은 차이가 날 수 밖에 없다는 점, 법관은 기본적으로 법률전문가이지 기술전문가가 아니라는 점, 기술이 첨단화할수록 해당 기술분야는 세분화될 수밖에 없다는 점을 고려해 볼 때 진보성 판단을 위한 최적의 판단자는 해당 기술분야별 심사관 내지 심판관이 될 수밖에 없을 것이다. 따라서 소송에서는 가능한 심사관이나 심판관의 진보성 판단을 존중하는 것이 바람직할 것이다. 다만 그 전제조건으로 당연히 심사 및 심판의 품질이 보증되어야 할 것인데, 특허청은 기술분야별로 진보성 판단을 위한 구체적인 가이드라인을 마련하고, 진보성을 이유로 거절하기 위해서는 반드시 그에 상응하는 타당하고도 구체적인 논리를 제시하여야 할 것이다.

# 제 3 절 세계에 내세울 만한 한국의 진보성 판단기준* **

## — 예측가능성과 구체적 타당성의 조화로운 타협점의 모색 —

한상욱(김앤장 법률사무소 변호사)

## Ⅰ. 서 론

그동안 미국, 일본, 유럽을 중심으로 한 3극 특허협력이, 2007년을 기점으로 하여 5극 협력체제로 전환되면서, 한국은 중국과 함께 당당히 세계 특허의 발전을 리드하는 나라가 되었다.[1] 세계 4위의 산업재산권 출원국이라는 양적인 측면 이외에도, 세계에서 가장 빠른 심사처리를 비롯한 선진화된 특허심사 서비스, '특허로'(http://www.patent.go.kr)와 같은 국제표준을 선도하는 특허사무정보화사업의 구현 등이 실질적으로 특허 5극에 자리한 위상에 걸맞는 모범을 보이고 있다고 할 것이다. 한국은 국제사회에서 보다 더 큰 역할을 기대 받고 있으며, 특허분쟁 관련 사법서비스 역시 특허 5극의 위상에 걸맞게 국제적 흐름을 선도하는 실무와 이론의 발전이 진행되고 있다고 생각한다. 이러한 배경 하에서 한국의 진보성 판단 기준을 다시 재조명하여 보고 이를 미국 등 다른 특허 5극의 진보성 기준과 비교하여 보는 일은 필요하고도 의미 있는 작업일 것이다.

주지하다시피 미국 연방대법원은 2007. 4. *KSR* 판결에서 진보성에 대한 기준을 제시하였고 이 판결은 우리나라를 포함하여 여러 나라에서 많은 연구대상이 된 바 있다. 그렇다면 '한국이 세계에 제시할 진보성 기준은 무엇인가? 그러한 기준이 있는 것인가? 있다면 무엇이고, 없다면 왜 없는 것인가?'라는 매우 소박한

---

* 이 글은 다음과 같이 인용될 것이 권장된다. 한상욱, "세계에 내세울 만한 한국의 진보성 판단기준", 「특허법의 진보성」(정차호 저), 박영사 2014.

** 이 글은 2009. 5. 12. 정보법학회에서 발표한 자료 및 2009년 12월 31일 정보법학회지에 게재된 내용을 정리한 것이다.

1) 전자신문 2007년 11월 14일자 기사 '지식재산강국, 특허 3극체제서 5극체제로'.

질문을 던져 본다. 결론부터 이야기하자면, 한국에는 세계가 주목할 만한 진보성에 대한 판결이 있다. 그럼에도 불구하고 이 판결이 *KSR* 판결보다 주목을 받지 못하고 있는 것이 아닌가 하는 의구심이 있다. 우리가 이루어낸 규준은 이를 소중하게 생각하고 지키며 세상에도 널리 알려야 할 것이다.

지적재산권의 보호는 강화되어야 하는가? 최근 언론에서 집중적으로 다루고 있는 것처럼 세계 각국은 '특허전쟁' 중이라고 부를 정도로 지식재산권 보호를 위해 치열한 경쟁을 벌이고 있다.[2] 한반도 주변 강국의 움직임만 보더라도, 중국은 2006년 특허 보호를 강화하는 방향으로 특허법을 개정하고,[3] 2008년 국가 차원에서 특허 관리 등을 위해 '국가지식재산권전략강요'를 제정하였다.[4] 일본 역시 2002년 고이즈미 전 수상이 "지적재산입국"을 선언하면서, 국가적으로 특허권 강화 움직임을 전개하면서, 수상 직속의 "지적재산전략본부"를 2003. 3. 1.부터 설치 운영 중에 있고 나아가 2009년에는 "지식재산경쟁력 강화 태스크포스(TF)"' 등을 통해 본격적으로 특허보호 강화 정책을 시행하고 있다.[5]

1980년대부터 친특허(pro-patent) 정책을 펴온 미국은 2008. 10. 대통령 직속 '지식재산집행조정관(IPEC)'을 신설하여 특허 전쟁에서의 자국 기업 지원 방침을 노골화하였다.[6] 2009. 6. IBM 지적재산권 담당 부사장인 Kappos를 특허청장에 임명한 것도 지식산업 육성 정책을 강화하고자 하는 미국 정부의 노력의 한 가닥으로 평가되고 있다.[7] 한국 역시 이러한 세계적 추세에 대처하기 위하여 대통령 직속 국가경쟁력 강화위원회는 "지식재산강국실현전략"을 수립하여 추진하기로 하였다(2009. 7. 29.).

2) YTN은 이미 2006년부터 '지식재산권 보호는 국가경쟁력이다!'라는 테마칼럼을 통하여 지적재산권 보호의 중요성에 대한 경종을 울리고 있으며(http://www.ytn.co.kr/news /theme_list.php?page=1&tidx=381), 기타 주요언론에서도 '특허전쟁'이라는 극단적인 표현을 이제는 낯설지가 않게 볼 수 있다(http://news.chosun.com/site/data/html_dir /2009/08/19/2009081902299.html; http://news.chosun.com/site/data/html_dir/2009/07/10/2009071002335.html; 2009. 4. 20. 조선일보 "아찔한 특허전쟁"; 2009. 3. 29. 매일 경제 "경제위기가 특허전쟁 부추긴다").

3) 2006. 11. 기사, INTELLECTUAL PROPERTY TODAY, 중국특허법의 개정 방향(선행기술 범위를 국내에 한정하던 기준의 폐지, 균등침해이론의 도입, 출원경과 금반언원칙의 도입, 특허침해로 인한 손해배상액의 법률상 추정 규정 도입 등).

4) 2009. 3. 29. 매일 경제 "경제위기가 특허전쟁 부추긴다".

5) 2009. 4. 20. 조선일보 "아찔한 특허전쟁".

6) 2009. 4. 20. 조선일보 "아찔한 특허전쟁".

7) 2009. 7. 10. 조선일보, [시론] 오바마의 세계특허전쟁 준비; Kappos-IBM의 PC 사업 중국에 매각하고, 지적재산권 중심의 글로벌 기업으로 혁신시킨 장본인이다. IBM은 지난 13년간 미국 특허등록 1위를 고수하고 있다.

이렇게 지적재산권 보호의 중요성을 강조하는 국내외적인 정책의 큰 흐름에도 불구하고, 실무에서 피부로 느끼는 우리 특허제도 운영의 실상은 이와 일치하지 않는 면이 있음을 부정할 수 없다. 우리의 특허사법운영은 오히려 '지적재산권리자에게 지나치게 비우호적으로' 운용되고 있다는 지적이 많다. 특허청의 2008년 자료에 의하면, 특허·실용신안 관련 침해금지 또는 손해배상 청구사건에서 권리자가 승소할 확률이 18.1%에 불과하고, 무효심판이 청구된 특허 10건 중 7건이 무효가 되었다.

특허라는 가치에 보호를 주어야 하는 것인가, 보호를 준다면 어느 정도의 보호를 주어야 하는 것인가 하는 논의는 다른 기회로 미룬다. 나아가 특허청이 허여한 권리가 대부분 법원에서 반드시 보호되어야 한다는 결론에 직결되어야만 하는 것이 아니라는 지적도 충분히 이해한다. 그러나, 권리자의 승소율이 이처럼 낮다는 현실은 우리 사회에서 특허등록된 권리라고 하더라도 실천적으로 별 큰 의미가 없다거나 타인의 특허권을 침해하더라도 나중에 그 권리를 무효화 시키면 된다는 풍조를 조장할 수밖에 없다는 우려에[8] 동감하면서, 후술하는 폼펙터 대법원 판결이 실무계에서 충분히 음미되고 합당한 고민을 거쳐 나온 것인가 하는 지극히 실무적인 의문은 곧장 이 낮은 승소율에 이어진다. 이러한 생각의 흐름 속에서 진보성 판단기준을 다시 한 번 살펴본다.

## Ⅱ. 미국의 진보성 판단 법리

### 1. 이상적인 진보성 판단기준이 갖추어야 할 조건

진보성 진보성 판단은 고도의 가치 평가를 수반하는 과정을 거치게 되어 있기에 특허 실무에 있어 가장 어려운 영역의 하나임은 누구나 공감할 것이다. 그러기에 외국의 판결은, 진보성이 가장 중요하면서도 가장 문제가 많은 개념이며, 애매모호하고, 정의할 수 없으며, 예측불가능하고, 희미한 유령과 같은 존재라고 표현하고 있을 정도이다.[9] 우리 특허법 제29조 제2항 역시 진보성 판단기준에

8) 조용식, '지적재산권 소송 무엇이 문제인가', 법률신문 2009. 7. 2.자 기사.

9) Bently, Sherman, Intellectual Property Law, Oxford University Press, p. 489 ("… deciding where the line shoud be drawn between inventions that are obvious and those that are inventive is a difficult task. As well as being one of the most important requirements for patentability, inventive step is also one of the problematic. Indeed, it has been said that inventive step is

대하여 구체적인 기준을 제시하고 있지 아니하여, 구체적인 기준의 선정과 적용은 실무와 판례에 맡겨져 있다. 이상적인 진보성 판단기준은 두 가지 서로 상충하는 요구를 충족할 수 있어야 한다.

첫째는 예측가능성이다. 발명의 진보성 판단기준이 예측가능성을 제공하지 않으면 어느 누구도 최종적으로 법원의 판결이 확정되는 순간까지 특허의 유효성을 자신있게 가늠할 수 없게 된다.

둘째는, 구체적으로 타당한 결론에 이를 수 있는 기준이 되어야 한다. 예측가능성만을 중시하여 그 결과로 진보성 판단기준이 지나치게 획일적이고 기계적이 되면, 구체적으로 타당한 결론에 이르기가 어렵게 된다.

따라서 적절한 진보성 판단기준의 모색은 위 두 가지 기능, 즉 예측가능성과 구체적 타당성의 확보라는 일응 상충하는 두 목표 사이에서 적정점을 찾는 노력의 과정이라고 할 수 있다.

미국의 경우에도, TSM Test가 1961년 *Bergel* 사건에서 처음 진보성 판단기준으로 제시된 이래 1980년대 미연방순회항소법원(이하 'CAFC'라 함)의 대표적인 진보성 판단기준의 역할을 하다가, 미국 대법원의 2007년의 *KSR* 판결에 의하여 수정되는 과정은 바로 위와 같은 진보성 판단기준의 두 목표 사이에서 적정점을 찾아가는 과정으로 볼 수 있다.

우리 대법원은 그 동안 균등론, 출원금반언 등에 있어 미국, 유럽, 일본 등 소위 특허 3극의 판결 흐름을 우리 현실에 맞게 신속하게 반영하여 왔다. 이러한 기조에서 진보성 판단기준에 있어 세계적으로 큰 파장을 미치고 있는 미국의 *KSR* 판결이 우리 대법원의 판결에 영향을 준 점이 있는지 아니면 우리 대법원이 이미 *KSR* 판결을 넘고 있었는지를 살펴보고, 나아가 우리 대법원이 제시한 진보성 판단기준이 하급심의 판단에 미친 영향을 살펴본다.

## 2. TSM 테스트

기존의 알려진 구성 요소로 이루어진 결합발명에 있어 통상의 기술자로 하여금 알려진 구성요소를 결합하면 해당 발명에 이를 것임을 선행문헌이 구체적으로 가르치고 있거나(Teaching), 그러한 결합을 제안하고 있거나(Suggestion), 동

'as fugitive, impalpable, wayward, and vague a phantom as exists in the whole paraphernalia of legal concepts' (Harries v. Air King 183 F2d 158, 162 (1950) (Judge Learned Hand)").

기를 부여하는(Motivation) 경우 그 발명의 진보성은 부정되어야 한다는 판단기준을 TSM 테스트라고 한다.[10] TSM 테스트는 1961년 미국 관세 및 특허 항소법원(United States Court of Customs and Patent Appeals)이 *Bergel* 사건에서[11] 처음 제시한 이래,[12] 1980년대부터 CAFC의 대표적인 진보성 판단기준의 역할을 하였다. 2007년에 이르러 미 대법원의 *KSR* 판결에 의하여 그 운용에 있어 일부 시정될 때까지 TSM 테스트는 특허의 안정성과 예측가능성의 증대에 기여함으로써 특허에 관한 법적 불확실성을 줄였다는 평가를 받고 있다.[13]

CAFC는 1) 개시된 구성요소의 변형, 결합, 조합을 위한 (T)eaching, (S)uggestion, (M)otivation이 선행문헌이나 통상의 기술자의 기술상식에 존재하며 발명의 모든 구성요소가 선행기술에 개시되어 있고, 2) 이러한 TSM이 합리적으로 해당 발명을 성공적으로 유도할 것이라는 합리적인 기대가 있으며, 3) 선행발명 혹은 선행발명의 조합이 모든 구성요소들을 가르치거나 제안하고 있음을 반드시 입증할 것을 요구하였다.[14] 이러한 입증책임을 출원단계에서는 심사관에게, 특허등록 이후에는 특허의 무효를 주장하는 자에게 부담시키면서, 이러한 입증이 성공한 경우, 당해 발명(특허)은 자명한 것으로 일응 추정되고, 그 유효를 주장하는 자에게 이러한 추정을 번복할 입증책임을 지우고 있다.[15]

---

10) 미국에서 Teaching, Suggestion, Motivation은 선행발명이 당해 발명에 이르게 되는 용이성의 정도를 강한 것에서부터 약한 것으로 나열하는 의미가 있다. 예를 들어 선행발명에서 구체적으로 명확하게 당해 발명을 가르쳐 주고 있는 것이 Teaching이고, 구체적으로 가르쳐 주고 있지는 않으나, 당업자들에게 당해 발명에 이르는 가능성을 제시하고 있는 경우가 Suggestion이고, 가장 약하나 당해 발명에 이르게 될 동기를 부여하는 경우가 Motivation으로 보인다. 이러한 선행발명의 해당 발명에 대한 영향의 크기를 순차적으로 구분한 것이 TSM이나, 이를 시사, 암시, 동기 등으로의 번역함에 있어 그 의미가 명확하지 않게 된 면이 있다. 특히 일부 논문에서 Suggestion의 해석을 '암시'라고 번역하는 경우가 있는데, '암시'라는 말은 그 자체로서 '명시'적인 것을 배제하게 되는데, TSM 기준에서의 Suggestion은 후술하는 바와 같이 오히려 명시적일 것을 요구하는 경우가 많았다. 따라서 Suggestion의 번역을 암시라고 하는 것은 TSM Test의 본질에 대한 오해를 불러일으키므로, "제안하는 경우"로 번역하는 것이 TSM Test 기준의 본래의 취지에 가깝다고 본다.

11) 292 F.2d 955.

12) 일부 논문은 미국에서 TSM Test의 도입배경에 관하여 CAFC가 최초로 도입한 것으로 보는 경우도 있으나, 미 연방대법원은 TSM Test가 1961년 *Bergel* 사건에서 비롯된 것으로 보고 있다. (KSR v. TELEFLEX INC, 550 U.S. 398).

13) 미연방무역위원회 보고서 'FTC Issues Report on How to Promote Innovation Through Balancing Competition', 2003. 10. 28.

14) 미국특허상표청, 특허심사지침서(Manual of Patent Examining Procedure 2100, MPEP, 2006. 8.) 125면.

15) 앞의 책, 141면.

특허의 무효를 주장하는 자가 일응의 자명성 추정에 성공하면, 비로소 출원자(특허권자)에게 항변책임이 발생한다. 예측할 수 없는 특성이나 성과의 입증, 선행기술에서 대상발명이 원하는 목적을 달성할 수 없다거나 역효과, 부작용 등을 언급하는 부정적 교시(teaching away)가 그러한 입증의 대상이 되며 이러한 난점을 극복한 발명임을 입증하거나, 혹은 상업적 성공과 같은 2차적 고려사항(단 상업적 성공이 발명의 기술적 가치로 인한 것임을 입증하였을 때) 등을 입증함으로써 위 추정을 번복할 수 있다.[16)]

### 3. *KSR* 판결의 내용[17)]

미연방대법원은 위 판결에서 원심 CAFC 판결에 대하여 4가지 오류를 지적하면서,[18)] 진보성 판단기준을 재정리하였다. 즉, CAFC는 TSM 테스트를 지나치게 좁고 경직되게 적용하였고, 이는 진보성 판단에 확장적이고 유연한 접근을 하고 있는 미대법원의 기존 *Graham* 판결과 일치하지 않으며, 공지된 구성요소의 결합이 예상되는 결과에 그칠 때에는 진보성이 부정될 가능성이 높고, 공지된 요소의 결합이 통상의 기술자가 예상 가능한 변화에 불과한 경우 역시 진보성이 부정되되, 법원은 반드시 개선된 점이 선행기술의 예측 가능한 범위를 넘는 것인지를 살펴야 한다고 판시하였다. 즉, TSM 기준 자체의 가치를 인정하되, 탄력성을 잃고 획일적, 기계적으로 이 기준이 적용되는 점을 경계하여야 한다고 판시하였다. *KSR* 판결은 구체적인 진보성 판단기준으로서 1952년부터 1982년까지 미연방대법원이 내린 진보성에 관한 대표적인 판례들을 재확인하였다.[19)]

---

16) 앞의 책, 142면.

17) KSR v. TELEFLEX INC 550 U.S. 398.

18) 첫째, 선행기술을 반드시 동일한 과제를 해결하려는 기술로 한정한 점, 둘째, 통상의 기술자가 과제해결에 있어 동일한 문제를 해결하려는 기술에 의하여만 영향을 받을 것으로 본 점, 셋째, 알려진 구성요소들이 시도해 보는 것이 자명한 것이라는 것만으로는 진보성을 부정할 수 없다고 본 점(통상의 기술자들이 문제해결에 있어 잘 알려진 선택 가능한 방안들이 있을 때, 하나 시도해보는 것이 당연하고, 이를 통해 문제해결에 이른 경우 이는 발명이라기보다는 통상의 기술자들의 상식적 시도의 결과이므로 진보성이 부정되어야 한다고 보았음) 넷째, 사후적 고찰의 위험을 지나치게 강조함으로써, 심사관, 법원으로 하여금 상식에 근거한 판단을 배제시킨 점 등을 대표적 오류로 지적하였다.

19) 대표적으로 제시된 판례는 진보성 판단의 근본적인 기준을 제시한 Graham v. John Deere, 결합발명의 경우 결합이 통상 예측 가능한 결과 이상을 가져와야만 진보성이 인정되고, 소위 부정적 교시('teach away') 기준을 제시한 United States v. Adams, 결합발명의 경우 새롭고 차별화된 기능 또는 시너지 효과 인정되어야 진보성 인정된다는 Anderson's－Black Rock, lnc. v. Pavement Salvage 사건, Sakraida v. Ag Pro, Inc. 사건 등이다.

이처럼 미대법원이 오랜 침묵을 깨고 진보성 판단의 새로운 기준을 제시하는 과정에서의 논의 역시 *KSR* 판결의 적용에 있어 고려할 가치가 있다. 미국지적재산권법협회(American Intellectual Property Law Association)는 *KSR* 판결의 심리과정에서 기존의 엄격한 TSM 판단방법이 인간의 심리적 특성에서 이미 잘 알려져 있는 사후적 판단의 위험으로 인한 자의적 판단을 차단할 수 있고, 검색방법 등의 발달로 얼마든지 구체적으로 타당한 결론을 낼 수 있다고 주장하였다.[20] 또한 미국변호사협회(American Bar Association) 역시 기존 TSM 테스트를 지지하면서 이를 포기할 경우, 특허의 진보성 판단이 불확실해지고, 기존 특허의 유효성은 안개 속에 있게 될 것이라는 공식의견을 미대법원에 제출하였다.[21]

그리하여 미연방 대법원은, 획일적 적용에 의한 불합리성을 타파하기 위하여 TSM 테스트의 경직적 적용을 금하면서도 특허의 유효성에 대한 불확실성을 배제하고 진보성 판단의 객관성을 유지할 수 있는 제도를 강구하여야만 하였다. 특히 제약분야로부터, 많은 투자비용이 드는 연구결과가 특허제도를 통하여 보호될 수 있다는 확신을 줄 수 있도록 진보성 판단의 예측가능성이 확보되어야 한다는 요청이 강력하게 주장되었다.[22]

*KSR* 판결에서도 *Graham* 법칙(Graham v. John Deere Co.)의[23] 의미를 재강조하며, 진보성 판단이 법률판단이기는 하나, 사실인정을 기초로 함을 분명히 하였고,[24] 법원이 진보성을 부정하는 결정을 할 경우 단순히 결론만을 제시하는 것은 위법하고, 반드시 진보성 판단의 정치한 이유를 논거와 함께 제시하여야만 한다는 기존 판례를 거듭 재확인하고 있다.[25]

---

20) Brief of American Intellectual Property Law Association as Amicus Curiae Supporting, No. 04−1350, (United States Supreme Court, October 12, 2006).

21) Brief of the American Bar Association as Amicus Curiae Supporting Respondents, No. 04−1350, (United States Supreme Court, October 16, 2006) pp. 8−9.

22) George C. Yu, John Kappos, Redefining Obviousness After KSR Decision. 〈http://www.genengnews.com/articles/chitem_print.aspx?aid=2615&chid=0〉.

23) Graham 법칙에 대하여는, "우라옥, 최근의 사례들에 비추어 본 한국 특허법상 진보성 판단의 방법 또는 기준, Law & Technology 제4권 3호(2008. 5.)" 45−46면과 "박성수, "한국 특허법상 특허발명의 진보성 판단", Law & Technology 제3권 제6호 (2007. 11.)" 27면에 잘 정리되어 있다.

24) Obviousness is a question of law based on underlying factual inquiries. The factual inquiries nunciated by the Court are as follows: (1) Determining the scope and content of the prior art; (2) Ascertaining the differences between the claimed invention and the prior art; and (3) Resolving the level of ordinary skill in the pertinent art.

25) "Rejections on obviousness grounds cannot be sustained by mere conclusory statements; instead,

위와 같이 *KSR* 판결의 결과 제기된 진보성 판단의 객관성 유지 문제를 해결하기 위하여, 미국특허청은 *KSR* 판결 선고 4개월 후, 대폭 개정된 진보성 심사기준을 발표하였다. 개정 내용 중 특히 주목할 만한 것은 진보성의 존부는 법률판단의 문제이나, 그 판단의 바탕은 사실인정 토대에서 되어야 한다는 점을 재확인하면서 심사관의 '사실조사관(factfinder)'으로서의 역할을 강조하고, 심사기록에 반드시 통상의 기술자의 기술수준에 대한 사실인정을 반드시 포함하도록 하여, 진보성 판단 이유와 결론에 이르게 된 과정을 정교하고 치밀하게 기술할 것을 거듭 명확하게 요구하였다.[26]

또한 *KSR* 판결 이전의 기준에, "선행발명의 결합으로부터 해당 발명에 이르는 것에 대한 시사, 제시, 동기 등이 있는 경우에 한하여 자명하다"고 되어 있던 내용을 "선행발명의 결합으로부터 해당 발명에 이르는 것에 대한 시사, 제시, 동기 등이 있으면 자명한 것으로 판단할 수 있다"라고 개정하고, 개정 전의 TSM 관련 기준 중 "구성요소의 결합으로부터 해당 발명에 이를 수 있는 제시(suggestion)가 있는지 여부를 인정함에 있어 통상의 기술자의 기술수준을 참작하여서는 안 된다"는 지침을 삭제하였다.[27] 특히 *KSR* 판결의 취지를 요약하여 구체적인 진보성 판단기준의 사례를 제시한 점은 우리 실무에도 참고할 점이 크다고 본다.[28]

---

there must be some articulated reasoning with some rational underpinning to support the legal conclusion of obviousness."

26) 미특허청 심사기준 (MPEP 2007. 9. 2100) 116면, 119면.

27) 미특허청 심사기준 (MPEP 2007. 9. 2100) 139면.
수정 전: Ⅰ. THE PRIOR ART MUST SUGGEST THE DESIRABILITY OF THE CLAIMED INVENTION; 수정 후: Ⅰ. PRIOR ART SUGGESTION OF THE DESIRABILITY OF THE CLAIMED INVENTION; 수정 전: Obviousness can ONLY be established by combining or modifying the teachings of the prior art to produce the claimed invention where there is some teaching, suggestion, or motivation to do so; 수정 후: Obviousness can be established by combining or modifying the teachings of the prior art to produce the claimed invention where there is some teaching, suggestion, or motivation to do so.

28) 미특허청 심사기준 (MPEP 2007. 9. 2100) 128면: 선행기술을 조합한 결과가 예측 가능한 결과만을 보여주는 경우; 알려진 구성요소의 치환이 기대되는 결과를 얻는 것에 불과한 경우; 유사한 물건, 방법 등의 개선에 사용되는 것으로 알려진 기술을 같은 방식으로 적용한 경우; 알려진 물건, 방법에 즉시 적용할 수 있는 알려진 기술을 적용한 것으로 기대되는 결과만을 나타내는 경우; 시도해 보는 것이 자명한 경우-유한하고 합리적인 성공가능성의 예상되는 해결책 중에서 선택한 경우; 해당 분야 혹은 다른 분야에서 이미 알려진 정도의 차이이고, 그 차이가 시장에서의 요구 등으로 통상의 기술자에게 예측 가능한 것인 경우; 선행기술에 통상의 기술자로 하여금 해당 발명에 이르게 할 시사, 제안, 동기 등이 있는 경우.

## Ⅲ. 한국 대법원의 진보성 판단기준

### 1. 폼펙트 판결 개요

과거 우리의 판례는 대부분 “선행공지발명에 출원발명의 구성이 포함되어 있고” “발명의 목적, 구성, 효과가 (실질적으로) 동일한 경우” 진보성을 부정하는 입장을 취하여 왔다. 이러한 입장에서 벗어나 우리 대법원이 최초로 구체적인 진보성 판단기준을 제시한 판결이 2007. 9. 6.에 선고된 2005후3284 판결(이하 “폼펙터 판결”)이다.[29)]

위 판결에서 대법원은, ‘특허발명의 진보성 여부를 판단함에 있어서는 청구항에 기재된 복수의 구성을 분해한 후 각각 분해된 개별 구성요소들이 공지된 것인지 여부만을 따져서는 안되고, …… 유기적으로 결합된 전체로서의 구성의 곤란성을 따져 보아야 할 것이며, 진보성을 판단함에 있어서는 그 인용되는 기술을 조합 또는 결합하면 당해 특허발명에 이를 수 있다는 암시·동기 등이 선행기술문헌에 제시되어 있거나, 그렇지 않더라도 당해 특허발명의 출원 당시의 기술수준, 기술상식, 해당 기술분야의 기본적 과제, 발전경향, 해당 업계의 요구 등에 비추어 보아 그 기술분야에 통상의 지식을 가진 자가 용이하게 그와 같은 결합에 이를 수 있다고 인정할 수 있는 경우 진보성이 부정된다”고 판시하였다.

### 2. 두 가지 진보성 판단기준의 제시

위 판결은 크게 두 가지 진보성 판단 기준을 제시하고 있다.

첫 번째 진보성 판단기준은 선행문헌에 인용되는 기술을 조합 또는 결합하면 당해 특허발명에 이를 수 있다는 암시·동기 등이 제시되어 있는지 여부이다. 이는 미국의 TSM TEST와 유사한 기준으로 볼 수 있다.

두 번째 진보성 판단기준은, 선행문헌에서 암시 동기 등이 제시되어 있지 않은 경우, 출원 당시의 1) 기술수준, 2) 기술상식, 3) 해당 기술분야의 기본적 과제, 4) 발전경향, 5) 해당 업계의 요구 등을 고려하여 당업자가 용이하게 결합에 이를 수 있는지 여부이다. 즉, 진보성 부정하기 위하여 따져보아야 할 5가지 고려요소를 구체적으로 제시하고 있다.

29) 2007. 4. 30. 선고된 미국 *KSR* 판결 후 약 4개월 뒤에 나온 판결이다.

우리 대법원은 위와 같이 진보성 판단을 위한 2단계 판단구조를 제시함으로써, 진보성 판단기준의 "예측가능성" 및 "구체적 타당성"을 모두 충족하고자 한 것으로 보인다. 우선, 첫 번째 판단기준으로서, 미국의 TSM 테스트를 채택한 점은 TSM 테스트의 "예측가능성" 담보 기능을 평가한 결과로 보인다. 미국 *KSR* 판결 역시 위에서 본 바와 같이 TSM 테스트가 지나치게 획일적, 기계적으로 운용되는 것을 경계하라는 취지일 뿐, 기본적으로 TSM 테스트의 가치를 인정하고 있다.

두 번째 판단기준은, 첫 번째 기준 즉 선행문헌에 암시·동기 등이 제시되어 있지 않은 경우에 적용하는 보완적 기준으로서 첫 번째 기준의 획일성을 보완하고, 구체적인 사안에서 타당한 결론을 내기 위한 기준이다. 출원 당시의 1) 기술수준, 2) 기술상식, 3) 해당 기술분야의 기본적 과제, 4) 발전경향, 5) 해당 업계의 요구 등을 고려하여 진보성을 부정할 수 있다고 함으로써, 미국 KSR 판결에서 보는 TSM 기준의 경직성에서 오는 부작용을 최소화하고 "구체적 타당성"을 추구하기 위한 기준이다.[30] 위와 같이 볼 때, 우리 대법원이 제시한 진보성 판단기준은 "예측가능성"과 "구체적 타당성"이라는 두 가지 기준의 운용을 통하여 기능할 수 있다.

### 3. 폼펙터 판결과 미국 판례법의 진보성 판단기준 비교

폼펙터 판결에서 제시하고 있는 진보성 판단 기준을 표로 정리하여 *KSR* 판결을 중심으로 한 미국 판결들과 비교하면 다음과 같다.

| 폼펙터 판결 | 미국 판례법 |
|---|---|
| 특허발명의 진보성 여부를 판단함에 있어서는 청구항에 기재된 복수의 구성을 분해한 후 각각 분해된 개별 구성요소들이 공 | 여러 구성요소로 구성된 특허의 경우에 선행발명에서 각각이 알려져 있다는 것만으로는 자명하다고 할 수 없다. |

30) 참고로 미국 법원이 당업자의 수준을 판단하기 위하여 고려하는 요소들은 아래와 같다. (Environmental Designs, Ltd. v. Union Oil Co., 713 F.2d 693, 696-97 (Fed. Cir. 1983), cert. denied, 464 U.S. 1043 (1984))
1. 발명자의 교육수준(educational level of the inventor)
2. 당해 기술 분야가 직면한 문제의 유형(type of problems encountered in the art)
3. 그 문제에 대한 선행기술의 해결책(prior art solutions to those problems)
4. 진보의 속도(rapidity with which inventions are made)
5. 기술의 복잡성(sophistication of the technology)
6. 그 분야의 실제 종사자의 교육수준(educational level of active workers in the field).

| | |
|---|---|
| 지된 것인지 여부만을 따져서는 안 되고, …… 유기적으로 결합된 전체로서의 구성의 곤란성을 따져 보아야 할 것이며 | (A patent composed of several elements is not proved obvious merely by demonstrating that each element was, independently, known in the prior art.)<br>발명은 대부분 이미 알려져 있는 것들을 벽돌 쌓듯이 모아서 이루어지는 것이 대부분인 만큼, 이미 알려져 있는 것들이 알려진 기능만을 조합한 것을 발명이라고 주장하는 것을 주의하여야 하기는 하지만, 당업자가 당연히 조합할 수 있는 이유가 있는지를 살펴보는 것이 중요하다.<br>(Although common sense directs caution as to a patent application claiming as innovation the combination of two known devices according to their established functions, it can be important to identify a reason that would have prompted a person of ordinary skill in the art to combine the elements as the new invention does. inventions usually rely upon building blocks long since uncovered, and claimed discoveries almost necessarily will be combinations of what, in some sense, is already known.)<br>(KSR v. TELEFLEX, 550 U.S. 398) |
| 여러 선행기술문헌을 인용하여 특허발명의 진보성을 판단함에 있어서는 그 인용되는 기술을 조합 또는 결합하면 당해 특허발명에 이를 수 있다는 암시·동기 등이 선행기술문헌에 제시되어 있거나, | The TSM test captures a helpful insight<br>(KSR v. TELEFLEX, 550 U.S. 398) |
| 그렇지 않더라도 당해 특허발명의 출원 당시의 기술수준, 기술상식, 해당 기술분야의 기본적 과제, 발전 경향, 해당 업계의 요구 등에 비추어 보아 그 기술분야에 통상의 지식을 가진 자가 용이하게 그와 같은 결합에 이를 수 있다고 인정할 수 있는 경우에는 당해 특허발명의 진보성은 부정된다. | 당업자의 수준을 판단하는 요소<br>발명자의 교육수준,<br>해당 기술분야의 과제<br>해당 과제에 대한 선행기술에서의 해결책<br>해당 산업분야의 혁신의 속도<br>해당 산업분야 기술의 복잡성 정도<br>해당 산업기술자의 교육 정도 |

| | |
|---|---|
| | Factors that may be considered in determining level of ordinary skill in the art include: (1) the educational level of the inventor; (2) type of problems encountered in the art; (3) prior art solutions to those problems; (4) rapidity with which innovations are made; (5) sophistication of the technology; and (6) educational level of active workers in the field.<br>(Envtl. Designs, Ltd. v. Union Oil Co., 713 F.2d 693, 696 (Fed. Cir. 1983)) |

위 표에서 보는 바와 같이 우리 폼펙터 판결은 짧은 설시내용에서, 미국의 *KSR* 판결보다 오히려 더 함축적이고 명확한 기준을 제시하고 있는 것으로 보인다.

### 4. 진보성 "부정 요건"의 제시

폼펙터 판결의 설시 구조에 있어서, 진보성은 인정되는 것이 아니고 부정되는 것임을 다시 한 번 확인하였다는 점에서도 의의가 있다. 즉, 폼펙터 판결은 "어떠어떠한 경우에 진보성이 부정된다"는 구조를 취함으로써, 진보성이 인정되기 위한 요건을 제시한 것이 아니고, 진보성을 부정하기 위한 요건을 제시하고 있음을 명확히 하였다. 우리 특허법 제29조가 어떠어떠한 경우에는 특허를 받을 수 없다는 특허장애사유 형식으로 규정하고 있는 점을 고려한 결과이다.[31)]

진보성을 부정하려면 특허가 무효임을 주장하는 자가 이를 입증하여야 한다는 지극히 당연한 법리이지만, 실무상 아직 정착되지 않은 면이 있어 왔고, 위 판시는 이러한 점을 감안하여 실무계에서 다시 한 번 대법원의 설시를 되새겨 설시된 판단구조를 정착하는 노력을 하여야 할 때이다. 아직도 "어떠어떠한 경우에 해당하여야" 진보성이 인정됨에도 불구하고, 이 사안의 경우 그러한 인정요건에 해당함을 인정할 수 없으므로 진보성이 인정되지 않는다는 논증형식을 취하는 실무예가 있다면 이는 위 대법원 판결의 취지와 맞지 않음이 분명하다.

31) 同旨, 박성수, "한국 특허법상 특허발명의 진보성 판단", Law & Technology 제3권 제6호 (2007. 11.).

위에서 본 입증책임의 분배는 위 판결에서 새롭게 설시한 내용은 아니다.[32] 대법원 2007. 8. 24. 선고 2006후138 판결(이하 '서오텔레콤 사건')에서도 같은 법리를 확인하고 있다. 대법원은 "도청모드 자체 혹은 이러한 도청모드를 암시하는 선행공지발명에 관한 어떠한 자료도 제출된 바 없으며, 원심 판시의 비교대상발명 1의 위 구성으로부터 통상의 기술자라면 마땅히 위 구성요소 4를 생각해낼 수밖에 없을 것이라는 사정을 인정할 아무런 증거가 없는 이 사건에서"라고 판시함으로써, 진보성을 부정하는 자가 이의 입증에 필요한 자료를 제출할 책임이 있음을 밝히고 있다.

구체적 타당성 확보를 위한 두 번째 기준은 자칫 불명확한 기준이 될 여지가 많다. 따라서, 이 기준의 운영에 있어서는 불명확성에 의한 부작용을 최소화하는 노력이 필요하다. 이와 관련하여 *KSR* 판결 직후 이러한 점을 보완하기 위한 미 특허청의 노력은 참고할 만하다. 특히, 당업자의 범위 인정, 기술수준 인정 등이 사실의 문제로서 객관적 증거에 의하여 인정되어야 하는 법리, 단순히 진보성 판단의 결론만을 제시하여서는 안 되고 이에 이르는 논리과정을 치밀하게 기술할 것을 요구하는 법리는 우리의 실무에서 참고할 사항이라고 생각한다.

## Ⅳ. 결　　론

이상 살펴본 바와 같이 대법원은 폼펙터 판결을 통하여 진보성 판단 기준을 구체적으로 제시하였다. 우리 대법원은 예측가능성과 구체적 타당성을 조화롭게 추구한 합리적인 진보성 판단 기준을 제시하였다고 생각한다. 우리 대법원의 진보성 판단기준은 *KSR* 판결 이후 여러나라에서 진보성 판단에 보인 혼란을 균형 잡는 새로운 기준으로 평가됨에 부족함이 없는 기준으로 생각한다. 이를 실무에 반영하고 분석하고 다른 나라에 소개하는 노력이 그 동안 부족했다는 실무가로서의 자성과 이를 위한 각오를 다시 다진다.

특허재판이라는 것은 일반 재판과는 다른 여러 가지 측면이 있다. 기술적인

32) 특허법원 2006. 9. 28. 선고 2005허10992 판결에서도, "…… 살피건대, 특허법 제29조 제2항에 규정된 특허장애사유는 피고가 이를 주장, 입증하여야 하므로, 화학발명에 있어서 대응되는 물질들이 실질적으로 동일한 기능 및 효과를 나타내고, 그 발명이 속하는 기술분야에서 통상의 지식을 가진 사람이 이를 쉽게 치환하여 사용할 수 있다는 점에 대한 입증책임은 피고에게 있다."라고 판시하고 있다.

분석이 필수라는 측면에서 지적재산권 전담부를 두고 기술심리관, 기술조사관을 두고 대응하여 온 노력은 높이 평가되어야 한다. 기술적인 분석만큼 중요한 것이 출원 당시의 당업자의 인식에 대한 사실 인정 문제라고 생각한다. 이를 위하여도 획기적인 제도의 개선이 있어야 할 것으로 생각한다. 발명자 증언, 발명 관련 자료 제출 의무, 전문가 증언을 필수로 하는 실무적 발전의 필요성을 점검할 시기가 되었다고 생각한다. 한국의 지적재산권 발전을 경이의 눈으로 바라보는 전세계에 대하여 특허재판 실무에 있어서도 다른 나라들이 공부하고 참고하고 도입할 수 있는 재판 실무를 만들어 가는 데에 모든 실무가들이 노력하여야 할 것으로 생각한다.

## 제 4 절 균등침해판단에서의 치환자명성과 진보성의 비교* **

김 동 준(충남대학교 법학전문대학원 교수)

### Ⅰ. 서 론

출원 또는 특허 발명이 출원시의 공지기술로부터 통상의 기술자(출원 또는 특허발명이 속하는 기술분야에서 통상의 지식을 가진 자)에 의해 용이하게 발명할 수 있는 것이라면 출원발명의 경우에는 특허를 받을 수 없고 특허발명의 경우에는 무효로 되는데, 이러한 판단을 실무상 발명의 진보성 유·무 판단이라고 한다(특허법 제29조 제2항). 한편, 특허권 침해 여부 판단시 특허발명과 대비대상이 되는 제품 또는 방법(이하 '침해대상제품 등'이라 한다)에서 특허발명의 특허청구범위에 기재된 구성 중 치환 내지 변경된 부분이 있는 경우에도 그와 같이 치환하는 것이 통상의 기술자라면 누구나 용이하게 생각해 낼 수 있는 정도로 자명하다면 나머지 균등론 적용요건을 충족하는 한 침해대상제품 등은 전체적으로 특허발명의 특허청구범위에 기재된 구성과 균등한 것으로서 여전히 특허발명의 보호범위에 속한다고 보게 되는데,[1] 균등침해판단 장면에서 위와 같은 판단을 실무상 '치

* 이 글은 다음과 같이 인용될 것이 권장된다. 김동준, "균등침해판단에서의 치환자명성과 진보성의 비교", 「특허법의 진보성」(정차호 저), 박영사, 2014.

** 이 글은 졸저(拙著) '특허균등침해론(법문사, 2012)'의 내용 일부를 이 글의 제목에 맞추어 정리한 것이다.

1) 대법원 2011. 5. 26. 선고 2010다75839 판결. 균등론 적용요건은 다음과 같다. ① 특허발명과 그 과제의 해결원리가 동일하고, ② 그러한 치환에 의하더라도 특허발명에서와 같은 목적을 달성할 수 있고 실질적으로 동일한 작용효과를 나타내며, ③ 그와 같이 치환하는 것이 통상의 기술자라면 누구나 용이하게 생각해 낼 수 있는 정도로 자명하다면, ④ 대상제품이 특허발명의 출원시 이미 공지된 기술과 동일한 기술 또는 통상의 기술자가 공지기술로부터 용이하게 발명할 수 있었던 기술에 해당하거나, ⑤ 특허발명의 출원절차를 통하여 대상제품의 치환된 구성이 특허청구범위로부터 의식적으로 제외된 것에 해당하는 등의 특별한 사정이 없을 것이다. 이하에서는 위 번호에 따라 각 요건을 제1요건 내지 제5요건이라 하는데, 이 글의 검토대상이 되는 치환자명성의 경우 제3요건에 해당한다.

환자명성'2) 여부 판단이라 한다.

진보성 유·무는 특허요건 판단 장면에서, 치환자명성 여부는 침해 판단 장면에서 이루어진다는 점 등에서 차이가 있지만, 두 판단 모두 '통상의 기술자'가 '용이'하게 발명(또는 생각)할 수 있는지 여부를 기준으로 한다는 점에서 비슷한 점이 있는데 이 글에서는 관련 대법원 판결에 대한 분석과 주요국의 대응법리와의 비교를 토대로 균등침해판단에서의 치환자명성에 대해 먼저 살펴본 후 진보성의 법리와 간단히 비교해 본다.

## Ⅱ. 치환자명성에 대한 대법원 판결례 분석

### 1. 치환자명성 판단 사례

대법원 2000. 7. 28. 선고 97후2200 판결 후에 선고된 대법원 판결(결정 포함) 중 균등론에 대해 판단한 60건의 대법원 판결 가운데 치환자명성에 대해 판단한 것은 다음과 같다.

〈표 1〉 균등론 적용 제3요건 판단 대법원 판결례 분석

| 연번 | 판결 | 사건종류 | 1요건 | 2요건 | 3요건 | 판단내용 | 침해 여부 |
|---|---|---|---|---|---|---|---|
| 1 | 대법원 2010. 9. 30.자 2010마183 결정 | 가처분 | ○ | ○ | ○ | 통상의 기술자라면 누구나 용이하게 생각해 낼 수 있는 정도로 자명 | ○ |
| 2 | 대법원 2009. 5. 14. 선고 2007후5116 판결 | 권리범위 | ○ | ○ | ○ | 통상의 기술자가 용이하게 생각해 낼 수 있을 정도로 자명 | ○ (원심 수긍) |
| 3 | 대법원 2008. 9. 11. 선고 | 권리범위 | | × | × | **일반적으로 널리 사용되는 기술**임을 인정할 | × (원심 |

2) 균등론 적용을 위한 제3요건에 대해 치환자명성과 치환용이성의 두 용어가 사용되고, 대법원 2001. 6. 15. 선고 98후836 판결은 "원심은 이와 같은 치환용이성의 요건에 대하여 전혀 심리·판단을 하지 아니하였는바"라고 하여 치환용이성이라는 용어를 사용하고 있지만, 대부분의 판결에서는 '치환하는 것이 통상의 기술자가 용이하게 생각할 수 있을 정도로 자명'한 것인지 판단하고 있으므로 이하 제3요건과 관련하여서는 '치환자명성'이라는 용어를 사용한다.

| | | | | | | | |
|---|---|---|---|---|---|---|---|
| | 2006후2721 판결 | | | | | 증거 없어 치환자명 이님 | 수긍) |
| 4 | 대법원 2007. 5. 10. 선고 2005후2489 판결 | 권리범위 (특허) | × | × | × | **주지·관용의 기술**이라거나, 당업자가 **극히** 용이하게 치환가능한 것 | × (원심 수긍) |
| 5 | 대법원 2007. 2. 8. 선고 2005후1240 판결 | 권리범위 | ○ | ○ | ○ | 통상의 지식을 가진 자가 용이하게 생각해 낼 수 있을 정도로 자명한 것 | ○ (원심 수긍) |
| 6 | 대법원 2005. 2. 25. 선고 2004다29194 판결 | 침해금지 | ○ | ○ | ○ | 통상적으로 쉽게 조절할 수 있는 정도 or 통상 사용하는 | ○ (원심 수긍) |
| 7 | 대법원 2004. 12. 10.자 2003다2833 결정 | 가처분 (특허) | ○ | ○ | ○ | 통상의 지식을 가진 자가 **극히** 용이하게 고안할 수 있는 정도의 단순한 변형 | ○ (원심 수긍) |
| 8 | 대법원 2004. 11. 11. 선고 2004후196 | 권리범위 | ○ | ○ | ○ | 통상의 지식을 가진 자가 용이하게 치환할 수 있는 정도 | ○ |
| 9 | 대법원 2003. 6. 10. 선고 2001후1822 판결 | 권리범위 (실용) | × | × | × | 통상의 지식을 가진 사람이 극히 용이하게 생각해 낼 수 있을 정도로 자명 | × |
| 10 | 대법원 2003. 2. 11. 선고 2002후1027 판결 | 권리범위 | ○ | ○ | ○ | 치환하는 것이 당업자가 공지기술로부터 용이하게 생각해 낼 수 있는 것 | ○ (원심 수긍) |
| 11 | 대법원 2002. 10. 22. 선고 2001후1549 판결 | 권리범위 | | | × | 당업자가 용이하게 도출해 낼 정도 | × (원심 수긍) |
| 12 | 대법원 2002. 6. 14. 선고 | 권리범위 | FWR ○ | FWR ○ | ○ | 당업자에게 극히 용이 | × 금반언 |

| | 2000後2712 판결 | | | | | | 으로 균등 침해 부정 |
|---|---|---|---|---|---|---|---|
| 13 | 대법원 2002. 3. 15. 선고 2000後1726(적극) 판결<br>대법원 2002. 3. 15. 선고 2000後1719(소극) 판결 | 권리범위 (실용) | | ○ | ○ | 통상의 지식을 가진 자가 용이하게 생각해 낼 수 있는 정도로 자명 | ○ |
| 14 | 대법원 2001. 9. 7. 선고 2001後393 판결 | 권리범위 (실용) | 판단 없음 | ○ | ○ | 당업자가 극히 용이하게 생각해 낼 수 있는 정도로 자명 | ○ |
| 15 | 대법원 2001. 6. 15. 선고 98後836 판결 | 권리범위 | | 심리 미진 | × | 당업자가 용이하게 생각해 낼 수 있을 정도로 자명 | × |
| 16 | 대법원 2000. 7. 28. 선고 97後2200 판결 | 권리범위 | ○ | ○ | ○ | 당업자이면 공지의 선행기술로부터 당연히 도출해 낼 수 있는 정도의 자명 | ○ ⇨ × |

## 2. 판결례 분석 및 정리

판결례 16건 중 절반인 8건은 원심의 판단을 수긍하고 있는 것인데, 치환자명성의 경우 통상 하급심에서 심리·판단하는 것이 적절한 요건이기 때문으로 생각된다.

### 가. 용이성의 정도

위의 〈표 1〉에서 보듯이, 대부분의 판결에서는 '통상의 기술자가 용이하게 생각해 낼 수 있을 정도로 자명'하다는 표현을 사용하고 있다. 다만 그 구체적인 의미에 대해서는 대법원 판결이 침묵하고 있어, 진보성 판단에서 말하는 '통상의 기술자가 용이하게 발명할 수 있다'는 것과 '통상의 기술자가 용이하게 생각할 수 있을 정도로 자명하다'는 것의 명확한 차이에 대해 알 수 없고 학설상 견해도 나뉜다.

하지만 (원심을 수긍한 것을 포함하여) 대법원 판결에서 위 표현 외에도, 주지·관용기술임을 인정할 증거가 없어 치환자명성이 인정될 수 없다거나(2006후2721 판결, 2005후2489 판결),[3] 등록실용신안이 아닌 '특허발명'에 대한 것임에도 치환자명성과 관련하여 '극히 용이'라는 표현을 사용하고 있고(2005후2489 판결, 2003다2833 결정),[4] 치환된 구성이 확인대상발명의 제조시점에 이미 많이 공지되어 있음(판결에서는 5개의 공지기술을 들고 있다)을 기초로 치환자명성을 인정한 원심(특허법원 2007. 11. 23. 선고 2006허9654 판결)을 수긍한 2007후5116 판결이 있는 점에 비추어 보면 치환자명성은 진보성에서의 상도용이성보다는 더 용이한 것이라고 보고 있는 것이 아닌가 생각된다.

### 나. 판단기준시

97후2200 판결의 균등론 적용요건에 대한 판시는 "그와 같이 치환하는 것 자체가 그 발명이 속하는 기술분야에서 통상의 지식을 가진 자이면 당연히 용이하게 도출해 낼 수 있는 정도로 자명한 경우"라고만 하여 판단기준시에 대한 명확한 언급이 없다. 하지만 해당 판결에서도 사안의 구체적 적용에 있어서는 "이 사건 특허발명의 출원당시 (가)호 발명의 위 N-에톡시카르보닐피페라진은 이미 공지의 물질"이라는 점을 치환자명성 판단에서 고려하고 있는 것으로 보아 출원시를 기준으로 하고 있는 것으로 보인다.[5]

하지만 대법원 2001. 6. 15. 선고 98후836 판결에서는 확인대상발명에서 치환된 물질(출발물질)이 해당 특허발명의 출원시점이나 '확인대상발명의 제조시점'까지 공지되지 않은 물질이라는 점에 근거하여 치환자명성을 부정하고 있고, 대법원 2009. 5. 14. 선고 2007후5116 판결은 확인대상발명에서 치환된 기술이 '확인대상발명의 제조시점'에 이미 많이 공지되어 있다는 점을 근거로 치환자명성을

---

3) 대법원 2004다29194 판결에서의 "통상 사용하는"이라는 용어도 관용기술을 의미하는 것으로 보인다.

4) 물론 실용신안사건에서 '극히 용이'가 아니라 '용이'라고 표현한 것도 있다(대법원 2000후1726(적극), 1719(소극) 판결).

5) 해당 판결에 대한 판례해설에서도 이론적으로 볼 때 출원시설이 타당하고 향후 우리나라의 기술 수준이 선진국 수준이 되었을 때는 침해시설을 따르는 것이 바람직하겠지만 당시 우리나라의 기술 수준에서는 출원시설이 적합하다고 하고 있다. 권택수, "균등론의 적용요건(2000. 7. 28. 선고 97후2200 판결)", 대법원판례해설 35호, 2001, 901면.

인정한 원심을 수긍하고 있다. 현재까지 치환자명성 판단기준시에 대한 대법원의 명시적인 판단은 없는 가운데, 과제해결원리의 동일성에 대해 판시한 대법원 2009. 6. 25. 선고 2007후3806 판결의 판례해설에서는 침해시설을 명시적으로 채택할 시기가 되었다고 하고 있다.[6)]

## Ⅲ. 주요국에 있어서 치환자명성 요건

### 1. 미 국

미국에서는 균등판단의 유일한 기준은 없고 사안에 따라 'FWR 테스트'[7)]나 '비실질적 차이 테스트'[8)]를 적용하고 있으며, 아래에서 살펴볼 독일·일본·중국과 달리 '치환자명성(known interchangeability)'이 균등론 적용요건의 하나가 아니라 'FWR 테스트'나 '비실질적 차이 테스트'를 뒷받침하는 하나의 중요한 고려요소 정도로 자리매김하고 있다.[9)]

---

6) 한동수, 균등침해의 요건 중 '양 발명에서 과제의 해결원리가 동일한 것'의 의미와 판단방법(2007후3806), 대법원판례해설 80호, 법원도서관, 2009, 652면.

7) 두 장치가 실질적으로 동일한 방법으로 실질적으로 동일한 기능을 하여 실질적으로 동일한 결과를 얻는 경우 두 장치는 사실상 동일한 것이며 이 경우 특허권자는 균등침해를 주장할 수 있다고 하는 소위 기능(function)－방법(way)－결과(result)의 3요소 동일성 테스트를 말한다. Graver Tank & Mfg. Co. v. Linde Air Products Co. 339 U.S. 605, 608 (1950) ("[A] patentee may invoke this doctrine to proceed against the producer of a device 'if it performs substantially the same function in substantially the same way to obtain the same result.' (citation omitted). The theory on which it is founded is that 'if two devices do the same work in substantially the same way, and accomplish substantially the same result, they are the same, even though they differ in name, form or shape.' (citation omitted).").

8) 특허 물건·방법과 침해대상 물건·방법 사이의 차이가 (객관적인 기준에 따라 평가되었을 때) 실질적인지에 의해 균등침해 성립 여부가 판단된다는 것을 말한다. Hilton Davis Chemical Co., V. Warner－Jenkinson Company, Inc., 62 F.3d 1512, 1518 (Fed. Cir. 1995) (*en banc*) ("[T]his court explicitly holds that the application of the doctrine of equivalents rests on the substantiality of the differences between the claimed and accused products or processes, assessed according to an objective standard.").

9) Abraxis Bioscience, Inc. v. Mayne Pharma (USA) Inc., 467 F.3d 1370, 1382 (Fed. Cir. 2006) ("As stated in Warner－Jenkinson, known interchangeability is only one factor to consider in a doctrine of equivalents analysis. It aids the fact－finder in assessing the similarities and differences between a claimed and an accused element."); Chiuminatta Concrete Concepts, Inc. v. Cardinal Industries, Inc., 145 F.3d 1303, 1309 (Fed. Cir. 1998) ("Moreover, a finding of known interchangeability, while an important factor in determining equivalence, is certainly not dispositive.").

### 가. 치환자명성(Known Interchangeability)

*Graver Tank Ⅱ* 판결[10]은 균등판단의 하나의 기준으로 FWR 테스트를 제시하면서도 균등판단은 특허발명의 맥락(the context of the patent), 선행기술(prior art), 사건의 구체적 상황(particular circumstances of the case)을 토대로 이루어져야 하며 형식에 얽매이거나 진공상태에서 고려되는 절대적 개념이 아님을 강조하고 있고, 균등판단의 중요한 요소로 통상의 기술자에 있어서 치환자명성을 강조하고 있다.[11] 다만 앞서 언급한 바와 같이 '치환자명성'은 'FWR 테스트'나 '비실질적 차이 테스트'를 뒷받침하는 하나의 중요한 요소 정도로 자리매김하고 있다. 예를 들면, *Abraxis v. Mayne* 사건에서, 피고는 치환자명성 결여 및 피고제품에 대한 별도의 특허의 존재를 이유로 균등이 성립하지 않음을 주장하였지만, 치환자명성은 균등판단의 한 요소에 불과하며 피고제품이 별도로 특허를 받았다는 점이 균등에 대한 충분한 증거를 압도하지는 못한다고 본 1심 판단에 오류가 없다고 하는 이유로 CAFC는 1심 판단을 지지하고 있다.[12]

### 나. 판단기준시

미국에서 균등침해 판단기준시의 논의는 특허등록시를 기준으로 하는가 침해시를 기준으로 하는가에 대한 것이다.

#### 1) 특허등록시설

알려진 균등물(known equivalents)과 관련하여 사실상 균등(equivalency−in−fact)

---

10) Graver Tank & Mfg. Co. v. Linde Air Products Co. 339 U.S. 605 (1950). 특허발명의 무효여부에 대해 판단한 Graver Tank & Mfg. Co. v. Linde Air Products Co., 336 U.S. 271 (1949) (*Graver Tank Ⅰ* 판결)와 구분하여 *Graver Tank Ⅱ* 판결이라 부른다.

11) Graver Tank & Mfg. Co,. 339 U.S. at 609 ("What constitutes equivalency must be determined against the context of the patent, the prior art, and the particular circumstances of the case. Equivalence, in the patent law, is not the prisoner of a formula and is not an absolute to be considered in a vacuum. … An important factor is whether persons reasonably skilled in the art would have known of the interchangeability of an ingredient not contained in the patent with one that was.").

12) Abraxis Bioscience, Inc., 467 F.3d at 1382 ("As stated in Warner−Jenkinson, known interchangeability is only one factor to consider in a doctrine of equivalents analysis. It aids the fact−finder in assessing the similarities and differences between a claimed and an accused element. As discussed above, the court made factual findings that insubstantial differences exist between calcium trisodium DTPA and edetate, and further found that the separate patentability of Mayne's generic formula did 'not outweigh the substantial evidence of equivalence between Mayne's calcium trisodium DTPA and the claimed edetate.' We see no clear error in that finding.") (citations omitted).

이 아니라 법적 균등(legal equivalent)에 해당하기 위해서는 특허등록시(at the time the patent issued)를 기준으로 대체물(substitute)임이 해당 기술분야에서 주지(well-known)였어야 한다고 하고,[13] 이러한 '알려진 균등물(known equivalents)'의 개념은 균등의 범위가 넓게 인정되는 개척발명에도 적용된다고 강조하며,[14] 1946년 *Halliburton Oil Well Cementing* 판결[15]을 포함하여 특허등록시를 기준으로 알려진 균등물을 판단한 *Graver Tank II* 이전 판결들을 소개하고 있다.[16] 한편 1870년 특허법 이전의 균등판단은 특허등록시를 기준으로 하고 있었다.[17]

2) 침해시설

하지만 *Warner-Jenkinson* 연방대법원 판결은 균등침해 판단의 기준시는 특허등록시가 아니라 침해시임을 분명히 하면서,[18] 특허등록시가 기준시이므로 소위 '사후적 균등물(after-arising equivalents)'은 균등의 범위에서 제외된다거나, 한

13) Hilton Davis Chemical Co., 62 F.3d at 1566-1570 (Nies, J., dissenting) ("[I]t is clear law that the substituted ingredient cannot be regarded as a legal equivalent, within the meaning of the Patent law, unless it performs substantially the same function as the ingredient withdrawn, and was well known as such an ingredient at the date of the original patent and as a proper substitute for the ingredient which was included in the patented combination.") (citing Gould v. Rees, 89 U.S. 1, 30 (1874)).

14) *Id.* (Nies, J., dissenting) ("However, even in the context of a pioneer patent, the Court applied a 'known equivalents' rule, albeit appropriately modified to eliminate the requirement of being known in that previously unknown art at the time the patent issued."). 개척발명에서 '알려진 균등물' 기준을 적용한 사례로 Morley Sewing Machine Co. v. Lancaster, 129 U.S. 263 (1889) 판결을 들고 있다.

15) Halliburton Oil Well Cementing, 329 U.S. 1, 13 (1946) ("[T]he alleged infringer could have prevailed if the substituted device (1) performed a substantially different function; (2) was not known at the date of Walker's patent as a proper substitute for the resonator; or (3) had been actually invented after the date of the patent.").

16) Hilton Davis Chemical Co., 62 F.3d at 1572 (Nies, J., dissenting).

17) Gould v. Rees, 82 U.S. 187, 194 (1872) ("Apply that rule, and it is clear that an alteration in a patented combination which merely substitutes another old ingredient for one of the ingredients in the patented combination is an infringement of the patent, if the substitute performs the same function and <u>was well known at the date of the patent</u> as a proper substitute for the omitted ingredient, but the rule is otherwise if the ingredient substituted was a new one, or performs a substantially different function, or was not known at the date of the plaintiff's patent as a proper substitute for the one omitted from his patented combination.") (emphasis added).

18) Warner-Jenkinson Co., Inc., 520 U.S. at 37 ("Insofar as the question under the doctrine of equivalents is whether an accused element is equivalent to a claimed element, <u>the proper time for evaluating equivalency-and thus knowledge of interchangeability between elements-is at the time of infringement</u>, <u>not at the time the patent was issued.</u>") (emphasis added).

발 더 나아가 특허명세서 자체에 개시된 균등물(equivalents that are disclosed within the patent itself)에 균등의 범위가 제한된다는 주장은 모두 받아들이지 않고 있다.[19]

## 2. 일　본

일본의 경우 1998년 볼스플라인 최고재 판결[20]에서, 특허청구범위에 기재된 구성 중 특허침해소송 상대방이 제조 등을 하는 제품 또는 사용하는 방법(이하 '대상제품'이라 한다) 등과 다른 부분이 존재하는 경우라도, "(1) 위 부분이 특허발명의 본질적 부분이 아니고, (2) 위 부분을 대상제품 등에 있는 것과 치환하여도 특허발명의 목적을 달성할 수 있고, 동일한 작용효과를 나타내는 것으로서, (3) 위와 같이 치환하는 것이 당해 발명이 속하는 기술분야에서 통상의 지식을 가진 자(당업자)가 대상제품 등의 제조 등의 시점에 있어서 용이하게 상도할 수 있는 것으로, (4) 대상제품 등이 특허발명의 특허출원시에 있어서 공지기술과 동일 또는 당업자가 그것으로부터 위 출원시에 용이하게 추고할 수 없는 것이며, 또한 (5) 대상제품 등이 특허발명의 특허출원절차에 있어서 특허청구범위로부터 의식적으로 제외된 것에 해당하는 등의 특단의 사정이 없는 경우는, 위 대상제품은 특허청구범위에 기재된 구성과 균등한 것으로서, 특허발명의 기술적 범위에 속한다고 해석하는 것이 상당하다"고 하여 균등침해의 성립요건이 정립되었는데, 위 5가지 요건 중 (3) 요건으로 치환용이성을 들고 있으며 그 구체적 의미에 대한 판례와 학설의 입장은 다음과 같다.

### 가. 치환용이성의 정도

균등판단에 있어 치환용이성의 정도에 대해 ① '발명의 동일성'과 마찬가지로 당업자가 당연히 알 수 있었던 것이라고 생각하는 입장(발명 동일성설),[21] ② 특허성립요건의 하나인 진보성과 동일하다는 입장(진보성 동일성설),[22] ③ 진보성

19) *Id.*

20) 最判 平成10·2·24 民集 52卷 1号 113[ボールスプライン軸受].

21) 大橋寛明, "侵害訴訟における均等論", 裁判実務大系 (9) 工業所有権訴訟法(牧野利秋 編), 青林書院, 1985, 176; 村松建一, "均等論における置換容易性の判斷に關する一考察", 知財管理 50卷 12号, 1807(日本知的財産協会, 2000)(심사기준에 있어서 발명의 동일성의 개념으로 간주되는 '단순한 관용수단의 부가, 전환, 삭제, 단순한 재료의 변환' 등, 특허청구범위로부터 통상의 기술자에게 자명한 범위(실질적 동일의 범위)에 한한다).

22) 竹中俊子, "続·米国特許クレーム解析の最近の動向", 知財研フォーラム 23号, 2(知的財産研究

보다는 좁지만 통상의 기술자가 격별한 노력을 하지 않아도 상도할 수 있는 범위라고 파악하는 입장(중간설)[23] 등이 있다. 또한 최고재가 만일 진보성 동일성설을 취한 것이라면, '클레임 기재의 구성으로부터 용이하게 상도할 수 있는 기술'이라고 설시하였을 것인데, 그렇지 않고 "특허청구범위에 기재된 구성으로부터 이것과 '실질적으로 동일한 것'으로서 용이하게 상도할 수 있는 기술"로 표현하고 있는 것으로부터 보면, 진보성 동일성설은 취하지 않았다는 견해[24]와 치환용이성의 정도는 구체적 사안에 따라 달라지고, 추상적인 기준으로는 결정하기 곤란하며, 실무상 중요한 것은 치환용이성을 입증하기 위한 증거방법이 어느 정도 요구되는가라는 견해[25]도 있다.

판례를 살펴보면, ① 부하장치시스템 판결[26]은 결과적으로 균등론의 주장을 긍정하지는 않았지만, "그 상도용이의 정도는 특허법 29조 2항 소정의 공지발명에 기초하여 '용이하게 발명할 수 있었다'고 하는 경우와는 달리 당업자라면 누구라도 특허청구범위에 명기되어 있는 것과 마찬가지로 인식할 수 있는 정도의 용이성"이라고 하고 있고, ② 주사방법(注射方法) 및 주사장치(注射装置) 판결[27]은 "나사기구를 피스톤과는 별축(別軸)으로 설치하는 구성의 주사장치 자체는, 본건 특허발명의 우선권 주장일에는 이미 공지였다는 것이 인정되지만, 이 점으로부터 바로 당업자가 본건장치발명의 구성을 피고장치와 같은 구성으로 치환하는 것이 용이하게 상도될 수 있었다고는 할 수 없다"고 하며, ③ 맞댐부재 취부용 힌지

---

所, 1995)(균등판단이란 특허권자가 출원시에 권리를 받을 수 있었던 범위를 확정하는 작업이라는 입장에 선 것이다); 牧野利秋, "特許發明の技術的範囲確定の問題點", 裁判実務体系 27 知的財産関係訴訟法, 447(青林書院, 1997)(실질적 동일보다 좁지는 않지만(치환자명보다는 넓다) 진보성이 있는 치환기술까지 균등범위를 넓혀야 하는 것은 아니다); 林田力, "均等論の要件", 特許裁判における均等論 — 日米欧三極の対比 —, 666-670(村林隆一 · 小谷悦司 編, 財團法人経済産業調査会, 2003); 本間崇, "最高裁判決(無限摺動用ボールスプライン軸受事件)から見た21世紀におけるわが国の特許権の権利範囲の解釈の動向", 知財管理 48巻 11号, 1798(日本知的財産協会, 1998).

23) 中山信弘, 特許法, 弘文堂, 2010, 405("치환용이성이란 통상의 기술자가 격별한 노력을 하지 않고도 용이하게 상도할 수 있는 정도를 가리키고, 진보성만큼 고도의 것이 요구되는 것은 아니며, 관점에 있어서도 진보성이란 공지기술로부터의 거리를 가리키는 말로 독점을 인정하지 않는 범위를 확정하는 척도를 가리키는 반면, 균등론에 있어서 용이상도성은 당해 특허발명으로부터의 거리를 가리키는 말이고 독점을 인정하는 범위를 가리키는 척도를 말한다.").

24) 小松陽一郎, "均等論適用要件(3)「置換容易性」について", 特許裁判における均等論 — 日米欧三極の対比 —, 財團法人経済産業調査会, 2003, 39.

25) 中山信弘·小泉直樹, 編, 新 · 注解 特許法, 青林書院, 2011, 1100.

26) 東京地判 平成10·10·7 判時 1657号 122[負荷裝置システム].

27) 大阪地判 平成11·5·27 判時 1685号 103[注射方法及び注射装置].

판결[28]은 "어떤 물건을 외감보지(外嵌保持)하는 경우에 협지벽을 폭방향으로 마련하는가 두께방향으로 마련하는가는 힌지분야에 한하지 않고, 서로 치환가능한 상투(常套)수단이라고 생각되므로 본건 제3명세서를 접한 당업자가 (나)호 물건의 구성을 상도하는 것은 특단의 실험을 요할 것까지도 없이 용이하였을 것으로 인정하는 것이 상당하다"고 하고 있는데, 이러한 판시사항에 근거하여 지재전문부(知財專門部)가 있는 도쿄지재(東京地裁)도 오사카지재(大阪地裁)도 치환용이성에 대하여는 진보성설을 취하지 않은 것으로 보고 있다.[29]

### 나. 치환용이성 판단기준시

#### 1) 출원시설

치환용이성의 판단시기에 대해, 특허발명의 기술적 범위는 출원시를 기준으로 하여 정해지기 때문에, 특허발명의 균등의 범위도 출원시를 기준으로 하여 정해져야 하고 따라서 통상의 기술자가 출원시의 공지기술을 전제로 특허발명의 구성요소를 별개의 것으로 치환하는 것이 용이하게 상도할 수 있는 경우에는 치환용이성이 인정된다고 하는 것이 종래 일본의 다수설이었다.[30]

이에 대해, 특허출원시에 통상의 기술자가 치환을 용이하게 상도할 수 있다면 원래 특허청구범위를 그와 같이 기재하여 출원해야 하거나 혹은 그 후의 보정의 기회에 그와 같이 보정을 해야 하는 것임에도 이것을 하지 않은 특허권자에게 균등론을 인정하여 특허발명의 기술적 범위를 확대하는 것은 자신의 부주의에 의해 발생한 명세서의 불비에 의한 불이익을 일반인에게 부담시키는 것이라는 비판이 있었다.[31]

다만 치환용이성에 대하여 침해시를 기준시로 하더라도 출원시에 용이상도였던 경우라면 당연히 침해시에도 용이상도하기 때문에 침해시를 기준시로 하여 용이상도성을 판단한 다음, 출원시에 용이상도였던 것을 제외한다고 하는 이중의 기준을 마련하지 않는 한, 출원시에 있어서 용이상도성을 요건으로 하는 균등론

28) 大阪地判 平成12·5·23 平成7(ワ)1110 他[召合せ部材取付用ヒンジ].

29) 小松陽一郎, 前揭論文, 43.

30) 設樂隆一, "ボールスプライン事件最高判判決の均等論と今後の諸問題", 知的財産法と現代社会—牧野利秋判事退官記念(中山信弘 編), 信山社出版, 1999, 453; 馬瀬文夫, "均等論(1)", 特許管理 33卷 2号, 132 (1983); 松本重敏, 特許發明の保護範囲, 294 (新版, 有斐閣, 2000) 등. 中山信弘, 前揭書, 406은 출원시설은 선원주의를 취한 이상, 특허의 범위는 출원시에 확정되어 있다는 것을 전제로 하고 있는 것이라고 설명한다.

31) 大橋寛明, 前揭論文, 179.

에 대한 위와 같은 비판에서 자유롭지 않다.[32)]

2) 침해시설

최근에는 침해시설이 유력해지고 있었는데,[33)] 최고재 판결은 "특허출원 시에 장래의 모든 침해태양을 예상하여 명세서의 특허청구범위를 기재하는 것은 극히 곤란하며, 상대방에 있어서 특허청구범위에 기재된 구성의 일부를 특허출원 후에 밝혀진 물질·기술 등으로 치환하는 것에 의해 특허권자에 의한 금지 등의 권리행사를 용이하게 피할 수 있게 하면, 사회 일반의 발명에의 의욕을 감쇄하는 것으로 되고, 발명의 보호, 장려를 통해 산업발달에 기여한다고 하는 특허법의 목적에 반하는 것일 뿐 아니라, 사회정의에 반하고 형평의 이념에도 반하는 결과로 되는 것"이라 하여 침해시설을 채용하였다.

침해시설을 채용하면 기술의 진보에 따라 통상의 기술자의 지식도 증가하고 시간의 흐름과 함께 용이하게 상도할 수 있는 범위가 넓어져 그 결과 균등의 범위(보호되는 범위)가 넓어지게 되어 당해 특허권자가 한 당초의 발명에는 포함되지 않았던 것이나, 후일 타인에 의해 이루어진 발명에까지 자기의 독점권의 범위 내로 끌어들이는 것이 된다는 비판이 있지만, 특허청구범위의 공시기능을 중시한

32) 設樂隆一, 前揭論文(ボールスプライン事件最高裁判決の均等論と今後の諸問題), 455.

33) 中山信弘, 前揭書, 406, 脚註 23에서 침해시설을 취한 견해에 대해 다음과 같이 소개하면서, 선원주의에 입각하면서 침해시설을 채용하는 것이 세계적 추세로 되어 가고 있고, WIPO 특허조화조약 21조에서도 침해시설이 채용되고 있다(한편 이 조약은 아직 성립하지 않았지만 균등의 문제에 대하여는 각국의 일치를 보고 있다)고 설명하고 있다. 染野啓子, "發明における均等について(3)", 工業所有權法研究 12卷, 23 (1966); 染野啓子, 特許判例百選, 68事件(2版, 鴻常夫·紋谷暢男·中山信弘 編, 有斐閣, 1985)(균등론은, 출원인이 출원시에 예측할 수 없었던 장래의 기술의 발전까지 청구범위에 기재할 수 없기 때문에 그 구제를 도모하기 위한 제도이며, 또한 특허성을 갖는 이용발명이 침해로 되는 것에 대하여 발명력을 갖지 않는 단순한 치환이 침해로 되지 않는 것은 균형을 잃은 것이라고 하고 있다); 石黑淳平, "ポリエステル特許侵害事件の問題点", 工業所有權法の諸問題—石黑淳平先生馬瀬文夫先生還曆記念, 119(法律文化社, 1972); 吉井參也, 特許權侵害訴訟大要, 52(発明協会, 1990); 盛岡一夫, 工業所有権法概說, 90(第4版, 法学書院, 2000); 川口博也, 特許法講義, 55(勁草書房, 1995); 仙元隆一郎, 特許法講義, 189(第4版, 悠々社, 2003); 中山信弘 編, 注解特許法(上卷), 720(3版, 青林書院, 2000)[松本重敏＝小池豊執筆](침해시설은 "침해시에 새로운 특허권을 법원이 부여하는 것과 같은 해석론이고, 특허의 과대보호에 함몰되게 된다"고 하고, "침해시설로 좋다고 하는 이상, 그 치환된 기술사항은 어디까지나 특허발명으로서 부수적 사항이고 본질적 요건, 즉 기술사상에 대하여는 실질적 동일성을 상실하지 않는 경우일 것이 필요하다"고 하고 있다); 品川澄雄, "均等と特許請求の範囲", 企業法研究 270輯, 11(1997)(출원시를 기준으로 하지 않을 수 없지만, 이용발명이 침해로 되고 있는 것과 비교하여 너무 공평을 잃는 것이므로 침해시에는 치환자명성이 성립하는 기술에 대하여는 이용발명의 정의에 약간의 수정을 가하여 이용발명으로 해야 할 것이다(그것에 의해 균등과 이용의 사이에 발생하는 모순불균형을 해소할 수 있다)고 하고 있다).

다고 하더라도 침해자는 침해시점에서의 제반 사정을 감안하여 그 기술을 실시할지 여부를 판단할 수 있는 것이고 침해시에서의 기술상황에서 용이상도성이 판단되어도 크게 불합리한 점은 없는 것이며, 국제적 동향 등도 생각한다면 용이상도성에 대하여는 침해시설이 타당하다고 한다.[34] 다만 치환용이성의 판단기준시는 침해시이지만 특허청구범위의 문언해석 자체는 출원시가 기준이 된다.[35]

3) 침해시설의 몇 가지 쟁점

가) 시간의 경과에 따른 균등범위의 확대

볼스플라인 판결에 대한 해설은, 특허발명의 보호범위는 특허청구범위에 기재된 기술적 내용 및 이것과 기술적 사상을 동일하게 하는 범위로서 출원시에 균등성립의 범위를 포함한 일정한 객관적 범위로 획정되어 있는 것이지만, 그 범위는 장래 새로운 기술의 출현에 의해 기술요소의 일부를 치환한 것도 포함하는 것으로 하여 미리 확정되어 있는 것이며, 다만 실제상 그와 같은 새로운 기술이 출현하기까지는 당해 기술과 특허발명의 기술사상을 조합한 제품 등의 제조가 현실로는 행해지지 않았기 때문에 구체적인 사회사실로서 균등이 인정되는 것이 아니며 바꾸어 말하면, 그와 같은 새로운 기술의 출현 전·후를 비교하여 제3자에 있어서 종래 자유롭게 제조 등을 하는 것이 가능하였던 것이 제한되는 것으로 되었다고 하는 사정은 발생하지 않고, 특허권자에 있어서 종래 법률상 권리행사가 불가하였던 범위에까지는 새로운 권리행사를 하는 것이 가능하게 된 것도 아니므로, 특허출원 후 시간의 경과에 따른 새로운 공지기술의 출현으로 균등이 성립하는 범위가 확대될 수 있지만 이것은 특허권자의 권리행사의 대상이 되는 행위가 증가하였다는 것이지 시간의 경과에 의해 특허권자의 권리범위가 변화한 것은 아니라고 하여 침해시설에 대한 비판을 반박하고 있다.[36]

34) 松本重敏, "特許法70条の技術的範囲と特許侵害訴訟における均等論", 知的財産の潮流—知的財産研究所5周年記念論文集, 358(信山社出版, 1995); 特許委員会 第2小委員会, "均等論に関する一考察(その2·完)", 知財管理 47巻 3号, 348(日本知的財産協会, 1997).

35) 設樂隆一, "均等論について", 現代裁判法大系 26 知的財産権, 74(清永利亮 編, 新日本法規出版, 2000)(특허청구범위의 어떤 문언을 해석함에 있어서는 출원시의 자료를 참작하여 결정해야 하고, 침해시의 자료로 결정해서는 안 된다.).

36) 三村量一, "最高裁判所判例解説; 他人の製品等が明細書の特許請求の範囲に記載された構成と均等なものとして特許発明の技術的範囲に属すると解すべき場合", 法曹時報 53巻 6號, 1679(法曹会, 2001).

나) 동일제품에 대한 균등침해 성부의 상이

치환용이성의 판단 기준시를 침해시로 한 경우 복수의 자가 시기를 달리하여 동일한 대상제품을 제조한 경우에 제조시기의 선·후에 의해 균등의 성부가 달라질 수 있다. 예를 들면, 우선 갑이 특허발명의 구성요소의 일부를 새로운 기술요소로 치환하여 제품을 제조하고, 위 제품이 공지된 후에 을이 이것과 동일한 제품을 제조한 경우, 갑이 제품을 제조한 시점에서는 특허발명의 일부를 신기술로 치환하는 것은 용이하게 상도할 수 없다고 판단되는 경우에는 갑의 제조행위에 대하여는 균등은 성립하지 않지만, 갑의 제품의 판매 등에 의해 치환에 관계된 신기술이 공지된 후에는 을이 갑의 제품과 동일한 제품을 제조하는 것은 용이하기 때문에 을의 제조행위에 대하여는 균등이 성립하게 된다.[37)]

이에 대해 ① 균등성립을 위한 제3요건(용이상도성)에 대하여는 개별 피고에 있어 각각의 침해행위시 공지기술의 내용을 참작하여 결정하는 것으로 되므로 동일한 제품을 제조한다고 하더라도 제조시기의 선·후에 따라 용이상도성의 판단이 달라지는 경우가 있지만 원래 균등론이 형평의 견지에서 권리자와 제3자 사이의 권리관계를 조정하는 이론인 점에 비추어 보면 당연한 것이며, ② 이러한 경우에 스스로 새로운 기술요소를 개발하여 치환한 갑은 마치 선사용에 의한 통상실시권을 가지는 자와 마찬가지의 입장에 서는 것으로 되고, 당해 제품에 대하여는 그 후에도 제조판매를 계속하는 것이 가능하며, 또한 특허권자는 갑으로부터 당해 제품을 구입한 자가 다시 이것을 제3자에게 전매하는 행위에 대하여도 특허권을 행사할 수 없게 된다고 한다.[38)]

다) 침해시설에서 구체적 시기

최고재 판례해설에서는, '대상제품 등의 제조 등의 시점'이란 '피고제품의 제조시점' 또는 '피고방법의 실시시점'을 의미하는 것으로, 반드시 당해 제품의 양산을 실제로 개시한 시점일 필요는 없고, 양산에 관련된 동일인의 일련의 행위라면 양산과 일체의 행위로 평가할 수 있는 행위를 개시한 시점까지 소급하여 제조의 시점으로 볼 수 있으며, 또한 모델 변경 등이 이루어진 개량품을 피고가 제조하고 있는 경우에는 특허발명과 대비하여 구제품과 신제품(개량품)을 동일시할 수 있는 경우에는 구제품의 제조시점을 치환용이성의 판단기준시로 해야 한다고

37) 三村量一, 上揭解說, 1679에 소개된 가상사례이다.

38) 三村量一, 上揭解說, 1680.

설명하고 있다.[39)]

학설상으로는 대상제품의 설계도 완성시, 시작품 완성시, 양산 개시시 중 시작품 완성시를 대상제품의 제조시로 해야 한다는 견해[40)]와 선사용의 취지에 착안하여 피고제품의 설계개발완료시(사업 준비시)로 하는 견해[41)]가 있다. 이 중 시작품 완성시를 기준으로 해야 한다는 견해는, 개발을 완료한 시점에는 완성된 시작품(대상제품과 동일한 제품)이 1개 이상 제조되어 있으므로 그것이 업으로서의 제조행위인 이상 그 시점이 '제조 등의 시점'이 된다는 것이 그 논거이며, 다만 의약품 등 특수한 경우를 제외하면,[42)] 대상제품 등의 시작품 완성시와 양산 개시시는 그다지 시차(timelag)가 없는 경우가 많을 것이기 때문에 특허권자는 의약품 등을 제외한 통상의 경우에는 양산 개시시를 기준으로 하여 공지기술을 주장·입증하면, 그 주장·입증책임은 일응 다한 것이라고 해야 하고, 특수한 사정에 의해 시작품 완성시가 그것보다 상당히 전인 경우는, 피고가 이것을 주장·입증하고 특허권자가 주장하고 있는 공지기술의 일부분이 침해행위 개시시의 공지기술에는 해당하지 않는다는 것을 반증해야 할 것이라고 한다.[43)]

라) 출원시 기존재하는 균등물에 대한 취급

볼스플라인 최고재 판결은 균등론을 인정해야 하는 이유로서 특허발명의 구성의 일부를 특허출원 후에 출현한 새로운 물질·기술과 치환한 경우를 들어 그 이유를 판시하고 있지만, 위 판결이 균등이 성립하는 경우를 특허발명의 구성의 일부를 특허출원 후에 출현한 새로운 물질·기술로 치환한 경우에 한정하는 것은 아니며, 특허발명의 구성의 일부를 특허출원시에 이미 존재하고 있던 다른 물질·기술과 치환하는 행위는 위와 같이 치환하는 것이 특허출원시에 있어서 통상의 기술자가 용이하게 상도할 수 있었던 것이라면 침해행위시에 있어서도 당연히

39) 三村量一, 上掲解説, 1680.

40) 設樂隆一, 前掲論文(ボールスプライン事件最高裁判決の均等論と今後の諸問題), 454.

41) 村松健一, "均等論における置換容易性の判断時に関する一考察", 知財管理 50巻 12号, 1807(日本知的財産協会, 2000).

42) 의약품의 경우 의약품을 개발·완성한 때부터 후생성의 허가를 신청, 시험 등을 거친 후에 허가를 취득, 양산을 개시하기까지는 상당한 기간이 필요하며, 기타 제품에 있어서도 새로운 생산라인 등을 건설할 필요가 있는 경우 등의 케이스가 있을 수 있으므로, 이와 같은 경우는 '제조 등의 시점'을 양산 개시시로 파악하느냐 시작품 완성시로 파악하느냐에 따라 큰 차이가 있을 것이라고 한다. 設樂隆一, 前掲論文(ボールスプライン事件最高裁判決の均等論と今後の諸問題), 454-455.

43) 設樂隆一, 前掲論文(ボールスプライン事件最高裁判決の均等論と今後の諸問題), 454-455.

용이상도라고 하는 것이 되므로 결국 특허출원시에 이미 존재하고 있던 다른 물질·기술로 치환한 경우에 대하여도 균등의 성립을 인정하는 것이다.[44)]

다만 특허출원시에 이미 존재하고 있던 다른 물질·기술로 치환한 경우에 대하여는 제4, 5요건, 특히 제5요건이 문제로 될 수 있다고 한다.[45)] 즉, 특허발명의 구성의 일부를 특허출원 후에 출현한 새로운 물질·기술과 치환한 경우에 대하여는 특허발명의 출원시에는 그와 같은 물질·기술이 존재하지 않았기 때문에 통상은 본판결이 들고 있는 제4, 5요건이 문제로 되는 것은 아니지만, 특허출원시에 이미 존재하고 있던 다른 물질·기술로 치환한 경우에는 제4, 5요건, 특히 제5요건이 문제로 된다는 것이다.[46)]

이에 대해, 출원시에 특허청구범위에서 기재될 수 있었던 기술에 대해서는 균등론 적용을 배제해야 한다는 견해도 있다.[47)]

44) 三村量一, 前揭解說, 1680－81; 中山信弘, 前揭書, 403(출원시에 존재하고 있었던 균등물에 대하여는 그 균등물에의 치환이 당업자에 의해 용이한 것이라면 특허청구범위에 기재하여야 함에도 기재하지 않았다고 하는 것은, 볼스플라인 최고재 판결의 제5요건에서 말하는 의식적 제외에도 관계되고, 균등을 인정하지 않는 경우에 해당하는 것도 있을 것이다. 하지만 출원시에 존재하고 있었던 물건으로 치환하면 반드시 균등이 인정되지 않는다고 하는 것은 아니고 사안별로 판단된다). 한편 高林龍, 標準特許法, 147(3版, 有斐閣, 2008)에서는, 균등론은 출원시에 존재하지 않았던 기술로 치환한 경우에 인정되어야 하는 것이고, 출원시에 존재하고 있었던 기술로의 치환은 의사적(擬似的) 균등론으로도 불리는 것으로, 융통성 있는 문언해석의 폭의 정도에 있어서 인정되어야 하는 것이라고 하고 있다.

45) 三村量一, 前揭解說, 1681－82("특허출원시에 있어서 이미 존재하고 있었던 물질·기술과의 치환에 대하여는 특허출원시에 통상의 기술자에게 용이상도였다고 하면 출원시에 있어서 굳이 그러한 물질·기술을 포함하지 않는 문언으로 특허청구범위를 기재한 것의 의미를 묻지 않으면 안 될 것이다. 즉, 통상의 기술자라면 출원당초부터 특허청구범위에 포함하여 혹은 출원과정에서 보정에 의해 특허청구범위에 포함하는 것을 용이하게 상기할 수 있었음에도 불구하고 굳이 이것을 행하지 않았다고 하는 것은 본판결이 들고 있는 제5요건(의식적 제외 등 특단의 사정)과의 관계에서 특허출원절차에서 출원인이 특허청구범위로부터 의식적으로 제외하였거나 혹은 외형적으로 그와 같이 이해될 수 있는 행동을 취한 것이라고 하여 균등의 성립이 방해되는 사정이 있다고 해석되는 경우가 적지 않다고 생각된다. 또한 특허출원시에 있어서 이미 존재하고 있었던 다른 물질·기술과의 치환에 대하여는 본판결이 들고 있는 제4요건(공지기술로부터의 용이추고)과의 관계에서 치환한 결과인 대상제품 등이 특허출원시에 있어서 공지기술로부터 용이하게 추고할 수 있는지 여부를 검토할 필요가 있다.").

46) 三村量一, 上揭解說, 1681－82.

47) 牧野利秋, "特許發明の技術的範囲の確定についての基本的な考え方", 裁判実務大系(27) 知的財産関係訴訟法, 445(斉藤博,·牧野利秋 編, 青林書院, 1997)(출원인이 통상의 기술자인 이상, 통상의 주의력을 발휘하면 출원시에 자명하게 된 기술은 명세서에 기재할 수 있었던 것이고 그와 같은 주의를 해태함으로 인한 불이익은 본래 특허권자가 감수해야 하는 것이며, 이와 같이 해석하지 않으면 성실하게 명세서를 작성한 출원인과의 균형을 잃고, 안이한 명세서의 기재를 조장시키는 결과를 초래한다는 것이다); 愛知靖之, "出願時におけるクレームへの記載可能性と均等論", 知的財産法の理論と現代的課題, 230－232(相澤英孝·大渕哲也·小泉直樹·田村善之

### 다. 치환용이성의 입증방법

최고재 판결의 취지로부터 보면, 치환용이성의 증거는 출원시부터 침해 개시(開始)시까지에 침해대상에 있는 치환된 구성이 주지(周知)로 되었던 것을 보여주는 자료가 바람직할 것이며, 반대로 피고가 침해대상의 구성에 대하여 특허출원(후원)하고 특허등록을 받았다는 사정은 치환용이성을 부정하는 강력한 증거로 된다.[48)]

## 3. 기 타

### 가. 유 럽

독일의 경우 2002년 3월 12일에 선고된 5건의 연방대법원 판결[49)]에서 균등침해의 성립요건을 판시하였는데 다음에 열거하는 세 질문에 모두 '예'라고 답변할 수 있어야 균등침해가 성립하게 된다. 즉, ① 변경된 실시예(modified embodiment)가 객관적으로 동일한 기술적 효과를 갖는 수단에 의해 특허발명과 동일한 과제를 해결하는지 여부,[50)] ② 우선일(priority date)을 기준으로 통상의 기술자가 자신의 지식에 기초하여 변경된 수단이 동일한 효과를 갖는다는 점을 알 수 있는지 여부,[51)] ③ 질문 ②에 대한 답변 과정에서 통상의 기술자가 고려하는 사항들이 특허청구범위의 기술내용에 기초한 것인지 여부[52)]이다.

---

編集, 弘文堂, 2005)(문제가 된 균등물을 청구범위에 기재하는 것이 출원시 통상의 기술자에게 가능하였다고 하는 점을 균등론의 제5요건 중 특단의 사정에 포함해야 한다는 견해).

48) 中山信弘·小泉直樹, 前揭書, 1100.

49) Schneidmesser I(Cutting Blade I) GRUR 2002, 515; Schneidmesser II(Cutting Blade II) GRUR 2002, 519; Custodial I GRUR 2002, 523; Custodial II GRUR 2002, 527; Plastic Pipe GRUR 2002, 511.

50) Nicholas Pumfrey, Martin J. Adelman, Shamnad Basheer, Raj S. Davé, Peter Meier-Beck, Yukio Nagasawa, Maximilian Rospatt, Martin Sulsky, *The Doctrine Of Equivalents In Various Patent Regimes — Does Anybody Have It Right?*, 11 Yale J.L. & Tech. 261, 291 (2009) (citing Cutting Blade I, 33 IIC at 875) ("The first question is: Does the modified embodiment solve the problem underlying the invention by means which have objectively the same technical effect?").

51) *Id.* at 292 (citing Cutting Blade I, 33 IIC at 875) ("Was the person skilled in the art enabled by his expertise on the priority date to find the modified means as having the same effect?").

52) *Id.* at 293 (citing Cutting Blade I, 33 IIC at 875) ("While answering question two, are the considerations that the person skilled in the art applies drawn from the technical teaching of the patent claim (so that the person skilled in the art took the modified embodiment into account as being an equivalent solution)?").

영국의 경우 문언침해와 균등침해를 구분하는 다른 주요국과 달리 균등판단을 문언해석에 포함하는 목적적 해석론(purposive construction)이라는 원칙을 채택하고 있으며,[53)] 1989년 *Improver* 판결[54)]에서 정리된 아래의 3개의 요건(Improver Questions)이 실무상 균등침해 판단의 가이드라인으로 운영되고 있다. 즉, ① 변경된 수단이 특허발명의 작동방법에 중요한 영향을 미치는가?(이 질문에 대한 답이 '아니오'일 경우 다음 질문으로 진행), ② 변경된 수단이 특허발명의 작동방법에 중요한 영향을 미치지 않는다는 점이 특허등록시점을 기준으로 통상의 기술자에게 자명하였는가?(이 질문에 대한 답이 '예'일 경우 다음 질문으로 진행), ③ 통상의 기술자의 입장에서 보았을 때 특허청구범위 문언을 엄격하게 준수하는 것이 특허발명의 필수요건이라는 것이 특허권자의 의도라고 이해되는가?(이 질문에 대한 답이 '아니오'일 경우에 보호범위에 포함됨)의 세 요건이다.[55)]

독일과 영국 모두 균등론 적용 제2요건에서 일정한 사항이 통상의 기술자에

53) Kirin－Amgen Inc v Transkaryotic Therapies Inc. [2005] R.P.C. 9, ¶ 42 (H.L.) ("If literalism stands in the way of construing patent claims so as to give fair protection to the patentee, there are two things that you can do. One is to adhere to literalism in construing the claims and evolve a doctrine which supplements the claims by extending protection to equivalents. That is what the Americans have done. The other is to abandon literalism. That is what the House of Lords did in the Catnic case, where Lord Diplock said (at [1982] RPC 183, 242: 'Both parties to this appeal have tended to treat 'textual infringement' and infringement of the 'pith and marrow' of an invention as if they were separate causes of action, the existence of the former to be determined as a matter of construction only and of the latter upon some broader principle of colourable evasion. There is, in my view, no such dichotomy; there is but a single cause of action and to treat it otherwise … is liable to lead to confusion.'").

54) Improver Corporation v Remington Consumer Products Ltd [1990] FSR 181 (Pat. Ct). 영국에서 특허관련 소송은 전문법원인 특허법원(Patents Court), 항소법원(The Court of Appeal), 대법원(the Supreme Court, 2009년 10월 1일 이전에는 the House of Lords) 순으로 판단되며, 이 판결은 1심인 특허법원(Patents Court)의 판결이다. 한편 Improver 판결을 내린 Hoffmann 판사가 후에 대법관이 되어 Kirin－Amgen 대법원 판결의 주심으로서 판결하였다.

55) Improver Corporation v Remington Consumer Products Ltd [1990] FSR 181, 189 (Pat. Ct) ("(1) Does the variant have a material effect upon the way the invention works? If yes, the variant is outside the claim. If no, (2) Would this (i.e. that the variant had no material effect) have been obvious at the date of publication of the patent to a reader skilled in the art. If no, the variant is outside the claim. If yes, (3) Would the reader skilled in the art nevertheless have understood from the language of the claim that the patentee intended that strict compliance with the primary meaning was an essential requirement of the invention. If yes, the variant is outside the claim. On the other hand, a negative answer to the last question would lead to the conclusion that the patentee was intending the word or phrase to have not a literal but a figurative meaning (the figure being a form of synecdoche or metonymy) denoting a class of things which included the variant and the literal meaning, the latter being perhaps the most perfect, best－known or striking example of the class.").

게 자명하였는지를 판단하고 있는데, 보다 구체적으로 살펴보면 다음과 같다.

1) 독일: 치환수단의 효과동일성이 통상의 기술자에게 자명할 것

독일의 제2요건은 치환된 수단이 제1요건(효과의 동일성)을 충족한다는 점을 통상의 기술자가 발명적 노력 없이(without inventive effort) 우선일 당시 알 수 있었어야 한다는 것이다. 통상의 기술자가 특허발명과 자신의 지식으로부터 파악할 수 없는 범위에까지 특허발명의 보호범위가 미치는 것은 부당하기 때문이라는 것이 그 논거이다.[56)]

2) 영국: 작동방법의 실질적 동일성이 통상의 기술자에게 자명할 것

영국의 제2요건의 의미는 특허청구범위의 기재로부터 자명한 대체수단(obvious alternative)을 말하는 것이 아니라, 통상의 기술자가 특허발명과 변경된 수단을 모두 알고 있다는 전제 하에 양자의 작동방법이 동일하다는 것이 통상의 기술자에게 자명한지 여부를 판단하는 것이다.[57)] 따라서 변경된 수단에 진보성이 인정된다는 것이 제2요건의 충족과 모순되지 않는다.[58)] 자명성 판단의 기준 시점은 특허등록시(at the date of publication of the patent)이다.[59)]

---

56) Nicholas Pumfrey *et al.*, *supra*, at 292－293 ("Because what the person skilled in the art is not able to find and to do based on the patent and helped by his or her knowledge in the art, is not to be granted to the patentee. Else, the fundamental bargain underlying most patent regimes is violated — i.e. that a patent is an exclusive right granted for a limited period in exchange for certain technical teaching made available by the patentee to the public, by publication of the patent.").

57) Improver Corporation v Remington Consumer Products Ltd [1990] FSR 181, 192 (Pat. Ct) ("Mr. Young interpreted this question to mean that the variant must be one which would have suggested itself to the skilled man as an obvious alternative to the thing denoted by the literal meaning. In this case, he said, the term 'helical spring' did not suggest a rubber rod as an obvious alternative. On the contrary., it was an inventive step. He relied upon the evidence of Dr. Laming who said that mention of a helical spring would not have made him think of a rubber rod and that the choice of the latter was innovative. I do not think that this is what Lord Diplock meant by the question and I think that Mr. Young has been misled by Lord Diplock's use of the word 'obvious' into thinking that he must have been intending to refer to the rule that an obvious improvement is not an inventive step. In my view the question supposes that the skilled man is told of both the invention and the variant and asked whether the variant would obviously work in the same way.") (emphasis added).

58) *Id.* ("An affirmative answer would not be inconsistent with the variant being an inventive step."). 예를 들면, (비용 등의 문제로 인해) 활용이 불가했던 가요성 로드(bendy rod)의 특정 재질이 무통제모의 효과가 있음이 확인된 경우 그 재질로 된 가요성 로드는 제2요건 자명성을 충족하면서도 진보성이 인정될 수 있다고 설명하고 있다.

59) Improver Corporation v Remington Consumer Products Ltd [1990] FSR 181, 189 (Pat. Ct).

3) 독일과 영국의 치환자명성 비교

독일에서는 통상의 기술자가 특허발명만 알고 있는 상태에서 대체수단을 발명적 노력 없이 찾아낼 수 있는지 여부에 초점을 두고 있는 반면, 영국에서는 특허발명과 대체수단을 모두 알고 있는 통상의 기술자에게 양자의 작동방법이 동일하다는 점이 자명한지 여부를 판단하는 점에서 차이가 있다.[60] 즉, 영국의 치환자명성의 의미는 치환하는 것이 통상의 기술자에게 자명한가의 문제가 아니라 특허발명과 피고제품이 동일한 방법으로 작동하는 것이 통상의 기술자에게 자명한지를 묻는 것이므로[61] 우리나라의 치환자명성과는 개념을 다소 달리하는 것이다.

또한 독일에서는 여기에서의 자명성이 진보성과 동일한 개념으로 파악하는 반면,[62] 영국에서는 이 점이 다소 불명확한데 진보성보다는 완화된 개념으로 파악하는 견해가 있다.[63]

한편 자명성 판단의 기준시점은 독일은 우선일, 영국은 특허등록일이다.[64]

60) Christian Drathen Von, *Patent scope in English and German law under the European Patent Convention 1973 and 2000*, International Review of Intellectual Property and Competition Law(IIC) 39(4), 415 (2008). ("The English courts apply it to a comparison of patent and embodiment, which requires the skilled man to know about both. The question of whether it was obvious to the skilled man that the variant does not have a substantial effect on how the invention works, leads to the problem of setting the required degree of obviousness. German courts apply the perspective of the person skilled in the art more in the way of putting him in the position of a rival inventor who starts thinking from knowing the patent and not the variant. The German question of whether he would have been able to find the embodiment as a practicable alternative without inventive effort also leads to the problem of the degree of obviousness.").

61) Kirin－Amgen Inc v Transkaryotic Therapies Inc. [2005] R.P.C. 9, ¶ 83 (H.L.) ("In answering the second Protocol question, I said that it did not matter that it would not have been obvious to the person skilled in the art to substitute a rubber rod. The question was whether such a rod would work in the same way as an helical spring.").

62) Christian Von Drathen, *supra*, at 415 ("The meaning of obviousness in this context is accepted in Germany as non－inventiveness. In England, it is less clear, but should also be at least non－inventiveness.").

63) *Id.* at 395 ("It remains questionable though, which degree of belief the person skilled in the art needs to have for obviousness. While some believe, that this just means asking whether the skilled person needs inventive effort, the formulation of the second question seems to suggest that the effort the person skilled in the art needs to employ may be less than the high threshold of inventiveness. Suggestions to set the standard of obviousness at the level of "easy and quick to find" sound reasonable. Whereas, if inventive effort were to preclude a positive answer to this question, problems could arise where the variant is itself inventive.") (emphasis added).

다만 영국의 경우 특허등록일 이후의 기술도 청구범위가 후발기술을 포함할 수 있을 정도로 충분히 일반화되어 있는 경우 특허발명의 보호범위에 포함될 수 있다고 한다.[65] 독일의 경우도 특허발명이 단지 구체적 실시예에 관한 것인 경우에는 출원시 이후에 발전한 균등기술에는 미치지 않지만, 특허발명이 일반적 성질을 가진 경우에는 출원시 이후에 알려진 균등물에도 보호범위가 미치게 되는데 이처럼 후발기술에 균등범위가 미치는지 여부에 따라 전자를 구체적 균등, 후자를 추상적 균등이라고 하여 구별한다.[66]

### 나. 중　국

중국에서 균등론 적용에 대한 통일적 기준이 마련된 것은 2001년 최고인민법원의 사법해석[67]을 통해서다. 2001년 6월 19일 최고인민법원은 '특허분쟁사건

---

64) *Id.* at 415 ("The date of assessment in Germany is the priority date. In England it has been (apparently) predominantly the publication date, which is consistent, as this is generally the relevant date for interpreting documents in the UK. On the one hand, the priority date seems reasonable, because it ensures synchronisation of patent scope and disclosure, as required by the principle of rewarding the inventor. On the other hand, it might be preferable to rely on the infringement date to reduce the danger of 'unfair' circumventions of the patent by subsequently developed equivalents of single features."). 다만, 독일에서도 학설상은 우선일 이후의 후발기술도 일정한 경우 균등범위에 포함될 수 있어야 한다는 주장이 있다고 한다. 松本重敏·大瀬戸豪志, 前掲書 232－233.

65) Kirin－Amgen Inc v Transkaryotic Therapies Inc. [2005] R.P.C. 9, ¶ 80 (H.L.) ("I do not dispute that a claim may, upon its proper construction, cover products or processes which involve the use of technology unknown at the time the claim was drafted. The question is whether the person skilled in the art would understand the description in a way which was sufficiently general to include the new technology. There is no difficulty in principle about construing general terms to include embodiments which were unknown at the time the document was written.").

66) 大友信秀, 特許クレーム解釈における均等論の位置づけ及びその役割 — 日米独比較による均等論の解明 — (2), 法学協会雑誌 126(10), 2009, 1683－1684.

67) 최고인민법원의 사법해석은 법령에 대한 유권해석의 일종으로, 급속히 양산되는 중국의 많은 법령에 내포된 추상적이고 모호한 내용을 보다 구체적으로 보완하는 사실상의 입법기능을 수행하고 있다. 사법연수원, 중국법, 296(2010). 특허법과 관련된 사법해석으로는 '특허분쟁사건 심리에 있어서 법률적용 문제에 관한 규정'과 '소송 전 특허권 침해행위의 정지에 대한 법률적용 문제에 관한 규정'이 있는데, 각 규정의 자세한 내용은 김태수 외, 중국특허법, 361－368 (한빛지적소유권센터, 2011)에 소개되어 있다. 2000년 7월 1일에 시행된 '입법법(立法法)'의 규정에 의해 중국의 법체계는 통상 법률·행정법규·부문규장(部門規章)·규범성문서(規範性文書)라고 하는 4개 부분에 의해 구성되며, 법률의 해석문제에 관하여는 전국인민대표대회 사무위원회의 해석이 '입법해석'에 속하고, 최고인민법원의 해석이 '사법해석'에 속하며, 양자 모두 유권해석이고 법적 효력을 갖는다. 사법해석은 법률(인민법원조직법 제33조)이 최고인민법원에 부여한 직권이며, 최고인민법원이 인민법원의 심리과정 중, 구체적으로 적용하는 법률의 문제에 대하여 해석을 행하는 것이다. 각 지방의 인민법원이 개별사안을 심리할 때 부딪히는 판단

심리에 있어서 법률적용문제에 관한 규정(이하 '특허분쟁심리규정'이라 한다)'(2001년 7월 1일 실시)을 공포하고, 사법해석의 형식에 의해 균등론에 대한 규정을 명문으로 정하였는데, 특허분쟁심리규정은 수단·기능·효과의 '기본적 동일성'을 균등성립의 첫 번째 요건으로, '당해 분야의 통상의 기술자가 발명적 노력 없이 상도할 수 있을 것', 즉 치환자명성을 두 번째 요건으로 정하고 있다. 한편, 균등론 적용요건으로서의 치환자명성에 대해 중국에서는 진보성 판단기준과 동일한 것으로 보고 있고, 균등침해 판단기준시점에 대해 '특허분쟁심리규정'은 명시적으로 언급하고 있지 않지만 실무에서는 침해시로 보고 있다.[68)]

## Ⅳ. 검 토

### 1. 각국의 균등론에서 치환자명성의 의미

미국에서의 치환자명성(Known interchangeability)은 'FWR 테스트'나 '비실질적 차이 테스트'를 뒷받침하는 중요한 고려요소이긴 하지만 균등성립을 위해 반드시 충족되어야 하는 것은 아니어서 치환자명성이 균등론 적용요건으로 자리매김하고 있는 일본·독일·우리나라와는 차이가 있다. 영국의 경우는 치환자명성을 검토하는 *Improver* 질문이 목적적 해석론의 보조수단(가이드라인)으로 역할을 하고 있을 뿐 아니라, 그 의미도 치환하는 것이 통상의 기술자에게 자명한가의 문제가 아닌, 특허발명과 피고제품이 동일한 방법으로 작동하는 것이 통상의 기술자에게 자명한지를 묻는 것이므로 우리나라의 치환자명성과는 개념을 다소 달리하는 것이다.

이처럼 각국 별로 치환자명성의 개념이나 균등판단에 있어서의 역할이 일치하지 않지만 치환자명성을 균등론 적용요건의 하나로 하고 있는 (따라서 치환자명성이 부정되면 그것만으로도 바로 균등성립이 부정되는) 독일·일본·중국·우리나라에서의 치환자명성의 의미는, 특허발명의 구성요소를 대체요소로 치환하는 것을 통

이 곤란한 문제에 답하는 '개별사건형 사법해석'과, 최고인민법원이 법률의 구체적 적용에 대하여 규정한 보편적 구속력이 있는 '규범형 사법해석'이 있다. 郭煜, "中国の均等論についての一考察 — 日本との比較を中心に —", パテント 62巻 10号, 日本弁理士会, 2009, 66 脚註 11.

68) 郭煜, 前揭論文, 56. 예를 들면, '북경시의견' 제37조는 "피고실시제품 등의 기술특징과 특허의 독립청구항의 기술특징이 균등인지 여부의 판단은 침해행위가 발생한 시점을 기준으로 해야 한다"고 하고 있다.

상의 기술자가 '발명적 노력 없이'(독일) 혹은 '용이하게'(일본과 우리나라) 할 수 있는지 여부이고, 여기에는 '발명적 노력', '용이', '자명' 등 진보성 판단시에도 사용되는 개념이 포함되어 있어 균등론에서의 치환자명성과 진보성의 관계가 문제된다. 독일·중국에서는 균등론에서의 치환자명성과 진보성을 동일한 개념으로 파악하는 반면, 일본에서는 아래에서 살펴볼 우리나라의 학설과 마찬가지로 세 가지 입장이 있지만, 판례는 제1설(진보성>치환용이성)의 입장을 취하고 있는 것으로 보이는데,[69] 이하에서는 우리나라의 학설과 판례의 상황을 살펴보고 어떤 입장이 타당한지에 대해 검토해 본다.

## 2. 균등론의 치환자명성과 진보성의 관계

### 가. 학 설

#### 1) 제1설: 진보성>치환용이성

균등론에서의 치환자명성은 진보성에서의 상도용이성보다 수준이 낮다는 입장으로 특단의 실험추적을 거칠 필요도 없이 평균적 전문가라면 누구나 쉽게 당연히 추측할 수 있는 정도의 용이성을 치환자명성의 범위로, 발명적 노력에까지 이르지 않았지만 상당한 정도의 실험추적을 거쳐야만 하는 경우로 치환자명성의 범위는 넘지만 진보성까지는 이르지 못하는 정도를 회색영역의 범위로, 발명적 노력이 요구되는 정도를 진보성 영역으로 파악하는 견해이며, 다수설이다.[70] 제1설은 ① 균등의 영역 밖에 있지만 별개의 특허로도 성립되지 않는 회색영역은 발명자와 공중의 이익 사이의 균형점을 추구하는 특허법이 당연히 예정하고 있는 것이라는 점[71]과 ② 연구개발에 중점을 두는 특허의 요건으로서의 진보성이

69) 東京地判 平成10·10·7 判時 1657号 122[負荷装置システム]; 大阪地判 平成11·5·27 判時 1685号 103[注射方法及び注射装置]; 大阪地判 平成12·5·23 平成7(ワ)1110 他[召合せ部材取付用ヒンジ].

70) 최성준, "한국법원에서의 균등론", Law & Technology 제2권 제5호, 서울대학교기술과법센터, 2006, 126; 한동수, 앞의 판례해설, 652; 서태환, "특허소송에서의 균등론의 역할", 사법논집 30집, 401－402(법원행정처, 1999); 오승종, "특허침해와 균등론", 법조 46권 5호, 58(법조협회, 1997); 유영일, "특허소송에서의 균등론의 체계적 발전방향", 특허소송연구 제2집, 301－302(특허법원, 2001) 등. 한편, 유영일, 앞의 논문, 287에서는, 진보된 기술사상이 내포되어 있지 아니하여 (가)호가 권리범위에 속한다고 본 대법원 1994. 1. 11. 선고 93후824 판결에서 '진보된 기술사상이 내포되어 있지 않다는 표현이 진보성이 없다는 의미라면 제2설에 선 것으로 볼 수 있다'고 소개하는 한편, 대법원 97후2200 판결에서의 '그와 같이 치환하는 것 자체가 그 발명이 속하는 기술분야에서 통상의 지식을 가진 자이면 당연히 용이하게 도출해 낼 수 있는 정도로 자명한 경우'라고 표현한 것에서 제1설에 가까운 입장으로 볼 수 있다고 한다.

제조판매에 중점을 두는 균등론의 요건인 치환자명성보다 상도용이성의 면에서 수준이 높다는 점[72]을 논거로 들고 있다.

특히 제1설은 아래에서 보는 제2설에 대해, ① 균등의 범위가 너무 넓어지는 점,[73] ② 균등판단시점을 침해시로 할 경우 후행 특허발명이 선행 특허발명의 균등침해에 해당하게 되는 점[74] 등의 문제를 지적하고 있고, 치환자명성의 판단기준시를 침해시로 본다면 균등론의 치환자명성은 특허발명의 출원시에는 확정할 수 없다는 점에서 진보성과는 본질적인 차이를 드러내게 된다고 하고 있다.[75]

2) 제2설: 진보성 = 치환자명성

제2설은 진보성에서의 상도용이성과 균등론에서의 치환자명성이 동일한 수준이라고 보는 입장으로, ① 제1설에 따르게 되면 특허발명의 침해는 부정되지만 별도의 특허성도 인정되지 않는 회색영역이 존재하게 되고 분쟁에서 문제가 되는 확인대상발명의 대다수가 회색영역에 포함되게 되어 특허법이 제대로 작동하지 못하는 영역이 발생하는 문제가 있다는 점과 ② 심사와 소송에서의 판단의 일관성과 객관성이 확보될 수 있다는 점을 그 논거로 하고 있다.[76] 위 견해와 마찬가지로 판단기준의 명확성 측면에서, 진보성에 관해 축적된 판례를 활용할 수 있고, 균등판단에 있어 객관성·명확성·예측가능성이 높아진다는 점을 하나의 근거로 하면서도 추가적으로 기술혁신의 관점에서도, 치환자명성을 진보성 판단시의 상도용이성보다 작게 보면 발명자의 발명의욕이 저하되고, 크게 보면 특허청구범위의 공시적 기능이 상실되며 법적 안정성이 훼손되지만 이들을 동일하게 보는 경우에 기술혁신은 자연스럽고 원활하게 일어나고 공중의 영역은 지속적으로 확장된다는 이유로 같은 입장을 취한 견해[77]도 있다. 제2설 중 두 번째 견해는 주로 미국의 논의를 많이 참고하고 있는데, 미국에서의 제2설과 같은 견해는 1990년대 '비실질적 차이' 테스트의 불명확함으로 인한 문제점에 대한 비판에 근

71) 최성준, 앞의 논문, 126; 서태환, 앞의 논문, 401－402; 유영일, 앞의 논문, 300－301.

72) 유영일, 앞의 논문, 300－301.

73) 최성준, 앞의 논문, 126; 서태환, 앞의 논문, 401－402.

74) 서태환, 앞의 논문, 402.

75) 최성준, 앞의 논문, 126.

76) 민병호, "일본의 균등론 성립요건에 관한 고찰", 창작과 권리 2호, 48, 69－70(1996).

77) 구대환, "기술혁신의 관점에서 본 균등요건의 치환자명성과 특허요건의 진보성의 관계", 법제연구 제41호, 220－223(한국법제연구원, 2011. 12). 이 견해는 치환자명성과 진보성 판단의 자명성을 동일한 폭으로 볼 때 치환자명성을 판단하는 시점을 진보성 판단 기준시점과 같이 출원시로 정하는 것이 일관성이 있다고 하고 있다.

거한 것이 대부분이며,[78] 사안에 따라 균등 판단기준(FWR 테스트, 비실질적 차이 테스트, 치환자명성 테스트 등)을 달리 하는 미국과 달리 일반화된 균등론 적용요건을 갖춘 우리나라에 적용될 수 있는 비판이라고 보기는 힘들다. 미국에서도 판례는 이러한 주장을 받아들이지 않고 있다.[79]

3) 제3설: 구별되는 개념

균등론의 치환자명성은 그 정도를 굳이 따지자면 진보성에서의 상도용이성보다는 낮은 정도의 것일 경우가 실제로는 많겠지만, 판단기준시를 침해시로 할 경우 시간의 경과에 따라 오히려 진보성 판단에서의 상도용이성보다 높은 정도의 것이 될 수도 있고, 균등론에서의 치환자명성은 특허발명의 보호범위를 정하기 위한 기준임에 반해 진보성 판단에서의 상도용이성은 새로운 특허를 부여하

---

78) Alan L. Durham, *Patent Symmetry*, 87 B.U. L. Rev. 969, 1019 (2007) (비실질적 차이 테스트의 불명확성을 지적하면서 진보성 판단기준을 적용함으로써 판단기준의 객관성을 담보할 수 있다는 견해); Qing Lin, *A Proposed Test for Applying the Doctrine of Equivalents to Biotechnology Inventions: The Nonobviousness Test*, 74 Wash. L. Rev. 885, 906−07 (1999) (균등판단기준이 불명확하기 때문에 진보성 기준을 적용하자는 것으로 균등판단도 발명전체접근법을 취해야 한다는 입장); Michael T. Siekman, *The Expanded Hypothetical Claim Test: A Better Test for Infringement for Biotechnology Patents Under the Doctrine of Equivalents*, 2 B.U. J. Sci. & Tech. L. 6, 10 (1996) (균등판단기준이 불명확하다고 비판하면서, 선행기술에 대한 신규성·진보성 판단만을 하는 기존의 가상청구항의 법리를 명세서 기재요건을 포함한 모든 특허요건에 대해 침해시를 기준으로 발명전체가 아닌 대체요소에 중점을 두면서 판단하는 법리를 제안하고 있음); Toshiko Takenaka, *Doctrine of Equivalents After Hilton Davis: A Comparative Law Analysis*, 22 Rutgers Computer & Tech. L.J. 479, 482 (1996) (*Warner−Jenkinson* CAFC 전원합의체 판결에서 균등판단기준으로 제시된 비실질적 차이 테스트는 진보성 판단과 마찬가지의 기준이며 균등판단의 바람직한 기준이라는 견해); Roy H. Wepner, *The Patent Invalidity/Infringement Parallel: Symmetry or Semantics?*, 93 Dick. L. Rev. 67, 80 (1988) (특허권자의 충분한 보호를 위해 균등판단기준과 진보성 판단기준을 일치시켜야 한다는 견해); Joseph S. Cianfrani, Note, *An Economic Analysis of the Doctrine of Equivalents*, 1 Va. J.L. & Tech. 1, ¶ 53 (1997), 〈http://www.vjolt.net/vol1/issue/vol1_art1.pdf〉 (균등판단에 진보성 판단기준을 적용해야 한다는 학설을 소개하면서도 진보성 판단기준도 반드시 명확한 것은 아니라고 비판하면서 특허권자가 주장하는 균등범위가 청구범위에 포함될 수 있었던 경우에는 균등론 적용을 제한해야 한다는 견해); Stephen G. Kalinchak, Comment, *Obviousness and the Doctrine of Equivalents in Patent Law: Striving for Objective Criteria*, 43 Cath. U. L. Rev. 577, 582 (1994) (진보성판단과 균등판단의 유사성을 강조하면서 진보성 판단기준을 균등판단에 적용할 경우 판단기준의 객관성과 결과의 예측가능성을 높일 수 있다는 견해).

79) Siemens Medical Solutions USA, Inc. v. Saint−Gobain Ceramics & Plastics, Inc., 637 F.3d 1269, 1281−1283 (Fed. Cir. 2011). 진보성 판단과 균등 판단은 ① 전자는 *Graham* 테스트를, 후자는 *Graver Tank* 테스를 적용한다는 점, ② 전자는 상업적 성공 등 객관적 지표 혹은 해당 기술분야의 예측가능성(predictability) 등을 고려하지만, 후자는 그렇지 않은 점, ③ 전자는 발명시를 기준으로 하지만 후자는 침해시를 기준으로 하는 점 등에서 차이가 있어 균등, 즉 자명성을 의미한다는 주장은 타당하지 않다고 한다.

기 위한 잣대로서 그 출발과 목표가 다르기 때문에 사안에 따라 달라질 수 있으므로 일률적으로 정할 문제는 아니라는 견해도 있다.[80)]

4) 판 례

'통상의 기술자가 용이하게 생각해 낼 수 있을 정도로 자명'하다는 것의 구체적인 의미에 대해서는 대법원 판결이 침묵하고 있어, 진보성 판단에서 말하는 '통상의 기술자가 용이하게 발명할 수 있다'는 것과 '통상의 기술자가 용이하게 생각할 수 있을 정도로 자명하다'는 것의 명확한 차이에 대해 알 수 없지만, 앞서 제3요건에 대한 대법원 판결의 분석을 참고하면, 판례는 균등론에서의 치환자명성은 진보성에서의 상도용이성보다는 더 용이한 것이라고 보고 있는 것이 아닌가 생각된다.[81)]

5) 검 토

균등론에서의 치환자명성과 진보성에서의 상도용이성을 동일한 수준으로 보는 견해의 논거는 ① 특허발명의 보호범위와 해당 특허발명과의 관계에서 진보성이 부정되는 범위를 일치시켜 소위 회색영역을 없애야 특허법이 제대로 작동한다는 것 및 ② 진보성 판단기준을 적용해야 균등판단의 객관성·명확성이 담보될 수 있다는 것인데, 첫째, 특정한 특허발명과의 관계에서 그 특허발명의 보호범위를 어디까지 인정할 것인가 하는 문제와 그 특허발명을 어느 정도 개량해야 별도의 특허권이 부여될 수 있는가 하는 문제는 전혀 관점을 달리하는 것으로 두 범위를 일치시켜야 할 이유나 근거를 특허법에서 찾을 수 없고, 또한 제2설에 따를 경우 균등의 인정범위가 지나치게 넓어지고 결과적으로 특허청구범위의 공시기능도 매우 훼손되기 때문에 논거 ①은 타당하지 않으며, 둘째, 구성요소별 균등판단이 원칙으로 자리 잡은 현재 발명전체접근법을 취하는 진보성 판단기준을 균등판단에 적용할 수 없을 뿐 아니라, 관점을 달리 하는 진보성 관련 판례들이 균등 판단에 지침이 될 수 있다는 제2설의 주장도 설득력이 떨어진다는 점에서 논거 ② 역시 타당하지 않다.[82)] 제1설과 제3설에서 지적하듯이 균등판단의

80) 박성수, "진보성과 균등론에 관한 소고", 특허소송연구 3집, 특허법원, 2005, 20-22.

81) '통상의 지식을 가진 자라면 누구나'라는 표현을 처음 사용한 대법원 2007후3806 판결에 대한 판례해설(한동수, 앞의 판례해설, 652)에서 치환자명성은 진보성보다 상도용이성의 수준이 낮은 것이라고 하고 있고, 이후 대법원 판결에서 2007후3806의 문구를 그대로 사용하고 있는 점도 이러한 생각을 뒷받침한다고 볼 수 있다.

82) 물론 (i) 진보성 판단 장면 중 비교대상발명 1의 구성요소를 비교대상발명 2에 개시된 구성으로 치환하면 특허발명에 이를 수 있다는 것과 (ii) 특허발명의 구성요소 중 하나를 일정한 대체

기준시를 침해시로 한다면 제2설은 더더욱 설 자리가 없을 것이다.

침해대상세품 등의 실시가 특허발명의 균등침헤에 해당한다는 것은 침해대상제품 등이 특허발명과 실질적으로 동일한 기술적 사상을 이용하고 있다는 평가라는 점과 균등론 적용에 있어 특허청구범위의 공시기능이 지나치게 훼손되어서는 안 된다는 명제를 고려할 때 균등론의 치환자명성은 진보성의 상도용이성보다는 낮은 수준으로 보는 것이 타당하다. 다만 특허법에서의 진보성 판단(용이)과 실용신안법에서의 진보성 판단(극히 용이)이 개념상으로는 구분 가능하더라도 실무상 구별하기가 곤란하다는 점을 참고하면 균등론의 치환자명성과 진보성의 상도용이성의 관계를 위와 같이 설정하더라도 실제로 이를 어떻게 구별할 것인지가 문제된다.

결국 입증의 방법과 관련하여 균등판단의 경우 특허발명과 관련된 기술분야의 통상의 기술자의 기술상식이나 주지·관용기술을 토대로 치환자명성이 입증될 것을 요구한다면, 판단기준시점에서의 모든 관련되는 공지기술이 (위에서 언급한 기술상식 및 주지·관용기술과 함께) 고려대상이 될 수 있는 진보성 판단과 구별될 수 있을 것으로 생각된다.

### 3. 균등론의 치환자명성과 발명의 실질적 동일성의 관계

대법원 97후2200 판결에 의해 균등론이 명시적으로 인정되기 전에는 '발명의 실질적 동일성'이 균등판단을 대신하는 측면이 있었지만,[83] 균등론 적용요건이 제시되고 균등론 적용이 구성요소별로 이루어져야 한다는 점이 분명해진 현재 침해판단에서 '발명의 실질적 동일성' 개념이 활용되고 있지는 않다.

현재 특허법상 '발명의 실질적 동일성'이 문제되는 것은 발명의 신규성, 선

---

요소로 치환하면 침해대상제품 등에 해당한다는 것이 유사한 논리구조를 가진 점은 인정되고 이처럼 경우에 따라 진보성 판단과 균등 판단에 있어 일부 중복되는 장면도 없지는 않겠지만 위에서 설명한 장면 이외에도 진보성 판단은 비교대상발명과의 관계에서 다양한 상황이 존재하고 결과적으로 발명전체접근법에 따라 판단되어야 하는 반면, 균등판단은 항상 특허발명을 중심에 놓고 구성요소별로 판단되어야 하는 점에서 구체적 판단방법을 달리 하므로 논거 ②는 타당하지 않다.

83) 특허발명과 침해대상제품 등에 일정한 차이가 있는 경우에도 그 차이가 '단순한 설계변경', '단순한 형상의 변경', '부품의 위치 변경', '공정의 순서 변경', '조성물의 성분비율 변경', '부품의 상하좌우 등 방향의 변경'에 불과하여 침해대상제품 등은 원고의 특허발명과 '실질적으로 동일'하다고 판단한 경우가 상당수 존재하였다. 예를 들면, 대법원 1991. 3. 12. 선고 90후823 판결; 1991. 11. 26. 선고 91후1554 판결; 1997. 11. 14. 선고 96후1002 판결 등이 있다.

원, 확대된 선원 등 특허요건 판단 장면에서이다. 판례상 제시된 실질적 동일성 판단기준은, 발명의 동일성 여부의 판단은 양 발명의 기술적 구성이 동일한가 여부에 의하되 발명의 효과도 참작하여야 할 것인데, 기술적 구성에 차이가 있더라도 그 차이가 과제해결을 위한 구체적 수단에서 주지·관용기술의 부가·삭제·변경 등으로 새로운 효과의 발생이 없는 정도에 불과하다면 양 발명은 서로 실질적으로 동일하다고 하여야 한다는 것이다.[84)]

발명의 실질적 동일성 판단과 균등 판단을 비교해 보면, 통상의 기술자에 대한 자명성의 정도에 있어 '실질적 동일성'과 '치환자명성'이 진보성보다는 낮은 수준이라는 점이 공통되며, 비교대상발명의 하나의 구성요소를 출원·특허발명의 구성요소로 대체하는 것이 주지·관용기술에 기초한 것이고 작용효과의 차이가 없어 실질적 동일성이 인정되는지의 판단을 하는 경우에는 균등판단과 사고과정이 유사하다는 점은 인정되지만 아래 〈표 2〉와 같이 여러 가지 면에서 차이가 있다고 할 수 있다.

〈표 2〉 실질적 동일성 판단과 균등 판단의 비교

| | 실질적 동일성 | 균 등 |
|---|---|---|
| 대비대상 | 출원·특허발명 v. 비교대상발명 | 특허발명 v. 침해대상제품 등 |
| 판단기준 | ① 구성의 차이가 주지·관용기술의 부가, 삭제, 변경에 불과<br>② 효과의 실질적 동일 | ① 과제해결원리 동일<br>② 작용효과의 실질적 동일<br>③ 치환자명성 |
| 기준시점 | 출원시 | 출원시 (혹은 침해시) |
| 판단방법 | 발명전체로 동일성 판단 | 구성요소별 균등 판단 |
| 판단장면 | 특허요건 판단<br>(신규성, 확대된 선원, 선원) | 보호범위 판단 |
| 기 타 | 발명의 카테고리 상관없음 | 동일 카테고리 내에서 대비 |

84) 대법원 2011. 3. 24. 선고 2010후3202 판결. 등록무효사건으로 특허법 제29조 제3항의 확대된 선원 판단과 관련된 것이다.

### 4. 균등침해판단의 기준시: 출원시 v. 침해시

#### 가. 학 설

학설은 침해시설이 유력하다. 예를 들면, ① 균등론의 근거 중 하나인 '타인의 발명에 아무런 지적 창작을 가하지 않는 모방자가 방치되는 것은 정의와 공평의 관념에 반한다'라는 관점에서 볼 때 침해시 치환자명한 경우에 이를 특허권 침해로 보지 않는다면 균등론을 인정하는 취지에 반하게 되며, 급격한 기술발전 속도에 비추어 볼 때 특허권을 적절히 보호하기 위해서는 침해시설을 따르지 않을 수 없다는 견해,[85] ② 침해시설이 국제적 추세에 부합하며 균등론의 적극적 활용을 위하여 바람직한 입장이지만, 97후2200 판결이 국내산업보호를 위해 침해시설 도입을 보류한 것이라면 침해시설 도입에 신중한 검토가 필요하고, 출원 시점에서 있어서 등록특허와 비교하여 진보성이 있는 발명까지를 균등침해의 영역에 편입시키는 경우가 생길 수 있는 것은 아닌지 검토해야 할 문제라는 견해,[86] ③ 미국, 일본 등이 침해시를 기준으로 하고 있는데, 균등론 도입 후 약 10년이 경과한 현재 우리나라도 이를 수용하여 명시적으로 채택할 시기가 되었다는 견해,[87] ④ 국제적 동향을 고려할 때 침해시설이 타당하며, 침해시설을 취할 경우 균등의 범위가 확장된다는 비판도 있으나 과제해결원리의 동일성이라는 균등의 다른 요건에 의해 지나친 확장에 대한 억제가 가능하므로 그러한 비판은 타당하지 않다는 견해,[88] ⑤ 일본의 볼스플라인 사건 최고재 판결이 침해시설을 채택한 논거가 타당하다고 하면서 우리나라도 치환용이성의 판단시점을 침해시로 보아야 한다는 견해[89] 등이 침해시설을 취하고 있다.

다만 절충설로 다른 설에 의할 경우 발명의 보호가 충분치 못하게 되므로

---

85) 서태환, 앞의 논문, 420－421. 다만 침해시설의 문제점으로는 ① 출원 후 다른 사람의 발명행위에 대하여까지 보호범위가 부당하게 확장될 수 있는 점, ② 이미 진보성이 인정되어 새로운 특허권이 허여되었는데 그 후 상당한 기술진보가 이루어져 기존의 특허발명자가 위 새로운 특허권이 자신의 특허권을 침해하고 있다고 주장하는 경우에 침해시를 기준으로 하면 치환용이성이 있기 때문에 기존의 특허권을 침해한 것이라고 볼 수 있을 것인지 의문이 드는 점, ③ 침해시를 기준으로 할 경우 진보성보다 높은 수준의 용이성을 균등판단에서 요구할 수도 있게 되는 점 등을 들고 있다.

86) 유영일, 앞의 논문, 302－303.

87) 한동수, 앞의 판례해설, 652.

88) 석창목, "특허침해와 균등론", 법조 49권 5호(통권524호), 175－176(법조협회, 2000. 5).

89) 주기동, "균등론에 대한 비교법적 고찰", 특허법원 개원 10주년 기념논문집, 385(2008).

현실적으로는 침해시설이 타당하지만, 우리나라 특허법이 선출원주의를 취하고 있는 이상 특허발명의 보호의 실질은 어디까지나 특허출원시의 기술수준을 기준으로 판단해야 하므로 출원시를 원칙으로 하는 수밖에 없지만 출원시설과 침해시설이 양립이 불가한 것은 아니므로 출원시를 기준으로 하되 구체적인 경우에 있어서 침해시의 기술수준을 고려하여 균등판단을 하는 것은 가능하다는 견해[90]도 있다.

### 나. 판 례

현재까지 치환자명성 판단기준시에 대한 대법원의 명시적인 판단은 없는 가운데, 특허법원 2007. 11. 23. 선고 2006허9654 판결은, 확인대상발명에서 치환된 기술이 '확인대상발명의 제조시점'에 이미 많이 공지되어 있다는 점을 근거로 치환자명성을 인정하고 있고, 특허법원 2007. 6. 22. 선고 2007허1008 판결은 방론이지만,[91] 확인대상발명이 특허발명의 권리범위에 속하지 않는다고 한 심결을 유지하면서 치환자명성 판단기준시와 관련하여 "통상의 기술자가 확인대상발명의 대상이 되는 물품을 제조하는 등의 침해시점에서 당연히 용이하게 생각해 낼 수 있을 정도로 자명하다면"이라고 하고 있다.

### 다. 검 토

침해시설을 채택할 경우 발생할 수 있는 문제점에 대해 다음과 같이 경우의 수를 나누어 검토해 본다.

#### 1) 침해대상제품 등 전체가 후행 특허발명의 대상인 경우

선행특허인 특허발명이 A+B+C이고 후행특허인 침해대상제품 등이 A+B+D인 경우 (선행특허와 대비하여 후행특허의 진보성이 인정되는 경우라면) 치환자명성의 정도를 어느 학설에 따르든 상관없이 후행특허의 출원시점 및 그 후 일정기간 동안은 C를 D로 치환하는 것은 통상의 기술자에게 자명하지 않다고 봐야 하고, 따라서 침해대상제품 등 A+B+D는 균등침해에 해당하지 않는 것으로 보

90) 오승종, 앞의 논문, 57－58. 출원시에 공지공용의 기술이 아니었지만 침해시에는 이미 공지공용인 기술로 되어 치환한 결과 출원시의 기술과 비교하여 작용효과가 같고, 그 치환이 다른 기술에 의하여 실현되고 있는 경우 등에는 이를 균등범위에 포함시켜 특허권의 보호를 인정하는 것은 허용될 수 있을 것이라고 한다.

91) 특허법원 2007. 6. 22. 선고 2007허1008 판결은, 균등여부가 문제가 된 2개의 구성 중, 하나는 과제해결원리의 동일성 결여로, 다른 하나는 작용효과의 동일성 결여로 각각 균등성립을 부정하고 있고 치환자명성에 대해서는 판단하고 있지 않다.

아야 할 것이다. 이 경우 시간의 경과에 따라 후에 C를 D로 치환하는 것이 통상의 기술자에게 자명하게 되었더라도 마찬가지이며 후행특허권자뿐 아니라 그 실시권자도 선행특허권자의 허락 없이 후행특허발명을 실시할 수 있는 것으로 보는 것이 타당하다. 다만 시간의 경과에 따라 C를 D로 치환하는 것이 통상의 기술자에게 자명하게 된 이후에 A+B+D를 실시하는 자는 후행특허에 대한 문언침해임은 분명하나 더불어 선행특허인 A+B+C의 균등침해에도 해당할 수 있는지 문제가 될 수 있다. 이 사례처럼 선행특허와 후행특허 사이에 이용관계가 성립하지 않는 경우에 하나의 실시행위가 (이용관계가 성립하지 않는) 두 개의 특허를 동시에 침해하는 것으로 보는 것은 타당하지 않을 것이다. 따라서 이 경우 권원없이 A+B+D를 실시하는 자는 후행특허의 문언침해에만 해당하는 것으로 보는 것이 타당하다.

2) 침해대상제품 등의 최초 실시시 치환자명성이 부정되는 경우

특허발명이 A+B+C이고 침해대상제품 등이 A+B+D(특허발명이 아님)인 경우 침해대상제품 등의 최초 실시시점에서 C를 D로 치환하는 것이 통상의 기술자에게 자명하지 않다면 침해대상제품 등의 실시는 특허발명의 균등침해에 해당하지 않게 된다. 이 경우 시간의 경과에 따라 후에 C를 D로 치환하는 것이 통상의 기술자에게 자명하게 되었더라도 최초 실시자의 실시라면 마찬가지이다. 다만 시간의 경과에 따라 C를 D로 치환하는 것이 통상의 기술자에게 자명하게 된 이후에 A+B+D를 실시하는 제3자는 특허발명의 균등침해에 해당하게 된다.

3) 치환요소가 특허발명의 대상인 경우

선행특허인 특허발명이 A+B+C이고 특허발명에 사용될 수 있는 D가 후행특허발명인 경우, D 특허발명이 선행특허 기술분야의 통상의 기술자에게 알려지고 C를 D로 치환하는 것이 통상의 기술자에게 자명하게 된 이후 A+B+D를 실시하는 자는 선행특허의 균등침해에 해당하게 됨과 동시에 후행특허 D의 문언침해에 해당하게 된다. 후행특허 D의 특허권자도 만일 허락 없이 A+B+D를 실시한다면 선행특허의 균등침해에 해당하게 될 것이다.

4) 정　　리

후발기술을 활용하여 균등침해를 회피하는 것을 막기 위해서는 균등판단 기준시점을 침해시로 하는 것이 타당하다고 생각된다. 다만 침해시설을 취할 경우

위의 1) ~ 3)과 같은 쟁점들에 대한 정리가 필요한데 위에서 제시한 해석론에 의할 경우 문제가 해결될 수 있을 것이다.

한편 우리나라의 경우 침해소송 외에 권리범위확인심판이라는 특수한 제도가 존재하고 있고 그 심판에서도 균등판단이 이루어지고 있기 때문에 권리범위확인심판 및 그 심결취소소송에서의 판단기준의 정립도 필요할 것이다. 침해시(침해대상제품 등의 실시시점)라는 것을 권리범위확인사건에 적용하면 확인대상발명의 실시시점이 될 것이므로 기본적으로는 확인대상발명의 최초 실시시점을 기준으로 치환자명성 판단을 하면 될 것으로 생각된다. 다만 소극적 권리범위확인심판의 경우 장래 실시예정인 확인대상발명에 대한 심판청구도 가능하므로 이 경우에는 심결시를 기준으로 치환자명성을 판단하는 것이 타당할 것이다.

## V. 결 론

이상 균등침해판단에서의 치환자명성에 대해 살펴보았는데, 특허요건 판단시의 진보성 판단과 비교하여 정리해 보면 다음과 같다.

첫째, 진보성은 특허요건 판단 장면에서 검토되는 반면, 치환자명성은 침해판단 장면에서 검토되는 것이다. 따라서 대비대상도 진보성의 경우 출원 또는 특허발명과 비교대상발명(해당 발명 출원시 공지기술)인 반면, 치환자명성의 경우 특허발명의 구성요소와 침해대상제품 등의 대응구성으로 상이하다. 또한 이러한 판단장면의 차이로 인해 그 기준시점도 상이하다. 진보성 판단은 출원시를 기준으로 하지만 치환자명성의 경우 국가별로 기준이 일치하는 것은 아니지만 미국과 일본의 경우 침해시를 기준으로 하고 있고 우리나라도 명시적인 대법원 판결은 없지만 학설과 하급심 실무상 침해시설이 유력하다.

둘째, 진보성 판단은 발명전체접근법(invention as a whole approach)에 의해 이루어짐에 반해 균등침해 판단과정의 일부인 치환자명성 판단은 구성요소별접근법(element by element approach)에 의해 이루어진다는 것이다. 즉, 진보성 판단의 경우 비교대상발명들로부터 출원 또는 특허발명 전체를 용이하게 발명할 수 있는지를 검토하는 것인 반면, 치환자명성의 경우 균등여부가 문제가 된 특허발명의 하나의 구성요소를 침해대상제품 등의 대응구성으로 치환하는 것이 용이한지에 대해 검토하는 것이다. 따라서 균등여부가 문제가 된 구성요소가 여러 개인 경우 각 구성요소별로 치환자명성을 포함한 균등여부 판단이 이루어지게 된다.

셋째, 균등론에서의 치환자명성과 진보성에서의 상도용이성을 동일한 수준으로 보는 견해도 존재하지만, 침해대상제품 등의 실시가 특허발명의 균등침해에 해당한다는 것은 침해대상제품 등이 특허발명과 실질적으로 동일한 기술적 사상을 이용하고 있다는 평가라는 점과 균등론 적용에 있어 특허청구범위의 공시기능이 지나치게 훼손되어서는 안 된다는 명제를 고려할 때 균등론의 치환자명성은 진보성의 상도용이성보다는 낮은 수준으로 보는 것이 타당하다. 서론에서 언급한 바와 같이 진보성 판단과 치환자명성 판단 모두 '통상의 기술자'가 '용이'하게 발명(또는 생각)할 수 있는지 여부를 기준으로 한다는 점에서 비슷한 점도 있지만 판단장면을 달리함으로 인해 위와 같은 차이점들이 존재하므로, 각각의 판단에 있어 이런 점들이 고려되도록 유의해야 할 것이다.

# 제 5 절 미국 비자명성 요건의 입법 경과 및 판례 동향*

이해영(변리사)

미국 특허법에서 우리법의 소위 '진보성' 요건에 상당하는 것으로 '비자명성' 요건을 규정한다.[1] 비자명성 규정은 1952년 특허법에서 도입되었는데, 그 이전의 개념으로는 1851년의 Hotchkiss 판례에서 찾을 수 있다. 이 판례에서 '발명'(invention)의 개념을 정의하였고, 이를 특허성의 요건으로 하였는데,[2] 이 요건이 비자명성의 개념으로 바뀌어 1952년 특허법에서 명문화된 것이다.

1966년 대법원은 Graham 사건에서 비자명성 요건의 의미를 명확히 하면서 그 판단기준을 제시한 바 있으며, CAFC는 비자명성 판단에서 부당한 사후고찰(hindsight)을 방지하고 그 예측가능성을 높이기 위한 방안으로 TSM 테스트를 개발하여 적용하였다. 그러나 TSM 테스트는 "자명성 기준의 희석화"를 초래한다는 비판을 받아 왔는데, 2007년 대법원은 KSR 사건에서 TSM 테스트의 엄격한 적용을 거부하고 보다 유연한 접근법을 채택하게 된다. 그 후 CAFC는 KSR 판결에 기초하여 비자명성 요건을 판단하고 있는데, USPTO가 2010년 심사 가이드라인에서[3] 소개한 판례들을 중심으로 그 판례 동향을 살펴본다.

## 1. 미국 "비자명성" 규정의 입법 및 개정 경과

1790년 특허법에서는 "invention or discovery which was sufficiently useful

---

* 이 글은 다음과 같이 인용될 것이 권장된다. 이해영, "미국 비자명성 요건의 입법 경과 및 판례 동향", 「특허법의 진보성」(정차호 저), 박영사, 2014.

1) 35 U.S.C. §103.

2) Amanda Wieker, "Secondary Considerations Should Be Given Increased Weight In Obviousness Inquiries Under 35 U.S.C. §103 In The Post－Ksr V. Teleflex World", Federal Circuit Bar Journal, 2008. p. 667.

3) USPTO, "Examination Guidelines Update: Developments in the Obviousness Inquiry After KSR v.Teleflex"(2010 KSR Guidelines Update) Appendix. 75 Federal Register 53643, 2010. 9. 1.

and important …"에 대해 특허를 부여하는 것으로 규정하였다.[4] 1793년 특허법에서는 "sufficiently useful and important"테스트를 "utility and novelty"테스트로 대체하였으며,[5] 이는 1952년에 개정되기 전까지 특허요건으로 지속되었다. 그러다가 1851년 Hotchkiss 사건에서[6] 대법원은 세 번째 특허요건, 즉 '발명'(invention) 요건을 창설하였다. 대법원은 특허발명이 유용성·신규성 테스트는 통과하였지만 특허받을 수 있는 발명(발견)이기 위해서는 통상적인 기술자의 성과와 차별화시킬 수 있는 어느 정도의 기술력과 창의력(skill and ingenuity)을 보여야 한다고 설시하면서 당해 특허를 무효로 판시하였다. 따라서 이러한 발명 테스트로 인하여, 유용하고 신규하다고 하더라도 종래 장치나 방법을 단순히 변경하는 것만으로는 특허성이 부정되었다.[7]

Hotchkiss 판결 이후로 법원은 발명요건에 관하여 보다 엄격하게 해석하는 방향으로 나아갔는데,[8] 이러한 해석은 너무 엄중하다는 비판을 받아 왔으며, 의회로 하여금 1952년 특허법을 제정하도록 촉발하였다. 1952년 의회는 판례에서 개발된 발명요건을 비자명성 요건으로 명문화하여,[9] 유용성·신규성 요건과 더불어 세 번째 법정 특허요건으로 규정하였다. 35 U.S.C. §103 규정이 제정된 이후, 비자명성 요건이 종래 엄격한 발명요건 테스트를 보다 완화된 기준으로 대체하도록 의도된 것인지의 여부에 대해 하급심 사이에 의견이 나뉘었는데, 1966년 대법원은 Graham 사건에서 35 U.S.C. §103 규정의 비자명성의 의미를 보다 명확히 하였다.[10]

1952년 특허법의 35 U.S.C. §103 규정은[11] 그간 몇 번의 개정을 거쳤다. 먼저 1984년에 자명성 판단에 사용될 수 있는 선행기술의 예외를 추가하였으며,[12]

---

4) Act of Apr. 10, 1790, ch. 7, 1 Stat. 109.

5) Act of Feb. 21, 1793, ch. 11, 1 Stat. 318.

6) Hotchkiss v. Greenwood 52 U.S. 248 (1851). Hotchkiss 사건에서 특허발명은 "clay and porcelain formed doorknobs"에 관한 것으로, 선행기술과의 차이점은 wood, metal을 주지의 물질인 clay, porcelain으로 대체한 것이었다.

7) Dorothy Whelan, "A Critique of the Use of Secondary Considerations in Applying the Section 103 Nonobviousness Test for Patentability", Boston College Law Review, 1987, pp. 360－361.

8) Dorothy Whelan, 361p. 특히, 1930－50년대에 심리되었던 대부분의 특허가 무효로 판시되었다고 한다.

9) Act of Jul. 19, 1952, 35 U.S.C. §103.

10) Dorothy Whelan, at 363.

11) Patent Act of 1952, Pub. L. No. 593, §103, 66 Stat. 792, 798.

12) Patent Law Amendments Acts of 1984. 35 U.S.C. §103 규정에 다음과 같은 문장이 추가되었다:

1995년에 바이오 기술의 방법 발명에 관한 규정을 추가하였다.[13] 1999년 AIPA에서는 권리자가 동일한 선출원을 비자명성 판단의 선행기술에서 제외하도록 하는 규정이 추가되었고,[14] 2004년 CREATE 법에 이르러 pre－AIA §103(c) 규정이 완성되었다.[15]

2012년 America Invents Act (AIA)에서는 pre－AIA §103(b)(c) 규정을 삭제하는[16] 한편 1952년 법의 규정과 비슷하게 되면서 선출원주의(first－to－file)에 맞추어 그 판단시점이 '발명이 이루어진 때'에서 '클레임 발명의 유효출원일 전'으로 개정되었다. 따라서 클레임 발명이 그 유효출원일 전에 통상의 기술자에 의하여 자명하였는지의 여부로 판단된다.

## 2. 미국 판례의 흐름

### (1) Graham 대법원 판결[17]

Graham 대법원은 1952년에 새롭게 규정된 35 U.S.C. §103 규정의 비자명성의 의미를 명확히 하려고 하였고,[18] 선행기술에 비하여 자명한 변형으로 특허를 받을 수 없는 발명이라고 판단하기 위해서는 Graham의 기본적 요인(사실조사)을 고려하여야 한다고 판시하였다. 아울러, 대법원은 상업적 성공과 같은 이차적 고려사항도 비자명성 판단에 사용될 수 있다고 판시하였다.[19]

---

"Subject matter developed by another person, which qualifies as prior art only under subsections (f) or (g) of section 102 of this title, shall not preclude patentability under this section where the subject matter and the claimed invention were, at the time the claimed invention was made, owned by the same person or subject to an obligation of assignment to the same person".

13) Biotechnology Process Patent Act of 1995, Pub. L. No. 104－41, §1, 109 Stat. 351, 351. pre－AIA §103(b).

14) Act of Nov. 29, 1999, Pub. L. No. 106－113, §4807, 113 Stat. 1501, 1501A－591.

15) Cooperative Research and Technology Enhancement (CREATE) Act of 2004, Pub. L. No. 108－453, SEC. 2, §103(c)(2), 118 Stat. 3596.

16) pre－AIA §103(b)는 "생물공학적 방법"에 관하여 규정하였는데, 이는 자명한 생명공학적 방법이지만 신규하고 비자명한 합성물을 사용하거나 그 합성물을 결과로 하는 생명공학적 방법에 대해 §103 규정을 과도하게 제한적인 적용을 시정하려고 도입되었는데, 그간의 판례에 의하여 AIA에서는 불필요하게 되어 삭제되었다(MPEP 706.02(n) 참조). 그리고 pre－AIA §103(c)의 "선행기술 disqualifier 규정"은 AIA에서 §102(b)(2) 규정으로 옮겨 갔다.

17) Graham v. John Deere Co., 383 U.S. 1 (1966).

18) Amanda Wieker, at 669.

19) Graham, at 17－18. ("Such secondary considerations as commercial success, long felt but unsolved needs, failure of others, etc., might be utilized to give light to the circumstances

Graham 대법원은 의회가 35 U.S.C. §103 규정을 추가한 것은 Hotchkiss 판례에서 처음으로 제시된 '발명'(invention) 요건을 명문화하고자 한 것으로 특허성의 일반적인 수준을 변경하고자 의도한 것은 아니며, 종전 판례에서 그 수준을 높였다는 주장도 있지만 변하지 않고 그대로 유지되고 있었다고 설시하였다.[20] 다만, Hotchkiss 테스트와 35 U.S.C. §103 규정의 차이점은 보다 명확하고 실용적인 표준을 제공하기 위하여 모호하고 애매한 용어인 '발명'을 35 U.S.C. §103 규정에서 '비자명성'으로 교체하였다는 것이다.[21] 그러면서, 대법원은 35 U.S.C. §103 규정에 따른 비자명성 테스트에 대해 3-단계 테스트를 제안하였으며, 아울러 비기술적인 이차적 고려사항도 35 U.S.C. §103 테스트의 일부로서 사용할 수 있음을 시사하였다. 이차적 고려사항은 기술적인 측면이 아니라 비자명성의 경제적 및 동기적 측면에 초점을 둔 것이기 때문에 35 U.S.C. §103 규정에 적용함에 있어서 유용한 것이라고 설명하였다. 이차적 고려사항은 과학기술 분야에 학습이 부족한 판사나 배심원이 비자명성을 보다 쉽게 평가할 수 있도록 할 것이며, 클레임 발명이 자명한지를 판단할 때 사후고찰을 사용하거나 발명자의 발명(발견)을 선행기술에 넣어 해석하는 오류를 방지할 수 있을 것이라고 지적하였다.

### (2) CAFC의 TSM 테스트

Graham 판결 이후 하급심에서 Graham 고려요소들을 자명성 분석에 적용함에 있어 어려움을 겪고 있었는데, 이를 명확히 하려는 시도로서 CAFC는 TSM (Teaching, Suggestion & Motivation) 테스트를 개발하였다.[22] CAFC가 TSM 테스트를 개발한 것은 자명성 판단에서 부당한 사후고찰을 방지하고 자명성 조사의 예측가능성을 높이려는 데 그 목적이 있었다. CAFC는, TSM 없이 선행기술들을 결합하는 것은 선행기술을 서로 결합하기 위한 청사진(설계도)으로서 발명자의 개시내용을 단순히 취한 것임을 경험하고서는, 자명성을 주장하는 자가 사후고찰에

---

surrounding the origin of the subject matter sought to be patented. As indicia of obviousness or nonobviousness, these inquiries may have relevancy.").

20) Graham, at 17, 19. (최근 20-30년의 판결에서 예시된 엄격한 기준은 기술의 급속한 진보와 선행기술의 증가를 반영한 것이다).

21) Graham, at 14. (국회는 "a flash of genius test"를 철폐하려는 의도였다.).

22) Pro-Mold & Tool Co. v. Great Lakes Plastics, Inc., 75 F.3d 1568, 1573 (Fed. Cir. 1996) ("It is well-established that before a conclusion of obviousness may be made based on a combination of references, there must have been a reason, suggestion, or motivation to lead an inventor to combine those references.").

의존하는 것을 방지하려고 하였다.[23] 당업자가 발명의 조합을 '그 발명 당시'(pre-AIA)에 자명하였던 경우에만 자명하다고 할 수 있으며, 특허명세서를 청사진으로서 읽은 후 그 조합이 지금에 자명하다고 해서는 안 된다는 것이다. 이러한 부당한 사후고찰에 관한 우려 때문에 연방법원은 자명성 분석에서 엄격하면서도 의무적으로(rigid, inflexible & mandatory) TSM 테스트를 적용하였다.[24]

그러나 TSM 테스트는 상당한 비판을 받아 왔으며, 자명할 것 같은 발명도 USPTO에서 그 결합에 대한 TSM을 찾지 못하였다는 이유만으로 특허를 허여하여야 하는 등과 같이 "자명성 기준의 희석화"를 초래한다고 주장되었다.[25] 이러한 점들로 인하여, 대법원으로 하여금 KSR 사건에서 이 쟁점을 다루도록 한 것이다.

### (3) KSR 대법원 판결[26]

KSR 대법원은 TSM 테스트에 관한 CAFC의 엄격한 적용을 거부하고, Hotchkiss 판례에서 제시된 자명성에 대한 기능적 접근법(functional approach)을 재언급하면서 Graham 판례에서 제시된 유연하고 확장적인 접근법(flexible & expansive approach)을 채택하였다.[27] KSR 대법원은 자명성 판단에서 상식, 독창성, 직감, 논리, 추론 등을 승인하였는데,[28] 이는 CAFC의 TSM 테스트의 엄격한 적용으로부터 벗어난 것이다. 또한 자명성 분석에서 이차적 고려사항의 사용도 승인하였다.[29]

다음은 KSR 판례에 따라 자명성에 관한 결론을 뒷받침하는 데 적용할 수 있는 논리적 근거들이다: (A) 공지의 방법에 따라 선행기술 요소들을 조합하여 예견 가능한 결과를 낳는 경우, (B) 공지의 한 구성요소를 다른 것으로 단순히 대체하여 예견 가능한 결과를 낳는 경우, (C) 공지의 기술을 사용하여 그와 동일한

---

23) In re Dembiczak, 175 F.3d 994, 999 (Fed. Cir. 1999).

24) Amanda Wieker, at 670.

25) Amanda Wieker, at 671.

26) KSR International Co. v. Teleflex Inc, 550 U.S. 398 (2007).

27) Amanda Wieker, at 672.

28) KSR Int'l Co. v. Teleflex, Inc., 550 U.S. 398 (2007) ("We build and create by bringing to the tangible and palpable reality around us new works based on instinct, simple logic, ordinary inferences, extraordinary ideas, and sometimes even genius.").

29) Id. ("To this end, Graham set forth a broad inquiry and invited courts, where appropriate, to look at any secondary considerations that would prove instructive.").

방식으로 유사한 장치(방법 또는 제품)를 개량한 경우, (D) 개량하려는 공지의 장치(방법 또는 제품)에 공지의 기술을 적용하여 예견 가능한 결과를 낳는 경우, (E) 시도자명(obvious to try); 성공에 관한 합리적인 가능성으로 유한한 수의 예견 가능한 해결책 중에 하나를 선택한 경우, (F) 한 분야의 공지의 성과가 디자인 유인 또는 기타 시장력에 기초하여 그와 동일한 분야 또는 다른 분야에서 사용하도록 그 변형을 촉발할 수 있는데, 그 변형이 당업자에게 예측가능한 경우, (G) 선행기술에 있는 TSM(교시, 시사 또는 동기)이 당업자로 하여금 선행자료를 변형하거나 그 교시를 조합하여 클레임 발명에 이르도록 할 수 있는 경우.[30]

### 3. KSR 판례에 따른 자명성 판단 사례

USPTO는 2010년에 KSR 판결 이후에 나온 CAFC의 자명성 판단 사례를 소개하면서,[31] post-KSR 자명성 판단에서 가장 자주 다루어지는 세 논거, 즉 ① 선행기술 요소의 조합, ② 공지요소의 대체 및 ③ 시도자명(obvious to try)에 관한 판례의 내용 및 그 시사점을 설명하였다.

#### (1) 선행기술 요소의 조합

선행기술 요소들의 조합으로 된 클레임의 경우, 종래에 알려지지 않았던 문제점의 인식, 역교시(teaching away), 예견가능한 이상의 효과, 공지요소들의 결합 후 각 요소의 속성·기능의 유지 여부 등이 자명성 판단에 영향을 미친다.

(a) In re Omeprazole Patent Litigation, 536 F.3d 1361 (Fed. Cir. 2008)

O 요지: 클레임 제품을 만드는 데 적용할 수 있었던 일반적인 방법이 공지되었다고 하더라도 그 방법의 용도를 제시(시사)하였던 문제점이 종전에 알려지지 않았다면 그 클레임은 자명하지 않을 수 있다. 본 사례에서, 활성인자와 코팅 간의 불리한 상호작용이 알려져 있었다면 부가코팅을 사용하는 것이 자명하였을 것이지만, 그 문제점이 종래에 알려지지 않았기 때문에, 추가적인 코팅층이 기술적으로 가능하였었다고 하더라도, 그 당시 이를 추가하기 위한 시간과 비용을 들일 이유가 없었을 것이므로, 이러한 종래에 알려지지 않았던 문제점을 특허권자

30) KSR 대법원은 너무 엄격한 TSM의 적용에 대해 주의를 주었지만 TSM 또한 여전히 자명성을 판단하는 데 사용될 수 있는 유효한 근거 중 하나이다. KSR 판례에서, 법원은 "TSM 테스트의 기초를 이루는 아이디어와 Graham 분석 간에는 어떠한 모순도 없다."라고 설시하였다.

31) USPTO, "Examination Guidelines Update: Developments in the Obviousness Inquiry After KSR v.Teleflex"(2010 KSR Guidelines Update) Appendix. 75 Federal Register 53643, 2010.

가 발견하였다는 관점에서 비자명성이 인정된 것이다.

클레임 발명은 알약에 장용성(腸溶性) 코팅(enteric coatings)을 적용하여 알약이 그 의도된 작용처에 도달하기 전에 분해되지 않도록 보장하기 위한 것이다. 문제의 약은 위산억제제(gastric acid inhibitor)에 대한 일반 명칭인 "omeprazole"이며, 클레임은 활성성분을 둘러싼 두 층의 코팅을 포함한다. 피고는 '코팅된 omeprazole 알약'은 선행자료로부터 공지이며, 또한 2차적인 부가코팅은 의약조제 분야에서 일반적으로 알려져 있었기 때문에 클레임 발명이 자명하다고 주장하였다. 그러나 Astra는 종래의 코팅과 omeprazole 사이에 부가코팅을 개제한 것과 관련하여, 종래의 코팅은 omeprazole과 실제로 상호작용하여 활성성분에 좋지 않은 영향을 미쳤는데, 종래기술에는 그러한 나쁜 영향을 인식하지 못하였다고 주장하였다.

CAFC는 장용성 알약에 대한 부가코팅이 알려졌고, 또한 과도한 기술적 장애나 합리적인 성공 가능성이 부족하다는 증거가 없다고 하더라도, 클레임 발명에서의 변형(modification)을 유발하게 된 선행기술에서의 결함(flaw)이 인식되지 않았기 때문에 그러한 변형의 근거(reason)가 없었으며, 따라서 클레임 발명은 자명하지 않다고 판시하였다.

(b) Crocs, Inc. v. U.S. International Trade Commission, 598 F.3d 1294 (Fed. Cir. 2010)

○ 요지: 종래기술의 요소를 조합한 클레임은, 그 종래기술이 클레임 조합과 다르게 가르치고(teach away) 그 조합으로 예견 가능한 이상의 결과를 낳는다면 자명하지 않을 수 있다. 본 사례는 클레임의 모든 요소들이 선행기술에 있음을 지적하는 것만으로는 자명성 거절에 관한 완전한 설명이 되지 않는다는 점을 상기시킨다. 즉, 클레임 발명이 선행기술 요소들의 조합이라 하더라도 그로 인한 결과가 예견가능하지 않은 것이라면 자명성 거절의 논거로서 부족하다는 것이다.[32]

특허 클레임(U.S. 6,993,858)은 한 조각의 몰딩된 발포고무 기저부(foam base)가 신발 위와 바닥을 형성하는 신발(footwear)에 관한 것으로, 발포고무로 만들어진 띠(strap)가 신발 윗부분 개구부에 부착되어 그 띠가 발의 아킬레스 부분을 지지할 수 있도록 하였다. 그 띠는 기저부와 접촉할 수 있도록 하면서 기저부와 상대적으로 피봇할 수 있도록 연결부를 통하여 부착되었다. 기저부와 띠 모두 발포

32) MPEP 2143 A(3) 참조.

고무로 만들어졌기 때문에 이들 간의 마찰은 그 띠로 하여금 피봇 후에 그 위치를 유시할 수 있도록 한다.

선행기술로 제시된 것은 특허 신발의 기저부에 상당하는 신발에 관한 Aqua Clog 및 탄성적인 또는 기타 유연성 있는 재질로 만들어진 뒤 꿈치 띠를 교시한 Aguerre 특허이다. ITC는, Aqua Clog은 띠의 존재에 관해서만 클레임 발명과 다르며 Aguerre는 적당한 띠를 교시하고 있으므로 클레임 발명이 이들의 조합으로 자명하다고 판단하였다.

CAFC는 이에 동의하지 않으면서, 선행기술은 신발의 뒤꿈치 띠에 대한 재질로서 발포고무를 사용하는 것과는 반대로(against) 권고하였다고 지적하였다. 또한, 클레임 신발에서, 발포고무 뒤꿈치 띠는 신발에서 발을 적당히 재위치시킬 필요가 있을 때에만 착용자의 발과 접촉하며, 따라서 계속적인 접촉으로부터 야기되는 착용자의 불편함을 감소시킬 수 있다. 이와 같은 바람직한 특징은 기저부와 띠 간의 마찰의 결과이다. 그런데 Aguerre에서는 기저부와 띠 간의 마찰은 장점보다는 문제가 많다고 교시하면서 마찰을 줄이도록 나일론 와셔(nylon washer)의 사용을 제시하였다. 따라서 CAFC는 클레임 발명의 모든 요소가 선행기술에 의하여 교시되었다고 하더라도 그 조합으로 예견가능한 결과 그 이상을 낳는다면 그 클레임은 자명하지 않다고 설시하였다.

(c) Sundance, Inc. v. DeMonte Fabricating Ltd., 550 F.3d 1356 (Fed. Cir. 2008)

○ 요지: 공지의 선행기술 요소들이 결합된 후 그들 각각의 속성이나 기능을 유지하는 것으로 합리적으로 예견될 수 있었다면 그 공지 요소들의 조합으로 된 클레임 발명은 자명하다고 할 가능성이 있다.

Sundance 특허는 트럭, 수영풀 또는 기타 구조물에 대한 조각으로 나누고 구조화된 커버(segmented and mechanized cover)를 포함한다. 제1 선행기술은 조각화된(segmented) 커버를 만드는 이유로서 수선의 용이라는 점을 교시하면서, 한 조각이 손상되면 이를 쉽게 제거하고 필요하다면 대체할 수 있을 것이라고 하였다. 제2 선행기술에서 구조화된(mechanized) 커버의 장점은 쉽게 열 수 있는 것이라고 교시하였다. CAFC는 제1 선행기술의 조각화 측면 및 제2 선행기술의 구조화 기능은 그들이 결합된 후에도 그 결합 전과 마찬가지로 동일한 방식으로 작동하며, 제1 선행기술의 대체가능한 조각들을 제2 선행기술의 구조화된 커버에 부가하면 그 커버도 선행기술 커버들의 이로운 속성을 유지하게 될 것임을 당업자라면 예견할 수 있었을 것이라고 판단하였다.

(d) Ecolab, Inc. v. FMC Corp., 569 F.3d 1335 (Fed Cir. 2009)

○ 요지: 당업자가 공지 요소들을 조합할 만한 명확한 이유를 인식하고 있었고 그 조합의 방식을 알고 있었다면, 그 공지 요소들의 조합은 일응 자명한 것이다. 자명성 문제는 당업자의 역량과 관련되며, 당업자라면 특정의 해결책으로 응용 파라미터를 조정하여 최적 파라미터를 결정하는 방법을 알 수 있었을 것이라면 자명하다고 인정된다. 그러나 응용 파라미터의 최적화가 당업자의 수준 내에 있지 않았다면 그 결론은 달라질 것이다.

클레임 발명은 특정 조건 하에서 고기에 항균용액(antibacterial solution)을 뿌려서(spray) 병원균의 발생율을 감소하도록 고기를 처리하는 방법에 관한 것이다. 당사자들은 "최소한 50psi"에 관한 한정사항을 제외하고는, 하나의 선행기술에 클레임 발명의 모든 요소들을 교시(제1 선행기술)하고 있다는 점에는 다툼이 없었다. 그리고 제2 선행기술은 다른 항균제로 고기를 처리할 때 20-150psi 압력으로 spray-treating하는 장점을 교시하였다.

CAFC는 공지 요소들을 조합(즉, 항균 용액과 고기 표면의 박테리아 간의 접촉을 증가시키고 부가적인 박테리아를 고기 표면에서 쓸어내도록 압력을 사용하는 것)할 만한 명확한 이유가 있다고 설시하였다. 제2 선행기술은 항균 용액이 고기 위에 뿌려질 때 그 효율을 향상시키기 위하여 고압을 사용하는 점을 교시하고 있기 때문에, 그리고 당업자라면 항균 용액을 고압으로 처리하는 이유를 인식하고 있었을 것이며 이를 어떻게 하는지도 알고 있었을 것이기 때문에, 공지의 요소들에 고압 기능을 조합한 클레임 발명은 자명하다고 판시하였다.

(e) Wyers v. Master Lock Co., No. 2009-1412, —F.3d—, 2010 WL 2901839 (Fed. Cir. 2010)

○ 요지: KSR 대법원 판례에 따라 유사기술의 범위는 넓게 해석되며, 발명자가 해결하고자 하였던 문제(과제)와 합리적으로 관련된 자료를 포함한다. 상식도 자명성에 관한 법적 결론을 뒷받침하는 데 사용될 수 있는데, 그것은 충분한 논거로 설명되어야 한다.

CAFC는 트레일러를 차량과 체결하는 데 사용되는 체결기구(barbell-shaped

hitch pin locks)에 관한 클레임이 자명하다고 판시하였다. 이 사건의 클레임은 종래기술의 히치핀(hitch pin) 체결기구를 개선한 것이었는데, 클레임 1은 제거 가능한 슬리브(sleeve)가 히치핀 체결기구의 몸체(shank) 위에 놓일 수 있도록 하여 동일한 체결기구가 다양한 크기의 견인 개구면에 사용될 수 있도록 한 것이며, 클레임 2는 내부 체결구조가 오염되지 않도록 외부의 편평한 테두리 차폐(flange seal)를 채택한 것이다. Wyers는 클레임의 구성요소들 중에 제거 가능한 슬리브 및 외부 커버링은 선행기술에 개시되지 않았다고 주장하였고, Master Lock은 그들을 교시하는 추가자료를 제시하였다.

법원은 먼저, 그 추가자료가 유사기술인지에 관한 문제를 다루었는데, 슬리브 요소를 교시하는 자료는 차량을 사용하여 트레일러를 견인하는 것을 다루고 있으므로 Wyers의 노력 분야와 동일하다고 판단하였다. 그리고 차폐요소를 교시하는 자료는 견인히치(tow hitch)용 체결기구가 아니라 맹꽁이자물쇠(padlock)를 다루고 있는데, Wyers 명세서에는 클레임 발명이 체결장치 분야에 관한 것이라고 기재하고 있는바, 차폐된 맹꽁이자물쇠 자료는 동일한 노력 분야임을 적어도 시사한다고 설시하였다.

다음으로, 법원은 본 사건에서 조합에 대한 적당한 동기가 있었다는 이유를 다음과 같이 설명하였다. 슬리브 구조와 관련하여, 다양한 크기의 히치핀에 대한 수요(need)는 널리 알려져 있었으며 그것은 사용자에 대해 불편하고 비용이 드는 것으로 알려져 있었음을 지적하면서, 그 사항에 관한 시장 측면에서는 가게 선반의 공간이 보다 가치가 있으며 제거 가능한 슬리브는 이러한 경제적인 관점을 다루었다고 언급하였다. 차폐구조와 관련하여, 내부 차폐 및 외부 차폐 모두 자물쇠를 오염으로부터 방지하기 위한 공지의 수단이었음을 지적하면서, 그 구성요소는 그들의 인식된 기능에 따라 채용될 수 있으며 그들이 조합되더라도 그 각각의 기능을 유지하리라고 예견할 수 있었을 것이라고 설시하였다.

(f) DePuy Spine, Inc. v. Medtronic Sofamor Danek, Inc., 567 F.3d 1314 (Fed. Cir. 2009)

○ 요지: KSR 판례에서 논의된 예측가능성(predictability)은 선행기술 요소들이 조합될 수 있을 것이라는 예상뿐만 아니라 그 조합이 그 의도된 목적으로 동작할 것이라는 예상을 포괄한다. 당업자가 그 공지의 요소들을 조합할 수 있었을 이유에 관하여 제시된 바로 그 근거를 선행기술의 교시가 훼손하는 경우, 클레임

발명이 자명하지 않을 것이라는 추론이 특별히 강하게 된다.

클레임은 척추 수술에 사용되는 다축나사(polyaxial pedicle screw)에 관한 것으로 나사머리를 receiver부재에 대하여 압력을 가하는 압착부재를 포함한다. 선행기술 Puno는 압착부재를 제외하고는 클레임의 모든 요소들을 개시하였다. 대신에, Puno의 나사머리는 충격 흡수재 효과를 달성하도록 receiver부재로부터 분리되어 receiver부재와 척추 간의 약간의 움직임을 허용하였다. Puno에 없는 압착부재와 관련하여, 선행기술 Anderson에서 긴 뼈가 압착부재에 의하여 견고하게 고정될 때까지 다축 운동을 할 수 있는 회전클램프(swivel clamp)를 긴 뼈에 고정하기 위한 외부의 골절부동화부목(fracture immobilization splint)을 개시하였다. 피고는 Anderson의 압착부재를 Puno의 장치에 조합함으로써 클레임에 의하여 커버되는 견고하고 체결된 다축나사를 달성할 수 있다는 것은 당업자라면 인식할 수 있었을 것이라고 주장하였다.

CAFC는 KSR 판례에서 논의된 "예견할 수 있는 결과"는 선행기술 요소들이 물리적으로 조합할 수 있을 것이라는 예측뿐만 아니라 그 조합이 그 의도된 목적으로 동작할 것이라는 예측도 언급한 것이라고 지적하였다. 이 사건에서, 선행기술 Puno는 나사의 견고성이 인체 내에서 잘못되어 그 의도된 목적으로 동작하지 않을 수 있는 가능성을 증가시킨다고 경고하였는바, 견고성의 증가로 인한 실패의 가능성을 교시하고 있으므로, CAFC는 선행기술 Puno가 그 제안된 조합으로부터 역교시(teach away)하여 당업자로 하여금 제안된 방식으로 선행기술들을 조합하는 것을 단념하도록 하였을 것이라고 판단하였다.

### (2) 공지 요소의 치환

클레임 발명이 선행기술의 어느 한 요소를 공지의 다른 요소로 치환(대체)한 경우, 당업자가 기술적으로 그 치환을 할 수 있었을 것이며 그로 인한 결과가 예견할 수 있었을 것이라면 본 논거가 적용된다.[33] 이 경우, 기술분야의 유사성, 치환의 동기 등이 주요 이슈로 된다.

(a) In re ICON Health & Fitness, Inc., 496 F.3d 1374 (Fed. Cir. 2007)

○ 요지: 다른 기술(노력) 분야의 자료가 자명성을 뒷받침하는 데 사용될 수 있는지를 판단함에 있어서 해결하고자 하는 문제(과제)를 고려할 필요가 있다.

33) See MPEP § 2143(B).

클레임 발명은 직립격납위치 안으로 회전하여 접을 수 있는 발판(folding tread base)을 갖는 운동기구(treadmill)에 관한 것으로, 발판을 격납위치 안에 견고하게 유지하는 데 도움이 되도록 발판과 직립구조 사이에 연결된 가스 스프링을 포함한다. 재심 절차에서, 심사관은 가스 스프링을 제외한 다른 모든 클레임 요소를 설명하는 접힘 운동기구(folding treadmill)와 더불어 가스 스프링을 개시한 Teague를 인용하면서 그 조합으로 클레임이 자명하다고 거절하였다. Teague는 단작용(single-action) 스프링 대신에 이중작용(dual-action) 스프링을 사용하여 캐비넷 안으로 접을 수 있는 침대에 관한 것이었는데, 이중작용 스프링은 닫힌 위치에서 침대를 여는 데 필요한 힘을 줄여주면서 열린 위치에서 침대를 들어올리는 데 필요한 힘을 줄여준다.

CAFC는 선행기술들의 조합과 관련하여, Teague는 당해 특허와 다른 분야에 속하지만 접힘 메커니즘은 운동기구에만 특별한 것이 아니라 그러한 메커니즘의 무게를 지지하고 견고한 고정위치를 제공하는 문제를 일반적으로 다루는 것이기 때문에 당해 특허에서 다루었던 문제와 합리적으로 관련있는 것이라고 인정하였다. 즉, Teague와 당해 특허는 둘 다 접힘 메커니즘을 견고하게 유지하려는 수요(need)를 다루고 있기 때문에, 그리고 ICON의 접힘 메커니즘은 운동기구에 어떤 특정한 초점을 맞춘 것도 아니었기 때문에 Teague 자료는 유사기술로 인정되었다.

(b) Agrizap, Inc. v. Woodstream Corp., 520 F.3d 1337 (Fed. Cir. 2008)

○ 요지: 유사기술은 당해 발명의 노력분야에 있는 자료로 제한되는 것이 아니라 출원인의 목적에 유용한 것으로 당업자에 의하여 인식되었을 자료도 포함한다. 이 사건은, 클레임이 예측 가능한 결과 이상을 낳지 않는 공지의 방법으로 친숙한 요소의 조합을 포함하는 경우에 대하여 단순한 대체에 기초한 자명성에 관한 전형적인 사례이다.

Agrizap 특허는 쥐와 같은 유해동물의 전기충격용 고정형 장치(stationary pest control device)로서, 유해동물이 나타날 만한 장소에 설치되는 것이다. 클레임과 종래기술의 유일한 차이점은, 클레임은 저항성 전기 스위치를 사용하는 반면 선행기술은 기계적 압력 스위치를 사용하는 점이다. 저항성 전기 스위치는 두 선행특허에서 교시하고 있는데, 휴대형 장치(handheld pest control device)와 소몰이 막대(cattle prod)에 관한 것이었다.

CAFC가 클레임 발명이 자명하다고 판단함에 있어서, 클레임은 종래기술 장치에서 사용되었던 기계적 압력 스위치를 저항성 전기 스위치로 단순히 대체하였다고 지적하였다. 본 사례에서, 휴대형 장치에 관한 선행기술에는, 저항성 전기 스위치의 기능이 주지이면서 예측 가능하며, 그러한 장치에 사용될 수 있었을 것임을 개시하였다. CAFC에 따르면, 휴대형 장치를 교시한 선행기술은 전기회로를 완성하는 데 동물 몸체를 전기 스위치로서 사용하는 것이 이미 주지임을 입증하였으며, 종래기술의 휴대형 장치에 대하여 전기적 스위치의 사용으로 해결하고자 하는 문제(즉, 오염과 습기로 인한 기계적 스위치의 오동작) 또한 종래기술의 고정형 장치에도 관련이 있었다고 지적하였다.

(c) Muniauction, Inc. v. Thomson Corp., 532 F.3d 1318 (Fed. Cir. 2008)

○ 요지: 인터넷과 웹브라우저 기술은 통신과 정보표시 용으로 일상화되었기 때문에 기존의 방법에 그와 같은 기술을 결합하도록 채택하는 것은 자명하다.

Muniauction 발명은 인터넷을 통하여 지방채(municipal bonds)를 경매하는 방법에 관한 것으로서, 지자체는 채권액과 만기일에 관한 일련의 채권을 제공하고, 구입희망자는 가격과 만기일에 대한 이익률로 입찰하며, 이와 같은 과정은 통상적인 웹브라우저에서 동작하며 참가자들은 경매 과정을 모니터할 수 있다. 클레임 발명이 종래기술과 다른 유일한 차이점은 통상적인 웹브러우저를 사용한다는 것이다. Thomson은 클레임 발명이 종래의 경매시스템에 웹브라우저를 결합한 것에 불과하여 KSR 관점에서 자명하다고 주장하였고, Muniauction은 전문가의 회의, 모방, 칭찬 및 상업적 성공을 제시하면서 반박하였다.

CAFC는 클레임 발명과 이차적 고려사항의 증거 간의 연관성(nexus)이 부족하다고 지적하면서 그에 관한 증거는 본질적인 가치를 부여할 수 없다고 판단하면서, Leapfrog 사례[34]와 마찬가지로, 이 사건도 시장압력(market pressure)이 당업자로 하여금 통상적인 웹브라우저를 지방채 경매방법에 사용하도록 유발하였을 것이라고 지적하였다.

(d) Aventis Pharma Deutschland v. Lupin Ltd., 499 F.3d 1293 (Fed. Cir. 2007)

○ 요지: 화학 화합물(chemical compound) 및 그 화합물과 아울러 다른 화합물을 포함하는 혼합물(mixture)의 관계에서, 가령 혼합물의 바람직한 속성이 클레

34) Leapfrog Enterprises, Inc. v. Fisher-Price, Inc., 485 F.3d 1157 (Fed. Cir. 2007).

임 화합물로부터 전체적으로나 부분적으로 유래되고, 또한 클레임 화합물을 혼합물로부터 분리하는 것이 그 기술분야에서 일상적인(routine) 경우라면, 클레임 화합물은 그 혼합물에 비하여 자명할 것이다.

Aventis 클레임은 5(S) 입체이성체(5(S) stereoisomer of the blood pressure drug ramipril in stereochemically pure form) 및 5(S) ramipril을 필요로 하는 화합물과 방법에 관한 것으로, 5(S) 입체이성체는 ramipril 분자에 있는 다섯 입체이성체가 R 구성이 아니라 S 구성으로 있는 것이다. 5(S) ramipril을 포함하는 다양한 입체이성체의 혼합물이 선행기술로 알려져 있었다. 본 사건의 쟁점은 정제된 단일 입체이성체가 공지된 입체이성체 혼합물에 비하여 자명한지의 여부였다.[35)]

지방법원은 선행기술에서 5(S) ramipril을 분리할 만한 명확한 동기가 없었다고 판단하였지만, CAFC는 이를 기각하면서 그와 같은 명확한 동기를 요구하는 것은 KSR 대법원 판례에 반하는 것이라고 지적하였다. CAFC는 화학 사건에서 구조적 유사성이 선행기술의 교시를 변형하는 데 필요한 이유를 제공할 수 있다는 확립된 원칙을 적용하였다. 아울러, 그 화합물이 특정의 유용성을 가질 것이라는 명확한 교시(explicit teaching)가 없다고 하더라도 선행기술의 관점에서 유사한 속성에 관한 예측성으로 충분할 수 있다고 설명하였다.

### (3) "시도자명"(obvious to try) 논거

클레임 발명이 시도 자명 논거에 근거하여 자명한지 여부의 문제는 KSR 판결 이후 CAFC의 몇몇 사건에서 광범위하게 다루어졌는데, 주로 화학기술 분야의 사건을 중심으로 발전하고 있다.[36)] CAFC는 당업자의 "예측가능성과 합리적인 예상"에 대해 강조하면서, "유한한 수의 확인되고 예측가능한 해결책"(a finite number of identified predictable solutions)의 기준으로 자명성을 판단한다.

---

35) 기록에 의하면, ramipril과 유사한 약품에서 다중 S-입체이성체의 존재가 향상된 치료 효과와 관련있는 것으로 알려져 있었다. 예를 들어, 모든 stereocenter가 약품 enalapril에서 S 형태로 있는 경우(SSS enalapril), 단지 두 stereocenters가 S 형태로 있는 경우(SSR enalapril)와 비교하여, 그 치료 효능이 700배 컸다는 것이다. 또한, 다양한 "stereoisomers of ramipril"을 분리하는 데 종래의 방법을 사용할 수 있었음을 나타내는 증거도 있었다.

36) USPTO는 본 논거를 다음과 같이 설명한다: "본 논거는 그 기술분야에서 인식된 문제나 수요가 있는 경우에만 적절하며, 인식된 문제나 수요에 대한 한정된 수의 확인되고 예측가능한 해결책이 있고, 당업자라면 그 공지의 잠재적인 해결책을 합리적인 성공 가능성으로 추구할 수 있었을 것이다." (MPEP 2141).

(a) In re Kubin, 561 F.3d 1351 (Fed. Cir. 2009)

○ 요지: 클레임된 폴리뉴클레오티드(polynucleotide)는, 표준 생화학 기술을 사용하여 클레임된 폴리뉴클레오티드를 도출하는 데 합리적인 성공가능성이 있었고, 클레임된 폴리뉴클레오티드를 분리하려고 노력할 만한 이유가 있었던 경우, 이것으로 암호화된 공지의 단백질에 비하여 자명할 것이다.

클레임 발명은 분리된 핵산 분자로서, 그 핵산이 특정의 폴리펩티드를 부호화하며, 그 부호화된 폴리펩티드는 부분적으로 특정된 서열 및 특정된 단백질과 결합하는 능력에 의하여 클레임에 특정되었다. 선행특허(Valiante)는 클레임된 핵산에 의하여 부호화된 폴리펩티드를 교시하였지만 폴리펩티드의 서열이나 분리된 핵산 분자는 개시하지 않았다. 그러나 Valiante는 Sambrook에 의한 종래 매뉴얼에 개시된 바와 같은 통상적인 방법을 채택하여 폴리펩티드의 서열이 결정되고 핵산 분자가 분리될 수 있었을 것임을 개시하였다.

Board는, 폴리펩티드에 관한 Valiante의 개시내용 및 폴리펩티드의 서열화와 핵산 분자의 분리에 관한 종래의 방법의 관점에서, 당업자라면 클레임 범위에 있는 핵산 분자를 성공적으로 얻었을 것이라고 합리적으로 예상할 수 있었을 것이라고 판단하였다. 청구인은 유사한 핵산 분자를 보이거나 시사하는 자료를 인용하지 않은 채 Valiante의 폴리펩티드를 Sambrook의 방법과 함께 사용하는 것은 구체적인 핵산 분자에 관한 클레임을 거절하는 데 부적절하다고 주장하였다. Board는 KSR 판례를 인용하면서, "문제를 해결할 만한 동기가 있고 유한한 수의 확인되고 예측가능한 해결책이 있는 경우 당업자라면 자신의 기술적 이해 내에서 공지의 선택사항을 추구할만한 상당한 이유가 있다. 만일 그것으로 예견된 성공으로 된다면 그 제품은 혁신적인 것이 아니라 보통의 기술 및 상식에 불과한 것이다."라고 설시하면서, 그 기술분야에서 당면한 문제는 특정의 핵산을 분리하는 것이며, 그렇게 하도록 이용할 수 있는 한정된 수의 방법이 있었다고 지적하였다. CAFC도 Board의 논거를 본질적으로 채택하였다.

(b) Takeda Chemical Industries, Ltd. v. Alphapharm Pty., Ltd., 492 F.3d 1350 (Fed. Cir. 2007)

○ 요지: 선행기술에서 넓은 범위의 화합물이 개시되었고 그 중 어느 하나를 추가 연구를 위한 lead compound로 선택될 수 있지만 선행기술에서 특정 lead compound의 사용을 역교시하여 넓은 범위의 화합물로부터 클레임 화합물을 얻는 데 "시도자명"하지 않고, 그 lead compound를 클레임 화합물로 변환하는 데 필요한 특정의 변형에 대해 예측가능성이나 합리적인 성공가능성이 없으면 그 클레임 화합물은 자명하지 않다.

클레임 화합물은 pioglitazone[37]에 관한 것으로, 본 판례는 lead compound 개념 및 시도자명 논점을 다루고 있다. Alphapharm은 "화합물b"라는 공지 화합물의 두 단계 변형(homologation & ring-walking)으로 pioglitazone을 도출할 수 있었을 것이라고 주장하였다.

지방법원은 화합물b를 lead compond로 선택할 만한 이유가 없었을 것이라고 판단하였다. 다수의 유사한 선행기술 TZD 화합물이 있었는데, 54개는 Taketa의 선행특허에 구체적으로 나타나 있었다. 당사자들은 화합물b가 가장 가까운 선행기술을 나타낸다는 점에는 동의하였지만, 하나의 선행자료에서 화합물b와 관련한 어떤 불리한 속성을 교시하고 있었으며, 지방법원은 당업자로 하여금 그 화합물을 lead compound로 선택하지 않도록 교시하는 것이라고 지적하였다. 지방법원은 본 사건에서 pioglitazone의 독성에 관한 예기치 않은 결함(unexpected lack)의 관점에서 일응의 자명성을 극복할 수 있다고 설시하였다. CAFC는 지방법원 판결을 인용하면서, 가장 가까운 화합물인 화합물b가 당업자로 하여금 그 화합물로부터 벗어나도록 하는 부정적인 속성을 나타내므로, 본 사건은 obvious to try를 논거로 자명하다고 할 수 있는 유형이 아니라고 판시하였다.

(c) Ortho-McNeil Pharmaceutical, Inc. v. Mylan Labs, Inc., 520 F.3d 1358 (Fed. Cir. 2008)

○ 요지: 클레임된 진정제(anticonvulsant drug)가 당뇨병약을 개발하려는 목적의 연구과정에서 다소 뜻밖에(serendipitously) 발견되었던 경우, 선행기술이 유한한 수(a finite and easily traversed number)의 잠재적인 시작 화합물을 제시하지 않았고, 예측가능하지 않은 다수의 선택사항들 중에서 특정 시작 화합물을 선택할 만한 명확한 이유가 없었다면, 클레임 화합물을 얻는 데 obvious to try하지 않다.

클레임 발명은 진정제로 사용되는 topiramate에 관한 것이다. Ortho-McNeil 과학자는 당뇨병약을 연구하는 과정에서 반응중간체(reaction intermediate)가 진정

37) a member of a class of drugs known as thiazolidinediones (TZDs) marketed by Takeda as a treatment for Type 2 diabetes.

제 속성을 가진다는 것을 예기치 않게(unexpectedly) 발견하였다. CAFC는 당업자로 하여금 특정의 시작 화합물 또는 중간체로서 topiramate를 이끌어내는 특정의 합성경로를 선택하였을 만한 명확한 이유가 없었다고 지적하였다. 더욱이, 당뇨병 치료가 그 실험 목표이었다면 그 중간체를 진정제 속성용으로 시험할 만한 이유도 없었을 것이므로, 이 사건과 같이 뜻밖에 발견한 요소는 예견가능성 요건에 반하는 것으로 인식하였다.

(d) Bayer Schering Pharma A.G. v. Barr Labs., Inc., 575 F.3d 1341 (Fed. Cir. 2009)

○ 요지: 선행기술에 의한 보다 큰 가능성의 범위보다 좁은 유한한 수의 선택사항으로부터 클레임 화합물을 얻는 데 시도자명하고, 그 클레임 발명을 얻은 산출물이 합리적으로 예견가능하다면, 그 클레임 발명은 자명하다. 단순히 많은 수의 선택사항이 존재한다는 것이 그 자체로, 그것만으로는 자명성의 결론으로 이끌지는 않다는 점에 유의하여야 한다. 선행기술의 교시로 당업자로 하여금 보다 좁은 선택사항의 세트로 이끈다면, 그 좁혀진 세트는 시도자명 논거를 사용하는데 적절히 고려되어야 한다.

클레임 발명은 미소(micronized) drospirenone을 포함하는 피임약(oral contraceptive)에 관한 것이다. 선행기술 화합물 drospirenone은 피임 효능을 갖지만 수용성이 나쁘고 산에 민감한 것으로 알려졌다. 또한, 미소화(micronization)는 수용성이 좋지 않은 약의 용해성을 향상시키는 것으로 알려져 있었다.[38)]

지방법원은, 당업자라면 구조적으로 관련있는 화합물인 spirorenone이 산에 민감하지만 그럼에도 불구하고 생체 내에서 흡수할 것이며 drospirenone과 동일한 결과를 시사한다는 점을 고려하였을 것이라고 인정하였다. 또한, 다른 자료에서 drospirenone이 인간의 위를 자극하는 산에 노출되었을 때 생체 내에서 이성

38) Bayer는, 공지의 산 민감도(acid sensitivity)에 기초하여, 약의 absolute bioavailability(생물학적 효능)를 측정하기 위하여 동일한 formulation의 intravenous injection(정맥주사)과 비교하여 어떻게 효과적으로 enteric-coated drospirenone tablet이 formulation을 하여야 하는지를 연구하였다. Bayer는 normal drospirenone tablet을 첨가하여 그 효능을 enteric-coated formulation과 intravenous delivery와 비교하였다. Bayer는 enteric-coated tablet이 intravenous injection보다 낮은 효능을 낳는 반면 normal pill은 enteric-coated tablet보다도 낮은 효능을 낳을 것이라고 예측하였다. 그러나 drospirenone은 높은 산 환경에서 빨리 이성화(isomerize)하며(이는 enteric coating이 효능을 보존하는 데 필요할 것이라는 믿음을 뒷받침함), normal pill과 enteric-coated pill은 동일한 효능으로 귀착되는 것을 발견하였다. Bayer는 이러한 연구에 기초하여 normal pill에 micronized drospirenone을 개발하게 되었다.

화한다고 교시하였더라도 당업자라면 그 연구의 결점을 알았을 것이며, 제형(dosage form) 디자인 관련 과학 논문에 의하여 시사된 연구결과를 검증하여 장용성 코팅이 필요하지 않음을 보일 수 있었을 것이라고 인정하였다. CAFC는 클레임 formulation이 자명하다고 판시하면서, 그 이유로 선행기술은 formulator를 두 선택사항으로 집중시켰다고 설명하였다. 즉, 선행기술은 일반적인 접근법이나 탐구영역으로 향하는데 모호하지 않으며, 오히려 그 formulator를 보통의 알약 또는 장용성 코팅된 알약 중 하나로 사용하도록 정확하게 가이드하고 있다는 것이다.

(e) Sanofi-Synthelabo v. Apotex, Inc., 550 F.3d 1075 (Fed. Cir. 2008)

○ 요지: 클레임 입체이성체(stereoisomer)가 그에 상응하여 예견된 독성 없이 종래기술 라세미 혼합물(racemic mixture)에 비하여 예기치 않았던 강력한 치료적 이점을 나타내며, 라세미 혼합물로부터 분리된 enantiomers의 결과적인 속성이 예측가능하지 않으면, 클레임의 분리된 입체이성체는 자명하지 않다. 단지 "작은 수의 가능한 선택사항"이 존재하는 경우라 하더라도, 모든 증거를 고려하였을 때 그 결과물이 합리적으로 예측가능하지 않았고 성공에 관한 합리적인 예상을 할 수 없었던 경우에는, 시도자명 논거로 자명하다고 하기에 적당하지 않다는 점에 유의하여야 한다.

클레임 화합물은 clopidogrel[39]로서, clopidogrel은 심장마비를 치료하거나 예방하는 데 사용되는 반혈전(antithrombotic) 화합물이다. 라셈산염(racemate) 또는 그 화합물의 Dextrorotatory & Levorotatory(D- & L-) 이성질체의 혼합물은 공지기술로 알려져 있었다. 그 두 형태는 종래에 분리되지 않았으며, 그 혼합물이 반혈전 속성을 갖는 것으로 알려져 있었다고 하더라도 그 개별 이성질체 각각이 라센산염의 속성에 기여한 정도는 알려져 있지 않았으며 예측가능하지도 않았다.

지방법원은, 추가적인 별도의 정보가 없다면 D-이성질체는 공지의 라센산염에 비하여 일응 자명하다고 할 수 있지만, 이 사건에서 D-이성질체의 예기치 않은 치료적 이점에 관한 증거의 관점에서[40] 일응의 자명성이 극복되었다고 판

39) a dextrorotatory isomer of methyl alpha-5(4, 5, 6, 7-tetrahydro(3, 2-c) thienopyridyl) (2-chlorophenyl)-acetate.

40) 양 당사자의 전문가는 당업자라도 이성질체가 다른 수준의 치료활성과 독성을 나타낼 수 있는 정도(degree)를 예측할 수 없었을 것이라고 증언하였고, 또한 보다 큰 치료활성을 갖는 이성질체는 대부분 보다 큰 독성을 가졌을 것이라는 데 동의하였다. Sanofi 증인은 Sanofi 자신의 연구자들도 이성질체의 분리가 생산적이지 않을 것이라고 믿었다고 증언하였으며, 양 당사자의 전문가도 그 발명 당시에 이성질체를 분리하는 것은 어려웠다라는 데 동의하였다. 그럼에도 불

시하였으며, CAFC도 이 결론에 동의하였다.

(f) Rolls-Royce, PLC v. United Technologies Corp., 603 F.3d 1325 (Fed. Cir. 2010)

○ 요지: 문제를 푸는 데 가능한 선택사항(options)이 알려져 있었고 그것이 유한한 경우에 시도자명 논거가 적용될 수 있다. 그러나 그 가능한 선택사항이 알려져 있지 않았거나 유한하지 않으면 시도자명 논거는 자명성 결론을 뒷받침하는 데 사용될 수 없다.

이 사건은 제트엔진의 팬날개(fan blade)에 관하여 시도자명 논거를 다룬 것으로,[41] 저촉(interference) 절차로부터 나온 것인데, 지방법원은 Rolls-Royce 클레임이 United 출원의 관점에서 자명하지 않기 때문에 저촉관계가 없다고 판시하였으며, CAFC도 이를 인용하였다. CAFC는 시도자명 논거로 자명하려면 문제를 해결할 수 있는 가능한 선택사항이 "공지이고 유한하여야"(known and finite)한다고 지적하였다. 이 사건에서는, Rolls-Royce가 한 것과 같이 스윕각(sweep angle)을 변경하는 것이 끝벽(endwall) 충격에 관한 사항을 다루었다는 점을 시사하는 선행기술이 없었으며, 따라서 스윕각의 변경은 시도자명할 수 있을 만한 선택사항은 고사하고 선택사항 자체가 제시되지 않았다고 결론지었다.

(g) Perfect Web Technologies, Inc. v. InfoUSA, Inc., 587 F.3d 1324, 1328-29 (Fed. Cir. 2009)

○ 요지: 유한한 수의 확인되고 예측가능한 해결책이 있었고 예기치 않은 결과에 관한 증거가 없는 경우 시도자명 조사를 통하여 자명성 결론을 이끌어낼 수 있다. 또한, 상식이 충분한 근거로 설명될 수 있는 한 상식도 그 법적 결론을 뒷받침하는 데 사용될 수 있다.

---

구하고, Sanofi는 마침내 이성질체를 분리하는 작업에 착수하여, "absolute stereo-selectivity"라는 희귀한 특성을 가짐을 발견하였다. 그로 인하여, D-이성질체는 모든 유리한 치료활성을 제공하지만 뚜렷한 독성은 나타내지 않는 반면 L-이성질체는 아무런 치료활성을 제공하지 않으면서 사실상 모든 독성을 낳았다.

41) 각 팬날개는 내부, 중간 및 외부 영역을 가지며, 허브의 회전축에 가장 가까운 영역은 내부영역이며, 엔진의 중심에서 가장 멀고 그 엔진을 둘러싼 케이싱에 가장 가까운 영역은 외부영역이며, 중간영역은 그 사이에 존재한다. count(상대방 클레임)는 swept-forward 내부영역, swept-rearward 중간영역 및 forward-leaning 외부영역으로 팬날개를 정의한다. United는 당업자라면 끝벽 충격을 줄이기 위하여 외부영역에서의 스윕각이 선행기술 팬날개와 비교하여 후방에서 전방으로 반대로 하는 팬날개 디자인을 시도하는 것이 자명하였을 것이라고 주장하였다.

클레임 발명은 대규모 이메일 전송방법으로서, 수신자들을 선택하고 이메일을 전송한 다음 성공적으로 수신된 이메일의 수를 판단하고, 소정 최소 수의 수신자가 이메일을 받지 않았으면 위 단계들을 반복하는 것이다. CAFC는 이메일 수신자들에 관한 소정의 쿼터를 충족하지 않음에 대한 문제는 이메일 마케팅 분야에서 이미 인식된 것이었는바, 클레임 발명이 자명하다는 지방법원의 판결을 인용하였다. 아울러, CAFC는, 새로운 수신자 리스트의 선택과 관련한 예기치 않은 결과에 관한 증거나 그 방법이 합리적인 성공가능성이 없었을 것이라는 증거는 없었으므로, 유한한 수의 확인되고 예측가능한 해결책이 있었으며 시도자명 조사를 통하여 자명성에 관한 법적 결론을 이끌어낼 수 있다고 판시하였다.

한편, 지방법원은 "당업자는 기계적으로 행동하는 사람이 아니라 통상의 창작성을 가진 자"라는 KSR 명제를 인용하면서, 클레임 발명의 마지막 단계는 금언인 "try, try again"의 상식적인 적용의 논리적인 결과에 불과하다고 설시하였다. CAFC는 지방법원의 설시에 동의하면서, KSR 판결 후뿐만 아니라 그 이전에도 자명성 조사에 상식이 적용되고 있었다고 지적하였다.[42)]

42) 이 사건에서 CAFC는, In re Lee 판결(In re Lee, 277 F.3d 1338, 1344 (Fed. Cir. 2002)에서 요구된 바와 같은, 엄격한 증거에 기반한 TSM 유형은 KSR 판결의 관점에서 자명성 거절을 위한 절대적인 요건은 아니라고 지적하였다.

부록 2

# 진보성 관련 통계

## Ⅰ. 진보성 판단의 중요성: 통계적 검증

특허실무의 고갱이는 발명의 진보성 판단이다.[1][2] 어떤 자는 특허실무의 95%가 진보성 판단과 관련된다고 말하기도 하고[3] 또 어떤 자는 변리사가 진보성 판단만 잘하면 특허법은 전혀 몰라도 충분히 제 역할을 한다고 말하기도 한다. 그런 견지에서, 심사관, 변리사, 심판관, 판사, 대법관의 진보성 판단능력을 제고시키는 교육이 절실히 필요하다. 그럼에도 불구하고, 판사, 대법관을 위한 진보성 교육은 거의 없는 수준이고, 심지어 심사관, 변리사, 심판관을 위한 진보성 교육도 터무니없이 부족한 실정이라고 생각된다.

예를 들어, 심사관 교육과정에서 진보성 교육이 차지하는 비중은 적어도 1/3을 차지하여야 한다. 그런데 특허청 산하 국제지식재산연수원에서 제공하는 심사관 교육과정은 심사실무와는 관련이 없는 심사관의 특허 관련 '교양'을 함양하는 사항에 많은 시간을 투자하고 진보성에는 아주 약간의 시간만 할애한다.[4] 또, 예를 들어, 변리사 시험 과목에 있어서도 현재는 진보성 판단능력을 검증하는 별도

---

1) 신혜은, "진보성 판단을 위한 합리적인 기준의 모색: 미국의 비자명성 판단기준 변화에 대한 비교법적 고찰을 중심으로", 「특허소송연구」 제5집, 특허법원, 2011, 110면("따라서 진보성은 특허제도의 근간 및 동 제도를 통해 이루려는 목적과 가장 관련이 깊은 특허요건이라고 할 수 있고, 특허요건 중 가장 중요하고도 판단하기 어려운 것이라고 할 수 있다.").

2) Harries v. Air King Products Co., 183 F.2d 158, 162 (2nd Cir. 1950) (Judge Learned Hand) (진보성이라는 개념이 탈주범처럼 잡기 어렵고, 정의하기 어려우며, 예측하기 어려운 희미한 유령과 같은 것이라고 설명); Mark D. Janis, *Tuning the Obviousness Inquiry After KSR*, 7 Wash. J. L. Tech. & Arts 335, abstract (2012) ("One of the most important and delicate judicial tasks in patent law is to keep the obviousness doctrine in reasonable working order."); Judge Giles S. Rich, *Laying the Ghost of the "Invention" Requirement,* 14 Fed. Circuit B.J. 163, 163 (2004) ("I am going to discuss § 103 of Title 35 United States Code, the 1952 Patent Act, the unobviousness provision, because it is the heart of the patent system and the justification of patent grants.").

3) 최덕규, "대한민국 특허제도의 문제점 (Ⅴ)", 「창작과 권리」 제67권, 세창출판사, 2012년 6월, 243면("특허여부를 판단할 때 신규성은 거의 논란의 여지가 없다. 선행기술과 동일한지의 여부만을 판단하면 되기 때문이다. 하지만 진보성은 그렇지 않다. 실제 특허출원의 심사에서 진보성으로 다투는 경우가 전체 95% 정도를 능가한다.")(이 글은 '95%'의 근거를 제시하고 있지 않다. 95%는 약간 과장된 것이긴 하지만 많이 틀린 것은 아니라고 생각한다).

4) 예를 들어, 신규심사관 교육과정은 4주간 약 188시간 동안 진행되는데 그 중 진보성과 직접적으로 관련된 시간은 6시간에 불과하고 간접적으로라도 관련된 시간을 합쳐도 10시간을 넘지 않는다. 필자는 188시간 중 적어도 1/3인 60시간 이상을 진보성 교육에 할애하여야 한다고 본다. 그러하기 위해서는 진보성 교육 관련 다양한 교재가 개발되어야 한다.

의 과목이 따로 없는 것은 물론이고 진보성 판단과 관련된 문제마저 찾아보기 어렵다.[5)6)] 즉, 교육이든 시험이든 특허실무에 있어서의 진보성 판단의 중요성을 외면 또는 무시하고 있는 것이다. 이러한 점은 개선되어야 하고, 이하 제시하는 통계가 그러한 개선의 추진동력이 되기를 기대한다.

## Ⅱ. 심사, 심판, 소송 단계별 진보성 판단

### 1. 등록 전 진보성 판단

심사관이 거절이유로 가장 많이 제시하는 것이 진보성 결여이다. 2005년 자료에 의하면, 심사관이 거절이유로 제시한 이유 중 진보성 결여가 특허의 경우 64%, 실용신안의 경우 79%에 달하였다고 한다.[7)] 2007년부터 2011년 8월까지의 기간 중 심사관이 특허출원에 대하여 거절이유로 내세운 이유를 분류한 자료에 의하면, 진보성 거절의 비율이 54.4%에 달한다. 심사관이 거절이유로 제시한 것이 이런 정도의 비율이고, 기재불비 등 다른 거절이유는 해소되기가 용이하다는 측면에서 심사관이 최종적으로 거절결정을 하는 경우에는 진보성에 의한 이유가 더 높을 것이 확실시된다.

---

5) 예를 들어, 영국의 변리사시험은 1차시험에서는 법령에 관한 문제로 이루어지지만 2차시험에서는 '특허실무', '특허출원서 작성', '특허출원 보정', '특허의 침해와 유효'로 이루어져, 그 과목들에서 진보성이 중요하게 다루어진다. 정차호, "영국 특허지방법원(Patents County Court)의 개혁", 「지식재산연구」 제7권 제4호, 지식재산연구원, 2012, 154-155면. 또, 프랑스에서의 변리사 시험과목은 필기시험과 구두시험으로 이루어지며, 필기시험은 (1) 의뢰인 설명에 근거하여 특허출원명세서를 작성하는 A 시험과 (2) 실시자유(freedom-to-operate) 분석에 관하여 의뢰인에게 자문하는 내용을 작성하는 D 시험으로 구성된다. 그 시험들에서 진보성이 중요하게 고려되는 것이다.

6) 변리사시험 제도를 개선하여야 한다는 필자의 글, "변리사시험 제도의 개선을 촉구한다", 「특허와 상표」, 대한변호사회, 2013년 2월 5일자 기고문.

7) 이윤원, "특허법상 진보성 판단에 관한 연구", 충남대 법학박사학위 논문, 2006, 2-3면("특허의 경우 2005년에 심사한 115,748건 중 64%인 73,675건, 실용신안의 경우는 그보다 비율이 더 높아 총 9,589건 중 79%인 7,615건이 진보성을 거절이유로 문제 삼았고, 이는 전체 심사건수 중 평균 65%에 달한다.").

〈표 1〉 2007-2011년 기간 중 법조문별 거절사유(복수거절이유 포함)

| 특허법 조문 | 2007 | 2008 | 2009 | 2010 | 2011.8. | 합 계 |
|---|---|---|---|---|---|---|
| 제25조(외국인의 권리능력) | 152 | 6 | – | – | – | 158 |
| 제29조 제1항 본문(성립성) | 501 | 455 | 469 | 828 | 666 | 2,919 |
| 제29조 제1항 제1호(신규성) | 74 | 38 | 34 | 41 | 46 | 233 |
| 제29조 제1항 제2호(신규성) | 1,595 | 1,720 | 1,702 | 2,468 | 2,284 | 9,769<br>(4.1%) |
| 제29조 제2항(진보성) | 22,273 | 25,036 | 27,720 | 31,593 | 23,983 | 130,605<br>(54.4%) |
| 제29조 제3항, 제4항(확대된 선원) | 285 | 119 | 90 | 69 | 60 | 623 |
| 32조(특허받을 수 없는 발명) | 24 | 20 | 10 | 12 | 7 | 73 |
| 제33조 제1항<br>(특허받을 수 있는 자) | 3 | – | – | 1 | 1 | 5 |
| 제36조 제1항(선원)–다른날 | 81 | 66 | 76 | 102 | 69 | 394 |
| 제36조 제2항(선원)–같은날 | 57 | 64 | 80 | 106 | 88 | 395 |
| 제36조 제3항(선원)–특허와 실용 | 48 | 34 | 22 | 22 | 16 | 142 |
| 제42조 제3항<br>(상세한 설명 기재요건) | 4,418 | 3,928 | 3,717 | 4,550 | 3,552 | 20,165<br>(8.4%) |
| 제42조 제4항(청구범위 기재요건) | 11,380 | 12,031 | 11,442 | 15,022 | 13,015 | 62,890<br>(26.2%) |
| 제42조 제8항(청구범위 기재방법) | 1,008 | 1,076 | 977 | 1,471 | 1,450 | 5,982<br>(2.5%) |
| 제44조(공동출원) | 1 | 5 | 3 | – | – | 9 |
| 제45조(1특허출원의 범위) | 508 | 746 | 791 | 901 | 815 | 3,761 |
| 제47조 제2항(특허출원의 보정) | 449 | 461 | 355 | 268 | 182 | 1,715 |
| 제52조 제1항(분할출원) | | 10 | 9 | 6 | 5 | 30 |
| 제53조 제1항(변경출원) | | 5 | 1 | 1 | 2 | 9 |
| 제62조 제3항(조약위반) | 1 | – | – | – | – | 1 |
| 계 | 42,858 | 45,820 | 47,498 | 57,461 | 46,241 | 239,878<br>(100%) |

출처: 특허청 내부자료.

심사관의 특허거절결정이 취소되는 사유에서도 진보성에 관한 판단의 차이에 의한 것이 79.2%에 달하고 그 외 기재불비 14.7% 등이 그 뒤를 따른다. 아래 통계에 따르면 심사관이 가장 많이 의존하는 거절이유가 진보성 결여일 뿐만 아니라 심사관이 가장 많이 오판하는 사항이 진보성 판단임을 알 수 있다.

〈표 2〉 특실분야 취소환송 주요 사유

| 구 분 | §29① 신규성 | §29② 진보성 | §29③ 확대 선원 | §36 선원 | §42 기재 불비 | §47 보정 각하 | 기 타 | 계 |
|---|---|---|---|---|---|---|---|---|
| '10 (비율) | 7 (0.6) | 851 (78.4) | 3 (0.3) | 3 (0.3)) | 168 (15.5) | 46 (4.2) | 8 (0.8) | 1,086 |
| '11년 1/4 (비율) | 8 (2.5) | 259 (82.0) | – | – | 38 (12.0) | 10 (3.2) | 1 (0.3) | 316 |
| 계 | 15 (1.1) | 1,110 (79.2) | 3 (0.2) | 3 (0.2) | 206 (14.7) | 56 (4.0) | 9 (0.6) | 1,402 |

* 출처: 특허청 내부자료.

심사관이 거절결정을 하고 출원인이 그 결정에 불복하여 심판원에서 거절결정불복심판의 절차를 밟는 경우와 관련하여, 미국에서는 그 절차에서 진보성이 다루어지는 비율이 85% 이상에 달한다는 통계가 있고,[8] 94%에 달한다는 통계도 있는데,[9] 우리나라도 그와 유사한 정도로 진보성이 다루어질 것이라고 예상된다. 참고로, 미국특허상표청 심판원에서 특허출원에 대한 거절결정불복심판에 관한 한 자료에 의하면, 심판원은 52%의 비율로 심사관을 전적으로 지지하였고, 14%의 비율로 부분적으로 지지하였고, 34%의 비율로 심사관의 판단을 파기하였다고 한다.[10] 또 다른 자료에 의하면, 심사관이 *KSR* 판결을 인용하는지 여부에 따라 심판원에서의 지지율이 매우 다르다고 한다. 즉, 심사관이 *KSR* 판결을 인용하면서 선행기술로부터 해당 발명을 도출하는 것이 용이하였다고 결정한 건은 상대

8) 〈http://www.patentlyo.com/patent/2010/06〉.

9) "The bread–and–butter of PTAB decisions involve questions of obviousness under 35 U.S.C. §103. In May 2013, for instance, about 94% of the ex parte PTAB decisions involved obviousness rejections." 〈http://www.patentlyo.com/patent/2013/07/appealing–to–the–ptab–expecting–delay.html?utm_source=feedburner&utm_medium=email & utm_campaign=Feed%3A+PatentlyO+%28Dennis+Crouch%27s+Patently–O%29〉.

10) *Id.*

적으로 심판원의 지지를 더 높은 확률로 받는 것이다.[11] 한편, 심판원이 *KSR* 판결을 인용하는 비율은 점점 낮아지고 있고,[12] 미국 연방관할항소법원(Court of Appeals for the Federal Circuit, CAFC)에서의 인용 비율도 점점 낮아지고 있다고 한다.[13]

## 2. 무효심판에서의 진보성 판단

특허된 이후에도 특허무효심판을 통하여 진보성이 판단된다. 특허무효심판 중 무효된 비율 및 무효된 건 중 진보성에 근거한 비율에 관한 자료에 의하면, 진보성에 의한 무효의 비율이 약 70%에 달하는 것을 알 수 있다. 다른 무효사유가 많다는 점을 감안하면 진보성의 영향력이 압도적이라고 생각된다.

〈표 3〉 무효심판 건 중 무효건 및 비율

| 구분(특허기준) | 2008 | 2009 | 2010 | 2011. 8 |
|---|---|---|---|---|
| 무효심판건 | 615 | 529 | 633 | 450 |
| 무효건/무효비율 | 360/58.5 % | 318/60.1% | 336/53.1% | 257/57.1% |

〈표 4〉 무효된 건 중 진보성 근거 무효비율

| 무효원인(특허기준) | 2008 | 2009 | 2010 | 2011. 8 |
|---|---|---|---|---|
| 진보성(특§29②) | 69.4% | 69.8% | 69.3% | 63.4% |
| | (250/360) | (222/318) | (233/336) | (163/257) |
| 신규성(특§29①) | 18.7% | 21.7% | 17.6% | 10.5% |
| | (67/360) | (69/318) | (59/336) | (27/257) |
| 확대된 선원(특§29③) | 1.1% | 2.5% | 0.3% | 1.9% |
| | (4/360) | (8/318) | (1/336) | (5/257) |
| 기타(특허요건, 명세서 기재불비 등) | 10.8% | 6.0% | 12.8% | 24.1% |
| | (39/360) | (19/318) | (43/336) | (62/257) |

출처: 특허심판원 내부자료.

11) 〈http://www.patentlyo.com/patent/2011/06〉.
12) 〈http://www.patentlyo.com/patent/2012/12〉.
13) *Id.*

최근 특허심판원이 특허무효율이 높다는 점에 대하여 부담을 많이 느끼고 있는 것으로 보인다. 특허업계에서 무효율이 지나치게 높다고 비판하는 바도 있어 왔지만, 일본에서의 무효율이 최근 획기적으로 낮아져서 2012년 29.3%에 달하는 점도 그러한 부담을 가중하는 것이다. 그래서 우리 특허심판원도 특허무효율을 낮추기 위한 노력을 하는 것으로 짐작된다. 그러한 노력이 실제로 있는지 없는지는 알 수 없으나, 특허무효율이 최근 점진적이나마 낮아지고 있다. 즉, 2009년 60.1%인 무효율이 2012년 52.1%로 낮아졌다. 그런데 무효율이 낮아진 가장 중요한 원인은 진보성 결여 판단이다. 즉, 최근 무효율이 낮아지는 와중에 진보성에 근거한 무효의 비중이 지나치게 높아지고 있는 것이다. 이에 관한 정확한 진단이 차후의 연구에 의하여 밝혀지겠지만 진보성 이유의 비중이 지나치게 높은 점은 사실이다.

2012년 중 심결된 특허(실용신안 포함) 무효심판 심결 612건 중에서 청구이유별로 보면 진보성만에 의한 것이 315건(51.5%)에 달하고 진보성을 포함하는 이유는 570건(93.1%)에 달하였다. 또, 동 612건 중 인용심결된 것이 407건인데 그 중 진보성만에 의한 것이 326건(80.15%)에 달하고 진보성을 포함하는 이유는 375건(92.1%)에 달하였다.[14] 즉, 진보성에 의한 무효의 비율이 80% 이상으로 높아진 것이다. 즉, 지난 4년간 약 70% 선을 유지하던 진보성 비중이 최근 80% 이상으로 갑자기 높아진 것이다.[15] 그러한 변화의 원인에 관한 분석이 필요하다.

유럽특허청 이의신청 절차에서 특허 전체가 무효되는 비율은 41%에 달하고 특허권의 범위가 축소되는 비율은 30%에 달하고, 미국의 재심사에서 특허권이 무효되는 비율은 12.2%에 불과하다는 자료가 있다.[16] 미국 재심사 중 많은 건이 특허권자 자신에 의하여 청구되므로 무효비율이 상대적으로 낮은 것으로 판단된다.

특허소송의 피고가 그 소송의 원인이 되는 특허를 대상으로 특허심판원에 무효심판을 청구하는 경우 그 무효심판의 내용을 살펴보았다.[17] 그 자료에 의하

14) 특허심판원 내부자료.

15) 신규성에 의한 무효의 비율은 신규성만에 의한 것은 13건(3.2%)이고 신규성을 포함하는 것은 41건(10.1%)이었다.

16) Stuart J. H. Graham, et al., *Post−Issue Patent "Quality Control": A Comparative Study of US Patent Re−examinations and European Patent Oppositions*, NBER Working Paper No. 8807, 2002. 〈http://www.nber.org/papers/w8807〉.

17) 이철남, 정차호 등, "관할집중 방향수립을 위한 특허소송 판결 현황분석", 특허청 연구용역보고

면, 무효가 된 전체 82건 중 진보성 결여가 59건으로 72%에 해당한다. 즉, (특허소송과의 연계 여부는 알 수 없는) 일반 무효심판에서의 진보성 결여로 인한 무효율이 약 70%에 달하고, 특허소송과 연계된 특허의 무효심판에서는 진보성 결여로 인한 무효율이 72%에 달하여 무효율이 비슷한 정도이다.

특허심판원에 청구된 특허무효심판 사건 중 2001년부터 2011년 1/4분기까지 기간 중 심결된 건을 조사한 자료에 의하면,[18] 특허가 무효되는 주요 이유에서 진보성을 이유로 하는 것이 86%에 달한다.[19] 이 자료에 의하면 특허무효심판에서 진보성 판단이 압도적으로 중요한 위치를 점하고 있음을 알 수 있다.

〈표 5〉 무효심판 무효사유[20]

| 심결연도 | 기재 불비 | 신규성 결여 | 진보성 결여 |
|---|---|---|---|
| 1997 | 0 | 0 | 1 |
| 1998 | 0 | 0 | 2 |
| 1999 | 0 | 1 | 1 |
| 2000 | 0 | 0 | 3 |
| 2001 | 0 | 1 | 0 |
| 2002 | 0 | 2 | 3 |
| 2003 | 0 | 1 | 2 |
| 2004 | 2 | 2 | 3 |
| 2005 | 0 | 1 | 6 |
| 2006 | 1 | 1 | 7 |
| 2007 | 1 | 6 | 14 |
| 2008 | 0 | 3 | 11 |
| 2009 | 0 | 1 | 6 |
| 합 계 | 4 | 19 | 59 |

* 출처: 특허청 내부자료.

서, 2010.

18) 심판원 내부 자료.

19) 진보성을 이유로 하는 비율이 70% 또는 72%라고 하는 앞선 자료와 비교하여 이 자료는 왜 86%인가?

20) 이철남, 정차호 등, 앞의 보고서.

한편, 무효심판에서 무효율이 높은 것은 특허등록률이 지나치게 높다는 점에 기인한다는 주상도 가능하다. 즉, 심사단계에서 진보성 결여를 충분히 걸러내지 못하므로 무효심판 단계에서 진보성이 다시 문제가 되는 것이다. 아래 표가 보여주는 바와 같이 우리나라 특허등록률은 주요국 대비 10~20% 높은 편이다. 특허심사의 품질을 제고하여 특허등록률을 낮추고 또한 특허무효율도 낮추어야 할 것이다. 현재는 높은 특허등록률로 인하여 특허청의 수입은 많고 정작 특허권자가 권리를 행사하는 장면에서는 특허가 무효되어 버리는 형국이다.

〈표 6〉 특허등록률 주요국 비교

| 구 분 | '07 | '08 | '09 | '10 |
|---|---|---|---|---|
| 한 국 | 75.5% | 67.6% | 60.4% | 63.9% |
| 유 럽 | 50.4% | 49.5% | 42.1% | 42.5% |
| 미 국 | 50.9% | 44.2% | 41.3% | 45.6% |
| 일 본 | 48.9% | 50.2% | 50.2% | 50.2% |

### 3. 무효심결취소소송 단계에서의 진보성 판단

무효심판의 심결이 특허법원으로 가서도 진보성은 여전히 가장 중요한 쟁점이 된다. 예를 들어, 특허법원에서는 2002년부터 2006년까지 5년간 심리된 792개의 특허무효 사건 중 535개의 특허가 무효가 되어 무효율이 약 74%에 달하였으며 535개 중 436개가 진보성 결여로 판단되어 무효 판단 중 80% 이상이 진보성 결여에 해당하는 것이다.[21)]

다른 자료에 의하면, (아래 표와 같이) 특허심판원에서 무효로 판단한 사건은 특허법원이 약 80%의 비율로 지지를 하는 반면, 특허심판원에서 유효로 판단한 사건은 특허법원이 약 60%의 비율로 지지를 한다.[22)] 이러한 통계에서의 20%의

21) 박성수, "한국 특허법상 특허발명의 진보성 판단", 「Law & Technology」 제3권 제6호, 서울대학교 기술과법센터, 2007, 23면("두 번째로 진보성 판단이 문제되는 것은 이미 특허된 발명에 대한 무효심판에서이다. 실제에 있어서 특허에 대한 무효심판에서 가장 많이 주장되는 무효사유는 진보성결여로서 2002년부터 2006년까지 5년간 특허법원에서는 792개의 특허(실용신안 포함)에 대하여 특허무효사건(실용신안에 대한 무효사건 포함)이 심리되었는데, 그 중에서 585개의 특허가 무효로 판단되어 약 73.9%가 무효로 판단되었으며, 585개 중에서 436개가 진보성 결여로 판단된 경우이다.")(박성수, "특허법원 판결로 본 특허의 유효성 분석." LAW&TECHNOLOGY, 제3권 제3호, 28-30면 재인용).

차이는 매우 큰 것이다.[23] 특허법원이 너무 쉽게 특허를 무효로 만드는 것은 아닌가? 정책적으로 심각하게 고민할 부분이다.

> "일본의 경우 특허권자에게 유리한 판결이 많아 심결은 유효이지만 법원에서 무효로 되는 경우가 적은 것에 비하면 우리나라에서는 법원 단계에서 무효로 되는 비율이 높다고 할 수 있다. 이 중 심결에서 유효라고 판단하였음에도 법원에서 심결을 취소하여 무효로 하는 비율이 높아지게 되면 당사자로서는 심결을 덜 신뢰하게 되고 심판절차를 무시하며 법원 단계에서 자신에게 유리한 내용의 판결을 받으면 된다고 생각하게 하는 동기가 될 수 있다. 심결과 특허법원의 결론이 사실관계나 주장 입증 차이에 따라 매번 일치할 수는 없지만 어느 정도 일치하여야 당사자의 예측 가능성이 보장된다고 할 것이다."[24]

미국에서는 CAFC가 심판원의 심결에 대하여 존중을 한다. 즉, 심판원의 사실문제에 대한 판단에 대하여는 그 판단이 실질적인 증거에 기초하여 합리적인 판단자가 그러한 판단을 할 수 있는 정도라고 생각이 되면 CAFC는 심판원의 판단을 뒤집지 않는 것이다.[25] 심판원의 심결이 특허법원에서 뒤집히는 비율을 낮추기 위하여 우리도 이러한 (심판원의 심결을 존중하는) 법리를 도입할 필요가 있어 보인다.

〈표 7〉 무효심판에 대한 특허법원의 파기율

| 구 분 | | 2007 | 2008 | 2009 | 2010 | 2011 |
|---|---|---|---|---|---|---|
| 심판원 | 특허법원 | | | | | |
| 인용 | 인용률 (심결취소) | 20.8 | 19.4 | 20.8 | 14.2 | 17.5 |
| | 기각률 | 79.2 | 80.6 | 79.2 | 85.8 | 82.5 |
| 기각 | 인용률 (심결취소) | 64.7 | 78.3 | 58.6 | 52.9 | 60.5 |
| | 기각률 | 35.3 | 21.7 | 41.4 | 47.1 | 39.5 |

22) 정연덕 등, "특허 권리의 존속 강화를 위한 제도 개선안 연구", 특허청 연구용역 보고서, 2012, 60면.

23) Jennifer Nock & Sreekar Gadde, *Raising the Bar for Nonobviousness: An Empirical Study of Federal Circuit Case Law Following KSR*, 20 Fed. Circuit B.J. 369 (2011)(*KSR* 이후 CAFC가 지방법원의 진보성 부정 판단은 잘 지지하고 진보성 인정 판단은 잘 파기하는 경향을 설명).

24) 정연덕 등, 앞의 보고서, 60면.

25) Scott M. Daniels, *Do Patent Applicants have a Chance at the CAFC?*, IPWatchdog.com, Jan. 14, 2013. 〈http://www.ipwatchdog.com/2013/01/14〉.

다른 자료에 의하면, 무효심판에 대한 심결취소소송에서 특허법원이 무효라고 판단한 구체적인 사유를 살펴보면, 특허무효로 판단된 전체 65건 중 진보성 결여를 이유로 하는 것이 46건이어서 70%에 달한다. 무효심판에서든 무효심결취소소송에서든 비슷한 비율로 진보성 판단이 개입된다는 것을 알 수 있다.

〈표 8〉 특허법원에서의 무효판단 사유[26)]

| 선고연도 | 기재 불비 | 신규성 결여 | 진보성 결여 |
|---|---|---|---|
| 1997 | 0 | 0 | 0 |
| 1998 | 0 | 0 | 0 |
| 1999 | 0 | 0 | 1 |
| 2000 | 0 | 0 | 1 |
| 2001 | 0 | 1 | 2 |
| 2002 | 0 | 0 | 0 |
| 2003 | 0 | 2 | 4 |
| 2004 | 1 | 2 | 1 |
| 2005 | 0 | 1 | 3 |
| 2006 | 2 | 3 | 4 |
| 2007 | 0 | 4 | 10 |
| 2008 | 1 | 2 | 14 |
| 2009 | 0 | 0 | 6 |
| 합계 | 4 | 15 | 46 |

## 4. 침해소송에서의 진보성 판단

침해소송에서도 진보성은 문제가 된다. 민사법원이 특허소송에서 특허발명의 진보성을 판단할 수 있는지에 대하여 논란이 있어 왔고 그런 견지에서 침해소송법원이 진보성에 대하여 적극적으로 판단을 하지 않아 왔는데도 불구하고 특허권자가 패소한 사건 중 상당 부분이 진보성 결여에 의한 것이다. 또, 아래 표에서 알 수 있는 바와 같이, 법원이 최근 들어서 부쩍 활발하게 진보성 판단을

26) 이철남, 정차호 등, 앞의 연구용역 보고서.

하고 있고, 특히 중요하게는 2012년 1월 대법원 전원합의체 판결이 침해소송법원이 진보성을 판단하고 특허권의 권리를 부인할 수 있다고 판시하였으므로 앞으로는 침해소송법원에서 진보성 결여를 이유로 한 특허권자 패소의 비율이 더 높아질 것으로 예상된다.

〈표 9〉 특허권 침해소송에서의 원고 패소 사유

| | 이 유 | 판단건수 | 판단사유 | 판단사유건수 |
|---|---|---|---|---|
| 패소사유 | 무효판단 | 95건 | 기재불비 | 6건 |
| | | | 신규성결여 | 51건 |
| | | | 진보성결여 | 55건 |
| | 비침해판단 | 171건 | 구성요소상이 | 135건 |
| | | | 미실시 | 23건 |
| | | | 자유기술 | 21건 |

* 출처: 이철남 등 보고서.

〈표 10〉 특허권 침해소송 1심에서의 특허무효 판단사유

| 선고연도 | 기재불비 | 신규성결여 | 진보성결여 |
|---|---|---|---|
| 2000 | 1 | 4 | 1 |
| 2001 | 0 | 3 | 1 |
| 2002 | 0 | 1 | 1 |
| 2003 | 1 | 4 | 0 |
| 2004 | 0 | 11 | 1 |
| 2005 | 0 | 7 | 6 |
| 2006 | 3 | 6 | 8 |
| 2007 | 0 | 8 | 14 |
| 2008 | 0 | 4 | 17 |
| 2009 | 1 | 3 | 6 |
| 총 합 계 | 6 | 51 | 55 |

〈그림 1〉 특허권 침해소송 1심에서의 특허무효 판단사유

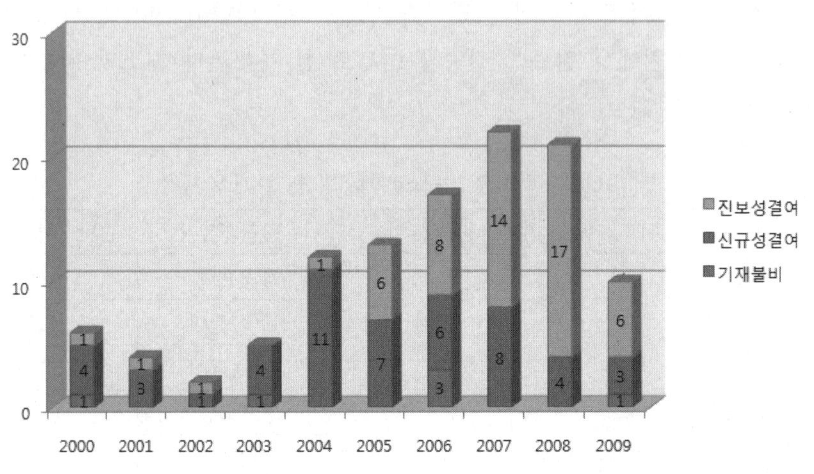


일본에서도 법원이 특허가 무효가 될 것이라고 판단하는 경우 그 특허의 권리를 부정할 수 있다. 그러한 무효이유는 기재불비, 불명확 등 다른 사유도 있을 수 있지만 주로 신규성, 진보성이 문제가 되고 특히 진보성이 그 중 다수를 점한다. 특히, 아래 통계에서[27] 도쿄지방재판소에서 해당 특허의 무효를 판단한 전체 건수 중 진보성을 이유로 하는 것이 70%에 달하여 이러한 수치는 한국에서의 수치와 비슷한 정도라고 생각된다. 한편, 오사카 지방재판소의 경우, 진보성 판단에 소극적이어서 특허의 무효를 이유로 다툰 비율(57%)도 낮을 뿐 아니라 진보성을 이유로 한 것이 53%로 상대적으로 낮다. 즉, 오사카 지방재판소의 경우 진보성에 관하여는 특허청의 판단을 좀 더 존중하고 자체적인 판단을 신중하게 하는 경향을 보이는 것이다.

침해소송(2심)의 패소이유들 중에서, 특허를 무효로 판단한 사건은 16건, 비침해로 판단한 사건은 59건으로 조사되었다. 구체적인 사유로는 무효판단의 경우 신규성 결여, 진보성 결여가 각각 11건, 6건으로 높게 나타났으며, 비침해 판단의 경우 미실시 및 자유기술에 비해 구성요소상이(결여)로 인한 비침해 판단이 압도

27) Takaaki Iimura, judge of the IP High Court, *Decision of Inventive Step in Patent Infringement Litigation*, vol 84 (May 2009) Niben Frontier. 〈http://chizai.nikkeibp.co.jp/chizai/gov/tomatsu20040708.html〉.

〈그림 2〉 도쿄 및 오사카 지방재판소 특허무효 통계

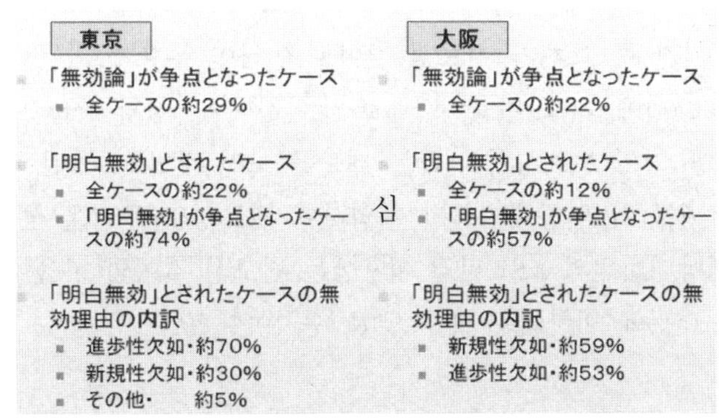


〈표 11〉 침해소송 2심에서의 특허무효 사유

| | 이 유 | 판단건수 | 판단사유 | 판단사유건수 |
|---|---|---|---|---|
| 패소사유 | 무효판단 | 16 | 기재 불비 | 1 |
| | | | 신규성 결여 | 11 |
| | | | 진보성 결여 | 6 |
| | 비침해판단 | 59 | 구성요소 결여 | 43 |
| | | | 미실시 | 8 |
| | | | 자유기술 | 11 |

적으로 높게 나타났다.[28] 이는 1심의 결과와 유사한 것이다.

미국 연방관할항소법원(CAFC)에서 1990년 1월 1일부터 2005년 6월 1일 사이의 기간 중 1심 지방법원의 진보성 판단을 재심(review)한 480건의 사례에서,[29] 지방법원의 판단을 인용한 건은 312건(65.0%), 파기한 건은 167건(34.8%)에 달하여 약 3건 중 1건의 비율로 CAFC가 지방법원과 다른 판단을 하였음을 보여준다.[30] 파기율 34.8%는 상당히 높은 것이므로, 미국에서도 지방법원이 진보성 판단에 관하여 실수를 많이 하고 있는 것으로 보인다.

미국의 경우, CAFC 설립 전후에 특허의 무효에 미치는 진보성의 영향력이

28) 각 판단사유는 중복허용이 가능하며, 이 중 하나라도 각 판단에 해당되는 경우, 무효 혹은 비침해에 대한 판단을 내렸다. 때문에, 판단건수와 판단사유 사이에 합계가 일치하지 않을 수 있다.

29) Lee Petherbridge & R. Polk Wagner, *The Federal Circuit and Patentability: An Empirical Assessment of the Law of Obviousness*, 85 Tex. L. Rev. 2051, 2056–59 (2007).

30) *Id.* at 2077.

매우 달라졌다. 즉, 1940년대부터 1982년 사이에 법원이 특허를 무효로 한 경우 중 65%가 진보성 결여로 인한 것이었으나, CAFC가 설립된 이후인 1984년부터 2001년까지의 기간 중 특허가 진보성 결여로 인하여 무효가 되는 비율이 15%에 불과하였고, 2005년에는 그 비율이 5%로 낮아졌다.[31] 결과적으로 CAFC가 진보성으로는 특허를 거의 무효시키지 않는 태도를 보인 것이고, 그런 지나친 태도에 경종을 울리기 위하여 연방대법원이 개입하여 진보성의 문턱을 높인 것으로 평가된다. 미국연방대법원의 *KSR* 판결 이후에는 진보성 결여의 비율이 20%로 높아졌으나 예전의 65%에 비하여는 매우 낮은 수치이다.[32]

## Ⅲ. 진보성 판단의 반성

### 1. 신규성 v. 진보성

1989년부터 2006년까지의 기간 중 미국 연방지방법원 또는 CAFC에서 다투어진 특허권침해소송 239건을 조사한 바에 따르면,[33] 동 사건에서 299건의 특허가 심리되었으며, 그 중 54%인 162건에서 해당 특허가 유효한 것으로 판단되었다.[34] 특허무효로 판단된 138건의 무효사유는 아래와 같이 나누어진다.

〈표 12〉 CAFC 특허무효 사유별 분류

| 무효사유 | 성립성 | 산업상 이용가능성 | 기재불비 불명확 | 신규성 | 진보성 | 이중특허 | 기 타 | 합 계 |
|---|---|---|---|---|---|---|---|---|
| 비율(%) | 0.72 | 0.72 | 21.02 | 57.97 | 42.03 | 3.62 | 13.03 | 100 |
| 건수 | 1 | 1 | 29 | 80 | 58 | 5 | 18 | 202 |

31) Glynn S. Lunney, Jr. & Christian T. Johnson, *Not So Obvious After All: Patent Law's Nonobviousness Requirement, KSR, and the Fear of Hindsight Bias*, 47 Ga. L. Rev. 41, 74 (2012).

32) *Id.* at 43.

33) Allison, John R. and Lemley, Mark A., *Empirical Evidence on the Validity of Litigated Patents (July 1, 1998)*. American Intellectual Property Law Association (AIPLA) Quarterly Journal, Vol. 26, p. 185, 1998. Available at SSRN: http://ssrn.com/abstract=118149 or http://dx.doi.org/10.2139/ssrn.118149.

34) *Id.* at 16.

위 표에 따르면, 미국의 경우 진보성보다도 신규성이 더 중요한 특허무효 사유가 된다. 즉, 미국에서는 진보성 결여로 특허를 무효로 하는 것에 대하여 침해소송법원이 좀 더 신중한 자세를 취하는 것이다. 그런 견지에서 우리 법원, 심판원은 특허가 된 후 진보성을 판단함에 있어서 조금 더 신중한 자세를 가질 필요가 있다. 주지하는 바와 같이 진보성 판단에서는 사후고찰(hindsight)의 영향을 많이 받게 되고 그러한 영향은 시간이 지날수록 또 관련 자료가 더 많이 제시될수록 더 커지는 것이므로, 진보성 결여를 근거로 특허를 무효로 하는 것은 매우 조심할 일이다. 위 자료에서도 진보성 결여는 가장 흔한 주장의 근거이어서 160건이 제기되었고 그 중 52건(32.5%)에서만 인정이 되었다. 신규성에서의 인정율 약 50%보다 훨씬 낮은 수치이다.[35)]

## 2. 주요국의 특허무효율 비교

특허발명의 진보성을 방만하게 부정하는 경우, 특허청의 심사행정에 대한 신뢰가 저하되고 특허를 존중하는 사회분위기를 조성하기 어렵게 된다. 그런 견지에서 특허무효율은 매우 중요하다. 이하 각국의 특허무효율을 비교한다.

주지하는 바와 같이, 한국과 일본의 무효율은 매우 유사한 양태로 변하여 왔었다. 그러나 일본에서는 '특허무용론'이 제기되었고 그에 대한 반성으로 최근 특허무효율이 상당히 낮아졌다.

〈표 13〉 한국 특허 무효심판 인용률(심결건수 기준)

| 2005 | 2006 | 2007 | 2008 | 2009 | 2010 | 2011 | 2012 |
|---|---|---|---|---|---|---|---|
| 50.5 | 50.2 | 57.6 | 58.5 | 60.1 | 53.1 | 53.4 | 52.1 |
| 221/438 | 228/454 | 359/623 | 360/615 | 318/529 | 336/633 | 374/700 | 405/777 |

* 인용률=인용건수/심결건수(절차무효처분 제외).

〈표 14〉 일본 특허 무효심판 인용률

| 2005 | 2006 | 2007 | 2008 | 2009 | 2010 | 2011 |
|---|---|---|---|---|---|---|
| 55.7 | 61.4 | 54.8 | 58.7 | 43.5 | 40.2 | 35.1 |
| 211/379 | 194/316 | 142/259 | 182/310 | 123/283 | 102/254 | 91/259 |

출처: 일본특허청 2011 연보.

35) *Id.* at 20－21.

〈표 15〉 한국 특허 무효심판 인용률

| 2006 | 2007 | 2008 | 2009 | 2010 | 2011 | 2012 |
|---|---|---|---|---|---|---|
| 58.5% | 64.2% | 67.3% | 70.4% | 64.9% | 62.8% | 64.5% |
| 228/390 | 359/559 | 360/535 | 318/452 | 336/518 | 374/596 | 405/628 |

* 인용률=인용건수/(인용건수+기각건수+각하건수).

〈표 16〉 일본 특허 무효심판 인용률

| 2006 | 2007 | 2008 | 2009 | 2010 | 2011 |
|---|---|---|---|---|---|
| 68.8% | 63.4% | 66.4% | 50.0% | 44.2% | 39.4% |
| 194/282 | 142/224 | 182/274 | 123/246 | 102/231 | 91/231 |

유럽의 경우를 살펴보면, 독일 연방특허법원에서의 특허무효소송에서 특허가 전부 또는 일부 무효되는 비율은 36%에 불과하다.[36] 나아가, 유럽특허청에서는 특허 후 이의신청(opposition) 절차를 제공한다. 동 절차는 유럽특허청에서 특허된 전체 특허 중 약 8.3%에[37] 대하여 진행이 되므로 매우 중요한 절차이다. 한 조사에 의하면[38] 1980년부터 1998년까지 유럽특허청 이의신청이 제기된 33,599건 중 17.4%는 이의신청이 허가되지 않았고, 25.6%에서 청구항이 정정되었고, 27.2%에서 청구항이 무효되었다고 한다. 이 수치는 아래 자료에서의 수치와 비슷한 것으로 생각된다.

다른 한 인터넷 자료에 의하면, 동 절차에서 모든 청구항이 유효로 판단되는 비율이 35%, 모든 청구항이 무효로 판단되는 비율이 35%이고, 청구항이 정정되는 비율이 30%라고 한다.[39] 필자가 판단키로는, 이 정도의 비율이 적정한 것이다. 즉, 심사관의 심사품질이 높음으로 인하여 이의신청에서 특허가 여전히 유효한 것으로 인정되는 비율이 어느 정도 유지되어야 한다는 점 및 저질특허를 무효로 할 필요가 있다는 점을 고려하면, 동 수치는 이상적인 균형점에 가까운 것

36) IP Campenhausen, *Patent Nullity Proceedings and Costs for Patent Litigation in Germany*, 2004, p. 19. 〈http://ip-campenhausen.de/Nullity.pdf〉.

37) Stuart J. H. Graham et al., Post-Issue Patent "Quality Control": A Comparative Study of US Patent Re-examinations and European Patent Oppositions, 2002, at 13. 〈http://www.nber.org/papers/w8807.pdf〉.

38) *Id.*

39) 〈http://www.patentspostgrant.com/lang/en/2010/03/epo-opposition-procedures-a-comparison-with-inter-partes-reexamination-in-the-uspto .

이 아닌가 생각되고, 최소한 우리나라 특허무효율은 정상적인 것이 아니라고 생각된다.

미국의 재심사에서 특허가 무효되는 비율을 조사한 자료가 있다.[40)41)] 동 자료에 의하면, 전체 재심사된 3,127건 중 단지 9.2% 비율로 특허가 무효되었고, 청구항이 일부 삭제된 비율이 10.5%이었고, 청구항이 정정된 비율이 52.2%이었다. 결국, 해당 권리에 치명적인 역할을 한 경우는 특허가 전체로 무효된 9.2%와 청구항이 일부 삭제된 10.5%이므로, 그 합인 19.7% 정도가 우리 무효심판의 무효율과 대비된다고 생각된다.

미국의 양 당사자 재심사(inter partes reexamination)에서 특허가 무효된 비율도 음미할 가치가 있다. 동 제도는 1999년부터 시행되었고 그때 이후 동 재심사가 청구된 건은 544건이고 재심사 절차가 개시된 건은 그 중 439건이고, 그 건에 대하여 2009년 7월 당시 결정이 내려진 건은 44건이었고 그 중 31건(70%)에서 해당 청구항 모두가 무효가 되었다.[42)] 양 당사자 재심사 제도 시행 초기에는 동 제도가 인기가 없었는데 이렇듯 특허무효율이 매우 높은 것으로 확인이 되자 최근에는 청구건수가 급격하게 늘고 있다. 침해소송의 (잠재적) 피고가 양 당사자 재심사 제도를 적극 활용하는 것이다. 한편, 동 재심사에 의한 심사결과가 나오기까지 34.9개월이나 소요된다는 점은 동 제도의 커다란 단점이다. 그 기간동안 침해소송 1심의 결과가 나오게 되거나 양 당사자가 합의를 하게 되므로 동 제도의 활용도가 떨어지는 것이 사실이다.

혹자는 미국의 양 당사자 재심사 절차에서의 특허무효율이 매우 높은 점을 지적하며, 우리 특허심판원에서의 무효율이 지나치게 높은 것은 아니라고 주장한다. 하지만, 미국의 경우 양 당사자 재심사를 통하여 심사결과가 나온 건이 44건에 불과하여 전체 침해소송에서 차지하는 영향이 매우 제한적이라는 점이 우리와 매우 다르다. 즉, 미국에서 재심사 절차는 아직까지는 양 당사자가 다투는 주요 수단(tool)이 되지 못하고 있는 것이다. 2011년 특허법 개정으로 특허 후 특허의 무효를 다투는 절차가 대폭 개선, 강화되었으므로 그러한 법 개정의 영향으로 앞으로 미국에서 어떤 비율로 특허가 무효가 될지 지켜볼 일이다.

---

40) Stuart J. H. Graham et al., supra, at 33.

41) 미국의 일당사자(ex parte) 재심사에서는 청구인의 약 50%가 특허권자 본인이므로, 일당사자 재심사에서는 특허를 무효로 판단하는 비율이 양당사자 재심사에 비하여 더 낮을 것이 예상된다.

42) 〈http://inventivestep.files.wordpress.com/2009/07/reexam.pdf〉.

# 찾아보기

[ㄱ]
가능성 291, 308, 334, 393, 409
가능성-개연성 접근법 52, 291
가독성 183
가상 청구항 437
간접사실설 275
간행물 178, 187
개연성 291, 308, 334, 393, 409
개척발명 61
결합 53, 54
결합발명 27, 38, 380
결합이유 46
고정관념 352
공동발명자 447
공연실시기술 366
공연인지기술 366
공용 10
공중의 접근 가능성 185
공지 10
공지기술 49, 112, 116, 118, 127, 128, 133, 366
과도한 실험 424
과제 380
과제 관련성 161
과제의 공통성 21
과제-해결 접근법 50, 173, 244
관용기술 49, 408
구별특징 173
구성 231, 234, 237, 258
구성요소 완비의 원칙 120
구조 266
국내주의 3, 148
국제주의 5, 6, 10, 47, 226, 227
권리범위 69
권리요구 59
균등물 23
금반언 146
기능 122
기능식 청구항 114
기본기술 171
기술분야 22, 165, 234, 237
기술상식 19, 43, 48, 50, 225, 364, 367, 369, 380, 405
기술적 과제 51
기술적 특징 297
기여도 446
기재불비 424

[ㄴ]
내부기술 121, 139, 156
내부증거 15, 75, 76, 77, 78, 87
내재 원칙 393

내재적 개시 330, 391

[ㄷ]
독립요건설 275
동일성 389, 390, 403, 434

[ㅁ]
명세서 참작의 원칙 15, 71, 73, 89
명시적 개시 391
명시적 394
모인기술 433, 436
모인심판 451
모인정보 132
모인출원 390, 433, 443
목적 107, 163, 231, 234, 236, 241, 248
묵시적 정의 100, 101
문맥 불일치 319
문헌공지 129
문헌공지기술 128

[ㅂ]
박주장 425
반포시기 178
발명자 211
발명자주의 435, 438
발명적 사상 248
발전이력 316
배경기술 137, 138, 149, 379
변론주의 144
보통의미 76, 77
본인공개 132
본인공개예외제도 132
본체부 103
비참작설 275

[ㅅ]
사후고찰 29, 40, 52, 54, 66, 171, 174, 291, 299, 308, 325
사후제갈량 66
상업적 성공 56, 65, 284
생략 25
생활기술 171
선명한 실질적 특성 58
선사용권 436
선출원 제도 400
선택발명 28, 32, 62, 253
선행기술 47, 57, 127, 129, 131, 132, 224, 435, 443
선행기술 예외제도 131
선행기술의제제도 131
선행기술제외제도 132
설계변경 24
성립성 411
소급효 451
수치한정발명 32
시너지 효과 38, 40, 44
시사 21
신규사항 390, 398
신규성 389
실시공지 129
실시공지기술 128
심사관 217, 311
심판심의위원회 152

[ㅇ]
암시적 394

역교시 29, 309, 319, 325
연관성(nexus) 297
열람 가능성 190
열람가능성 184, 186
예상치 못한 효과 287
외부증거 15, 75, 76, 77, 87
요소변경 63
용도 107, 109, 117, 122, 342
용도발명 28, 63
용도변경 25
용이도출 21, 169
용이실시 4, 17, 420, 424
우선권 390
우선권주장 430
우선일 47, 430
유사 선행기술 246
유사기술 158, 165, 166, 168, 169
유사분야 선행기술 158
의미 부여의 원칙 84
의제제도 131
이원설 213
이차적 고려사항 31, 278
이차적 고려요소 316
이차적 지표 55, 291
인쇄물 187
인용기술 16, 17, 31, 127, 170
인지공지 129
인지공지기술 128
일관성의 원칙 84
일원설 214
일의적 394

[ㅈ]
자동인형 176
자백 141, 142, 143
자유심증 373
자인 147, 382
전기통신회선 8, 9, 11, 128, 187
전용발명 62
전이부 103
전제부 103, 112, 116, 118, 119, 122
제법한정물건발명 33
제외제도 132
제한해석 금지의 원칙 15
젭슨 청구 109
젭슨 청구항 104, 113, 114, 115, 116, 119, 120, 154
조어사 76, 96, 122
조합발명 61
종래기술 127, 135, 137, 149, 151
주지관용기술 31, 238, 363, 364
주지기술 30, 37, 49, 378
주합 53, 54
주합발명 38
중복발명 254, 256
중재인 218
증명책임 144, 328
직권탐지주의 144
직접적 394
진술 250

[ㅊ]
참작설 275
천연물 411
천연물 원칙 411

천연물이론 412
천재성의 번뜩임 37
청구발명 14
청구항 기준의 원칙 70, 71
청구항 유효화 원칙 82
청구항 차별화 원칙 81, 92, 97
청구항 차트 193
청구항 해석 69
초급기술자 407, 408
최근접 선행기술 51, 163
출원시 47
출원이력 75
출원인 불이익 원칙 84
출원일 47
치환 23

[ㅌ]
통상의 기술자 20, 50, 58, 205, 408
통상의 기술자의 국적 223
통지 기능 112
특별 의미 76
특별의미 77
특허실체법조약 130
특허유효추정 318

[ㅍ]
파라미터 발명 33
편견 64, 359
포기의 원칙 83
필연성 334, 394, 409
필연적 394
필요적 394

[ㅎ]
합리적 최광의 해석의 원칙 14, 174
합리적 최광의(最廣義) 해석의 원칙 79
현유기술 57
현저한 사실 371, 373, 378
현저한 진보 58
호환성 53
확대된 선원 390
확대된 선출원 130, 131, 401
회의 358
효과 중심 접근법 280
효과 26, 27, 54, 55, 56, 60, 65, 66, 163, 173, 231, 235, 238, 249, 256, 258, 265, 270, 287

[기 타]
Cuno 37
Cybor 97
Eli Lilly v. Actavis 421
Graham 38, 41, 42, 285, 305
Graham 판결 585
Great Atlantic Tea 38
Hotchkiss 36
Hotchkiss 판결 584
KSR 43, 44, 45, 276, 278, 279, 306, 338, 369, 375, 408
Mayo v. Prometheus 413
MoT 테스트 417
Obvious to Try 596
Perfect Web 383
Phillips 95, 96
Phillips v. AWH 15, 112
PHOSITA 209

Retractable v. Becton 89
Sakraida 40, 44
Stratoflex 40
TSM 42, 44, 45, 306, 329, 338, 340, 369
TSM 테스트 586
Winslow 302
Zurko 375, 376